Liebe Leserinnen und Leser,

ein Rezept, das man wirklich braucht – was ist das eigentlich? Das kann eine Anleitung für eine ordentliche Nudelsuppe sein, wenn ich es einfach mal gut haben will. Oder für einen Wok voll Reis mit Garnelen, wenn es jetzt schnell gehen soll. Am Samstag hätten wir gerne ein Huhn mit Ratatouille für sechs. Und am Sonntag darf es ruhig die Schwarzwälder Kirsch für alle sein.

Wirklich brauchbar wird ein Rezept aber erst, wenn ich mich darauf verlassen kann. Denn Ideen, die nicht funktionieren und Bilder, die zu viel versprechen, möchte kein Mensch mehr – in der Küche wie im Leben. Was wir nun brauchen, ist ein Ratgeber für heute. Von jemandem, auf den wir uns immer verlassen können.

GU ist so jemand. Wer ins Kochen einsteigt, wer Freunde einlädt, wer Familie hat, wer Suppe kochen will, wer neugierig ist, der holt sich seit Jahrzehnten Rat bei dem Verlag mit dem gelben GU-Logo. Und weil jetzt besonders guter Rat gefragt ist, haben wir dieses Buch gemacht. So reich an Rezepten und dafür so günstig im Preis wie nichts von uns zuvor. Denn das braucht man jetzt wirklich.

Sie finden hier 1295 ausgesuchte GU-Rezepte fürs tägliche Kochen.
Und damit Sie dabei nicht lange nach dem Besten für Sie suchen müssen, haben wir auf eine klassisch klare Ordnung gesetzt und kommen schnell zur Praxis – den Rezepten von der Hühnerbrühe bis zum Limoncello. Zwischendurch und ganz zum Schluss finden Sie die Ratschläge, die in der Küche wirklich weiterhelfen. Gesammelt, ausgewählt und in Form gebracht haben dies alles Sebastian Dickhaut und Sabine Sälzer, die als Autoren wie Redakteure mit GU seit vielen Jahren eng verbunden sind.

Damit wir Ihnen für all das einen einmalig guten Preis machen können, haben wir verzichtet. So finden Sie keine Fotos und nur eine Farbe in diesem Kochbuch – das Gelb von GU, das für praktisches, zeitgemäßes und zuverlässig gutes Kochen in Deutschland steht. Daher auch der Name des Buches. Denn KOCHEN! DAS GELBE VON GU ist unser Beweis: Guter Rat kann günstig sein. Prüfen Sie es nach!

Mit herzlichen Grüßen

Ihre GU Redaktion Kochen

Damit Sie rasch zu Ihren Rezepten kommen, haben wir auf ein bei Nachschlagewerken bewährtes System gesetzt – das Griffregister.
Dank der Griffmarken rechts und bei den einzelnen Kapiteln können Sie sich damit schnell zum Gesuchten durchblättern: Einfach Daumen drauf und los!

Der Inhalt

Suppen & Eintöpfe

Mit einer Suppe fängt vieles an. Sie ist der klassische Auftakt fürs Menü und einst startete man mit ihr sogar in den Tag. Wahrscheinlich war die Suppe auch eines der ersten Gerichte, das der Mensch in einem Topf kochte. Ganz sicher ist sie bis heute für viele der Einstieg in die Welt des Kochens – ob sie sich nun eine Tütensuppe anrühren, Mutters Eintopf nachkochen oder einen Fond für größere Aufgaben ansetzen. Fangen wir also mit der Suppe an.

Gibt es ein ursprünglicheres Gericht als Suppe? Kurz nachdem der Mensch entdeckt hatte, dass man Wasser in einem Kessel zum Kochen bringen kann, wird er sie wohl erfunden haben. Mit Fleisch und vielleicht noch etwas Getreide darin, später kamen dann Gemüse, Kräuter und Gewürze dazu, und schließlich war der Eintopf geboren – eine Mahlzeit, in die viele Zutaten hineingesteckt werden, damit sie viele Menschen satt machen kann. Daraus haben findige Köchinnen und Köche dann als Gegenstück die klare Brühe destilliert – den Ursprung der kultivierten Küche.

Die klare Brühe

Brühen sind die Basis fürs Kochen. Aus ihnen werden Saucen gemacht, mit ihnen werden Ragouts und Braten angesetzt, durch sie bekommt Gekochtes und Gedünstetes oft erst den feinen Geschmack. Und sie lassen sich vor allem mit ein paar Handgriffen in eine richtige Suppe verwandeln, die ein Essen erst so richtig rund macht wie der Kaffee oder Tee das Frühstück. In Österreich nennt man die Brühe deswegen gleich „Suppe“, in Frankreich trägt sie den Namen „Bouillon“ (wenn sie aus Rindfleisch gekocht wird) bzw. „Fond“. Lange war „die Brühe“ eigentlich immer nur Rinderbrühe. Sie ist die Ursuppe der klassischen und regionalen mitteleuropäischen Küche, durch sie sind Konzerne groß geworden, weil sie einmal mit Brühwürfeln und Suppenwürzen angefangen haben.

Inzwischen hat die Rinderbrühe aber Konkurrenz bekommen. Dabei spielt zum einen die BSE-Krise eine Rolle, bei der Rinderknochen, besonders Markknochen, genauso auf die Tabu-Liste kamen wie der klassische Brühwürfel. Aber schon vorher hatten sich unsere Koch- und Essgewohnheiten weg vom Brühe-Braten-Pudding-Menü in Richtung mehr Abwechslung bewegt. Für die sorgen heute vor allem die italienische und asiatische Küche. Und in diesen ist Hühnerbrühe „die Brühe“. Ihr Vorteil: Sie ist schneller gekocht, sie ist milder im Geschmack und sie lässt sich deswegen vielseitiger als Basis fürs Kochen verwenden. Das gilt noch mehr für die nicht nur von Vegetariern geschätzte Gemüsebrühe, die allerdings als echter Aromaträger eher ausfällt. Diese Rolle können Fisch-, Kalbs- und Wildfond schon eher übernehmen. Doch eins sollte klar sein: Für einen richtig kraftvollen Soloauftritt mit nicht viel mehr als ein paar Kräutern in der Tasse ist eine gute hausgemachte Rinderbrühe einfach die beste Besetzung.

Die cremige Suppe

Hier geht es um Suppen, die nicht mehr klar und pur sind und die noch nicht den Teller nach Eintopf-Art mit viel Gemüse, Kartoffeln oder Nudeln füllen. Suppen, die am Anfang eines Essens stehen können wie die Spargelcremesuppe oder die sogar schon ein bisschen satt machen können wie die Tomatensuppe. Was sie vereint, ist der Eindruck, den sie auf unsere Zunge machen mit ihrer vollen, cremigen Konsistenz und ihrer feinen Substanz, für die oft Gemüse die Basis ist.

Cremige Suppen sind meistens gebunden – sehr oft mit püriertem Gemüse und Sahne (manchmal gepaart mit Ei). Und manchmal auch mit allem zusammen.

Die Mehlschwitze – also in Butter hell angeröstetes Mehl – ist dagegen als Suppenbindung etwas aus der Mode gekommen. Denn diese besonders günstige Methode hatte Suppen zu oft zu schwer und mächtig gemacht, so dass frische Aromen davon erdrückt wurden. Doch behutsam eingesetzt ist sie immer noch eine gute Bindung für Cremesuppen aus feinen Fonds, die durch zu viel Sahne und Ei übertönt würden – wie z. B. eine Geflügelcremesuppe.

Während klare Suppen durch ihre Einlagen oft erst richtig Charakter bekommen, sind sie bei cremigen Suppen eher die Abrundung. Und nicht selten wird dabei auf die Wirkung des Kontrasts gesetzt. So machen knuspriger Speck oder krosse Chips eine samtige Kartoffelsuppe interessant, und das Aroma von frisch gehackten Kräutern gibt einer Gemüsesuppe Pfiff, die zuvor in Ruhe ihrer Vollendung entgegengeköchelt hat.

Der Eintopf

Lange Zeit war allein er das, was man in der Küche eine „Suppe“ nannte. Und oft war das nicht mehr als ein schweres Gemenge aus weich gekochten Zutaten, das den Tag über für wenig Geld satt machen sollte. Der mittägliche Eintopf wurde dabei noch von einer Frühsuppe aus Wasser, Milch und Mehl unterstützt, die zumindest Wärme und Kraft im Morgengrauen gab. Für ein Lieblingsessen taugte keines der beiden Gerichte, und die Eintopf-Sonntage in Kriegszeiten wie die Samstags-Eintöpfe in den Jahrzehnten danach hatten das nicht geändert.

Dann kamen die Jahre, als wir gerne in fremde Töpfe schnupperten und dort so Wunderbares wie eine Minestrone, ein Cassoulet, ein Chili con carne oder eine asiatische Nudelsuppe aufspürten – allesamt herrliche Eintöpfe. Es folgte die Wiederentdeckung der Regionalküche und die Erinnerung an jene Samstage, als Mutter nach dem Gang über den Markt oder durch den Gemüsegarten einen Topf voll Pichelsteiner auf dem Herd stehen hatte. Und plötzlich waren Eintöpfe echte Lieblingsgerichte. Von der leichten Gemüsesuppe mit Kümmel über die edle Bouillabaisse bis zum opulenten Lammtopf mit Auberginen. Sie alle finden Sie auf den folgenden Seiten.

Was ist …

… eine Brühe? Fleisch und Knochen vom Rind oder Huhn, gekocht mit Gemüse und Gewürzen in Wasser. Hausgemacht ideal, aus Brühwürfeln eher eine Basis , als Pulver höchstens ein Gewürz.

… ein Fond? Französisch für alle Brühen außer der Rinderbrühe (Bouillon), steht aber meist für Basis-Brühen fürs Kochen (Kalbsfond, Fischfond). Die gibt es auch im Glas, selten als Paste oder Würfel – leider.

… eine Kraftbrühe? Fleischbrühe, die nochmals mit Fleisch angesetzt wurde (franz. Consommé), für doppelte Kraftbrühe mit mehr Fleisch bzw. weniger Brühe (Consommé double).

… eine Essenz? Jede Art von Brühe oder Fond, die für intensiveren Geschmack eingekocht wurde.

… ein Sud? Gewürzte Flüssigkeit fürs Garen (z. B. Fischsud) oder vom Garen (z. B. Spargelsud), kann Basis für Suppen sein.

… ein Süppchen? Verniedlichung von Suppe in der Gastronomie, oft in „Tässchen“. Eher überflüssig.

… Fertigsuppe? In Tüten kein Thema für gute Köche, in Gläsern und Dosen durchaus eine empfehlenswerte Basis (z. B. Ochsenschwanzsuppe), wenn Hersteller und Zutatenliste stimmen.

Fleischbrühe kochen

Die Basis
Rinderknochen sind die Grundlage für kräftige Fleischbrühe. Damit diese klar und sauber bleibt, werden die Knochen erst kurz in kochendes Wasser gelegt, dann im Sieb kalt abgebraust.

Der Ansatz
Die Knochen werden in kaltem Wasser aufgesetzt und langsam zum Kochen gebracht, wobei die Flüssigkeit nur „zittern" soll – die meiste Bewegung ist also unter der Oberfläche. So holt das Wasser viel aus den Knochen heraus.

Das Fleisch
Es wird in die simmernde Brühe gelegt, wenn sich seine Poren rasch schließen sollen. Dann gibt es zwar nur einen Teil seiner Kraft an die Brühe weiter, bleibt aber zart und aromatisch. Das ganze Potenzial geht in die Brühe, wenn Fleisch kalt angesetzt wird und langsam auslaugt – auf Kosten seines Aromas.

Das Suppengrün
Es gart so lange mit, dass die Brühe nicht mehr nach ihm schmeckt, aber noch genug von ihm in sich hat. Je nach Größe dauert das 1–2 Stunden. Kocht die Brühe länger, kommt das Gemüse später hinein. Gart sie kürzer, wird es kleiner geschnitten.

Die Würze
Gewürzt wird anfangs mit ganzen Gewürzen, gegen Ende kommen getrocknete, noch später frische Kräuter dazu. Salzt man am Anfang, laugt das Fleisch stärker aus – gut für die Brühe, schlecht fürs Fleisch.

Die Brühe
Die fertige Fleischbrühe wird durchs feine Sieb gegossen, dann wird das Fett (sitzt an der Oberfläche) abgeschöpft. Nun die Brühe noch mal aufkochen und rasch abkühlen lassen. Dazu wird der Deckel nicht auf den Topf gelegt, sondern unter seinen Boden geklemmt. So kann die Brühe von allen Seiten gleichmäßig abkühlen.

GU Spezial-TIPP

Fonds für alle Fälle: *In jeder Profi-Küche gibt es einen Topf in der Ecke, in dem sich gute Dinge für einen starken Fond sammeln lassen: Knochen, Gräten oder Gemüse ergänzt durch die Reste eines Kochtages. Das können Sie auch haben, wenn Sie dazu nur Überbleibsel von Wert und Geschmack sammeln. Beim Gemüse sind das vor allem saubere Reste von Wurzeln oder Zwiebeln bzw. Lauch (keine Schalen und welken Teile), Pilzen oder Tomaten, aber nichts, was trüb macht wie Kartoffeln oder das Aroma verdirbt wie Kohl. Fleisch und Knochen gehen immer, so lange sie nicht zu fett sind (gilt auch für Geflügelhaut) oder eigen schmecken (Innereien). Für den Fischfond sind Gräten, Köpfe (ohne Augen) und andere Reste (vor allem von edlen Seefischen) gut, so lange nicht zu viel Haut und Fett dabei ist. Das alles wird entweder gleich verkocht oder gleichmäßig zerkleinert eingefroren, bis genug für den großen Topf in der Ecke beisammen ist.*

1. Hühnerbrühe

BRAUCHT ETWAS ZEIT
Für 4 Personen
Zubereitungszeit: 20 Min.
Garzeit: 2–3 Std.

1 Suppenhuhn mit den Innereien • 1 1/2 TL Salz • 1/2 Bund Petersilie • 1 Bund Suppengrün • 1 Zwiebel

– Das Suppenhuhn innen und außen kalt waschen. Das Herz, den Magen und die Leber ebenfalls waschen. Huhn, Herz und Magen mit 2 l Wasser und Salz im hohen Topf bei starker Hitze zum Kochen bringen.
– Wenn das Wasser sprudelnd kocht, die Temperatur auf geringe Hitze zurückstellen. Den sich auf der Oberfläche bildenden Schaum immer wieder mit der Schaumkelle abschöpfen und die Brühe 2–3 Std. ganz sanft kochen lassen. Die Hitze während dieser Zeit wiederholt kontrollieren, damit der Kochvorgang keinesfalls unterbrochen wird. Den Topf dabei bis auf einen Spaltbreit zudecken.
– Die Petersilie und das Suppengrün waschen, putzen, grob zerkleinern und nach 2 Std. Kochzeit in die Brühe geben. Die Zwiebel schälen, halbieren und ebenfalls in die Brühe geben. Die Hühnerleber während der letzten 5 Min. in der Brühe garen.
– Das Huhn und die Innereien mit dem Schaumlöffel aus der Brühe heben. Die Brühe durch ein feines Sieb gießen, das Fett mit einem großen Löffel abnehmen und noch einmal gut abschmecken.
– Hühnerbrühe klar oder mit einer beliebigen Einlage (z.B. Suppennudeln, Gemüsestreifen) und dem klein geschnittenen Hühnerfleisch servieren.

2. Asiatische Hühnerbrühe

BRAUCHT ETWAS ZEIT | GELINGT LEICHT
Für 4 Personen
Zubereitungszeit: 20 Min.
Garzeit: 45 Min.
Abkühlzeit: 2 Std.

1 rohes Brathähnchen (etwa 1,2 kg) • 3 Knoblauchzehen • 1 walnussgroßes Stück Ingwer • 4 Frühlingszwiebeln • 1/4 l Sojasauce • 1/4 l Reiswein (ersatzweise Sherry medium oder Traubensaft) • 50 g Zucker

– Das Hähnchen von allem unnötigen Fett befreien, dann innen und außen kalt waschen. Knoblauch und Ingwer schälen und in dünne Scheiben schneiden. Frühlingszwiebeln waschen und putzen, das dunkle Grün abschneiden und anderweitig verwenden.
– Einen Topf nehmen, in den das Huhn gerade eben hineinpasst. Darin 1 1/2 l Wasser, die Sojasauce und den Reiswein mit Ingwer, Knoblauch, Zwiebeln und dem Zucker 20 Min. sanft köcheln lassen.
– Das Huhn mit der Brust nach oben hineinsetzen und ebenfalls 20 Min. sanft köcheln lassen. Dann das Huhn drehen und noch 5 Minuten köcheln lassen. Dann den Topf abdecken und alles neben der Herdplatte 2 Std. abkühlen lassen.
– Das abgekühlte Huhn zerteilen und die Haut abziehen, das Fleisch von den Knochen lösen. Brühe durch ein feines Sieb gießen. Beides je nach Gericht weiter verwenden (siehe TIPP).

TIPP

Asia-Brühe als Basis: Asiatische Hühnerbrühe stärkt fürs härteste Leben – dank ihrer sanften Zubereitung. Dabei ist wichtig, dass das Huhn nur leise köchelt und erst beim Abkühlen richtig gar zieht. Dabei wird auch das Fleisch schön zart. Wollen Sie die Brühe schlicht servieren, kochen Sie sie einmal auf und erhitzen die Hälfte des gewürfelten Fleischs darin, ohne es zu kochen (aus dem Rest wird ein feiner Salat). Dazu ein Spritzer Zitronensaft, fertig ist der Kraftstoff. Suppennudeln verstärken ihn noch, Kräuter, Sprossen und Frühlingszwiebelringe veredeln ihn. Die Hühnerbrühe kann aber auch Basis für asiatische Ein- und Schmortöpfe sein sowie fürs Dünsten im Wok oder für Asia-Fondues.

3. Fleischbrühe

BRAUCHT ETWAS ZEIT
Für 4 Personen
Zubereitungszeit: 30 Min.
Garzeit: 2–2 1/2 Std.

500 g Rindfleisch oder Kalbfleisch zum Kochen • 1 1/2 TL Salz • 1 Bund Suppengrün • 1 Zwiebel • 2 Petersilien- oder Selleriestängel

– Das Fleisch waschen, mit 2 l Wasser und dem Salz in einen hohen Topf geben und auf der Herdplatte bei starker Hitze zum Kochen bringen. Wenn das Wasser kräftig sprudelnd kocht, die Temperatur auf geringe Hitze zurückstellen und den sich auf der Oberfläche bildenden Schaum mehrmals mit der Schaumkelle abschöpfen.
– Während der restlichen Garzeit darf das Wasser nur noch leicht sprudelnd kochen; leicht sprudeln muss es aber, sonst wird das Fleisch nicht weich. Sobald sich kein Schaum mehr bildet, den Topf halb oder bis auf einen Spaltbreit zudecken und die Hitze wiederholt kontrollieren, damit der Kochvorgang keinesfalls unterbrochen wird.
– Suppengrün waschen, putzen und grob zerkleinern. Zwiebel waschen und ungeschält mit dem Suppengrün nach etwa 1 Std. Kochzeit in die Brühe legen.
– Nach 2 Std. Kochzeit prüfen, ob das Fleisch schon weich ist, sonst noch weitere 30 Minuten in der Brühe sanft kochen lassen.
– Das Fleisch dann aus der Brühe nehmen. Das Fett mit einem großen Löffel abnehmen und die Brühe durch ein feines Sieb gießen. Die Fleischbrühe klar servieren oder mit einer beliebigen Einlage (z. B. in feine Streifen geschnittene Pfannkuchen, Markklößchen, Grießnocken) und dem klein gewürfelten Suppenfleisch anreichern.

4. Gemüsebrühe

PREISWERT
Für 4 Personen
Zubereitungszeit: 20 Min.
Garzeit: 1 Std.

2 Möhren • 1/4 Sellerieknolle • 1/2 Stange Lauch • 1 Bund Petersilie • 1 Stängel Selleriegrün • 1 kleine Zwiebel • 1 EL Öl • Salz • frisch gemahlener Pfeffer

– Die Möhren und die Sellerieknolle schälen, den Lauch putzen, längs einschneiden und gründlich waschen. Die Petersilie und das Selleriegrün waschen und trockenschütteln. Alles grob zerkleinern. Die Zwiebel waschen und ungeschält vierteln.
– Das Öl in einem hohen Topf erhitzen. Das Gemüse unter Rühren bei starker Hitze darin anbraten, 1 l Wasser und 1 TL Salz zugeben und alles zum Kochen bringen.
– Die Temperatur reduzieren und das Gemüse bei geringer Hitze 1 Std. kochen lassen. Dann durch ein feines Sieb gießen und die Brühe mit Salz und Pfeffer abschmecken.

TIPPS

– Wenn Sie möchten, können Sie auf das Anbraten des Gemüses in Öl verzichten und das Gemüse ins kochende Salzwasser geben. So zubereitet, enthält die Brühe fast keine Kalorien.
– Statt der angegebenen Gemüsesorten und Kräuter können Sie auch Kohlrabi, Tomaten, Staudensellerie oder Rosenkohl sowie beliebige andere Kräuter (z. B. Rosmarin, Thymian) verwenden.
– Zum Würzen von Gemüsebrühe eignen sich Hefeflocken hervorragend.

5. Fischfond

GELINGT LEICHT
Für 4 Personen
Zubereitungszeit: 30 Min.
Garzeit: 1 Std.

1 kg Fischabschnitte von mageren Edelfischen (z. B. Köpfe und Gräten von Seezunge oder Steinbutt; nicht vom Lachs, er ist zu fett) • 2 Stangen Lauch • 1 kleine Fenchelknolle • 1 Möhre • 1 Petersilienwurzel • 2 Stangen Staudensellerie • 1/2 l trockener Weißwein • 2 Lorbeerblätter • 1 TL weiße Pfefferkörner • Salz

– Die Fischabschnitte unter fließendem kalten Wasser waschen, trockentupfen. Die Kiemen aus den Fischköpfen entfernen. Am besten, Sie bitten bereits den Fischhändler darum.
– Den Lauch putzen, längs einschneiden und gründlich waschen. Die weißen und hellgrünen Teile in etwa 2 cm lange Stücke schneiden. Den Fenchel waschen, putzen und längs achteln. Möhre und Petersilienwurzel schälen und längs vierteln. Den Sellerie waschen, putzen und grob zerkleinern.
– Die Fischabschnitte mit Gemüse, Wein, 1 1/2 l Wasser, Lorbeerblättern und Pfefferkörnern bei starker Hitze in einem großen Topf zum Kochen bringen. Den Schaum abschöpfen.

– Die Temperatur reduzieren und den Sud offen bei mittlerer Hitze etwa 30 Min. kochen lassen. Dann durch ein Sieb gießen, wieder in den Topf geben und offen weiterköcheln, bis der Sud um etwa ein Drittel reduziert ist. Das dauert etwa weitere 30 Min. Den Fischfond mit Salz abschmecken.

TIPPS

– Sollten Sie nicht allen Fischfond verbrauchen, können Sie den Rest für Ihren Vorrat sehr gut in kleinen Bechern portionsweise einfrieren. Er hält sich mindestens 3 Monate.
– Fischfond ist die Grundlage für aromatische Suppen und delikate Saucen. Sie können ihn wie hier beschrieben selbst zubereiten oder – wenn es schnell gehen muss – fertig im Glas kaufen.

6. Wildfond

BRAUCHT ETWAS ZEIT
Für 8 Personen
Zubereitungszeit: 1 1/4 Std.
Garzeit: 2 Std.

2 kg Wildknochen (einschließlich Sehnen, Häute) • 250 g Möhren • 150 g Knollensellerie • 1 Petersilienwurzel • 3 Zwiebeln • 1 Knoblauchzehe • 4 EL Öl • 3 Zweige Thymian • 5 Stängel Petersilie • 1/2 TL weiße Pfefferkörner • 2 Lorbeerblätter • 5 Gewürznelken • 7 Wacholderbeeren

– Den Backofen auf 200° (Umluft 180°) vorheizen. Die Knochen waschen, abtropfen lassen und mit einem Küchenbeil gleichmäßig zerkleinern. Möhren, Sellerie, Petersilienwurzel, Zwiebeln und Knoblauch schälen und grob zerkleinern.
– 2 EL Öl im tiefen Blech des Backofens (Mitte) erhitzen. Die Knochen darin so lange rösten, bis sie eine kräftige braune Farbe angenommen haben, dabei öfters wenden. Die Sehnen und Häute zufügen und ebenfalls Farbe annehmen lassen. Falls sich Fett gebildet hat, dieses abgießen. Hierfür das Blech mit einem Küchengitter abdecken und das Fett vorsichtig herausschütten.
– Das Blech mit den Knochen zurück in den Backofen schieben. 1/4 l heißes Wasser dazugießen. Übriges Öl in einem großen Topf erhitzen. Möhren, Sellerie, Petersilienwurzel, Zwiebeln und Knoblauch darin bei starker Hitze unter Rühren anschwitzen. Knochen und Flüssigkeit vom Blech in den Topf geben. Gemüse und Knochen gut vermischen, etwa 3 l kaltes Wasser dazugießen, bis alles bedeckt ist. Flüssigkeit zum Kochen bringen. Den Schaum mit einem großen Löffel oder einem Sieblöffel abheben.
– Die Kräuter waschen und mit den Gewürzen dazugeben. Die Temperatur reduzieren und den Fond etwa 1 1/2 Std. zugedeckt und 30 Min. ohne Deckel bei geringer Hitze köcheln lassen. Danach durch ein mit einem Tuch ausgelegtes Sieb gießen.

7. Klare Ochsenschwanzsuppe

BRAUCHT ETWAS ZEIT | GUT FÜR GÄSTE
Für 6 Personen
Zubereitungszeit: 50 Min.
Garzeit: 3 Std.

1 kg Ochsenschwanz (bereits in den Gelenken zerteilt) • 250 g Suppenknochen • 100 g durchwachsener Speck • 1 Zwiebel • 2 Möhren • 125 g Knollensellerie • 2 Petersilienwurzeln • 2 EL Öl • 1 Zweig Thymian • 3 Gewürznelken • 6 weiße Pfefferkörner • 1 Lorbeerblatt • 1/2 l trockener Weißwein • 1/2–1 TL Salz • frisch gemahlener Pfeffer • 1 Msp. Cayennepfeffer • 1/8 l Madeira oder Sherry

– Den Ochsenschwanz und die Knochen waschen. 2 l Wasser zum Kochen bringen. Den Ochsenschwanz und die Knochen ins kochende Wasser legen und 3 Minuten kräftig kochen lassen. Alles in ein Sieb schütten; das Wasser weggießen, Ochsenschwanz und Knochen gründlich kalt waschen. Den Topf ebenfalls gut auswaschen und abtrocknen.
– Den Speck in kleine Würfel schneiden. Die Zwiebel waschen – nicht schälen – und halbieren. Die Möhren, den Sellerie und die Petersilienwurzeln schälen und grob klein schneiden. Das Öl in dem Topf erhitzen, darin die Ochsenschwanzteile von allen Seiten bei starker Hitze braun anbraten. Speck, Zwiebel und klein geschnittenes Gemüse zugeben und mitbraten.
– Den Thymian waschen und mit Nelken, Pfefferkörnern, Lorbeerblatt, Knochen, 1 1/4 l Wasser und Weißwein hinzufügen. Temperatur reduzieren und alles bei geringer Hitze etwa 2 1/2 Std. schwach sprudelnd kochen lassen.

– Knochen und Fleisch mit dem Schaumlöffel aus der Brühe heben. Abgekühltes Fleisch von den Knochen lösen und klein würfeln. Brühe durch ein feines Sieb gießen und etwas abkühlen lassen, damit sich das Fett an der Oberfläche absetzen kann. Fett mit einem Löffel weitgehend abschöpfen. Die Brühe mit Salz, Pfeffer, Cayennepfeffer, Madeira oder Sherry abschmecken.
– Brühe nochmals erhitzen. Klein geschnittenes Fleisch in Suppentassen verteilen und mit der Brühe auffüllen.

8. Miso-Suppe

VEGETARISCH | GEHT SCHNELL
Für 4 Personen
Zubereitungszeit: 25 Min.

200 g nicht zu fester Tofu • 1 Frühlingszwiebel • 1 l Dashi (japanischer Fond aus Trockenfisch und Algen, gibt es zum Anrühren im Asien-Laden) • 70 g helle Miso-Paste (Sojabohnenpaste aus dem Asien-Laden)

– Tofu in 1 cm große Würfel schneiden. Frühlingszwiebel waschen, putzen und in feine Ringe schneiden.
– Dashi nach Packungsaufschrift aufkochen und vom Herd ziehen. Ein Sieb in die heiße Flüssigkeit halten, Miso-Paste mit einem Holzlöffel durch das Sieb in die Suppe rühren. Die Suppe fast zum Kochen bringen, vom Herd ziehen und Tofu samt Frühlingszwiebeln darin 5 Min. ziehen lassen. Suppe in Schalen schöpfen und langsam trinken.

9. Eierflockensuppe

GEHT SCHNELL | PREISWERT
Für 4 Personen
Zubereitungszeit: 15 Min.

1 l Fleischbrühe • 2 TL Mehl • 2 Eier • je 1 Msp. Salz und frisch geriebene Muskatnuss • 4 EL Schnittlauchröllchen

– Die Fleischbrühe erhitzen. Das Mehl mit 2 EL kaltem Wasser anrühren. Eier unter das Mehlgemisch quirlen und den Einlaufteig mit Salz und Muskat würzen.
– Den Eierteig unter ständigem Rühren in die schwach kochende Fleischbrühe einlaufen lassen. Die Suppe in Suppentassen füllen und mit Schnittlauch bestreuen.

10. Stracciatella
(Italienische Suppe mit Eierflocken)

GEHT SCHNELL | GELINGT LEICHT
Für 4 Personen
Zubereitungszeit: 15 Min.

4 Eier • 4 EL frisch geriebener Parmesan • 1 l Fleischbrühe • Salz • frisch gemahlener Pfeffer • frisch geriebene Muskatnuss

– Die Eier in einer Schüssel kräftig schaumig schlagen. Parmesan und 1/8 l kalte Fleischbrühe unterrühren. Mit Salz, Pfeffer und Muskatnuss würzen.
– Übrige Brühe in einem Topf aufkochen, vom Herd nehmen und unter Rühren die Eiermasse dazugeben.
– Den Topf zurück auf die Herdplatte stellen und nochmals etwa 5 Min. ziehen lassen. Mit dem Schneebesen rühren, bis Flöckchen entstehen. Sofort in vorgewärmten Tellern servieren.

11. Zuppa pavese
(Italienische Fleischbrühe mit Brot und Ei)

GEHT SCHNELL
Für 4 Personen
Zubereitungszeit: 20 Min.

1 l Fleischbrühe • 60 g Butter • 4 Scheiben italienisches Weißbrot (Ciabatta) oder Toastbrot • 50 g frisch geriebener Parmesan • 4 Eier • Salz

– Suppenteller im Ofen bei 75° vorwärmen. Die Fleischbrühe in einem Topf fast bis zum Siedepunkt erhitzen. In einer breiten Pfanne die Butter heiß, aber nicht braun werden lassen.
– Die Brotscheiben in der Butter auf beiden Seiten goldgelb braten, so dass sie außen knusprig, innen aber noch weich sind.
Die gebratenen Brotscheiben mit etwas geriebenem Parmesan bestreuen und in die vorgewärmten Suppenteller legen.
– Je 1 Ei über den Tellern aufschlagen und vorsichtig auf das Brot gleiten lassen, so dass das Eigelb nicht ausläuft. Das Ei leicht salzen und den restlichen Käse darüber streuen.
– Die kochend heiße Fleischbrühe von der Seite her in die Suppenteller gießen. Die Suppe sofort servieren.

12. Hühnerbrühe mit Eierstich

GUT FÜR GÄSTE I BRAUCHT ETWAS ZEIT
Für 6–8 Personen
Zubereitungszeit: 45 Min.
Garzeit: 1 3/4 Std.

Für die Brühe: 1 kg Hühnerklein • Salz • 1 Stange Lauch • 2 Möhren • 1 Stück Knollensellerie mit grünen Blättern • 1 Zwiebel • 1 Lorbeerblatt • 1 Gewürznelke • 2 Stängel Petersilie • 4 weiße Pfefferkörner
Für den Eierstich: 2 Eier • 4 EL Milch • Salz • frisch gemahlener weißer Pfeffer • frisch geriebene Muskatnuss • 2 TL Öl • 1 dünne Stange Lauch • 1 Möhre • 100 g Knollensellerie • 3–4 EL Kerbelblättchen

– Für die Brühe Hühnerklein waschen, mit 2 l kaltem Wasser und Salz zum Kochen bringen. Die Hitze dann zurückschalten und die Brühe leise vor sich hinkochen lassen. Während der ersten 30 Min. den sich bildenden Schaum mehrmals abschöpfen.
– Inzwischen Lauch putzen und waschen, Möhren und Sellerie schälen. Das Gemüse in große Stücke schneiden. Zwiebel schälen und mit Lorbeerblatt und Nelke bestecken.
– Gemüse, gewaschene Petersilie und Sellerieblätter sowie Pfefferkörner zur Suppe geben, 1 weitere Std. köcheln lassen. Den Deckel dabei einen Spaltbreit offen lassen, so dass Flüssigkeit verdampfen kann.
– Für den Eierstich Eier und Milch mit je 1 Prise Salz, Pfeffer und Muskat verquirlen. Zwei große Tassen mit Öl auspinseln und die Eiermasse einfüllen, mit Alufolie abdecken. In einem weiten Topf Wasser erhitzen. Die Tassen hineinstellen und die Eiermasse bei schwacher Hitze in 30–40 Min. stocken lassen. Das Wasser soll dabei nicht kochen.
– Den Lauch putzen und waschen, die Möhre und den Sellerie schälen. Das Gemüse in sehr feine Streifen schneiden, in kochendem Wasser 2 Min. blanchieren und abtropfen lassen.
– Den Eierstich mit einem spitzen Messer vom Tassenrand lösen und stürzen. Rauten ausschneiden oder kleine Figuren ausstechen.
– Die Brühe durch ein feines Sieb gießen, eventuell das Fett mit einem Löffel abnehmen. Die Gemüsestreifen und den Eierstich in Suppentellern verteilen und mit der kochend heißen Brühe umgießen. Die Kerbelblättchen darüber streuen.

TIPP

Die Hühnerbrühe können Sie wie fast alle Suppen schon 1–2 Tage vorher zubereiten. Vor dem Servieren kurz aufwärmen, ebenfalls vorbereitete Eierstich- und Gemüsestreifen-Einlagen dazugeben und nach Belieben mit Kräutern bestreuen.

13. Schwemmklößchensuppe

PREISWERT
Für 4 Personen
Zubereitungszeit: 35 Min.

1/8 l Milch • 1 EL Butter • 2 Msp. Salz • 1 Msp. frisch geriebene Muskatnuss • 75 g Mehl • 1 Ei (Größe L) • 1 l Fleischbrühe • 1/2 Bund Petersilie

– Milch, Butter, Salz und Muskat in einem kleinen Topf erhitzen. Das Mehl auf einmal hineinschütten und so lange rühren, bis sich der Teig als Kloß vom Topfboden löst. Den Topf vom Herd nehmen. Den Teig etwas abkühlen lassen und das Ei unter den Teig rühren.
– Die Fleischbrühe zum Kochen bringen. Mit zwei angefeuchteten Teelöffeln kleine Klößchen vom Teig abstechen und in die heiße, aber nicht sprudelnd kochende Fleischbrühe legen. Die Klößchen bei geringer Hitze in 7 Min. gar ziehen lassen. Die Petersilie waschen, trockenschütteln und klein schneiden. Die Petersilie über die angerichtete Suppe streuen.

14. Grießnockerlsuppe

SCHMECKT KINDERN
Für 4 Personen
Zubereitungszeit: 20 Min.
Quellzeit: 30 Min.
Garzeit: 30 Min.

2 EL weiche Butter • 70 g grober Hartweizengrieß • 1 Ei • 1/2 TL Salz • 1 Msp. frisch geriebene Muskatnuss • 1 l Fleischbrühe • 1/2 Bund Schnittlauch

– Die Butter schaumig rühren, nach und nach den Grieß und das Ei untermischen und die Masse mit Salz und Muskat würzen. Grießmasse 30 Min. quellen lassen.

– Fleischbrühe zum Kochen bringen. Von der Grießmasse nach und nach mit zwei feuchten Teelöffeln etwas Masse abstechen und zu Nockerln formen. Zur Probe erst ein Nockerl in die sanft kochende Brühe geben. Bleibt dieses ganz, die übrigen Nockerln einlegen und im halb zugedeckten Topf 20 Min., danach ohne Hitzezufuhr in weiteren 10 Min. gar ziehen lassen.
– Den Schnittlauch waschen, abtropfen lassen und klein schneiden. Die garen Nockerln aus der Brühe heben, in eine Terrine geben und mit der heißen Brühe übergießen. Die Suppe mit dem Schnittlauch bestreuen.

TIPP

Um sicher zu sein, dass Klößchen oder Nockerln beim Garen nicht zerfallen, zur Probe stets nur ein Stück garen. Zerfällt es, noch etwas Grieß für Grießnockerln, Semmelbrösel oder Mehl für andere Klößchen zum Teig geben. Wird es zu hart, hat die Brühe zu stark gekocht. 1/2 Tasse kaltes Wasser in die Brühe gießen und diese nur sanft kochen lassen.

15. Flädlesuppe

GELINGT LEICHT | PREISWERT
Für 4 Personen
Zubereitungszeit: 1 1/2 Std.

1 1/2 l Fleischbrühe • 400 g Rindfleisch (Brust) • 1 Bund gemischte Kräuter (Kerbel, Schnittlauch, Petersilie) • 100 g Mehl • 2 Eier • 5 EL flüssige Butter • 1/8 l Milch • Salz

– Die Brühe aufkochen. Das Rindfleisch darin bei schwacher Hitze 1 1/2 Stunden ziehen lassen.
– Für die Flädle die Kräuter waschen, die Blättchen abzupfen und fein hacken. Das Mehl in eine Schüssel sieben. Die Eier, 3 EL Butter und die Milch nach und nach unterrühren, die Kräuter untermischen. Den Teig mit Salz würzen.
– In einer Pfanne jeweils etwas Butter erhitzen und darin nacheinander dünne Pfannkuchen backen, bis der Teig verbraucht ist. Pfannkuchen kurz abkühlen lassen, aufrollen und in dünne Streifen, »Flädle«, schneiden.
– Das Fleisch aus der Brühe nehmen und in Streifchen schneiden, mit den Flädle in eine Suppenschüssel geben. Die heiße Brühe aufgießen und sofort servieren.

16. Französische Zwiebelsuppe

GUT FÜR GÄSTE | PREISWERT
Für 4 Personen
Zubereitungszeit: 50 Min.

500 g Gemüsezwiebeln • 2 EL Butter • 100 ml trockener Weißwein • 1 l Fleischbrühe (Instant oder selbst gemacht) • 4 kleine Scheiben Weißbrot • Salz • frisch gemahlener weißer Pfeffer • 100 g frisch geriebener Greyerzer oder Gouda

– Die Zwiebeln schälen, halbieren und quer in dünne Ringe schneiden. In einem Topf die Butter erhitzen und die Zwiebeln darin bei starker bis mittlerer Hitze glasig braten.
– Die Zwiebeln mit dem Weißwein ablöschen und zum Kochen bringen. So verdampft der Alkohol und der Geschmack des Weines bleibt erhalten. Die Brühe dazugießen und die Suppe zugedeckt bei mittlerer Hitze etwa 15 Minuten garen.
– Den Backofen auf 200° (Umluft 180°) vorheizen. Das Weißbrot toasten.
– Die Zwiebelsuppe mit Salz und Pfeffer abschmecken und in feuerfeste Suppentassen füllen. Auf jede Tasse 1 Scheibe Toast und etwas geriebenen Käse setzen und die Suppe im Ofen (Mitte) überbacken, bis der Käse goldbraun geworden ist.

17. Lachsklößchen in Kräuterbrühe

GUT FÜR GÄSTE
Für 4 Personen
Zubereitungszeit: 1 Std.

400 g gut gekühltes Lachsfilet • 1/2 unbehandelte Zitrone • 2 Eiweiße • Salz • frisch gemahlener weißer Pfeffer • 150 g Sahne • 3/4 l Fischfond • 1 EL gehackter Dill • 1 EL Schnittlauchröllchen • 1 TL gehackter Estragon

– Das Lachsfilet gründlich entgräten und in kleine Stückchen schneiden. Die Zitrone heiß abwaschen, abtrocknen und fein abreiben. Zitronensaft auspressen. Lachs mit beidem würzen.
– Fisch mit den Eiweißen pürieren, salzen und pfeffern. Kurz kalt stellen. Sahne steif schlagen, locker unter die Fischmasse ziehen und wieder kalt stellen.

– In einem Topf 1 l Salzwasser erhitzen. Den Fischfond in einem zweiten Topf aufkochen. Von der Lachsmasse mit zwei kalt abgespülten Teelöffeln kleine Nocken abstechen, ins siedende Salzwasser geben und in etwa 5 Min. gar ziehen lassen. Herausnehmen und abtropfen lassen, zugedeckt warm halten.
– Den Fischfond mit Salz und Pfeffer abschmecken, Dill, Schnittlauch und Estragon einrühren. Die Lachsklößchen in der Brühe servieren.

18. Leberspätzlesuppe

DEFTIG
Für 4 Personen
Zubereitungszeit: 25 Min.

100 g Rinderleber (durch den Fleischwolf gedreht) • 1 EL Butter • 1 Ei • 50 g Semmelbrösel • 1 Prise Salz • 3/4 l Fleischbrühe • 1/2 Bund Schnittlauch

– Die Rinderleber mit der Butter, dem Ei, den Semmelbröseln, 1 EL Wasser und dem Salz verrühren.
– Die Fleischbrühe zum Kochen bringen. Die Lebermasse durch einen Spätzlehobel oder durch einen Spätzleseiher in die kochende Fleischbrühe drücken.
– Die Hitze sofort reduzieren und die Leberspätzle in der nur schwach kochenden Brühe in etwa 10 Minuten gar ziehen lassen.
– Schnittlauch waschen, trockenschütteln und in kleine Röllchen schneiden. Die Suppe vor dem Servieren mit dem Schnittlauch bestreuen.

19. Fleischbrühe mit Speckklößchen

BRAUCHT ETWAS ZEIT
Für 6 Personen
Zubereitungszeit: 2 1/2 Std.

Für die Brühe: 750 g Rindfleisch zum Kochen (z. B. Hals oder Schulterblatt) • 6 Fleischknochen • 2 Bund Suppengemüse • 1 Zwiebel • 1 Lorbeerblatt • 2 Gewürznelken • Salz
Für die Klößchen: 150 g altbackenes Weißbrot • 1/8 l Milch • 1 kleine Zwiebel • 50 g durchwachsener Speck • 1/2 Bund Petersilie • 1 Ei • frisch gemahlener weißer Pfeffer • Salz
Zum Bestreuen: 2 EL Schnittlauchröllchen

– Fleisch und Knochen kalt waschen, mit 1 1/2 l Wasser in einen Topf geben und zum Kochen bringen. Das Fleisch soll ganz von der Flüssigkeit bedeckt sein. Den Schaum, der sich beim Aufkochen bildet, abschöpfen.
– Fleisch zugedeckt bei schwacher Hitze etwa 1 Stunde sieden lassen. Die Flüssigkeit darf nicht kochen, notfalls einen Schuss kaltes Wasser angießen.
– Inzwischen das Suppengemüse putzen, waschen und grob zerkleinern. Die Zwiebel schälen und halbieren. Das Suppengemüse und die Zwiebel, das Lorbeerblatt und die Gewürznelken zum Fleisch geben. Alles noch einmal etwa 1 Std. sieden lassen, bis das Fleisch weich ist. Dann die Brühe mit Salz abschmecken.
– Für die Klößchen das Weißbrot in feine Scheiben schneiden und in eine Schüssel geben. Milch erhitzen und darüber gießen. So lange quellen lassen, bis das Brot weich ist und die Milch ganz aufgesogen hat.
– Die Zwiebel schälen und fein hacken. Den Speck von der Schwarte und allen Knorpeln befreien und ebenfalls klein würfeln. Speckwürfel in eine kleine Pfanne geben und bei mittlerer Hitze garen, bis das Fett ausgebraten und der Speck glasig ist. Zwiebel kurz darin mitbraten.
– Petersilie waschen, trockenschütteln und fein hacken. Mit Speck, Zwiebelwürfeln und Ei zum Weißbrot geben und alles gründlich mischen. Teig mit Pfeffer und Salz würzen und zu tischtennisballgroßen Klößchen formen.
– Die Suppe durch ein mit einem Mulltuch ausgelegtes Sieb gießen. Den Sud wieder in den Topf füllen und erhitzen. Die Klößchen einlegen und bei mittlerer bis schwacher Hitze darin etwa 10 Min. ziehen lassen. Die Brühe mit den Klößchen in Teller füllen und mit dem Schnittlauch bestreuen.

20. Rinderbrühe mit Markklößchen

BRAUCHT ETWAS ZEIT
Für 4 Personen
Zubereitungszeit: 2 1/2 Std.

Für die Brühe: 750 g Rindfleisch (z. B. Beinscheiben oder Querrippe) • 1 Zwiebel • 1 Bund Suppengrün • 1 Bund Petersilie • 1 Lorbeerblatt • 2 Gewürznelken • 1/2 TL schwarze Pfefferkörner • Salz • frisch gemahlener Pfeffer
Für die Klößchen: 2 mittelgroße Markknochen • 1 1/2 Scheiben Toastbrot • 40 g Semmelbrösel • 1 Ei • Salz • frisch gemahlener Pfeffer • frisch geriebene Muskatnuss

– In einem großen Topf das Fleisch mit 1 1/2 l Wasser zum Kochen bringen. Den dabei entstehenden Schaum abschöpfen.
– Die Zwiebel schälen, das Suppengrün putzen, waschen und grob zerschneiden. Die Petersilie waschen und die Blättchen von den Stielen zupfen. Die Hälfte der Petersilie beiseite legen.
– Gemüse, Petersilie, Lorbeerblatt, Gewürze und wenig Salz zum Fleisch geben. Alles bei schwacher Hitze zugedeckt etwa 2 Std. ziehen lassen. Die Suppe sollte nicht sprudelnd kochen, sondern nur ganz leise köcheln.
– Inzwischen die Markklößchen zubereiten. Dafür die Knochen waschen und das Mark herauslösen. Das Mark in einem kleinen Topf kurz zerlassen, dann durch ein feines Sieb gießen. Das Brot klein würfeln.
– Die beiseite gelegte Petersilie hacken. Brotwürfel, Semmelbrösel, Ei und 1 EL von der Petersilie mit dem Mark verkneten. Kräftig mit Salz, Pfeffer und Muskat würzen. Aus der Masse 12–16 kleine Klöße formen.
– Die Suppe durch ein feines Sieb abgießen und mit Salz und Pfeffer abschmecken. Die Brühe wieder in den Topf geben und die Klößchen darin 5–10 Min. bei schwacher Hitze offen garen.
– Das Fleisch vom Knochen lösen, klein schneiden und in die Suppe geben. Die restliche Petersilie über die Suppe streuen.

TIPP

Diese Suppe können Sie natürlich auch mit fertiger Brühe zubereiten. Das geht wesentlich schneller, jedoch müssen Sie dann auf Rindfleisch verzichten und eventuell andere Suppeneinlagen wählen. Erheblich rascher geht es auch im Schnellkochtopf: Verschließen Sie den Topf, nachdem Sie den Schaum abgeschöpft haben, und kochen Sie die Brühe 40–50 Minuten.

21. Wildkraftbrühe mit Leberklößchen

GUT FÜR GÄSTE | GUT VORZUBEREITEN
Für 4 Personen
Zubereitungszeit: 2 Std.

Für die Kraftbrühe: 200 g Fleisch von Wildgeflügel • 2 Eiweiße • 1–2 Gerippe von Wildgeflügel • 100 g Champignons • 1 EL Öl • je 1 Zweig Thymian und Rosmarin • 3 zerdrückte Wacholderbeeren
Für die Klößchen: 3 Schalotten • 125 g Leber von Wildgeflügel • 1 EL Butter • 50–60 g Semmelbrösel • 2–3 EL Crème fraîche (oder Schmand) • 1 Ei • 1 Msp. frisch geriebene Muskatnuss • 1 Prise Majoran • Salz • frisch gemahlener Pfeffer • 60 ml trockener Sherry (nach Belieben)
Außerdem: 1/2 Bund Schnittlauch

– Das Fleisch waschen, abtrocknen und mit einem scharfen Messer fein hacken. Das gehackte Fleisch mit den Eiweißen gut verrühren. Die Gerippe in 4–6 Stücke hacken. Die Champignons mit Küchenpapier abreiben und vierteln.
– In einem 3–4 l großen Topf das Öl erhitzen und die Gerippe darin 15 Min. bei starker Hitze anbraten. Die Champignons, den Thymian- und Rosmarinzweig, die zerdrückten Wacholderbeeren, das Fleisch und 1 l kaltes Wasser dazugeben und bei kleiner Hitze ohne Deckel 1 1/2 Std. leise kochen lassen.
– Für die Klößchen in der Zwischenzeit die Schalotten schälen, klein hacken und in einer Pfanne mit 1 EL Butter in 5 Min. goldgelb anbraten. Die Leber mit einem Messer fein schaben oder im Blitzhacker zerkleinern. Die Semmelbrösel, die Crème fraîche, das Ei und die gebratenen Schalottenwürfel dazurühren. Mit Muskat, Majoran, Salz und Pfeffer würzen und 30 Min. kalt stellen. Aus der Farce mit einem Teelöffel kleine Klöße formen und auf Pergamentpapier setzen.
– Brühe durch ein feines Sieb in einen möglichst flachen Kochtopf seihen, mit Sherry, Salz und Pfeffer würzen und langsam zum Sieden bringen. Die Klößchen mit dem Papier in die siedende Fleischbrühe geben und, wenn sie sich gelöst haben, das Papier aus der Brühe heben. Die Klößchen ohne zu kochen 8–10 Min. ziehen lassen. Den Schnittlauch in feine Ringe schneiden, über die heiße Brühe streuen und servieren.

TIPPS

– Für die Wildkraftbrühe sind ältere Tiere (Fasan, Ente, Taube), die zum Braten zu zäh sind, geeignet.
– Die Brühe lässt sich 4–5 Tage vor dem Servieren vorbereiten oder für den Vorrat 6 Monate einfrieren.
– Statt Wildleber können Sie Kalbs- oder Schweineleber nehmen. Wichtig: Farce vorm Garen ruhen und die Klößchen nicht kochen lassen, sonst zerfallen sie.

22. Geröstete Grießsuppe

PREISWERT | SCHMECKT KINDERN
Für 4 Personen
Zubereitungszeit: 30 Min.

1 kleine Zwiebel • 1 Bund Suppengrün • 1 EL Butter • 60 g Hartweizengrieß • 1 l Fleischbrühe • 1/2 Bund Petersilie • 4 EL Sahne • Salz • frisch gemahlener Pfeffer

– Die Zwiebel schälen und fein würfeln. Das Suppengrün waschen, putzen und fein schneiden. Die Butter zerlassen, die Zwiebelwürfel und das klein geschnittene Suppengrün darin anbraten.
– Grieß einstreuen und unter Rühren goldgelb braten. Nach und nach mit der Fleischbrühe auffüllen und unter Rühren zum Kochen bringen. Die Suppe dann bei sehr schwacher Hitze 15 Min. quellen lassen.
– Petersilie waschen, abtropfen lassen, klein schneiden. Die Sahne in die Suppe rühren. Die Suppe mit Salz und Pfeffer abschmecken und mit der Petersilie bestreuen.

TIPPS
– Soll die Suppe kräftiger werden, brät man zunächst mit dem Gemüse 100 g gewürfelten, durchwachsenen Speck in der Butter aus.
– Man kann auch anstelle von Sahne Sauerrahm verwenden, die Suppe erhält dann eine pikante Geschmacksnote.

23. Knoblauch-Mandel-Suppe

VEGETARISCH | PREISWERT
Für 4 Personen
Zubereitungszeit: 50 Min.

8 Knoblauchzehen • 2 EL Butter • 150 g geschälte, gemahlene Mandeln • 1 l Gemüsebrühe • 8 blaue Weintrauben • Salz • frisch gemahlener weißer Pfeffer • 1 Prise frisch geriebene Muskatnuss • 2 EL Zitronensaft • 1/2 Bund Zitronenthymian (ersatzweise normaler Thymian)

– Die Knoblauchzehen schälen und quer in ganz dünne Scheibchen schneiden.
– Die Butter in einem Topf erhitzen und den Knoblauch darin bei schwacher Hitze in etwa 5 Min. goldgelb braten. Die Mandeln zugeben und kurz anrösten. Mit der Gemüsebrühe aufgießen. Zugedeckt etwa 25 Min. sanft kochen lassen.
– Inzwischen die Trauben waschen und halbieren, dabei die Kerne entfernen.
– Die Suppe mit Salz, Pfeffer, Muskat und Zitronensaft abschmecken. Suppe in Teller verteilen und die Weintrauben einlegen. Den Zitronenthymian abbrausen, trockenschütteln und die Blättchen über den Tellern abzupfen und in die Suppe geben.

24. Tomatensuppe mit Knoblauch-Croûtons

GELINGT LEICHT | SCHMECKT KINDERN
Für 2 Personen
Zubereitungszeit: 40 Min.

300 g reife Tomaten • 1 kleine Möhre • 1 Zwiebel • 2 EL Butter oder Margarine • frisch gemahlener schwarzer Pfeffer • 3/4 l Fleischbrühe (Instant oder selbst gemacht) • 1 EL Tomatenmark • 1 Scheibe Weißbrot • 1 Knoblauchzehe • 50 g Sahne • einige Stängel Basilikum • Zucker • Salz

– Die Tomaten waschen, vierteln und dabei die Stielansätze herausschneiden. Die Möhre und die Zwiebel schälen, beides würfeln.
– In einem Topf 1 EL von der Butter oder Margarine erhitzen, die Zwiebel- und die Möhrenwürfel darin kurz anbraten. Die Tomatenviertel dazugeben und alles mit Pfeffer würzen.
– Die Fleischbrühe dazugeben und das Tomatenmark einrühren. Die Brühe bei schwacher Hitze zugedeckt etwa 20 Min. garen.
– Inzwischen das Brot würfeln und den Knoblauch schälen. In einer kleinen Pfanne die restliche Butter oder Margarine zerlassen. Den Knoblauch hineinpressen und die Brotwürfel darin knusprig rösten. Die Sahne steif schlagen.
– Von den Basilikumstängeln die Blättchen abzupfen, nach Belieben ganz lassen oder in Streifen schneiden. Die Suppe durch ein feines Sieb streichen. Mit Zucker, Salz und Pfeffer abschmecken und auf Tellern anrichten. Mit den Knoblauch-Croûtons, einem Sahneklecks und dem Basilikum garnieren.

25. Kürbiscremesuppe

BRAUCHT ETWAS ZEIT | VEGETARISCH
Für 4 Personen
Zubereitungszeit: 1 1/4 Std.

1 Stück Kürbis (etwa 900 g) • 1 Zwiebel • 3 EL Butter • Salz • frisch gemahlener weißer Pfeffer • 1 Zweig Thymian • 1 l Gemüsebrühe • 3 EL Zitronensaft • Cayennepfeffer • 4 EL Kürbiskerne

– Den Kürbis entkernen, dann das Fruchtfleisch aus der Schale schneiden und klein würfeln.
– Die Zwiebel schälen und fein hacken. In einem großen Topf die Butter erhitzen und die Zwiebel darin bei mittlerer Hitze in etwa 5 Min. goldgelb andünsten.
– Kürbiswürfel dazugeben und kurz mitdünsten. Mit Salz und Pfeffer würzen. Den Thymianzweig abbrausen, trockenschütteln und mit in den Topf geben. Mit Brühe aufgießen und etwa 45 Min. zugedeckt bei schwacher Hitze köcheln lassen, bis der Kürbis weich ist.
– Inzwischen die Kürbiskerne in einer beschichteten Pfanne ohne Fett kurz unter Rühren anrösten.
– Den Thymianzweig aus der Suppe fischen und wegwerfen. Den Kürbis mit dem Pürierstab oder im Mixer fein pürieren.
– Die Suppe mit dem Zitronensaft und Cayennepfeffer abschmecken. In tiefe Teller füllen und mit den gerösteten Kürbiskernen bestreut servieren.

26. Kürbissuppe mit Sauerampfer

VEGETARISCH | GUT FÜR GÄSTE
Für 4 Personen
Zubereitungszeit: 45 Min.

600 g Kürbis • 1 Knoblauchzehe • 1 Zwiebel • 1 Möhre • 2 Tomaten • 2 EL Olivenöl • 1 kleiner Zweig Thymian • 1 l Gemüsebrühe • 2 EL Crème double • 2 EL saure Sahne • 1 Prise frisch geriebene Muskatnuss • Meersalz • frisch gemahlener Pfeffer • je 50 g Sauerampfer und Spinat

– Den Kürbis schälen, die Kerne entfernen und das Kürbisfleisch würfeln. Den Knoblauch, die Zwiebel und die Möhre schälen. 1 Tomate vom Stielansatz befreien, mit kochend heißem Wasser überbrühen und häuten. Alles klein schneiden.
– In einem Topf 1 EL Öl erhitzen. Den Kürbis, den Knoblauch und die Zwiebel darin bei schwacher Hitze 5 Min. dünsten. Thymian abbrausen und mit den Möhren- und Tomatenwürfel dazugeben, die Brühe aufgießen. Alles 10–15 Min. garen.
– Den Thymianzweig entfernen. Die Suppe pürieren. Mit der Crème double, der sauren Sahne, Muskat, Salz und Pfeffer abschmecken.
– Die zweite Tomate waschen, vom Stielansatz befreien und würfeln. Den Sauerampfer und den Spinat waschen, abtropfen lassen und in Streifen schneiden.
– In einer Pfanne das restliche Öl erhitzen. Den Spinat mit der Tomate darin 1 Min. bei schwacher Hitze dünsten, salzen und pfeffern. Die Suppe mit Spinat, Tomaten und Sauerampfer garniert servieren.

27. Spinat-Joghurt-Suppe

GEHT SCHNELL | VEGETARISCH
Für 4 Personen
Zubereitungszeit: 30 Min.

500 g frischer Blattspinat (ersatzweise 300 g tiefgekühlter) • 1 Zwiebel • 3 EL Olivenöl • 120 g Langkornreis • 600 g Naturjoghurt • 3 Knoblauchzehen • Salz • frisch gemahlener weißer Pfeffer

– Den frischen Spinat gründlich waschen, trockenschleudern, verlesen und mit einem großen Messer klein schneiden. (Den tiefgekühlten Spinat in ein Sieb geben, auftauen und abtropfen lassen, dann ebenfalls klein schneiden.)
– Die Zwiebel schälen und in kleine Würfel schneiden. Das Olivenöl in einem großen Topf erhitzen und die Zwiebel darin bei schwacher Hitze in etwa 3 Min. goldgelb und glasig dünsten.
– Spinat und den Reis dazugeben, 1 l Wasser angießen und alles zugedeckt bei mittlerer Hitze etwa 20 Min. kochen lassen, bis der Reis gar ist.
– In der Zwischenzeit Joghurt in eine Schüssel geben. Den Knoblauch schälen und durch die Knoblauchpresse dazudrücken. Mit Salz und Pfeffer würzen und alles gut verrühren.
– Wenn der Reis weich ist, den Topf vom Herd nehmen und mit einem Schneebesen die Joghurt-Knoblauch-Mischung unter die Suppe rühren. Die Suppe darf nicht mehr kochen, sonst gerinnt der Joghurt. Das Gericht mit Pfeffer und Salz abschmecken.

28. Schnittlauchsuppe

GEHT SCHNELL | GELINGT LEICHT
Für 4 Personen
Zubereitungszeit: 25 Min.

4 Bund Schnittlauch • 3 Eigelbe • 100 g Sahne • 100 g Räucherlachs • 600 ml Fischfond • 50 ml trockener Weißwein • 200 g Crème fraîche • Salz • frisch gemahlener weißer Pfeffer

– Schnittlauch waschen und trockenschütteln. 2 Bund grob hacken. Restlichen Schnittlauch in feine Röllchen schneiden und mit Eigelben und Sahne verquirlen. Lachs in Streifen schneiden.
– Fischfond, Wein und Crème fraîche aufkochen und vom Herd ziehen. Grob gehackten Schnittlauch einrühren und 5 Min. ziehen lassen.
– Die Suppe durch ein Sieb gießen, 1/2 Tasse davon mit der Eiersahne mischen und in die Suppe rühren. Mit Salz und Pfeffer würzen und die Suppe nochmals ohne zu kochen erhitzen. Den Lachs zugeben.

29. Spargelcremesuppe

GUT FÜR GÄSTE
Für 4 Personen
Zubereitungszeit: 45 Min.
Garzeit: 45 Min.

1 kg weißer Spargel • 1 l Hühnerbrühe • 3 EL Butter • 4 EL Mehl • 2 Eigelbe • 125 g Sahne • 80 ml trockener Weißwein • Salz • frisch gemahlener weißer Pfeffer

– Die Spargelstangen schälen und die holzigen Enden abschneiden. Die Stangen in etwa 4 cm lange Stücke schneiden, dabei die Köpfe beiseite legen.
– Brühe zum Kochen bringen, Spargelköpfe darin zugedeckt 10–15 Min. bei geringer Hitze kochen lassen. Mit einem Schaumlöffel herausheben und abtropfen lassen.
– Den restlichen Spargel in der Brühe 25–30 Min. kochen lassen. Dann den Spargel in der Hühnerbrühe pürieren und alles durch ein Sieb streichen.
– Die Butter in einem Topf zerlassen und das Mehl darin unter ständigem Rühren hellgelb anbraten. Nach und nach mit der passierten Spargelsuppe auffüllen und unter ständigem Rühren 5 Min. leicht kochen lassen.
– Eigelbe mit der Sahne verquirlen, 3–4 EL der heißen Suppe in das Sahnegemisch rühren. Suppe vom Herd ziehen und die Eigelbsahne darunter ziehen.
– Den Weißwein zugießen, die Suppe mit dem Salz und dem Pfeffer abschmecken und die Spargelköpfe in die Suppe geben. Die Suppe bei geringer Hitze noch einmal erwärmen, aber nicht mehr kochen lassen.

30. Brokkolicremesuppe

GELINGT LEICHT | VEGETARISCH
Für 4 Personen
Zubereitungszeit: 35 Min.

400 g Brokkoli • 650 ml Gemüsebrühe (Instant oder selbst gemacht) • 1 EL Mandelblättchen • 2 EL Sahne • Salz • frisch gemahlener Pfeffer • frisch geriebene Muskatnuss • 1/2 Bund Schnittlauch

– Vom Brokkoli die Blätter entfernen, die Röschen mit etwa 2 cm Stiel abschneiden und waschen. Brokkolistiele schälen und in Stücke schneiden.
– Die Brühe zum Kochen bringen. Die Brokkoliröschen darin in etwa 5 Min. bissfest garen, dann herausnehmen. Die Stiele in die Brühe geben und zugedeckt etwa 10 Min. bei schwacher Hitze köcheln lassen.
– Inzwischen die Mandeln in einer Pfanne ohne Fett unter Rühren goldbraun rösten, dann herausnehmen.
– Ein Drittel der Brokkoliröschen mit den Stielen im Mixer oder direkt im Topf mit dem Pürierstab pürieren. Das Püree aus dem Mixer wieder in den Topf geben. Die Sahne untermischen und die Suppe abschmecken.
– Schnittlauch waschen, trockenschütteln und fein schneiden. Restliche Brokkoliröschen in den Topf geben und kurz erhitzen, aber nicht mehr kochen lassen. Die Suppe mit Mandeln und Schnittlauch garnieren.

31. Blumenkohlcremesuppe

VEGETARISCH | PREISWERT
Für 4 Personen
Zubereitungszeit: 25 Min.
Garzeit: 30 Min.

500 g Blumenkohl • 1/4 l Milch • 2 Eigelbe • 125 g Sahne • 1/2 TL Salz • frisch geriebene Muskatnuss • frisch geriebener Pfeffer • 1/2 Bund Dill oder Petersilie

– Den Blumenkohl in kleine Röschen zerteilen und kalt waschen. 1/2 l Wasser zum Kochen bringen, die Blumenkohlröschen hineingeben und zugedeckt bei geringer Hitze 30 Min. kochen lassen.
– Den Blumenkohl mit der Kochbrühe durch ein Sieb passieren oder im Mixer oder mit dem Stabmixer fein pürieren. Das Püree mit der Milch verrühren und zugedeckt bei geringer Hitze noch einmal gut erwärmen.
– Die Eigelbe mit der Sahne, dem Salz, etwas Muskat und Pfeffer verquirlen. 3–4 EL heiße Suppe unter das Eigelb-Sahne-Gemisch rühren und die Mischung unter die Suppe ziehen.
– Den Dill oder die Petersilie waschen, abtropfen lassen und klein schneiden. Dann die Kräuter über die Suppe streuen und diese gleich servieren.

32. Blumenkohl-Minze-Suppe

GELINGT LEICHT I GUT FÜR GÄSTE
Für 4 Personen
Zubereitungszeit: 45 Min.

2 Schalotten • 1 Blumenkohl (etwa 750 g) • 2 EL Butter • 3/4 l kräftige, heiße Gemüse- oder Hühnerbrühe • Salz • frisch gemahlener schwarzer Pfeffer • 1–2 EL Zitronensaft • 150 g Crème fraîche • 3 Stängel Minze

– Die Schalotten schälen und in feine Würfel schneiden. Den Blumenkohl putzen, waschen und in kleine Röschen teilen.
– Die Butter in einem Topf zerlassen. Die Schalotten darin bei schwacher Hitze glasig dünsten. Die Blumenkohlröschen hinzufügen und kurz mitdünsten. Mit der heißen Gemüse- oder Hühnerbrühe aufgießen und alles 15 Min. bei mittlerer Hitze köcheln lassen.
– Etwa 1 Schaumkelle voll Blumenkohlröschen herausnehmen und beiseite legen, den übrigen Blumenkohl samt der Brühe mit dem Stabmixer pürieren.
– Die Suppe mit Salz, Pfeffer und Zitronensaft würzen. Crème fraîche einrühren, Suppe aufkochen und weitere 2–3 Min. köcheln lassen. Restliche Blumenkohlröschen in der Suppe erhitzen.
– Die Minze abbrausen, trockenschütteln und die Blätter von den Stängeln zupfen. Drei Viertel der Minzeblätter in feine Streifen schneiden. Zusammen mit den ganzen Blättern auf die Suppe streuen und diese sofort servieren.

33. Mangoldcremesuppe mit pochiertem Ei

GUT FÜR GÄSTE I VEGETARISCH
Für 4 Personen
Zubereitungszeit: 50 Min.

500 g Mangold • 1 mehlig kochende Kartoffel (etwa 200 g) • 30 g Kerbel • 2 Schalotten • 40 g Butter • 600 ml Gemüsefond (aus dem Glas) • 1/8 l trockener Weißwein (ersatzweise Gemüsefond und 1/2 EL Zitronensaft) • 250 g Sahne • 1/8 l Weißweinessig • 4 Eier • Salz • frisch gemahlener Pfeffer • frisch geriebene Muskatnuss • 1 Prise Zucker • 1 EL Zitronensaft

– Die Mangoldstaude in Blätter zerlegen, waschen und putzen. Die Stiele von den Blättern abtrennen und in dünne Scheiben schneiden. Die Blätter des Mangolds in feine Streifen schneiden, 50 g abnehmen und beiseite legen. Die Kartoffel schälen und würfeln. Den Kerbel abbrausen, die Blättchen abzupfen und beiseite legen.
– Die Schalotten schälen und fein hacken. Die Butter in einem Topf bei mittlerer Hitze heiß werden lassen. Die Schalotten darin glasig dünsten. Mangoldstiele und die Kartoffelwürfel hinzufügen und 3 Min. mitdünsten. Die Mangoldstreifen (bis auf die 50 g) untermischen. Gemüsefond, Wein sowie Sahne angießen und zugedeckt bei schwacher Hitze 20 Minuten köcheln lassen.
– Inzwischen 1 l Wasser zum Kochen bringen, Essig dazugeben und einmal aufkochen lassen. Vom Herd nehmen. Eier einzeln aufschlagen, vorsichtig ins Wasser gleiten lassen und in 4–6 Min. pochieren. Die Suppe vom Herd nehmen und mit dem Stabmixer pürieren. Mit Salz, Pfeffer, Muskat, Zucker und Zitronensaft abschmecken, einmal aufkochen.
– Eier aus dem Wasser nehmen, abtropfen lassen und auf vorgewärmte Teller geben. Den Kerbel unter die Mangoldsuppe ziehen und die Suppe über die pochierten Eier geben. Mit den beiseite gestellten Mangoldstreifen bestreuen.

TIPPS

– Statt der pochierten können Sie auch hart gekochte Eier nehmen – pellen, fein hacken und zum Schluss auf die Suppe streuen.
– Als Imbiss mit geröstetem Weißbrot servieren.

34. Legierte Lauchsuppe

PREISWERT I GELINGT LEICHT
Für 4 Personen
Zubereitungszeit: 25 Min.
Garzeit: 15 Min.

375 g Lauch • 1 EL Butter • 1 gehäufter EL Mehl • 1 l Fleischbrühe (ersatzweise Wasser) • 1 Msp. frisch geriebene Muskatnuss • 1 Prise Salz • 3 EL saure Sahne • 1 Eigelb • 1/2 Bund Petersilie

– Den Lauch putzen, längs halbieren und gründlich kalt waschen. Die Lauchhälften in feine Scheiben schneiden. Die Butter in einem großen Topf erhitzen, die Lauchstückchen darin anbraten, das Mehl darüber stäuben, gut verrühren und nach und nach mit etwas Fleischbrühe aufgießen. Alles unter Rühren zum Kochen bringen und bei geringer Hitze zugedeckt 15 Min. kochen lassen.
– Dann die restliche Fleischbrühe zum Lauch rühren und einmal aufkochen lassen. Die Suppe mit dem Muskat und, wenn nötig, noch mit Salz abschmecken.
– Die saure Sahne mit dem Eigelb verquirlen. 3–4 EL heiße Suppe zum Sahne-Eigelb-Gemisch geben. Die Suppe vom Herd ziehen und das Gemisch einrühren. Die Suppe danach nicht mehr kochen lassen.
– Die Petersilie waschen und trockenschütteln. Die Blättchen klein schneiden und über die Suppe streuen.

35. Lauchsuppe mit Gorgonzola

GEHT SCHNELL I GUT FÜR GÄSTE
Für 4 Personen
Zubereitungszeit: 30 Min.

750 g Lauch • 250 g mehlig kochende Kartoffeln • 1 EL Butter • 1 l Fleisch- oder Gemüsebrühe • 1 großes Bund Petersilie • 200 g Gorgonzola • Salz • frisch gemahlener weißer Pfeffer

– Den Lauch längs aufschlitzen, waschen, putzen (nur die dunkelgrünen Blätter entfernen) und in feine Ringe schneiden. Kartoffeln schälen, waschen und in kleine Würfel schneiden.
– Die Butter in einem großen Topf bei mittlerer Hitze zerlassen. Lauch und Kartoffeln darin unter Rühren etwa 2 Min. dünsten.
– Die Brühe angießen und die Suppe zugedeckt bei mittlerer Hitze etwa 15 Min. köcheln lassen, bis die Kartoffeln weich sind.
– Die Petersilie waschen, trockenschütteln und die Blättchen fein hacken. Den Gorgonzola entrinden und in kleine Würfel schneiden. Beides unter die Suppe rühren, bis der Käse geschmolzen ist. Mit Salz und Pfeffer abschmecken.

36. Kartoffel-Lauch-Cremesuppe

PREISWERT I SCHMECKT KINDERN
Für 4 Personen
Zubereitungszeit: 50 Min.

400 g mehlig kochende Kartoffeln • 300 g Lauch • 2 EL Butter • 1 l Hühnerbrühe (Instant oder selbst gemacht) • 100 g durchwachsener Speck in dünnen Scheiben • 2 TL Crème fraîche • Salz • frisch gemahlener Pfeffer • 1 Bund Schnittlauch

– Die Kartoffeln waschen, schälen und in kleine Würfel schneiden. Den Lauch putzen, waschen und in dünne Ringe schneiden.
– In einem Topf die Butter erhitzen und den Lauch darin kurz anbraten. Dann 6 EL von dem Lauch herausnehmen und warm stellen.
– Die Brühe in den Topf gießen und den restlichen Lauch und die Kartoffelwürfel zugedeckt etwa 15 Min. bei schwacher Hitze garen. Den Speck von der Schwarte und den Knorpeln befreien und klein würfeln. Die Speckwürfel in einer Pfanne ohne Fett ausbraten, dann auf Küchenpapier abtropfen lassen.
– Die Suppe vom Herd nehmen und mit dem Pürierstab oder auch im Mixer pürieren oder durch ein feines Sieb streichen. Die Crème fraîche unterrühren und die Suppe mit Salz und Pfeffer abschmecken.
– Den Schnittlauch waschen, trockenschütteln und in Röllchen schneiden. Die Kartoffel-Lauch-Cremesuppe anrichten und mit dem warm gestellten Lauch, den Speckwürfeln und dem Schnittlauch garnieren.

TIPP

Anstelle des Schnittlauchs passen auch kleine Majoran- oder Oreganoblättchen ausgezeichnet zur Kartoffelsuppe.

37. Kartoffelsuppe

GELINGT LEICHT
Für 6 Personen
Zubereitungszeit: 30 Min.
Garzeit: 30 Min.

2 Stangen Lauch • 2 Petersilienwurzeln • 3 Möhren • 1/2 Sellerieknolle • 2 Zwiebeln • 2 Knoblauchzehen • 1 kg mehlig kochende Kartoffeln • 2 EL Butterschmalz • 2 l heiße Gemüsebrühe • 2 Lorbeerblätter • 6 Pimentkörner • 1/2 TL gemahlener Kümmel • je 1/4 TL getrockneter Majoran und Thymian • Salz • 1 Bund glatte Petersilie • frisch geriebene Muskatnuss • Suppengewürz • frisch gemahlener schwarzer Pfeffer

– Den Lauch putzen, längs aufschlitzen, gründlich waschen und samt hellem Grün in feine Scheiben schneiden. Die Petersilienwurzeln, die Möhren und den Sellerie waschen, schälen und klein schneiden. Die Zwiebeln, den Knoblauch und die Kartoffeln schälen und klein würfeln.
– Das Butterschmalz erhitzen, Lauch und Zwiebeln dazugeben und bei schwacher Hitze glasig anschwitzen. Dann das übrige Gemüse und die Kartoffeln dazugeben und alles unter Rühren andünsten.
– Die Gemüsebrühe aufgießen. Mit Lorbeerblättern, Pimentkörnern, Kümmel, Majoran, Thymian und Salz würzen und die Suppe etwa 30 Min. ganz leise kochen lassen.
– Die Petersilie waschen und trockenschütteln, die Blättchen abzupfen und fein hacken. Die Kartoffelsuppe mit Muskatnuss, Suppengewürz und Pfeffer kräftig abschmecken. Mit dem Pürierstab kurz durchpürieren und mit der Petersilie bestreut servieren. Dazu passt kräftiges Bauernbrot.

38. Grüne Kartoffelsuppe

PREISWERT | GELINGT LEICHT
Für 4 Personen
Zubereitungszeit: 55 Min.

600 g mehlig kochende Kartoffeln • 2 große Stangen Lauch • 100 g Kerbel • 1 großes Bund Petersilie • 2 EL Butter • 1 1/2 l Fleischbrühe • 6 EL Sahne • Salz • frisch gemahlener weißer Pfeffer • frisch geriebene Muskatnuss

– Die Kartoffeln schälen, waschen und klein würfeln. Den Lauch putzen, gründlich waschen und mit dem zarten Grün in feine Ringe schneiden. Kerbel verlesen, waschen, trockentupfen und von den groben Stängeln befreien. Einige Blättchen für die Garnitur beiseite legen, den Rest klein schneiden. Die Petersilie waschen, trockenschwenken und ohne die groben Stängel ebenfalls fein zerkleinern.
– In einem großen Topf die Butter zerlassen. Petersilie und Kerbel darin andünsten. Mit Fleischbrühe aufgießen. Kartoffeln hinzufügen und bei mittlerer Hitze in 20 Min. weich köcheln lassen.
– Die Suppe im Topf mit dem Pürierstab pürieren. Die Sahne mit den Eigelben verrühren. Die Mischung unter die Suppe rühren und die Suppe damit binden, nicht mehr kochen lassen.
– Suppe mit Salz, Pfeffer und Muskat abschmecken. In tiefen Tellern anrichten und mit dem beiseite gelegten Kerbel bestreuen.

39. Scharfe Kürbis-Kartoffel-Suppe

GUT FÜR GÄSTE
Für 4 Personen
Zubereitungszeit: 50 Min.

1 kg Gärtner- oder Muskatkürbis • 3 mehlig kochende Kartoffeln (etwa 450 g) • 1 Zwiebel • 1 Knoblauchzehe • 1 Stück frischer Ingwer (etwa 2 cm oder 1 TL Ingwerpulver) • 2 getrocknete Chilischoten • 1 l Gemüsebrühe • 2 EL Butterschmalz • 2 TL gemahlener Koriander • 1 TL Kurkuma (Gelbwurzpulver) • Salz • frisch gemahlener Pfeffer • 50 g gehackte Mandeln • 2 Frühlingszwiebeln • 100 g Crème fraîche • Cayennepfeffer • 1–2 EL Zitronensaft

– Aus dem Kürbis die Kerne entfernen, die Schale abschneiden und das Fruchtfleisch in kleine Würfel schneiden. Die Kartoffeln schälen und klein würfeln. Zwiebel, Knoblauchzehe und Ingwer schälen und fein würfeln. Die Chilischoten entstielen, leicht zerdrücken und die Kerne entfernen. In einem Topf die Gemüsebrühe erhitzen.
– Inzwischen in einem Topf das Butterschmalz bei mittlerer Hitze heiß werden lassen. Zwiebel und Knoblauch darin glasig dünsten. Ingwer, Chilischoten, Kürbis- und Kartoffelwürfel hinzufügen und 2 Min. unter Rühren mitdünsten.

– Mit dem Koriander und Kurkuma bestäuben und die Gewürze unter Rühren kurz anschwitzen. Die heiße Brühe dazugießen, alles zum Kochen bringen. Mit Salz und Pfeffer würzen. Die Hitze herunterschalten und das Gemüse zugedeckt bei schwacher Hitze in 15 Min. weich garen.
– Inzwischen die Mandeln in einer beschichteten Pfanne ohne Fett goldbraun rösten, beiseite stellen. Die Frühlingszwiebeln waschen, putzen und in feine Ringe schneiden.
– Zwei Schaumlöffel voll Gemüse aus der Suppe herausnehmen und zugedeckt beiseite stellen, dann die Suppe mit dem Pürierstab glatt pürieren. Die Crème fraîche schaumig unterschlagen, die Suppe mit Salz, Pfeffer, Cayennepfeffer und Zitronensaft kräftig abschmecken.
– Die Suppe auf vorgewärmten Tellern anrichten, das beiseite gestellte Gemüse darauf verteilen. Frühlingszwiebeln und geröstete Mandeln darüber streuen.

TIPP
Wenn Sie keinen Kürbis bekommen, dann nehmen Sie 750 g Zucchini anstelle von 1 kg Kürbis.

40. Gebundene Gemüsesuppe

GELINGT LEICHT I PREISWERT
Für 4–6 Personen
Zubereitungszeit: 40 Min.
Garzeit: 25 Min.

2 Möhren • 1/4 Sellerieknolle • 125 g grüne Bohnen • 1 kleine Stange Lauch • 1 kleine Zwiebel • 2 mehlig kochende Kartoffeln • 2 EL Butter • 1 leicht gehäufter EL Mehl • 1 1/4 l Fleischbrühe • Salz • frisch gemahlener Pfeffer • 1 Zweig Bohnenkraut (ersatzweise 1 Msp. getrockneter Majoran) • 1/2 Bund Petersilie, Schnittlauch, Dill oder Liebstöckel

– Die Möhren und den Sellerie schälen und in dünne Scheiben oder kleine Würfel schneiden. Die Bohnen waschen, die Stielenden abschneiden, die Bohnen eventuell entfädeln und in Stücke brechen oder schneiden. Den Lauch putzen, längs halbieren, gründlich waschen und die Lauchhälften in Scheibchen schneiden. Die Zwiebel schälen und klein würfeln. Kartoffeln schälen, waschen und in Würfel schneiden.
– Die Butter in einem großen Topf zerlassen und das klein geschnittene Gemüse bis auf die Kartoffeln unter ständigem Rühren darin anbraten. Die Fleischbrühe in einem anderen Topf erhitzen.
– Das Mehl gleichmäßig über das Gemüse stäuben und durch Umrühren mit dem Gemüse mischen. Nach und nach die heiße Fleischbrühe zum Gemüse gießen und weiterrühren, bis die Suppe kocht. Sie ist jetzt leicht gebunden. Die Kartoffelwürfel in die Suppe geben und diese zugedeckt bei geringer Hitze 20–25 Min. kochen lassen. Dabei ab und zu umrühren.
– Die Kräuter abbrausen, trockenschütteln und klein schneiden. Die Suppe mit Salz, Pfeffer und Bohnenkraut abschmecken. Petersilie, Schnittlauch, Dill oder Liebstöckel über die angerichtete Suppe streuen.

41. Pürierte Gemüsesuppe

VEGETARISCH I PREISWERT
Für 4 Personen
Zubereitungszeit: 45 Min.
Garzeit: 30 Min.

300 g mehlig kochende Kartoffeln • 1 große Zwiebel • 2 EL Butter • 2 Knoblauchzehen • 1 l Gemüsebrühe • 200 g Möhren • 150 g Knollensellerie • 2 Lauchstangen • Salz • frisch gemahlener schwarzer Pfeffer • 1 Prise edelsüßes Paprikapulver • 1 Bund glatte Petersilie

– Die Kartoffeln waschen, schälen und in kleine Würfel schneiden. Die Zwiebel schälen und fein hacken. In einem mittelgroßen Topf die Butter erhitzen und die Zwiebelwürfel darin andünsten. Knoblauch schälen und dazupressen. Die Kartoffelwürfel zugeben und alles bei ganz schwacher Hitze andünsten.
– Mit der Brühe aufgießen. Möhren und den Knollensellerie waschen, schälen, ebenfalls in Würfelchen schneiden und dazugeben. Den Lauch putzen, längs aufschlitzen, gründlich waschen, in Ringe schneiden und in den Topf geben. Die Suppe aufkochen und bei mittlerer Hitze etwa 30 Min. zugedeckt köcheln lassen.
– Anschließend mit dem Pürierstab oder im Mixer pürieren. Die Suppe nochmals aufkochen und mit Salz, Pfeffer und Paprikapulver würzen.
– Die Petersilie abbrausen, trockenschütteln, Blättchen von den Stängeln zupfen und fein hacken. Die Suppe in Teller verteilen und mit der Petersilie bestreuen.

42. Geflügelcremesuppe

GUT FÜR GÄSTE | GELINGT LEICHT
Für 4 Personen
Zubereitungszeit: 20 Min.
Garzeit: 20 Min.

2 Hähnchenschenkel (je etwa 200 g) • 1 Zwiebel • 1 l Hühnerbrühe (Instant oder selbst gemacht) • 20 g Butter • 1 EL Mehl • 1 Eigelb • 3 EL Sahne • Salz • frisch gemahlener weißer Pfeffer • 1–2 EL Zitronensaft • einige Kerbelstängel

– Die Hähnchenschenkel unter fließendem Wasser waschen. Die Zwiebel schälen und vierteln. In einem Topf die Hühnerbrühe zum Kochen bringen. Die Hähnchenschenkel mit der Zwiebel darin zugedeckt bei schwacher Hitze etwa 20 Min. garen.
– Brühe durch ein feines Sieb abgießen und auffangen. Die Haut von den Hähnchenschenkeln abtrennen, das Fleisch von den Knochen lösen und klein schneiden.
– In einem Topf Butter erhitzen, Mehl einrühren und kurz anbräunen. Brühe dazugießen, dabei kräftig mit dem Schneebesen rühren. Alles 2–3 Min. kochen lassen.
– Das Eigelb mit der Sahne verquirlen. Den Topf vom Herd nehmen und die Eiersahne unterrühren. Die Suppe noch einmal erhitzen, aber nicht mehr kochen lassen, sonst gerinnt das Eigelb. Mit Salz, Pfeffer und dem Zitronensaft abschmecken.
– Kerbel waschen, trockenschütteln und die Blättchen abzupfen. Hähnchenfleisch wieder in die Suppe geben und kurz erwärmen. Die Geflügelcremesuppe anrichten und mit den Kerbelblättchen garnieren.

43. Cremesuppe aus Räucherfisch

GEHT SCHNELL | GUT FÜR GÄSTE
Für 4 Personen
Zubereitungszeit: 25 Min.

1 kleine Zwiebel • 1 EL Butter • 1 geräucherte Forelle (etwa 350 g) • 800 ml Fischfond (aus dem Glas oder nach Rezept Nr. 5) • Salz • frisch gemahlener weißer Pfeffer • 1 EL Zitronensaft • 1 Bund Dill • 200 g Sahne

– Die Zwiebel schälen, fein hacken und in der zerlassenen Butter weich dünsten.
– Forelle häuten, Filets ablösen und mit den Zwiebelwürfeln im Mixer fein pürieren. Den Fond aufkochen lassen, das Forellenpüree unterrühren und die Suppe mit Salz, Pfeffer und Zitronensaft abschmecken.
– Dill waschen, trockenschütteln und klein schneiden. Sahne steif schlagen und mit dem Dill unter die Cremesuppe heben, dann aber nicht mehr kochen lassen.

44. Gazpacho (Spanische kalte Gemüsesuppe)

GUT FÜR GÄSTE | BRAUCHT ETWAS ZEIT
Für 4 Personen
Zubereitungszeit: 30 Min.
Kühlzeit: 3 Std.

600 g vollreife, saftige Tomaten • 1 Salatgurke • 1 grüne Paprikaschote • 1 große Zwiebel • 3 Knoblauchzehen • 3 Scheiben Weißbrot • 1 EL Rotweinessig • 3 EL Olivenöl • Salz • frisch gemahlener schwarzer Pfeffer • 1 TL Butter

– 2 Tomaten beiseite legen. Die übrigen Tomaten blanchieren, häuten und in Würfel schneiden. Die Hälfte der Gurke schälen und ebenfalls würfeln. Paprika waschen, putzen und eine Hälfte klein würfeln. 1/2 Zwiebel schälen und fein hacken. Knoblauchzehen schälen und mit dem gewürfelten Gemüse im Mixer pürieren.
– 2 Brotscheiben mit Essig und knapp 200 ml Wasser beträufeln und kurz ziehen lassen. Mit dem Öl zum pürierten Gemüse geben, nochmals alles zusammen pürieren. Die Mischung soll leicht cremig werden. Mit Salz und Pfeffer abschmecken und 3 Std. (oder länger) im Kühlschrank durchziehen lassen.
– Zum Servieren die dritte Brotscheibe in kleine Würfel schneiden. Die Butter in einer Pfanne erhitzen, die Brotwürfel goldbraun rösten. Das unzerteilte Gemüse erst jetzt in sehr feine Würfel schneiden. Brot und Gemüse als Einlage in der eisgekühlten Suppe servieren.

TIPPS

– Man kann die Suppe durch saure Sahne oder Joghurt ergänzen, und natürlich können Sie die Anteile der Gemüsesorten beliebig variieren.
– Waren die Tomaten nicht aromatisch genug? Etwas Tomatenmark gründlich unter die Suppe gemischt sorgt nachträglich für Würze.

45. Kalte Gurkensuppe

GEHT SCHNELL | PREISWERT
Für 4 Personen
Zubereitungszeit: 25 Min.

1 1/2 Salatgurken • 1 Bund Dill • 1 Zitrone • 4 Becher Joghurt (à 175 g) • 250 g Sauermilch • 2 Knoblauchzehen • 6 schwarze Oliven • Salz • frisch gemahlener weißer Pfeffer

– Die Salatgurken schälen und längs halbieren. Mit einem Teelöffel die Kerne auskratzen, das Gurkenfleisch fein würfeln.
– Den Dill waschen, trockenschütteln und fein hacken. Die Zitrone auspressen. Den Joghurt mit der gut gekühlten Sauermilch verquirlen.
– Die Knoblauchzehen schälen und durch die Presse zur Joghurtmilch drücken. Von den Oliven das Fruchtfleisch in Streifen von den Kernen schneiden.
– Joghurtmilch mit Gurkenwürfeln, Zitronensaft und Dill verrühren, mit Salz und Pfeffer abschmecken. Mit den Olivenstreifen bestreut gut gekühlt servieren.

46. Scharfe chinesische Suppe

GEHT SCHNELL | GELINGT LEICHT
Für 4 Personen
Zubereitungszeit: 20 Min.

1 Hähnchenbrustfilet (etwa 175 g) • 4 EL Sojasauce • 2 Frühlingszwiebeln • 1/2 rote Paprikaschote • 1 EL Butter • 3/4 l Hühnerbrühe (Instant oder selbst gemacht) • 50 g Glasnudeln oder dünne Fadennudeln • 1 EL Zitronensaft • Cayennepfeffer

– Das Hähnchenfilet waschen und trockentupfen. Das Fleisch in kleine Stücke schneiden und mit 3 EL von der Sojasauce begießen.
– Die Frühlingszwiebeln putzen, waschen und in Ringe schneiden. Die Parikaschote putzen, waschen und klein würfeln.
– In einem Topf die Butter erhitzen, die Zwiebelringe und die Paprikawürfel darin anbraten. Die Brühe dazugießen und zum Kochen bringen.
– Das Hühnchenfleisch aus der Marinade nehmen und mit den Nudeln in die Suppe geben. Bei mittlerer Hitze etwa 4 Minuten garen.
– Die Suppe mit der übrigen Sojasauce, dem Zitronensaft und etwas Cayennepfeffer scharf abschmecken und sofort servieren.

47. Gemüsetopf mit Kümmel

VEGETARISCH | GELINGT LEICHT
Für 4 Personen
Zubereitungszeit: 1 Std.

Für die Brühe: 250 g Möhren • 1 Petersilienwurzel • 1 Knolle Fenchel (etwa 200 g) • 2 Stangen Lauch • 4 Stangen Staudensellerie • 2 Tomaten • 1 Zwiebel • 1 Knoblauchzehe • 1 Bund Petersilie • Salz
Für die Suppeneinlage: 1 rote Paprikaschote • 100 g Champignons • 1 EL Zitronensaft • 1 große Möhre • 2 TL Kümmelsamen • 1 Bund Schnittlauch

– Für die Brühe alle Gemüse schälen oder waschen und fein zerkleinern. Zwiebel und Knoblauch schälen und halbieren. Die Petersilie waschen und trockenschütteln.
– Alle zerkleinerten Gemüse mit der Zwiebel, dem Knoblauch und der Petersilie in einen Topf geben. Etwa 1 1/2 l Wasser angießen und aufkochen. Salzen, zugedeckt bei mittlerer Hitze etwa 30 Min. köcheln lassen.
– Inzwischen die Paprikaschote waschen, halbieren, Kerngehäuse und Stielansatz entfernen. Die Paprika in Streifen schneiden. Die Champignons putzen, in feine Scheiben schneiden und mit dem Zitronensaft mischen. Die Möhre schälen und in Stifte schneiden.
– Die Brühe durch ein mit einem Tuch ausgelegtes Sieb gießen. Das Gemüse ausdrücken und wegwerfen. 3/4 l der Brühe wieder aufkochen. Paprika, Champignons, Möhren und den Kümmel darin bei starker Hitze etwa 3 Min. garen.
– Den Schnittlauch waschen, trockenschütteln und in Röllchen schneiden, über die Suppe streuen.

48. Japanische Nudelsuppe

GEHT SCHNELL | VEGETARISCH
Für 4 Personen
Zubereitungszeit: 30 Min.

50 g Stangensellerie • 1 Möhre (etwa 100 g) • 1 Stück Lauch (etwa 100 g) • 2 Frühlingszwiebeln • 1 l Gemüsebrühe • 2 EL japanische Sojasauce •

Salz • 1 EL Sake (Reiswein; ersatzweise trockener Sherry) nach Belieben • 1/2 TL Wasabipulver (siehe Tipp) • 100 g Shirataki-Nudeln (siehe TIPP)

– Sellerie waschen, putzen und in sehr kleine Würfel schneiden. Die Möhre schälen, den Lauch putzen, längs aufschneiden und waschen. Möhre und Lauch in sehr feine Streifen schneiden. Frühlingszwiebeln waschen und putzen. Das Grün in feine Ringe schneiden, die Zwiebelköpfe längs achteln.
– Die Brühe aufkochen. Die Zwiebelköpfe hinzufügen und 5 Min. bei mittlerer Hitze garen. Danach auch das restliche Gemüse dazugeben und 5 Min. weitergaren.
– Die Suppe mit der Sojasauce, wenig Salz und nach Belieben mit Sake abschmecken. Das Wasabipulver mit 1 EL Brühe verrühren und ebenfalls unterrühren.
– Den Topf von der Herdplatte ziehen und die Nudeln hineingeben. Mit einer Gabel durchrühren, damit sie sich in der Flüssigkeit verteilen. 2–3 Minuten darin ziehen lassen. Dann die Suppe auf Schalen verteilen und mit dem Zwiebelgrün bestreuen.

TIPP

Typische japanische Zutaten sind in vielen Asienläden und in japanischen Lebensmittelgeschäften zu bekommen: Wasabi ist grüner, sehr scharfer Meerrettich. Es gibt ihn meist als Pulver, aber auch als Paste. Ersatzweise können Sie frisch geriebenen Meerrettich nehmen. Shiritaki-Nudeln (sehr feine durchscheinende Nudeln) können problemlos durch chinesische Glasnudeln ersetzt werden.

49. Linsensuppe mit Mangold

VEGETARISCH I GELINGT LEICHT
Für 4 Personen
Zubereitungszeit: 1 Std.
Quellzeit: 30 Min.

200 g braune Linsen • 1 Knoblauchzehe • 1 rote Zwiebel • 1 Möhre • 1 Stück Knollensellerie • 1 EL Olivenöl • 1 Zweig Rosmarin • 1 Lorbeerblatt • 1 1/4 l Gemüsebrühe • 400 g Mangold • 1/2 rote Paprikaschote • Meersalz • frisch gemahler Pfeffer • 1–2 EL Aceto balsamico • 1 EL Rosmarinblüten (nach Belieben)

– Die Linsen waschen, von etwa 1/2 l Wasser bedeckt einmal aufkochen lassen und beiseite stellen. 1 Stunde quellen lassen.
– Den Knoblauch und die Zwiebel schälen. Die Möhre und den Sellerie waschen und schälen. Alles kleinschneiden.
– In einem Topf 2 TL Öl erhitzen und das zerkleinerte Gemüse darin 5 Min. bei schwacher Hitze dünsten. Dann die gequollenen, abgetropften Linsen hinzufügen. Den Rosmarin, das Lorbeerblatt und die Gemüsebrühe dazugeben. Die Linsen 20 Min. zugedeckt garen.
– Inzwischen den Mangold waschen. Die Stiele in kleine Stücke und die Blätter in Streifen schneiden. Die Mangoldstiele in Salzwasser bei starker Hitze zugedeckt 5 Min. garen. Die Mangoldblätter unterrühren, bei schwacher Hitze noch 5 Min. zugedeckt garen und abtropfen lassen.
– Die Paprikahälfte waschen, putzen und in etwa 1/2 cm breite Rauten schneiden. In einer kleinen Pfanne das restliche Öl erhitzen. Die Paprikarauten darin 5 Min. bei schwacher Hitze dünsten.
– Die Suppe mit Salz, Pfeffer und Essig abschmecken. Mit dem Mangold und der Paprika und nach Belieben mit Rosmarinblüten garnieren.

50. Thailändische Suppe mit Zitronengras

SCHNELL I GUT FÜR GÄSTE
Für 4 Personen
Zubereitungszeit: 30 Min.

100 g Austernpilze • 1 EL Erdnussöl • 1 EL Zitronensaft • 250 g Zucchini • 3 Stangen Zitronengras (aus dem Asiengeschäft) • 2 rote Chilischoten • 100 g geräucherter Tofu • 75 ml Kokosmilch (aus der Dose) • Saft von 1 Limette • 1 TL Sojasauce • Salz • frisch gemahlener Pfeffer • 2 Stängel Koriander • 1 kleine Frühlingszwiebel

– Die Austernpilze putzen und in Streifen schneiden. In einer Pfanne 1/2 EL Erdnussöl bei mittlerer Hitze heiß werden lassen. Die Pilze darin braten, bis sie keine Flüssigkeit mehr abgeben. Zitronensaft untermischen, beiseite stellen.
– Die Zucchini waschen, putzen und in kleine Würfel schneiden. Im restlichen Öl 2–3 Minuten dünsten. Das Zitronengras waschen, nur den unteren, weißen Teil fein

hacken. Die Chilischoten waschen, längs halbieren, entkernen und in winzig kleine Würfel schneiden. Den Tofu klein würfeln.

– Kokosmilch in einen Topf geben, mit dem gehackten Zitronengras aufkochen. Bei schwacher Hitze zugedeckt 10 Min. leise ziehen lassen, dann durch ein Sieb abgießen und auffangen.

– Die Zucchini dazugeben und pürieren. Die Suppe erneut langsam erhitzen. Die Pilze, die Tofuwürfel und den Limettensaft hinzufügen.

– Die Chiliwürfelchen in beliebiger Menge, je nach gewünschter Schärfe, dazugeben. Die Suppe mit Sojasauce, Salz und Pfeffer abschmecken.

– Den Koriander waschen, die Blättchen abzupfen und die Hälfte fein hacken. Die Frühlingszwiebel waschen, putzen und in feine Röllchen schneiden. Gehackten Koriander und Zwiebelröllchen auf Suppenschalen verteilen und die heiße Suppe darüber gießen. Jede Schale mit Korianderblättchen garnieren.

51. Minestrone al pesto

(Italienische Gemüsesuppe mit Pesto)

BRAUCHT ETWAS ZEIT
Für 4 Personen
Zubereitungszeit: 2 Std.
Einweichzeit: 12 Std.

100 g getrocknete Borlotti-Bohnen (ersatzweise weiße Bohnen) • 2 Zwiebeln • 2 Zucchini • 2 Möhren • 2 vorwiegend fest kochende Kartoffeln • 1/2 kleiner Wirsing • 4 Tomaten • 4 EL Olivenöl • 1 1/4 l Knochenbrühe • 130 g kleine Teigwaren (z. B. Hörnchennudeln) • Salz • frisch gemahlener schwarzer Pfeffer
Für das Pesto: 1 Bund großblättriges Basilikum • 1 Knoblauchzehe • Salz • frisch gemahlener weißer Pfeffer • 1/2 EL Pinienkerne • 20 g frisch geriebener Pecorino • 50 g Olivenöl

– Die Bohnen am Vorabend in einer Schüssel mit reichlich kaltem Wasser einweichen.

– Die Zwiebeln schälen und klein hacken. Die Zucchini waschen und putzen, die Möhren und die Kartoffeln schälen. Das Gemüse in kleine Würfel schneiden. Den Wirsing putzen, den Strunk entfernen. Die Wirsingblätter gründlich waschen, abtropfen lassen und in Streifen schneiden.

– Tomaten kurz in kochendes Wasser tauchen, dann häuten, vierteln und dabei die Stielansätze abschneiden.

– In einem Topf das Olivenöl erhitzen, Zwiebeln darin leicht anbraten. Dann Zucchini, Möhren, Kartoffeln, Wirsing und Tomaten dazugeben. Bei schwacher Hitze zugedeckt etwa 10 Min. im eigenen Saft dünsten.

– Inzwischen die Brühe erhitzen. Die abgetropften Bohnen in den Topf zum Gemüse geben, die heiße Brühe angießen. Die Suppe zugedeckt bei schwacher Hitze garen, bis die Bohnen weich geworden sind. Das dauert etwa 1 1/4 Stunden.

– Für das Pesto von den Basilikumstängeln die Blätter abzupfen. Den Knoblauch schälen und durch die Presse drücken. Das Basilikum mit etwas Salz im Mörser zerreiben. Pfeffer, Knoblauch und die Pinienkerne dazugeben. Mit dem Stößel zu einer gleichmäßigen Paste zerstoßen. Nach und nach den Pecorino und tropfenweise das Olivenöl dazugeben. Weiterrühren, bis das Pesto cremig wird.

– Die Teigwaren zu den weichen Bohnen in den Topf streuen und ohne Deckel „al dente“ kochen. Am Ende der Kochzeit das Pesto unterrühren. Die Minestrone mit Salz und Pfeffer abschmecken und sofort servieren.

TIPPS

– Die gehaltvolle Suppe kann auch mal ein Hauptgericht ersetzen und schmeckt mit jedem Gemüse der Saison. Mit Weißbrot servieren.

– Der Pecorino ist ein Schafkäse, der in vielen Regionen Italiens hergestellt wird. Toskanische, römische, sardische und sizilianische Pecorinos sind meist Hartkäse, die sich gut zum Reiben eignen. In Mittel- und Süditalien werden sie häufig statt Parmesan genommen.

52. Erbsensuppe mit Bohnenkraut

GELINGT LEICHT
Für 4 Personen
Zubereitungszeit: 35 Min.

1 Möhre • 1 Petersilienwurzel • 1 Zwiebel • 1 EL Butter • 400 g Erbsen (tiefgekühlt oder frisch enthülst) • 1/2 l Fleisch- oder Gemüsebrühe • 1 Bund Bohnenkraut (ersatzweise Petersilie) • 100 g Sahne • Salz • frisch gemahlener weißer Pfeffer

– Die Möhre, die Petersilienwurzel und die Zwiebel schälen und klein würfeln. Die Butter in einem Topf erhitzen. Das Wurzelgemüse und die Zwiebel darin unter Rühren glasig dünsten. Die unaufgetauten oder frischen Erbsen ganz kurz mitdünsten.
– Die Brühe angießen und aufkochen. Zugedeckt bei mittlerer Hitze etwa 5 Min. kochen lassen, bis die Erbsen weich sind.
– Inzwischen das Bohnenkraut waschen, trockentupfen und die Blättchen von den Stielen zupfen. Etwa ein Viertel der Sahne steif schlagen.
– Ein Schöpflöffel Gemüse aus der Suppe nehmen. Die übrige Suppe im Topf mit dem Pürierstab pürieren. Die flüssige Sahne und das Bohnenkraut untermischen. Mit Salz und Pfeffer abschmecken.
– Die Suppe in Teller füllen, mit dem Gemüse und der geschlagenen Sahne garnieren.

TIPP
Wenn Sie frische Erbsenschoten bekommen, müssen Sie etwa 1 kg einkaufen und die Erbsen selbst aus den Schoten pulen.

53. Asiatischer Gemüseeintopf

GUT FÜR GÄSTE
Für 4 Personen
Zubereitungszeit: 1 Std.

400 g Hähnchenbrustfilet • 2 EL Sherry fino (ersatzweise Hühnerbrühe) • 4 EL Sojasauce • 125 g Langkornreis • Salz • 3 Frühlingszwiebeln • 2 Möhren • 150 g Champignons • 1 Zwiebel • 1 walnussgroßes Stück frischer Ingwer • 1 große Knoblauchzehe • 4 EL Öl • 1 1/4 l Hühnerbrühe • 300 g Chinakohl • 100 g Mungobohnensprossen • 100 g Maiskörner (aus der Dose) • frisch gemahlener schwarzer Pfeffer • 1–2 EL Zitronensaft • 2 EL Schnittlauchröllchen

– Hähnchenbrustfilet kurz abbrausen, trockentupfen und in 1/2 cm breite Scheiben schneiden. Sherry und 2 EL Sojasauce verrühren. Das Fleisch in die Marinade geben und 30 Min. ziehen lassen.
– Inzwischen den Reis in siedendem Salzwasser bei mittlerer Hitze in 15 Min. knapp gar kochen, abgießen und gut abtropfen lassen.
– Frühlingszwiebeln putzen, waschen und in mundgerechte Stücke schneiden. Möhren waschen, schälen und in Stifte schneiden. Champignons putzen und in Scheiben schneiden.
– Zwiebel schälen, halbieren und in Streifen schneiden. Ingwer und Knoblauch schälen und fein würfeln. Zwiebel, Ingwer und Knoblauch in einem großen Topf im Öl bei schwacher Hitze andünsten. Das vorbereitete Gemüse hinzufügen und unter Rühren 3 Min. mitdünsten. Die Hähnchenbrustscheiben samt Marinade dazugeben. Alles mit kalter Brühe auffüllen und ganz langsam zum Kochen bringen.
– Chinakohl waschen, putzen und in Streifen schneiden. Die Mungobohnensprossen abbrausen und abtropfen lassen. Beides mit Mais und Reis nach dem ersten Aufkochen in den Topf geben und alles 5 Min. sanft köcheln lassen.
– Den Eintopf mit der übrigen Sojasauce, mit Salz, Pfeffer und Zitronensaft abschmecken. Mit Schnittlauchröllchen bestreut servieren.

54. Indischer Linsentopf

VEGETARISCH | GELINGT LEICHT
Für 4 Personen
Zubereitungszeit: 1 Std.

300 g geschälte rote Linsen • 2 Chilischoten • 2 Knoblauchzehen • 1 walnussgroßes Stück frischer Ingwer • 1/2 TL Kurkuma (Gelbwurzpulver) • 1 Stück Zimtstange (etwa 3 cm) • 2 Tomaten (etwa 200 g) • 2 junge Zucchini (etwa 200 g) • 1 TL gemahlener Kreuzkümmel • 1/2 TL gemahlener Koriander • 1/2 TL Senfpulver • 1/2 Bund Koriander • Salz

– Die Linsen in einen Topf geben und mit 900 ml Wasser auffüllen.
– Chilischoten von Stielansätzen und Kernen befreien und waschen. Dann in winzige Würfel schneiden. Die Knoblauchzehen und den Ingwer schälen und fein hacken. Diese Zutaten mit dem Kurkuma und der Zimtstange zu den Linsen geben.
– Die Linsen zum Kochen bringen und zugedeckt bei mittlerer Hitze etwa 30 Min. köcheln lassen, bis sie musig sind.
– Inzwischen die Tomaten mit kochend heißem Wasser überbrühen und häuten, dabei die Stielansätze entfernen. Das Fruchtfleisch würfeln.

– Die Zucchini waschen, putzen und in Stifte schneiden. Die Tomaten und die Zucchini mit Kreuzkümmel, gemahlenem Koriander und dem Senfpulver zu den Linsen geben und etwa 5 Min. garen.
– Den frischen Koriander waschen, trockenschwenken und die Blättchen abzupfen.
– Die Zimtstange aus dem Linsentopf entfernen. Den Eintopf mit Salz abschmecken und die Korianderblättchen darüber streuen.

55. Minestra con piselli
(Italienische Erbsensuppe mit Nudeln)

PREISWERT
Für 4 Personen
Zubereitungszeit: 1 Std.

1 kleine Zwiebel • 1 kleine Möhre • 1/2 Bund Petersilie • 1 kleine Stange Staudensellerie • 50 g durchwachsener Speck • 2 EL Olivenöl • 1 EL Tomatenmark • 1 1/2 l Gemüsebrühe • 200 g tiefgefrorene Erbsen • 150 g Quadrucci (Teigquadrate) • Salz • 50 g frisch geriebener Parmesan

– Die Zwiebel, die Möhre, die Petersilie und den Staudensellerie putzen, waschen und fein hacken. Den Speck eventuell entschwarten und in feine Würfel schneiden.
– In einer Kasserolle das Öl erhitzen, das Gemüse und den Speck bei schwacher Hitze unter ständigem Rühren etwa 5 Min. sachte anbraten.
– Das Tomatenmark mit etwas Wasser verrühren, dann in die Kasserolle gießen. Alles zugedeckt etwa 10 Min. köcheln lassen.
– Die Gemüsebrühe dazugießen und aufkochen lassen. Die Erbsen und die Nudeln in die Suppe streuen und darin „al dente", bissfest, kochen.
– Die Suppe mit Salz abschmecken. Den Parmesan extra dazu reichen.

TIPP
In Italien nimmt man für die Erbsensuppe frische Palerbsen und pult sie aus den Schoten. Sie finden sie auch bei uns ab Ende Juni auf den Märkten. Kaufen Sie gut 600 g Schoten ein, um 200 g Erbsen zu erhalten.

56. Gemüsesuppe mit Nudeln

VEGETARISCH
Für 4 Personen
Zubereitungszeit: 1 Std.

1 rote Paprikaschote • 200 g Kürbisfruchtfleisch • 1 Knolle Fenchel (etwa 200 g) • 5–6 Stangen Staudensellerie • 200 g Spinat • 1 Zwiebel • 2 Knoblauchzehen • 1 EL Olivenöl • 1 l Gemüsebrühe • Salz • frisch gemahlener weißer Pfeffer • 200 g Hörnchennudeln • 1 Bund Petersilie • 1 Bund Schnittlauch • frisch geriebener Parmesan zum Bestreuen

– Alle Gemüse waschen und putzen. Paprikaschote und Kürbis würfeln, Fenchel in Streifen, Sellerie in Scheiben schneiden. Vom Spinat grobe Stiele entfernen. Die Zwiebel und den Knoblauch schälen und fein hacken.
– Das Öl in einem großen Topf erhitzen. Die Zwiebel und den Knoblauch darin glasig dünsten. Das vorbereitete Gemüse dazugeben und kurz anbraten. Die Brühe angießen und aufkochen.
– Die Suppe mit Salz und Pfeffer würzen und zugedeckt bei mittlerer Hitze etwa 5 Min. garen. Die Nudeln einrühren und die Suppe etwa 8 Min. weiter garen, bis die Nudeln bissfest sind.
– Inzwischen die Kräuter waschen und fein schneiden. Suppe mit Kräutern und Parmesan bestreut servieren.

57. Acquacotta
(Italienische Pilzsuppe mit Brot)

VEGETARISCH | GELINGT LEICHT
Für 4 Personen
Zubereitungszeit: 45 Min.

250 g Steinpilze oder Egerlinge • 2 vollreife Fleischtomaten • 2 Stangen Staudensellerie • 1 Zwiebel • 4 EL Olivenöl • 1 Knoblauchzehe • 1 l kräftige, heiße Gemüsebrühe • 1 EL frische Thymianblättchen (oder 1 TL getrocknete) • Salz • frisch gemahlener Pfeffer • 1 Bund Schnittlauch • 8 kleine Scheiben Weißbrot • 50 g frisch geriebener Parmesan

– Die Pilze putzen und in feine Scheiben schneiden. Tomaten kurz überbrühen, häuten und halbieren, Stielansätze und Kerne entfernen, Fruchtfleisch fein hacken. Sellerie putzen, Zwiebel schälen, beides klein würfeln.

– In einem Topf Olivenöl erhitzen. Zwiebel und Selleriewürfel andünsten. Die Knoblauchzehe schälen und dazupressen. Die heiße Gemüsebrühe angießen, gehackte Tomaten einrühren. Mit 1/2 EL Thymian, Salz und Pfeffer würzen. Alles 20 Min. im offenen Topf sanft köcheln lassen.
– Die Pilze in die Suppe rühren, weitere 10 Min. bei geringer Hitze garen. Schnittlauch waschen und in feine Röllchen schneiden.
– Die Weißbrotscheiben anrösten oder toasten und auf vier Suppenteller verteilen. Suppe abschmecken und über die Brotscheiben gießen. Mit restlichem Thymian, Schnittlauch und Parmesan bestreut servieren.

58. Muschelsuppe

GUT FÜR GÄSTE
Für 4 Personen
Zubereitungszeit: 45 Min.

2 kg Miesmuscheln • 1 Bund glatte Petersilie • 2 Knoblauchzehen • 3 EL Olivenöl • 200 ml trockener Weißwein • 1/8 l Gemüsebrühe • Salz • 1 EL Butter • 1 EL Mehl • 1 Zitrone • 8 kleine Scheiben Weißbrot

– Die Muscheln gründlich putzen und entbarten, unter fließendem kaltem Wasser abbürsten. Bereits geöffnete Muscheln wegwerfen. Die Petersilie waschen, trockenschütteln und grob hacken.
– In einem großen Topf das Olivenöl erhitzen, die Knoblauchzehen schälen und durch die Presse dazudrücken. Die Hälfte der Petersilie einrühren und alles kurz andünsten.
– Gesäuberte Muscheln tropfnass dazugeben und bei starker Hitze zugedeckt so lange garen, bis sich die Schalen öffnen (etwa 5 Min.). Mit dem Weißwein und der Brühe übergießen, salzen und – jetzt bei schwacher Hitze – in knapp 10 Min. fertig garen.
– Die Butter mit dem Mehl verkneten und zu einer Kugel formen, in der Brühe auflösen und glatt rühren. Den Sud abschmecken.
– Die Zitrone achteln, die Weißbrotscheiben im Toaster rösten. Geschlossene Muscheln wegwerfen, nur die geöffneten auf Suppenteller verteilen, mit der Brühe übergießen und mit der restlichen Petersilie bestreuen. Mit den Zitronenachteln und dem gerösteten Weißbrot servieren.

59. Bunte Fischsuppe

GUT FÜR GÄSTE | GELINGT LEICHT
Für 4 Personen
Zubereitungszeit: 45 Min.

250 g Fischabschnitte (Gräten, Köpfe und Schwänze; keinesfalls vom Lachs) • 500 g gemischte Fischfilets (z. B. Kabeljau, Rotbarsch, Schellfisch, Lachs oder Seelachs) • 1–2 EL Zitronen-saft • Salz • frisch gemahlener Pfeffer • 1 Knoblauchzehe • 1 EL Butter • 100 ml trockener Weißwein • 3/4 l milde Gemüsebrühe (Instant oder selbst gemacht) • 100 g Lauch • 100 g Kirschtomaten • 1/2 Kästchen Gartenkresse

– Die Fischabschnitte und die Fischfilets kalt waschen und trockentupfen. Von den Fischköpfen die Kiemen entfernen, sonst schmeckt die Suppe bitter. Fischfilets in etwa 2 cm große Würfel teilen, mit dem Zitronensaft beträufeln, mit Salz und Pfeffer würzen und beiseite stellen. Den Knoblauch schälen.
– In einem Topf die Butter erhitzen. Fischabschnitte und Knoblauch darin kurz anbraten, mit dem Weißwein aufgießen und bei starker Hitze etwa 2 Min. kochen.
– Die Gemüsebrühe in den Topf gießen und alles zugedeckt bei schwacher Hitze etwa 20 Min. köcheln lassen. Dann die Fischsuppe durch ein feines Sieb abgießen und mit Salz und Pfeffer abschmecken.
– Inzwischen den Lauch putzen, waschen und in Ringe schneiden. Die Tomaten waschen, halbieren und von den Stielansätzen befreien.
– Das Gemüse und die Fischwürfel in die abgegossene Brühe geben und bei ganz schwacher Hitze etwa 10 Min. ziehen lassen. Die Fischsuppe mit der abgeschnittenen Kresse garnieren.

TIPP

Wollen Sie Ihre Gäste mit etwas Besonderem überraschen, so krönen Sie die Fischsuppe mit selbst gemachter Aioli (Knoblauchmayonnaise). Dafür 4 Knoblauchzehen im Mörser zerstoßen. Mit etwas Salz und 1 Eigelb glatt rühren. Dann 3–4 EL Öl tropfenweise unterrühren und die Sauce mit 1–2 TL Zitronensaft abschmecken. Die Knoblauchmayonnaise in einem Schälchen zur Suppe servieren, damit sich jeder selbst nach Belieben bedienen kann.

60. Ribollita
(Italienische aufgewärmte Gemüsesuppe)

GUT VORZUBEREITEN | PREISWERT
Für 6 Personen
Zubereitungszeit: 2 Std.
Einweichzeit: 12 Std.
Kühlzeit: 12 Std.

250 g getrocknete weiße Bohnen • 100 g durchwachsener Speck • 1 kleine Stange Lauch • 2 Stangen Staudensellerie • 2 Möhren • 1 Zwiebel • 2 Knoblauchzehen • 6 EL Olivenöl • 2 l Fleischbrühe oder -fond • 2 Zweige Thymian • 1 Schinkenknochen (eventuell beim Metzger vorbestellen) • 1/2 Wirsing (400 g) • 300 g Weißbrot vom Vortag • Salz • frisch gemahlener Pfeffer

– Die Bohnen mit kaltem Wasser bedeckt 12 Std. einweichen. Danach im Einweichwasser aufkochen, zugedeckt bei geringer Hitze 1 1/2 Std. garen.
– Inzwischen den Speck eventuell entschwarten, klein würfeln. Lauch, Selleriestangen und Möhren waschen und putzen, in kleine Stücke schneiden. Zwiebel und die Knoblauchzehen schälen und fein hacken.
– In einem großen Topf 3 EL Öl erhitzen. Speck und Gemüse anbraten, Fleischbrühe oder -fond angießen, 1 Thymianzweig und den Schinkenknochen hineingeben. Zugedeckt bei kleinster Hitze 30 Min. garen.
– Den Wirsing putzen, waschen und in grobe Streifen schneiden. In den Topf geben, weitere 30 Min. mitgaren.
– Die Hälfte der gegarten Bohnen pürieren. Zusammen mit den ganzen Bohnenkernen untermischen, noch 15 Min. ohne Deckel sanft weiterköcheln lassen.
– Den Knochen herausnehmen, die Suppe mit Salz und Pfeffer abschmecken. Mit Brotscheiben lagenweise in einen Topf schichten. Über Nacht kühl stellen.
– Zum Servieren nochmals aufkochen. Mit dem restlichen frischen Öl beträufeln, mit den Blättchen vom zweiten Thymianzweig, Salz und Pfeffer würzen.

61. Gemüseeintopf mit Kichererbsen

BRAUCHT ETWAS ZEIT | PREISWERT
Für 4 Personen
Zubereitungszeit: 1 Std.
Einweichzeit: 14 Std.
Garzeit: 1 Std.

250 g getrocknete Kichererbsen • 1 Msp. Speisenatron • 1 Lorbeerblatt • 250 g Möhren • 250 g weiße Rüben (Navets) • 300 g fest kochende Kartoffeln • 250 g kleine Zucchini • 500 g Tomaten • 3 Zwiebeln • 4 Knoblauchzehen • 4 EL Olivenöl • 1 TL Korianderkörner • 1 TL Kreuzkümmelsamen • 1 EL Harissa (scharfe Chilipaste, im Spezialitätenregal oder beim Türken) • 1 TL Kurkuma (Gelbwurzpulver) • Salz • frisch gemahlener Pfeffer • 2 EL gehackte Petersilie

– Kichererbsen waschen, in reichlich kaltem Wasser mit dem Natron über Nacht (mind. 14 Std.) einweichen.
– Am nächsten Tag in frischem Wasser (es soll etwa 2 Finger hoch über den Kichererbsen stehen) mit dem Lorbeerblatt aufsetzen, langsam aufkochen lassen. Zugedeckt bei schwacher Hitze 30 Min. köcheln lassen.
– Möhren, Rüben und Kartoffeln schälen und in sehr dicke Stücke schneiden. Zucchini waschen, putzen und in 4–5 cm lange Stücke schneiden. Die Stielansätze der Tomaten entfernen. Die Tomaten überbrühen, häuten, halbieren und entkernen, in Stücke schneiden.
– Zwiebeln und Knoblauch schälen, grob hacken. Gemüse, Zwiebeln, Knoblauch, Tomaten und Öl zu den Kichererbsen geben. Koriander und Kreuzkümmel im Mörser grob zerstoßen, mit Harissa und Kurkuma zum Gemüse geben, mit Salz und Pfeffer würzen.
– Noch gut 1 Std. zugedeckt bei schwacher Hitze garen. Dabei immer wieder etwas Wasser nachgießen, wenn es aufgenommen ist. Den Eintopf in eine Schüssel füllen und mit der Petersilie bestreut servieren.

62. Borschtsch

GUT VORZUBEREITEN
Für 4 Personen
Zubereitungszeit: 1 Std.
Garzeit: 1 1/2 Std.

500 g Rote Beten • 300 g Weißkohl • 1 Möhre • 1 Zwiebel • 500 g Rindfleisch ohne Knochen (z. B. Hochrippe oder Schulter) • 2 TL gekörnte Brühe (Instant) • 2 EL Essig • 1 EL Zitronensaft • 1–2 TL Zucker • 1 Lorbeerblatt • Salz • frisch gemahlener Pfeffer • 1 Dillzweig • 100 g saure Sahne

– Die Roten Beten schälen, waschen und in Würfel schneiden. Den Kohl putzen, vierteln, dabei die äußeren

Blätter entfernen, den Strunk herausschneiden. Den Kohl quer in dünne Streifen schneiden. Die Möhre und die Zwiebel schälen und beides klein würfeln.
– Das Gemüse, die Zwiebel und das Fleisch in einen großen Topf geben. Die gekörnte Brühe und 1 1/2 l Wasser mit dem Essig, dem Zitronensaft und den Gewürzen dazugeben. Zugedeckt etwa 1 1/2 Std. bei mittlerer Hitze garen.
– Das Fleisch aus der Brühe heben und in kleine Würfel schneiden. Wieder in die Suppe geben und alles weitere 30 Min. offen garen.
– Dill waschen und trockenschütteln. Den Borschtsch abschmecken, anrichten und mit je 1 TL saurer Sahne und einigen Dillspitzen garnieren.

63. Sauerkrautsuppe mit Paprika

PREISWERT
Für 4 Personen
Zubereitungszeit 1 Std.
Garzeit: 30 Min.

300 g roher Schweinebauch • 1 große Zwiebel • 500 g Sauerkraut • 1/2 EL Butterschmalz • Salz • frisch gemahlener schwarzer Pfeffer • 1 Lorbeerblatt • 2 Wacholderbeeren • 1 TL Kümmelsamen • 1 kleine rote Paprikaschote • 1 TL Zucker • 1 TL edelsüßes Paprikapulver • 100 g saure Sahne

– Von dem Schweinebauch größere Fettstücke abschneiden. Die Zwiebel schälen und in kleine Würfel schneiden. Das Sauerkraut etwas kleiner schneiden.
– Das Butterschmalz in einem großen Topf erhitzen. Das Fleisch dazugeben und von allen Seiten leicht anbraten. Mit Salz und Pfeffer würzen. Die Zwiebel dazugeben und glasig dünsten. Dann das Sauerkraut untermischen.
– Jetzt 1 1/2 l Wasser angießen und aufkochen. Das Lorbeerblatt, die Wacholderbeeren und den Kümmel dazugeben und die Suppe zugedeckt bei mittlerer Hitze etwa 1 Std. kochen lassen.
– Die Paprikaschoten waschen, putzen und in kleine Würfel schneiden. Das Fleisch aus der Suppe nehmen und in etwa 1 1/2 cm große Würfel schneiden. Mit den Paprikawürfeln wieder in die Suppe geben und etwa 5 Min. kochen lassen.
– Die Suppe mit Salz, Pfeffer, dem Zucker und dem Paprikapulver abschmecken und servieren.

64. Gulaschsuppe

GUT FÜR GÄSTE | GUT VORZUBEREITEN
Für 4 Personen
Zubereitungszeit: 30 Min.
Garzeit: 1 1/2 Std.

500 g Rindfleisch • 250 g Zwiebeln • 250 g Möhren • 2 grüne und 1 rote Paprikaschote • 2 EL Butterschmalz • Salz • frisch gemahlener Pfeffer • edelsüßes Paprikapulver • 1 EL Tomatenmark • 1/2 TL getrockneter Thymian • 1 Lorbeerblatt • 3 kleine Tomaten (150 g)

– Rindfleisch waschen, trockentupfen und in 1–2 cm große Würfel schneiden. Zwiebeln schälen und klein würfeln. Möhren schälen, Paprikaschoten putzen und waschen, ebenfalls klein würfeln.
– In einem großen Topf 1 EL Schmalz erhitzen. Das Fleisch darin portionsweise kräftig anbraten. Übriges Schmalz in den Topf geben und die Zwiebeln anbraten. Alles kräftig mit Salz, Pfeffer und Paprikapulver würzen.
– Das Fleisch mit 1 l Wasser ablöschen. Das Tomatenmark, den Thymian und das Lorbeerblatt dazugeben. Die Gemüsewürfel untermischen und alles zugedeckt bei schwacher Hitze etwa 1 1/2 Std. garen.
– Die Tomaten waschen, vierteln und dabei die Stielansätze entfernen. Tomatenviertel nach etwa 45 Min. Garzeit in den Eintopf geben und mitköcheln lassen.

65. Minestra di riso
(Italienische Reissuppe mit Linsen)

PREISWERT | BRAUCHT ETWAS ZEIT
Für 6 Personen
Zubereitungszeit: 30 Min.
Einweichzeit: 12 Std.

100 g braune Linsen • 100 g durchwachsener Speck ohne Schwarte • 1 Bund glatte Petersilie • 1 kleine Zwiebel • 2 Knoblauchzehen • 6 schwarze Pfefferkörner • 2 EL Olivenöl • 400 g geschälte Tomaten (aus der Dose) • 1 l kräftige Fleischbrühe • 150 g Langkornreis • Salz • frisch gemahlener Pfeffer

– Linsen mit kaltem Wasser bedeckt über Nacht einweichen. Am nächsten Tag im Einweichwasser aufkochen, zugedeckt bei schwacher Hitze etwa 15 Min. garen.

– Den Speck in sehr feine Würfel schneiden. 1/2 Bund Petersilie waschen, die Blättchen abzupfen, fein hacken. Die Zwiebel schälen und fein würfeln. Die Knoblauchzehen schälen und mit den Pfefferkörnern im Mörser zerstoßen. Alles mit dem Speck vermischen. In einem großen Topf das Olivenöl erhitzen, die Speckmischung hineingeben und sanft anbraten.
– Tomaten abtropfen lassen, den Saft auffangen. Die Tomaten grob hacken und mit dem Saft und der Brühe in den Topf geben. Aufkochen, Reis einstreuen und in 15–20 Min. ausquellen lassen. Salzen und pfeffern.
– Gegarte Linsen mit dem Kochwasser in die Reissuppe rühren. Weitere 2 Min. leicht köcheln, kräftig abschmecken. Übrige Petersilie waschen, trockenschütteln und hacken, die Suppe damit bestreuen und servieren.

66. Cipollata (Deftige italienische Zwiebelsuppe)

GELINGT LEICHT | PREISWERT
Für 6 Personen
Zubereitungszeit: 45 Min.
Garzeit: 1 Std.

400 g frische Schweinerippchen • 1 kg milde weiße Zwiebeln • 2 Möhren • 2 Stangen Staudensellerie • Salz • 50 g durchwachsener Speck • 50 g Knoblauchwurst • 5 EL Olivenöl • frisch gemahlener Pfeffer • 6 Scheiben Bauernbrot • 2 Knoblauchzehen

– Die Schweinerippchen waschen. 1 Zwiebel und die Möhren schälen, die Selleriestangen waschen und putzen, alles grob zerteilen. Mit den Rippchen in einen Topf geben. 1 1/2 l Wasser angießen, salzen und zum Kochen bringen. 15 Min. garen.
– Inzwischen übrige Zwiebeln schälen, in dünne Ringe schneiden, kurz in eine Schüssel mit kaltem Wasser legen. Speck und Knoblauchwurst fein würfeln.
– In einem großen Topf das Olivenöl erhitzen. Den Speck und die Knoblauchwurst unter Rühren 4–5 Min. sanft anbraten. Die Zwiebeln aus dem Wasser heben, sehr gut abtropfen lassen, portionsweise dazugeben und glasig dünsten.
– Die Rippchenbrühe durch ein feines Sieb dazugießen, die Suppe bei schwacher Hitze zugedeckt etwa 1 Std. köcheln lassen.
– Dann das Fleisch von den Knochen lösen, klein schneiden und in die Suppe rühren, heiß werden lassen. Mit Salz und Pfeffer abschmecken.
– Die Brotscheiben rösten. Den Knoblauch schälen und die Brotscheiben damit einreiben. Brot zur Zwiebelsuppe servieren oder die Scheiben in die Suppenteller legen und die Suppe darüber schöpfen.

67. Zuppa di pesce
(Italienische Fischsuppe mit Garnelen)

GUT FÜR GÄSTE
Für 4 Personen
Zubereitungszeit: 1 Std.

1 kg gemischte Fischfilets (z. B. Rotbarsch, Schellfisch, Seehecht, Kabeljau, Rotbarben) • 250 g geschälte Garnelen • 2 EL Zitronensaft • Salz • 4 Stangen Staudensellerie • 2 Zwiebeln • 4 Knoblauchzehen • 1/2 TL weiße Pfefferkörner • 6 EL Olivenöl • 1 große Dose geschälte Tomaten (800 g) • 350 ml trockener Weißwein • frisch gemahlener weißer Pfeffer • 1/2 Bund glatte Petersilie

– Fischfilets in Portionsstücke schneiden, Garnelen auf der Rückenseite aufschneiden und den dunklen Darm mit der Messerspitze entfernen. Alles mit Zitronensaft beträufeln, etwas salzen und zugedeckt kühl stellen.
– Die Selleriestangen waschen, in 1 cm breite Stücke schneiden, das Grün zur Seite legen. Zwiebeln schälen und grob hacken. Die Knoblauchzehen schälen, grob zerschneiden und mit den Pfefferkörnern im Mörser zerstampfen. 2 EL vom Olivenöl unterrühren.
– Restliches Öl in einem großen Topf auf mittlerer Stufe erhitzen, Zwiebel- und Selleriestücke darin 3 Min. unter Rühren andünsten. Dosentomaten zugeben, den Wein aufgießen und 5 Min. bei starker Hitze kräftig kochen, dabei die Tomaten mit dem Kochlöffel zerdrücken.
– Die Knoblauchmischung und die Fischstücke mit den Garnelen dazugeben, salzen und pfeffern, zugedeckt bei schwacher Hitze noch 7–10 Min. garen.
– Die Petersilie waschen und mit dem zur Seite gelegten Selleriegrün hacken, über die fertige Suppe streuen und sofort sehr heiß servieren.

TIPP
Dazu passt geröstetes Weißbrot, mit Knoblauch eingerieben, und ein trockener Weißwein, z. B. ein Soave oder ein Sauvignon blanc.

68. Bouillabaisse (Provenzalische Fischsuppe)

GUT FÜR GÄSTE
Für 4 Personen
Zubereitungszeit: 1 1/2 Std.

Für die Suppe: 1 kg Mittelmeerfische • 1 Zwiebel • 4 vorwiegend fest kochende Kartoffeln • 4 Fleischtomaten • 4 EL Olivenöl • 1 Bund glatte Petersilie • 4 Lorbeerblätter • Salz • frisch gemahlener Pfeffer • 4 Päckchen Safran (à 0,1 g) • 4 Knoblauchzehen • 8 Scheiben Stangenweißbrot
Für die Rouille: 1 Knoblauchzehe • 1 scharfe getrocknete Peperoni • 1 Scheibe trockenes Weißbrot (ohne Rinde) • 200 ml kalt gepresstes Olivenöl

– Für die Suppe die Fische waschen, falls notwendig, schuppen und ausnehmen (besser gleich vom Fischhändler machen lassen). Die Köpfe und Schwänze abschneiden, die Flossen mit den daran hängenden Gräten entfernen und alles wegwerfen. Große Fische in Portionsstücke teilen.
– Die Zwiebel schälen und in kleine Würfel schneiden. Die Kartoffeln schälen und auf dem Gemüsehobel fein hobeln. Die Tomaten kochend heiß überbrühen und häuten. Die Kerne herausdrücken und das Fruchtfleisch fein würfeln.
– In einem großen Topf das Öl erhitzen und die Zwiebel darin glasig braten. Die Kartoffeln dazugeben und kurz mitbraten. Die Tomaten, das Bund Petersilie, die Lorbeerblätter, Salz, Pfeffer und den Safran dazugeben. Den Knoblauch schälen und dazudrücken. Die Hitze reduzieren und alles etwa 10 Min. köcheln lassen.
– Inzwischen 1 l Wasser aufkochen. Die Fische in den Schmortopf legen, kurz mitköcheln lassen, dann das kochende Wasser dazugießen. Die Hitze wieder höher schalten und die Suppe 15–20 Min. kochen lassen.
– Während die Suppe kocht, die Rouille zubereiten. Den Knoblauch schälen und in einem Mörser zusammen mit der Peperoni zerdrücken. Trockenes Weißbrot in etwas warmem Wasser einweichen, ausdrücken und mit den Gewürzen verarbeiten. Das Öl in dünnem Strahl einfließen lassen und unterarbeiten.
– Weißbrotscheiben in einer Pfanne ohne Fett rösten oder toasten. In eine vorgewärmte Suppenterrine legen.
– Die Fische mit einem Schaumlöffel vorsichtig aus dem Sud heben und auf einer Platte anrichten. Das Gemüse darum herum anordnen. Den heißen Fischsud über die Brotscheiben in die Terrine gießen.
– Vor jeden Gast einen flachen und einen tiefen Teller stellen. Die Fische auf dem flachen Teller entgräten und in den tiefen Teller geben. Die Gemüse dazugeben und den Sud mit den Brotscheiben darüber gießen. Die Rouille extra dazu reichen.

TIPP

Reichlich Stangenweißbrot und ein Rosé passen gut dazu. Ursprünglich war die Bouillabaisse eine schlichte Suppe, die sich die Fischer aus den einfachen Fischen kochten, die sie nicht verkaufen konnten. Typisch sind Knurrhahn, Petersfisch (St. Pierre) und Petermännchen, Drachenkopf, Meeraal und eventuell Seeteufel.

69. Ungarischer Fischtopf

GUT FÜR GÄSTE
Für 4 Personen
Zubereitungszeit: 1 1/2 Std.

1 kg gemischte Flussfische (möglichst 3 Sorten) • 3 große Zwiebeln • 400 g fest kochende Kartoffeln • 4 Fleischtomaten • 2 EL Sonnenblumenöl • 2 EL edelsüßes Paprikapulver • 1/8 l Fischfond (selbst gemacht oder aus dem Glas) • Salz • frisch gemahlener schwarzer Pfeffer • 2 grüne Paprikaschoten • 4 Scheiben Weißbrot

– Die Fische vom Händler ausnehmen und filetieren lassen. Die Fischköpfe mitnehmen. Das Fischfleisch in mundgerechte Würfel schneiden.
– Die Zwiebeln und die Kartoffeln schälen. Zwiebeln fein hacken, Kartoffeln würfeln. Die Tomaten mit kochendem Wasser überbrühen, häuten und entkernen. Dann grob hacken und dabei die Stielansätze entfernen.
– In einem großen Topf das Öl erhitzen. Die Zwiebeln und die Kartoffeln darin unter Rühren etwa 10 Min. bei schwacher Hitze dünsten. Dann mit dem Paprikapulver bestäuben und die Tomatenwürfel dazugeben.
– Den Fischfond in den Topf gießen und alles aufkochen lassen, mit Salz und Pfeffer würzen. Von den Fischköpfen die Kiemen entfernen. Fischköpfe in den Fond geben und alles zugedeckt etwa 30 Min. bei schwacher Hitze köcheln lassen. Danach die Fischköpfe herausnehmen und wegwerfen.

– Inzwischen die Paprikaschoten halbieren, von den weißen Häuten samt den Kernchen befreien, waschen und in Streifen schneiden.
– Die Fischwürfel und die Paprikastreifen in den Sud geben, zugedeckt bei schwacher Hitze etwa 10 Min. sanft ziehen lassen.
– Je 1 Weißbrotscheibe in einen Suppenteller legen und mit der Fischsuppe auffüllen.

70. Huhn mit Ratatouille

GELINGT LEICHT
Für 4 Personen
Zubereitungszeit: 35 Min.
Garzeit: 40 Min.

1 Hähnchen (ca. 1 1/2 kg) • Salz • frisch gemahlener weißer Pfeffer • je 1 rote, grüne und gelbe Paprikaschote • 1 schlanke Aubergine • 2 kleine Zucchini • 2 weiße Zwiebeln • 2 Knoblauchzehen • 4 Zweige Salbei • 2 EL Olivenöl • 1 kleine Dose geschälte Tomaten • 1/8 l trockener Weißwein

– Das Hähnchen mit der Geflügelschere oder mit einem großen schweren, sehr scharfen Messer in 8–12 Stücke (möglichst gleich groß) teilen und rundherum mit Salz und Pfeffer einreiben.
– Die Paprikaschoten waschen, putzen und in Streifen schneiden. Die Aubergine und die Zucchini waschen, putzen und würfeln. Die Zwiebeln und den Knoblauch schälen und fein hacken. Den Salbei waschen, trockenschütteln und die Blätter abzupfen.
– In einem großen Topf (möglichst aus Gusseisen) etwa 1 TL Öl erhitzen. Die Hühnerteile darin portionsweise bei starker bis mittlerer Hitze knusprig braun braten und herausnehmen.
– Danach die Auberginenwürfel im verbliebenen Fett anbraten und herausnehmen. Die Paprikastreifen und die Zucchiniwürfel im restlichen Olivenöl anbraten und herausnehmen.
– Die Zwiebeln, den Knoblauch und den Salbei kurz braten. Die Dosentomaten und den Weißwein dazugeben. Mit Salz und Pfeffer würzen, die Hähnchenteile einlegen. Zugedeckt bei mittlerer Hitze etwa 20 Min. schmoren lassen.
– Dann Paprika, Auberginen und Zucchini dazugeben, abschmecken und zugedeckt weitere 20 Min. schmoren lassen. Mit Weißbrot servieren.

71. Hühnersuppe mit Kartoffeln und Lauch

SCHMECKT KINDERN
Für 6 Personen
Zubereitungszeit 45 Min.

1 küchenfertiges Suppenhuhn (etwa 1,2 kg) • Salz • 1 Bund Suppengrün • 1 Lorbeerblatt • 1/2 TL weiße Pfefferkörner • 3 Stangen Lauch (700 g) • 400 g mehlig kochende Kartoffeln • frisch gemahlener weißer Pfeffer • frisch geriebene Muskatnuss • 250 g Sahne

– Das Huhn waschen und in einem großen Topf mit Salzwasser bedeckt aufkochen lassen. Das Suppengrün waschen, putzen und klein schneiden. Mit Lorbeerblatt und Pfefferkörnern zum Huhn geben, zugedeckt bei schwacher Hitze 45–60 Min. garen und anschließend abkühlen lassen.
– Inzwischen von den Lauchstangen die dicken, dunkelgrünen Blätter und die Wurzelansätze abschneiden. Den Lauch längs halbieren, gründlich waschen und in schmale Streifen schneiden. Die Kartoffeln schälen und klein würfeln.
– Das Huhn aus der Brühe nehmen. Die Brühe durch ein Sieb in einen zweiten Topf gießen und aufkochen lassen. Lauch und Kartoffeln hineingeben und bei schwacher Hitze zugedeckt 30 Min. garen. Das Gemüse mit dem Kartoffelstampfer zerkleinern oder mit dem Mixer pürieren. Mit Salz, Pfeffer und Muskat herzhaft abschmecken.
– Das Hühnerfleisch von den Knochen lösen. Die Haut entfernen und das Fleisch in mundgerechte Stücke schneiden, in die Suppe geben. Die Sahne einrühren und die Suppe nochmals erhitzen, ohne sie aufkochen zu lassen. Dann die Suppe servieren.

72. Vogtländische Kartoffelsuppe mit Würstchen

PREISWERT | SCHMECKT KINDERN
Für 6 Personen
Zubereitungszeit: 1 Std.
Garzeit: 30 Min.

800 g mehlig kochende Kartoffeln • 2 Stangen Lauch • 3 Petersilienwurzeln • 3 Möhren • 1/2 kleine Sellerieknolle • 3 Zwiebeln •

120 g durchwachsener Räucherspeck • 2 EL Schweine- oder Butterschmalz • 1 1/2 l heiße Fleischbrühe • 2 Lorbeerblätter • je 1/2 TL Kümmelpulver und getrockneter Majoran • Salz • frisch gemahlener Pfeffer • eventuell Suppengewürz • frisch geriebene Muskatnuss • 6 Knackwürstchen (ersatzweise Wiener Würstchen) • 2 Bund Schnittlauch

– Die Kartoffeln schälen, waschen und grob zerteilen. Das Gemüse putzen, waschen und in grobe Stücke schneiden. Die Zwiebeln schälen und klein würfeln. Den Speck ebenfalls in Würfel schneiden.
– Schmalz in einem großen Topf erhitzen, Speck- und Zwiebelwürfel darin bei mittlerer Hitze glasig dünsten. Kartoffel- und Gemüsestücke kurz mitdünsten. Die Brühe dazugießen und die Suppe mit Lorbeerblättern, Kümmel, Majoran, Salz und Pfeffer würzen. Zugedeckt bei mittlerer Hitze 30 Min. köcheln lassen.
– Ist das Gemüse gar, die Lorbeerblätter entfernen. Die Suppe mit dem Pürierstab kurz durchpürieren, es sollten noch kleine Kartoffel- und Gemüsestückchen sichtbar sein. Die Suppe eventuell mit Suppengewürz und mit Muskat abschmecken.
– Die Knackwürstchen in Scheiben schneiden und bei mittlerer Hitze im eigenen Fett knusprig braten. In die Suppe geben und kurz ziehen lassen. (Die Wiener im Ganzen oder in Scheiben nicht braten, sondern in der Suppe erwärmen.) Den Schnittlauch waschen, trockenschütteln und in Röllchen schneiden. Die Suppe auf die Teller verteilen, jeweils mit Schnittlauch garnieren.

73. Pichelsteiner

PREISWERT | GELINGT LEICHT
Für 4 Personen
Zubereitungszeit: 40 Min.
Garzeit: 50 Min.

200 g mageres Schweinefleisch • 200 g mageres Rindfleisch • 1 große Zwiebel • 2 Stangen Lauch • 1/4 Knolle Sellerie • 4 Möhren • 500 g vorwiegend fest kochende Kartoffeln • 3 EL Öl • Salz • frisch gemahlener weißer Pfeffer • 3/4 l Fleischbrühe • 1/2 Bund gehackte Petersilie

– Das Schweine- und das Rindfleisch waschen, trockentupfen und in etwa 2 cm große Würfel schneiden. Die Zwiebel schälen, halbieren und quer in feine Streifen schneiden. Den Lauch putzen, längs halbieren und gründlich waschen. Abtropfen lassen und quer in Streifen schneiden.
– Den Sellerie und die Möhren schälen und in Scheiben schneiden. Die Kartoffeln schälen und passend zu dem anderen Gemüse in Stücke schneiden.
– In einem großen Topf das Öl erhitzen. Fleisch und Zwiebel einlegen und 4–5 Min. unter Umrühren bei starker Hitze anbraten. Die Hälfte des angebratenen Zwiebel-Fleisch-Gemischs aus dem Topf nehmen.
– Den Lauch, den Sellerie, die Möhren, die Kartoffeln und das herausgenommene Fleisch lagenweise in den Topf einschichten. Dabei jede Schicht leicht salzen und pfeffern. Die Brühe seitlich zugießen. Den Eintopf zugedeckt bei schwacher Hitze etwa 50 Min. garen. Den Pichelsteiner mit der Petersilie bestreuen und servieren.

74. Gaisburger Marsch

GELINGT LEICHT
Für 4 Personen
Zubereitungszeit: 45 Min.
Garzeit: 2 Std.

500 g Rindfleisch (vom Bug) • 1/2 TL Salz • 3 Zwiebeln • 1 Lorbeerblatt • 1 Gewürznelke • 1 Stange Lauch • 400 g vorwiegend fest kochende Kartoffeln • 200 g gegarte Spätzle • 1 Prise frisch geriebene Muskatnuss • 2 Zwiebeln • 2 EL Butter • 1/2 Bund Petersilie

– Das Fleisch waschen und abtrocknen. 1 l Wasser mit dem Salz zum Kochen bringen. Das Fleisch hineingeben und das Wasser erneut aufkochen lassen.
– Nun die Temperatur sofort auf die geringste Stufe stellen. 1 Zwiebel schälen, mit dem Lorbeerblatt und der Nelke bestecken und zum Fleisch geben. Alles zugedeckt etwa 1 1/2 Std. ganz sanft kochen lassen.
– Dann den Lauch putzen, längs halbieren und gründlich waschen. Lauch in 2–3 cm große Stücke schneiden. Die Kartoffeln schälen, waschen und in 2 cm große Würfel schneiden.
– Das Fleisch und die besteckte Zwiebel aus der Brühe nehmen. Dafür die Kartoffelwürfel und die Lauchstücke hineingeben und in etwa 20 Min. weich kochen.
– Die Spätzle mit in den Topf geben, einmal aufkochen lassen und dann bei immer noch geringer Hitze darin erwärmen.

– Das Fleisch in Würfel schneiden und in die Suppe geben. Die Suppe mit dem Muskat würzen.
– Die restlichen Zwiebel schälen und in dünne Ringe schneiden. Die Zwiebelringe in der zerlassenen Butter bei mittlerer Hitze goldbraun braten. Petersilie waschen, trockenschütteln und klein schneiden. Beides vor dem Servieren über den Eintopf streuen.

TIPP

Ganz nach Belieben können Sie zum Gaisburger Marsch auch noch Möhren geben oder/und etwas klein geschnittenen Weißkohl.

75. Lammtopf mit Auberginen

GUT FÜR GÄSTE
Für 6 Personen
Zubereitungszeit: 40 Min.
Garzeit: 1 Std.

2 Auberginen (ca. 250 g) • 500 g Tomaten • 500 g Lammbrust • 500 g Lammschulter • 2 Zwiebeln • 3 Knoblauchzehen • 4 EL Olivenöl • 2 EL Butter • 2 EL Weißweinessig • 1/8 l trockener Weißwein • 1 Lorbeerblatt • Salz • frisch gemahlener weißer Pfeffer • einige Stängel Minze

– Auberginen waschen, putzen und in etwa 1 cm große Würfel schneiden. Die Tomaten mit kochendem Wasser überbrühen, abschrecken und häuten. Die Tomaten in kleine Würfel schneiden, die Stielansätze entfernen.
– Vom Lammfleisch Fett und Sehnen entfernen, Fleisch in etwa 2 cm große Würfel schneiden. Die Zwiebeln und die Knoblauchzehen schälen und sehr fein hacken.
– Öl in einem großen Topf erhitzen. Auberginenwürfel darin portionsweise bei mittlerer Hitze unter Rühren anbraten, aus dem Topf nehmen. Dann die Butter im Topf erhitzen. Fleischwürfel darin portionsweise kräftig anbraten und ebenfalls herausnehmen. Zwiebeln und Knoblauch im verbliebenen Bratfett glasig dünsten.
– Auberginen und Fleisch wieder in den Topf geben. Die Tomaten, den Essig, den Wein und das Lorbeerblatt dazugeben und mit Salz und Pfeffer würzen.
– Den Lammtopf zugedeckt bei schwacher Hitze etwa 1 Std. schmoren lassen. Gelegentlich umrühren und bei Bedarf Wasser angießen.
– Kurz vor Garzeitende die Minze waschen und fein hacken. Einen Teil davon unters fertige Gericht mischen, restliche Minze darüber streuen.

76. Chili con carne

GELINGT LEICHT
Für 6 Personen
Zubereitungszeit: 45 Min.

3 Dosen rote Kidney-Bohnen (à 255 g Abtropfgewicht) • 1 große grüne Paprikaschote • 1 große Zwiebel • 2 Knoblauchzehen • 2 EL Olivenöl • 500 g Rinderhackfleisch • Salz • 1 TL Chilipulver • 1 TL gemahlener Kreuzkümmel • 1 TL getrockneter Oregano • 1 Dose geschälte Tomaten (800 g) • 1/2 l Fleischbrühe • 1 Bund Koriandergrün (ersatzweise glatte Petersilie)

– Die Bohnen in ein Sieb geben und abtropfen lassen. Paprikaschoten putzen, waschen und klein würfeln. Die Zwiebel schälen und hacken. Knoblauch schälen.
– Öl in einem Topf erhitzen und Hackfleisch in 5 Min. unter Rühren krümelig braten. Paprika und Zwiebel untermischen, Knoblauch dazupressen. Etwa 10 Min. bei schwacher Hitze garen, dabei öfter umrühren.
– Mit Salz, Chili, Kreuzkümmel und Oregano kräftig würzen. Tomaten samt Saft dazugeben und zerdrücken. Brühe und Bohnen zugeben und im offenen Topf etwa 15 Min. köcheln lassen. Dabei öfter umrühren.
– Koriander waschen, trockenschütteln, die Blättchen hacken. Unter das Chili rühren und abschmecken.

77. Westfälisches Bohnengericht

GUT VORZUBEREITEN I GELINGT LEICHT
Für 4 Personen
Zubereitungszeit: 40 Min.
Garzeit: 30 Min.

250 g durchwachsener Speck • 300 g Möhren • 600 g grüne Bohnen • 300 g Kartoffeln • 300 g säuerliche Äpfel • 2 Zwiebeln • 250 g weiße Bohnenkerne (aus der Dose) • Salz • frisch gemahlener Pfeffer

– Den Speck in kleine Würfel schneiden. Die Möhren schälen und klein würfeln. Von den Bohnen die Stielenden abschneiden, die Bohnen waschen und in Stücke schneiden. Die Kartoffeln schälen und in 2 cm große Würfel schneiden. Die Äpfel schälen, entkernen und würfeln. Zwiebeln schälen und in Ringe schneiden.

– Die Speckwürfel in einem großen Topf ausbraten. Die Möhrenwürfel und die grünen Bohnen zum Speck geben und unter Rühren bei geringer Hitze 10 Min. anbraten.

– Kartoffeln, Äpfel und Zwiebeln dazugeben, 150 ml Wasser zum Gemüse schütten und das Gemüse zugedeckt weitere 30 Minuten dünsten.

– Die weißen Bohnen mit der Flüssigkeit aus der Dose zum Gemüse geben, umrühren und in dem Gemüse erhitzen, aber nicht mehr kochen lassen. Das Bohnengericht mit Salz und Pfeffer abschmecken.

78. Grünkohl mit Brägenwurst

PREISWERT | GELINGT LEICHT
Für 4 Personen
Zubereitungszeit: 45 Min.
Garzeit: 1 Std.

1 kg Grünkohl • 1 Zwiebel • 1 Gewürznelke • 500 g vorwiegend fest kochende Kartoffeln • 500 g saftige Birnen • 3 EL Schweineschmalz • 1/2 TL Salz • 1 TL Zucker • 1 TL Senf • 375 g Brägenwurst

– Grünkohlblätter von den Stängeln streifen, schlechte Stellen entfernen. Blätter waschen und in einen großen Topf geben. 1/2 l Wasser darüber schütten und den Kohl zugedeckt bei starker Hitze so lange kochen lassen, bis der Grünkohl zusammengefallen ist.

– Den Grünkohl in einem Sieb abtropfen lassen, das Gemüsewasser auffangen. 1/2 l davon abmessen und beiseite stellen. Den Grünkohl klein schneiden.

– Zwiebel schälen und mit der Gewürznelke bestecken. Die Kartoffeln schälen und in Scheiben schneiden. Die Birnen schälen, vierteln, das Kerngehäuse entfernen und die Birnenviertel in Stücke schneiden.

Die Hälfte vom Schmalz in einem großen Topf zerlassen. Den Grünkohl, die Kartoffelscheiben und die Birnenstücke lagenweise einschichten und jede Lage mit dem Salz und dem Zucker bestreuen. Die Zwiebel dazugeben. Das Gemüsewasser mit dem Senf verrühren, über das Gemüse schütten und alles zugedeckt bei geringer Hitze 1 Std. dünsten.

– Nach 35 Min. Garzeit die Brägenwurst mit dem restlichen Schmalz auf den Eintopf legen und mitgaren.

79. Cassoulet mit Entenkeulen

BRAUCHT ETWAS ZEIT
Für 4 Personen
Zubereitungszeit: 30 Min.
Ruhe- und Einweichzeit: 12 Std.
Garzeit: 3 Std.

4 Entenkeulen • 1 TL grobes Salz • 250 g getrocknete, kleine weiße Bohnenkerne • 2 Möhren • 2 Zwiebeln • 3 Knoblauchzehen • 4 Tomaten • je 1 Zweig Bohnenkraut, Thymian, Rosmarin • 2 Lorbeerblätter • 200 g Schweineschwarte • 200 g durchwachsener Räucherspeck • 4 Scheiben Weißbrot • 1–2 EL Entenschmalz (ersatzweise Olivenöl) • Und: Küchengarn

– Die Entenkeulen mit einem feuchten Tuch abreiben, nebeneinander auf eine Platte legen und mit Salz bestreuen. Mit einem Brett oder Topf beschweren und 8–12 Std. ruhen lassen. Die Bohnen ebenfalls 8 Std. in 2–3 l kaltem Wasser einweichen.

– Die Möhren schälen und in Scheiben schneiden. Die Zwiebeln und den Knoblauch schälen und grob hacken. Tomaten blanchieren, häuten, in Viertel schneiden und entkernen. Kräuter mit Küchengarn zusammenbinden.

– Die Entenkeulen mit einem Tuch oder Küchenpapier abtrocknen. Die Bohnenkerne abgießen. 2 l Wasser zum Kochen bringen. Die Bohnenkerne mit dem Gemüse, den Kräutern, der Schweineschwarte und dem Speck hineingeben und in 45–60 Min. weich kochen.

– Speck herausnehmen und in 8 Scheiben schneiden. Mit den Keulen, den Bohnen und dem Gemüse in eine hitzebeständige Form füllen. Im Backofen bei 150–165° (Mitte, Umluft 140°) 1 1/2 Std. leise garen lassen.

– Das Brot kurz toasten oder im Ofen trocknen und fein zerbröseln. Die Brösel über die Bohnen streuen, das Entenschmalz darüber verteilen. Das Cassoulet im Ofen (oben!) in weiteren 30 Min. überbacken lassen. Heiß zu Tisch bringen. Beim Servieren die Schwarte entfernen.

TIPP

Das Cassoulet ist ein traditionsreiches Eintopfgericht aus der Gascogne, dem Südwesten Frankreichs. Üblicherweise besteht es aus weißen Bohnen, Schweinefleisch, Gans oder Ente, manchmal mit Würstchen, aber auf jeden Fall immer mit vielen Kräutern.

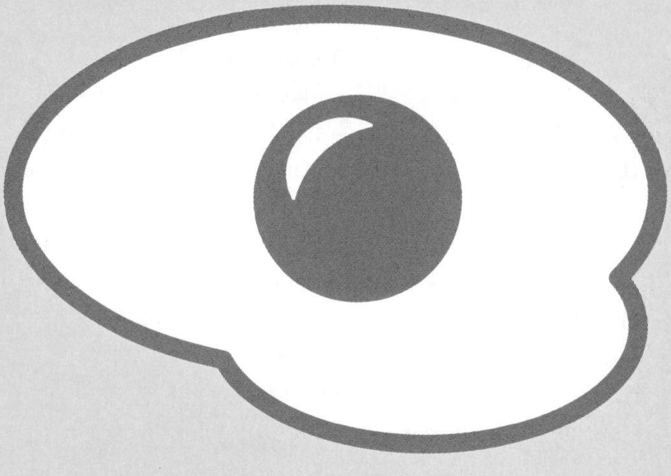

Eiergerichte & Aufläufe

Ein Ei, das ist fast schon ein Gericht. Dem Spiegelei fehlt dazu höchstens noch etwas Speck, und ein Rührei wird mit Käse gleich zu einem kleinen Imbiss. Eier können aber auch bereichern – das Sonntagsfrühstück, das Abendbrot oder die Masse für ein Soufflé. Denn wo ein Ei ist, sind Milch, Käse und Mehl nicht fern. Und wo das drin steckt, gibt es am Ende oft auch Auflauf. Der ist dann ganz sicher eine Mahlzeit. Mit allem was dazu gehört.

Der Kult ums Ei

Das Ei ist so etwas wie „das kleine Weiße" für die gute Küche. Es macht beim Frühstück wie beim Galadiner und in der Vorspeise wie im Dessert eine gute Figur, ohne dabei einmal wie das andere Mal auszusehen. Das liegt daran, dass so viel Gutes in ihm steckt. So ersetzt es von seinen Nährstoffen her schon mal ein Stück Fleisch, zugleich kann es im Ganzen, als saftige Masse oder als luftiger Schaum beim Kochen eine Hilfe und beim Essen ein Genuss sein.

Diese fruchtbare Vielseitigkeit hat wohl dazu geführt, dass große Köche einst einen wahren Kult um das Ei geschaffen haben und auch heute noch für viele – vor allem Männer – die Zubereitung eines simplen Eiergerichts Religion ist. Da zählt beim Ei am Morgen die Minute mehr oder weniger so viel wie die Sekunde zwischen Sieg und Niederlage beim Autorennen, da kann manchem ein richtig gebratenes Spiegelei jeden Besuch beim Edelitaliener ersetzen.

Aus der Alltagsküche heraus betrachtet ist das alles aber halb so wild. Da ist das Ei einfach ein Liebling, für Einfallslose genauso wie für Kreative. Denn mit ihm lässt sich erst mal eine Menge Gutes anstellen – Klassisches wie ein Schinkenomelette oder Feines wie eine Kräuterfrittata. Und weil das Ei so viele Möglichkeiten hat, bietet es immer auch eine zweite Chance. So kann aus einem harten statt weichen Ei immer noch ein toller Salat werden und ein nicht ganz so gelungenes Spiegelei ist gerade perfekt für einen unwiderstehliches Clubsandwich.

Das Ei ganz praktisch

Die einfachste Art, ein Ei zu garen, ist das Kochen in der Schale – weich fürs Frühstück, hart für Salate, Brote und andere kalte Kleinigkeiten. Kommt das Ei ohne Schale ins gerade siedende Wasser, so wird es pochiert. Dieser kleine Unterschied bedeutet nun tatsächlich einen großen Schritt in der Küchenpraxis, denn pochierte Eier – auch verlorene Eier genannt – sind etwas für Fortgeschrittene und für besondere Anlässe. Leichter fällt es da erst einmal, sie in die Pfanne zu schlagen und Spiegeleier zu braten. Die schmecken sehr gut mit anderem Gebratenem wie Speck, Würstchen oder einem kleinen Schnitzel. Aber auch im Kontrast zu gekochtem Gemüse, Kartoffeln oder zu einem Schinkenbrot sind sie eine Bereicherung.

Seinen ganzen Reichtum zeigt das Ei, wenn wir sein Gelb und Weiß miteinander verrühren. Dann kann ein simples Rührei, ein etwas aufwändigeres Omelette, eine üppige Eierpfanne oder – mit Milch und Mehl – ein Pfannkuchen daraus werden. Und auch hier gilt: Wenn der nicht so ganz gelingt, disponieren wir halt um und machen zum Beispiel ein Gratin daraus. Aber erst noch zu etwas anderem.

Das Soufflé

In der Küche wie in diesem Kapitel ist das Soufflé eine Art Verbindung zwischen Eierpfannkuchen und großem Auflauf – über den einen erhebt es sich mit ganz ähnlichen Zutaten, für den anderen ist es eine simple Vorstufe. Und so besehen muss man sich auch

Was ist …

… S, M, L oder XL beim Ei? Das sind Gewichtsklassen: S sind Eier unter 53 g, M gilt von 53–63 g (Eier in diesem Buch sind M-Eier), L von 63–72, XL ab 73 g.

… A oder A Extra beim Ei? Güteklasse A steht für heile, ungewaschene Schale, unbebrütetes Inneres, Luftkammer im runden Ende nicht größer als 6 mm, Alter höchstens 21 Tage. Für A-Extra gilt dazu: nicht älter als 9 Tage, Luftkammer maximal 4 mm.

… mit der Haltbarkeit beim Ei? 18 Tage nach dem Legen müssen Eier gekühlt, nach 21 Tagen spätestens verkauft werden. Nach 28 Tagen ist das Mindesthaltbarkeitsdatum (MHD) erreicht. Somit gilt: MHD – 28 = Legedatum.

… Freilandhaltung? Hennen werden im Freien gehalten, wobei Grünfutter nicht Pflicht ist. Kennzeichen: 1 am Anfang des aufgedruckten Eier-Codes.

… Bodenhaltung? Hennen können frei in einem Stall laufen, idealerweise bei Tageslicht. Anzahl der Hühner im Stall ist vorgeschrieben. Kennzahl: 2.

… Käfighaltung? Hennen werden ihr Leben lang in Käfigen gehalten, unter die sie ihre Eier legen. In der Schweiz verboten. Kennzahl: 3

… ein Bio-Ei? Ei von Legehennen, die nach Bio-Richtlinien gehalten werden: keine Käfige, keine Antibiotika, Großteil des Futters aus Bio-Landbau ohne schädliche Zusätze. Kennzahl: 0

… ein Omega-Ei? Enthält durch spezielle Fütterung (meist mit Algenpulver) der Hennen einen höheren Anteil an Omega-3-Fettsäuren, günstig für Blutfettwerte. Fisch hat dieselbe Wirkung.

keine großen Sorgen wegen der Zubereitung machen. Das Grundprinzip ist: Unter eine festere Masse, in der meist Eigelb und Mehl stecken, wird luftiger Eischaum gezogen, und dann wird das Ganze aufgebacken. Die Prinzipien dabei: Erstens den Eischnee gerade so locker mit einem Löffel unterziehen, dass die Masse ihr Luftigkeit hält. Zweitens eine gerade, nur am Boden gebutterte Form zu zwei Dritteln mit der Masse füllen. Drittens das Soufflé sachte in den Ofen stellen, sehr leise die Tür schließen und diese erst im letzten Viertel der Garzeit öffnen. Viertens das fertige Soufflé sofort servieren.

Das Gratin

Bei den Gratins zählt eher die Kruste vom Überbacken – dem Gratinieren – als das luftige Innere wie beim Soufflé oder die gute Verbindung der Zutaten wie im Auflauf. Meist wird fürs Gratin Vorgegartes wie Gemüse in eine flache hitzenbeständige Form geschichtet und dann mit einer Sauce oder Masse bedeckt, in der nicht selten Käse zu entdecken ist. Und manchmal wird auch einfach nur mit Käse pur gratiniert. Die Ausnahme von der Regel gibt es beim berühmtesten Gratin, dem Gratin dauphinois. Hier wird Sahne über rohe Kartoffelscheiben gegossen, deren Stärke in der Ofenhitze für Bindung und Kruste sorgen. Das Ergebnis ist aber so gut, dass einen die Frage „Gratin oder Auflauf?" nicht mehr interessiert.

Der Auflauf

Anders als sein Verwandter, der Eintopf, musste der Auflauf nie um einen Spitzenplatz unter unseren Lieblingsgerichten kämpfen. Dass bei ihm von der Nudel übers Gemüse bis hin zur Sauce alles in einer Form steckt, ist eben einfach praktisch statt pampig, auch wenn man ihn mal etwas länger stehen lässt. Reste veredelt er, statt dass sie ihn zum Resteessen machen. Und weil er dabei nicht wie Kohlsuppe riecht, sondern wie ein großer Braten duften kann, darf er auch dann an den Tisch, wenn liebe Gäste kommen. Für die gibt er einem dazu noch viel Zeit, weil er ganz von selber gar wird, wenn er im Ofen ist. Perfekt wird er mit den richtigen Partnern. So passt ein Blattsalat gut zu Aufläufen wie auch zu Gratins und Soufflés mit wenig Gemüse, zu den kompakteren ist auch eine Gemüsesauce gut. Und stecken keine Sattmacher wie Nudeln oder Kartoffeln drin, legen Sie am besten noch Brot dazu.

Eier garen

Das rohe Ei

Ab dem dritten Tag nach dem Legen ist ein Ei reif, vorher fehlt es ihm noch an Substanz und Aroma. Aber dann ist so ein sehr frisches, fast keimfreies Hühnerei ideal für Gerichte, bei denen Eigelb und Eiklar Stand haben müssen, der Geschmack besonders zählt und alles noch etwas roh bleibt – wie etwa beim weich gekochten und pochierten Ei und bei Spiegel- und Rühreiern. Zwei-Wochen-Eier sind nicht mehr ganz so frisch, aber immer noch perfekt für durchgegarte Gerichte wie Pfannkuchen, Aufläufe oder Eiersalat. Am gallertartigen Eiklar und einem fest gewölbten Dotter erkennt man ein frisches Ei, dass dann auch in der Schale beim Schütteln nicht schwappt. Solch ein Ei muss eigentlich nicht gekühlt werden, es kann sogar etwas Aroma dabei verlieren. Doch fürs Pochieren und Braten sollte es dann trotzdem aus dem Kühlschrank kommen, weil das Eiklar dann zäher ist und nicht so rasch zerläuft.

Im Kochtopf

Zum Kochen nimmt man ein Ei nicht direkt aus dem Kühlschrank, da es sonst im heißen Wasser schnell platzt. 1 Stunde Aufwärmen in der Küche schützt es davor. Nach der üblichen Methode wird es mit einer Schaumkelle in kochendes Wasser getaucht und sachte auf den Topfboden gelegt, wo es bei kleiner Hitze gart: je nach Größe in 3–4 Minuten wachsweich, in 4–5 Minuten weich und in 8–10 Minuten hart. Sehr frische, große oder kalte Eier brauchen 1–2 Minuten länger. Sanfter ist Methode 2: Eier mit lauwarmem Wasser bedecken und schnell aufkochen. Dann in 3 Minuten wachsweich, in 4 Minuten weich und in 8 Minuten hart sieden, bei frischen, großen oder kalten Eiern je 1 Minute länger. Wie Eier pochiert werden, ist im Rezept auf Seite 44 beschrieben. Wer aber nur ein „verlorenes Ei" garen will, kann sich dazu noch mit einem Trick helfen: Das Wasser wie im Rezept zum Kochen bringen, dann mit dem Schneebesen zum Strudel rühren und in dessen Mitte das Ei gleiten lassen – das wird dann ganz von selbst schön geformt.

In der Pfanne

Für schöne Rühr- und Spiegeleier oder Omelettes braucht es eine gute Pfanne. Sie sollte einen stabilen Boden haben, der die Hitze gleichmäßig hält, und darf nicht kleben. Eine gut eingelaufene Eisen-, Edelstahl- oder beschichtete Pfanne sind bestens dafür geeignet. Echte Eierfans reservieren sich eine nur für ihr Lieblingsessen, in der kein Kratzen, Spülen (saugt ihr das Fett aus den Poren) oder fremdes Braten das Ei kleben und unangenehm schmecken lässt. Das klassiche Fett für Eiergerichte ist Butter, in der sie bei eher sanfter Hitze garen, Mediterranes kann auch in Olivenöl gebraten werden. Wichtig ist, dass erst die Pfanne und dann das Fett erhitzt wird. Rühr- und Spiegelei stocken nun kurz bei größerer Hitze an und werden dann bei kleinerer Hitze sanft und langsam fertig gegart. Nur wer es etwas knuspriger mag, gibt am Ende noch mal etwas mehr Feuer.

GU Spezial-TIPP

Aufläufe aufwärmen – geht das? *Ja sicher: Je nach Rezept etwas Sahne, Brühe oder Sauce angießen, Oberfläche mit Öl oder Butter bepinseln und die Form mit Alufolie abdecken. Nun den Auflauf in den kalten Ofen schieben und die Hitze (ohne Umluft) so hoch schalten, wie es im Rezept steht. Je nach Menge und Höhe gart der Auflauf nach dem Vorheizen noch 5–15 Minuten, bis er durchgewärmt ist.*

80. Wachsweiche Eier auf Kräutercreme

GELINGT LEICHT
Für 2 Personen
Zubereitungszeit: 30 Min.

2 Bund gemischte Kräuter (z. B. Petersilie, Dill oder Schnittlauch) • 150 g Naturjoghurt • Salz • frisch gemahlener Pfeffer • 1–2 EL Zitronensaft • 75 g Sahne • 3–4 Eier

– Die Kräuter waschen und trockenschütteln, einige Blättchen beiseite legen, den Rest grob hacken. Die gehackten Kräuter mit dem Joghurt verrühren und mit einem Pürierstab oder im Mixer pürieren. Püree mit wenig Salz (die Kräuter schmecken schon sehr würzig), Pfeffer und dem Zitronensaft würzen.
– Die Sahne steif schlagen und mit dem Schneebesen unter die Kräutercreme ziehen. Die Creme eventuell noch mit Salz und Pfeffer nachwürzen.
– Die Eier am flachen Ende einstechen. In sprudelnd kochendes Wasser geben und in 3–4 Min. wachsweich garen. Die Eier kalt abschrecken, schälen und halbieren. Die Eihälften auf der Kräutercreme anrichten und mit den Kräuterblättchen garnieren.

81. Pochierte Eier

GEHT SCHNELL | PREISWERT
Für 1 Person
Zubereitungszeit: 20 Min.

1 EL Essig • 1 Msp. Salz • 2 Eier

– Einen Topf etwa 15 cm hoch mit Wasser füllen, den Essig und das Salz zugeben und zum Kochen bringen.
– Die Eier nacheinander in einen Schöpflöffel schlagen und vorsichtig ins leicht kochende Wasser gleiten lassen. Sofort das Eiweiß im Wasser mit Hilfe von zwei großen Löffeln möglichst an das Eigelb schieben, bis es beginnt, fest zu werden. Nach dem Einlegen eines Eis stets warten, bis das Wasser wieder leicht – aber keinesfalls sprudelnd – kocht.
– Sind beide Eier im Wasser, Topf vom Herd nehmen und die Eier noch 5 Min. ziehen lassen.
– Eier mit dem Schaumlöffel herausheben, abtropfen lassen und die Eiweißränder glatt schneiden.

TIPPS

– Wenn Sie die rohen Eier vom Schöpflöffel in das Essigwasser gleiten lassen, bekommen sie eine schöne runde Form. Sie können sie aber auch in eine Kaffeetasse oder eine Untertasse aufschlagen und von dort aus ins Wasser laufen lassen.
– Verlorene Eier schmecken sehr gut auf Toast mit würzigen Saucen oder in einer Senf- oder Meerrettichsauce mit Salzkartoffeln oder Kartoffelpüree und grünem Salat.

82. Pochierte Eier mit Pilzen auf Toast

VEGETARISCH
Für 2 Personen
Zubereitungszeit: 25 Min.

150 g Champignons • 1 kleine Zwiebel • 2 EL Butter • Salz • frisch gemahlener Pfeffer • 1 EL Essig • 2 Eier • 2 große Salatblätter • einige Petersilienstängel • 2 Scheiben Toastbrot

– Von den Pilzen die Stielenden abschneiden und die Pilze feucht abreiben. Die Pilze in dünne Scheiben schneiden. Die Zwiebel schälen und klein würfeln.
– In einer Pfanne 1 EL Butter erhitzen und die Zwiebelwürfel darin anbraten. Die Pilze dazugeben und bei mittlerer Hitze etwa 5 Min. mitgaren. Mit Salz und Pfeffer würzen.
– Inzwischen Wasser mit Essig und 1 Prise Salz in einem nicht zu kleinen Topf zum Kochen bringen. Sobald das Wasser sprudelt, den Topf von der Platte nehmen und die Eier nacheinander hineingeben. Dazu jedes Ei in eine kleine Schöpfkelle aufschlagen und dann langsam und vorsichtig ins Wasser gleiten lassen.
– Die Eier bei schwacher Hitze zugedeckt etwa 4 Min. ziehen lassen. Mit einem Schaumlöffel herausnehmen, abtropfen lassen und die Ränder glatt schneiden.
– Die Salatblätter und Petersilie waschen und trockenschütteln, Petersilienblätter von den Stängeln zupfen und fein hacken.
– Das Brot toasten und dünn mit der übrigen Butter bestreichen. Den Toast mit den Salatblättern und den Pilzen belegen, die Eier obenauf setzen und leicht salzen und pfeffern. Zuletzt die Toasts mit der gehackten Petersilie garnieren.

83. Eierstich

PREISWERT | GUT VORZUBEREITEN
Für 2 Personen
Zubereitungszeit: 15 Min.
Garzeit: 25 Min.

1 TL Öl • 2 Eier • 2 EL Fleischbrühe • 2 Msp. Salz • je 1 Msp. frisch geriebene Muskatnuss und Pfeffer

– In einem genügend großen Topf Wasser für das Wasserbad erhitzen. Ein Förmchen – am besten ein verschließbares – oder eine große Tasse mit dem Öl ausstreichen.
– Die Eier mit der Fleischbrühe, dem Salz, der Muskatnuss und dem Pfeffer verquirlen. In das Förmchen oder die Tasse füllen, verschließen (Tasse mit Alufolie) und ins Wasserbad stellen. Der Wasserspiegel soll etwa so hoch sein wie der Spiegel der Eimasse in der Form, damit der Eierstich gleichmäßig garen kann. Eventuell also noch etwas Wasser nachgießen bzw. entnehmen.
– Die Eiermasse im ganz leicht – keinesfalls sprudelnd – kochenden Wasser 25 Min. im geschlossenen Topf stocken lassen. Vor dem Stürzen auf Festigkeit prüfen.
– Den fertigen Eierstich abkühlen lassen, auf ein Brett stürzen und in Würfel oder Rauten schneiden.

TIPP

Die Eierstichwürfel oder -rauten in heißer Fleischbrühe servieren. Oder in größeren Streifen mit Räucheraal belegt als Häppchen reichen.

84. Eier in Förmchen

GELINGT LEICHT | GEHT SCHNELL
Für 4 Personen
Zubereitungszeit: 10 Min.
Backzeit: 15 Min.

1 TL Butter • 200 g gekochter Schinken, Kalbsbraten oder Fleischwurst • 100 g Edamer Käse • 4 Eier • je 2 Msp. Salz und frisch gemahlener Pfeffer • 125 g Sahne • 1 Eigelb • 1 TL edelsüßes Paprikapulver

– Den Backofen auf 200° (Umluft 180°) vorheizen. Vier hitzebeständige Förmchen mit der Butter ausstreichen.
– Den Schinken, den Kalbsbraten oder die Fleischwurst und den Käse in gleichmäßig kleine Würfel schneiden, mischen und in die Förmchen verteilen.
– Je 1 aufgeschlagenes Ei auf die Schinken-Käse-Würfel geben und die Eier mit Salz und Pfeffer würzen. Die Sahne mit dem Eigelb in einer kleinen Schüssel kräftig verquirlen, auf die Eier gießen und mit Paprikapulver bestreuen. Eier im Förmchen auf der mittleren Schiene 15 Min. im Ofen backen.

85. Soleier

PREISWERT
Für 8 Personen
Zubereitungszeit: 30 Min.
Marinierzeit: 24 Std.

60 g Salz • 20 hart gekochte Eier • 6 Lorbeerblätter • 2 Zweige Rosmarin oder 1/2 TL getrockneter Rosmarin • 2 Stängel Dill • 2 EL Pfefferkörner • 1–2 EL Senfsamen • je 1 TL Wacholderbeeren, Koriandersamen und Kümmelsamen • 6–8 Gewürznelken • pikante Kleinigkeiten zum Servieren (z. B. Saucen und Dips, Tabasco, Senf, Mixed Pickles und Gürkchen)

– In einem großen Topf 1 1/2 l Wasser zum Kochen bringen und das Salz darin auflösen. Das Salzwasser abkühlen lassen.
– Die Eier rundherum etwas anschlagen, damit der Sud besser einwirken kann. Die Eier mit den gewaschenen Kräutern und den Gewürzen in ein großes, etwa 5 l fassendes Glas schichten.
– Den abgekühlten Sud über die Eier gießen, sie sollen vollständig mit Flüssigkeit bedeckt sein. Die Eier etwa 24 Std. ziehen lassen, dann mit den pikanten Kleinigkeiten servieren.

86. Spiegeleier auf knusprigen Speckscheiben

GEHT SCHNELL | SCHMECKT KINDERN
Für 4 Personen
Zubereitungszeit: 10 Min.

1 EL Butter • 8 dünne Scheiben Frühstücksspeck (Bacon, 100 g) • 8 Eier • 1/2 TL Salz • 2 Msp. frisch gemahlener Pfeffer

– Die Butter bei mittlerer Hitze in der Pfanne zerlassen und den Speck darin knusprig braten. Die Eier nacheinander aufschlagen und auf die Speckscheiben gleiten lassen. Die Temperatur eine Schaltstufe zurückschalten.
– Die Eiweiße mit dem Salz und dem Pfeffer bestreuen, sobald die Ränder fest und weiß sind. Wenn die Eiweiße fest sind, die Spiegeleier mit dem Bratenwender oder einem Messer in vier Portionen teilen und aus der Pfanne auf vorgewärmte Teller heben.

TIPPS

– Wenn Sie Spiegeleier „blind" mögen, träufeln Sie während des Bratens etwas heißes Bratfett über die Eigelbe. Der Eiweißfilm darauf gerinnt dann zu einer dünnen weißen Schicht. Oder: Wenden Sie die fertigen Spiegeleier und braten Sie sie noch kurz von der anderen Seite. Die Eigelbe, die sonst noch fast roh sind, werden dann fest und gar.
– Wenn die Spiegeleier eine runde Form haben sollen, braten Sie sie in einer Spiegelei-Pfanne. Der Pfannenboden hat dafür runde Vertiefungen, in die die Eier hineingleiten. Oder schieben Sie die Eiweiße während des Bratens mit dem Bratenwender von allen Seiten immer wieder zu den Eigelben hin. Das verhindert ein Auseinanderlaufen der Eiweiße, bis sie fest geworden sind. Es gibt aber auch Metallringe, die man in die Pfanne legt und die die Spiegeleier in Form halten, was gut ist, wenn Sie die Eier als Garnierung brauchen.

87. Spiegelei auf Kartoffelpüree

PREISWERT | SCHMECKT KINDERN
Für 2 Personen
Zubereitungszeit: 1 Std.

500 g mehlig kochende Kartoffeln • Salz • 6 EL Milch • frisch geriebene Muskatnuss • 1 EL Butter • 2 Eier • 2 EL Sahne • 1/2 Kästchen Gartenkresse

– Kartoffeln schälen, vierteln und in Salzwasser zugedeckt etwa 20 Min. bei schwacher Hitze garen. Abgießen. Backofen auf 180° (Umluft 160°) vorheizen.
–- Kartoffeln mit dem Kartoffelstampfer zerdrücken. Milch dazugießen, alles mit den Quirlen des Handrührgeräts glatt rühren. Mit Salz und Muskat abschmecken.
– Eine kleine, flache Auflaufform mit etwas Butter einfetten. Das Kartoffelpüree hineingeben und in der Mitte zwei Mulden formen. Die Eier aufschlagen und hineinsetzen. Die Sahne und die übrige Butter in kleinen Flöckchen darüber geben.
– Im Ofen (Mitte) 15–20 Min. backen. Kurz vor Ende der Backzeit die Kresse abschneiden, waschen und trockenschütteln. Spiegeleier auf Püree aus dem Ofen nehmen, mit Kresse garnieren und sofort servieren.

88. Rühreier

GELINGT LEICHT
Für 2 Personen
Zubereitungszeit: 10 Min.

4 Eier • Salz • frisch gemahlener Pfeffer • 1 EL Butter

– Die Eier in einer Rührschüssel aufschlagen und kräftig mit dem Schneebesen verquirlen. Eigelbe und Eiweiße sollen gut gemischt sein. Mit Salz und Pfeffer würzen.
– Die Butter in einer Pfanne erhitzen, aber nicht braun werden lassen. Eier hineingeben und bei schwacher Hitze langsam stocken lassen. Ab und zu mit einem Pfannenwender vorsichtig umrühren, die Eier sollen aber nicht zerrupft, sondern lediglich umgeklappt werden.
– Die Rühreier sind fertig, sobald sie gestockt, jedoch noch cremig und glänzend sind. Dann sofort aus der Pfanne nehmen und servieren. Zu lange gegart, werden die Eier stumpf und schmecken trocken und hart.

TIPPS

– Besonders cremig werden Rühreier, wenn Sie pro Ei 1 EL Milch oder Sahne unterrühren.
– Auch Rühreier lassen sich in zahllosen Varianten zubereiten, angefangen bei den Würzzutaten: frischer Knoblauch, 1 Prise Paprikapulver, Currypulver oder Muskat geben den Eiern gleich eine andere Note. Exotisch wird es mit Sojasauce, Kreuzkümmel oder Tabasco. Gut machen sich auch Käsewürfel, gebräunte Zwiebel, Paprika- und Tomatenstreifen (Gemüse vorher kurz dünsten) oder Kräuter im Rührei. Die Zutaten zu den Eiern in die Pfanne streuen und mitgaren. Mit Streifen von geräucherter Forelle oder Räucherlachs wird aus dem Rührei eine besondere Delikatesse.

89. Palatschinken
(Dünne Eierkuchen aus Österreich)

SCHMECKT KINDERN
Für 4 Personen
Zubereitungszeit: 30 Min.

1/2 l Milch • 4 Eier • 250 g Mehl • Salz • 50 g zerlassene Butter • Butter zum Backen

– Milch, Eier, Mehl, 2 Prisen Salz und zerlassene Butter gründlich verrühren. Den Teig 30 Min. quellen lassen.
– Etwas Butter in einer beschichteten Pfanne erhitzen und eine kleine Schöpfkelle Teig darin verteilen. Darauf achten, dass die Ränder ausgefüllt sind. Bei mittlerer Hitze backen, bis die Ränder goldbraun sind.
– Dann den Palatschinken vorsichtig wenden und auch die zweite Seite goldbraun backen. Zugedeckt warm stellen, bis alle Palatschinken fertig gebacken sind.

TIPP
Topfenpalatschinken werden aus den Eierkuchen, wenn man sie mit einer Quarkfüllung im Ofen überbäckt. Dafür 500 g Topfen mit 80 g Zucker, 3 Eigelben, 20 g Speisestärke, Mark von 1 Vanilleschote, 1 TL abgeriebener Zitronenschale und 4 EL flüssiger Butter verrühren, 100 g geschlagene Sahne und 2 EL Rosinen unterheben. Palatschinken dünn damit bestreichen, aufrollen und in eine flache feuerfeste Form geben. Im 160° heißen Ofen (Mitte, Umluft 140°) etwa 10 Min. gratinieren.

90. Omelettes

GEHT SCHNELL | PREISWERT
Für 2 Personen
Zubreitungszeit: 15 Min.

4 Eier • 2 Msp. Salz • 1 TL Zironensaft • 1 EL Butter

– Die Omelettes brät man am allerbesten in zwei beschichteten Pfannen, weil sie dann fast gleichzeitig fertig werden.
– Die Eier mit dem Salz und dem Zitronensaft leicht schaumig rühren. Die Pfannen gut erhitzen und in jeder Pfanne 1/2 EL Butter zerlassen.
– Die Eimasse zu gleichen Teilen in die Pfannen geben und die Temperatur auf geringe Hitze schalten. Wenn nötig, die Teigmasse mit dem Löffelrücken verteilen und glatt streichen. Die Pfanne während des Bratens ständig leicht hin und her bewegen, damit die Unterseite der Omelettes bräunt ohne anzusetzen.
– Wenn die Oberseite nach etwa 10 Min. fest zu werden beginnt, aber noch glänzt, den Stiel der Pfanne leicht anheben und die Omelettes an den Rand gleiten lassen. Mit einem Pfannenwender die Omelettes zusammenklappen und auf einen vorgewärmten Teller gleiten lassen. Die Omelettes sollen herrlich locker, saftig und goldbraun sein.

TIPP
Wird nur eine Pfanne benutzt, das erste Omelette vorsichtig auf eine hitzebeständige Platte gleiten lassen und warm stellen. Das zweite Omelette braten, dann beide Omelettes zusammenklappen und in der zugedeckten Pfanne rasch noch einige Minuten erwärmen.

91. Kräuteromelettes

GELINGT LEICHT
Für 2 Personen
Zubereitungszeit: 20 Min.

1 Bund Petersilie • 1/2 Bund Schnittlauch • 2 Stängel Dill • 4 frische Rosmarinblätter oder 1/2 TL getrockneter Rosmarin • 1 Stängel Estragon oder 1 Msp. getrockneter Estragon • 4 Eier • 2 Msp. Salz • 1 EL Butter

– Die Petersilie, den Schnittlauch, den Dill, die Rosmarinblätter und den Estragon abbrausen, abtropfen lassen und fein schneiden (etwas Petersilie zum Garnieren zurückbehalten). Den getrockneten Rosmarin und Estragon zerreiben.
– Die Eier mit dem Salz leicht schaumig rühren und die Kräuter unterziehen.
– Die Butter in zwei beschichteten Pfannen zerlassen und aus der Eimasse wie im Rezept Nr. 90 beschrieben zwei Omelettes backen.
– Die Omelettes auf vorgewärmten Tellern anrichten und mit der zurückbehaltenen Petersilie garnieren.

92. Schinkenomelettes

GEHT SCHNELL
Für 2 Personen
Zubereitungszeit: 20 Min.

200 g gekochter Schinken • 2 Gewürzgurken • 4 Eier • 1 Msp. Salz • 1 EL Butter

– Den Schinken und die Gewürzgurken in kleine Würfel schneiden. Eier mit dem Salz leicht schaumig rühren, die Hälfte vom Schinken unter die Eimasse ziehen.
– Die Butter in zwei beschichteten Pfannen zerlassen und aus der Eimasse wie im Rezept Nr. 90 beschrieben zwei Omelettes backen, diese aber noch nicht zusammenklappen.
– Restlichen Schinken und die Gurken auf jeweils einer Hälfte der Omelettes verteilen, jetzt zusammenklappen. Nun noch zugedeckt in der Pfanne erwärmen, dann auf vorgewärmte Teller gleiten lassen.

93. Bretonische Fischomelettes

GUT FÜR GÄSTE
Für 2 Personen
Zubereitungszeit: 25 Min.

250 g Räucherfisch (z. B. Makrele, Rotbarsch, Goldbarsch oder Aal) • 80 g saure Sahne • 2 EL frisch geriebener Parmesan • 4 Eier • je 2 Msp. Salz und frisch gemahlener Pfeffer • 1 EL Butter

– Den Räucherfisch von der Haut und den Gräten befreien und mit den Händen in etwa 3 cm große Stückchen zerpflücken. Die saure Sahne mit dem Parmesankäse vermengen. Den Backofen auf 200° (Umluft 180°) vorheizen.
– Die Eier mit dem Salz und dem Pfeffer mit dem Schneebesen leicht schaumig schlagen. Die Butter in zwei beschichteten Pfannen zerlassen und aus der Eimasse wie im Rezept Nr. 90 beschrieben zwei Omelettes backen, diese aber nicht zusammenklappen.
– Die Omelettes auf einer hitzebeständigen Platte anrichten, den Räucherfisch darauf verteilen, mit dem Käse-Sahne-Gemisch überziehen und im Ofen auf der mittleren Schiene etwa 5 Min. überbacken.
– Die Omelettes mit Weißbrot und Kopfsalat mit roten Parpikastreifen servieren.

94. Mangoldomelette

GELINGT LEICHT
Für 4 Personen
Zubereitungszeit: 45 Min.

1 kg Mangold (ersatzweise Spinat) • Salz • 100 g Toastbrot • 2 Knoblauchzehen • 6 Eier • 100 g frisch geriebener Parmesan • frisch gemahlener weißer Pfeffer • 1 Msp. getrockneter Majoran • 6 EL Olivenöl

– Den Mangold putzen, die Stiele kürzen. Braune Stellen und welke Blattteile entfernen, Mangold gut waschen. In einem großen Topf mit gesalzenem Wasser 15–20 Min. bei schwacher Hitze kochen. In ein Sieb gießen und abtropfen und abkühlen lassen.
– Das Toastbrot kurz in Wasser einweichen, dann gut ausdrücken. Den Knoblauch schälen und fein hacken. Mangold möglichst fest auspressen. Blätter und Stiele in feine Streifen schneiden.
– In einer Schüssel Eier leicht verquirlen, dann Knoblauch, Brot und Käse gut unterrühren. Mit Salz, Pfeffer und Majoran würzen. Den Mangold gründlich mit der Masse vermischen.
– In einer großen beschichteten Pfanne 3 EL Öl erhitzen, die Eier-Gemüse-Mischung hineingießen und bei starker Hitze leicht rühren, bis sie zu stocken beginnt. Dann die Hitze sofort reduzieren. Mit einem Kochlöffel das Omelette vom Pfannenrand lösen, die Pfanne leicht schütteln. Sobald die Unterseite goldbraun ist (durch leichtes Anheben feststellen), das Omelette mit Hilfe eines Deckels wenden. Dabei das restliche Öl in die Pfanne gießen. Das Omelette bei schwacher Hitze fertig braten. Es soll außen leicht gebräunt sein, muss innen aber noch feucht sein.
– Das Omelette in Viertel teilen und am besten warm (nicht heiß) oder abgekühlt servieren.

95. Kräuterfrittata

GELINGT LEICHT | GEHT SCHNELL
Für 4 Personen
Zubereitungszeit: 30 Min.

300 g gemischte Kräuter (z. B. Borretsch, Majoran, Rucola und Sauerampfer oder auch einige Spinatblätter) • 2 Zwiebeln • 4 EL Olivenöl • 8 Eier • Salz • frisch gemahlener weißer Pfeffer

– Die Kräuter waschen und gründlich trocknen. Von den groben Stängeln befreien und hacken. Die Zwiebeln schälen und in kleine Würfel schneiden.
– In einer größeren beschichteten Pfanne 2 EL Öl erhitzen. Die Zwiebelwürfel darin glasig braten. Die Kräuter zugeben und etwa 5 Min. bei mittlerer Hitze unter Rühren leicht anbraten. Die Pfanne vom Herd nehmen und die Kräutermischung etwas abkühlen lassen.
– Die Eier in einer Schüssel schaumig schlagen und mit Salz und Pfeffer pikant würzen. Die Kräutermasse untermischen.
– Das restliche Öl in der Pfanne erhitzen. Die Eiermasse hineingießen, gleichmäßig darin verteilen und bei schwacher Hitze in etwa 10 Min. stocken lassen.
– Dann Eierkuchen auf einen Teller gleiten lassen, auf einen zweiten Teller stürzen und mit der ungebackenen Seite nach unten wieder in die Pfanne geben. Frittata weitere 3 Min. backen. Heiß oder lauwarm servieren.

TIPP

Die Frittata ist die italienische Schwester der spanischen Tortilla. Und beide sind so variabel, dass sie sich mit den unterschiedlichsten Zutaten zubereiten lassen. Ideal für einen Überraschungsbesuch, vorausgesetzt, Sie haben genügend Eier im Haus. Besonders hübsch sieht die Frittata aus, wenn Sie sie zum Servieren wie eine Torte aufschneiden.

96. Schaumomelettes mit Paprikaquark

GELINGT LEICHT
Für 2 Personen
Zubereitungszeit: 40 Min.

3 Eier • Salz • 1–2 EL Butter • 200 g Speisequark • 50 ml Milch • 1 Knoblauchzehe • frisch gemahlener Pfeffer • edelsüßes Paprikapulver • 1/2 rote Paprikaschote • 1 EL Schnittlauchröllchen

– Eier trennen und die Eigelbe mit 1 Prise Salz cremig rühren. Die Eiweiße steif schlagen und mit dem Schneebesen vorsichtig unter die Eigelbmasse heben.
– In zwei Pfanne jeweils etwas Butter zerlassen und darin je 1 Omelette zugedeckt bei schwacher Hitze in je 10–15 Min. backen.
– Inzwischen Quark und Milch verrühren. Knoblauch schälen und dazupressen. Mit Salz, Pfeffer und Paprikapulver abschmecken. Die Paprikaschote putzen, waschen, klein würfeln und unter den Quark rühren.
– Die Omelettes auf Teller gleiten lassen, den Quark in die Mitte geben und die Omelettes in der Hälfte zusammenklappen. Omelettes nach Belieben mit den Schnittlauchröllchen garnieren.

TIPP

Bei Omelette oder Pfannkuchen werden die Eiweiße und Eigelbe getrennt, schaumig aufgeschlagen und dann wieder verrührt. Dadurch bekommt das Omelett eine besonders lockere und luftige Konsistenz.

97. Eierpfannkuchen

PREISWERT | SCHMECKT KINDERN
Für 4 Personen
Zubereitungszeit: 50 Min.
Ruhezeit: 30 Min.

4 Eier • 1/8 l Milch • 1 Prise Salz • 150 g Mehl • 2 EL Butter

– Die Eier mit der Milch und dem Salz verquirlen und löffelweise das Mehl unterrühren. Der Teig soll zähflüssig, beim Rühren ein deutlicher Widerstand spürbar sein. Gegebenenfalls noch etwas Milch zufügen. Den Teig 30 Min. ruhen lassen.
– Butter portionsweise bei mittlerer Hitze in der Pfanne zerlassen, Teig durchrühren und nacheinander 8 dünne Pfannkuchen backen. Dafür jeweils 1/8 des Teiges mit einem Schöpflöffel in die Pfanne gießen, diese anheben und leicht drehen, damit sich der Teig gleichmäßig verteilt. Wenn die Masse zu stocken beginnt und an der Oberfläche nur noch leicht glänzt, den Pfannkuchen leicht anheben und erst wenden, wenn die Unterseite knusprig gebacken ist.
– Die Pfanne leicht rütteln, damit sich der Pfannkuchen löst. Pfannkuchen auf einen großen Topfdeckel gleiten lassen und ihn dann mit Schwung vom Deckel in die Pfanne stürzen, oder mit einem möglichst breiten Pfannenwender in der Pfanne umdrehen und auch die andere Seite knusprig backen.

– Das Backen dauert pro Pfannkuchen etwa 5 Min. Die frisch ausgebackenen Pfannkuchen in einer feuerfesten, flachen Form im Ofen warm halten, bis alle Pfannkuchen gebacken sind.

TIPPS

– Die Pfannkuchen werden besonders locker, wenn man die Hälfte der Milch durch Mineralwasser ersetzt oder wenn 1 Msp. Backpulver unter den Teig gerührt wird.
– Den Teig niemals zu lange rühren – die Pfannkuchen werden sonst leicht »brüchig«.
– Die Pfanne immer nur dünn einfetten. Der Teig haftet dadurch besser; nach dem Wenden eventuell noch etwas Fett zugeben.
– Und das passt dazu: zu süßen Pfannkuchen alle Arten von Kompott oder Apfelmus; zu salzigen Pfannkuchen Gemüse oder grüner Salat.

98. Pfannkuchen mit Erbsen und Speck

PREISWERT
Für 2 Personen
Zubereitungszeit: 45 Min.

2 Eier • 75 g Mehl • Salz • 1/8 l Milch • 1 große Frühlingszwiebel • 50 g durchwachsener Speck • 2–3 EL Butter • 150 g tiefgefrorene Erbsen • frisch gemahlener Pfeffer

– Für den Teig die Eier mit Mehl, etwas Salz und Milch verquirlen. Den Teig glatt rühren und etwa 20 Min. ruhen lassen.
– Inzwischen die Frühlingszwiebel waschen und putzen, dabei welkes Grün und Wurzelansatz abschneiden. Die Zwiebel schräg in dünne Ringe schneiden. Den Speck in kleine Würfel schneiden.
– In einer Pfanne 1 TL Butter zerlassen. Die Speckwürfel darin goldbraun braten, die Zwiebelringe und die Erbsen dazugeben und etwa 10 Min. mitgaren. Mit Salz und Pfeffer würzen.
– Nacheinander 4–6 kleine oder 2 große Pfannkuchen backen. Dafür etwas Butter in einer Pfanne erhitzen. Den Teig portionsweise hineingeben und die Erbsen-Speck-Füllung darauf verteilen. Die Pfannkuchen bei mittlerer Hitze in 2–3 Min. goldbraun backen. Dann in der Mitte zusammenklappen und nochmals 1–2 Min. backen. Sofort servieren.

99. Crêpes mit Paprika und Hackfleisch

SCHMECKT KINDERN
Für 2 Personen
Zubereitungszeit: 45 Min.

1/8 l Milch • 4 EL Mineralwasser • 1 Ei • 60 g Mehl • Salz • 1 Zwiebel • 1 Knoblauchzehe • 1 kleine gelbe Paprikaschote • 3–4 EL Butter • 250 g Rinderhackfleisch • frisch gemahlener Pfeffer • edelsüßes Paprikapulver • 1–2 EL Sojasauce • 1/2 Bund Schnittlauch

– Milch, Mineralwasser, Ei und Mehl mit etwas Salz glatt rühren, dann etwa 20 Min. quellen lassen. Inzwischen Zwiebel und Knoblauch schälen und klein würfeln. Die Paprikaschote putzen, waschen und in dünne Streifen schneiden.
– In einer Pfanne 2 EL Butter erhitzen. Die Zwiebel und den Knoblauch darin anbraten, dann die Paprikastreifen dazugeben und alles 2–3 Min. bei mittlerer Hitze braten.
– Das Hackfleisch dazugeben und etwa 5 Min. unter Rühren mitbraten. Alles mit Pfeffer, Paprikapulver und der Sojasauce abschmecken. Den Schnittlauch waschen, trockenschütteln, in Röllchen schneiden und untermischen. Die Hackfleischmischung warm stellen.
– Den Backofen auf 50° vorheizen. Für die Crêpes eine beschichtete Pfanne erhitzen, dann mit etwas Butter ausstreichen. Einen kleinen Schöpflöffel Teig hineingeben, die Pfanne dabei schwenken, damit sich der Teig verteilt und in einer dünnen Schicht den Boden überzieht. Überflüssigen Teig abgießen.
– Die Crêpe etwa 1 Min. bei mittlerer Hitze goldbraun braten. Dann mit einem Pfannenwender vom Pfannenboden lösen, wenden und die zweite Seite ebenfalls etwa 1 Min. braten.
– Die fertige Crêpe herausnehmen und im Ofen (Mitte) warm halten. Die Pfanne wieder mit etwas Butter ausstreichen und nacheinander 6 Crêpes backen.
– Die Hackfleischfüllung auf den Crêpes verteilen, diese aufrollen und sofort servieren.

100. Einfaches Käsesoufflé

GUT FÜR GÄSTE
Für 4–6 Personen
Zubereitungszeit: 40 Min.
Backzeit: 20 Min.

1 TL Butter • 1 TL Mehl • 1/8 l Milch • Salz • frisch gemahlener Pfeffer • frisch geriebene Muskatnuss • 75 g frisch geriebener Emmentaler • 2 Eier • Butter für die Förmchen

– Den Backofen auf 175° (Umluft 160°) vorheizen. 4–6 kleine Souffléförmchen einfetten.
– In einem Topf die Butter zerlassen. Das Mehl darüber stäuben und kurz anschwitzen. Die Milch dazugießen, dabei ständig umrühren, damit sich keine Klümpchen bilden. Sauce unter Rühren etwa 1 Min. köcheln lassen. Mit Salz, Pfeffer und Muskat würzen, den geriebenen Käse untermischen und alles etwas abkühlen lassen.
– Die Eier trennen. Die Eiweiße steif schlagen. Die Eigelbe unter die abgekühlte Käsecreme rühren, die Eiweißmasse vorsichtig mit dem Schneebesen unterheben. Dabei nicht zu stark rühren, sonst verliert die Masse ihre luftige Konsistenz.
– Eimischung in die Förmchen geben, dabei maximal zu zwei Dritteln füllen. Im Ofen (Mitte) 15–20 Min. backen. Den Ofen zwischendurch nicht öffnen, sonst fällt das Soufflé zusammen. Sofort servieren.

TIPPS

– Eischnee ist als Lockerungsmittel für Soufflés unentbehrlich, dadurch bekommen sie ihre schöne Konsistenz.
– Je frischer das Ei, desto steifer wird der Schnee.
– Ganz wichtig: kein Tröpfchen Fett (z. B. Reste vom Eigelb oder etwas Butter) darf mit in die Schüssel oder an den Quirlen hängen. Fett verhindert das Steifwerden von Eiweiß.
– Das Eiweiß ist steif genug, wenn ein Messerschnitt im Eischnee nicht mehr zerfließt oder es beim Umdrehen der Schüssel nicht herausgleitet.
– Den Eischnee am besten mit dem Teigschaber oder mit einem großen Schneebesen unterziehen, beides dabei langsam drehen. Auf keinen Fall zu stark rühren, sonst sinkt der Eischnee wieder in sich zusammen.

101. Üppiges Käsesoufflé

PREISWERT
Für 4 Personen
Zubereitungszeit: 35 Min.
Backzeit: 40 Min.

150 g Hartkäse (z. B. Greyerzer oder Bergkäse) • 100 g Butter • 2 EL Semmelbrösel • 8 Eier • Salz • 70 g Mehl

– Den Käse auf der Küchenreibe fein reiben. Eine hochwandige, runde, etwa 2 l fassende Auflaufform mit 2 EL Butter einfetten und mit Semmelbröseln ausstreuen, überschüssige wieder ausschütten.
– Die Eier trennen. Die Eigelbe in den Schalenhälften lassen und zurück in den Karton stellen. Sie werden später einzeln gebraucht. Die Eiweiße in eine Schüssel geben.
– In einem Topf 200 ml Wasser mit 1 TL Salz aufkochen lassen, die übrige Butter dazugeben. Den Topf vom Herd ziehen, das Mehl auf einmal in die Flüssigkeit schütten und verrühren.
– Den Topf wieder auf die Herdplatte stellen und die Masse bei mittlerer Hitze kochen lassen, bis der Teig sich zu einem Kloß zusammenballt und der Topfboden eine weiße Kruste hat. Den Topf vom Herd nehmen, 1 Eigelb kräftig unter den Brandteig rühren. Auf Handwärme abkühlen lassen. Inzwischen die Eiweiße mit etwas Salz zu steifem Schnee schlagen.
– In den abgekühlten Brandteig nach und nach die restlichen Eigelbe rühren, bis der Teig glänzt. Erst etwas Eischnee und die Hälfte vom geriebenen Käse zum Lockern mit dem Schneebesen einrühren, dann den restlichen Eischnee locker, aber nicht zu gründlich, unterheben, es sollen noch reichlich Eischneeflocken erkennbar sein.
– Die Schaummasse in die Form füllen, mit dem restlichen Käse bestreuen. Die Masse mit einem Löffel 2 cm vom Rand rundum tief einkerben, damit sie beim Backen aufbrechen kann.
– In den Backofen (unten) schieben und jetzt erst auf 180° (Umluft 170°) schalten. 35–40 Min. backen, bis die Oberfläche gut gebräunt ist. Keinesfalls während der ersten 20 Min. den Ofen öffnen, sonst fällt das Soufflé zusammen!
– Jetzt eine Garprobe durchführen: Mit einem Holzstäbchen in die Soufflémasse stechen, es darf nichts daran hängenbleiben. Sofort servieren.

102. Spinatsoufflé

GUT FÜR GÄSTE
Für 4–6 Personen
Zubereitungszeit: 1 1/4 Std.
Backzeit: 45 Min.

Für das Soufflé: 1 kg Spinat • Salz • 2 Schalotten • 1 Knoblauchzehe • 3 EL Butter • frisch gemahlener weißer Pfeffer • frisch geriebene Muskatnuss
Für die Béchamelsauce: 50 g Butter • 30 g Mehl • 1/4 l Milch • frisch gemahlener weißer Pfeffer • frisch geriebene Muskatnuss • etwas Gekörnte-Brühe-Pulver (nach Belieben) • 4 Eier • 50 g Greyerzer
Außerdem: Butter für die Form

– Für das Soufflé den Spinat verlesen, gründlich waschen und die groben Stiele entfernen. In einem Topf etwas Salzwasser aufkochen lassen, den Spinat darin 2–3 Min. blanchieren, bis die Blätter zusammenfallen. Spinat in einem Sieb kalt abschrecken, abtropfen lassen und anschließend fein hacken.
– Die Schalotten und den Knoblauch schälen und so fein wie möglich würfeln. In der Butter andünsten, den Spinat hinzufügen und mit Salz, Pfeffer und Muskat würzen. Unter Rühren 3–4 Min. bei mittlerer Hitze garen, zur Seite stellen.
– Für die Béchamelsauce die Butter zerlassen, das Mehl dazugeben und unter Rühren anschwitzen. Die Milch unter weiterem Rühren dazugießen und die Sauce bei schwacher Hitze 10 Min. köcheln lassen. Mit Salz, Pfeffer, Muskat und gekörnter Brühe nach Belieben pikant abschmecken.
– Backofen auf 175° (Umluft 160°) vorheizen. Die Eier trennen, Eigelbe nach und nach unter die Sauce rühren. Die Eiweiße zu steifem Schnee schlagen. Den Spinat und den Käse unter die Sauce mengen, dann nach und nach vorsichtig den Eischnee unterheben.
– Boden einer Souffléform (1 1/2 l Inhalt) mit Butter auspinseln, die Spinatmasse einfüllen. Das Soufflé im Ofen (unten) 45 Min. backen, dann sofort servieren.

103. Hirsesoufflé

VEGETARISCH
Für 4 Personen
Zubereitungszeit: 1 Std.
Backzeit: 30 Min.

100 g Hirse • 250 g Möhren • 30 g Butter • Salz • frisch gemahlener weißer Pfeffer • 4 Eier • 1/4 l Milch • 2 TL Currypulver • 2 TL frisch gehacktes Basilikum • Butter, Semmelbrösel und 1 Möhre für die Förmchen • Basilikumblättchen zum Garnieren

– Die Hirse mit 300 ml Wasser zugedeckt bei schwacher Hitze 15 Min. köcheln lassen, dann vom Herd nehmen und zugedeckt ausquellen lassen.
– Inzwischen 8 feuerfeste Förmchen (je 225 ml Inhalt) gut fetten, am Boden mit Bröseln ausstreuen. Die Möhre für die Förmchen schälen und grob raspeln. Die Möhrenraspel an die Formränder drücken.
– Die Möhren schälen und grob raspeln. Die Butter in einer großen Pfanne erhitzen. Die Möhren darin bei mittlerer Hitze 2 Min. unter häufigem Wenden braten, sparsam salzen und pfeffern. Hirse daruntermischen, vom Herd nehmen und lauwarm abkühlen lassen.
– Den Backofen auf 200° (Umluft 180°) vorheizen. Die Eier trennen. Die Eigelbe mit der Milch, dem Currypulver und dem gehackten Basilikum verrühren. Mit Salz und Pfeffer abschmecken.
– Die Eiweiße mit 1 Prise Salz steif schlagen. Die Milchmischung gründlich unter die Möhren-Hirse-Mischung rühren. Den Eischnee vorsichtig unterziehen, dann in die Förmchen verteilen und glatt streichen.
– In den Ofen (unten) stellen. Auf 190° (Umluft 170°) herunter schalten. Die Soufflés in gut 30 Min. goldbraun backen, bis die Masse gestockt ist. Herausnehmen, mit einem schmalen Messer an den Innenrändern der Förmchen entlangfahren, Soufflés vorsichtig stürzen. Mit den Basilikumblättchen garnieren.

TIPPS

– Zum Hirsesoufflé schmecken Puten- oder Kalbsschnitzel oder Kalbsbraten, panierter gebratener Fisch und Blattsalate.
– Auch sehr fein: die Hirsesoufflés kalt servieren, z. B. zu Eiersalat.
– Würziger werden die Soufflés, wenn Sie die Hälfte der Möhrenraspel durch fein geschnittenen Lauch ersetzen. Verwenden Sie nur die weißen und hellgrünen Teile.
– Immer wichtig: Bei einem Soufflé müssen die Gäste auf das Essen warten, nicht umgekehrt, sonst fällt die ganze Pracht zu einem flachen Rührei zusammen.

104. Frischkäsesoufflé mit Zuckerschoten

GUT FÜR GÄSTE
Für 4 Personen
Zubereitungszeit: 20 Min.
Backzeit: 45 Min.

1 große Zwiebel • 300 g Zuckerschoten • 2 EL Butter • Salz • 1/4 l Gemüsebrühe • 400 g Doppelrahm-Frischkäse • 2 Zweige Thymian • frisch gemahlener weißer Pfeffer • 2 TL Zitronensaft • 4 Eier • 1 Msp. Backpulver • Fett für die Form

– Die Zwiebel schälen und fein hacken. Die Zuckerschoten waschen und die Enden abknipsen. Die Butter in einem breiten Topf erhitzen, die Zwiebel darin andünsten. Die Zuckerschoten dazugeben und ebenfalls andünsten. Mit der Brühe aufgießen und 10 Min. köcheln lassen.
– Die Zuckerschoten mit dem Pürierstab oder im Mixer pürieren. Den Frischkäse gründlich unter das warme Gemüsepüree rühren. Den Thymian waschen, trockenschütteln und die Blättchen abstreifen. Püree mit Salz, Pfeffer, Thymian und Zitronensaft würzen und etwas abkühlen lassen. Den Backofen auf 180° (Umluft 160°) vorheizen.
– Eine Souffléform (etwa 1 1/2 l Inhalt) fetten. Die Eier trennen. Eiweiße mit dem Backpulver zu sehr steifem Schnee schlagen. Erst die Eigelbe unter die Soufflémasse mischen. Dann den Eischnee gründlich unterheben und alles in die Form füllen.
– Das Soufflé im Ofen (unten) 40–45 Min. backen. Sofort servieren.

105. Fisch-Krabben-Soufflé

GUT FÜR GÄSTE
Für 4 Personen
Zubereitungszeit: 30 Min.
Backzeit: 20 Min.

200 g weißes Fischfilet (z. B. Rotbarsch, Schellfisch oder Schollenfilets) • 3 Eier • 75 g Crème fraîche • 2 EL gehackte Petersilie • 1 TL Zitronensaft • Salz • frisch gemahlener Pfeffer • 50 g gepulte Nordsee-Krabben • 1 Bund Dill • 1 Knoblauchzehe • 175 g Vollmilch-Joghurt • 2 EL Sahne • Fett für die Förmchen

– Fischfilet entgräten, abbrausen und trockentupfen. Im Blitzhacker pürieren, in den Kühlschrank stellen.
– Backofen auf 220° (Umluft 200°) vorheizen. Die Eier trennen. Fischpüree mit Eigelben, Crème fraîche und gehackter Petersilie kräftig verrühren. Mit Zitronensaft, Salz und Pfeffer abschmecken.
– Vier Soufflèförmchen (je etwa 1/4 l Inhalt) einfetten. Die Eiweiße steif schlagen. Zusammen mit den Krabben locker unter die Fischfarce heben. In die Soufflèförmchen füllen. Die Soufflés in den Ofen (unten) schieben, 15–20 Min. backen, bis sie goldbraun sind.
– Für die Sauce Dill waschen, die Spitzen fein schneiden. Knoblauchzehe schälen und durch die Presse drücken. Joghurt und Sahne mit Dill, Knoblauch, Salz und Pfeffer verquirlen. Getrennt zu den Soufflés servieren.

106. Tomaten mit Parmesansoufflé

VEGETARISCH
Für 4 Personen
Zubereitungszeit: 1 Std.

8 Tomaten (etwa 1 kg) • Salz • 2 Scheiben altbackenes Toastbrot • 75 g Parmesan • 3 Eier • 70 g Butter • frisch gemahlener Pfeffer • 1 Msp. gemahlenes Piment • 1 Bund Basilikum • 1–2 Knoblauchzehen • 200 g Crème fraîche

– Tomaten waschen, einen Deckel abschneiden, Früchte aushöhlen, Fruchtinneres zur Seite stellen. Die Tomaten innen salzen, umgedreht abtropfen lassen. Toastbrot entrinden und mit dem Parmesan fein reiben. Die Eier trennen. Backofen auf 180° (Umluft 160°) vorheizen.
– 50 g Butter schaumig rühren, Eigelbe, Käse und die Brotbrösel untermischen. Mit Salz, Pfeffer und Piment würzen. Die Eiweiße steif schlagen und unter die Käsemasse heben.
– Tomaten mit der Käsemasse füllen. Eine flache Auflaufform mit übriger Butter ausfetten, Tomaten hineinsetzen und im Ofen (unten) 25–30 Minuten backen.
– Inzwischen das Tomateninnere durchs Sieb streichen. Basilikumblättchen in Streifen schneiden. Knoblauch schälen und durchpressen.
– In einem Topf Crème fraîche mit Knoblauch 5 Min. einkochen lassen. Tomatenpüree einrühren, Sauce mit Salz und Pfeffer abschmecken und mit dem Pürierstab schaumig pürieren. Basilikum untermischen. Tomaten mit der Sauce servieren.

107. Fenchelsoufflé mit Orangensauce

GUT FÜR GÄSTE
Für 4 Personen
Zubereitungszeit: 1 3/4 Std.

Für das Soufflé: 800 g Fenchelknollen • Salz • 1 Schalotte • 3 EL Butter • 2 EL Mehl • 150 ml Milch • 1/2 rote Paprikaschote • 2 Eigelbe (Größe S) • 1 TL Pernod (nach Belieben) • 1 TL Fenchelsamen • 4 Eiweiße • frisch gemahlener Pfeffer
Für die Sauce: 400 ml Orangensaft • 1 EL abgeriebene Schale von 1 unbehandelten Orange • 1 EL Zucker • 200 ml Gemüsebrühe • 2 EL Orangenlikör • 3 EL Campari Bitter • 1 TL Speisestärke • Salz • 1 Prise Cayennepfeffer • 3 EL eiskalte Butter
Außerdem: Butter für die Förmchen

– Fenchel waschen, putzen und grob zerkleinern. Etwas Fenchelgrün zum Garnieren beiseite stellen. Fenchel in einem Topf mit Salzwasser bedeckt in 20–25 Min. bei mittlerer Hitze weich garen. Abgießen, abtropfen lassen und pürieren.
– Die Schalotte schälen, fein würfeln und in der Butter bei schwacher Hitze glasig dünsten. Das Mehl einrühren und 2–3 Min. mitdünsten. Die Milch unter Rühren dazugießen, aufkochen lassen und 5 Min. bei mittlerer Hitze kochen.
– Den Backofen auf 200° (Umluft 180°) vorheizen. Die Paprikahälfte waschen, putzen und fein würfeln. Die Eigelbe mit dem Pernod (nach Belieben), der hellen Sauce, den Fenchelsamen, den Paprikawürfeln und dem Fenchelpüree mischen.
– Die Eiweiße mit 1 Prise Salz steif schlagen. Unter das Püree ziehen. Mit Salz und Pfeffer würzen. 4 Souffléförmchen (je etwa 1/4 l Inhalt) einfetten und die Masse einfüllen. Im Ofen (unten) 30–35 Minuten backen.
– Inzwischen für die Sauce den Orangensaft mit der Orangenschale, dem Zucker, der Brühe, dem Likör und dem Campari sowie der Speisestärke in einem Topf gründlich verrühren und 10 Min. offen köcheln lassen.
– Die Sauce mit Salz und Cayennepfeffer würzen. Dann die Butter flockenweise unterrühren, die Sauce warm halten.
– Zum Servieren entweder die Soufflés auf Teller stürzen, mit der Orangensauce umgießen und mit etwas Fenchelgrün garnieren. Oder die Soufflés in den Förmchen mit dem Fenchelgrün dekorieren und auf den Tisch stellen, die Sauce extra dazu reichen.

108. Bunter Gemüseflan

GELINGT LEICHT | PREISWERT
Für 4 Personen
Zubereitungszeit: 45 Min.
Garzeit: 30 Min.

500 g Gemüse (geputzt gewogen, z. B. Möhren, Kohlrabi) • 1 kleine Zwiebel • 3 EL Butter • Salz • frisch gemahlener weißer Pfeffer • frisch geriebene Muskatnuss • 1/4 TL Korianderpulver (bei Möhren) • 3 EL Gemüse- oder Fleischbrühe (Instant) • 100 g Sahne • 2 Eier • 1 Eigelb

– Das geputzte Gemüse in dünne Scheiben schneiden. Die Zwiebel schälen und klein würfeln. 2 EL Butter in einem Topf zerlassen, die Zwiebel darin glasig dünsten. Das Gemüse hinzufügen und mit Salz, Pfeffer, Muskat und eventuell Koriander würzen. Alles mischen, mit der Brühe ablöschen und zugedeckt bei schwacher Hitze 20 Min. dünsten. Zuletzt den Deckel entfernen, damit die Flüssigkeit verdampfen kann.
– Vier Souffléförmchen (je etwa 1/8 l Inhalt) mit der restlichen Butter großzügig fetten. Den Backofen auf 180° (Umluft 160°) vorheizen.
– Das gegarte Gemüse mit dem Pürierstab oder im Mixer zerkleinern. Die Sahne aufkochen lassen und unter das Gemüsemus rühren. Die Eier mit dem Eigelb verquirlen und unterrühren. Nochmals abschmecken und in die Förmchen füllen. Die Förmchen leicht auf den Tisch stoßen, damit keine Luftbläschen in der Farce bleiben. Die Förmchen in einen Topf oder eine feuerfeste Schüssel stellen. Seitlich kochend heißes Wasser bis zur halben Höhe der Förmchen angießen. Die Flans im Ofen (Mitte) in 25–30 Min. stocken lassen.

TIPPS

– Ein Gemüseflan wird als warme Vorspeise oder Beilage serviert.
– Das Wasserbad sollte nur sieden und nicht kochen. Sonst geht der Flan zu sehr auf und wird löchrig.
– Machen Sie am besten die Garprobe mit einem Holzspießchen: Wenn die Masse nicht kleben bleibt, ist der Flan gar.
– Ein Flan kann natürlich auch in einer einzigen, größeren Form gegart werden.

109. Eier-Gemüse-Pudding

BRAUCHT ETWAS ZEIT
Für 4–6 Personen
Zubereitungszeit: 1 1/4 Std.
Garzeit: 1 1/4 Std.

200 g Möhren • 250 g Lauch • 150 g Knollensellerie • 1 Bund Petersilie • 1 Knoblauchzehe • 1 EL Butter • Salz • frisch gemahlener Pfeffer • 1–2 EL Sojasauce • 4 Eier • 100 g Crème fraîche • 80 g Weichweizengrieß • frisch geriebene Muskatnuss • Currypulver • Butter und Grieß für die Form

– Das Gemüse putzen, waschen und in kleine Würfel schneiden. Die Petersilie waschen, trockenschütteln und fein hacken. Den Knoblauch schälen.
– In einer großen Pfanne Butter erhitzen und Gemüsewürfel darin kurz anbraten. Knoblauch schälen und dazupressen, mit Salz, Pfeffer und Sojasauce würzen. 2–3 EL Wasser dazugeben und das Gemüse zugedeckt bei mittlerer Hitze etwa 5 Min. garen, dann abgießen.
– Die Eier trennen. Eigelbe mit Crème fraîche und Grieß verrühren. Mit Salz, Pfeffer, Muskat und Currypulver würzen. Eiweiße steif schlagen. Gemüse unter die Eigelbcreme mischen, Eischnee vorsichtig unterziehen.
– Eine Puddingform (1 1/2 l Inhalt) gründlich einfetten und mit Grieß ausstreuen, auch den Deckel. Die Eimischung hineingeben und die Form verschließen. Die Form sollte höchstens zu drei Vierteln gefüllt sein.
– Die Puddingform in einen großen Topf setzen, sie muss ganz im Topf verschwinden. Den Topf so hoch mit Wasser füllen wie die Puddingform gefüllt ist und den Topfdeckel auflegen. Das Wasser langsam zum Kochen bringen und den Pudding dann bei schwacher Hitze etwa 1 1/4 Std. garen.
– Die Puddingform herausnehmen und etwa 5 Min. abkühlen lassen. Pudding mit einem Messer vom Rand lösen, aus der Form stürzen und in Spalten schneiden.

TIPP

Sollten Sie keinen so großen Topf haben, der eine Puddingform fasst, so können Sie den Pudding auch im Wasserbad im Backofen garen. Dazu die Form in das mit Wasser gefüllte tiefe Backblech stellen und im vorgeheizten Backofen bei 175° (Umluft 160°) 1 1/4 Stunden garen.

110. Eierauflauf mit Schinken und Tomaten

GELINGT LEICHT
Für 2 Personen
Zubereitungszeit: 30 Min.
Backzeit: 15 Min.

3 Eier • 2 Tomaten • 75 g gekochter Schinken • 1/2 Bund Petersilie • 1 EL Butter • 1 gehäufter EL Mehl • 350 ml Milch • Salz • frisch gemahlener weißer Pfeffer • 30 g frisch geriebener Emmentaler • Butter für die Form

– Reichlich Wasser zum Kochen bringen. Die Eier am flachen Ende einstechen, in das sprudelnd kochende Wasser geben und etwa 10 Min. kochen lassen.
– Inzwischen die Tomaten kreuzweise einritzen, mit kochendem Wasser überbrühen und häuten. Tomaten vierteln, dabei den Stielansatz herausschneiden. Den Schinken vom Fettrand befreien und in dünne Streifen schneiden.
– Eier abgießen, abschrecken, schälen und längs halbieren. Den Backofen auf 220° (Umluft 200°) vorheizen. Petersilie waschen, trockenschütteln und fein hacken.
– In einem Topf die Butter zerlassen, das Mehl hineinstreuen und kurz anschwitzen. Die Milch dazugießen, dabei ständig rühren, damit sich keine Klümpchen bilden. Die Sauce unter Rühren etwa 1 Min. köcheln lassen. Mit Salz und Pfeffer würzen und die Petersilie untermischen.
– Eine Auflaufform einfetten. Eihälften, Tomaten und Schinken einschichten. Kräutersauce darüber gießen und den geriebenen Käse darauf verteilen. Den Auflauf im Ofen (Mitte) etwa 15 Min. überbacken.

111. Überbackene Eier in Sauerampfercreme

VEGETARISCH
Für 4 Personen
Zubereitungszeit: 35 Min.
Backzeit: 15 Min.

6 Eier • 350 g Sauerampfer (ersatzweise Spinat) • Salz • 60 g Butter • 250 g Sahne • frisch gemahlener Pfeffer • 40 g Semmelbrösel (möglichst ganz frisch gerieben) • Butter für die Form

– Die Eier in 8 Min. hart kochen. Sauerampfer waschen und abtropfen lassen, die Stängel entfernen. Jungen, zarten Sauerampfer hacken und in 30 g Butter unter Rühren bei mittlerer bis starker Hitze 10 Min. dünsten (härteren Sauerampfer vorher mit kochendem Wasser 1 Min. überbrühen, abtropfen lassen), bis die Flüssigkeit verdampft und der Sauerampfer zu einem Püree zerfallen ist.
– Nach und nach die Sahne unterrühren, sie soll sich mit dem Püree verbinden und etwas eindicken, ehe die nächste Portion zugegeben wird. Dann den Sauerampfer mit Salz und Pfeffer abschmecken.
– Den Backofen auf 200° (Umluft 180°) vorheizen. Die restliche Butter in einem Pfännchen erhitzen, die Semmelbrösel darin bei mittlerer Hitze goldgelb rösten. Die Eier kalt abschrecken, pellen und halbieren.
– Eine flache feuerfeste Form fetten. Eier mit der Schnittfläche nach oben hineingeben, mit der heißen Sauerampfercreme übergießen. Mit den Semmelbröseln bestreuen und im Ofen (Mitte) 10–15 Min. überbacken, bis das Gratin heiß und die Oberfläche leicht gebräunt ist.

112. Gratinierte Eierkuchenröllchen

GUT VORZUBEREITEN
Für 4 Personen
Zubereitungszeit: 50 Min.
Backzeit: 15 Min.

200 g Mehl • 300 ml Milch • Salz • 4 Eier • 1 Bund Basilikum • 250 g Ricotta oder Sahnequark • 200 g frisch geriebener Provolone oder Parmesan • 3 Eigelbe • frisch gemahlener weißer Pfeffer • Butterschmalz zum Braten • Fett für die Form

– Mehl mit Milch und 1 TL Salz glatt verrühren, die Eier untermischen. 20 Minuten quellen lassen.
– Die Basilikumblättchen fein hacken und mit Ricotta oder Quark, der Hälfte vom geriebenen Käse und den Eigelben vermischen. Mit Salz und Pfeffer würzen.
– In einer Pfanne etwas Schmalz auf mittlerer Stufe erhitzen und aus jeweils 1 Schöpfkelle Teig in 3–5 Min. einen ganz dünnen Pfannkuchen nur auf einer Seite backen, bis die Oberfläche gerade trocken ist. Den Backofen auf 230° (Umluft 210°) vorheizen. Eine flache Auflaufform ausfetten, mit etwas geriebenem Käse ausstreuen.
– Fertige Eierkuchen mit Ricotta-Füllung bestreichen und aufrollen. In 3 cm breite Scheiben schneiden und senkrecht dicht nebeneinander in die Form stellen. Mit dem restlichen Käse bestreuen und im Ofen (oben) 10–15 Min. überbacken, bis die Oberfläche gebräunt ist.

113. Crespelle mit Gemüsefüllung

VEGETARISCH
Für 4–6 Personen
Zubereitungszeit: 1 Std.
Backzeit: 20 Min.

135 g Mehl • 335 ml Milch • 3 Eier (Größe S) • Salz • 2 EL Öl • 5 Frühlingszwiebeln • 5 kleine Knoblauchzehen • 400 g Steinpilze oder Egerlinge • 800 g Tomaten • 2–3 EL Butter • frisch gemahlener weißer Pfeffer • 1–2 TL Pastetengewürz (Reformhaus) • 2 TL getrockneter Estragon • 5–6 EL Sauce double hell (aus dem Glas) • 400 g Sahne • 125 g frisch geriebener Hartkäse (z. B. Parmesan, Greyerzer) • Butterschmalz zum Braten • Butter für die Form

– Für die Crespelle (dünne Eierkuchen) das Mehl mit der Milch verquirlen, dann die Eier, 1/2 TL Salz und das Öl unterrühren. 30 Minuten ruhen lassen.
– Frühlingszwiebeln waschen, putzen und in feine Ringe schneiden. Knoblauch schälen und fein würfeln. Die Pilze putzen, die Stielansätze abschneiden, Hüte und Stiele feinblättrig schneiden. Stielansätze der Tomaten entfernen. Tomaten kurz überbrühen, häuten und in kleine Würfel schneiden.
– Frühlingszwiebeln und Knoblauch bei schwacher Hitze in der Butter andünsten. Pilze dazugeben, bei mittlerer Hitze leicht bräunen. Tomatenwürfel unterrühren, mit Salz, Pfeffer, Pastetengewürz und Estragon würzen. 5 Min. bei starker Hitze offen garen, bis die Sauce dickflüssig ist, dann Sauce double unterrühren. Topf vom Herd nehmen.
– Eine große Auflaufform fetten. Backofen auf 225° (Umluft 200°) vorheizen. In einer beschichteten Pfanne mit wenig Schmalz aus dem Teig bei mittlerer Hitze dünne, helle Pfannkuchen backen, mit Pilzmasse füllen und in der Mitte zusammenklappen. In die Form legen.
– Sahne und Käse verrühren, mit Salz und Pfeffer würzen und über die Pfannkuchen gießen. Im Ofen (Mitte) 20 Min. überbacken, bis die Oberfläche schön gebräunt ist (eventuell kurz den Grill einschalten).

114. Überbackene Maispfannkuchen

GELINGT LEICHT
Für 4 Personen
Zubereitungszeit: 35 Min.
Backzeit: 20 Min.

40 g feines Maismehl • Salz • 40 g Weizenmehl • 2 Eier • 50 ml Milch • 1 kg vollreife Tomaten • 2 Zwiebeln • 4 Knoblauchzehen • 2 rote Chilischoten • 2 EL Öl • 600 g Zucchini • Chili-Gewürzmischung • 1 TL getrockneter Oregano • 2 Kugeln Mozzarella (je 125 g) 100 g geriebener Hartkäse (z. B. Greyerzer oder alter Gouda) • 300 g Sahne-Dickmilch • Öl zum Braten • Fett für die Form

– Maismehl mit 200 ml kochendem Salzwasser verrühren, 5–10 Min. quellen lassen. Weizenmehl, Eier und Milch unterrühren, salzen, wieder etwas quellen lassen.
– Inzwischen die Stielansätze der Tomaten entfernen. Tomaten kurz überbrühen, häuten, entkernen und klein würfeln. Zwiebeln und Knoblauch schälen und würfeln. Chilischoten waschen, putzen, entkernen und klein würfeln. In einem Topf das Öl erhitzen, Zwiebeln und Knoblauch darin glasig dünsten. Chilis und Tomaten einrühren, kurz mitgaren. Salzen und bei schwacher Hitze offen 20 Min. leise köcheln lassen.
– In einer Pfanne Öl heiß werden lassen. Aus dem Teig nacheinander dünne Pfannkuchen backen, fertige unter einem Tuch abkühlen lassen. Backofen auf 225° (Umluft 200°) vorheizen. Zucchini putzen, waschen und in schmale Streifen schneiden, mit Salz, Chiligewürz und Oregano würzen. Eine flache Auflaufform einfetten.
– Die Pfannkuchen jeweils mit etwas Tomatensauce bestreichen. Zucchinistreifen darauf legen, die Pfannkuchen aufwickeln und nebeneinander in die Form legen. Mozzarella in Scheiben schneiden.
– Pfannkuchen mit übriger Tomatensauce bestreichen, mit geriebenem Käse bestreuen und mit Mozzarella belegen. Im Ofen (Mitte) 20 Min. überbacken. Die Sahne-Dickmilch glatt ruhren und extra dazu servieren.

TIPP

Wenn es mal schnell gehen soll: Die Pfannkuchen nicht selbst backen, sondern statt dessen einfach fertige Weizen-Tortillas (aus dem Spezialitätenregal) nehmen.

115. Ramequin (Käse-Weißbrot-Auflauf)

GELINGT LEICHT | PREISWERT
Für 4 Personen
Zubereitungszeit: 10 Min.
Backzeit: 30 Min.

1 TL Butter • 12 Scheiben Toastbrot • 250 g Emmentaler (in Scheiben) • 3 Eier • 1/2 l Milch • 1/2 TL Salz • je 1 Msp. frisch gemahlener Pfeffer und frisch geriebene Muskatnuss

– Den Backofen auf 200° (Umluft 180°) vorheizen. Eine feuerfeste Form mit der Butter ausstreichen.
– Die Weißbrot- und Käsescheiben abwechselnd dachziegelförmig in die Form legen. Die Käsescheiben sollen dabei etwas hervorstehen. Die Eier mit der Milch verquirlen, mit dem Salz, dem Pfeffer und dem Muskat würzen und über die Brot und Käsescheiben gießen.
– Ramequin auf der mittleren Schiene in etwa 30 Min. im Ofen backen. In der Form heiß servieren.

116. Würziger Brotauflauf

GUT VORZUBEREITEN
Für 4 Personen
Zubereitungszeit: 30 Min.
Backzeit: 50 Min.

200 g Weißbrot vom Vortag • 400 ml Milch • 750 g vollreife Tomaten • 450 g Mozzarella (oder Bel Paese bzw. Fontina-Käse) • Salz • frisch gemahlener schwarzer Pfeffer • 2 EL fein gehackter Oregano (ersatzweise Basilikum) • 4 Eier • 4 EL frisch geriebener Parmesan • 3 EL Butter • Fett für die Form

– Das Brot in dünne Scheiben schneiden und in der Milch 15 Min. einweichen. Stielansätze der Tomaten entfernen. Tomaten überbrühen, häuten, entkernen, klein schneiden. Den Mozzarella in Scheiben schneiden. Überschüssige Milch von den Brotscheiben abgießen.
– Den Backofen auf 180° vorheizen. Eine flache feuerfeste Form fetten, mit Brotscheiben auslegen. Eine Schicht Tomaten darüber geben, mit etwas Salz, Pfeffer und Oregano bestreuen, mit einer Lage Käse abdecken. Darauf wieder Brot, Tomaten, Gewürze, Käse und so weiter einschichten. Mit Tomaten und Oregano abschließen.

– Die Eier mit dem Parmesan verrühren, etwas salzen und pfeffern, über den Auflauf gießen. Mit einer Gabel vorsichtig die Lagen mehrmals durchstechen.
– Den Brotauflauf mit der Butter in kleinen Flöckchen belegen. Im Ofen (Mitte, Umluft 160°) 45–50 Min. backen, bis die Oberfläche schön gebräunt ist.

117. Gratinierte Grießnocken

GUT VORZUBEREITEN
Für 4 Personen
Zubereitungszeit: 15 Min.
Garzeit: 15 Min.
Backzeit: 20 Min.

1 Stange Lauch • 1 EL Öl • Salz • 3 Eier • 90 g weiche Butter • 250 g Hartweizengrieß • 250 g Kalbsbrät • frisch gemahlener Pfeffer • frisch geriebene Muskatnuss • 200 g frisch geriebener Knoblauchschnittkäse • 150 g Crème fraîche • Fett für die Form

– Lauch putzen, längs halbieren und unter fließendem Wasser gründlich waschen. Die Hälften nochmals längs halbieren und klein schneiden. Öl in einer Pfanne erhitzen und Lauch etwa 3 Min. dünsten. Abkühlen lassen.
– In einem Topf reichlich Salzwasser aufkochen. Eier und Butter mit dem Handrührgerät schaumig schlagen und den Grieß einrieseln lassen. Kalbsbrät und Lauch untermischen, mit Salz, Pfeffer und Muskat würzen.
– Mit einem Löffel Nocken von der Grießmasse abstechen, im siedenden Wasser 10–15 Min. garen, herausnehmen. Backofen auf 220° (Umluft 200°) vorheizen.
– Eine Auflaufform ausfetten und die Nocken hineinlegen. Den Knoblauchkäse mit Crème fraîche mischen und auf den Nocken verteilen. Die Form in den Ofen (Mitte) stellen und in etwa 20 Min. goldbraun backen.

118. Kartoffelgratin

PREISWERT
Für 4 Personen
Zubereitungszeit: 30 Min.
Backzeit: 45 Min.

900 g mehlig kochende Kartoffeln • 1 Knoblauchzehe • Salz • frisch gemahlener weißer Pfeffer • 1/4 l Milch • 200 g Sahne • 1 EL Butter

– Die Kartoffeln schälen, waschen, abtrocknen und auf dem Gurkenhobel in dünne Scheiben hobeln. Den Backofen auf 200° (Umluft 180°) vorheizen.
– Den Knoblauch schälen und halbieren. Eine feuerfeste Auflaufform mit niedrigem Rand mit dem Knoblauch ausreiben.
– Die Kartoffelscheiben schuppenförmig in der Auflaufform verteilen und mit Salz und Pfeffer würzen. Milch und Sahne vermischen und über die Kartoffeln gießen. Butter in kleinen Flöckchen auf das Gratin legen.
– Das Gratin im Ofen (Mitte) etwa 45 Min. backen. Es ist gar, wenn die Kartoffeln weich sind, die Flüssigkeit aufgesogen und die Oberfläche des Gratins schön gebräunt ist.

TIPP
Die angegebene Menge reicht für 4 Personen als eigenständiges Hauptgericht, zu dem Sie einen frischen Blattsalat oder auch einen Gemüsesalat servieren können. Wenn Sie das Kartoffelgratin als Beilage zu kurz gebratenem Fleisch, Lammbraten oder Geflügel servieren wollen, reicht die Menge für 6 Personen.

119. Kartoffelgratin mit Pilzen

GELINGT LEICHT | PREISWERT
Für 3 Personen
Zubereitungszeit: 35 Min.
Backzeit: 40 Min.

300 g Champignons oder Egerlinge • 1 EL Zitronensaft • 500 g mehlig kochende Kartoffeln • Fett für die Form • Salz • frisch gemahlener weißer Pfeffer • frisch geriebene Muskatnuss • 200 g Sahne • 150 g Mozzarella • 1 Bund Petersilie

– Die Pilze mit Küchenpapier abputzen und nur, wenn sie sehr sandig sind, kurz abbrausen, dann in Scheiben schneiden. Pilze mit dem Zitronensaft mischen, damit sie sich nicht verfärben. Die Kartoffeln schälen, waschen und mit dem Gurkenhobel in feine Scheiben hobeln.
– Eine flache Auflaufform mit Fett ausstreichen. Die Kartoffeln und die Pilze lagenweise dachziegelartig in die Form schichten. Dabei jede Schicht mit Salz, Pfeffer und Muskat würzen. Sahne seitlich angießen.

– Den Mozzarella abtropfen lassen, in dünne Scheiben schneiden und auf dem Gratin verteilen.
– Die Form auf den Rost in den Backofen (Mitte) stellen. Den Ofen auf 200° (Umluft 180°) schalten und das Gratin etwa 40 Min. backen, bis die Kartoffeln bissfest sind und die Oberfläche schön gebräunt ist.
– Kurz vor Ende der Garzeit die Petersilie waschen, trockenschütteln und fein hacken. Das Gratin mit der Petersilie bestreut servieren.

120. Kartoffelgratin mit Apfelkruste

SCHMECKT KINDERN | GELINGT LEICHT
Für 2 Personen
Zubereitungszeit 35 Min.
Backzeit: 40 Min.

1 Stange Lauch • 500 g mehlig kochende Kartoffeln • Salz • frisch gemahlener weißer Pfeffer • 100 g Sahne • 1/2 Bund Majoran • 1 säuerlicher Apfel • 80 g frisch geriebener Bergkäse • 20 g Sonnenblumenkerne • 1 EL Butter

– Den Lauch putzen, waschen und mit dem zarten Grün in feine Ringe schneiden. Kartoffeln waschen, schälen und mit dem Gurkenhobel in feine Scheiben hobeln.
– Den Lauch und die Kartoffeln in eine feuerfeste Form schichten, jeweils mit Salz und Pfeffer würzen. Die Sahne seitlich angießen.
– Majoran waschen, trockenschütteln und die Blättchen fein hacken. Apfel schälen, vom Kerngehause befreien und fein würfeln. Majoran, Apfel, Käse und Sonnenblumenkerne mischen und mit Pfeffer abschmecken. Die Apfelmasse auf dem Gratin verteilen und mit der Butter in Flöckchen belegen.
– Die Form auf den Rost in den Backofen (Mitte) stellen. Den Ofen auf 200° (Umluft 180°) schalten und das Gratin etwa 40 Min. backen, bis die Kartoffeln bissfest sind und die Oberfläche schön gebräunt ist.

121. Kartoffelgratin mit Speck und Birnen

PREISWERT
Für 4 Personen
Zubereitungszeit: 40 Min.
Backzeit: 30 Min.

700 g vorwiegend fest kochende Kartoffeln • Salz • 1 Zwiebel • 60 g durchwachsener Räucherspeck • 2 EL Butter • 1 TL getrockneter Thymian • 200 ml Brühe (Instant) • 2 Birnen (Williams Christ) • frisch gemahlener schwarzer Pfeffer

– Die Kartoffeln schälen und in Salzwasser 10 Min. vorkochen. Abgießen und ausdampfen lassen. Zwiebel schälen und mit dem Speck klein würfeln, in etwas Butter andünsten. Thymian untermischen, Brühe dazugießen und aufkochen lassen.
– Eine feuerfeste Form buttern, den Backofen auf 200° (Umluft 180°) vorheizen. Birnen schälen, vierteln, entkernen und in Scheiben schneiden. Kartoffeln ebenfalls in Scheiben schneiden.
– Kartoffeln abwechselnd mit den Birnen in die Form schichten. Die Speck-Zwiebel-Brühe darüber verteilen, pfeffern. Im Ofen (Mitte) 25–30 Min. backen.

122. Kartoffelgratin mit Steinpilzen

GELINGT LEICHT | GUT FÜR GÄSTE
Für 4 Personen
Zubereitungszeit: 20 Min.
Quellzeit: 1 Std.
Backzeit: 45 Min.

40 g getrocknete Steinpilze • 1 kg vorwiegend fest kochende Kartoffeln • 1/2 l Milch • 200 g Crème fraîche • Salz • frisch gemahlener Pfeffer • frisch geriebene Muskatnuss • 50 g Butter • 2 EL frisch gehackte Petersilie

– Die Steinpilze in eine Schüssel geben, mit lauwarmem Wasser übergießen und 1 Std. einweichen und quellen lassen.
– Kartoffeln schälen und in dünne Scheiben schneiden. Die Milch aufkochen lassen. Crème fraîche einrühren, mit Salz, Pfeffer und Muskatnuss würzen. Die Kartoffeln hinzufügen, bei mittlerer Hitze 15 Min. unter Rühren köcheln lassen.
– Den Backofen auf 200° (Umluft 180°) vorheizen. Eine Auflaufform mit einem Teil der Butter fetten. Die Pilze in ein Sieb geben und ausdrücken, grob hacken.
– Die Hälfte der Kartoffelmasse in die Form füllen. Pilze mit der Petersilie darauf verteilen. Restliche Kartoffeln einfüllen, mit Butterflöckchen belegen und im Ofen (Mitte) 45 Min. backen.

123. Wirsing-Kartoffel-Gratin

PREISWERT | GELINGT LEICHT
Für 4–6 Personen
Zubereitungszeit: 55 Min.
Backzeit: 35 Min.

1 kleiner Wirsing • Salz • 800 g vorwiegend fest kochende Kartoffeln • 80 g durchwachsener Räucherspeck • 2 Knoblauchzehen • 1 Zwiebel • 2 EL Butter • 1 EL Öl • 150 g mittelalter Gouda • 200 g milder Schafkäse • frisch gemahlener Pfeffer • 1 TL Kümmelsamen • 1 TL Korianderpulver • frisch geriebene Muskatnuss • 250 g Sahne • Butter für die Form

– Den Wirsing vierteln, vom Strunk befreien und in grobe Streifen schneiden. Reichlich Salzwasser zum Kochen bringen, Wirsing darin 3–4 Min. blanchieren. Herausheben und abtropfen lassen. Die Kartoffeln schälen, waschen und in dünne Scheiben schneiden oder hobeln. Die Kartoffelscheiben im Kohlwasser etwa 2 Min. kochen, in einem Sieb abtropfen lassen.
– Den Speck eventuell entschwarten und klein würfeln. Knoblauch und Zwiebel schälen und in feine Würfel schneiden. Butter und Öl in einer großen Pfanne erhitzen, die Speckwürfel darin anbraten. Zwiebel und Knoblauch kurz mitbraten. Den Wirsing dazugeben, alles gut vermischen.
– Den Gouda auf der Küchenreibe reiben. Eine große feuerfeste Form einfetten. Den Backofen auf 180° vorheizen.
– Zuerst eine Lage Kartoffeln in die Form schichten, darauf eine Schicht Wirsing verteilen. Etwas Schafkäse darüber krümeln und mit etwas Gouda bestreuen. Jede Lage mit Pfeffer, Kümmel, Koriander und Muskat würzen. Wieder abwechselnd Kartoffeln, Kohl und Käse einschichten, bis die Zutaten verbraucht sind, mit Käse abschließen.
– Die Sahne leicht mit Salz, Kümmel, Koriander und Muskat würzen, über das Gratin gießen. Im Ofen (Mitte, Umluft 160°) 35 Min. backen.

124. Kohlrabi-Kartoffel-Gratin

GUT FÜR GÄSTE
Für 4 Personen
Zubereitungszeit: 35 Min.
Backzeit: 40 Min.

2 Kohlrabi (etwa 400 g) • 500 g vorwiegend fest kochende Kartoffeln • 3 Zweige Thymian • Salz • frisch gemahlener schwarzer Pfeffer • 1 Knoblauchzehe • 150 g frisch geriebener Emmentaler • 250 g Sahne • 1 EL Butter • 1 EL Kürbiskerne

– Kohlrabi und Kartoffeln waschen, schälen und in dünne Scheiben hobeln. Die Hälfte davon dachziegelartig in eine Gratinform schichten. Thymian waschen, trockenschütteln und die Blättchen von den Zweigen streifen. Das Gratin mit Salz, Pfeffer und Thymian würzen. Die Knoblauchzehe schälen und darüber pressen. Die Hälfte des Käses darüber streuen.
– Die Sahne mit Salz und Pfeffer verquirlen, die Hälfte davon vom Rand her in die Form gießen. Backofen auf 200° vorheizen. Restliche Kohlrabi- und Kartoffelscheiben in die Form schichten, würzen, übrigen Käse darüber streuen. Mit der restlichen Sahne begießen. Butter in Flöckchen auf dem Gratin verteilen.
– Gratin im Ofen (Mitte, Umluft 180°) 40 Min. backen. Eventuell mit Alufolie abdecken. Die Kürbiskerne in einer trockenen Pfanne rösten. Das Gratin mit den Kürbiskernen bestreuen.

125. Polentagratin

PREISWERT
Für 4–6 Personen
Zubereitungszeit: 30 Min.
Backzeit: 1 1/4 Std.

50 g Butter • 500 g mehlig kochende Kartoffeln • 250 g durchwachsener Räucherspeck • 150 g Salami am Stück • 100 g Rosinen • 150 g Mehl • 250 g Polenta-Maisgrieß • 1/2 l Milch • Salz • frisch gemahlener schwarzer Pfeffer

– Eine flache Auflaufform mit 1 EL Butter ausstreichen. Die Kartoffeln waschen, schälen und in 1–2 cm große Würfel schneiden. Speck entschwarten und in kleine Würfel schneiden, ebenso die Salami.
– Den Backofen auf 180° vorheizen. Je 2 EL Speckwürfel und Rosinen zur Seite stellen, den Rest mit Salami- und Kartoffelwürfeln, Mehl, Polenta und Milch zu einem dicken Brei verrühren. Mit Salz und Pfeffer würzen.
– Die Mischung in die Form füllen und mit zur Seite gestellten Speckwürfeln und Rosinen bestreuen, übrige Butter in kleinen Flöckchen auf das Gratin setzen.

– Im Ofen (Mitte, Umluft 165°) 1–1 1/4 Std. backen, bis die Oberfläche goldbraun ist und die Kartoffeln weich sind. Falls das Gratin zu schnell dunkel wird, abdecken.

126. Kürbisgratin mit Tomaten

GUT VORZUBEREITEN | VEGETARISCH
Für 4 Personen
Zubereitungszeit: 35 Min.
Backzeit: 25 Min.

1,4 kg Kürbis (geputzt 1 kg) • Salz • 750 g vollreife Tomaten • 4 Knoblauchzehen • 1/2 Bund Petersilie • 5 EL Olivenöl • frisch gemahlener schwarzer Pfeffer • 4 EL Semmelbrösel • 2 EL Butter

– Kürbis teilen, schälen und entkernen. Fruchtfleisch in fingerlange Streifen schneiden. Reichlich Salzwasser aufkochen, den Kürbis darin 5 Min. blanchieren, dann herausheben, in einem Sieb sehr gut abtropfen lassen.
– Stielansätze der Tomaten entfernen. Die Tomaten kurz im Salzwasser überbrühen, häuten und grob schneiden. Den Knoblauch schälen und fein hacken. Petersilie waschen, die Blättchen fein hacken.
– 3 EL Olivenöl erhitzen und den Kürbis bei mittlerer Hitze unter Wenden 5 Min. braten, bis er glasig ist. In eine Auflaufform füllen. Backofen auf 200° vorheizen.
– Restliches Öl in die Pfanne geben und den Knoblauch darin bei mittlerer Hitze andünsten. Tomaten und die Hälfte der Petersilie unter Rühren 5–7 Min. mitbraten, bis die Tomaten zerfallen und zu einem Püree eingekocht sind. Auf den Kürbisstücken verteilen.
– Übrige Petersilie mit den Semmelbröseln vermischen und über den Auflauf streuen. Die Butter in kleinen Flöckchen darauf setzen und das Gratin im Ofen (Mitte, Umluft 180°) 25 Min. backen.

TIPP

Die Kürbisschale ist meist so hart, dass Sie ein großes und wirklich scharfes Messer brauchen, um die Frucht in Stücke zu schneiden. Liegt der Kürbis erst einmal in Spalten auf dem Brett, lässt er sich auch viel besser schälen als im großen Stück. Die Kerne, die in einer schwammartigen Schicht im Inneren sitzen, können Sie gut mit einem scharfkantigen Esslöffel herauslösen.

127. Pilzgratin mit Lauch und Speck

PREISWERT
Für 4 Personen
Zubereitungszeit: 55 Min.
Backzeit: 20 Min.

1 Zwiebel • 2 EL Öl • 1 kleine Dose geschälte Tomaten (400 g Inhalt) • Salz • frisch gemahlener schwarzer Pfeffer • edelsüßes Paprikapulver • 1 TL frischer Thymian (ersatzweise getrockneter) • 200 g durchwachsener Räucherspeck • 500 g Champignons oder Egerlinge • 1 Knoblauchzehe • 1 kg Lauch • 100 g frisch geriebener Emmentaler • 40 g Semmelbrösel • Butterflöckchen zum Belegen

– Die Zwiebel schälen und fein hacken, in 1 EL Öl andünsten. Die Tomaten samt Saft dazugeben und mit einer Gabel zerdrücken. Mit Salz, Pfeffer, Paprika und Thymian würzen und offen in 10–15 Min. dickflüssig einköcheln lassen.
– Den Speck klein würfeln. In einer breiten Pfanne in etwas Öl anbraten. Pilze putzen, in Scheiben schneiden und dazugeben. Knoblauch schälen und dazupressen. Pilze dünsten, bis fast alle Flüssigkeit verdampft ist. Den Lauch putzen, waschen und in feine Ringe schneiden. In kochendem Salzwasser kurz blanchieren, abschrecken und abtropfen lassen.
– Den Backofen auf 200° vorheizen. Lauch etwas ausdrücken und mit der Hälfte des Käses unter die Pilze mischen. Salzen und pfeffern. Eine feuerfeste Form mit dem restlichen Öl einpinseln und die Mischung hineinfüllen. Die Tomatensauce darüber gießen.
– Übrigen Käse und Brösel mischen und gleichmäßig darauf streuen. Mit Butterflöckchen besetzen, im Ofen (Mitte, Umluft 180°) in 20 Min. goldbraun überbacken.

128. Gratinierter Stangensellerie mit Parmesan

GELINGT LEICHT
Für 4 Personen
Zubereitungszeit: 20 Min.
Backzeit: 15 Min.

800 g Stangensellerie • Salz • frisch gemahlener Pfeffer • 100 g frisch geriebener Parmesan • 1 EL Olivenöl • Fett für die Form

Eiergerichte & Aufläufe

– Den Stangensellerie in die einzelnen Stangen zerteilen, putzen und waschen. Das Selleriegrün abschneiden und beiseite legen.
– In einem großen Topf reichlich Salzwasser aufkochen lassen und die Selleriestangen darin in 8 Min. bissfest garen. Herausnehmen, abschrecken, sehr gut abtropfen lassen und mit Küchenpapier trockentupfen.
– Den Backofen auf 220° (Umluft 200°) vorheizen. Eine feuerfeste Form einfetten und die Selleriestangen hineinlegen. Mit dem geriebenen Parmesan bestreuen, mit Öl beträufeln.
– Selleriestangen im Ofen (Mitte) 15 Min. gratinieren, bis der Käse bräunt. Inzwischen das Selleriegrün fein hacken, vor dem Servieren über das Gratin streuen.

129. Gratinierter Fenchel

GELINGT LEICHT
Für 4 Personen
Zubereitungszeit: 35 Min.
Backzeit: 25 Min.

4 Knollen Fenchel (etwa 1 1/4 kg) • 1 EL Zitronensaft • Salz • frisch gemahlener weißer Pfeffer • 150 g Bergkäse oder Gouda • 150 g gekochter Schinken • 5 EL Butter • 3 EL Mehl • 400 ml Milch • 2 Eigelbe • 6 EL Semmelbrösel

– Den Fenchel putzen, das Grün aufheben. Die Knollen durch den Strunk vierteln. In 100 ml Wasser mit dem Zitronensaft, Salz und Pfeffer etwa 15 Min. zugedeckt dünsten.
– Das Fenchelgrün fein hacken. Den Käse reiben. Den Schinken in Streifen schneiden. Eine flache Auflaufform mit 1/2 EL Butter ausstreichen. Den Backofen auf 220 ° (Umluft 200°) vorheizen.
– Für die Sauce in einem kleinen Topf 3 EL Butter zerlassen, das Mehl darin hellgelb rösten. Kurz abkühlen lassen, Milch aufgießen, unter Rühren aufkochen. Salzen, pfeffern und etwa 5 Min. leise köcheln lassen.
– Den Topf vom Herd nehmen, das Fenchelgrün und den Käse einrühren. Zum Schluss die Eigelbe untermischen.
– Den Fenchel und den Schinken in der Form verteilen. Die Sauce darüber gießen, mit den Semmelbröseln bestreuen. Restliche Butter in kleinen Flöckchen darauf verteilen. Im Backofen (Mitte) in etwa 25 Min. goldbraun backen.

130. Rosenkohlgratin mit Pancetta

GUT VORZUBEREITEN
Für 4 Personen
Zubereitungszeit: 35 Min.
Backzeit: 20 Min.

1 kg Rosenkohl • Salz • 50 g Pancetta (italienischer luftgetrockneter Bauchspeck, ersatzweise durchwachsener Räucherspeck) • 1 Zwiebel • 1 EL Butterschmalz • 1 TL Mehl • 1/4 l Milch oder 250 g Sahne • 1 Ei • 50 g frisch geriebener Greyerzer • frisch gemahlener Pfeffer • Butter für die Form

– Den Rosenkohl waschen, putzen, in kochendem Salzwasser 15 Min. kochen, dann abgießen.
– Pancetta hacken, die Zwiebel schälen und fein würfeln und beides bei schwacher Hitze im Butterschmalz glasig dünsten. Mit dem Mehl bestäuben, gut unterrühren. Dann mit der Milch oder der Sahne bei mittlerer Hitze unter Rühren zu einer leicht sämigen Sauce kochen. Etwas abkühlen lassen. Das Ei und die Hälfte des Käses darunter ziehen. Mit Salz und Pfeffer abschmecken.
– Den Backofen auf 200° (Umluft 180°) vorheizen. Eine Gratinform fetten, den Rosenkohl hineingeben, mit der Sauce begießen und mit dem restlichen Käse bestreuen.
– Das Gratin im Ofen (Mitte) in 20 Min. goldbraun backen, eventuell mit Alufolie abdecken.

131. Gratin aus grünem Spargel, Schinken und Gorgonzola

GUT FÜR GÄSTE | GELINGT LEICHT
Für 4 Personen
Zubereitungszeit: 25 Min.
Backzeit: 15 Min.

750 g grüner Spargel • Salz • 1 Prise Zucker • 200 g gekochter Schinken in Scheiben • 150 g Sahnegorgonzola • 100 g Sahne • frisch gemahlener Pfeffer • Fett für die Form

– Den Spargel waschen, das untere Drittel schälen und die Enden abschneiden. Reichlich Salzwasser mit Zucker aufkochen und den Spargel darin 8 Min. kochen lassen.
– Den Schinken, falls nötig, vom Fettrand befreien, dann in schmale Streifen schneiden. Eine feuerfeste Form einfetten. Den Backofen auf 220° (Umluft 200°) vorheizen.

– Den Spargel aus dem Sud nehmen, gut abtropfen lassen und in die Form legen. Die Schinkenstreifen darauf streuen.
– Den Sahnegorgonzola mit einer Gabel zerdrücken, mit der Sahne glatt rühren, mit Salz und Pfeffer würzen. Die Mischung über den Spargel gießen. Spargel im Ofen (Mitte) 15 Min. gratinieren, bis der Käse leicht bräunt.

132. Gratinierte Schwarzwurzeln in Kräuter-Senf-Sauce

VEGETARISCH
Für 4–6 Personen
Zubereitungszeit: 40 Min.
Backzeit: 20 Min.

3 EL Essig • 800 g Schwarzwurzeln • Salz • 2 EL Zitronensaft • 1 Bund Petersilie • 300 g Kräuterfrischkäse • 100 g Sahne • 1 EL Senf • 3 Knoblauchzehen • 80 g frisch geriebener Parmesan • frisch gemahlener Pfeffer • Fett für die Form

– In einer großen Schüssel 1 l Wasser mit dem Essig bereitstellen. Die Schwarzwurzeln unter fließendem Wasser gründlich abbürsten. Dann mit dem Sparschäler schälen (dabei am besten Gummihandschuhe tragen, denn die Schwarzwurzeln sondern einen klebrigen Saft ab). Die Stangen in etwa 5 cm lange Stücke schneiden und sofort in das Essigwasser legen, damit sie sich nicht braun färben.
– In einem Topf Salzwasser mit dem Zitronensaft aufkochen und die Schwarzwurzeln darin 10 Min. zugedeckt kochen lassen.
– Inzwischen die Petersilie waschen, trockenschütteln und die Blättchen fein hacken. Den Kräuterfrischkäse mit der Sahne und dem Senf glatt verrühren. Den Knoblauch schälen, durch die Presse drücken und dazugeben. Die Petersilie mit der Hälfte des Parmesans unter die Käsemasse rühren. Mit Salz und Pfeffer pikant abschmecken.
– Den Backofen auf 200° (Umluft 180°) vorheizen. Eine Auflaufform gründlich ausfetten. Die Schwarzwurzeln in ein Sieb schütten, gut abtropfen lassen und in die Form legen. Die Käsecreme darauf verteilen und glatt streichen. Mit dem restlichen Parmesan gleichmäßig bestreuen.
– Die Schwarzwurzeln im Ofen (Mitte) in 20 Min. goldbraun überbacken.

TIPPS

– Schwarzwurzeln – ein klassisches Herbst- und Wintergemüse – können Sie in den Monaten Oktober bis April kaufen. In den übrigen Monaten können Sie das Gratin mit Schwarzwurzeln aus der Dose zubereiten. Die Zubereitungszeit verkürzt sich dann um etwa 20 Minuten.
– Wählen Sie beim Einkauf möglichst dicke, feste Wurzeln, denn die machen beim Schälen weniger Arbeit. Stangen, die sich biegen lassen, sind nicht mehr frisch.
– Wer das Arbeiten mit Gummihandschuhen vermeiden will, kocht die Stangen erst und schält sie anschließend. Dann sondern sie nämlich keinen schwarz färbenden Saft mehr ab.

133. Reis-Tomaten-Gratin

GELINGT LEICHT | VEGETARISCH
Für 4 Personen
Zubereitungszeit: 30 Min.
Backzeit: 25 Min.

280 g Langkornreis • Salz • 6 Tomaten (etwa 400 g) • 400 g Zucchini • 4 Frühlingszwiebeln • 1 Bund glatte Petersilie • 2 EL Olivenöl • 4 Eier • frisch gemahlener Pfeffer • 100 g frisch geriebener Gruyère • 4 EL Semmelbrösel • 50 g Butter • Fett für die Form

– Reis in 3/4 l Salzwasser 12–15 Min. kochen. Stielansätze der Tomaten entfernen. Tomaten überbrühen, häuten, quer halbieren. Zucchini und Zwiebeln waschen, putzen und klein würfeln. Petersilie waschen und fein hacken. Den Backofen auf 200° (Umluft 180°) vorheizen.
– In einer Pfanne das Öl bei mittlerer Hitze heiß werden lassen, Zwiebeln in 3 Min. darin glasig dünsten. Die Zucchini dazugeben und 5 Min. mitdünsten. Vom Herd nehmen. Reis abgießen und abtropfen lassen. Eier mit Salz und Pfeffer verquirlen. Reis, Zucchinimischung, Käse und die Hälfte der Petersilie untermischen.
– Eine Auflaufform einfetten, Reis-Zucchini-Mischung einfüllen. Tomaten mit der Schnittfläche nach oben hineindrücken. Leicht salzen und pfeffern. Übrige Petersilie und Brösel vermischen und darüber streuen. Auflauf mit der Butter in Flöckchen belegen. Im Ofen (Mitte) 25 Min. backen.

134. Überbackene Riesenchampignons

GELINGT LEICHT
Für 4–6 Personen
Zubereitungszeit: 1 Std.
Backzeit: 20 Min.

200 g frischer Spinat (ersatzweise tiefgekühlter) • 12 große Champignons • 2 Knoblauchzehen • 1 kleine Zwiebel • 50 g durchwachsener Räucherspeck • 1 Bund Petersilie • 40 g Butter • Salz • frisch gemahlener Pfeffer • frisch geriebene Muskatnuss • 3 EL Sahne • 100 g Greyerzer oder Gouda • 2 EL Pinienkerne • 1 Zitrone • Butter für die Form

– Spinat verlesen, gründlich waschen und in kochendem Wasser 1 Min. blanchieren, herausheben. (Tiefgekühlten Spinat auftauen lassen.) Spinat gut ausdrücken und grob hacken.
– Die Pilze putzen und mit Küchenpapier abreiben. Die Stiele vorsichtig herausdrehen und fein hacken. Knoblauch und Zwiebel schälen, in kleine Würfel schneiden. Den Speck klein würfeln, Petersilie waschen, trockenschütteln und die Blättchen fein hacken.
– Die Butter in einer Pfanne erhitzen, den Speck darin bei mittlerer Hitze anbraten. Zwiebel, Knoblauch und gehackte Pilzstiele unter Rühren mit andünsten. Mit Salz, Pfeffer und Muskat würzen. Reichlich Petersilie untermischen. Die Pilzköpfe in die Pfanne setzen. Zugedeckt bei schwacher Hitze 10 Minuten dünsten.
– Eine flache feuerfeste Form mit Butter ausfetten. Den Backofen auf 200° (Umluft 180°) vorheizen. Die Pilzköpfe aus der Pfanne heben und mit der Öffnung nach oben in die Form setzen. Den Spinat und die Sahne in die Pfanne geben und 3 Min. köcheln lassen. Den Käse fein reiben.
– Die Spinatmischung in die Pilzköpfe füllen, Pinienkerne darauf verteilen und mit dem Käse bestreuen. Pilze im Ofen (Mitte) 15–20 Min. überbacken.
– Die Zitrone in Spalten schneiden. Champignonköpfe mit der restlichen Petersilie bestreuen und sofort servieren. Die Zitronenspalten dazu reichen.

TIPP
Die Pilze schmecken sowohl als Vorspeise wie auch als kleiner Imbiss oder Beilage.

135. Blumenkohlauflauf

VEGETARISCH | PREISWERT
Für 4 Personen
Zubereitungszeit: 20 Min.
Backzeit: 30 Min.

1 Blumenkohl (750 g) • Salz • 5 EL Butter • 350 ml Milch • 3 EL Mehl • 2 TL Butter • frisch gemahlener Pfeffer • 1 Prise frisch geriebene Muskatnuss • 3 Eier • 2 EL frisch geriebener Parmesan • Butter für die Form

– Den Blumenkohl putzen, in kleine Röschen zerteilen und waschen. 1/2 l Wasser mit 1/2 TL Salz zum Kochen bringen, die Blumenkohlröschen 5 Min. sprudelnd darin kochen, dann gut abtropfen lassen.
– 2 EL Butter in einem Topf zerlassen, die Blumenkohlröschen darin unter Wenden anbraten. 100 ml Milch zugießen, den Blumenkohl zugedeckt bei milder Hitze weitere 15 Min. garen. Dann durch ein Sieb streichen.
– Den Backofen auf 190° (Umluft 170°) vorheizen. Die restliche Butter zerlassen, das Mehl darüber stäuben und rühren, bis eine glatte Masse entstanden ist. Unter Rühren mit dem Schneebesen die übrige Milch dazugießen und rühren, bis die Sauce aufkocht und dick wird. Mit Salz, Pfeffer und Muskat würzen. Die Sauce mit dem pürierten Blumenkohl mischen und die verquirlten Eier und den Parmesan unterrühren.
– Eine Auflaufform mit der Butter ausstreichen. Die Masse einfüllen, mit Pergamentpapier oder Alufolie abdecken und im Ofen (Mitte) 30 Min. backen.

136. Indisches Blumenkohlgratin

GUT FÜR GÄSTE
Für 4 Personen
Zubereitungszeit: 40 Min.
Backzeit: 20 Min.

1 Blumenkohl (ca. 1 kg) • Salz • 300 g tiefgekühlte Erbsen • 2 Fleischtomaten • frisch gemahlener Pfeffer • 1 Zwiebel • 3 EL Butter • 1 walnussgroßes Stück frischer Ingwer • 2 Knoblauchzehen • 250 g Sahne • 2 TL Speisestärke • 2 EL Currypulver • 2 EL Zitronensaft • 2 EL Semmelbrösel • Fett für die Form

– Den Blumenkohl putzen, in Röschen zerteilen und waschen. In kochendem Salzwasser in 10 Min. bissfest garen. Die Erbsen im Wasser 2 Min. garen. Beides abschrecken und abtropfen lassen.

– Stielansätze der Tomaten entfernen. Die Tomaten kurz überbrühen, häuten, entkernen und in kleine Würfel schneiden. Eine feuerfeste Form fetten. Das Gemüse hineingeben, salzen und pfeffern. Den Backofen auf 220° (Umluft 200°) vorheizen.

– Zwiebel schälen, fein hacken und in 1 EL Butter andünsten. Ingwer und Knoblauch schälen, Ingwer fein hacken und untermischen. Knoblauch dazupressen. Alles bei mittlerer Hitze weich dünsten.

– Die Sahne mit der Speisestärke verrühren, dazugießen und einmal aufkochen lassen. Mit Currypulver, Salz, Pfeffer und Zitronensaft abschmecken. Die Sauce über das Gemüse gießen. Mit Semmelbröseln bestreuen und mit der übrigen Butter in Flöckchen besetzen. Gratin im Ofen (Mitte) in 20 Min. goldbraun überbacken.

137. Gratinierte Auberginen

VEGETARISCH
Für 4 Personen
Zubereitungszeit: 40 Min.
Backzeit: 20 Min.

4 kleine Auberginen (etwa 800 g) • Salz • 500 g Tomaten • 2 Zwiebeln • 2 Knoblauchzehen • 2 EL Olivenöl • frisch gemachlener schwarzer Pfeffer • 1/2 TL rosenscharfes Paprikapulver • 1/4 TL Zimtpulver • 1 Prise Zucker • 1 EL Rosinen • 1 EL gehackte Haselnüsse • Fett für die Form

– Die Auberginen putzen, längs halbieren und in Salzwasser 5 Min. vorkochen. Stielansätze der Tomaten entfernen. Tomaten kurz überbrühen, häuten, halbieren und entkernen, in Stücke schneiden. Die Auberginen abtropfen lassen. Zwiebeln und Knoblauch schälen und hacken. Backofen auf 200° (Umluft 180°) vorheizen. Eine flache feuerfeste Form fetten.

– Öl in einem kleinen Topf erhitzen, Zwiebelwürfel und Knoblauch darin bei mittlerer Hitze unter Rühren hellgelb andünsten. Tomatenstücke 5 Min. mitschmoren lassen. Mit Salz, Pfeffer, Paprikapulver, Zimtpulver und Zucker würzen. Rosinen waschen, trockentupfen und mit den gehackten Nüssen dazugeben.

– Die Auberginen mit der Schnittfläche nach oben in die gefettete Auflaufform legen. Füllung darauf verteilen, Gemüse im Ofen (Mitte) 20 Min. backen.

138. Auberginen-Mozzarella-Auflauf

BRAUCHT ETWAS ZEIT
Für 4 Personen
Zubereitungszeit: 50 Min.
Backzeit: 40 Min.

3 Auberginen • Salz • 3 große Fleischtomaten • 3 Eier • 5 EL Olivenöl • 6 Sardellenfilets • 1 Bund Petersilie • 1 Bund Basilikum • 3 Knoblauchzehen • 2 Kugeln Mozzarella (à 125 g) • 1 EL Butter • frisch gemahlener schwarzer Pfeffer • 3–4 EL frisch geriebener Parmesan

– Die Auberginen waschen, die Stielansätze entfernen und längs in knapp 1 cm dicke Scheiben schneiden. Mit Salz bestreuen und zur ursprünglichen Form zusammensetzen. Etwa 20 Min. ziehen lassen.

– Inzwischen die Stielansätze der Tomaten entfernen. Tomaten kurz überbrühen, häuten und in etwa 1/2 cm dicke Scheiben schneiden. Die Eier hart kochen, abschrecken und pellen. Mit dem Eierschneider in dünne Scheiben zerteilen.

– Den Backofen auf 220° (Umluft 200°) vorheizen, das Backblech mit erhitzen.

– Die Auberginenscheiben abtropfen lassen und mit Küchenpapier gut trockentupfen. Die Schnittflächen mit 2 EL Olivenöl bestreichen, die Scheiben aufs heiße Backblech legen und im Backofen (Mitte) in 10 Min. goldbraun backen. Aus dem Ofen nehmen, Hitze auf 180° (Umluft 160°) zurückschalten.

– Sardellenfilets abspülen, mit Küchenpapier trockentupfen und hacken. Petersilie waschen und trockenschütteln, Petersilien- und Basilikumblätter fein hacken.

– Den Knoblauch schälen, sehr fein würfeln und mit den Kräutern vermischen. Den Mozzarella in dünne Scheiben schneiden.

– Eine Auflaufform mit der Butter ausfetten. Zunächst eine Lage Auberginenscheiben hineingeben, darauf Eier- und Tomatenscheiben legen, einen Teil der Sardellen darüber streuen, Mozzarellascheiben darauf verteilen, leicht salzen und pfeffern. So fortfahren, bis alles verbraucht ist, die letzte Lage soll aus Käse bestehen.

– Zum Schluss die Kräuter-Knoblauch-Mischung darauf verteilen, den Parmesan darüber streuen und das restliche Öl darüber träufeln. Im Ofen (Mitte) etwa 35–40 Min. backen, bis der Auflauf schön gebräunt ist. Sollte die Oberfläche zu dunkel werden, in der letzten Viertelstunde mit Alufolie abdecken.

139. Okragratin mit Hackfleisch

GUT VORZUBEREITEN
Für 4 Personen
Zubereitungszeit: 45 Min.
Backzeit: 1 Std.

750 g Okraschoten • 75 g Butter • 2 Zwiebeln • 2 Knoblauchzehen • 1 TL schwarze Pfefferkörner • 1 TL Korianderkörner • 1/2 TL Kreuzkümmelsamen • 1/2 TL getrockneter Thymian • 500 g Rinder- oder Lammhackfleisch • 90 g Tomatenmark • Salz • 400 ml Rinder- oder Gemüsefond • 1 Zitrone • Butter für die Form

– Okraschoten waschen, abreiben, die Stielansätze knapp abschneiden, ohne dabei die Frucht zu verletzen. Die Schoten in einem Drittel der Butter bei schwacher Hitze 10 Min. dünsten, herausnehmen.
– Die Zwiebeln und den Knoblauch schälen und fein würfeln. Die Gewürze im Mörser zerreiben.
– Ein weiteres Drittel der Butter erhitzen. Hackfleisch, Zwiebeln und Knoblauch bei mittlerer Hitze darin anbraten. Tomatenmark, Salz, die zerriebenen Gewürze und 100 ml Fond dazugeben, alles 10 Min. schmoren lassen, dabei ab und zu umrühren.
– Den Backofen auf 200° vorheizen. Eine Auflaufform buttern, ein Drittel der Hackfleischmasse einfüllen. Okras (einige zurückbehalten) darauf legen. Das restliche Hack darauf verteilen und das Gratin mit dem restlichen Fond begießen. Die zurückbehaltenen Okraschoten darauf verteilen, mit der restlichen Butter in Flöckchen belegen.
– Form mit Alufolie verschließen. Okragratin im Ofen (Mitte, Umluft 180°) 1 Std. backen. Zitrone waschen, in Spalten schneiden und zum Gratin servieren.

140. Kohlrabigratin mit Putenbrust

SCHMECKT KINDERN
Für 4 Personen
Zubereitungszeit: 30 Min.
Backzeit: 45 Min.

750 g Kohlrabi • Salz • 2 kleine Zwiebeln • 1 Bund Schnittlauch • 500 g Putenschnitzel • 3 EL Butter • frisch gemahlener Pfeffer • 200 g Sahne • 150 g Kräuterfrischkäse • frisch geriebene Muskatnuss

– Vom Kohlrabi das Grün entfernen, zarte Blättchen zur Seite legen. Die Knollen schälen und in dünne Scheiben schneiden. In kochendem Salzwasser etwa 2 Min. blanchieren, in ein Sieb schütten, kalt abschrecken und abtropfen lassen.
– Die Zwiebeln schälen und fein hacken. Den Schnittlauch und die Kohlrabiblättchen abbrausen und beides klein schneiden.
– Putenschnitzel in etwa 1 cm breite Streifen schneiden. In einer Pfanne 1 EL von der Butter erhitzen und die Putenstreifen darin rundum braun anbraten, salzen, pfeffern und herausnehmen. Den Backofen auf 200° vorheizen.
– Die Zwiebeln in der Pfanne im verbliebenen Bratfett andünsten, die Sahne und den Kräuterfrischkäse einrühren und um ein Drittel einkochen lassen. Mit Salz, Pfeffer und Muskatnuss würzen. Den Schnittlauch und die Kohlrabiblättchen unterrühren.
– Eine feuerfeste Form mit der restlichen Butter ausfetten. Die Kohlrabischeiben dachziegelartig hineinlegen und die Putenbrustscheiben dazwischen geben. Die Sahne-Käse-Mischung darüber gießen. Im Ofen (Mitte) in etwa 45 Min. goldbraun backen.

141. Gemüsegratin mit Tintenfisch

GUT FÜR GÄSTE
Für 4 Personen
Zubereitungszeit: 45 Min.
Backzeit: 30 Min.

600 g Auberginen • 500 g Zucchini • 7 EL Olivenöl • 4 Knoblauchzehen • 500 g küchenfertige Tintenfische • Salz • frisch gemahlener schwarzer Pfeffer • 500 g Fleischtomaten • 1 TL getrocknete Kräuter der Provence • 3 EL Basilikumblättchen • 5 EL Semmelbrösel • 100 g frisch geriebener Appenzeller

– Auberginen und Zucchini waschen, von Stiel und Blütenansätzen befreien und in Scheiben schneiden.
– In einer Pfanne 4 EL vom Olivenöl erhitzen und die Auberginenscheiben nacheinander auf beiden Seiten 6–8 Min. braten. Knoblauchzehen schälen, dazupressen und alles in eine Schüssel geben. Zucchinischeiben in 2 EL vom Öl 3–4 Min. braten, in die Schüssel geben.
– Die Tintenfische kalt waschen, längs halbieren und in schmale Streifen schneiden. Im verbliebenen Öl etwa 5 Min. braten, salzen und pfeffern.

– Tomaten mit kochend heißem Wasser überbrühen, häuten und grob hacken, dabei Stielansätze und Kerne entfernen. Mit Auberginen, Zucchini und den Kräutern der Provence mischen, Basilikumblättchen in Streifen schneiden und untermengen.
– Den Backofen auf 220° (Umluft 200°) vorheizen. Eine feuerfeste Form gründlich mit dem restlichen Olivenöl einpinseln.
– Das Gemüse und die Tintenfische abwechselnd in die Form füllen. Die Semmelbrösel mit dem Käse vermischen und darauf verteilen. In den Ofen (Mitte) schieben und 25–30 Min. überbacken, bis das Gratin eine schöne Kruste hat.

142. Heilbuttgratin auf Lauch

GUT FÜR GÄSTE
Für 4 Personen
Zubereitungszeit: 35 Min.
Backzeit: 25 Min.

500 g Lauch • Salz • 750 g geräucherter Heilbutt • Saft von 1/2 Zitrone • frisch gemahlener schwarzer Pfeffer • 1/2 TL Oregano • 2 Eigelbe • 150 g Crème fraîche • 80 g frisch geriebener Parmesan • Fett für die Form

– Den Lauch putzen, längs aufschlitzen und unter fließendem kalten Wasser gründlich waschen. Lauch in etwa 1/2 cm breite Ringe schneiden.
– Salzwasser zum Kochen bringen und die Lauchringe darin etwa 1 Min. blanchieren, eiskalt abschrecken und sehr gut abtropfen lassen.
– Den Heilbutt von Haut und Gräten befreien und in mundgerechte Stücke teilen. Rundum mit dem Zitronensaft beträufeln, leicht salzen, pfeffern und mit Oregano bestreuen.
– Den Backofen auf 200 ° (Umluft 180°) vorheizen. Eine feuerfeste Form ausfetten.
– Abwechselnd die Lauchringe und die Heilbuttstücke in die Form schichten. Die letzte Schicht sollte aus Heilbutt bestehen.
– Die Eigelbe mit der Crème fraîche und dem Parmesan in einem Rührbecher gut verquirlen. Mit Salz und Pfeffer pikant abschmecken. Die Masse gleichmäßig auf dem Fisch verteilen.
– Die Form in den Ofen (Mitte) schieben und das Gratin etwa 25 Min. überbacken.

143. Champignon-Tomaten-Auflauf

GELINGT LEICHT | PREISWERT
Für 4 Personen
Zubereitungszeit: 55 Min.
Backzeit: 35 Min.

2 große Zwiebeln • 80 g durchwachsener Speck in Scheiben • 3 Frühlingszwiebeln • 1 EL Olivenöl • 600 g Champignons oder Egerlinge • 2 Knoblauchzehen • 2 große Fleischtomaten (etwa 300 g) • Salz • frisch gemahlener schwarzer Pfeffer • 1/2 TL edelsüßes Paprikapulver • 2 TL frischer Thymian (ersatzweise 1/2 TL getrockneter Thymian) • 4 Eier • 50 g frisch geriebener Emmentaler • 50 g Semmelbrösel • 2 EL Butter • Fett für die Form

– Die Zwiebeln schälen und fein hacken. Speck würfeln. Die Frühlingszwiebeln putzen, waschen und in feine Ringe schneiden. Öl erhitzen, Speck darin auslassen. Die Zwiebeln und die Hälfte der Frühlingszwiebeln zugeben und etwa 8 Min. dünsten.
– Die Pilze putzen und blättrig schneiden. In die Pfanne geben und dünsten, bis die Flüssigkeit verdampft ist. Den Knoblauch schälen und dazupressen. Den Backofen auf 220° vorheizen.
– Die Tomaten überbrühen und häuten, dabei die Stielansätze und Kerne entfernen. Die Tomaten grob hacken. Mit dem Pfanneninhalt und den Gewürzen verrühren. Die Eier unterheben.
– Eine Auflaufform ausfetten und die Pilzmischung einfüllen. Den Käse mit den Semmelbröseln und den restlichen Lauchzwiebeln auf dem Auflauf verteilen und die Butter in Flöckchen darauf setzen. Im Ofen (Mitte, Umluft 200°) in 30–35 Min. goldgelb backen.

144. Brokkoliauflauf mit Schinken und Schafkäse

GUT VORZUBEREITEN
Für 4 Personen
Zubereitungszeit: 30 Min.
Backzeit: 30 Min.

1 kg Brokkoli • Salz • 150 g gekochter Schinken • 6 Eier • 250 g Sahne • frisch gemahlener weißer Pfeffer • frisch geriebene Muskatnuss • 200 g Schafkäse • 2 EL Pinienkerne • Butter für die Form

– Den Brokkoli waschen, putzen und in kleine Röschen teilen. Die Stiele klein schneiden. Reichlich Salzwasser aufkochen lassen, den Brokkoli darin in 8 Min. bissfest garen. Herausheben und abtropfen lassen.
– Den Backofen auf 200° (Umluft 180°) vorheizen. Den Schinken in kleine Würfel schneiden. Die Eier mit der Sahne verquirlen, mit Pfeffer und Muskat würzen.
– Eine flache feuerfeste Form mit Butter ausfetten. Den Brokkoli und die Schinkenwürfel hineinschichten. Den Schafkäse zerbröseln und darauf verteilen. Die Pinienkerne darüber streuen.
– Den Auflauf mit der Eier-Sahne-Mischung begießen und im Ofen (Mitte) 25–30 Min. backen, bis die Oberfläche schön goldbraun ist.

145. Wirsingauflauf mit Gorgonzola

PREISWERT
Für 4 Personen
Zubereitungszeit: 45 Min.
Backzeit: 30 Min.

1 kleiner Kopf Wirsing (etwa 900 g) • 600 g mehlig kochende Kartoffeln • 1/2 l Gemüsebrühe • 1 TL frische oder getrocknete Rosmarinnadeln • 2 Zwiebeln • 4 Knoblauchzehen • 4 EL Butter • 4 leicht gehäufte EL Mehl • 600 ml Milch • 400 g vollreife Tomaten • 1 Bund Basilikum • 150 g Gorgonzola- oder Edelpilzkäse • Salz • frisch gemahlener Pfeffer • frisch geriebene Muskatnuss • 2 Eier • Butter für die Form

– Vom Wirsing die Blätter ablösen, die dicken Blattrippen ausschneiden. Die Wirsingblätter waschen, abtropfen lassen und in Streifen schneiden. Die Kartoffeln schälen und grob würfeln, in der Brühe 5 Min. garen. Die Wirsingstreifen und den Rosmarin dazugeben, bei mittlerer Hitze 10–15 Min. zugedeckt garen.
– Inzwischen die Zwiebeln und den Knoblauch schälen und fein hacken. In einem kleinen Topf die Butter zerlassen, Zwiebeln und Knoblauch darin bei mittlerer Hitze hellgelb anbraten, das Mehl einrühren und aufschäumen lassen. Milch angießen und die Béchamelsauce unter Rühren aufkochen.
– Wirsing und Kartoffeln abgießen, die Brühe auffangen. 200 ml davon abmessen und zur Béchamelsauce gießen, 5 Min. bei schwacher Hitze leise köcheln lassen. Den Backofen auf 250° (Umluft 220°) vorheizen.
– Stielansätze der Tomaten entfernen. Tomaten kurz überbrühen, häuten, quer halbieren und entkernen. Das Fruchtfleisch klein würfeln. Basilikumblätter von den Stängeln zupfen und einige Blättchen zum Garnieren beiseite legen. Die restlichen Blättchen grob hacken. Tomaten und Basilikum mit dem gut abgetropften Gemüse vermischen. Eine hohe, runde Auflaufform ausbuttern, das Gemüse einfüllen.
– Den Gorgonzola in die Sauce rühren und schmelzen lassen, mit Salz, Pfeffer und Muskat würzen. Etwas abkühlen lassen, dann die Eier unterrühren und die Sauce über den Auflauf gießen. Im Ofen (Mitte) 30 Min. gratinieren, bis die Oberfläche gut gebräunt ist. Mit Basilikumblättchen garnieren.

146. Sizilianischer Fenchelauflauf

PREISWERT
Für 4 Personen
Zubereitungszeit: 40 Min.
Backzeit: 25 Min.

4 Knollen Fenchel (etwa 1,2 kg) • Salz • 4–6 EL Mehl • 8 EL Olivenöl • 2 Kugeln Mozzarella (je 125 g) • 150 g Hartkäse (z. B. Parmesan, alter Gouda oder Greyerzer) • 1 Dose geschälte Tomaten (800 g Inhalt) • je 2 Zweige Oregano, Thymian und Basilikum • frisch gemahlener Pfeffer • Fett für die Form

– Fenchel waschen, putzen, die Stängel abschneiden, das Fenchelgrün fein hacken und zur Seite legen. Die Knollen der Länge nach in etwa fingerdicke Scheiben schneiden, salzen und in Mehl wenden.
– Das Olivenöl in einer großen Pfanne bei mittlerer Hitze heiß werden lassen, die Fenchelscheiben portionsweise auf beiden Seiten in je 5 Min. goldbraun braten, fertig gebratene zur Seite stellen.
– Den Mozzarella in Scheiben schneiden, den Hartkäse reiben. Den Backofen auf 225° (Umluft 200°) vorheizen. Die Tomaten samt Saft in der Pfanne bei starker Hitze 5 Min. einkochen, die Früchte dabei zerdrücken. Die Kräuter abbrausen, trockenschütteln und die Blättchen fein hacken. Eine breite Auflaufform einfetten und die Hälfte der Fenchelscheiben hineinlegen.
– Die Hälfte der Mozzarellascheiben darüber verteilen, mit Salz, Pfeffer, gehacktem Fenchelgrün und den Kräutern würzen. Ein Drittel vom geriebenen Käse darüber streuen.

– Die übrigen Fenchelscheiben darauf legen, restlichen Mozzarella, Kräuter und wieder ein Drittel vom Käse darauf verteilen.
– Die Tomatensauce abschmecken und über den Auflauf gießen. Oberfläche mit dem restlichen Käse bestreuen. Im Backofen (Mitte) 25 Min. überbacken, bis der Käse gebräunt ist.

TIPPS

– Zum Fenchelauflauf passt Vollkorn-Baguette sehr gut, das man kurz im Ofen mitbäckt. Mit einem sizilianischen Weißwein, z. B. Corvo, genießen.
– Statt Fenchel Brokkoliröschen in wenig Gemüsebrühe mit etwas Butter bissfest dünsten und in die Form schichten. Statt Mozzarella eignen sich auch milde Schnittkäse-Reste.

147. Sauerkrautauflauf mit Weintrauben

GELINGT LEICHT
Für 4 Personen
Zubereitungszeit: 40 Min.
Backzeit: 20 Min.

500 g gepökelter Schweinenacken • 1/2 l Milch • 750 g Sauerkraut • 500 g vorwiegend fest kochende Kartoffeln • Salz • 200 g Weintrauben • 2 Zwiebeln • 2 EL Öl • 1/2 TL frisch gemahlener Pfeffer • 1 Msp. frisch geriebene Muskatnuss • 4 EL Graubrotbrösel • 1 EL Butter

– Das Fleisch in etwa 2 cm dicke Würfel schneiden und in die Milch legen. Das Sauerkraut mit Hilfe von zwei Gabeln locker auseinanderzupfen und mit 1/8 l Wasser bei geringer Hitze zugedeckt 20 Min. dünsten.
– Kartoffeln waschen, schälen, in kleine Stücke schneiden und in Salzwasser bei geringer Hitze in 15–20 Min. weich kochen und abgießen.
– Den Backofen auf 200° (Umluft 180°) vorheizen. Die Weintrauben waschen, halbieren und entkernen. Die Kartoffeln zerstampfen und abkühlen lassen.
– Die Zwiebeln schälen, in Ringe schneiden und mit 1 EL Öl in einer Pfanne anbraten. Das Sauerkraut abtropfen lassen und mit den Zwiebeln mischen. Die Fleischwürfel aus der Milch nehmen, 1/8 l Milch in die Kartoffelmasse rühren und mit dem Pfeffer und dem Muskat würzen.
– Eine Auflaufform mit dem restlichen Öl ausstreichen. Die Hälfte des Kartoffelpürees einfüllen, die Hälfte vom Sauerkraut darauf geben und die Fleischwürfel darauf verteilen. Auf die Fleischwürfel das restliche Kartoffelpüree streichen und mit dem Rest des Sauerkrauts bedecken.
– Die Trauben obenauf geben, mit den Brotbröseln bestreuen und die Butter in Flöckchen darauf setzen. Den Auflauf 20 Min. im Ofen (Mitte) backen.

148. Linsen-Sauerkraut-Auflauf

GELINGT LEICHT | BRAUCHT ETWAS ZEIT
Für 6 Personen
Zubereitungszeit: 1 Std.
Backzeit: 30 Min.

Für die Linsen: 1 EL Butter • 1 kleine Zwiebel • je 40 g sehr kleine Würfel von Möhren, Lauch, Sellerie • 1 Knoblauchzehe • 1/8–1/4 l Gemüsebrühe • 200 g kleine braune Linsen • 1 TL gehacktes Bohnenkraut • 1/2 TL Currypulver • Salz • frisch gemahlener Pfeffer • Cayennepfeffer
Für das Sauerkraut: 1 große Zwiebel • 1 EL Butter • 400 g rohes Sauerkraut • 4 EL trockener Weißwein oder 1 TL Zitronensaft • 1/8 l Gemüsebrühe • 1 kleine mehlig kochende Kartoffel • Salz • frisch gemahlener Pfeffer
Außerdem: 700 g TK-Blätterteig • 4 Eier • 200 ml Milch • Mehl zum Arbeiten

– Für die Linsen die Butter in einem kleinen Topf erwärmen. Die Zwiebel schälen und hacken. Gemüsewürfel und Zwiebel 2 Min. in der Butter andünsten.
– Knoblauch schälen und dazupressen. 1/8 l Brühe angießen und aufkochen. Linsen und Bohnenkraut hinzufügen und bei schwacher Hitze zugedeckt in 45 Min. knapp gar köcheln. Bei Bedarf nach und nach die restliche Brühe aufgießen.
– Inzwischen für das Sauerkraut die Zwiebel schälen und hacken. Zwiebel in der Butter 1–2 Min. dünsten. Das Sauerkraut gut abtropfen lassen und dazugeben. Mit Wein oder Zitronensaft begießen und aufkochen. Die Brühe dazugeben. Die Kartoffel schälen und direkt in den Topf reiben. Bei schwacher Hitze zugedeckt 45 Min. garen.

– Inzwischen die Blätterteigplatten einzeln auf eine leicht mit Mehl bestäubte Arbeitsfläche legen und auftauen lassen. Dann die Platten zum Stapel aufeinander legen, quer halbieren.
– Die eine Teigstapelhälfte passend zum Backblech ausrollen. Das Blech kalt abspülen und mit dem Teig belegen. Einen Rand von etwa 3 cm hochziehen.
– 2 Eier trennen, die Eiweiße leicht verquirlen. Den Teigboden damit bestreichen und 15 Min. antrocknen lassen. Den restlichen Teig ausrollen und zu etwa 1 cm breiten Streifen schneiden. Den Backofen auf 220° (Umluft 200°) vorheizen.
– Die Linsen mit Currypulver, Salz, Pfeffer und Cayennepfeffer abschmecken, abgießen, gut abtropfen lassen und auf dem Teigboden verteilen. Das Sauerkraut mit Salz und Pfeffer abschmecken, ebenfalls gut abtropfen lassen und über die Linsen verteilen.
– Restliche Eier mit der Milch verquirlen und über das Sauerkraut gießen. Die Teigränder etwas über die Füllung biegen. Die Teigstreifen gitterartig auf dem Sauerkraut verteilen und an den Rändern leicht andrücken. Mit den verquirlten Eigelben bestreichen. Im Ofen (Mitte) 30 Min. backen.

TIPPS

– Sollte die Oberfläche des Auflaufs zu schnell bräunen, decken Sie sie locker mit Alufolie ab.
– Sie können auch bereits gekochtes Sauerkraut oder Sauerkrautreste verwenden.

149. Mexikanischer Kidney-Bohnen-Auflauf

GELINGT LEICHT
Für 4 Personen
Zubereitungszeit: 30 Min.
Backzeit: 15 Min.

4 Dosen rote Kidney-Bohnen (je 400 g Füllmenge) • 2 Stangen Lauch (etwa 500 g) • 2 Möhren • 100 g Knollensellerie • 1 Zwiebel • 1 Knoblauchzehe • 4 EL Olivenöl • 1/4 l Gemüsebrühe • 150 g Sahne • Salz • 2 TL getrockneter Thymian • 1/2 TL Cayennepfeffer • frisch gemahlener Pfeffer • 150 g frisch geriebener Emmentaler • 4 EL Schnittlauchröllchen • Fett für die Form

– Die Bohnen in einem Sieb gut abtropfen lassen. Lauch putzen, längs aufschneiden und waschen. In 1 cm breite Ringe schneiden. Möhren und Sellerie schälen und klein würfeln. Die Zwiebel und die Knoblauchzehe schälen und fein hacken.
– Zwiebel und Knoblauch in 2 EL Öl bei mittlerer Hitze glasig dünsten, dann Lauch, Möhren und Sellerie hinzufügen und 3 Min. mitdünsten.
– Backofen auf 200° (Umluft 180°) vorheizen. Bohnen, Brühe und Sahne zum Gemüse geben und unter Rühren 5 Min. köcheln lassen. Mit Salz, Thymian, Cayennepfeffer und Pfeffer würzen.
– Eine feuerfeste Form gut einfetten, Gemüse hineingeben. Mit dem Käse bestreuen und mit dem übrigen Öl beträufeln. Im Ofen (unten) 15 Min. überbacken. Mit Schnittlauch bestreuen.

150. Reisauflauf mit Mangold und Mandeln

GUT FÜR GÄSTE
Für 4 Personen
Zubereitungszeit: 30 Min.
Backzeit: 30 Min.

250 g Rundkornreis • Salz • 500 g Mangold • 1 Zwiebel • 50 g Mandeln • 2 Eier • Cayennepfeffer • 100 g frisch geriebener mittelalter Gouda • 2 TL Butter • Butter für die Form

– Den Reis mit 1/2 l Wasser und Salz in einem Topf aufkochen und zugedeckt bei ganz geringer Hitze etwa 15 Min. garen. Dann in eine Schüssel füllen und lauwarm abkühlen lassen.
– Inzwischen beim Mangold das Strunkende abschneiden und alle welken Blättern entfernen. Mangold grob schneiden und in stehendem kaltem Wasser gründlich waschen. Den Mangold im Blitzhacker zerkleinern.
– Die Zwiebel schälen und fein hacken. Die Mandeln grob hacken. Die Eier trennen.
– Den Mangold, die Zwiebel und die Eigelbe mit dem Reis vermischen. Mit Salz und Cayennepfeffer kräftig abschmecken. Den Backofen auf 200° (Umluft 180°) vorheizen.
– Die Eiweiße steif schlagen und auf den Reis geben. Die Mandeln mit dem geriebenen Käse vermischen und darüber streuen. Alles mit einem Kochlöffel locker, aber gründlich vermischen.

– Eine feuerfeste Auflaufform mit hohem Rand fetten. Das geht am besten mit etwas Küchenpapier oder mit einem Backpinsel. Den Reis in die Form geben, glatt streichen. Die Butter in Flöckchen teilen und darauf legen. Den Reisauflauf im Ofen (unten) etwa 30 Min. backen, bis er an der Oberfläche schön gebräunt ist.

151. Gratinierte Muschelnudeln mit Spinat

GELINGT LEICHT | SCHMECKT KINDERN
Für 4 Personen
Zubereitungszeit: 40 Min.
Backzeit: 15 Min.

800 g vollreife Tomaten • 2 Knoblauchzehen • 2 EL kalt gepresstes Olivenöl • Meersalz • frisch gemahlener Pfeffer • je 1 Zweig Thymian und Rosmarin • 1 Lorbeerblatt • 1 EL Tomatenmark • 500 g Spinat • 1 Bund Basilikum • 2 Frühlingszwiebeln • 100 g Champignons • 250 g möglichst große Muschelnudeln • Saft von 1/2 Zitrone • 1 EL Dinkelmehl • 2 EL Crème fraîche • 80 g Schafkäse • Öl für die Form

– Die Tomaten waschen, Stielansätze entfernen. Die Tomaten würfeln. Den Knoblauch schälen. 1 EL Öl in einem Topf erhitzen, die Tomaten einrühren, salzen und pfeffern. Thymian, Rosmarin und Lorbeerblatt abbrausen, trockenschütteln und mit 1 Knoblauchzehe obenauf legen. Sauce bei schwacher Hitze zugedeckt 10 Min. köcheln lassen. Tomatenmark unterrühren, mit dem Pürierstab pürieren und die Sauce 3 Min. offen bei mittlerer Hitze dick einkochen lassen.
– Spinat waschen und verlesen, grobe Stiele entfernen. Spinat trockenschleudern und grob klein schneiden, Basilikumblättchen grob hacken Frühlingszwiebeln waschen, putzen und mit dem restlichen Knoblauch klein schneiden. Die Champignons trocken abreiben, putzen und in kleine Würfel schneiden.
– In einem Topf 3 l Salzwasser aufkochen und die Nudeln darin bissfest garen. Backofen auf 220° (Umluft 200°) vorheizen. Restliches Öl in einem Topf erhitzen. Pilze, Zwiebeln und Knoblauch darin bei mittlerer Hitze 2 Min. dünsten. Spinat und Basilikum unterrühren, salzen und pfeffern und 5 Min. mitgaren. Den Pfanneninhalt mit dem Pürierstab grob pürieren. Zitronensaft, Mehl und Crème fraîche unterrühren und alles weitere 5 Min. garen.
– Die Nudeln abgießen und abtropfen lassen. Eine Auflaufform einölen. Tomatensauce in die Form füllen, große Muschelnudeln mit Spinat füllen und auf die Sauce setzen, bei kleineren Nudeln Spinathäufchen zwischen die ungefüllten Nudeln setzen. Den Schafkäse darüber bröckeln. Die Nudeln im Ofen (Mitte) 20 Min. überbacken.

152. Vollkornnudelauflauf mit Tomaten und Käse

VEGETARISCH
Für 4 Personen
Zubereitungszeit: 30 Min.
Backzeit: 30 Min.

250 g Vollkorn-Hörnchennudeln • Salz • 1 EL Öl • 500 g Tomaten • 1 Zwiebel • 1 kleines Bund (ersatzweise 1 TL getrockneter Thymian) • 2 Eier • 100 g frisch geriebener Bergkäse • Cayennepfeffer • 2 TL Butter

– Die Nudeln in reichlich Salzwasser sprudelnd kochen, bis sie „al dente“, bissfest, sind. Nach etwa 5 Min. probieren, ob die Nudeln bereits gar sind.
– Die gegarten Nudeln abgießen, in einem Sieb gut abtropfen lassen und in einer Schüssel mit dem Öl vermischen.
– Während die Nudeln garen, die Tomaten mit kochendem Wasser überbrühen, kurz darin ziehen lassen, kalt abschrecken und häuten. Die Tomaten würfeln, dabei die Stielansätze entfernen. Die Zwiebel schälen und fein hacken. Thymianblättchen von den Zweigen streifen. Den Backofen auf 200° (Umluft 180°) vorheizen.
– Alle diese Zutaten mit den Eiern und dem Käse zu den Nudeln in die Schüssel geben und gut vermischen. Mit Salz und 1 kräftigen Prise Cayennepfeffer würzen und in eine feuerfeste Auflaufform geben. Die Butter in Flöckchen teilen und darauf legen.
– Den Nudelauflauf im Ofen (unten) 20–30 Min. backen, bis er oben schön gebräunt ist.

TIPP

Zu diesem Nudelgericht passen ein bunt gemischter Blattsalat oder ein Gurken- oder Tomatensalat hervorragend.

153. Vollkornspätzle mit Pilzen und Käse

PREISWERT | SCHMECKT KINDERN
4 Personen
Zubereitungszeit: 50 Min.
Backzeit: 10 Min.

300 g Weizenmehl (Type 1050) • Salz • 3 Eier • 200 g junger Provolone oder Scamorza • 1 Stange Lauch • je 150 g Champignons und Egerlinge • 1 Bund glatte Petersilie • 2 EL Butter • frisch gemahlener Pfeffer • Fett für die Form

– Das Mehl, 2 TL Salz, die Eier und 1/8 l lauwarmes Wasser mit den Knethaken des Handrührgeräts so lange schlagen, bis der Teig glatt ist und Blasen wirft. Zugedeckt 30 Minuten quellen lassen. Falls der Teig zu fest ist, noch einige EL Wasser unterrühren.
– Inzwischen den Käse schälen und auf der Küchenreibe in feine Späne raspeln. Den Lauch putzen, längs aufschneiden und gründlich waschen. Dann in dünne Ringe schneiden. Die Pilze mit Küchenpapier trocken abreiben, putzen und in feine Scheibchen schneiden. Die Petersilie waschen, trockenschütteln und die Blätter abzupfen. Einige Blätter zum Garnieren beiseite legen, den Rest fein hacken.
– In einem Topf 3 l Salzwasser zum Kochen bringen. Gleichzeitig in einer großen Pfanne die Butter erhitzen und Lauch und Pilze darin unter Rühren 5–6 Min. dünsten. Mit Salz und Pfeffer abschmecken, beiseite stellen. Den Backofen auf 150° (Umluft 140°) vorheizen.
– Den Teig portionsweise durch die Spätzlepresse oder den Spätzlehobel ins kochende Wasser drücken oder hobeln. Sobald die Spätzle oben schwimmen, noch 1 Min. ziehen lassen. Mit dem Schaumlöffel herausnehmen, heiß abbrausen und gut abtropfen lassen.
– Eine Auflaufform gründlich einfetten. Die Spätzle und die Petersilie vermischen. Lagenweise die Spätzle, den Käse und die Pilzmischung einschichten. Käse zum Schluss darauf streuen. Spätzle im Ofen (Mitte) 10 Min. backen, bis der Käse geschmolzen ist. Mit den beiseite gelegten Petersilienblättern garnieren.

TIPP

Wenn es schneller gehen soll: fertige Vollkornspätzle aus dem Reformhaus verwenden.

154. Hirse-Gemüse-Auflauf

VEGETARISCH
Für 4–6 Personen
Zubereitungszeit: 40 Min.
Backzeit: 40 Min.

300 g grüne Bohnen • Salz • 750 g Tomaten • 150 g Austernpilze • 5 Knoblauchzehen • 4 Frühlingszwiebeln • 150 g Hirse • 6 EL Olivenöl • 1 TL gehacktes Bohnenkraut (ersatzweise getrocknet) • 1 TL gehackter Rosmarin (ersatzweise getrocknet) • 1 TL gemahlener Koriander • 1 Prise Cayennepfeffer • 400 g Mascarpone • 80 g frisch geriebener Parmesan • 4 Eier • Butter und Vollkornbrösel für die Form • Vollkornbrösel und Butterflöckchen zum Bestreuen und Belegen

– Die Bohnen waschen, putzen und ein- bis zweimal durchschneiden. In einem weiten Topf knapp 1 l Wasser mit 1 TL Salz aufkochen lassen. Die Bohnen darin 1 Min. kochen lassen, mit einem Schaumlöffel herausnehmen, in einem Sieb mit kaltem Wasser überbrausen.
– Das Wasser wieder aufkochen lassen. Die Tomaten darin kurz ziehen lassen, mit einem Schaumlöffel herausnehmen, mit kaltem Wasser überbrausen. Die Tomaten halbieren, dabei von den Stielansätzen befreien. Das Innere mit einem Löffel herausnehmen und grob würfeln. Die ausgehöhlten Tomatenhälften beiseite legen.
– Die Austernpilze putzen und grob würfeln. Die Knoblauchzehen schälen und klein würfeln. Die Frühlingszwiebeln waschen, putzen und fein schneiden.
– Die Pilz- und Knoblauchwürfel, die Zwiebelstücke und die Hirse in einem weiten Topf im Olivenöl bei mittlerer Hitze unter häufigerem Wenden 3 Min. braten. Salzen und mit Kräutern und Gewürzen bestreuen. Mit 200 ml Wasser ablöschen und 1 Min. kochen lassen. Den Topf vom Herd nehmen.
– Den Mascarpone und die Tomatenwürfel unterrühren, bis der Mascarpone flüssig geworden ist. Zum Schluss die Bohnen darunter mischen. Topf vom Herd nehmen und die Hirsemasse etwas abkühlen lassen.
– Eine mindestens 6 cm hohe feuerfeste Form einfetten und mit Vollkornbröseln ausstreuen. Den Backofen auf 190° vorheizen.
– Den Parmesan und die Eier gut unter die nicht mehr heiße Hirsemasse rühren. Eventuell noch salzen. Dann in die Form füllen und glatt streichen.

– Die Tomatenhälften mit der Schnittfläche nach unten in die Masse hineindrücken. Den Auflauf mit Vollkornbröseln bestreuen und mit reichlich Butterflöckchen belegen.
– Im Ofen (unten, Umluft 170°) in 40 Min. goldbraun backen. Eventuell noch 5–10 Min. im ausgeschalteten Ofen stehenlassen.

TIPPS
– Austernpilze wachsen meist auf Strohballen und kommen daher sauber in den Handel. Es genügt, sie trocken mit Küchenpapier abzuwischen. Außerdem schneidet man dicke Stiele ab, da sie zäh sind.
– Mascarpone können Sie durch Crème double ersetzen oder durch eine Mischung aus Crème fraîche und Quark.
– Und auch beim Käse lässt sich variieren. Es schmeckt jeder würzige Hartkäse, z. B. Pecorino, Appenzeller oder Bergkäse. Wichtig ist vor allem, dass er frisch gerieben wird.

155. Moussaka

GUT VORZUBEREITEN
Für 8–10 Personen
Zubereitungszeit: 2 Std.
Backzeit: 40 Min.

1,2 kg vorwiegend fest kochende Kartoffeln • 350 ml Olivenöl • 3 Zweige frischer Rosmarin (ersatzweise 1 1/2 EL getrocknete Rosmarinnadeln) • Salz • frisch gemahlener schwarzer Pfeffer • je 800 g Auberginen, Tomaten und Zucchini • 3 große Zwiebeln • 1 Knolle Knoblauch • 800 g gemischtes Schweine- und Rinderhackfleisch • 400 g Lammhackfleisch • 6–8 Salbeiblätter • 4 Zweige frischer Thymian (ersatzweise 1 EL getrocknete Thymianblättchen) • 1 Packung stückige Tomaten (370 g Inhalt) • 5 Eier • 1/4 l Milch

– Den Backofen auf 200° vorheizen. Kartoffeln schälen, waschen und in Scheiben schneiden oder hobeln. Ein tiefes Backblech mit 3 EL Öl ausstreichen, die Kartoffelscheiben darin verteilen. Rosmarin fein hacken und darüber streuen. Mit Salz und Pfeffer würzen. Mit Alufolie abdecken und im Ofen (Mitte, Umluft 180°) 20 Min. vorgaren.
– Inzwischen die Auberginen waschen, trockentupfen, putzen und in etwa 1 cm dicke Scheiben schneiden. Die Auberginenscheiben beidseitig salzen und 20 Min. auf Küchenpapier legen, damit Fruchtwasser und eventuell enthaltene Bitterstoffe austreten können.
– Die Stielansätze der Tomaten entfernen. Die Tomaten kurz überbrühen, häuten und in Scheiben schneiden. Die Zucchini waschen, putzen und in dünne Scheiben schneiden.
– Die Zwiebeln und den Knoblauch schälen. Zwiebeln in Würfel oder Ringe schneiden. In einer großen Pfanne reichlich Öl erhitzen, die Zwiebeln darin andünsten. Wieder herausheben.
– Noch etwas Öl nachgießen und das Hackfleisch portionsweise bei starker Hitze unter Rühren krümelig anbraten. Mit Salz, Pfeffer, Salbei und Thymianblättchen würzen. Den Knoblauch durch die Presse dazudrücken. Zwiebeln und Tomatenstücke hinzufügen und alles gut vermischen.
– Wieder Öl in einer Pfanne erhitzen. Die Auberginen trockentupfen und nach und nach goldbraun anbraten, dabei immer wieder etwas Öl nachgießen. Auf Küchenpapier legen und abtropfen lassen. Noch etwas Öl nachgießen und die Zucchinischeiben ebenfalls kurz anbraten.
– Die Fleischmasse auf den vorgegarten Kartoffeln auf dem Backblech gleichmäßig verteilen. Nun abwechselnd und dachziegelartig Auberginen-, Tomaten- und Zucchinischeiben darauf legen. Mit Salz und Pfeffer würzen.
– Den Backofen wieder auf 200° (Umluft 180°) aufheizen. Die Eier mit der Milch verquirlen, salzen und pfeffern. Die Eimasse über die Moussaka gießen und im Ofen (Mitte) in 40 Min. goldbraun backen.

TIPPS
– Sie können die Moussaka komplett vorbereiten, mit Alufolie abdecken und bis zum Überbacken kühl stellen.
– Andere Geschmackserlebnisse bekommen Sie, wenn Sie nur Lammhack nehmen oder auch einmal gehacktes Kalbfleisch bzw. Geflügel.
– Und wer die Moussaka noch würziger mag, streut jeweils etwas zerkrümelten Schafkäse auf die Schichten. Dann mit Salz vorsichtig würzen, denn der Käse ist meist sehr salzig.
– Dazu passt ein einfacher roter Landwein.

156. Kalbfleisch mit Nudeln aus dem Ofen

GUT FÜR GÄSTE
Für 4 Personen
Zubereitungszeit: 30 Min.
Backzeit: 1 1/2 Std.

750 g Kalbfleisch (am besten aus der Keule) • 4 EL Butter • Salz • frisch gemahlener schwarzer Pfeffer • rosenscharfes Paprikapulver • 600 g vollreife Tomaten • 2 EL Tomatenmark • 150 ml trockener Weißwein (ersatzweise Geflügel- oder Gemüsefond) • 350 g Reisnudeln (Kritharaki, Rosmarino) • 75 g frisch geriebener Hartkäse (z. B. Kefalotiri, alter Gouda oder Parmesan)

– Das Kalbfleisch kalt waschen und mit Küchenpapier gründlich trockentupfen. Das Fleisch mit einem sehr scharfen Messer von Fett, Sehnen und Häuten befreien und in etwa 4 cm große Würfel schneiden, nochmals trockentupfen.
– In einer Pfanne die Hälfte der Butter erhitzen, das Fleisch darin bei mittlerer Hitze in 7 Min. rundherum unter Rühren leicht anbräunen. Fleischwürfel in eine mittelhohe Auflaufform füllen, mit Salz, Pfeffer und Paprika würzen.
– Den Backofen auf 200° vorheizen. Die Stielansätze der Tomaten mit einem kleinen Messer keilförmig herausschneiden. Die Tomaten mit kochend heißem Wasser überbrühen und kurz ziehen lassen. Tomaten häuten, quer halbieren und die Kerne entfernen. Das Tomatenfruchtfleisch in kleine Stücke schneiden und zum Kalbfleisch geben.
– Das Tomatenmark mit dem Weißwein verrühren und darüber gießen. Die restliche Butter in kleine Stückchen schneiden und darauf verteilen.
– Die Form mit dem passenden Deckel oder mit Alufolie abdecken und in den Ofen (Mitte, Umluft 180°) schieben. Das Fleisch 1 Std. garen, bei Bedarf etwas Wasser nachgießen.
– Dann die Form aus dem Ofen nehmen und das Fleisch herausheben. Den Bratenfond mit 1/2 l Wasser verrühren, salzen und die Nudeln untermischen. Wieder zugedeckt in den Ofen schieben, 20 Min. garen, eventuell Wasser nachgießen.
– Dann das Fleisch wieder unter die Nudeln mischen und alles mit dem Käse bestreuen. Noch 10 Min. offen im Ofen backen. In der Form servieren.

TIPPS

– Kefalotiri ist ein harter und sehr salziger Käse aus Griechenland – das Gegenstück zum italienischen Parmesan. Frisch gerieben über den Auflauf gestreut, entwickelt er ein intensives Aroma.
– Reisnudeln sehen aus wie Reiskörner, sind aber wie Nudeln aus Hartweizengrieß, Wasser und Salz gemacht. Kaufen können Sie sie in griechischen und türkischen Spezialitätengeschäften. Wer sie nicht bekommt, nimmt stattdessen andere kleine Nudeln, z. B. Spiralen, Hörnchen oder kurze Rigatoni. Und beachten Sie: Auch die fast weißen Nudeln aus Reismehl, wie man sie in Asien-Läden bekommt, werden Reisnudeln genannt – sind aber für dieses Rezept nicht geeignet.
– Sehr gut schmeckt der Auflauf auch, wenn Sie anstelle des Kalbfleisches einmal Lammfleisch (ebenfalls aus der Keule) nehmen. Dann können sie auch etwas kräftiger würzen, z. B. mit Knoblauch, Zitronenschale, mediterranen Kräutern wie Rosmarin oder Oregano und aromatischen Gewürzen wie Zimt oder Kreuzkümmel.

157. Chinakohl mit Schweinemett-Füllung

GUT VORZUBEREITEN
Für 4 Personen
Zubereitungszeit: 45 Min.
Backzeit: 30 Min.

1 Chinakohl (etwa 750 g) • 1 große rote Paprikaschote • 1 Zwiebel • 2 Knoblauchzehen • 1 EL Butter • 3 EL trockener Sherry (ersatzweise Gemüsebrühe oder Wasser) • Salz • 1 Bund Petersilie • 300 g Schweinemett • 1 Ei • 3 EL Semmelbrösel • 2 EL Crème fraîche • Saft und abgeriebene Schale von 1/2 unbehandelten Zitrone • frisch gemahlener Pfeffer • 1 Prise Cayennepfeffer • 1 TL edelsüßes Paprikapulver • Fett für Form

– Vom Chinakohl die äußeren welken Blätter entfernen und den Strunkansatz abschneiden. Den Chinakohl längs vierteln, waschen und gut abtropfen lassen. Einige innere Blätter herauslösen, so dass eine Mulde für die Füllung entsteht. Die ausgelösten Blätter klein hacken.

– Die Paprikaschote waschen, halbieren und die weißen Häutchen samt den Samen entfernen. Die Paprikahälften in kleine Würfel schneiden. Die Zwiebel schälen und fein hacken, den Knoblauch schälen.
– In einer breiten Pfanne die Butter erhitzen. Die Zwiebel darin andünsten, die Paprikawürfel und den klein gehackten Kohl dazugeben, Knoblauch dazupressen. Den Sherry angießen, alles salzen und zugedeckt bei schwacher Hitze 10 Minuten dünsten. Dabei immer mal wieder umrühren. Vom Herd nehmen und abkühlen lassen.
– Den Backofen auf 225° (Umluft 200 °) vorheizen. Die Petersilie waschen und trockenschütteln, die Blättchen fein hacken. Mit dem Schweinemett in eine große Schüssel geben. Das Ei, die Semmelbrösel, die Crème fraîche, den Zitronensaft und die -schale sowie das Paprikagemüse dazugeben. Mit Salz, Pfeffer, Cayennepfeffer und Paprikapulver kräftig würzen und alles gründlich vermischen.
– Eine Auflaufform ausfetten und die Chinakohlviertel nebeneinander hineinsetzen. Die Füllung in den vorbereiteten Mulden verteilen. Die Form mit einem passenden Deckel oder mit Alufolie verschließen und 20 Min. in den Ofen (Mitte) stellen. Dann den Chinakohl offen weitere 10 Min. überbacken.

TIPPS

– Beim Vierteln des Chinakohls darauf achten, dass der Strunk genau in der Mitte durchgeschnitten wird, sonst fallen die Blätter beim Garen auseinander.
– Auflauf-Fans mögen Käse – für sie können Sie noch 150 g geriebenen Emmentaler mit 2 EL Öl vermischen und noch über dem Chinakohl verteilen, wenn Deckel oder Folie abgenommen werden.

158. Türkisches Lamm mit Joghurtsauce

GUT FÜR GÄSTE
Für 4 Personen
Zubereitungszeit: 1 Std.
Backzeit: 40 Min.

2 Zwiebeln • 5 Knoblauchzehen • 2 EL Olivenöl • 750 g mageres Lammfleisch ohne Knochen (aus der Keule oder Schulter) • je 1 TL Pfeffer-, Piment- und Koriankörner • 1 Lorbeerblatt • Salz • 100 ml trockener Weißwein • 350 g Tomaten • 500 g Vollmilch-Joghurt • 1 EL Mehl • 3 Eier • frisch gemahlener Pfeffer • je 1 TL getrockneter Majoran und getrocknete Pfefferminze • 2 EL Petersilienblättchen • Fett für die Form

– Die Zwiebeln und die Knoblauchzehen schälen und vierteln. In einem Schmortopf das Öl auf mittlerer Stufe erhitzen. Die Zwiebel- und Knoblauchstücke darin in 5 Min. hellgelb andünsten.
– Das Lammfleisch in 2–3 cm große Würfel schneiden und 5 Min. mit anschmoren. Die Gewürzkörner grob zerstoßen, das Lorbeerblatt zerbröseln, zum Fleisch geben, salzen. Den Wein angießen. Den Topf fest zudecken und das Fleisch bei schwacher Hitze 45 Min. schmoren, ab und zu umrühren und bei Bedarf etwas Wasser angießen.
– Die Stielansätze der Tomaten entfernen. Tomaten kurz mit kochendem heißem Wasser überbrühen, häuten, halbieren und entkernen, würfeln. Den Joghurt mit Mehl und Eiern glatt verrühren, salzen und pfeffern. Eine mittelhohe Auflaufform einfetten. Den Backofen auf 220° vorheizen.
– Das Fleisch mit Zwiebeln und Knoblauch in die Form füllen, die Tomatenwürfel darüber verteilen, mit Salz, Pfeffer und getrockneten zerbröselten Kräutern würzen. Die Joghurtmischung darüber gießen.
– Die Form in den Ofen (Mitte, Umluft 200°) schieben und alles 35–40 Min. backen. Wenn die Oberfläche zu sehr bräunt, das Lamm mit Pergamentpapier abdecken. Mit Petersilienblättchen bestreuen und servieren.

TIPPS

– Wenn das Lammfleisch über Nacht eingelegt wird, ist es am Ende besonders zart und aromatisch. Kaufen Sie einfach die doppelte Menge an Gewürzkörnern und Lorbeer. Die Hälfte davon zerstoßen und mit 2 gehackten Knoblauchzehen, 200 g Vollmilchjoghurt und 50 ml Olivenöl sowie je 1 TL Majoran und Minze mischen und das Fleisch damit einreiben. Über Nacht zugedeckt im Kühlschrank durchziehen lassen. Nun die Marinade abstreifen und das Fleisch wie im Rezept beschrieben garen.
– Soll der Auflauf besonders würzig schmecken, können Sie auch einen Teil der Marinade für die Joghurtsauce verwenden.

Nudeln & Reis

Früher standen die Nudel und der Reis weit hinten in den Kochbüchern. Dort gab es dann ein paar Gerichte unter dem Stichwort „Beilagen" und ein paar mehr bei den Nachspeisen. Inzwischen hat vor allem die Kochkunst des Südens mit ihren Rezepten für Pasta, Risotto, Paella, Polenta oder Bulgur die Teigwaren und Getreide zu den ersten Dingen in unserer Küche gemacht. Daher widmen wir ihnen gerne an vorderster Stelle ein ganzes Kapitel.

Die Nudel – von Pasta bis Udon

„Ein paar Nudeln dazu", das war einmal. Das war in einer Zeit, als ein Stück Fleisch mit Sauce als Inbegriff einer „richtigen Mahlzeit" galt, zu der ein Sattmacher und Saucenschlucker wie die Eiernudel gut passte. Heute bestimmen Nudeln an vielen Tagen unser Kochen, wobei die wichtigste Frage heißt: „Und welche Sauce dazu?" Inzwischen sind Spaghetti mit Sugo oder Spätzle mit Soß' die Lieblingsessen von unseren Kindern, mehrere Studentengenerationen verdanken Lasagne oder Wok-Nudeln ihr Durchkommen, Alltagsköche entdecken nun über Tagliatelle mit Lamm oder ein japanisches Udon-Gericht die Finessen der großen Küchen der Welt. Und mit diesem Wissen lässt sich dann leicht sehen, dass es auch in der Zeit der großen Braten immer schon ein paar großartige Nudelgerichte gegeben hat, Kässpatzen oder Maultaschen etwa.

Das Geheimnis und der Gehalt solcher eher ursprünglichen Nudelgerichte ohne Sauce liegt im Ei. Einst knetete man es in den Teig, weil das Mehl aus dem hiesigen Weizen zu weich für eine gute Nudel war. Heraus kamen dabei Teigwaren mit herrlich vollem Geschmack und einem elastischen Biss, die sich gut zu Teigtaschen formen lassen. So werden selbst italienische Ravioli und Tortellini mit Ei im Teig gemacht.

Ansonsten aber wird in Italien der Nudelteig aus nichts als Wasser und feinem Hartweizengrieß geknetet, um ihn dann zu Spaghetti, Makkaroni, Fusilli und immer wieder neuen Kreationen mit dem berühmten Biss zu formen. Diese schmecken neutraler, was sie zu idealen Trägern vieler Zutaten, vom simplen Knoblauch mit Olivenöl bis zu raffinierten Muscheln mit Weißwein, macht. Für ein richtig schweres „ragu" etwa vom Hasen nimmt man aber auch in Italien gerne Tagliatelle oder gar die breiten Papardelle aus Eiernudelteig. Und die sind dann fast immer frisch.

Die jüngsten Entdeckungen für Nudelfans kommen aus Asien, wo „noodles" vor allem im Norden ein Grundnahrungsmittel sind. In der Form sind sie fast alle dünn und mehr oder weniger lang, die Abwechslung liegt beim Mehl, aus dem sie hergestellt werden. Das kann aus Weizen, Buchweizen, Reis oder sogar Hülsenfrüchten gemahlen sein. Mehr dazu erfahren Sie unter „Was ist…?" auf der folgenden Seite. Eins haben alle Asia-Nudeln gemeinsam: Sie kochen eher weich statt bissfest, damit man sie gut schlürfen oder mit den Stäbchen aus der Suppe und dem Wok holen kann.

Der Reis – von Risotto bis Basmati

Beim Essen geht in Asien fast nichts ohne Reis, und wenn er nicht als Beilage dabei ist, dann steckt er bestimmt als Reiswein oder Reisessig in der Essschale. Bei uns ist er aber wie die Nudel vor allem mit südeuropäischer Hilfe populär geworden. Als Beilage war er schon immer ein Klassiker zu Fisch, Geflügel oder auch zum Wiener Schnitzel, und als Milchreis hatte er unter unseren Herzensessen ebenso seinen Stammplatz wie der Grießbrei. Vielleicht wurden deswegen sehr bald die Paella und noch viel mehr der Risotto so hoch geschätzt, die ja auch so etwas leicht Suppiges haben,

Was ist …

… eine Trockennudel? Aus Italien stets eine getrocknete Hartweizennudel, bei uns auch als Eiernudel zu bekommen.

… eine frische Nudel? Nach der Zubereitung luftdicht verpackt und meist gekühlt, oft pasteurisiert bzw. vakumiert. Fast immer Eiernudeln.

… eine Glasnudel? Dünne, durchsichtige Asia-Nudel, oft aus Stärke von Hülsenfrüchten. Für Salat und Suppe.

… eine Reisnudel? Schneeweiße bis durchscheinende Nudel aus Reismehl. Für Suppen, Salate, Woks.

… Somen, Ramen, Udon, Soba? Japanische Nudeln aus Weizen bzw. Buchweizen (Soba). Vor allem für Nudeltöpfe.

… Duftreis? Leicht haftender, gegart duftender Langkornreis, z. B. thailändischer Jasmin-Reis.

… Risotto-Reis? Rundkorn-Sorten, die bei festem Korn leicht suppig kochen wie Arborio, Vialone nano, Carnaroli. Fino und Superfino sind die besten Qualitäten.

… Parboiled-Reis? Geschälter Reis, der durch ein Spezialverfahren den Großteil der Nährstoffe noch besitzt.

… Bulgur? Grober Grieß aus gedämpftem und getrocknetem Hartweizen. Für Salate, Suppen, Beilagen.

… Polenta? Grober bis feiner Grieß aus getrocknetem Mais. Für Beilagen, Gratins, Bratlinge.

wenn sie richtig gut sind. Im Idealfall saugen sich dabei die Reiskörner im Topf mit dem Aroma der Brühe und anderer Zutaten kräftig voll, bis am Ende ein Gericht im Teller ist, in dem Sauce, Gemüse und oft noch Fleisch oder Fisch drin stecken. Und so wird der eigentlich als Vorspeise erdachte Risotto schnell zu einem Gericht, an dem man sich fast täglich satt essen mag.

Es gibt hunderte von Reissorten, doch für die Küche zählt vor allem die Frage nach der Form des Korns. Für locker von der Gabel perlenden Reis zum Fischfilet wird Langkornreis verwendet, der beim Garen die Stärke eher für sich behält und so nicht klebt, wie etwa Patna-Reis oder der zarte, duftige Basmati-Reis Indiens. In Südostasien dagegen haftet Langkornreis nach dem Garen leicht zusammen, da die Sorten hier mehr Stärke abgeben. So kann er mit den Stäbchen leichter aufgenommen werden, wie auch der chinesische Reis, der in der Form zwischen Lang- und Rundkornreis liegt. Rundkornreis gibt beim Garen generell Stärke ab. Damit dabei kein dicker Brei entsteht, wird er je nach Gericht auf besondere Weise gegart, so dass am Ende ein leicht suppiger Risotto oder feiner Sushi-Reis daraus wird.

Von Bulgur bis Polenta

Als Nudel- und Reisgerichte in unserer Küche schon auf dem Weg nach ganz oben waren, galt „Körnerfresser“ immer noch als Schimpfwort für Leute, die den Tag mit Müsli begannen, mittags Grünkernbratlinge brieten und sich am Abend ein Vollkornbrot schmierten. Mittlerweile klingt das fast nach einem ganz alltäglichen Speiseplan, wenn wir mal vom Mittagessen absehen. Und wenn wir den Grünkern durch Bulgur oder Polenta ersetzen, dann sind heute fast alle modernen Esser Körnerfresser. Die Gerichte daraus wie auch aus Hirse oder Gerste (Graupen!) sind deswegen so beliebt, weil sich bei ihnen wie beim Reis alles vollsaugt mit Geschmack und Aroma und weil manche (wie die Nudeln) mit Sauce noch besser werden. Und so finden Sie am Ende des Kapitels „Nudeln & Reis“ auch noch eine gute Hand voll Rezepte wie Polenta-Gratin und – Grünkernbratlinge!

Nudeln kochen

Nudeln im Topf

Nudeln werden in reichlich Salzwasser gegart: Je 100 g pro 1 Liter, wobei man unter 2–3 Litern kaum anfangen wird. Der Topf ist zu drei Vierteln gefüllt, damit nichts überläuft. Kocht das Wasser stark, kommen die Nudeln hinein (Spaghetti auffächern und hineindrücken). Erst dann wird je Liter 1 TL Salz zugegeben – so kocht es schneller wieder. Nun gleich durchrühren, rasch aufkochen, die Hitze reduzieren und die Nudeln unter öfterem Rühren fertig garen. Ab 2 Minuten vor Garzeitende wird getestet: eine Nudel herausfischen, anbeißen und dies mit weiteren Nudeln so oft wiederholen, bis sie innen noch angenehm Biss haben und außen etwas weich sind.

Nudeln vollenden

Die fertigen Nudeln in ein großes Sieb gießen und kurz unter Schütteln abtropfen lassen. In Italien mischt man sie gleich mit Sauce, ansonsten wird etwas Butter oder Öl untergemengt und sofort serviert – sonst werden die Nudeln weich und klebrig. Asia-Nudeln werden ohne Salz in Wasser gekocht bzw. gar gezogen und anschließend mit kaltem Wasser im Sieb völlig abgekühlt, bevor man sie in Suppe oder Wok wieder erhitzt.

Reis garen

Langkornreis garen

Schlicht gekocht wird er wie Nudeln in reichlich Salzwasser, allerdings 15–20 Minuten, und anschließend wird er im Sieb kurz heiß abgebraust. Nach dem Abtropfen kann er serviert oder in Fett gedünstet werden. Quellreis hat mehr Aroma: 2–2 1/2 Tassen Wasser mit 1 Tasse Reis aufkochen und ohne Rühren 8–10 Minuten sanft garen, bis das Wasser aufgenommen ist. 8–10 Minuten quellen lassen, rühren und servieren. Für Pilaw brät man den Reis zuvor in Öl glasig, bevor auf 1 Tasse Reis 1 1/2 Tassen Wasser dazukommen. Und Duft- wie Basmati-Reis werden erst im Sieb klargespült und dann nach der Quell-Methode in 10–15 Minuten gegart.

Risotto kochen

Hier wird der Reis in Öl glasig gebraten, je nach Art mit Zwiebeln, Knoblauch, Gemüse usw. Nun wird der Reis mit heißer (!) Flüssigkeit knapp bedeckt, die unter Rühren (!!) langsam einkocht. Dann wird wieder und wieder aufgefüllt, gerührt, eingekocht – bis der Risotto perfekt ist: Die Körner haben noch Biss, der Risotto ist suppig bis cremig. Nun Butter und Parmesan einrühren und Risotto neben dem Herd 2 Minuten zugedeckt quellen lassen.

GU Spezial-TIPP

Kochwasser nutzen: *Wer Nudeln clever kocht, nutzt das Nudelwasser mit. So können Tomaten (für die Sauce) zum Häuten darin gebrüht oder Gemüse (für den Auflauf) darin gegart werden. Oder Sie nehmen gleich Gemüsesud – etwa vom Spargel – für die Nudeln und vollenden damit auch noch die Sauce. Beim Vermengen mit kompakten Saucen wie Pesto macht ein Schluck Kochwasser vieles leichter. Immer gut ist es zum Wärmen: Kurz vorm Abgießen kommt je 1 Schöpfer in die Teller und die Nudelschüssel unters Sieb. Dann abbgießen, Wasser raus aus Tellern und Schüssel – und es kann warm gegessen werden.*

159. Nudelteig mit Ei

Dieser Standardteig wird mit dem üblichen Haushaltsmehl Type 405 hergestellt. Er ist vielseitig einzusetzen und eignet sich sehr gut für alle geschnittenen und gefüllten Nudeln.

GELINGT LEICHT
Für 4 Personen
Zubereitungszeit: 25 Min.
Ruhezeit: 30 Min.

300 g Mehl • 3 Eier (Größe L) • 1 EL Olivenöl • 1/2 TL Salz

– Das Mehl auf das Backbrett oder die Arbeitsfläche schütten, aufhäufen und in der Mitte mit einem Löffel eine Mulde formen. Die Eier nacheinander in die Mulde geben. Das Öl und das Salz hinzufügen.
– Öl und Salz mit einer Gabel mit den Eiern verquirlen. Dann nach und nach immer mehr Mehl vom Rand aus unterrühren, bis ein dickflüssiger Teig entsteht.
– Nun mit beiden Händen das Mehl von außen nach innen in den Teig einarbeiten. Falls der Teig das Mehl nicht vollständig aufnimmt, tropfenweise Wasser dazugeben. Falls der Teig zu sehr klebt, noch etwas Mehl dazugeben. Dann den Nudelteig so lange kräftig durchkneten bis er glatt, glänzend und elastisch ist.
– Wenn der Teig später mit dem Nudelholz weiterverarbeitet werden soll, muss er besonders gründlich geknetet werden (mindestens 10 Min.). Wer eine Nudelmaschine zu Hause hat, muss den Teig nicht ganz so intensiv kneten, sondern dreht ihn einfach einige Male durch die Walze.
– Den Teig zu einer Kugel formen und in Klarsichtfolie wickeln oder mit einem feuchten Tuch bedecken und bei Zimmertemperatur etwa 30 Min. ruhen lassen.
– Anschließend den Teig nochmals kräftig mit den Händen durchkneten und dann entsprechend des Rezepts weiterverarbeiten.

TIPP

Soll der Teig einen besonders schönen Gelbton erhalten und sehr fein werden, verwenden Sie statt den angegebenen ganzen Eiern 6 Eigelbe. Je nach Konsistenz des Teiges auch hier eventuell noch tropfenweise Wasser hinzufügen.

160. Nudelteig ohne Ei

Nudeln ohne Ei müssen auf jeden Fall mit Hartweizen hergestellt werden. Denn Hartweizen, der auch Durumweizen genannt wird, enthält reichlich Klebereiweiß und macht somit die Zugabe von Eiern überflüssig. In italienischen Fachgeschäften finden Sie speziellen Hartweizengrieß für die Nudelherstellung. Dieser ist ideal für den Pastateig und wird nicht mit weiterem Mehl gemischt. Deutscher Hartweizengrieß ist gröber und nicht ganz so perfekt für Nudeln geeignet wie der italienische. Er muss deshalb, wie im folgenden Rezept angegeben, mit Mehl Type 405 gemischt werden.

BRAUCHT ETWAS ZEIT
Für 4 Personen
Zubereitungszeit: 15 Min.
Ruhezeit: 1 Std.

150 g Hartweizengrieß • 150 g Mehl • 1/2 TL Salz

– Grieß, Mehl und Salz in einer Schüssel mischen. So viel lauwarmes Wasser (100–150 ml) dazugeben und unterkneten, bis ein glatter elastischer Teig entsteht.
– Den Teig zu einer Kugel formen, in Klarsichtfolie wickeln oder mit einem feuchten Tuch bedecken und bei Zimmertemperatur etwa 1 Std. ruhen lassen. Dann weiterverarbeiten.

TIPP

Wer vollwertige Nudeln ohne Ei herstellen möchte, wählt einen Hartweizengrieß mit besonders hohem Ausmahlungsgrad oder Vollkorn-Hartweizengrieß. Fragen Sie in Ihrem italienischen Fachgeschäft, im Reformhaus oder Bioladen gezielt danach. Normaler Vollkornweizengrieß ist nicht geeignet.

161. Nudelteig aus Vollkornmehl

BRAUCHT ETWAS ZEIT
Für 4 Personen
Zubereitungszeit: 15 Min.
Ruhezeit: 1 Std.

300 g Vollkornmehl (Weizen oder Dinkel) • 2 Eier • 4 EL Olivenöl • 1/2 TL Salz

– Mehl auf die Arbeitsfläche häufen und in der Mitte eine Mulde formen. Eier, Öl und 3–4 EL Wasser in die Mulde geben und mit einer Gabel verquirlen. Nach und nach Mehl vom Rand einrühren.
– Sobald in der Mulde ein dickflüssiger Teig entsteht, mit den Händen das Mehl von außen nach innen einarbeiten. Dann den Teig kräftig kneten: mit den Handballen auf der Arbeitsfläche immer wieder auseinander drücken, zusammenlegen und zusammendrücken.
– Den Teig zu einer Kugel formen, in Klarsichtfolie wickeln oder mit einem feuchten Tuch bedecken und mindestens 1 Std. bei Zimmertemperatur ruhen lassen. Danach den Teig weiterverarbeiten.

TIPPS

– Wer Eier sparen will, kann 1 Ei durch 1 EL Vollsojamehl ersetzen. Wer Vollkornnudeln ganz ohne Ei herstellen möchte, muss Hartweizengrieß unter den Teig mischen (Rezept „Nudelteig ohne Ei").
– Nudeln aus vollem Korn schmecken besonders kräftig und sind vor allem sehr gesund. Sie enthalten reichlich Vitamine der B-Gruppe, Folsäure und Vitamin E sowie Eisen, Magnesium und Kalium. Außerdem ist ihr Ballaststoffanteil sehr hoch, aus diesem Grund sättigen Vollkornnudeln ausgesprochen gut. Am besten bereiten Sie den Nudelteig aus frisch gemahlenem Vollkornmehl zu. Wer keine eigene Mühle hat, und auch keine Möglichkeit, sich die Körner im Geschäft mahlen zu lassen, kann ersatzweise auf fertig verpacktes Mehl zurückgreifen. Achten Sie auf das Mindesthaltbarkeitsdatum, denn Vollkornmehl ist empfindlich und nicht so lange lagerfähig wie Weizenmehl (Type 405). Einsteiger der Vollwertküche können auch Vollkornmehl mit Weizenmehl in gleichen Mengen mischen.

162. Spaghetti aglio e olio
(Spaghetti mit Knoblauch und Olivenöl)

GEHT SCHNELL | PREISWERT
Für 4 Personen
Zubereitungszeit: 20 Min.

500 g Spaghetti • Salz • 4 Knoblauchzehen • 1 großes Bund Petersilie • 180 ml extra natives Olivenöl • 1–2 Peperoni (frisch oder getrocknet)

– In einem großen Topf reichlich Wasser aufkochen, salzen und die Nudeln „al dente" kochen.
– Inzwischen die Knoblauchzehen schälen und durch die Presse drücken. Die Petersilie waschen, trockenschütteln und fein hacken.
– In einer kleinen Pfanne das Öl mit Knoblauch, Petersilie und Peperoni bei schwacher Hitze erwärmen, etwa 3 Min. ziehen lassen. Nach Belieben etwas salzen.
– Die Nudeln in ein Sieb schütten, abtropfen lassen und in eine vorgewärmte Schüssel geben. Peperoni aus der Sauce entfernen, diese gut mit den Spaghetti mischen. Sofort servieren.

163. Spaghetti al pomodoro
(Spaghetti mit Tomatensauce)

SCHMECKT KINDERN
Für 4 Personen
Zubereitungszeit: 1 Std.

1 Möhre • 1 Stange Staudensellerie • 1 große Zwiebel • 2 Knoblauchzehen • 1 kg reife aromatische Fleischtomaten (ersatzweise 1 große Dose Tomaten, 800 g Inhalt) • 2 EL Olivenöl • 3 EL Tomatenmark • 1 Lorbeerblatt • 1 TL frischer Oregano (ersatzweise getrockneter) • Salz • frisch gemahlener schwarzer Pfeffer • 500 g Spaghetti • 1 Bund Basilikum • nach Belieben frisch geriebener Parmesan

– Möhre schälen und auf der Gemüsereibe grob raspeln. Staudensellerie putzen, waschen und in dünne Scheiben schneiden. Die Zwiebel schälen und fein hacken. Den Knoblauch schälen.
– Die Tomaten kurz mit kochendem Wasser überbrühen, häuten, die Stielansätze und Kerne entfernen, das Fruchtfleisch grob in Stücke zerschneiden.
– In einem breiten Topf Olivenöl erhitzen. Die Zwiebel andünsten, Möhrenraspel und Sellerie zugeben. Den Knoblauch darüber pressen und alles bei mittlerer Hitze etwa 5 Min. dünsten, dabei ab und zu umrühren.
– Das Tomatenmark unterrühren. Tomatenstücke und Lorbeerblatt zugeben, mit dem Oregano, Salz und Pfeffer würzen. Alles zugedeckt bei schwacher Hitze etwa 30 Min. köcheln lassen.
– Die Spaghetti in reichlich kochendem Salzwasser nach Packungsaufschrift in etwa 8 Min. „al dente" garen. Die Basilikumblättchen von den Stängeln abzupfen und in schmale Streifen schneiden.

– Die Tomatensauce abschmecken und, falls nötig, nachwürzen. Das Lorbeerblatt herausnehmen und wegwerfen. Das Basilikum unterrühren.
– Spaghetti in ein Sieb schütten, gut abtropfen lassen und mit der Tomatensauce in einer vorgewärmten Schüssel mischen, sofort servieren. Nach Belieben Parmesan zum Bestreuen dazu reichen.

164. Spaghetti mit Pesto

GELINGT LEICHT
Für 4 Personen
Zubereitungszeit: 30 Min.

4 Knoblauchzehen • 4 große Bund Basilikum • etwa 80 g Parmesan oder Pecorino • 50 g Pinienkerne • 8 EL kalt gepresstes Olivenöl • Salz • frisch gemahlener schwarzer Pfeffer • 500 g Spaghetti

– Den Knoblauch schälen. Basilikumblätter von den Stängeln zupfen und grob zerkleinern. Den Parmesan oder Pecorino in kleine Stücke zerbröckeln. Den Knoblauch, das Basilikum, den Käse und die Pinienkerne im Blitzhacker oder mit dem Pürierstab fein zerkleinern.
– Die Masse in eine Schüssel geben und tropfenweise das Öl unterrühren, bis eine dicke, gleichmäßige Paste entstanden ist. Pesto mit Salz und Pfeffer abschmecken.
– Die Spaghetti in reichlich Salzwasser „al dente“, bissfest, kochen. Nach etwa 6 Min. probieren, ob die Nudeln bereits gar sind. Vor dem Abgießen 4–6 EL vom Kochwasser herausnehmen und unter den Pesto mischen.
– Die Spaghetti abgießen, abtropfen lassen, sofort mit dem Pesto vermischen und servieren.

165. Nudeln mit Tomaten und Mozzarella

VEGETARISCH | GELINGT LEICHT
Für 4 Personen
Zubereitungszeit: 45 Min.

500 g vollreife Tomaten (möglichst Eiertomaten) • 200 g Mozzarella (möglichst aus Büffelmilch) • 2 Knoblauchzehen • 1 großes Bund Basilikum • 2 EL extra natives Olivenöl • Salz • 2 Prisen gemahlener Peperoncino (kleine scharfe Pfefferschote; ersatzweise Cayennepfeffer) • 500 g Ditali (sehr kurze Röhrennudeln) oder Hörnchennudeln • 3 EL frisch geriebener Parmesan • 2 EL Butter

– Die Tomaten mit kochendem Wasser überbrühen, häuten und vierteln. Dabei die Stielansätze und die Kerne entfernen. Das Fruchtfleisch klein würfeln. Den Mozzarella in sehr kleine Würfel schneiden. Die Knoblauchzehen schälen. Das Basilikum ohne die Stiele klein schneiden.
– In einem breiten Topf (in der das Gericht auch serviert werden kann) das Öl erhitzen. Die Knoblauchzehen bei mittlerer Hitze darin braten, bis sie braun sind, dann herausnehmen. Die Tomaten ins Öl geben, mit Salz und dem Peperoncino würzen. Bei schwacher Hitze zugedeckt etwa 15 Min. dünsten.
– Nudeln in Salzwasser „al dente“, bissfest, garen und abtropfen lassen. Mit dem Mozzarella zu den Tomaten geben. So lange rühren, bis der Käse geschmolzen ist. Dann Parmesan, Butter und Basilikum untermischen.

166. Penne all’arrabbiata

(Penne mit scharfer Tomatensauce)

GEHT SCHNELL | PREISWERT
Für 2–3 Personen
Zubereitungszeit: 30 Min.

3–4 getrocknete, in Öl eingelegte Tomaten • 1 Zwiebel • 2 Knoblauchzehen • 3 EL Olivenöl • 2 getrocknete rote Chilischoten • 1 Dose Pizza-Tomaten (400 g Inhalt) • 50 ml trockener Rotwein (ersatzweise Tomatensaft) • Salz • 350 g Penne (kurze Röhrennudeln, möglichst „rigate“, gerillte) • 3 Zweige Basilikum • 1/2 TL Pimentkörner • frisch gemahlener Pfeffer • 75 g frisch geriebener Pecorino

– Die getrockneten Tomaten in feine Streifen schneiden. Die Zwiebel und die Knoblauchzehen schälen und in kleine Würfel schneiden.
– In einem Schmortopf 2 EL Öl erhitzen. Zwiebel und Knoblauch darin hellgelb anbraten, die Tomatenstreifen unterrühren und kurz andünsten. Die Chilis zerbröseln, mit Pizza-Tomaten und Rotwein dazugeben. Zugedeckt bei schwacher Hitze etwa 15 Min. köcheln lassen.
– Reichlich Salzwaser mit 1 EL Öl erhitzen. Die Nudeln darin „al dente“, bissfest, garen. Die Basilikumblätter von den Zweigen zupfen und fein hacken. Den Piment

im Mörser zerstoßen. Beides unter die Sauce rühren. Mit Salz und Pfeffer abschmecken.
– Die garen Nudeln abgießen, kalt abschrecken und abtropfen lassen. Mit der Sauce vermischen. Den Käse extra dazu servieren.

167. Nudeln in Gorgonzolasauce

GUT FÜR GÄSTE
Für 4 Personen
Zubereitungszeit: 30 Min.

200 g Gorgonzola • 1 Schalotte oder kleine Zwiebel • 1 1/2 EL Öl • 300 g Sahne • frisch gemahlener weißer Pfeffer • Salz • 400 g Bandnudeln • 2 EL Kerbel oder Petersilienblättchen

– Für die Sauce den Gorgonzola von der Rinde befreien und klein würfeln. Die Schalotte oder Zwiebel schälen und fein hacken. In einem breiten Topf das Öl erhitzen, Schalotte oder Zwiebel darin bei schwacher Hitze unter Rühren glasig braten.
– Die Sahne dazugießen und aufkochen. Käse ebenfalls unterrühren und bei schwacher bis mittlerer Hitze schmelzen lassen. Die Sauce mit reichlich Pfeffer und wenig Salz abschmecken und zugedeckt auf der ausgeschalteten Herdplatte warm halten, bis die Nudeln fertig sind. Dabei ein Küchentuch zwischen Topf und Deckel legen, damit keine Kondensflüssigkeit in die Sauce tropft.
– Die Nudeln in reichlich Salzwasser „al dente“, bissfest, kochen. Nach etwa 6 Min. probieren, ob sie schon gar sind. Den Kerbel oder die Petersilie waschen, trockenschütteln und hacken.
– Die Nudeln abgießen, gut abgetropft mit der Sauce vermischen, mit den gehackten Kräutern bestreuen und sofort servieren.

168. Schinkennudeln

GEHT SCHNELL | SCHMECKT KINDERN
Für 2 Personen
Zubereitungszeit: 30 Min.

150 g Bandnudeln • Salz • 40 g Butter • 100 g gekochter Schinken • 2 Eier • 1 EL Milch • frisch gemahlener schwarzer Pfeffer • frisch geriebene Muskatnuss • 1/2 Bund Petersilie

– Die Nudeln in reichlich sprudelnd kochendem Salzwasser garen, bis sie „al dente“, bissfest, sind. Nach etwa 5 Min. eine „Bissprobe“ machen, ob sie bereits gar sind. Die Nudeln in ein Sieb abgießen, kurz abtropfen lassen und in einer Schüssel mit der Butter vermischen.
– Während die Nudeln kochen, den Schinken vom Fettrand befreien und in kleine Würfel schneiden. Die Eier mit der Milch, Salz, Pfeffer und Muskat verquirlen. Die Petersilie waschen, trockenschütteln und ohne die groben Stiele hacken.
– Eine Pfanne ohne Fettzugabe erhitzen. Nudeln und Schinken darin bei mittlerer Hitze unter häufigem Wenden etwa 1 Min. braten.
– Die Eier darüber gießen und zugedeckt in etwa 3 Min. stocken lassen. Dann die Nudeln offen und unter Rühren weitere 2 Min. rösten.
– Die Schinkennudeln mit der gehackten Petersilie bestreut servieren.

169. Penne mit Zucchini

GEHT SCHNELL
Für 4 Personen
Zubereitungszeit: 15 Min.

Salz • 500 g Penne (kurze Röhrennudeln) • 300 g junge Zucchini • 200 g schnittfester Schafkäse • 4 Zweige Minze • 4 EL extra natives Olivenöl • frisch gemahlener weißer Pfeffer • 1 EL Zitronensaft

– Für die Nudeln in einem großen Topf reichlich Salzwasser zum Kochen bringen. Die Penne darin nach Packungsaufschrift in etwa 8 Min. bissfest kochen. Rechtzeitig prüfen, ob sie schon „al dente“ sind.
– Die Zucchini waschen, putzen und und in kleine Würfel schneiden. Den Schafkäse ebenfalls würfeln. Die Minze abbrausen, trockenschütteln und die Blättchen von den Zweigen zupfen.
– Das Öl in einer Pfanne erhitzen. Die Zucchini darin unter Rühren bei mittlerer Hitze etwa 5 Min. braten, bis sie gebräunt sind. Die Minzeblättchen untermischen. Die Zucchini mit Salz, Pfeffer und dem Zitronensaft abschmecken.
– Die Nudeln in ein Sieb abgießen, kurz abtropfen lassen und mit dem Schafkäse in die Pfanne zu den Zucchini geben. Kurz mischen, dann in vorgewärmten Tellern servieren.

170. Bandnudeln mit Pilzen

GELINGT LEICHT
Für 4 Personen
Zubereitungszeit: 30 Min.

Salz • 250 g grüne Bandnudeln • 2 Zwiebeln • 6 Knoblauchzehen • 500 g Austernpilze • 500 g Champignons • 4 EL Olivenöl • frisch gemahlener schwarzer Pfeffer • 2 TL Thymianblättchen • 100 ml trockener Weißwein • 250 g Crème fraîche • 2 EL Tomatenmark • 1 großes Bund Petersilie • 4 EL frisch geriebener Parmesan

– In einem großen Topf reichlich Salzwasser zum Kochen bringen. Die Nudeln hineingeben und nach Packungsanweisung bissfest garen. In ein Sieb gießen und gut abtropfen lassen.
– Währenddessen die Zwiebeln und den Knoblauch schälen und fein hacken. Die Pilze mit Küchenpapier nur trocken abreiben und die Stielenden abschneiden. Austernpilze in fingerbreite Streifen, die Champignons blättrig schneiden.
– Das Olivenöl in einer Pfanne erhitzen, Zwiebeln und Knoblauch darin bei schwacher Hitze weich dünsten. Die Pilze in die Pfanne geben und bei mittlerer Hitze etwa 8 Min. braten, bis fast alle Flüssigkeit verdampft ist. Mit Salz, Pfeffer und Thymian würzen.
– Weißwein, Crème fraîche und Tomatenmark unter die Sauce rühren und alles noch etwa 3 Min. bei mittlerer Hitze kochen lassen.
– Die Petersilie waschen, trockenschütteln, die Blättchen grob hacken und unter die Pilze mischen. Die Pilzsauce mit den heißen Nudeln in einer großen Schüssel gut vermischen. Den Parmesan dazu reichen.

171. Spaghetti alla carbonara
(Spaghetti mit Käse, Eiern und Speck)

GELINGT LEICHT
Für 4 Personen
Zubereitungszeit: 40 Min.

3 Knoblauchzehen • 150 g durchwachsener Räucherspeck ohne Schwarte • 2 EL Schweineschmalz • 400 g Spaghetti • Salz • 3 Eier • 50 g frisch geriebener Pecorino • 50 g frisch geriebener Parmesan • frisch gemahlener weißer Pfeffer

– Die Knoblauchzehen schälen. Den Speck fein würfeln. In einer großen Pfanne das Schmalz erhitzen. Knoblauch darin bei mittlerer Hitze schön braun braten, dann aus der Pfanne nehmen. Nun die Speckwürfel knusprig braten und warm halten.
– Nudeln in reichlich kochendem Salzwasser „al dente“, bissfest, kochen. Die Eier mit dem Käse, Salz und Pfeffer mit dem Schneebesen kräftig verschlagen.
– Die Spaghetti abtropfen lassen. In der Pfanne mit dem Speck vermischen, Pfanne vom Herd nehmen, die Eimasse zugießen und schnell durchrühren, bis alle Nudeln mit der Eiercreme überzogen sind. Die Spaghetti sofort in der Pfanne zu Tisch bringen.

172. Nudeln mit Mandelsauce

GEHT SCHNELL | GUT FÜR GÄSTE
Für 4 Personen
Zubereitungszeit: 15 Min.

Salz • 500 g Spaghetti • 250 g Tomaten • 1 Bund Basilikum • 3 Knoblauchzehen • 100 g gehäutete Mandeln • 1 EL Olivenöl • frisch gemahlener Pfeffer

– In einem großen Topf reichlich Salzwasser zum Kochen bringen Die Nudeln darin in etwa 8 Min. „al dente“, bissfest, kochen.
– Inzwischen die Tomaten mit kochendem Wasser überbrühen, häuten und grob zerkleinern, dabei die Stielansätze entfernen. Basilikumblätter von den Stängeln zupfen und fein hacken. Den Knoblauch schälen.
– Den Knoblauch und die Mandeln mit Salz im Mixer mittelfein zerkleinern. Tomaten, Basilikum und das Öl hinzufügen und nochmals durchmixen. Mit Salz und Pfeffer abschmecken. Nudeln in einem Sieb abtropfen lassen und auf vorgewärmte Teller verteilen. Die Sauce hinzufügen und sofort servieren.

TIPP
Für einen sommerlichen Nudelsalat können Sie die Nudeln auch nach dem Garen kalt abbrausen und gut abtropfen lassen, dann gleich mit 1 EL Olivenöl zusätzlich vermischen, damit sie nicht zusammenkleben. Abgekühlt mit der kalten Sauce vermischen, zusätzlich noch rohe Tomatenwürfel und einige gehackte Basilikumblätter unterheben.

173. Spinatnudeln

PREISWERT | GELINGT LEICHT
Für 4 Personen
Zubereitungszeit: 1 Std.

1 Bund Petersilie • 1 Bund Basilikum • 750 g junger Spinat • 400 g Fusilli (Spiralnudeln) • Salz • 60 g Butter • 2 EL kalt gepresstes Olivenöl • frisch geriebene Muskatnuss • 125 g Sahne • 80 g frisch geriebener Parmesan

– Die Petersilie und das Basilikum fein schneiden. Den Spinat putzen, dicke Stiele entfernen. Die Blätter mehrmals gründlich in kaltem Wasser waschen.
– Dann den Spinat tropfnass in einen großen Topf geben und zugedeckt bei schwacher Hitze garen, bis die Blätter zusammenfallen. Spinat in einem Sieb abkühlen lassen, gut auspressen, die Blätter fein hacken.
– Die Nudeln in einem großen Topf in reichlich kochendem Salzwasser „al dente", bissfest, garen.
– Die Butter und das Öl erhitzen. Die Kräuter darin 2–3 Min. bei schwacher Hitze anbraten, dann den Spinat untermischen, mit Salz und Muskat würzen, zugedeckt etwa 5 Min. ziehen lassen.
– Die Sahne zum Spinat gießen und heiß werden lassen. Den Topf vom Herd nehmen. Eine große Schüssel vorwärmen.
– Die Nudeln abgießen und abtropfen lassen. In der Schüssel mit dem Spinat und dem Parmesan verrühren. Schüssel zudecken und 3–4 Min. ziehen lassen. Servieren und dazu eine Pfeffermühle bereitstellen.

174. Nudeln mit Spargelsauce

GUT FÜR GÄSTE
Für 4 Personen
Zubereitungszeit: 1 Std.

1 Stange Staudensellerie • 1 kleine Möhre • 1 kleine Zwiebel • 1 Dose Tomaten (400 g Inhalt) • 750 g grüner Spargel • 75 g Butter • Salz • frisch gemahlener weißer Pfeffer • 400 g Penne (kurze Hohlnudeln) • 50 g frisch geriebener Parmesan

– Die Selleriestange waschen und putzen, die Möhre und die Zwiebel schälen. Vorbereitetes Gemüse in sehr kleine Würfel schneiden oder fein hacken.
– Die Tomaten in ein Sieb geben und leicht abtropfen lassen (den Saft dabei auffangen), grob zerkleinern.
– Die Enden der Spargelstangen abschneiden. Dickere Stangen im unteren Drittel eventuell schälen. Spargel in etwa 4 cm lange Stücke schneiden, die Spargelköpfe etwa 4–5 cm lang lassen.
– Butter erhitzen, das gehackte Gemüse bei mittlerer Hitze unter Rühren darin etwa 10 Min. braten. Dann die Spargelstücke dazugeben und etwa 5 Min. mitbraten. Die Tomaten untermischen, alles mit Salz und Pfeffer würzen und zugedeckt bei schwacher Hitze 15–20 Min. garen. Bei Bedarf Tomatensaft dazugeben. Eine Schüssel vorwärmen.
– Inzwischen in einem großen Topf reichlich Salzwasser zum Kochen bringen. Darin die Nudeln nach Packungsaufschrift „al dente", bissfest, garen.
– Nudel in ein Sieb abgießen und kurz abtropfen lassen. Dann in der Schüssel mit der Spargelsauce vermischen. Die Nudeln 2–3 Min. zugedeckt ziehen lassen. Den geriebenen Käse extra dazu reichen

175. Paglia e fieno
(„Heu und Stroh")

GEHT SCHNELL
Für 4 Personen
Zubereitungszeit: 20 Min.

150 g magerer gekochter Schinken • Salz • 400 g gelbe und grüne Tagliatelle („Paglia e fieno", schmale Bandnudeln) • 80 g Butter • 200 g Sahne • 100 g frisch geriebener Parmesan • frisch gemahlener weißer Pfeffer • frisch geriebene Muskatnuss

– Den Schinken in ganz kleine Würfel schneiden. In einem großen Topf reichlich Wasser zum Kochen bringen. Wenn das Wasser kocht, salzen und die Nudeln darin „al dente", bissfest, garen. In ein Sieb gießen und abtropfen lassen.
– In einem großen Topf (möglichst ein „gutes Stück", damit man ihn auch zu Tisch bringen kann) die Butter schmelzen, Sahne zugießen. Den Parmesan gleichmäßig unter die leicht erwärmte Buttersahne rühren. Mit Salz, Pfeffer und Muskatnuss würzen.
– Den Schinken und die Nudeln in die Sauce geben und gut untermischen. Zugedeckt bei ganz schwacher Hitze 1–2 Min. ziehen lassen, dann im Topf servieren.

176. Spaghetti alla puttanesca

GELINGT LEICHT
Für 4 Personen
Zubereitungszeit: 1 Std.

3 Knoblauchzehen • 9 Sardellenfilets • 150 g schwarze Oliven • 1 1/2 EL Kapern • 500 g Fleischtomaten • 7 EL kalt gepresstes Olivenöl • Salz • 1 Prise gemahlener Peperoncino (kleine scharfe Pfefferschote, ersatzweise Cayennepfeffer) • 400 g Spaghetti

– Knoblauchzehen schälen und in dünne Scheibchen schneiden. Die Sardellenfilets fein hacken. Die Oliven entkernen und grob hacken, die Kapern fein hacken.
– Die Tomaten kurz mit kochend heißem Wasser überbrühen, häuten und vierteln. Dabei die Stielansätze und die Kerne entfernen. Das Fruchtfleisch in grobe Stücke schneiden.
– Das Öl erhitzen. Den Knoblauch bei schwacher Hitze kurz anbraten. Sardellen dazugeben und zu Brei zerdrücken. Die Oliven, die Kapern und die Tomaten dazugeben. Mit wenig Salz und Peperoncino würzen. Zugedeckt etwa 30 Min. bei schwacher Hitze schmoren.
– Inzwischen in einem großen Topf reichlich Salzwasser zum Kochen bringen und darin die Spaghetti „al dente", bissfest, kochen. Eine Schüssel vorwärmen.
– Die Nudeln in ein Sieb gießen und gut abtropfen lassen. Die Nudeln in der Schüssel gründlich mit der Sauce mischen. Ohne Käse servieren.

177. Nudeln mit Kichererbsen

BRAUCHT ETWAS ZEIT
Für 4 Personen
Zubereitungszeit: 50 Min.
Einweichzeit: 12 Std.
Garzeit: 1 1/2 Std.

150 g getrocknete Kichererbsen • 350 g Blattgemüse (z. B. Mangold, Wurzelspinat oder Rote-Bete-Blätter) • 1 unbehandelte Zitrone • 4 Zwiebeln • 2 Knoblauchzehen • 2 EL Olivenöl • 2 EL frisch gehackter Dill • Salz • frisch gemahlener schwarzer Pfeffer • 350 g dünne Bandnudeln oder Spaghetti • 150 g Schafkäse

– Die Kichererbsen abbrausen und in kaltem Wasser über Nacht einweichen.
– Am nächsten Tag die Kichererbsen im Einweichwasser einmal aufkochen lassen, das Wasser abgießen. Kichererbsen mit frischem Wasser aufsetzen und in 1 1/2 Std. weich kochen.
– Etwa 15 Min. vor Ende der Garzeit das Blattgemüse putzen, waschen, abtropfen lassen und grob hacken. Von der Zitrone etwa 2 TL Schale abreiben, den Saft auspressen.
– Die Zwiebeln und den Knoblauch schälen, hacken und in einem großen Topf in dem Olivenöl bei mittlerer Hitze goldgelb dünsten.
– Kichererbsen abgießen und mit der Zitronenschale unter die Zwiebeln rühren. Alles 5 Min. zugedeckt bei schwacher Hitze garen. Die gehackten Blätter dazugeben und 5–10 Min. zugedeckt mitgaren, bis die Blätter weich sind. Zitronensaft und Dill unterrühren, sparsam mit Salz und Pfeffer abschmecken, beiseite stellen.
– Inzwischen reichlich Salzwasser aufkochen lassen. Die Nudeln darin nach Packungsanleitung bissfest kochen, abgießen und in eine Schüssel füllen. Mit dem Kichererbsengemüse vermischen und mit zerbröckeltem Schafkäse bestreut servieren.

TIPPS

– Würzen Sie zunächst vorsichtig mit Salz. Denn auch der Schafkäse schmeckt salzig.
– Dieses Gericht wird auf den griechischen Kykladen-Inseln vor allem im Frühjahr während der Fastenzeit gegessen, allerdings wird dann kein Käse darüber gestreut.

178. Bandnudeln mit Radicchio

MACHT WAS HER
Für 4 Personen
Zubereitungszeit: 30 Min.

Salz • 2 Köpfe Radicchio (möglichst länglicher Trevisano; je etwa 175 g) • 75 g Walnusskerne • 1 kleine Zwiebel • 2 Knoblauchzehen • 50 g Butter • 3 EL Olivenöl • 400 g Bandnudeln • frisch gemahlener schwarzer Pfeffer • 75 g frisch geriebener Parmesan

– Reichlich Salzwasser aufkochen lassen. Inzwischen den Radicchio putzen, die Wurzelansätze abschneiden, die Blätter ablösen und waschen, trockenschütteln und

in schmale Streifen schneiden. Die Walnusskerne grob hacken. Die Zwiebel und den Knoblauch schälen, fein würfeln und in etwa 1 EL Butter und dem Olivenöl bei mittlerer Hitze glasig dünsten.
– Die Bandnudeln im sprudelnden Salzwasser nach Packungsanleitung bissfest kochen.
– Eine Schüssel im Backofen bei 50° vorwärmen. Die Salatstreifen und die Nüsse zu der Zwiebel-Knoblauch-Mischung geben, 5 Min. zugedeckt bei schwacher Hitze dünsten. Mit Salz und Pfeffer würzen. Die Mischung in die vorgewärmte Schüssel füllen.
– Die Nudeln abgießen und nur kurz abtropfen lassen, damit die Nudeln nicht zu trocken sind. In der Schüssel mit Radicchio, restlicher Butter und dem geriebenen Käse vermischen. Sofort servieren.

TIPP
Das leicht bittere Nudelgericht eignet sich besonders gut als appetitanregende Vorspeise für 4–6 Personen.

179. Bucatini alla calabrese
(Bucatini auf kalabrische Art)

PREISWERT
Für 4 Personen
Zubereitungszeit: 1 Std.

3 Knoblauchzehen • 1 Möhre • 1 Stange Stangensellerie • 12 große Blätter Basilikum • 150 g nicht zu magerer Schinken (ohne Schwarte) • 50 g Schweineschmalz • 400 g Fleischtomaten • Salz • 1 Prise gemahlener Peperoncino (kleine scharfe Pfefferschote, ersatzweise Cayennepfeffer) • 400 g Bucatini (dünne Makkaroni, ersatzweise Spaghetti) • je 50 g frisch geriebener Parmesan und Pecorino

– Die Knoblauchzehen schälen und durchpressen. Die Möhre schälen, den Sellerie waschen und putzen, beides ganz fein hacken. Die Basilikumblätter grob zerkleinern. Den Schinken in kleine Würfel schneiden.
– In einem großen Topf (später müssen auch die Nudeln noch ausreichend darin Platz haben) das Schmalz erhitzen. Den Knoblauch, den Möhre und den Sellerie darin bei mittlerer Hitze unter Rühren in 8–10 Min. weich braten.
– Inzwischen die Tomaten überbrühen, häuten und vierteln, dabei die Stielansätze und die Kerne entfernen. Das Fruchtfleisch grob zerkleinern.
– Schinken zum Gemüse geben, etwa 5 Min. bei etwas reduzierter Hitze mitbraten. Tomaten untermischen. Sauce mit Salz, Peperoncino und Basilikum würzen. Zugedeckt 15–20 Min. bei schwacher Hitze köcheln lassen.
– Inzwischen die Nudeln in reichlich Salzwasser „al dente“, bissfest, kochen. In ein Sieb abgießen, abtropfen lassen und im Topf gründlich mit der Sauce verrühren. In eine Schüssel umfüllen. Den Käse extra dazu reichen.

180. Bucatini all'amatriciana
(Bucatini mit scharfer Tomaten-Speck-Sauce)

GELINGT LEICHT | GEHT SCHNELL
Für 4 Personen
Zubereitungszeit: 30 Min.

500 g Fleischtomaten • 1/2 Chilischote • 1 große Zwiebel • 1 Knoblauchzehe • 100 g Pancetta (ersatzweise durchwachsener Räucherspeck) • 2 EL Olivenöl • 400 g Bucatini (dünne Makkaroni) • Salz • frisch gemahlener Pfeffer • 70 g frisch geriebener Pecorino

– Tomaten überbrühen, häuten, Stielansätze entfernen, dann Tomaten entkernen und klein würfeln. Chilischote entkernen, waschen und fein hacken. Zwiebel und Knoblauch schälen und ebenfalls fein hacken.
– Die Pancetta sehr klein würfeln, in Öl in einer großen Pfanne leicht anbraten. Zwiebel hinzufügen und 5 Min. bei schwacher Hitze dünsten. Knoblauch und Chili dazugeben und gut umrühren. Tomaten hinzufügen. Alles zugedeckt bei schwacher Hitze 10–15 Min. garen.
– Inzwischen reichlich Salzwasser aufkochen lassen. Die Bucatini darin nach Packungsanleitung bissfest kochen. Abgießen, abtropfen lassen und in die Sauce geben. Gut durchmischen und 2–3 Min. bei schwacher Hitze ziehen lassen. Mit dem Käse bestreut servieren.

TIPP
Dieses Gericht gelingt nur gut mit wirklich reifen, fleischigen Tomaten. Die erkennen Sie an der kräftig roten Farbe. Wenn Sie keine solchen bekommen, verwenden Sie Dosentomaten: abtropfen lassen, dann wie frische Exemplare zubereiten.

181. Krautfleckerln

PREISWERT | VEGETARISCH
Für 4 Personen
Zubereitungszeit: 45 Min.

1 kleiner Weißkohl (etwa 600 g) • 1 große Zwiebel • 2 EL Butter • 1 EL Zucker • 1 EL Apfelessig • 1/8 l Fleischbrühe • Salz • frisch gemahlener schwarzer Pfeffer • 1 TL Kümmelsamen • 400 g sehr breite Bandnudeln • 2 EL frisch gehackte Petersilie

– Den Weißkohl vierteln. Die äußeren Blätter ablösen, den Strunk keilförmig herausschneiden. Den Kohl dann in feine Streifen schneiden oder hobeln.
– Die Zwiebel schälen und hacken. Die Butter in einem Topf aufschäumen lassen, Zwiebel darin glasig werden lassen. Den Zucker darüber streuen und ein wenig karamellisieren lassen. Den Kohl dazugeben und gut andünsten, dann den Essig und die Brühe angießen. Alles mit Salz, Pfeffer und Kümmel würzen und zugedeckt bei schwacher Hitze 30 Min. dünsten.
– Inzwischen reichlich Salzwasser aufkochen lassen. Die Nudeln in 3–4 cm kurze Stücke brechen und nach Packungsanleitung bissfest kochen.
– Nudeln abtropfen lassen und unter den Kohl mischen, alles abschmecken und mit Petersilie bestreut servieren.

TIPP

Selbstverständlich können Sie die Fleckerln auch selber machen: „Nudelteig mit Ei“ herstellen (Rezept Nr. 159), dünn ausrollen und in gleichmäßig breite Streifen, diese dann in Quadrate oder Rechtecke schneiden. Die Größe der Fleckerln können Sie selbst bestimmen. Beliebt sind Quadrate mit 3–4 cm Kantenlänge.

182. Gebratene Gemüsenudeln aus Asien

GEHT SCHNELL
Für 4 Personen
Zubereitungszeit: 30 Min.

Salz • 300 g chinesische Eiernudeln (Asienladen) • 100 g frische Shiitake-Pilze • 1 Bund Frühlingszwiebeln • 200 g junge Möhren • 100 g Zuckerschoten • 100 g Sojabohnensprossen • 1 Stück frischer Ingwer (etwa walnussgroß) • 2 Knoblauchzehen • 4 EL Öl • 150 ml Hühnerbrühe • Cayennepfeffer

– Reichlich Salzwasser aufkochen lassen. Die Nudeln darin nach Packungsangabe bissfest kochen. In ein Sieb abgießen und unter kaltem Wasser abkühlen lassen.
– Inzwischen die Pilze, Frühlingszwiebeln, Möhren, Zuckerschoten und Sprossen waschen und putzen. Pilze und Zuckerschoten in Streifen, Frühlingszwiebeln und Möhren in dünne, schräge Scheiben schneiden.
– Den Ingwer und den Knoblauch schälen und hacken. Das Öl in einem Wok oder einer tiefen Pfanne erhitzen, Ingwer und Knoblauch leicht anbraten. Nach und nach zuerst die Möhren und die Zuckerschoten 1–2 Min. mitbraten, dann die Pilze und dann die Frühlingszwiebeln und die Sprossen in den Wok geben und braten, bis das Gemüse bissfest ist.
– Mit Brühe ablöschen, dann die Nudeln untermischen und ganz kurz im Wok verrühren. Mit Salz und Cayennepfeffer abschmecken.

183. Gebratene Nudeln mit Schweinefleisch

BRAUCHT ETWAS ZEIT
Für 2 Personen
Zubereitungszeit: 30 Min.
Marinierzeit: 2 Std.

250 g Schweineschulter • 1 Knoblauchzehe • 1 Stück frischer Ingwer (etwa 2 cm) oder 1/2 TL getrocknetes Ingwerpulver • 4 EL Sojasauce • 1 Bund Frühlingszwiebeln • 150 g Bandnudeln • Salz • 4 EL Erdnussöl • frisch gemahlener weißer Pfeffer

– Das Fleisch quer zur Faser in etwa fingerdicke Scheiben, dann in Streifen schneiden. Den Knoblauch und den Ingwer schälen und ganz fein hacken. Alles mit der Sojasauce vermischen und zugedeckt etwa 2 Std. ziehen lassen.
– Frühlingszwiebeln waschen, putzen, längs halbieren und in etwa 1 cm breite Stücke schneiden. Die Nudeln in reichlich Salzwasser „al dente“, bissfest, kochen. Nach etwa 6 Min. probieren, ob die Nudeln bereits gar sind. Dann abgießen, abtropfen lassen und in einer Schüssel mit 1/2 EL Öl vermischen.

– In einer großen Pfanne 1 EL Öl erhitzen. Das Fleisch darin bei starker Hitze unter Rühren anbraten, bis es sich grau färbt. Herausnehmen und auf einem Teller beiseite stellen.
– Zwiebeln in die Pfanne geben und bei starker bis mittlerer Hitze unter Rühren etwa 4 Min. braten. Herausnehmen, auf einem zweiten Teller beiseite stellen.
– Das restliche Öl in der Pfanne heiß werden lassen. Die Nudeln darin bei mittlerer Hitze etwa 3 Min. unter Rühren braten.
– Das Fleisch und die Zwiebeln wieder dazugeben und alles bei starker Hitze unter ständigem Wenden in etwa 1 Min. erhitzen. Mit Salz und Pfeffer abschmecken und sofort servieren.

TIPP

Qualität und Geschmack der bei uns im Handel erhältlichen Sojasaucen schwanken beträchtlich. Am besten probieren Sie verschiedene Sorten in möglichst kleinen Flaschen aus, um herauszufinden, welche Ihnen am besten schmeckt.

184. Kässpätzle

PREISWERT | SCHMECKT KINDERN
Für 4 Personen
Zubereitungszeit: 40 Min.

500 g Mehl • 5 Eier • 1/4 l Mineralwasser • Salz • 2 große Zwiebeln • 300 g frisch geriebener Käse (z. B. Emmentaler oder Bergkäse) • frisch gemahlener weißer Pfeffer • 50 g Butter

– Das Mehl in eine Schüssel sieben. Nach und nach die Eier und das Mineralwasser unterrühren. Nur so viel Wasser zugeben, dass der Teig zähflüssig ist. Den Teig mit 1 kräftigen Prise Salz würzen und so lange schlagen, bis er Blasen wirft. Die Zwiebeln schälen und in Ringe schneiden. Backofen auf 200° (Umluft 180°) vorheizen.
– Salzwasser in einem breiten Topf erhitzen. Eine feuerfeste Form bereitstellen. Teig portionsweise durch einen Spätzlehobel in das siedende Wasser schaben. Wenn die Spätzle oben schwimmen, mit einem Schaum- löffel herausheben, abtropfen lassen und in die Form geben.
– Die Spätzle sofort mit etwas Käse bestreuen und mit Pfeffer würzen. So fortfahren, bis der Teig aufgebraucht ist. Die letzte Schicht Spätzle mit dem restlichen Käse bestreuen und mit 2–3 EL Kochwasser übergießen. Spätzle im Ofen (Mitte) warm stellen.
– Butter in einer Pfanne erhitzen, Zwiebelringe darin bei mittlerer Hitze goldbraun braten. Kässpätzle aus dem Ofen nehmen, mit den Zwiebelringen garnieren.

185. Kräuterspätzle mit Sahne-Pilzen

VEGETARISCH
Für 4 Personen
Zubereitungszeit: 1 Std.

Für den Teig: 125 g Weizenmehl (Type 405) • 125 g Weizenvollkornmehl • je 2 EL gehackte Petersilie und Schnittlauch • 1 Prise frisch geriebene Muskatnuss • Salz • 2 Eier • 1 EL Olivenöl
Für die Sauce: 250 g Egerlinge • 1 Knoblauchzehe • 1 Frühlingszwiebel • 1 EL Olivenöl • 4 EL trockener Weißwein (nach Belieben) • 1/2 TL gehackter Estragon • Salz • frisch gemahlener schwarzer Pfeffer • 3 EL Crème fraîche • 2 EL Kefir

– Weizenmehl, Weizenvollkornmehl, Petersilie und Schnittlauch mischen und mit dem Muskat, Salz und den Eiern verrühren. Etwa 1/8 l Wasser hinzufügen, bis ein zäher Teig entsteht. Den Teig schlagen, bis er Blasen wirft, dann das Öl unterarbeiten. Den Teig etwa 30 Min. ruhen lassen.
– Inzwischen für die Sauce die Egerlinge mit Küchenpapier trocken abreiben und die Stielenden knapp abschneiden. Die Pilze in dünne Scheiben schneiden. Den Knoblauch hacken. Die Frühlingszwiebel putzen, waschen und klein schneiden.
– Das Öl in einer Pfanne erhitzen und Knoblauch, Zwiebel und Pilze darin dünsten, bis alle Flüssigkeit verdampft ist. Nach Belieben Wein und den Estragon hinzufügen, die Pilze mit Salz und Pfeffer abschmecken.
– Reichlich Salzwasser aufkochen lassen. Den Spätzleteig portionsweise dünn auf ein nasses Brett streichen und mit einem nassen Messer in schmalen Streifen ins sprudelnde Wasser schaben. Oder durch die Spätzlepresse ins Wasser drücken. Die Spätzle mit einem Schaumlöffel herausheben, sobald sie oben schwimmen, heiß überbrausen und auf eine heiße Platte geben.
– Die Pilze mit der Crème fraîche aufkochen lassen und den Kefir unterrühren. Die Sauce über die Spätzle gießen und servieren.

186. Grünkernspätzle mit Käse

GELINGT LEICHT
Für 4 Personen
Zubereitungszeit: 1 Std.

300 g Weizenmehl • 100 g Grünkernmehl • 2 Eier • Salz • 200 g Käse (1/3 milder Butterkäse oder junger Goude, 1/3 würziger Schnittkäse wie Raclette, 1/3 Hartkäse wie Parmesan oder Gruyère) • 4 Zwiebeln (etwa 250 g) • 3 EL Butter • frisch gemahlener schwarzer Pfeffer

– Für den Spätzleteig beide Mehlsorten mit 1/4 l Wasser, den Eiern und Salz verrühren. Den Teig etwa 30 Min. quellen lassen.
– Den Käse raspeln oder in dünne Scheiben hobeln. Die Zwiebeln schälen und in feine Ringe schneiden.
– In einer Pfanne die Butter zergehen lassen. Mit einem Teil davon eine mittelhohe Auflaufform ausfetten, im Rest die Zwiebelringe bei mittlerer Hitze langsam braun braten, dabei öfter umwenden. Leicht salzen, zur Seite stellen.
– Die Auflaufform in den Backofen (Mitte) stellen, auf 180° erhitzen. In einem großen Topf mindestens 2 l Salzwasser zum Kochen bringen.
– Spätzleteig durchrühren, ein Viertel davon dünn auf ein nasses Brett streichen und mit dem Messer schmale Streifen ins kochende Wasser schaben. Oder den Teig durch die Spätzlepresse ins Wasser drücken.
– Sobald eine Portion geschabt und gekocht ist, die Spätzle mit einer Schaumkelle in die Form heben, mit einem Teil Zwiebeln und Käse bedecken, mit Pfeffer bestreuen. So fortfahren, bis die ganzen Spätzle gekocht sind. Die Form noch etwa 10 Min. im Ofen lassen, dann servieren.

187. Gratinierte Nussspätzle mit Mangold

VEGETARISCH | BRAUCHT ETWAS ZEIT
Für 4 Personen
Zubereitungszeit: 1 3/4 Std.

Für den Teig: 60 g Walnusskerne • 125 g mehlfein gemahlener Dinkel • 100 g mehlfein gemahlener Buchweizen • 1 TL Meersalz • 2 Eier • 1 EL kalt gepresstes Olivenöl

Außerdem: 1 rote Zwiebel • 1 Knoblauchzehe • 1 gelbe Paprikaschote • 200 g Tomaten • 200 g Mangold • 1 Stange Staudensellerie • 1 EL kalt gepresstes Olivenöl (+ Öl für die Form) • 2 EL gehackte Petersilie • frisch geriebene Muskatnuss • frisch gemahlener schwarzer Pfeffer • 125 g Mozzarella • 50 g Provolone

– Die Nüsse sehr fein zerstoßen und mit den Dinkel, dem Buchweizen, Salz, den Eiern, 1/8 l lauwarmem Wasser und dem Öl zu einem zähen Spätzleteig verarbeiten. Den Teig mit einem feuchten Tuch bedecken, 30 Min. ruhen lassen.
– Inzwischen reichlich Salzwasser aufkochen lassen. Zwiebel und Knoblauch hacken. Die Gemüse waschen und putzen. Die Paprikaschote würfeln, die Tomaten ohne Stielansätze würfeln. Die Mangoldblätter in kurze, schmale Streifen, Mangoldstiele und Staudensellerie in kleine Stücke schneiden. Die Mangoldstiele im Salzwasser 3 Min. vorgaren, mit einem Schaumlöffel herausnehmen.
– In einer Pfanne das Öl erhitzen. Zwiebel, Knoblauch, Sellerie und Paprika darin 1 Min. bei mittlerer Hitze dünsten. Dann die Mangoldblätter, die Stiele und die Tomaten 2 Min. mitdünsten. Mit der Petersilie, 1 Prise Muskat, Salz und Pfeffer kräftig würzen.
– Den Backofen auf 220° (Umluft 200°) vorheizen. Den Mozzarella würfeln, Provolone in Scheiben schneiden. Spätzleteig portionsweise dünn auf ein nasses Holzbrett streichen und mit einem Messer ins sprudelnde Wasser schaben. Oder den Teig durch eine Spätzlepresse ins Wasser drücken.
– Spätzle mit dem Schaumlöffel herausnehmen, sobald sie oben schwimmen. Mit der Mangoldmasse und der Hälfte des Käses in eine mit Öl gefettete Auflaufform geben, den restlichen Käse darüber verteilen. Im Ofen (Mitte) 15 Min. backen.

188. Makkaroni mit Brokkoli

BRAUCHT ETWAS ZEIT | PREISWERT
Für 4 Personen
Zubereitungszeit: 1 3/4 Std.

50 g Sultaninen • 1 kg Brokkoli • Salz • 1 Zwiebel • 3 Knoblauchzehen • 6 Sardellenfilets • 500 g Fleischtomaten • 3 EL extra natives Olivenöl • 50 g Pinienkeme • 400 g Makkaroni • 1/2 Bund Basilikum • 60 g frisch geriebener Pecorino

– Die Sultaninen etwa 15 Min. in warmem Wasser einweichen. Brokkoli putzen. Stiele schälen und unten kreuzweise einschneiden. Das Gemüse in Salzwasser knapp bissfest kochen. Abgießen und in Röschen teilen. Zwiebel schälen und in feine Ringe schneiden. Knoblauch schälen und durchpressen. Die Sardellenfilets fein wiegen. Die Tomaten überbrühen, häuten, halbieren, ohne Stielansätze und Kerne fein hacken.
– Die Hälfte des Öls erhitzen, die Zwiebelringe darin etwa 5 Min. bei schwacher Hitze anbraten Dann die Tomaten dazugeben, salzen und zugedeckt etwa 30 Min. köcheln lassen. Dann den Brokkoli noch 5–10 Min. zugedeckt in der Sauce ziehen lassen.
– Das restliche Öl erhitzen. Den Knoblauch darin etwa 5 Min. bei schwacher Hitze braten, dann die Sardellenfilets noch 2–3 Min. mitbraten. Die Sultaninen ausdrücken, mit den Pinienkernen in der Sardellensauce etwa 5 Min. mitbraten.
– Makkaroni in 4–5 cm lange Stücke brechen. In Salzwasser „al dente“, bissfest, garen. Das Basilikum klein schneiden. Eine Schüssel für die Nudeln vorwärmen.
– Nudeln abtropfen lassen. In der Schüssel zuerst mit der Sardellensauce mischen, dann Brokkoli-Tomaten-Mischung unterheben. Basilikum und den Käse darüber streuen. Alles kurz durchrühren, servieren.

189. Spaghetti alle vongole
(Spaghetti mit Venusmuscheln)

BRAUCHT ETWAS ZEIT
Für 4 Personen
Zubereitungszeit: 1 3/4 Std.

1 kg Venusmuscheln (Vongole) • 6 EL kalt gepresstes Olivenöl • 1 kleine Zwiebel • 3 Knoblauchzehen • 12 große Basilikumblätter • 350 g Fleischtomaten • 2 Prisen gemahlener Peperoncino (kleine, scharfe Pfefferschote, ersatzweise Cayennepfeffer) • Salz • 400 g Spaghetti

– Die Vongole gründlich waschen. Alle Muscheln mit geöffneten Schalen wegwerfen. Die anderen in einem Sieb abtropfen lassen, mit 1 EL Öl in einen Topf geben und zudecken.
– Bei starker Hitze kochen, bis sich alle Schalen geöffnet haben (etwa 20 Min.), den Topf zwischendurch kräftig rütteln. Muscheln in einem Sieb abtropfen lassen, den Kochsaft auffangen. Geschlossene Muscheln wegwerfen.
– Die Zwiebel schälen und fein hacken. Den Knoblauch schälen und durch die Presse drücken. Basilikumblätter klein hacken. Tomaten überbrühen, häuten, vierteln, Stielansätze und Kerne entfernen. Das Fruchtfleisch klein hacken.
– Das restliche Öl erhitzen. Die Zwiebel etwa 5 Min., Knoblauch und Basilikum etwa 2 Min. braten. Tomaten zugeben und alles etwa 30 Min. bei mittlerer Hitze zugedeckt köcheln lassen.
– Den Muschelsud durch ein feines Sieb oder ein Tuch filtern, zur Tomatensauce gießen. Mit Peperoncino und wenig Salz pikant abschmecken.
– Im großen Topf in viel Salzwasser die Spaghetti „al dente“, bissfest, kochen. Inzwischen die Muscheln aus ihren Schalen lösen und 2–3 Min. in der Tomatensauce ziehen lassen. Eine Schüssel vorwärmen.
– Die Nudeln in ein Sieb gießen und abtropfen lassen. In der vorgewärmten Servierschüssel mit der Muschelsauce vermischen.

190. Spaghetti mit Garnelen

GELINGT LEICHT | GUT FÜR GÄSTE
Für 4 Personen
Zubereitungszeit: 45 Min.

350 g ausgelöste Garnelen (frisch oder tiefgefroren) • 3 Knoblauchzehen • 5 Zweige Basilikum • 1/2 Bund Petersilie • 300 g Fleischtomaten • 100 g Butter • Salz • frisch gemahlener weißer Pfeffer • 400 g dünne Spaghetti oder Bucatini (dünne Makkaroni) • 1 EL Olivenöl

– Tiefgekühlte Garnelen in einem Sieb auftauen lassen. Den Knoblauch schälen und durch die Presse drücken oder ganz fein hacken. Basilikum und die Petersilie getrennt fein hacken. Die Tomaten überbrühen, häuten und vierteln. Das Fruchtfleisch ohne Stielansätze und Kerne fein hacken.
Die Garnelen waschen, am Rücken längs einschneiden und den dunklen Darm entfernen. Garnelen grob zerkleinern. Die Butter nicht zu stark erhitzen. Den Knoblauch unter Rühren etwa 5 Min. bei schwacher Hitze braten, bis er ganz leicht gelb wird.
– Die Garnelen zugeben, ein paar mal umrühren. Tomaten und Basilikum untermischen. Alles salzen und pfeffern, etwa 15 Min. zugedeckt bei schwacher Hitze leise köcheln lassen.

– Die Nudeln in reichlich kochendem Salzwasser mit dem Öl „al dente“, bissfest, garen. Abtropfen lassen und mit der Petersilie und dem Garnelensugo vermischen oder beides getrennt servieren.

191. Spaghetti mit Lachs und Lauch

GELINGT LEICHT | GUT FÜR GÄSTE
Für 4 Personen
Zubereitungszeit: 30 Min.

2 dünne Stangen Lauch • 2–3 Zweige Basilikum • 2 EL Butter • 200 ml Fisch- oder Gemüsefond (aus dem Glas) • 300 g Tomaten • 100 g Sahne • 1/2 TL gemahlener Koriander • 1/2 TL abgeriebene unbehandelte Zitronenschale • 1 EL Zitronensaft • Salz • frisch gemahlener weißer Pfeffer • 400 g Spaghetti • 150 g Räucherlachs • 70 g frisch geriebener Parmesan

– Den Lauch putzen, waschen und in fingerbreite Stücke schneiden. Basilikumblätter abzupfen und in Streifen schneiden. Die Butter bei mittlerer Hitze aufschäumen lassen, den Lauch darin 5 Min. andünsten. Fond dazugießen und offen um ein Drittel einkochen lassen.
– Tomaten überbrühen, häuten, halbieren, entkernen und klein würfeln, dabei die Stielansätze entfernen. Mit der Sahne zum Lauch geben, mit Koriander, Zitronenschale und -saft würzen. Alles 2–3 Min. leise köcheln lassen. Mit Salz und Pfeffer abschmecken.
– Inzwischen reichlich Salzwasser aufkochen lassen. Die Nudeln darin nach Packungsanleitung bissfest kochen, abgießen und abtropfen lassen. Zugedeckt warm halten.
– Den Lachs in dünne Streifen schneiden und in der Sauce kurz erhitzen. Das Basilikum dazugeben. Auf den Spaghetti anrichten, den Käse dazu servieren.

192. Orecchiette mit Linsen

VEGETARISCH | GEHT SCHNELL
Für 4 Personen
Zubereitungszeit: 30 Min.
Quellzeit: 1 Std.

200 g braune Linsen • 1 rote Zwiebel • 1 Knoblauchzehe • 300 g Kürbis • 2 große Fleischtomaten • 1 1/2 EL Olivenöl • Salz • frisch gemahlener Pfeffer • 400 g Orecchiette (Öhrchennudeln) • 1 EL frisch gehackte Petersilie • 30 g frisch geriebener Parmesan

– Die Linsen in einem Topf mit Wasser bedecken, aufkochen und 2 Min. kochen lassen. Vom Herd ziehen und 1 Std. quellen lassen.
– Nach 45 Min. Zwiebel und Knoblauch schälen und hacken. Kürbis schälen und entkernen, die Tomaten waschen. Beides in etwa 2 cm dicke Würfel schneiden, dabei von den Tomaten die Stielansätze entfernen.
– 1 EL Öl in einem Topf erhitzen und die Zwiebel, den Knoblauch, den Kürbis und die Tomaten darin 5 Min. andünsten. Die Linsen hinzufügen und alles 10 Min. bei mittlerer Hitze zugedeckt garen. Salzen und pfeffern.
– In einem großen Topf reichlich Salzwasser aufkochen lassen. Die Orecchiette darin nach Packungsanleitung bissfest kochen und abgießen. Mit übrigem Öl, Pfeffer, der Petersilie und der Linsensauce vermischen. Den Parmesan dazu servieren.

TIPP
Fein schmeckt dieses Gericht mit einer Mischung von hellen und braunen Nudeln. Achten Sie bei den Nudeln auf die gleiche Garzeit. Oder geben Sie die Sorte mit kürzerer Garzeit erst später ins Wasser.

193. Schinkennudeln mit Lauch

PREISWERT | SCHMECKT KINDERN
Für 4 Personen
Zubereitungszeit: 35 Min.
Backzeit: 30 Min.

Salz • 300 g kurze Makkaroni • 500 g Lauch • 200 g gekochter Schinken • 1 Bund Petersilie • 4 Eier • 250 g saure Sahne • frisch gemahlener Pfeffer • 4 EL Butter (+ Butter für die Form) • frisch geriebene Muskatnuss • 40 g Semmelbrösel

– In einem großen Topf reichlich Salzwasser aufkochen lassen. Die Makkaroni darin nach Packungsanleitung „al dente“, bissfest, kochen. Den Lauch putzen, längs einschneiden, gründlich waschen und in dünne Ringe schneiden. Den Schinken klein würfeln. Die Petersilie waschen, trockenschütteln und hacken. Den Backofen auf 200° (Umluft 180°) vorheizen.

– Eier, saure Sahne, 1 Prise Pfeffer und Petersilie verquirlen. 2 EL Butter in einer Pfanne zerlassen, den Lauch darin 5 Min. bei schwacher Hitze garen.
– Die Nudeln abtropfen lassen, mit Lauch und Schinken unter die Eiersahne rühren. Mit Salz, Pfeffer und Muskat würzen.
– Alles in eine gebutterte Auflaufform umfüllen, die Semmelbrösel und die restliche Butter in Flöckchen darauf verteilen. Im Ofen (Mitte) 30 Min. backen.

194. Nudel-Gemüse-Auflauf

GELINGT LEICHT
Für 4 Personen
Zubereitungszeit: 30 Min.
Backzeit: 40 Min.

Salz • 250 g Muschelnudeln • 150 g Debreziner-Wurst • 450 g gemischtes tiefgekühltes Gemüse (z.B. Suppengemüse) • 400 ml Milch • 4 Eier • 200 g frisch geriebener Emmentaler • frisch gemahlener schwarzer Pfeffer • frisch geriebene Muskatnuss • Butter für die Form

– In einem großen Topf reichlich Salzwasser aufkochen lassen. Die Nudeln dann nach Packungsanleitung bissfest kochen. Den Backofen auf 200° vorheizen. Die Debreziner würfeln.
– Das Gemüse zu den Nudeln geben und alles noch einmal aufkochen lassen. Dann gut abtropfen lassen, mit den Debrezinern mischen und in eine gebutterte Auflaufform geben.
– Milch, Eier und Emmentaler verrühren, mit Salz, Pfeffer und Muskat kräftig würzen und über die Zutaten in der Form geben. Im Ofen (Mitte, Umluft 180°) 40 Min. überbacken.

195. Spaghetti Bolognese
(Spaghetti mit Fleischragout)

SCHMECKT KINDERN | BRAUCHT ETWAS ZEIT
Für 4 Personen
Zubereitungszeit: 1 3/4 Std.

1 kleine Zwiebel • 1 kleine Möhre • 1 Stange Staudensellerie • 50 g durchwachsener Räucherspeck (ohne Schwarte) • 400 g Tomaten aus der Dose • 4 EL Olivenöl • 20 g Butter • 200 g Rinderhackfleisch • 100 g Schweinehackfleisch • 50 ml trockener Rotwein (für Kinder Brühe nehmen) • 5 EL Fleischbrühe • Salz • frisch gemahlener schwarzer Pfeffer • 1 Gewürznelke • 1 Lorbeerblatt • frisch geriebene Muskatnuss • 400 g Spaghetti • 80 g frisch geriebener Parmesan

– Zwiebel und Möhre schälen. Mit geputztem Sellerie fein hacken. Den Speck fein schneiden. Tomaten in einem Sieb etwas abtropfen lassen, dann zerdrücken. Den Saft dabei auffangen.
– Das Öl mit der Butter erhitzen. Die Zwiebel darin etwa 5 Min. anbraten. Dann die Möhre, den Sellerie und den Speck noch etwa 5 Min. mitbraten.
– Hackfleisch dazugeben und unter Rühren bei starker Hitze etwa 5 Min. braten. Mit Wein (oder Brühe bei Kindern) ablöschen, verdampfen lassen. Fleischbrühe angießen und etwas einkochen, Tomaten untermischen.
– Diesen „sugo“ mit Salz, Pfeffer, Nelke, Lorbeerblatt und dem Muskat würzen. Durchrühren und bei ganz schwacher Hitze noch etwa 1 Std. schmoren lassen. Bei Bedarf Tomatensaft angießen.
– Die Nudeln in reichlich Salzwasser „al dente“ kochen, abtropfen lassen. In Teller verteilen. Das Ragout und Käse darüber geben.

196. Tagliatelle mit Lammragout

GUT FÜR GÄSTE | BRAUCHT ETWAS ZEIT
Für 4 Personen
Zubereitungszeit: 40 Min.
Garzeit: 1 Std.

400 g Fleischtomaten • 300 g Lammfleisch (ohne Knochen, aus Schulter oder Keule) • 3 Stangen Staudensellerie • 1 große Möhre • 1 Zwiebel • 1 Knoblauchzehe • 2 EL Olivenöl • 1 TL Mehl • 200 ml Fleischbrühe • 1/8 l trockener Rotwein (ersatzweise zusätzlich Brühe) • Salz • frisch gemahlener schwarzer Pfeffer • 400 g Tagliatelle (Bandnudeln) • 50 g frisch gehobelter Pecorino

– Die Tomaten überbrühen, häuten, entkernen und grob würfeln, dabei die Stielansätze entfernen. Lammfleisch in 1–2 cm große Würfel schneiden. Den Sellerie und die Möhre waschen, putzen und ebenfalls klein würfeln. Zwiebel und Knoblauch schälen und hacken.

– Das Öl in einem Topf erhitzen, nach und nach Fleisch, Zwiebel, Knoblauch, Möhre und den Sellerie darin anbraten. Mehl darüber stäuben und kurz anschwitzen, mit der Brühe und dem Wein ablöschen. Die Tomaten einrühren, alles mit Salz und Pfeffer würzen und zugedeckt bei ganz schwacher Hitze 1 Std. schmoren lassen.
– Etwa 15 Min. vor Ende der Garzeit des Lammragouts reichlich Salzwasser aufkochen lassen. Die Tagliatelle darin nach Packungsanleitung bissfest kochen, abgießen und gut abtropfen lassen.
– Das Lammragout abschmecken, mit den Nudeln mischen und mit dem Pecorino bestreut servieren.

TIPPS

– Das Rezept für das Lammragout stammt aus Apulien. Stilecht servieren Sie dazu einen Castel del Monte, den bekanntesten Wein der Region.
– Beim italienischen Feinkosthändler bekommen Sie Pecorino in unterschiedlichen Reifegraden. Zum Hobeln oder Reiben eignet sich am besten reifer Pecorino. Die italienische Käsespezialität kann aus Schafmilch oder einer Mischung aus Kuhmilch, Schaf- und Ziegenmilch gemacht sein, deshalb gibt es Geschmacksunterschiede. Herrlich pikant schmeckt der Pecorino romano, leicht süßlich der Pecorino toscano, dagegen eher würzig der Pecorino siciliano.

197. Pappardelle alla lepre
(Bandnudeln mit Wildhase)

GUT FÜR GÄSTE | GELINGT LEICHT
Für 4 Personen
Zubereitungszeit: 1 Std.
Schmorzeit: 1 Std.

1 Zwiebel • 1 Möhre • 1 Stück Knollensellerie • 250 g Wildknochen (z. B. von Wildhase, Reh oder Hirsch, evtl. beim Händler zerhacken lassen) • 2 EL Butterschmalz • 1 EL Tomatenmark • 1/4 l trockener Rotwein • 250 g Wildhasenfleisch (ohne Knochen) • Salz • frisch gemahlener Pfeffer • 400 g Pappardelle (sehr breite Bandnudeln) • 1 Hasen- oder Kaninchenleber • 2 EL frisch gehackte gemischte Kräuter (z. B. Petersilie, Thymian und Rosmarin) • 50 g frisch geriebener Parmesan

– Für den Fond die Zwiebel schälen und grob hacken, die Möhre und den Knollensellerie schälen und klein schneiden. Die Knochen in 1 EL Butterschmalz bei starker Hitze anbraten. Nach und nach Zwiebel, Möhre und Sellerie dazugeben und 10 Min. bei mittlerer Hitze mitbraten. Das Tomatenmark untermischen. Alles mit dem Wein ablöschen und 5 Min. offen einkochen lassen.
– Dann 1 l Wasser zu den Knochen gießen, aufkochen und alles 1 Std. offen bei schwacher Hitze um die Hälfte einköcheln lassen. Bei Bedarf noch etwas Rotwein oder Wasser angießen.
– Kurz vor Ende der Garzeit das Wildhasenfleisch in dünne Streifen schneiden. In einer Pfanne das restliche Butterschmalz erhitzen und das Fleisch darin 3 Min. anbraten, salzen, pfeffern und vom Herd ziehen.
– Reichlich Salzwasser aufkochen lassen. Die Pappardelle darin nach Packungsanleitung bissfest kochen.
– Inzwischen den fertigen Fond durch ein Sieb passieren und – falls nötig – bis auf etwa 400 ml bei starker Hitze offen einkochen lassen, dann etwas abkühlen lassen. Die Hasenleber klein schneiden und mit dem Fond im Mixer pürieren. Die Sauce in einen Topf gießen.
– Das gebratene Hasenfleisch mit einem Schaumlöffel aus der Pfanne nehmen. Den Bratensatz mit wenig Wasser lösen und zur Sauce geben. Die Sauce mit den gehackten Kräutern und dem gebratenen Fleisch vorsichtig erwärmen. Mit Salz und Pfeffer abschmecken.
– Die Pappardelle abgießen, mit der Sauce mischen und servieren. Den Parmesan getrennt dazu reichen.

TIPPS

– Das Besondere an diesem Gericht ist die zeitaufwändige, aber auch unwiderstehliche, äußerst aromatische Sauce. Achten Sie darauf, dass die Sauce bereits sämig eingekocht ist, bevor die Leber damit püriert wird.
– Am besten schmecken zu der Wildsauce selbstgemachte Pappardelle. Dafür einen Nudelteig mit Ei herstellen (Rezept Nr. 159), dünn ausrollen und mit dem Messer oder der Nudelmaschine in etwa 2 cm breite Streifen schneiden. Die breiten Bandnudeln bis zum Kochen auf einem bemehlten Küchentuch trocknen lassen.
– „Pappardelle alla lepre" ist ein klassisches Nudelgericht aus der Toskana und Umbrien. Dort wird meist ein ganzer Wildhase verwendet, die Sauce wird mit Blut gebunden.

198. Minestrone con pasta
(Gemüseeintopf mit Nudeln)

BRAUCHT ETWAS ZEIT
Für 4 Personen
Zubereitungszeit: 30 Min.
Einweichzeit: 12 Std.

200 g getrocknete Borlotti-Bohnen (Feinkostgeschäft) • 1 große Zwiebel • 1 Knoblauchzehe • 250 g rohe Schweineschwarte (beim Metzger vorbestellen) • 1 Schinkenknochen mit etwas Fleisch daran (ebenfalls beim Metzger vorbestellen) • 1 Zweig Rosmarin • 2 EL Olivenöl • Salz • frisch gemahlener Pfeffer • 1 Fleischtomate • 1 Möhre • 1 Stange Staudensellerie • 200 g Tagliatelle (Bandnudeln) • 1/2 Chilischote • 100 g frisch geriebener Parmesan

– Bohnen in reichlich Wasser über Nacht einweichen, dann abgießen. Die Zwiebel und den Knoblauch schälen, hacken und mit den eingeweichten Bohnen, der Schweineschwarte, dem Schinkenknochen und dem Rosmarin in einem großen Topf in 1 EL Olivenöl kurz andünsten. 1 1/2 l Wasser dazugeben, salzen, pfeffern und aufkochen lassen. Alles 1 1/2 Std. bei mittlerer Hitze zugedeckt köcheln lassen.
– Inzwischen die Tomate überbrühen, häuten, entkernen und ohne die Stielansätze würfeln. Die Möhre schälen, den Sellerie waschen und putzen, beides in Würfel schneiden. Die Gemüsewürfel zur Suppe geben. Alles 1 Std. weiterkochen lassen.
– Rosmarinzweig, Schwarte und Schinkenknochen herausnehmen. Das Schinkenfleisch vom Knochen lösen, klein schneiden und zur Suppe geben. Die Tagliatelle hinzufügen und nach Packungsanleitung in der Suppe bissfest kochen. Die Chilischote putzen, entkernen, waschen und hacken, zur Suppe geben. Suppe mit Salz und Pfeffer abschmecken. Mit dem Parmesan bestreuen und mit übrigem Olivenöl beträufeln.

TIPPS

– Lassen Sie einen großen Schinkenknochen beim Metzger einmal durchsägen. So passt er besser in den Topf.
– Wenn nur wenig Fleisch am Knochen ist, kochen Sie 200 g klein gewürfelten Schinken oder Räucherspeck mit.

199. Asiatische Nudelsuppe mit Chinakohl

VEGETARISCH | GELINGT LEICHT
Für 4 Personen
Zubereitungszeit: 40 Min.

200 g Chinakohl • 1 Möhre • 1 Knoblauchzehe • 1 Frühlingszwiebel • 50 g Erdnusskerne • Meersalz • 150 g Soba-Nudeln (japanische Buchweizennudeln, Asienladen) • 2 EL Sonnenblumenöl • 1 TL frisch geriebener Ingwer • 1 l Gemüsebrühe • 1 EL Sojasauce • frisch gemahlener Pfeffer • 100 g Sojabohnensprossen

– Das Gemüse waschen und putzen. Den Kohl in feine Streifen, die Möhre in dünne Scheiben schneiden. Den Knoblauch und die Frühlingszwiebel hacken. Die Erdnusskerne ohne Fett bei mittlerer Hitze rösten, bis sie duften, dann hacken.
– Inzwischen reichlich Salzwasser aufkochen lassen. Die Nudeln in kurze Stücke brechen und im Salzwasser nach Packungsanleitung kochen.
– Öl in einem Topf bei mittlerer Hitze erhitzen. Knoblauch, Frühlingszwiebel und Ingwer darin andünsten. Brühe dazugießen und aufkochen lassen. Kohl und Möhren 2–4 Min. darin garen. Mit der Sojasauce, Salz und Pfeffer abschmecken.
– Die Sprossen in ein Sieb geben. Die Nudeln mit dem Salzwasser darüber abgießen. Nudeln und Sprossen in die Suppe rühren und mit den Erdnüssen bestreuen.

200. Reisnudeln mit Pfefferöl und Gemüse

GELINGT LEICHT
Für 4 Personen
Zubereitungszeit: 40 Min.

12 getrocknete Shiitake-Pilze (Asienladen) • 1 Frühlingszwiebel • 2 Knoblauchzehen • 1 Chilischote • 1 rote Zwiebel • 1 Paprikaschote • 350 g Zucchini • 100 g Sojabohnensprossen • Salz • 4 EL Sonnenblumenöl • Szechuan-Pfeffer (Asienladen) • 1 TL grob zerstoßener bunter Pfeffer • 400 g breite Reisnudeln (Asienladen) • 1 TL frisch geriebener Ingwer • 1/8 l Gemüsebrühe oder Nudelwasser • 3 EL Sojasauce • 1 EL gehacktes Koriandergrün

– Die Pilze in warmem Wasser 20 Min. einweichen. Inzwischen die Frühlingszwiebel waschen, putzen, längs aufschlitzen und quer in dünne Streifen schneiden. Den Knoblauch schälen und hacken. Die Chili aufschlitzen, putzen, entkernen, waschen und klein schneiden. Die rote Zwiebel schälen und in in kleine Würfel schneiden. Die Paprikaschote putzen, waschen und in dünne Streifen schneiden. Zucchini waschen, längs halbieren und in dünne Scheiben schneiden.

– Die Sprossen in einer Schüssel waschen, die oben schwimmenden grünen Hülsen entfernen. Die Sprossen abtropfen lassen, ebenso die Pilze abtropfen lassen und entstielen.

– Reichlich Salzwasser aufkochen lassen. Inzwischen 3 EL Öl im Wok oder einer Pfanne erhitzen und darin den Knoblauch, die Frühlingszwiebel und die Chilischote 1 Min. andünsten. Mit 1 TL Szechuan-Pfeffer und dem bunten Pfeffer würzen.

– Die Reisnudeln im sprudelnden Salzwasser nach Packungsanleitung bissfest kochen, abgießen und dabei eventuell 1/8 l Nudelwasser auffangen. Die pfeffrige Ölmischung unter die Nudeln mischen und diese bei 70° im Backofen warm stellen.

– Das restliche Öl im Wok oder einer Pfanne erhitzen und die rote Zwiebel, die Paprikaschoten, die Zucchini und die Pilze darin 4 Min. dünsten. Mit Ingwer, Salz und dem Nudelwasser oder der Brühe vermischen und alles noch 5 Min. garen.

– Mit Sojasauce und Szechuan-Pfeffer abschmecken. Sprossen hinzufügen und 3 Min. mitgaren. Die Nudeln auf das Gemüse betten und mit dem Koriandergrün bestreuen.

201. Bami Goreng
(Indonesische gebratene Reisnudeln)

GELINGT LEICHT
Für 4 Personen
Zubereitungszeit: 45 Min.

200 g breite Reisnudeln (Asienladen) • 400 g Rinderfilet • 2 große Zwiebeln • 2 Knoblauchzehen • 400 g gemischtes Gemüse (z. B. Zuckerschoten, Shiitake-Pilze, Staudensellerie, Möhren) • 3 EL Pflanzenöl • 8 EL Sojasauce • 1 TL Sambal Oelek (Asienladen)

– Die Reisnudeln in einer Schüssel mit warmem Wasser bedecken und 30 Min. einweichen.

– Inzwischen das Rinderfilet in feine Streifen schneiden. Die Zwiebeln und den Knoblauch schälen und fein würfeln. Das Gemüse waschen, putzen und in dünne Streifen schneiden.

– Das Öl in einem Wok oder in einer tiefen Pfanne stark erhitzen. Die Zwiebeln und den Knoblauch darin unter Rühren glasig werden lassen. Nach und nach das übrige Gemüse dazugeben und unter ständigem Rühren 4 Min. anbraten.

– Das Gemüse an den Rand des Woks oder der Pfanne schieben, das Fleisch in der Mitte des Woks oder der Pfanne scharf anbraten. Die Nudeln abtropfen lassen, zusammen mit der Sojasauce und dem Sambal Oelek in den Wok geben. Alles gründlich vermischen und noch 3–4 Min. unter Rühren braten.

TIPP

Statt der Shiitake-Pilze können Sie sehr gut auch große Egerlinge verwenden. Oder Sie greifen auf getrocknete Shiitake-Pilze zurück, die es in jedem Asienladen zu kaufen gibt – manchmal auch unter dem chinesischen Namen Tongu-Pilze. Etwa 15 g davon knapp 30 Min. in warmem Wasser quellen, dann abtropfen lassen und in Streifen schneiden.

202. Udon-Nudeln mit Hähnchen und Gemüse

GUT FÜR GÄSTE
Für 4 Personen
Zubereitungszeit: 40 Min.

1/2 Chilischote • 5 TL Sojasauce • 5 TL Reis- oder Apfelessig • Salz • 5 EL Sonnenblumenöl • 2 EL frisch geriebener Ingwer • 300 g Hähnchenbrustfilet • 2 grüne Paprikaschoten • 1 rote Zwiebel • 2 junge Möhren • 2 Stangen Staudensellerie • 200 g Sojabohnensprossen • 200 g Champignons • 500 g Udon-Nudeln (Asienladen) • 1 EL Sesamöl • frisch gemahlener schwarzer Pfeffer • 1 EL frisch gehacktes Koriandergrün (ersatzweise glatte Petersilie)

– Die Chilischote längs aufschlitzen, putzen, entkernen waschen und klein schneiden. Mit der Sojasauce, dem Reis- oder Apfelessig, Salz, 4 EL Sonnenblumenöl und dem Ingwer zu einer Marinade vermischen.

– Die Hähnchenbrust in schmale Streifen schneiden und in 2 EL Marinade ziehen lassen.
– Die Paprikaschoten putzen und waschen, die Zwiebel schälen, beides in dünne Streifen schneiden. Möhren schälen, Sellerie waschen und putzen, beides in dünne Scheiben schneiden. Die Sprossen in einem Sieb abbrausen und abtropfen lassen. Champignons trocken abreiben und die Stielenden entfernen, Pilze ebenfalls in dünne Scheiben schneiden.
– Reichlich Salzwasser aufkochen lassen und die Nudeln darin nach Packungsanleitung bissfest kochen.
– Inzwischen in einer breiten Pfanne oder einem Wok übriges Sonnenblumenöl erhitzen und das Hähnchenfleisch 2–3 Min. von allen Seiten anbraten und herausnehmen.
– Dann Paprika, Zwiebel, Möhren, Sellerie, Sprossen und Pilze in den Wok geben, salzen und bei mittlerer Hitze 5 Min. unter ständigem Rühren dünsten. Restliche Marinade unterrühren und das Ganze 1–2 Min. garen. Das Fleisch dazugeben.
– Die Nudeln abgießen, zurück in den Topf geben und mit dem Sesamöl, Salz, Pfeffer und dem Koriandergrün vermischen. Mit dem Gemüse auftragen.

TIPP

Udon-Nudeln bekommen Sie in asiatischen Läden oder in den Asienabteilungen großer Supermärkte. Wenn Sie sie nirgendwo finden, können Sie sie durch Hartweizen- oder Vollkornspaghetti ersetzen. Gut schmecken in diesem Gericht auch Buchweizennudeln oder andere asiatische Nudelsorten, z. B. Reisnudeln oder Glasnudeln.

203. Knuspernudeln nach thailändischer Art

GUT FÜR GÄSTE
Für 4 Personen
Zubereitungszeit: 40 Min.

10 g getrocknete Mu-Err-Pilze (Asienladen) • 200 g Schweinefilet • 200 g Geflügelfleisch (z. B. Hähnchenbrustfilet) • 1/2 Chilischote • 4 Frühlingszwiebeln • 2 Knoblauchzehen • 12 Zuckerschoten • 3 EL Erdnussöl • 200 g rohe, geschälte Garnelen • 60 g schmale Reisnudeln (Asienladen) • 2 EL frisch gehacktes Koriandergrün • 2 EL Sojasauce • 1 EL Fischsauce (Asienladen) • Salz • frisch gemahlener Pfeffer • Öl zum Frittieren

– Pilze in lauwarmem Wasser 20 Min. quellen lassen, dann abgießen, eventuell klein schneiden und Stiele entfernen.
– Inzwischen das Fleisch in schmale Streifen schneiden. Die Chilischote putzen, waschen und entkernen. Die Frühlingszwiebeln waschen, putzen, große Zwiebeln längs halbieren. Knoblauch schälen und mit Zwiebelgrün und Chilischote sehr fein hacken. Zuckerschoten waschen, putzen und schräg halbieren.
– 2 EL Erdnussöl in einer hohen Pfanne oder einem Wok erhitzen. Knoblauch und Zwiebelgrün unter Rühren 1 Min. leicht anbraten. Das Fleisch dazugeben und unter ständigem Rühren 2 Min. leicht anbraten. Wenn es gar ist, Fleisch an den Rand des Woks oder der Pfanne schieben. Die weißen Frühlingszwiebeln, die Chilischote, die Garnelen, die Pilze und die Zuckerschoten mit dem restlichen Erdnussöl in den heißen Wok oder die Pfanne geben. 2 Min. unter Rühren garen und vom Herd nehmen.
– Reichlich Öl zum Frittieren in einem Topf oder einer tiefen Pfanne stark erhitzen. Es ist heiß genug, wenn an einem hölzernen Kochlöffelstiel, den Sie ins Öl tauchen, Bläschen aufsteigen. Die Reisnudeln portionsweise vorsichtig im heißen Öl ganz kurz frittieren, bis sie sich aufgebläht haben und weißlich aussehen. Mit einem Schaumlöffel herausnehmen und auf Küchenpapier abtropfen lassen.
– Zwei Drittel der Nudeln mit dem Koriander zu der Gemüse-Garnelen-Mischung geben, gut mischen, mit Sojasauce, Fischsauce, wenig Salz und Pfeffer abschmecken. Mit den restlichen Nudeln garnieren.

204. Reisnudeln mit Ingwerfisch

GEHT SCHNELL | GUT FÜR GÄSTE
Für 2 Personen
Zubereitungszeit: 30 Min.

20 g getrocknete Shiitake-Pilze (Tongu-Pilze, Asienladen) • 100 g schmale Reisnudeln (Asienladen) • 400 g Fischfilet (z. B. Seebarsch) • 2 Knoblauchzehen • 40 g frischer Ingwer • 2 rote Chilischoten • 60 ml Sojasauce • 3 EL Reiswein • 1 Bund Frühlingszwiebeln • 3 EL Öl

– Die Shiitake-Pilze mit lauwarmem Wasser abbrausen und in einem Schälchen mit warmem Wasser übergießen. Etwa 30 Min. quellen lassen. Die Reisnudeln in einer zweiten Schüssel mit heißem Wasser übergießen und ebenfalls 30 Min. quellen lassen.
– Inzwischen Fischfilet in 2 cm große Stücke schneiden. Knoblauch schälen und hacken, Ingwer schälen und fein würfeln. Chilischoten putzen, mit einem kleinen Messer vorsichtig entkernen, waschen und in sehr feine Ringe schneiden. Ingwer, Knoblauch und die Chiliringe mit 2 EL Sojasauce und dem Reiswein verrühren. Den Fisch darin wenden und zugedeckt kalt stellen.
– Frühlingszwiebeln waschen, putzen und schräg in Ringe schneiden. Pilze ausdrücken, Stiele entfernen, die Pilze in Streifen schneiden. Nudeln abtropfen lassen.
– In einem Wok oder einer großen tiefen Pfanne das Öl erhitzen. Die Pilze und die Frühlingszwiebeln darin unter Rühren 2 Min. anbraten. Die Fischstücke aus der Marinade heben, dazugeben und 2 Min. mit anbraten, dann die Nudeln, die restliche Marinade und die restliche Sojasauce vorsichtig untermischen. Alles noch 1 Min. zusammen erhitzen, dann sofort servieren.

TIPP

Von diesem Gericht lassen sich im Wok nur schlecht größere Mengen zubereiten. Wenn Sie das Gericht für 4 Personen kochen möchten: Zutatenmengen verdoppeln, in zwei Arbeitsgängen im Wok garen.

205. Chinesische Eiernudeln mit Meeresfrüchten

GUT FÜR GÄSTE
Für 4 Personen
Zubereitungszeit: 45 Min.

150 g Seeteufelfilet • 1 länglicher Tintenfisch (Kalmar, etwa 250 g) • 175 g geschälte Garnelen • 4 Knoblauchzehen • 40 g frischer Ingwer • 2 EL Sambal manis (Asienladen, ersatzweise 1 TL Sambal oelek) • 1 EL Zitronensaft • 3 EL Erdnussöl • Salz • 2 Stangen Staudensellerie • 1 rote Chilischote • 3 Frühlingszwiebeln • 350 g dünne chinesische Eiernudeln • 75 g Nordsee-Krabben • 1 EL helle Sojasauce • 1/2 TL brauner Zucker • 100 ml Fischfond (aus dem Glas) • kleine Holzspieße

– Das Seeteufelfilet in 8 Stücke schneiden. Kalmar waschen, Tubus längs aufschneiden, flach auslegen und mit scharfem Messer rautenförmig ein-, aber nicht durchschneiden. In etwa 3 x 4 cm große Stücke teilen. Die Garnelen auf dem Rücken einschneiden, Darm entfernen, kurz waschen, abtrocknen.
– Knoblauch und Ingwer schälen. Die Hälfte hacken und mit Sambal, Zitronensaft und 1 EL Erdnussöl verrühren, salzen. Fisch, Tintenfisch und Garnelen in der Marinade wenden und beiseite stellen.
– Den Staudensellerie waschen, putzen und in etwa 3 cm lange Stücke schneiden. Selleriestücke in wenig Wasser 3 Min. dünsten, abtropfen lassen. Restlichen Knoblauch und Ingwer in Scheibchen schneiden. Die Chilischote putzen, waschen und entkernen, dann fein schneiden. Frühlingszwiebeln waschen, putzen und in Ringe schneiden.
– Fisch, Tintenfisch und Garnelen aus der Marinade heben, trockentupfen und abwechselnd mit Selleriestücken auf kleine Spieße stecken. Inzwischen reichlich Salzwasser aufkochen lassen. Die Nudeln darin nach Packungsanleitung bissfest kochen, abtropfen lassen. Den Grill anheizen.
– Im Wok oder einer tiefen Pfanne restliches Öl erhitzen. Knoblauch, Ingwer und Chili 2 Min. unter Rühren braten. Krabben, Frühlingszwiebeln, Sojasauce, Zucker, Fischfond und die Marinade einrühren, 2 Min. kochen. Nudeln unterrühren, erhitzen.
– Die Spieße unter Wenden 3–4 Min. grillen (oder in einer Pfanne bei sehr starker Hitze in etwas Öl 3–4 Min. braten). Die Nudeln auf Teller verteilen und mit den Spießchen belegen.

206. Türkische Tomaten-Reisnudeln

GEHT SCHNELL
Für 4 Personen
Zubereitungszeit: 30 Min.

je 1 grüne und gelbe Paprikaschote • 1 Zwiebel • 1 Knoblauchzehe • 3/8 l Gemüsebrühe • 2 EL Olivenöl • 300 g Reisnudeln (siehe Tipps) • 1 Zweig Oregano • 1 Zweig Rosmarin • 1 TL edelsüßes Paprikapulver • 75 g schwarze Oliven • 1 Dose stückige Tomaten (400 g Inhalt) • 2 EL Zitronensaft • Salz • frisch gemahlener Pfeffer • 1 Bund glatte Petersilie • Oreganoblüten zum Garnieren nach Belieben

– Die Paprikaschoten waschen, halbieren und putzen. Zuerst längs in Viertel, dann quer in feine Streifen schneiden. Die Zwiebel schälen und fein hacken. Die Knoblauchzehe schälen und durch die Knoblauchpresse drücken. In einem Topf die Gemüsebrühe erhitzen.
– Inzwischen das Olivenöl in einem breiten Topf bei mittlerer Hitze heiß werden lassen. Zwiebel und Knoblauch darin andünsten. Reisnudeln und Paprikastreifen untermischen und unter Rühren 5 Min. mitdünsten. Mit der heißen Brühe auffüllen, zum Kochen bringen.
– Den Oregano und den Rosmarin waschen und fein hacken. Reisnudeln mit Oregano, Rosmarin und Paprikapulver würzen. Zugedeckt bei schwacher Hitze 10 Min. köcheln lassen.
– Die Oliven nach Belieben entsteinen und mit den Tomaten untermischen. Tomatennudeln mit Zitronensaft, Salz und Pfeffer kräftig abschmecken und noch 10 Min. zugedeckt bei abgeschalteter Herdplatte quellen lassen. Inzwischen die Petersilie waschen, die Blätter abzupfen und fein hacken. Bis auf 2 EL untermischen, den Rest darüber streuen. Nach Belieben mit Oreganoblüten garnieren.

TIPPS

– Die Tomaten-Reisnudeln bei Tisch mit Schafkäse (Feta) überraffeln.
– Reisnudeln gibt es in türkischen und griechischen Lebensmittelgeschäften oder auch in der Spezialabteilung gut sortierter Supermärkte. Ersatz: Risotto-Reis (die Garzeit bleibt gleich).
– Am besten kaufen Sie frische Kräuter im Topf, da haben Sie am längsten etwas davon. Falls Sie nur Kräuter im Bund bekommen, diese bitte nicht wie einen Blumenstrauß auf die Fensterbank stellen. Vitamine, Mineralstoffe und Aroma bleiben besser erhalten, wenn Sie die Kräuter in einen Plastikbeutel oder eine Kunststoffdose verpacken und im Gemüsefach des Kühlschranks aufbewahren.

207. Lasagne al forno

(Lasagne mit Hackfleischsauce)

SCHMECKT KINDERN
Für 4–6 Personen
Zubereitungszeit: 1 Std.
Backzeit: 30 Min.

100 g durchwachsener Räucherspeck • 1 Zwiebel • 2 Knoblauchzehen • 2 Bund Suppengemüse • 2 EL Olivenöl • 300 g gehacktes Rindfleisch • 1 große Dose Tomaten (800 g Inhalt) • Salz • frisch gemahlener schwarzer Pfeffer • je 1/2 TL Thymian und Oregano • 5 EL Butter (+ Butter für die Form) • 3 EL Mehl • 600 ml Milch • frisch geriebene Muskatnuss • 250 g Mozzarella • 350 g Lasagneblätter (ohne Vorkochen) • 60 g frisch geriebener Parmesan

– Vom Speck die Schwarte abschneiden. Speck sehr klein würfeln. Die Zwiebel und den Knoblauch schälen und fein hacken. Suppengemüse waschen, putzen und ebenfalls sehr klein schneiden.
– Öl erhitzen, bei mittlerer Hitze die Speckwürfel darin 1 Min. anbraten. Zwiebel, Knoblauch und Suppengemüse dazugeben. Dann das Hackfleisch unterrühren und hellbraun anbraten. Die Tomaten mit Saft zugeben und offen bei schwacher Hitze 45 Min. köcheln lassen, ab und zu umrühren. Eventuell Wasser angießen.
– Nach 30 Min. die Hackfleischsauce mit wenig Salz, Pfeffer, dem Thymian und dem Oregano würzen. Den Backofen auf 200° (Umluft 180°) vorheizen.
– Für die Béchamelsauce in einem Topf knapp die Hälfte der Butter bei mittlerer Hitze zerlassen, das Mehl einrühren und aufschäumen lassen. Den Topf vom Herd ziehen, kurz abkühlen lassen, dann die Milch einrühren und zurück auf den Herd stellen. Unter ständigem Rühren aufkochen und 2–4 Min. köcheln lassen. Die Sauce vom Herd nehmen, mit Salz, Pfeffer und 1 Prise Muskat abschmecken.

Mozzarella in Scheiben schneiden. Eine gebutterte Auflaufform mit etwas Béchamelsauce ausstreichen. Darauf lagenweise Nudelblätter, 4–5 EL Hackfleischsauce, 4–5 EL Béchamelsauce, Mozzarellascheiben und etwas Parmesan schichten, bis alles verbraucht ist. Die letzte Schicht soll aus Hackfleischsauce, Béchamelsauce und Käse bestehen. Die restliche Butter in kleinen Flöckchen darauf verteilen.
– Die Lasagne im Ofen (Mitte) 30 Minuten überbacken, bis die Oberfläche schön gebräunt ist.

TIPP

Besonders aromatisch schmeckt die Lasagne, wenn Sie Mozzarella aus Büffelmilch verwenden. Der Kuhmilch-Mozzarella kostet zwar weniger, schmeckt jedoch auch oftmals fad.

Nudeln & Reis

208. Lasagne mit Auberginen und Tomaten

VEGETARISCH | BRAUCHT ETWAS ZEIT
Für 6 Personen
Zubereitungszeit: 1 1/2 Std.
Backzeit: 45 Min.

250 g Weizenmehl (oder Dinkel, fein gemahlen) und Mehl für die Arbeitsfläche • Salz • 1 Ei • 1 Eigelb • 1 EL extra natives Olivenöl • 2 kleine Auberginen (etwa 400 g) • 600 g vollreife Tomaten • 300 g junge Zucchini • 1/2 Bund Rosmarin
Für die Sauce: 50 g Weizenmehl (oder Dinkel, fein gemahlen) • 1/2 l Milch • 200 g Sahne • 100 g frisch geriebener Parmesan • frisch gemahlener weißer Pfeffer • Cayennepfeffer • 150 g Mozzarella

– Für den Nudelteig das Mehl in einer Schüssel mit 1 kräftigen Prise Salz, Ei, Eigelb und Öl vermischen und mit den Händen oder den Knethaken des Handrührgerätes zu einem glatten, geschmeidigen Teig verkneten. Er soll weich sein, aber nicht an den Händen kleben. Bei Bedarf etwas Wasser oder Mehl unterarbeiten.
– Den Teig zu einer Kugel formen, in ein feuchtes Tuch oder in Pergamentpapier wickeln und bei Zimmertemperatur ruhen lassen, bis die restlichen Zutaten vorbereitet sind.
– Die Auberginen waschen, putzen und längs in dünne Scheiben schneiden. Die Stielansätze der Tomaten entfernen. Tomaten kurz überbrühen, häuten, quer halbieren und entkernen, das Fruchtfleisch in kleine Würfel schneiden. Die Zucchini waschen, putzen und längs in Scheiben schneiden. Den Rosmarin waschen, die Nadeln abzupfen und fein hacken.
– Für die Béchamelsauce das Mehl in einem Topf bei mittlerer Hitze ohne Fett anrösten, bis es würzig duftet, aber noch nicht bräunt. Die Milch unter kräftigem Rühren langsam dazugießen. Die Sauce bei schwacher Hitze etwa 10 Min. leise köcheln lassen. Dann die Sahne und die Hälfte des Parmesans untermischen. Die Sauce so lange unter Rühren weitergaren, bis der Käse geschmolzen ist. Die Béchamelsauce mit Salz, Pfeffer und Cayennepfeffer pikant abschmecken.
– Den Nudelteig noch einmal durchkneten und in Portionen teilen. Den Teig auf der leicht bemehlten Arbeitsfläche oder mit der Nudelmaschine zu dünnen Platten ausrollen. Wenn Sie die Nudelmaschine verwenden, drehen Sie den Teig zuerst so lange durch die weiteste Walzenöffnung, bis er glatt ist. Formen Sie ihn dann – die Walzen etwa 4 Stufen enger gestellt – zu dünnen Platten.
– Eine große feuerfeste Form mit etwas Béchamelsauce ausgießen. Die Form mit Teigplatten auslegen und diese mit einigen Zucchini und Auberginenscheiben belegen. Auf das Gemüse einige Tomatenwürfel geben, mit Salz und Pfeffer würzen und mit etwas Rosmarin bestreuen. Das Gemüse mit etwas Sauce beträufeln.
– Auf diese Weise alle Zutaten in die Form schichten. Dabei mit Nudelblättern abschließen. Die restliche Sauce über die eingeschichteten Zutaten füllen. Den Mozzarella abtropfen lassen und in dünne Scheiben schneiden. Mozzarella und restlichen Parmesan auf der Lasagne verteilen.
– Die Form in den kalten Backofen (Mitte) schieben. Den Ofen auf 220° (Umluft 200°) schalten und die Lasagne etwa 45 Min. backen, bis die Oberfläche schön gebräunt ist.

209. Cannelloni mit Spinat

GUT FÜR GÄSTE
Für 4 Personen
Zubereitungszeit: 45 Min.
Backzeit: 30 Min.

Salz • 250 g Cannelloni • 600 g frischer Blattspinat • 150 g durchwachsener Speck • 1 Zwiebel • 3 EL Butter (+ Butter für die Form) • 100 g Crème fraîche • frisch gemahlener weißer Pfeffer • 50 g Pinienkerne • gut 2 EL Mehl • 1/2 l Milch • frisch geriebene Muskatnuss • 100 g frisch geriebener Parmesan

– In einem großen Topf reichlich Salzwasser aufkochen lassen. Die Cannelloni nach Packungsanleitung vorkochen, unter kaltem Wasser abkühlen und gut abtropfen lassen.
– Den Spinat putzen, gründlich waschen und nicht zu gründlich abtropfen lassen. Vom Speck die Schwarte abschneiden. Speck in sehr kleine Würfel schneiden. Die Zwiebel schälen und würfeln. 1 EL Butter bei mittlerer Hitze erhitzen, Zwiebelwürfel darin glasig dünsten, den Speck einrühren und 3 Min. mitbraten. Den noch feuchten Spinat dazugeben, Crème fraîche einrühren, salzen und pfeffern.
– In einer Pfanne bei mittlerer Hitze die Pinienkerne ohne Fett hellbraun rösten und zum Spinat geben.

– Mit einem Teelöffel jeweils die Spinatmasse in die Cannelloni füllen, die Nudelrollen in eine gebutterte Auflaufform legen.
– Den Backofen auf 200° (Umluft 180°) vorheizen. In einem großen Topf bei mittlerer Hitze die restliche Butter und das Mehl aufschäumen lassen, die Milch einrühren, aufkochen lassen und unter Rühren 3 Min. köcheln lassen.
– Die Béchamelsauce mit Salz, Pfeffer und Muskat würzen. Über die Nudeln gießen, mit Käse bestreuen. Im Ofen (Mitte) 30 Min. überbacken, bis der Käse leicht gebräunt ist.

TIPP

Die Cannelloni können Sie auch aus selbst gemachtem Nudelteig mit Ei herstellen (Rezept Nr. 210). Nach der Ruhezeit den Teig dünn ausrollen, in etwa 10 cm große Quadrate schneiden. Die Nudelblätter in sprudelndem Salzwasser 3–5 Min. kochen, abgießen und abschrecken. Spinatmasse auf die Teigquadrate geben und aufrollen.

210. Cannelloni alla napoletana
(Cannelloni mit Mozzarella und Tomaten)

VEGETARISCH | BRAUCHT ETWAS ZEIT
Für 6 Personen
Zubereitungszeit: 1 1/4 Std.
Backzeit: 45 Min.

250 g Weizenmehl (oder Dinkel, fein gemahlen) und Mehl für die Arbeitsfläche • 1 Ei • 1 Eigelb • 1 EL extra natives Olivenöl • Salz • 750 g Tomaten • 2 Bund Basilikum • 1 Bund Thymian • 4 Knoblauchzehen • 450 g Mozzarella • frisch gemahlener weißer Pfeffer • 50 g frisch geriebener Parmesan

– Für den Teig das Mehl in eine Schüssel geben und mit Ei, dem Eigelb, Öl, 1 kräftigen Prise Salz und 5 EL lauwarmem Wasser mischen und zu einem glatten, geschmeidigen Teig verkneten. Der Teig soll weich sein, darf aber nicht an den Fingern kleben. Ist er zu trocken, noch etwas lauwarmes Wasser untermischen; ist er zu weich, noch etwas mehr Mehl unterarbeiten.
– Den Teig in ein feuchtes Tuch oder in Pergamentpapier wickeln und etwa 30 Min. ruhen lassen.
– Stielansätze der Tomaten keilförmig herausschneiden. Die Tomaten kurz überbrühen, häuten, quer halbieren und die Kerne entfernen. Das Fruchtfleisch in kleine Würfel schneiden.
– Die Kräuter waschen und trockenschütteln. Einen Teil des Basilikums zum Bestreuen des fertigen Gerichts beiseite legen, das restliche Basilikum ohne die groben Stiele fein hacken. Die Thymianblättchen von den Stielen streifen. Die Knoblauchzehen schälen und sehr fein hacken. Mozzarella in kleine Würfel schneiden.
– Die Tomaten mit dem gehackten Basilikum, Thymian, Knoblauch und Mozzarella mischen. Die Masse mit Salz und Pfeffer pikant abschmecken.
– Den Nudelteig noch einmal durchkneten, dann in Portionen teilen. Den Teig auf der leicht bemehlten Arbeitsfläche oder mit der Nudelmaschine zu dünnen Platten ausrollen. Die Teigplatten in 15 x 10 cm große Stücke schneiden.
– Teigplatten jeweils mit etwas Füllung belegen und zusammenrollen. Rollen mit der Nahtstelle nach unten nebeneinander in eine längliche Auflaufform geben. Die restliche Füllung mit dem Parmesan mischen und über die Nudelrollen verteilen.
– Die Form in den kalten Backofen (Mitte) schieben. Den Backofen auf 200° (Umluft 180°) schalten und die Cannelloni etwa 45 Min. backen, bis die Oberfläche schön gebräunt ist.
– Kurz vor Ende der Garzeit das restliche Basilikum fein hacken. Die Cannelloni damit bestreuen und in der Form servieren.

211. Vegetarischer Nudelauflauf

GELINGT LEICHT
Für 4 Personen
Zubereitungszeit: 1 1/4 Std.
Backzeit: 40 Min.

Meersalz • 250 g Soja-Makkaroni • 1 Zwiebel • 1 Knoblauchzehe • 1 kleine Fenchelknolle • 200 g Champignons • 400 g Strauchtomaten • 100 g Möhren • 300 g ausgelöste Erbsen (etwa 600 g Erbsenschoten) • 3 1/2 EL kalt gepresstes Olivenöl (+ Öl für die Form) • 2 EL frisch gehackte Petersilie • 2 TL frisch gehacktes Rosmarin • frisch gemahlener schwarzer Pfeffer • 3/8 l Milch • 50 g Dinkelmehl • frisch geriebene Muskatnuss • 2 Eier • 5 EL frisch geriebener Parmesan

– In einem großen Topf reichlich Salzwasser aufkochen lassen. Die Nudeln darin nach Packungsanleitung bissfest kochen, abgießen, unter kaltem Wasser abkühlen und abtropfen lassen.
– Inzwischen Zwiebel und Knoblauch schälen und hacken. Die Gemüse waschen und putzen. Den Fenchel vom Strunk befreien, dabei grobe Fasern abziehen. Fenchel und Champignons klein schneiden. Die Tomaten klein würfeln und ohne die Stielansätze grob pürieren. Die Möhren grob raspeln.
– Bei mittlerer Hitze in einem Topf 1 EL Öl erhitzen. Zwiebel und Knoblauch darin 1 Min. andünsten. Die Fenchelwürfel, die Erbsen, die Champignons und die Möhrenraspel dazugeben und 2 Min. mitandünsten. Dann die Tomaten und die Kräuter unterrühren. Alles kräftig salzen und pfeffern, 10 Min. zugedeckt bei mittlerer Hitze garen.
– Backofen auf 200° vorheizen. Die Milch aufkochen lassen. Das Dinkelmehl mit 5–6 EL Wasser anrühren und in die Milch einrühren. Mit Salz, Pfeffer und 1 Prise Muskat würzen und unter Rühren 5 Min. garen. Die Béchamelsauce vom Herd ziehen. Die Eier verquirlen und unter die Sauce rühren.
– Eine mit etwas Öl ausgepinselte Auflaufform mit ein wenig Béchamelsauce ausstreichen. Darauf die Hälfte der Makkaroni geben, mit 2 EL Parmesan bestreuen. Darauf die Gemüsemischung und die restlichen Nudeln schichten.
– Die restliche Béchamelsauce mit 2 EL Parmesan vermischen und über den Auflauf gießen. Mit dem übrigen Parmesan bestreuen und dem restlichen Öl beträufeln. Im Backofen (Mitte, Umluft 180°) in etwa 40 Min. goldgelb backen.

212. Pastitsio
(Griechischer Nudelauflauf)

VEGETARISCH | GELINGT LEICHT
Für 4 Personen
Zubereitungszeit: 40 Min.
Backzeit: 40 Min.

600 g Strauchtomaten • 4 TL kalt gepresstes Olivenöl (+ Öl für die Form) • 1 Knoblauchzehe • 1 TL Thymian • Meersalz • frisch gemahlener schwarzer Pfeffer • 200 g Vollkorn-Hörnchennudeln • 250 g Brokkoliröschen • 500 g Auberginen • 100 g Schafkäse • 50 g frisch geriebener Parmesan

– Die Tomaten waschen, würfeln und ohne die Stielansätze im Mixer grob pürieren. 2 TL Öl in einem Topf bei mittlerer Hitze heiß werden lassen. Den Knoblauch schälen, hacken und im Öl andünsten. Die Tomaten, den Thymian, Salz und Pfeffer unterrühren. Die Sauce zugedeckt bei schwacher Hitze 10 Min. köcheln lassen; dann bei mittlerer Hitze 5 Min. offen einkochen lassen.
– Inzwischen den Backofen auf 180° vorheizen. In zwei Töpfen jeweils reichlich Salzwasser aufkochen lassen. Nudeln dann nach Packungsanleitung bissfest kochen und abgießen. Mit der Tomatensauce vermischen. Im zweiten Topf die Brokkoliröschen 5 Min. blanchieren, eiskalt abschrecken und gut abtropfen lassen.
– Die Auberginen waschen, putzen und in Scheiben schneiden. Eine Pfanne (am besten eine Grillpfanne) mit Öl bepinseln und erhitzen. Die Auberginenscheiben bei mittlerer Hitze auf jeder Seite 2–3 Min. bräunen.
– Die Hälfte der Auberginenscheiben in eine mit Öl ausgepinselte Auflaufform legen, salzen und pfeffern. Darauf jeweils die Hälfte der Nudeln, des Schafkäses und des Parmesans geben. Darauf den Brokkoli und die restlichen Auberginenscheiben verteilen. Salzen und pfeffern. Darauf die restlichen Nudeln schichten, glatt streichen und mit dem restlichen Käse bedecken.
– Auflauf in den Ofen (Mitte, Umluft 160°) schieben und in 40 Min. goldgelb überbacken, eventuell nach 20–30 Min. mit Pergamentpapier abdecken, falls er zu dunkel wird.

213. Nudel-Kraut-Rollen

GUT VORZUBEREITEN
Für 4 Personen
Zubereitungszeit: 1 Std.
Backzeit: 35 Min.

1 Zwiebel • 2 EL Butterschmalz • 150 g Räucherspeck • 500 g Sauerkraut • 200 ml Rinderbrühe • 1 Kartoffel • 1 Apfel • Salz • 250 g Cannelloni • 250 g magerer Frischkäse oder Quark • frisch gemahlener Pfeffer • 1 Prise edelsüßes Paprikapulver • 100 g Sahne • 30 g frisch geriebener Parmesan • 80 g frisch geriebener Greyerzer • 1 EL frisch gehackte Petersilie • Butter für die Form

– Die Zwiebel schälen, hacken und im Butterschmalz glasig werden lassen. Den Speck sehr klein würfeln und kurz mitdünsten.

– Das Sauerkraut mit einer Gabel auflockern, dazugeben und mit der Brühe begießen. Die Kartoffel und den Apfel schälen, klein schneiden und unter das Kraut mischen. Alles 35–45 Min. – je nach Frische des Sauerkrauts – bei schwacher Hitze zugedeckt garen.
– Inzwischen reichlich Salzwasser aufkochen lassen. Die Cannelloni darin nach Packungsanleitung vorkochen, unter kaltem Wasser abkühlen, gut abtropfen lassen und quer halbieren. Den Backofen auf 220° vorheizen.
– Das Sauerkraut abgießen, gut ausdrücken und abkühlen lassen. Mit dem Frischkäse oder Quark mischen und mit Salz, Pfeffer und Paprikapulver abschmecken.
– Mit einem Teelöffel jeweils etwas Sauerkrautfüllung in die halbierten Cannelloni geben und diese senkrecht in die gebutterte Form stellen. Sahne und Parmesan mischen und zwischen die Nudelrollen gießen.
– Die Form locker mit Alufolie abdecken, die Nudel-Kraut-Rollen im Ofen (Mitte, Umluft 200°) 20 Min. garen. Dann die Alufolie entfernen, den Greyerzer über das Gericht streuen und dieses weitere 15 Min. überbacken. Mit Petersilie bestreut servieren.

214. Wan-Tans mit Geflügelfüllung

GUT FÜR GÄSTE
Für 4 Personen
Zubereitungszeit: 1 Std. 20 Min.

Für den Teig: 150 g Mehl (+ Mehl für die Arbeitsfläche) • 1 Eiweiß • Salz • 1/2 TL heller Essig (z. B. Reisessig oder Weißweinessig)
Für die Füllung: 3 getrocknete Mu-Err-Pilze (Asienladen) • 125 g Hähnchenbrustfilet • 50 g Wasserkastanien (aus der Dose) oder Macadamia-Nüsse (Asienladen) • 50 g Bambusschößlinge (aus der Dose) • 1 Frühlingszwiebel • 15 g frischer Ingwer • 1 TL helle Sojasauce • 2 TL Reiswein (oder Sherry dry) nach Belieben • Salz • frisch gemahlener Pfeffer
Für die Brühe: 1 l leichter Geflügelfond (1/2 l Fond aus dem Glas mit 1/2 l Wasser verdünnt) • 1 rote Chilischote • 1 TL Korianderkörner • 1 TL brauner Zucker • 1 TL Essig

– Aus Mehl, Eiweiß, Salz, dem Essig und 3–4 EL Wasser einen Nudelteig herstellen (siehe Seite 80). Den Teig kräftig mit den Händen durchkneten. In Folie wickeln oder mit einem feuchten Tuch bedecken und 20 Min. ruhen lassen.
– Inzwischen für die Füllung die Mu-Err-Pilze 20 Min. in 1 Tasse heißem Wasser einweichen. Das Hähnchenbrustfilet waschen, trockentupfen, grob würfeln und im Mixer kurz pürieren.
– Die Wasserkastanien oder Macadamia-Nüsse und die Bambusschößlinge abtropfen lassen und in sehr kleine Würfel schneiden. Die Frühlingszwiebel waschen und putzen, den grünen Teil in feine Ringe schneiden und beiseite stellen, den weißen Teil fein hacken. Ingwer schälen und sehr fein würfeln.
– Die Pilze aus dem Wasser nehmen, Stiele abschneiden, die Hüte fein hacken. Die gehackte Frühlingszwiebel, Ingwer und Pilze mit der Hähnchenmasse, den Wasserkastanien oder Macadamia-Nüssen und den Bambusschößlingen vermischen. Mit Sojasauce, Reiswein oder Sherry, Salz und Pfeffer würzen.
– Den Nudelteig mit dem Nudelholz auf einer leicht bemehlten Arbeitsfläche hauchdünn ausrollen. In etwa 9 cm große Quadrate schneiden.
– Auf jedes Teigquadrat jeweils 1 TL Füllung in die Mitte geben, die Teigränder mit Wasser bepinseln und den Teig zu einer fingerdicken Rolle aufwickeln. Die Rollenenden fest andrücken, mit Wasser bepinseln und zusammenführen, so dass die Teigspitzen aufeinander liegen. Enden fest zusammendrücken .
– Den Geflügelfond aufkochen lassen. Die Wan-Tans darin portionsweise bei mittlerer Hitze 7 Min. köcheln lassen, fertige herausheben und im Backofen bei 50° zugedeckt warm stellen.
– Danach die Brühe bei starker Hitze um ein Drittel einkochen lassen. Die Chilischote längs aufschlitzen, putzen, entkernen, waschen und in sehr kleine Würfel schneiden. Die Korianderkörner im Mörser zerstoßen. Beides mit Zucker und Essig in den Sud rühren und noch 5 Min. kochen.
– Die Wan-Tans in tiefe Teller verteilen und mit der heißen Brühe übergießen. Mit den Frühlingszwiebelringen bestreut servieren.

TIPP

Wenn Sie die Suppe abends servieren möchten, können Sie die Teigtäschchen schon morgens zubereiten. Da die Wan-Tans frisches Fleisch enthalten, sollten Sie sie aber bis zum Garen unbedingt kühl stellen. Wan-Tans nebeneinander auf ein bemehltes Tablett legen, mit Folie abdecken und im Kühlschrank aufbewahren.

215. Maultaschen

BRAUCHT ETWAS ZEIT
Für 4 Personen
Zubereitungszeit: 1 1/2 Std.

Für den Teig: 350 g Mehl (+ Mehl für die Arbeitsfläche) • 3 Eier • 1 TL Salz
Für die Füllung: 250 g zarter Blattspinat (oder 150 g tiefgekühlter Spinat) • 1 Brötchen vom Vortag • 1 Zwiebel • 50 g Räucherspeck • 1 EL Butter • 1 Ei • 2 EL frisch gehackte Petersilie • 150 g Hackfleisch (oder halb Rinderhack, halb Bratwurstbrät oder nur Kalbsbrät) • Salz • frisch gemahlener weißer Pfeffer • frisch geriebene Muskatnuss
Zum Servieren: 1 Bund Schnittlauch • 3 Zwiebeln • 60 g Butter

– Aus dem Mehl, den Eiern, etwa 4 EL Wasser und dem Salz einen Nudelteig herstellen (siehe Seite 80), den Teig 5–10 Min. kräftig kneten. In Folie wickeln oder mit einem feuchten Tuch bedecken, 30 Min. ruhen lassen.
– Inzwischen für die Füllung den Spinat putzen, waschen, in kochendem Wasser 2 Min. blanchieren, eiskalt abschrecken, abtropfen lassen, fest ausdrücken und hacken.
– Die Kruste vom Brötchen abreiben, das Brötchen in kaltem Wasser einweichen. Die Zwiebel schälen und fein hacken, den Speck fein würfeln. Beides in der Butter hellgelb braten. Ei trennen. Brötchen fest ausdrücken und mit Spinat, Zwiebel und Speck, der Petersilie, dem Hack oder Brät und dem Eigelb vermischen. Kräftig mit Salz, Pfeffer und Muskat würzen. Eventuell die Masse mit der abgeriebenen Brötchenkruste andicken.
– Reichlich Salzwasser aufkochen lassen. Den Teig zu vier dünnen Teigplatten ausrollen. Eine Teigplatte im Abstand von etwa 6 cm mit je etwa 1 TL Füllung belegen. Die Zwischenräume mit verquirltem Eiweiß bestreichen, eine zweite Teigplatte darüber legen und zwischen den Füllungen jeweils gut zusammendrücken. Die anderen beiden Teigplatten ebenso füllen. Mit einem Teigrädchen Quadrate ausrädeln. Die Maultaschen im Salzwasser 10–15 Min. sieden lassen.
– Inzwischen zum Servieren den Schnittlauch waschen, in feine Röllchen schneiden. Die Zwiebeln schälen, in Ringe schneiden und in der Butter braun braten.
– Fertige Maultaschen mit einem Schaumlöffel aus dem Wasser heben, abtropfen lassen. Mit den Zwiebelringen übergießen und mit dem Schnittlauch bestreuen.

TIPP
Zu den Maultaschen wird in Schwaben ein saftiger Kartoffelsalat gegessen. Man kann die Teigtaschen auch in kräftiger Rindfleischbrühe servieren.

216. Ravioli mit Minze

GUT FÜR GÄSTE | VEGETARISCH
Für 4 Personen
Zubereitungszeit: 1 1/2 Std.

Für den Teig: 300 g Mehl (+ Mehl für die Arbeitsfläche) • 3 Eier (Größe L) • 1 EL Olivenöl • 1/2 TL Salz
Für die Füllung: 150 g tiefgekühlter Spinat • 150 g Ziegen-Hartkkäse • 1 EL Butter • 2 EL Semmelbrösel • 1 Ei • Salz • frisch gemahlener weißer Pfeffer
Zum Servieren: 3 Zweige Pfefferminze • 5 EL Butter • Salz • frisch gemahlener weißer Pfeffer • 75 g frisch geriebener Pecorino (ersatzweise Parmesan)

– Aus dem Mehl, den Eiern, dem Öl und eventuell 1–2 EL Wasser und dem Salz einen Nudelteig herstellen (siehe Seite 80). In Folie wickeln oder mit einem feuchten Tuch bedecken und bei Zimmertemperatur 30 Min. ruhen lassen.
– Inzwischen für die Füllung den Spinat nach Packungsanleitung erwärmen, in einem Sieb abtropfen lassen, ausdrücken. Den Ziegenkäse würfeln und mit der Gabel zerdrücken. Mit dem Spinat, der Butter, den Semmelbröseln und dem Ei vermischen. Salzen, pfeffern und 10 Minuten quellen lassen.
– Den Nudelteig mit dem Nudelholz auf einer leicht bemehlten Arbeitsfläche oder mit der Nudelmaschine dünn ausrollen. Aus dem Teig 10 cm große Kreise ausstechen, auf jeden Teigkreis etwas Füllung geben, die Ränder anfeuchten und die Kreise zu Halbmonden zusammenfalten. Ränder festdrücken. Inzwischen reichlich Salzwasser aufkochen lassen.
– Ravioli in dem sanft kochenden Salzwasser 15 Min. sieden lassen. Inzwischen die Pfefferminze waschen und grob hacken, in der Butter 3 Min. andünsten, mit Salz und Pfeffer würzen.
– Die Ravioli abgießen, abtropfen lassen und mit der Minzbutter übergießen. Mit Käse bestreut servieren.

TIPP

Italienische Hausfrauen stellen runde Ravioli auch so her: Auf eine dünn ausgerollte Teigplatte im Abstand von 10 cm jeweils 1 TL Füllung geben. Eine zweite Teigplatte darüber legen. Zwischenräume gut andrücken, Luftlöcher eventuell mit einer Nadel anstechen und beseitigen. Dann die Ravioli rund um die Füllung ausstechen. Als Ausstechform kann ein Glas dienen. Falls Sie Ravioli vorbereiten: Mit Folie abdecken und im Kühlschrank aufbewahren.

217. Ravioli mit Ricotta-Füllung

BRAUCHT ETWAS ZEIT
Für 4 Personen
Zubereitungszeit: 2 Std.

160 g Mehl • 160 g Hartweizengrieß • 4 Eier (Größe S) • Salz • 1 EL Olivenöl • 100 g Blattspinat • 2 Knoblauchzehen • 400 g weicher Ricotta • frisch geriebene Muskatnuss • frisch gemahlener weißer Pfeffer • 4 Zweige Salbei • 6 EL Butter • 50 g frisch geriebener Parmesan

– Für den Teig das Mehl mit dem Grieß mischen. Mit Eiern, 1 kräftigen Prise Salz und dem Öl zu einem glatten, geschmeidigen Teig verkneten. Zu einer Kugel formen, in ein feuchtes Tuch oder in Folie wickeln und etwa 30 Minuten ruhen lassen.
– Den Spinat verlesen und in stehendem kaltem Wasser gründlich waschen. Dann in kochendem Salzwasser etwa 1 Min. blanchieren. Spinat kalt abschrecken, abtropfen lassen und die Flüssigkeit mit den Händen so gut wie möglich ausdrücken.
– Den Spinat dann fein hacken. Die Knoblauchzehen schälen und durch die Presse drücken. Den Ricotta mit gehacktem Spinat und Knoblauch vermischen und mit Salz, Muskat und Pfeffer pikant abschmecken.
– Den Nudelteig noch einmal kräftig durchkneten, dann in Portionen teilen und mit dem Nudelholz oder in der Nudelmaschine zu dünnen Platten ausrollen. Die Teigstücke, die noch nicht in Arbeit sind, im feuchten Tuch oder in der Folie lassen, sonst trocknen sie aus.
– Jeweils eine Teigplatte in Abständen von etwa 4 cm mit je 1 TL Füllung belegen. Die Ränder dazwischen leicht anfeuchten. Mit einer zweiten Teigplatte abdecken. Den Teig um die Füllung herum mit dem Finger andrücken und mit einem Teigrädchen oder Messer Nudeltaschen ausschneiden. Die Teigränder mit einer Gabel etwas zusammendrücken.
– Für die Sauce Salbei waschen und trockenschütteln. In einem großen Topf reichlich Salzwasser zum Kochen bringen. Tiefe Teller vorwärmen.
– Die Ravioli im kochenden Wasser etwa 3 Min. garen. Inzwischen Butter schmelzen und leicht braun werden lassen. Die Salbeiblätter darin schwenken.
– Die Ravioli abtropfen lassen, in die vorgewärmten Teller geben und mit der Salbeibutter übergießen. Mit dem Parmesan servieren.

218. Pilz-Ravioli

GUT FÜR GÄSTE
Für 4 Personen
Zubereitungszeit: 1 3/4 Std.

Für den Teig: 300 g Mehl (+ Mehl für die Arbeitsfläche) • 3 Eier (Größe L) • 1 EL Olivenöl • 1/2 TL Salz
Für die Füllung: 300 g Pilze (z. B. Steinpilze, Pfifferlinge oder Champignons) • 1 kleine Schalotte • 2 EL Butter • 1 TL Mehl • 100 g gekochter Schinken • 1 Ei • 2 EL Sahne • 1 EL frisch gehackte Petersilie • Salz • frisch gemahlener Pfeffer
Zum Servieren: 50 g Butter • 3–4 Zweige Thymian • 50 g frisch geriebener Grana Padano (ersatzweise Parmesan)

– Aus dem Mehl, den Eiern, dem Öl und eventuell 1–2 EL Wasser und dem Salz einen Nudelteig herstellen (siehe Seite 80). In Folie wickeln oder mit einem feuchten Tuch bedecken und 30 Minuten ruhen lassen.
– Inzwischen für die Füllung Pilze putzen und klein schneiden. Schalotte hacken und in der Butter glasig werden lassen. Pilze bei mittlerer Hitze unter Rühren mitbraten, bis die Flüssigkeit, die sich dabei bildet, verdampft ist. Die Pilze mit Mehl bestäuben.
– Den Schinken klein schneiden. Das Ei mit der Sahne verrühren. Mit dem Schinken und der Petersilie unter die Pilzmasse rühren. Mit Salz und Pfeffer würzen. Sollte die Füllung zu weich sein, etwas Mehl hinzufügen.
– Den Teig auf einer leicht bemehlten Arbeitsfläche zu vier dünnen Teigplatten ausrollen. Eine Teigplatte im Abstand von 5 cm mit je etwa 1 TL Füllung belegen.

– Eine zweite Teigplatte darüber legen. Zwischen den Füllungen gut zusammendrücken und mit einem Teigrädchen oder Messer Nudeltaschen ausschneiden. Ränder mit einer Gabel etwas zusammendrücken. Die anderen beiden Teigplatten ebenso füllen. Inzwischen reichlich Salzwasser aufkochen lassen.
– Die Ravioli darin 4–5 Min. sieden lassen. In dieser Zeit die Butter mit dem Thymian aufschäumen lassen .
– Ravioli mit einem Schaumlöffel aus dem Wasser heben, kurz abtropfen lassen und auf Teller geben. Butter durch ein Sieb über die Ravioli gießen. Den Käse dazu reichen.

219. Grüne Ravioli mit Zitronen-Hack-Füllung

BRAUCHT ETWAS ZEIT
Für 4 Personen
Zubereitungszeit: 1 1/2 Std.

Für den Teig: 1 Bund glatte Petersilie • 1 EL Öl • Salz • 400 g Mehl (+ Mehl zum Ausrollen) • 4 Eier
Für die Füllung: 1 Schalotte • 1 Knoblauchzehe • 1 EL Öl • 300 g Lammhackfleisch • Salz • frisch gemahlener Pfeffer • 50 ml trockener Weißwein • 5 Zweige Zitronenmelisse • 1 Bund glatte Petersilie • 2 TL geriebene unbehandelte Zitronenschale • 2 EL frisch geriebener Parmesan • 2 EL Semmelbrösel • 2 Eier
Außerdem: 100 g Butter • 75 g Parmesan

– Für den Nudelteig die Petersilie waschen, die Blättchen von den Stängeln zupfen und grob hacken. Mit dem Öl und 1 guten Prise Salz sehr fein pürieren.
– Aus Mehl, Eiern, 1/4 TL Salz, 1 EL Wasser und dem Petersilienpüree einen glatten Teig kneten. In Frischhaltefolie wickeln und 30 Min. bei Zimmertemperatur ruhen lassen.
– Inzwischen für die Füllung die Schalotte und den Knoblauch schälen, beides sehr fein hacken. Öl in einer Pfanne stark erhitzen. Das Lammhackfleisch unter Rühren anbraten, Schalotte und Knoblauch dazugeben und kurz mitdünsten. Das Fleisch salzen, pfeffern und den Wein dazugießen. Alles zusammen noch 5 Min. offen bei mittlerer Hitze köcheln, dann abkühlen lassen.
– Zitronenmelisse und die Petersilie waschen und bis auf ein paar Blättchen zum Garnieren fein hacken. Kräuter mit Zitronenschale, Käse, Semmelbröseln und den Eiern unter das Hackfleisch mischen und kräftig abschmecken.
– Den Nudelteig auf einer leicht bemehlten Arbeitsfläche dünn ausrollen oder durch eine Nudelmaschine drehen. Auf die Hälfte des Teiges im Abstand von 3 cm je 1 TL der Zitronen-Hackfleisch-Füllung setzen. Die andere Teighälfte mit Wasser bestreichen und über die Füllung legen.
– Teigzwischenräume gut an drücken, dann mit einem Ausstecher runde Ravioli ausstechen. Auf ein bemehltes Küchentuch legen und etwa 10 Min. antrocknen lassen.
– In einem großen Topf reichlich Salzwasser aufkochen. Die Ravioli portionsweise hineingeben und offen bei schwacher Hitze 10–12 Min. sanft garen.
– Inzwischen die Butter erhitzen und den Käse reiben. Die Ravioli mit einem Schaumlöffel aus dem Wasser heben, abtropfen lassen und mit Butter, Kräuterblättchen und Käse auf vorgewärmten Tellern anrichten.

TIPP
Die grünen Ravioli passen auch gut als Einlage in einer kräftigen Fleisch- oder Gemüsebrühe. Die Menge reicht dann als Suppe für 6–8 Personen.

220. Tiroler Schlutzkrapfen

VEGETARISCH | PREISWERT
Für 4 Personen
Zubereitungszeit: 1 1/2 Std.

Für den Teig: 250 g Roggenmehl • 100 g Weizenmehl Type 405 (+ Mehl für die Arbeitsfläche) • 2 Eier • Salz • 2 EL Öl
Für die Füllung: 400 g zarter Blattspinat • 1 Zwiebel • 2 EL Butter • 1 EL Mehl • 1/8 l Milch • Salz • frisch gemahlener Pfeffer • frisch geriebene Muskatnuss
Außerdem: 75 g Butter • 75 g frisch geriebener alter Bergkäse (Alpkäse)

– Für den Teig die Mehle mischen, die Eier, 4–6 EL Wasser, Salz und das Öl unterrühren. Erst mit einem Rührlöffel, dann mit den Händen in 5–10 Min. zu einem geschmeidigen Teig kneten. Bei Bedarf noch etwas Wasser hinzufügen. In Folie wickeln und 20 Min. ruhen lassen.

– Inzwischen für die Füllung den Spinat verlesen, waschen und tropfnass in einem heißen Topf 2 Min. zugedeckt garen, ausdrücken und hacken.
– Zwiebel schälen, fein würfeln und in der Butter andünsten. Mehl einrühren, alles 2 Min. abkühlen lassen, die Milch dazugießen und unter Rühren aufkochen, dann 5 Min. bei schwacher Hitze leise köcheln lassen. Vom Herd nehmen, den Spinat untermischen und mit Salz, Pfeffer und 1 Prise Muskat abschmecken.
– Teig halbieren, jede Hälfte auf einer bemehlten Fläche etwa 2 mm dünn ausrollen. Aus dem Teig 6–7 cm große Kreise ausstechen, auf jeden etwas Füllung geben, die Ränder anfeuchten und die Kreise zu Halbmonden zusammenfalten, die Ränder fest drücken.
– Inzwischen reichlich Salzwasser aufkochen lassen, die Schlutzkrapfen darin 5 Min. ziehen lassen. Die Butter in einer Pfanne erhitzen, die Nudeltaschen kurz darin schwenken und mit Käse bestreut servieren.

TIPP

Die Schlutzkrapfen schmecken allen, die die einfache, bodenständige Küche lieben. Preiswerte Zutaten verwandeln sich durch traditionelle Zubereitung in eine Delikatesse, die auch eingeschworene Fleischesser auf den vegetarischen Geschmack bringt. Das Roggenmehl verleiht dem Teig kräftiges Aroma. Bei der Zubereitung braucht man ein wenig Fingerspitzengefühl. Denn durch das Roggenmehl trocknet der Teig leicht aus.

221. Tortellini mit Fleischfüllung in Salbeibutter

GUT VORZUBEREITEN
Für 4 Personen
Zubereitungszeit: 2 Std.

Für den Teig: 300 g Mehl (+ Mehl für die Arbeitsfläche) • 4 Eier • 1 EL Milch • Salz
Für die Füllung: 1 kleine Zwiebel • 50 g roher Schinken • 2 EL Butter • je 125 g gehacktes Kalb- und Schweinefleisch • 1 EL frisch gehackte Petersilie • 1 EL Semmelbrösel • 2 EL frisch geriebener Parmesan • 1 Eigelb • Salz • frisch gemahlener Pfeffer
Außerdem: 50 g Butter • 3 frisch gehackte Salbeiblätter • 50 g frisch geriebener Parmesan

– Aus Mehl, Eiern, Milch, eventuell 1 EL Wasser und Salz einen Nudelteig herstellen (siehe Seite 80). Den Teig kräftig durchkneten. In Folie wickeln oder mit einem feuchten Tuch bedecken und bei Zimmertemperatur mindestens 30 Min. ruhen lassen.
– Inzwischen für die Füllung die Zwiebel schälen und wie den Schinken fein hacken. Die Zwiebel in der Butter glasig dünsten. Das Hackfleisch und den Schinken kurz mitdünsten, bis das Fleisch Farbe annimmt.
– Alles in eine Schüssel geben und mit der Petersilie, den Semmelbröseln, dem Parmesan und dem Eigelb gründlich zu einer festen Masse vermischen, bei Bedarf noch Brösel oder etwas flüssige Butter dazugeben. Mit Salz und Pfeffer abschmecken.
– Den Nudelteig portionsweise mit dem Nudelholz auf einer leicht bemehlten Arbeitsfläche oder mit der Nudelmaschine dünn ausrollen. Die Teigplatten in etwa 5 cm große Quadrate schneiden, jeweils 1 TL Füllung in die Mitte geben.
– Die Teigquadrate zu Dreiecken zusammenlegen, die Ränder leicht zusammendrücken. Das Dreieck mit der Spitze nach unten um den Zeigefinger schlingen, die Enden fest zusammendrücken. Mit der anderen Hand die Teigspitze umklappen. Gleichzeitig den fertigen Tortellino vom Finger ziehen und auf ein bemehltes Küchentuch legen.
– Inzwischen reichlich Salzwasser aufkochen lassen. Die Tortellini darin 10 Min. sieden lassen, abgießen und anrichten.
– Die Butter mit den Salbeiblättchen in einer Pfanne aufschäumen lassen. Die Tortellini damit begießen und mit dem Parmesan bestreut servieren.

TIPP

Typisches Aroma erhalten die Tortellini durch den original italienischen Parmesankäse. Der echte kommt aus der Stadt Parma und darf sich Parmigiano-Reggiano nennen. Sie können ihn beim italienischen Feinkosthändler, an gut sortierten Käsetheken, manchmal auch im Bioladen kaufen. Frisch gerieben schmeckt er unvergleichlich besser als gerieben aus der Tüte oder Dose. Kaufen Sie deshalb Parmesan immer am Stück. Im Gemüsefach des Kühlschranks können Sie ihn, in Alufolie verpackt, bis zu vier Wochen aufheben. Stechen Sie mit einer Nadel kleine Löcher in die Folie, damit der Käse etwas Luft bekommt.

222. Risi e bisi (Reis mit Erbsen)

SCHMECKT KINDERN | PREISWERT
Für 4 Personen
Zubereitungszeit: 55 Min.

50 g durchwachsener Speck (ohne Schwarte) • 1 Zwiebel • 1 Bund Petersilie • 3 EL Butter • 300 g tiefgekühlte Erbsen • 1 l Fleischbrühe • 250 g Risotto-Reis • 60 g frisch geriebener Parmesan • Salz • frisch gemahlener schwarzer Pfeffer

– Den Speck ohne Knorpel und die geschälte Zwiebel klein würfeln. Die Petersilie waschen, trockenschütteln und die Hälfte davon fein hacken.
– In einem breiten Topf 2 EL Butter zergehen lassen. Speck, Zwiebel und gehackte Petersilie hineingeben, unter Rühren bei schwacher Hitze anbraten. Die Erbsen in den Topf schütten, etwa 1/4 l Brühe angießen und erhitzen. Bei schwacher Hitze etwa 5 Min. offen garen.
– Die restliche Brühe angießen, aufkochen. Den Reis einstreuen, bei mittlerer Hitze offen unter häufigem Rühren in etwa 25 Min. ausquellen lassen.
– Die restliche Butter und die Hälfte vom geriebenen Parmesan unter den Risotto mischen. Mit Salz und Pfeffer abschmecken. Die restliche Petersilie hacken und aufstreuen. Übrigen Parmesan getrennt dazu servieren.

223. Risotto Mailänder Art

BRAUCHT ETWAS ZEIT
Für 4 Personen
Zubereitungszeit: 1 Std.

1 großer Markknochen • 1 Zwiebel • 1 Knoblauchzehe • 1 TL Olivenöl • 400 g Risotto-Reis • 1 l Fleischbrühe (Instant oder selbst gemacht) • 1/8 l trockener Weißwein oder Brühe • 50 g Butter • 1 TL Safranfäden • 75 g frisch geriebener Parmesan • Salz • frisch gemahlener weißer Pfeffer

– Das Mark aus dem Knochen drücken und in eiskaltes Wasser legen. Die Zwiebel und den Knoblauch schälen und fein hacken. Das Mark mit Küchenpapier trockentupfen und klein würfeln.
– Das Öl erhitzen, das Mark darin bei schwacher Hitze schmelzen. Zwiebel und Knoblauch hinzufügen und unter häufigem Umrühren glasig braten.
– Den Reis untermischen und einige Male umrühren. Etwa die Hälfte der Fleischbrühe dazugießen und bei mittlerer Hitze langsam zum Kochen bringen.
– Den Risotto nach dem Aufkochen zugedeckt bei schwacher Hitze etwa 10 Min. garen. Dann den Risotto ohne Deckel bei schwacher bis mittlerer Hitze in etwa 30 Min. fertig garen. Dabei die restliche Flüssigkeit dazugießen: Zuerst den Wein unter den Risotto rühren. Sobald er aufgesogen ist, nach und nach die restliche Brühe dazugießen und immer wieder umrühren, damit der Risotto nicht ansetzt und schön sämig wird.
– Die Butter zerlassen, den Safran darunter mischen. Zuerst die Safranbutter, dann den Parmesan mit einer Gabel unter den fertig gegarten Risotto ziehen. Mit Salz und Pfeffer abschmecken und sofort servieren.

TIPPS

– Den Reis nicht waschen, damit er durch die anhaftende Stärke klebrig und so sämig wird, wie man Risotto in Italien zubereitet.
– In Italien isst man Risotto meist „pur“, als eigenes Gericht innerhalb eines Menüs. „Risotto Mailänder Art“ ist außerdem die traditionelle Beilage zu Ossobuco (Rezept Nr. 683). Sie können es aber auch mit einem knackigen Blattsalat auf den Tisch bringen.

224. Grüner Risotto

GUT FÜR GÄSTE | VEGETARISCH
Für 4 Personen
Zubereitungszeit: 1 Std. 10 Min.

300 g zarter Blattspinat • 2 junge Zucchini (etwa 300 g) • 1 Bund glatte Petersilie • 1 Bund Basilikum • 30 g Kerbel • Salz • 1 Zwiebel • 1 Knoblauchzehe • 2 EL Öl • 400 g Risotto-Reis • 1 l Gemüsebrühe • 1/8 l trockener Weißwein nach Belieben • frisch gemahlener Pfeffer • 100 g frisch geriebener Parmesan • 50 g Butter

– Den Spinat in stehendem kaltem Wasser gründlich waschen und verlesen, dabei grobe Stiele entfernen. Die Zucchini waschen, putzen und in dünne Scheiben schneiden. Die Kräuter waschen, trockenschütteln und die Blätter von den Stängeln zupfen. Einige Blätter zum Garnieren beiseite legen.

– In einem Topf reichlich Salzwasser aufkochen lassen. Spinat und Zucchini 1 Min. darin blanchieren, dann abtropfen lassen. 200 g davon abnehmen und beiseite stellen. Das übrige Gemüse mit den Kräutern im Mixer oder mit dem Stabmixer fein pürieren.
– Die Zwiebel und die Knoblauchzehe schälen und fein würfeln. Öl in einem breiten, schweren Topf erhitzen, Zwiebel und Knoblauch darin weich dünsten. Den Reis dazuschütten und unter ständigem Rühren in 3 Min. glasig werden lassen. Die Gemüsebrühe erhitzen.
– Den Wein nach Belieben angießen und köcheln lassen, bis er verdampft ist. Nach und nach die heiße Brühe angießen und unter Rühren in 25 Min. immer wieder offen einkochen lassen, bis der Reis gar ist.
– Das Kräuterpüree unter das Risotto rühren und bei schwacher Hitze noch 5 Min. zugedeckt ziehen lassen. Mit Salz und Pfeffer abschmecken. 50 g Parmesan und die Butter flöckchenweise unterheben, das beiseite gestellte Gemüse unterziehen. Mit Kräutern garnieren, mit übrigem Parmesan servieren.

225. Pilz-Risotto

VEGETARISCH | GELINGT LEICHT
Für 4 Personen
Zubereitungszeit: 40 Min.

350 g gemischte Pilze (z. B. Egerlinge, Austernpilze, Pfifferlinge) • Salz • frisch gemahlener Pfeffer • etwas Zitronensaft • 1 Zwiebel • 1 Knoblauchzehe • 3 EL Butter • 400 g Risotto-Reis • 125 ml trockener Weißwein • 1 TL getrockneter Thymian • 750 ml heiße Gemüsebrühe • 1 Hand voll junger Blattspinat (30–40 g) • 75 g frisch geriebener Parmesan

– Die Pilze putzen, in Scheiben schneiden. In einer Pfanne ohne Fett bei starker Hitze anbraten. Salzen, pfeffern und mit Zitronensaft beträufeln.
– Die Zwiebel und den Knoblauch schälen, hacken und in einem schweren, breiten Topf bei mittlerer Hitze in 2 EL Butter anbraten. Den Reis einrühren, andünsten und mit Wein ablöschen.
– Thymian zugeben und soviel heiße Brühe aufgießen, dass der Reis gerade davon bedeckt ist. Unter ständigem Rühren leicht brodelnd köcheln lassen, bis die Flüssigkeit fast verdampft ist. Diesen Vorgang wiederholen, bis der Reis gar, aber noch bissfest ist. Das dauert je nach Sorte und Korngröße 15–25 Min.
– Den Spinat verlesen, waschen und streifig schneiden. Mit den Pilzen unter den Reis heben und heiß werden lassen. Die übrige Butter und den Käse untermischen, salzen und pfeffern. Den Risotto kurz ziehen lassen, dann servieren.

226. Risotto mit Rucola

VEGETARISCH | GUT FÜR GÄSTE
Für 4 Personen
Zubereitungszeit: 35 Min.

1 kleine Zwiebel • 4 EL Butter • 400 g Risotto-Reis • 100 ml trockener Weißwein • 750 ml kräftige, heiße Gemüsebrühe • 100 g Rucola • 50 g frisch geriebener Parmesan • Salz • frisch gemahlener Pfeffer • Parmesan zum Bestreuen

– Zwiebel schälen und fein hacken. Im breiten Topf 3 EL Butter erhitzen. Zwiebel bei schwacher Hitze hellgelb andünsten. Den Reis zugeben und 2–3 Min. andünsten. Dabei ständig rühren, die Reiskörner sollen glänzen, vom Fett überzogen sein und fast glasig aussehen, sie dürfen dabei aber nicht braun werden.
– Den Wein zum Reis gießen, unter Rühren einkochen lassen. Nun soviel Brühe zugießen, dass der Reis gerade davon bedeckt ist. Unter Rühren leicht brodelnd köcheln lassen, bis die Flüssigkeit fast verdampft ist.
– Kurz vor Garzeitende den Rucola waschen, trockenschütteln und in Stücke zupfen. 3/4 der Rucolablätter unter den Risotto heben und noch 2 Min. mitgaren.
– Topf vom Herd ziehen, restliche Butter, den Käse und restlichen Rucola unter den Reis rühren. Mit Salz und Pfeffer abschmecken. Risotto noch 2 Min. zugedeckt ziehen lassen, mit Parmesan bestreut sofort servieren.

227. Risotto mit Radicchio

GUT FÜR GÄSTE
Für 4 Personen
Zubereitungszeit: 35 Min.

1 Zwiebel • 3 EL Butter • 400 g Risotto-Reis • 2 EL fein gehackte Petersilie • 125 ml trockener Rotwein • 750 ml heiße Fleischbrühe • 50 g Parmaschinken • 500 g Radicchio • 50 g frisch geriebener Parmesan • Salz • frisch gemahlener Pfeffer

– Die Zwiebel schälen, fein hacken und bei mittlerer Hitze in 2 EL Butter glasig dünsten. Reis und Petersilie einrühren, andünsten und mit Wein ablöschen, den Wein fast einkochen lassen.
– Anschließend soviel heiße Fleischbrühe aufgießen, dass der Reis gerade davon bedeckt ist. Unter ständigem Rühren leicht brodelnd köcheln lassen, bis die Flüssigkeit fast verdampft ist. Diesen Vorgang wiederholen, bis der Reis gar ist, das dauert je nach Reissorte und Körnung 15–25 Min.
– Den Schinken in Streifen schneiden. Den Radicchio putzen, waschen, ebenfalls streifig schneiden und in der restlichen Butter 5 Min. bei mittlerer Hitze dünsten.
– Schinken, Radicchio und 3 EL Käse unter den Reis heben, mit Salz und Pfeffer abschmecken Den übrigen Käse darüber streuen. Den Risotto kurz ziehen lassen, dann sofort servieren.

228. Risotto mit Leber und Tomaten

GUT FÜR GÄSTE
Für 4 Personen
Zubereitungszeit: 45 Min.

1 Zwiebel • 1 Knoblauchzehe • 200 g Hühnerleber • 250 g Tomaten • 50 g Butter • 400 g Risotto-Reis • 50 ml trockener Weißwein (ersatzweise Fleischbrühe) • 3/4 l Fleischbrühe • Salz • frisch gemahlener weißer Pfeffer • 50 g frisch geriebener Parmesan

– Die Zwiebel und den Knoblauch schälen, fein hacken. Die Leber waschen, enthäuten und hacken. Die Tomaten überbrühen, häuten und klein würfeln, dabei die Stielansätze und die Kerne entfernen.
– In einem großen Topf 1 EL Butter zerlassen. Die Zwiebel und den Knoblauch darin andünsten. Leber zugeben und kurz anbraten. Den Reis unter Rühren ebenfalls kurz braten.
– Den Wein angießen und bei mittlerer Hitze einkochen lassen. 2 Schöpfkellen Brühe dazugießen und einkochen lassen. Dies etwa 10 Min. wiederholen, bis der Reis halb gar ist.
– Dann die übrige Brühe und die Tomaten zugeben und zugedeckt etwa 20 Min. köcheln lassen, bis der Reis bissfest ist. Eventuell Brühe nachgießen.
– Den Reis salzen und pfeffern. Die übrige Butter in Stücken mit dem Parmesan unterrühren. Den Risotto in tiefen Tellern servieren.

229. Meeresfrüchtereis

GEHT SCHNELL | GELINGT LEICHT
Für 4 Personen
Zubereitungszeit: 25 Min.

2 Frühlingszwiebeln • 1 daumengroßes Stück frischer Ingwer • 200 g tiefgekühlte Erbsen • 2 EL neutrales Pflanzenöl • 4 Eier • Salz • 250 g Garnelenfleisch • 250 g Krebsfleisch (aus der Dose) • 750 g körnig gekochter Langkornreis (250 g roher Reis) • 3 EL helle Sojasauce • Zucker • frisch gemahlener Pfeffer

– Frühlingszwiebeln putzen, waschen und in feine Ringe schneiden. Den Ingwer schälen und hacken. Erbsen kurz blanchieren, abtropfen lassen.
– Das Öl in einer Pfanne erhitzen, die weißen Zwiebelringe und den Ingwer glasig braten. Die Eier verquirlen, salzen und in die Pfanne gießen. Stocken lassen, mit Stäbchen zerpflücken.
– Das Garnelen- und das Krebsfleisch mit den Erbsen zugeben, etwa 1 Min. braten.
– Den Reis auflockern, dazugeben und unter Rühren körnig braten. Mit Sojasauce, Zucker, Pfeffer und Salz abschmecken. Mit dem Zwiebelgrün bestreut servieren

230. Safran-Risotto mit Kürbis

GELINGT LEICHT | GUT FÜR GÄSTE
Für 4 Personen
Zubereitungszeit: 45 Min.

2 Schalotten • 4 TL kalt gepresstes Olivenöl • 200 g Rundkorn-Naturreis • 1/2 l Gemüsebrühe • 4 Tongku-Pilze (Asienladen) • 200 g Hokaido-Kürbis • 1 Knoblauchzehe • 500 g Blattspinat • 4 Frühlingszwiebeln • 1 Döschen Safran • Meersalz • frisch gemahlener Pfeffer • 20 g Kürbiskerne (siehe Tipp) • 1 Prise frisch geriebene Muskatnuss • 1 EL Kürbiskernöl • 30 g frisch geriebener Parmesan

– Die Schalotten schälen und klein schneiden. In einem Topf 2 TL Öl erhitzen und die Hälfte der Schalotten darin bei mittlerer Hitze 1 Min. dünsten. Den Reis dazugeben und unter Rühren 2 Min. mitdünsten. Mit Gemüsebrühe aufgießen, alles aufkochen lassen. Die Hitze reduzieren und den Reis bei schwacher Hitze zugedeckt 40 Min. garen.

– Inzwischen die Pilze in 8 EL warmem Wasser 10–15 Min. einweichen. Den Kürbis schälen, entkernen und in kleine Würfel schneiden. Knoblauch schälen und klein schneiden. Vom Spinat die Stiele abschneiden. Den Spinat verlesen, waschen und trockenschleudern. Die Frühlingszwiebeln waschen, putzen und samt dem Grün klein schneiden.
– In einem Topf 1 TL Öl erhitzen und darin bei mittlerer Hitze restliche Schalotten und den Knoblauch 1 Min. dünsten. Kürbis und den Safran unterrühren, salzen, pfeffern und den Kürbis bei schwacher Hitze zugedeckt 5 Min. dünsten.
– Inzwischen Pilze abtropfen lassen (Pilzwasser durchsieben), Stiele entfernen, die Hüte klein schneiden. Eine Pfanne erhitzen und die Kürbiskerne darin rösten, bis sie goldbraun werden; dann aus der Pfanne nehmen. In der Pfanne 1 TL Öl erhitzen und Frühlingszwiebeln, Spinat, Pilze und Pilzwasser hineingeben. Mit Salz, Pfeffer und Muskatnuss würzen. Alles zugedeckt bei schwacher Hitze 2 Min. garen; dann bei starker Hitze offen die Flüssigkeit stark einkochen lassen.
– Den Reis mit dem Kürbisgemüse und Kürbiskernöl vermischen. Auf die Teller verteilen und mit den Kürbiskernen und der Spinatmischung anrichten. Den Parmesan dazu reichen.

TIPP

Nehmen Sie ungeschälte griechische Kürbiskerne oder Kürbiskerne aus dem Reformhaus. Beide haben eine so dünne Schale, dass man sie sehr gut mitessen kann.

231. Reis mit Ei und Schinken auf südchinesische Art

GELINGT LEICHT | GEHT SCHNELL
Für 2 Personen
Zubereitungszeit: 25 Min.

1 Frühlingszwiebel • 50 g roh geräucherter Schinken oder luftgetrockneter (2 dicke Scheiben) oder chinesische Wurst Xiang Chang • 3–4 Eier (je nach Größe) • Salz • 5–6 EL Öl • 300 g gegarter Reis vom Vortag

– Frühlingszwiebel putzen und fein schneiden. Schinken würfeln. Eier verquirlen und mit Salz abschmecken.
– In einer Pfanne oder im Wok 2 EL Öl erhitzen. Eiermasse hineingeben, bei mittlerer Hitze stocken lassen. Dann zerteilen und etwa 1 Min. weiter garen, bis die Stücke goldgelb, aber nicht trocken sind (wie bei europäischem Rührei). Die Masse herausnehmen.
– Restliches Öl in der Pfanne oder im Wok erhitzen. Frühlingszwiebel und Schinken darin unter Rühren bei starker Hitze anbraten. Reis dazugeben und mit den Kochstäbchen oder einem Löffel auseinander lösen, bis er nicht mehr klebrig ist. Reis salzen und einige Minuten unter Rühren braten.
– Eier wieder untermischen, dann das Gericht in einer Glasschüssel anrichten und servieren.

TIPP

Dieses Gericht ist ein Grundrezept, das Sie vielfältig abwandeln können. Sehr beliebt ist gebratener Reis mit 8 Kostbarkeiten – das sind Garnelen, Schinken, Pilze, Bambus, Gurken, Möhren, Erbsen und rote Zwiebeln.

232. Chinesischer gebratener Reis

SCHMECKT KINDERN
Für 4 Personen
Zubereitungszeit: 40 Min.

250 g Langkorneis • 100 g gekochter Schinken (ohne Schwarte) • 1–2 Möhren (etwa 50 g) • 7 Eier • Salz • 4 EL neutrales Pflanzenöl • 50 g Erbsen (tiefgekühlt) • frisch gemahlener weißer Pfeffer • Salatgurken-und Möhrenscheiben zum Garnieren

– Den Reis mit der doppelten Menge Wasser zum Kochen bringen und zugedeckt bei schwacher Hitze etwa 20 Min. quellen, dann abkühlen lassen.
– Den Schinken in etwa 1 cm große Würfel schneiden. Die Möhren schälen und wie den Schinken würfeln.
– Eier in einer Schüssel verquirlen und mit 1 Prise Salz würzen. Einen Wok oder eine Pfanne bei starker Hitze in etwa 1 Min. erwärmen. 2 EL Öl angießen und die Eiermasse darin unter Rühren 1–2 Min. braten, Eiermasse dabei mit dem Kochlöffel zerkleinern.
– Schinken, Möhren und Erbsen dazugeben. Unter Rühren etwa 1 Min. braten. Reis dazugeben, mit 1/2 TL Salz und 1 Prise Pfeffer würzen und unter Rühren etwa

2 Min. braten. Anschließend sofort servieren. Die Gurken- und Möhrenscheiben mit einem kleinen, sehr scharfen Messer dekorativ schnitzen oder mit einem speziellen Ausstecher zu Blumen, Drachen oder chinesischen Schriftzeichen formen.

TIPP

Je länger der Reis ausquellen kann, desto besser schmeckt er. Das finden zumindest die Chinesen. Am besten Duftreis verwenden, der hat ein sehr feines Aroma. Gesalzener Reis, wie Europäer ihn kochen, passt nicht zu chinesischem Essen.

233. Reis mit Schinken und Spargel

GELINGT LEICHT
Für 4 Personen
Zubereitungszeit: 40 Min.

250 g Parboiled-Langkornreis • Salz • 1 kleine Zwiebel • 500 g grüner Spargel • 200 g gekochter Schinken in dünnen Scheiben • 2 EL Öl • 1/2 Bund Dill • 3 EL Crème fraîche • frisch gemahlener weißer Pfeffer • frisch geriebene Muskatnuss

– Den Reis mit 1/2 l Wasser und Salz in einem Topf zum Kochen bringen. Dann die Herdplatte ausschalten und den Reis etwa 10 Min. zugedeckt darauf stehenlassen. Anschließend bei schwächster Hitze den Reis weitere 10 Min. garen.
– Die Zwiebel schälen und in kleine Würfel schneiden. Den Spargel waschen, das untere Drittel der Stangen schälen. Spargel in etwa 1 cm lange Stücke schneiden, dabei die holzigen Stielenden entfernen. Den Schinken vom Fettrand befreien und in knapp fingerbreite Streifen schneiden.
– In einer Pfanne das Öl erhitzen. Die Zwiebel mit dem Schinken darin bei schwacher Hitze glasig braten. Den Spargel dazugeben und bei mittlerer Hitze unter Rühren etwa 3 Min. mitbraten.
– 3 EL Wasser dazugeben und den Spargel zugedeckt bei mittlerer bis schwacher Hitze etwa 5 Min. garen.
– Den Dill waschen, trockenschütteln und ohne die Stiele hacken. Den Reis und die Crème fraîche unter den Spargel mischen, mit Salz, Pfeffer und Muskat abschmecken und mit dem Dill bestreut servieren.

234. Japanischer Reis mit Tunfisch

GUT FÜR GÄSTE
Für 4 Personen
Zubereitungszeit: 45 Min.

400 g kalifornischer Rundkornreis (Medium Grain) • 100 g helle Sesamsamen • 60 ml japanische Sojasauce • 1 gehäufter TL Wasabi (japanischer grüner Meerrettich) • 400 g ganz frisches Tunfischfilet • 1/2 Blatt Nori (Seetang) • Daikon-Kresse zum Garnieren

– Reis 3- bis 4-mal in einer Schüssel waschen, bis das Wasser klar bleibt, dann in einem Sieb abtropfen lassen. Reis mit 600 ml Wasser zum Kochen bringen, dann bei schwacher Hitze etwa 25 Min. ausquellen lassen. Dabei zwischen Topf und Deckel ein gefaltetes Küchentuch legen, damit der Dampf aufgesogen wird.
– In der Zwischenzeit Sesam in einem Mörser zerreiben, bis das Öl herauskommt, und dann mit Sojasauce und Wasabi verrühren.
– Das Tunfischfilet in etwa 1/2 cm dicke Scheiben schneiden. 1/2 Blatt Nori mit einer Küchenschere in feine Streifen schneiden.
– In vier Reisschalen den fertigen Reis einfüllen. Nori-Streifen darüber streuen. Eine Seite des Tunfisches mit der Sesampaste bestreichen und so auf den Reis legen, dass die Seite mit der Paste nach unten liegt. Zum Schluss mit Daikon-Kresse bestreuen.

235. Spinatreis mit Tofu

GELINGT LEICHT
Für 4 Personen
Zubereitungszeit: 50 Min.

Meersalz • 200 g Rundkorn-Naturreis • 500 g Blattspinat • 1 rote Zwiebel • 1 Knoblauchzehe • 1 kleiner Zucchino • 2 Möhren • 200 g Tofu • 200 g Kirschtomaten • 2 EL kalt gepresstes Olivenöl • frisch gemahlener Pfeffer • 1 EL Tomatenmark • 2 Zweige Oregano • 2 Zweige glatte Petersilie • Saft von 1/2 Zitrone • Ecken von 1/2 Zitrone zum Garnieren

– In einem Topf 1/2 l Salzwasser bei starker Hitze zum Kochen bringen. Den Reis hineingeben, die Hitze reduzieren und den Reis bei schwacher Hitze zugedeckt 45 Min. garen.

– Inzwischen den Spinat verlesen und grobe Stiele abschneiden. Den Spinat waschen, trockenschleudern und in Streifen schneiden. Zwiebel und Knoblauch schälen und klein schneiden.
– Zucchino waschen, putzen und in etwa 3 cm lange, bleistiftdicke Stifte schneiden. Möhren schälen, längs vierteln und in dünne Scheiben schneiden. Den Tofu in mundgerechte Stücke schneiden. Die Kirschtomaten waschen und halbieren.
– In einem Topf 1 EL Öl erhitzen und den Knoblauch bei mittlerer Hitze darin dünsten. Den Spinat einrühren, salzen und pfeffern und bei schwacher Hitze zugedeckt 5 Min. mitdünsten, dann mit dem Tomatenmark vermischen und die Garflüssigkeit bei mittlerer Hitze offen einkochen lassen.
– Inzwischen in einer Pfanne übriges Öl erhitzen und die Zwiebel 1 Min. andünsten. Dann Zucchino und Möhren dazugeben und 1–2 Min. unter gelegentlichem Wenden mitdünsten. Tofu hineingeben und 3 Min. mitdünsten. Mit Salz, Pfeffer, Oregano und Petersilie würzen. Die Tomaten untermischen und 1/2 Min. mitdünsten.
– Den Reis nach Bedarf abtropfen lassen. Den Spinat mit dem Reis vermischen. Zum Servieren den Reis in ein Portionsschüsselchen füllen, festdrücken und umgekehrt auf die Teller stürzen. Mit dem Gemüse garnieren und mit Zitronensaft beträufeln. Die Zitronenecken an den Rand der Teller legen.

TIPP

Sie können den Spinat, bevor Sie ihn mit dem Reis vermischen, mit dem Pürierstab pürieren und den Reis so grün färben. Wenn Sie dann noch das Tomatenmark weglassen, erhält der Reis so eine herbere Geschmacksnote.

236. Safranreis mit Nüssen

GUT FÜR GÄSTE | GEHT SCHNELL
Für 4 Personen
Zubereitungszeit: 30 Min.

50 g Butter • 350 g Langkornreis • 50 g gehackte Walnusskerne • 50 g gehackte Pinienkerne • 50 g gehackte Haselnusskerne • 50 g gehackte Pistazien • 50 g gehackte Mandeln • 8 Safranfäden oder 1/2 TL gemahlene Kurkuma • Salz

– Die Butter in einem Topf zerlassen. Den Reis, die Nüsse und die Safranfäden oder die Kurkuma dazugeben und alles bei schwacher Hitze unter Rühren braten, bis der Reis glasig ist.
– Nach und nach 1/2 l Wasser angießen, den Reis mit Salz würzen und zugedeckt bei schwacher Hitze etwa 20 Min. quellen lassen, bis keine Flüssigkeit mehr vorhanden ist.

237. Rosinenreis mit Mandeln

GELINGT LEICHT | VEGETARISCH
Für 4 Personen
Zubereitungszeit: 35 Min.

100 g Mandeln • 50 g Butter • 350 g Langkornreis • 1/2 TL Zimtpulver • 100 g Rosinen • Salz

– Die Mandeln mit kochendem Wasser überbrühen, kalt abschrecken und häuten.
– Die Butter in einem Topf erhitzen und die Mandeln darin anrösten. Den Reis und Zimt dazugeben und unter Rühren bei schwacher Hitze mitrösten, bis der Reis glasig ist.
– Nach und nach 1/2 l Wasser angießen und die Rosinen dazugeben. Den Reis mit Salz würzen und zugedeckt bei schwacher Hitze etwa 20 Min. quellen lassen, bis keine Flüssigkeit mehr vorhanden ist.

238. Kubanischer Reis mit roten Bohnen

VEGETARISCH
Für 4 Personen
Zubereitungszeit: 45 Min.

250 g Langkornreis • 1 Zwiebel • 1 grüne Paprikaschote • 2 Tomaten (etwa 250 g) • 2 Knoblauchzehen • 1–2 EL Butterschmalz • 1 Dose rote Bohnen (270 g Abtropfgewicht) • Salz • frisch gemahlener schwarzer Pfeffer

– Den Reis in ein Sieb geben und unter fließendem Wasser waschen, bis das Wasser klar bleibt. Dann abtropfen lassen.
– Die Zwiebel schälen und klein würfeln. Die Paprikaschote waschen, putzen und ebenfalls klein würfeln. Die

Tomaten mit kochendem Wasser überbrühen, häuten, entkernen und in kleine Würfel schneiden, dabei die Stielansätze entfernen. Den Knoblauch schälen.
– Das Schmalz in einem Topf erhitzen und die Zwiebelwürfel darin goldbraun braten. Die Paprikawürfel und die Tomaten hinzufügen, den Knoblauch dazupressen und kurz mitbraten.
– Den Reis und die Bohnen dazugeben und 450 ml Wasser angießen. Mit Salz und Pfeffer würzen, umrühren und aufkochen lassen. Alles zugedeckt bei schwacher Hitze etwa 25 Min. köcheln lassen, bis der Reis gar, aber noch körnig ist.

TIPP

Reis mit Bohnen ist eines der beliebtesten Gerichte in der Karibik und wird gerne als Beilage oder mit Spiegeleiern und gebratenen reifen Kochbananen als Hauptgericht gegessen.

239. Linsen mit Reis und Nudeln

PREISWERT | VEGETARISCH
Für 4 Personen
Zubereitungszeit: 1 Std.

8 kleine getrocknete Chilischoten • je 1 TL Kreuzkümmelsamen, Koriander- und Pimentkörner • 4 Knoblauchzehen • 1 EL Zitronensaft • 2 EL Weißweinessig • 4 EL Olivenöl • 2 große Zwiebeln • 8 EL Erdnuss- oder Sonnenblumenöl • 225 g kleine braune Linsen (z. B. Puy-Linsen) • Salz • 225 g Mittelkornreis • 100 g kleine Hartweizen-Nudeln (Hörnchen oder Gabelspaghetti) • Korianderblättchen nach Belieben zum Garnieren

– Die Chilis mit 75 ml kochendem Wasser übergießen, 15 Min. quellen lassen. Inzwischen die Gewürze im Mörser zerstoßen. Den Knoblauch schälen. Chilis, Knoblauch, die Hälfte der Gewürze, Zitronensaft, Essig und Olivenöl pürieren, beiseite stellen.
– Die Zwiebeln schälen und in dünne Ringe schneiden. In einem Schmortopf das Öl stark erhitzen. Die Zwiebeln darin in 7–10 Min. braun braten. Herausheben, auf Küchenpapier abtropfen lassen. Die Linsen in das Bratöl rühren, etwa 1/2 l Wasser aufgießen, salzen und bei mittlerer Hitze 15 Min. zugedeckt garen.
– Den Reis einrühren, etwa 1/4 l Wasser dazugießen und 10 Min. zugedeckt köcheln lassen.
– Nudeln und restliche Gewürze einrühren, etwas Wasser angießen und noch 10–15 Min. köcheln lassen, dabei gerade so viel Wasser dazugeben, dass nichts am Topfboden klebt.
– Wenn die Nudeln gar sind, alles auf eine Platte häufen, mit den gerösteten Zwiebeln bestreuen. Mit Koriander garnieren. Die scharfe Chilisauce extra dazu servieren.

240. Tandoori-Reis mit Pilzen

GEHT SCHNELL | VEGETARISCH
Für 4 Personen
Zubereitungszeit: 30 Min.

200 g Basmati-Naturreis • 1 Zwiebel • 2 EL Erdnuss- oder Sonnenblumenöl • 1 1/2 TL Tandoori-Gewürz (Asienladen) • 1 Prise Cayennepfeffer • Meersalz • 200 g Champignons • 30 g Pinienkerne • 1/2 Bund Basilikum • Saft von 1/2 Zitrone • frisch gemahlener weißer Pfeffer

– Den Reis in ein Sieb geben und mit kaltem Wasser überbrausen, bis das ablaufende Wasser klar bleibt. Den Reis mit frischem Wasser bedecken und 30 Min. quellen, dann abtropfen lassen.
– 400 ml Wasser erhitzen. Die Zwiebel schälen und klein schneiden. In einem Topf 1 EL Öl erhitzen und darin die Zwiebel bei mittlerer Hitze 2 Min. dünsten. Tandoori-Gewürz und Cayennepfeffer unterrühren. Den Reis dazugeben und 2 Min. glasig braten.
– Mit dem erhitzten Wasser aufgießen. Aufkochen lassen und den Reis zugedeckt bei schwacher Hitze in 20 Min. weich kochen, dann salzen.
– Inzwischen die Champignons mit Küchenpapier trocken abreiben, putzen und in Scheiben schneiden. Eine Pfanne ohne Fett heiß werden lassen. Pinienkerne darin goldgelb rösten und beiseite stellen.
– In der Pfanne 1 EL Öl erhitzen. Die Champignons darin bei mittlerer Hitze 4 Min. dünsten, bis die Garflüssigkeit verdampft ist.
– Die Basilikumblätter von den Stängeln zupfen und in Streifen schneiden. Die Champignons mit Zitronensaft ablöschen, mit Salz und Pfeffer würzen. Die Champignons unter den Reis mischen.
– Den Tandoori-Reis mit den Pinienkernen und den Basilikumstreifen garnieren.

241. Thailändischer Reis mit Spargel

VEGETARISCH | GELINGT LEICHT
Für 4 Personen
Zubereitungszeit: 50 Min.

200 g Langkorn-Naturreis • Meersalz • 1 Knoblauchzehe • 1 rote Zwiebel • 5 cm Zitronengras (Asienladen) • 1 walnussgroßes Stück Ingwer • 200 g Tofu • 400 g grüner Spargel • 200 g Zuckerschoten • 2 Frühlingszwiebeln • 1/2 eingelegte rote Chilischote • 2 EL Erdnussöl • 1 EL Zitronensaft • 1 EL Sojasauce

– Den Reis in 1/2 l Salzwasser zum Kochen bringen und 40 Min. garen. Inzwischen den Knoblauch und die Zwiebel schälen und klein schneiden. Nur das Weiße vom Zitronengras klein schneiden. Ingwer schälen und reiben. Tofu in 1 1/2 cm große Würfel schneiden.
– Den Spargel waschen und nur das untere Drittel der Stangen schälen, längs halbieren. Die Zuckerschoten putzen und waschen. Beide Gemüse in etwa 2 cm lange Stücke schneiden. Frühlingszwiebeln putzen, waschen und klein schneiden. Die Chilischote längs aufschneiden und die Samen entfernen. Die Schote klein schneiden.
– In einer Pfanne das Öl erhitzen und rote Zwiebel, Knoblauch, Zitronengras und Ingwer darin 1 Min. andünsten. Spargel dazugeben und 1 Min. mitdünsten. Dann den Tofu 3 Min. und die Zuckerschoten 1 Min. mitgaren. Salzen und pfeffern. Reis abgießen, abtropfen lassen und mit den Frühlingszwiebeln untermischen. Mit Chili, Zitronensaft und Sojasauce abschmecken.

242. Koreanischer Reis

GELINGT LEICHT
Für 4 Personen
Zubereitungszeit: 40 Min.

5 EL Sojasauce • 1 EL Sesamöl • 1/2 Nori-Platte, in Streifen geschnitten • 1/2 rote Paprikaschote • 1/2–1 eingelegte Chilischote • 1 Knoblauchzehe • 4 Tongku-Pilze • 200 g Maiskölbchen • 200 g Möhren • 200 g Zucchini • 4 Frühlingszwiebeln • 200 g Süßreis (Moshi-Reis oder ein anderer Rundkornreis) • 2 EL Erdnussöl • 1 TL frisch geriebener Ingwer • Meersalz • frisch gemahlener Pfeffer • Saft von 1/2 Zitrone • 200 g Sojabohnensprossen • 50 g Brunnenkresse (ersatzweise Rucola)

– Für die Sauce 4 EL Sojasauce, 2 TL Sesamöl und Nori-Algen vermischen. Die Paprikaschote waschen, putzen und in kleine Würfel schneiden. Die Chilischote längs aufschneiden und die Samen entfernen. Die Chilischote klein schneiden. Paprika und Chili unter die Sauce mischen. Den Knoblauch schälen und dazupressen.
– Tongku-Pilze von heißem Wasser bedeckt 10 Min. einweichen, dann abtropfen lassen, das Pilzwasser aufheben. Die Stiele entfernen und die Hüte in Scheiben schneiden. Mais waschen, putzen und längs halbieren. Möhren und Zucchini waschen, putzen und in 1 cm dicke, schräge Scheiben schneiden. Frühlingszwiebeln waschen, putzen und samt Grün klein schneiden.
– Den Reis im Sieb waschen, abtropfen lassen und in 1/2 l Wasser 20 Min. garen. Inzwischen in einer großen Pfanne das Öl erhitzen. Möhren darin 5 Min. bei mittlerer Hitze dünsten. Mais, Zucchini, Pilze und Ingwer untermischen. Mit dem Pilzwasser aufgießen, salzen und pfeffern. Das Gemüse zugedeckt bei schwacher Hitze 5 Min. garen, dann die Frühlingszwiebeln untermischen und das Gemüse offen bei mittlerer Hitze ausdampfen lassen. Mit dem restlichen Sesamöl, mit Sojasauce und Zitronensaft abschmecken.
– Inzwischen Sprossen in kaltem Wasser waschen und oben schwimmende grüne Hülsen entfernen. Sprossen blanchieren, abschrecken und abtropfen lassen. Kresse waschen und in Streifen schneiden. Die Sauce in einer großen Pfanne erhitzen, Sprossen darin 1 Min. unter Rühren dünsten. Reis abtropfen lassen, mit der Kresse untermischen. Den Reis mit dem Gemüse garnieren.

243. Reistopf mit Kichererbsen und Gemüse

VEGETARISCH | BRAUCHT ETWAS ZEIT
Für 4 Personen
Zubereitungszeit: 1 1/2 Std.
Quellzeit: 8 Std.

150 g Kichererbsen • 1 TL gekörnte Gemüsebrühe (Instant) • 1 TL getrockneter Thymian • 200 g Natur-Langkornreis • 2 Frühlingszwiebeln • 250 g Tomaten • 1 Zucchino • 1 kleine Paprikaschote • 2 EL Crème fraîche • 1/2 Bund Petersilie • Salz • Cayennepfeffer

– Am Vorabend die Kichererbsen in 3/4 l Wasser geben und über Nacht, mindestens jedoch 8 Std. zugedeckt quellen lassen.

– Kichererbsen mit dem Einweichwasser, der Gemüsebrühe und dem Thymian aufkochen und zugedeckt bei schwacher Hitze etwa 15 Min. kochen lassen.
– Dann den Reis dazugeben und alles erneut aufkochen lassen. Nun zugedeckt bei schwacher Hitze etwa 40 Min. sanft garen.
– Inzwischen die Frühlingszwiebeln putzen, waschen und mit allen saftigen grünen Blättern in dünne Ringe schneiden.
– Die Tomaten mit kochend heißem Wasser überbrühen und kurz darin ziehen lassen. Dann kalt abschrecken und häuten. Die Tomaten würfeln, dabei die Stielansätze entfernen.
– Den Zucchino waschen, vom Stiel- und Blütenansatz befreien und würfeln. Die Paprikaschote waschen, halbieren, von den weißen Trennwänden und den Kernen befreien und in dünne Streifen schneiden.
– Das Gemüse und die Crème fraîche unter den Reis mischen. Alles aufkochen und zugedeckt bei mittlerer Hitze etwa 5 Min. garen, bis das Gemüse gerade eben bissfest ist. Die Petersilie waschen, trockenschütteln und ohne die groben Stiele fein hacken.
– Den Reistopf mit Salz und 1 kräftigen Prise Cayennepfeffer abschmecken und mit der Petersilie bestreut servieren.

TIPPS

– Der Reistopf passt auch sehr gut als Beilage zu marinierten Lammkoteletts oder gemischtem Salat.
– Kichererbsen bekommen Sie getrocknet in Reformhäusern, Naturkostläden und inzwischen auch in vielen Supermärkten. Die aromatischen, gelben bis rötlich-braunen, unregelmäßig geformten Hülsenfrüchte stammen aus Vorderasien. In den Anbaugebieten Indien, Pakistan, Mexiko und einigen Mittelmeerländern zählen sie seit jeher zu den Hauptnahrungsmitteln. Vor allem in Asien isst man nicht nur die Samen, sondern verwendet auch die Blätter als Gemüse. Kichererbsenmehl wird in Nordafrika und im Nahen Osten zu Klößchen – Falafel genannt – verarbeitet, die man frittiert und mit kräftig gewürzten Dips, Zwiebeln und rohem Gemüse serviert. Der Nährwert von Kichererbsen entspricht etwa dem von anderen getrockneten Hülsenfrüchten: Sie sind reich an pflanzlichem Eiweiß, liefern viele Mineralstoffe, Vitamine und Ballaststoffe.

244. Möhren-Pilaw

GUT FÜR GÄSTE
Für 4–6 Personen
Zubereitungszeit: 1 Std.

50 g Korinthen • Saft von 2 Zitronen • 800 g zarte Möhren • 2 kleine Zwiebeln • 2 Knoblauchzehen • 40 g Butterschmalz • je 30 g Pinienkerne, gehackte Mandeln, Sonnenblumenkerne und Pistazienkerne (2–3 EL) • Salz • frisch gemahlener Pfeffer • 800–900 ml Gemüsebrühe • 400 g Basmati-Reis (oder anderer Langkornreis) • 1/2 TL gemahlener Kardamom • 1 Stück Zimtstange • 2–3 Gewürznelken • 2 getrocknete Chilischoten • 1 Bund glatte Petersilie

– Die Korinthen im Zitronensaft 20 Min. einweichen. Inzwischen die Möhren gründlich waschen und in dünne Scheiben schneiden. Die Zwiebeln und die Knoblauchzehen schälen und fein würfeln.
– In einem breiten Topf 30 g Butterschmalz erhitzen, die Pinienkerne, Mandeln, Sonnenblumenkerne und Pistazien darin 1–2 Min. unter Rühren anbraten. Mit einer Schaumkelle herausnehmen, salzen, pfeffern und beiseite stellen. In einem Topf die Brühe erhitzen.
– Inzwischen Zwiebeln und Knoblauch im übrigen heißen Schmalz glasig dünsten, Reis hinzufügen und 4–5 Min. mitgaren, bis die Körner vom Fett überzogen sind. Möhren und Reis vermischen, noch 3 Min. unter Rühren anschwitzen. Mit der heißen Brühe aufgießen. Die Korinthen samt Zitronensaft, Salz, Kardamom, Zimt, Nelken und Chilischoten hinzufügen. Zugedeckt bei schwacher Hitze in 15 –20 Min. bissfest garen, eventuell noch etwas Brühe angießen.
– Die gerösteten Kerne und Mandeln unter den fertigen Reis mischen, mit Salz und Pfeffer abschmecken. Den Pilaw zugedeckt noch 10 Min. auf der abgeschalteten Herdplatte ziehen lassen. Inzwischen die Petersilie waschen, ein paar Blätter zum Garnieren beiseite legen, die restlichen fein hacken. Gehackte Petersilie zum Schluss über den Pilaw streuen, kurz durchschwenken. Mit Petersilienblättern garnieren.

TIPP

Den weißen Reis durch Vollkornreis ersetzen, die Garzeit verlängert sich dann auf 30–40 Min.

245. Pilaw mit Lamm und Auberginen

GUT FÜR GÄSTE
Für 5 Personen
Zubereitungszeit: 1 1/2 Std.

500 g Lammschulter • 1 große Zwiebel • 2 Knoblauchzehen • 1 rote Chilischote • 1 Zweig frischer oder 1/2 TL getrockneter Rosmarin • 8 EL Öl • Salz • 1/2 TL Zimtpulver • 1/4 TL gemahlene Nelken • 50 g Korinthen • 1/8 l trockener Weißwein (ersatzweise Wasser und 2 EL Zitronensaft) • 1 Aubergine (etwa 300 g) • 200 g Langkornreis • 50 g ungesalzene Pistazienkerne • 1/2 Bund Petersilie

– Das Fleisch waschen und trockentupfen. Dann in etwa 3 cm große Würfel schneiden, dabei von einem Teil des Fettes befreien.
– Die Zwiebel und die Knoblauchzehen schälen und hacken. Chilischote längs aufschlitzen, von allen Kernen befreien, waschen und in feine Streifen schneiden. Danach die Hände waschen, denn die Kerne sind sehr scharf. Frische Rosmarinnadeln vom Zweig abstreifen.
– In einem großen Schmortopf 1 EL Öl erhitzen. Das Fleisch darin bei mittlerer Hitze unter häufigem Wenden etwa 5 Min. anbraten. Herausnehmen und auf einem Teller beiseite stellen.
– 2 EL Öl in den Topf geben, Zwiebel, Knoblauch, Chili und Rosmarin darin bei schwacher Hitze unter Rühren etwa 1 Min. braten.
– Das Fleisch wieder hinzufügen. Etwa 100 ml Wasser, Salz, Zimt und Nelken dazugeben, aufkochen lassen und alles zugedeckt bei schwacher Hitze etwa 25 Min. garen.
– Inzwischen die Korinthen mit dem Wein übergießen und darin quellen lassen. Die Aubergine waschen, vom Stielansatz befreien und mit der Schale in etwa 1 cm große Würfel schneiden.
– Das restliche Öl in einer Pfanne erhitzen. Die Aubergine darin bei schwacher Hitze etwa 20 Min. braten, dabei mehrmals wenden.
– Reis und 300 ml Wasser unter das Fleisch mischen, erneut aufkochen und zugedeckt bei schwächster Hitze etwa 20 Min. garen. Eventuell etwas Wasser dazugießen.
– Die Pistazienkerne grob hacken. Mit der Aubergine, den Korinthen und dem Wein unter den Pilaw mischen und alles weitere 10 Min. zugedeckt ziehen lassen.
– Die Petersilie waschen, trockenschütteln und ohne die groben Stiele fein hacken. Den Pilaw mit Salz abschmecken und mit der Petersilie bestreut servieren.

246. Gebratener Reis mit Bambussprossen

VEGETARISCH | GELINGT LEICHT
Für 4 Personen
Zubereitungszeit: 50 Min.

Meersalz • 100 g Wildreis • 200 g Basmati-Naturreis • 10 Tongku-Pilze (Asienladen) • 2 Stangen Staudensellerie • 2 Möhren • 200 g Bambussprossen (aus der Dose) • 1 rote Paprikaschote • 2 Frühlingszwiebeln • 1 rote Zwiebel • 1 Knoblauchzehe • 1 walnussgroßes Stück Ingwer • 3 EL Erdnuss- oder Sonnenblumenöl • 250 g Tofu • frisch gemahlener Pfeffer • 3 EL Sojasauce • 1 EL Reisessig

– In einem Topf 400 ml Salzwasser zum Kochen bringen und den Wildreis darin 45 Min. garen. Inzwischen in einem zweiten Topf Basmati-Reis mit 400 ml Salzwasser zum Kochen bringen und zugedeckt bei schwacher Hitze 40 Min. quellen lassen. Während die Reissorten garen, Pilze von heißem Wasser bedeckt 10–15 Min. quellen lassen. Dann abtropfen lassen, die Stiele entfernen und die Hüte vierteln. Das Pilzwasser durchsieben und aufheben.
– Den Staudensellerie waschen, putzen und in 1 cm dicke Scheiben schneiden. Die Möhren schälen, längs in drei etwa 1/2 cm dicke Scheiben, dann in etwa 3 cm lange Stifte schneiden. Die Bambussprossen abtropfen lassen und ebenfalls in 3 cm lange Stifte schneiden. Paprikaschote waschen, halbieren, putzen und in etwa 2 cm große Stücke schneiden. Frühlingszwiebeln waschen, putzen und klein schneiden. Rote Zwiebel und Knoblauchzehe schälen und klein schneiden. Ingwer schälen und reiben.
– In einem Wok 2 EL Öl erhitzen und bei mittlerer Hitze rote Zwiebel, Knoblauch und Ingwer 1–2 Min. darin dünsten. Pilze, Möhren, Sellerie und Paprikaschote einrühren und 5–6 Min. mitdünsten. Die Bambussprossen 1 Min. mitdünsten.
– In einer Pfanne das restliche Öl erhitzen. Den Tofu in mundgerechte Scheiben schneiden, salzen und pfeffern und bei mittlerer Hitze je Seite in 1 1/2 Min. darin goldbraun braten.
– Den Reis nach Bedarf abtropfen lassen und mit den Frühlingszwiebeln ebenfalls unter das Gemüse mischen. Pilzwasser, Sojasauce und Reisessig unterrühren und kurz aufkochen lassen, Tofu dazugeben. Das Gericht nochmals mit Salz und Pfeffer abschmecken.

247. Gebratener Reis mit Schweinefleisch, Krabben und Gemüse

GUT FÜR GÄSTE | BRAUCHT ETWAS ZEIT
Für 4 Personen
Zubereitungszeit: 1 Std.
Marinierzeit: 3 Std.

300 g mageres Schweinefleisch (Oberschale oder Nuss) • 1 Knoblauchzehe • 1 EL Erdnussöl • 100 g gegarte, geschälte Krabben • 1 EL Zitronensaft • 100 g Langkornreis • 1 Stange Lauch • 1 Möhre • 4 EL Öl • 150 g tiefgekühlte Erbsen • 1/2 Bund Petersilie • Salz • Cayennepfeffer • 2–3 EL Sojasauce

– Das Fleisch von Sehnen und Häuten befreien, quer zur Faser zuerst in dünne Scheiben, dann in feine Streifen schneiden. Die Fleischstreifen in eine Schüssel geben.
– Den Knoblauch schälen und fein hacken. Das Fleisch mit dem Knoblauch und dem Erdnussöl vermischen. Krabben in einer anderen Schüssel mit dem Zitronensaft mischen. Beide Zutaten zugedeckt im Kühlschrank etwa 3 Std. marinieren.
– Reis mit 200 ml Wasser aufkochen und zugedeckt bei schwächster Hitze in etwa 15 Min. körnig weich garen. In einer Schüssel erkalten lassen, dabei ab und zu umrühren, damit die Körner nicht zusammenkleben.
– Den Lauch putzen, längs halbieren, waschen und quer in etwa fingerdicke Stücke schneiden. Die Möhre schälen und in dünne Stifte schneiden.
– In einer Pfanne 1 EL von dem Öl bei mittlerer Hitze heiß werden lassen. Das Fleisch darin in zwei bis drei Portionen bei starker Hitze unter ständigem Wenden braten, bis es leicht gebräunt ist. Herausnehmen und auf einem Teller beiseite stellen.
– Die Krabben in die Pfanne geben und unter Rühren etwa 1/2 Min. braten. Ebenfalls herausnehmen.
– Restliches Öl in der Pfanne erhitzen. Lauch, Möhre und Erbsen darin bei mittlerer Hitze unter Rühren etwa 5 Min. braten. Reis dazugeben und alles etwa 2 Min. braten, bis das Gemüse bissfest und der Reis heiß ist. Dabei häufig wenden.
– Die Petersilie waschen, trockenschütteln und ohne die groben Stiele fein hacken.
– Fleisch und Krabben unter den Reis mischen, alles mit Salz, 1 kräftigen Prise Cayennepfeffer und der Sojasauce würzen und unter Rühren heiß werden lassen. Den gebratenen Reis auf vorgewärmten Tellern anrichten und mit der Petersilie bestreut sofort servieren.

TIPPS

– Gebratener Reis gelingt nur mit bereits abgekühltem Reis: Die Körner sind dann so stabil, dass sie sich braten lassen, ohne matschig zu werden. Eventuell den Reis schon am Vortag kochen.
– Wichtig ist auch, dass Sie Langkornreis von sehr guter Qualität verwenden, der schon beim Kochen fest und körnig bleibt, weil er relativ wenig Flüssigkeit aufnimmt. Besonders feine Langkorn-Sorten sind indischer Basmati-Reis und Duftreis aus Thailand. Beide Sorten bekommen Sie in gut sortierten Supermärkten, Feinkostgeschäften und natürlich in Asienläden.

248. Reis mit Meeresfrüchten

GEHT SCHNELL | GELINGT LEICHT
Für 4 Personen
Zubereitungszeit: 25 Min.

500 g gemischte Meeresfrüchte (Garnelen, Tintenfisch, Filets von Meeresfischen; alles küchenfertig vorbereitet) • 8 Knoblauchzehen • 3 Frühlingszwiebeln • 2 Tomaten • 3 Stängel Koriander • 1 Salatgurke • 5 EL Öl • 750 g gekochter, abgekühlter Reis (aus 250 g ungekochtem thailändischem Reis) • 3 EL Fischsauce • 2 EL Tomatenketchup • 1 TL Zucker

– Die Meeresfrüchte kalt waschen, abtropfen lassen und mit Küchenpapier trockentupfen.
– Den Knoblauch schälen und fein hacken. Die Frühlingszwiebeln waschen, der Länge nach halbieren und in etwa 3 cm lange Stücke schneiden. Die Tomaten waschen und achteln, dabei den Stielansatz entfernen. Koriander waschen, trockenschütteln und grob hacken. Die Gurke schälen und in etwa 1/2 cm dicke Scheiben schneiden.
– Öl in einer Pfanne oder im Wok erhitzen, Knoblauch darin bei mittlerer Hitze in etwa 2 Min. goldgelb braten. Meeresfrüchte hinzugeben und bei starker Hitze etwa 2 Min. durchschwenken.
– Reis, Fischsauce, Tomatenketchup, Tomatenachtel, Frühlingszwiebel und den Zucker dazugeben, alles etwa 2 Min. unter ständigem Rühren weiterschmoren.
– Das Gericht auf einer Platte anrichten, mit den Gurkenscheiben garnieren, Koriander darüber streuen.

249. Nasi Goreng
(Indonesischer gebratener Reis)

GUT VORZUBEREITEN
Für 4 Personen
Zubereitungszeit: 45 Min.

200 g Langkornreis • Salz • 4 Schalotten • 2 Knoblauchzehen • 1/4 TL Terasi (Garnelenpaste, Asienladen) • 7 EL Kokosöl • 4 EL Öl zum Reisbraten • 4 Eier • 3 EL Kecap manis (süße Sojasauce, Asienladen) • 7 EL Tomatenketchup • 1–2 TL Sambal oelek • nach Belieben 1 Hand voll Korianderblättchen, ein paar Gurkenscheiben und Krabbenbrot (Krupuk, Asienladen)

– Den Reis waschen, bis das Wasser klar bleibt, dann in einem Topf mit fest schließendem Deckel in 375 ml Salzwasser aufsetzen. Sobald das Wasser kocht, die Hitze stark verringern und den Reis bei schwacher Hitze zugedeckt 15–20 Min. garen. Wenn alles Wasser aufgesogen und die Oberfläche trocken ist, Topf vom Herd nehmen. Reis vor dem Weiterverarbeiten noch etwa 10 Min. zugedeckt quellen lassen.
– Schalotten und Knoblauch schälen und fein hacken. Terasi mit dem Löffelrücken zerdrücken.
– In einer Pfanne 1 EL Öl erhitzen. Die Eier aufschlagen und bei mittlerer Hitze 4 Spiegeleier braten, salzen und warm stellen.
– Wenn der Reis gar ist, das restliche Öl im Wok oder in einer großen Pfanne erhitzen. Schalotten, Knoblauch und Terasi glasig dünsten. Den Reis hinzufügen und bei starker Hitze etwa 3 Min. rührend braten. Dann Kecap manis, Tomatenketchup und Sambal oelek unter den Reis mischen und alles unter ständigem Rühren in weiteren 3 Min. fertigbraten.
– Gebratenen Reis auf Teller verteilen und auf jede Portion ein Spiegelei legen. Nach Belieben mit Koriander, Gurkenscheiben und Krabbenbrot verzieren.

TIPP
Die Briten haben das indonesisch-chinesische Wort kecap aus Malaysia mitgebracht und bei uns eine inzwischen in aller Welt berühmt gewordene Tomatensauce danach benannt: den Ketchup. Bei Kecap handelt es sich aber nicht um eine Tomatensauce, sondern um eine aus fermentierten Sojabohnen hergestellte indonesische Sojasauce, Basisgewürz für fast alle indonesischen Saucen und Marinaden. Die Indonesier benutzen zwei Sorten: Kecap asin heißt die salzigere Sorte, die sich auch durch chinesische oder japanische Sojasauce ersetzen lässt. Kecap manis dagegen ist dickflüssig, dunkel und süß. Es ist für die indonesische Küche unverzichtbar und verleiht den meisten Gerichten eine braune Farbe und die typische, leicht süßliche Note. Kecap manis hält sich fast unbegrenzt. Die süße Sojasauce sollte aber immer erst am Ende des Kochvorgangs zugefügt werde, da sie leicht anbrennt.

250. Nasi goreng istimewa
(Gebratener Reis mit Gemüse, Fleisch und Garnelen)

GELINGT LEICHT
Für 4 Personen
Zubereitungszeit: 45 Min.

200 g Langkornreis • Salz • 250 g Rinder- oder Geflügelfilet • 4 Schalotten • 2 Knoblauchzehen • 1/4 TL Terasi (Garnelenpaste, Asienladen) • 100 g Chinakohl • 1 große Möhre • 700 g frische enthülste Erbsen (ersatzweise tiefgekühlt) • 100 g Sojabohnenkeimlinge • 200 g gegarte, geschälte Garnelen • 3–4 EL Kokosöl • 3 EL Kecap manis (süße Sojasauce, Asienladen) • 1 EL Tomatenketchup • 1–2 TL Sambal oelek

– Den Reis garen und quellen lassen, wie in Rezept Nr. 249 beschrieben.
– Inzwischen das Fleisch waschen, trockentupfen und quer zur Faser in feine Streifen schneiden. Schalotten und Knoblauch schälen und klein hacken. Terasi mit dem Löffelrücken zerdrücken.
– Chinakohl putzen, waschen und in etwa 1 cm breite Streifen schneiden. Möhre schälen, waschen und in streichholzfeine, etwa 5 cm lange Stifte schneiden. Erbsen, Sojabohnenkeimlinge und Garnelen nacheinander in einem Sieb mit kaltem Wasser abbrausen und gut abtropfen lassen.
– Öl im Wok oder in einer großen Pfanne erhitzen. Nach und nach das Fleisch darin unter Rühren etwa 2 Min. bei starker Hitze anbraten. Die Garnelen dazugeben und 1 weitere Min. mitbraten. Wieder herausnehmen.

– Schalotten und Knoblauch glasig dünsten, Terasi untermischen. Erbsen einrühren, etwa 5 Min. garen (ist bei tiefgekühlten nicht nötig). Möhren hineingeben und etwa 2 Min. rührend braten. Übriges Gemüse hinzufügen und unter Rühren weitere 2 Min. dünsten.
– Reis unters Gemüse mischen, gut durchbraten. Mit Kecap manis, Tomatenketchup, Sambal oelek und Salz würzen. Unter Rühren weitere 3 Min. garen. Servieren.

251. Gefüllte Tomaten mit Reis

BRAUCHT ETWAS ZEIT
Für 4 Personen
Zubereitungszeit: 30 Min.
Backzeit: 2 Std.

150 g Langkornreis (kein Parboiled!) • 8 Fleischtomaten (etwa 1,3 kg) • 1 EL Tomatenmark • 4 Knoblauchzehen • 1 Bund Petersilie • 2 Zweige Oregano • 8 EL Olivenöl • Salz • frisch gemahlener Pfeffer • Zucker • 1 Prise Zimtpulver • 2 EL Semmelbrösel

– Den Reis waschen und in lauwarmem Wasser 15 Min. einweichen. Tomaten waschen und oben einen Deckel abschneiden, das Innere aushöhlen. Fruchtfleisch durch ein Sieb streichen, mit Tomatenmark verrühren.
– Backofen auf 165° vorheizen. Knoblauch schälen und fein hacken. Kräuter waschen, trockenschütteln und hacken. Reis abtropfen lassen, mit Knoblauch, Kräutern, 6 EL Öl, Salz und Pfeffer gründlich vermischen.
– Tomaten mit 1 Prise Zucker und Zimt ausstreuen und in eine feuerfeste Form setzen. Zu drei Vierteln locker mit der Reismischung füllen. Jeweils 2–3 EL vom Tomatenpüree darüber füllen, so dass der Reis gut mit Flüssigkeit bedeckt ist. Tomatendeckel wieder aufsetzen. Mit restlichem Öl beträufeln, mit Bröseln bestreuen.
– Übriges Tomatenpüree mit gleicher Menge Wasser verdünnen, mit Salz, Pfeffer und 1 Prise Zucker würzen, um die Tomaten gießen. Im Ofen (Mitte, Umluft 150°) 2 Std. garen, dabei ab und zu mit der Sauce beträufeln.

252. Reisauflauf mit Spinat und Pinienkernen

VEGETARISCH
Für 4 Personen
Zubereitungszeit: 1 Std.

250 g Rundkornreis • Salz • 500 g Spinat • 1 Zwiebel • 50 g Pinienkeme • 2 Eier • Cayennepfeffer • 100 g frisch geriebener Emmentaler • 2 TL Butter

– Den Reis mit 1/2 l Wasser und Salz in einem Topf aufkochen. Zugedeckt bei schwächster Hitze etwa 15 Min. garen. Dann in einer Schüssel lauwarm abkühlen lassen.
– Inzwischen den Spinat von allen welken Blättern und den groben Stielen befreien, dann in stehendem kaltem Wasser mehrmals gründlich waschen. Den Spinat im Blitzhacker zerkleinern.
– Zwiebel schälen und fein hacken, Pinienkerne grob zerkleinern, Eier trennen. Spinat, Zwiebel, Eigelbe und Reis vermischen. Mit Salz und Cayennepfeffer kräftig würzen. Backofen auf 200° (Umluft 180°) vorheizen.
– Eiweiße steif schlagen und auf den Reis geben. Pinienkerne mit geriebenem Käse vermischen und darüber streuen. Alles locker, aber gründlich vermischen.
– Eine Auflaufform fetten. Den Reis in der Form glatt streichen. Die Butter in Flöckchen teilen und darauf legen. Auflauf im Ofen (unten) etwa 30 Min. backen, bis er an der Oberfläche schön gebräunt ist.

253. Paella (Spanische Reispfanne)

GUT FÜR GÄSTE | BRAUCHT ETWAS ZEIT
Für 6 Personen
Zubereitungszeit: 50 Min.
Garzeit: 1 Std. 10 Min.

500 g tiefgekühlte, küchenfertige Tintenfische • 1 Bund Suppengrün • 1/8 l trockener Weißwein (ersatzweise Instant-Gemüsebrühe) • 3 weiße Pfefferkörner • 1 Lorbeerblatt • 12 ungeschälte, rohe Hummerkrabbenschwänze • 1 TL Safranfäden • 1 Poularde (etwa 1 1/2 kg) • 300 g Schweinefleisch (aus der Schulter) • 1 Zwiebel • 2 Knoblauchzehen • 1 grüne Paprikaschote • 200 g Tomaten • 2 EL Olivenöl • etwa 350 ml Hühnerbrühe (Instant oder selbst gemacht) • 300 g Langkornreis • 150 g tiefgekühlte Erbsen • Salz • frisch gemahlener weißer Pfeffer

– Die Tintenfische auftauen lassen. Suppengrün putzen, waschen und grob zerkleinern. Mit 1/4 l Wasser, Wein, Pfefferkörnern und Lorbeerblatt in einem großen Topf zum Kochen bringen. Tintenfische hinzufügen und zugedeckt bei schwacher Hitze etwa 3 Min. sanft ziehen lassen. Herausnehmen, auf einem Teller beiseite stellen.

– Den Sud erneut aufkochen, die Hummerkrabbenschwänze zugedeckt darin etwa 5 Min. ziehen lassen und ebenfalls wieder herausnehmen.
– Ein Sieb mit einem Küchentuch auslegen. Den Sud durchsieben, alle festen Teile im Sieb wegwerfen, den Sud beiseite stellen. Die Safranfäden im Sud auflösen.
– Die Tintenfische in etwa 1 cm breite Stücke schneiden. Die Poularde in 12 Teile zerlegen. Das Schweinefleisch in etwa 1 cm große Würfel schneiden.
– Die Zwiebel und den Knoblauch schälen und fein hacken. Die Paprikaschote vierteln, putzen, waschen und in fingerbreite Streifen schneiden. Die Tomaten häuten und würfeln, dabei die Stielansätze entfernen.
– Das Öl in einer großen Pfanne erhitzen. Zuerst die Hühnerstücke darin portionsweise rundherum bei mittlerer Hitze anbraten, bis die Haut leicht gebräunt ist. Jeweils wieder herausnehmen und in die Fettpfanne des Backofens legen.
– Dann das Schweinefleisch bei starker bis mittlerer Hitze unter Wenden anbraten, bis es ebenfalls eine leichte Kruste hat. Herausnehmen und zum Huhn geben. Backofen auf 180° (Umluft 160°) vorheizen.
– Das Fett bis auf einen dünnen Film aus der Pfanne gießen. Die Zwiebel und den Knoblauch bei schwacher Hitze etwa 1 Min. braten. Den Sud mit der Hühnerbrühe dazugießen und den Bratfond unter Rühren damit lösen. Über dem Fleisch verteilen. Den Reis darüber streuen.
– Die Tintenfischstücke, die Hummerkrabbenschwänze, die Paprikaschote, die Tomaten und die Erbsen auf der Paella verteilen. Alles mit Salz und Pfeffer würzen.
– Die Fettpfanne mit Alufolie verschließen und die Paella im Ofen (Mitte) etwa 40 Min. garen. Dann die Folie entfernen und die Paella noch weitere 20–30 Min. offen garen.

254. Bulgur mit grünen Bohnen

GELINGT LEICHT | PREISWERT
Für 4 Personen
Zubereitungszeit: 45 Min.

100 g Bulgur (Bio- oder Feinkost, Reformhaus) • 500 g grüne Bohnen • 1 Zwiebel • 4 Tomaten • 3 EL Olivenöl • 300 g Rinderhackfleisch • 1 1/2 TL gekörnte Brühe • 1 TL gemahlener Kreuzkümmel • 3 1/2 Knoblauchzehen • 2 EL Tomatenmark • frisch gemahlener schwarzer Pfeffer • Salz

– Den Bulgur mit Wasser bedecken und etwa 30 Min. quellen lassen. Falls nötig, etwas Wasser nachgießen.
– Inzwischen die Bohnen waschen, die Enden abknipsen und die Fäden abziehen. Die Bohnen halbieren. Die Zwiebel schälen und fein hacken. Die Tomaten mit kochendem Wasser überbrühen, häuten, von den Stielansätzen befreien und mit dem Pürierstab pürieren.
– Olivenöl in einem Topf erhitzen und darin das Hackfleisch und die Zwiebeln bei mittlerer Hitze etwa 5 Min. anbraten. Tomatenpüree, Brühe, Kreuzkümmel und die Bohnen dazugeben, mit Wasser bedecken und zugedeckt bei mittlerer Hitze etwa 20 Min. köcheln lassen, bis die Bohnen weich sind.
– Wenn die Bohnen gar sind, den Knoblauch schälen und durch die Knoblauchpresse dazudrücken. Das Tomatenmark unterrühren. Topf vom Herd nehmen.
– Den Bulgur in ein Sieb geben, gut ausdrücken und unter die Bohnen rühren. Mit Pfeffer und Salz würzen.

TIPP
Für Bulgur wird Hartweizen vorgekocht, getrocknet und dann geschrotet. Zum Verzehr kocht man Bulgur entweder oder lässt ihn, z. B. für Salat, mit Gewürzen und Kräutern in Wasser oder Brühe quellen.

255. Gekochte Weizengrütze

PREISWERT | GELINGT LEICHT
Für 4 Personen
Zubereitungszeit: 15 Min.
Garzeit: 45 Min.

250 g Bulgur (Weizengrütze) • 2 Zwiebeln • 3 milde oder scharfe Peperoni • 3 Tomaten • 40 g Butter • 3/4 l Gemüsebrühe • 1 gehäufter EL milde oder scharfe Salça (Paprikapaste, türkisches Spezialgeschäft) • Salz

– Den Bulgur in ein Sieb geben, kalt abbrausen und abtropfen lassen. Die Zwiebeln schälen und fein würfeln. Die Peperoni von Stielen und Stielansätzen befreien, längs halbieren. Die Kerne und Rippen entfernen. Die Schoten waschen und klein schneiden.
– Die Stielansätze der Tomaten entfernen. Die Tomaten kurz mit kochend heißem Wasser überbrühen, häuten und fein würfeln.

– Butter in einem Topf zerlassen. Zuerst die Zwiebeln, dann die anderen Gemüse darin anbraten. Den Bulgur, die Gemüsebrühe und die Paprikapaste zugeben. Alles gut verrühren und zum Kochen bringen.
– Dann die Hitze reduzieren. Den Bulgur bei mittlerer Hitze im offenen Topf etwa 15 Min. kochen. Die Hitze nochmals reduzieren und den Bulgur zugedeckt noch etwa 30 Min. bei geringer Hitze garen und ausquellen lassen. Mit Salz abschmecken.

256. Hirse mit Gemüse und Pilzen

PREISWERT | GELINGT LEICHT
Für 2 Personen
Zubereitungszeit: 40 Min.

100 g Hirse • Salz • 150 g Zucchini • 100 g Egerlinge • 1/2 EL Zitronensaft • 2 Frühlingszwiebeln • 150 g Tomaten • 1 Knoblauchzehe • 1–2 EL Öl • 1/2 TL getrockneter Oregano • 1/2 Bund Petersilie • frisch gemahlener weißer Pfeffer • 50 g Crème fraîche

– Die Hirse heiß abbrausen, dann mit 200 ml Wasser und Salz zum Kochen bringen und zugedeckt bei schwacher Hitze in etwa 25 Min. weich garen.
– Inzwischen Zucchini waschen, von Stiel- und Blütenansätzen befreien und in etwa 1/2 cm dicke Scheiben schneiden.
– Von den Pilzen die Stielenden abschneiden und die Pilze mit einem feuchten Tuch abreiben. Die Pilze in dünne Scheiben schneiden und mit dem Zitronensaft beträufeln.
– Die Frühlingszwiebeln von den Wurzelansätzen und den welken grünen Blättern befreien, waschen und in dünne Ringe schneiden.
– Die Tomaten mit kochendem Wasser überbrühen, kurz darin ziehen lassen, kalt abschrecken und häuten. Die Tomaten würfeln, dabei die Stielansätze entfernen. Den Knoblauch schälen und hacken.
– In einer großen Pfanne das Öl erhitzen. Zucchini, Pilze, Frühlingszwiebeln, Knoblauch und den Oregano darin unter Rühren anbraten. Die Tomaten hinzufügen und alles bei mittlerer Hitze unter häufigem Rühren etwa 5 Min. garen. Petersilie waschen, trockenschütteln und ohne die groben Stiele hacken.
– Das Gemüse mit Salz und Pfeffer abschmecken, mit der gegarten Hirse, der Petersilie und der Crème fraîche vermischen und servieren.

257. Gemüsehirse

GELINGT LEICHT
Für 4 Personen
Zubereitungszeit: 40 Min.

700 g gemischtes Gemüse (z. B. Möhren, Staudensellerie, Wirsing) • 300 g Hirse • 3–4 EL gekörnte Gemüsebrühe • 4 frisch gehackte Liebstöckelblätter • 400 g reife, aromatische Tomaten • 2 TL getrockneter Majoran • 40 g Butter • 4 EL frisch gehackte Petersilie • eventuell frisch geriebener Parmesan oder Bergkäse

– Das Gemüse waschen und putzen, Wurzelgemüse schälen. Möhren klein würfeln, Sellerie und Wirsing in Streifen schneiden.
– 1 l Wasser zum Kochen aufsetzen. Hirse in ein Sieb geben und mit heißem Wasser abbrausen, abtropfen lassen. Die Hirse mit Gemüse, gekörnter Brühe und dem Liebstöckel ins kochende Wasser geben. Bei schwacher Hitze 10–12 Min. zugedeckt kochen.
– Die Tomaten waschen und klein würfeln, dabei die Stielansätze ausschneiden. Mit dem Majoran unter die Hirse mischen und noch 3–4 Min. ziehen lassen.
– Butter und Petersilie unter die Hirse mischen. Nach Wunsch geriebenen Käse zur Gemüsehirse servieren.

258. Hirse-Äpfel auf Sahnekraut

VEGETARISCH | PREISWERT
Für 4 Personen
Zubereitungszeit: 1 Std.

70 g Hirse • 1 Zwiebel • 2 EL Pflanzenöl • 600 g Sauerkraut • 100 ml Gemüsebrühe • 1 TL Honig • 1 EL Butter • 300 ml leichte Gemüsebrühe • 4 große säuerliche Äpfel • 75 g mildwürziger Schnittkäse (z. B. mittelalter Gouda, Edamer, Elbo) • 2 Zweige Basilikum • 200 g Sahne • 1 TL Kümmelsamen

– Die Hirse in ein Sieb geben und mit heißem Wasser abbrausen. Gut abtropfen lassen.
– Zwiebel schälen und nicht zu fein würfeln. Im Öl anbraten und leicht bräunen. Sauerkraut und Brühe zugeben, Honig einrühren. Zugedeckt etwa 20 Min. garen.
– Inzwischen die Hirse in der Butter sanft anrösten, die leichte Gemüsebrühe aufgießen, bei schwacher Hitze zugedeckt etwa 20 Min. leise köcheln lassen.

– Die Äpfel waschen, Kerngehäuse und einen Teil des Fruchtfleisches mit einem Kugelausstecher entfernen, die Apfelschnipsel zum Sauerkraut geben.
– Den Käse entrinden und würfeln. Basilikumblätter von den Zweigen zupfen und hacken. Beides unter die Hirse rühren und die Masse in die Äpfel füllen.
– Sahne und den Kümmel zum Kraut geben, die Äpfel darauf setzen. Zugedeckt noch etwa 15 Min. garen. Auf dem Kraut servieren.

TIPPS

– Hirse vor der Zubereitung immer heiß abbrausen, sonst kann sie bitter oder ranzig schmecken.
– Hirse quillt stark auf, darum muss der Topf ziemlich groß sein.

259. Gerstenauflauf mit Sellerie

GELINGT LEICHT | BRAUCHT ETWAS ZEIT
Für 4 Personen
Zubereitungszeit: 45 Min.
Backzeit: 30 Min.

200 g Nacktgerste (Sprießkorngerste, sehr grob geschrotet, aus Reformhaus oder Naturkostladen) • 1 1/2 Würfel Gemüsebrühe • 500 g Staudensellerie • 1 Zwiebel • 2 EL Butter • Meersalz • 70 g kräftiger Edelpilzkäse (z. B. Danablu oder Gorgonzola) • 8 EL Sahne (etwa 100 g) • 2 Eier • 1/2 TL Schabziger Klee (Reformhaus) • frisch gemahlener schwarzer Pfeffer • 3 TL Thymianblättchen • 150 g Mozzarella • 3 EL frisch geriebener Greyerzer Käse • Fett für die Form

– Die Gerste und die Brühwürfel in einem Topf mit 270 ml Wasser verrühren. Unter Umrühren bei starker Hitze aufkochen lassen, dann auf der ausgeschalteten Kochstelle etwa 15 Min. ausquellen lassen, bis die Flüssigkeit aufgesogen ist. Wenn die Gerste noch nicht ganz weich ist, schadet es nichts, sie quillt während des Backens noch aus.
– Inzwischen Selleries waschen., harte Fäden auf der Oberseite abziehen, die Sellerieblättchen beiseite legen. Die Stangen in etwa 2 cm lange Stücke schneiden, breite Stangen vorher der Länge nach halbieren.
– Die Zwiebel schälen, würfeln und in 1 EL Butter glasig dünsten. Die Selleriestücke und 5 EL Wasser dazugeben, salzen und bei schwacher Hitze in etwa 10 Min. bissfest garen. Den Backofen auf 220° (Umluft 200°) vorheizen.
– Inzwischen den Käse in kleine Würfel schneiden und mit der Sahne, der restlichen Butter und den Eiern unter die warme Gerste rühren.
– Die Sellerieblättchen grob hacken und mit dem gedünsteten Sellerie unter das Getreide mengen. Mit Schabziger Klee, Pfeffer und 1 Prise Salz abschmecken.
– Eine Auflaufform mit mittelhohem Rand einfetten. Die Gerstenmasse hineinfüllen, die Oberfläche etwas glatt streichen.
– Die Thymianblättchen über den Auflauf streuen. Den Mozzarella in möglichst dünne Scheiben schneiden und darauf legen, dann mit dem geriebenen Greyerzer bestreuen.
– Den Auflauf in den Backofen (Mitte) schieben und 25–30 Min. backen, bis die Oberfläche goldgelb ist. In der Form servieren.

Nudeln & Reis

260. Grünkernbratlinge

PREISWERT | VEGETARISCH
Für 4 Personen
Zubereitungszeit: 50 Min.

200 g Grünkern • 80 g Buchweizen • 1 EL gekörnte Gemüsebrühe • 1 Zwiebel • 6 EL Sahne • 2 Eier • 1/2 TL getrockneter Majoran • 2 EL frisch gehackte Petersilie • frisch geriebene Muskatnuss • frisch gemahlener weißer Pfeffer • Meersalz • 60 g fein gemahlene Haselnüsse • 60 g ungehärtetes Kokosfett

– Den Grünkern sehr grob schroten (wie für Müsli, am besten schon im Geschäft machen lassen), dann mit dem Buchweizen, der gekörnten Gemüsebrühe und 200 ml Wasser verrühren. Bei ganz schwacher Hitze aufkochen und in etwa 15 Min. ausquellen lassen, bis alle Flüssigkeit aufgesogen ist. Umrühren ist dabei meist nicht nötig.
– Das Getreide im offenen Topf ausdampfen lassen. Die Zwiebel schälen und fein hacken. Die Sahne, die Eier, die Zwiebel, den Majoran und die Petersilie unterrühren. Die Masse mit Muskat, Pfeffer und Salz abschmecken und kalt werden lassen.
– Aus dem ziemlich feuchten Teig Küchlein formen und in den Nüssen wenden. Die Grünkernküchlein in etwas Kokosfett auf beiden Seiten bei mittlerer Hitze goldgelb braten.

261. Polenta-Gratin mit buntem Gemüse

BRAUCHT ETWAS ZEIT
Für 4 Personen
Zubereitungszeit: 1 3/4 Std.
Backzeit: 25 Min.

Salz • 150 g Maisgrieß (Polenta) • 600 g Tomaten • 1 Fenchelknolle • 1 Stange Lauch • 2 Möhren • 1 Stück Knollensellerie (etwa 100 g) • 2 Zwiebeln • 1 Knoblauchzehe • 1 EL extra natives Olivenöl • 1 Bund Petersilie • 1/2 Bund Thymian • frisch gemahlener weißer Pfeffer • Cayennepfeffer • 100 g frisch geriebener Emmentaler • 2 EL Butter

– In einem hohen Topf knapp 3/4 l Wasser mit 1/2 TL Salz auf kochen. Den Maisgrieß gleichmäßig einrühren und aufkochen. Die Hitze zurückschalten und den Topf kurz von der Kochstelle ziehen, damit der Brei nicht zu stark spritzt. Den Maisgrieß zugedeckt bei schwächster Hitze in etwa 20 Min. ausquellen lassen. Dabei gelegentlich umrühren.
– Ein Backblech kurz kalt ausspülen, den Brei darauf streichen und die Polenta etwa 30 Min. abkühlen und trocknen lassen, bis sie sich schneiden lässt.
– Tomaten mit kochend heißem Wasser überbrühen, häuten und in kleine Würfel schneiden, dabei die Stielansätze entfernen. Den Fenchel waschen, putzen und ohne den Strunk in kleine Würfel schneiden. Das zarte Fenchelgrün dabei mitverwenden. Den Lauch putzen, längs aufschneiden, gründlich waschen und mit dem zarten Grün in feine Ringe schneiden. Die Möhren und den Sellerie schälen und sehr klein würfeln. Zwiebeln und Knoblauch schälen und fein hacken.
– Das Öl in einer größeren Pfanne erhitzen. Zwiebeln und Knoblauch darin glasig dünsten. Das Gemüse (außer den Tomaten) hinzufügen und unter Rühren bei mittlerer Hitze etwa 3 Min. garen. Dann die Tomaten untermischen und alles unter Rühren weitergaren, bis die Flüssigkeit verdampft ist.
– Die Kräuter waschen, trockenschütteln. Einen Teil der Petersilie beiseite legen, restliche Petersilie fein hacken. Die Thymianblättchen von den Stielen streifen. Kräuter unter die Tomatenmasse mischen und diese mit Salz, Pfeffer und Cayennepfeffer pikant abschmecken.
– Die Polenta in längliche Stücke schneiden. Eine Auflaufform mit der Hälfte der Polentascheiben auslegen. Die Gemüsemasse darauf geben und mit den restlichen Polentascheiben abdecken. Den Käse darüber streuen. Die Butter in kleine Stücke schneiden und auf der Oberfläche verteilen.
– Die Auflaufform auf den Rost in den Backofen (Mitte) stellen. Ofen auf 220° (Umluft 200°) schalten und das Gratin etwa 25 Min. backen, bis die Oberfläche schön gebräunt ist.
– Kurz vor Ende der Garzeit die restliche Petersilie fein hacken. Das Gratin mit der Petersilie bestreut servieren.

TIPP

Polenta ist gröber oder feiner geschroteter Mais. Je nach Korngröße kann es noch etwas länger dauern, bis der Grieß weich ist. Schneller geht es mit Instant-Polenta, vorgegartem Grieß, der schon nach etwa 5 Min. fertig ist

262. Überbackene Polenta mit Tomaten und Mozzarella

GUT FÜR GÄSTE
Für 6 Personen
Zubereitungszeit: 1 Std.
Kühlzeit: 1 Std.

Für die Polenta: 400 ml Gemüsebrühe • 400 ml Milch • Salz • 200 g Polenta-Grieß (grober Maisgrieß) • etwas Öl zum Einfetten von Platte und Form
Außerdem: 3 EL Butter • 1 Ei • frisch gemahlener weißer Pfeffer • frisch geriebene Muskatnuss • 250 g Champignons • 400 g Tomaten • 400 g Mozzarella • 4 EL frisch geriebener Parmesan • 3 Stängel Basilikum

– Gemüsebrühe zusammen mit der Milch und 1 gestrichenen TL Salz in einen breiten, hohen Topf füllen und aufkochen.
– Den Polenta-Grieß unter ständigem Rühren langsam einrieseln lassen. Bei schwacher Hitze in 25 Min. unter Rühren zu einem Brei kochen, der sich zum Schluss vom Topfboden lösen soll. Wird der Brei zu fest, löffelweise heißes Wasser hinzufügen, ist er zu weich, noch ein wenig Maisgrieß unterrühren.
– Dann 1 EL Butter und das Ei rasch und kräftig unterrühren und die Polenta-Masse mit Salz, Pfeffer und Muskatnuss abschmecken. Anschließend 1 cm hoch auf eine geölte Platte (aus Porzellan oder Metall) streichen.

Die Polenta zur Seite stellen und in etwa 1 Std. kalt und fest werden lassen.
– Die Pilze mit Küchenpapier trocken abreiben und blättrig schneiden. 1 1/2 EL Butter in einer Pfanne bei mittlerer Hitze schmelzen lassen. Pilze darin unter Rühren so lange braten, bis alle Flüssigkeit verdampft ist, leicht salzen und pfeffern.
– Die Tomaten waschen und in Scheiben schneiden, dabei die Stielansätze entfernen. Mozzarella abtropfen lassen und in Scheiben schneiden.
– Den Backofen auf 200° (Umluft 180°) vorheizen. Eine feuerfeste Form einfetten. Die fest gewordene Polenta zunächst in 6 cm große Quadrate, dann diagonal in Dreiecke schneiden.
– In die Form dachziegelartig die Polenta-Dreiecke, die Tomaten- und die Käsescheiben und die Pilze schichten. Mit dem Parmesan bestreuen und mit der restlichen Butter in kleinen Flöckchen belegen.
– Die Polenta im Ofen (Mitte) etwa 15 Min. überbacken, bis der Mozzarella zerlaufen und die Oberfläche goldgelb ist. Vor dem Servieren die Basilikumblättchen klein zupfen und die Polenta damit bestreuen.

263. Gemüsegratin mit Polenta

VEGETARISCH
Für 6 Personen
Zubereitungszeit: 1 Std. 10 Min.
Backzeit: 20 Min.

2 Auberginen (etwa 500 g) • 3 Zucchini (etwa 400 g) • Salz • 3 Tomaten (etwa 300 g) • 250 g Mozzarella • 2 Bund Basilikum • 8 EL Olivenöl • 50 g Instant-Polenta (vorgegarte Polenta) • 500 ml Gemüsebrühe • 150 g frisch geriebener Parmesan • frisch gemahlener Pfeffer • 2 Eier • Öl für die Form • Paprikapulver zum Bestreuen

– Die Auberginen und die Zucchini waschen, putzen, in 1 cm dicke Scheiben schneiden. Mit 1/2 TL Salz vermischen und etwa 20 Min. ziehen lassen.
– Inzwischen Tomaten waschen und in dünne Scheiben schneiden, dabei von den Stielansätzen befreien. Den Mozzarella abtropfen lassen und in 1 cm dicke Scheiben schneiden. Die Basilikumblättchen von den Stängeln zupfen.
– In einer großen Pfanne 4 EL Öl erhitzen. Die Auberginen- und Zucchinischeiben trockentupfen, in dem Öl kurz anbraten, abkühlen lassen. Eine Auflaufform mit etwas Öl ausstreichen. Die gebratenen Gemüsescheiben abwechselnd mit Mozzarella und Tomaten in die Form schichten.
– Den Backofen auf 200° (Umluft 180°) vorheizen. Den Maisgrieß im übrigen Olivenöl anrösten. Unter Rühren die Gemüsebrühe aufgießen und aufkochen lassen, bei schwacher Hitze etwa 5 Min. garen, dabei öfter umrühren. Den Topf vom Herd nehmen und den Parmesan untermischen. Mit Salz und Pfeffer abschmecken, die Eier kräftig unterrühren.
– Das Gemüse mit der Polenta-Masse übergießen, im Ofen (Mitte) 15–20 Min. überbacken, bis die Oberfläche schön gebräunt ist. Das Gemüsegratin mit Paprika bestreuen und servieren.

264. Sommergemüse mit Käsepolenta

GELINGT LEICHT
Für 4 Personen
Zubereitungszeit: 30 Min.

500 g Zucchini • 1 Aubergine • 1 gelbe oder rote Paprikaschote • 1 Zwiebel • 2 EL Olivenöl • 1 große Dose geschälte Tomaten (800 g Inhalt) • Salz • frisch gemahlener weißer Pfeffer • 1 TL getrocknete Kräuter der Provence • 2 Knoblauchzehen • 200 g Instant-Polenta (vorgegarte Polenta) • 50 g frisch geriebener Parmesan • 1 EL Butter

– Die Zucchini und die Aubergine waschen, putzen und in kleine Würfel schneiden. Die Paprikaschote waschen, halbieren und putzen, in Stücke schneiden. Die Zwiebel schälen und hacken.
– Das Öl in einem Topf erhitzen. Die Auberginenwürfel darin anbraten. Zucchini, Paprikaschote und die Zwiebel dazugeben und kurz mitbraten.
– Die Tomaten untermischen. Das Gemüse mit Salz, Pfeffer und den Kräutern der Provence abschmecken. Den Knoblauch schälen und durch die Presse dazudrücken. Das Gemüse zugedeckt bei mittlerer Hitze in 10–15 Min. garen.
– Inzwischen 1/2 l Wasser mit 1 kräftigen Prise Salz aufkochen. Die Polenta unter Rühren einrieseln lassen und bei sehr schwacher Hitze etwa 5 Min. garen. Dabei immer wieder durchrühren.
– Den Käse und die Butter gleichmäßig in die Polenta einrühren. Die Polenta zum Gemüse servieren.

Kartoffeln & Gemüse

Die Kartoffel lebt. Anders als Reis und Nudeln ist sie in der Küche ein ganz pures, frisches Lebensmittel. So lässt sich aus ihr von Pommes frites bis Steinpilz-Gnocchi wunderbar viel machen. Sie gehört schließlich auch zur bunten Familie der Gemüse, mit der wir unser Kochen in den letzten Jahrzehnten stark verändert haben. Und deswegen liegen Kartoffeln und Gemüse heute oft in der Mitte des Tellers statt am Rand. Auch in diesem Kapitel.

Die Kartoffel – ein eigenes Stück

„Die Tüte auf und ins kochende Wasser rein" – so einfach wie bei Reis und Nudeln geht das bei der Kartoffel nicht. Denn sie ist eigen. Nicht jede Knolle ist für jedes Gericht geeignet, und oft muss sie vor dem Garen gewaschen, geschält und geschnitten werden. Dazu kommt, dass man sie nicht einfach in den Küchenschrank packen kann, bis sie irgendwann einmal gebraucht wird. Aber gerade diese Eigenheiten sind ein Beweis dafür, dass an der Kartoffel was Besonderes dran sein muss. Denn warum sonst wird gerade so eine in einer Zeit geliebt, in der oft das als gut gilt, was jederzeit schnell und einfach zu machen ist?

Ein Grund dafür ist schlicht ihr Geschmack. Eine gute Kartoffel nur in ihrer Schale gekocht oder im Ofen gegart schmeckt schon für sich toll, und mit ein bisschen Butter und Salz oder Quark dabei ist sie etwas zum Sattessen. Reis und Nudeln brauchen dazu noch etwas mehr – und am Ende benötigt man für Pasta, Risotto & Co. oft nicht weniger Zeit und Arbeit als für ein gutes Kartoffelgericht. Was auch ein raffiniert überbackenes Rösti oder ein klassischer Eintopf sein kann, womit wir beim zweiten Plus der Kartoffel sind: ihrer Vielseitigkeit. In Scheiben lässt sie sich knusprig braten oder gibt einem Auflauf Halt, fein gerieben oder durchgepresst wird sie zum luftigen Püree (veredelt mit Olivenöl!), zum röschen Puffer oder zu samtigen Gnocchi. Aus ihr kann ein herrlicher Kartoffelsalat werden oder ein Zwetschgenknödel, der auf der Zunge zergeht. Und das ist der dritte Grund für die Beliebtheit der Kartoffel: Sie ist unser eigenes Ding. Bei aller Liebe zum wahrhaft erstklassigen Risotto unseres Stammitalieners um die Ecke und zu den seelenheilenden Nudelsuppen Asiens – ehrlich ins Schwärmen bringt viele erst ein Pfanne herrlich krosse Bratkartoffeln wie bei Muttern oder Kartoffelgulasch, wie es damals im Urlaub zubereitet wurde.

Was eine gute Kartoffel ausmacht

Die Kartoffel ist anders als das getrocknete Reiskorn, die geknetete Nudel oder auch als das gebackene Brot – sie ist erst einmal Gemüse pur. Und anders als die übrigen Gemüse enthält sie viel Stärke. Und diese wiederum verändert sich je nach Kochtyp, Sorte, Erntezeit und Alter der Knollen. All das macht die Kartoffeln so vielseitig und so eigen.

Früher spielte die Jahreszeit noch eine größere Rolle bei der Wahl der richtigen Kartoffel. Früh im Mai geerntet hat sie weniger Stärke und mehr Wasser als die speziellen späten Sorten, die bis in den Oktober vom Feld geholt werden und einst fürs Winterlager gedacht waren. Importe, neue Züchtungen und Lagertechniken haben die Zeitgrenzen immer mehr verwischt. Was heute bei der Wahl der richtigen Kartoffel fürs richtige Gerichte am ehesten weiterhilft, ist der Kochtyp, der immer auf der Tüte oder der Kiste im Laden angegeben ist. Kenner wissen auch noch, welche Sorten sie besonders mögen. Und mit der Wiederentdeckung der regionalen Küche spielen für Feinschmecker inzwischen auch wieder Erntezeit und sogar die Herkunft eine Rolle. Wesentliches zu Kochtypen und Saison finden Sie auf der nächsten Seite bei „Was sind …?"

Was sind …

… fest kochende Kartoffeln? Auch speckige oder Salatkartoffeln genannt. Kochen fest, saftig und aromatisch. Gut für Salat, Bratkartoffeln, nicht für Püree und andere Kartoffelmassen. Sorten: Cilena, Forelle, Kipfler, Linda, Nicola, Sieglinde, Bamberger Hörnchen, La Ratte.

… vorwiegend fest kochende Kartoffeln? Populärster Kochtyp, der relativ fest kocht (gut für Salz-, Pell-, Ofenkartoffeln), aber auch Kartoffelgerichte binden kann (gut für Püree, Suppen, Aufläufe, Puffer). Sorten: Agria, Alwara, Christa, Desirée, Gloria.

… mehlig kochende Kartoffeln? Kochen weich und trocken, aber locker. Gut für sämige Eintöpfe und Pürees, Klöße, Kroketten, Küchlein. Selten, am ehesten im Herbst/Winter zu haben. Sorten: Adretta, Afra, Aula, Gunda, Likoria.

… neue Kartoffeln? Auch frühe Kartoffeln genannt. Reifen rund 2 1/2 Monate, bei uns ab Mai/Juni, im Süden früher geerntet. Meist vorwiegend fest kochend (Sorten: Arkula, Christa, Cilena, Gloria, Gunda, Ukama), später auch fest kochend (Sorten: Forelle, Sieglinde). Für Pell- und Salzkartoffeln, klassisch zu Spargel.

… mittelfrühe Kartoffeln? Bei uns ab 10. August zu haben, aromatisch und vielseitig. Sorten: z. B. Adretta, Granola, Hansa, Likoria, Linda, Nicola.

… späte Kartoffeln? Im Herbst geerntet, gut zum Lagern. Oft mehlig, daher rar. Sorten: z. B. Aula.

… alte Sorten? Wiederentdeckte Kartoffelsorten mit z. T. tollen Aromen, die lange wegen Form (krumm, dünn), Farbe (violett, rot) und hohen Ansprüchen von Züchtern vernachlässigt wurden.

Hauptsache Gemüse

Gemüse hat in den letzten Jahrzehnten Farbe in unsere Küche gebracht. Natürlich gab es die dort vorher auch schon, doch das Grün der Gurke oder das Orange der Möhre fanden sich eher im Salat oder neben dem Kotelett. Je mehr wir die Küchen der übrigen Welt kennen lernten und je wichtiger gesundes Essen für uns wurde, desto mehr rückte das Gemüse in den Mittelpunkt. So kochen wir uns heute gerne mal einen Topf weiße Bohnen mit Schafkäse, schmoren uns einen Teller voll Ratatouille oder braten uns einen Wok bestückt mit Gemüse nach Thai-Art, das gleich den ganzen Kreislauf in Schwung bringt. Und inzwischen sind wir schon soweit, dass wir auch unsere eigene Gemüsekultur wieder mögen – etwa bei einem frischen Erbsenpüree oder bei geschmortem Sauerkraut.

Was ich mit Gemüse machen kann

Es gibt viele Möglichkeiten, Gemüse auseinander zu halten – botanische, geografische, ökonomische. Für die Küche ist die Unterscheidung nach der idealen Zubereitung praktisch. Am simpelsten ist das Kochen in Wasser und klassisch für fein Aromatisches wie Spargel oder Erbsen. Manche Gemüse werden so auch vorgegart, die man später vollendet, z. B. Spinat. In der Profiküche schreckt man das Gegarte nach diesem „Blanchieren“ eiskalt ab, damit es nicht weicher wird und Farbe verliert. Einige Gemüse werden nur durch Kochen gut und gar, Artischocken, Blumen- und Rosenkohl etwa – oder auch Hülsenfrüchte.

Für die meisten Arten ist das Dünsten ideal, bei dem der volle Geschmack betont wird. Dabei können zarte Gemüse wie Zucchini angebraten werden und unterm Deckel im eigenen Saft ziehen. Oder es kommt etwas Flüssigkeit dazu, wie Sahne an Pilze oder Brühe ans Kraut. Geschmackintensives wie Möhren kann auch ohne Braten in wenig Wasser gedünstet werden. Das Ziel ist stets das Gleiche: viel Aroma mit etwas Saft und dem richtigen Biss. Gut zum Dünsten sind auch andere Wurzel- und Kohlgemüse, Lauch, Gurken, Kürbis, Auberginen, Paprika, Tomaten, Fenchel oder grüner Spargel. Die Robusteren unter ihnen lassen sich sogar schmoren. Und fürs bloße Braten und Grillen sind kompakte, aber zarte Gemüse am besten: etwa Auberginen, Kürbis, Paprika, Pilze, Zucchini und Zwiebeln.

Kartoffeln garen

Waschen und Schälen

Kartoffeln werden zuerst gründlich gewaschen, damit beim Schälen wie beim Kochen mit Schale kein Schmutz ins Fruchtfleisch dringt. Meist reicht ein kaltes Bad im Spülbecken, bei dem die Knollen mit den Händen abgerieben werden. Grobere Erde wird mit der Bürste abgeschrubbt, ohne dass dabei die Schale reißt. Nun kann mit einem Sparschäler oder kleinem Messer geschält werden. Dabei auch die „Augen“ entfernen und kleine grüne Stellen großzügig herausschneiden. Ist aber ein großer Teil der Knolle von dem giftigen grünen Solanin durchzogen, muss die ganze Kartoffel weg.

Im Kochtopf

Damit alle Kartoffeln innen wie außen gleichzeitig gar sind, sollten sie die gleiche Größe haben. So werden Pellkartoffeln entsprechend sortiert und Salzkartoffeln gleichmäßig zugeschnitten. Aufgesetzt wird in kaltem bis warmem Salzwasser, damit außen nichts verkocht, während es innen noch roh ist. Zum Gartest mit einem kleinen Messer sanft in die Kartoffeln hineinstechen: Bleibt es ohne Widerstand stecken, sind sie bissfest und fertig fürs Pur-Essen, für Salate und Bratkartoffeln. Geht es durch, sind sie weich genug für Püree. Nun das Wasser mit schräg gesetztem Deckel abgießen und die Kartoffeln zum Ausdampfen 1 Minute ohne Deckel auf den Herd stellen. Pellkartoffeln sollten – auch für Salat oder Bratkartoffeln – noch heiß gepellt werden, da es so am leichtesten geht, und sie anschließend weiter ausdampfen können.

In der Bratpfanne

Damit Bratkartoffeln nicht zerfallen, kocht und pellt man sie 1 Tag vorher. Sobald sie abgekühlt sind, werden sie mit einem leicht angefeuchteten Tuch bedeckt und über Nacht gekühlt. 2 Stunden vor dem Braten kommen sie zum Aufwärmen in die Küche, geschnitten werden sie erst kurz zuvor. Die Pfanne sollte groß sein und einen schweren Boden haben, an dem nichts anhängt, z.B. eine gute Eisen-, Edelstahl- oder beschichtete Pfanne. Die wird erhitzt, dann wird das Fett – Pflanzenfett/-öl, Butterschmalz – darin heiß gemacht. Nun die Kartoffeln darin verteilen – nicht zu dicht und hoch, weil sie sonst nur dünsten – und die ersten 8–10 Minuten ohne jede Bewegung bei mittlerer Hitze anbraten. Dann wird die Hitze hochgeschaltet, so dass die Kartoffeln bräunen. Nun würzen, wenden und noch mal ganz in Ruhe für ein paar Minuten bei mittlerer Hitze weiterbraten. Wer etwas mehr Kruste mag, dreht die Hitze jetzt weiter hoch und brät die Kartoffeln unter Wenden mit Butter richtig rösch.

GU Spezial-TIPP

Kartoffeln und Gemüse lagern: *Die Küche ist für Kartoffeln nur der zweitbeste Platz, weil sie es auf Dauer lieber kühl, trocken und dunkel haben. Doch weit weg von Herd und Heizung halten sie in einem luftigen Korb im Unterschrank auch einige Wochen. Besser: ein gut belüfteter Keller oder ein Schrank im kühlen Flur. Ab 3 Grad und kälter werden Kartoffeln süß (Stärke verwandelt sich in Zucker), was sie nach einigen Tagen im Warmen wieder verlieren. Auch nicht jedes Gemüse mag es kalt, besonders die in Sonne gereiften Arten nicht: Auberginen, Gurken, Paprika, Tomaten haben es lieber kellerkühl statt kühlschrankkalt, spät geerntete Kohl-, Wurzel- und Lauchgemüse müssen ebenso nicht ins Gemüsefach, und ein ganzer Kürbis kann das auch gar nicht. Ein Fall für den Kühlschrank sind: Artischocken, Brokkoli, frische Bohnen und Erbsen, junge Kohlrabi, Lauchzwiebeln, Pilze, Spargel, Spinat und Mangold.*

265. Frühlingskartoffeln mit Kräuterquark

VEGETARISCH | GEHT SCHNELL
Für 2 Personen
Zubereitungszeit: 30 Min.

600 g kleine neue Kartoffeln • 1 TL Kümmelsamen • Salz • 250 g Quark • 6 EL Milch • 2 Frühlingszwiebeln • 1 Bund Kräuter (Petersilie, Schnittlauch, Basilikum) • 1/2 Kästchen Gartenkresse • frisch gemahlener weißer Pfeffer

– Die Kartoffeln waschen, in einen Topf geben, Wasser angießen. Mit dem Kümmel und etwas Salz würzen und bei mittlerer Hitze zugedeckt in 25–30 Min. gar kochen.
– Inzwischen den Quark mit der Milch cremig rühren. Die Frühlingszwiebeln putzen, waschen und klein schneiden. Das Kräuterbund kurz abbrausen und fein hacken. Die Kresse vom Beet schneiden. Frühlingszwiebeln und Kräuter unter den Quark rühren und mit Salz und Pfeffer abschmecken.
– Die Kartoffeln abgießen und kurz ausdampfen lassen. In eine Schüssel füllen und mit dem Quark servieren.

266. Neue Kartoffeln mit Kräutercreme

GEHT SCHNELL | PREISWERT
Für 4 Personen
Zubereitungszeit: 30 Min.

1–1,2 kg kleine neue Kartoffeln • Salz • 300 g Schmand (oder je 150 g Crème fraîche und saure Sahne) • 1 EL weiche Butter • 1 Bund Petersilie • 1 Bund Dill • 1/2 Bund Schnittlauch • einige Spritzer Zitronensaft

– Die Kartoffeln gründlich waschen und in einen Topf geben. Wasser angießen, leicht salzen und aufkochen lassen. Zugedeckt bei mittlerer Hitze 25–30 Min. garen.
– Inzwischen für die Sauce den Schmand mit der Butter in einem Topf verrühren und leicht erhitzen. Die Petersilie und den Dill waschen, die Blätter abzupfen, einige beiseite legen, die übrigen fein hacken. Den Schnittlauch waschen und in feine Röllchen schneiden. Die Kräuter unter den Schmand rühren, mit Salz und Zitronensaft würzen.
– Die Kartoffeln abgießen, 1–2 Min. offen ausdampfen lassen. In einer vorgewärmten Schüssel anrichten, leicht salzen und mit der Sauce übergießen. Mit den übrigen Kräutern garnieren.

TIPPS

– Würzige Note: Bestreuen Sie die Kartoffeln auf dem Teller noch mit 20 g frisch geriebenem Gouda oder Emmentaler.
– Wer einen Topf mit sehr guter Leitfähigkeit hat, kann den Herd schon nach 15–20 Min. Garzeit ausschalten.

267. Kartoffeln in der Folie

GELINGT LEICHT
Für 4 Personen
Zubereitungszeit: 15 Min.
Backzeit: 1 Std.

750 g große, vorwiegend fest kochende Kartoffeln • 1 EL Öl • 1/2 TL Salz • 1 EL Butter

– Die Kartoffeln gründlich unter fließendem kaltem Wasser bürsten und abtrocknen. Den Backofen auf 220° oder den Grill vorheizen.
– Die Kartoffeln auf einer Längsseite kreuzweise einschneiden. Für jede Kartoffel ein genügend großes Stück Alufolie auf der glänzenden Seite mit dem Öl bepinseln und die Kartoffel mit der eingeschnittenen Seite nach oben darauf setzen. Alufolie um die Kartoffel schlagen und durch mehrmaliges Umknicken der Ränder gut verschließen.
– Die Kartoffeln auf ein Backblech oder auf den Rost des Grills setzen und in 50–60 Min. im Backofen (Mitte, Umluft 200°) oder im Grill garen.
– Kartoffeln in der ungeöffneten Folie leicht zwischen Daumen und Zeigefinger drücken. Dazu ein Tuch benutzen, da die Kartoffeln sehr heiß sind. Geben die Kartoffeln nach, etwa wie gegarte Pellkartoffeln, sind sie gar. Falls nicht, noch ein paar Min. weiterbacken.
– Die Folie öffnen und die Einschnitte in der Kartoffel durch Druck mit den Händen etwas erweitern. Die Kartoffeln mit dem Salz bestreuen und in die Öffnungen ein Stückchen Butter geben. Heiß in der Folie servieren.

TIPPS

– Zu den Ofenkartoffeln schmecken grüne Sauce (Rezept Nr. 841) oder eine würzige Quarkmischung und grüner Salat mit Specksauce.
– Eine echte Schlemmerei sind Kartoffeln in der Folie, wenn statt der Butter 1–2 EL saure Sahne und 1 EL Kaviar in die Öffnung gefüllt werden.
– Kartoffeln in Alufolie können Sie auch auf der Glut am Rand des Holzkohlegrills garen, dabei mehrmals mit der Grillzange wenden.

268. Kräuterkartoffeln vom Blech

GELINGT LEICHT
Für 4–6 Personen
Zubereitungszeit: 10 Min.
Garzeit: 50 Min.

200 ml Olivenöl • 1,2 kg kleine, fest kochende Kartoffeln • Salz • frisch gemahlener schwarzer Pfeffer • 6 Knoblauchzehen • je 1/2 Bund Oregano und Thymian • 200 g kleine schwarze Oliven

– Den Backofen auf 200° vorheizen. Ein Backblech mit 2 EL Öl einpinseln. Die Kartoffeln schälen, waschen und je nach Größe halbieren oder vierteln. Auf dem Backblech verteilen, mit Salz und Pfeffer kräftig würzen.
– Den Knoblauch schälen. Die Knoblauchzehen in dünne Scheiben schneiden und auf den Kartoffeln verteilen. Kräuter abbrausen, trockentupfen und die Blättchen fein hacken. Über die Kartoffeln geben. Die Oliven zwischen die Kartoffeln streuen.
– Das restliche Olivenöl gleichmäßig darauf träufeln. Das Blech mit Pergamentpapier oder Alufolie abdecken, in den Ofen (Mitte, Umluft 180°) schieben und die Kartoffeln 30 Min. garen. Dann ohne Papier oder Folie in weiteren 20 Min. fertig garen.

269. Bratkartoffeln aus gekochten Kartoffeln

BRAUCHT ETWAS ZEIT | SCHMECKT KINDERN
Für 4 Personen
Zubereitungszeit: 20 Min.
Garzeit: 30 Min. (+ Auskühlzeit)

750 g fest kochende Kartoffeln • Salz • 3 EL Butterschmalz • 2 Msp. frisch gemahlener Pfeffer oder Kümmel

– Die Kartoffeln waschen und in einen Topf geben. Wasser angießen, leicht salzen und aufkochen lassen. Zugedeckt bei mittlerer Hitze 25–30 Min. garen.
– Dann die Kartoffeln abgießen und kurz ausdampfen lassen, pellen und vierteln oder in Scheiben schneiden. Auskühlen lassen.
– Das Butterschmalz in einer Pfanne erhitzen. Kartoffelstücke zufügen, mit Salz und Pfeffer oder Kümmel bestreuen und in etwa 10 Min. unter Wenden von allen Seiten goldbraun braten.

TIPPS

– Lassen Sie die gegarten Kartoffeln immer erst vollkommen auskühlen, bevor Sie sie in der Pfanne braten. Sind die Kartoffelstücke noch heiß oder warm, saugen sie zuviel Fett auf.
– Bestreuen Sie die Bratkartoffeln nach dem Anbraten mit ein wenig Zucker. Sie bekommen dadurch eine feine, leicht süßliche Note und einen schönen Glanz.
– Werten Sie Bratkartoffeln als Hauptgericht auf, indem Sie 100 g durchwachsenen Speck und Zwiebelwürfel anbraten, dann die Kartoffeln hinzufügen und fertig braten.

270. Bratkartoffeln aus rohen Kartoffeln

PREISWERT
Für 4 Personen
Zubereitungszeit: 30 Min.

750 g fest kochende Kartoffeln • 1 Zwiebel • 3 EL Butterschmalz • Salz • 1–2 TL Kümmelsamen • 1/2 Bund Petersilie

– Die Kartoffeln waschen, dünn schälen und alle „Augen“ ausstechen und schlechte Stellen entfernen. Geschälte Kartoffeln nochmals kurz unter fließendem kaltem Wasser abbrausen, dann in dünne Scheiben schneiden und mit Küchenpapier trockentupfen.

– Die Zwiebel schälen und klein würfeln. Das Schmalz in einer Pfanne erhitzen und die Zwiebelwürfel darin glasig braten.
– Die Kartoffelscheiben dazugeben, salzen und 10 Min. bei mittlerer Hitze zugedeckt braten lassen.
– Dann den Kümmel unter die Kartoffeln mischen und alles unter wiederholtem Wenden in der offenen Pfanne noch weitere 10 Min. bei geringer Hitze braten.
– Die Petersilie abbrausen, trockenschütteln, klein schneiden und darüber streuen.

271. Kartoffelpüree mit Schnittlauch

GELINGT LEICHT | SCHMECKT KINDERN
Für 4 Personen
Zubereitungszeit: 35 Min.

1 kg mehlig kochende Kartoffeln • Salz • 1/8 l Milch • 75 g Sahne • 2 EL Butter • 1 Bund Schnittlauch • frisch gemahlener schwarzer Pfeffer • frisch geriebene Muskatnuss

– Die Kartoffeln schälen, waschen, vierteln und in gesalzenem Wasser zugedeckt in 15–20 Min. gar kochen.
– Inzwischen Milch, Sahne und Butter in einem Topf erhitzen. Den Schnittlauch waschen, trockenschwenken und in Röllchen schneiden.
– Kartoffeln abgießen und 3 Min. ausdampfen lassen, dann sofort durch die Kartoffelpresse drücken oder mit dem Kartoffelstampfer zerkleinern.
– Die heiße Milchmischung nach und nach unter die Kartoffeln rühren, am besten mit dem Schneebesen oder Kochlöffel. Mit Salz, Pfeffer und Muskat würzen und zwei Drittel des Schnittlauchs unterheben. Das Püree mit restlichem Schnittlauch bestreut anrichten.

TIPP

Nach dem Kochen nicht zu lange warten, sonst wird das Püree durch die Kartoffelstärke zäh und klebrig. Deshalb sollten Sie auch nicht mit der Küchenmaschine oder mit dem Pürierstab arbeiten oder die Kartoffeln durch ein feines Sieb streichen – dabei wird viel Stärke aus den Kartoffeln getrieben und es entsteht ein schleimiger, leicht pappiger Brei. Ein perfektes Püree aber ist nur dann gelungen, wenn's schön weiß, glatt und locker wie Schnee ist.

272. Kartoffelpüree mit Olivenöl

PREISWERT | GUT FÜR GÄSTE
Für 4 Personen
Zubereitungszeit: 40 Min.

1 kg mehlig kochende Kartoffeln • Salz • 3 EL Olivenöl • 1 EL Butter • frisch geriebene Muskatnuss

– Die Kartoffeln waschen und in kochendem Wasser 20–30 Min. garen. Abgießen, schälen, durch die Presse drücken und salzen. Öl erwärmen (nicht zu heiß werden lassen!) und sofort mit dem Kartoffelpüree und der Butter mit einer Gabel mischen. Das Püree soll luftig bleiben. Mit Salz und etwas Muskat abschmecken.

TIPPS

– Das Püree zu südländischen Fleischgerichten, z. B. Kaninchenragout, servieren.
– Sie können auch gehacktes Basilikum unter das Püree mischen und 50 g schwarze entsteinte, fein gehackte Oliven dazugeben.

273. Pommes frites

SCHMECKT KINDERN
Für 4 Personen
Zubereitungszeit: 45 Min.

1 kg große, vorwiegend fest kochende Kartoffeln • etwa 1 l Erdnussöl zum Frittieren • Salz • eventuell Ketchup zum Servieren

– Die Kartoffeln schälen und in gleichmäßige Stäbchen von 6–8 cm Länge schneiden, danach waschen und in einem Tuch gut abtrocknen.
– Das Öl in der Fritteuse auf etwa 165° erhitzen. Oder in einem großen Topf so lange erhitzen, bis an einem hölzernen Kochlöffelstiel, den Sie ins Fett tauchen, Bläschen aufsteigen.
– Die Kartoffelstäbchen portionsweise (am besten in einem Frittierkorb) ins heiße Fett geben und 4–5 Min. garen, bis sie weich sind. Sie sollen dabei keine Farbe annehmen. Bei starkem Aufbrausen des Öls den Frittierkorb kurz herausheben.

– Die Pommes frites herausnehmen, die Temperatur auf 180° erhöhen und die Kartoffeln im Öl nochmals portionsweise in 2 Min. knusprig werden lassen.
– Die Pommes frites gut abtropfen lassen, auf Küchenpapier etwas entfetten und mit feinem Salz bestreuen. Sofort servieren. Eventuell Ketchup dazu reichen.

TIPPS

– Perfekt gegarte Pommes frites sind innen weich und außen knusprig. Das erreicht man nur durch doppeltes Frittieren bei der richtigen Öltemperatur.
– Das erste Frittieren der Pommes frites können Sie schon einige Zeit vor dem Essen erledigen, damit die Kartoffeln im letzten Moment nur noch knusprig gebacken werden müssen.
– Auch nicht schlecht – frittierte Kartoffeln in anderer Form: Für Kartoffelspiralen rohe, gleichmäßig große Kartoffeln mit einem Rettichmesser spiralförmig schneiden, die Enden ineinander schlingen. Für Pommes Chips die Kartoffeln mit einem Gurkenhobel in feine Scheiben schneiden. Für Strohkartoffeln mit einem Gemüseschneider die Kartoffeln in Späne schneiden. Für Kartoffelwaffeln mit einem gerippten Spezialhobel zu Waffeln schneiden. Alle diese Form-Varianten 2 1/2 Min. vorfrittieren und in 1 Min. bei 180° fertig frittieren.

274. Dillkartoffeln

PREISWERT | GELINGT LEICHT
Für 4 Personen
Zubereitungszeit: 45 Min.

800 g kleine, vorwiegend fest kochende Kartoffeln • 1 TL Kümmelsamen • 2–3 EL Butterschmalz • Salz • frisch gemahlener Pfeffer • 2 Bund Dill

– Die Kartoffeln waschen, mit Wasser und Kümmel zugedeckt bei mittlerer Hitze in 25–30 Min. garen. Schälen und längs vierteln.
– In einer Pfanne das Schmalz erhitzen, die Kartoffeln darin bei mittlerer Hitze in 10–15 Min. goldgelb braten, dabei gelegentlich durchschwenken. Mit Salz und Pfeffer würzen.
– Den Dill abbrausen, trockenschütteln, fein hacken und unter die Kartoffeln mischen.

275. Provenzalische Kartoffeln

GUT FÜR GÄSTE | PREISWERT
Für 4 Personen
Zubereitungszeit: 35 Min.

600 g vorwiegend fest kochende Kartoffeln • 3–6 EL Olivenöl • abgeriebene Schale und Saft von 1/2 unbehandelten Zitrone • Salz • frisch gemahlener Pfeffer • 2 Knoblauchzehen • 2 Frühlingszwiebeln • 2 EL frisch gehackte Petersilie • frisch geriebene Muskatnuss

– Die Kartoffeln schälen, waschen, in Stäbchen oder Würfel schneiden. Gut abtrocknen.
– Olivenöl in einer großen Pfanne erhitzen. Die Kartoffeln darin unter Wenden bei mittlerer Hitze leicht anbraten. Zitronenschale, Salz und Pfeffer hinzufügen und die Kartoffeln bei schwacher Hitze unter Wenden 10 Min. weiterbraten.
– Inzwischen Knoblauch schälen und dazupressen. Frühlingszwiebeln waschen, putzen und der Länge nach in Streifen schneiden. Eventuell halbieren. Mit der Petersilie zu den Kartoffeln geben und weitere 5 Min. braten, bis die Kartoffeln gar sind. Mit Muskatnuss und Zitronensaft abschmecken.

276. Rosmarinkartoffeln

GELINGT LEICHT | PREISWERT
Für 4 Personen
Zubereitungszeit: 45 Min.

600 g neue Kartoffeln • Salz • frisch gemahlener Pfeffer • frisch geriebene Muskatnuss • 3 EL Butterschmalz • 1 EL frisch gehackte Rosmarinnadeln

– Kartoffeln schälen, waschen und in dünne Scheiben schneiden. Gut abtrocknen. Mit wenig Salz, Pfeffer und Muskat mischen.
– Die Hälfte des Schmalzes erhitzen, die Kartoffeln hineingeben, gut wenden, dann mit dem Rosmarin mischen und mit dem Pfannenwender zu einem Kuchen formen. Restliches Schmalz in Flocken darüber verteilen
– Kartoffeln bei mittlerer Hitze 5 Min. anbraten, dann die Hitze reduzieren und zugedeckt weitere 30 Min. garen, bis die Kartoffeln weich sind. Nicht umrühren! Zum Servieren auf eine Platte stürzen.

277. Kartoffelpfanne mit Champignons

VEGETARISCH | GELINGT LEICHT
Für 4 Personen
Zubereitungszeit: 1 Std.

750 g fest kochende Kartoffeln • 1 TL Kümmelsamen • 1 Bund Frühlingszwiebeln • 500 g Champignons • 3 EL Olivenöl • Salz • frisch gemahlener Pfeffer

– Die Kartoffeln waschen, in einen Topf geben und knapp mit Wasser bedecken. Den Kümmel hinzufügen, aufkochen und die Kartoffeln zugedeckt bei mittlerer Hitze 25–30 Min. garen.
– Inzwischen die Frühlingszwiebeln putzen und waschen. Das Weiße fein hacken, die grünen Teile in schmale Ringe schneiden. Die Champignons putzen, große Exemplare halbieren, kleine ganz lassen.
– In einer Pfanne 2 EL Olivenöl erhitzen, die Champignons mit den gehackten Frühlingszwiebeln darin bei mittlerer Hitze andünsten und offen garen, bis fast alle ausgetretene Flüssigkeit verdampft ist. Dann aus der Pfanne nehmen und warm stellen.
– Kartoffeln abgießen, etwas abkühlen lassen, schälen und in nicht zu dünne Scheiben schneiden. Das restliche Olivenöl in der Pfanne erhitzen und die Kartoffelscheiben darin unter Rühren knusprig braten. Die Pilze und die grünen Zwiebelringe untermischen, alles kräftig mit Salz und Pfeffer würzen und weitere 5 Min. garen. Auf vorgewärmten Tellern servieren.

278. Raclette-Kartoffeln

GUT FÜR GÄSTE | GEHT SCHNELL
Für 4 Personen
Zubereitungszeit: 30 Min.

1 kg große, vorwiegend fest kochende Kartoffeln • 400 g Raclette-Käse (etwa 2 mm dick geschnitten) • edelsüßes Paprikapulver • frisch gemahlener weißer Pfeffer • Butter für das Blech

– Das Backblech einfetten. Den Backofen auf 200° (Umluft 180°) vorheizen. Die Kartoffeln unter fließendem Wasser sauber bürsten, längs in etwa 1 cm dicke Scheiben schneiden und auf das Backblech legen. Etwa 20 Min. im Ofen (Mitte) backen.
– Käse entrinden, in passende Stücke schneiden und die Kartoffeln damit belegen. Noch etwa 5 Min. im Ofen (oben) backen, bis der Käse zu schmelzen beginnt. Mit Paprikapulver bestäuben, etwas Pfeffer darüber mahlen.

279. Gegrillte Pfefferkartoffeln

GEHT SCHNELL | GELINGT LEICHT
Für 2–3 Personen
Zubereitungszeit: 30 Min.

500 g fest kochende Kartoffeln • 4 EL Olivenöl • 1 TL Salz • 1/2 TL edelsüßes Paprikapulver • 1/4 TL frisch gemahlener schwarzer Pfeffer • 1/2 TL gemahlener Kreuzkümmel • 1/2 TL Cayennepfeffer

– Die Kartoffeln schälen, waschen, in 1/2 cm dicke Scheiben schneiden und auf beiden Seiten dünn mit Olivenöl bestreichen. Auf ein Blech legen.
– 1/2 TL Salz, das Paprikapulver und den Pfeffer vermischen. Die Hälfte davon auf die Hälfte der Kartoffeln streuen. Das übrige Salz mit dem Kreuzkümmel und dem Cayennepfeffer vermengen, restliche Kartoffeln mit der Hälfte davon bestreuen.
– Den Backofengrill vorheizen. Die Kartoffeln im Ofen (Mitte) 8–10 Minuten grillen. Blech herausnehmen, die Kartoffeln wenden und mit jeweils der übrigen Gewürzmischung bestreuen. Noch 5–6 Min. bräunen.

TIPP

Wenn Sie einen Ofen ohne Grill haben, die Kartoffelscheiben im heißen Ofen bei 250° (Mitte, Umluft 220°) in 20–25 Min. unter Wenden bräunen.

280. Gebackene neue Kartoffeln

PREISWERT | BRAUCHT ETWAS ZEIT
Für 3 Personen
Zubereitungszeit: 15 Min.
Garzeit: 1 Std.

1 kg neue Kartoffeln (möglichst klein) • Salz • frisch gemahlener weißer Pfeffer • 3 Zweige Rosmarin • 50 g Haselnusskerne • 100 g frisch geriebener Emmentaler • 20 g Butter

– Die Kartoffeln unter fließendem Wasser gründlich abbürsten. Dann ungeschält längs halbieren und mit den Schnittflächen nach oben nebeneinander in eine größere feuerfeste Form geben. Mit Salz und Pfeffer würzen.
– Den Rosmarin waschen, die Nadeln von den Stielen streifen und fein zerkleinern. Die Haselnüsse ebenfalls fein zerkleinern.
– Den Käse mit Rosmarin und Nüssen mischen und auf den Kartoffeln verteilen. Die Butter in kleine Stücke schneiden und darauf geben.
– Die Form auf den Rost in den Backofen (Mitte) stellen. Den Ofen auf 180° (Umluft 160 °) schalten und die Kartoffeln etwa 1 Std. backen, bis sie weich und gebräunt sind.

281. Safrankartoffeln

GUT FÜR GÄSTE
Für 4–6 Personen
Zubereitungszeit: 1 Std.

1 kg fest kochende Kartoffeln • 2 Eier • Salz • frisch gemahlener schwarzer Pfeffer • 150 ml Olivenöl • 200 g Mehl • 1 Zwiebel • 2 Knoblauchzehen • 1/8 l trockener Weißwein • 1 Döschen gemahlener Safran • 1/4 l heißer Geflügelfond (aus dem Glas) • 1 Bund Petersilie

– Die Kartoffeln schälen, waschen und in gleich große Würfel schneiden. Die Eier mit Salz und Pfeffer verquirlen.
– In einer großen beschichteten Pfanne 1/8 l Olivenöl erhitzen. Die Kartoffeln erst in den Eiern, dann im Mehl wenden und in 2–3 Portionen in je 5 Min. bei mittlerer Hitze unter Rühren im Öl goldbraun braten. Herausheben und auf Küchenpapier abtropfen lassen.
– Die Zwiebel und den Knoblauch schälen und in feine Würfel schneiden. Beides im übrigen Öl in einem Schmortopf glasig dünsten.
– Die Kartoffeln und den Wein hinzufügen. Den Safran im heißen Geflügelfond auflösen, unterrühren. Salzen und pfeffern, zugedeckt bei mittlerer Hitze 15 Min. köcheln lassen.
– Die Petersilie waschen, trockenschütteln und die Blättchen fein hacken. Zum Schluss unter die Safrankartoffeln mischen. Zu Fleisch- und Geflügelbraten servieren.

282. Karamellisierte Kartoffeln mit Äpfeln

GUT FÜR GÄSTE | PREISWERT
Für 4 Personen
Zubereitungszeit: 50 Min.

1 kg kleine, fest kochende Kartoffeln • Salz • 500 g säuerliche Äpfel (z. B. Boskoop) • 1 EL Zitronensaft • 50 g Zucker • 60 g Butter • frisch gemahlener schwarzer Pfeffer • 2 TL frisch gehackter Majoran (oder 1 TL getrockneter Majoran)

– Die Kartoffeln unter fließendem Wasser gründlich waschen und bürsten. Ungeschält in einen Topf geben, knapp mit Salzwasser bedecken und in 20–30 Min. gar kochen, dann abgießen und schälen.
– Inzwischen die Äpfel schälen, vierteln, vom Kerngehäuse befreien und in dicke Scheiben schneiden. Sofort mit dem Zitronensaft beträufeln.
– Den Zucker in die Mitte einer großen beschichteten Pfanne häufen, bei mittlerer Hitze erwärmen, bis die Ränder anfangen zu bräunen. Dann mit dem Rühren beginnen und den Zucker goldbraun karamellisieren lassen.
– Gleichzeitig die Butter in einem kleinen Topf schmelzen lassen, zum Zucker in die Pfanne rühren. Die Kartoffeln hinzufügen und in 7 Min. bei schwacher Hitze wenden, bis sie rundherum glänzen. Mit Salz und Pfeffer würzen.
– Die Äpfel zu den Kartoffeln in die Pfanne geben und 5 Min. mitdünsten, dabei gelegentlich wenden. Den Majoran darüber streuen und kurz untermischen. Dann sofort servieren.

TIPPS

– Diese skandinavische Spezialität schmeckt als Beilage zu gebratener Entenbrust oder Gänsebraten. Aber auch zu einem Schweinebraten passen die karamellisierten Kartoffeln ausgezeichnet.
– Statt nur mit Kartoffeln können Sie das Gericht auch aus einer Mischung aus Kartoffeln und Möhren oder weißen Rüben (Navets) zubereiten. Die rohen Rüben im heißen Fett unter Wenden 5 Min. andünsten, dann den Zucker darüber streuen. Die Kartoffeln untermischen und alles unter Rühren goldgelb karamellisieren lassen.

283. Baked Potatoes mit grüner Sauce

BRAUCHT ETWAS ZEIT | SCHMECKT KINDERN
Für 4 Personen
Zubereitungszeit: 30 Min.
Backzeit: 1 1/2 Std.

4 große, mehlig kochende Kartoffeln (je 250–300 g) • 4 EL Öl • 2 hart gekochte Eier • 3 EL Weißweinessig • 1 TL mittelscharfer Senf • Salz • frisch gemahlener Pfeffer • 100 ml hochwertiges Sonnenblumenöl • 100 g Schmand (ersatzweise Crème fraîche) • 1 Bund gemischte Kräuter (z. B. Dill, Kerbel, Petersilie, Sauerampfer, Schnittlauch) • 60 g Butter • Zitronenmelisse zum Garnieren

– Den Backofen auf 225° vorheizen. Die Kartoffeln gründlich waschen, trockenreiben und mit einer Gabel mehrmals einstechen, damit die Schale nicht platzt.
– Für jede Kartoffel ein ausreichend großes Stück Alufolie mit Öl bestreichen und die Kartoffeln einzeln fest darin einwickeln. Auf den Gitterrost legen und im Ofen 1 1/2 Std. (Mitte, Umluft 200°) backen.
– Für die Sauce die Eier schälen. Die Eiweiße ablösen, Eigelbe durch ein feines Sieb streichen und mit Essig, Senf, Salz und Pfeffer verrühren. Das Sonnenblumenöl nach und nach dazufließen lassen, dabei mit den Quirlen des elektrischen Handrührgeräts ständig schlagen, bis eine mayonnaisenartige Sauce entstanden ist. Den Schmand unterrühren. Eiweiße sehr fein hacken und dazugeben.
– Die Kräuter abbrausen, trockenschwenken, ohne Stiele fein hacken, unter die Sauce rühren. Mit Salz und Pfeffer abschmecken. Die Sauce zugedeckt ziehen lassen.
– Die fertigen Kartoffeln in der Folie auf einen Teller legen, kreuzweise und tief durch die Folie schneiden, Folie und Kartoffelschale öffnen und zurückbiegen. Die Kartoffeln mit etwas Salz bestreuen und einige Butterflöckchen darauf schmelzen lassen. Etwas Sauce auf die Öffnungen geben und die Kartoffeln mit Zitronenmelisse garnieren. Die übrige Sauce dazu reichen.

TIPP

Wenn Sie Zeit sparen möchten, können Sie die Kartoffeln auch in der Schale 30 Min. vorkochen. Danach abgießen, abschrecken, abtrocknen und eingewickelt noch 20–25 Min. im Ofen backen.

284. Kartoffelpfännchen mit Ziegenkäse

GELINGT LEICHT | GUT FÜR GÄSTE
Für 4 Personen
Zubereitungszeit: 1 1/4 Std.

4 vorwiegend fest kochende Kartoffeln • 2 EL Olivenöl • Salz • 6–8 Basilikumblätter (+ einige Blättchen zum Garnieren) • 200 g Ziegenfrischkäse • 125 g Crème fraîche • 1 Knoblauchzehe (nach Belieben) • frisch gemahlener schwarzer Pfeffer

– Die Kartoffeln waschen und mit Wasser in der Schale in 20–25 Min. knapp gar kochen. Noch warm schälen und in dünne Scheiben schneiden.
– In einer Pfanne 1 1/2 EL Öl erhitzen. Kartoffeln darin bei mittlerer Hitze von beiden Seiten leicht bräunen.
– Den Backofen auf 220° (Umluft 200°) vorheizen. Die Kartoffeln in vier Eierpfännchen (16 cm Ø) oder in andere feuerfeste Förmchen verteilen, mit wenig Salz bestreuen. Die Basilikumblätter etwas zerzupfen und darüber streuen.
– Den Ziegenkäse klein schneiden und mit einer Gabel zerdrücken. Mit der Crème fraîche und nach Belieben mit dem durchgepressten Knoblauch gut mischen und über die Kartoffeln geben. Mit Pfeffer würzen und mit dem restlichen Öl beträufeln.
– Kartoffeln im Ofen (Mitte) 8 Min. überbacken. Der Käse darf keine Farbe annehmen, sondern soll nur schmelzen. Sofort mit Basilikum garniert servieren.

TIPP

Der Ziegenkäse lässt sich durch frischen Schafkäse ersetzen. Wer diese Käse nicht mag, kann auch Camembert oder Brie verwenden. Roquefort oder Blauschimmelkäse eignen sich ebenfalls.

285. Brühkartoffeln „Bella Italia“

PREISWERT
Für 4 Personen
Zubereitungszeit: 1 Std.

Salz • 800 g Blattspinat • 3 Tomaten • 4 Zweige frischer Oregano (ersatzweise 1 TL getrockneter) •

1 Knoblauchzehe • 800 g vorwiegend fest kochende Kartoffeln • 2 EL Olivenöl • 3/4 l Hühnerbrühe (Instant) • frisch gemahlener Pfeffer • 1 TL Zitronensaft

– Reichlich Salzwasser aufkochen lassen. Den Spinat verlesen, gründlich waschen und putzen. Den Spinat im Wasser 1–3 Min. aufwallen lassen, bis die Blätter zusammenfallen. Dann kurz abschrecken, sehr gut ausdrücken und grob hacken.
– Die Tomaten mit kochend heißem Wasser überbrühen, abschrecken und häuten. Tomaten vierteln und ohne Kerne und Stielansätze würfeln. Oregano waschen, die Blättchen grob hacken.
– Den Knoblauch schälen und würfeln. Die Kartoffeln gründlich waschen, schälen und in 1 cm große Würfel schneiden.
– Das Öl erhitzen. Den Knoblauch darin glasig braten. Oregano kurz mitbraten, dann die Kartoffeln und die Brühe dazugeben und alles 10–15 Min. kochen lassen, bis die Kartoffeln bissfest sind.
– Spinat und Tomaten darin 3 Min. mitkochen lassen und die Brühkartoffeln mit Salz, Pfeffer und Zitronensaft abschmecken.

TIPPS

– Auf diese Weise zubereitet sind Kartoffeln eine perfekte Ergänzung zu Geflügel oder Fisch, die in einem würzigen Sud pochiert werden – oder eine belebende Mahlzeit für Kartoffelfans, die an heißen Tagen ihren Magen nicht so sehr belasten wollen.
– Und wenn's ganz schnell gehen soll, können Sie auch 100 g tiefgekühlten Blattspinat verwenden.

286. Saure Kartoffeln

GELINGT LEICHT
Für 4 Personen
Zubereitungszeit: 1 Std.

800 g fest kochende Kartoffeln • Salz • 8 Sardellenfilets (in Salzlake) • 1 Zwiebel • 2 EL Butter • 2 EL Mehl • 400 ml Fleischbrühe • 100 ml Gewürzgurkensud • 1 Lorbeerblatt • 4 Gewürzgurken • 1 Bund Petersilie • 1 EL Kräuteressig • 1 TL scharfer Senf • frisch gemahlener Pfeffer

– Kartoffeln waschen und in Salzwasser in 20–30 Min. bissfest kochen. Pellen und völlig abkühlen lassen. Gleichzeitig die Sardellenfilets in 100 ml Wasser 30 Min. wässern.
– Inzwischen die Zwiebel schälen und würfeln. Butter erhitzen und die Zwiebel darin glasig braten, das Mehl darüber stäuben und anschwitzen lassen.
– Die Mehlschwitze mit der Brühe und dem Gurkensud unter Rühren aufgießen und aufkochen lassen. Mit dem Lorbeerblatt 10 Min. bei schwacher Hitze unter Rühren kochen lassen.
– Die Kartoffeln und die Gurken in dünne Scheiben, die Sardellen in Stücke schneiden. Die Petersilie waschen, die Blättchen hacken.
– Den Essig und den Senf in die Sauce rühren, mit Salz und Pfeffer abschmecken. Dann die Kartoffeln, Gurken und Sardellen darin erhitzen, zum Schluss die Petersilie vorsichtig einrühren.

287. Béchamelkartoffeln

GUT VORZUBEREITEN
Für 4 Personen
Zubereitungszeit: 1 Std.

1 kg kleine, fest kochende Kartoffeln (möglichst gleich groß) • 1 Zwiebel • 1 Lorbeerblatt • 2 Gewürznelken • 1 Knoblauchzehe • 3/4 l Milch • 250 g Sahne • 60 g Butter • 40 g Mehl • Salz • frisch gemahlener Pfeffer • 1 Prise frisch geriebene Muskatnuss • 1 Msp. Cayennepfeffer • 1 EL Zitronensaft • 1 Bund Schnittlauch

– Die Kartoffeln waschen und in einen Topf geben. Wasser angießen und die Kartoffeln bei mittlerer Hitze zugedeckt in 25–30 Min. garen.
– Die Zwiebel schälen und mit den Gewürznelken und dem Lorbeerblatt spicken. Den Knoblauch schälen.
– Milch und Sahne in einen Topf füllen und erhitzen. Die Butter in einem kleinen Topf schmelzen lassen, das Mehl dazugeben und unter Rühren goldgelb andünsten. Die heiße Sahnemischung langsam dazugießen und aufkochen lassen. Dabei mit dem Schneebesen kräftig schlagen, damit keine Klümpchen entstehen.
– Die Béchamelsauce mit Salz, Pfeffer und dem Muskat würzen, Knoblauch dazupressen. Die gespickte Zwiebel in die Sauce legen und zugedeckt bei schwacher Hitze 25–30 Min. köcheln lassen, dabei ab und zu umrühren.

– Die Kartoffeln schälen und in Scheiben schneiden Die Sauce durch ein Sieb in einen breiten Topf gießen.
– Die Kartoffeln in die Sauce geben und bei schwacher Hitze 10 Min. erwärmen. Mit Salz, Pfeffer, Cayennepfeffer und Zitronensaft abschmecken.
– Schnittlauch waschen, in feine Röllchen schneiden. Vor dem Servieren unter die Kartoffeln mischen.

288. Kartoffeln nach Bündner Art

PREISWERT | BRAUCHT ETWAS ZEIT
Für 4 Personen
Zubereitungszeit: 45 Min.
Ruhezeit: 1–2 Tage

1 kg vorwiegend fest kochende Kartoffeln • 200 g Mehl • 120 g Schweineschmalz • Salz • 50 g Butter

– Die Kartoffeln 1–2 Tage zuvor in der Schale mit Wasser in 25–30 Min. weich kochen, dann abkühlen und ruhen lassen.
– Die Kartoffeln schälen und auf der Raspel reiben. Das Mehl gut mit den Kartoffeln mischen und zwischen den Fingern zerreiben, bis beides gut verbunden ist.
– In einer großen Bratpfanne 30 g Schmalz erhitzen. Die Kartoffelmasse leicht salzen und hineingeben. Bei schwacher bis mittlerer Hitze 25–30 Min. unter ständigem Rühren rösten. Dabei das restliche Schmalz nach und nach hinzufügen. Wenn die Kartoffelmasse in kleine, weiche und hellbraune Flocken zerfällt, ist sie fertig zum Servieren.
– Mit der Butter in Flöckchen bestreuen und sofort auf vorgewärmten Tellern servieren.

TIPPS

– Diese Spezialität aus Graubünden wird „Maluns" genannt. Die Zutaten sind zwar denkbar einfach, aber die Zubereitung dieses Gerichts erfordert etwas Aufmerksamkeit. Man darf die Kartoffeln nie braten, sondern nur leicht rösten. Rühren sollten Sie mit einem Pfannenwender aus Holz. Und nie zu viel Schmalz auf einmal dazugegeben, da die Masse sonst hart wird.
– Der Maluns wird mit hausgemachtem Apfelmus und Alpkäse serviert. Dazu gibt es Milchkaffee oder Veltliner Rotwein.

289. Kartoffelschmarrn

PREISWERT | GELINGT LEICHT
Für 4 Personen
Zubereitungszeit: 20 Min.
Garzeit: 30 Min.

750 g vorwiegend fest kochende Kartoffeln • Salz • 150 g Mehl • 1 Msp. frisch gemahlener Pfeffer • 4 EL Butterschmalz

– Die Kartoffeln waschen, in einen Topf geben und mit Wasser aufgießen, salzen. Kartoffeln in 25–30 Min. gar kochen.
– Die Kartoffeln schälen und noch heiß durch die Kartoffelpresse in eine Schüssel drücken. Mit dem Mehl, 1 TL Salz und dem Pfeffer mischen.
– Das Schmalz in einer Pfanne erhitzen, das Kartoffelgemisch hineingeben und unter wiederholtem Wenden bei geringer Hitze in etwa 10 Min. hellbraun braten.

290. Kroketten nach Großmutterart

GUT VORZUBEREITEN | SCHMECKT KINDERN
Für 4 Personen
Zubereitungszeit: 1 Std.

1 kg mehlig kochende Kartoffeln • Salz • 2 EL Butter • 3 Eigelbe (Größe L) • 1–2 EL Mehl • frisch gemahlener Pfeffer • frisch geriebene Muskatnuss • 1 l Erdnussöl zum Frittieren

– Die Kartoffeln schälen, waschen und in Stücke schneiden. Dann in Salzwasser in 20 Min. weich kochen. Abgießen, nochmals in den Topf geben und etwas ausdampfen lassen.
– Die Kartoffeln noch warm durch die Kartoffelpresse drücken und sofort mit der Butter, den Eigelben, dem Mehl, Salz, Pfeffer und Muskat verkneten. Die Masse muss gut zusammenhalten. Sollte der Teig zu nass oder zu trocken sein, entweder noch etwas Mehl oder noch Eigelb untermengen.
– Aus der Kartoffelmasse längliche oder ovale Kroketten formen.
– Das Öl auf 170° erhitzen oder so lange, bis an einem hölzernen Kochlöffelstiel, den man ins Fett taucht, Bläschen aufsteigen. Die Kroketten portionsweise im Öl je nach Größe 3–4 Min. frittieren.

TIPPS

– Um die genaue Garzeit herauszufinden, einige Probekroketten formen und vorfrittieren.
– Die Krokettenmasse können Sie auch mit etwas fein gehacktem Schinken, Gemüsewürfelchen, Käseraspeln oder Kräutern verfeinern.
– Ebenfalls köstlich: Die Kroketten vor dem Frittieren mit Ei und Semmelbröseln panieren.

291. Klassisches Schweizer Rösti

GUT VORZUBEREITEN
Für 4 Personen
Zubereitungszeit: 1 Std.

1 kg fest kochende Kartoffeln • 1 Zwiebel • Salz • frisch gemahlener schwarzer Pfeffer • 3 EL Butterschmalz

– Die Kartoffeln waschen, in einen Topf geben und Wasser angießen. Je nach Größe zugedeckt bei mittlerer Hitze in 15–20 Min. nicht ganz gar kochen, abgießen und in der Schale abkühlen lassen.
– Die Kartoffeln schälen und auf einer Reibe grob in eine Schüssel raspeln. Die Zwiebel schälen, fein hacken und hinzufügen. Mit Salz und Pfeffer kräftig würzen, alles gut durchmischen.
– In einer Pfanne 2 EL Schmalz erhitzen, die Kartoffelmischung hineingeben und mit dem Pfannenwender zu einem flachen Fladen formen. Bei schwacher Hitze etwa 15 Min. braten, bis sich an der Unterseite eine goldgelbe Kruste gebildet hat.
– Das Rösti auf einen Teller gleiten lassen. Das restliche Schmalz in der Pfanne schmelzen, das Rösti umgedreht wieder in die Pfanne geben und in weiteren 15 Min. fertig braten.
– Das Rösti auf eine vorgewärmte Platte gleiten lassen und vor dem Servieren wie Kuchenstücke aufschneiden.

TIPPS

– Die Kartoffeln können Sie bereits am Vortag kochen, das spart später Zeit.
– Rösti eignen sich auch gut zum Einfrieren, man kann sie also auf Vorrat zubereiten.

292. Kartoffel-Möhren-Rösti

PREISWERT
Für 4 Personen
Zubereitungszeit: 40 Min.

600 g fest kochende Kartoffeln • 2 Zwiebeln • 400 g Möhren • 3 Eier • Salz • frisch gemahlener Pfeffer • frisch geriebene Muskatnuss • 1 TL gemahlener Kreuzkümmel • 3 EL Öl

– Die Kartoffeln und die Zwiebeln schälen. Beides auf einer Rohkostreibe oder mit der Küchenmaschine grob raffeln und in eine Schüssel füllen.
– Möhren schälen und ebenfalls grob raffeln. Zu den Kartoffeln geben. Eier unter die Masse rühren und kräftig mit Salz, Pfeffer, Muskat und Kreuzkümmel würzen.
– Das Öl in einer breiten beschichteten Pfanne erhitzen, die Kartoffel-Möhren-Masse hineinfüllen und flach drücken. Bei mittlerer Hitze 15 Min. braten, bis die Unterseite goldbraun ist.
– Dann das Rösti ganz vorsichtig wenden, falls nötig, noch etwas Öl hinzufügen und in weiteren 10 Min. fertig braten.
– Auf eine vorgewärmte Platte gleiten lassen und wie Kuchenstücke aufschneiden.

293. Kartoffelpuffer

PREISWERT | SCHMECKT KINDERN
Für 4 Personen
Zubereitungszeit: 50 Min.

1 1/2 kg vorwiegend fest kochende Kartoffeln • 1 Zwiebel • 2 Eier • 2 EL Mehl • Salz • frisch gemahlener Pfeffer • Fett zum Braten (Pflanzenöl, Butterschmalz, Kokosfett)

– Die Kartoffeln schälen und waschen. Auf einer feinen Reibe (oder mit der Küchenmaschine) in eine Schüssel reiben. Die Zwiebel schälen und zu den Kartoffeln in die Schüssel reiben.
– Die Eier, das Mehl, etwa 1 TL Salz und etwas Pfeffer gründlich unter die Kartoffelmasse rühren.
– In einer großen beschichteten Pfanne 2–3 EL Fett erhitzen. Je Puffer 1 1/2 EL Kartoffelmasse hineingeben und mit dem Löffelrücken flach streichen. Die Puffer bei mittlerer Hitze 4 Min. braten.

– Wenn die Masse an den Rändern goldbraun wird, die Puffer wenden und weitere 4 Min. braten. Den Teig nach und nach verarbeiten, dabei immer wieder etwas Fett in die Pfanne geben.

TIPP

Am besten servieren Sie die Kartoffelpuffer heiß und frisch aus der Pfanne. Sie schmecken einfach ohne alles, doch auch mit Zucker bestreut, mit Apfelmus oder anderem Kompott serviert. Mit Rübenkraut, Sauerkraut, einem Salat oder als Beilage zu Fleischgerichten mit gebundenen Saucen sind Kartoffelpuffer ebenfalls eine Delikatesse!

294. Kartoffelpuffer mit Apfel, Zwiebel und Schnittlauchsauce

PREISWERT
Für 4 Personen
Zubereitungszeit: 1 Std.

250 g saure Sahne • 100 g Sahne • 2 Bund Schnittlauch • Salz • frisch gemahlener Pfeffer • 1 kg vorwiegend fest kochende Kartoffeln • 2 Zwiebeln • 1 Ei (Größe L) oder 2 Eier (Größe S) • 1 säuerlicher Apfel • 1 EL Zitronensaft • 4–5 EL Öl oder Butterschmalz

– Für die Sauce die saure Sahne in eine Schüssel füllen. Die Sahne halbsteif schlagen und untermischen. Den Schnittlauch abbrausen, in Röllchen schneiden und dazurühren. Mit Salz und Pfeffer abschmecken und bis zum Servieren kühl stellen.
– Die Kartoffeln und die Zwiebeln schälen. Entweder auf der Rohkostreibe oder mit der Küchenmaschine fein raffeln und in einer Schüssel mischen. Das Ei oder die Eier unterrühren und die Kartoffelmasse mit Salz und Pfeffer würzen.
– Den Apfel schälen, vierteln und vom Kerngehäuse befreien. Grob raffeln, sofort mit dem Zitronensaft beträufeln und unter den Pufferteig mischen.
– Öl oder Schmalz in einer Pfanne erhitzen. Von dem Kartoffelteig kleine Portionen in das heiße Fett geben und mit einem Pfannenwender flach drücken, so dass sie etwa handtellergroß sind. Portionsweise bei mittlerer Hitze in 8–10 Min. goldbraun braten, dabei einmal wenden. Sofort mit der Schnittlauchsauce servieren.

TIPP

Kartoffeln verfärben sich beim Reiben rasch bräunlich. Es ist aber nicht nötig, deshalb Zitronensaft zuzugeben, denn beim Garen wird die Puffermasse wieder appetitlich hell. Trotzdem sollten Sie die Puffermasse rasch nach dem Zerkleinern backen, damit der Vitaminverlust möglichst gering ist.

295. Kartoffeln mit Räucherlachs

GUT FÜR GÄSTE
Für 4 Personen
Zubereitungszeit: 15 Min.
Garzeit: 1 Std.

8 vorwiegend fest kochende Kartoffeln (je 200–250 g) • 1 TL Öl • 150 g Räucherlachs • 125 g Sahne • 30 g geriebener Meerrettich (aus dem Glas) • Salz • frisch gemahlener weißer Pfeffer • 8 kleine Dillzweige

– Den Backofen auf 200° vorheizen. Kartoffeln schälen, waschen und auf ein Backblech legen. Im Ofen (Mitte, Umluft 180°) 45–60 Minuten garen. Dann Kartoffeln so aushöhlen, dass ein Rand von 2 cm stehen bleibt.
– Den Lachs klein würfeln, in die Höhlungen füllen. Die Sahne steif schlagen, mit Meerrettich mischen, salzen und pfeffern. Die Kartoffeln mit einer Meerrettich-Sahnehaube versehen und mit Dill garnieren.

296. Kartoffeln mit Spinat und Käse

GELINGT LEICHT
Für 4 Personen
Zubereitungszeit: 30 Min.
Garzeit: 1 Std.

8 vorwiegend fest kochende Kartoffeln (je 200–250 g) • 1 TL Öl • 250 g Blattspinat • 1 kleine Zwiebel • 1 EL Butter • 1 EL Mehl • 2 EL Sahne • Salz • frisch gemahlener Pfeffer • 1–2 gehackte Salbeiblätter • 120 g gut schmelzender Käse (Fontina oder Greyerzer)

– Den Backofen auf 200° vorheizen. Kartoffeln schälen, waschen und auf ein Backblech legen. Im Ofen (Mitte, Umluft 180°) 45–60 Minuten garen.

– Den Spinat verlesen, waschen, 1 Min. blanchieren, abschrecken, ausdrücken und hacken. Zwiebel schälen und hacken, mit dem Spinat in der Butter andünsten. Mit Mehl bestäuben, die Sahne zugießen und etwas einkochen lassen.
– Die Kartoffeln so aushöhlen, dass ein Rand von etwa 2 cm stehen bleibt. Das Ausgehöhlte zerkleinert zum Spinat geben. Mit Salz, Pfeffer und Salbei würzen.
– Spinatmasse in die Kartoffeln füllen. Bei 180° im Ofen (Mitte, Umluft 160°) 10 Min. erwärmen, dann mit Käse belegen und bei 220° (Umluft 200°) weitere 5 Min. überbacken, bis der Käse schmilzt.

297. Kartoffelpfanne mit Hühnerbrust

GELINGT LEICHT
Für 4 Personen
Zubereitungszeit: 1 Std.

600 g fest kochende Kartoffeln • 1 TL Kümmelsamen • 400 g Blattspinat (oder 300 g tiefgekühlter Spinat) • Salz • 500 g Hühnerbrustfilets • 6 EL Öl • frisch gemahlener Pfeffer • 1 Zwiebel • 1 Knoblauchzehe • 1 EL Zitronensaft • frisch geriebene Muskatnuss

– Kartoffeln waschen, in einen Topf geben und Wasser angießen. Den Kümmel hinzufügen, aufkochen und die Kartoffeln bei mittlerer Hitze 25–30 Min. garen.
– Inzwischen den Spinat verlesen und gründlich waschen. Reichlich Salzwasser aufkochen und den Spinat darin 1 Min. blanchieren. In ein Sieb geben und sehr gut abtropfen lassen. (Tiefgekühlten Spinat nach Packungsaufschrift auftauen lassen.) Den Spinat gut ausdrücken und grob hacken.
– Die Hühnerbrustfilets in schmale Streifen schneiden. 3 EL Öl in einer Pfanne erhitzen und das Fleisch darin rundherum goldbraun braten. Salzen, pfeffern, vom Herd nehmen und auf einen Teller geben.
– Kartoffeln abgießen, etwas ausdämpfen lassen, schälen und in 1 1/2 cm große Würfel schneiden. Zwiebel und Knoblauch schälen, die Zwiebel fein hacken. Restliches Öl in der Pfanne erhitzen, die Zwiebel darin glasig dünsten, den Knoblauch dazupressen. Die Kartoffelwürfel hinzufügen und rundherum knusprig braten.
– Spinat und Hühnerbruststreifen untermischen, kräftig mit Zitronensaft, Salz, Pfeffer und Muskat würzen und alles zusammen weitere 5 Min. garen.

298. Kartoffel-Wurst-Omelette

PREISWERT | SCHMECKT KINDERN
Für 4 Personen
Zubereitungszeit: 1 Std.

750 g vorwiegend fest kochende Kartoffeln • 1 Zwiebel • 250 g Lyoner • 1 Bund Schnittlauch • 3 EL Butterschmalz • Salz • frisch gemahlener schwarzer Pfeffer • 1 Prise frisch geriebene Muskatnuss • 4 Eier • 100 ml Milch

– Die Kartoffeln waschen, in einen Topf geben und Wasser angießen. Die Kartoffeln bei mittlerer Hitze zugedeckt in 25–30 Min. garen. Etwas abkühlen lassen, schälen und in kleine Würfel schneiden.
– Die Zwiebel schälen und fein hacken. Die Lyoner schälen und würfeln. Den Schnittlauch waschen und in Röllchen schneiden.
– Das Butterschmalz in einer breiten, möglichst beschichteten Pfanne erhitzen und die Zwiebel darin glasig dünsten. Die Lyoner untermischen und kurz mitbraten.
– Dann die Kartoffelwürfel dazugeben und bei mittlerer Hitze leicht anbraten. Den Schnittlauch bis auf 1 EL unterrühren und alles mit Salz, Pfeffer und dem Muskat kräftig würzen.
– Inzwischen die Eier in einer Schüssel aufschlagen, die Milch dazugeben und gut verquirlen. Die Eiermischung über die Zutaten in der Pfanne gießen und das Omelette bei mittlerer Hitze 10 Min. braten.
– Das Omelette auf einen Teller gleiten lassen, vorsichtig in die Pfanne stürzen und auf der anderen Seite in weiteren 10 Min. fertig garen.
– Das Omelette auf eine vorgewärmte Platte gleiten lassen, in vier Teile schneiden, mit dem restlichen Schnittlauch bestreuen und servieren.

TIPPS

– Anstelle eines großen Omelettes können Sie in einer kleineren Pfanne auch vier Portionsomeletts braten.
– Die Kartoffeln schon am Vortag kochen, dann ist das Omelette schneller fertig.
– Anstelle der Lyoner 250 g Kasseler in kleinen Würfeln zusammen mit 1 roten, klein gewürfelten Paprikaschote zu den Kartoffeln geben.

Kartoffeln & Gemüse

299. Spanische Kartoffelpfanne

GELINGT LEICHT
Für 4 Personen
Zubereitungszeit: 1 Std.

1 kg fest kochende Kartoffeln • 1 Zwiebel • 1 grüne Paprikaschote • 8 EL Olivenöl • 2 Knoblauchzehen • 1 TL gemahlener Kreuzkümmel • 1 TL edelsüßes Paprikapulver • Salz • frisch gemahlener Pfeffer • 50 ml trockener Weißwein • 50 ml Gemüsebrühe

– Die Kartoffeln schälen, waschen und in dünne Scheiben hobeln. Die Zwiebel schälen und in feine Ringe schneiden. Die Paprikaschote waschen, putzen und in schmale Streifen teilen.
– Die Hälfte des Olivenöls in einer großen beschichteten Pfanne erhitzen. Kartoffeln, Zwiebelringe und Paprikastreifen darin 3 Min. unter Rühren anbraten. Mit dem übrigen Öl begießen und alles bei mittlerer Hitze in weiteren 5 Min. leicht bräunen, dabei die Kartoffeln vorsichtig wenden.
– Die Knoblauchzehen schälen und durch die Presse drücken. Mit Kreuzkümmel, Paprikapulver, Salz und Pfeffer vermischen. Den Wein und die Brühe unterrühren, die Mischung über die Kartoffeln gießen. Aufkochen, dann zugedeckt 25–30 Min. bei schwacher Hitze leise simmern lassen, bis die Kartoffeln gar sind. Mit Salz und Pfeffer abschmecken.

300. Kartoffel-Tapa mit scharfer Tomatensauce

PREISWERT | GUT FÜR GÄSTE
Für 4 Personen
Zubereitungszeit: 40 Min.

2 kleine Zwiebeln • 2 Knoblauchzehen • 2 Fleischtomaten (etwa 400 g) • 6 EL Olivenöl • 2 TL Tomatenmark • 2–3 EL trockener Sherry (Fino) • 1 kleine rote Chilischote • Salz • frisch gemahlener schwarzer Pfeffer • Cayennepfeffer • 1–2 EL Zitronensaft • 400 g fest kochende Kartoffeln

– Für die Sauce die Zwiebeln schälen und klein würfeln, die Knoblauchzehen schälen. Stielansätze der Tomaten entfernen, Tomaten kurz überbrühen, häuten und vierteln. Dann entkernen und in kleine Stücke schneiden.
– In einem Schmortopf 4 EL Olivenöl erhitzen, die Zwiebeln darin glasig dünsten. Den Knoblauch dazupressen und kurz mitdünsten. Tomaten mit Tomatenmark, Sherry und der gewaschenen Chilischote in den Topf geben. Gut durchrühren und offen 15 Min. bei schwacher Hitze köcheln lassen, bis ein dicker Brei entstanden ist. Mit Salz, Pfeffer, Cayennepfeffer und Zitronensaft kräftig abschmecken.
– Gleichzeitig die Kartoffeln schälen, waschen und klein würfeln. In einer Pfanne übriges Öl erhitzen und die Kartoffeln 5 Min. anbraten. Temperatur auf mittlere bis schwache Hitze herunterschalten, Kartoffeln noch 15 Min. braten, dabei immer wieder kräftig rütteln und wenden, damit sie nicht anbrennen. Kartoffeln in die Tomatensauce geben und beides zusammen nochmals erhitzen.

TIPPS

– Patatas bravas – wie diese delikate Vorspeise in ihrer spanischen Heimat genannt wird – schmecken nicht nur einfach köstlich, sie eignen sich auch hervorragend für die Gästebewirtung, denn sie können komplett vorbereitet werden und leiden im Gegensatz zu vielen anderen Kartoffelgerichten auch nicht, wenn sie einige Stunden stehen. Die Tapa schmeckt zudem sowohl warm (bei mittlerer Hitze erwärmen) wie auch abgekühlt ganz ausgezeichnet.
– Zum Servieren die Kartoffeln in Schälchen verteilen und mit Cocktailspießchen anrichten.
– Dazu passt am besten ein trockener oder halbtrockener Sherry.
– Nach dieser Vorspeise schmeckt ein Lammbraten oder aber ein mit Gemüse geschmortes Hähnchen besonders gut.

301. Kanarische Salzkartoffeln mit roter Mojo

PREISWERT | GUT FÜR GÄSTE
Für 4 Personen
Zubereitungszeit: 35 Min.

800 g kleine, fest kochende Kartoffeln • 80 g feines Meersalz • 2 getrocknete Chilischoten • 2 Knoblauchzehen • 2 TL edelsüßes Paprikapulver • 1/2 TL gemahlener Kreuzkümmel • 1/2 TL Salz • 4 EL Rotweinessig • 6 EL Öl

– Die Kartoffeln gründlich waschen und in einen Topf geben. So viel Wasser angießen, dass die Kartoffeln zur Hälfte darin liegen. Mit dem Meersalz bestreuen und aufkochen lassen. Zugedeckt bei mittlerer Hitze 15 Min. garen, dabei den Topf mehrmals rütteln. Den Deckel abnehmen und das verbliebene Wasser bei starker Hitze in weiteren 10 Min. verdampfen lassen.
– Inzwischen für die Sauce die Chilischoten vom Stiel und den Kernen befreien, klein schneiden und in einen Mörser oder Mixer geben. Die Knoblauchzehen schälen, grob zerteilen und mit Paprikapulver, Kreuzkümmel, Salz und Essig hinzufügen. Alles fein zerstoßen oder pürieren, dabei das Öl nach und nach dazugeben und gut untermischen.
– Kartoffeln im trockenen Topf offen noch 5 Min. unter Rühren rundherum anrösten, bis sich die Schale runzelt und von einer leichten Salzkruste überzogen ist.
– Kartoffeln in einer vorgewärmten Schüssel anrichten. Jeder schält sich bei Tisch die Kartoffeln selbst oder isst sie mit Schale und gibt etwas Mojo-Sauce darüber.

TIPPS

– Eine tolle Vorspeise (vor einem würzigen Lamm- oder Schweinebraten oder aber nach einer spanischen Vorspeise – wie Garnelen in Knoblauchöl oder frittierten Sardellen) oder auch komplettes Hauptgericht, wenn Sie die Zutaten fast verdoppeln.
– Zu kurz gebratenem Fleisch oder gegrilltem Fisch servieren oder als Vegi-Imbiss zum Bier reichen.
– Die pikante Mojo-Sauce können Sie wunderbar vorbereiten, sie hält sich gut verschlossen sogar bis zu 2 Monaten. Sie lässt sich also auch für den Vorrat in einer größeren Menge zubereiten. Dann jeweils die gewünschte Menge entnehmen und eventuell noch mit etwas Öl verrühren.

302. Kartoffel-Brokkoli-Püree

GELINGT LEICHT
Für 4 Personen
Zubereitungszeit: 45 Min.

600 g mehlig kochende Kartoffeln • Salz • 50 g gehackte Mandeln • 400 g Brokkoli • 2 EL Butter • 125 g Sahne • frisch gemahlener schwarzer Pfeffer • frisch geriebene Muskatnuss

– Kartoffeln waschen, in Salzwasser in 20–30 Min. gar kochen. Mandeln in einer Pfanne goldbraun rösten.
– Brokkoli waschen und in Röschen teilen, Stiele schälen und in Stücke schneiden. Beides in Butter bei schwacher Hitze andünsten. Sahne angießen und den Brokkoli zugedeckt 5 Min. dünsten, dann pürieren.
– Kartoffeln abgießen und schälen. Noch heiß durch die Kartoffelpresse drücken. Brokkolimus und zwei Drittel der Mandeln unterheben. Mit Salz, Pfeffer und Muskat würzen. Mit übrigen Mandeln bestreut servieren.

303. Endivien-Kartoffel-Püree

GELINGT LEICHT
Für 4 Personen
Zubereitungszeit: 35 Min.

600 g mehlig kochende Kartoffeln • Salz • 250 g Endivien-Salat • 250 g Bacon (Frühstücksspeck) • 200 ml Milch • 2 TL Butter • frisch gemahlener schwarzer Pfeffer

– Kartoffeln schälen, waschen, vierteln und in Salzwasser in 15–20 Min. gar kochen.
– Den Salat waschen, putzen und in sehr feine Streifen schneiden. Den Bacon klein würfeln und in einer Pfanne bei mittlerer Hitze kross braten, ein Drittel davon herausnehmen. Salatstreifen zum Speck geben und in 1 Min. zusammenfallen lassen .
– Milch und Butter aufkochen lassen. Die Kartoffeln abgießen, ausdampfen lassen und zerdrücken, die Milch unterschlagen. Endivien-Speck-Mischung unterheben. Mit Salz und Pfeffer würzen. Das Püree noch mal kurz erhitzen. Mit dem übrigen Bacon bestreut servieren.

304. Himmel und Erde

PREISWERT | GELINGT LEICHT
Für 4 Personen
Zubereitungszeit: 1 Std.

1 kg mehlig kochende Kartoffeln • Salz • 800 g säuerliche Äpfel • 1 EL Zitronensaft • 1 EL Zucker • 1 Prise Zimtpulver • 2 Zwiebeln • 60 g durchwachsener Räucherspeck • 400 g Blutwurst • 2 EL Butterschmalz • 200 ml heiße Milch • 2 EL Butter • frisch geriebene Muskatnuss • frisch gemahlener Pfeffer

– Die Kartoffeln schälen, waschen und grob würfeln. In Salzwasser zugedeckt in etwa 20 Min. gar kochen.
– In der Zwischenzeit die Äpfel vierteln, schälen und die Kerngehäuse entfernen. Äpfel in Spalten schneiden und mit Zitronensaft, Zucker, Zimt und 3 EL Wasser zugedeckt bei mittlerer Hitze 8 Min. dünsten.
– Die Zwiebeln schälen und in Ringe schneiden. Den Speck klein würfeln. Die Blutwurst in etwa 2 cm dicke Scheiben schneiden.
– Das Schmalz in einer großen Pfanne erhitzen, den Speck darin knusprig ausbraten. Zwiebelringe mit anbräunen. Alles zur Seite schieben, in dem Bratfett die Blutwurst von beiden Seiten je 1 Min. braten.
– Gegarte Kartoffeln abgießen und ausdampfen lassen. Kartoffeln zerstampfen, Milch dazugießen, Butter unterrühren. Mit Muskat würzen. Zwei Drittel der Äpfel zerdrücken und unter das Kartoffelpüree mischen.
– Den Kartoffel-Apfel-Brei portionsweise auf Teller verteilen. Jeweils seitlich die restlichen ganzen Apfelspalten und die Blutwurst anrichten. Speck und Zwiebeln mit dem Bratfett auf dem Kartoffel-Apfelbrei verteilen. Alles mit Pfeffer überstreuen und sofort servieren.

TIPPS

– So wird das Gericht noch interessanter: 250 g Wirsingstreifen zugedeckt 6 Min. in 2 EL Butter andünsten. Mit zerstoßenem Koriander, Salz und Pfeffer würzen. Nach Belieben unter das Püree mischen oder locker zwischen den übrigen Zutaten verteilen.
– Servieren Sie „Himmel und Erde“ als Beilage (ohne Blutwurst), dann passt sie besonders gut zu gebratener Leber, Schweinsbraten, Schweinekoteletts oder Bratwürsten.

305. Kartoffeln mit Pesto-Haube und Gemüse

VEGETARISCH | BRAUCHT ETWAS ZEIT
Für 4 Personen
Zubereitungszeit: 1 3/4 Std.

100 g Mandeln • 50 g Parmesan • 40 g Schafkäse • 1 Ei (Größe L) • 2 EL kalt gepresstes Olivenöl • 3 Knoblauchzehen • 1 Bund mittelfein gehacktes Basilikum • Meersalz • frisch gemahlener schwarzer Pfeffer • 400 g fest kochende Kartoffeln • 100 g Zwiebelwürfel • 250 g junge Zucchini • 250 g Eiertomaten • 1/2 TL Curry • 1 Prise Cayennepfeffer • 1 EL frisch gehackte glatte Petersilie

– Die Mandeln mit kochendem Wasser überbrühen, etwa 20 Min. darin liegen lassen, dann abziehen. 50 g für das Gemüse beiseite stellen. 8 Mandeln blättrig schneiden. Die übrigen mit dem Parmesan und dem Schafkäse im Blitzhacker fein zerkleinern.
– Den Backofen auf 200° (Umluft 180°) vorheizen. Das Ei, 1 EL Öl, 2 durchgepresste Knoblauchzehen und das Basilikum unter den Käse rühren, salzen und pfeffern.
– Die Kartoffeln waschen und sauber bürsten und längs in etwa 1 cm dicke Scheiben schneiden. In eine gefettete Pizzaform (24 cm Ø) legen und im Ofen (Mitte) etwa 15 Min. backen.
– Die Käsemischung auf den Kartoffeln verteilen, die Mandelblättchen aufstreuen. Etwa 15 Min. im Backofen (oben) backen, bis die Pesto-Haube goldgelb ist.
– Die Zwiebeln und übrige fein gehackte Knoblauchzehe in restlichem Öl goldgelb braten. Die Zucchini waschen, putzen, in etwa 1 cm dicke Scheiben schneiden und mit den Zwiebeln etwa 5 Min. braten.
– Die Tomaten waschen und achteln, dabei die Stielansätze entfernen. Mit Curry und Cayennepfeffer zu den Zucchini geben und etwa 5 Min. dünsten.
– Die restlichen Mandeln hacken oder raspeln und mit der Petersilie unter das Gemüse mischen. Mit den Kartoffeln anrichten.

306. Grünes Kartoffel-Gemüse-Ragout

GELINGT LEICHT
Für 4 Personen
Zubereitungszeit: 45 Min.

1 große Zwiebel • 2 EL Butter • 800 g fest kochende Kartoffeln • 3/8 l Gemüsebrühe • 150 g Crème fraîche • 400 g Zucchini • 250 g Zuckerschoten • 2 Stangen Lauch • Salz • frisch gemahlener Pfeffer • 1 Msp. Cayennepfeffer • 2 Bund Basilikum

– Die Zwiebel schälen und in kleine Würfel schneiden. In einem großen Topf die Butter schmelzen und die Zwiebel darin bei schwacher Hitze in 15 Min. weich dünsten.

– Inzwischen die Kartoffeln schälen, waschen und in 1 1/2 cm große Würfel schneiden. Kartoffelwürfel zur Zwiebel in den Topf geben und kurz mitdünsten. Mit der Brühe aufgießen, die Crème fraîche untermischen und alles 10 Min. zugedeckt köcheln lassen.
– Die Zucchini putzen, waschen, längs vierteln und in Stücke in der Größe der Kartoffeln schneiden. Die Zuckerschoten putzen, von den Enden befreien und schräg in breite Streifen schneiden. Die Lauchstangen putzen, waschen und in schmale Ringe schneiden. Das Gemüse zu den Kartoffeln in den Topf geben.
– Gemüseragout mit Salz, Pfeffer und Cayennepfeffer würzen und zugedeckt bei schwacher Hitze 15 Min. köcheln lassen. Inzwischen die Basilikumblättchen in feine Streifen schneiden.
– Gemüseragout abschmecken und nach Belieben nachwürzen. Vor dem Servieren das Basilikum einstreuen.

307. Kartoffelgemüse mit Möhren

PREISWERT | GELINGT LEICHT
Für 4 Personen
Zubereitungszeit: 1 Std.

800 g vorwiegend fest kochende Kartoffeln • 700 g Möhren (möglichst mit Grün) • 4 TL gekörnte Gemüsebrühe • Meersalz • 1 Zwiebel • 2 Knoblauchzehen • 60 g Butter • 1 Hand voll junge Salbeiblättchen • 200 g Crème fraîche • frisch gemahlener schwarzer Pfeffer • 4 EL frisch geriebener Sbrinz oder Parmesan

– Die Kartoffeln und die Möhren waschen und sauber bürsten. Die Kartoffeln und die Möhren in Scheiben schneiden. Etwas Möhrengrün beiseite legen.
– Gut 1/8 l Wasser mit der gekörnten Brühe aufkochen. Kartoffeln und Möhren hineingeben, salzen und bei mittlerer Hitze zugedeckt in etwa 20 Min. bissfest garen.
– Das Möhrengrün ohne Stiele grob hacken und nach etwa 10 Min. Garzeit unter die Kartoffeln mischen.
– Die Zwiebel und den Knoblauch schälen und in kleine Würfel schneiden, in der Butter glasig dünsten. Salbeiblättchen in Streifen schneiden und mit den Zwiebeln etwa 2 Min. dünsten.
– Den Topf von der Kochstelle nehmen. Die Crème fraîche unterrühren und die Sauce mit Salz und Pfeffer abschmecken. Die Sauce unter das Gemüse heben und den Käse darüber streuen.

308. Ungarisches Kartoffelgulasch

PREISWERT | SCHMECKT KINDERN
Für 4–6 Personen
Zubereitungszeit: 35 Min.
Garzeit: 25 Min.

500 g frischer Schweinebauch • 1 TL Kümmelsamen • 2 Knoblauchzehen • Salz • frisch gemahlener Pfeffer • 2 EL edelsüßes Paprikapulver • 1 kg vorwiegend fest kochende Kartoffeln • 2 Zwiebeln • 2 EL Schweine- oder Butterschmalz • 2 EL Essig • 1/4–1/2 l heiße Fleischbrühe • 1 kleine Dose Tomaten (400 g Inhalt) • 1 Bund Schnittlauch • 50 g saure Sahne

– Schweinebauch waschen, mit Küchenpapier trockentupfen und in etwa 2 1/2 cm große Würfel schneiden. Den Kümmel im Mörser zerstoßen. Den Knoblauch schälen und klein würfeln. Das Fleisch kräftig mit Salz, Pfeffer, Kümmel, Knoblauch und 1 EL Paprikapulver würzen.
– Die Kartoffeln schälen, waschen und in Würfel schneiden. Die Zwiebeln schälen und grob würfeln.
– In einem Schmortopf das Schmalz erhitzen. Darin das Fleisch portionsweise unter Rühren bei starker Hitze anbraten.
– Die Zwiebeln kurz mit anrösten. Restliches Paprikapulver unterrühren und sofort mit dem Essig ablöschen. Mit der Fleischbrühe aufgießen, die Kartoffeln und die Tomaten hinzufügen, Tomaten zerkleinern und alles 20–25 Min. bei schwacher Hitze köcheln lassen. Nochmals abschmecken.
– Den Schnittlauch abbrausen, trockenschütteln und in feine Röllchen schneiden. Auf jede Portion Kartoffelgulasch 1 Klecks saure Sahne und etwas Schnittlauch geben. Oder die saure Sahne extra dazu servieren.

TIPPS

– Statt Schweinebauch können Sie auch 300 g Debreziner-Würste klein schneiden und kurz vor Ende der Garzeit unter das Gulasch mischen.
– Oder Sie schneiden 1 grüne Paprikaschote in Streifen, geben sie zusätzlich dazu und lassen sie mitköcheln.
– Auch sehr fein: Statt saurer Sahne 200 g Naturjoghurt mit 1 TL Mehl verquirlen und zum Schluss unter das Kartoffelgulasch rühren.

309. Hoppel-Poppel

GELINGT LEICHT | GEHT SCHNELL
Für 4 Personen
Zubereitungszeit: 30 Min.

600 g Pellkartoffeln (vom Vortag) • 1 Zwiebel • 2 EL Butterschmalz • Salz • je 2 Msp. frisch gemahlener Pfeffer und getrockneter Majoran • 250 g Rinderbraten (Rest vom Vortag) • 1/8 l Bratensauce (Instant) • 2 Gewürzgurken • 1 Bund Petersilie • 4 Eier • 4 EL saure Sahne • 1 Msp. geriebene Muskatnuss

– Die Pellkartoffeln schälen und in Scheiben schneiden. Die Zwiebel schälen und in kleine Würfel schneiden. Das Butterschmalz zerlassen und die Zwiebel darin glasig braten. Kartoffelscheiben dazugeben, mit Salz, Pfeffer und Majoran würzen. Rundherum knusprig braun braten.
– Den Rinderbraten in Streifen schneiden und in der Bratensauce erwärmen. Die Gewürzgurken ebenfalls in Streifen schneiden, mit dem Fleisch erhitzen und unter die Bratkartoffeln heben. Die Petersilie kalt abbrausen, abtropfen lassen und fein schneiden.
– Die Eier mit der sauren Sahne, Salz, Muskat und der Hälfte der Petersilie verquirlen, über die Bratkartoffeln gießen und bei geringer Hitze stocken lassen. Das Hoppel-Poppel mit dem Rest der Petersilie bestreuen.

310. Scharfes Kartoffel-Auberginen-Gemüse

VEGETARISCH | GUT FÜR GÄSTE
Für 4 Personen
Zubereitungszeit: 1 Std.

700 g fest kochende Kartoffeln • 2 kleine Auberginen (etwa 400 g) • 1 rote Paprikaschote • 2 Zwiebeln • 2–3 Knoblauchzehen • 1–2 grüne Chilischoten • 500 g Tomaten • 150 ml Olivenöl • Salz • 1 TL edelsüßes Paprikapulver • 1/2–1 TL gemahlener Kreuzkümmel • frisch gemahlener schwarzer Pfeffer • 1/8 l Gemüsefond (aus dem Glas) • 3–4 Zweige Minze • 1 EL Zitronensaft • 150 g Naturjoghurt

– Die Kartoffeln schälen, waschen und in dünne Scheiben schneiden. Die Auberginen waschen, längs vierteln und quer in knapp 1 cm dicke Scheiben teilen.
– Die Paprikaschote waschen, halbieren, putzen und in feine Streifen, die Zwiebeln schälen und in feine Ringe schneiden. Die Knoblauchzehen schälen. Chilischoten putzen, entkernen, waschen und klein würfeln. Stielansätze der Tomaten entfernen, die Tomaten kurz überbrühen, häuten und klein hacken.
– In einer großen schweren Pfanne das Öl erhitzen, die Kartoffeln und Auberginen darin nacheinander bei starker Hitze in je 5 Min. goldgelb braten. Mit einem Schaumlöffel herausheben und auf Küchenpapier abtropfen lassen, salzen.
– Das Öl bis auf 2 EL abgießen, darin die Zwiebeln und Paprikastreifen etwa 3 Min. bei mittlerer Hitze dünsten. Paprikapulver, Kreuzkümmel, zerdrückten Knoblauch, Chilischoten, 1/2 TL Salz und Pfeffer hinzufügen und 1 Min. anrösten. Tomaten und den Gemüsefond unterrühren, 5 Min. köcheln lassen.
– Die Kartoffeln und Auberginen in einem breiten Schmortopf mit der Zwiebel-Tomaten-Mischung verrühren. Den Deckel auflegen und alles bei schwacher Hitze 10 Min. leise köcheln lassen.
– Die Minze abbrausen, trockenschütteln und einige Blättchen zum Garnieren beiseite legen. Den Rest grob hacken und mit dem Zitronensaft zum Schluss zum Gemüse geben. Noch 1 Min. kochen lassen, mit Salz und Pfeffer abschmecken.
– Das Kartoffel-Aubergien-Gemüse mit Joghurt und Minzeblättchen garniert servieren.

311. Würziger Kartoffeltopf mit Linsen

GUT FÜR GÄSTE | BRAUCHT ETWAS ZEIT
Für 4 Personen
Zubereitungszeit: 1 1/2 Std.

2 große Zwiebeln • 1 Möhre • 4 EL Butter • 1 Lorbeerblatt • 1 l Gemüsebrühe • 150 g getrocknete braune Linsen • 500 g mehlig kochende Kartoffeln • 1 TL Senfpulver • 400 g Hähnchenbrustfilet • 1–2 EL Garam Masala (Gewürzmischung, Asienladen; ersatzweise Currypulver) • 1/2 TL Zimtpulver • 1/2 TL gehackte Chilischote oder Chilipulver • Salz • frisch gemahlener Pfeffer • 1 EL gehackte Korianderblätter (nach Belieben)

– Die Zwiebeln schälen und hacken. Die Möhre schälen und in sehr kleine Würfel schneiden.

– In einem Topf 1 EL Butter erhitzen. Die Möhre und ein Drittel der Zwiebeln darin glasig dünsten. Das Lorbeerblatt und die Brühe hinzufügen. Die Linsen dazugeben und alles zugedeckt 30 Min. bei schwacher Hitze sanft garen.
– Inzwischen die Kartoffeln schälen, waschen und in etwa 2 cm große Würfel schneiden. Mit dem Rest der Zwiebeln in 1 EL Butter glasig dünsten. Mit dem Senfpulver bestreuen und gut durchmischen. Kartoffeln zu den Linsen in den Topf geben, alles weitere 10–20 Min. garen, bis Linsen und Kartoffeln fast weich sind.
– Das Hähnchenbrustfilet kalt waschen, trockentupfen und ebenfalls klein würfeln. Restliche Butter erhitzen, die Hühnerwürfel darin bei mittlerer Hitze 2–3 Min. unter Wenden braten. Das Fleisch zu den Linsen und Kartoffeln geben, weitere 10 Min. garen.
– Den Kartoffeltopf mit Garam Masala, Zimt und Chili, Salz und Pfeffer abschmecken. Vor dem Servieren nach Belieben die gehackten Korianderblätter unterziehen oder darüber streuen.

TIPPS

– Die Garzeit brauner Linsen hängt von Sorte, Qualität und Lagerzeit ab. Man kann sie auch 2–3 Min. mit Wasser kochen und 1 Std. quellen lassen und dann, je nach Weichheit, nur noch 10–20 Min. mit den Kartoffeln garen. Teilweise ist auch ein Einweichen nicht nötig – Packungsangabe beachten.
– Hellgrüne, hellgelbe oder rote Linsen benötigen in der Regel nur 10–15 Min. Garzeit und müssen nicht eingelegt werden.

312. Kartoffel-Masala-Curry

VEGETARISCH | PREISWERT
Für 4 Personen
Zubereitungszeit: 45 Min.

2 EL frisch geriebene Kokosnuss (ersatzweise Kokosraspel) • 1 kg fest kochende Kartoffeln • 1 große Zwiebel • 2 grüne Chilischoten • 3 Frühlingszwiebeln • 1 TL gemahlene Kurkuma (Gelbwurz) • Salz • 1 Stück frischer Ingwer (etwa 2 cm) • 2 TL Garam Masala (Gewürzmischung, Asienladen) • 1 EL Öl • 1 TL schwarze Senfkörner • 1 Bund frischer Koriander

– Die Kokosraspel in einer Pfanne ohne Fettzugabe bei mittlerer Hitze unter Rühren goldbraun rösten.
– Die Kartoffeln schälen, waschen und in grobe Würfel schneiden. Die Zwiebel schälen und fein hacken. Die Chilischoten putzen, entkernen, waschen und winzig klein würfeln. Die Frühlingszwiebeln waschen, putzen und in feine Ringe schneiden.
– Die Kartoffeln mit Zwiebel, Kurkuma, Salz und Chili in einen Topf geben, knapp mit Wasser bedecken, aufkochen lassen und zugedeckt bei mittlerer Hitze in etwa 8 Min. halbweich garen.
– Den Ingwer schälen und fein reiben, mit Kokosraspeln und Garam Masala gut vermischen. Zu den Kartoffeln geben und diese in weiteren 8 Min. bissfest kochen.
– Öl in einer Pfanne erhitzen. Die Senfkörner darin anrösten, bis sie duften. Frühlingszwiebeln 3 Min. mitdünsten, unter das Curry rühren, salzen. Den Koriander waschen und hacken, zum Schluss aufstreuen.

TIPP

Garam Masala ist eine indische Gewürzmischung, die im Gegensatz zum bekannteren Currypulver braun ist. In der Regel enthält sie Koriander, Kreuzkümmel, Pfefferkörner, Kardamom, Zimt, Gewürznelken. Das Pulver kann allerdings in unterschiedlichen Mengen gemischt sein. Lassen Sie sich also am besten beim Einkauf im Asienladen beraten.

313. Kartoffelragout mit Bohnen

VEGETARISCH | GELINGT LEICHT
Für 4 Personen
Zubereitungszeit: 1 Std.

600 g junge grüne Bohnen • 800 g vorwiegend fest kochende Kartoffeln • 1 große Zwiebel • 2 Knoblauchzehen • 2 EL kalt gepresstes Olivenöl • 2 TL gekörnte Gemüsebrühe • Meersalz • 8 Zweige Bohnenkraut • 300 g grüne Paprikaschoten • 300 g feste reife Tomaten • frisch gemahlener schwarzer Pfeffer • 2 Hand voll Basilikumblätter • 2 EL frisch gehackte Petersilie • 200 g saure Sahne

– Die Bohnen waschen, putzen und quer halbieren. Die Kartoffeln waschen und bürsten und in Scheiben schneiden.

– Die Zwiebel schälen und in kleine Würfel schneiden. Den Knoblauch schälen und durch die Knoblauchpresse drücken. Öl mit 2 EL Wasser in einem Topf erhitzen, die Zwiebelwürfel und den Knoblauch darin andünsten.
– Die Bohnen und Kartoffeln, die Brühe, Salz, Bohnenkraut und 1/4 l Wasser dazugeben, bei mittlerer Hitze etwa 10 Min. garen.
– Die Paprikaschoten vierteln, entkernen, waschen und quer in Streifen schneiden. Zu den Kartoffeln geben, etwa 10 Min. kochen.
– Die Tomaten waschen und würfeln, dabei die Stielansätze entfernen. Tomaten unter das Gemüse mischen und etwa 2 Min. ziehen lassen. Das Bohnenkraut entfernen und das Ragout mit Pfeffer und wenig Salz abschmecken.
– Das Ragout auf Teller verteilen. Das Basilikum und die Petersilie unter die saure Sahne rühren. Auf jede Portion etwas Kräutersahne geben.

314. Kartoffeleintopf mit Lamm

GELINGT LEICHT | BRAUCHT ETWAS ZEIT
Für 4 Personen
Zubereitungszeit: 1 1/2 Std.

600 g Lammfleisch (Brust, Schulter) • 1 Bund Suppengrün • 1 Zwiebel • 2 Knoblauchzehen • 1 Lorbeerblatt • 8 Pfefferkörner • Salz • 800 g fest kochende Kartoffeln • 3 Möhren • 2 Petersilienwurzeln • 2 Stangen Lauch • je 1/2 TL Majoran, Thymian, Kümmel • 1 Bund Petersilie • eventuell Suppengewürz

– Das Fleisch in einem Topf mit Wasser bedecken und zum Kochen bringen. Das Suppengrün waschen und putzen, Zwiebel und Knoblauch schälen. Mit Lorbeerblatt, Pfefferkörnern und etwas Salz zum Fleisch geben und alles bei schwacher Hitze offen 1 Std. sanft köcheln, aber nicht kochen lassen.
– In der Zwischenzeit Kartoffeln, Möhren und Petersilienwurzeln waschen und schälen. Kartoffeln in Würfel, Möhren und Petersilienwurzeln in Scheiben schneiden. Lauch putzen, längs aufschlitzen, gründlich waschen und in kleine Stücke schneiden.
– Ist das Fleisch gar, die Brühe durch ein Sieb in einen zweiten Topf gießen. Kartoffeln und Gemüse hinzufügen, mit Majoran, Thymian und Kümmel würzen. Alles 25–30 Min. köcheln lassen.
– Währenddessen das Fleisch in kleine, mundgerechte Stücke schneiden. Petersilie abbrausen und fein hacken. Alles in den fertigen Eintopf geben und eventuell mit etwas Suppengewürz abschmecken.

TIPP

Sie können den Eintopf auch mit Rindfleisch, Kasseler oder deftigen Würsten (Debreziner, Knackwürsten, gebratenen Blutwurstscheiben oder Fleischwurst) zubereiten.

315. Kartoffel-Lamm-Ragout mit Fenchel

GELINGT LEICHT
Für 4 Personen
Zubereitungszeit: 1 Std.

750 g Lammkeule (ohne Knochen) • 3 EL Olivenöl • 3 Knoblauchzehen • Salz • frisch gemahlener Pfeffer • je 1 TL getrockneter Thymian und Oregano • 1/4 l trockener Weißwein • 800 g fest kochende Kartoffeln • 1 kleine Dose Tomaten (400 g Inhalt) • 150 g Crème fraîche • 1 große Fenchelknolle (etwa 400 g) • 2 EL Zitronensaft

– Das Lammfleisch in Würfel von etwa 2 cm Größe schneiden. In einem breiten Topf das Olivenöl erhitzen und das Fleisch darin portionsweise kräftig anbraten. Den Knoblauch schälen und dazupressen. Das Fleisch mit Salz, Pfeffer, Thymian und Oregano würzen und mit dem Weißwein ablöschen. Zugedeckt 15 Min. bei mittlerer Hitze schmoren lassen.
– Inzwischen die Kartoffeln schälen und waschen. Dann ebenfalls in Würfel schneiden und unter das Fleisch mischen. Die Tomaten samt Saft sowie die Crème fraîche unterrühren, aufkochen und weitere 15 Min. schmoren lassen.
– Den Fenchel putzen und waschen, das Fenchelgrün abschneiden und beiseite legen. Die Fenchelknolle längs vierteln, dann quer in 1 cm breite Streifen schneiden. Fenchelstreifen unters Ragout mischen, weitere 15 Min. schmoren lassen.
– Das Fenchelgrün fein hacken. Das Ragout mit Salz, Pfeffer und Zitronensaft abschmecken und auf Teller verteilen. Mit dem Fenchelgrün bestreuen.

TIPPS

– Anstelle der Dosentomaten können Sie im Sommer 500 g vollreife aromatische Fleischtomaten überbrühen, häuten, grob zerschneiden und untermischen.
– Oder einmal statt dem Fenchel 300 g kleine, in dickere Scheiben geschnittene Zucchini verwenden und 15–20 Min. mitschmoren.

316. Nordischer Kartoffeleintopf

PREISWERT | BRAUCHT ETWAS ZEIT
Für 4 Personen
Zubereitungszeit: 1 Std. 20 Min.

1 Zwiebel • 1 kg Kabeljau- oder Seehechtfilet • Salz • 1 EL Zitronensaft • 1 Lorbeerblatt • 1 Stange Sellerie • 500 g Lauch • 800 g vorwiegend fest kochende Kartoffeln • 50 g frischer Meerrettich • 1 EL Butter • frisch gemahlener Pfeffer • 300 g Naturjoghurt • 1 TL Speisestärke • 1 EL Dillspitzen

– Die Zwiebel schälen, halbieren und in Scheiben schneiden. Den Fisch in 4 etwa gleich große Scheiben schneiden, salzen und mit Zitronensaft beträufeln.
– In einem Topf 1 l Wasser mit dem Lorbeerblatt aufkochen. Sellerie waschen, putzen und in grobe Stücke schneiden, mit Zwiebel und 1 TL Salz hinzufügen. 10 Min. kochen lassen.
– Fischscheiben in den Sud geben und bei schwacher Hitze 8 Min. darin ziehen lassen. Den Fisch vorsichtig aus dem Sud heben, in eine Schüssel geben und mit etwas Sud bedecken. Den restlichen Sud durch ein Sieb gießen und beiseite stellen.
– Den Lauch putzen, längs einschneiden, gründlich waschen und in 1 cm breite Ringe schneiden. Kartoffeln schälen, waschen und in etwa 3 mm dicke Scheiben schneiden. Den Meerrettich schälen.
– Die Butter in einem großen Topf erhitzen, den Lauch darin andünsten. Die Kartoffelscheiben kurz mitdünsten.
– Die Hälfte des beiseite gestellten Fischsuds hinzufügen. Alles 15–20 Min. zugedeckt bei mittlerer Hitze garen, bis die Kartoffeln weich, aber nicht zerfallen sind. Je nach Bedarf dabei noch etwas Fischsud angießen. Leicht salzen und pfeffern.
– Den Meerrettich auf der Küchenreibe fein raffeln und sofort mit dem Joghurt und der Speisestärke verrühren.
– Den Lauch und die Kartoffeln abgießen und wieder in den Topf geben. Den Meerrettich-Joghurt untermischen und die Fischscheiben darauf legen. In 5 Min. zugedeckt bei schwacher Hitze erwärmen. In Suppentellern anrichten und mit Dill bestreuen.

Kartoffeln & Gemüse

317. Kartoffel-Tomaten-Gratin

VEGETARISCH | GELINGT LEICHT
Für 4 Personen
Zubereitungszeit: 1 Std.
Backzeit: 30 Min.

1 kg fest kochende Kartoffeln • Salz • 1 große rote Paprikaschote • 2 Knoblauchzehen • 1 rote Chilischote • 1 EL Aceto balsamico • 5 EL Olivenöl • frisch gemahlener schwarzer Pfeffer • 1 Bund glatte Petersilie • 500 g feste Tomaten • 2 EL Öl zum Einstreichen und Beträufeln

– Die Kartoffeln waschen, mit Wasser und Salz in einen Topf geben und in 25–30 Min. gar kochen. Dann etwas ausdampfen lassen und schälen.
– Inzwischen den Grill oder den Backofen auf höchster Stufe vorheizen. Die Paprikaschote waschen, halbieren und putzen, die Hälften mit der gewölbten Seite nach oben auf das Blech legen und dünn mit Öl bestreichen. 8–10 Min. grillen oder backen, bis die Haut schwarz ist und Blasen wirft. Etwas abkühlen lassen, dann die Haut abziehen und die Paprika grob zerteilen.
– Knoblauchzehen schälen, die Chilischote waschen, putzen und hacken. Beides mit dem Essig, 1 TL Salz und der Paprika im Mixer fein zerkleinern, dabei das Olivenöl dazufließen lassen. Die Paprika-Chili-Paste mit Salz und Pfeffer abschmecken. Die Petersilie waschen, die Blättchen fein hacken und bis auf 2 EL untermischen. Die Tomaten waschen und quer in Scheiben schneiden. Den Backofen auf 200° vorheizen.
– Eine feuerfeste Form mit Öl einstreichen. Die Kartoffeln in Scheiben schneiden. Abwechselnd Kartoffeln und Tomaten in die Form schichten und jeweils dünn mit der Paprikapaste bestreichen.
– Das Gratin mit dem übrigen Öl beträufeln und im Ofen (Mitte, Umluft 180°) 30 Min. backen. Mit der restlichen Petersilie bestreut servieren.

318. Kartoffel-Lauch-Kuchen

PREISWERT
Für 4–6 Personen
Zubereitungszeit: 1 Std.
Backzeit: 30 Min.

450 g tiefgekühlter Blätterteig • 600 g kleine fest kochende Kartoffeln • 2–3 Stangen zarter Lauch (etwa 500 g) • 1 Zwiebel • 100 g durchwachsener Räucherspeck • 2 EL Butter • Salz • frisch gemahlener schwarzer Pfeffer • frisch geriebene Muskatnuss • 100 g Raclette-Käse • 100 g Schweizer Emmentaler • 2 Eier • 125 g Sahne • edelsüßes Paprikapulver • Mehl für die Arbeitsfläche

– Die Blätterteigplatten nebeneinander auf die Arbeitsfläche legen und in etwa 20 Min. auftauen lassen. Den Backofen auf 225° (Umluft 200°) vorheizen.
– Inzwischen die Kartoffeln schälen, waschen und in feine Scheiben hobeln. Die Lauchstangen putzen, längs einschneiden und unter fließendem Wasser gründlich waschen. Den Lauch in dünne Ringe schneiden. Die Zwiebel schälen und ebenso wie den Speck in kleine Würfel schneiden.
– Die Teigplatten aufeinanderlegen und auf der leicht bemehlten Arbeitsfläche dünn ausrollen. Eine Springform (28 cm Ø) mit kaltem Wasser ausspülen und mit dem Teig auskleiden, dabei einen 4 cm breiten Rand hochziehen. Die Teigreste beiseite legen. Den Teigboden mit einer Gabel mehrmals einstechen und im Ofen (unten) 15 Min. vorbacken.
– Inzwischen die Butter in einer großen Pfanne erhitzen und die Zwiebel darin bei schwacher Hitze glasig dünsten. Die Kartoffeln dazugeben und unter Wenden 10 Min. braten.
– Dann den Lauch in die Pfanne geben, untermischen und alles weitere 5 Min. dünsten. Mit Salz, Pfeffer und Muskat würzen.
– Backofen auf 200° (Umluft 180°) herunterschalten. Beide Käsesorten fein reiben und mit den Speckwürfeln unter das Gemüse mischen. Die Masse auf dem vorgebackenen Boden verteilen. Eier und Sahne verquirlen, mit Salz, Pfeffer und Paprika würzen. 1 EL davon abnehmen, den Rest über die Zutaten gießen.
– Aus den Teigresten kleine Ornamente ausstechen, diese auf dem Gemüse verteilen und mit der übrigen Eiersahne bestreichen. Den Kuchen im Ofen (Mitte) in 30 Min. goldbraun backen.

319. Kartoffel-Speck-Kuchen

GELINGT LEICHT
Für 4–6 Personen
Zubereitungszeit: 45 Min.
Backzeit: 1 Std.

150 g Mehl • 4 Eier • 6 EL Milch • 1–2 Zweige Rosmarin • Salz • frisch gemahlener Pfeffer • frisch geriebene Muskatnuss • 1 TL getrockneter Majoran • 800 g vorwiegend fest kochende Kartoffeln • 2 Zwiebeln • 2 Knoblauchzehen • 150 g durchwachsener Räucherspeck • 2 Knackwürste • 60 g Butter

– Das Mehl mit den Eiern und der Milch zu einem glatten, dickflüssigen Teig verquirlen. Die Rosmarinnadeln fein hacken und unter den Teig mengen. Mit Salz, Pfeffer, Muskat und Majoran würzen.
– Die Kartoffeln schälen, waschen, grob raspeln und sofort unter den Mehlteig rühren. Die Zwiebeln und den Knoblauch schälen. Zwiebeln und Speck in kleine Würfel schneiden, Knoblauch fein hacken. Die Knackwürste in Scheiben schneiden. Den Backofen auf 180° vorheizen.
– In einer Pfanne 1 EL Butter erhitzen, den Speck darin anbraten. Die Zwiebelwürfel kurz mitbraten. Knoblauch und Wurstscheiben dazugeben, alles durchschwenken und unter den Kartoffelteig mischen.
– Eine größere Bratpfanne (hitzebeständig!) oder eine feuerfeste Form mit etwas Butter ausstreichen, die Kartoffelmasse hineingeben und glatt streichen. Die restliche Butter in kleinen Flöckchen darauf verteilen. Im Ofen (Mitte, Umluft 160°) 1 Std. backen. Noch heiß in Stücke teilen und mit einem Salat servieren.

320. Kartoffelplotz

GUT FÜR GÄSTE | PREISWERT
Für 4–6 Personen
Zubereitungszeit: 1 1/2 Std.

1 große Zwiebel • 4 EL Butter • 1 kg mehlig kochende Kartoffeln • 3 EL Crème fraîche • 3 EL Speisestärke • 4 Eier • 100 g frisch geriebener Käse (z. B. Appenzeller, Emmentaler, Gouda) • Salz • frisch gemahlener Pfeffer • 1 TL rosenscharfes Paprikapulver • 600 g Zucchini • 3 Knoblauchzehen • 500 g Tomaten • Fett für das Blech

– Die Zwiebel schälen, fein hacken und in einer Pfanne in 1 EL Butter glasig dünsten. Die Kartoffeln schälen, waschen und auf einer Gemüsereibe nicht zu grob in eine Schüssel raspeln.
– Den Backofen auf 220° vorheizen. Die Crème fraîche mit der Speisestärke und den Eiern mischen und mit der gedünsteten Zwiebel und der Hälfte des Käses zu den Kartoffeln geben. Mit Salz, Pfeffer und Paprika kräftig würzen und gut mischen.
– Ein Backblech einfetten und die Kartoffelmasse gleichmäßig darauf streichen. Im Backofen (Mitte, Umluft 200°) 30–35 Minuten backen.
– Inzwischen die Zucchini putzen, waschen und mittelfein raspeln. In einer breiten Pfanne in der restlichen Butter bei mittlerer Hitze 5 Min. dünsten. Den Knoblauch schälen, dazupressen und untermischen. Mit Salz und Pfeffer würzen.
– Die Stielansätze der Tomaten entfernen, die Tomaten kurz überbrühen, häuten, entkernen und grob zerschneiden. Vorsichtig unter die Zucchiniraspel mischen und gleichmäßig auf dem Kartoffelkuchen verteilen. Mit restlichem Käse bestreuen und weitere 20–25 Min. backen. Heiß aus dem Ofen servieren.

TIPP

Anstelle der Zucchini-Tomaten-Mischung können Sie 800 g Lauch in feine Ringe schneiden, in Butterschmalz andünsten und mit 150 g klein gewürfeltem Räucherspeck kurz weiterdünsten. Auf dem Kartoffelteig verteilen und mit Käse bestreut backen.

321. Kartoffelpizza mit Tunfisch

GUT FÜR GÄSTE
Für 4–6 Personen
Zubereitungszeit: 50 Min.
Backzeit: 50 Min.

1 1/2 kg mehlig kochende Kartoffeln • Salz • 4 EL Olivenöl • 1 1/2 kg Tomaten • 2 Knoblauchzehen • frisch gemahlener schwarzer Pfeffer • 1 EL frisch gehackter Oregano (oder 2 TL getrockneter Oregano) • 1 Dose Tunfisch im eigenen Saft (200 g Inhalt) • 2–3 Schalotten • 250 g Mozzarella • 100 g Mehl • 80 g schwarze Oliven • 80 g frisch geriebener Parmesan • 1 Bund Petersilie • Öl für das Blech

– Die Kartoffeln waschen, mit Wasser und Salz in einen Topf geben und bei mittlerer Hitze in 25–30 Min. zugedeckt gar kochen. Dann abgießen, noch heiß schälen und sofort durch die Kartoffelpresse drücken, etwas abkühlen lassen. Mit 2 TL Salz und 2 EL Olivenöl verkneten, erkalten lassen.
– Stielansätze der Tomaten entfernen, Tomaten überbrühen, häuten, vierteln und entkernen. Das Fruchtfleisch klein würfeln. Knoblauchzehen schälen und dazupressen. Mit Salz, Pfeffer und Oregano würzen.
– Den Tunfisch abtropfen lassen und zerpflücken. Die Schalotten schälen und in feine Ringe schneiden. Den Mozzarella in dünne Scheiben teilen.
– Den Backofen auf 225° (Umluft 200°) vorheizen. Ein Backblech fetten. Das Mehl unter die Kartoffeln kneten. Den Teig auf dem Blech verteilen und imOfen (Mitte) 25 Min. vorbacken.
– Den Teigboden aus dem Ofen nehmen, die Tomaten darauf verteilen. Mit dem Mozzarella, dem Tunfisch und den Schalotten belegen. Die Oliven darüber streuen und mit dem restlichen Olivenöl beträufeln. Noch 15 Min. backen, dann mit dem Parmesan bestreuen und weitere 10 Min. backen.
– Inzwischen die Petersilie waschen, die Blättchen fein hacken. Vor dem Servieren auf die Pizza streuen.

TIPP

Auch wenn es schwer fällt – nehmen Sie die Pizza nach dem Backen aus dem Ofen und lassen Sie sie noch 5 Min. stehen. Sie lässt sich dann besser anschneiden.

322. Kartoffel-Hackfleisch-Auflauf

GELINGT LEICHT
Für 4–6 Personen
Zubereitungszeit: 20 Min.
Backzeit: 1 Std. 10 Min.

1 Zwiebel • 2 Knoblauchzehen • 3 EL Öl • 500 g gemischtes Hackfleisch • Salz • frisch gemahlener Pfeffer • je 2–3 Prisen Cayennepfeffer und gemahlener Kümmel • 1 kg vorwiegend fest kochende Kartoffeln • 150 g Greyerzer • 1/4 l Fleischbrühe • 200 g saure Sahne • 2 Eier • 1 Dose Sauerkraut (550 g Inhalt) • Butter für die Form

– Die Zwiebel und die Knoblauchzehen schälen und würfeln. Das Öl in einer Pfanne erhitzen, das Hackfleisch darin bei mittlerer Hitze unter Rühren in 10 Min. krümelig braten. Zwiebel- und Knoblauchwürfel kurz mitbraten, mit Salz, Pfeffer, Cayennepfeffer und Kümmel würzen.

– Die Kartoffeln schälen, waschen und in dünne Scheiben schneiden. Den Käse grob raffeln. Den Backofen auf 200° vorheizen.

– Die Brühe lauwarm erhitzen, mit Pfeffer, saurer Sahne, Eiern und Käse verrühren. Eine große, feuerfeste Form mit Butter ausstreichen.

– Den Formboden mit Kartoffelscheiben bedecken. Die Hälfte vom Sauerkraut locker darauf verteilen. Nun die Hälfte des Hackfleisches auf das Kraut geben und mit Kartoffelscheiben bedecken. Restliches Kraut daraufgeben, das Hackfleisch darüber verteilen und mit den übrigen Kartoffelscheiben belegen.

– Die Sahnemischung gleichmäßig über den Auflauf gießen und diesen im Ofen (Mitte, Umluft 180°) in etwa 1 Std. 10 Min. goldbraun backen (dabei während der ersten 30 Min. die Form mit Alufolie abdecken). In der Form oder auf Teller verteilt servieren.

323. Indische Backkartoffeln mit Chutney

VEGETARISCH | GUT FÜR GÄSTE
Für 4 Personen
Zubereitungszeit: 55 Min.
Backzeit: 20 Min.

400 g Tomaten • 1 rote Zwiebel • 2 Knoblauchzehen • 2 säuerliche Äpfel • 1 1/2 EL Butterschmalz • Meersalz • frisch gemahlener Pfeffer • 2 TL frisch geriebener Ingwer • 2 TL Honig • 4 EL Reisessig (Asienladen) • 1 Prise Muskatnuss • 1 Prise Nelkenpulver • 1 TL gehackte Minze • 800 g kleine, fest kochende Kartoffeln • 100 g ausgehülste grüne Erbsen • 1/2 eingelegte Chilischote • 1 Frühlingszwiebel • 250 g fester Naturjoghurt • 1 TL Tandoori-Gewürz (Asienladen) • 1 EL glatte Petersilie oder Koriandergrün • Fett für die Form

– Tomaten waschen, putzen und in Würfel schneiden. Die Zwiebel und 1 Knoblauchzehe schälen und klein schneiden. Äpfel waschen, schälen und das Kerngehäuse entfernen. Äpfel in kleine Stücke schneiden.

– Zwiebel und klein geschnittenen Knoblauch in einem Topf in 1 EL Butterschmalz 2 Min. bei mittlerer Hitze dünsten. Die Hälfte beiseite stellen.

– Die Äpfel und Tomaten in den Topf geben. Alles zugedeckt bei schwacher Hitze 4 Min. garen. Das Chutney mit Salz, Pfeffer, Ingwer, Honig, Essig, Muskatnuss, Nelke und Minze würzen. Abkühlen lassen.

– Die Kartoffeln waschen, schälen, mit der Gabel von allen Seiten einstechen und vierteln. In Salzwasser in 12–15 Min. knapp gar kochen. Erbsen waschen, in einem Topf mit 1/8 l Wasser 2 Min. kochen und zugedeckt vom Herd ziehen. Den Backofen auf 200° (Umluft 180°) vorheizen.

– Chilischote klein schneiden und mit Salz und 2 EL Wasser vermischen. Restliche Knoblauchzehe schälen, durch die Presse drücken und untermischen. Frühlingszwiebel waschen, putzen und klein schneiden. In einem kleinen Topf das restliche Butterschmalz erhitzen und die Frühlingszwiebel 2 Min. darin dünsten. Dann mit der Chilisauce und dem Joghurt cremig rühren.

– Eine Auflaufform einfetten. Kartoffeln und Erbsen abgießen und mit der beiseite gestellten Zwiebel-Knoblauch-Mischung in die Form geben, mit Tandoori-Gewürz, Salz und Pfeffer vermischen. Mit der Joghurtsauce übergießen. 20 Min. im Ofen (Mitte) überbacken. Mit Petersilie bestreuen. Mit dem Chutney servieren.

324. Kartoffel-Zucchini-Moussaka

GUT FÜR GÄSTE | BRAUCHT ETWAS ZEIT
Für 6 Personen
Zubereitungszeit: 1 1/4 Std.
Gar- und Backzeit: 1 1/2 Std.

1 weiße Zwiebel • 2 Knoblauchzehen • 5 EL Olivenöl • 500 g gemischtes Hackfleisch • 2 EL Tomatenmark • 1 große Dose Tomaten (800 g Inhalt) • 1 TL gehackter Oregano • 1 Bund Petersilie • Salz • frisch gemahlener schwarzer Pfeffer • 2–3 EL Zitronensaft • 800 g fest kochende Kartoffeln • 600 g Zucchini • 200 g griechischer Schafkäse • 50 g Butter (+ Butter für die Form) • 40 g Mehl • 1/2 l Milch • frisch geriebene Muskatnuss

– Zwiebel und Knoblauch schälen, klein würfeln und in 1 EL Olivenöl glasig dünsten. Das Hackfleisch hinzufügen und unter Rühren bei mittlerer Hitze in 5 Min. krümelig braten.

– Tomatenmark, Tomaten samt Saft und Oregano einrühren. Offen 20 Min. leise köcheln lassen. Petersilie waschen, Blätter fein hacken und unters Fleisch rühren. Mit Salz, Pfeffer und Zitronensaft kräftig würzen.
– Inzwischen Grill oder Backofen auf höchster Stufe vorheizen. Die Kartoffeln schälen und waschen, die Zucchini waschen und putzen. Beides in dünne Scheiben schneiden. Nacheinander auf ein Backblech legen und mit je 2 EL Olivenöl beträufeln. Zucchini im Ofen (Mitte) 5 Min., Kartoffeln 8 Min. bräunen.
– Eine große feuerfeste Form fetten. Ein Drittel der Kartoffeln hineinlegen. Je die Hälfte der Hacksauce und der Zucchini darauf verteilen, mit 50 g zerbröckeltem Schafkäse bestreuen. Das zweite Drittel der Kartoffelscheiben darauf schichten, mit der restlichen Hacksauce und den übrigen Zucchini bedecken. Noch 50 g Käse darüber bröckeln. Übrige Kartoffelscheiben obenauf legen. Gemüse dabei salzen und pfeffern.
– Den Backofen auf 180° (Umluft 150°) runterschalten. Für die Sauce die Butter schmelzen lassen, Mehl darüber stäuben und hellgelb anschwitzen. Die Milch unter Rühren dazugießen, aufkochen und die Sauce bei schwacher Hitze 10 Min. offen köcheln lassen. Den übrigen Schafkäse klein würfeln, hinzufügen und die Sauce fein pürieren. Mit Salz, Pfeffer, Muskat und Zitronensaft abschmecken. Sauce über die Moussaka geben. Im Ofen (Mitte) in 1 Std. goldbraun backen.

325. Kartoffelstrudel mit Artischocken

VEGETARISCH | GUT FÜR GÄSTE
Für 4 Personen
Zubereitungszeit: 50 Min.
Ruhezeit: 1 Std.
Backzeit: 40 Min.

Für den Teig: 200 g Mehl • 1 EL Öl • 1 Prise Salz • 1 EL Weißwein • 1 Eigelb
Für die Füllung: 400 g fest kochende Kartoffeln • 300 g Artischockenböden (aus der Dose) • 3 große Schalotten • 4 EL Butter • 3 EL Noilly Prat (weißer trockener Wermut) • 8 EL Sahne • 1 TL Speisestärke • Salz • frisch gemahlener Pfeffer
Für die Sauce: 120 g saure Sahne • 2 TL grobkörniger Senf • 2 EL frisch gehackter Kerbel • Salz • frisch gemahlener Pfeffer
Außerdem: 50 g Butterschmalz zum Bestreichen

– Das Mehl mit 1/2 EL Öl, Salz, Wein, Eigelb und etwa 75 ml lauwarmem Wasser zu einem glattem Teig verkneten. Teig zu einer Kugel formen, mit übrigem Öl bestreichen und zugedeckt 1 Std. ruhen lassen.
– Die Kartoffeln schälen, waschen, in 1 cm große Würfel schneiden und in einem Tuch gut abtrocknen. Artischockenböden ebenfalls in kleine Würfel schneiden. Die Schalotten schälen und fein hacken.
– Die Butter in einer großen Pfanne erhitzen. Kartoffeln darin unter Wenden bei mittlerer Hitze kurz anbraten. Artischocken 1–2 Min. mitdünsten. Schalotten ebenfalls kurz mitdünsten. Alles gut mischen, erkalten lassen.
– Den Wermut mit der Sahne und der Stärke verrühren. Unter die Kartoffelmasse ziehen und mit Salz und Pfeffer kräftig abschmecken.
– Schmalz zerlassen. Teig auf einem bemehlten Küchentuch ausrollen und anschließend über den Handrücken so dünn zu einem Rechteck ausziehen, bis das Küchentuch durchscheint. Mit wenig Schmalz bestreichen. Den Backofen auf 190° vorheizen.
– Kartoffelmischung gleichmäßig so auf dem Teig verteilen, dass ein Drittel des Teiges und beidseitig 4 cm leer bleiben. Gefüllten Teig mit Hilfe des Tuches zu einer Rolle formen. Die Seiten mit etwas Wasser befeuchten und einschlagen. Leeres Teigdrittel ebenfalls befeuchten und über den Strudel ziehen, um ihn zu verschließen.
– Ein Backblech mit Backpapier auslegen, den Strudel mit Hilfe des Tuchs darauf geben, mit Schmalz bestreichen. Im Ofen (Mitte, Umluft 170°) 40 Min. backen. Dabei mehrmals mit dem übrigen Schmalz bestreichen.
– Für die Sauce die saure Sahne mit dem Senf und dem Kerbel mischen und mit Salz und Pfeffer abschmecken. Zum warmen Strudel servieren.

326. Einfache Kartoffelknödel

GELINGT LEICHT
Für 6 Personen
Zubereitungszeit: 45 Min.
Garzeit: 45 Min.

600 g mehlig kochende Kartoffeln • Salz • 130 g Mehl (+ Mehl für die Arbeitsfläche) • 1 Ei

– Die Kartoffeln waschen, in Salzwasser etwa 30 Min. zugedeckt kochen. Dann Kartoffeln abgießen und noch heiß pellen. Sofort durch die Presse hügelförmig auf die Arbeitsfläche drücken, in der Mitte eine Mulde formen.

– Salz, das Mehl und das Ei in die Mulde geben. Alles rasch zu einem glatten Teig verkneten und daraus 6 Knödel formen.
– In einem großen Topf reichlich Salzwasser aufkochen. Die Knödel sofort in das kochende Wasser geben und bei schwacher Hitze etwa 15 Min. ziehen lassen. Nach der halben Garzeit die Knödel umdrehen.
– Die Knödel mit einer Schaumkelle aus dem Wasser heben und abtropfen lassen.

327. Schupfnudeln

GUT VORZUBEREITEN
Für 4 Personen
Zubereitungszeit: 1 Std.
Garzeit: 30 Min.
Ruhezeit: 12 Std.

750 g mehlig kochende Kartoffeln • Salz • 2 Eier • frisch geriebene Muskatnuss • frisch gemahlener Pfeffer • 125 g Mehl (+ Mehl zum Arbeiten) • 100–150 g Schweineschmalz zum Braten • 2 kleine Zwiebeln • 100 g Butter • 50 g Semmelbrösel

– Die Kartoffeln waschen, in einen Topf geben und Wasser angießen. Salzen und zugedeckt in 25–30 Min. bei mittlerer Hitze gar kochen. Abgießen, etwas ausdampfen lassen und noch heiß schälen. Über Nacht abkühlen lassen.
– Am nächsten Tag die Kartoffeln reiben oder durch die Kartoffelpresse in eine Schüssel drücken. Die Eier, 1 TL Salz, Muskat und 1 Prise Pfeffer hinzufügen und alle Zutaten verkneten. Zum Schluss das Mehl rasch einarbeiten, so dass ein glatter Teig entsteht, der nicht klebrig werden darf. Also nicht zu lange kneten.
– Den Kartoffelteig auf der bemehlten Arbeitsfläche zu einer großen, 5 cm dicken Rolle formen, diese in 1 cm dünne Scheiben schneiden. Mit bemehlten Händen zu kleinen, fingerlangen Würstchen drehen, die an beiden Enden spitz zulaufen.
– In einem großen Topf 2 l Salzwasser zum Kochen bringen, Schupfnudeln hineingeben und bei schwacher Hitze 2 Min. ziehen lassen. Mit einem Schaumlöffel herausnehmen und in kaltes Wasser tauchen, dann auf einem Sieb gut abtropfen lassen.
– In einer großen Pfanne das Schmalz erhitzen, die Schupfnudeln darin bei mittlerer Hitze portionsweise in 5 Min. rundherum goldbraun und knusprig braten. Die Schupfnudeln müssen dabei fast im Fett schwimmen, bei Bedarf noch etwas Schmalz in der Pfanne schmelzen lassen.
– Inzwischen die Zwiebeln schälen und in feine Ringe schneiden. Die Butter in einem Topf erhitzen, Zwiebeln darin glasig dünsten. Die Semmelbrösel hinzufügen und unter Rühren goldbraun rösten.
– Schupfnudeln mit einem Schaumlöffel aus dem Fett heben, auf Küchenpapier kurz abtropfen lassen. Dann zu der Zwiebel-Semmelbrösel-Mischung in die Pfanne geben. Vorsichtig mischen. Sofort servieren.

TIPPS

– Die Schupf- oder Fingernudeln, die im Badischen auch Bubenspitzle heißen, schmecken sehr gut mit Sauerkraut. Dazu passen kross gebratene Speckwürfel, Bratwürste oder Schweinefleisch. Aber auch als Beilage zu Schmorgerichten aus Wild- oder Rindfleisch sind sie fein.
– Süße Variante: Schupfnudeln mit gebräunter Butter übergießen und mit Zimtzucker und geriebenen Haselnüssen bestreuen. Dazu geschmortes Backobst, Apfel- oder Pflaumenkompott reichen.

328. Kartoffelküchle

SCHMECKT KINDERN
Für 4 Personen
Zubereitungszeit: 2 Std.

1 kg mehlig kochende Kartoffeln • 1 kleine Zwiebel • 1/2 Bund Petersilie • 1 EL Butter • 2 Eier • Salz • frisch gemahlener schwarzer Pfeffer • frisch geriebene Muskatnuss • Butterschmalz zum Braten

– Die Kartoffeln waschen und in einen Topf geben. Etwa 2 cm hoch Wasser angießen. Kartoffeln bei schwacher Hitze in etwa 30 Min. (je nach Größe) garen. Dann die Kartoffeln abgießen, abschrecken und abkühlen lassen.
– In der Zwischenzeit die Zwiebel schälen und fein hacken. Die Petersilie waschen und trockenschütteln. Die Blättchen abzupfen und ebenfalls fein hacken.
– Die Butter in einer Pfanne zerlassen und die Zwiebel darin glasig dünsten. Die Petersilie zugeben und kurz mitdünsten. Die Pfanne von der Kochstelle ziehen und die Mischung etwas abkühlen lassen.

– Die Kartoffeln schälen und mit dem Kartoffelstampfer fein zerdrücken. Mit der Zwiebel-Petersilien-Mischung und den Eiern mischen, mit Salz, Pfeffer und 1 Prise Muskatnuss würzen.
– Aus dem Teig flache Taler formen. Das Butterschmalz in einer Pfanne zerlassen und die Kartoffelküchle darin von beiden Seiten bei mittlerer Hitze goldbraun braten.

329. Klöße aus gekochten Kartoffeln

GUT VORZUBEREITEN
Für 4 Personen
Zubereitungszeit: 30 Min.
Garzeit: 50 Min.

1 kg mehlig oder vorwiegend fest kochende Kartoffeln • Salz • 80–150 g Mehl (je nach Bindekraft der Kartoffeln) • 2 Eier • 1 Msp. frisch geriebene Muskatnuss • 1 Brötchen • 1 EL Butter

– Die Kartoffeln waschen, in einen Topf geben und Wasser angießen. Salzen und zugedeckt in 25–30 Min. bei mittlerer Hitze gar kochen. Abgießen, etwas ausdampfen lassen und noch heiß schälen. Sofort durchpressen und sehr locker auf ein Backbrett oder auf eine Arbeitsfläche streuen.
– Zunächst zwei Drittel des Mehls darüber stäuben, die Eier mit 1/2 TL Salz und dem Muskat verquirlen und dazugeben. Die Kartoffelmasse zusammendrücken und zu einem lockeren Teig kneten. Dabei rasch arbeiten, weil sonst der Teig leicht klebrig wird. Die Arbeitsfläche immer wieder mit dem Teigschaber sauberschaben und, wenn nötig, nach und nach noch so viel Mehl unterkneten, dass ein nicht zu feuchter Teig entsteht. Mit bemehlten Händen eine Rolle (7 cm Ø) daraus formen.
– 3 l Wasser mit 1 TL Salz zum Kochen bringen. Das Brötchen in Würfel schneiden und in der Butter goldgelb braten.
– Von der Teigrolle etwa 2 cm dicke Scheiben abschneiden. Mit bemehlten Händen Klöße daraus formen. Dabei in jeden Kloß einige Brötchenwürfel drücken.
– Die Klöße ins leicht sprudelnd kochende Salzwasser legen, einmal aufwallen lassen und im offenen Topf bei gringer Hitze in etwa 20 Min. gar ziehen lassen. Die Klöße sind gar, wenn sie wieder an die Wasseroberfläche steigen. Sie sollen seidig glänzen und innen locker und flockig sein. Die fertigen Klöße mit dem Schaumlöffel aus dem Wasser heben und abtropfen lassen.

330. Klöße aus rohen Kartoffeln

GUT FÜR GÄSTE
Für 4 Personen
Zubereitungszeit: 45 Min.
Garzeit: 30 Min.

350 g Pellkartoffeln (vom Vortag) • 1 Brötchen • 1 EL Butter • 1 1/2 kg rohe, mehlig kochende Kartoffeln • 1/4 l Milch • Salz • 2 EL Speisestärke

– Die Pellkartoffeln schälen und fein reiben. Das Brötchen in Würfel schneiden. Die Butter zerlassen und die Brötchenwürfel darin goldgelb braten.
– Die rohen Kartoffeln schälen, waschen und in eine Schüssel mit kaltem Wasser (verhindert, dass sich die Kartoffeln dunkel färben) reiben. Dann in einem Tuch sehr kräftig auspressen. Kartoffelwasser stehen lassen, damit sich die Stärke absetzen kann. Die Milch erhitzen. 3 l Wasser mit 1 TL Salz zum Kochen bringen.
– Die ausgepressten Kartoffeln in eine Schüssel geben. Das Kartoffelwasser abgießen und die abgesetzte Stärke zusammen mit Speisestärke, geriebenen gekochten Kartoffeln und 1 TL Salz unter die Kartoffelmasse rühren. Milch darüber gießen und alles gut vermengen. Aus dem Teig mit nassen Händen etwa 12 Klöße formen, dabei jeweils in die Mitte einige Brotwürfel drücken.
– Die Klöße in das kochende Salzwasser legen, einmal aufwallen lassen und bei geringer Hitze in etwa 30 Min. im offenen Topf gar ziehen lassen. Die Klöße sind fertig, wenn sie wieder an die Oberfläche steigen und sich leicht drehen. Sie müssen außen glänzen und innen locker sein. Die Klöße mit dem Schaumlöffel aus dem Wasser heben, abtropfen lassen und in einer Schüssel anrichten. Wenn man einen flachen Teller umgedreht in die Schüssel legt, kann sich das restliche Tropfwasser darunter sammeln.

TIPPS

– Die rohen Kartoffeln können auch im elektrischen Entsafter gerieben werden. Die Kartoffelmasse aus der Maschine nehmen und die abgesetzte Stärke des Kartoffelwassers dazugeben.
– Übriggebliebene Kartoffelklöße in feine Scheiben schneiden, in Fett anbraten, mit Kümmel oder Majoran würzen, mit verquirlten Eiern übergießen und diese stocken lassen, dann servieren.

331. Pommes duchesse
(Herzoginkartoffeln)

GUT FÜR GÄSTE
Für 4 Personen
Zubereitungszeit: 20 Min. (+ Abkühlzeit)
Gar- und Backzeit: 45 Min.

Für die Kartoffelmasse: 750 g mehlig kochende Kartoffeln • Salz • 1 EL Butter (+ Butter für das Blech) • 1 Ei • 1 Eigelb • 2 Msp. geriebene Muskatnuss
Zum Bestreichen: 1 Eigelb • 1 EL Milch

– Backblech mit Butter einfetten. Die Kartoffeln schälen, waschen und klein schneiden. Mit 300 ml Wasser und 1 TL Salz zum Kochen bringen und bei geringer Hitze zugedeckt in etwa 30 Min. sehr weich kochen.
– Das Wasser abgießen und gegebenenfalls für eine Suppe oder eine Sauce weiterverwenden. Die Kartoffeln im offenen Topf bei geringer Hitze ausdampfen lassen, durch eine Presse drücken und abkühlen lassen.
– Die Masse mit der Butter, dem Ei und dem Eigelb vermengen und mit Salz und Muskat abschmecken. Den Backofen auf 190° (Umluft 170°) vorheizen.
– Die Kartoffelmasse in einen Spritzbeutel mit großer Sterntülle füllen und kleine Kränze, Rosetten oder Bordüren auf das Blech spritzen. Zum Bestreichen Eigelb und Milch verquirlen, die Herzoginkartoffeln damit bepinseln und im Ofen (Mitte) etwa 15 Min. backen.

332. Bayerische Knödel mit Kraut

PREISWERT | BRAUCHT ETWAS ZEIT
Für 4 Personen
Zubereitungszeit: 30 Min.
Garzeit: 1 Std.

600 g mehlig kochende Kartoffeln • 1 TL Kümmelsamen • 1 Dose Sauerkraut (550 g Inhalt) • 2 Zwiebeln • 1 Lorbeerblatt • 2 Gewürznelken • 8 Pfefferkörner • 5 Wacholderbeeren • 2 EL Butter- oder Schweineschmalz (+ eventuell Speckreste) • 100 g feste Blutwurst (z. B. Fränkische Bauernblutwurst) • Salz • frisch geriebene Muskatnuss • 100 g Speisestärke • 2 Eier • 200 g durchwachsener Räucherspeck

– Die Kartoffeln in der Schale am Vortag mit Wasser und 1/2 TL Kümmel in 25–30 Min. gar kochen.
– Das Sauerkraut in einen Topf geben. Die Zwiebeln schälen, das Lorbeerblatt mit den Nelken an 1 Zwiebel feststecken. Mit den Pfefferkörnern und Wacholderbeeren zum Sauerkraut geben. 1 EL Schmalz (und eventuell Speck) und 1/2 l Wasser dazugeben. Bei schwacher Hitze zugedeckt 45 Min. köcheln lassen.
– In einem großen Topf reichlich Salzwasser zum Kochen bringen. Blutwurst in kleine Würfel schneiden. Kartoffeln schälen und fein reiben. Mit Salz, Muskat, Speisestärke, Eiern und 2–3 EL kochendem Wasser zu einem geschmeidigen Teig verarbeiten. Mit feuchten Händen Knödel formen und in die Mitte je 6–8 Blutwurstwürfel drücken. Im siedenden Wasser 30 Min. bei schwacher Hitze ziehen lassen (Garprobe machen, siehe TIPPS).
– Räucherspeck und die zweite Zwiebel in kleine Würfel schneiden. Das übrige Schmalz erhitzen und den Speck knusprig ausbraten. Zwiebel mitbraten. Kraut und Knödel auf Teller geben und mit der Speck-Zwiebel-Mischung bestreuen.

TIPPS
– Garprobe bei Klößen: Knödel mit zwei Gabeln aufreißen. Wenn der Teig in der Mitte nicht mehr glasig oder fest aussieht, ist der Knödel gar.
– Wer möchte, gart das Kraut mit Apfelsaft statt mit Wasser. Ebenfalls gut: Zwiebel würfeln, Wacholderbeeren leicht andrücken, in Schmalz andünsten.

333. Böhmische Zwetschgenknödel

SCHMECKT KINDERN
Für 4 Personen
Zubereitungszeit: 40 Min.
Garzeit: 50 Min.

400 g mehlig kochende Kartoffeln • 100 g Mehl • 25 g Grieß • 170 g weiche Butter • 1 Eigelb • 50 g Zucker • Salz • 10–12 Zwetschgen • 10–12 Stück Würfelzucker • 100 g Semmelbrösel • 2–3 EL Puderzucker

– Die Kartoffeln waschen und in der Schale mit Wasser in 25–30 Min. gar kochen. Abgießen, Kartoffeln etwas ausdampfen lassen, schälen und noch heiß durch die Kartoffelpresse drücken. Die Masse erkalten lassen.

– Mehl, Grieß, 1 EL Butter, Eigelb, Zucker und 1/2 TL Salz unter die Kartoffelmasse arbeiten und den Teig 15 Min. ruhen lassen.
– In der Zwischenzeit die Zwetschgen waschen, längs einschneiden und auseinanderlösen, aber nicht voneinander trennen. Entkernen und in die Öffnung statt dem Kern jeweils 1 Stück Würfelzucker geben. In einem großen Topf reichlich Wasser mit 1 TL Salz zum Kochen bringen.
– Auf einer bemehlten Arbeitsfläche den Teig zu einer etwa 5 cm dicken Rolle formen. In 10–12 Scheiben schneiden und etwas flach drücken. Auf jede Scheibe 1 Zwetschge legen, die Ecken darüber falten und zu Knödeln formen. Im siedenden Wasser 15–20 Min. ziehen lassen (Garprobe machen, siehe TIPPS links).
– In einer großen Pfanne die übrige Butter erhitzen und die Semmelbrösel darin bei mittlerer Hitze goldbraun braten. Die fertigen Knödel mit einer Schaumkelle aus dem Kochwasser heben und gut abtropfen lassen. In der Bröselbutter wälzen, auf Teller geben, mit dem Puderzucker bestäuben und heiß servieren.

334. Gnocchi di patate (Kartoffelklößchen)

VEGETARISCH | GELINGT LEICHT
Für 6 Personen
Zubereitungszeit: 1 Std.

***Für den Teig:** 1 kg mehlig kochende Kartoffeln • Salz • 250 g Mehl*
***Für die Sauce:** 750 g Tomaten • 1 Zwiebel • 1 EL Butter • Salz • frisch gemahlener Pfeffer*
***Außerdem:** 12 Salbeiblättchen • 2 EL Butter • 50 g frisch geriebener Parmesan*

– Für den Teig Kartoffeln waschen, in Salzwasser aufsetzen und in 25–30 Min. weich kochen. Während die Kartoffeln kochen, bereits die Sauce zubereiten.
– Für die Tomatensauce die Stielansätze der Tomaten entfernen. Tomaten kurz überbrühen, häuten, quer halbieren, entkernen und klein hacken. Die Zwiebel schälen und fein hacken, in der zerlassenen Butter hellgelb andünsten. Tomatenstücke einrühren, salzen und pfeffern, langsam bei schwacher Hitze ohne Deckel zu einer sämigen Sauce einköcheln.
– Die garen Kartoffeln pellen und noch heiß durch die Kartoffelpresse auf die dünn mit Mehl bestreute Arbeitsfläche drücken.
– Die Kartoffelmasse leicht salzen, nach und nach so viel Mehl unterkneten, bis ein glatter, homogener Teig entstanden ist. Die Menge des benötigten Mehls hängt von der Kartoffelsorte ab – der Teig soll gerade nicht mehr an den Fingern kleben. Und nicht zu viel kneten, sonst wird der Teig feucht und zäh und braucht zu viel Mehl.
– Zum Formen der Gnocchi eigroße Portionen vom Teig abnehmen und auf einer leicht bemehlten Arbeitsfäche zu fingerdicken Röllchen drehen. In 2–3 cm lange Stücke schneiden. Jedes Teigstückchen mit Daumen oder Zeigefinger auf die Innenseite einer Gemüsereibe oder einer Gabel drücken.
– Fertige Gnocchi auf die leicht mit Mehl bestreute Arbeitsplatte oder ein Tuch legen. Inzwischen in einem großen Topf 2 l Salzwasser zum Kochen bringen.
– Die Gnocchi nach und nach in das kochende Wasser geben und bei schwacher Hitze in etwa 4 Min. gar ziehen lassen. Ab und zu vorsichtig umrühren, damit die Klößchen nicht aneinander kleben bleiben. Sobald die Gnocchi oben schwimmen, mit einem Schaumlöffel herausnehmen und gut abtropfen lassen.
– Zum Schluss die Salbeiblättchen mit Küchenpapier abreiben und in 2 EL Butter zart anbraten. Gnocchi in der Salbeibutter schwenken, zur Tomatensauce servieren. Mit dem Parmesan bestreuen.

335. Möhren-Gnocchi mit Gorgonzola-Sauce

VEGETARISCH | BRAUCHT ETWAS ZEIT
Für 4 Personen
Zubereitungszeit: 1 Std.
Garzeit: 30 Min.

***Für die Gnocchi:** 600 g mehlig kochende Kartoffeln • Salz • 300 g Möhren • 2 Eigelbe • frisch geriebene Muskatnuss • 3 EL frisch geriebener Parmesan • 225 g Mehl (+ Mehl für die Arbeitsfläche)*
***Für die Sauce:** 200 g Gorgonzola • 150 ml Milch • 100 g Sahne • frisch gemahlener Pfeffer • 2 EL Petersilienblättchen*

– Kartoffeln waschen und in Salzwasser zugedeckt in 25–30 Min. weich kochen. Möhren schälen, in grobe Stücke schneiden, in wenig Salzwasser in 20–25 Min. weich kochen. Dann beides abgießen und abtropfen lassen. Kartoffeln pellen und mit den Möhren noch heiß durch eine Kartoffelpresse drücken, abkühlen lassen.

– Eigelbe mit etwas Salz und Muskatnuss verquirlen, zur Kartoffel-Möhren-Mischung geben. Das Ganze mit Parmesan und soviel Mehl verkneten, dass ein glatter, homogener Teig entsteht, der nicht mehr an den Fingern klebt.
– Teig zu fingerdicken Rollen formen und in 2–3 cm lange Stücke schneiden. Die Stücke mit dem Daumen auf einem Gabelrücken behutsam etwas flach drücken. Die Gnocchi auf einer leicht bemehlten Arbeitsfläche 15 Minuten ruhen lassen.
– Inzwischen für die Sauce den Käse entrinden und würfeln. Mit Milch und Sahne in einen Topf geben, bei schwacher Hitze unter gelegentlichem Rühren zu einer sämigen Sauce köcheln lassen. Mit Pfeffer abschmecken.
– Gnocchi portionsweise in reichlich kochendes Salzwasser geben und in 3–5 Min. gar ziehen lassen, bis sie oben schwimmen. Herausheben, abtropfen lassen, mit der Sauce auf Tellern anrichten und mit Petersilienblättchen bestreut sofort servieren.

336. Steinpilz-Gnocchi mit Tomatensugo

GUT VORZUBEREITEN | GUT FÜR GÄSTE
Für 4–6 Personen
Zubereitungszeit: 2 Std.

50 g getrocknete Steinpilze • 1 kg mehlig kochende Kartoffeln • Salz • 200 g Mehl (+ Mehl zum Arbeiten) • 100 g Grieß • 1 Ei • frisch gemahlener schwarzer Pfeffer • 1 kg Tomaten • 1 Zwiebel • 2 Knoblauchzehen • 2 EL Olivenöl • 1 Lorbeerblatt • 1 EL Thymianblättchen • 50 g frisch geriebener Parmesan

– Die Pilze mit 1/4 l lauwarmem Wasser bedecken und 30 Min. quellen lassen. Dann abgießen, den Sud dabei auffangen und die Pilze sehr fein hacken.
– Kartoffeln waschen, in Wasser mit Salz 25–30 Min. kochen, abgießen, heiß schälen und durch die Kartoffelpresse auf die bemehlte Arbeitsfläche drücken. Mit Mehl und Grieß, dem Ei, den Pilzen, 1 TL Salz und Pfeffer zu einem Teig verkneten.
– Teig portionsweise zu fingerdicken Rollen formen. Jede Teigrolle in 3 cm lange Stücke schneiden und diese mit einer in Mehl getauchten Gabel leicht eindrücken. Alle Gnocchi auf ein bemehltes Tuch auf ein Tablett legen und offen 45 Min. kühl stellen.
– Inzwischen für die Sauce die Stielansätze der Tomaten entfernen. Tomaten kurz überbrühen, häuten, vierteln, entkernen und hacken. Die Zwiebel und die Knoblauchzehen schälen und fein würfeln.
– In einem breiten Topf das Öl erhitzen, Zwiebel und Knoblauch darin andünsten. Einweichsud der Pilze, die gehackten Tomaten, Lorbeer und 1 TL Thymian einrühren. Salzen und pfeffern, bei schwacher Hitze offen 30 Min. köcheln lassen.
– In einem großen Topf reichlich Salzwasser zum Kochen bringen. Die Gnocchi in 2–3 Portionen hineingeben und jeweils 4–5 Min. leise sieden lassen, bis sie nach oben steigen. In einem Sieb abtropfen lassen, auf einer vorgewärmten Platte anrichten und mit dem Parmesan bestreut servieren. Die Sauce dazu reichen, mit übrigem Thymian garnieren.

337. Südtiroler Nocken in Salbeibutter

VEGETARISCH | GELINGT LEICHT
Für 4 Personen
Zubereitungszeit: 1 Std.
Ruhezeit: 45 Min.

750 g mehlig kochende Kartoffeln • Salz • 125 g Butter • 2 Eigelbe • frisch gemahlener schwarzer Pfeffer • 1/4 TL abgeriebene unbehandelte Zitronenschale • 200 g Mehl (+ Mehl für die Arbeitsfläche) • 2 Möhren • 12 Salbeiblätter

– Die Kartoffeln waschen, in der Schale mit Wasser und Salz in 25–30 Min. gar kochen. Abgießen, etwas ausdampfen lassen, schälen und sofort durch die Kartoffelpresse auf ein bemehltes Arbeitsbrett drücken. Etwas abkühlen lassen.
– Die Kartoffelmasse mit 25 g Butter, den Eigelben, 1 TL Salz, etwas Pfeffer und Zitronenschale verkneten, dann das Mehl rasch einarbeiten.
– Den Teig auf der bemehlten Arbeitsfläche portionsweise zu Rollen (2 cm Ø) formen und in fingerdicke Scheiben schneiden. Diese über den Rücken einer bemehlten Gabel rollen, sodass muschelförmige Nocken entstehen. Die Nocken auf einem bemehlten Küchentuch 45 Min. ruhen lassen.
– In einem großen Topf reichlich Salzwasser zum Kochen bringen. Die Nocken in 2–3 Portionen einlegen und jeweils 5 Min. leise simmern lassen, bis sie nach

oben steigen. Mit einem Schaumlöffel herausheben und in kaltem Wasser abschrecken, gut abtropfen lassen.
– Möhren schälen und in sehr feine Stifte schneiden. Die Salbeiblätter waschen und gut trockentupfen. Die restliche Butter in einer großen Pfanne aufschäumen lassen, die Möhrenstifte darin 2 Min. dünsten, Salbei hinzufügen und kurz mitdünsten. Die Nocken einlegen und leicht braten. Sofort servieren.

338. Glasierte Möhren

SCHMECKT KINDERN
Für 4 Personen
Zubereitungszeit: 30 Min.

1 kg junge Möhren • 3 EL Butter • 2 EL Zitronensaft • Salz • 2 EL brauner Zucker • 1 Prise frisch geriebene Muskatnuss • einige Blätter Pfefferminze

– Die Möhren waschen und schälen. Sehr kleine Möhren im Ganzen lassen, größere halbieren und in etwa 3 cm lange Stücke schneiden.
– 2 EL Butter in einem Topf zerlassen und die Möhren mit 150 ml Wasser, 1 EL Zitronensaft und 1/2 TL Salz hinzufügen. Die Möhren zugedeckt bei geringer Hitze etwa 10 Min. dünsten.
– Dann bei starker Hitze unter Umrühren im geöffneten Topf weiterkochen lassen, bis alle Flüssigkeit verdampft ist. Restliche Butter, übrigen Zitronensaft, Zucker und Muskat zufügen. Bei milder Hitze so lange rühren, bis der Zucker sich aufgelöst hat und die Gemüsestücke rundherum mit Glasur überzogen sind. Wenn nötig, noch etwas salzen. Minze über das Gemüse streuen.

339. Möhren mit Marsala

GEHT SCHNELL | GELINGT LEICHT
Für 4 Personen
Zubereitungszeit: 30 Min.

500 g Möhren • 40 g Butter • Salz • 100 ml trockener Marsala

– Die Möhren schälen und quer leicht schräg in etwa 3 mm dünne Scheiben schneiden. Die Butter in einem Topf erhitzen, bis sie schäumt. Die Möhrenscheiben hineinlegen, leicht mit Salz bestreuen und bei mittlerer Hitze unter Rühren 6–7 Min. braten, bis sie sich leicht zu färben beginnen.
– Den Marsala über die Möhren gießen, Temperatur herunterschalten. Die Möhren zugedeckt bei schwacher Hitze noch etwa 5 Min. dünsten, bis sie weich sind, aber noch Biss haben. In eine Schüssel geben und servieren.

340. Möhrensuppe mit Kräutern

VEGETARISCH
Für 4 Personen
Zubereitungszeit: 20 Min.
Garzeit: 30 Min.

400 g zarte Möhren • 1 Zwiebel • 1 EL Butter • 1/2 l Hefe-Gemüsebrühe (Instant) • 1 Bund Petersilie • 1/4 l Milch • 125 g Sahne • Jodsalz

– Die Möhren schälen und in etwa 3 cm lange Stücke schneiden. Die Zwiebel schälen, halbieren und grob würfeln. In einem Topf die Butter erhitzen, aber nicht braun werden lassen. Zwiebel und Möhren dazugeben, unter Rühren bei schwacher Hitze 5 Min. anbraten.
– Die Brühe zugeben und alles zugedeckt bei schwacher Hitze etwa 30 Min. garen, bis die Möhren weich sind.
– Petersilie waschen, trockenschütteln und die Blättchen sehr fein hacken. Das Gemüse mit dem Pürierstab oder im Mixer sehr fein pürieren. Milch und Sahne mischen und unter die Suppe rühren. Mit Salz abschmecken und mit der Petersilie bestreut servieren.

341. Erbsen mit Schinken

GELINGT LEICHT
Für 6 Personen
Zubereitungszeit: 45 Min.

1 kg frische Erbsen (ersatzweise 600 g TK-Erbsen) • 2 kleine Zwiebeln • 100 g milder roher Schinken (San-Daniele oder Parmaschinken) • 125 ml kräftige Fleischbrühe • 2 EL Butter • 1 Prise Zucker • Salz • frisch gemahlener Pfeffer • dünne Weißbrotscheiben

– Die Erbsen auspalen. Die Zwiebeln schälen und in dünne Scheiben schneiden. Das Fett vom Schinken abtrennen und in Streifen schneiden. In einem kleinen Topf die Fleischbrühe erhitzen und bereitstellen.

– In einer Pfanne 1 1/2 EL Butter und den fetten Speck zerlassen. Zwiebeln darin unter Rühren glasig dünsten. Erbsen einrühren, mit 1 Prise Zucker, Salz und Pfeffer würzen. Die Brühe angießen und die Erbsen zugedeckt je nach Sorte in 10–20 Min. bissfest köcheln lassen.
– Inzwischen den mageren Teil vom Schinken in sehr schmale Streifen schneiden. Die Weißbrotscheiben im Toaster anrösten.
– Schinkenstreifen und übrige Butter unter die knackig gegarten Erbsen rühren, nochmals mit Salz und Pfeffer abschmecken und mit dem Weißbrot als Beilage zu gebratener Leber oder magerem Fleisch servieren.

342. Püree aus grünen Erbsen

SCHMECKT KINDERN
Für 4 Personen
Zubereitungszeit: 35 Min.
Garzeit 20 Min.

1 1/2 kg Erbsen (in den Schoten) • Salz • 1 Msp. Zucker • 5 EL Butter • je 2 Zweige Dill, Petersilie und Kerbel • 2 EL Sahne • 1/2 Bund Petersilie

– Die Erbsen auspalen. 1/4 l Wasser mit 1 TL Salz, dem Zucker und 1 EL Butter zum Kochen bringen. Kräuter waschen, zusammenbinden und mit den Erbsen ins kochende Wasser geben. Die Erbsen zugedeckt bei geringer Hitze in 15–20 Min. weich dünsten.
– Die Kräuter entfernen und die Erbsen mit der Kochflüssigkeit durch ein feines Sieb in einen an deren Topf streichen. Das Püree bei mittlerer Hitze unter Rühren etwas einkochen lassen.
– Hitze reduzieren und übrige Butter stückchenweise unterarbeiten, Sahne unterrühren. Petersilie waschen, trockenschütteln und klein schneiden. Erbsenpüree in einer Schüssel anrichten, mit der Petersilie bestreuen.

343. Rahmspinat

VEGETARISCH | GEHT SCHNELL
Für 4 Personen
Zubereitungszeit: 15 Min.

500 g Spinat • Salz • 1 Schalotte • 1 EL Butter • 125 g Sahne • frisch gemahlener weißer Pfeffer • frisch geriebene Muskatnuss

– Den Spinat von allen welken Blättern und den groben Stielen befreien, dann in stehendem kaltem Wasser mehrmals gründlich waschen. Den Spinat abtropfen lassen und grob hacken.
– In einem großen Topf reichlich Wasser mit 1 kräftigen Prise Salz zum Kochen bringen. Spinat hineingeben und zugedeckt etwa 1 Min. blanchieren, bis er zusammengefallen ist. Spinat in ein Sieb schütten, mit kaltem Wasser abschrecken und gut abtropfen lassen.
– Die Schalotte schälen und sehr fein hacken. Die Butter in einem weiten Topf erhitzen. Die Schalotte darin glasig dünsten.
– Die Sahne angießen und bei starker Hitze unter Rühren in 2–3 Min. cremig einkochen lassen. Spinat untermischen und erwärmen, mit Salz, Pfeffer und Muskat abschmecken.

344. Überbackener Spinat

GELINGT LEICHT
Für 4 Personen
Zubereitungszeit: 25 Min.
Backzeit: 15 Min.

1 kg zarter Spinat • 1/2 Bund glatte Petersilie • 3 Zweige Basilikum oder Majoran • 100 g halbfester Schnittkäse (z. B. Taleggio, Vacherin) • 500 ml Fleischbrühe • 1 EL Butter • Saft von 1/2 Zitrone • Salz • frisch gemahlener weißer Pfeffer • 3 EL Olivenöl

– Den Spinat putzen, harte Stiele entfernen. Die Blätter mehrmals gründlich waschen und in einem Sieb abtropfen lassen.
– Die Petersilie waschen, trockenschütteln und fein hacken, ebenso das Basilikum. Den Schnittkäse in Streifen schneiden. Den Backofen auf 230° (Umluft 210°) vorheizen.
– Die Fleischbrühe in einem großen Topf aufkochen. Portionsweise den Spinat darin etwa 1 Min. garen, abtropfen lassen.
– Eine Auflaufform mit der Butter ausstreichen, einen Teil vom Spinat, etwas Käse und Kräuter einfüllen. Mit Zitronensaft und wenig Salz und Pfeffer würzen. Wieder Spinat, Käse und Kräuter einfüllen, würzen und so fortfahren, bis alle Zutaten verbraucht sind.
– Zuletzt das Olivenöl darüber träufeln. Die Form in den Ofen (Mitte) schieben und den Spinat 10–15 Min. überbacken. Sofort servieren.

345. Brokkoli in Weißwein

GELINGT LEICHT
Für 4 Personen
Zubereitungszeit: 25 Min.

750 g Brokkoli • Salz • 1/2 kleine Zwiebel • 1 Knoblauchzehe • 2 EL Olivenöl • Saft und abgeriebene Schale von 1 unbehandelten Orange • 150 ml Weißwein

– Den Brokkoli waschen und putzen, den Stiel schälen. Mit 1/2 l Wasser und 1/2 TL Salz in einen Topf geben und in etwa 10 Min. nicht zu weich kochen, gut abtropfen lassen.
– Inzwischen die Zwiebel schälen und in kleine Würfel schneiden. Die Knoblauchzehe schälen, klein schneiden und mit etwas Salz mit einer Gabel zerdrücken.
– Das Olivenöl erhitzen, die Zwiebelwürfel und den Knoblauch unter Rühren etwa 3 Min. darin anbraten. Den Saft und die abgeriebene Schale der Orange mit dem Weißwein zufügen, salzen und die Sauce offen bei starker Hitze unter Rühren sämig kochen lassen. Brokkoli mit der Sauce übergießen.

346. Lauchgemüse mit Petersilie

PREISWERT | GEHT SCHNELL
Für 2 Personen
Zubereitungszeit: 20 Min.

500 g dünne Lauchstangen • 1 EL Sonnenblumenöl • 50 ml Gemüsebrühe • 1 TL Zitronensaft • Salz • frisch gemahlener weißer Pfeffer • 1 Bund Petersilie

– Vom Lauch den Wurzelansatz und welke grüne Blätter abschneiden. Die Stangen der Länge nach halbieren und unter fließendem kaltem Wasser gründlich waschen. Den Lauch mit dem zarten Grün in etwa 2 cm lange Stücke schneiden.
– Das Öl in einem weiten Topf erhitzen. Den Lauch darin unter Rühren anschwitzen, Brühe angießen. Lauch mit Zitronensaft, Salz und Pfeffer abschmecken und zugedeckt bei mittlerer Hitze etwa 5 Min. garen, bis er bissfest ist.
– Inzwischen die Petersilie waschen, trockenschütteln, von den groben Stielen befreien und sehr fein hacken. Den Lauch mit der Petersilie bestreut servieren.

347. Grüne Bohnen mit Speck

PREISWERT | GELINGT LEICHT
Für 2 Personen
Zubereitungszeit: 30 Min.

500 g grüne Bohnen • Salz • 1 Bund Bohnenkraut • 50 g durchwachsener Speck • 1 Zwiebel • 1 TL Öl • frisch gemahlener weißer Pfeffer • knapp 1/4 l Fleischbrühe • 1/2 Bund Petersilie

– Die Bohnen waschen, putzen und je nach Größe halbieren oder dritteln. In einem Topf reichlich Wasser mit 1 kräftigen Prise Salz zum Kochen bringen. Die Bohnen darin etwa 3 Min. kochen lassen. Dann in einem Sieb kalt abschrecken und abtropfen lassen.
– Bohnenkraut abbrausen. Den Speck von der Schwarte und den Knorpeln befreien, dann in kleine Würfel schneiden. Zwiebel schälen und sehr fein hacken.
– In einer Pfanne das Öl erhitzen, den Speck dazugeben und bei schwacher Hitze in etwa 5 Min. etwas ausbraten. Dann die Zwiebel hinzufügen und glasig braten. Die Bohnen ebenfalls dazugeben, mit Salz und Pfeffer würzen und kurz anbraten.
– Die Fleischbrühe angießen, das Bohnenkraut dazugeben. Die Bohnen zugedeckt bei mittlerer Hitze etwa 10 Min. garen, bis sie bissfest sind. Inzwischen die Petersilie waschen, trockenschütteln und die Blättchen sehr fein hacken.
– Das Bohnenkraut aus den gegarten Bohnen entfernen. Bohnen mit Salz und Pfeffer abschmecken und mit der Petersilie bestreut servieren.

348. Grüne Bohnen mit Limetten

GUT FÜR GÄSTE | GEHT SCHNELL
Für 4 Personen
Zubereitungszeit: 25 Min.

600 g zarte grüne Bohnen (Prinzessbohnen) • Salz • 1 Bund glatte Petersilie • 4 EL Butter • 2 Limetten • frisch gemahlener schwarzer Pfeffer • 1 Prise Zucker

– Die Bohnen waschen und putzen, eventuell entfädeln. Reichlich Salzwasser aufkochen und die Bohnen darin in etwa 7 Min. knackig garen. Inzwischen die Petersilie waschen und trockenschütteln. Die Blättchen abzupfen und fein hacken.

– Die Butter in einem kleinen Topf schmelzen lassen. Die Limetten auspressen und den Saft mit der Petersilie zur Butter geben. Mit Salz, Pfeffer und 1 guten Prise Zucker würzen. Bohnen in einem Sieb abtropfen lassen und mit der Butter-Limetten-Sauce gut mischen.

349. Dicke Bohnen in Olivenöl

BRAUCHT ETWAS ZEIT
Für 4 Personen
Zubereitungszeit: 10 Min.
Einweichzeit: 12 Std.
Garzeit: 3 Std.

500 g getrocknete dicke Bohnen • 4 Eier • 1 Bund Petersilie • 3 Knoblauchzehen • 8 EL Olivenöl • Saft von 1 Zitrone • frisch gemahlener Pfeffer • Salz

– Bohnen in reichlich Wasser etwa 12 Std. einweichen. Dann mit 1 l von dem Einweichwasser in einen Topf geben und zugedeckt bei schwacher Hitze 2 1/2–3 Std. leise köcheln lassen, bis die Bohnen sehr weich sind. Falls nötig, etwas Wasser nachgießen.
– Kurz vor Ende der Garzeit Eier etwa 8 Min. kochen, abschrecken, schälen und vierteln. Petersilie waschen, trockenschütteln und ohne die groben Stiele fein hacken. Knoblauch schälen und durch Presse drücken.
– Das Kochwasser der Bohnen abgießen. Petersilie, Knoblauch, Olivenöl und Zitronensaft zu den Bohnen geben. Das Gericht mit Pfeffer und Salz abschmecken, auf Teller verteilen, mit den Eiern garnieren und warm zu Fladenbrot servieren. Eventuell noch etwas Olivenöl und Zitronensaft dazu reichen, damit sich jeder die Bohnen nach Geschmack nachwürzen kann.

350. Geschmorter Stangensellerie

BRAUCHT ETWAS ZEIT
Für 4 Personen
Zubereitungszeit: 35 Min.
Schmorzeit: 40 Min.

Salz • 1 kg Stangensellerie • 250 g geräucherter durchwachsener Speck (in dickeren Scheiben) • 150 g Schalotten • 1 Knoblauchzehe • 2 Möhren • 2 EL Tomatenmark • frisch gemahlener weißer Pfeffer • 1 Lorbeerblatt • 1/4 l trockener Weißwein

– In einem breiten Topf Salzwasser aufkochen. Den Sellerie waschen, putzen und die Stangen zusammenbinden. Im kochenden Wasser etwa 8 Min. garen. Herausheben und gut abtropfen lassen. Das Garn entfernen und die Stangen längs halbieren.
– Den Speck entschwarten, klein würfeln und in einem breiten Topf bei schwacher Hitze ausbraten.
– Die Schalotten schälen, halbieren und zum Speck geben. Knoblauch schälen und dazupressen. Möhren schälen, waschen, in Scheiben schneiden und in den Topf geben. Alles etwa 5 Min. dünsten.
– Das Tomatenmark untermischen, salzen und pfeffern. Lorbeerblatt und Sellerie dazugeben. Mit Weißwein und 1/8 l Wasser begießen. Zugedeckt bei schwacher Hitze etwa 40 Min. schmoren.
– Den Sellerie mit einem Schaumlöffel aus der Sauce heben und auf einer Platte anrichten, warm stellen. Das Lorbeerblatt aus der Sauce nehmen und die Flüssigkeit um etwa ein Drittel einkochen lassen. Die Sauce abschmecken und über den Sellerie gießen.

351. Stangensellerie in Currysauce

GELINGT LEICHT
Für 2 Personen
Zubereitungszeit: 40 Min.

25 g Mandeln • 400 g Stangensellerie • 1/2 Gemüsebrühwürfel • 2 EL feines Weizenvollkornmehl • 100 g Doppelrahm-Frischkäse • 1 1/2 TL Currypulver • 3/4 TL abgeriebene unbehandelte Zitronenschale • 1 1/2 EL Zitronensaft

– Die Mandeln in Stifte schneiden und in einer Pfanne ohne Fett unter Rühren hellgelb rösten.
– Die Selleriestangen waschen und putzen. Wenn nötig, die harten Fäden auf der Außenseite abziehen, die Blättchen beiseite legen. Die Selleriestangen zuerst längs, dann quer halbieren.
– 200 ml Wasser mit dem Brühwürfel aufkochen. Den Sellerie darin bei schwacher Hitze in etwa 10 Min. bissfest garen. Brühe absieben, den Sellerie warm stellen.
– Das Mehl mit dem Schneebesen kräftig in die Brühe rühren. Unter Umrühren aufkochen und auf der ausgeschalteten Kochstelle etwa 3 Min. ziehen lassen. Den zerkleinerten Frischkäse, Curry und die Zitronenschale mit dem Schneebesen in die Sauce rühren. Mit dem Zitronensaft würzen.

– Die Sauce und die Mandelstifte (bis auf 1/2 EL) unter den Sellerie heben. Die Sellerieblättchen in Streifen schneiden und mit den restlichen Mandeln über das Gemüse streuen.

352. Zucchini mit Knoblauch

GEHT SCHNELL | PREISWERT
Für 2 Personen
Zubereitungszeit: 15 Min.

400 g kleine Zucchini • 1 Schalotte oder kleine Zwiebel • 2 Knoblauchzehen • 1/2 Bund frischer oder 1/2 TL getrockneter Thymian • 1 EL Butter • 2 EL trockener Weißwein • Salz

– Die Zucchini waschen und von den Stiel- und Blütenansätzen befreien. Die Zucchini erst längs in Scheiben, dann quer in Stifte schneiden.
– Schalotte oder Zwiebel und Knoblauch schälen und sehr fein hacken. Den Thymian waschen und trockenschütteln, die Blättchen von den Stielen streifen.
– Die Butter in einem Topf erhitzen. Die Schalotte oder Zwiebel, den Knoblauch und den Thymian hinzufügen und bei mittlerer Hitze unter Rühren braten, bis der Knoblauch glasig ist. Er darf dabei aber nicht braun werden, sonst schmeckt er bitter. Zucchinistifte hinzufügen und bei mittlerer Hitze kurz mitbraten.
– Wein angießen, das Gemüse mit Salz abschmecken und zugedeckt bei mittlerer Hitze etwa 1 Min. garen, bis die Zucchinistifte bissfest sind.

353. Zucchini mit Speck und Tomaten

GELINGT LEICHT
Für 4 Personen
Zubereitungszeit: 25 Min.
Garzeit: 20 Min.

600 g kleine feste Zucchini • 500 g Dosentomaten • 200 g gut durchwachsener Räucherspeck • 1 große Zwiebel • 2 Knoblauchzehen • 2 Bund Petersilie • 1 EL Olivenöl • Salz • frisch gemahlener Pfeffer

– Die Zucchini waschen und die Blüten- und Stielansätze abschneiden. Die Früchte der Länge nach in Viertel und diese quer in drei Stücke schneiden.
– Die Tomaten in einem Sieb abtropfen lassen, den Saft dabei auffangen. Die Tomaten grob zerkleinern. Den Speck ohne Schwarte in kleine Würfel schneiden. Die Zwiebel schälen und in Scheiben schneiden, zu Ringen aufblättern. Die Knoblauchzehen schälen. Die Petersilie waschen, trockenschütteln und fein hacken.
– In einer Kasserolle das Öl erhitzen, die Speckwürfel darin knusprig braten, die Zwiebelringe, Knoblauch und die Petersilie dazugeben und alles etwa 10 Min. bei schwacher Hitze offen schmoren lassen. Dann Tomaten und die Zucchini untermischen, mit Salz und Pfeffer würzen und alles gut mischen.
– Das Gemüse zugedeckt bei ganz schwacher Hitze etwa 20 Minuten dünsten, dabei ab und zu umrühren.

354. Zucchinipuffer

SCHMECKT KINDERN | PREISWERT
Für 4 Personen
Zubereitungszeit: 1 Std.

700 g Zucchini • Salz • 1 Zwiebel • 1 EL Butter • 1 Bund Petersilie • 2 Eier • 1 TL feingehackte Minze oder Dill • 120 g Semmelbrösel • 100 g frisch geriebener Kasséri-Käse oder Emmentaler • frisch gemahlener Pfeffer • etwas Mehl • 9 EL Oliven- oder Sonnenblumenöl zum Ausbacken und für die Hände

– Die Zucchini waschen und die Stiel- und Blütenansätze entfernen, Zucchini in Scheiben schneiden. In Salzwasser etwa 10 Min. kochen.
– Dann die Zucchini in einem Sieb gut abtropfen lassen und mit dem Pürierstab oder im Mixer pürieren und in eine Schüssel füllen.
– Die Zwiebel schälen und zu den Zucchini reiben. Die Butter zerlassen. Die Petersilie waschen und ohne die groben Stiele fein hacken.
– Die Eier, zerlassene Butter, die Kräuter, die Semmelbrösel und den Käse unter die Zucchini rühren, mit Salz und Pfeffer abschmecken. Die Mischung etwa 5 Min. stehen lassen.
– Die Hände leicht einölen und aus je 1 EL Zucchinimasse etwa 1 cm dicke Puffer formen, in etwas Mehl wenden.
– Das Öl in einer Pfanne erhitzen und die Puffer nacheinander auf beiden Seiten in etwa 2–3 Min. goldgelb backen. Aus der Pfanne nehmen und die Puffer auf Küchenpapier entfetten.

355. Spargel mit Schinken

GELINGT LEICHT | GUT FÜR GÄSTE
Für 4 Personen
Zubereitungszeit: 50 Min.

2 kg weißer Spargel • Salz • 1/2 TL Zucker • 120 g Butter • 200 g Schwarzwälder Schinken (in feinen Scheiben)

– Die Spargelstangen mit einem Spargel- oder Sparschäler oder einem scharfen Küchenmesser schälen. Dabei immer unterhalb der Spargelspitzen beginnen. Oben dünner, nach unten dicker abschälen. Die Enden abschneiden.
– Reichlich Wasser in einem großen Topf zum Kochen bringen. Salz, den Zucker und 1 EL von der Butter dazugeben. Spargelstangen in das kochende Wasser geben. Die Hitze reduzieren und den Spargel – je nach Dicke – bei schwacher Hitze in 10–15 Min. bissfest garen.
– Die restliche Butter in einem kleinen Topf bei schwacher Hitze schmelzen. In eine Sauciere füllen und warm stellen.
– Die Spargelstangen portionsweise auf Teller verteilen. Die Butter und Schinken getrennt dazu reichen.

356. Grüner Spargel mit Pilzen

GELINGT LEICHT
Für 4 Personen
Zubereitungszeit: 50 Min.

200 g frische Shiitake-Pilze (ersatzweise braune Egerlinge) • 750 g zarter grüner Spargel • 1 kleine unbehandelte Orange • 1 EL Butter • Salz • Cayennepfeffer

– Die Shiitake-Pilze kurz waschen und putzen, dann in Scheiben schneiden. Den Spargel waschen, die Stangen nur im unteren Drittel schälen. Die Stangen in 6–8 cm lange Stücke schneiden.
– Orange heiß waschen, die Schale mit einem Zestenreißer in feinen Spänen abziehen oder mit einem sehr scharfen Messer hauchdünn abschälen und in feine Streifen schneiden. Den Saft auspressen.
– Butter in einem Topf zerlassen. Spargel hineingeben und unter Rühren bei mittlerer Hitze etwa 3 Min. garen. Pilze dazugeben, Gemüse noch etwa 2 Min. garen.
– Orangensaft und -schale dazugeben, alles mit Salz und Cayennepfeffer würzen und zugedeckt noch etwa 4 Min. garen, bis der Spargel gar, aber noch bissfest ist.

357. Spargel mit Knoblauch

GEHT SCHNELL
Für 4 Personen
Zubereitungszeit: 30 Min.

4 Eier • 1 1/2 kg grüner Spargel • 6 Knoblauchzehen • 2 getrocknete Chilischoten • 1 TL Korianderkörner • 10 EL Olivenöl • 4 EL frisch gehackte glatte Petersilie • 4 EL Weißwein (nach Belieben)

– Die Eier in etwa 8 Min. hart kochen, abschrecken und abkühlen lassen. Den Spargel waschen und im unteren Drittel schälen. Salzwasser zum Kochen bringen. Spargel darin in etwa 15 Min. bissfest garen.
– Eier schälen und hacken. Knoblauchzehen schälen und in feine Scheiben schneiden. Die Chilischoten zerbröseln, Koriander zerstoßen. Das Olivenöl erhitzen, Knoblauch, Chilis und Koriander darin anbraten. Petersilie kurz mitbraten, mit Weißwein ablöschen.
– Spargel auf einer Platte anrichten, mit Eierwürfeln bestreuen. Mit dem Olivenöl beträufeln und servieren.

358. Gratinierter Spargel

GUT FÜR GÄSTE | GELINGT LEICHT
Für 4 Personen
Zubereitungszeit: 1 Std.

300 g weißer Spargel • 300 g grüner Spargel • Salz • 1 EL Butter • 1/2 TL Zucker • 100 g geschälte kleine Garnelen (Nordseekrabben) • 1 Hand voll Kerbel • 125 g Mozzarella • frisch gemahlener schwarzer Pfeffer • etwas Butter für die Form

– Den Spargel waschen und die Enden abschneiden. Die weißen Stangen vom Kopf beginnend schälen, bei den grünen nur das untere Drittel schälen. Reichlich Wasser zum Kochen bringen und Salz, Butter und den Zucker hineingeben. Den weißen Spargel in 10–12 Min., den grünen etwas kürzer bissfest garen. Dann die Spargelstangen aus dem Wasser heben und in einem Sieb abtropfen lassen.

– Den Backofen auf 225° (Umluft 200°) vorheizen. Eine feuerfeste eckige Form sorgfältig mit Butter ausstreichen. Spargel und Krabben hineingeben. Den Kerbel waschen, zerzupfen und darüber streuen.
– Den Mozzarella in dünne Scheiben schneiden, auf den Spargel legen, salzen und pfeffern. Das Gratin im Ofen (Mitte) in etwa 15 Min. goldgelb überbacken. In der Form als Beilage oder leichtes Hauptgericht servieren.

359. Spargelragout mit Frühlingszwiebeln

BRAUCHT ETWAS ZEIT
Für 4 Personen
Zubereitungszeit: 1 1/2 Std.

100 g Erdnüsse (in der Schale) • 500 g weißer Spargel • 500 g grüner Spargel • 40 g Butter • 4 1/2 TL gekörnte Gemüsebrühe • 200 g Frühlingszwiebeln • Meersalz • 2 EL Grünkernmehl • 120 g Crème fraîche • 2 EL frisch gehackte Petersilie

– Die Erdnüsse schälen, dabei auch die braunen Häutchen abstreifen. Die Nüsse grob hacken. Den Spargel waschen und schälen (beim grünen Spargel nur das untere Drittel) und holzige Enden abschneiden.
– Spargelabfälle knapp mit Wasser bedecken und zugedeckt bei schwacher Hitze 15–20 Min. kochen lassen. Inzwischen die Spargelstangen in Stücke schneiden, die Spitzen getrennt auf die Seite legen.
– Die Spargelbrühe absieben und mit Wasser auf 450 ml ergänzen. Die Brühe mit 20 g Butter und 2 TL gekörnter Brühe aufkochen.
– Die Spargelabschnitte darin zugedeckt bei schwacher Hitze etwa 8 Min. garen. Dann die Spargelköpfe dazugeben und noch etwa 2 Min. kochen.
– Inzwischen Frühlingszwiebeln waschen und putzen. Das obere Viertel des Zwiebelgrüns abschneiden und beiseite legen. Die Zwiebeln schräg in 1 cm breite Stücke schneiden.
– Den Spargel mit dem Schaumlöffel aus dem Topf heben, abtropfen lassen und in eine flache Schüssel geben. Im Backofen zugedeckt bei 50° warm halten. Die Kochbrühe offen auf 350 ml einkochen.
– Gleichzeitig die Frühlingszwiebelstücke in der übrigen Butter andünsten. Die gehackten Erdnüsse dazugeben und 3–4 Min. unter Wenden mitbraten. Mit etwas Salz abschmecken.
– Das Grünkernmehl mit 5 EL kaltem Wasser anrühren und mit dem Schneebesen unter die Spargelbrühe schlagen. Restliche gekörnte Brühe hinzufügen und 2–3 Min. unter Umrühren kochen, bis die Sauce sämig wird. Den Topf von der Kochstelle nehmen. Die Crème fraîche und die Petersilie unterrühren. Die Sauce abschmecken und vorsichtig unter den Spargel heben.
– Die Zwiebelmischung über dem Spargel verteilen. Vom zurückbehaltenen Zwiebelgrün einige Ringe abschneiden (den Rest für einen Salat verwenden) und das Ragout damit bestreuen.

360. Artischocken im Kräutersud

GUT FÜR GÄSTE
Für 4 Personen
Zubereitungszeit: 50 Min.

4 Artischocken • 1 unbehandelte Zitrone • Salz • 2 Tomaten • 3 Schalotten • 2 Knoblauchzehen • 4 EL Olivenöl • 200 ml trockener Weißwein • 200 ml Kalbsfond (aus dem Glas) • 1 Bund Provence-Kräuter (Basilikum, Oregano, Thymian, Rosmarin, Salbei) • 1 TL Lavendelblüten (frisch oder getrocknet) • frisch gemahlener weißer Pfeffer

– Die Artischocken auf ein Brett legen und die Stiele herausdrehen oder -brechen (die Fasern werden dadurch aus dem Boden entfernt). Die Zitrone heiß waschen, den Saft auspressen. Die Artischocken in Salzwasser und 2 EL von dem Zitronensaft zugedeckt etwa 45 Min. bei schwacher Hitze ganz leise köcheln lassen.
– Die Tomaten überbrühen, häuten, entkernen und würfeln. Die Schalotten und den Knoblauch schälen und fein würfeln. 2 EL von dem Olivenöl in einem Topf erhitzen und Schalotten und Knoblauch darin andünsten, ohne zu bräunen. Den Weißwein aufgießen.
– Von der Zitrone einige Schalenstreifen dünn abschneiden, mit dem restlichen Zitronensaft und dem Kalbsfond dazugeben, etwas einkochen. Die Provence-Kräuter waschen, trockenschütteln und ohne die harten Stiele fein hacken. Mit dem Lavendel und den Tomaten zum Fond geben. Die Sauce mit Salz und Pfeffer abschmecken.
– Artischocken umgedreht abtropfen lassen, auf Teller geben. Das restliche Olivenöl unter die Sauce quirlen, die Artischocken mit der Sauce umgießen.

361. Gebackene Artischocken

GELINGT LEICHT
Für 4 Personen
Zubereitungszeit: 30 Min.
Ruhezeit: 30 Min.

1 Ei (Größe S) • 2 EL Olivenöl • 75 ml trockener Weißwein oder Mineralwasser • 75 g Mehl • Salz • 2 Gläser Artischockenherzen (je 345 g Inhalt) • neutrales Öl zum Ausbacken • Zitronenspalten zum Garnieren

– In einer Schüssel das Ei mit dem Olivenöl verquirlen, dann Wein oder Mineralwasser, Mehl und knapp 1 TL Salz dazugeben. Alles mit einem Schneebesen zu einem glatten Teig verrühren und etwa 30 Min. ruhen lassen.
– Unmittelbar vor dem Zubereiten die Artischockenherzen abtropfen lassen, mit Küchenpapier trockentupfen und längs halbieren.
– Reichlich Öl zum Ausbacken in einer Fritteuse oder einem Topf auf 180° erhitzen. Wenn Sie einen hölzernen Kochlöffelstiel hineinhalten, müssen sofort kleine Bläschen nach oben steigen.
– Nach und nach die Artischockenherzen durch den Teig ziehen, in das heiße Fett geben und darin in etwa 3 Min. goldbraun ausbacken. Mit einer Schaumkelle herausheben, auf Küchenpapier gut abtropfen lassen und sofort mit Zitronenspalten garniert servieren.

362. Maiskolben mit Butter

GELINGT LEICHT | GEHT SCHNELL
Für 2 Personen
Zubereitungszeit: 25 Min.

2–4 junge, zarte Maiskolben • Salz • 40 g Butter

– Maiskolben aus den grünen Hüllblättern lösen, dabei auch die Fäden so gut wie möglich entfernen. Die Stielenden kürzen, die Maiskolben waschen.
– In einem großen Topf reichlich Wasser mit 1 kräftigen Prise Salz zum Kochen bringen. Die Maiskolben hineingeben und bei mittlerer bis starker Hitze 10–15 Min. kochen, bis die Maiskörner weich sind. Sie können dies prüfen, indem Sie mit einem spitzen Messer in das Stielende des Kolbens stechen. Es muss sich relativ leicht einstechen lassen.
– Die Maiskolben mit einem Schaumlöffel oder einer Spaghettizange aus dem Wasser heben und sofort servieren. Jeder bestreut sich die Kolben dann mit Salz und bestreicht sie mit der Butter. Dazu die Butter am besten auf eine Gabel spießen, sie schmilzt auf den heißen Kolben sofort.

TIPPS
– Maiskolben passen besonders gut zu kurz gebratenem Rindfleisch.
– Frische Maiskolben können Sie von etwa Juli bis Oktober kaufen. Sie sind ganz leicht zuzubereiten und schmecken einfach köstlich.

363. Gebratene Auberginenscheiben

GELINGT LEICHT
Für 4 Personen
Zubereitungszeit: 30 Min.
Ziehzeit: 30 Min.

4 Auberginen • Salz • etwas Mehl zum Wenden • Olivenöl zum Ausbacken • 4 Knoblauchzehen • 125 g geschälte Mandeln • 4 Scheiben altbackenes Weißbrot • 6 EL Oliven- oder Sonnenblumenöl • 2 1/2 EL Zitronensaft oder Weißweinessig

– Die Auberginen waschen, putzen und längs in dünne Scheiben schneiden. Etwa 30 Min. in Salzwasser legen und ziehen lassen, dann mit Küchenpapier abtrocknen.
– Etwas Mehl auf einen flachen Teller sieben, jede Auberginenscheibe auf beiden Seiten hineindrücken, loses Mehl abschütteln.
– In einer Pfanne reichlich Olivenöl erhitzen und die Auberginen portionsweise auf beiden Seiten jeweils in etwa 4 Min. darin goldbraun braten. Herausnehmen, auf Küchenpapier entfetten.
– Knoblauch schälen und mit den Mandeln zerkleinern. Das Brot kurz in Wasser einweichen, ausdrücken, aber nicht zu sehr, denn die Sauce soll eine breiartige Konsistenz erhalten. Brot mit Mandeln und Knoblauch am besten mit dem Pürierstab glatt mixen. Nach und nach das Olivenöl, den Zitronensaft oder Essig unterrühren und mit Salz abschmecken.
– Die gebratenen Auberginenscheiben auf einen Teller legen und mit der Sauce servieren.

364. Imam bayildi (Türkische Auberginen)

BRAUCHT ETWAS ZEIT
Für 4 Personen
Zubereitungszeit: 45 Min.
Schmorzeit: 1 Std.

4 Auberginen • Salz • 2 Zwiebeln • 2 Tomaten • 2 milde Peperoni • 1 Bund glatte Petersilie • 1 TL Zucker • 3 Knoblauchzehen • 6 EL kalt gepresstes Olivenöl

– Die Auberginen am Stielansatz abschälen, den Stiel stehen lassen. Die Auberginen längs so abschälen, dass Streifen von 3–4 cm Breite entstehen. Jede Aubergine in der Mitte der Länge nach tief ein-, aber nicht durchschneiden. Auberginen etwa 30 Min. in Salzwasser legen.
– Inzwischen Zwiebeln schälen und in Ringe schneiden. Die Tomaten überbrühen, häuten und das Fruchtfleisch grob würfeln, dabei die Stielansätze entfernen. Die Peperoni längs halbieren, Stiele, Kerne und Rippen entfernen. Die Schoten waschen und in Streifen schneiden. Petersilie waschen, trockenschütteln und fein hacken. Alles mit der Hand verkneten. Salzen und zuckern.
– Auberginen ausdrücken, die Schlitze auseinanderziehen und die Taschen mit dem Gemüse füllen. Die Auberginen in einen Topf legen. Die restliche Füllung auf die Schlitze legen. Die Knoblauchzehen schälen, in Stifte schneiden und diese in die Füllung stecken. Das Olivenöl mit 1/4 l Wasser verrühren und über die Auberginen gießen.
– Das Gericht zugedeckt bei starker Hitze etwa 10 Min. kochen, dann bei mittlerer Hitze etwa 45 Min. schmoren. Im Topf abkühlen lassen.

365. Gegrillte Austernpilze

GEHT SCHNELL
Für 2 Personen
Zubereitungszeit: 20 Min.

400 g Austernpilze • 1/2 Bund frischer oder 1/2 TL getrockneter Thymian • 1 Knoblauchzehe • 1 EL Zitronensaft • Salz • frisch gemahlener weißer Pfeffer • 4 EL Olivenöl

– Die Austernpilze mit Küchenpapier trocken abreiben und die zähen Stiele entfernen.
– Den Thymian waschen, trockenschütteln und die Blättchen von den Stielen streifen. Knoblauch schälen und sehr fein hacken. Den Thymian mit dem Knoblauch, dem Zitronensaft, Salz und Pfeffer verrühren. Das Olivenöl unterschlagen.
– Die Pilze auf den heißen Holzkohlengrill oder auf den Rost des Elektrogrills geben, mit der Hälfte der Marinade bestreichen und etwa 8 Min. grillen, bis sie schön gebräunt sind. Nach der Hälfte der Zeit die Austernpilze wenden und mit der restlichen Marinade bestreichen.

TIPP

Austernpilze, auch Austernseitlinge genannt, sind ursprünglich Waldpilze, die wegen ihres würzigen Geschmacks von Pilzsammlern geschätzt wurden. Sein feines Aroma hat dem Austernpilz auch den Namen „Kalbfleischpilz" eingebracht. Der Austernpilz wird heute in großen Hallen mit Hilfe von Stroh, Wasser und Pilzgranulat (Roggenkörnern) gezüchtet. Austernpilze enthalten alle acht lebensnotwendigen Aminosäuren, die der Körper selbst nicht bilden kann und die deshalb mit der Nahrung zugeführt werden müssen. Die Pilze enthalten außerdem Vitamine der B-Gruppe sowie zahlreiche Mineralstoffe wie Kalium, Phosphor, Magnesium und Eisen. Da es viele verschiedene Sorten von Austernpilzen gibt, können die Huthäute unterschiedlich gefärbt sein: von hellbraun über ein etwas dunkleres Braun bis zu gräulich oder gar bläulich.

366. Austernpilze in Weinsauce

GUT FÜR GÄSTE
Für 4 Personen
Zubereitungszeit: 45 Min.

500 g Austernpilze • 4 EL Distelöl • 1/8 l trockener Weißwein • Salz • frisch gemahlener weißer Pfeffer • 1/2 TL gemahlener Kümmel • 300 g Sahne • 1 Bund glatte Petersilie

– Die Pilze mit Küchenpapier abreiben und in dünne Streifen schneiden. Das Öl in einem Topf erhitzen, die Pilze darin bei starker Hitze unter Rühren anbraten.

– Den Weißwein hinzugießen und ebenso wie die austretende Pilzflüssigkeit vollständig einkochen lassen. Die Pilze mit Salz, Pfeffer und dem Kümmel würzig abschmecken. Sahne zugießen und auf kochen lassen.
– Die Petersilie waschen und sehr fein hacken. Über die Austernpilze streuen.

367. Pilze mit Tomaten

PREISWERT
Für 4 Personen
Zubereitungszeit: 1 Std.

2 Knoblauchzehen • 250 g Fleischtomaten • 5 EL Olivenöl • Salz • frisch gemahlener weißer Pfeffer • getrockneter Oregano • 500 g Steinpilze, Austernpilze oder Champignons

– Die Knoblauchzehen schälen und fein hacken. Stielansätze der Tomaten entfernen. Die Tomaten kurz überbrühen, häuten, quer halbieren und entkernen. Das Fruchtfleisch klein hacken.
– In einem kleinen Topf 2 EL Öl bei schwacher Hitze heiß werden lassen. Den Knoblauch darin kurz anbraten (er darf dabei nicht braun werden).
– Die Tomaten dazugeben, mit Salz, Pfeffer und Oregano würzen. Die Sauce bei mittlerer Hitze offen etwa 20 Min. einkochen lassen.
– Inzwischen die Pilze mit Küchenpapier abreiben, nur wenn nötig abbrausen und trockentupfen, und in feine Scheiben schneiden.
– In einer große Pfanne das restliche Öl erhitzen und die Pilze bei starker Hitze etwa 5 Min. braten, salzen und unter den Tomatensugo mischen.
– Zugedeckt bei schwacher Hitze noch etwa 10 Min. ziehen lassen. Servieren.

368. Champignons in Sahnesauce

GELINGT LEICHT | GEHT SCHNELL
Für 2 Personen
Zubereitungszeit: 30 Min.

400 g Champignons • 1 1/2 EL Zitronensaft • 1 Zwiebel • 1 Knoblauchzehe • 1 Bund Petersilie • 2 EL Butter • Salz • frisch gemahlener weißer Pfeffer • 125 g Sahne

– Von den Pilzen die Stielenden abschneiden und die Pilze mit Küchenpapier abreiben. Die Pilze in dünne Scheiben schneiden und sofort mit dem Zitronensaft in einer Schüssel mischen.
– Die Zwiebel und den Knoblauch schälen und sehr fein hacken. Die Petersilie waschen, trockenschütteln, von den dicken Stielen befreien und fein zerkleinern.
– Die Butter in einer Pfanne zerlassen. Die Zwiebel und den Knoblauch darin glasig braten. Die Pilze hinzufügen und unter Rühren braten, bis sie gebräunt sind. Mit Salz und Pfeffer abschmecken.
– Die Sahne angießen, Petersilie (bis auf einen kleinen Rest) untermischen. Die Pilze bei starker Hitze unter gelegentlichem Rühren ohne Deckel etwa 3 Min. garen, bis die Sauce etwas eingekocht ist.
– Die Pilze eventuell nachwürzen, dann mit der übrigen Petersilie bestreut servieren.

TIPP
Pilze sollten auf keinen Fall in stehendem Wasser gewaschen werden, da sie sich schnell mit Wasser vollsaugen und dadurch an Aroma verlieren.

369. Steinpilze in Sahnesauce

GELINGT LEICHT | GUT FÜR GÄSTE
Für 4 Personen
Zubereitungszeit: 45 Min

500 g Steinpilze • 1 Zwiebel • 50 g Butter • Salz • frisch gemahlener weißer Pfeffer • 1 EL Mehl • 1/8 l Milch • 1 Prise Nelkenpulver • frisch geriebene Muskatnuss • 2 EL Crème fraîche • 200 g Sahne • 1 Bund Kerbel

– Die Pilze mit Küchenpapier abreiben, putzen und in nicht zu kleine Stücke schneiden. Die Zwiebel schälen, sehr fein hacken und in 30 g Butter glasig braten.
– Die Pilze dazugeben und bei starker Hitze so lange mitbraten, bis die ganze Flüssigkeit eingekocht ist. Mit Salz und Pfeffer würzen.
– Übrige Butter schmelzen und das Mehl darin andünsten, mit der Milch aufgießen. Mit Nelke, Muskat und Salz würzen, die Crème fraîche und die Sahne unterrühren. Die Pilze untermischen. Kerbel waschen, fein hacken und unterrühren.

370. Steinpilzhüte mit Pecorinokruste

GUT FÜR GÄSTE
Für 4 Personen
Zubereitungszeit: 35 Min.

400 g Steinpilzhüte • 5 EL Olivenöl • frisch gemahlener schwarzer Pfefffer • Salz • 1 Knoblauchzehe • 1 Bund Petersilie • 2 Zweige Thymian • 1 EL Butter • 50 g frisch geriebener Pecorino

– Pilzhüte gründlich putzen, nur wenn nötig waschen, mit Küchenpapier trocknen und einmal quer halbieren. In einer Pfanne das Öl erhitzen und die Pilze auf jeder Seite etwa 2 Min. braten. Mit Pfeffer und Salz würzen.
– Den Grill (oder Backofen auf 200°) vorheizen. Die Knoblauchzehe schälen, die Petersilie waschen, beides fein hacken. Die Thymianblättchen abzupfen. Butter in einem Pfännchen erhitzen, Knoblauch und Kräuter kurz anbraten.
– Pilzhüte auf eine feuerfeste Platte setzen, die Kräuterbutter darauf verteilen und den Pecorino darüber streuen. Unter dem heißen Grill oder im Ofen so lange überbacken, bis der Käse etwas Farbe bekommt.

371. Kürbisgemüse

PREISWERT
Für 4 Personen
Zubereitungszeit: 40 Min.

2 1/2 kg Kürbis • 2 TL Salz • 1 Zwiebel • 1 EL Butter • 2 gehäufte EL Mehl • 1/2 TL edelsüßes Paprikapulver • 1 Bund frisch gehackter Dill • 1 TL Essig • 1 EL Zucker • 200 g saure Sahne

– Den Kürbis vierteln und die Kerne entfernen. Kürbisstücke schälen und in eine Schüssel raspeln. Das Salz über die Raspel streuen und etwa 10 Min. ziehen lassen.
– Zwiebel schälen und fein würfeln. In einem Topf die Butter erhitzen, das Mehl darüber stäuben und goldgelb anbraten. Das Paprikapulver und die Zwiebel dazugeben. Nach und nach unter ständigem Rühren 1/4 l kaltes Wasser auffüllen.
– Kürbis in ein Sieb geben, den ausgetretenen Saft abtropfen lassen, dabei die Raspel gründlich ausdrücken. Mit dem Dill in die Sauce geben. In etwa 10 Min. bei mittlerer Hitze unter häufigem Rühren fertiggaren (Bissprobe machen). Mit dem Essig und dem Zucker abschmecken. Mit der sauren Sahne servieren.

372. Gurken in Kerbelsahne

SCHMECKT KINDERN
Für 4 Personen
Zubereitungszeit: 40 Min.

1 kg Salatgurken • 140 g Zwiebeln • 40 g Butter • 4 EL Sahne • 120 g saure Sahne • 1 Knoblauchzehe • frisch gemahlener weißer Pfeffer • 2 TL gekörnte Gemüsebrühe • 50 g Kerbel • Meersalz

– Die Gurken schälen und längs vierteln. Die Kerne mit einem kleinen Löffel herausschaben. Das Gurkenfleisch schräg in 2 cm dicke Stücke schneiden.
– Die Zwiebeln schälen, würfeln und in 20 g Butter goldgelb braten. Die Gurken dazugeben und zugedeckt bei schwacher Hitze in 8–10 Min. bissfest dünsten. Dann die Kochplatte ausschalten.
– Die Sahne und die saure Sahne mischen. Knoblauch schälen und dazupressen. Mit 1 Prise Pfeffer verquirlen.
– Die gekörnte Gemüsebrühe und die restliche Butter zu den Gurken geben, Sahnemischung vorsichtig unterheben. Den Kerbel waschen, trockenschütteln und ohne die groben Stiele fein hacken. Den Kerbel unter das Gemüse mischen und mit Salz abschmecken.

373. Fenchel mit Mandeln

GELINGT LEICHT | PREISWERT
Für 4 Personen
Zubereitungszeit: 1 Std.

2 Knollen Fenchel (je etwa 350 g) • Salz • Saft und abgeriebene Schale von 1 unbehandelten Zitrone • 1 Zwiebel • 1 Knoblauchzehe • 6 EL Olivenöl • 1 Bund glatte Petersilie • 60 g gehackte Mandeln • frisch gemahlener schwarzer Pfeffer • 2 EL Semmelbrösel • 6 EL trockener Weißwein

– Fenchel waschen und putzen, das Grün beiseite legen. Die Knollen längs halbieren, mit Salzwasser und 3 EL Zitronensaft bedeckt etwa 5 Min. kochen lassen. Dann abtropfen lassen, 1/8 l Kochwasser beiseite stellen.

– Die Fenchelhälften bis auf die äußeren beiden Randschichten aushöhlen. Das ausgehöhlte Fenchelfleisch klein würfeln. Zwiebel und Knoblauchzehe schälen und in Würfel schneiden. Alles in 2 EL Olivenöl unter Rühren etwa 3 Min. braten.
– Die Petersilie waschen und trockenschütteln. Die Blättchen mit dem Fenchelgrün hacken, mit den Mandeln unter das Fenchelgemüse rühren. Die Mischung mit Salz, Pfeffer, restlichem Zitronensaft und der Zitronenschale abschmecken.
– Den Backofen auf 200° (Umluft 180°°) vorheizen. Die Fenchelhälften nebeneinander in eine flache Auflaufform setzen, die Füllung hineingeben. Die Semmelbrösel darauf streuen und mit je 1 EL Öl beträufeln. Das Fenchelkochwasser und den Wein angießen, im Ofen (Mitte) etwa 20 Min. backen.

374. Fenchel mit Sardellen

GELINGT LEICHT
Für 4 Personen
Zubereitungszeit: 45 Min.

4 Fenchelknollen (etwa 750 g) • Salz • 3 Knoblauchzehen • 5 eingelegte Sardellenfilets • 4 EL extra natives Olivenöl • 2 EL Zitronensaft • frisch gemahlener weißer Pfeffer

– Vom Fenchel die Stiele, Wurzelansätze, braune Stellen und die harten Rippen entfernen, das Fenchelgrün aufbewahren. Die Knollen gründlich waschen und quer in fingerdicke Scheiben schneiden.
– Die Fenchelscheiben in einen Topf geben, knapp mit Salzwasser bedecken und in 5–8 Min. „al dente“, bissfest, kochen. Dann in ein Sieb geben und gründlich abtropfen lassen.
– Inzwischen die Knoblauchzehen schälen und die Sardellen fein hacken. In einem kleinen Topf das Olivenöl erhitzen, den Knoblauch darin braten, bis er braun wird, dann aus dem Öl heben und wegwerfen.
– Die Sardellenfilets bei schwacher Hitze unter Rühren im Öl leicht anbraten. Fenchel dazugeben, mit Zitronensaft, Salz und Pfeffer würzen und vorsichtig mischen. Bei schwacher Hitze zugedeckt etwa 5 Min. ziehen lassen.
– Das Fenchelgrün waschen, trockenschütteln und klein hacken. Das Gemüse etwas abkühlen lassen, dann mit dem gehackten Fenchelgrün bestreut servieren.

375. Pikanter Mangold

GUT VORZUBEREITEN
Für 4 Personen
Zubereitungszeit: 1 Std.
(Marinierzeit: 4 Std.)

1 1/2 kg Mangold mit breiten weißen Stielen • Saft von 1 Zitrone • 1/8 l trockener Weißwein • Salz • 2 Knoblauchzehen • 1 Bund Basilikum • 5 EL extra natives Olivenöl • 2 EL milder aromatischer Weißweinessig • frisch gemahlener weißer Pfeffer

– Den Mangold waschen. Die Blätter von den Stielen trennen (das Grün für ein anderes Gericht verwenden). Das untere Ende der Stiele abschneiden. Die Stiele in etwa 5 cm lange Stücke schneiden, in einen Topf geben, Zitronensaft, Wein und so viel Wasser angießen, dass das Gemüse bedeckt ist, dann salzen.
– Die Mangoldstiele zugedeckt bei mittlerer Hitze so lange kochen lassen, bis sie gar, aber noch „al dente“, bissfest, sind (das dauert je nach Frische des Mangolds 20–30 Min.).
– Inzwischen den Knoblauch schälen. Die Basilikumblättchen von den Stängeln zupfen und mit dem Knoblauch fein hacken.
– Das gare Mangoldgemüse kurz abtropfen lassen. Aus dem Olivenöl, Weinessig, Knoblauch und Basilikum eine Sauce rühren. Den Mangold warm mit der Sauce vermischen. Mit Pfeffer und nach Bedarf mit Salz abschmecken und durchrühren.
– Entweder gleich warm servieren oder 3–4 Std. zugedeckt im Kühlschrank ziehen lassen, rechtzeitig herausnehmen und zimmerwarm servieren.

376. Gratinierter Blumenkohl

PREISWERT | GELINGT LEICHT
Für 4 Personen
Zubereitungszeit: 20 Min.
Backzeit: 30 Min.

1 Blumenkohl (etwa 900 g) • Salz • 1 EL Zitronensaft • 1 Bund glatte Petersilie • 1 Fleischtomate • 2 EL Butter • 2 EL Mehl • 1/4 l Milch • 3 EL Sahne • 75 g frisch geriebener Emmentaler oder Bergkäse • frisch gemahlener weißer Pfeffer • frisch geriebene Muskatnuss

– Vom Blumenkohl die grünen Blätter und schlechten Teile entfernen. Den Blumenkohl waschen, dann in die einzelnen Röschen teilen.
– In einem Topf reichlich Wasser mit 1 kräftigen Prise Salz und dem Zitronensaft zum Kochen bringen. Den Blumenkohl darin etwa 5 Min. sprudelnd kochen lassen, dann in einem Sieb abschrecken und abtropfen lassen.
– Die Petersilie waschen, trockenschütteln und ohne die groben Stiele fein hacken. Die Tomate mit kochend heißem Wasser überbrühen, kurz darin ziehen lassen, abschrecken und häuten. Die Tomate in kleine Würfel schneiden, dabei den Stielansatz entfernen.
– Den Blumenkohl mit der Tomate und der Petersilie mischen und in eine flache feuerfeste Form füllen. Den Backofen auf 200° vorheizen.
– Für die Sauce die Butter in einem Topf schmelzen lassen. Das Mehl hinzufügen und unter Rühren bei mittlerer Hitze goldgelb rösten. Die Milch mit einem Schneebesen gründlich unterrühren. Die Sauce offen bei schwacher Hitze etwa 5 Min. köcheln lassen, dabei gelegentlich umrühren.
– Die Sahne und den geriebenen Käse unter die Sauce rühren und diese mit Salz, Pfeffer und Muskat abschmecken. Die Sauce über dem Blumenkohl verteilen.
– Den Blumenkohl in den Ofen (Mitte, Umluft 180°) geben und etwa 30 Min. backen, bis die Oberfläche schön gebräunt und der Blumenkohl weich ist.

TIPP

Herzhafter wird dieses Gericht, wenn Sie den Blumenkohl mit etwa 100 g gekochtem Schinken anreichern. Den Schinken dazu vom Fettrand befreien und in feine Streifen schneiden. Schinkenstreifen unter die Sauce heben, über dem Kohl verteilen und goldbraun backen.

377. Blumenkohl und Fenchel

PREISWERT | GELINGT LEICHT
Für 4 Personen
Zubereitungszeit: 50 Min.

Salz • 1 Blumenkohl (etwa 750 g) • 2 Fenchelknollen (etwa 400 g) • 1 EL Mehl • 1 Zwiebel • 3 EL Butter • frisch gemahlener weißer Pfeffer • 200 g Sahne • 100 g frisch geriebener Parmesan

– In zwei Töpfen reichlich Salzwasser aufsetzen. Den Blumenkohl von Blättern und vom Strunk befreien und in einzelne Röschen teilen, dann gründlich waschen. In einem Topf in kochendem Wasser etwa 8 Min. garen, die Röschen sollen bissfest bleiben.
– Die Fenchelknollen putzen, das Fenchelgrün beiseite legen, die Knollen achteln und waschen. Das Mehl in das kochende Salzwasser im zweiten Topf geben und den Fenchel darin in etwa 8 Min. nicht zu weich kochen. Beide Gemüse abtropfen lassen.
– Den Backofen auf 220° (Umluft 200°) vorheizen. Die Zwiebel schälen und fein hacken. Die Hälfte der Butter in einer Pfanne erhitzen. Die Zwiebelwürfel darin glasig dünsten.
– Dann das abgetropfte Gemüse unterrühren und goldgelb dünsten. In eine feuerfeste Form geben, salzen, pfeffern und mit der Sahne übergießen. Im Ofen (Mitte) etwa 8 Min. überbacken.
– Dann den Parmesan auf das Gemüse streuen. Die restliche Butter in Flöckchen darauf verteilen. Nochmals in etwa 10 Min. goldbraun überbacken.
– Inzwischen das Fenchelgrün waschen und hacken. Zum Servieren über das Gemüse streuen.

378. Blumenkohl mit Avocadocreme

GELINGT LEICHT
Für 4 Personen
Zubereitungszeit: 55 Min.

1 Blumenkohl (etwa 300 g) • Salz • 2 Limetten oder 1 Zitrone • 2 vollreife Avocados • 1 Zwiebel • 1 Bund Koriander oder glatte Petersilie • 5 EL Gemüsebrühe • frisch gemahlener weißer Pfeffer • 1 Prise Cayennepfeffer

– Den Blumenkohl in kleine Röschen teilen, putzen und waschen. Reichlich Salzwasser aufkochen und die Blumenkohlröschen darin in etwa 5 Min. knackig kochen. Mit einem Schaumlöffel aus dem Wasser nehmen, in ein Sieb geben und abtropfen und auskühlen lassen.
– Die Limetten oder die Zitrone auspressen. Die Avocados mit dem Sparschäler oder einem kleinen Messer schälen, längs halbieren und den Kern entfernen. Das Fruchtfleisch sofort mit dem Zitrussaft beträufeln, damit es seine Farbe behält. Dann mit einer Gabel fein zerdrücken.

– Die Zwiebel schälen und sehr fein hacken. Den Koriander oder die Petersilie waschen, die Blättchen abzupfen und fein hacken. Mit den Zwiebelwürfeln und der Gemüsebrühe unter die Avocadocreme mischen.
– Die Avocadocreme mit Salz, Pfeffer und Cayennepfeffer würzen. Blumenkohl mit der Creme anrichten.

379. Meraner Rosenkohl

BRAUCHT ETWAS ZEIT
Für 4 Personen
Zubereitungszeit: 1 Std.

500 g frische Esskastanien (Maroni; ersatzweise 1 Dose geschälte Maroni) • 500 g Rosenkohl • Salz • 1 große Zwiebel • 3 Knoblauchzehen • 200 g Camembert • 2 EL Butter • 4 EL Crème fraîche • frisch gemahlener Pfeffer • frisch geriebene Muskatnuss

– Den Backofen auf 180° (Umluft 160°) vorheizen. Die Schale der Kastanien mit einem scharfen Messer einschneiden, auf einem Backblech in den Ofen schieben und etwa 15 Min. rösten.
– Inzwischen den Rosenkohl putzen, am Stiel kreuzweise einschneiden, damit die Röschen gleichmäßig garen. In wenig Salzwasser zugedeckt etwa 15 Min. dünsten, dann in einem Sieb gut abtropfen lassen.
– Die Kastanien etwas abkühlen lassen, schälen und dabei auch die dunkle Haut unter der Schale entfernen. Zwiebel und Knoblauch pellen und fein würfeln. Den Weichkäse entrinden, in Würfel schneiden.
– In einer großen Pfanne die Butter erhitzen und die Zwiebel und den Knoblauch braun braten. Dann die Kastanien und den Rosenkohl darin schwenken, die Crème fraîche und die Käsewürfel zugeben, schmelzen lassen. Mit Salz, Pfeffer und Muskat würzen.

380. Schwarzwurzeln in Apfelsauce

FÜR GÄSTE
Für 4 Personen
Zubereitungszeit: 50 Min.

1 kg Schwarzwurzeln • 3 EL Zitronensaft • 2 TL gekörnte Gemüsebrühe • 60 g Walnusskerne • 2 säuerliche Äpfel • 1 EL Butter • 8 EL Crème fraîche • Meersalz

– Die Schwarzwurzeln mit dem Sparschäler unter fließendem Wasser dünn schälen. Jede Stange sofort mit Zitronensaft bestreichen, damit sie sich nicht verfärbt.
– 600 ml Wasser mit der gekörnten Brühe und 2 EL Zitronensaft aufkochen. Gleichzeitig die Schwarzwurzeln schräg in 2–3 cm lange Stücke schneiden und sofort in die kochende Brühe geben. Bei mittlerer Hitze in 15–20 Min. zugedeckt bissfest kochen, dann abgießen und warm halten.
– Inzwischen die Nüsse grob hacken. In einer Pfanne bei schwacher Hitze ohne Fett unter Wenden leicht rösten, dann beiseite stellen.
– Die Äpfel schälen. Das Fruchtfleisch um das Kernhaus abraspeln und in einen kleinen Topf geben. 300 ml Schwarzwurzelbrühe hinzugießen.
– Die Äpfel etwa 5 Min. kochen, bis sie zerfallen. Äpfel, Butter und die Crème fraîche mit dem Pürierstab fein pürieren. Die Sauce mit Salz abschmecken, unter Umrühren erhitzen, aber nicht mehr kochen.
– Die Sauce unter die Schwarzwurzeln mischen und das Gemüse mit den Walnüssen bestreuen.

381. Weißkohl mit Erbsen

PREISWERT
Für 4 Personen
Zubereitungszeit: 50 Min.

500 g Weißkohl • 250 g fest kochende Kartoffeln • 2 Tomaten • 3 EL Ghee (geklärte Butter) oder 5 EL Öl • 3 Lorbeerblätter • 1/2 TL Kreuzkümmelsamen (Cumin) • 1 TL gemahlene Kurkuma (Gelbwurz) • 1/2 TL gemahlener Chili • 1 1/2 TL gemahlener Kreuzkümmel • Salz • 1/2 TL Zucker • 150 g tiefgefrorene Erbsen

– Den Weißkohl waschen, putzen und fein hobeln oder schneiden. Die Kartoffeln waschen, schälen und in kleine Würfel schneiden. Die Tomaten waschen und klein schneiden, dabei die Stielansätze entfernen.
– Ghee oder Öl in einem Topf bei mittlerer Hitze erwärmen. Die Lorbeerblätter und die Kreuzkümmelsamen hineingeben, kurz anbraten. Weißkohl und Kartoffeln dazugeben, etwa 3 Min. unter ständigem Rühren braten.
– Alle gemahlenen Gewürze, die Tomaten, Salz und den Zucker nach und nach dazugeben. Alles gut verrühren. Das Gemüse zugedeckt bei ganz schwacher Hitze etwa 15 Min. garen.

– Die Erbsen dazugeben und alles weitere 5 Min. zugedeckt schmoren lassen, bis das Gemüse gar ist. Bei Bedarf etwas Wasser zugießen. Zwischendurch umrühren, damit nichts anbrennt.

382. Rotkohl mit Äpfeln

GUT VORZUBEREITEN
Für 4 Personen
Zubereitungszeit: 40 Min.

500 g Rotkohl • 80 g Zwiebeln • 2 EL Sonnenblumenöl • 150 ml naturtrüber Apfelsaft • Meersalz • 1 EL frischer oder 1 1/2 TL getrockneter Thymian • 150 g säuerliche Äpfel • 2 EL dunkle Rosinen • 1 EL Butter • 2 EL Himbeeressig (ersatzweise Sherryessig)

– Den Kohl waschen und putzen. Den Kohlkopf vierteln und in sehr feine Streifen schneiden, dabei den Strunk entfernen.
– Die Zwiebeln schälen, grob würfeln und in dem Öl mit 1 EL Wasser glasig dünsten. Den Apfelsaft, 1/2 TL Salz, den Kohl und den Thymian hinzufügen. Den Kohl zugedeckt bei schwacher Hitze in 10–12 Min. knapp weich kochen. Einmal umrühren.
– Die Äpfel waschen, vierteln, entkernen und in Scheibchen schneiden. Mit den Rosinen unter das Gemüse mischen. Noch etwa 5 Min. dünsten, das Kraut soll bissfest bleiben. Die Butter unterziehen und das Gemüse mit dem Essig würzen.

383. Geschmortes Sauerkraut

GUT VORZUBEREITEN
Für 4 Personen
Zubereitungszeit: 1 1/4 Std.

750 g Sauerkraut • 1 säuerlicher Apfel • 1 Zwiebel • 2 EL Butterschmalz • Salz • 1 kräftige Prise Zucker • 4 Wacholderbeeren • 1 Lorbeerblatt • 1/4 l Gemüsebrühe (Instant) oder Wasser

– Das Sauerkraut in ein Sieb geben und abtropfen lassen, dann das Kraut mit zwei Gabeln lockern. Den Apfel vierteln, vom Kerngehäuse befreien, schälen und in Schnitze schneiden. Die Zwiebel schälen und sehr fein hacken.
– Das Butterschmalz in einem Topf erhitzen und die Zwiebel darin glasig braten. Das Sauerkraut hinzufügen und bei mittlerer Hitze kurz mitbraten.
– Das Kraut mit Salz und dem Zucker würzen. Die Apfelschnitze, die Wacholderbeeren und das Lorbeerblatt dazugeben. Die Gemüsebrühe oder das Wasser angießen.
– Das Sauerkraut zugedeckt bei mittlerer Hitze in etwa 1 Std. weich dünsten. Dabei immer wieder durchrühren und enventuell noch etwas Flüssigkeit angießen, damit das Kraut nicht anbrennt.

TIPP
Wenn Sie das Kraut lieber knackig möchten, sollten Sie es nur 30 Min. garen.

384. Bohnen auf Knoblauchschaum

GUT FÜR GÄSTE | GEHT SCHNELL
Für 4 Personen
Zubereitungszeit: 30 Min.

1 1/2 kg dicke Bohnen • Salz • 3 EL Walnussöl • Saft von 2 Zitronen • 1 Msp. Cayennepfeffer • frisch gemahlener Pfeffer • 2 Eier • 1 Eigelb • 1/4 l kalte Hühnerbrühe • 2 Knoblauchzehen • 1 Prise frisch geriebene Muskatnuss • 250 g Lachsschinken in feinen Scheiben • 1 Zweig Estragon

– Die Bohnenkerne aus den Schoten lösen und die dicke Haut aufschlitzen. Bohnen in kochendem Salzwasser etwa 3 Min. blanchieren, abschrecken, abtropfen lassen.
– Das Walnussöl mit 4 EL Zitronensaft, Salz, Cayennepfeffer und Pfeffer verrühren. Bohnen darin wenden und ziehen lassen, bis der Knoblauchschaum fertig ist.
– Eier und Eigelb mit etwas Brühe verrühren, Knoblauch schälen und durch die Presse dazudrücken. Restliche Brühe und übrigen Zitronensaft in eine Metallschüssel geben, diese in ein köchelndes Wasserbad stellen. Eiermischung unter Rühren einfließen lassen. Mit dem Schneebesen schlagen, bis ein cremiger Schaum entstanden ist. Mit Salz, Pfeffer und Muskat würzen.
– Den Lachsschinken in Streifen schneiden und unter die Bohnen mischen. Die Schaumsauce auf vier Teller gießen. Die Bohnen hineinsetzen. Estragon abbrausen, die Blättchen abzupfen und darüber streuen.

385. Toskanische Bohnen

VEGETARISCH | GEHT SCHNELL
Für 4 Personen
Zubereitungszeit: 30 Min.

600 g Strauchtomaten • 4 Frühlingszwiebeln • 150 g Knollensellerie • 500 g Möhren • 500 g dünne grüne Bohnen • Meersalz • 3 EL Olivenöl • 125 ml trockener Weißwein (ersatzweise 1 EL Zitronensaft) • 1 Knoblauchzehe • 2 Zweige Thymian • 1 Lorbeerblatt • frisch gemahlener schwarzer Pfeffer • 1 EL Basilikumblättchen • 2 EL frisch gehackte Petersilie

– Das Gemüse waschen. Von den Tomaten die Stielansätze entfernen. Tomaten würfeln und in einem Mixer oder Blitzhacker grob pürieren. Die Frühlingszwiebeln putzen und mit dem Grün klein schneiden. Sellerie und Möhren schälen. Den Sellerie in kleine Würfelchen, die Möhren in 3 cm lange, dünne Stifte schneiden. Die Bohnen putzen, eventuell entfädeln.
– In einem Topf reichlich Salzwasser aufkochen, Bohnen darin je nach Dicke in 10–20 Min. bissfest garen.
– Inzwischen in einem Topf Öl erhitzen und Zwiebeln, Sellerie und Möhren darin bei schwacher Hitze 4 Min. dünsten. Wein aufgießen und die gehackten Tomaten untermischen. Knoblauch schälen und mit Thymianzweigen und Lorbeerblatt hineingeben. Alles salzen und pfeffern. Bei schwacher Hitze zuerst 6 Min. zugedeckt, dann 4 Min. offen garen und einkochen lassen.
– Die Bohnen abgießen, abtropfen lassen und mit dem Basilikum und der Petersilie unter die Tomatensauce rühren. Noch mal kurz aufkochen, abschmecken und als Beilage oder als leichtes Gemüsegericht servieren.

386. Saure Linsen

PREISWERT | GELINGT LEICHT
Für 4–6 Personen
Zubereitungszeit: 1 Std.
Quellzeit: 8 Std.

500 g braune Linsen • 1 Bund Suppengrün • 2 TL gekörnte Brühe • 1 Lorbeerblatt • 1 dicke Scheibe durchwachsener Bauchspeck • 1 Zwiebel • 40 g Butter • 2 EL Mehl • 1/4 l Rotwein • 2–3 EL Rotweinessig • Salz • frisch gemahlener Pfeffer • 4–6 Paar Wiener Würstchen

– Die Linsen kalt abbrausen, in eine Schüssel füllen und mit reichlich Wasser bedecken. Die Linsen etwa 8 Std., am besten über Nacht, quellen lassen.
– Die Linsen in ein Sieb abgießen und abtropfen lassen. Etwa 1 1/2 l Wasser mit den Linsen in einen Topf geben und aufkochen.
– Das Suppengrün waschen, putzen und klein würfeln. Mit der gekörnten Brühe, dem Lorbeerblatt und dem Speck zu den Linsen geben. Alles bei schwacher Hitze etwa 1 Std. köcheln lassen, bis die Linsen weich sind.
– Die Zwiebel schälen und fein hacken. In einem kleinen Topf die Butter erhitzen. Zwiebel darin bei schwacher Hitze andünsten. Mit dem Mehl bestäuben und unter Rühren goldbraun braten.
– Nach und nach Rotwein und Essig unterrühren. Die Linsen mit dem Wasser zugeben, etwa 20 Min. bei mittlerer Hitze köcheln lassen. Mit Salz und Pfeffer würzen. Die Wiener Würstchen auf das Linsengemüse legen und in etwa 10 Min. erwärmen.

387. Frühlingsgemüse mit Kräutersauce

VEGETARISCH
Für 4 Personen
Zubereitungszeit: 40 Min.

400 g Zuckerschoten • 250 g Möhren • 250 g Kohlrabi • 1 TL gekörnte Gemüsebrühe • Meersalz • 2 EL Butter • 200 g Doppelrahm-Frischkäse • 8 EL Naturjoghurt • 4 EL Sahne • 2 TL Zitronensaft • 8 Stängel Basilikum • 8 Stängel Petersilie

– Die Zuckerschoten waschen und, falls nötig, von den Fäden befreien. Die Möhren unter fließendem Wasser sauber bürsten und in dünne Scheiben schneiden. Den Kohlrabi waschen und putzen, die zarten Blättchen beiseite legen. Dann schälen und in 1/2 cm dicke Stäbchen schneiden.
– Etwa 1/8 l Wasser mit der gekörnten Brühe, 1 Prise Salz und der Butter in einem breiten Topf aufkochen. Gemüse untermischen und zugedeckt bei schwacher Hitze in etwa 12 Min. bissfest garen.
– Den Frischkäse zerteilen und in einem kleinen Topf bei schwacher Hitze erwärmen. Die Kochbrühe vom Gemüse, den Joghurt, die Sahne und den Zitronensaft dazugeben. Alles mit dem Schneebesen zu einer glatten Sauce schlagen.

– Die Kohlrabiblättchen, das Basilikum und die Petersilie ohne die groben Stiele fein hacken. Die Kräuter und das Gemüse unter die Sauce rühren und abschmecken.

388. Spinat-Tomaten mit Rosinen

GUT FÜR GÄSTE
Für 4 Personen
Zubereitungszeit: 45 Min.

4 Fleischtomaten (etwa 300 g) • Salz • 40 g Rosinen • 600 g Blattspinat • 2 Knoblauchzehen • 2 EL Pinienkerne • 2 EL extra natives Olivenöl • 2 EL Butter • frisch gemahlener schwarzer Pfeffer • 2 EL frisch geriebener Parmesan

– Die Tomaten waschen und jeweils einen kleinen Deckel abschneiden. Die Tomaten aushöhlen, innen mit Salz ausstreuen und umgedreht auf Küchenpapier abtropfen lassen.
– Die Rosinen in lauwarmem Wasser einweichen. Den Spinat waschen und verlesen. Die Knoblauchzehen schälen und in Stifte schneiden.
– Den Backofen auf 200° (Umluft 180°) vorheizen. Die Pinienkerne ohne Fett goldbraun rösten und beiseite legen. Dann das Öl und 1 EL Butter im Topf erhitzen, den Knoblauch darin unter Rühren sanft braten. Den Spinat im heißen Fett wenden. Zugedeckt bei mittlerer Hitze etwa 2 Min. dünsten, Dünstflüssigkeit abgießen.
– Rosinen abtropfen lassen, unter den Spinat rühren. Salzen und pfeffern. Die Pinienkerne untermischen.
– Die Spinatmischung in die Tomaten füllen, den Parmesan darauf streuen und mit der übrigen Butter in Flöckchen belegen. Die Tomaten in eine ofenfeste Form setzen. Im Ofen (Mitte) 10–12 Min. backen.

389. Auberginen-Tomaten-Gemüse

BRAUCHT ETWAS ZEIT
Für 5 Personen
Zubereitungszeit: 1 1/4 Std.

750 g Auberginen • Salz • 500 g Fleischtomaten • 3 Knoblauchzehen • 5 EL extra natives Olivenöl • 1 1/2 EL Kapern • 1 Msp. gemahlener Peperoncino (kleine scharfe Chilischote, ersatzweise Cayennepfeffer) • 1/2 TL getrockneter Oregano

– Von den Auberginen die Stielansätze entfernen, Früchte waschen und ungeschält in etwa 2 cm große Würfel schneiden. Mit Salz bestreuen, in ein Sieb geben und etwa 30 Min. ruhen lassen.
– Inzwischen die Stielansätze der Tomaten entfernen. Tomaten kurz überbrühen, häuten, quer halbieren und die Kerne entfernen. Das Fruchtfleisch grob hacken. Knoblauch schälen und fein hacken.
– Die Auberginen kurz abbrausen, ausdrücken und mit Küchenpapier abtrocknen.
– In einem Topf das Öl erhitzen, Knoblauch ganz kurz darin anbraten (er darf nicht braun werden). Dann die Auberginenwürfel dazugeben und unter ständigem Rühren bei starker Hitze rundum etwa 10 Min. braten.
– Tomaten und die Kapern unter die Auberginen mischen. Mit dem Peperoncino, Oregano und etwas Salz würzen. Die Hitze stark reduzieren. Das Gemüse zugedeckt langsam garen. Es soll dabei nicht zerkochen, die Auberginenschalen müssen jedoch weich sein (Bissprobe). Die Auberginen abkühlen lassen, dann zimmerwarm servieren.

390. Spinat mit Feta und Joghurt

GELINGT LEICHT
Für 4 Personen
Zubereitungszeit: 1 Std.

1 Fenchelknolle • je 2 EL frisch gehackte Petersilie, Pfefferminze und Dill • 300 g griechischer Sahnejoghurt • 6 Knoblauchzehen • Salz • frisch gemahlener Pfeffer • 1 TL Korianderkörner • 1 kg Blattspinat • 1 Zwiebel • 4 EL Olivenöl • 3 Tomaten • frisch geriebene Muskatnuss • 200 g in Öl eingelegte Feta-Würfel • 150 g schwarze Oliven • einige Zitronenachtel zum Garnieren

– Die Fenchelknolle waschen, putzen und auf der Rohkostreibe fein raffeln. Mit den gehackten Kräutern unter den Joghurt rühren. Die Hälfte vom Knoblauch schälen, zerdrücken und dazugeben. Mit Salz, Pfeffer und zerstoßenem Koriander würzen, kühl stellen.
– Den Spinat verlesen, putzen, gründlich waschen und abtropfen lassen. Die Zwiebel und den restlichen Knoblauch schälen, hacken und im Öl andünsten.
– Die Tomaten waschen und klein schneiden, dabei die Stielansätze entfernen. Tomaten und den noch feuchten Spinat zu Knoblauch und Zwiebel geben.

– Gemüse mit Salz, Pfeffer und Muskat würzen, 5 Min. zugedeckt kochen lassen. Umrühren, abgetropften Feta und Oliven dazugeben, noch 5 Min. erhitzen. Mit Zitronenachteln und Joghurtsauce anrichten.

391. Ratatouille
(Provenzalischer Gemüsetopf)

BRAUCHT ETWAS ZEIT
Für 4 Personen
Zubereitungszeit: 30 Min.
Schmorzeit: 1 1/4 Std.

2 Auberginen • 2 große Fleischtomaten • 2 Zucchini • 2 Paprikaschoten • 5 EL Öl • Salz • frisch gemahlener Pfeffer • 2 Knoblauchzehen • 1 Bouquet garni (Kräutersträußchen aus 1 Lorbeerblatt, 2 Thymianzweigen, 2 Stängeln Petersilie)

– Die Auberginen schälen. Die Tomaten überbrühen und häuten. Beides grob würfeln. Zucchini waschen und in Scheiben schneiden. Die Paprikaschoten waschen, putzen und in Streifen schneiden.
– Gemüse in einen Schmortopf geben. Das Öl angießen, salzen und pfeffern. Den Knoblauch schälen und dazupressen. Bouquet garni mit Küchengarn zusammenbinden und einlegen. 100 ml kaltes Wasser dazugießen.
– Topf schließen und alles bei starker Hitze aufkochen, die Hitze reduzieren und die Ratatouille bei schwacher Hitze etwa 1 1/4 Std. schmoren. Kräuter entfernen, die Ratatouille heiß, lauwarm oder kalt servieren

392. Peperonata
(Sizilianisches Paprikagemüse)

GUT VORZUBEREITEN
Für 4 Personen
Zubereitungszeit: 40 Min.
Schmorzeit: 20 Min.

3 große Paprikaschoten (rot, grün und gelb) • 500 g Tomaten • 2 Zwiebeln • 2 Knoblauchzehen • 4 EL Olivenöl • 4 EL Weißweinessig • 1 Prise Cayennepfeffer • Salz • frisch gemahlener Pfeffer

– Die Paprikaschoten putzen, die Schotenhälften waschen und in je vier Stücke schneiden.
– Stielansätze der Tomaten entfernen. Die Tomaten kurz überbrühen, häuten und vierteln. Kerne mit einem Löffel herauslösen. Das Fruchtfleisch grob zerteilen.
– Die Zwiebeln schälen, halbieren, in dünne Scheiben schneiden. Die Knoblauchzehen schälen und in dünne Scheibchen schneiden.
– In einem breiten Topf das Olivenöl erhitzen. Die Zwiebeln darin glasig dünsten, dann die Paprikastücke und Knoblauchscheibchen einrühren und anbraten.
– Das Gemüse mit dem Weißweinessig beträufeln, einmal kräftig aufkochen. Mit Cayennepfeffer, Salz und Pfeffer pikant würzen, die Tomaten untermischen. Die Temperatur herunterschalten, den Topf zudecken und das Paprikagemüse etwa 20 Min. schmoren lassen. Es soll schön gar, aber keinesfalls zu weich sein.
– Nochmals mit Salz und Pfeffer abschmecken und heiß, lauwarm oder kalt als Beilage servieren.

TIPP
Sie können die Paprikaschoten auch vor dem Schmoren im sehr heißen Backofen, am besten mit zugeschaltetem Grill, so lange backen, bis die Haut ganz dunkel ist. Dann enthäuten und wie oben schmoren. Die Paprikaschoten sind so leichter verdaulich, aromatischer und schneller gar.

393. Caponata (Auberginengemüse)

GUT VORZUBEREITEN
Für 4 Personen
Zubereitungszeit: 45 Min.
Marinierzeit: 2 Std.

4 EL Olivenöl • 1 große Zwiebel • 2 Knoblauchzehen • 2 Auberginen (etwa 500 g) • 500 g Fleischtomaten • 4 Stangen Staudensellerie • 4 Sardellenfilets (Anchovis) • 2 EL Kapern • 100 g schwarze entsteinte Oliven • 1 Zweig frischer oder 1 TL getrockneter Oregano • Salz • frisch gemahlener schwarzer Pfeffer • Saft von 1/2 Zitrone

– In einem breiten Schmortopf das Olivenöl erhitzen. Die Zwiebel schälen, längs halbieren und in feine Scheiben schneiden. Im heißen Olivenöl glasig dünsten. Den Knoblauch schälen und durch die Knoblauchpresse dazudrücken.

– Die Auberginen waschen und die Stielansätze entfernen. Auberginen klein würfeln. In den Topf geben und kräftig anbraten.
– Stielansätze der Tomaten entfernen. Die Tomaten kurz überbrühen, häuten, quer halbieren und entkernen. Das Fruchtfleisch grob hacken, untermischen und alles zugedeckt bei schwacher Hitze etwa 10 Min. garen.
– Die Selleriestangen waschen, putzen, in feine Scheiben schneiden und unter das Gemüse mischen. Die Anchovisfilets grob hacken, mit den Kapern und den Oliven unter das Gemüse mischen.
– Den frischen Oregano waschen, trockenschütteln und die Blättchen abzupfen. Oregano mit in den Topf geben. Mit Salz, Pfeffer und dem Zitronensaft würzen. Das Gemüse weitere 5 Min. zugedeckt schmoren.
– Dann das Auberginengemüse vom Herd nehmen und zugedeckt etwa 2 Std. durchziehen lassen. Die Caponata noch einmal erhitzen und warm als Beilage oder Nudelsauce servieren. Sie schmeckt aber auch kalt oder lauwarm als Vorspeise.

394. Strudel mit Pilzfüllung

GUT FÜR GÄSTE | PREISWERT
Für 6 Personen
Zubereitungszeit: 50 Min.
Backzeit: 25 Min.

300 g Mehl • 5 EL Öl • Salz • 500 g Egerlinge (ersatzweise Champignons) • 1 große Zwiebel • 30 g Butterschmalz • frisch gemahlener schwarzer Pfeffer • 200 g saure Sahne • 2 EL Crème fraîche • 1 EL Grieß • 2 EL Butter (+ Butter für die Form)

– Das Mehl auf ein Backbrett sieben, in der Mitte eine Vertiefung formen. Etwa 8 EL lauwarmes Wasser, Öl und 1/2 TL Salz hineingeben. Die Zutaten zu einem glatten Teig verkneten, zu einer Kugel formen. Die Teigkugel mit etwas Mehl bestreuen und zugedeckt etwa 25 Min. an einem warmen Platz ruhen lassen.
– Inzwischen die Pilze putzen, nur im Notfall waschen und gut abtropfen lassen. Die Pilze in dünne Scheiben schneiden oder grob hacken. Die Zwiebel schälen und fein hacken.
– Das Butterschmalz in einer Pfanne erhitzen und die Zwiebel darin glasig werden lassen. Pilze dazugeben und bei starker Hitze so lange braten, bis der austretende Pilzsaft vollständig eingekocht ist. Mit Pfeffer und Salz würzen. Den Backofen auf 200° (Umluft 180°) vorheizen. Ein rechteckige Bratform oder das Backblech mit Butter einfetten.
– Den Teig auf ein mit Mehl bestreutes Tuch legen und mit dem bemehlten Nudelholz nach allen Seiten ausrollen, dann mit den Händen vorsichtig zu einem mindestens metergroßen Quadrat ausziehen (die Teigplatte soll fast durchsichtig sein).
– Saure Sahne mit Crème fraîche verrühren und auf den Teig streichen. Grieß darüber streuen, die Pilzfüllung gleichmäßig darüber verteilen. Den Teig an den Seiten etwas nach innen klappen, dann mit Hilfe des Tuchs zu einem Strudel aufrollen und vorsichtig (der Teig soll nicht reißen) in die Form oder aufs Blech gleiten lassen.
– Die Butter zerlassen und den Strudel damit bepinseln. Im Backofen (Mitte) den Strudel in etwa 25 Min. goldgelb backen.
– Die Form aus dem Ofen nehmen und den Pilzstrudel schräg in breite Stücke schneiden. Mit sauer eingelegtem Gemüse servieren.

395. Gemüsecurry mit Mandeln

PREISWERT | GELINGT LEICHT
Für 4 Personen
Zubereitungszeit: 50 Min.

50 g Mandeln • 600 g Weißkohl • 250 g Tomaten • 250 g grüne Paprikaschoten • 150 g Zwiebeln • 4 EL kalt gepresstes Sonnenblumenöl • 2 TL Currypulver • 200 g säuerliche Äpfel • 4 EL saure Sahne • 2 Prisen Cayennepfeffer • 2 TL abgeriebene unbehandelte Zitronenschale • 4 TL Zitronensaft • Meersalz

– Die Mandeln kurz in kochendes Wasser legen, dann häuten und ohne Fett in einer Pfanne unter Rühren hellgelb rösten.
– Sämtliches Gemüse waschen und putzen. Den Kohlkopf vierteln und den Strunk keilförmig herausschneiden. Kohl in etwa 1 cm breite Streifen schneiden. Die Tomaten würfeln, dabei den Stielansatz entfernen. Die Paprikaschoten vierteln und entkernen, die Viertel zuerst längs in 1 cm breite Streifen, dann schräg in Rauten schneiden.
– Die Zwiebeln schälen, grob würfeln und in dem Öl glasig dünsten. Den Kohl dazugeben und unter Wenden 2–3 Min. anbraten. Das Currypulver einige Sekunden mitrösten.

– Die Paprikaschoten und 2 EL Wasser zugeben. Zugedeckt bei mittlerer Hitze etwa 10 Min. dünsten, bis das Gemüse weich ist.
– Die Äpfel mit dem Sparschäler schälen, vierteln und das Kerngehäuse mit einem kleinen Messer herausschneiden. Dann die Apfelviertel in feine Scheibchen schneiden. Mit den Tomaten unter das Gemüse mischen. Etwa 3 Min. bei schwacher Hitze ziehen lassen.
– Den Topf vom Herd nehmen. Die saure Sahne und die Mandeln untermischen und mit Cayennepfeffer, Zitronenschale, Zitronensaft und Salz würzen.

396. Gebratenes Gemüse auf Thai-Art

VEGETARISCH | GELINGT LEICHT
Für 4 Personen
Zubereitungszeit: 40 Min.

200 g Brokkoli • 150 g grüne Brechbohnen • 200 g Mini-Maiskölbchen • 200 g Chinakohl • 300 g kleine Frühmöhrchen • 3 Frühlingszwiebeln • 5 Knoblauchzehen • 5 EL Öl • 3 EL Fischsauce • 3 EL Austernsauce • 1 EL Zucker • 4 EL Reiswein

– Die Brokkoliröschen vom Stiel abschneiden und gründlich waschen. Den Stiel schälen und in dünne Streifen oder feine Stifte schneiden. Die Brechbohnen waschen, von den Enden befreien und in etwa 4 cm lange Stücke schneiden.
– Den oberen Teil der Maiskölbchen abschneiden, die Kölbchen quer halbieren. Den Chinakohl putzen, waschen und in Stücke schneiden. Die Möhrchen gründlich waschen und bürsten und längs vierteln. Diese Viertel nochmals quer halbieren. Die Frühlingszwiebeln waschen, putzen, der Länge nach halbieren und in etwa 3 cm lange Stücke schneiden.
– Den Knoblauch schälen und fein hacken. Das Öl in einer großen Pfanne oder im Wok stark erhitzen. Den Knoblauch darin kurz anbraten.
– Brokkoli, Möhrchen, Bohnen und die Maiskölbchen in die Pfanne oder den Wok geben und unter Rühren etwa 3 Min. scharf anbraten. Frühlingszwiebeln, Chinakohl, die Fisch- und die Austernsauce sowie den Zucker untermischen.
– Mit Reiswein ablöschen (ersatzweise Wasser nehmen) und nochmals etwa 2 Min. unter ständigem Wenden braten, bis das Gemüse gegart, aber knackig ist.

397. Bunte Gemüsepfanne

VEGETARISCH | GEHT SCHNELL
Für 4 Personen
Zubereitungszeit: 30 Min.

2 Zucchini • 1 kleine Aubergine • 1 rote Paprikaschote • 150 g Brokkoliröschen • 100 g Mungobohnensprossen • 3 Frühlingszwiebeln • 1 kleines Stück Ingwer • 1 Knoblauchzehe • 3 EL Öl • 125 ml Gemüsebrühe • 3 EL Sojasauce • frisch gemahlener schwarzer Pfeffer

– Das ganze Gemüse waschen und putzen. Zucchini, Aubergine und die Paprikaschote in kleine Würfel schneiden. Den Brokkoli in kleine Röschen zerteilen, die Stängel eventuell schälen. Die Mungobohnensprossen nur heiß abbrausen. Die Frühlingszwiebeln in schräge Ringe schneiden.
– Den Ingwer und den Knoblauch schälen und hacken. Das Öl in einer großen Pfanne oder im Wok erhitzen, Ingwer, Knoblauch und die Frühlingszwiebeln darin bei recht starker Hitze unter Rühren etwa 1 Min. anbraten.
– Das vorbereitete Gemüse dazugeben und alles unter Rühren etwa 5 Min. braten.
– Die Gemüsebrühe und die Mungobohnensprossen dazugeben. Mit Sojasauce und Pfeffer würzen, noch 1–2 Min. kochen lassen.

398. Leipziger Allerlei

GUT FÜR GÄSTE | BRAUCHT ETWAS ZEIT
Für 4 Personen
Zubereitungszeit: 2 1/2 Std.

200 g zarte grüne Bohnen • 200 g weißer Spargel • 100 g Erbsen in der Schale • 12 junge Möhren mit Grün • 1 kleiner Blumenkohl (etwa 400 g) • 2 junge Kohlrabi • 12 Morcheln • 100 g Butter • Salz • Zucker • 100 ml trockener Weißwein • 200 g Sahne • frisch gemahlener weißer Pfeffer • 1 Prise Cayennepfeffer • frisch geriebene Muskatnuss • 3 Zweige glatte Petersilie

– Die Bohnen waschen und putzen. Spargel waschen und schälen, Enden abschneiden. Die Erbsen auspalen. Die Möhren schälen, das Grün etwa 2 cm stehenlassen. Den Blumenkohl putzen, waschen und in kleine Rös-

chen zerteilen. Den Kohlrabi schälen und in etwa 4 cm lange Stifte schneiden.
– Die Stielenden der Morcheln abschneiden und die Morcheln mehrmals gründlich waschen. Mit heißem Wasser überbrühen und ausdrücken. In einer kleinen Pfanne etwa 1 TL von der Butter zerlassen und die Morcheln 5 Min. darin andünsten.
– In einem großen Topf reichlich Wasser aufkochen. Salz, Zucker und 1 TL Butter hinzufügen. Eiskaltes Wasser in einer großen Schüssel bereit stellen. Das Gemüse nacheinander im kochenden Wasser in etwa 10 Min. knackig garen. Herausheben, im Eiswasser abschrecken und gut abtropfen lassen.
– Etwa 1/8 l von der Kochbrühe mit dem Wein aufkochen. Sahne dazugießen und alles etwa auf die Hälfte einkochen lassen. Sauce mit Salz, Pfeffer, Cayennepfeffer, 1 Prise Zucker und Muskat pikant abschmecken.
– In einer Pfanne die restliche Butter zerlassen. Nacheinander die Morcheln und jedes Gemüse für sich darin schwenken. Alles leicht salzen und pfeffern.
– Auf einer großen vorgewärmten Platte das Gemüse und die Morcheln anrichten. Die Sauce seitlich und zwischen das Gemüse verteilen. Mit den Petersilienblättchen garniert servieren.

399. Gefüllter Frühlingskohlrabi

SCHMECKT KINDERN
Für 4 Personen
Zubereitungszeit: 1 1/4 Std.
Schmorzeit: 30 Min.

8 Kohlrabi (je etwa 200 g) • Salz • 200 g Kalbsschnitzel • 2 Schalotten • 1 EL Butterschmalz • 1 Bund glatte Petersilie • 1 Bund Basilikum • 2 Scheiben Toastbrot • 1 Ei • 200 g Kalbsbrät • frisch gemahlener schwarzer Pfeffer • abgeriebene Schale von 1 unbehandelten Zitrone • 1 Möhre (etwa 100 g) • 100 g tiefgekühlte Erbsen • 250 g Sahne • 1 TL Speisestärke

– Die Kohlrabi schälen, Kohlrabigrün beiseite legen. Kohlrabi nebeneinander in einen Topf geben und mit Salzwasser knapp bedecken, etwa 30 Min. kochen.
– Inzwischen Fleisch klein würfeln, Schalotten schälen und hacken. Beides im heißen Schmalz anbraten. Kohlrabigrün, Petersilie und Basilikum (bis auf einige Blätter) hacken. Toastbrot entrinden und fein würfeln. Fleisch, Brot, Ei und die Kräuter unter das Brät mischen. Mit Salz, Pfeffer und Zitronenschale würzen. Kohlrabi abgießen, jeweils einen flachen Deckel abschneiden. Das Innere mit einem Löffel herauslösen und klein würfeln.
– Den Backofen auf 225 ° vorheizen. Die Möhre schälen und würfeln, mit den Kohlrabiwürfeln und den Erbsen in einer Auflaufform mischen, würzen.
– Die Kohlrabi mit der Brätmischung füllen und auf das Gemüse setzen. Sahne und Stärke verquirlen und um die Knollen gießen. Mit Alufolie abdecken, im Ofen (Mitte, Umluft 200°) etwa 30 Min. schmoren. Mit restlichen Basilikumblättern garnieren.

400. Mangoldröllchen mit Grünkern

BRAUCHT ETWAS ZEIT
Für 4 Personen
Zubereitungszeit: 1 1/2 Std.

1 kg Mangold • Salz • 1 Möhre (etwa 125 g) • 1 Zwiebel • 3 EL Butter • 200 g geschroteter Grünkern • gut 1/2 l Gemüsebrühe • frisch gemahlener schwarzer Pfeffer • 1 Bund Petersilie • 3 Zweige Basilikum • 60 g Vollkornbrösel • 4 EL Tahin (Sesampaste) • 2 Eier • Cayennepfeffer • 2 TL Zitronensaft • 250 g Sahne • 2 TL Speisestärke

– Mangoldblätter vom Strunk abtrennen und waschen, die weißen Blattstiele abschneiden. 10–12 große grüne Blätter etwa 1/2 Min. in kochendem Salzwasser blanchieren, abschrecken und auf Küchenpapier auslegen, dicke Mittelrippen flach schneiden. Übrige Mangoldblätter fein hacken und für die Füllung beiseite legen.
– Die weißen Mangoldstiele wie Rhabarber abziehen, die Hälfte davon in feine Streifen schneiden, die andere Hälfte würfeln.
– Möhre und Zwiebel schälen und klein würfeln. Die Zwiebel in 1 EL Butter andünsten. Die Möhre und Mangoldstiele hinzufügen und unter Rühren 3 Min. dünsten. Den Grünkern dazugeben, kurz mitdünsten. 300 ml heiße Brühe aufgießen, salzen und pfeffern, bei schwacher Hitze zugedeckt etwa 10 Min. quellen, dann etwas abkühlen lassen.
– Die Petersilie waschen und fein hacken. Basilikum klein schneiden. Kräuter, gehackte Mangoldblätter, Brösel und die Sesampaste, dann die Eier unter die Grünkernmasse rühren. Mit Salz, Pfeffer, Cayennepfeffer und Zitronensaft abschmecken.

– Die Füllung auf die Mangoldblätter verteilen, große Blätter eventuell längs halbieren. Die Blätter wie Kohlrouladen aufrollen.
– Die übrige Butter in einem breiten Topf erhitzen, die Röllchen darin anbraten, wieder herausnehmen. Dann die Mangoldstiele andünsten, mit der übrigen Brühe ablöschen, die Sahne (3 EL vorher abnehmen) einrühren. Röllchen einlegen und zugedeckt bei mittlerer Hitze etwa 10 Min. schmoren lassen.
– Die Röllchen aus dem Topf nehmen und warm stellen. Speisestärke mit der übrigen Sahne verrühren, in die Sauce einrühren und köcheln lassen, bis sie gebunden ist. Die Mangoldröllchen in der Sauce servieren.

401. Auberginenröllchen mit Tomatensauce

GUT FÜR GÄSTE
Für 6 Personen
Zubereitungszeit: 1 1/2 Std.

Für die Auberginenröllchen: 2 große, längliche Auberginen (600 g) • Salz • 1 Bund glatte Petersilie • 1 Bund Basilikum • 2 Knoblauchzehen • 6 EL Olivenöl (eventuell noch etwas mehr) • 3 EL Semmelbrösel • 4 EL frisch geriebener Pecorino oder Parmesan • frisch gemahlener Pfeffer • 150 g Mozzarella
Für die Tomatensauce: 1 kg Tomaten • 1 Zwiebel • 2 Knoblauchzehen • 2 EL Olivenöl • 1 Peperoncino (scharfe Chilischote) • 125 ml Rotwein • eventuell Cayennepfeffer

– Für die Röllchen die Auberginen waschen und den Stielansatz entfernen. Auberginen längs in 1/2 cm dicke Scheiben schneiden. Auberginenscheiben von beiden Seiten mit Salz bestreuen, nebeneinander auf einem Küchentuch ausbreiten und etwa 1 Std. ziehen lassen.
– Inzwischen die Tomatensauce zubereiten. Dazu die Stielansätze der Tomaten mit einem kleinen spitzen Messer entfernen. Die Tomaten kurz überbrühen, häuten, quer halbieren und entkernen, das Fruchtfleisch klein hacken.
– Die Zwiebel und die Knoblauchzehen schälen und fein hacken. In einem breiten Topf das Olivenöl erhitzen, Zwiebel und Knoblauch darin andünsten. Peperoncino, Rotwein und die gehackten Tomaten einrühren. Mit Salz und eventuell Cayennepfeffer würzen, bei kleiner Hitze etwas einköcheln lassen.
– Die Auberginenscheiben kurz abbrausen, gründlich mit Küchenpapier abtrocknen. Petersilie und Basilikum waschen, trockenschütteln und fein hacken. Knoblauchzehen schälen und sehr fein hacken.
– 1 EL Olivenöl erhitzen und die Semmelbrösel darin anrösten, mit Kräutern, Knoblauch und geriebenem Käse gründlich mischen. 2 EL Olivenöl unterrühren, mit Salz und Pfeffer würzen. Den Mozzarella halbieren und in dünne, kleine Scheibchen schneiden.
– Die Kräuterpaste gleichmäßig auf die Auberginenscheiben streichen, mit Mozzarellascheibchen belegen und aufrollen. Mit Spießchen feststecken.
– Eine Grillpfanne mit übrigem Olivenöl ausstreichen und erhitzen. Auberginenröllchen in die Pfanne legen und rundum knusprig braten. Nach Bedarf weiteres Olivenöl nachgießen, pfeffern.
– Die dick eingeköchelte Tomatensauce mit Salz würzen und eventuell mit Cayennepfeffer nachschärfen. Peperoncino herausnehmen. Die Sauce extra zu den gegrillten Röllchen servieren.

402. Gefüllte Tomaten

GUT FÜR GÄSTE | VEGETARISCH
Für 4 Personen
Zubereitungszeit: 1 Std.
Garzeit: 30 Min.

4 große Tomaten • Salz • 100 g eingelegte Sardinen • 2 EL Zitronensaft • 1 altbackenes Brötchen oder 4 EL Semmelbrösel • 50 g schwarze Oliven • 2 Zwiebeln • 2 Knoblauchzehen • 1 Bund glatte Petersilie • 6 EL extra natives Olivenöl • 2 EL Kapern • frisch gemahlener schwarzer Pfeffer • 4 EL frisch geriebener Pecorino oder Parmesan

– Die Tomaten waschen, oben jeweils einen Deckel abschneiden und mit einem Löffel die Kerne entfernen. Das Fruchtfleisch aus den Deckeln und den Tomaten herauslösen und klein hacken. Die Tomaten innen leicht salzen, kopfüber auf ein Sieb zum Abtropfen legen.
– Die Sardinen abtropfen lassen und klein schneiden. Mit Zitronensaft beträufeln. Das Brötchen zu Bröseln reiben. Fruchtfleisch der Oliven von den Steinen lösen. Zwiebeln und Knoblauchzehen schälen, fein würfeln. Petersilie waschen, die Hälfte der Blätter fein hacken.
– In einer Pfanne 1 EL Olivenöl erhitzen, die Zwiebeln glasig dünsten. Knoblauch und Petersilie untermischen,

sanft weiterbraten. Die zerkleinerten Sardinen und das Tomatenfruchtfleisch dazugeben, unter Rühren kräftig köcheln und die Flüssigkeit völlig eindampfen lassen. Olivenstückchen und die Kapern untermischen, kurz mitgaren. Mit Pfeffer und eventuell etwas Salz würzen, Pfanne vom Herd nehmen.
– Backofen auf 175° vorheizen, eine feuerfeste Form mit 1 EL Olivenöl ausstreichen. Die gut abgetropften Tomaten mit der Öffnung nach oben hineinstellen.
– In einer kleinen Pfanne 2 EL Olivenöl erhitzen, die Brösel darin unter Rühren anrösten. 3 EL geriebenen Käse und die Hälfte der Brösel mit der vorbereiteten Füllung mischen, würzig abschmecken. Die ausgehöhlten Tomaten mit der Masse füllen.
– Gefüllte Tomaten mit den übrigen Bröseln und dem übrigen Käse bestreuen, mit den restlichem Olivenöl beträufeln. Im Ofen (Mitte, Umluft 160°) etwa 30 Min. garen. Die restliche Petersilie hacken, über die Tomaten streuen und sofort heiß servieren.

403. Gemüsetopf mit Pesto

GELINGT LEICHT | GEHT SCHNELL
Für 4 Personen
Zubereitungszeit: 15 Min.
Garzeit: 15 Min.

1 Aubergine • 2 Zucchini (etwa 350 g) • 2 mehlig kochende Kartoffeln • 4 EL Olivenöl • 300 g tiefgekühlte grüne Bohnen • 125 ml trockener Weißwein oder Gemüsebrühe • 400 g Tomaten in Stücken (Dose oder Packung) • Salz • frisch gemahlener Pfeffer • 3 EL Pesto (aus dem Glas oder selbst gemacht)

– Die Aubergine und die Zucchini von den Blüten- und den Stielansätzen befreien, waschen und klein würfeln. Die Kartoffeln schälen, waschen und ebenfalls in kleine Würfel schneiden.
– Die Hälfte des Öls in einem Topf erhitzen. Die Auberginenwürfel darin anbraten. Restliches Öl und Zucchini und Kartoffeln dazugeben und ebenfalls anbraten.
– Die Bohnen mit dem Wein oder der Brühe und den Tomaten untermischen. Alles mit Salz und Pfeffer würzen. Den Eintopf zugedeckt etwa 15 Min. bei mittlerer Hitze garen, bis die Kartoffeln und die Bohnen weich sind.
– Den Pesto untermischen. Den Eintopf eventuell noch etwas mit Salz und Pfeffer nachwürzen.

404. Weiße Bohnen mit Gemüse und Schafkäse

GEHT SCHNELL
Für 4 Personen
Zubereitungszeit: 30 Min.

1 Bund Suppengrün • 1 EL Olivenöl • 300 g tiefgekühlter Blattspinat • 1 Fleischtomate • 2 Dosen weiße Bohnen (je 240 g Abtropfgewicht) • 1 TL getrockneter Thymian • Salz • frisch gemahlener weißer Pfeffer • 1 Knoblauchzehe • 200 g Schafkäse (möglichst milder Fiore Sardo)

– Das Suppengrün putzen, waschen und in kleine Würfel schneiden. Das Olivenöl in einem Topf erhitzen. Das Suppengrün darin unter Rühren anbraten. Den Spinat zugeben und 75 ml Wasser angießen. Spinat bei mittlerer Hitze in etwa 12 Min. auftauen und garen. Dabei immer wieder umrühren.
– Inzwischen die Tomate waschen und würfeln, dabei den Stielansatz entfernen. Die Bohnen abtropfen lassen und mit den Tomatenwürfeln zum Spinat geben.
– Den Eintopf mit Thymian, Salz und Pfeffer würzen. Den Knoblauch schälen und durch die Presse dazudrücken.
– Den Eintopf zugedeckt noch einmal etwa 5 Min. stark erhitzen. Den Schafkäse in kleine Würfel schneiden und unter das Bohnengemüse mischen. Den Eintopf sofort servieren.

405. Kürbistopf mit Paprika und Mais

PREISWERT
Für 4 Personen
Zubereitungszeit: 45 Min.

1 große Zwiebel • 500 g Kürbisfleisch (geputzt gewogen) • 1 grüne Paprikaschote • 300 g Tomaten • 200 g grüne Bohnen • 1 Maiskolben • 2 rote Chilischoten • 60 ml extra natives Olivenöl • 1 Knoblauchzehe • 350 ml Gemüsebrühe • Salz • frisch gemahlener schwarzer Pfeffer

– Die Zwiebel schälen und klein würfeln. Das geputzte Kürbisfleisch in etwa 2 cm große Würfel schneiden. Die Paprikaschote waschen, halbieren, Stielansatz, Kerne und Trennwände entfernen. Die Schote klein würfeln.

– Die Tomaten mit kochend heißem Wasser überbrühen, häuten und die Stielansätze entfernen. Tomaten halbieren und entkernen, in kleine Stücke schneiden. Die Bohnen waschen, putzen und klein schneiden. Den Mais waschen, die Kerne mit einem scharfen Messer vom harten Kolben abschneiden. Die Chilischoten längs aufschlitzen und waschen, dabei Kerne und Trennwände entfernen, die Stiele abschneiden. Die Schoten in kleine Würfel schneiden. Danach die Hände gut waschen.
– Das Olivenöl in einem großen Topf leicht erwärmen, die Zwiebel darin glasig werden lassen. Den Knoblauch schälen und durch die Presse dazudrücken.
– Kürbisfleisch in den Topf geben und bei schwacher Hitze unter Rühren etwa 5 Min. andünsten. Das übrige vorbereitete Gemüse dazugeben und gut unterrühren, dann die Gemüsebrühe angießen. Alles mit Salz und Pfeffer würzen und zugedeckt bei schwacher Hitze etwa 10 Min. köcheln lassen, bis das Gemüse gar ist, aber noch Biss hat.

406. Gefüllte Paprikaschoten

GELINGT LEICHT | GUT VORZUBEREITEN
Für 4 Personen
Zubereitungszeit: 35 Min.
Garzeit: 40 Min.

***Für die Paprikaschoten:** 1 Brötchen • 1/2 Zwiebel • 1/2 Bund Petersilie • 1 TL Butter • 250 g gemischtes Schweine- und Rinderhackfleisch • 1 Ei • Salz • frisch gemahlener Pfeffer • 1 Msp. getrockneter Thymian oder Oregano • 4 große, grüne Paprikaschoten • 1 EL Butterschmalz*
***Für die Sauce:** 1/8 l Fleischbrühe • 1/2 TL edelsüßes Paprikapulver • 2 EL saure Sahne • 2 EL Tomatenmark*

– Für die Füllung das Brötchen in lauwarmem Wasser einweichen. Die Zwiebel schälen und in kleine Würfel schneiden. Die Petersilie waschen, trockenschütteln und fein schneiden. Die Butter zerlassen, die Zwiebelwürfel und die Petersilie darin andünsten.
– Das Brötchen ausdrücken, mit der Zwiebel und der Petersilie, dem Hackfleisch und dem Ei vermengen. Mit Salz, Pfeffer, Thymian oder Oregano würzen.
– Von jeder Paprikaschote am Stielende eine Kappe abschneiden, die Schoten von den Rippen und Kernen befreien, waschen, innen mit Salz bestreuen und die Fleischmasse einfüllen. Das Butterschmalz in einem flachen Topf erhitzen, die Schoten von allen Seiten darin andünsten, aber nicht bräunen lassen.
– Paprikaschoten aufstellen und die abgeschnittenen Kappen auflegen. Die Brühe seitlich zugießen und die Schoten zugedeckt bei geringer Hitze in etwa 40 Min. sanft gar schmoren.
– Die fertigen Paprikaschoten in einer vorgewärmten Schüssel anrichten. Paprikapulver und Tomatenmark unter die Sauce rühren, alles mit der sauren Sahne verfeinern und seitlich zu den Paprikaschoten gießen.

407. Peperoni ripieni
(Gefüllte Paprikaschoten auf italienische Art)

GELINGT LEICHT | GUT FÜR GÄSTE
Für 4 Personen
Zubereitungszeit: 30 Min.
Backzeit: 20 Min.

4 gelbe Paprikaschoten • 2 Brötchen • 125 ml Olivenöl • 1 Bund glatte Petersilie • 4 eingelegte Sardellenfilets • 2 Knoblauchzehen • 4 EL frisch geriebener Pecorino oder Parmesan • 2 EL kleine Kapern • Salz • frisch gemahlener Pfeffer

– Die Paprikaschoten waschen und an der Stängelseite von jeder Schote einen kleinen Deckel abschneiden, beiseite legen. Die weißen Trennwände und Kerne aus dem Inneren der Schoten vorsichtig entfernen.
– Für die Füllung von den Brötchen rundum die Rinde abreiben, nur das weiche Innere verwenden (die abgeriebene Rinde zum Semmelbrösel-Vorrat geben).
– Die Brötchenkrume in winzige Stückchen zupfen, in eine kleine Schüssel geben und mit 2–3 EL vom Olivenöl tränken.
– Die Petersilie waschen und trockenschütteln, die Blättchen fein hacken. Eingelegte Sardellenfilets kurz mit kaltem Wasser abbrausen, mit Küchenpapier abtrocknen und klein hacken. Knoblauchzehen schälen, durch die Presse drücken oder ebenfalls fein hacken.
– Den Backofen auf 175° (Umluft 160°) vorheizen. Gehackte Petersilie, Sardellen und Knoblauch mit 2 EL geriebenem Käse und den Kapern zur Brotkrume geben, alles gründlich vermengen.
– Mit Salz (eher vorsichtig wegen der Sardellen!) und Pfeffer würzig abschmecken. Nach und nach etwa 4–5 EL Olivenöl kräftig einrühren, damit die Mischung

sich gut verbindet. Mit 1 EL Öl eine feuerfeste flache Gratinform ausstreichen.
– Die Füllung in die vorbereiteten Paprikaschoten verteilen, jeweils 1/2 EL Käse aufstreuen. Die abgeschnittenen Deckel wieder auflegen und die gefüllten Schoten außen rundum mit etwas Öl bestreichen.
– Die gefüllten Paprikaschoten aufrecht in die Form setzen, im Ofen (Mitte) gut 20 Min. überbacken, bis die Schoten weich sind. In der Form servieren, entweder heiß als Beilage oder kalt als Vorspeise.

TIPPS

– Viele italienische Gemüsebeilagen eignen sich besonders gut als kleine Vorspeisen – dazu gehören auch diese pikant gefüllten Paprikaschoten, ein Rezept aus Apulien. In anderen Gegenden Italiens findet man sie unter der Bezeichnung „Involtini di peperoni“ – mit unterschiedlichsten Füllungen von Tunfisch mit schwarzen Oliven, Käse mit Kräutern bis hin zu fast orientalisch gewürztem Brot mit eingelegten Rosinen.
– Statt gelber Paprikaschoten können Sie auch rote oder grüne zum Füllen nehmen, grüner Paprika schmeckt allerdings etwas herber und braucht eine etwas längere Garzeit als die mildwürzigen roten und die zarten gelben Schoten.

408. Paprikaschoten mit Pilzfüllung

VEGETARISCH | GELINGT LEICHT
Für 2 Personen
Zubereitungszeit: 1 Std.

100 g sehr grob geschroteter Grünkern • 3 1/2 TL gekörnte Gemüsebrühe • 150 g Egerlinge • 100 g Zwiebeln • 1–2 EL Butter • 1/2 Bund Petersilie • 2 Blätter Liebstöckel • 1 1/2 EL Majoranblättchen • 50 g Crème fraîche • frisch gemahlener schwarzer Pfeffer • Meersalz • 2 rote Paprikaschoten (je etwa 180 g) • 3 EL saure Sahne • 1/4 TL Currypulver • krause Petersilie zum Garnieren

– Den Grünkern in einem Topf mit 3 TL gekörnter Brühe unter 200 ml kaltes Wasser rühren. Den Schrot bei sehr schwacher Hitze zugedeckt in etwa 10 Min. ausquellen lassen, bis die Flüssigkeit aufgesogen ist.
– Inzwischen die Egerlinge möglichst nicht waschen, sondern nur mit Küchenpapier trocken abreiben, die Stielenden abschneiden. Die Zwiebeln schälen und mittelgrob würfeln, in der Butter unter gelegentlichem Rühren goldgelb braten. 2 Pilze zum Garnieren beiseite legen, die übrigen in grobe Würfel schneiden und zu den Zwiebeln rühren, bei mittlerer Hitze etwa 5 Min. offen braten.
– Die Kräuter fein hacken, auch die Petersilienstiele mitverwenden. Die Crème fraîche, die Pilze und die Kräuter unter den Grünkern mischen. Mit Pfeffer und wenig Salz abschmecken.
– Die Paprikaschoten waschen und längs halbieren. Die kleinen Kerne und die weißen Innenwände entfernen, den Strunkansatz glatt schneiden. Die Grünkernmasse hineinfüllen.
– 1/8 l Wasser und die restliche gekörnte Brühe in einem breiten Topf aufkochen. Die Schoten nebeneinander hineinsetzen und zugedeckt etwa 15 Min. bei schwacher Hitze köcheln lassen. Dann mit einem spitzen Messer prüfen, ob die Schoten bereits weich sind. Andernfalls noch 4–5 Min. dünsten.
– Die Paprikaschoten auf zwei vorgewärmte Teller setzen. Die saure Sahne mit dem Schneebesen unter den Kochsud quirlen. Die Sauce mit dem Curry vorsichtig abschmecken.
– Die zur Seite gelegten Pilze längs in dünne Scheiben schneiden. Die Paprikaschoten mit der Sahnesauce beträufeln und mit den Pilzen und den Petersilienblättchen garnieren.

409. Semmelknödel mit Rahm-Egerlingen

PREISWERT | GELINGT LEICHT
Für 4 Personen
Zubereitungszeit: 40 Min.

Für die Knödel: 9 Semmeln vom Vortag oder 300 g geschnittenes Knödelbrot • 1/4 l heiße Milch • 1 Zwiebel • 1 EL Butter • 1 EL frisch gehackte Petersilie • Salz • 2 Eier • frisch gemahlener weißer Pfeffer • Mehl zum Überstäuben
Für die Pilze: 600 g Egerlinge (ersatzweise Champignons) • 1 Zwiebel • 3 EL Butter • 2 EL frisch gehackte Petersilie • 2 EL Mehl • 1/4 l trockener Weißwein • 1/2 l Gemüsebrühe • 200 g Sahne • Petersilienblättchen für die Garnitur

– Für die Knödel die Semmeln halbieren und quer in dünne Scheiben schneiden. In eine Schüssel legen, mit der heißen Milch übergießen und zudecken. Die Zwiebel schälen und fein hacken.
– In einer Pfanne die Butter erhitzen und darin die Zwiebelwürfel glasig braten. Die Petersilie einstreuen und die Pfanne vom Herd ziehen. Einen großen Topf mit Salzwasser zum Kochen aufstellen.
– Die Semmeln mit dem Pfanneninhalt, Eiern, Salz und Pfeffer vermengen. Sollte der Knödelteig zu nass sein, leicht mit Mehl bestäuben. Aus dem Teig mit nassen Händen acht kleine Knödel formen und in das siedende Salzwasser legen. Etwa 15 Min. ziehen, aber keinesfalls kochen lassen!
– Für die Pilze die Egerlinge mit Küchenpapier trocken abreiben, nur falls nötig waschen, die Stielenden abschneiden. Größere Pilze halbieren. Die Zwiebel schälen und in kleine Würfel schneiden. In einer Pfanne 1 EL Butter zergehen lassen. Zwiebelwürfel und Egerlinge darin etwa 10 Min. dünsten, salzen und pfeffern. Die Petersilie unterheben.
– Inzwischen die restliche Butter erhitzen, das Mehl einrühren und anschwitzen. Mit Weißwein und Brühe aufgießen und aufkochen lassen. Salzen und pfeffern.
– Die gedünsteten Pilze unter die Sauce mischen. Die Sahne unterrühren, nachwürzen und nicht mehr kochen lassen!
– Die Rahm-Egerlinge auf vier vorgewärmte, tiefe Teller verteilen. Je 2 Knödel in die Mitte setzen und mit den Petersilienblättchen garniert servieren.

410. Wirsingrollen mit kerniger Füllung

BRAUCHT ETWAS ZEIT
Für 4 Personen
Zubereitungszeit: 1 Std. 35 Min.
Schmorzeit: 25 Min.

1 Kopf Wirsing (12 Blätter) • 600 g Tomaten • 100 g Hafer- oder Gerstengrütze • 600 ml Gemüsebrühe • 2 EL getrocknete Steinpilze • 300 g Möhren • 100 g Sonnenblumenkerne • 100 g Topfen (Speisequark, Rahmstufe oder Frischkäse) • 4 gehäufte EL Semmelbrösel • Salz • frisch gemahlener Pfeffer • 1/2 TL gemahlener Koriander • 1 getrocknete Chilischote • 2 TL italienische Kräutermischung • 80 g Butter • 100 g Crème fraîche oder Sahnejoghurt • 20 g Kerbel

– Den Wirsing waschen, 12 schöne Blätter ablösen und in kochendem Wasser etwa 5 Min. blanchieren, herausheben. Die Tomaten kurz überbrühen, häuten und zur Seite legen.
– Die Grütze in 400 ml Brühe aufkochen, die Steinpilze zerbröseln und zugeben, etwa 15 Min. ausquellen lassen. 100 g Möhren schälen und fein würfeln.
– Die Sonnenblumenkerne in einer Pfanne ohne Fett leicht anbräunen, die Hälfte davon mit den Möhrenwürfeln, dem Topfen und den Semmelbröseln unter die Grütze mischen. Mit Salz, Pfeffer, Koriander, zerbröselter Chilischote und den Kräutern würzen.
– Etwas von der Füllung auf jedes Kohlblatt geben, aufrollen. Die Butter in einem Schmortopf zerlassen, die Wirsingrollen hineingeben. Die Tomaten grob würfeln. Restliche Möhren schälen, in grobe Stücke schneiden, beides zu den Rouladen geben. Die restliche Brühe aufgießen und die Rouladen bei mittlerer bis geringer Hitze etwa 25 Min. sanft schmoren lassen.
– Den Schmorsud mit der Crème fraîche oder dem Joghurt verfeinern. Mit dem gewaschenen Kerbel garnieren, mit den restlichen Sonnenblumenkernen bestreut servieren.

411. Pikanter Wirsingauflauf

GUT VORZUBEREITEN
Für 4 Personen
Zubereitungszeit: 45 Min.
Backzeit: 30 Min.

1 Wirsing (etwa 900 g) • 750 g vorwiegend fest kochende Kartoffeln • Salz • 2 Zwiebeln • 2 Knoblauchzehen • 3 EL Butterschmalz (+ Schmalz für die Form) • 3 EL Mehl • 1/2 l Milch • 6 Tomaten • 2 Bund Basilikum • 100 g Gorgonzola oder anderer milder Edelpilzkäse • frisch gemahlener schwarzer Pfeffer • frisch geriebene Muskatnuss • 2 Eier

– Den Wirsing putzen, vierteln und den Strunk herausschneiden. Die Wirsingviertel in Streifen schneiden, waschen und abtropfen lassen. Die Kartoffeln waschen, schälen, grob würfeln und in 1/2 l Salzwasser etwa 5 Min. vorgaren. Dann die Wirsingstreifen zu den Kartoffeln geben, noch etwa 10 Min.zugedeckt garen.
– Knoblauch schälen und in kleine Würfel schneiden oder durch die Knoblauchpresse drücken. Das Butterschmalz in einem Topf erhitzen, die Zwiebeln und den

Knoblauch darin anbraten. Das Mehl darüber stäuben, durchrühren und die Milch unter ständigem Rühren angießen, einmal aufkochen, dann bei schwacher Hitze leise köcheln lassen, ab und zu umrühren.

– Die Kartoffeln und den Wirsing abgießen, die Kochbrühe auffangen. 200 ml davon abmessen und in die Sauce rühren.

– Stielansätze der Tomaten entfernen. Die Tomaten kurz überbrühen, häuten und würfeln. Eine mittelhohe Auflaufform ausfetten. Das Basilikum hacken. Den Backofen auf 220° vorheizen.

– Die Kartoffeln und den Wirsing mit den Tomatenwürfeln und dem Basilikum mischen. In die Form füllen. In der Sauce den Käse schmelzen lassen, mit Salz, Pfeffer und Muskat abschmecken. Etwas abkühlen lassen, dann die Eier unterrühren und die Käsesauce über das Gemüse gießen.

– Den Wirsingauflauf im Ofen (Mitte, Umluft 200°) etwa 30 Min. überbacken.

TIPP

Statt mit Wirsing schmeckt dieser Auflauf auch mit derbem Freiland-Spinat (Wurzelspinat) oder mit Mangoldblättern.

412. Rote Beten mit Polenta-Plätzchen

GUT FÜR GÄSTE | VEGETARISCH
Für 4 Personen
Zubereitungszeit: 1 1/2 Std.

180 g Instant-Polenta (feiner Maisgrieß) • 50 g Weizenvollkornmehl • 1 TL gemahlener Koriander • Meersalz • 2 EL Butter • 8 EL Sahne (etwa 100 g) • 8 EL saure Sahne (etwa 100 g) • 2 TL abgeriebene unbehandelte Zitronenschale • 2 EL Zitronensaft • 4 TL frisch geriebener Meerrettich • 800 g rote Beten • 1 Lorbeerblatt • 140 g Zwiebeln • 2 EL kalt gepresstes Sonnenblumenöl • 150 ml naturreiner roter Johannisbeersaft • 20 g ungehärtetes Kokosfett • 300 g säuerliche Äpfel • 1 TL Birnendicksaft • 2 Prisen gemahlene Nelken

– Für die Polenta-Plätzchen Maisgrieß mit Mehl und Koriander in einen Topf füllen. 1/2 TL Salz und 450 ml kaltes Wasser zugeben und alles gründlich verrühren.

– Die Maismischung unter Umrühren einmal aufkochen, dann auf der ausgeschalteten Herdplatte etwa 10 Min. ausquellen lassen. Dann die Butter unterrühren, den Maisbrei offen auskühlen lassen.

– Inzwischen die süße und die saure Sahne mit dem Handrührgerät zu einer dicken Creme schlagen. Die Zitronenschale, den Zitronensaft und den Meerrettich unterrühren. Die Creme zugedeckt kühl stellen.

– Die roten Beten unter fließendem Wasser waschen und sauber bürsten. Die Wurzeln und die Blattansätze abschneiden. Nur harte Stellen mit dem Sparschäler schälen. Die Knollen grob raspeln. Das Lorbeerblatt im Mörser oder zwischen den Fingern zerreiben und zu den roten Beten geben.

– Die Zwiebeln schälen und grob würfeln. In dem Öl glasig dünsten. Die roten Beten hinzufügen und leicht salzen. Johannisbeersaft und 4 EL Wasser hinzugießen. Das Gemüse bei schwacher Hitze zugedeckt in etwa 15 Min. bissfest dünsten.

– Inzwischen von der Maismasse jeweils 1 EL abstechen, zu Kugeln rollen und zu handtellergroßen Küchlein flach drücken.

– Das Kokosfett in einer oder zwei großen Pfannen (am besten beschichtet) erhitzen und die Küchlein darin bei schwacher Hitze in 7–8 Min. von beiden Seiten goldgelb braten.

– Während die Küchlein braten, die Äpfel vierteln, vom Kerngehäuse befreien und in Scheibchen schneiden. Dann unter das Rote-Bete-Gemüse mischen und alles noch 3–4 Min. ziehen lassen. Die Äpfel dürfen dabei nicht zerfallen. Das Gemüse mit Birnendicksaft, Nelkenpulver und eventuell wenig Salz abschmecken.

– Die Polenta-Plätzchen mit den roten Beten auf vier Tellern anrichten. Auf jede Gemüseportion 1–2 EL Meerrettichsahne geben.

TIPP

Rote Beten werden in unseren Küchen oft recht vernachlässigt, obwohl sie reich an bioaktiven Substanzen sind. Sie finden sie bei uns ab September bis Februar auf dem Markt. Achten Sie beim Einkauf darauf, möglichst solche aus biologischem Anbau zu erhalten, sonst können sie einen sehr hohen Nitratgehalt haben. Übrigens können Sie auch die zarten jungen Blätter samt Stielen zu einem sehr leckeren Blattgemüse verarbeiten (wie Spinat zubereiten).

Fisch & Meeresfrüchte

Fisch zu essen ist heute so unkompliziert wie es das Garen von Fisch schon immer war. Denn auch in Kleinstädten gibt es inzwischen ein großes Angebot an gutem und frischem Fisch. Filets vom Zucht-Lachs wie vom Tunfisch warten frei von Gräten in der Kühl- und Tiefkühltheke aufs Braten, und für die Mutigeren liegen dort dazu noch Fisch im Ganzen, Garnelen, Muscheln und jetzt auch immer mehr Tintenfisch. Entdecken lässt sich also genug.

Aus Salz- oder Süßwasser, gezüchtet oder wild gefischt, edel oder exotisch, rund oder platt – Einteilungen gibt es viele beim Fisch. In der Fischtheke sehen wir aber zuerst zwei Gruppen: ganze Fische wie Schollen aus dem Salzwasser sowie Zucht-Forellen und geangelte Renken aus dem Süßwasser, wie auch edle Seezungen oder exotischen Snapper. Vor allem aber bemerken wir Fischfilets. Das war nicht immer so.

Fischfilets und Fischkoteletts

Der Weg zum Filet war lange Zeit der schwierigste Schritt beim Zubereiten von Fisch. Denn solange er auf der Reise vom Wasser bis zum Händler nur auf Eis gekühlt wurde, transportierte und verkaufte man ihn fast immer im Ganzen. So blieb er länger frisch, was ihm die Kunden auch besser ansehen konnten. Da Fisch heute vom Fang bis zum Verkauf durchweg gekühlt wird, können wir uns nun sorglos ein Stück von den weißen bis roten Filets in der Kühltheke aussuchen (bei einem guten Händler liegen diese nicht direkt auf dem Eis) und es zu Hause in die Pfanne oder den Topf geben. Meistens sind diese Filets von Salzwasserfischen, also von im Meer gefischtem Heilbutt, Kabeljau, Rotbarsch, Seelachs oder Seeteufel. Süßwasserfilets stammen fast immer von Zuchtfischen wie Vikotriabarsch, Wels, Zander oder Lachs und Lachsforelle, die aber zum Teil auch im Meerwasser leben.

Beim Fischkotelett sind Haut und Gräten erwünscht, da sie das Fleisch beim Garen saftiger und aromatischer machen. Ansonsten aber sind Gräten für viele Fischfans das größte Minus – selbst beim Fischfilet. Darüber muss man sich bei Scholle, Schwertfisch, Seezunge, Seeteufel, Tunfisch und Waller keine Sorgen machen, deren Fleisch grätenfrei ist. Bei Kabeljau, Lachs und Lachsforelle, Rotbarsch, Seelachs und Zander kann man sie meist auf einen Blick entdecken und entfernen, haariger ist es bei vielen Süßwasserfischen.

Fischfilets und -koteletts werden am besten gleich am Kauftag zubereitet, länger als 1–2 Tage sollten sie nicht im Kühlschrank liegen. Dann werden sie gleich aus Folie und Papier gepackt und kommen in eine weite Schüssel oder einen tiefen Teller mit einer umgekehrten Untertasse darin, damit der Fisch nicht in seinem Saft liegt. Dies wird mit Folie abgedeckt und direkt übers Gemüsefach in den Kühlschrank gestellt, da es dort am kältesten ist. Ein frisches Fischfilet oder -kotelett hat elastisches, gleichmäßig gefärbtes Fleisch ohne unnatürlich gefärbte Stellen und Verletzungen. Es schimmert leicht und riecht angenehm rein.

Ganze Fische

Fisch im Ganzen ist etwas für wahre Liebhaber. Denn er zeigt seine wahre Frische, deren beste Zeichen klare Augen, blutrote Kiemen, eine glänzende, oft angenehm glitschige Haut sowie festes Fleisch und ein pralles Aussehen sind. Auch unzerteilt gegart ist er ein Gewinn, dank des Aromas aus der Gräte und des Schutzes durch die Haut. So oder so muss man ein echter Fan von Fisch sein, wenn man ihn roh wie gegart persönlich filetieren will. Fast alle ganzen Fische schmecken gebraten, gegrillt und – außer einigen Süßwasserfischen – im Ofen gegart sehr gut, vor allem solche aus dem Mittelmeer und dem Pazifik. Zum Dämpfen, Pochieren und In-Folie-garen sind Süßwasserfische besonders gut geeignet.

Was ist …

… eine Garnele? Im Sprachgebrauch größere Garnelen aus der Tiefsee, die zum Braten, Grillen oder als Fingerfood verwendet werden – von der aromatischen Kaltwassergarnele (Gambero rosso, Langostino) bis zur fleischigen Warmwassergarnele (Riesengarnele). Gibt es mit und ohne Schale, gegart oder roh (oft aufgetaut).

… ein Scampo? Einzahl von Scampi, auch Kaisergranat genannt. Krustentier mit Scheren und feinem Fleisch aus dem Mittelmeer. Wird oft gegrillt.

… eine Nordseekrabbe? Sehr kleine Kaltwassergarnele, die nach dem Fang an Bord gegart und zum Teil wie auch andere kleine Garnelen (oft Shrimps, Crevetten genannt) gepult werden. Gut für Cocktails, Salate, Suppen, Ragouts. Werden lose, gefroren, eingelegt angeboten.

… ein Hummer? Edelstes Krustentier mit breitem Schwanz und großen Scheren, die ebenfalls sehr feines Fleisch enthalten. Kommt oft von der Ostküste Nordamerikas. Wird lebend im Sud gegart, dann halbiert und gebraten oder überbacken, ebenso auch als Cocktail oder in der Suppe serviert.

… eine Languste? Gegenstück zum Hummer aus eher warmen Gewässern mit ähnlich hervorragendem Geschmack. Wird deswegen auch ähnlich zubereitet. Besitzt statt Scheren lange Fühler.

… ein Krebs? Kleiner Süßwasser-Verwandter des Hummers und des Scampo, der in Flüssen und Seen vorkommt, inzwischen aber vor allem auch aus der Zucht. Wird gekocht oder gebraten, dazu in Cocktails, Salaten, Suppen, Ragouts serviert.

Muscheln

Dass die Weichtiere in der Schale inzwischen mehr Freunde als Feinde bei uns haben, zeigt sich jedes Jahr im Herbst, wenn sie in vielen mediterranen Lokalen als Spezialität angeboten werden. Das sind fast immer schwarze Miesmuscheln, die es im Laden meistens schon fertig gewaschen und geputzt zu kaufen gibt. Ebenso die kleinen Venus- bzw. Herzmuscheln für die klassischen „Spaghetti vongole" und die zuletzt dazu gekommenen grünen Muscheln – eine Art Maxi-Version der Miesmuschel aus der Südsee, die aber nicht ganz so fein schmeckt. Sehr exklusiv und schmackhaft ist dafür die Jakobsmuschel, die ohne Schale samt ihrem roten „Füßchen", dem Corail, gegart wird – am besten gebraten oder gegrillt. Alle Muscheln sind sehr empfindlich und sollten höchstens 1 Tag im Kühlschrank liegen.

Garnelen

Es gibt sie in allen Weltmeeren in unzähligen Größen unter vielen verschiedenen Namen – da verlieren selbst Profis im Laden und in der Küche manchmal den Überblick. Unser „Was-ist-…"-Kasten links soll hier ein bisschen Orientierung geben. Kein Streit herrscht darüber, dass eine ganz frische, in ihrer Schale gebratene, gegrillte oder gekochte Garnele eines der besten Dinge aus dem Meer ist – ob solo als Fingerfood oder als Bereicherung von vielen Fischtöpfen.

Tintenfische

Sie sind relativ neu in unserer Fischtheke und auf jeden Fall eine Entdeckung wert. Kurzgebraten oder lange geschmort schmecken sie einzigartig – wenn man die richtige Art gewählt hat. Für kurzes Garen – Braten, Grillen, Blanchieren – eignen sich Sepia und Kalmar. Sepien haben einen gedrungen länglichen Körper mit vielen kurzen und zwei längeren Fangarmen, beim Kalmar sind die Arme generell länger und der Körper ebenso; aus ihm werden die jedem bekannten Calamari-Ringe geschnitten. Charakteristisch für Oktopusse bzw. Kraken sind die eher dickeren, oft eingerollten Fangarme mit Saugnäpfen und der eher runde Körper – erst langes Schmoren macht sie zart. Aber wenn das in einem aromatischen Ragout geschieht, wird es köstlich.

Fisch garen

Der rohe Fisch

„Küchenfertig" geschuppt und ausgenommen hat den ganzen Fisch meist schon der Händler, dann muss er nur innen wie außen abgebraust (wenn er nicht blau gekocht werden soll) und trockengetupft werden. Beim Fischfilet werden vor dem Garen alle sichtbaren Gräten entfernt und das Stück falls nötig portioniert. Wer ganz sicher gehen will, braust auch hier ab und tupft trocken. Gesalzen wird direkt vor dem Garen, weißer Pfeffer und Zitrone sind kein Muss, bei feineren Fischen stören sie eher. Robustere Filets und kompakte ganze Fische können vor dem Braten noch in Mehl gewendet werden, was ihnen dann eine leicht Kruste gibt.

In der Bratpfanne

Fisch kann man in jeder Pfanne braten, die groß genug für ihn ist und die nichts anhängen lässt, was bei Fisch mit Haut schon mal passiert. Dünne Filets werden sanft in Butter gebraten, die gegen Ende etwas bräunen darf. Größeres wird in einem Gemisch aus Butter und Öl oder nur in Öl gebraten. Das Fett gibt man in die heiße Pfanne und erhitzt es, dann werden ganzer Fisch oder Filet darin langsam gebraten – nicht so sanft, dass alles dünstet, aber auch nicht so heiß, dass Fisch und Fett verbrennen. Gewendet werden die empfindlichen Stücke nur einmal, wenn die Unterseite eine schöne Farbe hat, und dann unter öfterem Beschöpfen mit Bratfett fertig gegart. Die Bratzeit ist meist kürzer als man denkt – manche Filets (Lachs, Tunfisch) dürfen innen sogar noch etwas „medium" sein.

Im Kochtopf

Da starkes Kochen das lockere Eiweiß von Fisch trocken macht, lässt man ihn in einem sanft wallenden Sud gar ziehen. Dessen Basis ist meist Fischfond oder Wasser mit Gemüse, Kräutern und Gewürzen, oft kommt noch Wein dazu. Für dieses Pochieren ist ein weiter flacher Topf oder eine große Pfanne mit hohem Rand gut geeignet. Dort können zum einen genug Filets nebeneinander liegen oder auch ganze Fische ihren Platz finden, zum anderen lässt sich das zarte Gegarte leichter herausheben. Perfekt vor allem für ganzen Fisch sind spezielle Töpfe mit einem Locheinsatz zum Herausnehmen des Fisches. Zum Garen wird der Sud gekocht und vom Herd gezogen, dann kommen die Filets oder die ganzen Fische hinein und werden – wieder auf dem Herd bei sanfter Hitze pochiert. Nach dem Herausheben kann mit dem Sud eine Sauce gekocht oder vollendet werden, während der Fisch warm steht. Gut zum Pochieren eignen sich Filets bzw. Koteletts von Heilbutt, Kabeljau, Schellfisch, Scholle, Seezunge, Waller oder Zander, als ganze Fische Karpfen und Forelle. Und wie man sie „blau kocht", steht auf Seite 215.

Fisch & Meeresfrüchte

GU Spezial-TIPP

Wenn Fisch übrig ist: *„Fischmayonnaise" war früher der Klassiker für Übriggebliebenes vom Freitag, bei dem Reste von Bratfisch und Gemüse mit Mayonnaise verrührt und aufs Butterbrot geschmiert wurden. Mit Knoblauch, etwas Joghurt, fein gehackter Paprikaschote oder Gurke und vielen Kräutern dabei schmeckt das auch heute zu Röstbaguette. Vom Hering in Dosen abgeschaut ist die Idee, Fischreste mit Tomatensauce kalt für die abendliche Brotzeit oder warm für Pasta zu mischen. Auch gut: Zerpflückten Fisch zum Schluss ins Rührei oder unters Kartoffelpüree mischen. Und ein Sommersalat mit reichlich frischem Gemüse und auch etwas Obst darin wird durch Fisch noch reicher, ebenso ein Frühlingseintopf oder eine feine Cremesuppe. Immer eine Lösung sind Fischfrikadellen: zerkleinerten Fisch mit Ei, Semmelbröseln, Kräutern und Gewürzen vermengen, dann panieren und knusprig braten.*

413. Gebratene Zanderfilets

GELINGT LEICHT | GEHT SCHNELL
Für 4 Personen
Zubereitungszeit: 30 Min.

1 Zitrone • 1 Bund Petersilie • 600 g Zanderfilets • Salz • frisch gemahlener weißer Pfeffer • 40 g Butter • 1 EL Kapern

– Die Zitrone halbieren. Eine Hälfte samt der weißen Haut schälen und das Fruchtfleisch klein würfeln, die andere Hälfte auspressen. Petersilie waschen, trockenschütteln und ohne die groben Stiele sehr fein hacken.
– Die Zanderfilets kalt abbrausen, trockentupfen und mit Salz und Pfeffer würzen. Den Zitronensaft darüber träufeln.
– In einer großen Pfanne die Butter erhitzen, aber nicht braun werden lassen. Die Pfanne soll so groß sein, dass die Fischfilets nebeneinander darin Platz haben. Die Zanderfilets darin bei mittlerer Hitze pro Seite etwa 2 Min. braten. Dann vorsichtig aus der Pfanne nehmen und auf vorgewärmten Tellern warm halten.
– Die Zitronenwürfel, die Petersilie und die Kapern in der verbliebenen Bratbutter wenden und heiß werden lassen. Die Zitronenbutter über die Zanderfilets geben und diese sofort servieren.

414. Gegrillter Tunfisch

GUT FÜR GÄSTE
Für 4 Personen
Zubereitungszeit: 45 Min.

5 EL Öl • 2 EL Marsala • Saft von 2 Limetten • 4 Tunfischscheiben (je etwa 200 g) • 1/2 Bund Oregano • Salz • grob gemahlener Zitronenpfeffer • 125 g zimmerwarme Butter

– Das Öl, den Marsala und den Saft von 1 Limette kräftig miteinander verrühren. Den Tunfisch mit dieser Marinade rundherum beträufeln und zugedeckt etwa 30 Min. kühl stellen.
– Inzwischen den Backofengrill auf 200° vorheizen. Oregano waschen, trockentupfen. Die Blättchen von den Stängeln zupfen und fein hacken. Mit dem restlichen Limettensaft, etwas Salz und Zitronenpfeffer unter die weiche Butter rühren, kalt stellen.
– Die Tunfischscheiben auf den Gitterrost legen und im Ofen (Mitte) auf jeder Seite etwa 4 Min. grillen, dabei die Saftpfanne des Ofens darunter schieben. Fertigen Fisch sofort mit der Kräuterbutter servieren.

415. Nordische Speckscholle

GELINGT LEICHT
Für 4 Personen
Zubereitungszeit: 45 Min.

800 g kleine Kartoffeln • 750 g Schollenfilets • Saft von 1 Zitrone • Salz • frisch gemahlener weißer Pfeffer • 2 Eier • 2 EL Milch • 2 EL Öl • 80 g Butter • 3–4 EL Mehl • 100 g Räucherspeck • 1 EL frisch gehackte Petersilie

– Die Kartoffeln in 20–25 Min. in wenig Wasser garen und pellen. Backofen auf 75° (Umluft 50°) vorheizen. Die Schollenfilets mit Zitronensaft, Salz und Pfeffer würzen. Die Eier mit der Milch verrühren.
– In zwei Pfannen Öl und die Hälfte der Butter erhitzen. Die Fischfilets in Mehl wenden, durch die Eier ziehen und in insgesamt 6–8 Min. goldgelb braten, dabei einmal wenden. Herausnehmen und im Ofen warm stellen.
– Den Speck klein würfeln, im Bratsatz knusprig werden lassen, über die Schollen geben. In der restlichen Butter Kartoffeln und Petersilie schwenken. Sofort servieren.

TIPP

Die klassische Speckscholle wird im Ganzen in aromatischem Speckfett gebraten, was etwas mehr Zeit braucht und ein wenig mehr Mühe macht als dieses Rezept – aber zur Belohnung gibt es eine echte Delikatesse. Und so geht's:
120 g durchwachsenen Räucherspeck in kleine Würfel schneiden und in 2 EL Öl in einer großen Pfanne bei mittlerer Hitze langsam auslassen und knusprig braten. Den Speck herausfischen. 4 kleine küchenfertige Schollen (jeweils etwa 300 g) salzen und pfeffern, in Mehl wenden und im Speckfett auf jeder Seite etwa 5 Min. braten. Die Schollen warm halten, 50 g Butter in der Pfanne aufschäumen lassen und den Speck darin erwärmen. Dies über die Schollen gießen und mit Petersilienkartoffeln und Zitronenachtel servieren.

416. Panierte Fischfilets

SCHMECKT KINDERN
Für 2 Personen
Zubereitungszeit: 30 Min.
Marinierzeit: 30 Min.

2 Kabeljau- oder Rotbarschfilets (je etwa 200 g) • Salz • frisch gemahlener weißer Pfeffer • 2 EL Zitronensaft • 1 Ei • 2 EL Mehl • 4 EL Semmelbrösel • 40 g Butter

– Die Fischfilets kalt abbrausen und trockentupfen, dann mit Salz und Pfeffer würzen und mit Zitronensaft beträufeln. Die Fischfilets zugedeckt etwa 30 Min. im Kühlschrank ziehen lassen.
– Zum Panieren das Ei in einen tiefen Teller aufschlagen und mit einer Gabel gründlich verquirlen. Das Mehl und die Semmelbrösel auf zwei weitere Teller geben.
– Die Fischfilets zuerst im Mehl wenden, dann durch das verquirlte Ei ziehen und anschließend in den Semmelbröseln wälzen.
– Butter in einer Pfanne erhitzen, aber nicht braun werden lassen. Darin die Filets bei mittlerer Hitze pro Seite etwa 5 Min. braten. Auf vorgewärmten Tellern servieren.

417. Pfeffrige Lachssteaks

GELINGT LEICHT | GUT FÜR GÄSTE
Für 4 Personen
Zubereitungszeit: 30 Min.
Ruhezeit: 30 Min.

4 Lachssteaks (von je 200 g) • 4 EL geschroteter schwarzer Pfeffer • 1 EL geschrotete Pimentkörner • 40 g Butter • Salz • 100 ml trockener Wermut • 150 g Sahne • 1 Bund Dill • 1 unbehandelte Zitrone • 1 TL Honig

– Lachssteaks abbrausen und trockentupfen. Pfeffer und Piment auf einem Teller mischen. Steaks darin wenden, mit einem Brett beschweren und im Kühlschrank 30 Min. ruhen lassen. Backofen auf 75° (Umluft 50°) vorheizen.
– Butter in einer großen Pfanne mittelstark erhitzen. Die Steaks darin insgesamt 6–7 Min. braten, dabei einmal wenden. Leicht salzen und zugedeckt im Ofen warm stellen. Bratensatz mit Wermut aufkochen, Sahne unterrühren und die Sauce etwas einkochen lassen.
– Den Dill waschen, trockentupfen und f
Zitrone ebenfalls waschen und in Schei
Die Sauce mit Salz und Honig abschme
unterrühren. Die Steaks mit den Zit
anrichten, die Sauce getrennt dazu servie

418. Fischfilets mit Nusskruste

GELINGT LEICHT
Zubereitungszeit: 15 Min.
Backzeit: 30 Min.

700 g Fischfilets (z B. Barsch, Seeteufel oder Kabeljau) • Salz • Saft von 1 Limette • 1 Zwiebel • 3 Knoblauchzehen • 3 EL neutrales Pflanzenöl • 150 ml Fischfond (aus dem Glas) • 100 g ungesalzene Cashewnüsse • Fett für die Form

– Die Fischfilets waschen und trockentupfen. Mit Salz bestreuen und mit dem Limettensaft beträufeln. Die Zwiebel schälen und fein würfeln, Knoblauch schälen. Den Backofen auf 200° (Umluft 180°) vorheizen.
– In einer Pfanne das Öl erhitzen und die Zwiebelwürfel bei mittlerer Hitze darin goldbraun braten. Den Knoblauch durch die Knoblauchpresse dazudrücken und kurz mitbraten. Mit dem Fischfond ablöschen und alles etwa 5 Min. offen köcheln lassen.
– Die Nüsse in einem Blitzhacker nicht zu fein hacken (etwa 2-mm-Stückchen). Eine flache feuerfeste Form ausfetten, die Fischfilets mit dem Limettensaft hineinlegen und die Mischung aus der Pfanne darüber gießen. Die Nüsse darüber streuen.
– Die Fischfilets im Ofen (Mitte) in 20–30 Min. goldbraun überbacken.

419. Gebackene Scholle mit Ingwer

GELINGT LEICHT | GEHT SCHNELL
Für 4 Personen
Zubereitungszeit: 30 Min.

1 walnussgroßes Stück frischer Ingwer • 4 Schollenfilets (je etwa 80 g) • 6 EL Sake (Reiswein) • 2 EL Mehl • 1/2 Daikon (japanischer Rettich) • 200 ml Dashi-Brühe (Instant) • 5 EL Mirin (süßer Reiswein) • 5 EL japanische Sojasauce • 1 EL Öl • nach Belieben Kresse zum Garnieren

– Den Ingwer schälen, auf einer feinen Reibe reiben und dabei den Saft auffangen. Die Schollenfilets in etwa 5 cm große Stücke schneiden und mit Ingwersaft und 1 EL Sake etwa 10 Min. marinieren. Dann mit Küchenpapier trockentupfen und in Mehl wenden.
– Inzwischen den Daikon-Rettich schälen, fein reiben und in einem Sieb abtropfen lassen. In einem Topf die Dashi-Brühe, Mirin, Sojasauce und übrigen Sake aufkochen lassen.
– Schollenfilets in einer Pfanne in Öl bei mittlerer Hitze in 3–4 Min. goldbraun backen.
– Schollenfilets portionsweise auf Tellern anrichten, aus dem Rettich kleine Kegel formen und daneben setzen. Kurz vor dem Servieren mit Sauce begießen. Nach Belieben mit Kresse garnieren.

420. Fish and Chips

BRAUCHT ETWAS ZEIT | PREISWERT
Für 4 Personen
Zubereitungszeit: 1 1/4 Std.

700 g Kabeljaufilet • Malzessig (ersatzweise Obstessig) • Salz • frisch gemahlener weißer Pfeffer • 1 Ei • 100 g Mehl • 70 g Speisestärke • 2 EL frisch gehackter Sauerampfer (ersatzweise Petersilie) • 1 kg Fett zum Frittieren • 700 g fest kochende Kartoffeln mit dünner Schale • Mehl zum Wenden

– Das Kabeljaufilet abbrausen, trockentupfen und in etwa 2 cm breite Streifen schneiden. Mit 2 EL Essig, Salz und Pfeffer 20 Min. marinieren lassen.
– Inzwischen das Ei trennen und das Eigelb mit 1/4 l Wasser, Mehl, Stärke, Sauerampfer, Salz und Pfeffer zu einem glatten Teig verrühren.
– Das Frittierfett in einem großen Topf oder der Fritteuse auf 150° erhitzen. Gleichzeitig Kartoffeln gut waschen, abtrocknen und mit Schale in 1 cm dicke Stäbchen schneiden. Die Kartoffeln portionsweise jeweils 2 Min. frittieren, bis sie zu bräunen beginnen. Auf Küchenpapier abfetten. Fett auf 170° erhitzen.
– Das Eiweiß steif schlagen und unter den Teig heben. Fisch nach und nach im Mehl wenden, durch den Teig ziehen und im Fett in etwa 2 Min. fast gar frittieren. Auf Küchenpapier abfetten. Fett auf 180° erhitzen.
– Jede Portion Fish and Chips nun in etwa 1 Min. knusprig frittieren, abtropfen lassen und mit Salz und Essig würzen.

TIPPS

– Sie gehören zur englischen Küche wie das Ehrentor zu einem missglückten Fußballspiel: Fish 'n' chips. Frisch frittiert, gewürzt mit Salz und Essig und nach alter Sitte aus einer Papiertüte genossen, sind sie ein echter Volltreffer.
– Auch wenn die Drei-Temperaturen-Methode beim Frittieren erst Mühe macht, im entscheidenden Moment spart sie Zeit. Denn so können Sie alles schon bis zu 1 Std. vor dem letzten Frittieren bereit stellen und müssen nur noch für den letzten Durchgang kurz an der Fritteuse stehen. Aber natürlich geht's auch auf die herkömmliche Art, indem Sie alles nacheinander bei konstanten 180° frittieren.

421. Fischfrikadellen

PREISWERT | SCHMECKT KINDERN
Für 4 Personen
Zubereitungszeit: 40 Min.

80 g Semmelbrösel • 650 g Rotbarsch- oder Seelachsfilet • einige Zweige frischer oder 1/2 TL getrockneter Majoran • 1 Schalotte oder kleine Zwiebel • 1 Ei • Salz • frisch gemahlener weißer Pfeffer • abgeriebene Schale und Saft von 1/2 unbehandelten Zitrone • 3 EL Sonnenblumenöl

– In einer kleinen Schüssel Brösel und 100 ml Wasser mischen und etwa 5 Min. quellen lassen. Die Fischfilets waschen, trockentupfen und grob würfeln. Fischwürfel portionsweise durch den Fleischwolf drehen oder in der Küchenmaschine zerkleinern.
– Den frischen Majoran waschen, trockenschütteln und sehr fein hacken. Die Schalotte oder Zwiebel schälen und ebenfalls sehr fein zerkleinern.
– Majoran, Brösel und Schalotte oder Zwiebel mit dem Ei unter das Fischpüree mischen. Die Masse mit Salz, Pfeffer, der Zitronenschale und dem -saft abschmecken und zu kleinen Frikadellen formen.
– Eine Pfanne ohne das Öl erhitzen, bis darin ein Wassertropfen zischend verdampft. Dann Öl in die Pfanne geben und heiß werden lassen.
– Die Frikadellen darin bei mittlerer Hitze pro Seite etwa 5 Min. braten, bis sie schön gebräunt sind. Sofort servieren.

422. Orientalische Fischkroketten

GELINGT LEICHT | BRAUCHT ETWAS ZEIT
Für 4 Personen
Zubereitungszeit: 1 Std.

600 g Tunfischfilet • 2 Schalotten • 3 Knoblauchzehen • 1 grüne Peperoni • 1/2 Bund Koriander • 2 getrocknete Zitronen (arabischer Lebensmittelladen) • 1/2 TL Kurkuma (Gelbwurzpulver) • je 1 Prise gemahlener Kreuzkümmel (Kumin), Pimentpulver und frisch gemahlener schwarzer Pfeffer • Salz • 1 Ei • 1 EL Mehl • Butterschmalz zum Braten

– Das Fischfilet kalt abbrausen und mit Küchenpapier trockentupfen. Das Filet in grobe Würfel schneiden, dabei eventuell vorhandene Gräten vorsichtig entfernen. Den Fisch durch die feine Scheibe des Fleischwolfs drehen oder mit dem Messer ganz fein hacken und in eine Schüssel geben.
– Die Schalotten und den Knoblauch schälen und beides fein hacken. Die Peperoni längs halbieren, Stielansatz und Kerne sowie weiße Rippen herauslösen und die Hälften ausspülen. Die Peperoni fein hacken. Den Koriander abbrausen und die Blättchen fein hacken.
– Die getrockneten Zitronen halbieren und aushöhlen. Das Innere im Mörser grob zerstoßen. Schalotten, Knoblauch, Peperoni, Koriander, Gewürze, Salz, Ei und Mehl zum Fisch geben, alles zum festen Teig verkneten.
– Aus dem Teig etwa 6 cm lange, gut daumendicke Kroketten formen. Butterschmalz etwa 4 cm hoch in einer hohen gusseisernen Pfanne erhitzen.
– Die Kroketten portionsweise bei mittlerer bis starker Hitze goldbraun ausbacken. Zum Entfetten auf einen mit Küchenpapier ausgelegten Teller geben. Sofort mit Fladenbrot und Salat servieren.

423. Seeteufel auf Basilikumsauce

GEHT SCHNELL | GUT FÜR GÄSTE
Für 4 Personen
Zubereitungszeit: 30 Min.

4 Scheiben Seeteufel (je etwa 150 g) • Meersalz • frisch gemahlener weißer Pfeffer • 50 g Mehl • 1 Zweig Rosmarin • 2 EL Butterschmalz • 6 EL Weißwein • 1–2 EL Weißweinessig • 100 g Butter (in Stückchen) • 3–4 EL Basilikumblättchen

– Den Backofen auf 75° (Umluft 50°) vorheizen. Die Seeteufelscheiben salzen und pfeffern. Dann in Mehl wenden, überschüssiges Mehl abschütteln.
– In einer großen Pfanne den Rosmarinzweig im heißen Butterschmalz kurz anbraten, herausnehmen. Die Fischscheiben in die Pfanne geben und insgesamt 10–12 Min. braten, dabei einmal wenden. Seeteufel im Ofen warm stellen.
– Den Weißwein und 1 EL Essig in einem Topf aufkochen lassen. Vom Herd nehmen, die Butter und das Basilikum hinzufügen, alles mit dem Pürierstab fein pürieren. Die Sauce mit Salz, Pfeffer und übrigem Essig abschmecken, den Fisch darauf anrichten.

424. Heilbuttpfanne mit bunten Paprikastreifen

GELINGT LEICHT
Für 4 Personen
Zubereitungszeit: 35 Min.

600 g Heilbuttfilet • 2 TL Zitronensaft • Salz • frisch gemahlener weißer Pfeffer • 500 g rote, gelbe und grüne Paprikaschoten • 2 EL Mehl • 3 EL Sonnenblumenöl • 2 Knoblauchzehen • 100 ml trockener Weißwein • 3 EL Sahne • 1 EL Tomatenmark • edelsüßes Paprikapulver • je 1 TL frischer oder getrockneter Thymian und Oregano • 1 Prise Zucker

– Das Heilbuttfilet waschen, trockentupfen und in mundgerechte Würfel schneiden. Mit dem Zitronensaft beträufeln, salzen und pfeffern.
– Die Paprikaschoten putzen, von den weißen Samensträngen samt den Kernen befreien, waschen und in schmale Streifen schneiden.
– Das Mehl auf einen Teller geben, Fischwürfel darin wenden und das überschüssige Mehl abschütteln.
– Das Öl in einer großen Pfanne erhitzen. Die Fischwürfel etwa 1 Min. darin rundum anbraten, dann herausnehmen und zugedeckt beiseite stellen.
– Die Paprikastreifen im Bratfett etwa 3 Min. anbraten. Den Knoblauch schälen und dazupressen. Weißwein, Sahne und Tomatenmark untermischen. Alles mit Salz, Pfeffer, Paprikapulver, Thymian, Oregano und Zucker würzen. Zugedeckt bei schwacher Hitze etwa 8 Min. schmoren lassen.
– Dann die Fischwürfel dazugeben und im Gemüse etwa 2 Min. erwärmen.

425. Rotbarschfilet mit Zitronen-Dill-Sauce

PREISWERT | GELINGT LEICHT
Für 4 Personen
Zubereitungszeit: 35 Min.

600 g Rotbarschfilet • 2 EL Zitronensaft • Salz • frisch gemahlener weißer Pfeffer • 1 kleine Zwiebel • 2 Zitronen • 1 EL Butter • 4 EL Crème fraîche • 1 Prise frisch geriebene Muskatnuss • 4 EL Mehl • 4 EL Butterschmalz • 1 Bund Dill

– Die Fischfilets waschen, trockentupfen, mit Zitronensaft beträufeln, mit Salz und Pfeffer würzen und zugedeckt kalt stellen.
– Die Zwiebel schälen und sehr fein hacken. 1 Zitrone auspressen. Die Zwiebelwürfel bei mittlerer Hitze in der heißen Butter unter gelegentlichem Rühren weich dünsten, mit dem Zitronensaft ablöschen. Die Crème fraîche unterrühren und die Sauce mit Salz, Pfeffer und Muskat abschmecken.
– Das Mehl auf einen Teller geben, die Fischfilets darin wenden, überschüssiges Mehl abschütteln. Die Fischfilets in einer großen Pfanne im heißen Butterschmalz bei mittlerer Hitze in insgesamt 6–8 Min. goldbraun braten, dabei einmal wenden.
– Inzwischen die restliche Zitrone so schälen, dass dabei auch die weiße Innenhaut völlig entfernt wird. Fruchtfilets aus den Häutchen schneiden. Den Dill waschen, trockentupfen, die Blättchen abzupfen und, bis auf ein paar zum Garnieren, fein hacken. Mit den Zitronenfilets in die heiße Sauce rühren.
– Die gebratenen Fischfilets mit der Sauce auf vier vorgewärmten Tellern anrichten und mit Dill garnieren.

426. Bregenzer Felchenfilets
(Renkenfilets in Champignonsauce)

GELINGT LEICHT | GUT FÜR GÄSTE
Für 4 Personen
Zubereitungszeit: 45 Min.

8 Renkenfilets (je etwa 100 g) • 2 EL Zitronensaft • frisch gemahlener weißer Pfeffer • 200 g Champignons • 1 kleine Zwiebel • 1/2 Bund glatte Petersilie • 1 EL Kapern • 4 EL Butter • 4 EL trockener Weißwein • Salz • 125 g Sahne

– Renkenfilets waschen, trockentupfen, mit Zitronensaft beträufeln, pfeffern und zugedeckt im Kühlschrank etwa 10 Min. ziehen lassen.
– Inzwischen Champignons putzen und feinblättrig schneiden. Zwiebel schälen und fein hacken. Petersilie waschen, trockenschütteln und fein hacken. Kapern ebenfalls fein hacken.
– In einer Pfanne 2 EL Butter erhitzen, die Zwiebelstückchen darin glasig braten. Pilze hinzufügen und unter Rühren bei starker Hitze etwa 5 Min. braten, bis die entstehende Flüssigkeit fast wieder verdampft ist.
– Dann Kapern und Petersilie dazugeben, mit dem Weißwein aufgießen, aufkochen lassen, danach vom Herd nehmen.
– Die Fischfilets leicht salzen und in einer großen Pfanne in 2 EL Butter von beiden Seiten in je 2–4 Min. goldbraun braten.
– Die Pilzsauce mit der Sahne verrühren, mit Salz und Pfeffer würzen und bis knapp unter den Siedepunkt erhitzen. Die gebratenen Renkenfilets auf vier Teller geben und die Sauce darüber gießen.

427. Tunfischsteaks mit Knoblauch

BRAUCHT ETWAS ZEIT
Für 4 Personen
Zubereitungszeit: 1 1/2 Std.
Kühlzeit: 1 Std.

1 Knolle Knoblauch (ganz) • 2 rote Paprikaschoten • 3 Fleischtomaten • 1 kleine Chilischote • 1 Bund Koriander (ersatzweise glatte Petersilie) • 1/2 TL gemahlener Kreuzkümmel • Salz • frisch gemahlener weißer Pfeffer • 4 Scheiben Tunfisch (je etwa 180 g) • 3 EL Butterschmalz

– Den Backofen auf 180° vorheizen. Die Knoblauchknolle in Alufolie wickeln und etwa 45 Min. im Ofen (Mitte, Umluft 160°) backen.
– Inzwischen die Paprikaschoten waschen und ebenfalls etwa 20 Min. in den Backofen (Mitte) legen, nach etwa 10 Min. einmal wenden.
– Die Tomaten mit kochend heißem Wasser überbrühen, häuten, entkernen und das Fruchtfleisch klein hacken, dabei die Stielansätze entfernen. Die Chilischote entstielen, längs aufschlitzen, entkernen, waschen und fein hacken.

– Die Paprikaschoten aus dem Backofen nehmen, etwas abkühlen lassen, dann die Haut abziehen und die Stiele und Kerngehäuse entfernen. Das Fruchtfleisch in kleine Würfel schneiden.
– Paprikawürfel, Tomaten und Chili in eine Schüssel füllen. Koriander abbrausen, abtrocknen, die Blättchen abzupfen, fein hacken und dazugeben. Das Gemüse mit dem Kreuzkümmel, Salz und Pfeffer kräftig würzen.
– Die Knoblauchknolle aus dem Backofen nehmen und etwas abkühlen lassen. Die Zehen aus der Schale in die Gemüse-Mischung drücken. Alles gut vermischen und etwa 1 Std. im Kühlschrank zugedeckt kühlen.
– Dann die Tunfischsteaks waschen, trockentupfen, leicht salzen und pfeffern. Das Butterschmalz in einer breiten Pfanne erhitzen. Den Fisch darin auf jeder Seite etwa 2 Min. braten. Das Gemüse mit den Tunfischsteaks anrichten.

428. Lachs asturianische Art
(Lachs mit Schinken und Apfelwein)

GELINGT LEICHT
Für 4 Personen
Zubereitungszeit: 10 Min.
Marinierzeit: 15 Min.
Garzeit: 20 Min.

4 Lachsscheiben (à etwa 180 g) • Saft von 1/2 Zitrone • Salz • 50 g Serrano-Schinken • 6 EL Mehl zum Wenden • 4 EL Olivenöl • frisch gemahlener weißer Pfeffer • 1/4 l Sidra (aus spanischen Feinkostläden)

– Die Lachsscheiben abbrausen und trockentupfen. Dann beidseitig mit Zitronensaft beträufeln, salzen und etwa 15 Min. ziehen lassen.
– Den Serrano-Schinken in kleine Würfel schneiden. Das Mehl auf einen Teller geben, Lachsscheiben darin wenden und überschüssiges Mehl abschütteln.
– Olivenöl in einer Pfanne erhitzen und den Lachs bei mittlerer Hitze etwa 8 Min. braten, dabei einmal umdrehen. Anschließend leicht mit Pfeffer würzen, aus der Pfanne nehmen und warm stellen.
– Die Schinkenwürfel im verbliebenen Bratfett in der Pfanne etwa 5 Min. dünsten. Mit Sidra ablöschen, bei starker Hitze um etwa ein Drittel einkochen und mit Pfeffer abschmecken.
– Den Lachs auf vorgewärmten Tellern anrichten und mit der Sauce übergießen.

TIPP
Sidra ist eine asturianische Spezialität. Sie lässt sich jederzeit durch deutschen Apfelwein, französischen Cidre, englischen Cider – oder auch durch Weißwein ersetzen.

429. Tunfisch in Tomatensauce

GEHT SCHNELL | GUT FÜR GÄSTE
Für 4 Personen
Zubereitungszeit: 30 Min.

4 Scheiben ganz frischer Tunfisch (je 150 g) • Mehl zum Wenden • 5 EL kalt gepresstes Olivenöl • 1 kleine Zwiebel • 1 Stange Sellerie • 1 Bund Petersilie • Salz • frisch gemahlener schwarzer Pfeffer • 2 Gewürznelken • 1/2 l passierte Tomaten

– Die Tunfischscheiben unter fließendem kaltem Wasser abbrausen, mit Küchenpapier abtrocknen und kurz in Mehl wälzen. In einer Pfanne 2 EL Olivenöl erhitzen. Tunfisch darin auf beiden Seiten ganz kurz anbraten und auf Küchenpapier abtropfen lassen.
– Die Zwiebel schälen. Die Selleriestange waschen, putzen, wenn nötig Fäden abziehen. Petersilie waschen und trockenschütteln. Alles fein hacken.
– In einer Pfanne übriges Olivenöl erhitzen und die Zwiebel darin glasig dünsten. Sellerie und die Hälfte der Petersilie etwa 5 Min. mitschmoren lassen. Salzen, pfeffern und mit Gewürznelken aromatisieren.
– Das gedünstete Gemüse mit den passierten Tomaten ablöschen und etwa 10 Min. bei starker Hitze eindicken lassen. Dann die Temperatur reduzieren, die Tunfischscheiben hineinlegen und bei schwacher Hitze unter Wenden in etwa 10 Min. fertig garen.
– Tunfisch auf einer vorgewärmten Platte anrichten, mit der Sauce umgießen und mit der übrigen Petersilie bestreuen. Heiß servieren.

TIPP
Diese italienische Spezialität „Tonno fresco in umido“ kann man statt mit Tunfisch auch mit Zahnbrasse, Lachs und Seebarsch zubereiten. Einfach mal probieren, schmeckt genauso gut.

430. Makrele mit Zwiebeln auf japanische Art

GELINGT LEICHT | GUT FÜR GÄSTE
Für 4 Personen
Zubereitungszeit: 45 Min.

8 Makrelenfilets mit Haut (je etwa 60 g) • Speisestärke zum Wenden • 100 g Zwiebeln • 50 g Daikon (japanischer Rettich) • 1 walnussgroßes Stück frischer Ingwer • 2 EL Pflanzenöl • 100 ml Dashi-Brühe (Instant) • 50 ml Mirin (süßer Reiswein) • 50 ml japanische Sojasauce

– Die Makrelenfilets waschen und trockentupfen, die Hautseite öfters einritzen. Speisestärke in einen Teller sieben und die Makrelenfilets darin wenden.
– Die Zwiebeln schälen und in dünne Ringe schneiden. Rettich und Ingwer schälen und jeweils fein reiben.
– Das Öl in einer Pfanne erhitzen und die Makrelenfilets bei starker Hitze insgesamt etwa 3 Min. braten, dabei einmal wenden.
– In einem großen Topf Dashi-Brühe, Mirin und Sojasauce zum Kochen bringen. Zwiebeln und Makrelen dazugeben und 10–15 Min. bei schwacher Hitze offen darin ziehen lassen. Dabei einmal wenden.
– Makrelenfilets mit der Sauce zusammen jeweils auf einem Teller anrichten. Daneben Rettich- und Ingwerhäufchen setzen.

TIPP

Makrelen sind gegrillt, gebraten oder geschmort als feine Speisefische auf der ganzen Welt beliebt. Sie haben einen hohen Fettgehalt (fast 12 %) und werden deshalb auch oft geräuchert angeboten.

431. Gebratene China-Fischwürfel

GELINGT LEICHT | GEHT SCHNELL
Für 2 Personen
Zubereitungszeit: 30 Min.

200 g Fischfilet (z. B. Kabeljau, Scholle oder Barsch) • 2 Eiweiße • 2 1/2 EL Speisestärke • Salz • 2 1/2 EL Sake (Reiswein) • frisch gemahlener weißer Pfeffer • 50 g Bambussprossen in Stücken (aus der Dose) • 1/2 Frühlingszwiebel • 1 Knoblauchzehe • je 1/2 grüne und rote Paprikaschote • 4 EL neutrales Pflanzenöl • nach Belieben 1 TL Sesamöl

– Das Fischfilet eventuell mit einer Pinzette von den Gräten befreien, dann in etwa 1 1/2 cm große Würfel schneiden. Die Würfel mit Eiweiß, 2 EL Stärke, 1 Prise Salz und 1/2 EL Reiswein mischen. Übrige Stärke mit 50 ml Wasser, etwas Salz und 1 Prise Pfeffer in einer Schale verrühren und beiseite stellen.
– In einem Topf Wasser aufkochen. Die Bambussprossen darin etwa 1 Min. sprudelnd kochen lassen, herausnehmen, abtropfen und abkühlen lassen. Dann die Sprossen in etwa 1 1/2 cm große Würfel schneiden.
– Frühlingszwiebel putzen, waschen und in kurze Stücke schneiden. Knoblauch schälen und in dünne Scheiben schneiden. Paprika waschen, von Stiel und Kernen befreien und in etwa 1 1/2 cm große Stücke schneiden.
– Das Öl im Wok bei mittlerer Hitze heiß werden lassen. Die Fischwürfel hineingeben und unter Rühren etwa 2 Min. braten, dann herausnehmen.
– Im Restöl Frühlingszwiebel und Knoblauch bei mittlerer Hitze und unter Rühren kurz anbraten. Bambussprossen und Paprika dazugeben, unter Rühren etwa 1 Min. braten.
– Danach die Fischwürfel wieder in den Wok geben, mit dem restlichen Reiswein würzen, die angerührte Stärke untermischen und alles unter Rühren etwa 1 Min. schmoren. Vor dem Servieren nach Belieben mit Sesamöl beträufeln.

432. Fischfilet mit Tomaten aus dem Wok

GELINGT LEICHT | PREISWERT
Für 2–3 Personen
Zubereitungszeit: 40 Min.

300 g Fischfilet (z. B. Rotbarsch) • 1 Eiweiß • 2 EL Sake (Reiswein) • 1 1/2 EL Speisestärke • Salz • 2 Tomaten (etwa 100 g) • 200 ml neutrales Pflanzenöl • 1 Prise frisch gemahlener weißer Pfeffer • 50 ml Hühnerbrühe (selbst gemacht oder Instant)

– Das Fischfilet in etwa 4 cm lange und 2 cm breite Scheiben schneiden. Mit Eiweiß, 1 EL Reiswein, 1 EL Speisestärke und 1 Prise Salz mischen.

– Die Tomaten mit kochend heißem Wasser überbrühen, abschrecken, häuten und in etwa 4 cm große Stücke schneiden, dabei die Stielansätze entfernen.
– Öl in einem Wok erhitzen. Es ist heiß genug, wenn an einem ins Öl getauchten Holzstäbchen Bläschen emporsteigen. Fischscheiben stückweise hineingeben und etwa 1 Min. frittieren (Vorsicht, Spritzgefahr!). Herausnehmen und das Fett abtropfen lassen.
–Die Temperatur herunterschalten. Öl bis auf einen dünnen Film aus dem Wok gießen. Die Tomatenstücke darin unter Rühren bei mittlerer Hitze etwa 1 Min. braten, Fischfilet dazugeben.
– Dann mit übrigem Reiswein, Salz und Pfeffer würzen und die Brühe angießen. Einmal aufkochen lassen. Restliche Speisestärke mit 1 EL Wasser anrühren. In die Brühe rühren und sie damit binden.

TIPPS

– Sie können das Gericht vor dem Servieren mit 1 EL fein gehackten Korianderblättchen bestreuen.
– Beim Frittieren darf das Fischfilet nicht knusprig werden, daher nicht länger als 1 Min. frittieren.

433. Knuspriges Fischfilet aus China

GELINGT LEICHT | PREISWERT
Für 3–4 Personen
Zubereitungszeit: 35 Min.

400 g Schollen- oder Kabeljaufilet • Salz • 3 EL Sake (Reiswein) • 1 kleines Bund chinesischer Schnittlauch (möglichst mit Blüten) • 1 Scheibe Ingwer (etwa 2 cm dick) • 2 Knoblauchzehen • 150 g Salatgurke • 1 Ei • 60 g Speisestärke • 1/4 l neutrales Pflanzenöl • 1 1/2 EL scharfe Bohnenpaste • 1 EL Zucker • 1 TL Reisessig • 1 TL helle Sojasauce

Das Fischfilet kalt abbrausen, trockentupfen und in etwa 5 cm lange und 3 cm breite Scheiben schneiden. Mit Salz und 1 EL Reiswein mischen und etwa 10 Min. ziehen lassen.
– Schnittlauch abbrausen und fein hacken. Ingwer und Knoblauch schälen, fein hacken. Gurke waschen und längs halbieren. Kerne entfernen, Gurke quer in dünne Scheiben schneiden und auf einem Teller anrichten. Ei, Stärke und 1 EL Wasser in einer Schüssel verquirlen.
– Öl in einem Wok bei starker Hitze heiß werden lassen. Es ist heiß genug, wenn an einem ins Öl getauchten Holzstäbchen Bläschen emporsteigen. Die Fischstücke durch die Ei-Stärke-Masse ziehen und nacheinander ins Öl geben. Etwa 1 Min. frittieren und herausnehmen.
– Das Öl erneut stark erhitzen, dann die Fischstücke nochmals ins Öl geben und in etwa 1/2 Min. goldgelb frittieren (Vorsicht, Spritzgefahr!). Herausnehmen, das Fett abtropfen lassen.
– Öl bis auf einen dünnen Film aus dem Wok gießen, Temperatur herunterschalten. Bohnenpaste, Ingwer und den Knoblauch ins Öl geben und unter Rühren bei schwacher Hitze anbraten.
– Zucker, Essig, Sojasauce und übrigen Reiswein dazugeben. Die Fischstücke und den Schnittlauch untermischen. Alles gut durchrühren, auf die Gurke geben und servieren. Nach Belieben mit den Schnittlauchblüten garnieren.

Fisch & Meeresfrüchte

434. Fisch süßsauer

BRAUCHT ETWAS ZEIT
Für 4 Personen
Zubereitungszeit: 1 1/4 Std.

600 g Rotbarschfilet • 1–2 EL Zitronensaft • 1 Ei • 60 g Speisestärke • 2 EL Mehl • frisch gemahlener weißer Pfeffer • 2 EL Sojasauce • etwa 1/4 l Hühner- oder Gemüsebrühe (Instant oder selbst gemacht) • 1 kleine grüne Paprikaschote • 2 kleine Möhren • 1 mittelgroßes Stück Salatgurke • 100 g Stangensellerie • 1 Knoblauchzehe • etwa 1/2 l Sonnenblumenöl zum Ausbacken • Salz • 1 EL Erdnuss- oder Olivenöl • 3 EL Tomatenketchup • 5 EL Rotweinessig • Saft von 1 Orange • 60 g Zucker • eventuell Sambal oelek

– Das Fischfilet in mundgerechte Stücke schneiden. 1 TL von dem Zitronensaft beiseite stellen. Die Fischwürfel mit dem restlichen Zitronensaft mischen und zugedeckt im Kühlschrank ziehen lassen.
– Für den Teig das Ei trennen, das Eiweiß kalt stellen. Von der Speisestärke 1 gehäuften EL beiseite stellen. Das Eigelb mit der restlichen Speisestärke, dem Mehl und Pfeffer mischen. 1 EL Sojasauce dazugeben und so viel Brühe untermischen, dass ein glatter Teig entsteht. Den Teig etwa 30 Min. zugedeckt bei Zimmertemperatur quellen lassen.

– Inzwischen die Paprikaschote waschen, putzen und in Streifen schneiden. Die Möhren schälen und in dünne Stifte schneiden. Das Gurkenstück schälen und in Streifen schneiden. Den Sellerie waschen, putzen und in feine Scheiben schneiden. Das zarte Selleriegrün beiseite legen. Die Knoblauchzehe schälen und sehr fein hacken.
– Den Backofen auf 100° (Umluft 80°) vorheizen. Das Sonnenblumenöl in einem breiten höheren Topf erhitzen. Es ist heiß genug, wenn an einem Holzlöffelstiel, den Sie in das heiße Fett tauchen, sofort kleine Bläschen hochsteigen.
– Das gekühlte Eiweiß mit Salz zu steifem Schnee schlagen und unter den Ausbackteig ziehen. Den Fisch abtupfen, portionsweise durch den Teig ziehen und im heißen Fett ausbacken. Er braucht etwa 3 Min., bis er schön gebräunt ist.
– Die gegarten Würfel mit einem Schaumlöffel aus dem Fett heben und auf einer mit Küchenpapier ausgelegten Platte abfetten lassen. Im Ofen (Mitte) warm halten.
– Wenn alle Fischwürfel gebraten sind, das Erdnuss- oder Olivenöl in einer Pfanne erhitzen. Den Knoblauch hinzufügen und glasig dünsten. Die restliche Sojasauce, den Ketchup, den Essig, den Orangen- und den restlichen Zitronensaft hinzufügen. Zucker untermischen und bei mittlerer Hitze schmelzen lassen.
– Die restliche Brühe dazugießen und zum Kochen bringen. Das Gemüse darin zugedeckt in etwa 8 Min. bissfest garen.
– Die Sellerieblättchen grob hacken. Restliche Speisestärke in 2 EL kaltem Wasser anrühren. Die Mischung zur Sauce geben und noch einmal aufkochen lassen. Die Sauce nach Wunsch mit wenig Sambal oelek abschmecken, mit den Fischwürfeln mischen und mit den Sellerieblättchen bestreut servieren.

435. Gegrillte Fisch-Gemüse-Spieße

BRAUCHT ETWAS ZEIT | GUT FÜR GÄSTE
Für 4 Personen
Zubereitungszeit: 30 Min.
Marinierzeit: 30 Min.

800 g Rotbarschfilet • 4 EL Olivenöl • Saft von 1/2 Zitrone • 2 Zweige Thymian • 1 kleiner Zweig Rosmarin • 100 g Schalotten • 200 g Tomaten • 200 g dünne Zucchini • 150 g milde Spitzpaprikaschoten • Salz • frisch gemahlener schwarzer Pfeffer • 1 Bund glatte Petersilie • 8 Holzspieße

– Rotbarsch in Würfel oder Scheibchen von etwa 3 cm Kantenlänge schneiden. Olivenöl und Zitronensaft in einem Schüsselchen verrühren. Die Kräuter abbrausen und trockenschütteln, die Blättchen hacken und untermischen. Die Fischstücke darin wenden und 30 Min. marinieren lassen.
– Die Schalotten schälen und längs halbieren. Tomaten waschen und vierteln, dabei die Stielansätze entfernen. Die Zucchini waschen, putzen und in etwa 2 cm dicke Scheiben schneiden. Die Paprikaschoten waschen, putzen und quer in etwa 2 cm breite Ringe schneiden.
– Die Fischwürfel leicht abtropfen lassen, mit den Gemüsestücken abwechselnd auf Spieße stecken und von jeder Seite 2–3 Min. im Elektrogrill grillen. Spieße mit Salz und Pfeffer bestreuen. Petersilie abbrausen und trockenschütteln. Zweige auf einer Platte auslegen, die Spieße darauf anrichten und servieren.

TIPP
Wenn Sie die Spieße in der Pfanne zubereiten wollen, 3 EL Olivenöl erhitzen und die Spieße pro Seite bei mittlerer Hitze etwa 2 Min. braten.

436. Grilled blackened fish
(Geschwärzter Fisch vom Grill)

GUT FÜR GÄSTE | GEHT SCHNELL
Für 4 Personen
Zubereitungszeit: 30 Min.

4 Stücke Fischfilet (z. B. Red Snapper, je etwa 150 g; nicht dicker als 2 cm und möglichst gleichmäßig dick) • 2 Zweige Basilikum • 1 kleine Zwiebel • 1 Knoblauchzehe • 1 EL edelsüßes Paprikapulver • 1 TL Salz • 1 TL Cayennepfeffer • 1 TL Zitronenpfeffer • 1 TL getrockneter Thymian • 50 g Butter • 6 EL Olivenöl • nach Belieben Zitronenspalten und Petersilie zum Garnieren

– Den Gartengrill vorheizen (siehe TIPPS). Fischstücke waschen, trockentupfen und zugedeckt kalt stellen.
– Für die Gewürzmischung Basilikumblätter von den Zweigen zupfen und fein hacken. Zwiebel und Knoblauch schälen, sehr fein würfeln. Alles auf einem Teller mit Paprikapulver, Salz, Cayennepfeffer, Zitronenpfeffer und Thymian mischen.

– Auf dem Grill eine schwere, gusseiserne Pfanne stark erhitzen. Inzwischen Butter in einem kleinen Topf zerlassen, auf einen tiefen Teller gießen und mit dem Olivenöl verrühren.
– Die Fischstücke zuerst in der Butter-Öl-Mischung, dann in der Gewürzmischung wenden. In die heiße Pfanne legen und von jeder Seite nur 1–2 Min. braten. Vorsicht, Spritzgefahr! Nach Belieben mit Zitronenspalten und Petersilie garnieren.

TIPPS

– Blackened Fish – in den USA im Sommer ein Muss – wird stets im Freien zubereitet, und zwar in einer Eisenpfanne auf dem gut durchgeglühten Grill. In der Küche oder in anderen Räumen wäre die Rauchentwicklung zu stark. Dazu gibt es Salat und Reis oder Kartoffeln.
– Wenn Sie das Rezept doch in Ihrer Küche zubereiten möchten, sollten Sie das Fenster weit öffnen und die Abzugshaube anstellen.
– Beliebte Fischsorten für diese Zubereitungsmethode sind auch Redfish, Catfish und Pompano, aber auch Hähnchen wird „geschwärzt".

437. Indonesisches Fisch-Curry

GEHT SCHNELL | GELINGT LEICHT
Für 4 Personen
Zubereitungszeit: 30 Min.

1 EL Tamarindenmark • 800 g festfleischige Fischfilets (z. B. Kabeljau, Rotbarsch, Seelachs) • Salz • Saft von 1/2 Zitrone • 4 Schalotten • 2 Knoblauchzehen • 1 Stück frischer Ingwer (etwa 4 cm) • 1 Stängel Zitronengras • 1/4 TL Terasi (Garnelenpaste) • 1/2–1 TL Sambal oelek • 1/2 TL Kurkuma (Gelbwurzpulver) • 2 TL gemahlener Koriander • 3–4 EL Kokosöl • 400 ml ungesüßte Kokosmilch • 1 Zweig Koriander

– Das Tamarindenmark in einer Schüssel mit 150 ml heißem Wasser einweichen.
– Inzwischen Fischfilets kalt abbrausen, mit Küchenpapier trockentupfen und eventuell die Haut entfernen. Dann die Filets in etwa 2 cm große Würfel schneiden. Mit Salz bestreuen und den Zitronensaft darüber träufeln.
– Die Schalotten schälen und fein würfeln. Den Knoblauch schälen und durch die Knoblauchpresse dürcken. Den Ingwer schälen und auf der Küchenreibe fein raspeln oder ebenfalls durch die Knoblauchpresse drücken (das geht allerdings nur mit ganz jungem, zartem Ingwer).
– Das Zitronengras waschen und den dicken, unteren Teil des Stängels klein schneiden. Terasi mit dem Löffelrücken zerdrücken. Alle Würzzutaten und das vorbereitete Gemüse im Mörser oder Mixer zu einer dicken Paste verarbeiten.
– Das Tamarindenmark im Einweichwasser verrühren, bis dieses dick und braun wird, und durch ein Sieb streichen. Den Saft auffangen.
– Öl im Wok oder in einer Pfanne erhitzen. Die Fischstücke bei starker Hitze portionsweise rundherum 2–4 Min. anbraten, herausnehmen.
– Die Gewürzpaste in Wok oder Pfanne geben und bei mittlerer Hitze unter ständigem Rühren 3–5 Min. dünsten. Anschließend mit dem Tamarindensaft ablöschen. Die Temperatur reduzieren, die Kokosmilch angießen und die Sauce 2–3 Min. bei schwacher Hitze offen köcheln lassen.
– Am Schluss den Fisch untermischen und etwa 3 Min. sanft ziehen lassen. Mit Salz abschmecken und mit Korianderblättchen garnieren.

Fisch & Meeresfrüchte

438. Fisch mit Limettensaft aus der Karibik

GEHT SCHNELL | GELINGT LEICHT
Für 4 Personen
Zubereitungszeit: 20 Min.

750 g Fischfilet (z. B. Kabeljau, Rotbarsch, Seeteufel) • Salz • neutrales Pflanzenöl für die Form • 4–5 Limetten • 1 Bund Koriander

– Das Fischfilet mit kaltem Wasser abbrausen und mit Küchenpapier trockentupfen. Die Filets salzen und in eine feuerfeste, gefettete Form geben. Den Backofen auf 220° (Umluft 200°) vorheizen.
– Die Limetten auspressen und den Saft über die Fischfilets gießen. Den Koriander waschen, trockenschütteln, die Blättchen von den Stielen zupfen und grob hacken. Über die Fischfilets streuen.
– Die Form mit Alufolie verschließen und im Ofen (Mitte) etwa 15 Min. garen.

439. Kabeljau in Petersilienöl

PREISWERT | GELINGT LEICHT
Für 4 Personen
Zubereitungszeit: 10 Min.
Kühl- und Marinierzeit: 30 Min.
Garzeit: 20 Min.

4 Knoblauchzehen • 2 Bund glatte Petersilie • Salz • frisch gemahlener schwarzer Pfeffer • 6 EL Olivenöl • 800 g Kabeljaufilet

– Den Knoblauch schälen und in dünne Scheibchen schneiden. Die Petersilie waschen, trockentupfen und fein hacken. Knoblauch und Petersilie mit Salz, Pfeffer und Olivenöl vermischen.
– In einer Auflaufform die Hälfte der Petersilienmischung verteilen, die Filets hineinbetten, mit der restlichen Mischung bedecken und 30 Min. zugedeckt kühl stellen und marinieren lassen. Den Backofen auf 200° (Umluft 180°) vorheizen.
– Die marinierten Filets im Ofen (Mitte) 10 Min. garen. Mit Alufolie abdecken und den Fisch in weiteren 10–12 Min. fertig garen.

440. Überbackene Heilbuttscheiben

GELINGT LEICHT
Für 4 Personen
Zubereitungszeit: 1 Std.
Garzeit: 20 Min.

1 große weiße Zwiebel • 1 Bund glatte Petersilie • 4 Scheiben Heilbutt (je etwa 250 g) • 1/2 unbehandelte Zitrone • 4 EL Butter • Salz • frisch gemahlener weißer Pfeffer • 1 EL Kapern • 200 g Sahne • 2 EL Semmelbrösel

– Die Zwiebel schälen und in dünne Ringe schneiden. Petersilie abbrausen, trockenschütteln und fein hacken. Heilbuttscheiben waschen und mit Küchenpapier trockentupfen. Die Zitrone heiß waschen und hauchdünn schälen, die Schale in feine Streifen schneiden.
– Den Backofen auf 200° (Umluft 180°) vorheizen. In einer flachen hitzebeständigen Form mit Deckel 2 EL Butter auf der Herdplatte leicht erhitzen. Die Zwiebel darin bei schwacher Hitze weich dünsten. Sie darf dabei nicht braun werden.
– Fisch in die Form legen und beidseitig bei mittlerer Hitze kurz anbraten, salzen und pfeffern. Die Petersilie, die Zitronenschale und die Kapern darüber streuen. Alles mit der Sahne übergießen.
– Den Fisch zugedeckt im Ofen (Mitte) 20 Min. garen. Ab und zu mit der Sauce beträufeln. Kurz vor Garzeitende den Deckel abnehmen.
– Den Fisch mit den Semmelbröseln bestreuen. Die restliche Butter in Flöckchen darauf verteilen, und das Gericht offen überbacken, bis sich eine schöne braune Kruste gebildet hat.

441. Lachsschnitzel in Sauerampfer

GUT FÜR GÄSTE | GELINGT LEICHT
Für 4 Personen
Zubereitungszeit: 40 Min.

100 g Butter (+ Butter für die Form) • 4 graue Schalotten (etwa 75 g) • 200 g Champignons oder Egerlinge • 1 Bund Sauerampfer (etwa 150 g) • 4 Lachsschnitzel (je 200 g, ohne Haut und Mittelgräte) • Salz • frisch gemahlener weißer Pfeffer • etwa 1/2 l halbtrockener Weißwein • 2–3 EL Crème double • 2 Eigelbe

– Den Backofen auf 200° (Umluft 180°) vorheizen. Eine Gratinform mit etwas Butter einfetten. Die Schalotten schälen. Die Pilze putzen, die Stiele kürzen. Schalotten und Pilze grob hacken, in die Form streuen. Den Sauerampfer abbrausen, trockenschütteln und in feine Streifchen schneiden.
– Den Fisch abbrausen und trockentupfen, salzen und pfeffern. Auf die Pilze und Schalotten legen. Wein aufkochen und über den Fisch gießen. Im Ofen (unten) 5–10 Min. offen garen lassen. Den Fisch aus der Form nehmen und im ausgeschalteten Ofen warm halten.
– Den Fischsud in der Form sofort durch ein Sieb in einen weiten Topf geben. Sud mit Crème double auf etwa 1/4 l einkochen lassen. Eigelbe mit 2–3 EL Sauce verrühren, in die Sauce rühren. Bei schwacher Hitze etwa 75 g Butterstückchen nach und nach unterrühren, bis die Sauce cremig ist. Sauce vom Herd nehmen.
– In einer Pfanne restliche Butter aufschäumen lassen. Sauerampfer 30 Sekunden (!) unter Rühren zusammenfallen lassen. Sofort unter die Sauce mischen. Lachs auf eine vorgewärmte (Fisch-)Platte geben und mit der Sauce bedecken.

442. Seezunge aus dem Ofen

BRAUCHT ETWAS ZEIT
Für 4 Personen
Zubereitungszeit: 1 Std.

1 Stange Lauch • 1 Staude Stangensellerie • 1 Zwiebel • 1 Schalotte • 3 EL Butter • 8 Seezungenfilets • Mehl zum Bestäuben • Salz • frisch gemahlener schwarzer Pfeffer • 100 ml trockener Weißwein • 100 g Sahne • 1 kleines Bund Petersilie

– Den Lauch und den Sellerie waschen und putzen. Vom Lauch nur das Weiße, vom Sellerie nur das Herz verwenden. Die Zwiebel und die Schalotte schälen. Alles klein schneiden.
– Die Butter in einem Schmortopf zerlassen, Gemüse dazugeben. Bei schwacher Hitze etwa 10 Min. köcheln, nicht bräunen lassen. Das halbgare Gemüse in eine feuerfeste Form geben. Backofen auf 200° (Umluft 180°) vorheizen.
– Die Seezungenfilets waschen, trockentupfen und in Mehl wälzen, überschüssiges Mehl abklopfen. Filets einmal quer zusammenfklappen, auf das Gemüse in die Form legen. Salzen, pfeffern. Den Wein angießen und die Form zudecken. In der Form im Ofen (Mitte) etwa 5 Min. garen.
– Jetzt die Sahne angießen. Die Form leicht schütteln, damit sich die Sahne verteilt. Form wieder in den Backofen schieben, nicht mehr zudecken, und das Gericht in weiteren 5–10 Min. fertig garen.
– Die Petersilie waschen, trockenschütteln und die Blattchen hacken. Über das Gericht streuen.

443. Heilbutt in Folie

GELINGT LEICHT
Für 4 Personen
Zubereitungszeit: 20 Min.
Garzeit: 25 Min.

4 Scheiben Heilbutt (je 200 g) • Saft von 1/2 Zitrone • Salz • frisch gemahlener weißer Pfeffer • 1 kleine Zwiebel • 1 EL Sojaöl • 1 EL geröstetes Sesamöl • 2 Knoblauchzehen • 1 Stück frische Ingwerwurzel (etwa 1 cm) • 250 g Sojasprossen • 150 g Möhren • 150 g Zuckerschoten • 2 EL Sojasauce • 2 EL trockener Sherry (Fino)

– Den Heilbutt waschen, mit Küchenpapier trockentupfen und mit dem Zitronensaft beträufeln. Mit Salz und Pfeffer würzen.
– Die Zwiebel schälen und fein hacken. Das Sojaöl und das Sesamöl in einer Pfanne erhitzen. Die Zwiebel darin anbraten. Den Knoblauch schälen und durch die Presse dazudrücken. Ingwer schälen, fein würfeln und zugeben. Den Backofen auf 180° (Umluft 160°) vorheizen.
– Inzwischen die Sojasprossen abbrausen und abtropfen lassen. Möhren schälen und grob raspeln. Die Zuckerschoten putzen, waschen und schräg in etwa 2 cm lange Stücke schneiden.
– Das Gemüse in die Pfanne geben, die Sojasauce und den Sherry angießen. Alles kräftig mit Salz und Pfeffer würzen und zugedeckt etwa 8 Min. bei schwacher Hitze dünsten.
– Ein großes Stück Alufolie auf einem Backblech ausbreiten. Das Gemüse und den Fisch darauf setzen. Die Alufolie locker darüber zusammenschlagen und die Nahtstellen fest zusammendrücken. Den Fisch im Backofen (Mitte) 10–15 Min. garen.

444. Steinbeißer-Gemüse-Päckchen

GUT FÜR GÄSTE | GELINGT LEICHT
Für 4 Personen
Zubereitungszeit: 30 Min.
Garzeit: 30 Min.

1 Süßkartoffel • 2 Möhren • 1 kleine Brokkolistaude • 1 Zucchino • 1 kleine Fenchelknolle • 50 g Butter • Salz • frisch gemahlener Pfeffer • 4 Steinbeißerfilets (etwa 700 g) • 4 TL Zitronensaft • 2 TL gemahlener Koriander • 4 EL frisch gehackte Petersilie

– Den Backofen auf 200° vorheizen. Die Süßkartoffel und die Möhren schälen, waschen, halbieren und in dünne Scheiben schneiden.
– Brokkoli, Zucchino und Fenchel waschen und putzen. Vom Brokkoli die Röschen und die zarten Blätter abtrennen. Röschen in Scheiben schneiden. Vom Fenchel das Grün aufheben. Fenchel und Zucchino auf dem Gurkenhobel fein schneiden. Brokkoliblättchen und Fenchelgrün grob hacken.
– Butter in einem Töpfchen schmelzen lassen. 4 Blätter Alufolie (etwa 35 cm lang) von der Rolle abtrennen. Auf jedes Blatt 1 EL Butter streichen. Gemüse gleichmäßig darauf verteilen und mit Salz und Pfeffer würzen.

Fisch & Meeresfrüchte

– Fischfilets portionsweise auf das Gemüsebett setzen, mit Zitronensaft beträufeln und mit Koriander, Salz und Pfeffer bestreuen. Zum Schluss die Petersilie, Brokkoliblättchen und Fenchelgrün über dem Fisch verteilen.
– Die Folien locker zu Päckchen zusammenfalten. Mit den Faltstellen nach oben auf ein Blech legen. Im Ofen (Mitte, Umluft 180°) 30 Min. garen. Die Fischpäckchen öffnen und sofort mit der Folie auf vorgewärmten Tellern anrichten.

TIPPS

– Die Steinbeißerfilets sollten Sie rechtzeitig bei Ihrem Fischhändler vorbestellen.
– Falls Sie keine Süßkartoffel bekommen können, nehmen Sie stattdessen 2 fest kochende Kartoffeln.

445. Kabeljau in pikanter Sauce

BRAUCHT ETWAS ZEIT | GELINGT LEICHT
Für 4 Personen
Zubereitungszeit: 40 Min.
Garzeit: 20 Min.

1 EL getrocknete Steinpilze • 1 Stange Sellerie • 1 Bund Petersilie • 1 Zwiebel • 2 Knoblauchzehen • 1 Möhre • 3 Sardellenfilets • 2 EL Pinienkerne • 1 EL Kapern • 4 EL Olivenöl • 1 kg Kabeljaufilets • Salz • frisch gemahlener weißer Pfeffer • 2 EL Mehl • etwas Fleisch- oder Fischbrühe (selbst gemacht oder Instant)

– Die Steinpilze in lauwarmem Wasser etwa 30 Min. einweichen, dann gut ausdrücken und grob zerkleinern.
– Inzwischen Sellerie putzen und waschen, Petersilie waschen und trockenschütteln. Zwiebel und Knoblauchzehen schälen. Alles fein hacken. Möhre schälen und fein raspeln. Sardellenfilets mit einer Gabel zu Brei zerdrücken. Pinienkerne und Kapern klein hacken.
– In einer feuerfesten Pfanne (mit passendem Deckel) Öl erhitzen und darin zerkleinerte Zutaten bei schwacher Hitze etwa 10 Min. braten, aus der Pfanne nehmen. Den Backofen auf 200° (Umluft 180°) vorheizen.
– Den Fisch kurz kalt abbrausen, trockentupfen, von beiden Seiten mit Salz und Pfeffer einreiben, rundum in Mehl wenden, dann in die Pfanne geben. Angebratenes Gemüse über dem Fisch verteilen.
– Die Pfanne mit dem Deckel verschließen. Den Fisch im Backofen (Mitte) etwa 10 Min. garen, dann den Ofen ausschalten und den Fisch noch 10 Min. ziehen lassen. Ab und zu mit der Sauce beträufeln. Falls zuviel Bratfond verdampft ist, etwas Brühe dazugießen.

446. Mexikanischer Schwertfisch

GELINGT LEICHT | GUT FÜR GÄSTE
Für 4 Personen
Zubereitungszeit: 25 Min.
Garzeit: 15 Min.

4 Frühlingszwiebeln • 1 Bund Koriander (ersatzweise glatte Petersilie) • 500 g Fleischtomaten • Saft von 1 Limette • 3 EL Olivenöl (+ Öl für die Form) • Salz • frisch gemahlener schwarzer Pfeffer • 4 Schwertfischsteaks (je etwa 180 g)

– Die Frühlingszwiebeln putzen, waschen und in schmale Ringe schneiden. Den Koriander abbrausen, trockenschütteln und die Blättchen fein hacken.
– Die Fleischtomaten mit kochendem heißem Wasser überbrühen, abschrecken, häuten, quer halbieren, entkernen und vom Stielansatz befreien. Das Fruchtfleisch klein würfeln. Den Backofen auf 200° (Umluft 180°) vorheizen.
– Die Frühlingszwiebeln mit Koriander, Tomatenwürfeln, Limettensaft und Olivenöl in einer Schüssel mischen, mit Salz und Pfeffer würzen. Eine Auflaufform mit Öl auspinseln.
– Schwertfischsteaks kalt abbrausen und mit Küchenpapier trockentupfen. Mit Salz und Pfeffer würzen und nebeneinander in die Form legen.
– Die Gemüsemischung gleichmäßig auf dem Fisch verteilen. Form in den Ofen (Mitte) schieben und Fisch und Gemüse 10–15 Min. garen.

TIPP

Sie können auch 4 große gehäutete Tomaten in Scheiben schneiden und auf 4 große Stücke Alufolie verteilen. Darauf je 1 Schwertfischsteak legen und mit gehacktem Knoblauch und etwas Koriander bestreuen. Das Ganze dann mit Öl beträufeln, einpacken und bei 200° (Umluft 180°) 15–20 Min. im Ofen (Mitte) garen.

447. Fischfilet mit Kräutern und Spinat

PREISWERT | GUT FÜR GÄSTE
Für 4 Personen
Zubereitungszeit: 35 Min.
Backzeit: 15 Min.

600 g festfleischige Fischfilets (Rotbarsch, Seelachs) • 4 EL Zitronensaft • 1 große Zwiebel • 1 EL Butter • 1 kg Fleischtomaten • Salz • frisch gemahlener weißer Pfeffer • 500 g Spinat • 2–3 Knoblauchzehen • 3 EL trockener Weißwein • frisch geriebene Muskatnuss • 1 Bund gemischte Kräuter • 2 EL extra natives Olivenöl • 25 g frisch geriebener Parmesan

– Die Fischfilets mit Zitronensaft beträufeln und zugedeckt kühl stellen. Die Zwiebel schälen, fein hacken und in der Butter glasig dünsten. Die Tomaten waschen und würfeln, dabei Stielansatz entfernen. Die Tomaten kurz mitdünsten. Salzen und pfeffern, beiseite stellen.
– Spinat waschen, putzen, blanchieren, gut abtropfen lassen und leicht ausdrücken. Knoblauch schälen und in den Wein pressen, mit Muskat, Salz und Pfeffer abschmecken. Spinat und Wein mischen und in eine feuerfeste Form füllen, Tomaten darunter mischen.
– Kräuter waschen und trockenschütteln, die Blättchen abzupfen und mit Öl und Parmesan im Mixer pürieren. Den Backofen auf 180° (Umluft 160°) vorheizen.
– Fischfilets salzen und pfeffern, auf das Gemüse legen. Das Kräuter-Käse-Gemisch auf den Fisch streichen. Im Ofen (Mitte) etwa 15 Min. überbacken.

448. Renkenfilets auf Gemüsebett

GELINGT LEICHT
Für 4 Personen
Zubereitungszeit: 30 Min.
Garzeit: 20 Min.

800 g gehäutete Renkenfilets • Saft von 1 Zitrone • 2 Möhren • 1 Stange Lauch • 1 1/2 EL Butter • Salz • frisch gemahlener weißer Pfeffer • 200 g Sahne • 1/2 Bund frisch gehackte Petersilie

– Die Renkenfilets waschen und mit Küchenpapier trockentupfen. Mit dem Zitronensaft beträufeln und etwa 20 Min. ziehen lassen.
– Den Backofen auf 180° (Umluft 160°) vorheizen. Die Möhren schälen und in feine Stifte schneiden. Den Lauch längs halbieren, gründlich waschen und quer in dünne Streifen schneiden.
– In einer Pfanne 1 EL Butter erhitzen und das Gemüse einige Minuten andünsten, salzen und pfeffern. Auf dem Boden einer feuerfesten Form verteilen.
– Fischfilets salzen, auf das Gemüsebett legen und mit der restlichen Butter in Flöckchen belegen. Den Fisch in den Backofen (Mitte) schieben. Nach etwa 5 Min. mit Sahne übergießen. Noch 15 Min. im Ofen garen. Zuletzt mit der Petersilie bestreuen und in der Form servieren.

TIPP

Renken, auch Felchen genannt, sind schlanke, silberglänzende Süßwasserfische, die besonders in Süddeutschland sehr geschätzt sind. Sie werden auch geräuchert, gebraten oder gegrillt.

449. Pochierter Lachs mit Kressesauce

GEHT SCHNELL
Für 4 Personen
Zubereitungszeit: 20 Min.

4 Scheiben Lachs (jeweils etwa 200 g) • Saft von 1/2 Zitrone • Salz • 1 Zwiebel • 4 EL Butter • 200 ml trockener Weißwein • 200 g Crème fraîche • frisch gemahlener weißer Pfeffer • 1 Kästchen Kresse

– Den Lachs unter fließendem kaltem Wasser waschen und mit Küchenpapier trockentupfen. Mit etwas vom Zitronensaft beträufeln und mit Salz würzen.
– Die Zwiebel schälen und fein hacken. Die Butter in einem Topf zerlassen und die Zwiebel bei schwacher Hitze glasig dünsten. Den Lachs dazugeben und auf beiden Seiten andünsten. Den Wein angießen und den Lachs zugedeckt etwa 5 Min. sanft ziehen lassen. Die Fischscheiben herausnehmen, zugedeckt beiseite stellen.
– Crème fraîche in den Topf geben und mit der Dünstflüssigkeit gut verrühren. Die Sauce um ein Drittel einkochen lassen. Mit Salz, Pfeffer und übrigem Zitronensaft abschmecken. Fisch in der Sauce kurz erwärmen.
– Die Kresse abbrausen und die Blättchen direkt über dem Topf abschneiden. Den Lachs auf vorgewärmten Tellern anrichten und mit der Sauce überziehen.

450. Kabeljau mit Zuckerschoten

PREISWERT | GELINGT LEICHT
Für 4 Personen
Zubereitungszeit: 50 Min.

250 g Zuckerschoten • 250 g Möhren • 2 EL Butter • Salz • frisch gemahlener weißer Pfeffer • 400 ml Fischfond (selbst gemacht oder aus dem Glas) • 150 g Crème fraîche • 1 TL Speisestärke • 600 g Kabeljaufilet • 2 TL Zitronensaft

– Die Zuckerschoten putzen, waschen und schräg in etwa 1 cm lange Stücke schneiden. Die Möhren schälen und schräg in dünne Scheiben schneiden.
– Die Butter in einem breiten Topf erhitzen und die Möhren darin kurz anbraten. Mit Salz und Pfeffer würzen. Die Zuckerschoten etwa 2 Min. mitdünsten.
– Mit dem Fischfond ablöschen und bei mittlerer Hitze etwa um ein Drittel einkochen lassen. Die Crème fraîche einrühren und alles etwa 10 Min. köcheln lassen.
– Speisestärke mit etwas kaltem Wasser glattrühren, unter die Gemüsemischung mischen und alles einmal aufkochen lassen.
– Den Fisch in mundgerechte Stücke schneiden, mit dem Zitronensaft beträufeln, salzen, pfeffern und unter das Gemüse heben. Zugedeckt bei schwacher Hitze etwa 5 Min. ziehen lassen. In eine vorgewärmte Servierschüssel füllen und auftragen.

451. Seezungenfilets in Weißweinsauce

GEHT SCHNELL
Für 2 Personen
Zubereitungszeit: 30 Min.

300 g Seezungenfilets • Saft von 1 kleinen Zitrone • 1 Schalotte oder kleine Zwiebel • etwas Kerbel • 150 ml Fischfond (selbst gemacht oder aus dem Glas) • 50 ml trockener Weißwein • 100 g Sahne • 2 EL kalte Butter • Salz • frisch gemahlener weißer Pfeffer

– Die Seezungenfilets kalt abbrausen, trockentupfen und mit der Hälfte des Zitronensafts beträufeln.
– Die Schalotte oder Zwiebel schälen und fein hacken. Den Kerbel waschen, trockenschütteln und die Blättchen von den Stielen zupfen.
– Die Schalotte oder Zwiebel mit dem Fischfond und dem Weißwein in einen Topf geben und zum Kochen bringen. Den Fond bei mittlerer Hitze offen auf etwa ein Drittel einkochen lassen. Das dauert 5–10 Min.
– Den Backofen auf 50° (Umluft 30°) vorheizen. Den Fond durch ein feines Sieb gießen, dann wieder in den Topf füllen.
– Die Seezungenfilets in den Fond geben und zugedeckt bei mittlerer Hitze etwa 2 Min. garen. Der Fond darf dabei keinesfalls kochen, sonst werden die zarten Fischfilets trocken.
– Die Fischfilets mit einem Schaumlöffel vorsichtig aus dem Fond heben, auf eine vorgewärmte Platte geben und zugedeckt im Ofen (Mitte) warm halten.
– Sahne zum Fischfond geben und alles bei mittlerer Hitze unter gelegentlichem Rühren weiter einkochen, bis die Sauce sämig wird.
– Die Butter in kleine Stücke schneiden und mit dem Schneebesen unter die Sauce schlagen. Die Sauce mit Salz, Pfeffer und restlichem Zitronensaft abschmecken und über die Fischfilets verteilen. Die Filets mit dem Kerbel bestreut servieren.

TIPP

Kerbel gibt es schon zeitig im Frühjahr frisch zu kaufen. Das würzige Kraut hat einen feinen, anisähnlichen und leicht säuerlichen Geschmack. Kerbel sollten Sie keinesfalls zu lange garen, er verliert sonst an Aroma. Statt Kerbel schmeckt an der Sauce auch Dill.

452. Makrele mit Miso

GEHT SCHNELL | GELINGT LEICHT
Für 2 Personen
Zubereitungszeit: 30 Min.

2 frische Makrelenfilets mit Haut (je etwa 150 g) • 100 g weißes Miso (Paste aus vergorenen Sojabohnen) • 1 kleines Stück frischer Ingwer (etwa 2 cm) • 50 ml Sake (Reiswein) • 1 EL Zucker • nach Belieben 1 Umeboshi (eingelegte japanische Pflaume) • 4 Radieschen

– Die Filets waschen, trockentupfen und 3–4 kleinere Stücke schneiden, die Haut öfters einritzen.

– In einem Topf Miso mit dem Schneebesen in 300 ml Wasser auflösen. Den Ingwer schälen, in 2–3 Scheiben schneiden und mit Sake und Zucker hinzufügen. Diese Mischung aufkochen lassen.
– Temperatur auf schwache Hitze herunterschalten. Die Makrelenfilets vorsichtig nacheinander in die Misosauce geben. Darauf achten, dass die Filets nicht zusammenkleben. Nach Belieben Umeboshi dazugeben.
– Den Topf mit einem Deckel verschließen und die Filets bei schwacher Hitze etwa 15 Min. garen, bis etwas Misosauce von den Makrelenfilets aufgesaugt ist.
– Umeboshi entfernen. Die Radieschen waschen und putzen. Die Makrelenfilets mit Sauce und jeweils einem Radieschen auf Tellern anrichten.

TIPP

Das Gericht können Sie mit verschiedenen anderen Fischarten, z. B. mit Rotbarsch, zubereiten.

453. Zitronenfisch

BRAUCHT ETWAS ZEIT
Für 4 Personen
Zubereitungszeit: 1 Std.

2 Red Snapper (je 750 g, ersatzweise Brassen) • 1/4 l trockener Weißwein • 30 g frischer Ingwer • 2 kleine unbehandelte Zitronen • Salz • frisch gemahlener weißer Pfeffer • 2 EL Mehl • 2 Zwiebeln • 3 EL Butter • 1 Msp. frisch geriebene Muskatblüte (Macis) • 1 Msp. Safranfäden • 3 Eier • 1 TL Speisestärke • Petersilienblättchen zum Garnieren

– Die Fische waschen, Köpfe und Flossen abschneiden. Aus den Köpfen die Kiemen entfernen und wegwerfen. Köpfe mit Flossen in einem Topf mit dem Weißwein und der gleichen Menge Wasser aufkochen.
– Ingwer schälen und in feine Scheiben schneiden. Zitronen waschen, 1/2 Zitrone in Scheiben schneiden und mit dem Ingwer zum Sud geben, etwas salzen und offen bei mittlerer Hitze etwa 20 Min. köcheln lassen.
– Fische in 3 cm dicke Scheiben teilen, salzen, pfeffern, in Mehl wenden. Zwiebeln schälen und würfeln. In einem Topf Butter erhitzen und die Fischstücke darin etwa 4 Min. bei mittlerer Hitze anbraten, dann wenden, Zwiebeln zugeben und alles etwa 4 Min. weiterbraten.
– Dann den Fischsud durch ein Sieb dazugießen, mit Salz, Pfeffer, Muskatblüte und Safran würzen. Die restlichen Zitronen auspressen, den Saft dazu geben und bei schwacher Hitze etwa 10 Min. zugedeckt ziehen lassen.
– Die Eier mit Stärke verquirlen, Fischstücke aus dem Sud nehmen und verquirlte Eier in den Sud rühren. Unter ständigem Rühren vorsichtig erhitzen, aber nicht kochen lassen. Fischstücke wieder hineingeben, nochmals abschmecken, mit Petersilie garnieren..

454. Fischfilets mit Kokosmilch

BRAUCHT ETWAS ZEIT
Für 4 Personen
Zubereitungszeit: 30 Min.
Marinierzeit: 2 Std.

4 Fischfilets (je 180–200 g, z. B. Kabeljau, Heilbutt, Seeteufel) • Salz • 1/2 TL getrockneter Oregano • 1 Limette • 1 Zwiebel • 3 Knoblauchzehen • 1 Tomate • 1/2 Stange Sellerie • 2 EL Olivenöl • 300 ml ungesüßte Kokosmilch • 100 ml Fischfond (aus dem Glas) • 1 Lorbeerblatt • 1 TL Tomatenmark • nach Belieben etwas frischer Oregano

– Fischfilets waschen, trockentupfen, in eine Schüssel legen und mit Salz und getrocknetem Oregano einreiben. Die Limette auspressen und den Saft darüber gießen. Fisch zugedeckt im Kühlschrank etwa 2 Std. durchziehen lassen.
– Die Zwiebel schälen, fein würfeln. Knoblauch häuten. Die Tomate überbrühen, häuten, halbieren, von Kernen und Stielansatz befreien und fein würfeln. Den Sellerie waschen, putzen und ebenfalls fein würfeln.
– Das Öl in einem Topf erhitzen und die Zwiebelwürfel darin hell andünsten. Knoblauch durch die Knoblauchpresse dazudrücken, Tomate und Sellerie hinzufügen und unter Rühren etwa 2 Min. mitbraten. Kokosmilch, Fond, Lorbeerblatt und Tomatenmark in die Pfanne geben, bei mittlerer Hitze offen etwa 10 Min. köcheln lassen. Dann die Temperatur herunterschalten.
– Eine Servierplatte warm stellen. Die Fischfilets in die Sauce legen und weitere 10 Min. bei schwacher Hitze offen sanft köcheln lassen, dabei die Filets einmal vorsichtig wenden.
– Die Fischfilets auf die vorgewärmte Servierplatte legen und die Sauce darüber gießen. Nach Belieben mit Oreganoblättchen garnieren.

455. Karpfen in Joghurtsauce

GELINGT LEICHT | GUT FÜR GÄSTE
Für 4 Personen
Zubereitungszeit: 40 Min.

1 küchenfertig vorbereiteter Karpfen (etwa 1 kg, evtl. vom Fischhändler zerteilen lassen) • 6 TL schwarze Senfsamen • Salz • 2–3 frische oder getrocknete Chilischoten • 3 EL Naturjoghurt • 1/4 TL Chilipulver • 2 EL Senföl • 1/2 TL Kurkumapulver • 1/2 TL Zwiebelsamen

– Karpfen unter fließendem kaltem Wasser waschen und mit Küchenpapier trockentupfen. Von Kopf und Schwanzende befreien und quer in Stücke von etwa 2 cm Breite schneiden.
– Senfsamen mit 1 Prise Salz in einer elektrischen Kaffeemühle oder im Mixer mahlen und beiseite stellen. Frische Chilischoten waschen, vom Stielansatz befreien und ein paarmal der Länge nach einschneiden. Danach Hände keinesfalls an die Augen oder Schleimhäute bringen, das brennt wie Feuer!
– Joghurt in einen mittelgroßen Topf geben, mit Senfsamen, Chilipulver, Senföl, etwas Salz, Kurkumapulver, Zwiebelsamen und frischen oder getrockneten Chilischoten gut verrühren. Fisch dazugeben und etwas Sauce mit einem Kochlöffel darüber geben. Den Topf zudecken.
– In einen größeren Topf, in den der Topf mit dem Fisch gut hineinpasst, 1–1 1/2 l Wasser geben und zum Kochen bringen.
– Die Temperatur reduzieren und den kleineren Topf mit dem Fisch in den größeren hineinstellen, dann den großen Topf zudecken. Den Fisch im Wasserbad bei schwacher Hitze in etwa 25 Min. garen.

456. Karpfenfilet mit Meerrettich

GELINGT LEICHT
Für 4 Personen
Zubereitungszeit: 1 Std.

1/2 l trockener Weißwein • 1 EL Apfel-oder Weißweinessig • 5 schwarze Pfefferkörner • 2 Lorbeerblätter • Salz • 1 Zwiebel • 600 g Wurzelgemüse (Knollensellerie, Möhren, Petersilienwurzel) • 4 Karpfenfilets (je etwa 200 g) • 2 EL frisch geriebener Meerrettich

– Wein und Essig mit 1 l Wasser zum Kochen bringen. Pfeffer, Lorbeerblätter und 1 EL Salz hinzufügen. Die Zwiebel schälen, grob zerkleinern und dazugeben. Etwa 300 g Wurzelgemüse putzen, waschen, grob schneiden und hinzufügen. Fischsud etwa 20 Min. bei schwacher Hitze köcheln lassen.
– Restliches Wurzelgemüse putzen, waschen und in sehr feine Stäbchen schneiden. Die Gemüsestäbchen in wenig Salzwasser in etwa 3 Min. bissfest garen.
– Die Karpfenfilets in den Fischsud geben und etwa 15 Min. bei schwacher Hitze ziehen lassen. Dann die Fischfilets aus dem Sud nehmen und auf vorgewärmte Teller legen. Gemüsestäbchen darüber verteilen. Die Karpfenfilets mit Meerrettich bestreut servieren.

TIPP

Man unterscheidet drei Arten von Karpfen. Die Stammform ist der völlig mit Schuppen bedeckte Schuppenkarpfen. Der Spiegelkarpfen hat nur wenige große Schuppen, während der Lederkarpfen fast schuppenlos ist. Der in der Steiermark gezüchtete Silberkarpfen stammt aus Sibirien und zählt nicht zu den Grundarten.

457. Wallerfilets auf Gurkengemüse

GEHT SCHNELL
Für 4 Personen
Zubereitungszeit: 30 Min.

4 Wallerfilets (je etwa 150 g) • 1/2 unbehandelte Zitrone (Saft und abgeriebene Schale) • Salz • frisch gemahlener weißer Pfeffer • 1 kg Salat- oder Gärtnergurken • 1 Schalotte • 2 EL Butter • 1 Knoblauchzehe • 1/8 l trockener Weißwein • 150 g Kräuterfrischkäse • 1 Bund Dill

– Die Wallerfilets mit Zitronensaft beträufeln, salzen und pfeffern. Die Gurken schälen, längs halbieren, entkernen und in etwa 1 1/2 cm dicke Scheiben schneiden.
– Die Schalotte schälen, fein hacken und in der Butter andünsten. Den Knoblauch schälen und dazupressen. Gurken hinzufügen und kurz mitdünsten. Weißwein und Kräuterfrischkäse unterrühren. Salzen, pfeffern, 1 TL Zitronenschale einstreuen, alles zugedeckt bei schwacher Hitze 5 Min. garen.

– Dill abbrausen, trockenschütteln und fein hacken, unter das Gemüse heben. Die Wallerfilets auf das Gemüse legen und bei schwacher Hitze etwa 10 Min. garen, dabei einmal wenden.

458. Frikassee von Süßwasserfischen

GELINGT LEICHT | GUT FÜR GÄSTE
Für 4–6 Personen
Zubereitungszeit: 45 Min.

200 g Zanderfilet • 200 g Lachsforellenfilet • 200 g Flussbarschfilet (Eglifilet) • 2 EL Zitronensaft • Salz • frisch gemahlener weißer Pfeffer • 1 Zwiebel • 250 g Champignons • 2 Zucchini (etwa 250 g) • 2 EL Butter • 200 ml trockener Weißwein • 1/4 l Fischfond (aus dem Glas) • 150 g Crème fraîche • 1/2 Bund Dill

– Die Fischfilets kurz unter fließendem kaltem Wasser abbrausen, mit Küchenpapier trockentupfen und in mundgerechte Würfel schneiden. Mit dem Zitronensaft beträufeln, mit Salz und Pfeffer würzen. Abdecken und in den Kühlschrank stellen.
– Die Zwiebel schälen und in kleine Würfel schneiden. Die Champignons putzen und in feine Scheiben schneiden. Die Zucchini waschen, putzen und in grobe Stücke schneiden.
– In einem flachen Topf die Zwiebel und die Champignons in der zerlassenen Butter 5 Min. bei mittlerer Hitze dünsten, dann die Zucchini dazugeben und noch kurz mitdünsten.
– Das Gemüse mit dem Weißwein ablöschen und etwas einkochen lassen. Den Fischfond dazugießen, Crème fraîche unterrühren, salzen, pfeffern und das Ganze weitere 10 Min. köcheln lassen.
– Die Fischstücke in die Sauce legen und zugedeckt bei schwacher Hitze in 5 Min. gar ziehen lassen. Den Dill waschen und bis auf einige Zweige fein hacken. Das Frikassee mit Salz und Pfeffer abschmecken, den Dill untermischen, mit Dillzweigen garnieren.

TIPP

Preiswerter wird das Frikassee, wenn Sie dafür Filets von Salzwasserfischen, wie z.B. von Rotbarsch, Kabeljau oder Petersfisch, verwenden.

459. Tunfisch-Kasserolle aus dem Baskenland

BRAUCHT ETWAS ZEIT
Für 4 Personen
Zubereitungszeit: 1 1/4 Std.

1 große Zwiebel • 4 Knoblauchzehen • je 1 große rote und grüne Paprikaschote • 500 g aromatische Fleischtomaten • 2 EL Olivenöl • 1 rote oder grüne Chilischote • Salz • frisch gemahlener schwarzer Pfeffer • 2 TL edelsüßes Paprikapulver • 400 g mehlig kochende Kartoffeln • 1/4 l trockener Weißwein • 600 g Tunfisch • Saft von 1 Zitrone

– Die Zwiebel schälen und in kleine Würfel schneiden, den Knoblauch schälen. Die Paprikaschoten längs halbieren, Stiel und weiße Häute samt den Kernchen entfernen, waschen. Die Paprikahälften in schmale Streifen schneiden.
– Die Tomaten mit kochend heißem Wasser überbrühen, mit eiskaltem Wasser abschrecken, häuten und dabei den Stielansatz entfernen. Das Fruchtfleisch grob zerschneiden.
– Das Olivenöl in einem großen Topf erhitzen. Die Zwiebel darin andünsten, den Knoblauch durch die Knoblauchpresse dazudrücken. Die Paprikastreifen untermischen und alles bei schwacher Hitze etwa 5 Min. sanft dünsten.
– Die Chilischote entstielen, längs einschneiden, entkernen, waschen und in schmale Streifen schneiden. Vorsicht, ist sehr scharf! Bitte darauf achten, dass Sie nicht mit Ihren Händen an die Augen oder an Schleimhäute kommen.
– Chili mit den Tomaten in den Topf geben und mit Salz, Pfeffer und dem Paprikapulver würzen. Alles gut durchrühren und zugedeckt etwa 10 Min. bei schwacher Hitze dünsten.
– Inzwischen Kartoffeln schälen, waschen und in Würfel von etwa 1 1/2 cm Kantenlänge schneiden. Weißwein zu dem Gemüse gießen, Kartoffelwürfel untermischen und zugedeckt etwa 25 Min. köcheln lassen.
– Den Tunfisch unter fließendem kaltem Wasser kurz abbrausen und mit Küchenpapier trockentupfen. Dann den Fisch in gleich große Würfel wie die Kartoffeln schneiden. Mit Zitronensaft beträufeln, salzen, pfeffern und in den Topf geben. Alles zusammen weitere 5 Min. garen. Falls nötig nachwürzen.

460. Heilbutt in Kokos-Curry-Sauce

GELINGT LEICHT
Für 4 Personen
Zubereitungszeit: 1 Std.

800 g Heilbuttfilet • Meersalz • 1 Msp. abgeriebene unbehandelte Limettenschale • 2 Knoblauchzehen • 200 g Zwiebeln • 1 kleine milde Chilischote • 2 EL Öl • 30 g frischer Ingwer (walnussgroß) • 2–3 EL mildes Currypulver • 350 ml ungesüßte Kokosmilch

– Das Fischfilet in etwa 3 cm große Würfel schneiden, mit Salz und Limettenschale würzen. Die Knoblauchzehen und Zwiebeln schälen und fein hacken. Die Chilischote putzen, längs halbieren, entkernen, waschen und in sehr feine Streifen schneiden.
– In einem Topf Zwiebeln, Knoblauch und Chilischote im Öl bei mittlerer Hitze 10 Min. dünsten. Den Ingwer schälen, würfeln und durch die Knoblauchpresse zum Gemüse drücken. Currypulver und Kokosmilch hinzufügen und alles zusammen zugedeckt 10 Min. köcheln lassen. Mit Salz abschmecken.
– Die Heilbuttwürfel in die heiße Sauce legen und zugedeckt bei schwacher Hitze in 8–10 Min. sanft gar ziehen lassen. Sofort servieren.

TIPP
Zum Garen von Fischfilet ist eine Warmhalteplatte ideal. Die Temperatur ist niedrig, und zartes Fischfilet kann nicht austrocknen.

461. Bunter Fischtopf

BRAUCHT ETWAS ZEIT
Für 4–6 Personen
Zubereitungszeit: 1 1/2 Std.

800 g Flussfische (z. B. Zander, Hecht, Schleie und/oder Karpfen; gleich vom Fischhändler filetieren lassen und die Fischabfälle mitnehmen) • 2 kleine rote Chilischoten • Salz • 2 Lorbeerblätter • 2 Zwiebeln • 300 g Süßkartoffeln • 500 g Fleischtomaten • 4 Stangen Stangensellerie • 2 EL Speiseöl • 2 EL Currypulver • frisch gemahlener schwarzer Pfeffer

– Die Fischabfälle kalt abbrausen und mit 1 l Wasser, Chilischoten, Salz und Lorbeerblättern in einen Topf geben. Alles offen bei starker Hitze aufkochen und in etwa 45 Min. um etwa ein Viertel reduzieren. Dann den Sud durchsieben, auffangen.
– Die Fischfilets wenn nötig häuten, entgräten, waschen und trockentupfen. Die Zwiebeln und die Süßkartoffeln schälen. Die Zwiebeln fein hacken. Die Süßkartoffeln in kleine Würfel schneiden.
– Die Tomaten mit kochend heißem Wasser überbrühen, häuten, Kerne und Stielansätze entfernen. Das Fruchtfleisch grob hacken. Sellerie putzen, waschen und die Stangen in dünne Scheiben schneiden.
– Das Öl in einem großen Topf erhitzen, Zwiebeln und Süßkartoffeln darin bei mittlerer Hitze unter Rühren etwa 5 Min. andünsten. Nach der Hälfte der Zeit das Currypulver darüber stäuben und verrühren, die Tomaten dazugeben.
– Den aufgefangenen Fischsud in den Topf zum Gemüse gießen und bei starker Hitze aufkochen. Mit Salz und Pfeffer würzen. Fischfilets und Selleriescheiben in den Topf geben und zugedeckt bei sehr schwacher Hitze in etwa 15 Min. gar ziehen lassen.

TIPP
Im nördlichen Südamerika kochten die Indianer bereits vor Kolumbus mit Süßkartoffeln (Bataten). Heuten werden diese Knollen mit dem leicht süßlichen Aroma in allen warmen Gegenden der Welt angebaut – und ersetzen teilweise die Kartoffel.

462. Fisch in Zwiebelsauce

GUT FÜR GÄSTE
Für 4 Personen
Zubereitungszeit: 45 Min.

800 g Lachsforellenfilet (oder auch ein anderes Fischfilet) • Salz • 1 1/2 TL gemahlene Kurkuma (Gelbwurz) • 3 Zwiebeln • 3 Tomaten • 2 Chilischoten • 1 Stück frische Ingwerwurzel (etwa 4 cm lang) • 2 Knoblauchzehen • 3 EL Ghee (geklärte Butter) oder Pflanzenöl • 2 Lorbeerblätter • 1/2 TL Kreuzkümmelsamen (Cumin) • 2 EL Naturjoghurt • 2 TL Senföl • 1 TL Garam Masala oder mildes Currypulver

– Den Fisch in etwa 6 cm große Stücke schneiden. Die Fischstücke mit jeweils 1/2 TL Salz und Kurkuma bestreuen und zur Seite stellen. Die Zwiebeln schälen und fein hacken.
– Die Tomaten waschen und vierteln, dabei die Stielansätze entfernen. Die Chilischoten waschen, putzen und klein schneiden, wahlweise die Kerne dabei entfernen (sie sind sehr scharf, deshalb danach die Hände gründlich waschen, nicht in die Augen greifen). Die Ingwerwurzel und den Knoblauch schälen und fein reiben oder sehr fein hacken.
– Das Ghee oder Öl in einem flachen Topf erhitzen. Die Lorbeerblätter und den Kreuzkümmel etwa 1 Min. bei mittlerer Hitze anrösten. Die Zwiebeln dazugeben und unter Rühren dunkelbraun anbraten. Nach und nach unter Rühren Ingwer, Knoblauch, die Chilis und übriges Kurkuma dazugeben und etwa 2 Min. mitrösten. Die Tomaten und den Joghurt hinzufügen und noch einmal etwa 3 Min. durchmischen. 150 ml Wasser angießen und aufkochen.
– Wenn die Sauce zu kochen anfängt, die Temperatur zurückschalten, die Sauce mit Salz abschmecken und die Fischstücke vorsichtig hineinlegen. Den Fisch gut mit der Sauce bedecken und zugedeckt bei schwacher Hitze etwa 10 Min. ziehen lassen.
– Kurz vor dem Servieren das Senföl und Garam Masala oder Curry über den Fisch streuen und sehr vorsichtig mit der Fischbackschaufel wenden, damit die Fischstücke nicht zerfallen.

463. Fischragout mit Gurken und Tomaten

GELINGT LEICHT
Für 4 Personen
Zubereitungszeit: 35 Min.

je 200 g Kabeljau-, Rotbarsch- und Lachsfilet • 3 EL Zitronensaft • 500 g Schmorgurken oder 1 Salatgurke • 1 große Zwiebel • 1–2 Knoblauchzehen • 500 g Tomaten • 2 EL Butter • Salz • frisch gemahlener weißer Pfeffer • 2 EL Crème fraîche • 1 Bund Dill

– Die Fischfilets unter fließendem kaltem Wasser abbrausen, dann gründlich trockentupfen. Die Fischfilets mit einem scharfen Messer in mundgerechte Stücke schneiden, dabei eventuell vorhandene Gräten mit einer Pinzette entfernen.
– Fischwürfel und Zitronensaft mischen und zugedeckt stehen lassen, bis die übrigen Zutaten vorbereitet sind.
– Die Gurken schälen und längs halbieren. Die Kerne mit einem Löffel herauslösen. Die Gurkenhälften in dünne Scheiben schneiden. Die Zwiebel und den Knoblauch schälen und fein hacken.
– Tomaten mit kochend heißem Wasser überbrühen, kurz darin ziehen lassen, kalt abschrecken und häuten. Die Tomaten in kleine Würfel schneiden, dabei die Stielansätze entfernen.
– In einem Topf die Butter erhitzen und die Zwiebel und den Knoblauch darin glasig dünsten. Die Gurkenscheiben dazugeben und kurz andünsten. Die Tomaten untermischen, alles mit Salz und Pfeffer würzen und zugedeckt bei schwacher Hitze etwa 8 Min. garen, bis die Gurken bissfest sind.
– Die Fischwürfel auf das Gemüse legen und zugedeckt bei schwacher Hitze etwa 8 Min. ziehen lassen. Dann die Crème fraîche unter das Fischragout rühren, alles noch einmal mit Salz und Pfeffer würzen.
– Den Dill waschen, trockenschütteln und die groben Stiele entfernen. Die Blättchen fein hacken und das Fischragout damit bestreut servieren.

464. Stockfisch auf kalabrische Art

BRAUCHT ETWAS ZEIT
Für 4 Personen
Zubereitungszeit: 30 Min.
Einweichzeit: 24 Std.
Garzeit: 45 Min.

500 g Stockfisch • Salz • 1 große Zwiebel • 1 Bund glatte Petersilie • 4 EL kalt gepresstes Olivenöl • 2 EL Tomatenmark • 800 g fest kochende Kartoffeln • frisch gemahlener schwarzer Pfeffer • 1 Bund Basilikum • 100 g schwarze Oliven

– Den Stockfisch in reichlich kaltes Wasser legen und etwa 24 Std. einweichen, dabei das Wasser zwei- bis dreimal erneuern.
– Am nächsten Tag 1/2 l frisches Wasser mit 1 TL Salz aufkochen. Den Stockfisch darin etwa 30 Min. zugedeckt bei schwacher Hitze köcheln lassen. Dann mit einem Schaumlöffel vorsichtig herausnehmen, abtropfen und abkühlen lassen. Den Sud aufheben und beiseite stellen. Den Fisch in etwa 4 cm große Stücke schneiden, dabei Haut und Gräten entfernen.

– Für die Sauce die Zwiebel schälen, vierteln und in dünne Streifen schneiden. Petersilie waschen, trockenschütteln und die Blättchen hacken.
– Das Olivenöl in einem Topf erhitzen, die Zwiebel darin glasig braten, die Petersilie unterrühren. Das Tomatenmark mit 1/4 l Wasser verrühren und in den Topf gießen. Die Sauce zugedeckt bei schwacher Hitze etwa 15 Min. köcheln lassen.
– Kartoffeln schälen und in nicht zu dünne Scheiben schneiden. Mit den Fischstücken in die Sauce geben. Mit Salz und Pfeffer würzen. Die Basilikumblättchen von den Zweigen zupfen und vorsichtig unter die Zutaten im Topf mischen. So viel von dem beiseite gestellten Kochsud unterrühren, das alle Zutaten bedeckt sind.
– Das Gericht zugedeckt weitere 10 Min. köcheln lassen. Die Oliven entsteinen, vierteln, dazugeben und alles noch etwa 15 Min. köcheln lassen, bis die Kartoffeln gar sind. Den Eintopf abschmecken und servieren.

465. Waller im Weinsud

GUT VORZUBEREITEN
Für 4 Personen
Zubereitungszeit: 40 Min.

Für den Sud: 1 Zwiebel • 2 unbehandelte Zitronenscheiben • 2 Gewürznelken • 1 Lorbeerblatt • 1 Prise Zucker • Salz • 1/8 l Weißweinessig • 1/4 l trockener Weißwein
Außerdem: 600 g Wallerfilet • 3 EL Zitronensaft • 200 g Knollensellerie • 2 Möhren • 1/2 Stange Lauch • einige Stängel Petersilie • 2 EL frisch geriebener Meerrettich

– Für den Sud die Zwiebel schälen, halbieren und in dünne Streifen schneiden. Mit 1/4 l Wasser, Zitronenscheiben, Nelken, Lorbeerblatt, Zucker, etwas Salz, Essig und Wein in einem Topf aufkochen. Das Ganze etwa 10 Min. bei schwacher Hitze köcheln lassen, dann durch ein Sieb streichen und erneut stark erhitzen.
– Aus dem Wallerfilet eventuell noch vorhandene Gräten mit einer Pinzette entfernen. Die Filets in gleich große Stücke von etwa 50 g teilen und mit dem Zitronensaft beträufeln.
– Sellerie und Möhren schälen, waschen und in lange, dünne Streifen schneiden. Den Lauch putzen, längs halbieren, gründlich waschen und ebenfalls in feine Streifen schneiden.
– Das Gemüse und die Wallerstücke in den Sud legen. Bei schwacher Hitze in 6–8 Min. gar ziehen lassen. Jeweils Gemüse und Fischstücke in tiefe Teller verteilen und mit etwas Sud begießen. Das Ganze mit Petersilie und Meerrettich garnieren.

TIPPS

– Das Grundrezept des sauren Sudes ist für alle Süßwasser- sowie Meeresfische geeignet. Sie können darin sowohl ganze Fischstücke mit Haut wie auch zarte Filets zubereiten.
– Für ein festliches Essen zusätzlich mit Gemüse oder Fischfarce gefüllte Nudeltäschchen mit in die Teller geben. Die Täschchen sollten Sie separat in Salzwasser garen, damit der Sud nicht trüb wird.
– Den Sud können Sie auch einige Zeit vorher zubereiten und kühl stellen. Das Gemüse und den Fisch vorbereiten und erst kurz vorm Servieren im heißen Sud gar ziehen lassen.

466. Hechtklößchen in Weinsauce

BRAUCHT ETWAS ZEIT
Für 6 Personen
Zubereitungszeit: 30 Min.
Kühlzeit: 1 Std.

Für die Klößchen: 2 Brötchen vom Vortag • 600 g Hechtfilet • 2 Eiweiße • 200 g Sahne • 2 EL fein gehackte Petersilie • Salz • frisch gemahlener weißer Pfeffer • frisch geriebene Muskatnuss
Für die Sauce: 2 Schalotten • 2 EL Butter • 2 TL Speisestärke • 1/4 l trockener Weißwein • 200 g Sahne • Salz • frisch gemahlener weißer Pfeffer • 2 Gläser Fischfond (800 ml) • 4 EL Noilly Prat (französischer Wermut) • 2 Eigelbe

– Brötchen würfeln, in etwas Wasser einweichen. Fisch von den Gräten befreien, in Stücke schneiden und mit dem Pürierstab fein pürieren. Fisch mit ausgedrückten Brötchen, Eiweißen, Sahne und der Petersilie mischen, mit Salz, Pfeffer und Muskat würzen und nochmals pürieren. Etwa 1 Std. zugedeckt kühl stellen.
– Für die Sauce die Schalotten schälen und sehr fein hacken. Butter in einem Topf zerlassen, die Schalotte darin glasig dünsten. Die Speisestärke mit dem Wein

verrühren. Mit der Sahne in den Topf gießen, mit Salz und Pfeffer würzen und bei mittlerer Hitze um die Hälfte einkochen lassen.
– Den Fischfond erhitzen. Von der Fischmasse mit einem Esslöffel kleine Klößchen abstechen und im Fond etwa 10 Min. bei schwacher Hitze ziehen lassen. Die Klößchen herausheben, mit etwas Fischfond begießen und warm stellen.
– Restlichen Fischfond durch ein feines Sieb gießen. Etwa 200 ml davon und den Noilly Prat in die Sauce geben. Nochmals etwas einkochen lassen. Von der Kochstelle nehmen. Eigelbe verquirlen und die Sauce damit binden. Die Klößchen auf Teller verteilen und mit der Sauce übergießen.

467. Zarte Fischbällchen in Kräutersahne

GUT FÜR GÄSTE
Für 3–4 Personen
Zubereitungszeit: 45 Min.

500 g Zanderfilet • 2 Scheiben Toastbrot • 1 Schalotte oder Zwiebel • 1 Knoblauchzehe • 1 unbehandelte Zitrone • 2 Eigelbe • Salz • frisch gemahlener weißer Pfeffer • eventuell etwas Semmelbrösel • je einige Zweige Petersilie, Basilikum und Zitronenmelisse • einige Blättchen Estragon • 200 g Sahne • 50 ml trockener Weißwein

– Die Fischfilets kurz unter dem kalten Wasserstrahl abbrausen und mit Küchenpapier trockentupfen. Dann in kleine Würfel schneiden.
– Das Toastbrot von der Rinde befreien und ebenfalls in Würfel schneiden. Die Schalotte oder Zwiebel und den Knoblauch schälen und grob zerkleinern.
– Die Fischstücke mit dem Brot, der Schalotte oder Zwiebel und dem Knoblauch im Mixer fein pürieren oder zweimal durch die feine Scheibe des Fleischwolfes drehen.
– Die Zitrone heiß waschen und ein Stück Schale dünn abschneiden. Die Schale sehr fein hacken. Die Zitrone dann auspressen.
– Das Fischpüree mit der Zitronenschale und dem -saft sowie den beiden Eigelben vermengen. Den Fischteig mit Salz und Pfeffer abschmecken. Der Teig soll weich sein, aber gut zusammen halten. Wenn er zu feucht ist, etwas Semmelbrösel untermischen.
– Aus dem Teig mit angefeuchteten Händen etwa tischtennisballgroße Bällchen formen. Auf eine Platte geben, abdecken und kühl stellen.
– Die Petersilien-, Basilikum- und Zitronenmelissezweige abbrausen, trockenschütteln und die Blättchen von den Zweigen zupfen. Mit den Estragonblättchen sehr fein hacken.
– Die gehackten Kräuter mit der Sahne und dem Weißwein in einen breiten Topf geben und mit Salz und Pfeffer würzen. Bei starker Hitze unter Rühren offen etwas einkochen lassen.
– Dann die Hitze zurückschalten. Die Fischbällchen mit einem Schaumlöffel vorsichtig in die Sauce legen und zugedeckt bei schwacher Hitze etwa 10 Min. sanft ziehen lassen.

Fisch & Meeresfrüchte

TIPPS

– Die Bällchen können Sie sehr gut vorbereiten, auf eine Platte geben und mit Folie bedeckt einige Stunden im Kühlschrank aufbewahren.
– Die Fischbällchen werden im Mikrowellengerät gegart besonders saftig. Sie brauchen dann nur 1 Toastbrot für die Fischmasse. Bällchen auf einem Teller bei 600 Watt etwa 4 Min. in die Mikrowelle geben. Die Sauce getrennt erhitzen (in der Mikrowelle in 3 Min. oder wie beschrieben auf dem Herd).

468. Aal grün

GUT FÜR GÄSTE
Für 6 Personen
Zubereitungszeit: 1 Std.

1 kg frischer Aal (beim Fischhändler kaufen und ausnehmen lassen) • Saft von 1 großen Zitrone • 1 Möhre • 1 Petersilienwurzel • 1 Zwiebel • 1/8 l trockener Weißwein • 1 Lorbeerblatt • 4 weiße Pfefferkörner • 4 Wacholderbeeren • Salz • 1 Prise Zucker • 2 EL Butter • 1 EL Mehl • 1 Eigelb • 125 g Sahne • 1 Bund Petersilie • je 1 Hand voll Sauerampfer, Kerbel und Brennnesseln • 1 Zweig Estragon • frisch gemahlener weißer Pfeffer

– Den Aal in 4–5 cm große Stücke schneiden und mit dem Zitronensaft (1 EL aufheben) beträufeln, dann etwa 10 Min. ziehen lassen.

– Inzwischen die Möhre und die Petersilienwurzel schälen und grob zerkleinern. Die Zwiebel schälen und in Viertel schneiden.
– Die Möhre, die Petersilienwurzel und die Zwiebel mit 1/8 l Wasser, dem Wein, dem Lorbeerblatt, den Pfefferkörnern und den Wacholderbeeren in einen größeren Topf geben und zum Kochen bringen.
– Den Sud dann bei schwacher Hitze offen etwa 15 Min. köcheln lassen. Den Sud anschließend durch ein feines Sieb gießen, auffangen.
– Den Sud wieder in den Topf geben, mit Salz und dem Zucker abschmecken und wieder zum Kochen bringen. Die Aalstücke in den Sud geben und zugedeckt bei schwacher Hitze etwa 20 Min. ziehen lassen. Den Backofen auf 50° (Umluft 30°) vorheizen.
– Den Fisch dann mit einem Schaumlöffel aus dem Sud heben und im Ofen warm halten. In einem anderen Topf die Butter zerlassen, aber nicht braun werden lassen. Mehl hinzufügen und unter ständigem Rühren goldgelb anrösten.
– Den Sud unter ständigem kräftigen Rühren zum Mehl gießen. Es ist wichtig, dass Sie dabei immer kräftig rühren, sonst bildet das Mehl Klümpchen und die Sauce wird nicht richtig sämig. Die Sauce bei schwacher Hitze zugedeckt etwa 10 Min. köcheln lassen.
– Inzwischen das Eigelb mit der Sahne kräftig verschlagen. Die Kräuter waschen, trockentupfen und ohne die groben Stiele mit dem Messer fein hacken oder in dünne Streifen schneiden.
– Die Eigelbmischung mit dem Schneebesen unter die Sauce schlagen. Die Sauce darf dabei nicht mehr kochen, sonst gerinnt das Eigelb.
– Die Kräuter und den Aal in die Sauce geben und einige Min. ziehen lassen, bis der Aal wieder schön heiß ist. Den Aal mit Salz, dem Zitronensaft und Pfeffer abschmecken und sofort servieren.

TIPPS

– Wacholderbeeren sind die kugeligen, tief blauschwarzen Beeren des Wacholderstrauches. Sie haben einen würzigen, leicht bitteren Geschmack und werden hauptsächlich getrocknet angeboten.
– Wildkräuter wie Sauerampfer und Brennnessel sollten Sie nur auf Wiesen sammeln, die nicht gespritzt werden und die nicht direkt am Straßenrand liegen. Auf großen Märkten kann man sie auch kaufen. Statt Wildkräutern schmeckt Spinat.

469. Aal in Rotwein

GEHT SCHNELL
Für 4 Personen
Zubereitungszeit: 30 Min.

100 g mild eingelegte rote Beten • 600 g frischer Aal (gehäutet und filetiert) • 1 EL Butterschmalz • 1/8 l kräftiger Rotwein • 100 g Crème double • Salz • frisch gemahlener weißer Pfeffer • 20 eingelegte Perlzwiebeln

– Die roten Beten in einem Sieb abtropfen lassen und in dünne Streifen, Aal in mundgerechte Stücke schneiden. Das Butterschmalz in einem breiten Topf mittelstark erhitzen, Aalstücke darin 2 Min. rundherum anbraten.
– Die roten Beten dazugeben und 3–4 Min. mitgaren lassen. Dabei nach und nach den Rotwein angießen. Crème double hineinrühren, die Perlzwiebeln hinzufügen und die Sauce mit Salz und Pfeffer abschmecken. Den Aal sofort servieren.

TIPP

Frischen Aal sollten Sie bei Ihrem Fischhändler vorbestellen. Bitten Sie ihn am besten auch, den Aal zu häuten und zu filetieren. Um rund 600 g Fleisch zu bekommen, muss der Aal knapp 1 kg wiegen.

470. Seezungenröllchen in Portweinbutter

GUT FÜR GÄSTE
Für 4 Personen
Zubereitungszeit: 1 Std.

100 g Zanderfilet • Meersalz • 1 Eiweiß • 100 ml weißer, trockener Portwein • 150 g rohe Riesengarnelenschwänze • 6–8 Seezungenfilets (insgesamt etwa 600 g, ersatzweise Schollenfilets) • 100 ml trockener Weißwein • 100 ml Hummerfond (aus dem Glas) • 100 g Butter • frisch gemahlener Pfeffer

– Zanderfilet klein schneiden, mit der Sahne vermischen und im Tiefkühlfach 20 Min. anfrieren lassen. Dann mit 1 Prise Salz und dem Eiweiß im Mixer fein pürieren und mit 2 EL Portwein würzen.

– Die Garnelenschwänze aus der Schale lösen, den Darm entfernen, das Garnelenfleisch waschen, fein hacken und unter die Fischfarce rühren.
– Die Seezungenfilets mit Salz würzen und die Farce gleichmäßig aufstreichen, dann die Filets vom dicken Ende her eng aufrollen.
– Backofen auf 75° (Umluft 50°) vorheizen. In einem Topf den restlichen Portwein, Weißwein, Hummerfond und 1 EL Butter aufkochen. Die Seezungenröllchen mit dem schmalen Fischende nach unten in den Sud legen und zugedeckt bei schwacher Hitze in 6–8 Min. sanft gar ziehen lassen. Herausheben und zugedeckt im Ofen warm stellen.
– Den Sud bei starker Hitze auf die Hälfte einkochen lassen. Von der Kochstelle nehmen, übrige Butter stückchenweise unterschlagen, mit Pfeffer abschmecken. Die Seezungenröllchen halbieren und mit der Portweinbutter auf vorgewärmten Tellern anrichten.

471. Gedämpfte Lachssteaks

GELINGT LEICHT
Für 4 Personen
Zubereitungszeit: 35 Min.

1 Zwiebel • 1 Stange Lauch • 1 Stange Sellerie • 1 Lorbeerblatt • 1/8 l trockener Weißwein • 400 ml Fischfond (aus dem Glas) • Salz • frisch gemahlener schwarzer Pfeffer • 1 kleine unbehandelte Zitrone • 4 Lachssteaks (je etwa 250 g) • 2 EL Butter • 2 EL Mehl • 100 g Sahne • 1/2 Bund Dill

– Die Zwiebel schälen, den Lauch und den Sellerie waschen und putzen, alles grob in Stücke schneiden. Das Gemüse zusammen mit Lorbeerblatt, Wein und Fischfond in einen breiten Topf geben, mit Salz und Pfeffer würzen.
– Die Zitrone waschen, achteln und ebenfalls in den Topf geben. Die Flüssigkeit im Topf aufkochen.
– Die Lachssteaks kurz unter fließendem kaltem Wasser waschen, mit Küchenpapier trockentupfen und auf einen Dämpfeinsatz legen. In den Topf stellen, diesen fest verschließen und die Lachssteaks bei mittlerer Hitze 8–12 Min. (je nach Dicke) dämpfen.
– Inzwischen die Butter in einem Topf schmelzen lassen, das Mehl dazugeben und unter Rühren goldgelb anschwitzen. Mit der Sahne ablöschen, bei schwacher Hitze köcheln lassen.
– Wenn der Lachs fertig ist, etwa 200 ml von der Dämpfflüssigkeit durch ein feines Sieb zur Sahnesauce gießen und die Sauce kräftig durchkochen.
– Sauce mit Salz und Pfeffer abschmecken. Dill waschen, trockenschütteln und hacken, unter die Sauce rühren und diese zusammen mit den Lachssteaks anrichten.

472. Gedämpfter Saibling mit Zitronenbutter

PREISWERT | GELINGT LEICHT
Für 4 Personen
Zubereitungszeit: 45 Min.

8 Saiblingfilets (je etwa 120 g) • Salz • frisch gemahlener weißer Pfeffer • 1 EL Zitronensaft • 4 EL Wermut • 1 kleine Stange Lauch • 2 kleine Möhren • 1 Stück Knollensellerie (80 g) • 1/8 l trockener Weißwein • 1 Zitrone • 50 g Butter • 1 EL frisch gehackte Petersilie • etwas Worcestersauce

– Die Saiblingsfilets salzen und pfeffern. Mit Zitronensaft und Wermut beträufeln.
– Das Gemüse putzen, den Lauch längs einschneiden. Alles waschen, abtropfen lassen und in dünne Streifen schneiden.
– In einem Topf mit Dämpfeinsatz den Weißwein mit so viel Wasser aufkochen, dass der Dämpfeinsatz nicht mit dem Sud in Berührung kommt.
– Filets auf den leicht mit Butter bestrichenen Dämpfeinsatz legen. Gemüsestreifen darauf verteilen, alles zugedeckt bei mittlerer Hitze etwa 10 Min. dämpfen.
– Inzwischen die Zitrone so schälen, dass auch die weiße Haut entfernt ist. Dann die Fruchtfilets auslösen. In einer Pfanne die restliche Butter aufschäumen lassen. Zitronenfilets und Petersilie darin kurz schwenken, mit Pfeffer und Worcestersauce würzen.
– Die Saiblingfilets mit dem Gemüse auf vorgewärmten Tellern anrichten und mit der Zitronenbutter servieren.

TIPP

Sehr fein schmecken die Filets auch, wenn Sie sie im asiatischen Stil zubereiten. Dafür statt Zitronensaft und -filets den Saft und das Fruchtfleisch von 2 Limetten nehmen und etwas Zitronengras und Ingwer (beides fein geschnitten) mitdämpfen.

473. Schwertfisch aus dem Dampf

GUT FÜR GÄSTE
Für 2 Personen
Zubereitungszeit: 20 Min.
Garzeit: 20 Min.

2 Scheiben Schwertfisch (je etwa 150 g) • Salz • frisch gemahlener schwarzer Pfeffer • 3 EL kalt gepresstes Olivenöl • 1 unbehandelte Zitrone • 1 Knoblauchzehe • 1/2 Bund glatte Petersilie • 1 EL Kapern • 1 kleiner Zweig frischer oder 1 gute Msp. getrockneter Oregano

– Die Schwertfischscheiben waschen, trockentupfen und von beiden Seiten leicht mit Salz und Pfeffer bestreuen. Einen Siebeinsatz mit Alufolie auslegen und mit 1 EL Öl einpinseln. Die Fischscheiben nebeneinander hineinlegen.
– Die Zitrone waschen und halbieren. Die eine Hälfte auspressen und den Saft mit dem übrigen Öl in ein Schüsselchen gießen. Knoblauch schälen und durch die Presse zur Öl-Zitronensaft-Marinade drücken.
– Die Petersilienblättchen fein hacken, mit den Kapern auch zur Marinade geben. Alles verrühren und auf die Fischscheiben träufeln. Von der zweiten Zitronenhälfte 2 Scheiben abschneiden und auf den Fisch legen.
– In einen Topf etwa 3 cm hoch Wasser gießen und aufkochen. Den Siebeinsatz mit dem Fisch auf ein Drahtgestell über das siedende Wasser setzen, es darf den Fisch auf keinen Fall berühren. Den Fisch etwa 20 Min. bei mittlerer Hitze zugedeckt im Dampf garen.
– Frischen Oregano waschen, trockenschütteln und die Blättchen abzupfen. Etwa 5 Min. vor Ende der Garzeit die Zitronenscheiben entfernen, den Fisch mit Oregano bestreuen und fertig garen.

474. Schollenfilets asiatisch

GELINGT LEICHT
Für 4 Personen
Zubereitungszeit: 25 Min.
Marinierzeit: 30 Min.

3 EL Sojasauce • 3 EL trockener Sherry • frisch gemahlener schwarzer Pfeffer • 750 g Schollenfilet • 1 Möhre • 1 kleine Stange Lauch • 250 g Sojasprossen • Salz • 1 Stück frische Ingwerwurzel (etwa 2 cm lang)

– Aus der Sojasauce, dem Sherry und dem Pfeffer eine Marinade rühren und gleichmäßig über die Schollenfilets gießen. Abdecken und den Fisch etwa 30 Min. ziehen lassen.
– Möhre schälen und in dünne Streifen raspeln. Den Lauch putzen, längs einschneiden, gründlich waschen und in feine Ringe schneiden. Möhre, Lauch und Sojasprossen in kochendem Salzwasser etwa 1/2 Min. blanchieren, abschrecken und abtropfen lassen. Ingwer schälen und hacken.
– Das Gemüse auf eine Platte legen, die in einen flachen Topf passt. Die Fischfilets darauf verteilen und mit dem Ingwer bestreuen.
– Die Marinade in den Topf gießen und 3 cm hoch mit Wasser auffüllen. Eine umgestülpte Tasse hineinstellen. Die Platte auf die Tasse setzen und den Topf schließen. Die Marinade aufkochen und den Fisch im Dampf 8–10 Min. garen.
– Die Schollenfilets mit dem Gemüse auf vorgewärmten Tellern dekorativ anrichten, mit etwas Sud beträufeln und servieren.

475. Lotte aus dem Dampf

GUT FÜR GÄSTE
Für 4 Personen
Zubereitungszeit: 40 Min.

4 große Medaillons von der Lotte (Seeteufel, je 180 g; ersatzweise Petersfischfilets) • 4 EL Zitronensaft • 1/2 TL getrockneter zerkleinerter Peperoncino (scharfe Chilischote) • 2 Fleischtomaten • 200 g Champignons • 300 g zarter Blattspinat • 6 TL extra natives Olivenöl • Salz • frisch gemahlener weißer Pfeffer • 2 EL Aceto balsamico

– Die Fischmedaillons unter fließendem kaltem Wasser abbrausen und mit Küchenpapier gut trockentupfen. Mit 1 EL Zitronensaft und Peperoncino würzen und kurz marinieren lassen.
– Inzwischen die Stielansätze der Tomaten entfernen. Tomaten überbrühen, häuten, quer halbieren und entkernen. Das Fruchtfleisch klein würfeln. Pilze putzen und abreiben, in dünne Scheiben schneiden und mit dem restlichen Zitronensaft beträufeln.
– Den Spinat putzen und waschen, gut abtropfen lassen. Eine Tasse umgedreht in einen großen Topf stellen, etwa handbreit Wasser angießen und zugedeckt erhitzen.

– Einen großen Teller dünn mit Olivenöl bestreichen. Die Spinatblätter und die Pilzscheiben darauf verteilen. Die Fischscheiben darauf anrichten und die Tomatenwürfel darauf streuen. Alles mit Salz und Pfeffer würzen, mit Aceto balsamico und dem restlichen Öl beträufeln.
– Den Teller auf die Tasse im leicht köchelnden Wasser stellen, den Topf mit dem Deckel schließen. Den Fisch bei mittlerer Hitze in 8–10 Min. im Dampf garen.

476. Gedämpfter Karpfen in Apfel-Senf-Sauce

GELINGT LEICHT
Für 4 Personen
Zubereitungszeit: 1 Std.

1 Zwiebel • 300 g Äpfel (Boskop) • 1 Bund Sauerampfer • 1 rote Chilischote • 600 g Karpfenfilet • Salz • frisch gmahlener Pfeffer • 1/8 l trockener Weißwein • 1 TL Senfkörner • 5 Pfefferkörner • 1 1/2 EL Butter • 100 g Sahne • 3–4 EL Dijon-Senf

– Die Zwiebel schälen und sehr fein würfeln. Die Äpfel schälen, vierteln, vom Kernhaus befreien und in dünne Scheiben schneiden. Den Sauerampfer waschen und trockenschütteln, die Chilischote waschen, putzen und entkernen. Beides in feine Streifen schneiden.
– Den Backofen auf 75° (Umluft 50°) vorheizen. Den Fisch kalt abbrausen und mit Küchenpapier trockentupfen. Dann rundherum salzen und pfeffern.
– Den Weißwein mit 1/8 l Wasser, Senf- und Pfefferkörnern in einem Topf mit Siebeinsatz aufkochen. Die Fischfilets nebeneinander in zwei Portionen über dem Sud bei mittlerer Hitze zugedeckt 6–8 Min. im Dampf garen.
– Während der Fisch gart, in einer Pfanne die Butter erhitzen. Die Zwiebel darin bei milder Hitze unter gelegentlichem Rühren 5–6 Min. dünsten, Äpfel dazugeben und 3 Min. mitdünsten.
– Den Fisch in Alufolie einschlagen und im Backofen warm halten. Vom Dämpfsud 1/8 l unter die Zwiebel-Apfel-Mischung rühren, 5 Min. einkochen lassen. Dann die Sahne und den Dijon-Senf dazugeben. Die Sauce mit Salz und Pfeffer abschmecken.
– Die Hälfte des Sauerampfers und alle Chilistreifen unter die Sauce mischen. Über die Karpfenfilets gießen und mit dem restlichen Sauerampfer bestreuen.

477. Forelle blau

GUT FÜR GÄSTE
Für 2 Personen
Zubereitungszeit: 45 Min.

1 Möhre • 1 Stück Knollensellerie (etwa 100 g) • 1 Zwiebel • 1 Bund Petersilie • Salz • 1/8 l trockener Weißwein • 2 TL Pfefferkörner • 2 Lorbeerblätter • 2 Gewürznelken • 1/8 l Weißweinessig • 2 küchenfertig vorbereitete Forellen (je etwa 250 g) • 40 g Butter • 1/2 unbehandelte Zitrone

Fisch & Meeresfrüchte

– Die Möhre, den Sellerie und die Zwiebel schälen und grob würfeln. Die Petersilie abbrausen.
– Für den Sud 1 1/2 l Wasser in einen breiten Topf füllen. 2–3 EL Salz, Möhre, Zwiebel, Sellerie und die Petersilie sowie den Weißwein, die Pfefferkörner, die Lorbeerblätter und die Nelken dazugeben. Alles aufkochen, dann die Hitze reduzieren und den Sud etwa 15 Min. köcheln lassen. Von der Kochstelle ziehen.
– Weißweinessig in einem kleinen Topf erhitzen. Die Forellen unter fließendem kaltem Wasser vorsichtig abbrausen, die Haut nicht abreiben (der Schleim muss dran bleiben, damit sich die Fische „blau färben"!).
– Forellen gleichmäßig mit dem heißen Essig begießen und in den heißen, nicht mehr kochenden Sud geben. Die Fische darin 8–10 Min. ziehen lassen.
– Die Butter erhitzen. Die Zitrone heiß waschen, in dünne Scheiben schneiden und die Forellen damit garnieren. Die flüssige Butter getrennt dazu reichen.

478. Forelle Müllerin

SCHMECKT KINDERN
Für 4 Personen
Zubereitungszeit: 40 Min.

750 g kleine Kartoffeln • 4 küchenfertig vorbereitete Forellen • Salz • frisch gemahlener schwarzer Pfeffer • etwas Mehl zum Wenden • 100 g Butter • 2 EL frisch gehackt Petersilie • 1–2 Zitronen in dünnen Scheiben

– Die Kartoffeln waschen und in wenig Wasser in knapp 20 Min. garen, abgießen und pellen, warm stellen. Die Fische waschen, trockentupfen und innen und außen mit Salz und Pfeffer würzen, anschließend im Mehl wenden. Backofen auf 100° (Umluft 80°) vorheizen.

– In zwei beschichteten Pfannen je 1–2 EL Butter erhitzen. Die Forellen darin bei mittlerer Hitze auf beiden Seiten insgesamt 10 Min. braten. Herausnehmen, mit Bratbutter beträufeln und warm stellen.
– Restliche Butter in eine der Pfannen geben, Petersilie und Kartoffeln darin schwenken und kurz braten. Zu den Forellen servieren. Forellen mit den Zitronenscheiben garnieren.

479. Forelle in Riesling

GUT FÜR GÄSTE
Für 4 Personen
Zubereitungszeit: 50 Min.

4 küchenfertig vorbereitete Forellen (je etwa 350 g) • Saft von 1/2 Zitrone • Salz • frisch gemahlener weißer Pfeffer • 3 Möhren • 3 Petersilienwurzeln • 1 Zwiebel • 1 Lorbeerblatt • 3 Gewürznelken • 1 Bund Frühlingszwiebeln • 250 g kleine Champignons • 330 ml trockener Riesling • 2 EL Weißweinessig • 3 EL Butter

– Die Forellen nur innen mit kaltem Wasser waschen, mit Zitronensaft beträufeln, salzen und pfeffern. Die Möhren und die Petersilienwurzeln schälen und in nicht zu dünne Scheiben schneiden. Die Zwiebel schälen und halbieren. Eine Hälfte einschneiden und das Lorbeerblatt in den Einschnitt stecken, die andere Hälfte mit Nelken spicken.
– In einem Topf, in dem später auch die Forellen Platz haben, 1 l Salzwasser mit den Zwiebelhälften und dem geschnittenen Gemüse aufsetzen, etwa 10 Min. bei schwacher Hitze zugedeckt köcheln lassen.
– Inzwischen die Frühlingszwiebeln waschen, Wurzelenden und ein Stück vom grünen Ende abschneiden, dann die Zwiebeln quer halbieren. Die Champignons trocken abreiben, die Stiele abschneiden. Frühlingszwiebeln und Champignons in den Sud geben und noch 5 Min. mitgaren.
– Wein und Essig dazugießen, aufkochen und die Forellen hineinlegen, sie sollen gerade vom Sud bedeckt sein. Zugedeckt bis zum leisen Sieden erhitzen, dann bei ganz schwacher Hitze 10–15 Min. ziehen lassen.
– Die gespickten Zwiebelhälften entfernen. Die Forellen auf Tellern anrichten und mit dem Gemüse umgeben. Etwas Kochsud mit der Butter verrühren und über die Fische gießen.

480. Rotbarben mit Zitrone

GUT FÜR GÄSTE
Für 4 Personen
Zubereitungszeit: 20 Min.
Garzeit: 25 Min.

8 küchenfertige Rotbarben (je 200 g) • Salz • grob geschroteter Pfeffer • 40 g Butter (+ Butter für die Form) • 2 Zwiebeln • 2 EL Olivenöl • 6 Lorbeerblätter • 3 große Tomaten • 1 unbehandelte Zitrone • 1 TL edelsüßes Paprikapulver • 4 EL frisch gehackte Petersilie

– Die Rotbarben waschen, trockentupfen und mit Salz und Pfeffer würzen. Eine ofenfeste Form einfetten, die Fische hineinlegen. Den Backofen auf 225° (Umluft 200°) vorheizen.
– Die Zwiebeln schälen, in dünne Ringe schneiden, in heißem Öl glasig dünsten und mit den Lorbeerblättern zwischen den Fischen verteilen. Tomaten und Zitrone waschen und in dünne Scheiben schneiden.
– Die Fische abwechselnd mit Tomaten- und Zitronenscheiben bedecken. Salz, Pfeffer, Paprika und Petersilie darüber streuen. Butter in Flöckchen darauf geben.
– Die Fische mit Alufolie abdecken und im Ofen (Mitte) zunächst 10 Min. garen. Dann die Hitze auf 175° (Umluft 160°) zurückschalten und die Barben in weiteren 10–15 Min. fertig garen.

481. Gegrillter Steinbutt

GEHT SCHNELL
Für 2 Personen
Zubereitungszeit: 15 Min.
Garzeit: 15 Min.

1 Steinbutt (etwa 600 g) • 1 Knoblauchzehe • 1/2 Zitrone • einige Zweige frischer oder 1/2 TL getrockneter Thymian • 1 EL Olivenöl • Salz • frisch gemahlener weißer Pfeffer

– Den Steinbutt schon vom Fischhändler vorbereiten lassen, also den Kopf und die Flossen entfernen lassen.
– Den Steinbutt waschen und trockentupfen. Knoblauch schälen, durch die Presse drücken. Zitrone auspressen. Frischen Thymian waschen, trockenschütteln und die Blättchen von den Zweigen streifen.

– Den Backofengrill vorheizen. Knoblauch, Zitronensaft und Thymian mit dem Olivenöl mischen. Den Steinbutt mit Salz und Pfeffer würzen und mit der Ölmischung bestreichen.
– Den Backofenrost mit Alufolie belegen. Den Steinbutt darauf legen und auf jeder Seite etwa 7 Min. grillen, bis das Fischfleisch weiß ist.

482. Grüne Heringe vom Grill

PREISWERT | GUT VORZUBEREITEN
Für 4 Personen
Zubereitungszeit: 30 Min.
Marinierzeit: 1 Std.

Salz • frisch gemahlener schwarzer Pfeffer • 2 TL gemahlener Kreuzkümmel • 1,2 kg küchenfertige grüne Heringe • 3 Knoblauchzehen • 2 unbehandelte Zitronen • 4 EL frisch gehackte Petersilie • 2 EL frisch gehackte Minze • 1 TL Kreuzkümmelsamen • 4 EL Olivenöl • 4 Tomaten • 8 gelbe Spitzpaprikaschoten

– Salz, Pfeffer und gemahlenen Kreuzkümmel mischen. Die Fische waschen, trockentupfen und innen und außen mit der Gewürzmischung einreiben.
– Die Knoblauchzehen schälen und fein würfeln. 1 Zitrone waschen, vierteln und in Scheiben schneiden. Die restliche Zitrone auspressen.
– Petersilie, Minze, Knoblauch, Kreuzkümmelsamen und Zitronenscheibchen in und auf den Heringen verteilen. 3 EL Zitronensaft mit dem Olivenöl verrühren, darüber träufeln. Die Fische 1 Std. marinieren lassen.
– Den Elektro- oder Holzkohlegrill anheizen. Die Tomaten und die Paprikaschoten waschen. Heringe abtropfen lassen, auf dem Grill 7–8 Min. pro Seite grillen. Tomaten und Paprika im Ganzen am Grillrand garen, salzen und dazu servieren.

483. Thailändisch gegrillte Forelle

GELINGT LEICHT
Für 4 Personen
Zubereitungszeit: 35 Min.

4 küchenfertig vorbereitete Forellen (je 200–250 g) • 9 EL Limettensaft • 1 TL Salz • frisch gemahlener schwarzer Pfeffer • 1/4 Kopf Weißkohl (300 g) • 1 große Möhre • 10 Knoblauchzehen • 9 EL Öl • 1 EL Chilipulver • 2 EL Zucker • 3 EL Fischsauce • nach Belieben 1 Bananenblatt zum Dekorieren (gewaschen und zerschnitten)

– Forellen kalt waschen und trockentupfen. Beide Seiten im Abstand von etwa 2 cm nicht zu tief einkerben. Mit 4 EL Limettensaft und Salz innen und außen würzen, etwas Pfeffer darüber streuen.
– Weißkohl putzen und waschen, Möhre schälen, beides in sehr feine Streifen schneiden. Am Rand einer großen ovalen Platte (evtl. auf den Bananenblättern) anrichten. Oder für jeden Fisch eine eigene Platte nehmen.
– Knoblauch schälen und fein hacken. In einem kleinen Topf 5 EL Öl erhitzen, Knoblauch bei mittlerer Hitze in etwa 2 Min. goldgelb braten und mit dem Öl in einer kleinen Schale beiseite stellen.
– Für die Sauce weitere 2 EL Öl im selben Topf erhitzen, Chilipulver darin kurz anrösten. Den Topf vom Herd nehmen, Zucker, Fischsauce und 5 EL Limettensaft dazugeben und so lange rühren, bis sich der Zucker gelöst hat. Backofengrill auf 200° (Umluft 180°) vorheizen oder den Holzkohlegrill anheizen.
– Die Forellen mit übrigem Öl bepinseln und auf dem Holzkohle- oder im Backofengrill (Mitte) etwa 15 Min. garen. Ab und zu mit Öl bepinseln.
– Fische auf der vorbereiteten Platte anrichten, Knoblauch samt dem Öl über die Forellen geben und die lauwarme Chilisauce darüber gießen oder separat reichen.

484. Scholle mit Basilikum-Dip

GELINGT LEICHT
Für 4 Personen
Zubereitungszeit: 40 Min.

2 Bund Basilikum • 250 g Quark • 5 EL Zitronensaft • Salz • frisch gemahlener weißer Pfeffer • 4 küchenfertige Schollen (je etwa 400 g) • Mehl zum Wenden • 8 EL Butterschmalz • 1 unbehandelte Zitrone

– Die Basilikumblättchen von den Stängeln abzupfen und mit dem Quark und 3 EL Zitronensaft im Mixer pürieren. Das Püree in eine Schüssel füllen und mit Salz und Pfeffer würzen. Kalt stellen.
– Die Schollen kalt waschen und gut trockentupfen. Mit dem restlichen Zitronensaft beträufeln, rundum salzen und pfeffern.

Fisch & Meeresfrüchte

– Das Mehl in einen tiefen Teller geben und die Schollen darin wenden, bis sie ganz damit bedeckt sind. Die Fische kurz auf ein Kuchengitter legen, damit das Mehl antrocknen kann.
– In einer großen Pfanne 2 EL Butterschmalz erhitzen. Die Schollen darin bei mittlerer Hitze auf jeder Seite 5–6 Min. braten. Wenn zu wenig Fett in der Pfanne ist, wieder Butterschmalz nachgeben.
– Zitrone heiß abwaschen, abtrocknen und in Achtel schneiden. Mit den Schollen anrichten. Den Basilikum-Dip dazu reichen.

485. Scholle in Apfelwein

GELINGT LEICHT | GUT FÜR GÄSTE
Für 4 Personen
Zubereitungszeit: 30 Min.
Garzeit: 15 Min.

1 EL Butter • 200 g Schalotten • je 1/2 Bund Kerbel, Petersilie, Schnittlauch und Estragon • 4 küchenfertig vorbereitete Schollen (je 200–250 g, mit Haut und Gräten) • Salz • frisch gemahlener Pfeffer • 1/2 l Cidre brut (trockener Apfelwein) • 1 Scheibe trockenes gemahlenes Weißbrot (= 1 EL Brotbrösel) • 3–4 EL Crème double

– Den Backofen auf 200° (Umluft 180°) vorheizen. Das tiefe Blech des Backofens einfetten. Schalotten schälen, fein würfeln und auf das Blech streuen.
– Kräuter abbrausen, trockenschütteln, fein schneiden. Die Fische abbrausen, trockentupfen und innen und außen kräftig salzen und pfeffern. Mit der dunklen Seite nach unten auf das Blech legen. Mit drei Viertel der Kräuter bestreuen.
– Den Cidre erhitzen und über die Fische gießen. Die Brotbrösel über die Fische streuen. Im Backofen (unten) 12–15 Min. garen. Etwa 5 Min. vor Garzeitende Crème double auf die Fische geben.
– Fische vom Blech nehmen, auf eine hitzebeständige Platte geben und im ausgeschalteten Backofen warm halten. Sud durch ein Sieb in einen weiten Topf gießen, Schalotten und Kräuter gut auspressen. die Sauce nach Belieben etwas einkochen lassen und mit Salz und Pfeffer abschmecken.
– Die Fische auf große, vorgewärmte (Fisch-)Teller verteilen, Sauce über die Fische geben. Mit den restlichen Kräutern bestreuen. Sofort servieren.

TIPP
Wenn Sie keine Schollen bekommen, können Sie dieses Fischgericht auch einmal mit 4 Seezungen zu je 250–300 g zubereiten. An der Garzeit ändert sich nichts.

486. Würzige Sardinen

GEHT SCHNELL
Für 4 Personen
Zubereitungszeit: 30 Min.

16 küchenfertige Sardinen (am besten rechtzeitig vorbestellen, ersatzweise 8 Heringe) • 1 unbehandelte Zitrone • 1 Bund Oregano • 1 Bund Petersilie • 4 Knoblauchzehen • 6 EL Sojaöl • 1/2 TL grob geschroteter schwarzer Pfeffer • Fisch-Grillkörbe oder Alu-Grillpfannen

– Die Fische gründlich innen und außen waschen, mit Küchenpapier trockentupfen Die Zitrone heiß waschen und die Schale fein abreiben. Die Zitrone in dünne Scheiben schneiden, die Scheiben halbieren.
– Den Oregano und die Petersilie waschen und ohne die groben Stiele fein hacken. Knoblauchzehen schälen und fein hacken. Zitronenschale, Kräuter und Knoblauch mit dem Öl und dem Pfeffer verrühren. Den Holzkohlen- oder den Elektrogrill anheizen.
– Sardinen innen und außen mit der Ölmischung bestreichen, mit den Zitronenscheiben füllen, in Fisch-Grillkörbe oder in Alu-Grillpfannen legen. Von jeder Seite 5–8 Min. grillen (Heringe 8–12 Min.). Während des Grillens mit der restlichen Ölmischung bestreichen.

487. Rotbarben in Tomatensauce

GUT FÜR GÄSTE | GELINGT LEICHT
Für 4 Personen
Zubereitungszeit: 40 Min.
Garzeit: 20 Min.

1 Stange Sellerie • 1 Bund Petersilie • 750 g Tomaten • 3 Knoblauchzehen • 5 EL kalt gepresstes Olivenöl • 1 getrocknete Chilischote • Salz • 1/8 l trockener Rotwein • 8 kleine oder 4 große Rotbarben (1,2 kg)

– Sellerie putzen, waschen und in 1 cm große Stücke schneiden. Petersilie waschen, trockenschütteln und fein hacken. Tomaten kurz in kochendes Wasser tauchen, enthäuten, die Stielansätze und die Kerne entfernen. Das Fruchtfleisch klein hacken. Die Knoblauchzehen schälen und in Scheibchen schneiden.
– In einer großen Pfanne 5 EL Olivenöl erhitzen. Den Knoblauch und die Hälfte der Petersilie kurz darin andünsten, dann Gemüse und die Chilischote dazugeben, umrühren und salzen. Die Sauce zugedeckt bei mittlerer Hitze etwa 20 Min. köcheln lassen. Ab und zu mit Rotwein begießen.
– Inzwischen die Rotbarben ausnehmen und schuppen (eventuell gleich vom Händler machen lassen), unter fließendem Wasser waschen. Die Fische etwa 15 Min. in kaltes Salzwasser legen, dann gut abtrocknen.
– Anschließend die Barben vorsichtig in die Pfanne mit der Sauce legen. Zugedeckt 15–20 Min. bei geringer Hitze mitschmoren, ohne sie zu wenden. Den Fisch mit der restlichen Petersilie bestreuen.

488. Schellfisch in Senfsauce

BRAUCHT ETWAS ZEIT
Für 4 Personen
Zubereitungszeit: 1 Std.
Garzeit: 50 Min.

1 Zwiebel • 1 Möhre • 1 kleines Stück Sellerieknolle • 1 Bund Petersilie • 1 Zweig frischer Thymian (ersatzweise 1 TL getrockneter Thymian) • 1 unbehandelte Zitrone • 1/4 l trockener Weißwein • 2 Lorbeerblätter • 1 EL Pfefferkörner • 2 Wacholderbeeren • Salz • 1 Schellfisch ohne Kopf (etwa 1,2 kg) • 250 g Sahne • 2 EL mittelscharfer Senf • 3 Eigelbe • frisch gemahlener weißer Pfeffer • 1 Prise Cayennepfeffer • 1 Bund Schnittlauch

– Die Zwiebel schälen und in grobe Würfel schneiden. Die Möhre und den Sellerie schälen und in grobe Stücke schneiden. Die Petersilie und den Thymian abbrausen. Die Zitrone gründlich heiß waschen und in dünne Scheiben schneiden.
– Alles in einen großen Topf geben, mit dem Wein und 1 1/2 l Wasser auffüllen. Lorbeerblätter, Pfefferkörner und zerdrückte Wacholderbeeren mit 1/2 TL Salz dazugeben. Den Sud aufkochen und 20 Min. köcheln lassen. Durch ein Sieb gießen und abkühlen lassen.
– Den Fisch waschen und in einen ausreichend großen, nicht zu hohen Topf geben. Mit dem Sud bedecken. Offen erhitzen, aber nicht kochen und in etwa 30 Min. gar ziehen lassen. Den Fisch aus dem Sud nehmen und warm halten.
– 3/8 l Kochsud abnehmen. Mit der Sahne bei starker Hitze auf etwa die Hälfte einkochen lassen.
– Den Senf mit den Eigelben und 3 EL Kochsud verquirlen. In die Sauce gießen und rühren, bis die Sauce dicklich wird, aber nicht kochen lassen. Mit Salz, Pfeffer und Cayennepfeffer abschmecken.
– Den Schnittlauch waschen, trockenschütteln und in feine Röllchen schneiden. Unter die Sauce rühren. Zum Fisch reichen.

489. Seezunge in Safransauce

GUT FÜR GÄSTE
Für 4 Personen
Zubereitungszeit: 40 Min.

2 küchenfertige Seezungen (je etwa 400 g) • Saft von 1/2 Zitrone • Salz • frisch gemahlener weißer Pfeffer • 1 kleine Zwiebel • 1 Salatgurke • 2 EL Butter • 1 Döschen Safran • 1/8 l Fischfond (selbst gemacht oder aus dem Glas) • 2 EL Crème fraîche • 1 Hand voll Kerbel

– Die Seezungen unter fließendem kaltem Wasser waschen und mit Küchenpapier trockentupfen. Mit etwa drei Viertel des Zitronensafts beträufeln, salzen und pfeffern.
– Die Zwiebel schälen und fein hacken. Die Gurke schälen, längs halbieren und die Kerne mit einem Löffel herausschaben. Das Gurkenfleisch in 1 cm große Würfel schneiden.
– In einem breiten Topf die Butter erhitzen. Die Zwiebel und die Gurke darin andünsten. Den Safran darüber stäuben und unter Rühren andünsten. Den Fischfond aufgießen. Die Crème fraîche einrühren, mit Salz und Pfeffer würzen.
– Alles aufkochen lassen. Dann die Seezungen in die kochende Sauce legen. Den Topf vom Herd nehmen und den Fisch darin zugedeckt in 5–6 Min. gar ziehen lassen. Inzwischen den Kerbel waschen und die Blättchen abzupfen.
– Den Fisch auf Teller heben, die Sauce mit Salz, Pfeffer und dem restlichen Zitronensaft abschmecken und den Kerbel darüber streuen. Zum Fisch servieren.

490. Hecht in Sahnesauce

GELINGT LEICHT
Für 4 Personen
Zubereitungszeit: 30 Min.
Garzeit: 30 Min.

1 küchenfertiger Hecht (etwa 1 1/2 kg) • Saft von 1 Zitrone • 1 Zwiebel • 6 Sardellenfilets • 80 g Butter (+ Butter für die Form) • Salz • 2 Eigelbe • 250 g saure Sahne • frisch gemahlener weißer Pfeffer

– Den Hecht innen und außen gründlich waschen, mit Küchenpapier trockentupfen und mit dem Zitronensaft beträufeln.
– Zwiebel schälen und fein hacken. Sardellenfilets abbrausen, wenn sie sehr salzig sind, und ebenfalls fein hacken. 2 EL Butter erhitzen, Zwiebel darin glasig braten.
– Den Backofen auf 200° (Umluft 180°) vorheizen. Eine große feuerfeste Form mit etwas Butter ausstreichen. Die Zwiebel und die Sardellen in die Form geben.
– Den Hecht innen und außen salzen und darauf legen. Übrige Butter klein schneiden und darüber verteilen. Hecht im Ofen (Mitte) etwa 30 Min. garen, dabei immer wieder mal mit dem entstehenden Saft bestreichen.
– Den Hecht warm stellen. Den Bratensaft durch ein Sieb streichen. Die Eigelbe mit der sauren Sahne verquirlen und unter den Bratensaft rühren. Sauce salzen, pfeffern und erhitzen, aber nicht mehr kochen lassen. Den Hecht mit Sahnesauce übergießen und servieren.

491. Hecht aus dem Bratschlauch

GELINGT LEICHT
Für 4 Personen
Zubereitungszeit: 30 Min.
Garzeit: 30 Min.

1 küchenfertiger Hecht (1 1/2–2 kg) • 5 EL Zitronensaft • Salz • frisch gemahlener weißer Pfeffer • einige Dill- und Petersilienzweige • 200 g Champignons • 2 Bund Suppengrün • 1 Zwiebel • 50 g Butter • 1/4 l trockener Weißwein • 200 g Sahne • Bratschlauch

– Hecht waschen, mit Küchenpapier trockentupfen und mit Zitronensaft beträufeln, salzen und pfeffern. Kräuterzweige abbrausen, trockenschütteln, in den Fischbauch legen. Backofen auf 200° (Umluft 180°) vorheizen.
– Champignons trocken abreiben, die Stielenden abschneiden und die Pilze vierteln. Suppengrün waschen, putzen und grob hacken. Die Zwiebel schälen und fein hacken. Alles in der Butter andünsten. Salzen, pfeffern, mit Weißwein aufgießen.
– Den Bratschlauch an einer Seite zubinden. Gemüse mit Sauce in den Bratschlauch geben, den Hecht darauf setzen, den Bratschlauch zubinden. Den Schlauch oben mit der Gabel einmal einstechen.
– Den Fisch auf dem kalten Rost in den Ofen schieben (Mitte) und 30 Min. garen. Nach 15 Min. die Hitze auf 180° verringern.
– Nun die Folie oben aufschneiden, den Fisch auf eine vorgewärmte Platte legen, warm stellen. Das Gemüse samt Sauce in einen Topf füllen. Mit der Sahne etwas einkochen lassen und um den Fisch herum verteilen.

492. Rotbarben in Papierhülle

GUT FÜR GÄSTE
Für 4 Personen
Zubereitungszeit: 30 Min.
Marinierzeit: 2 Std.

8 mittelgroße Rotbarben • 4 Knoblauchzehen • Saft von 1 Zitrone • 16 EL Olivenöl • 6 Lorbeerblätter • 1 TL schwarze Pfefferkörner • Salz • frisch gemahlener schwarzer Pfeffer • 100 g schwarze Oliven

– Die Rotbarben schuppen (erst mit dem stumpfem Messerrücken, dann mit dem Daumen die restlichen Schuppen entfernen), waschen und trockentupfen. Die Kiemen entfernen: Mit einem Finger unter den Kiemendeckel fahren, in die Kiemen einhaken und die bräunlichen Bögen herausziehen, sie würden den Fischen einen strengen Geschmack geben. Die Fische in eine flache Schüssel legen.
– Knoblauchzehen schälen und durchpressen, mit dem Zitronensaft und 8 EL Olivenöl verrühren. Die Lorbeerblätter fein zerkrümeln, die Pfefferkörner im Mörser zerstoßen und beides in die Marinade rühren.
– Die Marinade über die Rotbarben träufeln, abdecken und mindestens 2 Std. im Kühlschrank durchziehen lassen, dabei die Fische einmal wenden.
– Backofen auf 200° (Umluft 180°) vorheizen. 8 große Bögen dickes Pergamentpapier (ersatzweise Alufolie oder Bratbeutel verwenden) mit je 1 EL Olivenöl einstreichen.

– Rotbarben aus der Marinade nehmen und auf die geölten Papiere legen, salzen und pfeffern, mit der Marinade beträufeln.
– Die Oliven entsteinen und zerkleinern, auf die Portionen verteilen. Die Fische einzeln in die Papierbögen einwickeln, die Papierränder umknicken und die Päckchen fest verschließen.
– Im Ofen (Mitte) etwa 8 Min. garen. Rotbarben in der Papierhülle servieren und erst bei Tisch auspacken.

TIPP

Am besten sind die Barben von Felsenküsten in den Monaten Juni bis Oktober. Sie werden meist unausgenommen angeboten, da die kleineren Fische im Ganzen gegrillt oder gebraten werden (sie haben keine Galle). Tiefgekühlte aber immer ausnehmen.

493. Makrelen in der Folie

PREISWERT | GELINGT LEICHT
Für 4 Personen
Zubereitungszeit: 45 Min.
Garzeit: 25 Min.

2 Bund glatte Petersilie • 1 rote Paprikaschote • 6 Knoblauchzehen • 4 EL weiche Butter • Salz • frisch gemahlener schwarzer Pfeffer • 4 küchenfertige Makrelen (à ca. 350 g) • Saft von 1 Zitrone

– Die Petersilie abbrausen und trockenschütteln, die Blättchen von den Stängeln zupfen und fein hacken. Die Paprikaschote halbieren und die Kernchen und die dicken weißen Rippen entfernen. Die Hälften waschen und in sehr kleine Würfel schneiden.
– Die Paprikawürfel mit der Petersilie in eine kleine Schüssel füllen. Den Knoblauch schälen und durch die Knoblauchpresse dazudrücken. Die weiche Butter dazugeben und alles gründlich vermengen. Die Kräutermischung mit Salz und Pfeffer würzen.
– Den Backofen auf 180° (Umluft 160°) vorheizen. Die Makrelen unter fließendem kaltem Wasser innen und außen gründlich waschen, anschließend mit Küchenpapier gut trockentupfen. Die Fische innen und außen mit dem Zitronensaft beträufeln und mit Salz und Pfeffer einreiben. Die Kräutermischung in den Bauchhöhlen verteilen.
– Die Makrelen einzeln in Alufolie packen, nebeneinander auf ein Backblech legen und im Backofen (Mitte) etwa 25 Min. garen.
– Die Makrelen auspacken und den Kräutersaft, der sich gebildet hat, in ein Töpfchen abgießen und auf dem Herd erhitzen. Von den Fischen die Haut abziehen, die Filets vorsichtig von den Gräten abheben und auf vorgewärmte Teller verteilen. Die Füllung daneben setzen. Den Kräutersaft über die Makrelenfilets träufeln.

494. Knurrhahn auf Kartoffel-Tomaten-Gemüse

GELINGT LEICHT
Für 2 Personen
Zubereitungszeit: 1 Std.

500 g mehlig kochende Kartoffeln • 1 Fleischtomate • 1 weiße Zwiebel • 1 TL getrocknete Kräuter der Provence • 3 EL Olivenöl • Salz • frisch gemahlener weißer Pfeffer • 2 küchenfertige Knurrhähne (je etwa 300 g) • Saft von 1/2 Zitrone

– Den Backofen auf 200° (Umluft 180°) vorheizen. Die Kartoffeln schälen, kalt waschen und in kleine Würfel schneiden.
– Die Tomate mit kochend heißem Wasser überbrühen, kurz darin ziehen lassen, kalt abschrecken und häuten. Die Tomate ebenfalls klein würfeln, dabei den Stielansatz entfernen. Die Zwiebel schälen und in kleine Würfel schneiden.
– Die Kartoffeln mit der Tomate, der Zwiebel, den getrockneten Kräutern und dem Öl in einer feuerfesten Form mischen und mit Salz und Pfeffer abschmecken. Die Form soll so groß sein, dass die beiden Fische nebeneinander darin Platz haben.
– Die Form in den Ofen (Mitte) schieben und die Kartoffeln etwa 20 Min. vorgaren. Dabei einmal gründlich durchrühren.
– Inzwischen die Fische unter fließendem kaltem Wasser gründlich waschen und anschließend mit Küchenpapier trockentupfen. Die Fische mit Salz und Pfeffer würzen und mit dem Zitronensaft beträufeln.
– Die Fische nebeneinander auf das Kartoffelgemüse in der Form legen und wieder in den Ofen geben. Alles etwa 15 Min. garen.
– Die Fische und das Gemüse in der Form servieren. Jeder bedient sich dann selbst.

495. Lachsforelle in der Salzkruste

GUT FÜR GÄSTE
Für 6 Personen
Zubereitungszeit: 40 Min.

1 Bund gemischte Kräuter (z. B. Dill, Kerbel, Thymian, Rosmarin und Estragon) • 2 küchenfertig vorbereitete Lachsforellen (je 800 g) • 2 kg grobes ungereinigtes Meersalz (Reformhaus) • 1 kleines Bund Bärlauch (ersatzweise Rucola) • 150 g zimmerwarme Butter • Salz • frisch gemahlener schwarzer Pfeffer

– Backofen auf 225° (Umluft 200°) vorheizen. Kräuter waschen, trockenschütteln und auf einem Backblech auslegen. Lachsforellen waschen, trockentupfen und mit einem zweifingerbreiten Zwischenraum auf das Kräuterbett legen. Mit Meersalz etwa 2 cm dick bestreuen.
– Fische im Ofen (Mitte) etwa 25 Min. garen. Bärlauch fein hacken, mit der Butter, Salz und Pfeffer verrühren.
– Zum Servieren das Backblech mit den Lachsforellen auf ein Holzbrett stellen. Die Salzkruste bei Tisch vorsichtig mit einem Hammer aufschlagen. Zu den Lachsforellen die Bärlauchbutter reichen.

TIPP

Speisesalz ist wesentlich billiger als Meersalz, aber für dieses Rezept nicht zu empfehlen. Ungereinigtes Meersalz hat große, unregelmäßige Kristalle, die intensiv nach Meer schmecken und zudem beim Backen zu einer schönen Kruste verschmelzen. Speisesalz ist so fein, dass es am Fisch kleben bleibt und wenig Wasser zum Verkrusten zieht (außer man mischt es mit Eiweiß).

496. Lachs in Blätterteig

GUT FÜR GÄSTE | BRAUCHT ETWAS ZEIT
Für 8 Personen
Zubereitungszeit: 50 Min.
Backzeit: 40 Min.

1 Stück Lachs aus der Mitte (etwa 1,8 kg) • 7 Platten tiefgefrorener Blätterteig • 1 Bund Frühlingszwiebeln • 400 g Champignons • Saft von 1 Zitrone • 1 Knoblauchzehe • 1 Bund glatte Petersilie • Salz • frisch gemahlener weißer Pfeffer • Mehl für die Arbeitsfläche • 1 Eigelb zum Bestreichen

– Den Lachs häuten und von der Mittelgräte befreien (er lässt sich sonst nach dem Backen nicht gut in Scheiben schneiden). Dafür die Haut an der Bauchseite mit einem spitzen, scharfen Messer etwa 1 cm vom Fischfleisch lösen und vorsichtig abziehen. Das Lachsfleisch dann entlang der dicken Mittelgräte ablösen. Die Mittelgräte herausschneiden und kleine Gräten mit einer Pinzette herausnehmen. Wenn Sie sich diese Arbeit nicht zutrauen, bitten Sie einfach Ihren Fischhändler, sie für Sie zu erledigen.
– Die Blätterteigplatten nebeneinander auf die Arbeitsfläche legen und auftauen lassen.
– Inzwischen die Frühlingszwiebeln putzen, waschen und mit dem zarten Grün in feine Ringe schneiden. Die Champignons von den Stielenden befreien und trocken abreiben. Die Pilze dann in kleine Würfel schneiden und sofort mit dem Zitronensaft mischen, damit sie sich nicht verfärben.
– Die Knoblauchzehe schälen und durch die Presse drücken. Die Petersilie waschen, trockenschütteln und ohne die groben Stiele sehr fein hacken.
– Die Frühlingszwiebeln mit den Pilzen, dem Knoblauch und der Petersilie mischen und mit Salz und Pfeffer pikant abschmecken. Den Lachs innen und außen mit Salz und Pfeffer würzen. Den Backofen auf 200° vorheizen.
– Die Blätterteigplatten aufeinander legen und auf wenig Mehl zu einem Teigstück ausrollen, das so groß sein soll, dass man den Lachs darin einpacken kann.
– Ein Backblech mit kaltem Wasser abspülen und nicht abtrocknen. Die Blätterteigplatte darauf legen und zur Hälfte mit der Pilzmasse bedecken. Den Lachs darauf legen und mit der restlichen Pilzmasse bedecken.
– Die Ränder des Blätterteiges mit kaltem Wasser bepinseln. Den Teig über dem Lachs zusammenklappen und die Ränder jeweils gut zusammendrücken.
– Das Teigpaket in den Ofen (Mitte, Umluft 180°) schieben und den Lachs etwa 40 Min. backen. Nach etwa 30 Min. mit dem verquirlten Eigelb bepinseln.
– Prüfen, ob der Lachs fertig gegart ist. Dafür mit einer dünnen Stricknadel in die dickste Stelle des Fisches stechen und die Nadel kurz steckenlassen. Erwärmt sie sich in dieser Zeit, ist der Fisch auch in der Mitte heiß und somit gar. Bleibt die Nadel kalt, braucht der Fisch noch ein wenig.

TIPP
Für Eilige: Nach dem gleichen Rezept können Sie den Lachs auch portionsweise in kleinen Päckchen zubereiten. Er braucht dann nur etwa 15 Min. Garzeit im Backofen.

497. Brasse auf buntem Gemüsebett

GUT FÜR GÄSTE | BRAUCHT ETWAS ZEIT
Für 4 Personen
Zubereitungszeit: 35 Min.
Garzeit: 40 Min.

1 küchenfertige Brasse (ca. 1 kg) • Saft von 1 Zitrone • Salz • frisch gemahlener weißer Pfeffer • 6 Knoblauchzehen • 1 unbehandelte Zitrone • je 1 rote, gelbe und grüne Paprikaschote • 250 g möglichst kleine Zucchini • 500 g Fleischtomaten • 1 Bund Petersilie • 1/8 l trockener Weißwein • 1/8 l Olivenöl

– Den Fisch unter fließendem kaltem Wasser waschen und mit Küchenpapier gut trockentupfen. Innen und außen mit dem Zitronensaft beträufeln, mit Salz und Pfeffer würzen.
– Den Knoblauch schälen, 3 Zehen längs halbieren. Die Zitrone mit heißem Wasser waschen und in 6 Schnitze schneiden.
– Mit einem scharfen Messer in jede Seite des Fisches 3 Kerben schneiden und jeweils 1 Knoblauchhälfte und einen Zitronenschnitz hineinstecken.
– Die Paprikaschoten waschen, halbieren, Kerne und Trennwände entfernen, das Fruchtfleisch in etwa 1 cm breite Streifen schneiden, zur Seite stellen. Die Zucchini waschen, Stiel- und Blütenansätze abschneiden. Die Zucchini in feine Scheiben schneiden.
– Tomaten mit kochend heißem Wasser überbrühen, abschrecken, häuten, entkernen und die Strünke entfernen. Das Fruchtfleisch grob zerschneiden. Die Petersilie waschen, trockenschütteln und die Blättchen abzupfen und fein hacken.
– Den Backofen auf 200° (Umluft 180°) vorheizen. Die Tomaten, die Zucchini, die Paprikastreifen und die Petersilie in eine Schüssel füllen, den restlichen ganzen Knoblauch durch die Presse dazudrücken und alles vermischen. Mit Salz und Pfeffer würzen.
– Das vorbereitete Gemüse in einer ausreichend großen hitzebeständigen Form als Bett ausbreiten. Den Weißwein darüber gießen.
– Den Fisch auf das Gemüse legen und mit dem Olivenöl übergießen. Die Form mit Alufolie abdecken und den Fisch im Ofen (Mitte) etwa 15 Min. garen. Dann die Folie abnehmen, die Hitze auf 180° zurückschalten und den Fisch weitere 25 Min. garen. Falls die Oberfläche dabei zu dunkel wird, wieder mit der Folie abdecken.
– Den Fisch enthäuten, die Gräten entfernen und in Filets teilen. Mit dem Gemüse anrichten.

498. Goldbrasse mit Orangen

GELINGT LEICHT | BRAUCHT ETWAS ZEIT
Für 4 Personen
Zubereitungszeit: 35 Min.
Marinierzeit: 30 Min.
Garzeit: 30 Min.

2 küchenfertig vorbereitete (Gold-)Brassen (je 600 g) • je 3 kleine Zweige Thymian und Rosmarin • Salz • frisch gemahlener gemischter Pfeffer • 4 Knoblauchzehen • 2 unbehandelte Orangen • 1 unbehandelte Zitrone • 1/2 rote Chilischote • 4 EL kleine schwarze Oliven (etwa 75 g) • 1/8 l fruchtiger Weiß- oder Roséwein • 3–4 EL kalt gepresstes Olivenöl • 2 Orangen (in Filets geschnitten)

– Fische, Thymian und Rosmarin abbrausen, trockentupfen. Die Fische innen und außen salzen, pfeffern und mit je 1 Thymian- und Rosmarinzweig füllen. Fische in eine Gratinform legen.
– Den Knoblauch schälen, halbieren, entkeimen und durch die Presse drücken. Die Orangen und die Zitrone heiß waschen und trockentupfen. Die Schale hauchdünn abschälen und in feine Streifen schneiden, die Früchte auspressen.
– Orangensaft und -schale mit Knoblauch, restlichem Thymian und Rosmarin, Piment, Oliven, Wein und dem Öl über die Fische geben Bei Zimmertemperatur etwa 30 Min. marinieren lassen.
– Den Backofen auf 200° (Umluft 180°) vorheizen. Die Fische im Ofen (Mitte) etwa 25 Min. offen garen, dabei von Zeit zu Zeit mit dem Sud begießen. Am Ende der Garzeit die Orangenfilets dazugeben. Die Fische noch etwa 5 Min. im ausgeschalteten Ofen ruhen lassen. In der Form servieren.

499. Dorade in Sojasauce

GEHT SCHNELL
Für 2–3 Personen
Zubereitungszeit: 30 Min.

1 küchenfertig vorbereitete Dorade (ca. 400–500 g) • 1 Frühlingszwiebel • 3 scharfe rote Peperoni • 1 Scheibe Ingwer (etwa 1 cm dick) • 6 EL neutrales Pflanzenöl • 1 1/2 EL dunkle Sojasauce • frisch gemahlener weißer Pfeffer • 1 EL Reiswein • 150 ml Hühnerbrühe (selbst gemacht oder instant)

– Die Dorade unter fließendem kaltem Wasser waschen, trockentupfen und längs auf beiden Seiten 2- bis 3mal etwa 1 cm tief einschneiden.
– Frühlingszwiebel putzen, waschen und in etwa 5 cm lange Stücke schneiden. Peperoni aufschlitzen, von Kernen und Stielansätzen befreien, in etwa 4 cm lange Stücke schneiden und waschen. Vorsicht, danach nicht mit den Händen an die Augen kommen! Ingwer schälen und in dünne Streifen schneiden.
– Den Wok bei starker Hitze in etwa 1 Min. heiß werden lassen. Öl angießen, die Dorade hineingeben und auf jeder Seite etwa 2 Min. anbraten, dabei vorsichtig wenden. Vorsicht, Spritzgefahr! Dorade herausnehmen und das Fett abtropfen lassen.
– Frühlingszwiebel, Peperoni und Ingwer im Restöl bei schwacher Hitze etwa 1/2 Min. anbraten. Sojasauce, 1 TL Pfeffer und den Reiswein dazugeben. Hühnerbrühe angießen. Alles gut durchrühren und die Dorade hineingeben. Zugedeckt bei starker Hitze 2–3 Min. kochen, bis die Sauce leicht dickflüssig ist.

500. Gefüllte Renken

GELINGT LEICHT
Für 4 Personen
Zubereitungszeit: 35 Min.
Garzeit: 25 Min.

4 küchenfertig vorbereitete Renken (je etwa 350 g, ersatzweise Forellen) • Salz • frisch gemahlener schwarzer Pfeffer • 50 g Butter (+ Butter für die Form • 1 Zwiebel • 1 große Möhre • 1 Stange Staudensellerie • 4 EL gehackte Petersilie • 2 EL Semmelbrösel • 1 Eigelb • 50 ml trockener Weißwein • 1 Bund Basilikum

– Die Renken unter fließendem kaltem Wasser waschen und trockentupfen, innen und außen mit Salz und Pfeffer würzen. Eine Auflaufform einfetten. Die Fische mit den Bauchöffnungen nach oben dicht nebeneinander in die Form setzen.
– Die Zwiebel und die Möhre schälen und fein würfeln. Die Selleriestange waschen und mit den zarten Blättchen fein hacken. Den Backofen auf 200° (Umluft 180°) vorheizen.
– 1 EL Butter in einer Pfanne erhitzen. Das Gemüse darin unter Rühren anbraten, 4 EL Wasser hinzufügen und alles zugedeckt bei mittlerer Hitze 6–7 Min. dünsten. Gemüse mit Salz sowie Pfeffer abschmecken und die Petersilie dazugeben.
– Die Semmelbrösel und das Eigelb unter das Gemüse mischen, das Ganze in die Renken füllen. Den Wein und 50 ml Wasser in die Form gießen. Die Fische im Ofen (Mitte) 25 Min. garen.
– Die Basilikumblättchen abzupfen. Die restliche Butter in einem Pfännchen erhitzen, das Basilikum darin schwenken. Die Renken auf vorgewärmte Teller legen und mit der Basilikumbutter begießen.

501. Gefüllte Sardinen

BRAUCHT ETWAS ZEIT
Für 4 Personen
Zubereitungszeit: 1 Std.

12 Sardinen (etwa 1,2 kg) • Salz • frisch gemahlener schwarzer Pfeffer • 1 Bund Petersilie • 2 Zwiebeln • 2 Knoblauchzehen • 8 EL Olivenöl • 100 g Semmelbrösel • 1 Ei • 3 EL Mehl • 1/4 l trockener Weißwein

– Die Sardinen mit einer Küchenschere am Bauch aufschneiden und ausnehmen. Köpfe und Flossen der Fische, bis auf die Schwanzflossen, abschneiden und die Rückengräte vorsichtig herausziehen, die Fische dürfen dabei nicht auseinander fallen. Die Sardinen behutsam waschen, trockentupfen, innen und außen leicht mit Salz und Pfeffer würzen.
– Für die Füllung die Petersilie waschen, trockentupfen, die Blättchen von den Stängeln zupfen und fein hacken. Die Zwiebeln und den Knoblauch schälen und in sehr feine Würfel schneiden.
– 4 EL Olivenöl in einer Pfanne mittelstark erhitzen, Zwiebeln und Knoblauch darin glasig werden lassen. Semmelbrösel darunter rühren und kurz mitdünsten.

– Alles in eine Schüssel geben. Petersilie mit Ei, etwas Salz und Pfeffer unter die Zwiebelmischung rühren. Die Füllung so lange kneten, bis sie zusammenhält.
– Die Füllung in die Bauchhöhlen der Sardinen drücken und die Fische mit Zahnstochern zusammenstecken. Sardinen in Mehl wenden, überschüssiges Mehl sanft abklopfen.
– Das restliche Öl in einer großen beschichteten Pfanne erhitzen, die Sardinen darin in 2 Min. bei mittlerer Hitze rundum goldbraun braten. Den Wein zu den Fischen gießen und bei mittlerer bis starker Hitze 3–4 Min. einkochen lassen.

502. Makrelen mit Möhren-Fenchel-Füllung

GELINGT LEICHT
Für 4 Personen
Zubereitungszeit: 25 Min.
Garzeit: 25 Min.

4 küchenfertig vorbereitete Makrelen (je etwa 400 g) • Salz • frisch gemahlener schwarzer Pfeffer • 1 große Zwiebel • 2 Möhren • 1 Fenchelknolle mit viel Grün • 40 g Butter (+ Butter für die Form) • 1 Prise gemahlenes Piment • 5 EL frisch gehackte glatte Petersilie • 2 EL Semmelbrösel • 1 kleines Ei • 4 EL trockener weißer Wermut

– Die Makrelen kurz kalt waschen und trockentupfen. Innen und außen leicht mit Salz und Pfeffer einreiben, zugedeckt kühl stellen. Die Zwiebel und die Möhren schälen, klein würfeln. Das Fenchelgrün abschneiden und aufheben. Die Knolle waschen, putzen und ebenfalls in kleine Würfelchen schneiden.
– Den Backofen auf 200° (Umluft 180°) vorheizen. Die Hälfte der Butter in einer Pfanne erhitzen, das Gemüse darin bei mittlerer Hitze unter Rühren 2 Min. dünsten. Mit Salz, Pfeffer und Piment abschmecken. Petersilie, Semmelbrösel und Ei darunter mischen.
– Eine ofenfeste Form einfetten. Die Makrelen mit der Gemüsemischung füllen und in die Form setzen. Die restliche Füllung drumherum verteilen. Den Wermut mit 4 EL Wasser verrühren und dazugießen. Die Fische im Ofen (Mitte) 25 Min. offen garen.
– Die restliche Butter erhitzen, das Fenchelgrün fein hacken und darunter rühren. Die gefüllten Makrelen damit beträufeln und sofort servieren.

503. Muscheln rheinische Art

GUT FÜR GÄSTE
Für 4 Personen
Zubereitungszeit: 45 Min.

2 kg Miesmuscheln • 2 Zwiebeln • 1/2 Stange Lauch • 2 Möhren • 1/8 Sellerieknolle (etwa 100 g) • 1/4 l Weißwein • 2 Lorbeerblätter • 1 EL Pfefferkörner • Salz • Zum Servieren: Schwarzbrot und Butter

– Muscheln in kaltes Wasser schütten. Alle geöffneten Muscheln, die sich bei leichtem Anklopfen nicht schließen oder deren Schale beschädigt ist, wegwerfen. Muscheln dann unter fließendem Wasser bürsten, dabei die harten Fäden entfernen. Muscheln abtropfen lassen.
– Zwiebeln schälen und in Streifen schneiden. Lauch putzen, waschen und klein schneiden. Möhren und Sellerie schälen und in dünne Scheiben schneiden.
– In einem großen Topf Wein mit 1/8 l Wasser, Gemüse, Lorbeerblättern, Pfefferkörnern und Salz aufsetzen, etwa 15 Min. offen kräftig kochen lassen. Die Muscheln hineingeben, Topf verschließen und bei starker Hitze garen. Den Topf hin und wieder schütteln, damit die Muscheln gleichmäßig gar werden.
– Nach etwa 5 Min. Muscheln mit dem Schaumlöffel herausnehmen. Muscheln, die sich nicht geöffnet haben, wegwerfen. Geöffnete Muscheln auf tiefe Teller verteilen und vorsichtig mit dem Kochsud übergießen (den sandigen Bodensatz im Topf zurücklassen).
– Teller für die Schalen bereitstellen. Die erste Muschel wird mit einer Gabel herausgenommen, für die weiteren verwendet man eine geöffnete Muschelschale als Zange. Der Sud wird ausgelöffelt. Dazu isst man im Rheinland Schwarzbrot mit Butter.

504. Muscheln mit Crème fraîche

GELINGT LEICHT
Für 4 Personen
Zubereitungszeit: 50 Min.

1 Zwiebel • 1/2 Bund glatte Petersilie • 2 kg Miesmuscheln • etwa 2 EL Butter • 1 Bouquet garni (3 Stängel Petersilie, 1 Lorbeerblatt, 1 Thymianzweig mit Küchengarn zusammenbinden) • 1/4 l trockener Weißwein • 100 g Crème fraîche • frisch gemahlener weißer Pfeffer

– Die Zwiebel schälen und fein hacken. Die Petersilie abbrausen, trockenschütteln und die Blättchen abzupfen, die Stängel beiseite legen. Petersilienblättchen ebenfalls fein hacken. Muscheln unter fließendem Wasser abbürsten. Geöffnete Muscheln wegwerfen.
– In einem weiten Topf Butter erhitzen. Zwiebel darin bei schwacher Hitze zugedeckt in etwa 5 Min. glasig dünsten. Petersilienstängel und Bouquet garni dazugeben. Mit Wein ablöschen und bei starker Hitze auf die Hälfte einkochen lassen.
– Muscheln zum Wein geben, zugedeckt bei starker Hitze 3–4 Min. kochen, bis sich die Muscheln öffnen. Geöffnete Muscheln mit einem Schaumlöffel in eine vorgewärmte Terrine geben. Geschlossene Muscheln 2–4 Min. weiterkochen, bis sie offen sind. (Nur offene Muscheln essen!)
– Den Muschelsud durch ein Sieb gießen. Mit Crème fraîche einmal aufkochen, mit Pfeffer abschmecken. Sauce über die Muscheln in der Terrine gießen. Mit der gehackten Petersilie bestreuen. Sofort servieren.

505. Herzmuscheln nach Art spanischer Fischer

GELINGT LEICHT
Für 4–6 Personen
Zubereitungszeit: 45 Min.
Garzeit: 20 Min.

1 kleine Zwiebel • 2 Knoblauchzehen • 2 EL Olivenöl • 600 g Fleischtomaten • 1/4 l trockener Weißwein • 1 Lorbeerblatt • Salz • frisch gemahlener schwarzer Pfeffer • 1 kg Herzmuscheln • 1 Bund glatte Petersilie

– Die Zwiebel und Knoblauchzehen schälen und fein hacken. Olivenöl in einem Topf erhitzen, Zwiebel und Knoblauch bei schwacher Hitze andünsten.
– Fleischtomaten überbrühen, häuten, quer halbieren, entkernen und dabei den Stielansatz entfernen. Das Fruchtfleisch fein hacken und mit in den Topf geben. Weißwein dazugießen, Lorbeerblatt einlegen und mit Salz und Pfeffer würzen. Im offenen Topf bei schwacher Hitze etwa 10 Min. schmoren lassen.
– Inzwischen Muscheln unter fließendem kaltem Wasser gut abbürsten. Schon geöffnete Muscheln aussortieren, sie sind nicht genießbar. Die Muscheln in den Topf geben und bei starker Hitze zugedeckt 5–8 Min. garen, dabei immer wieder am Topf rütteln.
– Muscheln, die nach dem Garen noch geschlossen sind, aussortieren, sie sind ebenfalls nicht genießbar. Die Petersilie waschen und trockenschütteln, die Blättchen von den Stängeln abzupfen, fein hacken und zum Schluss einstreuen.

506. Venusmuscheln mit Thai-Basilikum

BRAUCHT ETWAS ZEIT
Für 4–6 Personen
Zubereitungszeit: 20 Min.
Wässern: 2 Std.

2 kg Venus- oder Herzmuscheln • 10 Knoblauchzehen • 30 süße Thai-Basilikumblätter (Bai Horapha) • 50 g Butter • 1/2 TL Salz • 1 gewaschenes Bananenblatt nach Belieben

– Die Muscheln etwa 2 Std. in kaltes Wasser einlegen, dann geöffnete Exemplare wegwerfen. Die geschlossenen Muscheln gründlich säubern und mit einem spitzen Messer öffnen, die Schalenhälfte ohne Muschelfleisch wegwerfen.
– Den Knoblauch schälen und fein hacken. Basilikumblätter waschen, trockentupfen und beiseite stellen.
– Butter in einer großen Pfanne oder im Wok erhitzen, Knoblauch hineingeben und bei mittlerer Hitze in etwa 2 Min. goldgelb braten. Die Hitze erhöhen und rasch Muscheln, Salz und Basilikumblätter hinzufügen. Alles etwa 3 Min. unter ständigem Rühren braten.
– Eine große vorgewärmte Platte nach Belieben mit dem Bananenblatt auslegen. Die Muscheln auf der Platte anrichten und sofort servieren.

TIPPS

– Die Herz- und Venusmuscheln haben eine sehr kurze Garzeit, manche Köche übergießen die geöffneten Muscheln lediglich mit kochendem Wasser. Wahre Kenner essen die beiden Muschelsorten (unbedingt ganz frisch!) am liebsten roh, nur mit ein bisschen Limettensaft beträufelt.
– In Thailand ist Butter nicht so verbreitet wie in Europa, daher wird meistens Öl zum Braten verwendet. Zu diesem Gericht nehmen die Thais aber Butter, da sie feiner schmeckt.

507. Muscheln in Tomatensauce

PREISWERT
Für 4 Personen
Zubereitungszeit: 50 Min.

2 1/2 kg Miesmuscheln • 2 Zwiebeln • 4 Knoblauchzehen • 1 Stange Lauch • 2 Stangen Staudensellerie • je 1 Zweig Rosmarin und Thymian • 6 EL Olivenöl • 2 Lorbeerblätter • 1 rote Chilischote • 1 große Dose Tomaten (800 g Inhalt) • Salz • frisch gemahlener Pfeffer • 1/2 l trockener Weißwein

– Die Muscheln unter fließendem Wasser sehr gründlich abbürsten. Eventuell vorhandene Muschelbärte entfernen. Die Muscheln abtropfen lassen, offene Exemplare aussortieren und wegwerfen; sie sind ungenießbar.
– Die Zwiebeln und den Knoblauch schälen und in dünne Scheiben schneiden. Lauch putzen und längs einschneiden, Lauch und Sellerie waschen. Beide Gemüse klein schneiden. Die Kräuter waschen, trockentupfen und fein hacken.
– Das Olivenöl in einem Topf erhitzen. Zwiebeln, Knoblauch, Lauch, Sellerie und Lorbeerblätter darin bei mittlerer Hitze kurz anbraten.
– Chilischote waschen und mit Kräuter und Tomaten samt Saft unterrühren. Alles zusammen ohne Deckel bei mittlerer Hitze 10 Min. kochen lassen. Die Sauce mit Salz und Pfeffer abschmecken und heiß halten.
– Den Wein in einem großen Topf aufkochen. Die Muscheln darin zugedeckt bei starker Hitze 6–7 Min. kochen lassen. Falls der Topf zu klein für die Menge sein sollte, die Muscheln portionsweise garen.
– Jetzt die geschlossenen Miesmuscheln wegwerfen. Die offenen Muscheln unter die heiße Sauce heben und sofort servieren.

508. Muschel-Risotto

GELINGT LEICHT
Für 4 Personen
Zubereitungszeit: 45 Min.

2 kg Miesmuscheln • 1 kleine Zwiebel • 2 Knoblauchzehen • 1 Bund glatte Petersilie • 5 EL Olivenöl • 250 g Risotto-Reis (z. B. Vialone nano oder Arborio) • etwa 1 l Fisch- oder Fleischbrühe (selbst gemacht oder instant) • frisch gemahlener weißer Pfeffer • Salz

– Muscheln gründlich waschen und bürsten, entbarten. Nur geschlossene Muscheln weiterverwenden. Die Muscheln tropfnass in einen großen Topf geben, bei starker Hitze zugedeckt etwa 5 Min. kochen, bis sich die Schalen geöffnet haben. Abkühlen lassen. Geschlossene Muscheln wegwerfen.
– Muschelsud durch ein feines Sieb gießen und aufbewahren. 20 Muscheln beiseite legen, aus den übrigen das Muschelfleisch aus den Schalen lösen. Zwiebel und Knoblauch schälen, fein hacken. Die Petersilie waschen, trockenschütteln und klein hacken.
– In einem Topf das Öl erhitzen. Zwiebel und Knoblauch darin bei schwacher Hitze etwa 5 Min. anbraten. Den Reis einrieseln lassen und mitbraten, bis er glasig wird. Den Muschelsud angießen. Sobald er verbraucht ist, nach und nach Brühe aufgießen und den Reis in etwa 20 Min. unter Rühren ausquellen lassen.
– Petersilie und Muschelfleisch untermischen, pfeffern und salzen. Mit beiseite gelegten Muscheln garnieren.

TIPP

So gelingen Risotti leicht: Risotto-Rundkornreis (z. B. Vialone- oder Arborio-Reis) verwenden, da nur der aufgrund seiner Konsistenz den Geschmack der köstlichen anderen Zutaten aufnehmen kann. Immer mit kochend heißer Flüssigkeit portionsweise aufgießen, so dass das Korn optimal quellen kann, ohne dabei zu zerkochen. Sobald das Reiskorn keinen harten Kern mehr hat (Bissprobe), den Risotto servieren, solange er noch „all'onda" (onda = Welle), d. h. leicht feucht ist.

509. Überbackene Miesmuscheln

PREISWERT | GUT FÜR GÄSTE
Für 4 Personen
Zubereitungszeit: 50 Min.

2 kg Miesmuscheln • 2 Bund Petersilie • 4 Knoblauchzehen • 6 EL Semmelbrösel • 6 EL frisch geriebener Pecorino • 10 EL kalt gepresstes Olivenöl • Salz • frisch gemahlener schwarzer Pfeffer • 2 Zitronen

– Miesmuscheln unter fließendem Wasser entbarten und abbürsten. Bereits geöffnete Muscheln herauslesen und wegwerfen. 1/4 l Wasser zum Kochen bringen.

– Miesmuscheln zugedeckt bei starker Hitze dämpfen, bis sich die Muscheln geöffnet haben. Die jetzt noch geschlossenen Muscheln aussortieren und wegwerfen.
– Petersilie waschen und trockenschütteln, Knoblauch schälen. Beides fein hacken und in eine Schüssel geben. Semmelbrösel, Käse und 7 EL Olivenöl hinzufügen und alles gut vermischen. Mit Salz und Pfeffer würzen.
– Backofen auf 200° (Umluft 180°) vorheizen. Muscheln öffnen, leere Schalenhälften abdrehen und wegwerfen. Schalenhälften mit dem Muschelfleisch mit der Füllung bestreichen und aufs Backblech legen. Im Ofen (Mitte) etwa 10 Min. backen, bis die Füllung leicht gebräunt ist.
– Zitronen waschen und achteln. Überbackene Muscheln mit übrigem Öl beträufeln, mit Zitronen dekorieren.

510. Gratinierte Austern

GUT FÜR GÄSTE
Für 4–6 Personen
Zubereitungszeit: 30 Min.

24 Austern • Saft von 1–2 Zitronen • frisch gemahlener Pfeffer • 4 EL frisch geriebener Parmesan • 4 EL Semmelbrösel • 4 EL Butter

– Den Backofen auf 220° (Umluft 200°) vorheizen. Die Austern waschen und so aufbrechen, dass das Austernfleisch unten in der gewölbten Schalenhälfte liegt.
– Schließmuskel am Schalenrand entlang mit einem Küchenmesser lösen und die oberen flachen Schalenhälften entfernen. Austern in der unteren Schalenhälfte auf den Gitterrost des Ofens legen. Jede Auster peffern, mit Parmesan und Semmelbröseln bestreuen. Die Butter in kleinen Flöckchen auf die Austern legen.
– Rost in den Ofen schieben (oben) und die Austern 5–10 Min. überbacken, bis die Kruste goldgelb ist.

511. Jakobsmuscheln in Sahnesauce

GELINGT LEICHT | GEHT SCHNELL
Für 4 Personen
Zubereitungszeit: 30 Min.

250 g Champignons • 1 kleine rote Paprikaschote • 2 Frühlingszwiebeln • 4 EL Butter • 200 g Crème double • Salz • frisch gemahlener Pfeffer • 1 EL Anisschnaps • 12 ausgelöste Jakobsmuscheln (450 g)

– Die Champignons putzen und in Scheiben schneiden. Die Paprikaschote halbieren, putzen und waschen, dann in feine Streifen schneiden. Frühlingszwiebeln waschen, putzen und in dünne Ringe schneiden.
– Die Butter in einem breiten Topf zerlassen, Gemüse hineingeben und unter Rühren etwa 5 Min. garen. Die Crème double in den Topf geben, das Gemüse mit Salz, Pfeffer und Anisschnaps abschmecken.
– Jakobsmuscheln waschen, trockentupfen und eventuell halbieren. Muscheln in den Topf geben und alles noch etwa 5 Min. bei sehr schwacher Hitze erwärmen.

TIPP

Das weiße, feste, nussartige Fleisch der Jakobsmuscheln ist eine wahre Delikatesse und sehr sättigend. Der daran angehängte orange- bis tiefrote Corail (der essbare Rogen) schmeckt von November bis März besonders fein. Je nach Rezept wird er mitverwendet oder nicht.

512. Jakobsmuscheln mit Paprika

GELINGT LEICHT
Für 4 Personen
Zubereitungszeit: 50 Min.

2 große rote Paprikaschoten • 3 Knoblauchzehen • 1 Chilischote • 2 EL Öl • Salz • Saft von 1/2 Limette • 2 EL Crème double • 600 g ausgelöste Jakobsmuscheln (ohne Corail) • 1 Bund Koriander (ersatzweise glatte Petersilie) • Limettenscheiben zum Garnieren

– Den Backofen auf 250° (Umluft 230°) vorheizen. Die Paprikaschoten für etwa 20 Min. auf den Rost (Mitte) legen und bräunen, hin und wieder wenden.
– Inzwischen den Knoblauch schälen. Chilischote aufschlitzen, entkernen, waschen und klein schneiden. Vorsicht, Hände nicht in die Nähe der Augen bringen! 1 EL Öl in einem Topf erhitzen, den Knoblauch darin andünsten und die Chilistücke dazugeben.
– Paprika aus dem Ofen nehmen, kurz abkühlen lassen. Dann häuten, entkernen, in Streifen schneiden, mit in den Topf geben und etwa 5 Min. mitdünsten. Dann alles im Mixer pürieren, wieder in den Topf füllen. Mit Salz würzen, Limettensaft und Crème double unterrühren, kurz aufkochen, bei sehr schwacher Hitze warm halten.

– Das restliche Öl in einer Pfanne erhitzen, die Jakobsmuscheln bei mittlerer Hitze 4–5 Min. garen, dann leicht mit Salz würzen.
– Koriander waschen, trockenschütteln, bis auf einige Blättchen fein hacken und in die Sauce rühren. Die Sauce auf Tellern verteilen und die Muscheln darauf anrichten, mit übrigen Korianderblättchen und den Limettenscheiben garnieren.

513. Garnelen in Senfsahne

GEHT SCHNELL
Für 2 Personen
Zubereitungszeit: 20 Min.

400 g ausgelöste rohe Garnelen oder Nordseekrabben • 2 EL Zitronensaft • 1 Schalotte oder Zwiebel • 1 Bund Petersilie • 1 TL Butter • 100 g Sahne • 2 TL mittelscharfer Senf • Salz • frisch gemahlener weißer Pfeffer

– Die Garnelen mit dem Zitronensaft mischen und etwa 10 Min. ziehen lassen. Schalotte oder Zwiebel schälen und sehr fein hacken. Die Petersilie waschen, trockenschütteln und ohne die groben Stiele fein hacken.
– In einem Topf die Butter erhitzen, aber nicht braun werden lassen. Die Schalotte oder Zwiebel dazugeben und darin glasig dünsten.
– Sahne, Senf und Petersilie untermischen. Mit Salz und Pfeffer abschmecken, erwärmen. Garnelen in die Sahne geben und in etwa 4 Min. erwärmen. Sofort servieren.

514. Garnelen mit Rucolabutter

GEHT SCHNELL
Für 4 Personen
Zubereitungszeit: 25 Min.

2 Knoblauchzehen • 1 Bund Rucola • 150 g weiche Butter • Salz • frisch gemahlener weißer Pfeffer • 1 Prise Cayennepfeffer • 12 frische oder tiefgekühlte und aufgetaute Garnelen • 1 EL Öl

– Knoblauch schälen, durch die Presse in eine kleine Schüssel drücken. Rucola waschen, trockenschütteln, grobe Stiele entfernen. Blätter fein hacken und mit der Butter zum Knoblauch geben. Alles gut vermischen. Mit Salz, Pfeffer und Cayennepfeffer würzen, kalt stellen.
– Die Garnelen aus den Schalen lösen, waschen und trockentupfen. Öl in einer großen beschichteten Pfanne erhitzen und die Garnelen darin rundum je nach Größe 2–5 Min. bei mittlerer Hitze braten, bis sie rosa geworden sind. Sofort mit der Rucolabutter servieren.

TIPP

Anstelle von Rucola können Sie auch Bärlauch, Sauerampfer oder gemischte Kräuter nehmen.

515. Garnelen-Ananas-Spieße von den Bahamas

BRAUCHT ETWAS ZEIT
Für 4 Personen
Zubereitungszeit: 10 Min.
Marinierzeit: 45 Min.

150 g Ananas in Stücken (aus der Dose) • 800 g rohe geschälte Riesengarnelenschwänze • 4 EL neutrales Pflanzenöl • 3 EL dunkle Sojasauce • 3 EL brauner Rum • 1 TL Zucker • 1 TL gemahlener Ingwer • Salz • frisch gemahlener schwarzer Pfeffer • 1 rote Paprikaschote • Holz- oder Metallspieße

– Die Ananasstücke in ein Sieb abgießen und abtropfen lassen, den Saft auffangen. Die Garnelen am Rücken entlang mit einem Messer leicht einritzen, dann den dunklen Darm der Garnelen mit der Messerspitze vorsichtig aus dem Rücken ziehen. Die Garnelen in eine Schale legen.
– Pflanzenöl, Sojasauce, Rum, 5 EL des aufgefangenen Ananassaftes, Zucker, Ingwer, Salz und Pfeffer kräftig verrühren und die Marinade über die Garnelen gießen. Abdecken, in den Kühlschrank stellen und etwa 45 Min. ziehen lassen.
– Einen Holzkohlegrill rechtzeitig anheizen. Die Paprikaschote halbieren, Stiel, Kerne und Trennwände entfernen, Schotenhälften waschen. Die Paprika in etwa 3 cm große Stücke schneiden.
– Garnelen aus der Marinade nehmen, abtropfen lassen und trockentupfen. Abwechselnd mit den Paprika und Ananasstücken auf Holz- oder Metallspieße stecken.
– Die Garnelen-Ananas-Spieße über der Glut des Holzkohlegrills 8–9 Min. grillen, dabei häufig wenden und mit der Marinade bepinseln.

516. Garnelenspieße mit grüner Sauce nach süditalienischer Art

BRAUCHT ETWAS ZEIT
Für 4 Personen
Zubereitungszeit: 1 Std.
Marinierzeit: 1 Std.

2 Knoblauchzehen • 1 Bund Petersilie • 10 EL kalt gepresstes Olivenöl (+ Öl zum Bestreichen) • 32 rohe oder vorgekochte Garnelen (etwa 800 g) • Salz • frisch gemahlener schwarzer Pfeffer • 1 EL Kapern • 1 EL Pinienkerne • 2 Sardellenfilets • 3 schwarze Oliven • 2 Zitronen • 1 Eigelb • Holz- oder Metallspieße

– Den Knoblauch schälen. Petersilie waschen, trockenschütteln und die Hälfte davon zusammen mit den Knoblauchzehen fein hacken. In einem Teller mit 5 EL Olivenöl vermischen.
– Die Garnelen waschen, trockentupfen und in der Marinade wenden, salzen und pfeffern und etwa 1 Std. durchziehen lassen.
– Kapern mit Pinienkernen, Sardellenfilets, entkernten Oliven, übriger Petersilie und dem Saft von 1/2 Zitrone im Mixer pürieren. Eigelb in einer Schüssel schaumig schlagen, nach und nach 5 EL Olivenöl unterrühren. Zum Schluss die pürierte Masse dazugeben und zu einer cremigen Sauce glattrühren. Salzen und pfeffern.
– Jeweils 4 Garnelen auf einen Spieß stecken. Unter dem vorgeheizten Grill oder über der Glut eines Holzkohlefeuers rohe Garnelen etwa 10 Min., vorgekochte etwa 2 Min. auf jeder Seite grillen. Dabei immer wieder mit Olivenöl bestreichen.
– Die fertigen Garnelenspieße auf vorgewärmten Tellern anrichten und mit Zitronenspalten garnieren. Dazu die Sauce reichen.

517. Garnelenspießchen mit Erdnusssauce

GUT FÜR GÄSTE
Für 4 Personen
Zubereitungszeit: 45 Min.

600 g rohe Garnelenschwänze • 1 Stück Ingwer (etwa 2 cm lang) • 2 Knoblauchzehen • 3 EL Sojasauce • 5 EL Zitronensaft • 5 EL Sojaöl • 1 Msp. Cayennepfeffer • 1 TL gemahlener Koriander • Salz • frisch gemahlener schwarzer Pfeffer • 4 EL Kokosflocken • 200 g ungesalzene Erdnusskerne • 1 Bund Koriander • kleine Holz- oder Metallspieße

– Die Garnelen aus den Schalen lösen, waschen und trockentupfen, auf die Spieße stecken. Auf eine große Platte legen.
– Den Ingwer schälen, fein hacken und in eine Schüssel geben. Knoblauch schälen und dazupressen. Sojasauce, 3 EL Zitronensaft und 3 EL Sojaöl hinzufügen. Mit Cayennepfeffer, gemahlenem Koriander, Salz und Pfeffer würzen. Die Marinade über die Spießchen gießen, zugedeckt 30 Min. ziehen lassen und dabei einmal wenden.
– Inzwischen die Kokosflocken mit kochendem Wasser übergießen und 10 Min. quellen lassen. Dann mit Erdnüssen, restlichem Sojaöl und übrigem Zitronensaft im Mixer pürieren. Die Erdnusssauce mit Salz, Pfeffer und Cayennepfeffer kräftig würzen. Den frischen Koriander waschen und trockenschütteln, Blättchen abzupfen, fein hacken und unterheben.
– Die Spießchen auf dem vorgeheizten Elektrogrill oder in einer großen Pfanne in etwas Öl insgesamt 2–3 Min. braten, dabei einmal wenden. Mit der Sauce servieren.

518. China-Garnelen mit Pilzen

GELINGT LEICHT
Für 2 Personen
Zubereitungszeit: 35 Min.

10 getrocknete Mu-Err-Pilze • 1 Stück frischer Ingwer (etwa 2 cm) • 2 Frühlingszwiebeln • 3 Knoblauchzehen • 400 g rohe Garnelen • 4 EL Pflanzenöl • 1 EL Reiswein • Salz • nach Belieben 1–2 EL Sesamöl

– Die Mu-Err-Pilze in heißem Wasser etwa 20 Min. einweichen. Dann die Pilze aus dem Wasser nehmen und gut ausdrücken. Während der Einweichzeit Ingwer, Frühlingszwiebeln und Knoblauch putzen bzw. schälen und in feine Scheiben schneiden.
– Die Garnelen von Kopf, Schale und Darm befreien. Vom dickeren Ende aus der Länge nach nur so weit einschneiden, dass sie am dünnen Ende noch sehr gut zusammenhalten.
– Öl in einer Pfanne oder im Wok erhitzen. Garnelen hineingeben und unter Rühren bei starker Hitze etwa 1 Min. braten. Reiswein untermischen, Garnelen dann herausnehmen.

– Die ausgedrückten Mu-Err-Pilze im verbliebenen Öl unter Rühren kurz anbraten. Ingwer, Frühlingszwiebeln und Knoblauch dazugeben und weiterbraten, bis es aromatisch zu duften beginnt. Garnelen wieder dazugeben und mit Salz abschmecken.
– Die Garnelen nach Belieben vor dem Servieren mit Sesamöl beträufeln.

TIPP

Besonders hübsch sehen die Garnelen aus, wenn Sie sie auf Salatblättern anrichten. Dazu die Blätter waschen und den Servierteller damit auskleiden. Die Garnelen in die Mitte häufen.

519. Risotto mit gedünsteten Garnelen

GUT FÜR GÄSTE
Für 4 Personen
Zubereitungszeit: 45 Min.

1 Zwiebel • 1 Bund glatte Petersilie • 1 l Fisch- oder Fleischbrühe (selbst gemacht oder instant) • 100 g Butter • 300 g Risotto-Reis (z. B. Vialone nano oder Arborio) • 1/8 l trockener Weißwein • 250 g geschälte rohe Garnelen • Salz • frisch gemahlener weißer Pfeffer

– Die Zwiebel schälen und in dünne Ringe schneiden. Die Petersilie waschen, trockenschütteln und die Blättchen fein hacken.
– Die Brühe erhitzen. In einem großen Topf etwa 75 g Butter schmelzen lassen und die Zwiebel darin 5 Min. anbraten. Den Reis dazugeben und so lange rühren, bis die Körner glasig sind.
– Nun den Weißwein dazugießen. Sobald dieser verdampft ist, 2 Tassen heiße Brühe angießen. Risotto offen bei mittlerer Hitze etwa 20 Min. kochen lassen, dabei ab und zu umrühren. Nach und nach weitere Brühe dazugießen, bis der Risotto gar ist.
– Inzwischen in einer kleinen Pfanne die restliche Butter schmelzen lassen. Die Petersilie darin bei schwacher Hitze 3–4 Min. dünsten. Garnelen dazugeben, zugedeckt im eigenen Saft 6–8 Min. dünsten.
– Kurz bevor der Reis gar ist, die Garnelen untermischen. Risotto mit Salz und Pfeffer abschmecken.

520. Mexikanische Garnelen

GELINGT LEICHT
Für 4 Personen
Zubereitungszeit: 40 Min.

1 große Zwiebel • 4 EL Öl • 3 Knoblauchzehen • 600 g Fleischtomaten • 1 Chilischote • Salz • frisch gemahlener schwarzer Pfeffer • 1 Lorbeerblatt • 1/2 TL getrockneter Thymian • 1 Bund Koriander (ersatzweise glatte Petersilie) • 8–16 geschälte rohe Garnelen (je ca. 30 g) • Limettensaft zum Beträufeln

– Zwiebel schälen und fein hacken. 2 EL Öl in einer Pfanne erhitzen und die Zwiebel darin andünsten. Den Knoblauch schälen und dazudrücken.
– Tomaten überbrühen, häuten, entkernen und vom Stielansatz befreien. Fruchtfleisch klein hacken. Chilischote längs aufschlitzen, entkernen, waschen, in feine Streifen schneiden. Vorsicht, Hände nicht in die Nähe der Augen bringen! Chilistreifen mit den Tomaten in die Pfanne geben, mit Salz und Pfeffer würzen.
– Das Lorbeerblatt und den Thymian dazugeben. Alles etwa 10 Min. offen köcheln, bis fast die ganze Flüssigkeit verdampft ist. Lorbeerblatt entfernen. Koriander waschen, trockenschütteln und die Blättchen fein hacken.
– Garnelen aus der Schale lösen, am Rücken entlang aufschlitzen und den schwarzen Darm entfernen. Garnelen mit Limettensaft beträufeln. In einer zweiten Pfanne im restlichen Öl 5–6 Min. bei starker Hitze braten, dabei einmal wenden.
– Garnelen mit der Tomatensauce auf Tellern anrichten und mit Koriander bestreuen.

Fisch & Meeresfrüchte

521. Norwegische Krabbensuppe

GELINGT LEICHT
Für 4 Personen
Zubereitungszeit: 35 Min.
Garzeit: 25 Min.

1 Zwiebel • 2 kleine Möhren (150 g) • 2 kleine Stangen Lauch (200 g) • 2 EL Butter • 400 g mehlig kochende Kartoffeln • 1/8 l trockener Weißwein • 400 ml Fischfond (selbst gemacht oder aus dem Glas) • 400 ml Gemüsebrühe • Salz • frisch gemahlener weißer Pfeffer • 2 TL Currypulver • 200 g Sahne • 200 g geschälte vorgekochte Nordseekrabben • 1 Bund Dill

– Zwiebel schälen und fein hacken. Möhren schälen und raspeln. Lauch putzen, waschen und in feine Ringe schneiden. Die Butter in einem Topf schmelzen lassen und das vorbereitete Gemüse darin bei mittlerer Hitze etwa 5 Min. andünsten.
– Die Kartoffeln schälen, waschen, klein würfeln und dazugeben. Etwa 2 Min. mitdünsten, dann alles mit dem Weißwein ablöschen, mit dem Fischfond und der Gemüsebrühe aufgießen. Mit Salz, Pfeffer und Curry würzen und zugedeckt etwa 25 Min. köcheln lassen.
– Danach die Suppe im Mixer oder mit dem Pürierstab pürieren, mit der Sahne wieder in den Topf füllen und bei mittlerer Hitze aufkochen. Temperatur herunterschalten, die Krabben in die Suppe geben und bei schwacher Hitze etwa 3 Min. erwärmen.
– Inzwischen den Dill waschen, trockenschütteln und die Blättchen abzupfen. Bis auf einige Blättchen fein hacken, Suppe damit bestreuen mit den ganzen Dillblättchen garnieren und servieren.

522. Tom Yam Gung
(Feurige Garnelensuppe aus Thailand)

GUT VORZUBEREITEN
Für 4 Personen
Zubereitungszeit: 45 Min.

500 g rohe Garnelen mit dem Kopf und Schwanz • 1 Korianderwurzel mit dem Grün • 1/2 TL schwarze Pfefferkörner • 300 g Champignons • 3 Kaffir-Zitronenblätter • 2 Stängel Zitronengras • 1 Stück frische Galgantwurzel (5 cm) • 4 thailändische Chilischoten • 4 EL Limettensaft • 4 EL Fischsauce

– Die Garnelen von Kopf und Schale befreien, beides aufheben, Schwanzende unbedingt am Körper lassen. Die Garnelen am Rücken längs einschneiden und den dünnen Darm entfernen.
– Garnelenköpfe und -schalen mit etwa 1 1/2 l Wasser aufkochen. Koriander waschen, die Wurzel abschneiden und mit den Pfefferkörnern im Mörser zerstoßen. Die Korianderblätter abzupfen und beiseite stellen.
– Zerstoßene Mischung zum Garnelenfond geben und diesen bei mittlerer Hitze etwa 5 Min. leicht kochen lassen. Dann durch ein feines Sieb geben.
– Champignons mit Küchenpapier trocken abreiben, die Stielenden abschneiden. Die Pilze je nach Größe ganz lassen oder halbieren.
– Die Zitronenblätter waschen und vierteln. Das Zitronengras waschen und in etwa 3 cm lange Stücke schneiden. Beides im Mörser zerdrücken. Den Galgant waschen, schälen und in dünne Scheiben schneiden.
– Chilischoten waschen, Stielansätze entfernen und Schoten in feine Ringe schneiden. Danach gründlich die Hände waschen, es brennt höllisch, wenn Sie die Hände an die Augen bekommen! Chiliringe mit Limettensaft und Fischsauce im Mörser zerstoßen und in ein Schälchen geben.
– Garnelenfond mit Zitronengras, Zitronenblättern und Galgantscheiben etwa 2 Min. bei mittlerer Hitze kochen lassen. Garnelen und Pilze dazugeben und alles etwa 3 Min. bei schwacher Hitze mit geschlossenem Deckel kochen lassen. Zitronengras, Zitronenblätter und Galgant evtl. aus der Suppe nehmen.
– Die vorbereitete Chilimischung zur Suppe geben. Die Suppe in Suppentassen füllen, mit den Korianderblättchen garnieren und servieren.

523. Jambalaya
(Kreolisch-amerikanischer Reistopf mit Garnelen)

GUT FÜR GÄSTE
Für 4 Personen
Zubereitungszeit: 45 Min.

Salz • 200 g Rundkornreis • 2 Zwiebeln • 1 Knoblauchzehe • 2 Chilischoten • 3 Stangen Sellerie • 1 Paprikaschote • 1 Bund Petersilie • 3 EL Butter • 1 kleine Dose Tomaten (400 g Inhalt) • 1 EL Tomatenmark • 1 Msp. Nelkenpulver • frisch gemahlener schwarzer Pfeffer • Cayennepfeffer • 200 g gekochter Schinken (1 fingerdicke Scheibe) • 250 g gekochte geschälte Tiefseegarnelen

– Etwa 600 ml leicht gesalzenes Wasser in einem Topf aufkochen. Den Reis hineinstreuen und zugedeckt bei schwacher Hitze etwa 20 Min. garen.
– Inzwischen die Zwiebeln schälen und klein würfeln, den Knoblauch schälen und hacken. Die Chilischoten aufschlitzen, entkernen und waschen, in feine Ringe schneiden. Vorsicht, Hände danach nicht in die Nähe der Augen bringen!
– Den Sellerie waschen, putzen und in feine Scheiben schneiden. Paprikaschote halbieren, putzen, waschen und in feine Streifen schneiden. Die Petersilie waschen, trockenschütteln, die Blättchen fein hacken.

– Die Butter in einem großen Topf bei mittlerer Hitze aufschäumen, die Zwiebelwürfel darin glasig werden lassen. Knoblauch, Chili, Sellerie und Paprika dazugeben, alles etwa 5 Min. unter Rühren anschwitzen.
– Tomaten mit ihrem Saft dazugeben, mit einem Kochlöffel etwas zerdrücken. Die Hälfte der Petersilie einrühren, alles mit Tomatenmark, Nelkenpulver, schwarzem Pfeffer, Cayennepfeffer und Salz würzen, bei schwacher Hitze etwa 5 Min. köcheln lassen. Inzwischen den Reis in ein Sieb abgießen und abtropfen lassen.
– Den Schinken in etwa 1 cm große Würfel schneiden. Garnelen in einem Sieb mit kaltem Wasser abbrausen. Reis, Schinken und Garnelen unter die Tomatensauce mengen. Alles noch etwa 5 Min. zusammen erhitzen, dann abschmecken und mit der restlichen Petersilie bestreut servieren.

524. Zarzuela
(Spanischer Meeresfrüchte-Eintopf)

BRAUCHT ETWAS ZEIT | GUT FÜR GÄSTE
Für 6 Personen
Zubereitungszeit: 35 Min.
Garzeit: 45 Min.

1 kg Fleischtomaten • 2 große Zwiebeln • 6 Knoblauchzehen • 1 frische oder getrocknete Chilischote • 100 g roher Schinken ohne Schwarte • 100 ml Olivenöl • 100 g frisch gemahlene Mandeln • nach Belieben 1–3 Döschen gemahlener Safran (je 0,2 g) • 4 Lorbeerblätter • 1 Zweig Thymian • 1 Zweig Rosmarin • 1/2 l trockener Weißwein • Saft von 1/2 Zitrone • Salz • frisch gemahlener schwarzer Pfeffer • 500 g Venusmuscheln • 500 g Herzmuscheln • 400 g küchenfertig vorbereitete Tintenfische • 12 ausgelöste Jakobsmuscheln • 6 große frische ungeschälte Garnelen • 3 Zitronen

– Die Fleischtomaten überbrühen, häuten, entkernen, Stielansatz entfernen und Früchte klein schneiden. Die Zwiebeln und den Knoblauch schälen und fein hacken. Frische Chilischote entkernen, waschen und in feine Ringe schneiden. Getrocknete Chilischote zerbröseln. Den Schinken in kleine Würfel schneiden.
– In einem großen Topf das Öl erhitzen. Zwiebeln, Knoblauch und Chilischote andünsten, Schinkenwürfel untermischen. Tomaten dazugeben und etwa 10 Min. köcheln lassen.
– Mandeln, Safran, Lorbeerblätter und Kräuterzweige dazugeben. Mit Weißwein und 1/2 l Wasser aufgießen. Den Zitronensaft untermischen, mit Salz und Pfeffer würzen, kurz aufkochen und dann etwa 15 Min. zugedeckt köcheln lassen.
– Venusmuscheln und Herzmuscheln unter fließendem kaltem Wasser gründlich abbürsten. Schon geöffnete Exemplare aussortieren und wegwerfen, sie sind nicht genießbar.
– Die Muscheln in den Topf geben und zugedeckt etwa 5 Min. garen, bis alle geöffnet sind. Muscheln, die sich nicht geöffnet haben, wiederum aussortieren und wegwerfen.
– Inzwischen Tintenfische in schmale Ringe schneiden. Zusammen mit den Jakobsmuscheln und den Scampis (ohne Darm) in den Topf geben. Alles zusammen weitere 10 Min. zugedeckt bei schwacher Hitze garen.
– Die Zitronen heiß waschen und längs in Schnitze schneiden. Die Zarzuela abschmecken und falls nötig nachwürzen. Am besten im Topf auftragen, Zitronenschnitze dazu reichen.

TIPP

Bitte für jeden Gast eine Fingerschale mit warmem Wasser und einigen Zitronenscheiben, sowie große Servietten vorbereiten.

525. Bretonischer Krustentiertopf

GUT VORZUBEREITEN | GUT FÜR GÄSTE
Für 4 Personen
Zubereitungszeit: 1 Std.

8 rohe Langustinen • 12 kleine rohe Garnelen • 1/4 l Fond aus den Krustentierköpfen (selbst gemacht) oder Hummerfond (aus dem Glas) • 1 Möhre • 4 kleine Stangen Lauch (200 g) • 2 Schalotten • 2 Knoblauchzehen • 2 vollreife Tomaten • 2 Hummer (je etwa 500 g, vom Händler 2–3 Min. blanchieren lassen) • 5–6 EL Olivenöl • 3 cl Cognac • 1 Msp. Cayennepfeffer • 2 Msp. gemahlener Safran • 2 EL Crème fraîche • Salz • frisch gemahlener gemischter Pfeffer

– Langustinen und Garnelen abbrausen, Köpfe für den Fond abdrehen. Fond kochen (siehe Rezept Nr. 5 und Spezial-TIPP Seite 9) oder Hummerfond nehmen.

– Möhre schälen, Lauch putzen, längs einschneiden und waschen. Die Schalotten und den Knoblauch schälen. Alles in feine Scheiben schneiden. Tomaten überbrühen, häuten, achteln, Stielansätze und Kerne entfernen. Das Tomatenfleisch grob würfeln.
– Hummer mit einem schweren Küchenmesser längs halbieren, so dass jede Hälfte je 1 Kopf- und Schwanzteil hat. Die Hummerscheren (dicht am Körper) mit dem gleichen Messer abhacken.
– In einem Schmortopf 2 EL Öl erhitzen. Möhre, Lauch, Schalotten, Knoblauch und Tomaten bei schwacher Hitze zugedeckt 5–10 Min. darin dünsten.
– Gleichzeitig in einer sehr großen Pfanne restliches Öl erhitzen. Alle Hummerteile, Langustinen und Garnelen (alles ungeschält) offen bei starker Hitze 2–3 Min. darin auf beiden Seiten anbraten. Pfanne vom Herd nehmen. Cognac über die Krustentiere gießen, anzünden und unter Schütteln abbrennen lassen (dabei vorsichtig hantieren!). Langustinen und Garnelen beiseite stellen.
– Hummer mit 1/4 l heißem Fond, dem gedünsteten Gemüse, Cayennepfeffer und Safran in der Pfanne etwa 10 Min. zugedeckt bei schwacher Hitze ziehen lassen. Während der letzten 5 Min. Langustinen und Garnelen dazugeben.
– Crème fraîche hinzufügen. Mit Salz und Pfeffer abschmecken. Hummerscheren mit einer Hummer- (oder Küchen-)schere aufbrechen und wieder in den Topf geben, alles in eine vorgewärmte Terrine füllen.

526. Flusskrebsgratin aus Nordfrankreich

GUT FÜR GÄSTE
Für 4 Personen
Zubereitungszeit: 1 Std.
Garzeit: 30 Min.

1 1/2 kg gekochte Flusskrebse (vom Händler brühen lassen) • 40 g Butter • 2 EL Mehl • 400 ml Fischfond (aus dem Glas) • 4 cl Noilly Prat (Weißweinwermut) • 150 g Sahne • Salz • frisch gemahlener schwarzer Pfeffer • 2 EL milder Hartkäse

– Die Schwänze der Krebse abdrehen und das Fleisch aus den Schalen brechen. Scheren mit einer Zange knacken. Den Rücken der Krebsschwänze längs leicht einschneiden und den Darm entfernen. Den Backofen auf 225° (Umluft 200°) vorheizen.
– In einem Topf die Butter zerlassen, Mehl hinzufügen und anschwitzen. Fischfond und Noily Prat angießen, 10 Min. einkochen lassen. Die Sahne dazugeben und noch 8 Min. einkochen lassen. Mit Salz und Pfeffer würzen und gut umrühren.
– Das Krebsfleisch, die Krebsscheren und die Sauce in eine feuerfeste Form geben, geriebenen Käse darüber streuen. Im Ofen (Mitte) etwa 15 Min. überbacken, bis der Käse goldgelb ist.

TIPP

Ganz originalgetreu ist das Rezept, wenn Sie die Krebse lebend kaufen und in einem Gemüsesud 8–10 Min. garen. Achten Sie darauf, dass die Flüssigkeit die Tiere bedeckt und nicht nur siedet, sondern sprudelnd kocht.

527. Gratinierter Hummer

GUT FÜR GÄSTE
Für 4 Personen
Zubereitungszeit: 45 Min.

1 Zwiebel • 1 Bund Suppengrün • 1 EL schwarze Pfefferkörner • 1 Lorbeerblatt • Salz • 2 Hummer (je 700 g, vom Fischhändler 5 Min. vorkochen lassen)
Für die Rotweinbutter: 2 Schalotten (ersatzweise 1 kleine Zwiebel) • je 2 EL gehackter Kerbel, Kresse und Petersilie • 1/4 l kräftiger australischer Rotwein (z. B. Shiraz) • 200 g Butter • frisch gemahlener weißer Pfeffer • Kresse zum Garnieren

– Die Zwiebel schälen und achteln. Das Suppengrün waschen, putzen und in kleine Stücke schneiden.
– In einem großen Topf etwa 3 l Wasser mit Zwiebel, Suppengrün, Pfefferkörnern, Lorbeerblatt und Salz aufsetzen. Die vorgekochten Hummer etwa 10 Min. in der heißen Brühe erhitzen, aber nicht kochen.
– Inzwischen für die Rotweinbutter die Schalotten schälen und sehr fein würfeln. In einem kleinen Topf die Schalottenwürfel mit Kräutern und Rotwein offen bei starker Hitze auf ein Viertel der Menge einkochen. Die Butter in Stücken mit dem Schneebesen einschlagen, mit Salz und Pfeffer abschmecken. Den Backofen auf 220° (Umluft 200°) vorheizen (möglichst Oberhitze oder Grill dazuschalten).

– Hummer aus der Brühe nehmen, abtropfen lassen, mit einem schweren Messer längs halbieren und die sandigen Magensäcke entfernen. Die Scheren mit dem Messerrücken aufschlagen, das Fleisch aus Schwänzen und Scheren auslösen und in große Stücke zerteilen. Mit der Rotweinbutter vermischen und wieder in die Hummerschalen füllen. Im Ofen (oben) etwa 5 Min. überbacken. Mit Kresse garnieren und servieren.

TIPP

Zu Hummer einen samtigen, cremigen Weißwein, z. B. Chardonnay, oder Champagner servieren.

528. Gegrillte Langustenschwänze

GUT FÜR GÄSTE
Für 4 Personen
Zubereitungszeit: 45 Min.

2 rohe Langustenschwänze (je etwa 400 g) • 4 Frühlingszwiebeln • 1 Knoblauchzehe • 75 g Walnusskerne • 1/2 Bund glatte Petersilie • 2 Stängel Koriander • 1 unbehandelte Limette • 100 g weiche Butter • Meersalz

– Die Langustenschwänze der Länge nach mit einem stabilen Messer halbieren und das Fleisch im Ganzen aus den Schalen lösen. Das Fleisch waschen und mit Küchenpapier trockentupfen.
– Die Frühlingszwiebeln putzen, waschen und in dünne Ringe schneiden. In gut gesalzenem Wasser 1 Min. blanchieren, dann sofort in Eiswasser abschrecken und gut abtropfen lassen.
– Die Knoblauchzehe schälen und mit den Walnusskernen mittelgrob hacken. Petersilie und Koriander waschen, trockentupfen, die Blättchen von den Stängeln zupfen und fein hacken. Limette waschen, die Schale abreiben und den Saft auspressen. Alles mit der weichen Butter gut verkneten und mit Salz würzen.
– Mit der Nussbutter zuerst die Schalenhälften innen bestreichen, das Langustenfleisch darauf legen und dann das Fleisch selbst damit dick bestreichen.
– Den Grill im Backofen vorheizen. Die Langustenschwänze in eine ofenfeste Form oder auf das tiefe Backblech setzen und im Ofen (Mitte) zunächst 6–8 Min. grillen. Dann die blanchierten Zwiebelringe darüber verteilen und in weiteren 2–4 Min. fertig grillen.

TIPPS

– Langustenschwänze gibt es auch vorgegart. Dann müssen sie nur noch in 3–4 Min. erwärmt werden.
– Jedem festlichen Anlass kann man mit diesem exklusiven Essen den richtigen Rahmen verleihen. Und das ganz ohne großen Arbeitsaufwand. Die einzige Voraussetzung für den Hochgenuss ist, dass die Langustenschwänze wirklich absolut frisch sind.

529. Languste auf kreolische Art

GELINGT LEICHT
Für 4 Personen
Zubereitungszeit: 50 Min.
Auftauzeit: 8 Std.

4 tiefgekühlte geschälte Langustenschwänze (je etwa 200 g oder 8 kleinere Schwänze, je 100 g) • 1 Zwiebel • 4 Knoblauchzehen • 1 Mango • 1 Stück Ingwer (2 cm lang und breit) • 3 EL Butter • 1 TL Tamarindenkonzentrat • 100 ml trockener Sherry • 50 ml frisch gepresster Orangensaft • 100 ml Fischfond (aus dem Glas) • eventuell Salz

– Die Langustenschwänze bei Zimmertemperatur auftauen lassen, das dauert etwa 8 Std.
– Die Zwiebel schälen und fein würfeln, den Knoblauch schälen. Die Mango schälen, das Fruchtfleisch vom Kern schneiden und sehr fein hacken oder reiben. Den Ingwer schälen und ebenfalls sehr fein hacken.
– Die Butter in einer Pfanne zerlassen und die Zwiebelwürfel darin hellgelb anschwitzen. Den Knoblauch durch die Presse dazudrücken, Mango und Ingwer hinzufügen und unter gelegentlichem Rühren bei mittlerer Hitze 5–8 Min. dünsten.
– Tamarindenkonzentrat, Sherry, Orangensaft und den Fischfond hinzufügen und weitere 5 Min. zugedeckt bei schwacher Hitze leise sieden lassen.
– Die Langustenschwänze in die Sauce geben, die Hitze auf die kleinste Stufe zurückschalten und alles zugedeckt etwa 15 Min. bei schwächster Hitze ziehen lassen, zwischendurch einmal wenden. Eventuell salzen.
– Die Langustenschwänze auf eine Platte (am besten vorgewärmt) geben, die Hälfte der Sauce über die Langusten gießen, den Rest der Sauce drumherum verteilen. Sofort servieren.

530. Garnelenbällchen

GELINGT LEICHT
Für 4 Personen
Zubereitungszeit: 40 Min.

1 kleine Stange Lauch • 3 Knoblauchzehen • 1 Stück frischer Ingwer (4 cm) • 250 g gegarte geschälte Garnelen • 250 g Sojabohnensprossen • 1 Ei • 100 g Mehl • 1 TL Backpulver • 1/2 TL Sambal oelek • Salz • 1/2 l Öl zum Ausbacken • rote Chilischoten und Tomatenscheiben zum Garnieren

– Lauch putzen, längs aufschlitzen und waschen. Die Hälften erst in Längsstreifen, dann in feinste Würfel schneiden. Knoblauch schälen und zerdrücken. Ingwer schälen und fein raspeln.
– Die Garnelen kalt abbrausen und trockentupfen. Die Sojabohnensprossen abspülen und in einem Sieb abtropfen lassen. Beides mit einem großen Messer oder einem Wiegemesser fein hacken.
– Ei in einer Schüssel leicht verquirlen. Mehl und Backpulver darüber sieben. Alle vorbereiteten Zutaten mit den Gewürzen zu einem Teig verkneten. Falls der Teig zu fest wird, löffelweise etwas Wasser dazugeben. Öl in einem großen Topf oder der Fritteuse stark erhitzen.
– Aus dem Teig etwa 24 walnussgroße Bällchen formen. Portionsweise im Öl in 3–5 Min. knusprig ausbacken, dann auf Küchenpapier abtropfen lassen. Bällchen heiß oder kalt mit Chilis und Tomaten garniert servieren.

531. Crab Cakes
(Amerikanische Krebsküchlein)

BRAUCHT ETWAS ZEIT
Für 4 Personen
Zubereitungszeit: 30 Min.
Kühlzeit: 1 Std.

1/2 Bund glatte Petersilie • 2 Schalotten • 1 Ei • 2 EL Mayonnaise • 1/2 TL mittelscharfer Senf • Salz • Cayennepfeffer • 75 g Kastenweißbrot • 75 ml Milch • 400 g Krebsfleisch (aus der Dose)
Für die Sauce: 2 Schalotten • 1/2 Bund Schnittlauch • 1/2 Bund Petersilie • 1 EL Kapern • 1 Gewürzgurke • 150 g Salatmayonnaise • 100 g Vollmilchjoghurt • 1 TL Senfpulver • Salz • Cayennepfeffer • 1 Zitrone • Öl zum Braten

– Die Petersilie waschen und trockenschütteln, die Schalotten schälen. Beides sehr fein hacken und mit dem Ei, der Mayonnaise und dem Senf gründlich verrühren, mit Salz und Cayennepfeffer würzen.
– Das Kastenweißbrot entrinden und zerzupfen, in einer kleinen Schüssel mit der Milch beträufeln.
– Das Krebsfleisch klein schneiden, mit dem Weißbrot zur Petersilienmischung geben und alles gründlich vermengen. Die Mischung zu 8 kleinen runden Küchlein formen, diese auf ein Brett legen und mit Pergamentpapier bedeckt etwa 1 Std. kalt stellen.
– Für die Sauce Schalotten schälen, Kräuter waschen und trockenschütteln. Beides ebenso wie Kapern und Gurke fein hacken, mit der Mayonnaise, Joghurt, Senf, Salz und Cayennepfeffer verrühren und abschmecken.
– Zitrone waschen und trockentupfen. Reichlich Öl in einer tiefen Pfanne bei mittlerer Hitze erwärmen, portionsweise die Krebsküchlein darin von jeder Seite in 2–3 Min. goldbraun backen.
– Die fertigen Küchlein auf Küchenpapier entfetten, zusammen mit der Sauce anrichten. Zitrone in Spalten schneiden und die Küchlein damit garnieren.

532. Fritto misto di mare
(Ausgebackene Meeresfrüchte)

BRAUCHT ETWAS ZEIT
Für 4 Personen
Zubereitungszeit: 1 1/2 Std.

500 g kleine Tintenfische (frisch oder tiefgekühlt) • 4 kleine Rotbarben (je 100 g) • Salz • 500 g Sardellen oder sehr kleine Sardinen (frisch oder tiefgekühlt) • 250 g große rohe Garnelen in der Schale • 2 Knoblauchzehen • 2–3 Zitronen • etwas Mehl zum Bestäuben • reichlich Olivenöl zum Frittieren

– Kopf und Fangarme der Tintenfische samt der Eingeweide aus dem Körperbeutel ziehen. Arme knapp vom Kopf abschneiden. Die Arme zusammendrücken und das Kauwerkzeug entfernen. Durchsichtiges Fischbein aus dem Körperbeutel nehmen, dünne Haut abziehen. Den Beutel und die Arme gründlich waschen und trockentupfen. Bei größeren Tintenfischen den Körper in Streifen schneiden.
– Rotbarben schuppen, Köpfe und Flossen abschneiden, Kiemenbögen entfernen. Fische abbrausen, mit Küchenpapier gut trocknen. Mit Salz bestreut zur Seite stellen.

– Sardellen schuppen und ausnehmen, Flossen – außer der Schwanzflosse – abschneiden (bei sehr kleinen Sardellen den Kopf dranlassen, er kann mitgegessen werden). Fische gründlich waschen und mit Küchenpapier abtrocknen. Mit Salz bestreuen.
– Die Garnelen mit Schalen und Schwanz verarbeiten, die Köpfe jedoch abtrennen und den Darmstrang entfernen (auf der Rückenseite mit einer Schere den Panzer aufschneiden, den dunklen Darm darunter mit einem spitzen Messer entfernen).
– Den Backofen auf 150° vorheizen. In einem Frittiertopf reichlich Olivenöl erhitzen. Die Knoblauchzehen schälen und hineingeben. Temperaturprobe: Einen Holzstiel ins Öl tauchen – sobald kleine Bläschen aufsteigen, kann mit dem Frittieren begonnen werden. Knoblauch vorher wieder herausnehmen, wenn er leicht zu bräunen beginnt.
– Die Tintenfische ganz dünn mit Mehl bestäuben, portionsweise ins heiße Öl geben und knusprig frittieren. Auf Küchenpapier abtropfen lassen, dann im Backofen (Mitte, Umluft 130°) warm stellen.
– Rotbarben und Sardellen ebenfalls leicht mit Mehl bestäuben, nacheinander ins heiße Öl geben und auch knusprig ausbacken (Barben 3–4 Min., Sardellen etwa 2 Min.). Die frittierten Fische mit einem Schaumlöffel herausheben, auf Küchenpapier abtropfen lassen und warm halten. Garnelen pur ins heiße Öl geben, knusprig ausbacken. Auf Küchenpapier gut abtropfen lassen.
– Die frittierten Meeresfrüchte auf einer vorgewärmten Platte anrichten, salzen. Zitronen waschen, in Schnitze schneiden und auf die Platte geben. Sofort servieren.

533. Calamari fritti
(Frittierte Tintenfischringe)

SCHMECKT KINDERN
Für 4 Personen
Zubereitungszeit: 50 Min.

600 g kleine, küchenfertig geputzte Tintenfische (Kalmare, frisch oder tiefgekühlt) • Salz • frisch gemahlener weißer Pfeffer • 2 EL Zitronensaft • 2 EL Olivenöl • 2 Eier • 150 g Mehl • 125 ml Mineralwasser • 500 g Butterschmalz oder Öl zum Frittieren • 2 Zitronen

– Die Tintenfische unter fließendem Wasser gründlich waschen, eventuell nachputzen (siehe Rezept Nr. 532).
– In einem großen Topf 2 l Wasser aufkochen. Salzen und die Tintenfische im kochenden Wasser etwa 1 Min. blanchieren. Herausheben, kalt abschrecken und gut abtropfen lassen.
– Die Tintenfischkörper in 1 cm breite Ringe schneiden. Leicht salzen und pfeffern, mit Zitronensaft und Olivenöl vermischen und bis zur Zubereitung ziehen lassen.
– Die Eier trennen. Das Mehl mit den 2 Eigelben, 1 Prise Salz und dem Mineralwasser kräftig verquirlen. Den Teig mindestens 15 Min. quellen lassen. Dann Eiweiße steif schlagen, unter den Teig ziehen.
– In einem großen Topf oder in der Fritteuse reichlich Butterschmalz oder Öl zum Frittieren erhitzen. Temperaturprobe: einen Holzstiel ins Fett tauchen – sobald kleine Bläschen aufsteigen, kann mit dem Frittieren begonnen werden.
– Tintenfischringe nacheinander mit einer Gabel durch den Teig ziehen. Portionsweise ins heiße Fett geben, in je 2–3 Min. goldgelb frittieren. Zwischendurch vorsichtig mit einem hölzernen Kochlöffel oder der Gabel wenden, damit die Ringe rundum gleichmäßig bräunen.
– Auf Küchenpapier kurz abtropfen lassen, ganz frisch mit Zitronenvierteln servieren.

534. Tintenfisch mit Ingwer

GUT FÜR GÄSTE
Für 3–4 Personen
Zubereitungszeit: 35 Min.

400 g Tintenfisch (Sepia, ohne Kopf und Fangarme) • 1/2 Salatgurke • Salz • 30–50 g frischer Ingwer • 2 EL helle Sojasauce • 2 EL heller Reisessig • 1 EL Sesamöl • 1 TL Zucker • 1 Prise frisch gemahlener weißer Pfeffer • 1 EL Reiswein

– Tintenfisch waschen und trockentupfen. Die Außenhaut entfernen, eine Längsseite aufschneiden. Mit einem scharfen Messer an der Innenseite im Abstand von etwa 2 mm das Fischfleisch kreuzweise bis etwa zur Hälfte einschneiden. Dann in etwa 5 cm lange und 3 cm breite Stücke schneiden.
– Die Gurke waschen, längs halbieren und mit einem Löffel die Kerne herauskratzen. Gurke in etwa 6 cm lange Stücke schneiden, dann längs in dünne Scheiben. In einer Schüssel mit 1/2 TL Salz mischen, etwa 10 Min. ziehen lassen. Gurke mit lauwarmem Wasser abbrausen, abtropfen lassen und auf einem Teller anrichten.

– Den Ingwer schälen und fein hacken. Sojasauce, Essig, Ingwer, Sesamöl, Zucker, Salz und Pfeffer in einer Schüssel mischen, beiseite stellen.
– In einem Topf etwa 3/4 l Wasser zum Kochen bringen. Tintenfisch hineingeben und 1 EL Reiswein dazugeben. Den Tintenfisch darin etwa 1/2–1 Min. sprudelnd kochen lassen. Dabei verbiegt er sich leicht zu Röllchen. Tintenfischröllchen herausnehmen, abtropfen lassen und auf der Gurke anrichten. Die vorbereitete Sauce über den Tintenfisch gießen und servieren.

TIPPS

– Der Tintenfisch darf nicht länger kochen als im Rezept angegeben, sonst wird er zäh.
– Das sorgfältige Schneiden ist sehr wichtig für das Gelingen dieses Gerichtes. Die Tintenfischstücke sehen dadurch nicht nur schön aus, sie können durch die Schneidetechnik auch mehr Geschmack aufnehmen. Falls Sie dieses Schneiden aber zu umständlich finden, können Sie den Tintenfisch auch in 5 cm lange, 1/2 cm dünne Streifen teilen.
– Sehr hübsch sieht es aus, wenn Sie das Gericht mit zu Blüten geschnittenen Chilischoten garnieren.

535. Ägyptische Tintenfische in Tomatensauce

GUT FÜR GÄSTE
Für 4 Personen
Zubereitungszeit: 30 Min.
Garzeit: 30 Min.

700 g kleine, küchenfertig vorbereitete Tintenfische (Kalmare, oder je 350 g Kalmare und Sepie) • 4 Zwiebeln • 4 EL neutrales Pflanzenöl • 1 kleine Dose Tomaten (400 g Inhalt) • 2 EL Tomatenmark • Salz • frisch gemahlener schwarzer Pfeffer • 1/2 TL gemahlener Kreuzkümmel (Kumin) • 1/4 TL Pimentpulver • 1/2 Bund glatte Petersilie • 2 Knoblauchzehen

– Die Tintenfische unter fließendem kaltem Wasser abbrausen. Von jedem Kalmar das Säckchen und den ringähnlichen Teil, an dem die Fangarme sitzen, vom Kopfteil abschneiden. Diesen wegwerfen. Die Säckchen umstülpen oder aufschneiden und säubern (Säckchen der Sepie ebenfalls säubern).
– Die Zwiebeln schälen und klein würfeln. Das Öl in einer hohen Pfanne stark erhitzen. Die Zwiebeln darin goldgelb anbraten, dann auf mittlere Hitze schalten. Die Tomaten noch in der Dose in Stücke schneiden und mit dem Saft zu den Zwiebeln geben, alles aufkochen.
– Das Tomatenmark in 1/8 l Wasser glattrühren und hinzufügen. Salz, 1/2 TL Pfeffer, Kreuzkümmel und Piment unterrühren. Die Sauce offen unter Rühren etwa 10 Min. kochen, bis sie dicklich wird. Inzwischen den Backofen auf 200° (Umluft 180°) vorheizen.
– Petersilie abbrausen, die Blättchen hacken. Knoblauch schälen, durch die Knoblauchpresse drücken und mit der Petersilie unter die Sauce rühren. Diese nochmals mit Salz abschmecken.
– Die Tomatensauce in eine Auflaufform geben und die Tintenfische darin verteilen. Im Ofen (Mitte) offen etwa 10 Min. garen. Dann die Temperatur auf 175° (Umluft 160°) herunterschalten und die Tintenfische noch etwa 20 Min. garen, bis sie weich sind.

536. Gefüllte Kalamare mit Mangold

BRAUCHT ETWAS ZEIT
Für 4 Personen
Zubereitungszeit: 1 3/4 Std.

8 Kalmare (1 kg) • Saft von 1/2 Zitrone • 4 Sardellenfilets • 1 Bund glatte Petersilie • 1 Zweig Rosmarin • 2 Knoblauchzehen • 1 Ei • 3 EL Semmelbrösel • Salz • frisch gemahlener schwarzer Pfeffer • 3 EL Olivenöl • 200 ml trockener Weißwein • 500 g Mangold • nach Belieben 3 EL passierte Tomaten • Küchengarn

– Kopf und Fangarme der Kalmare samt der Eingeweide aus dem Körperbeutel ziehen. Arme knapp vom Kopf abschneiden. Die Arme zusammendrücken und das Kauwerkzeug entfernen. Durchsichtiges Fischbein aus dem Körperbeutel nehmen, dünne Haut abziehen. Den Beutel und die Arme gründlich waschen und trockentupfen. Die Körperbeutel innen mit dem Zitronensaft beträufeln.
– Die Fangarme zerkleinern, Sardellenfilets abbrausen, trockentupfen und fein hacken. Petersilie und Rosmarin waschen, trockenschütteln. Knoblauch schälen und mit den Kräutern klein hacken. In einer Schüssel das Ei verquirlen, Kräuter, Sardellen und zerkleinerte Fangarme mit den Bröseln vermischen, leicht salzen und pfeffern.

– Tintenfischbeutel mit der Mischung locker füllen, mit Küchengarn fest zunähen. In einem großen Topf das Olivenöl erhitzen, gefüllte Kalmare rundum kräftig anbraten, mit einigen Tropfen Olivenöl beträufeln und mit dem Wein aufgießen. Die Temperatur reduzieren und zugedeckt bei geringer Hitze etwa 30 Min. sanft schmoren lassen, bis das Fleisch zart ist (zur Probe mit einer Gabel einstechen).
– Inzwischen den Mangold putzen, dabei die Stielenden kürzen, waschen und in 1 cm breite Streifen schneiden. Dann in kochendem Salzwasser kurz blanchieren, mit Eiswasser abschrecken und gut ausdrücken.
– Die Mangoldstreifen 3–5 Min. vor Ende der Garzeit zu den Kalmare in den Topf geben und gut durchschwenken. Salzen und pfeffern, nach Belieben 3 EL passierte Tomaten hinzufügen.

537. Indonesisches Tintenfisch-Curry

GUT FÜR GÄSTE | GELINGT LEICHT
Für 4 Personen
Zubereitungszeit: 20 Min.
Schmorzeit: 20 Min.

1 EL Tamarindenmark • 600 g küchenfertig vorbereitete Tintenfische (frisch oder tiefgekühlt) • 3 Schalotten • 2 Knoblauchzehen • 1 Stück frischer Ingwer (4 cm) • 1 Stängel Zitronengras • 1/4 TL Terasi (Garnelenpaste) • 4 Kemiri-Nüsse • 1 TL Sambal oelek • 1/2 TL gemahlene Kurkuma (Gelbwurz) • 2 TL gemahlener Koriander • 2 TL Palmzucker • 3–4 EL Kokosöl • 1/4 l Kokosmilch • Salz

– Das Tamarindenmark in einer kleinen Schüssel mit 100 ml heißem Wasser einweichen.
– Inzwischen die Tintenfische gründlich unter fließendem kaltem Wasser abbrausen und trockentupfen. Tintenfischmantel der Länge nach halbieren und in schmale mundgerechte Streifen schneiden.
– Schalotten und Knoblauch schälen und fein würfeln. Den Ingwer schälen und fein raspeln. Vom Zitronengras den dicken, unteren Teil des Stängels klein hacken. Terasi mit dem Löffelrücken zerdrücken. Die Kemiri-Nüsse fein reiben. Diese Zutaten mit allen Gewürzen und Palmzucker zu einer dicken Paste verarbeiten.
– Das Tamarindenmark im Einweichwasser kräftig verrühren, bis dieses dick und braun wird, und durch ein Sieb streichen. Den Saft auffangen.
– Öl im Wok oder in einer großen Pfanne stark erhitzen. Die Tintenfischstreifen portionsweise rundherum etwa 5 Min. darin anbraten. Gewürzpaste untermengen und unter ständigem Rühren etwa 3 Min. mitbraten. Das Curry mit Tamarindensaft ablöschen, dann Kokosmilch angießen. Die Hitze reduzieren und das Gericht zugedeckt bei schwacher Hitze 15–20 Min. schmoren lassen, bis das Fleisch zart ist. Mit Salz abschmecken.

538. Oktopus in Wein

GELINGT LEICHT
Für 4 Personen
Zubereitungszeit: 30 Min.
Garzeit: 1 Std.

1 küchenfertiger Oktopus (etwa 800 g) • Salz • 200 g weiße Zwiebeln • 300 g Tomaten • 1 Bund Fenchelgrün (ersatzweise Dill) • 1 EL Tomatenmark • 4 EL Olivenöl • 200 ml trockener Rotwein • Salz • frisch gemahlener schwarzer Pfeffer

– Oktopus kalt abbrausen. Den Kopfteil zwischen dem kleinen Sack und den Teil, an dem die Arme sitzen, abschneiden und wegwerfen. Die Haut vom Säckchen abziehen. Anschließend die Haut wegwerfen. Den Sack umstülpen, ausspülen und die Eingeweide – falls noch vorhanden – entfernen. Das Kauwerkzeug des Oktopus herausdrücken.
– Eine große beschichtete Pfanne trocken mittelstark erhitzen. Den Oktopus hineinlegen, leicht mit Salz bestreuen und 15 Min. im eigenen Saft schmoren. Dabei einmal wenden.
– Oktopus lauwarm abbrausen und abtropfen lassen. Zwiebeln schälen, halbieren und längs in Scheibchen bzw. Streifchen schneiden. Die Tomaten überbrühen, häuten und das Fruchtfleisch in Scheiben schneiden. Fenchelgrün abbrausen und zweimal durchschneiden. Tomatenmark in 125 ml Wasser auflösen.
– Oktopus in mundgerechte Stücke schneiden. In einem Topf Olivenöl erhitzen. Zwiebeln bei mittlerer Hitze glasig braten. Oktopusstücke untermischen und 1/2 Min. unter Wenden mitbraten. Tomatenmark, Wein, etwas Salz, 1 Prise Pfeffer unterrühren und aufkochen.
– Tomatenscheiben und Fenchelgrün auf die Zutaten im Topf legen, diesen leicht rütteln und schließen. Oktopus bei schwacher Hitze in 50–60 Min. sanft schmoren, abschmecken und heiß oder warm servieren.

Schnitzel & Steaks

Nicht „Schwein, Rind, Kalb oder Lamm?“ ist die erste Frage, wenn etwas mit Fleisch gemacht werden soll, sondern „kurz oder lang?“. In den meisten Fälle wird es dann etwas Kurzgebratenes wie das Schnitzel oder Steak, weswegen dieses erste Fleischkapitel dann auch den kurzen Stücken gehört. Zu ihnen zählen außerdem Kotelett und Frikadelle, Entenbrust und Hähnchenschenkel und sogar die Roulade – auch wenn die eher etwas länger gart.

Fleisch spielt heute in unserer Küche eine neue Rolle. Es ist nicht mehr die Hauptsache, nach der sich alles andere beim Kochen von der Suppe bis zur Sauce richten muss. Viel öfter ist es eine Zutat von vielen auf dem Teller neben Gemüse, Nudeln oder einem Salat. Für diesen neuen Part sind die „kurzen Stücke“ ideal, vor allem die Schnitzel und Steaks. Die bekommen wir fertig zugeschnitten beim Metzger, sie lassen sich in Kürze und trotzdem mit Würze braten und passen zu vielem – vor allem zu unserer neuen Küche. Denn in der wird nun immer öfter Salat mit Putenschnitzel, ein Kalbssteak mit Auberginen oder Rindfleisch mit Brokkoli aus dem Wok zubereitet.

Von jeder Fleischart, die wir kennen, gibt es Stücke zum Kurzbraten: vom Rind wie vom Kalb, vom Schwein wie vom Lamm, vom Geflügel wie vom Wild. Sie werden aus den zarten Körperteilen geschnitten, deren Muskeln das Tier nur selten nutzt und die oft frei von Sehnen sind. Dazu gehören bei Schlachtfleisch zuerst der Rücken und das geschützt darunter liegende Filet sowie Teile der Keule. Je kleiner bzw. jünger ein Schlachttier von Natur aus ist, desto größer kann der Anteil an zarten Stücken in seinem Fleisch sein. So sind die Keulen von Kalb oder Lamm für Zartes ergiebiger als die vom Rind. Zudem spielt es eine Rolle, wie das Tier gelebt hat. Beim eher trägen Schwein ergibt auch der Nacken noch Grillsteaks, beim Wildhasen müssen selbst die Keulen eine ganze Weile garen. Und wenn ein Tier artgerecht gehalten wird – gesundes Futter, ordentlicher Stall mit Auslaufmöglichkeit, Zeit und Ruhe zum Leben –, so tut das auch seinem Fleisch gut. Wer mal ein Steak vom Bio-Ochsen probiert hat, weiß das.

Das Schnitzel

Der Begriff „Schnitzel“ kommt von „schneiden“, und das ist es auch, was für alle Schnitzel der Welt charakteristisch ist: der möglichst dünne Schnitt, der am besten jedes Klopfen unnötig macht. Denn durch ihn werden in der Pfanne auch Stücke butterweich, die eigentlich gar nicht so zart sind, dafür aber mehr Aroma als ein Rücken oder Filet haben. Klassisch ist das Kalbsschnitzel, das aus der Oberschale bzw. Nuss in der Kalbskeule geschnitten wird. Das rustikalere Schweineschnitzel stammt aus den gleichen Teilen, nur eben vom Schwein. Die günstige bzw. magere Alternative ist das Schnitzel aus der Putenbrust, das aber ohne Panade oder Füllung leicht trocken und geschmacklos werden kann. Mehr Substanz hat da schon ein Schnitzel aus der Hähnchenbrust.

Das berühmteste Schnitzel ist das panierte Wiener Schnitzel, ein Lieblingsgericht in Edelrestaurants wie in Wirtshäusern. Da ist zum einen das Original aus hauchdünnem Kalbfleisch, das nach allen Regeln der klassischen Küche mit feiner Panade in der Pfanne mit Butter zur Delikatesse gebraten wird. Trotzdem ziehen ihm viele Liebhaber des Deftigeren ein Schweineschnitzel „nach Wiener Art“ vor, selbst wenn es frittiert wird.

Doch Schnitzel müssen nicht immer paniert sein. In Österreich kennt man auch das in Mehl gewendete Naturschnitzel, nur durch Ei gezogen wird ein Pariser Schnitzel, in Italien gibt es neben dem Piccata auch die oft mit einer Sauce servierten dünnen Scallopine aus Kalbfleisch und das ebenfalls berühmte Saltimbocca.

Was ist …

… ein Filetsteak? 200–250 g schweres, dickes Stück aus dem Rinderfilet, am besten aus seiner Mitte geschnitten.

… ein Tournedo oder Filet mignon? Ein kleineres und dünneres Steak (100–150 g), das aus dem zur Spitze hin schmaleren Teil des Rinderfilets geschnitten wird.

… ein Châteaubriand? Ein doppeltes Filetsteak (bis 500 g), aus der Mitte oder auch aus dem schweren Filetkopf geschnitten. Benannt nach einem französischen Feldherrn.

… ein Entrecôte? Aus dem Mittelteil des Roastbeefs „zwischen den Rippen" geschnittenes Steak. Mit Fettrand und starker Marmorierung, kann 300 g und mehr wiegen.

… ein Rumpsteak? Ähnlich dem Entrecôte, jedoch aus dem Roastbeef in Richtung Rumpf geschnitten. Es ist 200–250 g schwer.

… ein Sirloin-Steak? Ein großes, eher mageres Steak, das „über der Lende" (französisch: „surlonge") aus dem Roastbeef geschnitten wird, teilweise auch mit Knochen.

… ein T-Bone-Steak? Wird aus dem Roastbeef samt Knochen (in T-Form) und Filet geschnitten. In größerer Form Porterhouse-Steak genannt.

… ein Ochsenkotelett? Steak samt Kotelettknochen aus dem Rücken eines Ochsen geschnitten. Das Fleisch ist zarter als „normales" Rindfleisch.

Das Steak

So ein „richtiges" Rindersteak ist immer noch die große Nummer unter den kurzen Stücken, und so drängt es sich nicht selten nach alter Art nach vorne – als purer Fleischgenuss, zu dem alles andere nur Beiwerk sein kann. Vielleicht lieben und garen es (zumindest am Grill) „richtige" Männer deswegen so gern? Sie sind auch die Väter der Wissenschaft um den richtigen Schnitt eines Rindersteaks, die in den USA andere Gesetzmäßigkeiten kennt als in England, Frankreich oder Südamerika. Ein wenig Klarheit bietet dabei unser „Was-ist-…"-Kasten.

Wie das Schnitzel kann auch das eher dick geschnittene Steak von jedem Fleisch liefernden Tier stammen, wenn das nur groß genug für so etwas ist – was Huhn oder Hase nicht sind. Gute Steaks kommen vor allem aus Rücken und Filet, ebenso aus der Huft bzw. Teilen der Keule. Beim Schwein kann es auch der Nacken sein, beim Lamm ist es nur die Keule. Dazu ist bei der Pute die Oberkeule der beste Platz für Steaks, die Brust ist es nicht.

Von Spießchen bis Klößchen

Gebratene Schnitzel und Steaks sind die Hauptvertreter der schnellen Fleischküche mit kurzen Stücken. Richtig bunt wird sie durch die vielen anderen Fleischteile und deren Zubereitungen, die optimal für einen Teller Gutes sind. Koteletts sind eigentlich nichts anderes als Steaks mit Knochen, mit dem sie besonders saftig und geschmackvoll braten. Genauso ist das bei der Hähnchenkeule, die dazu mit ihrer Haut eine knusprige Kruste liefert, wie auch die Hähnchen- oder Entenbrust. Ein Thema für sich sind die Innereien, bei dem aber selbst Skeptiker von einer rosa Kalbsleber überzeugt werden können.

Manchmal braucht es auch den Trick des Kleinschneidens und Anreicherns, um Fleisch optimal kurzbraten zu können. So werden magere Fleischwürfel mit saftigem Gemüse auf Spieße gesteckt, und eher sehniges bis fettes Fleisch durch den Wolf gedreht, mit noch ein paar Zutaten gebunden und verfeinert, um dann daraus Klößchen oder Frikadellen zu formen. Auch das sind Lieblingsgerichte, ebenso wie die Rouladen. Sie stehen in diesem Kapitel, weil sie eher kurze Stücke für einen Teller als für die Platte sind. Und werden sie aus Kalbfleisch gemacht, dauert das Garen auch gar nicht lang.

Schnitzel braten

Das Fleisch

Gute Metzger schneiden das Schnitzel so, dass man es nicht klopfen muss: gegen die Faser und knapp 1/2 cm dick. Ansonsten klopft man es zwischen Folie mit der platten Seiten des Fleischklopfers oder einem Stieltopf flach. Dann wird es gewürzt, in Mehl gewendet und dieses leicht abgeschüttelt. Jetzt kann es als Naturschnitzel in der Pfanne braten. Zum Panieren zieht man es noch durch verschlagenes Ei, lässt es abtropfen und wendet es in Paniermehl (siehe Spezial-TIPP). Dabei die Panade gar nicht bis wenig andrücken, damit sie sich in der Pfanne schön wölbt. Nun das Schnitzel gleich garen und bräunen.

In der Pfanne

Fürs Schnitzelbraten braucht es ein bis zwei große Bratpfannen mit dickerem Boden. Klassisch ist das Braten in Butter, ein Teil Öl schützt da vorm Verbrennen. Das Fett wird auf mittlerer Stufe erhitzt, wobei bei panierten Schnitzeln so viel in der Pfanne sein muss, dass sie gerade eben darin schwimmen, aber ohne unterzugehen. Die Schnitzel werden einmal (!) gewendet, wenn die Unterseite goldgelb gebräunt ist, und unter Beschöpfen mit Fett fertig gebraten. Dann kommen sie zum Abfetten auf Küchenpapier und auf den Teller – in Wien immer ohne Sauce.

Steaks braten

Das Fleisch

Ein Steak wird stets gegen die Faser geschnitten und sollte mindestens 3 cm dick sein, wenn es nicht durchgebraten wird. Nimmt man es 1 Stunde vor dem Braten aus dem Kühlschrank, brät es schneller und besser. Klopfen ist bei gutem Fleisch unnötig, gewürzt wird entweder direkt vor dem Braten oder in der Pfanne.

In der Pfanne

Eine schwere Pfanne, die viel Hitze verträgt (was nicht bei jeder Beschichtung so ist), ist ideal fürs Steakbraten. Sie wird auf starker Stufe erhitzt, dann kommt so viel Öl oder Pflanzenfett hinein, dass ein dünner Film auf dem Pfannenboden entsteht. Wird das Steak hineingelegt, sollte es satt zischen. Steak auf einer Seite anbraten, wenden, wiederum anbraten und dann bei mittlerer Hitze unter seltenem Wenden nach Wunsch fertig garen, wobei es öfters mit Bratfett beschöpft wird. Nach dem Garen sollte es noch einige Minuten zum Ruhen warm gestellt werden, so dass sich sein Fleischsaft sammelt und die Fasern entspannen. Das macht es zarter.

GU Spezial-TIPP

Schnitzel mal anders: *Traditionell wird es mit Semmelbröseln paniert, in der feinen Küche nimmt man frisch geriebenes Weißbrot (geht gut im Mixer oder der Küchenmaschine). Zum Teil oder ganz können Brösel auch durch Reibekäse, Kokosraspel, gemahlene Nüsse und Mandeln, zerstoßene Kartoffelchips oder Cornflakes, Sesam- und Mohnsamen usw. ersetzt werden. Und ein bisschen Aroma im Mehl (z. B. durch Gewürze), Ei (z. B. Senf, Tabasco, Sojasauce, getrocknete Kräuter) oder in den Bröseln (z. B. frische Kräuter, Zitronenschale, Chiliflocken) können das Schnitzel noch interessanter machen.*

539. Naturschnitzel

GEHT SCHNELL | GELINGT LEICHT
Für 4 Personen
Zubereitungszeit: 30 Min.

4 Kalbsschnitzel (je etwa 180 g) • 2 EL Mehl • Salz • frisch gemahlener Pfeffer • 2 EL Butter • 2 EL Öl • 100 ml Fleischfond (ersatzweise Fleisch- oder Gemüsebrühe)

– Den Backofen auf 70° (Umluft 50°) vorheizen. Die Schnitzel mit Küchenpapier trockentupfen, eventuell etwas flach klopfen oder mit dem Handballen gleichmäßig flach drücken.
– Das Mehl in einen tiefen Teller geben. Schnitzel auf beiden Seiten mit Salz und Pfeffer einreiben. Dann die Schnitzel in dem Mehl wenden, überschüssiges Mehl leicht abklopfen.
– 1 EL Butter und das Öl in einer großen Pfanne erhitzen. Die Schnitzel darin bei mittlerer Hitze pro Seite 1–2 Min. braten. Anschließend auf eine hitzebeständige Platte geben und im Ofen (Mitte) warm halten, bis die Sauce fertig ist.
– Fond in die Pfanne gießen, Bratensatz unter Rühren lösen, einmal kräftig aufkochen lassen. Übrige Butter in Flöckchen einrühren. Sauce mit Salz und Pfeffer würzen, über die Schnitzel gießen und sofort servieren.

540. Rahmschnitzel

GEHT SCHNELL
Für 4 Personen
Zubereitungszeit: 30 Min.

4 Kalbsschnitzel (je etwa 180 g) • Salz • frisch gemahlener schwarzer Pfeffer • 100 g durchwachsener Räucherspeck • 1 Zwiebel • 60 g Butterschmalz • 2 1/2 EL Tomatenmark • 100 ml trockener Weißwein • 200 g Sahne • 1 Prise Zucker • Saft von 1/2 Zitrone • Mehl zum Wenden

– Die Schnitzel trockentupfen, klopfen, mit Salz und Pfeffer würzen und in Mehl wenden. Speck in kleine Würfel schneiden. Die Zwiebel schälen und fein hacken.
– Butterschmalz in einer Pfanne erhitzen. Die Schnitzel darin auf beiden Seiten etwa 2 Min. bei starker Hitze braten, herausnehmen und zugedeckt warm stellen.
– Im verbliebenen Fett die Speck- und Zwiebelwürfel bei schwacher Hitze andünsten. Das Tomatenmark, den Weißwein und die Sahne unterrühren und die Sauce 4–5 Min. köcheln lassen. Die Sauce mit Zucker und Zitronensaft würzen.
– Die Schnitzel mit dem ausgetretenen Fleischsaft in die Sauce geben und kurz darin erwärmen.

541. Wiener Schnitzel

SCHMECKT KINDERN
Für 4 Personen
Zubereitungszeit: 40 Min.

4 Kalbsschnitzel (je etwa 180 g) • 2 Eier • Salz • 100 g Mehl • 150 g Semmelbrösel • 250 g Butterschmalz oder Öl • 1 unbehandelte Zitrone

– Die Schnitzel mit Küchenpapier trockentupfen, sanft flach klopfen und leicht salzen. Eine Servierplatte im Backofen bei 75° vorwärmen.
– Die Eier in einem flachen Teller mit einer Gabel verquirlen, ohne dass sich Schaum dabei bildet. In jeweils einem weiteren flachen Teller das Mehl und die Semmelbrösel bereitstellen.
– Die Schnitzel erst im Mehl wenden, dann mit beiden Seiten in die verquirlten Eier tauchen, abtropfen lassen und zuletzt in den Semmelbröseln wenden.
– Butterschmalz oder Öl in einer großen Pfanne erhitzen. Die Schnitzel so hineinlegen, dass sie weder einander noch den Pfannenrand berühren. Schnitzel auf beiden Seiten in jeweils etwa 4 Min. goldgelb braten. Pfanne während des Bratens öfters schwenken, damit Schnitzel und Fett in Bewegung bleiben.
– Zitrone heiß waschen und vierteln. Fertig gebratene Schnitzel auf Küchenpapier entfetten und auf der vorgewärmten Platte mit der Zitrone garniert anrichten.

542. Cordon bleu

GUT FÜR GÄSTE
Für 4 Personen
Zubereitungszeit: 25 Min.

4 Kalbsschnitzel (je etwa 180 g, vom Metzger je eine Tasche einschneiden lassen) • Salz • frisch gemahlener Pfeffer • 1/2 Bund Petersilie • 2 dickere Scheiben gekochter Schinken (je etwa 50 g) • 2 Scheiben Emmentaler (je etwa 50 g) • 2 EL Mehl • 1 Ei • 8 EL Semmelbrösel • 6 EL Butterschmalz • 1 Zitrone • 4 Zahnstocher

– Die Kalbsschnitzel mit Küchenpapier abtupfen und innen und außen salzen und pfeffern. Die Petersilie waschen und trockenschütteln, Blättchen abzupfen, fein hacken und in die Taschen der Kalbsschnitzel streuen.
– Den Schinken nach Belieben vom Fettrand befreien und die Scheiben halbieren. Vom Emmentaler die Rinde entfernen und den Käse ebenfalls durchschneiden.
– Je 1 Schinken- und Käsescheibe in die Schnitzeltaschen legen und die Öffnungen mit den Zahnstochern zustecken.
– Mehl in einen Teller schütten. Das Ei aufschlagen und in einem zweiten Teller verquirlen, salzen und pfeffern. Die Semmelbrösel auf einen dritten Teller geben.
– Die gefüllten Schnitzel erst im Mehl wenden, dann durch das Ei ziehen. Anschließend mehrmals in den Bröseln wenden und die Panade gut andrücken.
– Das Butterschmalz in einer großen Pfanne erhitzen und die gefüllten Schnitzel darin bei mittlerer Hitze auf beiden Seiten je etwa 4 Min. braten.
– Zahnstocher entfernen. Zitrone heiß waschen, längs achteln und mit den Cordon bleus anrichten.

TIPP

Sehr fein: Anstelle des Emmentalers können Sie auch Mozzarella nehmen.

543. Paprikaschnitzel

GELINGT LEICHT
Für 4 Personen
Zubereitungszeit: 30 Min.

4 Kalbs- oder Schweineschnitzel (je etwa 150 g) • frisch gemahlener Pfeffer • 2 1/2 EL edelsüßes Paprikapulver • 2 EL Mehl • 1 EL Schweineschmalz • Salz • 1 Zwiebel • 1/8 l Fleischbrühe • 1 TL Tomatenmark • 125 g saure Sahne • 1 Tomate • 2 Stängel Petersilie

– Die Schnitzel trockentupfen, leicht klopfen oder gleichmäßig flach drücken und mit Pfeffer und 2 EL Paprikapulver einreiben.
– Die Schnitzel in dem Mehl wenden, überflüssiges Mehl wieder abschütteln. Schmalz in einer großen Pfanne erhitzen und die Schnitzel darin bei mittlerer Hitze von jeder Seite in etwa 4 Min. goldgelb braten. Die Schnitzel salzen und zugedeckt warm stellen.
– Die Zwiebel schälen. Den Bratensatz in der Pfanne unter Rühren mit der Fleischbrühe lösen. Zwiebel in die Sauce reiben. Mit übrigem Paprikapulver und dem Tomatenmark verrühren, gut durchkochen lassen und vom Herd nehmen.
– Die Sauce mit der Sahne mischen und mit Salz und Pfeffer abschmecken. Die Schnitzel in die Sauce legen und zugedeckt 5 Min. darin erwärmen, die Sauce aber nicht mehr kochen lassen.
– Tomate waschen und achteln, dabei die Stielansätze entfernen. Petersilie abbrausen, trockenschütteln und die Blättchen abzupfen. Die Schnitzel auf einer vorgewärmten Platte anrichten, mit der Sauce begießen und mit Tomatenachteln und Petersilie garnieren.

Schnitzel & Steaks

544. Schnitzel nach Jäger Art

GUT FÜR GÄSTE | GELINGT LEICHT
Für 4 Personen
Zubereitungszeit: 40 Min.

1 Zwiebel • 1 Paprikaschote • 250 g Pfifferlinge oder Champignons • 1 EL Butter • Salz • frisch gemahlener Pfeffer • 125 g saure Sahne • 1/2 Bund Petersilie • 4 Kalbs- oder Schweineschnitzel (je etwa 150 g) • 1 EL Butterschmalz

– Zwiebel schälen und in Ringe schneiden. Die Paprikaschote putzen, waschen und in Streifen schneiden. Die Pilze putzen, große Pilze vierteln.
– Die Butter in einer Pfanne zerlassen und nach und nach Zwiebeln, Paprika und die Pilze zufügen und zugedeckt bei mittlerer Hitze 10 Min. garen. Die Paprika dürfen noch „Biss“ haben. Mit Salz und Pfeffer würzen, die Sahne unterrühren und die Sauce etwas eindampfen lassen, dann zugedeckt warm stellen.
– Die Petersilie waschen, trockenschütteln und klein schneiden. Schnitzel trockentupfen und leicht klopfen oder gleichmäßig flach drücken, pfeffern.
– Das Butterschmalz bei mittlerer Hitze zerlassen und die Schnitzel von jeder Seite etwa 4–5 Min. braten. Die Schnitzel salzen, auf einer vorgewärmten Platte anrichten und mit der Pilzmischung belegen.

545. Pariser Schnitzel

SCHMECKT KINDERN
Für 4 Personen
Zubereitungszeit: 30 Min.

1 kg Frittierfett • 3 gehäufte EL Mehl • Salz • 6–8 EL Milch • 2 Eier • 1 EL Öl • 4 Kalbsschnitzel (je etwa 125 g) • frisch gemahlener Pfeffer • 1/2 TL getrockneter Majoran

– Das Frittierfett in der Fritteuse oder einem großen Topf auf 180° erhitzen. Die Temperatur ist richtig, wenn an einem ins Fett gehaltenen Holzkochlöffelstiel sofort kleine Bläschen emporsteigen.
– Inzwischen das Mehl und 2 Msp. Salz mit so viel Milch in einer Schüssel verrühren, dass ein dickflüssiger Teig entsteht. Erst dann die Eier und das Öl zufügen und alles glattrühren.
– Die Schnitzel trockentupfen, nicht klopfen. Je 1/2 TL Salz und Pfeffer sowie den zerriebenen Majoran mischen und die Schnitzel damit würzen.
– Schnitzel in dem Teig wenden, ins heiße Fett legen und 10 Min. frittieren. Während der Garzeit die Schnitzel einmal wenden. Die fertigen Schnitzel kurz auf Küchenpapier abtropfen lassen.

546. Saltimbocca (Kalbsschnitzel mit Salbei)

GEHT SCHNELL
Für 4 Personen
Zubereitungszeit: 25 Min.

8 dünne zarte Kalbsschnitzel (je etwa 60 g) • 8 Scheiben hauchdünn geschnittener roher Schinken (am besten Parmaschinken) • 8 große Salbeiblätter • 4 EL Butter • Salz • frisch gemahlener Pfeffer • 125 ml trockener Weißwein • kleine Holzspießchen

– Backofen auf 75° (Umluft 50°) vorheizen, Teller darin anwärmen. Die Schnitzel mit Küchenpapier trockentupfen und vorsichtig flach klopfen. Auf jedes Schnitzel 1 Scheibe Schinken und 1 Salbeiblatt legen, mit den Holzspießchen am Fleisch feststecken.
– In einer Pfanne 2 EL Butter bei mittlerer Hitze zerlassen. Schnitzel hineingeben und pro Seite 2–3 Min. braten. Das Fleisch nur wenig salzen und pfeffern, herausnehmen und im Ofen abgedeckt warm stellen.
– Den Bratensatz mit dem Weißwein ablöschen und kräftig aufkochen. Mit einem Schneebesen die restliche Butter in Flöckchen in die Sauce einrühren.
– Sauce abschmecken, Schnitzelchen nochmals kurz in die Pfanne legen und heiß werden lassen. Saltimbocca auf die vorgewärmten Teller verteilen und mit der Sauce beträufelt servieren.

TIPP

„Saltimbocca“ heißt wörtlich „Spring in den Mund“ – und damit die Schnitzelchen das tun können, sollten sie nicht zu groß sein.

547. Kalbsschnitzel mit Tomaten

GUT FÜR GÄSTE
Für 4 Personen
Zubereitungszeit: 30 Min.

4 dünne Kalbsschnitzel (je etwa 125 g) • 1 Zitrone • 2 Knoblauchzehen • Salz • 3 EL extra natives Olivenöl • 700 g Fleischtomaten • 1 EL Kapern • 4 Zweige Basilikum • 1 EL Aceto balsamico • frisch gemahlener Pfeffer • 2 EL Butterschmalz

– Kalbsschnitzel trockentupfen, quer halbieren und leicht flach klopfen. Die Zitrone auspressen. Den Knoblauch schälen und im Mörser mit etwas Salz zerdrücken.
– Schnitzelchen mit dem Knoblauch und etwas vom Olivenöl einreiben. Den Backofen auf 75° (Umluft 50°) vorheizen, Teller vorwärmen.
– Die Stielansätze der Tomaten entfernen. Die Tomaten kurz überbrühen, häuten, quer halbieren und von den Kernen befreien. Das Fruchtfleisch in kleine Würfel schneiden.
– Kapern zerdrücken, Basilikumblätter von den Zweigen zupfen und die Hälfte davon hacken. Kapern, gehacktes Basilikum, Tomatenwürfel, Aceto balsamico, restliches Olivenöl, Salz und Pfeffer verrühren, zur Seite stellen.
– Butterschmalz in einer Pfanne erhitzen. Die Schnitzel mit Küchenpapier trockentupfen, pro Seite 2–3 Min. braten, salzen und auf die warmen Teller legen.
– Den Bratfond mit Zitronensaft ablöschen. Gewürzte Tomaten in der Pfanne ganz kurz erhitzen, um die Schnitzelchen herumgießen, mit dem restlichen Basilikum garnieren.

548. Kalbsschnitzel mit Basilikum

GEHT SCHNELL | GUT FÜR GÄSTE
Für 4 Personen
Zubereitungszeit: 15 Min.

8 dünne kleine Kalbsschnitzel (je etwa 50 g) • Salz • frisch gemahlener weißer Pfeffer • 4 EL Mehl • 1 großes Bund Basilikum • 4 EL Butter • 150 ml trockener Weißwein • 1 EL Zitronensaft

– Den Backofen auf 75° (Umluft 50°) vorheizen. Die Kalbsschnitzel trockentupfen, flach klopfen und mit Salz und Pfeffer würzen. Die Schnitzelchen im Mehl wenden, überschüssiges Mehl abklopfen. Basilikumblätter von den Stielen zupfen und ganz lassen oder in Streifen schneiden.
– Die Butter in einer Pfanne erhitzen. Die Schnitzel darin pro Seite etwa 1 Min. braten, dann zugedeckt im Ofen warm halten.
– Basilikum, Wein und Zitronensaft in die Pfanne geben, den Bratfond damit loskochen. Die Sauce über die Schnitzel gießen und servieren.

549. Kalbsschnitzel mit Zitronensauce

GUT VORZUBEREITEN
Für 4 Personen
Zubereitungszeit: 20 Min.
Marinierzeit: 1 Std.

4 Kalbsschnitzel (je etwa 120 g) • 2 unbehandelte Zitronen • 6 EL Olivenöl • Salz • frisch gemahlener weißer Pfeffer • 1 EL Butter

– Die Kalbsschnitzel quer halbieren, bei Bedarf mit der flachen Seite des Fleischklopfers etwa 1/2 cm dünn klopfen. 1 Zitrone heiß waschen und die Schale fein abreiben, den Saft auspressen.
– Den Zitronensaft mit 4 EL Olivenöl kräftig verquirlen, mit wenig Pfeffer würzen und die abgeriebene Zitronenschale untermischen. Die Marinade über die Schnitzel gießen, mit Frischhaltefolie abdecken und im Kühlschrank mindestens 1 Std. durchziehen lassen. Dabei wenn möglich die Schnitzel zwischendurch einmal wenden.
– Dann den Backofen auf 75° (Umluft 50°) vorheizen, Teller darin anwärmen. In einer schweren, möglichst gusseisernen Pfanne das restliche Olivenöl verstreichen und auf mittlerer Stufe erhitzen.
– Die Schnitzel aus der Marinade nehmen und gut abtropfen lassen, eventuell mit Küchenpapier etwas abtupfen. Dann in die heiße Pfanne legen und von beiden Seiten etwa 2 Min. braten. Die Schnitzel herausnehmen und zugedeckt im Ofen warm stellen.
– Die Zitronen-Öl-Marinade in die Pfanne gießen. Zweite Zitrone auspressen, den Saft dazugeben und alles kräftig aufkochen. Die Butter in Flöckchen in die Sauce rühren und schmelzen lassen, mit Salz und Pfeffer abschmecken.
– Die Schnitzel in die Sauce legen und nochmals richtig heiß werden lassen. Auf den vorgewärmten Tellern anrichten, mit der Sauce umgießen, sofort servieren.

TIPP

Von Saltimbocca bis Zitronenschnitzel – diese Rezepte aus der italienischen Küche sehen relativ kleine Fleischportionen vor. Zum Sattessen gibt es im Menü auch vorher und nachher etwas.

550. Schnitzel Holstein

GEHT SCHNELL
Für 4 Personen
Zubereitungszeit: 20 Min.

4 Kalbsschnitzel (je etwa 125 g) • frisch gemahlener Pfeffer • 2 EL Butter • Salz • 4 Eier • 4 eingelegte Sardellenfilets • 1–2 TL Kapern

– Das Fleisch trockentupfen und leicht klopfen oder mit dem Handballen flach drücken. Schnitzel mit Pfeffer einreiben. 1 EL Butter in einer großen Pfanne erhitzen und die Schnitzel bei mittlerer Hitze von jeder Seite etwa 3 Min. braten. Salzen, zugedeckt warm stellen.
– Übrige Butter in einer zweiten Pfanne erwärmen. Die Eier aufschlagen, ins heiße Fett gleiten lassen und bei mittlerer Hitze etwa 7 Min. braten. Salzen und pfeffern.
– Die Schnitzel auf einer Platte anrichten und auf jedes Schnitzel ein Spiegelei gleiten lassen. Aus den Sardellenfilets Röllchen formen und neben den Eiern auf die Schnitzel legen. Kapern über Eier und Schnitzel streuen.

551. Gegrillte Hähnchenschenkel

GUT VORZUBEREITEN
Für 2 Personen
Zubereitungszeit: 30 Min.
Marinierzeit: 1 Std.

4 Hähnchenschenkel (je etwa 125 g) • 1 Knoblauchzehe • 2 EL Öl • 2 EL Sojasauce • 1 EL Honig • frisch gemahlener schwarzer Pfeffer

– Die Hähnchenschenkel waschen und trockentupfen. Den Knoblauch schälen und durch die Presse drücken. Knoblauch mit Öl, Sojasauce, Honig und Pfeffer verrühren. Schenkel in der Marinade wenden und zugedeckt mindestens 1 Std. ziehen lassen.
– Den Grill im Backofen vorheizen. Die Hähnchenschenkel aus der Marinade nehmen und auf den Grillrost legen. Die Marinade beiseite stellen.
– Den Grillrost mit nicht zu großem Abstand zur Heizschlange in den Ofen schieben. Das tiefe Backblech mit Wasser füllen und darunter einschieben. Die Hähnchenschenkel etwa 8 Min. grillen.
– Die Hähnchenschenkel umdrehen, mit der Marinade bestreichen und weitere 8 Min. grillen. Falls die Schenkel zu sehr bräunen, mit Alufolie abdecken.

TIPP

Hähnchenschenkel werden abgepackt angeboten und zwar als frische Ware oder tiefgefroren. Sind mehr als 4 Schenkel im Paket, dann sollten Sie die restlichen frischen Schenkel sofort einfrieren. Bei tiefgefrorenen Schenkeln nur die benötigten 4 Stück aus der Packung nehmen und auftauen lassen.

552. Hähnchenfilets in Pistaziensauce

BRAUCHT ETWAS ZEIT
Für 4 Personen
Zubereitungszeit: 30 Min.
Marinierzeit: 2 Std.

4 Hähnchenbrüste (je etwa 250 g) • Salz • frisch gemahlener Pfeffer • 1/8 l Olivenöl • Saft von 1 Zitrone • 8 Knoblauchzehen • 1 Bund Zitronenmelisse • 1 EL Semmelbrösel • 50 g gemahlene Pistazien

– Von den Hähnchenbrüsten Fett und Haut entfernen, die Filets von den Knochen ablösen, salzen, pfeffern und nebeneinander auf einer Platte auslegen.
– Das Olivenöl mit dem Zitronensaft mischen. Den Knoblauch schälen und dazupressen. Zitronenmelisse abbrausen, die Blättchen von drei Zweigen abzupfen, in feine Streifen schneiden und in die Marinade geben.
– Die Hähnchenfilets mit der Ölmischung übergießen und abgedeckt etwa 2 Std. im Kühlschrank marinieren, dabei ab und zu wenden.
– Dann das Fleisch aus der Marinade nehmen und die Zitronenmelisse abstreifen. Die Semmelbrösel und die Pistazien unter die Marinade mischen und mit Salz und Pfeffer pikant abschmecken.
– Die Hähnchenfilets in einer trockenen, beschichteten Pfanne beidseitig bei starker Hitze scharf anbraten. Anschließend zugedeckt bei schwacher Hitze 8–10 Min. sanft garen lassen. Marinade dazugeben, kurz erhitzen.
– Die Hähnchenfilets mit einem Fleischmesser schräg zur Faser in Scheiben schneiden und fächerartig mit je einem Klecks der Sauce anrichten. Die restliche Sauce getrennt dazu reichen.

553. Hühnerbrust süßsauer

BRAUCHT ETWAS ZEIT
Für 4 Personen
Zubereitungszeit: 1 Std.

300 g Hühnerbrustfilet • 2 EL helle Sojasauce • frisch gemahlener Pfeffer • 2 Tomaten • 2 Zwiebeln • 1/2 Salatgurke • 1 rote Paprikaschote • 1 Dose Ananasstücke (etwa 300 g) • 3 Knoblauchzehen • 1/2 l Pflanzenöl zum Frittieren • 100 g Tempura-Mehl (Asienladen) • 1 EL Speisestärke • 3 EL Öl • 5 EL Tomatenketchup • 3 EL Fischsauce • 3 EL Wein- oder Reisessig • 4 EL Zucker

– Das Hühnerfilet waschen, trockentupfen, in etwa 2 cm große Würfel schneiden. Mit Sojasauce und Pfeffer mischen, etwa 30 Min. marinieren lassen.
– Die Tomaten waschen und den Stielansatz entfernen, Tomaten vierteln. Zwiebeln und Gurke schälen und in grobe Würfel schneiden. Die Paprikaschote waschen, putzen und ebenfalls in grobe Würfel schneiden. Die Ananasstücke abtropfen lassen, den Saft auffangen. Vom Ananassaft 1/8 l abmessen. Den Knoblauch schälen und fein hacken.

– Das Frittieröl in einem Topf erhitzen. Tempura-Mehl mit knapp 1/4 l Wasser zu einem glatten zähflüssigen Teig anrühren. Bei Bedarf noch etwas Wasser untermischen. Die Hühnerbruststücke in dem Teig wenden, portionsweise ins Öl geben und goldbraun frittieren. Mit dem Schaumlöffel herausnehmen und auf Küchenpapier entfetten, im Backofen warm halten.
– Die Speisestärke mit etwas Wasser glattrühren. 3 EL Öl in einer großen Pfanne erhitzen. Den Knoblauch darin goldgelb braten. Die Zwiebeln, Gurke, Paprika und die Ananasstücke dazugeben und etwa 3 Min. bei sehr starker Hitze braten.
– Den Tomatenketchup und die Fischsauce zugeben und die Hitze reduzieren. Die Tomatenviertel und den Ananassaft zugeben und alles einmal aufkochen lassen.
– Mit Essig und Zucker süßsauer abschmecken. Speisestärke noch einmal aufrühren und vorsichtig untermengen. Das Gericht muss jetzt noch einmal kurz kochen, bis die Sauce dickflüssig wird.
– Den Pfanneninhalt in eine Schüssel geben und die warm gestellten Hühnerbruststückchen obenauf verteilen. Sofort servieren!

554. Gefüllte Putenschnitzel

GELINGT LEICHT
Für 4 Personen
Zubereitungszeit: 35 Min.

1 Bund glatte Petersilie • 4 Knoblauchzehen • 1 EL Olivenöl • 150 g Mozzarella • Salz • frisch gemahlener Pfeffer • 4 Putenschnitzel (je etwa 130 g) • 2 EL Butterschmalz • 1 Zitrone • Holzspießchen

– Die Petersilie waschen, trockenschütteln, hacken und in eine kleine Schüssel geben. Knoblauchzehen schälen und durch die Presse dazudrücken. Das Olivenöl zugießen und alles vermischen.
– Den Mozzarella in 8 Scheiben schneiden, die Scheiben auf beiden Seiten salzen und pfeffern. Auf 4 Scheiben die Kräutermischung streichen, die übrigen 4 Scheiben darauf legen.
– Putenschnitzel salzen und pfeffern. Die Mozzarella-Päckchen auf je eine Schnitzelhälfte legen, übrige Hälfte darüber klappen, mit Holzspießchen feststecken.
– Das Butterschmalz in einer Pfanne heiß werden lassen und die Schnitzel auf jeder Seite etwa 5 Min. anbraten, dann bei mittlerer Hitze in etwa 8 Min. fertiggaren.
– Die Zitrone waschen, längs vierteln und die fertigen gefüllten Putenschnitzel damit anrichten.

TIPP

Wenn Sie dicker geschnittene Putenschnitzel haben, können Sie auch seitlich eine Tasche einschneiden und sie mit dem Mozzarella und der Kräutermischung füllen. Mit Rouladennadeln oder Zahnstochern zustecken.

555. Entenbrust mit Honigsauce aus China

GUT VORZUBEREITEN
Für 4 Personen
Zubereitungszeit: 25 Min.
Marinierzeit: 6 Std.

4 Entenbrustfilets (je etwa 150 g) • 3 EL Honig • 2 EL Tomatenketchup • 1 TL Worcestersauce • 2 EL dunkle Sojasauce • 3 EL Sake (Reiswein) oder trockener Sherry (Fino) • 100 g Kokosfett • 1/8 l milde Hühnerbrühe • 1 TL Speisestärke • Salz

– Die Entenbrustfilets kurz unter fließendem kaltem Wasser abbrausen, mit Küchenpapier trockentupfen und in mundgerechte Würfel schneiden.
– Für die Marinade den Honig in 3 EL heißem Wasser auflösen, mit Tomatenketchup, Worcestersauce, Sojasauce und Reiswein oder Sherry verrühren.
– Die Entenbrustwürfel mit der Marinade vermischen, mit Frischhaltefolie abdecken und 4–6 Std. im Kühlschrank marinieren lassen.
– Dann das Kokosfett im Wok oder in einer großen Pfanne erhitzen. Die Fleischwürfel gut abtropfen lassen und mit Küchenpapier trockentupfen. Portionsweise im heißen Fett rundherum braun braten, dabei immer wieder mit zwei Stäbchen voneinander lösen. Fertige Portionen auf einem Gitterrost abtropfen lassen, dann in eine Schüssel füllen.
– Das Fett aus dem Wok oder der Pfanne abgießen. Den Bratensatz mit der Hühnerbrühe ablöschen und aufkochen. Die Marinade einrühren. Die Speisestärke mit etwas Wasser glattrühren und die Flüssigkeit als Sauce damit binden. Eventuell mit Salz nachwürzen. Das Fleisch darin kurz erhitzen. Servieren.

556. Filetsteak mit Kräuterbutter

GUT FÜR GÄSTE
Für 4 Personen
Zubereitungszeit: 25 Min.
Kühlzeit: 1 Std.

1/2 Bund gemischte Kräuter (Petersilie, Basilikum, Dill, Schnittlauch und Kerbel) • 2 Knoblauchzehen • 100 g zimmerwarme Butter • Salz • frisch gemahlener schwarzer Pfeffer • 1 Msp. Cayennepfeffer • 4 Filetsteaks (je etwa 150 g) • 2 EL Öl • 1 EL Butter

– Die Kräuter waschen, trockenschütteln und klein hacken. Die Kräuter in eine Schüssel füllen, den Knoblauch schälen und dazupressen. Die Butter mit beidem mischen und mit Salz, Pfeffer und dem Cayennepfeffer kräftig abschmecken. Die Kräuterbutter auf Pergamentpapier geben, zu einer etwa 3 cm dicken Rolle formen und für etwa 1 Std. in den Kühlschrank legen.
– Die Filetsteaks mit Küchenpapier abtupfen. Öl und Butter in einer großen Pfanne erhitzen. Filetsteaks in das sehr heiße Fett legen und auf jeder Seite 3–5 Min. braten, je nachdem, ob das Fleisch durch oder innen noch rosa sein soll. Steaks salzen und pfeffern.
– Die Kräuterbutter aus dem Pergamentpapier wickeln und in vier Teile schneiden, am besten mit einem Messer, das vorher in heißes Wasser getaucht wurde. Die Steaks auf Teller geben und je 1 Stück Kräuterbutter darauf legen.

557. Rumpsteak mit Zwiebeln

GEHT SCHNELL | GELINGT LEICHT
Für 2 Personen
Zubereitungszeit: 20 Min.

1 Zwiebel • 2 Rumpsteaks (je etwa 200 g) • 2 EL Öl • Salz • frisch gemahlener schwarzer Pfeffer

– Die Zwiebel schälen, längs halbieren und in feine Halbringe schneiden. Die Steaks mit Küchenpapier abtupfen. Den Fettrand der Rumpsteaks rundum einschneiden, damit sich das Fleisch beim Braten nicht zusammenziehen kann.
– 1 EL Öl in einer Pfanne erhitzen und die Rumpsteaks im sehr heißen Öl auf jeder Seite 2–3 Min. braten. Die Pfanne vom Herd nehmen.
– Steaks mit Salz und Pfeffer würzen. Aus der Pfanne nehmen, auf eine Platte geben, abdecken und beiseite stellen, damit sich der Fleischsaft sammeln kann.
– Restliches Öl in die Pfanne gießen, sehr heiß werden lassen und die Zwiebelringe darin knusprig braten. Salzen, pfeffern und mit den Rumpsteaks auf vorgewärmten Tellern anrichten.

558. T-Bone-Steak mit Apfelmeerrettich

GEHT SCHNELL | GUT FÜR GÄSTE
Für 2 Personen
Zubereitungszeit: 30 Min.

1/2 Apfel • 1 TL Zitronensaft • 50 g Meerrettichwurzel • 100 g Sahne • Salz • frisch gemahlener weißer Pfeffer • 1 T-Bone-Steak (etwa 500 g, eventuell beim Metzger vorbestellen) • 2 EL Öl

– Für den Apfelmeerrettich den Apfel schälen, vom Kerngehäuse befreien und auf einer Gemüsereibe fein raspeln. Sofort mit dem Zitronensaft beträufeln, damit sich das Fruchtfleisch nicht verfärbt. Den Meerrettich ebenfalls schälen und raspeln.
– Die Sahne steif schlagen und mit dem Meerrettich und dem Apfel mischen. Salzen, pfeffern und in den Kühlschrank stellen. Den Backofen auf 50° (Umluft 30°) vorheizen.
– Das T-Bone-Steak waschen, um eventuell vorhandene Knochensplitter zu entfernen, und mit Küchenpapier abtupfen, beidseitig pfeffern.
– Das Öl in einer großen Pfanne erhitzen und das Steak bei starker Hitze auf beiden Seiten ganz kurz anbraten. Die Hitze reduzieren und das Steak bei mittlerer Hitze auf jeder Seite 5–6 Min. braten. Salzen und 5–10 Min. im Ofen (Mitte) ruhen lassen.
– Das T-Bone-Steak mit einem sehr scharfen Messer vom Knochen lösen, halbieren und mit dem Apfelmeerrettich servieren.

TIPPS

– Meerrettich wurde aus Vorderasien über Südosteuropa nach Mitteleuropa gebracht. Der Name Meerrettich leitet sich von „Mähr“ ab wie bei Mähren oder der Mähre, dem Pferd, weshalb er womög-

lich in England „horseradish" heißt. In Frankreich übrigens „moutarde des Allemands", Senf der Deutschen. In Bayern, Österreich und Italien ist Meerrettich als Kren bekannt.
– Die Meerrettichöl enthaltende Wurzel gehört mit zu den schärfsten Gewürzen. Frisch gerieben, pur oder mit etwas geschlagener Sahne gemischt schmeckt Meerrettich besonders gut. Aber auch schon vorbereitet im Glas ist er eine feine Grundlage für Saucen und außerdem nicht mehr so scharf. Meerrettich schmeckt vor allem zu gekochtem und gebratenem Fleisch, zu Räucherfisch und zu gedünstetem Fisch.

559. Pariser Pfeffersteak flambiert

GEHT SCHNELL
Für 4 Personen
Zubereitungszeit: 25 Min.

4 Filetsteaks (je etwa 200 g) • 2 EL Öl • 1–2 EL schwarze Pfefferkörner • 1 TL Salz • 3 EL Cognac (wer ein milderes, leicht süßliches Aroma mag, nimmt Armagnac)

– Den Backofengrill vorheizen. Die Filetsteaks trockentupfen und alle weißen Häutchen ablösen. Die Steaks von beiden Seiten mit Öl bepinseln und horizontal mit Küchengarn binden, damit sie beim Garen optimal ihre Form behalten.
– Die Pfefferkörner im Mörser zerstoßen und die Steaks damit einreiben. Den Pfeffer mit der breiten Seite einer großen Messerklinge festdrücken. Dann die Steaks auf den geölten Grillrost legen.
– Im Abstand von 4 cm zu den Grillstäben in den Ofen schieben. Das tiefe Backblech oder Alufolie unter den Grillrost geben. Die Steaks von jeder Seite 5–6 Min. grillen, mit der Grillzange wenden.
– Auf vier vorgewärmte Teller ein wenig Cognac gießen. Die Steaks aus dem Ofen nehmen, salzen und sofort in den Cognac legen.
– Einen Esslöffel leer erwärmen (am besten in kochend heißes Wasser tauchen), den restlichen Cognac nach und nach auf den Löffel geben, anzünden und brennend über die Steaks träufeln. Die Steaks leicht anheben, damit sie auch von unten flambiert werden.

560. Flambiertes Steak mit Pfirsich

GUT FÜR GÄSTE
Für 4 Personen
Zubereitungszeit: 25 Min.

4 Filet- oder Rumpsteaks (je etwa 200 g) • 2 EL Öl • frisch gemahlener schwarzer Pfeffer • 4 Pfirsichhälften (aus der Dose) • Salz • 1 EL Mandelstifte • 4 EL Rum (50 % vol.)

– Den Backofengrill vorheizen. Die Steaks gut trockentupfen und bei den Filetsteaks alle weißen Häutchen ablösen. Die Steaks von beiden Seiten mit Öl bepinseln, mit Küchengarn horizontal binden (damit sie beim Garen ihre Form behalten) und pfeffern. Auf den geölten Grillrost legen
– Den Rost mit den Steaks im Abstand von 4 cm zu den Grillstäben in den Ofen schieben. Ein tiefes Backblech oder Alufolie unter den Grillrost geben. Die Steaks von jeder Seite 5–6 Min. grillen, mit der Grillzange wenden.
– Die Pfirsichhälften auf Alufolie legen. Etwa 2 Min. vor Garzeitende neben die Steaks auf den Rost geben und mitgrillen.
– Steaks salzen und auf vier vorgewärmte Teller geben, die Pfirsichhälften darauf legen und mit den Mandelsplittern bestreuen. Einen Esslöffel leer erwärmen (am besten in kochend heißes Wasser tauchen), nach und nach Rum in den Löffel geben, anzünden und brennend über die Steaks träufeln. Damit das Fleisch auch von unten flambiert wird, die Steaks dabei leicht anheben.

561. Porterhouse-Steak

GUT FÜR GÄSTE
Für 4 Personen
Zubereitungszeit: 50 Min.

125 g durchwachsener Speck (in dünnen Scheiben) • 1 große Zwiebel • 1 Knoblauchzehe • 1 grüne Paprikaschote • 250 g Champignons • 2 EL grüner Pfeffer (aus dem Glas) • 1 Porterhouse-Steak (etwa 800–1000 g) • 2 EL Öl • 1 TL Salz • einige Tropfen Essig • 3 EL saure Sahne • frisch gemahlener Pfeffer

– Den Backofengrill vorheizen. Die Speckscheiben in dünne Streifen schneiden. Die Zwiebel schälen und in Ringe schneiden. Die Knoblauchzehe schälen und fein hacken. Die Paprikaschote putzen, waschen und in dünne Streifen schneiden. Die Champignons putzen und in Scheiben schneiden. Den grünen Pfeffer in ein Sieb geben und abtropfen lassen.

– Das Porterhouse-Steak kurz kalt waschen (um eventuell anhaftende Knochensplitter zu entfernen) und gut trockentupfen. An beiden Seiten mit einem spitzen Messer den Knochen entlang einschneiden und das Steak von beiden Seiten mit etwas Öl bepinseln.

– Das Steak auf den geölten Grillrost legen und im Abstand von 6–7 cm unter die Grillstäbe in den Ofen schieben. Von jeder Seite 12–15 Min. grillen, mit der Grillzange wenden.

– Das restliche Öl in einer Pfanne erhitzen, die Speckstreifen darin goldgelb anbraten, das klein geschnittene Gemüse und den grünen Pfeffer zugeben und unter ständigem Rühren etwa 10 Min. garen.

– Das Gemüse mit Salz und Essig abschmecken und mit der sauren Sahne verfeinern. Das gegrillte Steak mit Salz und frisch gemahlenem Pfeffer würzen. Auf einer vorgewärmten Platte einige Minuten ruhen lassen, dann mit der Speck-Gemüse-Mischung belegen.

562. Kalbsmedaillons in Weißweinsauce

GEHT SCHNELL
Für 2 Personen
Zubereitungszeit: 30 Min.

350 g Kalbsfilet (vom Metzger in etwa 1 1/2 cm dicke Medaillons schneiden lassen) • 1 EL Mehl • Salz • frisch gemahlener schwarzer Pfeffer • 2 EL Öl • 1 EL Butter • 1 kleine Zwiebel • 1/8 l trockener Weißwein • 100 g Crème fraîche

– Die Kalbsmedaillons mit Küchenpapier sorgfältig abtupfen. Mehl in einen tiefen Teller geben, die Fleischscheiben darin wenden und gründlich ausschütteln, damit nur eine ganz dünne Schicht Mehl haften bleibt. Dann mit Salz und Pfeffer würzen. Den Backofen auf 50° (Umluft 30°) vorheizen.

– Das Öl in einer großen Pfanne erhitzen und die Fleischscheiben darin auf beiden Seiten bei starker Hitze goldbraun anbraten. Die Hitze reduzieren und das Fleisch auf beiden Seiten insgesamt etwa 5 Min. braten. Herausnehmen und die Medaillons zugedeckt in den Backofen (Mitte) stellen.

– Die Butter in der Pfanne erhitzen. Zwiebel schälen, fein hacken und darin weich braten. Mit dem Weißwein ablöschen und diesen etwas einkochen lassen. Die Crème fraîche unterrühren und die Sauce mit Salz und Pfeffer abschmecken.

– Die Kalbsmedaillons auf einer vorgewärmten Platte anrichten, die Sauce getrennt dazu reichen.

TIPP

Anstelle des teuren Kalbsfilets können Sie auch das preisgünstigere Schweinefilet verwenden.

563. Kalbfleisch mit Auberginen

BRAUCHT ETWAS ZEIT
Für 4 Personen
Zubereitungszeit: 1 Std. 20 Min.
Ruhzeit: 30 Min.

2 Auberginen (etwa 500 g) • Salz • 8 EL Olivenöl • 4 Fleischtomaten • 20 entkernte schwarze Oliven • frisch gemahlener weißer Pfeffer • 1 TL getrockneter Oregano • 4 Scheiben Kalbfleisch (aus der Schale, je etwa 150 g) • 2 EL Mehl • 2 EL Butter

– Die Auberginen putzen, schälen und quer in etwa 1/2 cm dicke Scheiben schneiden. In einer Schüssel kräftig mit Salz bestreuen, vermischen und etwa 30 Min. ruhen und Saft ziehen lassen.

– Dann den Saft abgießen und die Auberginenscheiben abtupfen. Etwas Olivenöl in einer Pfanne erhitzen. Die Scheiben portionsweise in insgesamt 6 EL Öl bei nicht zu starker Hitze beidseitig anbraten. Beiseite stellen.

– Die Stielansätze der Tomaten entfernen. Tomaten kurz überbrühen, häuten, quer halbieren und entkernen, das Fruchtfleisch klein schneiden. In einem Topf das restliche Olivenöl erhitzen, die Tomatenstücke hineingeben, salzen und bei starker Hitze etwa 10 Min. dünsten. Die Oliven, den Oregano und die Auberginenscheiben dazugeben und etwa 8 Min. bei mäßiger Hitze schmoren lassen. Salzen und pfeffern.

– Den Backofen auf 200° (Umluft 180°) vorheizen. Das Fleisch trockentupfen, pfeffern und im Mehl wenden, überschüssiges Mehl abklopfen. Butter in einer Pfanne erhitzen und das Fleisch von jeder Seite etwa 3 Min. braten. Salzen und herausnehmen.

– Das Fleisch in eine Auflaufform legen, die Auberginen samt der Sauce darauf verteilen. Im Ofen (Mitte) etwa 10 Min. überbacken. In der Form servieren.

564. Putensteak mit Zwiebel-Käse-Sauce

GELINGT LEICHT
Für 4 Personen
Zubereitungszeit: 45 Min.

300 g Zwiebeln • 2 EL Butter • 150 g alter Gouda • 4 Putensteaks (je etwa 125 g) • 3 EL Pflanzenöl • Salz • frisch gemahlener weißer Pfeffer • 2 EL Crème fraîche • 2 TL mittelscharfer Senf

– Die Zwiebeln schälen und in grobe Würfel schneiden. Die Butter in einem Topf erhitzen und die Zwiebelwürfel sanft schmoren, bis sie hellgelb sind.
– Den Käse fein reiben. Backofen auf 230° (Umluft 210°) vorheizen. Die Putensteaks trockentupfen. Öl in einer Pfanne erhitzen und die Steaks pro Seite etwa 4 Min. braten. Salzen und pfeffern, zugedeckt zur Seite stellen.
– Zwiebeln mit der Crème fraîche im Mixer pürieren, zurück in den Topf geben und den Käse unterrühren. Mit Salz, Pfeffer und dem Senf würzen.
– Die Putensteaks auf eine ofenfeste Platte legen, das Zwiebel-Käse-Püree darauf geben. Im Ofen (Mitte) in etwa 10 Min. goldbraun überbacken.

565. Geschmorte Rindersteaks

GELINGT LEICHT
Für 4 Personen
Zubereitungszeit: 40 Min.

8 kleine Rindersteaks (je 80 g) • frisch gemahlener schwarzer Pfeffer • 4–5 EL Zitronensaft • 100 g milder roher Schinken • 300 g Champignons • 1 Bund glatte Petersilie • 3 EL Olivenöl • Salz

– Die Rindersteaks trockentupfen, pfeffern, mit 2 EL Zitronensaft beträufeln und zugedeckt beiseite stellen.
– Schinken in feine Streifen schneiden. Champignons putzen und in schmale Scheibchen schneiden. Petersilie waschen, trockenschütteln, 1/2 Bund fein hacken. Den Backofen auf 200° (Umluft 180°) vorheizen.
– In einer Pfanne 1 EL Öl erhitzen, Schinken einrühren und 2 Min. anbraten. Pilze und gehackte Petersilie untermischen, 2 Min. sanft weiterbraten. Salzen und pfeffern, mit 1–2 EL Zitronensaft würzen. In eine breite feuerfeste Tonform umfüllen.
– Die Rindersteaks nebeneinander auf die Pilzmischung legen. Im Ofen (Mitte) etwa 20 Min. schmoren lassen. Nach 10 Min. das Fleisch wenden, salzen und pfeffern, übriges Öl und restlichen Zitronensaft darüber träufeln.
– Blättchen der übrigen Petersilie abzupfen. Die Fleischscheiben auf Teller legen, mit Pilzen und Schinken bedecken. Mit den Petersilienblättchen bestreuen.

566. Zwiebelrostbraten

GELINGT LEICHT | GUT FÜR GÄSTE
Für 4 Personen
Zubereitungszeit: 45 Min.

4 Rinderlendenscheiben (je etwa 200 g, Roastbeef) • frisch gemahlener Pfeffer • 4 große Zwiebeln • 100 ml Öl • Salz • Mehl zum Wenden

– Vom Fleisch Fett und Sehnen abschneiden. Fleischscheiben trockentupfen und mit dem Handballen flach drücken. Auf beiden Seiten pfeffern, in Mehl wenden.
– Die Zwiebeln schälen und in feine Ringe schneiden. Die Hälfte des Öls in einer Pfanne erhitzen. Die Lendenscheiben darin bei mittlerer Hitze auf jeder Seite etwa 4 Min. braten. Fleisch herausnehmen, mit Salz würzen und zugedeckt warm stellen.
– Das restliche Öl in die Pfanne geben. Die Zwiebelringe darin bei mittlerer Hitze goldbraun und knusprig braten. Das Fleisch auf vorgewärmten Tellern anrichten und die Zwiebeln darauf verteilen.

567. Filetsteaks in Morchelrahm

GUT FÜR GÄSTE
Für 4 Personen
Zubereitungszeit: 20 Min.
Quellzeit: 30 Min.

25 g getrocknete Spitzmorcheln • 4 Rinderfiletsteaks (je etwa 180 g) • 1 EL Öl • 1 EL Butter • Salz • frisch gemahlener weißer Pfeffer • 2 cl Cognac • 200 g Crème fraîche

– Die Morcheln in eine Schüssel geben. 1/4 l Wasser aufkochen, über die Pilze gießen und etwa 30 Min. quellen lassen.
– Die Steaks mit Küchenpapier trockentupfen. Öl und die Butter in einer Pfanne erhitzen, die Steaks auf jeder Seite 2 Min. kräftig braten. Herausnehmen, salzen, pfeffern und zugedeckt beiseite stellen.
– Das Einweichwasser der Pilze durch einen Kaffeefilter gießen, die Pilze unter fließendem Wasser gründlich abbrausen. Kleine Exemplare ganz lassen, große halbieren oder vierteln. Morcheln im verbliebenen Bratfett kräftig anbraten.
– Das Pilzwasser dazugeben und um ein Drittel einkochen lassen. Den Cognac und die Crème fraîche unterrühren. Die Sauce bei mittlerer Hitze cremig einkochen lassen, mit Salz und Pfeffer abschmecken.
– Die Steaks mit dem ausgetretenen Fleischsaft in die Morchelsahne geben und nur noch kurz erwärmen.

568. Rehmedaillons in Preiselbeersahne

GUT FÜR GÄSTE
Für 4 Personen
Zubereitungszeit: 35 Min.

1 Zwiebel • 2 EL Butter • 2 EL Pflanzenöl • 16 Rehmedaillons (je etwa 40 g) • Salz • frisch gemahlener Pfeffer • 400 ml Rotwein • 4 Wacholderbeeren • 2 Lorbeerblätter • 1 Gewürznelke • 1 TL frischer oder getrockneter Thymian • 4 EL Preiselbeeren (aus dem Glas) • 2 EL Tomatenmark • 200 g Crème double

– Die Zwiebel schälen und fein hacken. Butter und Öl in einer Pfanne erhitzen. Die Rehmedaillons bei starker Hitze auf jeder Seite 1–2 Min. anbraten, aus der Pfanne nehmen, salzen, pfeffern und warm stellen.
– Zwiebelwürfel im verbliebenen Bratfett bei schwacher Hitze andünsten. Mit dem Wein ablöschen. Wacholderbeeren zerdrücken und mit Lorbeerblättern, der Nelke und dem Thymian dazugeben. Die Preiselbeeren einrühren und die Sauce um etwa ein Drittel einkochen lassen. Mit Salz und Pfeffer würzen.
– Die Sauce durch ein Sieb gießen, wieder in die Pfanne geben, Tomatenmark und Crème double einrühren. Die Medaillons samt dem ausgetretenen Saft in die Sauce legen und etwa 3 Min. erwärmen. Dann auf vorgewärmten Tellern anrichten.

569. Hirschmedaillons mit Schnittlauchsauce

GUT FÜR GÄSTE
Für 2 Personen
Zubereitungszeit: 30 Min.

2 Hirschmedaillons (je etwa 125 g) • Salz • frisch gemahlener Pfeffer • 1/2 TL Wacholderbeeren • 2 Pimentkörner • 2 Zwiebeln • 1 EL Butterschmalz • 1 Knoblauchzehe • 1 Bund Schnittlauch • 100 g Sahne

– Medaillons trockentupfen und etwas flach drücken. Salz, Pfeffer, Wacholder und Piment im Mörser zerstoßen und die Medaillons damit einreiben.
– Die Zwiebeln schälen und fein würfeln. In einer Pfanne das Schmalz erhitzen und die Medaillons darin auf jeder Seite etwa 1 Min. bei starker Hitze anbraten.
– Dann die Hitze etwas reduzieren und die Zwiebeln zum Fleisch geben. Den Knoblauch schälen, durch die Presse dazudrücken und mitbraten.
– Backofen auf 50° (Umluft 30°) vorheizen. Medaillons 5–7 Min. braten, nach der Hälfte der Garzeit umdrehen. Aus der Pfanne nehmen, im Ofen (Mitte) warm stellen.
– Den Schnittlauch waschen und in feine Röllchen schneiden. Die Sahne in die Pfanne gießen und den Bratensatz unter Rühren zum Kochen bringen. Den Schnittlauch untermischen und die Sauce abschmecken. Medaillons und Sauce zusammen servieren.

TIPP
Anstelle der Hirschmedaillons können Sie auch ein Hasenfilet braten und mit der Sauce servieren.

570. Gebratenes Hasenfilet mit Brokkoli

GEHT SCHNELL
Für 4 Personen
Zubereitungszeit: 30 Min.

4 Hasenfilets (je etwa 125 g) • 3 Zweige Thymian • Salz • frisch gemahlener schwarzer Pfeffer • 1/2 TL abgeriebene unbehandelte Zitronenschale • 600 g Brokkoli • 1 EL Olivenöl • 1 EL Butter • 2 EL geröstete Mandelblättchen

– Die Hasenfilets trockentupfen. Thymian waschen, trockenschütteln und die Blättchen abzupfen. Etwas Salz, Pfeffer, die abgeriebene Zitronenschale und den Thymian verrühren und die Filets damit einreiben. Das Fleisch zugedeckt in den Kühlschrank legen.
– Inzwischen den Brokkoli waschen. Die Röschen abtrennen, die Stiele schälen und in dünne Scheiben schneiden. In einem großen Topf etwas Salzwasser zum Kochen bringen.
– Das Öl und die Butter in einer Pfanne erhitzen. Die Hasenfilets darin bei mittlerer Hitze rundherum kurz anbraten, dann die Hitze reduzieren und die Filets in etwa 6 Min. offen fertig braten. Topf vom Herd ziehen und die Filets 5–10 Min. zugedeckt ruhen lassen.
– Inzwischen die Brokkolistiele in das kochende Wasser geben und zugedeckt knapp 5 Min. garen. Dann die Brokkoliröschen dazugeben und alles nochmals knapp 5 Min. garen.
– Die Filets aus der Pfanne nehmen, schräg in dünne Scheiben schneiden und mit dem Brokkoli auf Tellern anrichten, Mandelblättchen darüber streuen. Servieren.

571. Rindfleisch mit Brokkoli aus dem Wok

GELINGT LEICHT
Für 4 Personen
Zubereitungszeit: 45 Min.

500 g Rinderfilet • 1 Zwiebel • 1 Knoblauchzehe • 1 daumengroßes Stück Ingwer • 3 EL Austernsauce • 1 EL helle Sojasauce • Salz • frisch gemahlener weißer Pfeffer • 3 TL Speisestärke • 1 TL Sesamöl • 500 g Brokkoli • 3 EL neutrales Pflanzenöl

– Das Rindfleisch trockentupfen und in hauchdünne Scheiben, diese in 2 x 3 cm große Stücke schneiden.
– Zwiebel, Knoblauch und Ingwer schälen und fein hacken. Je die Hälfte davon mit der Hälfte der Austern- und Sojasauce, Salz, Pfeffer, 1 TL Speisestärke und dem Sesamöl verrühren. Das Fleisch darin etwa 20 Min. marinieren lassen.
– Inzwischen den Brokkoli waschen, putzen und in Röschen zerteilen. Die Stiele abziehen und in dünne Scheiben oder Stifte schneiden. Röschen und Stiele in 150 ml kochendem Salzwasser 3 Min. blanchieren, gut abtropfen lassen, dabei den Sud auffangen und mit restlicher Austern- und Sojasauce verrühren.
– Öl im Wok erhitzen, restliche Zwiebelmischung glasig braten. Fleisch dazugeben und unter Rühren 2 Min. bei starker Hitze anbraten, herausnehmen.
– Brokkoli bei mittlerer Hitze im Wok kurz braten. Übrige Stärke mit dem Brokkolisud verrühren, in den Wok gießen. Kurz sämig einkochen. Das Fleisch wieder untermischen. Mit den übrigen Zutaten abschmecken.

572. Rindfleisch mit Ingwer und Knoblauch

GEHT SCHNELL
Für 3 Personen
Zubereitungszeit: 20 Min.

500 g Rinderfilet • 2 rote Chilischoten • 1 Stück Ingwer (2 cm) • 3 Knoblauchzehen • 200 g Schnittknoblauch (ersatzweise 1 Bund Frühlingszwiebeln) • 3 EL Öl • 3 EL Zitronensaft • 2 EL Sojasauce

– Das Fleisch trockentupfen und in schmale Streifen schneiden. Chilischoten putzen, waschen und in dünne Streifen schneiden. Ingwer schälen und fein raspeln. Knoblauchzehen schälen und zerdrücken. Schnittknoblauch waschen, trockenschütteln und fein schneiden.
– Öl im Wok oder einer großen Pfanne erhitzen. Fleisch, Chilis, Ingwer und zerdrückten Knoblauch etwa 5 Min. unter Rühren bei starker Hitze braten. Schnittknoblauch, Zitronensaft und die Sojasauce dazugeben und alles noch etwa 3 Min. bei mittlerer Hitze braten.

573. Schweinefleisch mit Knoblauch

BRAUCHT ETWAS ZEIT
Für 6 Personen
Zubereitungszeit: 30 Min.
Marinierzeit: 1 Std.

1 kg Schweinefleisch (aus der Nuss oder Oberschale) • 10 Knoblauchzehen • 1 TL frisch gemahlener schwarzer Pfeffer • 2 EL Fischsauce • 1 EL dunkle Sojasauce • 1 Salatgurke • 5 EL Öl

– Das Schweinefleisch trockentupfen und quer zur Faser in etwa 4 cm lange und 2 cm breite Streifen schneiden. Den Knoblauch schälen und mit dem Pfeffer im Mörser breiig zerstampfen.

– Knoblauchbrei in einer Schüssel mit der Fisch- und der Sojasauce mischen. Das Fleisch unterrühren und zugedeckt etwa 1 Std. marinieren lassen.
– Gurke waschen oder schälen, mit einem Messer oder mit dem Küchenhobel in dünne Scheiben schneiden.
– Das Öl im Wok oder in einer großen Pfanne sehr stark erhitzen. Das Fleisch vorsichtig hinzugeben und unter Rühren scharf anbraten, bis es rundum gebräunt ist.
– Den Rand einer großen Platte mit Gurkenscheiben auslegen, das Schweinefleisch in der Mitte anrichten.

TIPP

Dieses Gericht enthält relativ viel Knoblauchzehen. Wenn Sie anschließend einige Korianderkörner und Kreuzkümmelsamen kauen oder auch ein Glas kalte Milch trinken, riechen Sie am nächsten Tag nicht so stark danach.

574. Saté-Spießchen mit Erdnusssauce

GUT VORZUBEREITEN
Für 4 Personen
Zubereitungszeit: 1 Std.
Marinierzeit: 1 Std.

500 g Schweinefleisch (aus der Nuss) • 150 g geröstete Erdnüsse • 1 Stück Galgant (Khaa, etwa 2 cm lang) • 1 Stängel Zitronengras • 1 TL Koriandersamen • 1 TL Kreuzkümmelsamen • 1 1/2 TL Salz • 1 1/2 TL frisch gemahlener schwarzer Pfeffer • 100 g Zucker • 1 EL Currypulver • 1 Dose Kokosmilch (400 ml) • 3 EL Öl • 2 EL rote Curry-Paste (Gäng Ped) • 3 EL Palmzucker oder brauner Zucker • 1/4 l Wein- oder Reisessig • 1 Salatgurke • 5 Schalotten • 1 rote Pfefferschote • 40 Holzspießchen

– Das Schweinefleisch trockentupfen und zuerst in hauchdünne Scheiben, dann in etwa 10 cm lange und 3 cm breite Streifen schneiden. Erdnüsse im Mörser zerstampfen und beiseite stellen. Holzspießchen in Wasser legen, damit sie später nicht so leicht verbrennen.
– Galgant schälen und hacken, das Zitronengras in dünne Scheiben schneiden. Beides mit Koriander und Kreuzkümmel im Mörser zerstampfen. Das Fleisch mit der Paste, 1/2 TL Salz, Pfeffer, 1 EL Zucker, Currypulver und 3 EL Kokosmilch vermischen. Darin gut 1 Std. marinieren lassen. Dann der Länge nach ziehharmonikaartig auf die Spießchen stecken.
– Für die Sauce Öl in einem kleinen Topf erhitzen. Die Curry-Paste kurz anbraten, restliche Kokosmilch einrühren und etwa 1 Min. kochen lassen. Erdnüsse, Zucker, 1 TL Salz und 3 EL Essig zugeben, bei schwacher Hitze etwa 15 Min. köcheln lassen.
– Den Holzkohlegrill oder den Backofen auf 200° (Umluft 180°) anheizen. Gurke schälen, längs vierteln und in hauchdünne Scheibchen schneiden. Schalotten schälen und ebenfalls in feine Scheiben schneiden. Pfefferschote waschen, entkernen und in dünne Ringe schneiden. Gurke, Schalotten und Pfefferschote mischen.
– 1/8 l Wasser mit restlichem Essig, restlichem Zucker und 1 Prise Salz etwa 1 Min. kochen, anschließend abkühlen lassen. Kurz vorm Servieren die Gurkenmischung mit der abgekühlten Essigsauce mischen und den Salat abschmecken.
– Die Saté-Spießchen auf dem Holzkohlegrill oder im Ofen grillen, bis sie gebräunt sind. Mit der lauwarmen Erdnusssauce und dem Salat servieren.

TIPP

Sie können auch unter die lauwarme Erdnusssauce sehr fein geschnittene Scheiben einiger Schalotten oder einer violetten Zwiebel rühren.

575. Kalbfleischspieße mit Gemüse

GELINGT LEICHT
Für 4 Personen
Zubereitungszeit: 1 Std.

4 EL Olivenöl • 4 EL Zitronensaft • 5 fein gehackte Salbeiblätter • 2 EL Marsala (Süßwein) • 800 g Kalbsnuss (in dünnen Scheiben) • 100 g Champignons • 250 g Zucchini • 1 rote Paprikaschote • 1 gelbe Paprikaschote • 1 große Fleischtomate • Öl zum Grillen • Salz • frisch gemahlener schwarzer Pfeffer

– Aus Olivenöl, Zitronensaft, Salbeiblättchen und Marsala eine cremige Marinade rühren. Das Kalbfleisch in Streifen von etwa 5 cm Breite und etwa 12 cm Länge schneiden. Leicht klopfen und für etwa 30 Min. in die Marinade legen, dabei häufig wenden.

– Währenddessen den Grill vorbereiten. Die Pilze und das Gemüse putzen, waschen und in Scheiben oder Stücke schneiden.
– Fleischstreifen aus der Marinade nehmen, abtropfen lassen und der Länge nach aufrollen. Abwechselnd mit dem Gemüse auf Spieße stecken.
– Auf dem heißen, geölten Grillrost oder in einer Pfanne rundum etwa 1 Min. braten. Den Rost mit Alufolie bedecken, diese großzügig einölen und die Spießchen darauf oder in der Pfanne bei starker Hitze in 5–8 Min. fertig garen. Ab und zu wenden und mit der restlichen Marinade bestreichen. Die fertigen Spießchen auf einer Platte anrichten und mit Salz und Pfeffer würzen.

576. Schaschlikspieße

GELINGT LEICHT
Für 4 Personen
Zubereitungszeit: 30 Min.
Marinierzeit: 10 Std.

Für die Marinade: 4 EL Öl • je 1/2 TL frisch gemahlener Pfeffer und Salz • 6 Pfefferminzblätter oder 3 Msp. getrockneter Rosmarin
Für die Spieße: 500 g Schweinefleisch • 150 g durchwachsener Speck • 2 Zwiebeln • 2 Tomaten • 1 EL Öl • 4 lange Metall- oder Holzspieße

– Für die Marinade das Öl mit Pfeffer, dem Salz, den Pfefferminzblättern oder dem Rosmarin in einer Schüssel verrühren.
– Das Schweinefleisch trockentupfen und in 3–4 cm große und 1 cm dicke Scheiben schneiden. Die Fleischscheiben mit der Marinade mischen und zugedeckt 10 Std. im Kühlschrank durchziehen lassen. Das Fleisch ab und zu in der Marinade wenden.
– Den Backofengrill vorheizen. Den Speck in 1 cm dicke und 4 cm große Scheiben schneiden. Die Zwiebeln schälen, vierteln und in Blätter zerlegen. Die Tomaten waschen und in Viertel schneiden.
– Die Fleischstücke aus der Marinade nehmen und abwechselnd mit den Zwiebelstücken, den Speckscheiben und den Tomatenvierteln auf die Metall- oder Holzspieße stecken.
– Die Spieße und den Grillrost mit Öl bepinseln. Die Spieße auf den Rost legen im Abstand von 5 cm unter die Grillstäbe in den Ofen schieben. 10–12 Min. grillen und dabei viermal wenden.

577. Lammfleischspieße

GUT VORZUBEREITEN
Für 4 Personen
Zubereitungszeit: 10 Min.
Marinierzeit: 30 Min.

500 g mageres Lammfleisch (aus der Keule) • Salz • frisch gemahlener Pfeffer • 1 EL frischer oder 1 TL getrockneter Oregano • 1 TL edelsüßes Paprikapulver • 1 Prise Pimentpulver • 1 Prise gemahlener Kreuzkümmel • 4 EL Olivenöl • 1 Zitrone • 4 große oder 8 kleine Metall- oder Holzspieße

– Das Lammfleisch trockentupfen und in etwa 2 cm große Würfel schneiden. In einer Schüssel Salz, Pfeffer, Kräuter und die Gewürze mit dem Olivenöl verrühren. Die Fleischwürfel dazugeben und mindestens 30 Min. marinieren lassen.
– Das Fleisch aus der Marinade nehmen und auf die Spieße schieben. Die Fleischspießchen auf dem Holzkohle- oder unter dem Elektro-Grill oder in der Pfanne von jeder Seite 4–5 Min. grillen oder braten.
– Die Zitrone waschen, achteln und die Lammfleischspieße damit garnieren. Servieren.

578. Scharfe Hackfleischspieße vom Lamm oder Rind

GELINGT LEICHT
Für 4 Personen
Zubereitungszeit: 1 Std.

800 g Hackfleisch (Lamm oder Rind) • 1 Zwiebel • Salz • frisch gemahlener Pfeffer • 1 Msp. gemahlener Kreuzkümmel • 1 TL scharfes Paprikapulver • 1 TL Pul biber (Paprikaflocken, türkisches Spezialgeschäft) • 2 Tomaten • 8 lange grüne, scharfe oder milde Peperoni • 3 kleine dünne Fladenbrote • 30 g Butter • 2 Bund glatte Petersilie • 8 lange Metallspieße (im Original knapp 1 cm breit und flach)

– Hackfleisch in eine Schüssel geben. Zwiebel schälen und dazureiben. Salz, Pfeffer, Kreuzkümmel, Paprikapulver und -flocken dazugeben, alles gut verkneten.
– Den Holzkohlegrill vorheizen. Die Tomaten waschen und halbieren, die Stielansätze herausschneiden. Die Peperoni nur waschen.

– Das Fleisch in acht Portionen teilen und direkt um die Metallspieße 12–15 cm lange, dünne Frikadellen formen. Das Fladenbrot in Streifen schneiden. Die Butter zerlassen und die Brotstreifen damit bepinseln.
– Den Grillrost leicht mit dem Öl bepinseln und die Spieße auf jeder Seite 5–8 Min. grillen. Die ganzen Peperoni und die Tomatenhälften am Rande des Grillrostes mitgrillen. Die Brotstreifen am äußeren Rand des Grills erhitzen.
– Die Petersilie waschen und trockenschütteln. Vier Teller am Rand mit je 1/2 Kräuterbund auslegen. Die warmen Brotstreifen auf die Teller verteilen und die Fleischspieße und das gegrillte Gemüse darauf anrichten. Sofort servieren.

TIPPS

– Dieses „Adana kebabi“ wird häufig zusätzlich noch mit einer Portion gekochtem Bulgur serviert.
– Wenn Sie keinen Grill haben, braten Sie die Spieße in einer großen Pfanne und wärmen das Fladenbrot im Backofen auf.

579. Ćevapčići
(Hackfleischwürstchen mit Zwiebeln)

GUT VORZUBEREITEN
Für 4 Personen
Zubereitungszeit: 30 Min.

4 große Zwiebeln • je 300 g mageres Schweine- und Lammfleisch (vom Metzger zweimal durch die feinste Scheibe des Fleischwolfes drehen lassen) • 1 Knoblauchzehe • 1/2 TL Salz • 1 TL scharfes Paprikapulver • je 1 Msp. getrockneter Rosmarin und Salbei • 2 EL Öl

– Die Zwiebeln schälen und in etwa 1/2 cm große Würfel oder in feine Spalten schneiden. Die Zwiebelwürfel oder -spalten in eine Schüssel geben und zugedeckt aufbewahren.
– Das durchgedrehte Schweine- und Hammelfleisch in eine Schüssel geben. Die Knoblauchzehe schälen und durch die Presse dazudrücken. Mit dem Salz, dem Paprikapulver, dem zerriebenen Rosmarin und dem zerriebenen Salbei würzen. Alles gründlich zu einem Fleischteig verkneten.
– Den Backofengrill vorheizen. Ein tiefes Backblech mit Alufolie auslegen und etwas Öl bespinseln. Aus dem Fleischteig mit nassen Händen etwa 2 cm dicke und 5 cm lange Würstchen formen. Die Würstchen von allen Seiten mit dem übrigen Öl bepinseln und auf das Backblech legen.
– Das Blech im Abstand von 5 cm unter die Heizschlangen im Ofen schieben. Die Würstchen während der Grillzeit von etwa 5 Min. mit der Grillzange mehrmals wenden.
– Die Zwiebelwürfel auf vorgewärmte Teller verteilen, die gegrillten Hackfleischwürstchen dazugeben und möglichst heiß servieren.

TIPP

Bei den Ćevapčići kommt es sehr darauf an, sie rechtzeitig aus dem Ofen zu nehmen. Sie sollen außen braun und knusprig, innen zwar durchgebraten, aber ja nicht trocken sein. Machen Sie sich ein etwa 10 cm langes „Testwürstchen“, das Sie zweimal zur Kontrolle anschneiden können.

580. Lammkoteletts vom Grill

GELINGT LEICHT
Für 4 Personen
Zubereitungszeit: 20 Min.
Marinierzeit: 20 Min.

12 Lammkoteletts • 5 EL Olivenöl • Saft von 1/2 Zitrone • Salz • frisch gemahlener Pfeffer • 1 TL getrockneter Oregano

– Die Koteletts mit Küchenpapier trockentupfen. Das Olivenöl mit dem Zitronensaft, Salz, Pfeffer und dem Oregano verrühren und damit die Koteletts bepinseln. Etwa 20 Min. marinieren lassen.
– Den Holzkohle- oder Elektrogrill anheizen. Die Koteletts aus der Marinade nehmen und auf dem Holzkohle- oder unter dem Elektrogrill von beiden Seiten etwa 5–7 Min. grillen. Zwischendurch mit der restlichen Marinade bepinseln.
– Die Zitrone heiß waschen, trockenreiben und in Achtel schneiden. Die Koteletts mit den Zitronenachteln auf Tellern anrichten und servieren.

581. Lammkoteletts mit Knoblauch

GUT FÜR GÄSTE | GUT VORZUBEREITEN
Für 2 Personen
Zubereitungszeit: 20 Min.
Marinierzeit: 2 Std.

4 Lammkoteletts • 2 Knoblauchzehen • 3 EL Olivenöl • Salz • frisch gemahlener Pfeffer • 1 TL getrockneter Thymian • 1 TL Zitronensaft • 1 EL Honig

– Die Lammkoteletts mit Küchenpapier trockentupfen, nebeneinander auf eine Platte legen.
– Den Knoblauch schälen und durch die Presse in eine kleine Schüssel drücken. Mit dem Olivenöl verrühren, salzen und pfeffern. Den Thymian, den Zitronensaft und den Honig unterrühren.
– Die Lammkoteletts auf beiden Seiten gleichmäßig mit der Marinade bepinseln. Zudecken und für etwa 2 Std. in den Kühlschrank stellen.
– Eine große Bratpfanne heiß werden lassen. Die Lammkoteletts aus der Marinade nehmen und in der Pfanne bei starker Hitze auf jeder Seite 2–3 Min. braten, dabei mit der abgetropften Marinade bestreichen.
– Die fertigen Lammkoteletts auf zwei vorgewärmten Tellern sehr heiß servieren.

582. Kalbskoteletts mit Champignons

GELINGT LEICHT
Für 2 Personen
Zubereitungszeit: 35 Min.

200 g Champignons • Saft von 1/2 Zitrone • 1 Bund glatte Petersilie • 2 Kalbskoteletts (je etwa 180 g) • 2 EL Öl • Salz • frisch gemahlener schwarzer Pfeffer • Cayennepfeffer

– Die Champignons putzen und feucht abreiben. Kleine Pilze ganz lassen, große halbieren oder vierteln und sofort mit dem Zitronensaft beträufeln.
– Die Petersilie waschen und trockenschütteln, die Blättchen abzupfen, fein hacken und die Hälfte davon mit den Champignons mischen.
– Die Kalbskoteletts trockentupfen. Öl in einer großen Pfanne erhitzen. Die Koteletts bei starker Hitze kurz anbraten. Hitze reduzieren und die Koteletts auf jeder Seite noch 3–4 Min. braten. Mit Salz, schwarzem Pfeffer und dem Cayennepfeffer würzen. Auf eine vorgewärmte Platte legen und zugedeckt ziehen lassen.
– Pilze im verbliebenen Bratfett bei mittlerer Hitze etwa 5 Min. braten. Mit Salz, Pfeffer, Cayennepfeffer würzen, restliche Petersilie untermischen. Die Kalbskoteletts mit den Champignons anrichten.

583. Geschmorte Schweinekoteletts alla pizzaiola

GELINGT LEICHT
Für 4 Personen
Zubereitungszeit: 40 Min.

4 Schweinekoteletts (je 200 g) • 500 g Tomaten • 4 Knoblauchzehen • 3 EL Olivenöl • Salz • frisch gemahlener Pfeffer • 1 EL frisch gehackter Oregano • 1/8 l trockener Rotwein • 2 EL Tomatenmark

– Koteletts trockentupfen. Stielansätze der Tomaten entfernen. Tomaten kurz überbrühen, häuten, halbieren und entkernen. Das Fruchtfleisch grob zerteilen. Knoblauch schälen und in dünne Scheiben schneiden.
– In einer Pfanne mit passendem Deckel 2 EL Öl erhitzen. Koteletts hineingeben, von beiden Seiten kräftig anbraten. Fleisch herausnehmen, mit Salz und Pfeffer würzen, auf einem Teller abgedeckt beiseite stellen.
– Das Bratfett in der Pfanne bis auf einen dünnen Film abgießen, 1 EL frisches Öl hineingeben und erhitzen. Knoblauch sanft darin andünsten, die Hälfte vom Oregano einstreuen und die gehackten Tomaten einrühren. Wein mit dem Tomatenmark vermischen und angießen, kräftig aufkochen. Sauce unter Rühren etwas eindicken lassen. Mit Salz und Pfeffer abschmecken.
– Koteletts in die Sauce legen, zugedeckt bei kleinster Hitze in etwa 15 Min. fertig schmoren. Das Fleisch dabei einmal wenden. Koteletts auf vorgewärmten Tellern anrichten. Die Tomatensauce darauf verteilen, mit restlichem Oregano bestreuen und servieren.

TIPP
„Alla pizzaiola“ heißt die Zubereitungsart von Fleisch oder Fisch in einer Tomatensauce. Statt der Koteletts können Sie auch Schnitzel, Rindersteaks oder Fischfilet in der Sauce schmoren.

584. Gefüllte Schweinekoteletts mit Lauch

GUT FÜR GÄSTE
Für 4 Personen
Zubereitungszeit: 45 Min.

1 Brötchen (vom Vortag) • 100 g durchwachsener Speck • 4 EL Butterschmalz • 1 Zwiebel • 1 kleine Stange Lauch • 1 Eigelb • Salz • frisch gemahlener schwarzer Pfeffer • 1 TL getrockneter Oregano • 2 Bund Schnittlauch • 4 dicke Schweinekoteletts (je etwa 200 g, vom Metzger in jedes Kotelett eine Tasche schneiden lassen) • 4 EL Tomatenmark • 125 g Sahne • 1 TL Zitronensaft • Küchengarn oder Zahnstocher

– Das Brötchen in kaltem Wasser einweichen. Den Speck von Schwarte und Knorpeln befreien und in kleine Würfel schneiden. 1 EL Butterschmalz in einer Pfanne erhitzen und den Speck darin knusprig ausbraten. Die Zwiebel schälen und fein hacken. Die Hälfte davon zum Speck geben und weich braten.
– Vom Lauch den Wurzelansatz und welke grüne Blätter abschneiden. Die Stange längs aufschlitzen und gründlich waschen. In sehr feine Ringe schneiden, diese in die Pfanne geben und etwa 5 Min. mitbraten.
– Brötchen mit den Händen gut ausdrücken und mit dem Pfanneninhalt in eine Schüssel geben. Das Eigelb hinzufügen, alles gut mischen und mit Salz, Pfeffer und dem Oregano kräftig würzen. Schnittlauch waschen, trockenschütteln und in feine Röllchen schneiden. Die Hälfte davon unter die Füllung mischen. Den Backofen auf 50° (Umluft 30°) vorheizen.
– Koteletts waschen und trockentupfen. Füllung gleichmäßig auf die 4 Koteletts verteilen. Die Taschen mit Küchengarn zunähen oder mit Zahnstochern zustecken.
– 2 EL Butterschmalz erhitzen und die Koteletts darin bei mittlerer Hitze auf jeder Seite 3–4 Min. braten. Dann mit Salz und Pfeffer würzen und zugedeckt in den Backofen (Mitte) stellen.
– Das restliche Butterschmalz erhitzen und die restliche Zwiebel darin bei schwacher Hitze weich braten. Das Tomatenmark unterrühren, die Sahne dazugießen, alles einmal aufkochen lassen und die Sauce mit Salz, Pfeffer und dem Zitronensaft abschmecken. Kurz vor dem Servieren den restlichen Schnittlauch einstreuen.
– Die gefüllten Koteletts auf einer vorgewärmten Platte anrichten und die Sauce getrennt dazu reichen.

585. Frischlingskoteletts

GUT FÜR GÄSTE | GEHT SCHNELL
Für 4 Personen
Zubereitungszeit: 30 Min.

1 unbehandelte Orange • 3 feste aromatische Birnen • 1/4 l Portwein • 4 Frischlingskoteletts (je etwa 180 g) • 40 g Butterschmalz • 100 g Preiselbeeren (aus dem Glas) • 2 EL Crème fraîche • Salz • frisch gemahlener weißer Pfeffer • 2 TL rosa Pfefferkörner

– Die Orange heiß waschen, die Schale hauchdünn abschälen und in feinste Streifen schneiden. Den Saft auspressen. Die Birnen schälen, vierteln und entkernen.
– Den Portwein mit Orangensaft und -schale in einen Topf geben und aufkochen lassen. Birnenviertel hineinlegen, etwa 5 Min. bei schwacher Hitze ziehen lassen.
– Inzwischen die Frischlingskoteletts mit Küchenpapier abreiben. Das Butterschmalz in einer schweren Pfanne erhitzen und die Koteletts darin auf jeder Seite etwa 5 Min. braten.
– Die Birnen aus dem Sud nehmen und die Preiselbeeren hineingeben. Etwa 5 Min. bei starker Hitze einkochen lassen. Den Sud von der Herdplatte nehmen und die Crème fraîche einrühren.
– Die Frischlingskoteletts mit Salz und Pfeffer würzen und auf Tellern anrichten. Mit den Birnen umlegen. Den rosa Pfeffer im Mörser leicht zerstoßen. Koteletts mit Sauce überziehen und mit dem Pfeffer bestreuen.

586. Kalbsröllchen mit Marsala

GUT FÜR GÄSTE
Für 4 Personen
Zubereitungszeit: 40 Min.
Schmorzeit: 20 Min.

Für die Füllung: 2 Bund glatte Petersilie • 1 Knoblauchzehe • 30 g Haselnüsse • 30 g Parmesan (ersatzweise Pecorino) • 5 EL Olivenöl
Außerdem: 6 dünne Kalbsschnitzel (je etwa 150 g) • Salz • frisch gemahlener weißer Pfeffer • 6 dünne Scheiben durchwachsener Speck (ohne Schwarte) • 1 EL Mehl • 1 EL Butter • 2 EL Olivenöl • 200 ml Kalbsfond (aus dem Glas, ersatzweise Fleischbrühe) • 150 ml Marsala (italienischer Süßwein, ersatzweise Portwein) • Holzspießchen

– Für die Füllung die Petersilie waschen und nur die ganz groben Stiele entfernen. Ein paar Blättchen zum Garnieren zur Seite legen, die restliche Petersilie grob hacken. Den Knoblauch schälen, mit den Nüssen und dem Käse ebenfalls nur grob zerkleinern. Alles mit dem Öl im Mixer zu einer dicken Paste pürieren.
– Kalbsschnitzel trockentupfen, leicht salzen, pfeffern und quer halbieren, eventuell mit der flachen Seite des Fleischklopfers noch dünner klopfen.
– Speck ebenfalls quer halbieren, auf die Fleischstücke legen und die Füllung darauf verteilen. Fleisch aufrollen und mit Holzspießchen feststecken. Die Röllchen dünn mit Mehl bestäuben, überschüssiges Mehl abklopfen.
– In einer hochwandigen Pfanne Butter und Öl gemeinsam erhitzen und die Kalbsröllchen darin bei starker Hitze unter Wenden rundum goldbraun anbraten. Mit dem Fond ablöschen, aufkochen und Deckel auflegen. Die Röllchen bei mittlerer Hitze etwa 20 Min. schmoren lassen. Dann herausnehmen und warm stellen.
– Den Wein zum Fond gießen und bei starker Hitze etwas einkochen lassen. Die Kalbsröllchen mit der Sauce übergießen, mit der zur Seite gelegten Petersilie bestreuen und sofort servieren.

587. Rinderrouladen

GUT VORZUBEREITEN
Für 4 Personen
Zubereitungszeit: 30 Min.
Schmorzeit: 1 1/4 Std.

1 große dünne Scheiben Rindfleisch (je etwa 150 g, aus der Schale) • 4 TL mittelscharfer Senf • Salz • frisch gemahlener schwarzer Pfeffer • 1 große Zwiebel • 4 kleine Gewürzgurken oder Cornichons • 4 dünne Scheiben durchwachsener Speck • 3 EL Öl • 1 Bund Suppengrün • 1/8 l Fleischbrühe (instant oder selbst gemacht) • 1/8 l trockener Rotwein • 200 g Sahne • Rouladennadeln oder Küchengarn

– Die Rouladenscheiben mit Küchenpapier trockentupfen, auf einer Arbeitsfläche ausbreiten und mit der Hand etwas flach drücken. Jede Scheibe mit 1 TL Senf bestreichen und kräftig mit Salz und Pfeffer würzen.
– Zwiebel schälen und fein würfeln. Gewürzgurken in Scheibchen schneiden. Speck von Schwarte und Knorpeln befreien. Je 1 Scheibe Speck auf die Mitte jeder Roulade legen. Zwiebeln und Gurken darauf verteilen. Links und rechts einen schmalen Rand frei lassen.
– Die Längsseiten der Rouladenscheiben etwas einschlagen, damit die Füllung nicht herausfällt. Dann die Rouladen von der Schmalseite her gleichmäßig und fest aufrollen und mit Rouladennadeln feststecken. Oder die Rouladen mit Küchengarn fest verschnüren.
– In einem Bräter oder einer Pfanne mit Deckel das Öl erhitzen und die Rouladen bei starker Hitze darin auf allen Seiten anbraten.
– Das Suppengrün putzen, waschen und grob würfeln. Zum Fleisch geben und kurz mitbräunen lassen. Die Fleischbrühe und den Rotwein dazugießen, alles einmal aufkochen lassen und im geschlossenen Topf bei mittlerer Hitze etwa 1 1/4 Std. schmoren lassen.
– Backofen auf 50° (Umluft 30 °) vorheizen. Die fertigen Rouladen aus dem Topf nehmen, Rouladennadeln oder Küchengarn entfernen und die Rouladen auf einer Platte in den Ofen (Mitte) stellen.
– Die Bratflüssigkeit etwa 10 Min. bei starker Hitze offen einkochen lassen, dann die Sauce und das Gemüse mit dem Pürierstab pürieren oder durch ein Sieb streichen. Die Sahne zugeben, erwärmen und die Sauce mit Salz und Pfeffer abschmecken. Zu den Rouladen servieren.

588. Rouladen mit Austernpilzen

BRAUCHT ETWAS ZEIT
Für 4 Personen
Zubereitungszeit: 1 Std.
Schmorzeit: 1 1/2 Std.

1 Zwiebel • 50 g durchwachsener Speck • 1 EL Öl • 200 g Austernpilze • 5 Knoblauchzehen • Salz • frisch gemahlener schwarzer Pfeffer • 1 Bund Petersilie • 2 Eigelbe • 4 Rindsrouladen (je etwa 150 g) • 2 EL Butterschmalz • 1/4 l trockener Rotwein • 125 g Sahne • Holzspießchen

– Die Zwiebel schälen und fein hacken. Den Speck entschwarten und klein würfeln. In einer großen Pfanne das Öl erhitzen und die Zwiebel und den Speck dünsten, bis die Zwiebelwürfel glasig sind.
– Inzwischen die Austernpilze putzen und in schmale, kurze Streifen schneiden. Mit in die Pfanne geben und dünsten, bis fast alle Flüssigkeit verdampft ist.
– Den Knoblauch schälen und dazupressen, alles salzen und pfeffern. Die Petersilie waschen, fein hacken und zugeben. Die Mischung abkühlen lassen, dann die Eigelbe untermischen.

– Rouladen auf der Arbeitsfläche ausbreiten, trockentupfen, salzen und pfeffern. Die Pilzfüllung darauf verteilen, die Seiten einschlagen und Rouladen zusammenrollen. Mit Holzspießchen zustecken.
– Butterschmalz in einem Schmortopf erhitzen und die Rouladen rundum bei starker Hitze anbraten. Mit Rotwein ablöschen und zugedeckt bei schwacher Hitze etwa 1 1/2 Std. sanft schmoren lassen.
– Dann die Sahne in die Sauce quirlen, etwa 5 Min. kochen lassen, abschmecken. Die Rouladen mit der Sauce anrichten.

589. Thüringer Kalbsvögerl

GUT VORZUBEREITEN
Für 4 Personen
Zubereitungszeit: 30 Min.
Schmorzeit: 40 Min.

1 große Zwiebel • 2 Tomaten • 1 Stange Lauch • 100 g gekochter Schinken • 3 EL Butter • 2 EL Tomatenmark • 4 EL frisch gehackte Petersilie • 4 Kalbsschnitzel (je 100 g) • 1/2 TL Salz • 1 TL edelsüßes Paprikapulver • 50 g Speck • 3 EL Mehl • 100 ml Kalbsfond • 1/8 l saure Sahne • Holzspießchen

– Die Zwiebeln schälen und würfeln. Die Tomaten überbrühen, häuten und klein schneiden. Den Lauch putzen, gründlich waschen und in feine Streifen schneiden. Den Schinken ebenfalls in Streifen schneiden.
– Die Hälfte der Butter in einem Topf zerlassen. Zwiebelwürfel, Tomaten, Lauch- und Schinkenstreifen zufügen. Nach einigen Minuten unter Rühren das Tomatenmark und die Petersilie zugeben.
– Die Schnitzel trockentupfen, sehr dünn klopfen und mit dem Salz und dem Paprikapulver einreiben. Den Speck in 8 Streifen schneiden.
– Eine Seite der Schnitzel mit der Gemüsefüllung bestreichen, je 2 Speckstreifen darauf legen, die Schnitzel aufrollen und die Enden mit Holzspießchen feststecken. Die Kalbsröllchen in dem Mehl wenden.
– Den Fond erhitzen. In einer Pfanne die restliche Butter zerlassen und die Kalbsvögerl darin braun anbraten. Fond seitlich zugießen und die Rouladen bei mittlerer Hitze 40 Min. zugedeckt schmoren.
– Die Kalbsvögerl in einer vorgewärmten Schüssel anrichten. Den Bratenfond mit der sauren Sahne lösen, mit etwas Salz abschmecken und darüber geben.

590. Saure Leberle

GELINGT LEICHT
Für 4 Personen
Zubereitungszeit: 20 Min.
Ruhezeit: 30 Min.

600 g Kalbsleber • 1/2 l Milch • 1 Zwiebel • 3 EL Butterschmalz • 2 EL Mehl • 1/4 l Fleischbrühe • 150 ml trockener Weißwein • 200 g Crème fraîche • Salz • frisch gemahlener schwarzer Pfeffer • 3 EL fein gehackte Petersilie

– Kalbsleber unter fließendem kaltem Wasser waschen und in eine flache Form legen. Milch darüber gießen. Die Leber sollte mit Milch bedeckt sein. Zugedeckt etwa 30 Min. ruhen lassen.
– Die Zwiebel schälen und in kleine Würfel schneiden. Die Leber aus der Milch nehmen, mit Küchenpapier trockentupfen und in feine Streifen schneiden.
– 1 EL Schmalz in einer Pfanne erhitzen, die Zwiebel bei schwacher Hitze glasig dünsten. Temperatur auf mittlere Hitze schalten, Leber in die Pfanne geben, rundum in etwa 3 Min. braun braten. Leber warm stellen.
– Übriges Schmalz in der Pfanne erhitzen, Mehl dazugeben und andünsten. Die Brühe und den Wein unter Rühren angießen, etwa um die Hälfte einkochen lassen. Crème fraîche unterrühren, Sauce mit Salz und Pfeffer würzen. Leber hineingeben und kurz ziehen lassen. Mit gehackter Petersilie bestreuen und servieren.

591. Kalbsleber mit Äpfeln und Zwiebeln

GEHT SCHNELL
Für 4 Personen
Zubereitungszeit: 25 Min.

2 Äpfel • 1 EL Zitronensaft • 2 Zwiebeln • 3 EL Butterschmalz • 1 TL getrockneter Majoran • Salz • frisch gemahlener Pfeffer • 4 Scheiben Kalbsleber (je etwa 150 g) • 2 EL Mehl

– Die Äpfel schälen, die Kerngehäuse mit einem Apfelausstecher oder einem scharfen Messer entfernen und die Äpfel in etwa 1 cm dicke Scheiben schneiden. Sofort mit dem Zitronensaft beträufeln, damit sie sich nicht braun verfärben.

– Die Zwiebeln schälen, längs halbieren und die Hälften in dünne Halbringe schneiden. 2 EL Butterschmalz in einer breiten Pfanne erhitzen. Die Zwiebelringe darin glasig braten.
– Dann die Apfelscheiben dazugeben und alles auf jeder Seite etwa 1 Min. braten. Mit Majoran bestreuen, salzen und pfeffern. Aus der Pfanne nehmen, warm stellen.
– Die Leberscheiben kalt waschen, trockentupfen und mit dem Mehl bestäuben. Das restliche Butterschmalz in der Pfanne erhitzen, Leberscheiben darin bei mittlerer Hitze auf beiden Seiten jeweils 2–3 Min. braten. Leicht salzen und pfeffern und mit der Apfel-Zwiebel-Mischung anrichten.

TIPP
Kalbsleber ist sehr teuer, Sie können nach dem gleichen Rezept aber auch Rinds- oder Schweineleber zubereiten.

592. Kalbsleber mit Salbei

GEHT SCHNELL | GUT FÜR GÄSTE
Für 4 Personen
Zubereitungszeit: 25 Min.

500 g Kalbsleber (in dünnen Scheiben) • 400 g weiße Gemüsezwiebeln • 1/2 Bund Petersilie • 4–6 Salbeiblätter • 2 EL Butter • 4 EL Olivenöl • 100 ml Fleischbrühe • Salz • frisch gemahlener Pfeffer

– Die Leber, falls nötig, enthäuten, kurz waschen und gut trockentupfen. Die Zwiebeln schälen, halbieren und in möglichst dünne Halbringe schneiden. Die Kräuter waschen, die Petersilienblättchen fein hacken.
– In einer Pfanne die Hälfte der Butter und das Olivenöl erhitzen. Die Zwiebeln darin bei schwacher Hitze in 10–15 Min. weich und hellgelb dünsten.
– In einer zweiten Pfanne das restliche Fett erhitzen. Salbeiblättchen und die Leberscheiben hineingeben, die Leber bei mittlerer Hitze unter Wenden in 2–3 Min. braun braten. Brühe zugießen und aufkochen lassen, alles zusammen noch 1 Min. garen. Leber mit Salz und Pfeffer würzen.
– Die Hälfte der Petersilie unter die Zwiebeln mischen. Leber und Zwiebeln sofort auf Tellern anrichten und mit der restlichen Petersilie bestreuen. Sofort servieren.

593. Kalbsleber venezianische Art

BRAUCHT ETWAS ZEIT
Für 4 Personen
Zubereitungszeit: 25 Min.
Garzeit: 35 Min.

300 g Zwiebeln • 1 Bund glatte Petersilie • 2 EL Olivenöl • 400 g Kalbsleber • 100 ml Fleischbrühe • Salz • frisch gemahlener schwarzer Pfeffer

– Die Zwiebeln schälen und in feine Ringe schneiden. Die Petersilie waschen, trockenschütteln und die Blättchen fein hacken.
– In einer Pfanne mit hohem Rand das Öl erhitzen. Die Zwiebeln und die Petersilie zugeben und alles zugedeckt bei schwacher Hitze etwa 30 Min. dünsten, dabei mehrmals wenden.
– Die Leber sorgfältig häuten und Sehen und Adern entfernen, dann kurz unter fließendem Wasser waschen und gut trockentupfen. Leber in etwa 1 1/2 cm breite Streifen schneiden. Die Hitze der Pfanne erhöhen und die Leberstreifen dazugeben. Leber mehrmals wenden und die Fleischbrühe angießen. Alles noch etwa 4 Min. schmoren lassen.
– Dann mit Salz und Pfeffer würzen, durchmischen, auf vorgewärmte Teller verteilen und sofort servieren.

TIPP
Die Kalbsleber nicht zu lange schmoren und vor allem nicht warm halten, sonst wird die Leber hart und trocken.

594. Frikadellen

PREISWERT
Für 4 Personen
Zubereitungszeit: 40 Min.

1 Brötchen (vom Vortag) • 1 große Zwiebel • 1 EL Butter • 1 Knoblauchzehe • 100 g Champignons • 1 Bund glatte Petersilie • 500 g gemischtes Hackfleisch (Schweine- und Rinderhackfleisch) • 1 Ei • Salz • frisch gemahlener schwarzer Pfeffer • edelsüßes Paprikapulver • 1 TL getrockneter Thymian • 2 EL Pflanzenöl

– In einer kleinen Schüssel das Brötchen in etwas Wasser einweichen. Die Zwiebel schälen und fein hacken. Die Butter in einer Pfanne erhitzen und die Zwiebel darin bei schwacher Hitze weich braten. Knoblauch schälen und durch die Presse dazudrücken.
– Die Champignons putzen und in dünne Scheiben schneiden. Pilze zu den Zwiebeln in die Pfanne geben und mitdünsten, bis fast alle Flüssigkeit verdunstet ist. Die Pfanne vom Herd nehmen und die Champignon-Zwiebel-Masse etwas abkühlen lassen.
– Die Petersilie waschen, trockenschütteln und fein hacken. Das Hackfleisch in eine große Schüssel geben, die Pilz-Zwiebel-Masse und die Petersilie hinzufügen. Das Brötchen sehr gut ausdrücken und mit dem Ei dazugeben. Alles gründlich durchmischen.
– Die Masse mit Salz, Pfeffer, Paprikapulver und dem Thymian kräftig würzen und mit angefeuchteten Händen handtellergroße Küchlein formen.
– Das Öl in einer großen Pfanne erhitzen und die Frikadellen darin bei starker Hitze auf jeder Seite kurz anbraten, dann pro Seite in jeweils 4 Min. bei mittlerer Hitze fertig braten.

TIPP

Besonders raffiniert: Frikadellen in der Mitte mit einem kleinen Stück Schafkäse oder Blauschimmelkäse füllen. Lamm-Fans bereiten die Frikadellen aus Lammhack zu, das beim Metzger vorbestellen bzw. frisch durchdrehen lassen.

595. Fleischpflanzerl und Kren

GELINGT LEICHT
Für 4 Personen
Zubereitungszeit: 40 Min.

2 Semmeln (Brötchen, vom Vortag) • 1 Zwiebel • 1/2 Bund Petersilie • 1/2 EL Butter • 400 g gemischtes Hackfleisch • 2 Eier • Salz • frisch gemahlener weißer Pfeffer • 1/2 TL getrockneter Majoran • 1/4 TL getrockneter Thymian • frisch geriebene Muskatnuss • 2 EL Butterschmalz • 1/2 frische Meerrettichwurzel

– Die Semmeln halbieren und in dünne Scheiben schneiden. Mit 100 ml heißem Wasser übergießen und quellen lassen.
– Die Zwiebel schälen und hacken. Die Petersilie waschen und ebenfalls hacken. Beides in der heißen Butter glasig dünsten.
– Das Hackfleisch in eine Schüssel legen. Die Semmeln fest ausdrücken und zusammen mit dem Zwiebel-Petersilien-Gemisch zum Hackfleisch geben. Die Eier untermischen und alles zu einem geschmeidigen Fleischteig kneten. Mit Salz, Pfeffer, Majoran, Thymian und Muskat pikant würzen. Aus der Fleischmasse kleine runde Pflanzerl (Küchlein) formen.
– Das Schmalz in einer größeren Pfanne oder in zwei Pfannen erhitzen. Die Fleischpflanzerl auf beiden Seiten bei starker Hitze anbraten. Dann die Hitze reduzieren und die Pflanzerl in etwa 15 Min. fertig braten.
– Den Meerrettich schälen und grob raspeln. Die braun gebratenen Fleischpflanzerl auf einer vorgewärmten Servierplatte anrichten. Mit Meerrettich überstreuen.

596. Frittierte Fleischkugeln

GELINGT LEICHT
Für 8 Personen
Zubereitungszeit: 20 Min.
Ruhezeit: 30 Min.

2 große Zwiebeln • 4 EL Olivenöl • 600 g gemischtes Hackfleisch (je 300 g vom Rind und Kalb oder vom Schwein) • 2 EL Semmelbrösel • 3 Eier (Größe M) • Salz • frisch gemahlener schwarzer Pfeffer • Mehl für die Arbeitsfläche • Öl zum Frittieren

– Die Zwiebeln schälen und hacken. 2 EL vom Olivenöl in einer großen Pfanne erhitzen und die Zwiebeln darin glasig braten. Mit Hackfleisch, Semmelbröseln und 1 Ei gut mischen. Die Masse mit Salz und Pfeffer würzen, zu einer Kugel formen und etwa 30 Min. ruhen lassen.
– Von der Hackfleischmasse kleine Portionen abstechen und mit leicht bemehlten Händen daraus Kugeln (etwa 2 1/2 cm Ø) formen.
– Die Fleischkugeln durch ein Sieb mit dem Mehl bestreuen. In einer Schüssel restliche Eier verquirlen und die Hackfleischkugeln durch die Eier ziehen.
– Etwa 2 cm hoch Öl zum Frittieren in einer tiefen Pfanne erhitzen und die Fleischbällchen portionsweise rundum braten, bis sie schön gebräunt sind. Fertige mit einem Sieblöffel herausheben, abtropfen lassen und auf Küchenpapier entfetten. Warm oder auch kalt als Vorspeise mit einer pikanten Sauce nach Wahl servieren.

597. Fleischklößchen in Tomatensauce

SCHMECKT KINDERN
Für 4 Personen
Zubereitungszeit: 1 1/4 Std.

Für die Sauce: 2 Zwiebeln • 40 g Butter • 500 g Tomaten • 2 EL Mehl • 1/2 l Fleischbrühe • je 1/2 TL Salz und Zucker • 3 EL Sahne
Für die Fleischklößchen: 1/2 altbackenes Brötchen • 1/2 Zwiebel • 1/2 Bund Petersilie • 250 g Hackfleisch (halb Schweinefleisch und halb Rindfleisch • 1 Ei • 2 Msp. frisch gemahlener schwarzer Pfeffer • 1 Msp. frisch geriebene Muskatnuss • 1/2 TL Salz

– Für die Sauce die Zwiebeln schälen und in kleine Würfel schneiden. Die Butter in einem ausreichend großen Topf zerlassen und die Zwiebelwürfel darin glasig dünsten.
– Dann etwa 100 ml Wasser dazugießen und die Zwiebelwürfel im offenen Topf 15 Min. dünsten, bis das Wasser verkocht ist, dabei ab und zu umrühren. Inzwischen die Tomaten waschen und in Scheiben schneiden, dabei den Stielansatz entfernen.
– Das Mehl in ein kleines Sieb geben und über die Zwiebelwürfel stäuben und unter Rühren goldgelb braten. Die Tomatenscheiben dazugeben, unter Rühren einige Minuten darin erhitzen und mit der Fleischbrühe auffüllen. Die Sauce 30 Min. bei sehr geringer Hitze im offenen Topf kochen lassen.
– Für die Fleischklößchen während der Kochzeit der Tomatensauce das Brötchen in dem lauwarmen Wasser einweichen. Die Zwiebel schälen und in sehr kleine Würfel schneiden. Die Petersilie unter fließendem kaltem Wasser abbrausen und trockenschütteln, die Blättchen abzupfen und klein schneiden.
– Das Brötchen zwischen zwei Holzbrettchen gut ausdrücken und in eine Schüssel geben. Das Hackfleisch, die Zwiebelwürfeln, die Petersilie, das Ei, den Pfeffer, die Muskatnuss und das Salz zugeben und alles zu einem geschmeidigen Teig verkneten.
– Die Tomatensauce durch ein Sieb streichen, mit dem Salz und dem Zucker abschmecken und mit der Sahne abrunden.
– Von dem Fleischteig mit angefeuchteten Händen kleine, etwa 3 cm große Klößchen formen und in die Tomatensauce geben. Bei geringer Hitze in 10–15 Min. gar ziehen lassen.

598. Königsberger Klopse

GUT FÜR GÄSTE | GELINGT LEICHT
Für 4 Personen
Zubereitungszeit: 50 Min.

1 Brötchen (vom Vortag) • 2 Zwiebeln • 3 EL Butter • 500 g gemischtes Hackfleisch (Schweine- und Rinderhackfleisch) • 1 Ei • Salz • frisch gemahlener Pfeffer • 2 TL mittelscharfer Senf • 3 Sardellenfilets • 1/2 l Fleischbrühe (Instant oder selbst gemacht) • 1 TL Pfefferkörner • 1 Lorbeerblatt • Saft von 1/2 Zitrone • 2 EL Mehl • 200 g Sahne • 2 EL Kapern • 2 Eigelbe

– Das Brötchen in etwas Wasser einweichen. Die Zwiebeln schälen, in feine Würfel schneiden und in 1 EL Butter weich braten.
– Das Hackfleisch, die Zwiebelwürfel, das Ei und das mit den Händen sehr gut ausgedrückte Brötchen in eine Schüssel geben. Mit Salz und Pfeffer kräftig würzen, den Senf dazugeben. Die Sardellenfilets kurz abbrausen, fein hacken, zur Hackfleischmasse geben und alles gut vermengen. Mit nassen Händen Klößchen daraus formen.
– Die Brühe mit den Pfefferkörnern, dem Lorbeerblatt und dem Zitronensaft erhitzen. Die Klopse hineingeben und etwa 20 Min. bei schwacher Hitze zugedeckt garen. Den Backofen auf 50° (Umluft 30°) vorheizen.
– Die Klopse mit einem Schaumlöffel aus der Brühe heben und im Backofen (Mitte) warm stellen. Die Brühe durch ein Sieb gießen und auffangen.
– Für die Sauce die übrige Butter schmelzen. Das Mehl unter Rühren darin anschwitzen. Nach und nach die durchgeseihte Brühe dazugießen, Sahne unterrühren und alles etwa 10 Min. unter ständigem Rühren bei schwacher Hitze köcheln.
– Die Sauce mit Salz und Pfeffer abschmecken. Die Kapern und die Klopse hineingeben und in der Sauce heiß werden lassen.
– Die Eigelbe mit 1 EL kaltem Wasser verrühren und kurz vor dem Servieren unter die Sauce ziehen. Dann nicht mehr kochen lassen!

TIPP
Königsberger Klopse lassen sich sehr gut einfrieren, deshalb lohnt es sich, gleich eine größere Menge davon zuzubereiten. Allerdings bitte die Klopse getrennt von der Sauce einfrieren.

Braten & Ragouts

Hier kommen die Herzstücke des Kochens. Sie sind ganz aus Fleisch und brauchen ihre Zeit, was sie gegenüber einem Teller voll Salat oder Nudeln nicht sehr alltagstauglich macht. Aber darin liegt heute gerade der Reiz der Ragouts und Braten. Denn wer Freunden – Vegetarier ausgenommen – am Samstag Kaninchenragout und der Familie am Sonntag Kalbsbrust serviert, der sagt: Ihr seid mir wirklich was Besonderes wert.

In der klassischen Restaurantküche ist der Rotisseur der Kaiser und der Saucier ein König. Ersterem ist nach altem Brauch die Zubereitung wahrer Meisterstücke vorbehalten, saftige Braten also, die langsam rotierend am Drehspieß über der Glut gegart werden. Das Grillhähnchen, der Spießbraten und manche bayerische Schweinshaxe werden noch heute so gebraten, echte Rotisseure gibt es aber kaum noch. Deren Arbeit hat inzwischen allein der Saucier übernommen, obwohl dieser ursprünglich nur für Fleisch zuständig war, das beim Garen Sauce ergab oder brauchte, wie z. B. das Ragout. In der modernen Küche war lange weder für den Braten noch fürs Ragout viel Platz. Viel zu viel Fleisch, das viel zu viel Aufmerksamkeit für eine viel zu lange Zeit braucht, so das Urteil der globalen Salat- und Pasta-Fans. Aus ihrer Sicht haben sie damit völlig recht.

Doch kein Trend ohne Gegentrend. Mit der Entdeckung der Langsamkeit und mit der Besinnung aufs Traditionelle beim Kochen sind Ragouts wie Braten wieder gefragt – als „Slow Food" oder „Comfort Food", mit dem man sich bei besonderen Anlässen verwöhnt. Im Grunde ist das eine alte Geschichte: Ein Bauer mästet sein bestes Schwein mit gutem Futter, bis die Zeit reif fürs Schlachten ist, dann werden die Gusto-Stücke in aller Ruhe gegart und schließlich setzen sich Familie und Nachbarn zum Schmaus an einen Tisch. Nachdem uns zahlreiche Fleischskandale erst einmal solche Freuden verdorben haben, lässt sich die Geschichte heute wieder aufs Neue erzählen. Denn dass gute Viehbauern – und das sind nicht nur Bio-Bauern – nun wieder alte Rassen entdecken und ihre Tiere natürlicher leben lassen, kommt vor allem den Fleischstücken fürs Schmoren und lange Braten zugute. Und daraus lassen sich nicht nur saftiger Schweinsbraten mit Kruste oder ein prächtiges Gulasch machen, sondern auch Bollito Misto oder ein scharf-saurer Lammtopf – Traditionsgerichte, für die gerade Trend-Esser ihre Sushi und Soufflés gerne stehen lassen.

Die Schmorgerichte

Schmoren heißt: Fleisch wird angebraten und dann zugedeckt so sanft wie langsam in nicht zu wenig Flüssigkeit gegart. Im Topf können dabei mehrere kleinere Stücke sein wie im Ragout oder ein großes Stück wie beim Schmorbraten. Auf jeden Fall ist es stark beanspruchtes Muskelfleisch mit eher groben Fasern, das oft noch von Sehnen oder Fett durchzogen ist. Die Stücke stammen vor allem aus der vorderen Körperhälfte des Tieres, also aus Nacken, Schulter, Brust und Bauch, aber auch Teile der Keule, die Haxen sowie die Innereien zählen dazu. Ein kurzes Braten wie beim zarten Filet macht sie zäh wie Leder, was sich erst nach längerem Schmoren wieder legt. Und wenn man dabei alles richtig macht (siehe nächste Seite), geschieht ein kleines Wunder im Topf. Denn das Fleisch gibt dann nicht nur seine Starre auf und wird schön mürbe, es entwickelt zugleich mit der Zeit ein herrliches Aroma. Dazu verleihen Fleisch, Sehnen und Fett der Sauce eine Substanz, die sich weder aus einem Knochenfond noch aus dem Bratsatz eines Steaks je holen lässt. Deswegen sind ein Coq au vin, ein Ossobuco oder ein Sauerbraten weltweit Lieblingsgerichte.

Die Braten

Hier geht es um die puren Braten, die anders als Schmorbraten mit wenig bis keiner Flüssigkeit im Ofen oder – nach alter Art – über der Glut gegart werden. Das Ziel ist dabei zuerst zartes saftiges Fleisch und dazu oft eine knusprige Kruste. Aus dem Rücken kommen dabei die feinen Stücke, die ohne viel Drumherum in relativer kurzer Zeit gar sind, wie etwa ein rosa gebratenes Roastbeef. Auch für die Huft oder zarte Keulenstücke wie die Nuss von Schwein und Kalb oder die ganze Lammkeule gilt das. Braten aus der Schulter oder dem Nacken brauchen zwar länger im Ofen, garen jedoch dank des Fetts im und am Fleisch saftig und ohne großes Zutun. Brust- und Bauchstücke werden gerne gefüllt oder gerollt, damit sie im Ofen ohne viel Flüssigkeit zu Saft und Kruste kommen. Die Sauce zu solchen Braten wird entweder extra aus den Knochen gekocht oder aus dem Bratsatz gezogen.

Was ist …

… ein Ragout? Eigentlich Sammelbegriff für alle in Flüssigkeit gegarten Fleischstücke, ob im Ganzen oder klein geschnitten. Steht heute aber vor allem für Schmorgerichte aus kleinen Fleischstücken mit intensivem Geschmack.

… ein Gulasch? Geschmortes Ragout aus Ungarn mit Paprikapulver und reichlich Zwiebeln, die traditionell vor dem Fleisch (oft Rind, auch Kalb oder Schwein) angebraten werden. Auf ungarischen Speisekarten steht „gulyás“ nur für die Suppe und „pörkölt“ für das Ragout.

… ein Navarin? Geschmortes Lammragout aus Frankreich mit reichlich Gemüse.

… ein Frikassee? Ursprünglich für Ragouts aus hellem Fleisch mit Sahne, bei denen die Stücke leicht angebraten und in der Sauce fertig gegart werden – z. B. beim Geschnetzelten. Heute steht es meist für Gerichte aus gekochtem hellem Fleisch mit weißer Sauce („Blankett“).

… ein Blankett? Von französisch „blanquette“, „Weißfleisch“: Kalb oder Geflügel wird am Stück oder in Stücken in Sud gegart, der passiert, zur Sauce vollendet und mit dem (geschnittenen) Fleisch erhitzt wird. Oft als Frikassee bezeichnet.

… ein Haschee? Schmorragout aus Hack- bzw. sehr klein geschnittenem Fleisch. Wird oftmals durch mehrmaliges Aufgießen gegart.

Vom Tafelspitz zum Geschnetzelten

Herzstücke aus der Fleischküche sind nicht immer nur Schmorgerichte und Braten. Tafelspitz und Pot au feu etwa sind echte Festtagsgerichte aus den berühmten Rindfleischküchen Österreichs und Frankreichs. In denen werden die Fleischstücke – oft die gleichen wie für Schmorbraten – langsam in einem mit Knochen, Gemüse, Gewürzen und Kräutern angereicherten Sud gegart. Dabei ist wichtig, dass das Fleisch in den fast kochenden Sud gelegt wird und dann sanft knapp unter dem Siedepunkt garzieht, wie auch beim Pochieren. Allerdings dauert es hier meist Stunden, in denen ähnlich wie beim Schmoren ein Austausch zwischen Fleisch und Flüssigkeit stattfindet. Am Ende sollen dabei ein löffelzartes Stück Fleisch und eine kraftvolle Brühe stehen, die auch noch Basis für die Sauce zu dem Gericht sein kann.

Vom Namen, von den Zutaten und von der Garzeit her ist das Geschnetzelte dem Schnitzel zwar näher als dem Ragout, doch als Saucengericht hat dieses klassische Frikassee (siehe auch den Was-ist-Kasten) trotzdem seinen Platz in diesem Kapitel. Sein zartes Fleisch – meist aus dem Filet bzw. aus dessen Spitze oder aus der Hähnchen- bzw. Putenbrust – wird schnitzeldünn geschnitten und in Öl in der heißen Pfanne nur sehr kurz angebraten. Dann nimmt man es heraus und kocht aus dem Bratsatz die Sauce (oft mit Wein und/oder Sahne). Darin lässt man das Fleisch dann wieder sanft warm werden – aber ohne es zu kochen, sonst wird es sofort trocken. Ist das Fleisch aber etwas fester (z. B. Kalbsschulter), köchelt es wie beim Ragout in der Sauce langsam gar.

Braten garen

Das Fleisch

Ein Braten braucht außen wie innen Fett, um in trockener Hitze saftig zu bleiben. Kompakte und gleichmäßige Stücke wie Rücken oder Nuss können einfach so angebraten werden, Unförmigeres wie die Schulter bindet man besser in Form. Kurz vor dem Anbraten wird das Fleisch mit Salz, Pfeffer oder anderen Aromen eingerieben.

Das Braten

Ein Bräter wird auf oder im Ofen erhitzt, darin wird das Fleisch im heißen Öl zuerst auf der fetten Seite und dann rundum angebraten. Nun kommen meist Zwiebeln, Röstgemüse oder auch Tomatenmark dazu und alles gart bei nicht zu starker Hitze ohne Deckel im Ofen weiter. Dabei Fleisch wie Gemüse öfters wenden und den Braten mit Bratsatz begießen, der hin und wieder abgelöscht und losgekocht werden kann. Krustenbraten bitte im letzten Viertel der Garzeit nicht mehr begießen. Der fertige Braten ruht 10–15 Minuten im ausgeschalteten, leicht geöffneten Ofen, während auf dem Herd aus dem Bratsatz mit Wasser, Fond, Wein oder Sahne die Sauce gekocht wird (mehr dazu bei „Saucen & Dips“, Seite 360). Nun den Braten quer zur Faser aufschneiden und mit Sauce servieren.

Ragout schmoren

Das Fleisch

Die Stücke sollten gleichmäßig und nicht kleiner als 2 cm gewürfelt werden – dann gart das Fleisch auf jeden Fall lange genug, um eine kräftige Sauce zu entwickeln. Durchwachsenes kann auch größer geschnitten sein, z. B. fürs echte Gulasch. Wenn helles Fleisch samt Knochen geteilt wird und in den Topf kommt (Coq au vin, Kaninchenragout), gart es intensiver. Und bitte nicht vor dem Anbraten salzen, weil es sonst zu feucht fürs Braten wird.

Das Schmoren

In einem weiten schweren Topf wird Öl stark erhitzt, dann das Fleisch portionsweise nacheinander angebraten – so zieht es keinen Saft. Dann wird alles je nach Rezept mit Gewürzen, Tomatenmark, Zwiebeln bzw. Röstgemüse und eventuell Mehl weitergebräunt und mit etwas Wein oder Wasser abgelöscht. Ragouts mit längerer Garzeit schmoren nun bei sanfter Hitze zugedeckt im eigenen Saft, bis das Fleisch kernig ist, dann wird mit mehr Flüssigkeit aufgefüllt und fertiggegart. Kürzer garende Ragouts werden gleich nach dem Ablöschen aufgegossen und zu Ende gegart. Sie können noch mit Sahne abgerundet werden.

GU Spezial-TIPP

Zimmerwarm tut gut: *Wahre Fleisch-Fans holen ihre Herzensstücke eine Weile vor dem Braten aus dem Kühlschrank, damit sie „zimmerwarm“ und nicht eiskalt in Topf oder Bräter kommen. Denn sonst kühlen diese auch so sehr ab, dass das Fleisch nicht mehr rundum anbrät, sondern im austretenden Saft dünstet – das macht es trocken und geschmacklos. Dazu gart Fleisch bei einem sanfteren Temperaturschock eher gleichmäßig und saftig. Etwa 1 Stunde in der Küche reicht für Ragoutfleisch, bis zu 2 Stunden beim Bratenfleisch. Geflügel bleibt jedoch besser ganz im Kühlschrank, da Wärme es rasch verderben kann.*

599. Schweinebraten mit Kruste

GUT FÜR GÄSTE
Für 4 Personen
Zubereitungszeit: 30 Min.
Bratzeit: 1 1/4 Std.

1 kg Schweineschulter (mit Schwarte) • Salz • frisch gemahlener schwarzer Pfeffer • 1 Zwiebel • 1 Lorbeerblatt • 2 Gewürznelken • 1 große Möhre • 1 Stange Lauch • 1 Knollensellerie • 1 TL Pfefferkörner • gut 1/2 l dunkles Bier oder Fleischbrühe

– Backofen auf 220° vorheizen. Das Fleisch waschen und trockentupfen. Mit einem scharfen Messer die Schwarte kreuzweise einritzen (oder gleich vom Metzger machen lassen). Dann den Braten auf allen Seiten kräftig mit Salz und gemahlenem Pfeffer einreiben.
– Leicht gesalzenes Wasser erhitzen und etwa 1 cm hoch in einen großen Bräter gießen (das heiße Wasser verhindert das Anbrennen).
– Den Braten mit der Schwarte nach unten in den Bräter legen und im Ofen (Mitte, Umluft 200°) etwa 30 Min. anbraten. Nach etwa 15 Min. wenden, so dass die Schwarte nach oben kommt.
– Die Zwiebel schälen und mit dem Lorbeerblatt und den Nelken spicken. Die Möhre, den Lauch und den Sellerie putzen, waschen und grob würfeln.
– Gemüse um den Braten legen, die Pfefferkörner einstreuen und 1/4 l Bier oder Fleischbrühe übers Fleisch gießen. Alles weitere 45 Min. bei 200° (Umluft 180°) braten. Nach und nach das Fleisch mit dem restlichen Bier oder der Brühe begießen, damit die Schwarte schön knusprig wird. Sollte sie zu dunkel werden, zwischendurch locker mit Alufolie abdecken.
– Das Fleisch aus dem Bräter nehmen und die Sauce in einen kleinen Topf abgießen. Das Lorbeerblatt und die Nelken aus der Zwiebel nehmen und wegwerfen. Dann den Schweinebraten wieder in den Bräter setzen und im ausgeschalteten Backofen ruhen lassen.
– Die Sauce mit Salz und Pfeffer abschmecken. Sie können das mitgebratene Gemüse in der klaren Sauce servieren oder alles im Mixer oder mit dem Pürierstab zu einer sämigen Sauce pürieren.
– Den Braten in gleichmäßig dicke Scheiben schneiden, auf einer vorgewärmten Platte anrichten und mit etwas Sauce begießen. Die restliche Sauce zum Schweinebraten servieren.

600. Arista alla fiorentina
(Florentiner Schweinebraten)

GELINGT LEICHT
Für 6 Personen
Zubereitungszeit: 30 Min.
Bratzeit: 1 1/2 Std.

3–4 Knoblauchzehen • 5–6 Rosmarinzweige • Salz • frisch gemahlener schwarzer Pfeffer • 1 EL Olivenöl • 1 kg ausgelöstes Kotelettstück (vom Schwein) • Küchengarn

– Backofen auf 200° vorheizen. Knoblauch schälen, Rosmarin waschen und trockenschütteln. Von 2 Zweigen die Nadeln abstreifen, mit dem Knoblauch zusammen sehr fein hacken, mit Salz, Pfeffer und Öl in einer kleinen Schüssel mischen.
– Das Fleisch kurz waschen, abtrocknen und rundum an mehreren Stellen mit einem spitzen Messer etwa 1 cm tief einstechen. Die kleinen Löcher jeweils mit 1 Msp. von der Gewürzmischung füllen. Das Fleisch mit Küchengarn zu einem Rollbraten schnüren. Die restlichen Rosmarinzweige gut verteilt unter das Garn schieben. Den Braten mit Salz und Pfeffer würzen.
– Braten auf den Backrost (Mitte, Umluft 180°) legen, tiefes Backblech darunter schieben und das Fleisch etwa 1 1/2 Std. braten, ab und zu mit Bratensaft beträufeln.

TIPPS
– Servieren Sie dazu Kartoffeln oder Gemüse, das Sie in der Fettpfanne mitgeschmort haben.
– Sie können diesen Braten auch im Haushaltsgrill oder bei schönem Wetter stilecht auf dem Drehspieß Ihres Holzkohlegrills zubereiten.

601. Kotelettbraten

GUT FÜR GÄSTE
Für 6 Personen
Zubereitungszeit: 30 Min.
Bratzeit: 1 1/2 Std.

2 kg Kotelettstück (vom Schwein, mit Knochen) • 2 EL Öl • Salz • frisch gemahlener schwarzer Pfeffer • frisch geriebene Muskatnuss • 300 g Schalotten oder

kleine Zwiebeln • 1/8 l Fleischbrühe (Instant oder selbst gemacht) • 3/8 l trockener Weißwein • Butterschmalz für die Form

– Den Backofen auf 220° (Umluft 200°) vorheizen. Das Fleisch waschen und trockentupfen. Das Öl mit Salz, Pfeffer und Muskat verrühren und den Braten rundum damit einpinseln.
– Die Schalotten oder Zwiebeln schälen, kleine Exemplare ganz lassen, große halbieren. Eine Bratreine oder flache Kasserolle mit etwas Schmalz auspinseln. Den Kotelettbraten mit der Fettseite nach oben einlegen und die Schalotten rundum verteilen. Die Fleischbrühe dazugießen.
– Die Bratreine in den Backofen (Mitte) schieben und die Temperatur auf 180° (Umluft 160°) zurückschalten. Den Kotelettbraten knapp 1 1/2 Std. garen.
– Dann den Kotelettbraten aus der Bratreine nehmen, auf eine Platte legen und im ausgeschalteten Backofen ruhen lassen.
– Den Bratensatz mit dem Weißwein aufkochen, etwas einkochen lassen, dann mit dem Pürierstab pürieren und mit Salz und Pfeffer abschmecken.
– Den Kotelettbraten in etwa 1 1/2 cm dicke Scheiben schneiden und die Sauce getrennt dazu reichen.

602. Schweinshaxe aus dem Ofen

GELINGT LEICHT
Für 4 Personen
Zubereitungszeit: 30 Min.
Bratzeit: 2 1/2 Std.

2 hintere Schweinshaxen (1 1/2 kg) • 1 TL Salz • 1/2 TL frisch gemahlener Pfeffer • 1 Zwiebel • 1/8 l Bier oder Salzwasser

– Den Backofen auf 200° vorheizen. Die Haut der Schweinshaxen mit einem scharfen Messer rautenförmig einschneiden (oder bereits vom Metzger machen lassen). Die Haxen waschen, abtrocknen und mit dem Salz und dem Pfeffer einreiben.
– 1/4 l Wasser in eine Bratreine schütten, die Haxen einlegen und im Ofen (Mitte, Umluft 180°) 2 1/2 Std. braten. Während der gesamten Garzeit alle 15 Min. die Haxen mit dem Bratenfond beschöpfen. Notfalls etwas Wasser nachgießen, es sollte stets etwa 1/8 l Flüssigkeit in der Reine sein.
– Zwiebel schälen und vierteln und nach gut 1 1/2 Std. Bratzeit zu den Haxen geben. 30 Min. vor dem Ende der Garzeit die Temperatur auf 250° (Umluft 230°) erhöhen. Das Fleisch dann wiederholt mit dem Bier oder dem Salzwasser bepinseln und fertig braten. Die Haut wird dadurch besonders knusprig.
– Die fertigen Haxen warm stellen. Den Bratenfond mit wenig Wasser aus der Bratreine lösen, durch ein Sieb in einen Topf gießen, einmal aufkochen lassen. Mit Salz und Pfeffer abschmecken und ungebunden zu den Haxen servieren.

603. Gebratene Kalbshaxe

GUT FÜR GÄSTE
Für 4 Personen
Zubereitungszeit: 30 Min.
Bratzeit: 2 1/2 Std.

1 1/2 kg Kalbshaxe • 1 TL Salz • 1/2 TL frisch gemahlener weißer Pfeffer • 1 Möhre • 1 Stück Knollensellerie • 1 Zwiebel • 80 g Butterschmalz • 1/4 l Fleischbrühe • 1 EL Mehl • einige Tropfen Zitronensaft • 4 EL saure Sahne

– Die Kalbshaxe, wenn nötig, von der Haut befreien, kurz kalt abwaschen, abtrocknen und mit dem Salz und dem Pfeffer einreiben.
– Den Backofen auf 200° vorheizen. Die Möhre und den Sellerie schälen und klein schneiden, die Zwiebel nur schälen. 100 ml Wasser erhitzen.
– Das Butterschmalz in einer Bratreine zerlassen, die Kalbshaxe auf dem Herd bei mittlerer Hitze rundherum darin braun anbraten. Das heiße Wasser seitlich um die Haxe gießen.
– Die Reine in den Ofen (zweite Schiene von unten, Umluft 180°) schieben und die Haxe 2 1/2 Std. braten. Alle 15 Min. mit dem Bratensaft beschöpfen. Die Haxe ab und zu wenden, aber kein Wasser nachfüllen. In den letzten 30 Min. das Gemüse zur Haxe geben und mitbraten.
– Dann die Haxe warm stellen. Den Bratenfond mit der Fleischbrühe lösen und erhitzen. Das Mehl mit 6 EL kaltem Wasser anrühren und die Sauce damit binden, einige Male aufkochen lassen.
– Die Sauce mit Zitronensaft abschmecken und mit der Sahne verfeinern. Die Sauce durch ein Sieb passieren und getrennt zur Haxe reichen.

604. Lammkeule aus dem Ofen

GUT FÜR GÄSTE
Für 4 Personen
Zubereitungszeit: 30 Min.
Bratzeit: 2 Std.

1 Lammkeule (etwa 1 1/2–2 kg) • Saft von 1 Zitrone • Salz • frisch gemahlener Pfeffer • 3 Knoblauchzehen • 1 kg fest kochende Kartoffeln • 125 g Butter

– Von der Lammkeule das Fett bis auf eine hauchdünne Schicht abschneiden. Keule waschen, trockentupfen, mit etwas Zitronensaft, Salz und Pfeffer rundum einreiben.
– Knoblauch schälen und in Stifte schneiden. Mit einem spitzen Messer kleine Einschnitte im Fleisch anbringen und die Knoblauchstifte hineinstecken.
– Backofen auf 180° vorheizen. Keule auf das tiefe Backblech legen. Kartoffeln schälen, große vierteln, kleinere halbieren und um die Keule verteilen. Salzen, pfeffern und mit dem restlichen Zitronensaft beträufeln.
– Die Butter zerlassen und über die Lammkeule und die Kartoffeln gießen, dazu noch 1 Tasse heißes Wasser auf das Blech geben.
– Lammkeule und Kartoffeln im Ofen (unten, Umluft 160°) etwa 1 Std. braten. Zwischendurch öfters mit der Flüssigkeit vom Blech begießen, nach Bedarf noch mehr Wasser dazugeben. Dann das Fleisch und die Kartoffeln umdrehen und in etwa 1 weiteren Std. fertig garen.

TIPP
Lammhaxen sind wesentlich preiswerter als Lammkeule, müssen aber geschmort werden, weil sie feste Sehnenstränge enthalten.

605. Roastbeef mit Meerrettichsahne

BRAUCHT ETWAS ZEIT
Für 6 Personen
Zubereitungszeit: 30 Min.
Marinierzeit: 1 Std.
Bratzeit: 45 Min.

1,2 kg Roastbeef • 2 kleine Zwiebeln • 1 Knoblauchzehe • 1 Bund Petersilie • 1 TL Thymian • 1 TL Rosmarin • 1 EL scharfer Senf • 5 EL Öl • Salz • frisch gemahlener schwarzer Pfeffer • 200 g frischer Meerrettich • 200 g Sahne

– Die Fettschicht des Roastbeefs rautenförmig einschneiden. Die Zwiebeln schälen und in eine Schüssel reiben. Den Knoblauch schälen und dazupressen. Die Kräuter fein hacken. Alles mit Senf, 2 EL Öl, Salz und Pfeffer mischen. Das Fleisch damit einreiben und etwa 1 Std. kalt stellen und marinieren lassen.
– Den Backofen auf 250° (Umluft 230°) vorheizen. Das restliche Öl in der Fettpfanne oder einem Bratenblech erhitzen. Das Fleisch darin auf dem Herd anbraten.
– Dann das Roastbeef mit der Fettseite nach oben bei 180° im Ofen (Mitte, Umluft 160°) etwa 30 Min. braten. Dann den Backofen ausschalten und das Roastbeef etwa 15 Min. nachziehen lassen.
– Den Meerrettich schälen und fein reiben. Die Sahne steif schlagen, den Meerrettich darunter mischen und mit Salz und Pfeffer würzig abschmecken.
– Das Fleisch möglichst dünn aufschneiden. Den Sahne-Meerrettich extra dazu reichen.

TIPP
Roastbeef schmeckt auch kalt hauchdünn aufgeschnitten zu krossen Bratkartoffeln und Remoulade.

606. Rinderfilet in Kräuterkruste

GUT FÜR GÄSTE
Für 4 Personen
Zubereitungszeit: 35 Min.
Bratzeit: 25 Min.

230 g eiskalte Butter • 600 g Rinderfilet • Salz • frisch gemahlener schwarzer Pfeffer • 1 Bund Petersilie • 1 Bund Dill • 1 Bund Schnittlauch • 70 g fetter geräucherter Speck • 2 EL Semmelbrösel • 1/4 l trockener Rotwein • 1 Schalotte • 2 EL Sherryessig • 2 EL Sahne

– Den Backofen auf 250° (Umluft 230°) vorheizen. Einen Bräter mit 1 EL Butter auspinseln. Das Filet mit Salz und Pfeffer einreiben, in den Bräter geben.
– Die Kräuter waschen und fein hacken. Den Speck fein würfeln. Kräuter und Speck mit den Semmelbröseln vermischen, gleichmäßig auf dem Fleisch verteilen und

gut festdrücken. 1 EL Butter in Flöckchen darüber streuen. Das Filet im Backofen (Mitte) etwa 25 Min. braten. Dabei nach und nach den Rotwein angießen.
– Die Schalotte schälen, fein hacken und mit dem Essig in einen kleinen Topf geben. Das Rinderfilet aus dem Bräter nehmen, in Alufolie wickeln und warm halten.
– Die Bratenflüssigkeit in den kleinen Topf gießen und bei mittlerer Hitze köcheln lassen, bis noch 6 EL Flüssigkeit übrig sind. Dann auf kleinste Hitze zurückschalten. Die Sahne einrühren und aufkochen lassen. Übrige Butter in Flöckchen nach und nach mit dem Schneebesen einrühren. Mit Salz und Pfeffer würzen.

607. Hackbraten mit Oliven

PREISWERT | GELINGT LEICHT
Für 6 Personen
Zubereitungszeit: 45 Min.
Bratzeit: 1 1/2 Std.

2 Brötchen (vom Vortag) • 1 große Zwiebel • 3 EL Olivenöl • 3 Knoblauchzehen • 750 g gemischtes Hackfleisch • 150 g mit Paprika gefüllte Oliven • 3 Eier • 4 EL Pinienkerne • Salz • frisch gemahlener schwarzer Pfeffer • 2 TL Thymian • 600 g kleine Kartoffeln (gleich groß) • 600 g Tomaten • 375 ml Rioja oder anderer trockener Rotwein

– Die Brötchen in kaltem Wasser einweichen. Die Zwiebel schälen und fein hacken. 1 EL Öl erhitzen und die Zwiebel darin glasig dünsten. Den Knoblauch schälen und dazudrücken.
– Das Hackfleisch in eine Schüssel legen. Die abgetropften Oliven, die Eier und die Hälfte der Pinienkerne dazugeben. Die Brötchen gut ausdrücken und mit der Zwiebel dazugeben. Mit Salz, Pfeffer und dem Thymian kräftig würzen und durchkneten.
– Den Backofen auf 200° vorheizen. Die Kartoffeln schälen, waschen und halbieren. Tomaten mit kochend heißem Wasser überbrühen, häuten und vierteln, dabei die Stielansätze entfernen.
– Das restliche Öl in einem großen Bräter erhitzen. Den Hackfleischteig zu einem länglichen Laib formen und auf dem Herd rundum anbraten. Mit den restlichen Pinienkernen bestreuen.
– Die Kartoffeln und die Tomaten um den Hackbraten verteilen, salzen und pfeffern. Den Wein angießen und im Ofen (Mitte, Umluft 180°) etwa 1 1/2 Std. braten.

608. Geschmorter toskanischer Hackbraten mit Tomaten

GELINGT LEICHT
Für 6 Personen
Zubereitungszeit: 30 Min.
Schmorzeit: 1 Std.

3 EL getrocknete Steinpilze • 200 g Weißbrot (vom Vortag, ohne Rinde) • etwa 1/4 l Milch • 600 g Tomaten • 50 g roher Schinken (in dünne Scheiben geschnitten) • 700 g Rinderhackfleisch • 2 Eier • 50 g frisch geriebener Parmesan • Salz • frisch gemahlener schwarzer Pfeffer • Semmelbrösel • 4 EL Olivenöl • 1/8 l trockener Rotwein

– Die Steinpilze in Wasser, das Weißbrot in Milch einweichen. Tomaten mit kochend heißem Wasser überbrühen, häuten, quer halbieren und entkernen. Die Stielansätze entfernen, das Fruchtfleisch grob hacken. Den Schinken ganz fein hacken.
– In einer Schüssel das Rinderhackfleisch, den Schinken, das gut ausgedrückte Weißbrot, die Eier und den Parmesan, Salz und Pfeffer mit den Händen so lange durchkneten, bis eine gleichmäßige Masse entsteht. Daraus einen Braten formen und in Semmelbröseln wälzen. Die Pilze gut ausdrücken, klein schneiden.
– In einem großen Schmortopf das Olivenöl erhitzen, den Braten unter vorsichtigem Wenden auf beiden Seiten bei mittlerer Hitze leicht anbräunen. Nach und nach mit dem Wein begießen. Sobald dieser verdampft ist, die Tomaten und die Pilze dazugeben.
– Dann den Braten zugedeckt langsam bei ganz schwacher Hitze in etwa 1 Std. fertig garen, dabei immer wieder mit der Sauce begießen.
– Die Sauce mit Salz und Pfeffer abschmecken. Hackbraten mit der Sauce servieren.

TIPPS

– Dieser „Polpettone" (so heißt der Hackbraten in Italien) schmeckt auch kalt oder aber aufgewärmt, vorzüglich.
– Wenn Sie mehr Portionen zubereiten wollen, müssen Sie die im Rezept genannten Mengen entsprechend abwandeln. Formen Sie aus dem Hackfleischteig dann aber mehrere nicht zu großen Braten: Sie zerbrechen beim Wenden nicht so leicht.

609. Hackbraten mit Sahnesauce

GELINGT LEICHT
Für 4–6 Personen
Zubereitungszeit: 30 Min.
Bratzeit: 1 1/4 Std.

2 Brötchen (vom Vortag) • 2 Zwiebeln • 2 EL Butter • 3 Knoblauchzehen • 1 Bund glatte Petersilie • 750 g gemischtes Hackfleisch (Schweine- und Rinderhackfleisch) • 2 Eier • Salz • frisch gemahlener Pfeffer • 2 TL getrockneter Thymian • 2 EL Öl • 1/4 l Fleischbrühe (Instant oder selbst gemacht) • 125 g Sahne

– Die Brötchen in kaltem Wasser einweichen. Zwiebeln schälen und fein hacken. Butter zerlassen und die Zwiebeln darin bei schwacher Hitze weich braten. Den Knoblauch schälen, dazudrücken und kurz mitbraten. Etwas abkühlen lassen.
– Die Petersilie waschen, trockenschütteln, abzupfen und fein hacken. Den Backofen auf 200° vorheizen.
– Das Hackfleisch in eine Schüssel füllen. Die Eier, die Petersilie und die Zwiebel-Knoblauch-Mischung dazugeben. Die Brötchen mit den Händen sehr gut ausdrücken und hinzufügen. Die Masse gründlich mischen, am besten geht das mit den Händen. Mit Salz, Pfeffer und dem Thymian kräftig würzen.
– Aus der Hackfleischmasse einen brotähnlichen Laib formen. Das Öl in einem Bräter erhitzen. Laib hineinlegen und im Ofen (Mitte, Umluft 180°) etwa 1 1/4 Std. offen garen. Nach etwa 20 Min. die Brühe und nach etwa 1 Std. die Sahne dazugießen.
– Hackbraten aus dem Bräter heben, auf eine Platte legen und im ausgeschalteten Ofen warm halten. Die Sauce in einen kleineren Topf gießen und zur gewünschten Konsistenz einkochen. Mit Salz und Pfeffer abschmecken. Den Hackbraten in fingerdicke Scheiben schneiden und mit der Sauce anrichten.

TIPPS
– Eine pikante Note bekommt der Hackbraten, wenn Sie 250 g Roquefort unter den Fleischteig mischen. Auch in Streifen geschnittene, mit Knoblauch gebratene Austernpilze schmecken gut im Fleischteig.
– Der Hackbraten eignet sich ideal für Partys. Sie können ihn gut im Voraus zubereiten und mit Baguette und Salat servieren.

610. Geschmorter Lammbraten

GUT FÜR GÄSTE
Für 4–6 Personen
Zubereitungszeit: 45 Min.
Schmorzeit: 1 1/4 Std.

1 Bund Suppengrün • 2 Knoblauchzehen • 1 kg Lammschulter (ohne Knochen) • Salz • frisch gemahlener schwarzer Pfeffer • 2 EL Butterschmalz • 1/8 l trockener Rotwein • 1/4 l Fleischbrühe (Instant oder selbst gemacht) • 2 EL Crème fraîche

– Suppengrün putzen, waschen und grob zerkleinern. Knoblauch schälen, halbieren. Lammschulter waschen, abtupfen und kräftig mit Salz und Pfeffer einreiben.
– Schmalz in einem großen Bräter erhitzen und das Fleisch darin bei starker Hitze auf allen Seiten braun anbraten. Suppengrün und Knoblauch um das Fleisch verteilen und unter Rühren etwa 10 Min. mitbraten.
– Fleisch mit dem Wein ablöschen, Brühe dazugießen, das Fleisch zudecken und etwa 45 Min. bei schwacher Hitze schmoren lassen. Dann den Lammbraten wenden und weitere 30 Min. im geschlossenen Bräter schmoren lassen. Backofen auf 50° (Umluft 30°) vorheizen.
– Fleisch aus dem Bräter nehmen, in den Ofen (Mitte) stellen. Den Bratenfond samt dem Suppengemüse mit dem Pürierstab pürieren, dann erneut aufkochen lassen. Die Crème fraîche einrühren und die Sauce mit Salz und Pfeffer abschmecken. Das Fleisch in Scheiben aufschneiden und anrichten. Sauce getrennt dazu reichen.

611. Sauerbraten

BRAUCHT ETWAS ZEIT
Für 4–6 Personen
Zubereitungszeit: 1 Std.
Marinierzeit: 4 Tage
Schmorzeit: 1 Std.

1 große Zwiebel • 1 Gewürznelke • 1 Lorbeerblatt • 1 Stück Knollensellerie (etwa 150 g) • 2 Möhren • 1 Stange Lauch • 2 Knoblauchzehen • 1 EL weiße Pfefferkörner • 1 Zweig frischer oder 2 TL getrockneter Thymian • 1/2 l trockener Rotwein • 1/4 l Rotweinessig • 1 kg Rindfleisch (aus der Rose) • 2 EL Öl • 2 EL Butter • Salz • frisch gemahlener Pfeffer • 100 g Saucen-Lebkuchen (siehe TIPP) • 200 g Sahne

– Die Zwiebel schälen und mit Nelke und Lorbeerblatt spicken. Den Sellerie und die Möhren schälen und grob zerschneiden. Vom Lauch den Wurzelansatz und welke grüne Blätter abschneiden. Die Stange längs aufschlitzen, gründlich waschen und grob in Stücke schneiden. Die Knoblauchzehen schälen und längs halbieren.
– Das Gemüse mit den Pfefferkörnern und dem Thymian in eine große Schüssel geben. Mit dem Rotwein und dem Rotweinessig aufgießen. Das Fleisch waschen, trockentupfen und in die Marinade legen. Zugedeckt etwa 4 Tage im Kühlschrank marinieren lassen, dabei immer wieder umdrehen.
– Das Fleisch aus der Marinade nehmen und trockentupfen. Das Öl und die Butter in einem Bräter erhitzen und das Fleisch darin von allen Seiten kräftig anbraten, salzen und pfeffern. Die Marinade nach und nach dazugießen und das Fleisch bei schwacher Hitze etwa 1 Std. zugedeckt schmoren lassen.
– Fleisch herausnehmen und warm stellen. Die Sauce bei starker Hitze offen um gut die Hälfte einkochen lassen. Die Saucen-Lebkuchen hineinbröckeln und rühren, bis sie sich aufgelöst haben. Sahne dazugießen und die Sauce etwa 10 Min. einkochen lassen. Mit Salz und Pfeffer abschmecken.
– Fleisch in Scheiben schneiden, anrichten und mit etwas Sauce überziehen. Übrige Sauce getrennt dazu reichen.

TIPP

Saucen-Lebkuchen sind ein Lebkuchengebäck, das ausschließlich für die Zubereitung von Saucen – vor allem zu Wild und Sauerbraten – verwendet wird. Der Saucen-Lebkuchen färbt die Sauce und dient außerdem der geschmacklichen Verfeinerung.

612. Rinderschmorbraten mit Rotweinsauce

GUT FÜR GÄSTE
Für 4–6 Personen
Zubereitungszeit: 20 Min.
Schmorzeit: 2–2 1/2 Std.

1 kg Rindfleisch (aus der Hüfte) • Salz • frisch gemahlener schwarzer Pfeffer • 2 EL Butterschmalz • 3/4 l kräftiger Rotwein • 2 Möhren • 1 Stück Knollensellerie • 1 Zwiebel • 3 EL Tomatenmark

– Das Rindfleisch waschen, trockentupfen und rundum mit Salz und Pfeffer einreiben. Das Butterschmalz in einem breiten Bräter erhitzen und das Fleisch darin auf allen Seiten bei starker Hitze anbraten.
– Das Fleisch aus dem Topf nehmen und das Bratfett abgießen. Das angebratene Fleisch wieder einlegen und 1/4 l Rotwein dazugießen. Bei schwacher Hitze zugedeckt etwa 1 Std. sanft schmoren lassen. Das Fleisch dabei mehrmals wenden.
– Die Möhren, den Sellerie und die Zwiebel schälen, waschen und grob würfeln. Mit dem Tomatenmark zum Fleisch geben und alles weitere 1–1 1/2 Std. schmoren lassen. Dabei nach und nach den restlichen Rotwein dazugießen.
– Das Fleisch aus dem Bräter nehmen und zugedeckt warm stellen. Die Sauce mit dem Gemüse im Mixer oder mit dem Pürierstab pürieren, dann mit Salz und Pfeffer abschmecken. Den Rinderschmorbraten in Scheiben schneiden, auf eine vorgewärmte Platte legen und die Sauce darüber verteilen.

TIPP

Eine besondere Note bekommt der Schmorbraten, wenn Sie gegen Ende der Garzeit zusätzlich 250 g Egerlinge oder Champignons mitschmoren.

613. Schmorbraten mit Tomaten

GELINGT LEICHT
Für 6 Personen
Zubereitungszeit: 30 Min.
Schmorzeit: 3 Std.

1 kg Rindfleisch (vom Bug) • 2 Knoblauchzehen • 3 EL Öl • 50 g Butter • 1 Stange Sellerie • 1 kleiner Kohlrabi (mit Grün) • 1 Möhre • 1 Zwiebel • 2 Gewürznelken • 3/4 l trockener Rotwein • 4 Tomaten • 1/4 l Fleischbrühe • Salz • frisch gemahlener Pfeffer • frisch geriebene Muskatnuss

– Das Fleisch mit Küchenpapier abtrocknen. Die Knoblauchzehen schälen und längs in Stifte schneiden. Das Fleisch mit einem spitzen Messer in gleichmäßigen Abständen einstechen und mit den Knoblauchstiften spicken (bei sehr magerem Fleisch nach Belieben das Fleisch zusätzlich mit Speckstreifen spicken).

– In einem schweren Bräter das Öl erhitzen, die Butter darin schmelzen lassen. Fleisch hineingeben und rundum anbraten.
– Inzwischen das Gemüse vorbereiten: Selleriestange und Kohlrabi putzen, das Grün für später beiseite legen. Möhre schälen, Zwiebel abziehen. Alles klein hacken, in den Bräter geben und anbraten. Salzen und pfeffern, Gewürznelken dazugeben. Rotwein angießen und etwas eindampfen lassen.
– Die Stielansätze der Tomaten entfernen. Tomaten kurz überbrühen, häuten und das Fruchtfleisch klein hacken, zum Fleisch in den Bräter geben. Die Fleischbrühe nach und nach angießen, den Braten zugedeckt 3 Std. sachte schmoren lassen.
– Zum Servieren die Sauce durch ein Sieb streichen. Mit Salz, Pfeffer und Muskat abschmecken, nochmals heiß werden lassen. Die Kohlrabiblätter in feine Streifen schneiden und das aufgeschnittene Fleisch damit bestreuen. Servieren.

614. Kalbsbraten provenzalische Art

GUT FÜR GÄSTE
Für 6 Personen
Zubereitungszeit: 20 Min.
Schmorzeit: 1 Std. 10 Min.

750 g Fleischtomaten • 2 große Zwiebeln • 4 Knoblauchzehen • 1 kg Kalbsnuss • Salz • frisch gemahlener schwarzer Pfeffer • frisch geriebene Muskatnuss • 2 EL Butter • 2 EL Olivenöl • 1/4 l trockener Rotwein • 1 Zweig Thymian • 1 Zweig Rosmarin • 750 g Kartoffeln • 500 g Zucchini • 150 g schwarze Oliven

– Die Tomaten überbrühen, häuten und vierteln, dabei die Stielansätze entfernen. Die Zwiebeln und den Knoblauch schälen. Die Zwiebeln grob hacken und den Knoblauch längs halbieren.
– Die Kalbsnuss mit Salz, Pfeffer und Muskat einreiben. In einem Bräter die Butter mit dem Olivenöl erhitzen und das Fleisch rundum kräftig anbraten.
– Den Backofen auf 220° vorheizen. Die Zwiebeln und den Knoblauch um den Braten streuen, bei mittlerer Hitze goldgelb werden lassen. Die Tomaten dazugeben und mit dem Wein ablöschen. Salzen, pfeffern und die Kräuter dazulegen.
– Den Kalbsbraten zugedeckt im Backofen (Mitte, Umluft 200°) etwa 30 Min. schmoren lassen.
– Inzwischen die Kartoffeln schälen, waschen und in gut 1 cm dicke Scheiben schneiden. Die Zucchini waschen, putzen und in 2 cm dicke Scheiben schneiden. Mit den Oliven nach 30 Min. rund um den Braten verteilen, salzen und pfeffern. Noch weitere 40 Min. garen.
– Den Braten in Scheiben schneiden und mit dem Gemüse auf einer Servierplatte anrichten.

615. Kalbsbraten mit Kapernsauce

GUT FÜR GÄSTE
Für 4 Personen
Zubereitungszeit: 30 Min.
Schmorzeit: 1 Std.

600 g Kalbsnuss • frisch gemahlener Pfeffer • 1–2 EL Mehl • 2 Möhren • 3 Frühlingszwiebeln • 1 Bund glatte Petersilie • 2 Knoblauchzehen • 5 EL Olivenöl • Salz • 1/8 l trockener Weißwein • 1/8 l Fleischbrühe • 1/2 unbehandelte Zitrone • 2 EL Kapern

– Die Kalbsnuss rundum zart pfeffern und dünn mit dem Mehl bestäuben. 1 Möhre schälen und fein hacken. Frühlingszwiebeln waschen, putzen und den weißen Teil fein schneiden (Grün aufbewahren). Petersilie abbrausen und trockenschütteln, Knoblauchzehen schälen. Die Hälfte der Petersilie und den Knoblauch fein hacken.
– In einem Schmortopf Olivenöl erhitzen. Kalbfleisch hineingeben und rundum anbräunen. Gehacktes Gemüse, Petersilie und Knoblauch einrühren, kurz andünsten. Salzen und pfeffern, Weißwein und Brühe angießen. Die Zitrone heiß waschen, in dünne Scheiben schneiden und dazugeben.
– Topf fest schließen und die Kalbsnuss etwa 50 Min. bei geringer Hitze schmoren lassen. Inzwischen die zweite Möhre schälen und in feine Streifchen, das Grün der Frühlingszwiebeln in feine Ringe schneiden.
– Nach den 50 Min. Garzeit Kalbsfleisch herausnehmen und die Zitronenscheiben entfernen. Die Sauce durch ein feines Sieb passieren, wieder in den Topf zurück geben. Kalbsbraten hineinlegen, das fein geschnittene Gemüse und die Kapern in die Sauce rühren. Zugedeckt nochmals etwa 10 Min. garen.
– Restliche Petersilie fein hacken. Fertigen Kalbsbraten heraus nehmen, in sehr dünne Scheiben schneiden und auf einer vorgewärmten Platte anrichten. Petersilie in die Sauce rühren, mit Salz und Pfeffer abschmecken und über die Fleischscheiben verteilen.

616. Kalbsnierenbraten

GELINGT LEICHT
Für 6 Personen
Zubereitungszeit: 30 Min.
Schmorzeit: 1 3/4 Std.

300 g Kalbsknochen • 2 Zwiebeln • 2 Bund Suppengrün • 1 TL Thymian • 1 1/2 kg Kalbsnierenbraten (vom Metzger vorbereiten lassen) • Salz • frisch gemahlener schwarzer Pfeffer • 80 g Butter • 1/4 l Weißwein • 375 ml Fleischbrühe • 200 g Sahne

– Den Backofen auf 200° vorheizen. Die Knochen waschen und auf dem Boden eines Bräters verteilen. Die Zwiebeln schälen, das Suppengrün putzen und waschen. Das Suppengrün und die Zwiebeln grob zerschneiden und mit dem Thymian in den Bräter geben. Den Kalbsnierenbraten rundherum mit Salz und Pfeffer einreiben und dazulegen.
– Butter schmelzen und über das Fleisch gießen. Wein und Brühe seitlich angießen. Den Braten im Backofen (Mitte, Umluft 180°) etwa 1 3/4 Std. garen, dabei immer wieder mit der Schmorflüssigkeit übergießen.
– Den Braten aus dem Bräter nehmen, auf eine Platte geben und abgedeckt im ausgeschalteten Backofen 5–10 Min. nachziehen lassen.
– Inzwischen den Bratensaft durch ein Sieb in einen Topf gießen. Die Sahne dazugeben und bei mittlerer Hitze um etwa ein Drittel einkochen lassen und abschmecken. Den Braten aufschneiden und auf einer Platte anrichten, die Sauce extra dazu servieren.

617. Gefüllter Kalbsrollbraten

GUT FÜR GÄSTE
Für 4–6 Personen
Zubereitungszeit: 45 Min.
Bratzeit: 1 Std.

300 g Spinat • 3 Zwiebeln • 1 EL Butter • 2 Knoblauchzehen • Salz • frisch gemahlener schwarzer Pfeffer • frisch geriebene Muskatnuss • 1 Eigelb • 1 EL Semmelbrösel • 1 kg Kalbsbrust (ohne Knochen, vom Metzger so schneiden lassen, dass eine große Fleischscheibe entsteht) • 2 EL Butterschmalz • 1/8 l trockener Weißwein • 1/4 l Fleischbrühe (Instant oder selbst gemacht) • 3 EL Crème fraîche • Küchengarn

– Den Spinat von allen welken Blättern und groben Stielen befreien, dann in stehendem kaltem Wasser mehrmals gründlich waschen. In ein Sieb geben und nur ganz kurz abtropfen lassen. Die Zwiebeln schälen und 1 Zwiebel sehr fein hacken.
– In einem Topf die Butter schmelzen lassen und die Zwiebelwürfel darin bei mittlerer Hitze kurz anbraten. Den Spinat hinzufügen und unter Wenden etwa 5 Min. dünsten, bis die Blätter zusammengefallen sind. Den Knoblauch schälen und dazudrücken. Spinat kräftig mit Salz, Pfeffer und Muskat würzen.
– Den Spinat in ein Sieb geben und mit dem Kochlöffel ausdrücken. Abkühlen lassen und mit dem Eigelb und den Semmelbröseln mischen.
– Die Kalbsbrust kurz unter fließendem kaltem Wasser waschen, dann mit Küchenpapier gut trockentupfen. Auf einer Arbeitsfläche flach ausbreiten, rundum salzen und pfeffern.
– Die Spinatmischung so darauf verteilen, dass ein etwa 2 cm breiter Rand frei bleibt. Das Fleisch aufrollen und mit Küchengarn fest zusammenbinden. Den Backofen auf 200° vorheizen.
– Das Butterschmalz in einem Bräter oder einem großen Topf erhitzen und den Braten darin auf allen Seiten etwa 15 Min. bei mittlerer Hitze offen anbraten. Die restlichen Zwiebeln grob hacken und um den Braten verteilen. Mit dem Weißwein ablöschen, die Fleischbrühe dazugießen.
– Den Braten zugedeckt im Backofen (Mitte, Umluft 180°) 50–60 Min. garen. Dann das Fleisch aus dem Bräter oder dem Topf nehmen, auf eine Platte legen, abdecken und im ausgeschalteten Backofen noch etwa 15 Min. nachziehen lassen.
– Inzwischen den Bratensatz mit den Zwiebeln im Mixer oder mit dem Pürierstab pürieren und wieder in den Topf oder Bräter zurückgießen. Crème fraîche unterrühren und die Sauce bei starker Hitze zur gewünschten Konsistenz einkochen lassen, zum Schluss mit Salz und Pfeffer abschmecken.
– Den Braten in fingerdicke Scheiben schneiden, dabei das Küchengarn entfernen. Den Braten auf einer Platte anrichten und die Sauce getrennt dazu reichen.

TIPP
Vom Metzger die ausgelösten Knochen mitgeben lassen und mitbraten, das macht die Sauce kräftiger und aromatischer.

618. Gefüllte Kalbsbrust

GELINGT LEICHT
Für 4–6 Personen
Zubereitungszeit: 50 Min.
Bratzeit: 1 Std. 10 Min.

2 Brötchen (vom Vortag) • 1 Bund Frühlingszwiebeln • 1 EL Butter • 1 Bund Petersilie • 150 g Kalbsbrät • Salz • frisch gemahlener schwarzer Pfeffer • Cayennepfeffer • edelsüßes Paprikapulver • 1 kg Kalbsbrust (ohne Knochen, vom Metzger eine Tasche einschneiden lassen, ausgelöste Knochen mitnehmen) • 2 EL Butterschmalz • 3/8 l Fleischbrühe oder heller Kalbsfond (Instant oder aus dem Glas) • Küchengarn

– Die Brötchen in kaltem Wasser einweichen. Die Frühlingszwiebeln putzen, waschen und in feine Ringe schneiden. In der zerlassenen Butter etwa 3 Min. bei schwacher Hitze dünsten, dann etwas abkühlen lassen.
– Petersilie waschen, trockenschütteln, die Blättchen abzupfen und fein hacken. Mit dem Kalbsbrät in eine Schüssel füllen. Die Frühlingszwiebeln und die gut ausgedrückten Brötchen hinzufügen. Alles gut vermischen und mit Salz, Pfeffer, Cayennepfeffer und Paprikapulver kräftig würzen. Den Backofen auf 225° vorheizen.
– Die Kalbsbrust kurz waschen, dann trockentupfen. Innen und außen mit Salz und Pfeffer einreiben. Die Füllung esslöffelweise in die Tasche geben. Die Öffnung sorgfältig mit Küchengarn zunähen.
– Butterschmalz in einem Bräter erhitzen und die Kalbsbrust auf jeder Seite bei mittlerer Hitze etwa 10 Min. anbraten. Die Knochen dazugeben und mitbraten.
– Mit der Fleischbrühe oder dem Kalbsfond ablöschen, einen Deckel aufsetzen und die Kalbsbrust im Backofen (Mitte, Umluft 200°) zunächst etwa 40 Min. garen. Dann den Deckel abnehmen, die Hitze auf 175° (Umluft 160°) reduzieren und das Fleisch in weiteren 30 Min. fertig garen. Aus dem Bräter nehmen, auf eine feuerfeste Platte legen und im ausgeschalteten Backofen noch etwa 10 Min. stehen lassen.
– Inzwischen den Bratensaft durch ein Sieb gießen, die Sauce mit Salz und Pfeffer abschmecken.

TIPP
Wer mag, kann den klaren Bratensaft auch noch mit Weißwein oder Sahne verfeinern.

619. Kalbsbrust auf Florentiner Art

GUT VORZUBEREITEN
Für 6 Personen
Zubereitungszeit: 1 Std.
Bratzeit: 1 Std. 35 Min.
Ruhezeit: 20 Min.

3 Brötchen • 5 EL Butter • 1 große Zwiebel • 2 Knoblauchzehen • 300 g Blattspinat (ersatzweise 150 g tiefgekühlter, aufgetauter Spinat) • 3 Bund Basilikum • 3 Eier • 4 EL Ricotta oder Magerquark • Salz • frisch gemahlener schwarzer Pfeffer • Cayennepfeffer • edelsüßes Paprikapulver • 150 g Mozzarella • 1 1/2 kg Kalbsbrust (ohne Knochen, vom Metzger eine tiefe Tasche einschneiden lassen) • 1/4 l Kalbsfond oder Fleischbrühe • Küchengarn

– Die Brötchen klein würfeln, in 2 EL Butter goldgelb rösten. Die Zwiebel schälen, fein hacken und in 1 EL Butter dünsten. Knoblauch schälen und dazudrücken.
– Spinat verlesen, gründlich waschen und tropfnass etwa 5 Min. dünsten. Gut ausdrücken und grob hacken. Basilikum grob hacken und mit Spinat, Brotwürfeln, Zwiebel, Eier und Ricotta oder Quark mischen und mit Salz, Pfeffer, Cayennepfeffer und Paprikapulver kräftig würzen. Mozzarella grob würfeln und unterheben.
– Den Backofen auf 250° (Umluft 230°) vorheizen. Die Kalbsbrust innen und außen salzen und pfeffern. Die Tasche füllen und mit Küchengarn zunähen.
– Die Kalbsbrust in einem Bräter in der restlichen Butter auf jeder Seite etwa 10 Min. anbraten. Mit der glatten Seite nach oben im Ofen (Mitte) etwa 15 Min. braten. Auf 180° (Umluft 160°) zurückschalten. Fond oder Brühe zugießen und das Fleisch in etwa 1 Std. garen.
– Dann im ausgeschalteten Ofen 20 Min. nachziehen lassen. Sauce durch ein Sieb gießen und abschmecken.

620. Gedünstetes Kalbfleisch

SCHMECKT KINDERN
Für 4 Personen
Zubereitungszeit: 30 Min.
Schmorzeit: 1 Std.

1 dünne Stange Lauch • 1 Petersilienwurzel • 1/4 Sellerieknolle • 1 Möhre • 1 kleine Zwiebel • 1/4 l Fleischbrühe • 750 g Kalbfleisch • 1 TL Salz •

1 EL Butter • 1 TL Mehl • 1 EL saure Sahne • 1 EL Tomatenmark • Saft von 1/2 Zitrone

– Das Gemüse waschen, putzen und in kleine Würfel schneiden. Die Zwiebel schälen und ebenfalls klein würfeln. Die Fleischbrühe erhitzen.
– Das Kalbfleisch kurz kalt waschen, abtrocknen und mit dem Salz einreiben. Die Butter in einem Schmortopf erhitzen, das Kalbfleisch darin von allen Seiten leicht anbraten, damit sich die Poren schließen.
– Das Suppengrün und die Zwiebel zugeben und etwa 5 Min. anbraten. Mit der heißen Fleischbrühe auffüllen, zum Kochen bringen und zugedeckt bei schwacher Hitze in etwa 1 Std. weich schmoren. Das Fleisch dann warm stellen.
– Das Mehl mit der sauren Sahne und dem Tomatenmark verrühren, die Sauce damit binden, aufkochen lassen, mit dem Zitronensaft abschmecken.
– Das Kalbfleisch in dünne Scheiben schneiden und mit der heißen Sauce überzogen servieren.

621. Filet Wellington

GUT FÜR GÄSTE
Für 6 Personen
Zubereitungszeit: 1 1/2 Std.
Backzeit: 1 Std.

1 kg Rinderfilet • Salz • frisch gemahlener Pfeffer • 2 EL Butterschmalz • 1 Zwiebel • 70 g kalte Butter • 500 g Champignons • 450 g tiefgekühlter Blätterteig • 1 EL Cognac nach Belieben • 1 TL getrockneter Thymian • Mehl zum Arbeiten • 1 Ei

– Das Rinderfilet waschen, trockentupfen und die Haut sowie eventuell anhaftende Fettteilchen mit einem sehr scharfen Messer abschneiden. Das Fleisch rundherum mit Salz und Pfeffer einreiben. Den Backofen auf 150° (Umluft 130°) vorheizen.
– Das Butterschmalz in einem Bräter erhitzen und das Filet darin auf allen Seiten bei starker Hitze braun anbraten, herausnehmen und kurz abkühlen lassen. Dann das Filet in Alufolie wickeln, auf ein Backblech legen und im Ofen (Mitte) etwa 30 Min. garen. Herausnehmen, in der Folie abkühlen lassen.
– Die Zwiebel schälen und fein hacken. 1 EL Butter in einer breiten Pfanne erhitzen und die Zwiebel darin glasig braten.
– Champignons putzen, fein hacken, zu den Zwiebeln geben und so lange dünsten, bis alle ausgetretene Flüssigkeit verdampft ist. Abkühlen lassen.
– Die Blätterteigplatten aus der Packung nehmen und auftauen lassen. Inzwischen die Zwiebel-Pilz-Masse und die restliche Butter mit dem Pürierstab oder im Mixer pürieren. Nach Belieben den Cognac unterrühren. Mit Salz, Pfeffer und Thymian abschmecken, kühl stellen.
– Die Blätterteigplatten als Rechteck auf eine bemehlte Arbeitsfläche legen, so dass sich die Ränder leicht überlappen. Mit dem Nudelholz etwa messerrückendick ausrollen. Von der schmaleren Seite einen dünnen Streifen Blätterteig abschneiden und beiseite legen.
– Ein Drittel der Pilzmasse auf die Teigmitte streichen, Filet aus der Folie nehmen, darauf setzen und mit der restlichen Pilzmasse bedecken. Das Fleisch mit dem Teig umwickeln, dabei Nahtstellen fest zusammendrücken.
– Den beiseite gelegten Teig ausrollen und mit dem Teigrädchen mehrere Streifen ausschneiden. Ei trennen, die Streifen mit Eiweiß bestreichen und als Dekoration auf die Teighülle setzen. Das Eigelb mit einer Gabel verquirlen und den Teig gleichmäßig damit bepinseln.
– Backblech mit kaltem Wasser abspülen, eingehülltes Filet darauf setzen und im Ofen bei 200° (Mitte, Umluft 180°) etwa 30 Min. backen, bis die Oberfläche goldbraun geworden ist. Anschließend das Filet im ausgeschalteten Ofen bei geöffneter Tür weitere 15 Min. ruhen lassen, damit sich der Fleischsaft sammeln kann.
– Filet Wellington auf einer vorgewärmten Platte servieren und erst bei Tisch in fingerdicke Scheiben schneiden.

622. Schweinerollbraten aus dem Tontopf

GUT FÜR GÄSTE
Für 6 Personen
Zubereitungszeit: 20 Min.
Bratzeit: 1 Std. 50 Min.

1 Zwiebel • 1 Tomate • 1 kg Schweinerollbraten (bereits gerollt gekauft) • 1 TL mittelscharfer Senf • 1/2 TL Salz • frisch gemahlener Pfeffer • 1 TL Speisestärke

– Den Tontopf vor dem Gebrauch etwa 15 Min. (vor dem ersten Gebrauch sogar 30 Min.) in kaltes Wasser legen (er soll damit bedeckt sein), damit er sich voll Wasser saugen kann.

– Die Zwiebel schälen und achteln. Die Tomate waschen vierteln, dabei die Stielansätze entfernen. Das Fleisch kalt waschen, abtrocknen, mit dem Senf bestreichen und mit dem Salz und dem Pfeffer würzen.
– Den Tontopf aus dem Wasser heben, kurz abtropfen lassen, das Fleisch hineinlegen. Zwiebel und Tomaten zufügen, den Deckel auflegen und den Topf auf dem Rost auf den Boden des kalten Backofens schieben.
– Den Backofen auf 220° anheizen (siehe TIPPS!). Den Braten 1 1/2 Std. im Ofen garen. Danach den Bratenfond aus dem Tontopf in einen kleinen Topf gießen. Den Braten 20 Min. im offenen Tontopf auf der zweiten Schiebeleiste von unten knusprig braun braten.
– Bratenfond mit der in 2 EL kaltem Wasser angerührten Stärke binden und durchsieben. Braten in Scheiben schneiden, anrichten und mit der Sauce begießen.

TIPPS

– Der Tontopf darf niemals starken Temperaturschwankungen ausgesetzt werden, weil er springen könnte. Den Tontopf deshalb immer in den kalten Backofen stellen und dann erst die Temperatur einstellen und den Ofen aufheizen. Beim Elektro-Ofen dauert das ohnehin 15–20 Min, beim Gas-Backofen geht es dagegen wesentlich schneller. Deshalb muss der Gasbackofen stufenweise erhitzt werden, nämlich jeweils 5 Min. auf Stufe 1, Stufe 2 und Stufe 3, dann erst auf Stufe 4 stellen.
– Außerdem nach dem Braten den Topf niemals auf eine heiße Platte stellen, auch nicht auf eine kalte Unterlage, sondern immer auf ein feuchtwarmes, mehrmals gefaltetes Tuch.
– Den Tontopf mit heißem Wasser und einigen Tropfen Spülmittel ausbürsten, mit heißem, klarem Wasser nachspülen und an der Luft trocknen lassen.

623. Gefüllter Rollbraten

GUT FÜR GÄSTE
Für 6 Personen
Zubereitungszeit: 1 Std.
Schmorzeit: 2 Std.

1 Scheibe Rindfleisch (etwa 3 cm dick, etwa 600 g, z. B. aus der Schulter geschnitten) • 1 Brötchen • 3 Eier (2 davon hart gekocht) • 2 Eigelbe • 4 EL Milch • 1 Bund glatte Petersilie • 2 Knoblauchzehen • 1 TL frischer oder 1/2 TL getrockneter Rosmarin • 200 g Rinderhackfleisch • 150 g Kalbsbrät • 3 EL frisch geriebener Pecorino oder Parmesan • 1 TL Thymian • Salz • frisch gemahlener schwarzer Pfeffer • 100 g junger Provolone (ersatzweise Mozzarella) • 100 g roher Schinken • 1 Zwiebel • 6 EL Olivenöl • 1/2 l trockener Rotwein • 1 große Dose Tomaten (800 g Inhalt) • 1 Lorbeerblatt • Küchengarn

– Die Rindfleischscheibe auf die Arbeitsfläche legen und in der Mitte quer einschneiden, aber nicht durchtrennen. Auseinander klappen, flach drücken und mit der flachen Seite des Fleischklopfers zu einer etwa 1 cm dünnen, großen Scheibe klopfen.
– Das Brötchen entrinden und die Krume in winzige Stückchen zupfen. Das rohe Ei mit den Eigelben und der Milch verquirlen, die Brotkrume darin einweichen.
– Die Petersilie waschen, trockenschütteln und die Blättchen abzupfen, die Knoblauchzehen schälen. Beides mit dem Rosmarin fein hacken.
– Für die Füllung Rinderhackfleisch und Kalbsbrät in eine Schüssel geben. Das Ei-Brot-Gemisch, geriebenen Käse, Petersilie, Knoblauch, Rosmarin und Thymian zugeben. Alles gründlich vermengen, mit Salz und Pfeffer kräftig würzen.
– Die Fleischscheibe flach auf die Arbeitsfläche legen. Die Füllung mit angefeuchteten Händen gleichmäßig darauf verteilen und glatt streichen. Die Ränder dabei ringsum etwa 2 cm frei lassen.
– Den Provolone-Käse in dünne Scheiben, den rohen Schinken in feine Streifen schneiden. Die hart gekochten Eier pellen, in Scheiben schneiden. Käse, Schinken und Eier gleichmäßig auf der Hackfleischmasse verteilen.
– Die Fleischscheibe aufrollen und mit Küchengarn sorgfältig verschnüren. Den Backofen auf 175° vorheizen. Zwiebel schälen und grob hacken. In einem großen Bräter mit passendem Deckel das Olivenöl erhitzen.
– Den Rollbraten ins heiße Öl geben, rundum kräftig anbräunen und wieder herausnehmen. Zwiebelwürfel in den Bräter geben und unter Rühren goldgelb andünsten. Den Rotwein angießen, kräftig aufkochen und etwa auf die Hälfte eindampfen lassen. Den Braten wieder in den Topf legen.
– Die geschälten Tomaten in der Dose mit einem Messer grob zerkleinern, mit dem Saft um das Fleisch herum verteilen. Salzen, pfeffern und das Lorbeerblatt zufügen, Deckel schließen. Im Ofen (Mitte, Umluft 150°) knapp 2 Std. sachte schmoren.

– Dann den fertigen Rollbraten in dünne Scheiben aufschneiden und auf Tellern anrichten. Mit der Tomatensauce servieren.

TIPP

Falls Reste bleiben: Der Rollbraten schmeckt auch, in dünne Scheiben aufgeschnitten, lauwarm oder kalt sehr gut und eignet sich so als Vorspeise oder kleiner Zwischengang.

624. Zigeunerbraten

GELINGT LEICHT
Für 6 Personen
Zubereitungszeit: 1 Std.

150 g Paprikaspeck • 1 kg Rinderlende oder -filet • Salz • frisch gemahlener schwarzer Pfeffer • 1 EL edelsüßes Paprikapulver • 4 EL Öl • 3 Zwiebeln • 3/8 l Fleischbrühe • 4 Tomaten • 1 rote Paprikaschote • 2 EL Butter • 1 Msp. Zucker • 8 Maiskölbchen (aus dem Glas) • 1 Msp. gekörnte Brühe • 4 EL saure Sahne • Küchengarn

– Den Backofen auf 220° vorheizen. Den Paprikaspeck in sehr dünne Scheiben schneiden. Das Fleisch von der weißen Haut befreien, kurz kalt waschen, abtrocknen, leicht klopfen und mit Salz, Pfeffer und dem Paprikapulver einreiben. Die Oberseite des Fleisches längs einschneiden, die Speckscheiben in die Einschnitte drücken und das Bratenstück mit Küchengarn umwickeln.
– Öl in der Bratreine erhitzen, das Fleisch rundum kurz und scharf darin auf dem Herd anbraten, dann im Ofen (Mitte, Umluft 200°) in etwa 35 Min. fertig braten.
– Die Zwiebeln schälen und in Ringe schneiden. Wenn der Braten zu bräunen beginnt, die Zwiebelringe zum Fleisch geben und so lange mitbraten, bis diese goldbraun sind. Die Fleischbrühe erhitzen und davon öfter seitlich zugießen, den Bratenfond lösen und den Braten damit begießen. Diesen Vorgang öfter wiederholen.
– Tomaten überbrühen, häuten und grob schneiden. Die Paprikaschote halbieren, waschen, von Rippen und Kernen befreien und in Streifen schneiden. Paprikastreifen in 1 EL Butter anbraten, die Tomaten zufügen und mit Salz, Pfeffer und Zucker würzen. Die Maiskölbchen getrennt in der übrigen Butter erwärmen.
– Den fertigen Braten warm stellen. Den Bratenfond bis zu 1/4 l mit Fleischbrühe auffüllen, mit gekörnter Brühe und Salz abschmecken, einmal aufkochen lassen und mit der sauren Sahne verfeinern. Braten aufschneiden, anrichten, mit wenig Sauce überziehen und mit dem Gemüse garnieren. Übrige Sauce getrennt dazu reichen.

625. Katalanischer Rinderbraten

GUT FÜR GÄSTE
Für 4 Personen
Zubereitungszeit: 1 1/4 Std.

2 Zwiebeln • 1 Knoblauchzehe • 100 g roher Schinken • 60 g Speck • 750 g Rindfleisch (runde Nuss, Rose oder Unterschale) • 1 TL Butter • 2 Möhren • 1/2 Bund Petersilie • 4 Tomaten • 3 Pfefferkörner • Salz • 1/8 l trockener Rotwein • 1 Lorbeerblatt • je 1 Msp. getrockneter Thymian, Majoran und getrocknetes Basilikum • 1/8 l Fleischbrühe • frisch gemahlener Pfeffer • 3 EL saure Sahne

– Den Backofen auf 230° vorheizen. Zwiebeln schälen und klein würfeln, die Knoblauchzehe schälen und zerdrücken. Den Schinken in kleine Würfel schneiden. Den Speck in etwa 6 cm lange, dünne Streifen schneiden. Das Fleisch waschen, abtrocknen, von Häuten und Sehnen befreien und mit dem Speck rundherum spicken.
– Die Butter in einer Bratreine auf dem Herd erhitzen und die Zwiebelwürfel, die Knoblauchzehe und die Schinkenwürfel darin anbraten. Den Braten darauf legen und im Backofen (zweite Schiene von unten, Umluft 200°) etwa 1 Std. braten.
– Die Möhren schälen und klein schneiden. Die Petersilie waschen, abtropfen lassen und fein hacken. Die Tomaten überbrühen, häuten und vierteln, dabei die Stielansätze entfernen.
– Wenn der Braten gut braun ist, die Möhren mit der Petersilie, den Tomatenvierteln, den Pfefferkörnern und 1 TL Salz zugeben, bräunen lassen und mit dem Rotwein ablöschen.
– Etwa 1/4 l Wasser erhitzen. Wenn der Rotwein fast verdampft ist, den Bratenfond mit dem heißen Wasser lösen und das Lorbeerblatt, den Thymian, den Majoran und das Basilikum zufügen. Den Braten öfter mit dem Bratenfond beschöpfen.
– Den fertigen Braten warm stellen. Den Bratenfond bis zu 1/4 l mit der Fleischbrühe auffüllen, durch ein Sieb

streichen, nach Belieben mit Salz und gemahlenem Pfeffer abschmecken, einmal aufkochen lassen, vom Herd nehmen und mit der sauren Sahne verfeinern. Braten aufschneiden und mit etwas Sauce überziehen. Den Rest der Sauce getrennt dazu reichen.

TIPP

Wenn Sie einmal wenig Zeit haben: Alle Zutaten ohne Fleischbrühe und saure Sahne nach Rezept vorbereiten und alles mit dem Fleisch in einem geschlossenen Schmortopf in den auf 190° vorgeheizten Backofen (Umluft 170°) geben! Dann müssen Sie sich erst nach 1 1/2 Std. Schmorzeit um den Braten kümmern, um aus Bratenfond, Brühe und Sahne die Sauce zuzubereiten.

626. Schweinebraten mit Birnen

GUT FÜR GÄSTE
Für 6 Personen
Zubereitungszeit: 30 Min.
Bratzeit: 2 Std.

Für den Braten: 1 kg Schweinefleisch (mit Schwarte, Oberschale oder Schulterstück) • 1 TL Salz • 8 Gewürznelken • 1 EL mittelscharfer Senf • 3/8 l Fleischbrühe • 4 EL Bier oder Salzwasser • 1 EL Mehl • Salz • frisch gemahlener Pfeffer
Für die Birnen: 500 g Birnen • 8 Gewürznelken • 1 EL Butter • 1/8 l Weißwein • 1 TL Zucker • 1/2 Lorbeerblatt • 3 Pfefferkörner

– Den Backofen auf 210° (Umluft 190°) vorheizen. Etwa 1/8 l Wasser zum Kochen bringen. Fleisch kalt waschen, abtrocknen, mit Salz einreiben und mit der Schwarte nach unten in eine Bratreine legen. Kochendes Wasser zugießen und das Fleisch im Ofen (unten) etwa 10 Min. „dämpfen" und die Schwarte weich werden lassen.
– Das Fleisch herausnehmen, das Wasser weggießen. Die Schwarte mit einem Messer rautenförmig einschneiden und in die Schnittpunkte Gewürznelken stecken. Die Seite ohne Schwarte mit dem Senf bestreichen und das Fleisch jetzt mit der Schwarte nach oben im Ofen (unten) fast 2 Std. braten. Von Zeit zu Zeit seitlich wenig heiße Fleischbrühe zugießen, den Bratenfond lösen und das Fleisch damit beschöpfen.
– Gegen Ende der Bratzeit die Birnen schälen, halbieren, das Kerngehäuse entfernen und die Birnenhälften mit je 1 Gewürznelke spicken.
– Die Butter, den Weißwein, den Zucker, das Lorbeerblatt und die Pfefferkörner mit den Birnenhälften in einen Topf geben und zugedeckt in etwa 15 Min. gar dünsten. Die Birnen warm halten.
– Etwa 15 Min. vor Ende der Bratzeit die Schwarte vom Schweinebraten mit kaltem Bier oder Salzwasser begießen. Sie wird dadurch besonders knusprig.
– Den fertigen Braten warm stellen. Den Bratenfond mit etwas Fleischbrühe lösen, durch ein Sieb in einen Topf gießen, mit Fleischbrühe und eventuell etwas Wasser bis zu 3/8 l Flüssigkeit auffüllen. Das Mehl mit 2 EL kaltem Wasser anrühren, die Sauce damit binden, einige Male aufkochen lassen und mit Salz und Pfeffer würzen.
– Den Braten aufschneiden und die Nelken entfernen. Den Braten anrichten, mit etwas Sauce überziehen und mit den heißen Birnenhälften umlegen. Den Rest der Sauce getrennt dazu reichen.

627. Schweinebraten – Norddeutsche Art

BRAUCHT ETWAS ZEIT
Für 8 Personen
Zubereitungszeit: 25 Min.
Einweichzeit: 12 Std.
Bratzeit: 2 Std.

125 g gemischtes Backobst (z. B. Pflaumen, Äpfel, Aprikosen) • 1 1/2 kg magerer Schweinebauch (mit Schwarte, eine Tasche vom Metzger einschneiden lassen) • Salz • frisch gemahlener weißer Pfeffer • 8 Gewürznelken • 4 TL Speisestärke • 1/2 Fleischbrühwürfel • Küchengarn

– Das Backobst in eine Schüssel geben, mit Wasser bedecken und 12 Std. einweichen. Dann in einem Sieb gut abtropfen lassen und, wenn nötig, entsteinen.
– Den Backofen auf 210° vorheizen. Die Schwarte vom Schweinebauch gitterartig einschneiden. Das Fleisch innen und außen kurz kalt waschen, abtrocknen, mit Salz und Pfeffer innen und außen einreiben und mit den Gewürznelken bestecken.
– Etwa 3/8 l Wasser zum Kochen bringen. Die Tasche im Bratenstück mit dem Backobst nicht zu prall füllen und mit Küchengarn zunähen. Das Fleisch in einer

Bratreine mit 1 Tasse kochend heißem Wasser begießen und im Ofen (untere Schiene, Umluft 190°) etwa 2 Std. braten lassen.
– Wenn der Braten braun ist, mit weiteren 2 Tassen kochend heißem Wasser den Bratenfond lösen und den Braten damit häufig beschöpfen.
– Dann den fertigen Braten warm stellen. Den Bratenfond mit heißem Wasser lösen und bis zu 1/2 l Flüssigkeit auffüllen. Die Speisestärke mit 3 EL kaltem Wasser anrühren und die Sauce damit binden, noch einmal aufkochen lassen und mit Salz, Pfeffer und dem Fleischbrühwürfel abschmecken.
– Das Küchengarn und die Nelken vom Braten entfernen, den Braten aufschneiden, anrichten und die Sauce getrennt dazu reichen.

628. Gebratenes Spanferkel

GUT FÜR GÄSTE | BRAUCHT ETWAS ZEIT
Für 16–20 Personen
Zubereitungszeit: 20 Min.
Bratzeit: 3–4 1/2 Std.

1 Spanferkel (etwa 5 kg, das sind ohne Knochen knapp 4 kg Fleisch) • Salz • frisch gemahlener schwarzer Pfeffer • 1 TL getrockneter Majoran oder Thymian • 150 ml Öl • 1/2 l Bier • 1 Zitrone • 1 Bund Petersilie • Küchengarn

– Den Backofen auf 200° vorheizen. Das Spanferkel innen und außen kalt waschen und gut trockentupfen. Innen mit Salz, Pfeffer und Majoran oder Thymian, außen nur mit Salz einreiben.
– Die Ohren und die Enden der Hinterfüße mit leicht geölter Alufolie umwickeln. Die Füße im Gelenk nach innen bzw. hinten knicken und in dieser Stellung mit Küchengarn festbinden.
– Das Ferkel auf das tiefe Backblech legen und im Ofen (unten, Umluft 180°) 3–4 1/2 Std. braten. Während der ganzen Bratzeit häufig mit Öl bestreichen.
– Gut 1 Std. vor Bratzeitende das Ferkel wiederholt mit dem Bier begießen. Wenn nötig, die auf der knusprig werdenden Haut entstehenden Blasen aufstechen.
– Die Zitrone waschen und in Scheiben schneiden. Die Petersilie abbrausen und trockenschütteln. Das Spanferkel auf einer vorgewärmten Platte anrichten, mit den Zitronenscheiben und der Petersilie garnieren und möglichst erst bei Tisch aufschneiden.

629. Gebratenes Hähnchen

SCHMECKT KINDERN
Für 2–3 Personen
Zubereitungszeit: 25 Min.
Bratzeit: 50 Min.

1 küchenfertiges Brathähnchen (etwa 1,2 kg) • einige Zweige frischer oder 2 TL getrockneter Thymian • 1 Bund Petersilie • 60 g weiche Butter • Salz • frisch gemahlener schwarzer Pfeffer • 2–3 TL edelsüßes Paprikapulver • 2 EL Öl • 2 Zwiebeln

– Backofen auf 200° vorheizen. Das Hähnchen innen und außen kalt waschen und mit Küchenpapier gut trockentupfen.
– Den frischen Thymian und die Petersilie waschen und trockenschütteln. Die Thymian- und die Petersilienblättchen abzupfen und fein hacken. Die Kräuter mit der Butter verrühren und mit Salz, Pfeffer und 1 TL Paprikapulver würzen.
– Mit dem Zeigefinger vorsichtig an mehreren Stellen die Haut des Hähnchens etwas vom Fleisch lösen, aber nicht abreißen. Jeweils etwas Kräuterbutter unter die Haut schieben. Eventuell übriggebliebene Kräuterbutter beiseite stellen. Das Hähnchen außen mit Salz, Pfeffer und dem restlichen Paprikapulver einreiben.
– Einen Bräter mit dem Öl ausstreichen und das Hähnchen mit der Brust nach unten hineinlegen. Hähnchen im Ofen (Mitte, Umluft 180°) etwa 30 Min. braten.
– Die Zwiebeln schälen und achteln. Zum Hähnchen geben, das Hahnchen umdrehen, eventuell mit der restlichen Kräuterbutter bestreichen und alles noch etwa 20 Min. offen braten.

630. Wiener Backhendl

SCHMECKT KINDERN
Für 3–4 Personen
Zubereitungszeit: 50 Min.

1 küchenfertiges Brathähnchen (etwa 1,2 kg) • 1 Zitrone • Salz • frisch gemahlener schwarzer Pfeffer • 50 g Mehl • 2 Eier • 120 g Semmelbrösel • 500 g Butterschmalz, Öl oder Kokosfett

– Das Hähnchen innen und außen kalt waschen und mit Küchenpapier gut trockentupfen.

– Das Hähnchen mit einem scharfen Messer oder einer Geflügelschere in 8 Portionen teilen. Dafür zuerst die beiden Keulen und dann die Flügel mit dem sie umgebenden Muskelfleisch abschneiden. Das Hähnchen der Länge nach in zwei Hälften teilen und diese quer noch einmal halbieren.
– Von den Hähnchenteilen mit einem scharfen Messer die Haut abziehen. Die Stücke kurz kalt waschen und trockentupfen.
– Die Zitrone waschen, halbieren und eine Hälfte auspressen. Die andere Hälfte in dünne Scheiben schneiden und beiseite stellen. Hähnchenteile mit dem Zitronensaft, Salz und Pfeffer einreiben.
– Das Mehl in einen tiefen Teller geben. Eier in einen zweiten Teller aufschlagen, mit einer Gabel darin verquirlen. Semmelbrösel in einen dritten Teller streuen.
– Das Fett in einem Topf (siehe TIPPS) oder in einer Fritteuse auf 180° erhitzen. Die Hähnchenteile portionsweise zuerst im Mehl, dann im verquirlten Ei und zuletzt in den Bröseln wenden.
– Jeweils nur 2 oder 3 Hähnchenteile gleichzeitig in das heiße Fett geben. Die Hähnchenteile darin in 5–7 Min. goldbraun und knusprig backen. Zwischendurch öfters umdrehen.
– Die gebackenen Hähnchenteile mit einem Schaumlöffel herausheben, auf Küchenpapier wenden und abtropfen lassen, dann zugedeckt im Backofen bei 50° (Umluft 30°) warm halten. Alle Hähnchenteile nach und nach ausbacken und portionsweise mit den Zitronenscheibchen anrichten.

TIPPS

– Das Frittierfett muss heiß genug sein, sonst saugt sich die Panade damit voll. Die richtige Temperatur ist erreicht, wenn an einem hineingehaltenen Holzlöffelstiel sofort kleine Bläschen nach oben steigen. Oder wenn ein kleiner Brotwürfel im Fett innerhalb weniger Sekunden goldbraun wird. Allerdings darf das Fett auch nicht zu heiß sein. Sonst verbrennt die Panade, bevor das Fleisch innen gar ist.
– Mischen Sie gehackte Kräuter, z. B. Dill, Schnittlauch und Petersilie unter die Semmelbrösel. Oder verwenden Sie statt der Brösel einen dünnen Pfannkuchenteig (Rezept-Nr. 97).
– Übriggebliebene ausgebackene Teile am nächsten Tag als kalten Snack mit ins Büro nehmen oder Ihren Kindern als „Pausenbrot“ einpacken.

631. Mariniertes Teufelshähnchen

BRAUCHT ETWAS ZEIT
Für 4 Personen
Zubereitungszeit: 30 Min.
Bratzeit: 1 1/2 Std.
Marinierzeit: 2 Std.

2 kleine Brathähnchen (je etwa 1 kg) • 4 Zitronen • 200 ml Olivenöl • Salz • frisch gemahlener schwarzer Pfeffer • 6–8 Peperoncini (kleine getrocknete Chilischoten) • 20 kleine Salbeiblättchen

– Die Hähnchen auf der Brustseite mit der Geflügelschere aufschneiden, aufklappen und flach drücken. Auf zwei große Stücke starke Alufolie legen.
– 2 Zitronen auspressen und mit dem Olivenöl, Salz und Pfeffer verquirlen. Peperoncini im Mörser zerstoßen. Die Salbeiblättchen mit Küchenpapier abreiben und in feine Streifen schneiden, mit den Peperoncini unter die Marinade rühren.
– Die Hähnchen von beiden Seiten mit der Marinade begießen und einreiben, in die Folien einwickeln und 2 Std. im Kühlschrank durchziehen lassen. Dann den Backofen auf 200° vorheizen.
– Die Hähnchen in der Folie auf ein Blech legen. Die Folie oben öffnen und zur Seite klappen. Hähnchen im Ofen (Umluft 180°) in etwa 1 1/2 Std. knusprig braten. Dann die übrigen Zitronen waschen, in Schnitze schneiden, die Hähnchen damit garnieren.

632. Knoblauchhähnchen mit Apfelwein

GELINGT LEICHT
Für 4 Personen
Zubereitungszeit: 50 Min.
Schmorzeit: 40 Min.

1 großes Hähnchen (etwa 1,2 kg) • Salz • frisch gemahlener schwarzer Pfeffer • Mehl zum Wenden • 4 EL Olivenöl • 17 Knoblauchzehen • 1/2 l Apfelwein oder trockener Cidre • 1 Bund Frühlingszwiebeln • 1 Msp. Cayennepfeffer

– Das Hähnchen in möglichst gleich große Portionsstücke teilen und die Haut abziehen. Die Stücke salzen, pfeffern und in Mehl wenden.

– Das Olivenöl in einem Bräter erhitzen. Die Hähnchenteile darin rundum kräftig anbraten, herausnehmen. Die Knoblauchzehen schälen und im Bratfett goldgelb andünsten.
– Die Geflügelstücke möglichst nebeneinander wieder in den Bräter legen. Mit dem Apfelwein oder Cidre aufgießen und zugedeckt bei schwacher Hitze etwa 40 Min. schmoren lassen. Frühlingszwiebeln putzen, waschen und nach etwa 25 Min. in der Bräter legen.
– Das Hähnchen und die Zwiebeln herausnehmen und warm stellen. Die Sauce im offenen Topf einkochen lassen. Mit Salz, Pfeffer und Cayennepfeffer würzen.
– Die Hähnchenteile auf einer Platte anrichten, mit der Sauce übergießen und mit den Lauchzwiebeln umlegen.

TIPPS

– Bei gefüllten Hähnchen niemals zu viel Masse hineingeben. Die Füllung darf nicht gestopft werden, sie muss noch etwas Platz haben, um sich auszudehnen. Wenn die Füllung zu reichlich ist, Reste in Alufolie wickeln und im Backofen im Wasserbad (Topf oder Metallschüssel) etwa 15 Min. vor Ende der Garzeit des Hähnchens mitgaren.
– Bleibt etwas übrig, das Hähnchenfleisch vom Knochen lösen und samt Füllung in einer Schüssel zugedeckt kalt stellen. Ist nur Hähnchenfleisch übrig, können Sie dies am nächsten Tag klein schneiden und über einen Salat streuen.

633. Hähnchen mit Lauchfüllung

PREISWERT
Für 4 Personen
Zubereitungszeit: 40 Min.
Bratzeit: 50 Min.

300 g Lauch • 2 EL Butterschmalz • Salz • frisch gemahlener schwarzer Pfeffer • 2 Scheiben Toastbrot • 6 EL warme Milch • 1 Bund Petersilie • 1 küchenfertiges Brathähnchen (ca. 1,2 kg) • 1 Ei • Rouladenspießchen oder Küchengarn

– Den Lauch putzen, längs aufschneiden, gründlich waschen und in feine Ringe schneiden. 1 EL Schmalz in einer Pfanne erhitzen, den Lauch darin bei mittlerer Hitze unter Rühren etwa 5 Min. garen. Kräftig salzen und pfeffern, etwas abkühlen lassen.
– Das Toastbrot klein würfeln und mit der Milch beträufeln. Die Petersilie waschen und trockenschütteln. Die Blättchen abzupfen und fein hacken.
– Den Backofen auf 225° vorheizen. Das Hähnchen waschen, mit Küchenpapier abtrocknen und innen und außen mit Salz und Pfeffer einreiben.
– Den Lauch mit dem Toastbrot, der Petersilie und dem Ei verrühren, kräftig salzen und pfeffern. Das Hähnchen damit füllen. Die Bauchöffnung mit Rouladenspießchen zustecken oder mit Küchengarn zusammenbinden.
– Übriges Schmalz in einem Bräter erhitzen, das Hähnchen mit der Brust nach oben hineinlegen und im Ofen (Mitte, Umluft 200°) etwa 50 Min. offen garen, dabei das Hähnchen nach etwa 25 Min. wenden. Ab und zu mit der sich bildenden Flüssigkeit bestreichen.

634. Hühnertopf mit Gemüse

GELINGT LEICHT
Für 4 Personen
Zubereitungszeit: 35 Min.
Schmorzeit: 40 Min.

1 großes Hähnchen (etwa 1 1/2 kg) • Salz • frisch gemahlener weißer Pfeffer • 2 weiße Zwiebeln • 2 Knoblauchzehen • 1/2 Bund Rosmarin • 1,2 kg vollreife Tomaten • 2 EL extra natives Olivenöl • 125 ml trockener Weiß- oder Rotwein • 50 g schwarze Oliven

– Das Hähnchen waschen, trockentupfen und in acht möglichst gleich große Stücke teilen. Mit Salz und Pfeffer würzen.
– Die Zwiebel und den Knoblauch schälen und fein hacken. Rosmarin waschen und die Nadeln abzupfen. Stielansätze der Tomaten entfernen. Tomaten kurz überbrühen, häuten, quer halbieren und entkernen. Das Fruchtfleisch klein würfeln.
– In einem großen Topf (möglichst aus Gusseisen) 1 EL Öl erhitzen. Die Hähnchenteile darin portionsweise rundum knusprig braun braten und dann wieder aus dem Topf nehmen.
– Zwiebeln, Knoblauch und Rosmarin im restlichen Öl anbraten. Tomaten und Wein dazugeben, salzen und pfeffern. Die Hähnchenteile und die Oliven dazugeben. Den Hühnertopf zugedeckt bei mittlerer Hitze etwa 40 Min. schmoren lassen. Das Fleisch dabei einige Male mit der Sauce begießen.

635. Hähnchen mit Ananas

GELINGT LEICHT
Für 4 Personen
Zubereitungszeit: 45 Min.
Garzeit: 30 Min.

1 Hähnchen (etwa 1,2 kg) • 1 Zwiebel • 2 Knoblauchzehen • je 1 grüne und rote Paprikaschote • 1 Ananas • 2 EL Öl • Salz • frisch gemahlener schwarzer Pfeffer • 2 Gewürznelken • 1 Lorbeerblatt • 1/2 Stange Zimt • 1 Zweig Thymian • 1/4 l Geflügelbrühe

– Das Hähnchen kalt waschen, gut abtrocknen und in möglichst gleich große Portionsstücke zerteilen.
– Die Zwiebel schälen und fein hacken, Knoblauchzehen schälen. Die Paprikaschoten halbieren, die Strünke und die Kerne entfernen, waschen und klein würfeln.
– Die Ananas großzügig schälen, längs vierteln und den inneren harten Strunk herausschneiden. Das Fruchtfleisch in mundgerechte Stücke schneiden und mit den Paprikawürfeln mischen.
– Den Backofen auf 200° (Umluft 180°) vorheizen. Das Öl in einem Bräter erhitzen und die Hähnchenteile darin rundum goldbraun anbraten. Salzen, pfeffern und aus dem Bräter nehmen.
– Die Zwiebeln im verbliebenen Bratfett glasig dünsten, Knoblauch dazupressen. Die Ananas-Paprika-Mischung unterrühren, salzen und pfeffern. Nelken, Lorbeerblatt, Zimtstange und Thymian dazugeben. Mit Brühe aufgießen. Hähnchenteile auf das Gemüse legen und im offenen Bräter im Ofen (Mitte) in etwa 30 Min. garen.

636. Tandoori-Hähnchen

BRAUCHT ETWAS ZEIT
Für 4 Personen
Zubereitungszeit: 30 Min.
Marinierzeit: bis 25 Std.

1 kg Hähnchenteile (Keulen und Brust) • Salz • 10 EL Essig • 1 Stück frischer Ingwer (4 cm) • 3 Knoblauchzehen • 300 g Vollmilchjoghurt • 1/2 TL Chilipulver • 2 TL edelsüßes Paprikapulver • 1 TL gemahlener Kreuzkümmel • 1 TL gemahlener Koriander • 1/2 TL frisch gemahlener schwarzer Pfeffer • 1/2 TL gemahlene Kurkuma • 1 TL frisch geriebene Muskatnuss • 1/4 TL rote Speisefarbe

– Die Hähnchenstücke kalt waschen und mit Küchenpapier abtrocknen, dann enthäuten. Die Bruststücke in zwei Teile schneiden, die Keulen ganz lassen. Das Fleisch etwas einschneiden, damit die Gewürze gut eindringen können. Die Hähnchenteile auf einer Platte verteilen, mit Salz bestreuen und mit Essig beträufeln. Abdecken und etwa 1 Std. marinieren.
– Ingwer und Knoblauch schälen, fein reiben. Joghurt in eine große Schüssel geben, Gewürze und die Speisefarbe dazugeben, gut untermischen. Die Hähnchenteile darin wenden und 6–24 Std. zugedeckt kühl ziehen lassen.
– Den Backofen auf 180° anheizen. Die marinierten Hähnchenstücke aus der Sauce nehmen und auf ein mit Alufolie belegtes Backblech legen. Die Hähnchenstücke im Ofen (Mitte, Umluft 160°) etwa 45 Min. backen.
– Zwischendurch die restliche Sauce mit einem Pinsel auf die Hähnchenstücke streichen. Mit einem Messer prüfen, ob das Fleisch gar ist. Wenn klarer Saft austritt, ist es fertig. Warm servieren.

637. Coq au vin

GUT FÜR GÄSTE
Für 4 Personen
Zubereitungszeit: 45 Min.
Schmorzeit: 30 Min.

1 küchenfertiges Brathähnchen (etwa 1,2 kg) • 8 Frühlingszwiebeln • 100 g durchwachsener Räucherspeck • 2 Schalotten • 50 g Butter • 1 EL Mehl • 1/2 l guter Rotwein • 4 cl Cognac • 1 Bouquet garni (Gewürzsträußchen = 1 Lorbeerblatt, 1 Thymianzweig, 2 Petersilienstängel) • 1 Msp. frisch geriebene Muskatnuss • Salz • frisch gemahlener Pfeffer • 150 g Champignons

– Das Hähnchen kalt waschen, mit Küchenpapier gut trocknen und in vier Stücke zerteilen. Die Frühlingszwiebeln waschen, putzen und in Ringe schneiden. Den Speck fein würfeln. Schalotten schälen und fein hacken.
– In einem dickwandigen Schmortopf die Hälfte der Butter zerlassen. Den Speck und die Zwiebeln darin anbraten, herausnehmen und beiseite stellen.
– Die Hähnchenteile in dem Fett anbraten, das Mehl darüber stäuben. Die Schalotten dazugeben und alles ein paar Minuten schmoren lassen. Den Wein und den Cognac angießen. Das Bouquet garni in den Topf geben. Mit Muskat, Salz und Pfeffer würzen. Alles zugedeckt bei schwacher Hitze etwa 30 Min. garen.

– Inzwischen die Champignons putzen. Die restliche Butter zerlassen und die Pilze darin bei mittlerer Hitze etwa 10 Min. schmoren.
– Die Hähnchenteile warm stellen. Die Sauce durch ein Sieb in eine Kasserolle gießen und mit Champignons, Zwiebeln und Speck noch einmal erhitzen. Die Hähnchenteile anrichten und mit der Sauce übergießen.

638. Putenkeule aus dem Bratbeutel

PREISWERT | GELINGT LEICHT
Für 2 Personen
Zubereitungszeit: 15 Min.
Bratzeit: 1 Std.

1 Putenunterkeule (etwa 600 g) • einige Zweige frischer oder 2–3 TL getrockneter Oregano • Salz • frisch gemahlener Pfeffer • edelsüßes Paprikapulver • 600 g Lauch • 100 ml trockener Weißwein oder Gemüsebrühe (Instant oder selbst gemacht) • 100 g Crème fraîche • Bratschlauch

– Den Backofen auf 200° vorheizen. Die Putenkeule waschen und mit Küchenpapier trockentupfen. Den frischen Oregano waschen, trockenschütteln, Blättchen von den Stielen streifen und hacken. Die Keule rundum mit Salz, Pfeffer, Paprikapulver und Oregano einreiben. Dabei die Haut vorsichtig mit einem Finger vom Fleisch lösen und das Fleisch darunter ebenfalls einreiben.
– Die Putenkeule dann in ein ausreichend langes Stück Bratschlauch legen. Den Bratschlauch auf einer Seite mit einem Clip verschließen.
– Vom Lauch den Wurzelansatz und welke grüne Blätter abschneiden. Die Stangen der Länge nach halbieren und unter fließendem kaltem Wasser gründlich waschen. Den Lauch mit dem zarten Grün in etwa 2 cm lange Stücke schneiden. Die Lauchstücke ebenfalls in den Bratbeutel geben, den Wein oder die Brühe hineingießen und den Schlauch auch auf der anderen Seite mit einem Clip verschließen.
– Bratbeutel auf das kalte Backblech legen. Oben in der Mitte mit einem Spieß zwei- oder dreimal einstechen. Das Backblech in den Backofen (Mitte, Umluft 180°) schieben und die Putenkeule etwa 1 Std. garen.
– Backblech aus dem Ofen nehmen. Den Beutel vorsichtig in einen breiten Topf heben und aufschneiden. Die Putenkeule herausnehmen und warm halten, den Bratbeutel wegwerfen.
– Den Lauch und den Sud in dem Topf offen bei starker Hitze aufkochen. Die Crème fraîche einrühren und den Lauch mit Salz und Pfeffer abschmecken. Mit der Putenkeule servieren.

TIPP

Bei Puten- oder Truthahnkeulen unterscheidet man zwischen Unter- und Oberkeulen. Unterkeulen (also der untere Teil der Schenkel) haben einen höheren Knochenanteil als Oberkeulen, sind allerdings auch preiswerter. Beide gibt es frisch und tiefgekühlt zu kaufen.

639. Geschmorter Putenbraten

GELINGT LEICHT
Für 4 Personen
Zubereitungszeit: 40 Min.
Schmorzeit: 35 Min.

750 g Putenbrustfilet (ein möglichst gleichmäßiges Stück) • einige Zweige frischer oder 2 TL getrockneter Majoran • frisch gemahlener Pfeffer • 2 Zwiebeln • 3 EL Öl • Salz • 1/8 l Gemüsebrühe (Instant oder selbst gemacht) • 100 ml trockener Weißwein oder Gemüsebrühe (Instant oder selbst gemacht) • 75 g Crème fraîche

– Das Putenbrustfilet kurz waschen und mit Küchenpapier trockentupfen. Den frischen Majoran waschen, trockenschütteln und die Blättchen abstreifen. Das Putenbrustfilet auf allen Seiten mit Pfeffer und Majoran einreiben. Die Zwiebeln schälen, halbieren und in dünne Scheiben schneiden.
– In einem großen Topf das Öl erhitzen. Das Fleisch in das heiße Öl geben und bei starker Hitze auf allen Seiten anbraten. Dann erst rundherum salzen.
– Die Hitze reduzieren, die Zwiebeln zum Fleisch in den Topf geben und goldbraun anbraten. Die Brühe und eventuell den Wein über das Putenbrustfilet gießen. Den Topf zudecken und das Fleisch bei schwacher Hitze etwa 35 Min. schmoren. Zwischendurch öfters mal durchrühren und umdrehen.
– Den Backofen auf 50° (Umluft 30°) vorheizen. Das Fleisch aus dem Topf nehmen, auf eine Platte legen und im Backofen (Mitte) warm halten.

– Die Sauce im Topf zum Kochen bringen. Die Crème fraîche unterrühren, die Sauce mit Salz und Pfeffer abschmecken und zum Putenbraten servieren.

TIPPS

– Der Putenbraten schmeckt auch kalt sehr gut, er eignet sich deshalb dünn aufgeschnitten für ein Partybüfett.
– Mit Resten vom Putenbraten können Sie viel machen. Schneiden Sie das Fleisch in dünne Scheiben, und belegen Sie damit am nächsten Tag Pausenbrote oder das Frühstücksbrötchen. Sie können das Fleisch auch klein würfeln, braten und über Salat streuen oder als Einlage in einer Suppe servieren. Oder Sie erhitzen das klein geschnittene Fleisch in frisch gekochter Tomatensauce und reichen diese zu Nudeln.

640. Putenrollbraten mit Spinatfüllung

GUT FÜR GÄSTE
Für 4 Personen
Zubereitungszeit: 35 Min.
Schmorzeit: 40 Min.

150 g Spinat • Salz • 700 g Putenbrustfilet am Stück (vom Metzger zu einer großen, flachen Scheibe aufschneiden lassen) • frisch gemahlener schwarzer Pfeffer • frisch geriebene Muskatnuss • 2 EL gemahlene Mandeln • 2 Zwiebeln • 2 EL Öl • 1/8 l trockener Weißwein oder Gemüsebrühe (Instant oder selbst gemacht) • 75 g Crème fraîche • Küchengarn

– Den Spinat von allen groben Stielen befreien, dann in stehendem kaltem Wasser mehrmals gründlich waschen. Den Spinat in einem Sieb abtropfen lassen.
– In einem großen Topf reichlich Wasser mit 1 kräftigen Prise Salz zum Kochen bringen. Den Spinat darin zugedeckt kurz kochen, bis er zusammengefallen ist. Dann in ein Sieb schütten, mit kaltem Wasser abschrecken, sehr gut abtropfen lassen und grob hacken.
– Das Putenbrustfilet waschen und trockentupfen. Das Fleisch ausbreiten und mit Salz und Pfeffer einreiben. Den Spinat gleichmäßig darauf verteilen, mit Muskat würzen und mit den Mandeln bestreuen.
– Den Braten aufrollen, mit Küchengarn verschnüren und rundherum mit Salz und Pfeffer einreiben. Die Zwiebeln schälen und klein würfeln.
– In einem großen Topf das Öl erhitzen. Das Fleisch darin bei starker Hitze rundherum anbraten. Zwiebeln dazugeben und bei mittlerer Hitze goldbraun braten. Den Wein oder die Brühe dazugießen und alles zugedeckt bei schwacher Hitze etwa 40 Min. schmoren. Das Fleisch dabei öfters umdrehen.
– Den Backofen auf 50° (Umluft 30°) vorheizen. Den Putenbraten herausheben, auf eine Platte legen und in den Backofen (Mitte) stellen. Die Crème fraîche in die Bratensauce rühren, die Sauce kurz aufkochen lassen, abschmecken und zum Putenrollbraten servieren.

641. Gebratene Gans

GUT FÜR GÄSTE | BRAUCHT ETWAS ZEIT
Für 6–8 Personen
Zubereitungszeit: 30 Min.
Bratzeit: 3 Std.

1 küchenfertige Frühmastgans (etwa 3 kg) • Salz • frisch gemahlener schwarzer Pfeffer • einige Zweige frischer oder 2 TL getrockneter Thymian • 4 kleine säuerliche Äpfel (z. B. Cox Orange) • 1 Bund Petersilie • 1 EL Speisestärke • Küchengarn

– Den Backofen auf 200° vorheizen. Die Gans innen und außen waschen und trockentupfen. Den frischen Thymian waschen, trockenschütteln und die Blättchen abstreifen. Die Gans innen und außen mit Salz, Pfeffer und dem Thymian einreiben.
– 1/2 l Wasser aufkochen. Die Äpfel waschen und gründlich abreiben. Äpfel vierteln, dabei die Kerngehäuse entfernen. Die Petersilie waschen und trockenschütteln. Die Blättchen abzupfen und in einer verschlossenen Plastiktüte frisch halten. Die Äpfel und die Petersilienstiele in die Gans füllen. Die Bauchöffnung mit Küchengarn zunähen.
– Die Gans mit der Brust nach unten in einen großen Bräter legen und das kochende Wasser neben die Gans gießen. Zudecken und im Ofen (unten, Umluft 180°) etwa 45 Min. braten.
– Die Gans aus dem Ofen nehmen. Den Sud aus dem Bräter in einen Topf umgießen und gründlich entfetten (siehe TIPPS). Den Backofen auf 175° (Umluft 160°) herunterschalten.

– Die Gans mit der Brust nach unten auf den Backrost legen und zurück in den Ofen geben (unten). Die Fettpfanne darunter einschieben. Die Gans dann noch etwa 2 Std. braten. Wenn die Gans dabei zu braun wird, für einige Zeit locker mit Alufolie abdecken. Dabei mehrfach mit dem entfetteten Sud begießen und umdrehen, sobald der Rücken braun und knusprig ist.
– Etwa 20 Min. vor Ende der Garzeit den Backofen auf 225° (Umluft 200°) schalten. Zuletzt etwas Wasser mit Salz verrühren, die Gans damit beträufeln und noch etwa 10 Min. im Ofen bräunen.
– Fettpfanne aus dem Backofen nehmen, den Bratensatz in einen Topf umgießen, dabei den ganzen Satz gründlich ablösen. Erneut das Fett entfernen.
– Die Speisestärke mit etwas kaltem Wasser verrühren, dann in die Sauce rühren. Sauce zum Kochen bringen und mit Salz und Pfeffer abschmecken. Die Petersilienblättchen hacken und in die Sauce rühren. Die Sauce abschmecken und zur Gans servieren.

TIPPS

– Die Sauce ist ausgesprochen fett, Sie sollten sie deshalb gründlich entfetten. Zuerst die klare Fettschicht mit einem Löffel abschöpfen, dann weiteres Fett mit Küchenpapier aufsaugen.
– Für mehr als 8 Personen können Sie eine größere Gans kaufen. Dann müssen Sie die Garzeit verlängern, jedes Kilo mehr benötigt eine längere Garzeit von etwa 1 Std.

642. Glasierte Gänsekeulen

GELINGT LEICHT
Für 2 Personen
Zubereitungszeit: 30 Min.
Schmorzeit: 1 1/2 Std.

2 küchenfertige Gänsekeulen (je etwa 350 g) • 1 TL Wacholderbeeren • 2 EL flüssiger Honig • Salz • frisch gemahlener schwarzer Pfeffer • 1 EL Gänse- oder Butterschmalz • 100 ml Hühnerbrühe (Instant oder selbst gemacht)

– Die Gänsekeulen waschen und mit Küchenpapier gut trockentupfen. Die Wacholderbeeren im Mörser oder mit dem Messer auf einem Brett zerdrücken und mit dem Honig, Salz und Pfeffer mischen. Die Gänsekeulen mit der Marinade einreiben.
– In einem großen Schmortopf das Schmalz erhitzen. Die Gänsekeulen darin auf allen Seiten bei mittlerer Hitze kurz anbraten. Die Hühnerbrühe dazugießen und die Gänsekeulen bei schwacher Hitze zugedeckt etwa 1 1/2 Std. schmoren.
– Den Backofen auf 50° (Umluft 30°) vorheizen. Die Gänsekeulen aus dem Topf nehmen, auf eine Platte legen und im Backofen (Mitte) warm halten.
– Die Sauce gründlich entfetten (siehe TIPPS links), einmal aufkochen lassen, abschmecken und über die Gänsekeulen gießen.

643. Geschmorte Gänsebrust

GELINGT LEICHT
Für 2 Personen
Zubereitungszeit: 30 Min.
Schmorzeit: 15 Min.

1 kleines Gänsebrustfilet (etwa 300 g) • frisch gemahlener weißer Pfeffer • 1/2 EL Gänse- oder Butterschmalz • Salz • 2 kleine Zwiebeln • 75 ml Hühnerbrühe (Instant oder selbst gemacht) • 1 kleiner roter Apfel • 75 g Crème fraîche • 2 EL eingelegte Preiselbeeren

– Den Backofen auf 200° (Umluft 180°) vorheizen. Das Gänsebrustfilet unter fließendem kaltem Wasser kurz waschen und mit Küchenpapier gut trockentupfen. Das Brustfilet auf der Fettseite mit einem scharfen Messer mehrfach kreuzweise einschneiden, dabei aber das Fleisch nicht verletzen. Das Fleisch rundum mit frisch gemahlenem Pfeffer einreiben.
– Das Schmalz in einem Bräter auf dem Herd erhitzen. Das Gänsebrustfilet zuerst mit der Fettseite nach unten, dann auch auf der anderen Seite bei mittlerer Hitze im Schmalz goldbraun anbraten. Erst dann salzen.
– Die Zwiebeln schälen und grob würfeln. Die Zwiebelwürfel im heißen Schmalz neben der Gänsebrust goldbraun braten. Die Brühe dazugießen. Den Bräter zugedeckt in den Backofen (Mitte) stellen und das Fleisch etwa 15 Min. schmoren. Anschließend das Fleisch aus dem Bräter nehmen und in Alufolie gewickelt kurz ruhen lassen.
– Den Apfel waschen, vierteln, vom Kerngehäuse befreien und in dünne Spalten schneiden. Mit der Crème

fraîche in den Bräter geben und alles zum Kochen bringen. Die Sauce abschmecken und die Preiselbeeren unterrühren. Zur Gänsebrust servieren.

TIPP

Haut und Fett der Gänsebrust wird vor dem Braten mehrfach mit einem scharfen Messer eingeschnitten. Dabei darf das Fleisch nicht verletzt werden. Und achten Sie darauf, dass Sie die Haut wirklich bis zum Rand einschneiden. Nur so kann das Fett ungehindert austreten, und das Filet wölbt sich beim Braten nicht. Sonst würde das Fleisch ungleichmäßig garen.

644. Gebratene Ente mit Orangen

GUT FÜR GÄSTE | BRAUCHT ETWAS ZEIT
Für 4 Personen
Zubereitungszeit: 45 Min.
Bratzeit: 1 1/2 Std.

1 küchenfertige junge Ente (etwa 1,8 kg) • 2 TL Wacholderbeeren • Salz • frisch gemahlener schwarzer Pfeffer • 2–3 unbehandelte Orangen • 2 EL Öl • 2 EL flüssiger Honig • Küchengarn

– Den Backofen auf 225° vorheizen. Die Ente innen und außen waschen und trockentupfen. Die Talgdrüse und das Fett rund um die Bauchöffnung abschneiden.
– Die Wacholderbeeren im Mörser oder mit einem Messer auf dem Brett zerdrücken und mit Salz und Pfeffer mischen. 1 Orange heiß waschen und wieder abtrocknen. Die Schale fein abreiben und mit den anderen Gewürzen mischen. Die Ente gründlich innen und außen mit dieser Mischung einreiben.
– Damit die Ente gleichmäßig gart, die Flügel unter den Rücken stecken und die Keulen mit Küchengarn zusammenbinden. Die Ente dann mit dem Rücken nach oben in einen mit dem Öl ausgestrichenen Bräter legen, in den Backofen (Mitte, Umluft 200°) stellen und etwa 40 Min. garen. Beim Braten mehrmals mit dem austretenden Bratensaft übergießen.
– Die abgeriebene Orange auspressen und den Saft mit dem Honig verrühren. Sobald der Rücken braun ist, die Ente umdrehen und mit etwa der Hälfte vom Orangenhonig bestreichen. Die Hitze auf 175° (Umluft 160°) herunterschalten und die Ente noch etwa 45 Min. braten. Dabei erneut mehrmals mit dem Bratensatz und etwas Orangenhonig beträufeln.
– Die Ente aus dem Backofen nehmen. Den Ofen dann auf 250° (Umluft 230°) aufheizen. Dann die Ente erneut mit Orangenhonig bestreichen, in den Ofen stellen und noch einige Minuten bräunen. Inzwischen die restlichen Orangen waschen und in dünne Scheiben schneiden.
– Ente aus dem Bräter nehmen und zugedeckt warm halten. Bräter auf die Herdplatte stellen. Bratensaft im Bräter entfetten (siehe TIPPS Seite 289), dann kräftig durchkochen. Die Orangen kurz im Bratensaft ziehen lassen. Die Sauce abschmecken und zur Ente servieren.

645. Ente mit Sauerkirschen

GUT FÜR GÄSTE
Für 4 Personen
Zubereitungszeit: 15 Min.
Bratzeit: 1 1/2 Std.

1 küchenfertige Ente (etwa 1,6 kg) • 50 g weiche Butter • Salz • frisch gemahlener Pfeffer • 1 kg Sauerkirschen • 100 ml Cherry Brandy (Kirschlikör)

– Den Backofen auf 240° vorheizen. Die Ente innen und außen waschen und sehr gut abtrocknen. Mit der Butter bestreichen. Innen und außen pfeffern und salzen.
– Die Ente in eine Bratreine legen und im Ofen (Mitte, Umluft 220°) in etwa 1 1/2 Std. knusprig braten.
– Die Kirschen waschen und entsteinen. Die Hälfte der Früchte etwa 5 Min. vor Ende der Garzeit in das Innere der Ente füllen und mit erhitzen.
– Übrige Kirschen pürieren und mit dem Kirschlikör verrühren. Die Ente anrichten. Den Bratfond mit dem Kirschpüree loskochen und zu der Ente servieren.

646. Perlhuhn mit Morcheln

BRAUCHT ETWAS ZEIT
Für 4 Personen
Zubereitungszeit: 15 Min.
Quellzeit: 3 Std.
Schmorzeit: 45 Min.

1/4 l Milch • 50 g getrocknete Morcheln (entspricht etwa 250 g frischen) • 1 küchenfertiges Perlhuhn (etwa 1,2 kg) • 200 g Doppelrahm-Frischkäse • Salz • frisch gemahlener Pfeffer • 200 g durchwachsener Räucherspeck (in dünnen Scheiben) • 2 EL Öl • 2 cl Cognac • 100 g Crème fraîche • Küchengarn

– Die Milch und 1/4 l Wasser in eine Schüssel gießen. Die Morcheln darin 2–3 Std. quellen lassen.
– Den Backofen auf 240° vorheizen. Das Perlhuhn innen und außen waschen und abtrocknen. Frischkäse salzen und pfeffern und in das Innere geben. Die Schenkel und Flügel des Perlhuhns mit Küchengarn am Körper festbinden. Die Öffnung mit Küchengarn zunähen.
– Einen Bräter mit den Speckscheiben auslegen, das Perlhuhn darauf legen und im Ofen (Mitte, Umluft 220°) etwa 45 Min. braten. Während der Garzeit öfter mit Wasser, später mit dem Bratfond begießen.
– Nach etwa 30 Min. Bratzeit Morcheln aus der Milch nehmen, abtropfen lassen und trockentupfen. Das Öl erhitzen und die Morcheln darin bei schwacher Hitze etwa 15 Min. schmoren. Salzen und pfeffern.
– Perlhuhn aus dem Ofen nehmen und das Küchengarn entfernen. Das Huhn mit dem Cognac übergießen und flambieren, auf einer hitzebeständigen Platte anrichten. Im abgeschalteten Ofen warm stellen.
– Speck aus der Sauce nehmen. Den Bratfond eventuell entfetten und mit der Crème fraîche binden. Die Morcheln um das Perlhuhn anrichten, sofort servieren.

TIPPS

– Morcheln enthalten meist viel Sand, deshalb erst gründlich abbrausen, vielleicht auch noch mit einer Bürste die Faltenzwischenräume säubern.
– Die Einweichflüssigkeit ist sehr würzig und kann Suppen und Saucen verfeinern, sollte aber vorher durch ein feines Tuch gegossen werden.

647. Wachteln mit Reis

GUT FÜR GÄSTE
Für 4 Personen
Zubereitungszeit: 1 Std.
Schmorzeit: 1 Std.

8 küchenfertige Wachteln • Salz • frisch gemahlener schwarzer Pfeffer • 8 dünne Scheiben durchwachsener Speck (etwa 100 g) • 3 EL Butter • 1 EL Thymian • 2 Lorbeerblätter • 1/8 l trockener Weißwein • 1/4 l Hühnerbrühe • 300 g Langkornreis • 4 EL frisch geriebener Parmesan

– Die Wachteln kurz waschen und abtrocknen, die Innereien herausnehmen. Eventuell vorhandene Federkiele mit einer Pinzette sorgfältig entfernen. Wachteln innen und außen leicht salzen und pfeffern.
– Speck eventuell entschwarten, in einer Kasserolle bei mittlerer Hitze knusprig ausbraten. Herausnehmen, in einem Pfännchen am Herdrand warm halten.
– In der Kasserolle 1 EL Butter zergehen lassen. Die Wachteln im heißen Fett rundherum anbräunen. Den Thymian und die Lorbeerblätter, den Weißwein und die Brühe zugeben. Zugedeckt bei schwacher Hitze etwa 1 Std. schmoren lassen.
– Nach 30 Min. in einem Topf 1 l Salzwasser aufsetzen. Reis ins kochende Wasser streuen und in etwa 15 Min. körnig bissfest ausquellen lassen.
– Den Reis in ein Sieb abgießen und abtropfen lassen, dann zurück in den Topf geben. Die restliche Butter und den Parmesan untermischen. Auf einer vorgewärmten Platte mit den Wachteln und Speckscheiben anrichten. Die Sauce abschmecken und dazu servieren.

648. Rebhuhn mit Linsen

BRAUCHT ETWAS ZEIT
Für 4 Personen
Zubereitungszeit: 50 Min.
Einweichzeit: 12 Std.
Schmorzeit: 50 Min.

400 g braune Linsen • 4 bratfertige Rebhühner (je etwa 220 g) • 100 g durchwachsener Räucherspeck • 2 EL Butterschmalz • Salz • frisch gemahlener schwarzer Pfeffer • 2 Zwiebeln • 2 EL Tomatenpüree • 2 Bund glatte Petersilie

– Die Linsen in einen Topf geben und mit kaltem Wasser bedeckt über Nacht einweichen. Am nächsten Tag die Linsen in dem Einweichwasser aufsetzen und etwa 30 Min. vorgaren.
– Inzwischen die Rebhühner von eventuell vorhandenen Federkielen befreien, waschen und mit Küchenpapier abtrocknen. Speck in kleine Würfel schneiden. Die vorgegarten Linsen in ein Sieb abgießen, das Kochwasser auffangen.

– Speckwürfel mit dem Schmalz in einen Topf geben und sanft anbraten. Rebhühner salzen und pfeffern. Im heißen Speck-Schmalz-Gemisch rundum anbräunen.
– Die Zwiebeln schälen und fein hacken, in das Fett rühren und bei verringerter Hitze glasig dünsten. Die Linsen dazugeben, etwa 1/2 l Kochwasser angießen, das Tomatenpüree einrühren. Kräftig salzen und pfeffern, halb bedeckt bei schwacher bis mittlerer Hitze etwa 50 Min. sanft schmoren. Die Flüssigkeit soll dabei zum großen Teil verdampfen.
– Dann die Petersilie waschen und die Blättchen grob hacken. Die Linsen abschmecken, Rebhühner eventuell zerteilen, mit Petersilie bestreut servieren.

649. Rebhuhn in Calvadossauce

GUT FÜR GÄSTE
Für 4 Personen
Zubereitungszeit: 1 Std.

4 Rebhühner (je etwa 200 g) • frisch gemahlener weißer Pfeffer • 1 TL Rosmarinnadeln • 1 Bund Suppengrün • 2 Schalotten • 30 g Butterschmalz • 1 Lorbeerblatt • 1 Prise getrockneter Thymian • 8 schwarze Pfefferkörner • 1/2 TL Tomatenmark • 1/4 l trockener Weißwein • 1/4 l ungesüßter Apfelsaft • Salz • 4 Scheiben fetter Speck (breit, etwa 60 g) • 100 g Butter • 2 große säuerliche Äpfel • 4 cl Calvados • Küchengarn

– Die Rebhühner innen und außen gründlich waschen und abtrocknen. Die Bruststücke mit der Haut ablösen und die Flügelspitzen abschneiden. Die Brüstchen mit Pfeffer und 1 Prise Rosmarin einreiben, zugedeckt beiseite legen.
– Die Keulen abschneiden und das Fleisch einige Male einritzen. Die Knochen grob zerkleinern. Das Suppengrün putzen, waschen und grob würfeln. Die Schalotten schälen und vierteln.
– Butterschmalz in einem großen flachen Topf erhitzen. Die Keulen, Knochen, Flügelspitzen, Suppengrün und die Schalotten darin unter Rühren kräftig anbraten.
– Die restlichen Rosmarinnadeln, Lorbeerblatt, Thymian und die Pfefferkörner zugeben und das Tomatenmark einrühren. Alles mit Wein und Apfelsaft ablöschen und offen etwa 10 Min. bei starker Hitze einkochen lassen. Dann den Fond salzen und zugedeckt noch etwa 20 Min. bei schwacher Hitze köcheln lassen.
– Die Rebhuhnbrüstchen mit Salz einreiben. Die Oberseite mit je 1/2 Speckscheibe belegen und mit Küchengarn umwickeln. Den Backofen auf 180° (Umluft 160°) vorheizen. In einem Bräter 30 g Butter erhitzen. Die Bruststücke darin rundherum hellbraun anbraten. Dann mit der Speckseite nach oben im Ofen (Mitte) etwa 15 Min. garen.
– Inzwischen die Äpfel schälen, das Kerngehäuse entfernen. In etwa 1 cm dicke Scheiben schneiden. In einer Pfanne 30 g Butter erhitzen, die Apfelscheiben darin auf beiden Seiten hellbraun braten.
– Den Geflügelfond durch ein feines Sieb in einen Topf gießen, entfetten und bei starker Hitze auf gut 1/4 l einkochen lassen. Vom Herd nehmen, mit Salz, Pfeffer und dem Calvados abschmecken. Die restliche Butter in kleinen Flöckchen unterschlagen.
– Von den Brüstchen die Speckscheiben abnehmen, Brüstchen längs halbieren. Die Apfelscheiben auf Teller verteilen und die Bruststücke darauf anrichten. Mit der Sauce überziehen.

650. Gefülltes Kirchweihganserl

GUT FÜR GÄSTE
Für 6 Personen
Zubereitungszeit: 45 Min.
Bratzeit: 3 Std.

800 g Maroni (Esskastanien) • 500 g säuerliche Äpfel • Saft von 1 Zitrone • 2 EL Butter • Salz • 1 EL Zucker • 1/8 l Hühnerbrühe • 1 Gans (etwa 4 kg) • frisch gemahlener weißer Pfeffer • einige Beifußzweige • 1/8 l helles Vollbier • kleine Holz- oder Metallspieße

– Backofen auf 200° (Umluft 180°) vorheizen. Maroni mit einem kleinen scharfen Messer an der Oberfläche kreuzweise einritzen, auf ein Backblech setzen und für etwa 20 Min. in den Ofen (Mitte) schieben.
– Inzwischen die Äpfel schälen und in Viertel schneiden. Das Kerngehäuse entfernen und die Äpfel in dünne Scheiben schneiden. Äpfel bis zum Gebrauch in eine Schüssel legen und diese mit kaltem Wasser und dem Zitronensaft auffüllen, damit sich die Äpfel nicht braun verfärben.
– Die Maroni aus dem Backofen nehmen, sobald ihre Schalen leicht gelöst aussehen. Den Backofen nicht ausschalten. Die Kastanien mit einem kleinen Messer sorgfältig schälen und häuten, dann halbieren.

– In einem Topf die Butter erhitzen. Die abgetropften Apfelscheiben, die Maroni, Salz und den Zucker einstreuen. Nach wenigen Minuten mit der Hühnerbrühe aufgießen und alles etwa 5 Min. köcheln lassen. Den Topf beiseite ziehen.
– Die Gans unter fließendem kaltem Wasser innen und außen gründlich waschen. Mit Küchenpapier innen und außen trockenreiben und mit Salz und Pfeffer einreiben. Den Beifuß abbrausen, trockenschütteln und in den Bauch der Gans stecken. Die Maroni-Apfel-Füllung löffelweise dazugeben und den Bauch mit kleinen Holz- oder Metallspießen verschließen.
– Etwa 3/4 l Wasser aufkochen. Die Gans mit der Brustseite nach unten in einen großen Bräter setzen und mit dem kochenden Wasser übergießen. Den Bräter in den Backofen (unten) schieben.
– Nach etwa 1 Std. Bratzeit die Gans wenden und dabei mehrmals mit einer Gabel einstechen. So tritt das Fett besser aus. Zwischendurch öfter mit dem eigenen Fett übergießen.
– Nach einer Gesamtbratdauer von etwa 2 3/4 Std. die Gans mit dem Bier bepinseln, damit sich eine schöne Kruste bildet. Bei leicht offener Ofentüre noch weitere 10 Min. braten.
– Die fertige Gans vorsichtig aus dem Bräter heben und in Alufolie wickeln, zum Nachziehen in den ausgeschalteten Backofen zurückstellen.
– Den Bratenfond auf dem Herd einmal aufkochen. Beiseite ziehen und einige Male zum Entfetten vorsichtig Küchenpapier über die Oberfläche der Sauce ziehen. Anschließend die Sauce weitere 10 Min. einkochen. Eventuell nachwürzen.
– Die Gans in 8–12 Teile schneiden und auf eine große Platte legen. Die Füllung lose in die Mitte setzen. Die Sauce separat dazu reichen.

651. Gebratener Fasan mit Salbei

GELINGT LEICHT
Für 4 Personen
Zubereitungszeit: 1 Std.
Bratzeit: 40 Min.

2 junge Fasane (je etwa 900 g, möglichst mit der Leber) • 20 g gemischte getrocknete Waldpilze • 4 cl Weinbrand • 4 Knoblauchzehen • 1 TL Wacholderbeeren • Salz • 200 g roher Schinken • 2 EL frischer oder 1 EL getrockneter Rosmarin • 16 Salbeiblättchen (frisch oder getrocknet) • frisch gemahlener Pfeffer • 6 große dünne Scheiben fetter Speck • 6 EL Öl • 1/4 l Wildfond (aus dem Glas) oder Geflügelbrühe • 400 g Sahne oder Crème double • Küchengarn

– Die Fasane innen und außen unter fließendem Wasser waschen, gut abtrocknen. Die Leber herausnehmen und beiseite stellen.
– Die getrockneten Pilze in dem Weinbrand einweichen. Die Knoblauchzehen schälen und mit Wacholderbeeren und 1 Prise Salz im Mörser fein zerdrücken. Den Schinken in kleine Würfelchen schneiden.
– Pilze abtropfen lassen und fein hacken, den Weinbrandsud aufheben. Rosmarin fein hacken. Pilze mit Schinkenwürfeln, Wacholderbeeren und Knoblauch, Rosmarin und Salbeiblättchen mischen. Fasane innen pfeffern, mit der vorbereiteten Mischung füllen. Mit Küchengarn zunähen. Außen leicht salzen und pfeffern. Backofen auf 220° vorheizen. Fasanenbrüste mit den Speckscheiben abdecken, mit Küchengarn festbinden.
– In einem großen Bräter Öl erhitzen. Fasane hineingeben und rundum kräftig anbraten. Mit aufgefangenem Pilzsud übergießen, Sud verdampfen lassen. Dann den Bräter in den Ofen (Umluft 200°) schieben. Die Fasane 20 Min. braten, zwischendurch einmal wenden.
– Bräter aus dem Ofen holen, Speckscheiben entfernen. Fasane mit der Brust nach oben wieder in den Bräter legen und Fond oder Brühe angießen. In etwa 20 Min. fertig braten, dabei mit dem Bratensaft beträufeln.
– Fasane herausnehmen, abgedeckt warm halten. Bräter auf die Herdplatte stellen, Sahne oder Crème double dazugeben und kräftig einköcheln. Leber in kleine Stückchen schneiden, in die Sauce rühren und kurz mitgaren. Mit dem Pürierstab die Sauce fein pürieren. Mit Salz und Pfeffer würzen. Fasane tranchieren, mit der Sauce servieren.

Braten & Ragouts

652. Fasan auf Weinsauerkraut

GUT FÜR GÄSTE
Für 2 Personen
Zubereitungszeit: 1 1/2 Std.

1 kleiner Apfel • 1 kleine Zwiebel • 20 g Gänseschmalz • 400 g frisches Sauerkraut • 1/8 l trockener Weißwein • Salz • 1 küchenfertiger Fasan (etwa 1 kg, mit Herz, Magen und Leber) • 2 EL frisch gehackte

Petersilie • 1/2 Hand voll frisch gehackter Kerbel • 1 Ei • 100 g Kalbsbrät • 2 1/2 EL Semmelbrösel • frisch gemahlener weißer Pfeffer • 50 g fetter Speck (in dünne Scheiben geschnitten) • 40 g Butter • 1 Bund Suppengrün • 1/8 l Roséwein • 1/8 l Wildfond • 200 g grüne Weintrauben • 4 EL Crème fraîche • Küchengarn

– Den Apfel schälen, vierteln und entkernen, Zwiebel schälen, beides fein würfeln. In einem Topf im zerlassenen Schmalz glasig braten. Kraut zugeben und mit zwei Gabeln zerzupfen. Weißwein angießen, salzen und zugedeckt bei schwacher Hitze etwa 1 Std. 20 Min. dünsten.
– Fasan waschen und abtrocknen, Innereien waschen und fein hacken. Mit Kräutern und Ei unter das Kalbsbrät kneten. So viel Semmelbrösel untermischen, dass die Farce nicht mehr feucht, aber noch weich und geschmeidig ist. Mit Salz und Pfeffer abschmecken.
– Fasan mit der Farce füllen, außen salzen und pfeffern. Mit den Speckscheiben belegen und mit Küchengarn umwickeln. In einem Bräter 30 g Butter erhitzen. Den Fasan darin etwa 10 Min. rundum anbraten.
– Das Suppengrün putzen, waschen und fein würfeln. In den Bräter geben und kurz mitbraten. Den Roséwein und den Wildfond angießen. Den Fasan zugedeckt noch etwa 20 Min. schmoren lassen.
– In der Zwischenzeit die Weintrauben waschen und trockentupfen. Die Beeren halbieren, entkernen und in der restlichen Butter kurz erwärmen. Dann unter das fertige Sauerkraut heben.
– Den Fasan aus dem Bräter nehmen, Küchengarn und Speck entfernen, den Fasan halbieren und auf dem Weinsauerkraut anrichten. Den Fond durch ein Sieb in einen Topf gießen und die Crème fraîche unterrühren. Mit Salz und Pfeffer abschmecken, getrennt servieren.

653. Hasenrücken in Rotweinrahm

GUT FÜR GÄSTE
Für 4 Personen
Zubereitungszeit: 45 Min.
Marinierzeit: 3 Std.

2 Scheiben fetter Speck (etwa 30 g) • 1 cl Wacholderschnaps • 1 Hasenrücken (etwa 600 g) • 1 Bund Suppengrün • 1 Zwiebel • 50 g Butterschmalz • 1/4 l kräftiger Rotwein • 1/8 l milde Fleischbrühe • Salz • 2 TL grüne Pfefferkörner • 100 g Crème fraîche

– Den Speck in etwa 1 cm breite Streifen schneiden und etwa 3 Std. in dem Wacholderschnaps marinieren.
– Den Hasenrücken mit einem Tuch abreiben, wenn nötig, häuten und die Fleischstränge vom Rückgrat ablösen. Suppengrün putzen, waschen und grob würfeln. Die Zwiebel schälen und vierteln.
– In einem Topf 30 g Schmalz erhitzen, die Knochen, das Suppengrün und die Zwiebel darin anbraten. 1/8 l Wein angießen und einkochen lassen. Den restlichen Wein und die Brühe zugeben, salzen und etwa 20 Min. zugedeckt köcheln lassen.
– Inzwischen die Hasenrückenfilets mit den Speckstreifen spicken. In einer Pfanne das restliche Fett erhitzen, die Filets darin anbraten. Bei schwacher Hitze in etwa 15 Min. fertig braten.
– Die Pfefferkörner zerdrücken. Den Rotweinfond durchsieben, mit der Crème fraîche verrühren und den Pfeffer hinzufügen. Fleisch schräg in etwa 2 cm dicke Scheiben schneiden und mit der Sauce überziehen.

654. Hasenrücken in Wacholdersauce

GUT FÜR GÄSTE
Für 4 Personen
Zubereitungszeit: 35 Min.
Marinierzeit: 2 Std.
Schmorzeit: 40 Min.

2 TL Wacholderbeeren • einige Zweige frischer oder 2 TL getrockneter Thymian • Salz • frisch gemahlener schwarzer Pfeffer • 2 küchenfertige ungespickte Hasenrücken (je etwa 600 g) • 400 g Schalotten oder kleine Zwiebeln • 2 EL Butterschmalz • 100 g Frühstücksspeck in dünnen Scheiben (Bacon) • 400 ml Wildfond (aus dem Glas) • 150 g Crème fraîche

– Die Wacholderbeeren mit Thymian, Salz und Pfeffer im Mörser zerreiben oder die Beeren auf einem Brett mit einer schweren Messerklinge zerdrücken und dann mit den anderen Gewürzen vermischen.
– Die Hasenrücken waschen, mit Küchenpapier gut trockentupfen, rundum mit der Gewürzmischung einreiben, dann zugedeckt für etwa 2 Std. in den Kühlschrank stellen und marinieren lassen.
– Den Backofen auf 200° vorheizen. Die Schalotten oder Zwiebeln schälen. In einem großen Bräter das Butterschmalz auf dem Herd erhitzen. Die Hasenrücken darin rundum bei starker Hitze kurz anbraten.

– Schalotten oder Zwiebeln dazugeben und bei mittlerer Hitze goldbraun braten. Die Hasenrücken jeweils mit dem Knochen nach unten drehen und mit den Speckscheiben bedecken. Die Hälfte des Wildfonds dazugießen und die Hasenrücken im Ofen (Mitte, Umluft 180°) 35–40 Min. schmoren.
– Die Hasenrücken aus dem Backofen nehmen. Mit einem scharfen Messer die Filets auslösen, dabei auch an die unteren Filets denken. Das Fleisch in Alufolie wickeln und warm halten.
– Den restlichen Wildfond und die Crème fraîche in den Bräter geben und auf dem Herd schnell bei starker Hitze etwas einkochen lassen. Die Sauce mit Salz und Pfeffer abschmecken und mit dem Fleisch anrichten.

655. Kaninchen in Rahmsauce

GELINGT LEICHT | BRAUCHT ETWAS ZEIT
Für 4 Personen
Zubereitungszeit: 20 Min.
Marinierzeit: 12 Std.
Schmorzeit: 40 Min.

1 küchenfertiges Kaninchen oder 2 Kaninchenrücken (vom Händler in Portionsstücke zerteilt) • 1/2 l Weißwein • 40 g Butter • 1 Zwiebel • Salz • frisch gemahlener Pfeffer • 2 Lorbeerblätter • 2 Gewürznelken • 200 g Crème fraîche

– Die Kaninchenteile unter fließendem kaltem Wasser kurz waschen und mit Küchenpapier trockentupfen. In eine Schüssel legen und mit dem Weißwein übergießen. Das Fleisch etwa 12 Std., am besten über Nacht, marinieren lassen.
– Die Kaninchenteile aus dem Wein nehmen, abtropfen lassen und mit Küchenpapier gründlich trockentupfen. Die Weißweinmarinade beiseite stellen. In einem großen Bräter die Butter erhitzen und die Stücke rundum darin anbraten.
– Die Zwiebel schälen, in kleine Würfel schneiden, zum Kaninchen geben und glasig werden lassen. Mit der Weißweinmarinade aufgießen, mit Salz und Pfeffer würzen und alles fest zugedeckt bei geringer Hitze etwa 20 Min. sanft schmoren lassen.
– Die Lorbeerblätter und die Gewürznelken dazugeben, die Crème fraîche unterrühren und alles weitere 20 Min. garen. Dabei ab und zu umrühren. Mit Salz abschmecken.

656. Kaninchen mit Wein und Nüssen

GUT FÜR GÄSTE
Für 4 Personen
Zubereitungszeit: 1 Std.
Schmorzeit: 45 Min.

1 küchenfertiges Kaninchen (bereits vom Metzger in 8–10 Teile zerlegen lassen) • 4 Fleischtomaten • 70 g gut durchwachsener Räucherspeck • 3 EL Olivenöl • 1/4 l trockener Weißwein • Salz • frisch gemahlener schwarzer Pfeffer • 1 Bund Petersilie • 1 Zweig Rosmarin • 1/2 kleine unbehandelte Zitrone • 1 Knoblauchzehe • 10 Walnusskerne

– Das Kaninchen waschen und dabei alle Knochensplitter und Fettreste sorgfältig entfernen. Die Kaninchenstücke mit Küchenpapier trockentupfen.
– Die Stielansätze der Tomaten entfernen. Die Tomaten mit kochend heißem Wasser überbrühen und kurz darin ziehen lassen. Tomaten abschrecken, häuten, quer halbieren und entkernen. Das Fruchtfleisch klein würfeln. Den Speck von der Schwarte befreien und in feine Würfel schneiden.
– In einer großen Kasserolle das Olivenöl erhitzen. Den Speck zugeben und auslassen. Die Kaninchenteile darin bei mittlerer Hitze rundum goldbraun braten.
– Den Weißwein angießen und etwas zur Hälfte eindampfen lassen, dabei die Fleischstücke mehrmals wenden. Das Kaninchen mit Salz und Pfeffer würzen. Die klein gehackten Tomaten dazugeben, die Kasserolle mit dem Deckel verschließen und alles bei schwacher Hitze etwa 45 Min. sanft schmoren lassen.
– Die Petersilie und den Rosmarinzweig abbrausen und trockenschütteln. Petersilienblättchen von den Stängeln, die Rosmarinnadeln vom Zweig abzupfen. Die Zitrone gründlich heiß waschen und ganz dünn schälen.
– Die Kräuter und die Zitronenschale möglichst fein schneiden oder hacken. Die Knoblauchzehe schälen und durch die Presse drücken. Die Walnusskerne mit einem großen Messer oder im Blitzhacker klein hacken.
– Die Kräuter, die Zitronenschale, den Knoblauch und die Walnüsse vermischen. Etwa 10 Min. vor Ende der Garzeit diese „gremolata“ unter die Sauce rühren. Bei schwacher Hitze das Kaninchen noch etwas ziehen lassen, bis es gar ist.
– Die gegarten Kaninchenteile und die Sauce auf einer tiefen Platte anrichten und servieren.

657. Rehkeule mit Preiselbeersauce

GUT FÜR GÄSTE
Für 6–8 Personen
Zubereitungszeit: 30 Min.
Bratzeit: 1 Std.

1 küchenfertige Rehkeule (etwa 2 kg) • Salz • frisch gemahlener schwarzer Pfeffer • 1 TL getrockneter Thymian • 100 g fetter Speck (in sehr dünne Scheiben geschnitten) • 3 Zwiebeln • 1/8 l Rotwein (ersatzweise Gemüsebrühe, Instant oder selbst gemacht) • 1/2 l Gemüsebrühe (Instant oder selbst gemacht) • 200 g Sahne • 1 kleines Glas Preiselbeeren (200 g)

– Backofen auf 250° vorheizen. Die Rehkeule waschen und mit Küchenpapier trockentupfen. Das Fleisch mit Salz, Pfeffer und dem Thymian einreiben.
– Die Rehkeule in einen großen Bräter oder in die Fettpfanne des Backofens legen und gleichmäßig mit den Speckscheiben bedecken.
– Die Zwiebeln schälen, in Spalten schneiden und neben die Rehkeule legen. Den Bräter oder die Fettpfanne in den Backofen (Mitte, Umluft 230°) schieben und das Fleisch 50–60 Min. braten. Dabei nach und nach den Rotwein und die Brühe dazugießen.
– Die Rehkeule herausnehmen, auf eine Platte legen und im ausgeschalteten Ofen warm halten. Den Speck wegwerfen.
– Den Bräter auf den Herd stellen oder den Fond in einen Topf gießen. Den Fond unter Rühren zum Kochen bringen, die Sahne und die Preiselbeeren einrühren. Die Sauce etwa 3 Min. durchkochen und abschmecken. Zur Rehkeule servieren.

658. Rehkeule auf traditionelle Art

GELINGT LEICHT
Für 8 Personen
Zubereitungszeit: 45 Min.
Schmorzeit: 1 Std.

750 g sehr kleine Kartoffeln • 750 g Schalotten oder kleine Zwiebeln • 1 Bund Petersilie • 4 Salbeiblätter • 2 Lorbeerblätter (möglichst frische, sonst getrocknete) • 1/2 TL gemahlenes Piment • 1 1/2 kg Rehkeule (ohne Knochen) • Salz • frisch gemahlener Pfeffer • 150 g fetter Speck • 50 g Butter • 1/4 l Wildfond (aus dem Glas, ersatzweise Fleischbrühe) • 1/4 l trockener Roséwein • 2 cl Wacholderschnaps • Küchengarn

– Kartoffeln waschen und in einen großen Topf geben. Mit Wasser auffüllen und einmal aufkochen lassen. Zugedeckt bei schwacher Hitze etwa 10 Min. garen. In der Zwischenzeit Wasser aufkochen, die Schalotten oder die kleinen Zwiebeln damit übergießen, dann abziehen. Die Kartoffeln kalt abschrecken und pellen.
– Die Petersilie, den Salbei und die Lorbeerblätter waschen, trockenschwenken und fein hacken. Mit dem Piment vermischen.
– Die Keule waschen, trockentupfen und, wenn nötig, häuten. Mit Salz und Pfeffer rundherum einreiben. Mit Küchengarn wie eine Roulade umwickeln, damit die Keule beim Braten nicht auseinanderfällt.
– Speck fein würfeln und in einem großen Bräter bei mittlerer Hitze langsam auslassen. Speck aus dem Topf nehmen, beiseite stellen. Die Keule im heißen Speckfett rundherum anbraten. Kartoffeln und Schalotten oder Zwiebeln zugeben und ebenfalls hellbraun anbraten.
– Backofen auf 200° vorheizen. Die Kräuter über den Topfinhalt streuen und die Butter in Flöckchen darüber verteilen. Den Wildfond oder die Fleischbrühe und den Wein seitlich angießen. Den geschlossenen Bräter in den Backofen (Mitte, Umluft 180°) stellen und die Rehkeule etwa 1 Std. schmoren lassen.
– Keule aus dem Bräter nehmen und zugedeckt warm stellen. Die Kartoffeln und die Zwiebeln mit einem Schaumlöffel herausheben und ebenfalls warm halten.
– Die Speckgrieben in einer Pfanne langsam erhitzen. Den Schmorfond durch ein Sieb in einen Topf gießen, den Wacholderschnaps einrühren, vorsichtig mit Salz und Pfeffer nachwürzen und warm halten.
– Von der Keule das Garn ablösen, das Fleisch leicht schräg zur Faser in Scheiben schneiden und auf einer tiefen Platte anrichten. Mit Kartoffeln und Schalotten umlegen. Die Speckgrieben über das Gemüse streuen. Den Schmorfond über die Fleischscheiben gießen.

TIPP

Dazu können Sie gedünstete Birnen servieren: Birnen schälen, halbieren und das Kerngehäuse mit dem Kugelausstecher oder einem Teelöffel entfernen, in wenig Weißwein nicht zu weich dünsten. Mit Preiselbeerkompott (selbst gekocht oder aus dem Glas) füllen und um das Fleisch herum garnieren.

659. Geschmorter Wildschweinrücken

GELINGT LEICHT
Für 6 Personen
Zubereitungszeit: 1 Std.
Schmorzeit: 1 Std.

2 kg Wildschweinrücken • 1 Knoblauchzehe • Salz • 1 TL gemahlener Kümmel • frisch gemahlener Pfeffer • 1 Möhre • 1 Petersilienwurzel • 1 Stück Knollensellerie (etwa 125 g) • 2 Zwiebeln • 2 EL Butterschmalz • 1/2 TL Pimentkörner • 8 Wacholderbeeren • 1/4 l kräftiger Rotwein • 1/2 l dunkler Wildfond (aus dem Glas) • 1 EL Mehl • 4 EL trockener Sherry • 200 g Schmand • 1 EL frisch gehackte Petersilie

– Den Wildschweinrücken waschen, abtrocknen und die Fettschicht rautenförmig einschneiden. Den Knoblauch schälen, mit Salz zerdrücken, mit Kümmel und Pfeffer mischen. Den Rücken mit der Mischung einreiben.
– Möhre, Petersilienwurzel, Sellerie und die Zwiebeln schälen und würfeln. Butterschmalz in einem Bräter erhitzen. Den Rücken darin auf der Fettseite anbraten.
– Den Backofen auf 200° vorheizen. Rücken wenden, mit Gemüse umlegen und etwa 5 Min. weiterbraten.
– Die Gewürze dazugeben. Den offenen Bräter in den Ofen (Mitte, Umluft 180°) schieben. Nach etwa 30 Min. Wein und Fond angießen. Das Fleisch zugedeckt noch etwa 30 Min. schmoren lassen.
– Den Wildschweinrücken warm stellen. Schmorfond durchsieben. Mehl mit dem Sherry verrühren und den Fond damit binden. Unter Rühren etwa 10 Min. köcheln lassen. Mit dem Schmand verfeinern, mit Salz und Pfeffer abschmecken und mit der Petersilie bestreuen.

660. Tafelspitz

GUT FÜR GÄSTE
Für 4 Personen
Zubereitungszeit: 30 Min.
Garzeit: 2 Std.

1 Stück Knollensellerie • 2 Möhren • 1 Petersilienwurzel • 2 Zwiebeln • 1 Stange Lauch • 1/2 Bund Petersilie • 1 Lorbeerblatt • 2 TL weiße Pfefferkörner • 1 kräftige Prise Salz • 1 kg Tafelspitz (sollte beim Metzger vorbestellt werden) • 1 Bund Schnittlauch

– Knollensellerie, Möhren und Petersilienwurzel schälen und grob zerkleinern. Zwiebeln schälen und vierteln. Vom Lauch den Wurzelansatz und welke grüne Blätter abschneiden. Die Stange längs aufschlitzen, gründlich waschen und in 2 cm lange Stücke schneiden. Gemüse in einen großen Topf oder einen Bräter geben.
– Die Petersilie waschen und mit dem Lorbeerblatt, den Pfefferkörnern und dem Salz dazugeben. Alles mit so viel Wasser aufgießen, dass der Topf etwa zur Hälfte gefüllt ist. Sud zum Kochen bringen und etwa 10 Min. zugedeckt bei schwacher Hitze köcheln lassen.
– Den Tafelspitz waschen, trockentupfen und in den Topf legen. Das Fleisch sollte von der Brühe bedeckt sein. Bei Bedarf noch etwas kochendes Wasser zugießen. Einen Topfdeckel so auflegen, dass noch Dampf entweichen kann. Den Tafelspitz in etwa 2 Std. in der leicht siedenden Brühe garen.
– Den Schnittlauch waschen, trockenschütteln und in Röllchen schneiden. Das Fleisch aus der Brühe heben und quer zur Faser in fingerdicke Scheiben schneiden. Den Tafelspitz auf einer vorgewärmten Platte servieren. Einige Esslöffel Brühe darüber gießen und das Fleisch mit den Schnittlauchröllchen bestreuen.

661. Kalbszunge in pikanter Sauce

BRAUCHT ETWAS ZEIT
Für 6 Personen
Zubereitungszeit: 1 3/4 Std.
Einweichzeit: 2 Std.

20 g getrocknete Pilze (Steinpilze oder gemischte Pilze) • 1 Kalbszunge (ca. 1 kg) • 1/2 l trockener Weißwein • 1 Möhre • 3 Stangen Sellerie • 1 kleine Stange Lauch • 2 Zwiebeln • 1/2 unbehandelte Zitrone • 1 Gewürznelke • 1 Lorbeerblatt • 1/2 TL Pfefferkörner • Salz • 3 Knoblauchzehen • 1 Bund Petersilie • 2 EL Butter • 300 g Tomaten • frisch gemahlener schwarzer Pfeffer

– Die getrockneten Pilze abbrausen und 2 Std. in 1/8 l Wasser einweichen.
– Die Kalbszunge kalt waschen, mit 1 l Wasser und 1/4 l Weißwein in einen Topf geben und erhitzen. Die Möhre, 2 Stangen Sellerie und die Lauchstange waschen, putzen und grob zerteilen. 1 Zwiebel schälen und halbieren, die halbe Zitrone waschen und in Scheiben schneiden. Alle Zutaten zusammen mit der Gewürznelke, Lorbeerblatt und 1/2 TL Pfefferkörnern in den Topf geben. 1/2 TL

Salz einstreuen. Den Topf halb zudecken, die Zunge etwa 1 1/4 Std. bei schwacher Hitze knapp unter dem Siedepunkt garen.

– Nach 30 Min. Garzeit für die Sauce die restliche Zwiebel, die Knoblauchzehen, übrige Selleriestange und 1/2 Bund Petersilie schälen bzw. waschen und putzen und sehr fein hacken.

– In einem Topf die Butter zerlassen, die Gemüsemischung darin 10 Min. sanft andünsten. Eingeweichte Pilze abtropfen lassen, dabei den Sud auffangen, durch ein feines Sieb gießen und für später bereitstellen. Die Pilze klein hacken, in den Topf zum Gemüse geben und unter Rühren anbraten.

– Stielansätze der Tomaten entfernen. Die Tomaten kurz überbrühen, häuten, das Fruchtfleisch grob zerteilen und durch ein Sieb streichen. Dieses Tomatenpüree in den Topf geben. Restlichen Weißwein und Pilzsud angießen, salzen und pfeffern. 20 Min. kräftig köcheln lassen. Bei Bedarf etwas Zungenbrühe angießen.

– Die fertige Kalbszunge herausnehmen und kalt abschrecken. Mit einem spitzen Messer die Haut einschneiden und abziehen. Die Zunge schräg in 1/2 cm dicke Scheiben schneiden. In die Tomatensauce legen und bei geringr Hitze in etwa 10 Min. fertig garen.

– Die Sauce abschmecken, die restliche Petersilie waschen, trockenschütteln, grob hacken und aufstreuen.

TIPP

Wenn Sie keine vollreifen Tomaten bekommen, nehmen Sie besser geschälte Tomaten aus der Dose oder, noch einfacher, 200 g passierte Tomaten aus dem Päckchen.

662. Rinderzunge mit Madeirasauce

BRAUCHT ETWAS ZEIT
Für 6 Personen
Zubereitungszeit: 45 Min.
Garzeit: 3 Std.

1 gepökelte Rinderzunge (etwa 1,2 kg) • 2 Zwiebeln • 1 Lorbeerblatt • 2 Gewürznelken • 1 Bund Suppengrün • 1 EL Pfefferkörner • 1 TL Salz • 1 EL Butter • 2 EL Mehl • 100 ml Madeira • 100 g Sahne • Salz • frisch gemahlener Pfeffer • Zucker • 1 TL Zitronensaft • 1 Bund Schnittlauch

– Die Rinderzunge gründlich kalt waschen und den Schlund, falls nötig, abschneiden. 1 Zwiebel schälen und mit dem Lorbeerblatt und den Nelken spicken. Das Suppengrün putzen, waschen und grob zerschneiden.

– Die Rinderzunge mit der Spickzwiebel, dem Suppengrün, den Pfefferkörnern und dem Salz in einen großen Topf geben. Mit so viel Wasser aufgießen, dass die Zunge bedeckt ist. Aufkochen und dann zugedeckt bei schwacher Hitze etwa 3 Std. köcheln lassen.

– Die Zunge ist gar, wenn die Haut Blasen wirft und man leicht in die Zungenspitze stechen kann. Die Rinderzunge aus dem Sud nehmen, kalt abspülen und die Haut von der Zungenspitze herabziehen. Die Zunge wieder in den heißen Sud legen und zudecken.

– Für die Sauce 1/2 l vom Garsud abmessen. Übrige Zwiebel schälen und fein hacken. Butter in einem Topf erhitzen und die Zwiebel darin anbraten. Mehl unterrühren und mit dem Garsud ablöschen. Die Sauce bei starker Hitze offen um etwa die Hälfte einkochen lassen.

– Madeira und Sahne unterrühren und alles einmal aufkochen lassen. Mit Salz, Pfeffer, 1–2 Prisen Zucker und Zitronensaft abschmecken. Schnittlauch waschen, klein schneiden und in die Sauce streuen. Zunge in 1/2 cm dicke Scheiben schneiden und mit der Sauce servieren.

663. Pot au feu

(Gekochtes Rindfleisch mit Gemüse)

GUT FÜR GÄSTE
Für 6 Personen
Zubereitungszeit: 1 1/4 Std.
Garzeit: 2 1/2 Std.

750 g Markknochen • 1 kg Rinderschulter • Salz • 1 Zwiebel • 1 Bund Suppengrün • 1 Zweig Thymian • 5 Pfefferkörner • 1 Lorbeerblatt • 375 g Möhren • 250 g weiße Rüben oder Teltower Rübchen • 2 Pastinaken oder Petersilienwurzeln • 4 Stangen Lauch • 250 g Weißkohl • 1 Bund Petersilie • 50 g Butter • frisch gemahlener Pfeffer • eventuell gekörnte Brühe

– In einem großen Topf 1 l Wasser erhitzen und die Markknochen darin einige Male sprudelnd aufkochen lassen. Das Wasser dann wegschütten, die Knochen abbrausen und den Topf ausspülen.

– Das Fleisch waschen. 1 3/4 l Wasser mit 1 TL Salz zum Kochen bringen. Zwiebel schälen und halbieren. Suppengrün waschen und putzen, den Thymian abbrausen.

– Die Markknochen, das Rindfleisch, die Pfefferkörner, den Thymian, die Zwiebel, das Suppengrün und das Lorbeerblatt in das Salzwasser geben, erneut zum Kochen bringen, mehrmals abschäumen und bei milder Hitze 2 Std. kochen lassen. Das Wasser muss schwach sprudelnd kochen. Zwischen Topf und Deckel einen Spalt offen lassen.
– Möhren, weiße Rüben oder Teltower Rübchen und die Pastinaken oder Petersilienwurzeln schälen und in etwa 3 cm lange Stifte schneiden. Den Lauch putzen, der Länge nach vierteln, waschen und in ebenso lange Stifte schneiden. Den Weißkohl putzen, waschen, den Strunk entfernen und die Weißkohlblätter in etwa 3 cm lange Streifen schneiden. Die Petersilie waschen, abtropfen lassen und klein schneiden.
– Das gare Fleisch und die Markknochen aus der Fleischbrühe heben. Die Brühe durch ein Sieb in eine Schüssel gießen, den Topf erneut auswaschen, um vorhandene Knochensplitter zu entfernen. Die Fleischbrühe in den Topf zurückgießen und wieder erhitzen.
– Das Fleisch mit dem Gemüse in die Brühe geben und nach dem Aufkochen zugedeckt bei milder Hitze weitere 25 Min. kochen lassen. Das Mark aus den Knochen mit einem spitzen Messer lösen, in dünne Scheibchen schneiden und beiseite stellen. Die Knochen wegwerfen.
– Fleisch aus der Brühe nehmen, in Scheiben schneiden und dachziegelartig auf einer vorgewärmten Platte anrichten. Gemüse mit dem Schaumlöffel aus der Brühe heben und um das Fleisch anrichten. Das Fleisch mit der Petersilie bestreuen. Die Butter in kleinen Flöckchen auf das Gemüse setzen und alles warm stellen.
– Von der Fleischbrühe die Fettaugen abschöpfen und die Brühe Salz, gemahlenem Pfeffer und eventuell gekörnter Brühe abschmecken. Markscheiben in vorgewärmte Suppentassen legen, mit der Brühe auffüllen und als Vorsuppe zum Pot au feu reichen.

664. Bœuf à la mode

(Saures Saucenfleisch)

GUT FÜR GÄSTE
Für 4 Personen
Zubereitungszeit: 1 Std.
Marinierzeit: 3 Tage
Garzeit: 2 1/2 Std.

700 g Rindfleisch (Schwanzstück oder Rosenspitze) • 60 g Speck • frisch gemahlener Pfeffer • Salz • 1/2 l Weißweinessig • 1 Zwiebel • 1 Bund Suppengrün • 1 Lorbeerblatt • 3 Gewürznelken • je 10 Pfefferkörner und Wacholderbeeren • 1 Stück unbehandelte Zitronenschale • 1 1/2 EL Butter • 1 TL Zucker • 3 EL Mehl • 100 ml Weißwein oder Dessertwein

– Das Rindfleisch kurz unter fließendem kaltem Wasser waschen und mit Küchenpapier gründlich trockentupfen.
– Den Speck in etwa 5 cm lange, fingerdicke Streifen schneiden. Die Speckstreifen in etwas Pfeffer und Salz wenden und das Fleisch damit spicken, indem man mit einem langen spitzen Küchenmesser in das Fleisch sticht und den Speck hineindrückt.
– 1/2 l Wasser mit dem Weißweinessig in einen Topf gießen. Die Zwiebel schälen und fein würfeln. Das Suppengrün waschen, putzen und ebenfalls klein schneiden. Die Zwiebel mit dem Suppengrün, dem Lorbeerblatt, den Gewürznelken, den Pfefferkörnern, den Wacholderbeeren und der Zitronenschale zum Essigwasser geben. Die Marinade etwa 5 Min. kochen und dann abkühlen lassen.
– Das gespickte Fleisch in eine ausreichend große Schüssel legen und mit der Marinade übergießen. Das Fleisch soll von der Flüssigkeit bedeckt sein. Die Schüssel mit einem Küchentuch zudecken und das Fleisch 2–3 Tage an einem kühlen Ort marinieren, dabei täglich wenden.
– Dann das Fleisch aus der Marinade nehmen, mit 1/2 TL Salz einreiben und mit der Marinade und allen Gewürzen in einen Topf geben. So viel Wasser aufgießen, dass das Fleisch gut bedeckt ist und in 2 Std. bei milder Hitze zugedeckt garen.
– Nach dem Kochen das Fleisch aus der Brühe nehmen und warm stellen. Die Brühe durch ein Sieb gießen und etwas abkühlen lassen.
– Das Fett von der Brühe abschöpfen und mit der Butter zusammen in einer Kasserolle erhitzen. Den Zucker und das Mehl darüber streuen und unter Rühren die Einbrenne dunkelbraun werden lassen.
1/4 l der Brühe mit 1/4 l Wasser mischen und die Einbrenne damit aufgießen, umrühren und bei milder Hitze etwa 30 Min. kochen lassen.
– Die Sauce mit dem Weißwein oder dem Dessertwein abrunden, nochmals gut erhitzen, aber nicht mehr kochen lassen. Mit Salz und Pfeffer abschmecken.
– Das Rindfleisch in dünne Scheiben schneiden, in einer vorgewärmten Schüssel anrichten und mit der Sauce übergießen.

665. Eisbein mit Erbsenpüree

BRAUCHT ETWAS ZEIT
Für 4 Personen
Zubereitungszeit: 35 Min.
Einweichzeit: 16 Std.
Garzeit: 2 Std.

Für das Erbsenpüree: 500 g gelbe Erbsen • 1 Bund Suppengrün • 2 Zwiebeln • 100 g roher Schinken • Salz • frisch gemahlener Pfeffer • 1 EL Butter
Für das Eisbein: 1 kg Schweinehaxe • 1 Zwiebel • 5 Gewürznelken • 1 Lorbeerblatt • 10 Pfefferkörner

– Die Erbsen in einen Topf geben, mit kaltem Wasser bedecken und 12–16 Std. einweichen.
– Am nächsten Tag das Suppengrün waschen, putzen und klein schneiden. 1 Zwiebel schälen und würfeln, den Schinken klein würfeln.
– Die Erbsen im Topf mit so viel frischem Wasser aufgießen, dass sie etwa 1 cm mit Wasser bedeckt sind. 1 TL Salz, Suppengrün, Zwiebelwürfel und Schinken zugeben und alles bei milder Hitze etwa 2 Std. zugedeckt kochen lassen. Ab und zu umrühren.
– Wenn die Erbsen etwa 1 Std. gekocht haben, die Haxe gut kalt waschen, in kaltem Wasser aufsetzen, aufkochen lassen und mehrmals abschäumen. Die Zwiebel schälen, mit den Nelken bestecken und mit dem Lorbeerblatt und den Pfefferkörnern zu den Haxen geben. Zugedeckt bei mittlerer Hitze etwa 1 Std. kochen lassen. Das Fleisch darf nicht schwammig werden.
– Wenn die Erbsen weich sind, durch ein Sieb passieren. Das Püree mit Salz und Pfeffer abschmecken. Die zweite Zwiebel schälen, in Ringe schneiden und in der Butter goldbraun braten. Erbsenpüree in einer vorgewärmten Schüssel anrichten, die gebratenen Zwiebeln darauf geben. Die Eisbeine (Haxen) auf einer Platte anrichten und mit dem Püree zusammen servieren.

666. Bollito misto
(Gemischtes gekochtes Fleisch)

GUT VORZUBEREITEN
Für 6 Personen
Zubereitungszeit: 2 Std.

350 g Rindfleisch zum Kochen (Brustkern, Schulter) • 350 g Kalbfleisch (Nuss) • 1 kleines Brathähnchen (etwa 800 g) • 1/2 geräucherte, gegarte Rinderzunge (am Stück) • 2 Markknochen • 2 Zwiebeln • 2 Bund glatte Petersilie • 1 Bund Basilikum • 2 Lorbeerblätter • 1 EL schwarze Pfefferkörner • 2 Gewürznelken • 3 Knoblauchzehen • Salz • 500 g Möhren • 1 Staude Stangensellerie • 2 Stangen Lauch • 500 g vorwiegend fest kochende Kartoffeln • 2 Bund Schnittlauch • 300 g Crème fraîche • 300 g Naturjoghurt (Vollmilch) • 3 EL Mayonnaise • Cayennepfeffer • frisch gemahlener weißer Pfeffer • kleiner Mull- oder Papierteebeutel • Küchengarn

– Rind- und Kalbfleisch, Hähnchen und Zunge mit Küchenpapier trockentupfen, die Knochen mit kaltem Wasser abbrausen und ebenfalls abtrocknen. Die Zwiebeln schälen, halbieren und auf der heißen Herdplatte dunkelbraun rösten.
– Von der Petersilie und dem Basilikum die Blättchen abschneiden und beiseite legen. Die harten Stiele klein schneiden und mit den Lorbeerblättern, den Pfefferkörnern, den Nelken und den ungeschälten Knoblauchzehen in einen kleinen Mull- oder Papierteebeutel packen, mit Küchengarn zubinden.
– Das Rind- und Kalbfleisch, die Knochen, die Zwiebeln und den Gewürzbeutel in einen großen Topf (etwa 10 l Inhalt) geben, kaltes Wasser aufgießen. Bei mittlerer Hitze ohne Deckel zum Kochen bringen. Den Schaum abschöpfen. Zugedeckt etwa 45 Min. bei schwacher Hitze sieden lassen.
– Inzwischen das Gemüse waschen, putzen, schälen und in sehr große Stücke schneiden, Kartoffeln nur schälen und halbieren. Das Gemüse mit dem Hähnchen und der Zunge zum Fleisch geben, so viel Wasser nachgießen, bis auch das Gemüse bedeckt ist. Mit 2–3 EL Salz würzen. Noch etwa 1 Std. bei schwacher Hitze garen.
– Für die Sauce die Petersilien- und Basilikumblättchen sowie den Schnittlauch fein schneiden. Crème fraîche mit dem Joghurt und der Mayonnaise verrühren, die Kräuter untermischen, mit Salz, Cayenne- und weißem Pfeffer abschmecken.
– Den Gewürzbeutel und die Zwiebeln aus dem Topf nehmen und wegwerfen. Die Zunge herausnehmen, mit kaltem Wasser abschrecken und die zähe Haut abziehen. Das Fleisch in dünne Scheiben beziehungsweise das Hähnchen in Portionsstücke schneiden.
– Die Fleischscheiben, die Hähnchenstücke und das Gemüse auf einer großen Platte anrichten. Etwas von der heißen Brühe darüber gießen. Die Sauce in einer Sauciere extra dazu servieren.

667. Ungarisches Gulasch

GUT VORZUBEREITEN
Für 4 Personen
Zubereitungszeit: 30 Min.
Schmorzeit: 1 1/2 Std.

500 g Zwiebeln • 3 Knoblauchzehen • 3 EL Öl • 750 g Rindfleisch (aus der Oberschale) • 3 EL edelsüßes Paprikapulver • Salz • frisch gemahlener schwarzer Pfeffer • 1/2 l Fleischbrühe (Instant oder selbst gemacht) • 400 g rote Paprikaschoten • 300 g vorwiegend fest kochende Kartoffeln • 4 EL Tomatenmark

– Die Zwiebeln und die Knoblauchzehen schälen und grob zerschneiden. In einem großen Topf das Öl erhitzen. Die Zwiebeln und den Knoblauch bei schwacher Hitze unter Rühren kurz anbraten, ohne dass sie Farbe annehmen.
– Das Fleisch unter fließendem kaltem Wasser kurz waschen, dann mit Küchenpapier gründlich trockentupfen. Das Fleisch in 2–3 cm große Würfel schneiden. Die Fleischwürfel ebenfalls in die Pfanne geben und bei mittlerer Hitze auf allen Seiten anbraten.
– Das Paprikapulver darüber streuen. Alles gut vermischen und kräftig mit Salz und Pfeffer abschmecken. Die Fleischbrühe nach und nach dazugießen. Das Gulasch bei schwacher Hitze im geschlossenen Topf etwa 1 1/2 Std. sanft schmoren lassen. Zwischendurch öfters umrühren.
– Inzwischen die Paprikaschoten waschen und halbieren. Von den Stielansätzen, den Trennwänden und den Kernen befreien. Dann die Schotenhälften nochmal kurz abbrausen, um übrige Kernchen zu entfernen, und in etwa 1 cm dicke Streifen schneiden. Die Kartoffeln waschen, schälen und in nicht zu kleine Würfel (etwa 3 cm groß) schneiden.
– 15–20 Min. vor Ende der Garzeit das Tomatenmark in das Gulasch einrühren und die Paprikastreifen und Kartoffelwürfel dazugeben. Das Gulasch mit Salz und Pfeffer pikant abschmecken und im geschlossenen Topf fertig schmoren.

TIPP
Sie können die Kartoffeln auch einmal durch Möhren und Knollensellerie ersetzen.

668. Mariniertes Lammragout

BRAUCHT ETWAS ZEIT
Für 4 Personen
Zubereitungszeit: 30 Min.
Marinierzeit: 3 Std.
Schmorzeit: 1 Std.

1 kg Lammschulter (vom Metzger in Ragoutstücke gehackt) • 1 TL Rosmarinnadeln • 5 Salbeiblätter • 2 Knoblauchzehen • 10 Wacholderbeeren • 6 EL Olivenöl • Saft von 1 Zitrone • 1 EL aromatischer Weißweinessig • Salz • frisch gemahlener schwarzer Pfeffer • 1/8 l trockener Weißwein

– Die Fleischstücke kurz kalt waschen, dabei alle Knochensplitter sorgfältig entfernen. Dann das Fleisch mit Küchenpapier gründlich trockentupfen.
– Rosmarin und Salbei waschen, trockentupfen und fein hacken. Knoblauch schälen und mit den Wacholderbeeren zerdrücken. Alles mit Olivenöl, Zitronensaft, Essig, Salz und Pfeffer zu einer Marinade verrühren. Die Fleischstücke in der Marinade wenden und mindestens 3 Std. darin ziehen lassen. Das Fleisch öfters wenden.
– Den Backofen auf 180° vorheizen. Das Fleisch mit der Marinade in eine Kasserolle geben. Mit einem Deckel oder Alufolie fest verschließen, im Backofen (Mitte, Umluft 160°) etwa 45 Min. schmoren lassen.
– Dann den Wein angießen. Offen so lange garen, bis beinahe keine Flüssigkeit mehr in der Kasserolle übrig bleibt und das Fleisch leicht gebräunt ist.

669. Gemischtes Ragout

GUT VORZUBEREITEN
Für 4 Personen
Zubereitungszeit: 30 Min.
Garzeit: 1 1/2 Std.

je 150 g Kalb-, Rind- und Schweinefleisch (aus Keule oder Schulter) • 150 g Lammfleisch (aus der Keule) • 1 Zwiebel • 500 g Tomaten • 4 EL Olivenöl • 1/8 l trockener Rotwein • Salz • frisch gemahlener schwarzer Pfeffer • nach Belieben 2 EL gehackte Petersilie

– Das Fleisch trockentupfen und in Würfel von etwa 3 cm Kantenlänge schneiden. Die Zwiebel schälen und klein würfeln. Die Tomaten mit kochend heißem Wasser

übergießen, kurz stehen lassen, kalt abschrecken und häuten. Die Tomaten halbieren, die Stielansätze herausschneiden und das Fruchtfleisch würfeln.
– Olivenöl in einem Bräter erhitzen und die Fleischwürfel bei starker Hitze darin anbraten, bis der Saft verdampft ist und das Fleisch sich bräunt. Die Zwiebel hinzufügen und mitbraten, bis sie glasig wird. Alles mit dem Rotwein ablöschen und aufkochen, dann auf mittlere Hitze zurückschalten.
– Die Tomaten dazugeben. Etwas Salz und Pfeffer darüber streuen und umrühren. Das Ragout zugedeckt bei schwacher Hitze in etwa 1 1/2 Std. sanft gar köcheln lassen. Dann nach Belieben mit gehackter Petersilie überstreuen und servieren.

TIPP

Dieses opulente Ragout aus Apulien wird auch im übrigen Italien sehr gerne gegessen. Es wird meist mit gedünstetem Gemüse und Weißbrot serviert.

670. Kaninchenragout mit Linsen

PREISWERT
Für 2 Personen
Zubereitungszeit: 45 Min.
Einweichzeit: 1 Std.
Schmorzeit: 45 Min.

75 g braune Linsen • 700 g Kaninchenrücken (ersatzweis Schulterteile) • 125 g Schalotten oder kleine Zwiebeln • 2 Knoblauchzehen • 2 EL Olivenöl • 1/8 l Wildfond (aus dem Glas) • 3 Zweige frischer oder 1 TL getrockneter Thymian • Salz • frisch gemahlener schwarzer Pfeffer • 1–2 EL Essig

– Die Linsen in eine Schüssel geben und etwa 1 Std. in 1/8 l kaltem Wasser einweichen.
– Den Kaninchenrücken waschen und trockentupfen. Das Fleisch in nicht zu große Portionsstücke zerhacken oder zerschneiden. Schalotten oder Zwiebeln schälen und in dünne Ringe schneiden. Den Knoblauch schälen und in dünne Scheiben schneiden.
– In einem Topf das Öl erhitzen und die Kaninchenteile darin rundum bei mittlerer Hitze goldbraun anbraten. Schalotten oder Zwiebeln und Knoblauch dazugeben und kurz anbraten, dann mit dem Fond ablöschen.
– Die Linsen mit dem Einweichwasser zu dem Ragout geben und alles gut durchrühren.
– Den frischen Thymian waschen und trockenschütteln. Abgezupfte frische Blättchen oder den getrockneten Thymian zum Ragout geben und alles gut zugedeckt bei mittlerer Hitze etwa 45 Min. schmoren lassen.
– Das Kaninchenragout mit Salz, Pfeffer und dem Essig abschmecken und servieren.

TIPP

Sie können das Kaninchenragout auch gut mit weißen Bohnen zubereiten. Diese müssen allerdings vorher über Nacht eingeweicht werden und haben eine längere Garzeit. Kochen Sie sie mindestens 1 Std. vor.

671. Rehragout

BRAUCHT ETWAS ZEIT
Für 4 Personen
Zubereitungszeit: 2 Std.
Marinierzeit: 24 Std.
Schmorzeit: 1 3/4 Std.

1 kg Rehfleisch (Schulter) • 1 Zwiebel • 2 Knoblauchzehen • 1 Möhre • 1 Stange Sellerie • 1/2 Bund Petersilie • 3–4 Salbeiblätter (+ nach Belieben Salbeiblätter zum Garnieren) • 1 Zweig Rosmarin • 2 Lorbeerblätter • 2 Gewürznelken • 1 Prise Zimtpulver • 1/2 l trockener Weißwein • 1/8 l Weißweinessig • 3 EL Olivenöl • 50 g Butter

– Fleisch waschen, trockentupfen und in 3–4 cm große Würfel schneiden, dann in eine Schüssel legen.
– Zwiebel und Knoblauch schälen, Möhre und Sellerie schälen bzw. putzen und waschen. Die Petersilie waschen und trockenschütteln. Alles klein schneiden.
– Salbei und Rosmarin waschen, trockentupfen, mit zerkleinertem Gemüse, Lorbeerblättern, Nelken und Zimt zum Fleisch geben und gut mischen. Weißwein und Essig darüber gießen, an einem kühlen Ort mindestens 24 Std. marinieren lassen, dabei mehrmals umrühren.
– Das Fleisch aus der Marinade nehmen und abtropfen lassen. Marinade durchseihen, Gemüse aufbewahren, Flüssigkeit auffangen. Salbei, Rosmarin, Lorbeer und Nelken entfernen.

– In einer Kasserolle Olivenöl und Butter erhitzen, Das Fleisch darin portionsweise rundum gut anbraten, Gemüse dazugeben, kurz mitbraten, etwas Marinade angießen, mit Salz und Pfeffer würzen. Zugedeckt bei ganz schwacher Hitze in etwa 1 3/4 Std. gar schmoren. Ab und zu umrühren und bei Bedarf weitere Marinade angießen. Nach Belieben mit Salbeiblättern garnieren.

672. Wildgulasch mit Steinpilzen

GUT FÜR GÄSTE | GELINGT LEICHT
Für 4 Personen
Zubereitungszeit: 30 Min.
Schmorzeit: 1 Std.

20 g getrocknete Steinpilze • 2 Zwiebeln • 100 g durchwachsener Räucherspeck • 600 g Wildgulasch (vom Reh oder Hirsch) • 2 EL Butterschmalz • 1/4 l trockener Rotwein oder Gemüsebrühe (Instant oder selbst gemacht) • 1 kleine Dose geschälte Tomaten (400 g Inhalt) • 1 Lorbeerblatt • 3 Wacholderbeeren • Salz • frisch gemahlener schwarzer Pfeffer • 100 g saure Sahne

– Die getrockneten Steinpilze etwa 30 Min. in etwas warmem Wasser einweichen.
– Inzwischen die Zwiebeln schälen und grob würfeln. Den Speck von der Schwarte und den Knorpeln befreien und ebenfalls würfeln. Das Wildgulasch waschen und trockentupfen. Das Fleisch eventuell von Sehnen und Häutchen befreien und, falls nötig, in Portionsstücke zerschneiden.
– In einem breiten Topf das Schmalz erhitzen. Den gewürfelten Speck und die Zwiebeln darin bei mittlerer Hitze kurz anbraten. Das Gulaschfleisch dazugeben und unter Rühren ebenfalls anbraten.
– Die Steinpilze aus dem Einweichwasser nehmen und eventuell etwas kleiner schneiden. Die Pilze dann zum Fleisch geben. Das Einweichwasser durch ein feines Sieb oder einen Kaffeefilter dazugießen. Die Hälfte des Rotweins oder der Gemüsebrühe einrühren.
– Tomaten samt Saft in eine Schüssel geben und mit einer Gabel zerdrücken, dann in das Gulasch einrühren. Das Gulasch mit Lorbeerblatt, zerdrückten Wacholderbeeren, Salz und Pfeffer würzen und zugedeckt bei schwacher Hitze etwa 1 Std. schmoren lassen.
– Nun den restlichen Wein oder die restliche Gemüsebrühe dazugießen und das Gulasch bei mittlerer Hitze offen noch etwa 5 Min. einkochen lassen. Mit Salz und Pfeffer abschmecken. Die saure Sahne unterrühren, aber nicht mehr kochen lassen. Das Gulasch auf Tellern anrichten und servieren.

TIPP

Übriggebliebenes Wildgulasch am nächsten Tag mit Brühe und Wein oder Sahne aufgießen und erhitzen. Mit reichlich frischen Kräutern bestreut als Suppe servieren.

673. Hirschgulasch mit Pfifferlingen

GUT FÜR GÄSTE
Für 4 Personen
Zubereitungszeit: 1 Std.
Garzeit: 1 Std.

1 kg Hirschfleisch • 100 g geräucherter Speck • 1 1/2 Zwiebeln • 1 TL Butterschmalz • edelsüßes Paprikapulver • 2 EL Wacholderschnaps • 100 ml Rotwein • 1/4 l Brühe • Salz • 1 TL getrockneter Thymian • einige Wacholderbeeren • frisch gemahlener schwarzer Pfeffer • 1 Kräutersträußchen (z. B. mit Thymian, Petersilie, Oregano, Rosmarin) • 150 g Pfifferlinge • 1 EL Butter • frisch gemahlener weißer Pfeffer • 2 EL frisch gehackte Petersilie • 3 EL Preiselbeeren • 200 g Sauerrahm

– Das Hirschfleisch waschen, trockentupfen und in Würfel von etwa 2 x 2 cm schneiden. Den Speck fein würfeln. 1 Zwiebel schälen und hacken. Das Butterschmalz in einem breiten Topf erhitzen, Speck und Zwiebel anbraten.
– Nach einigen Minuten das Fleisch einlegen und von allen Seiten kräftig anbraten. Mit Paprikapulver überpudern und mit Wacholderschnaps und dem Rotwein ablöschen.
– Öfter umrühren und mit Brühe aufgießen. Mit Salz, Thymian, Wacholderbeeren und schwarzem Pfeffer würzen. Das Kräutersträußchen einlegen. Das Gulasch bei schwacher Hitze etwa 1 Std. zugedeckt ganz sanft schmoren lassen.
– Die Pfifferlinge verlesen, säubern und größere eventuell halbieren. Die halbe Zwiebel schälen und hacken. Die Butter erhitzen, Zwiebel und die Pilze einstreuen,

Braten & Ragouts

leicht mit Salz und weißem Pfeffer würzen. Die Pilze 10–15 Min. bei mittlerer Hitze dünsten. Zuletzt die Petersilie unterrühren.
– Das Fleisch aus dem Topf nehmen und in eine vorgewärmte Schüssel legen. Das Kräutersträußchen und die Wacholderbeeren entfernen. Den Fond einige Male aufkochen, dann die Hitze zurückdrehen. Mit den Preiselbeeren und dem Sauerrahm verfeinern. Eventuell nachwürzen und über das Fleisch gießen. Die Pfifferlinge obenauf verteilen und servieren.

674. Hirschragout österreichische Art

GELINGT LEICHT
Für 4 Personen
Zubereitungszeit: 30 Min.
Schmorzeit: 2 Std.

1 große Zwiebel • 1 Petersilienwurzel • 2 kleine Möhren • 1 Stück Sellerieknolle • 3/8 l Fleischbrühe • 750 g Kleinfleisch vom Hirsch (ohne Knochen) • 4 EL Butterschmalz • Salz • 1 TL Zucker • 6 schwarze Pfefferkörner • 10 Pimentkörner • 6 Wacholderbeeren • 1 Lorbeerblatt • 2 Msp. getrockneter Thymian • je 1 Msp. Ingwerpulver und frisch geriebene Muskatnuss • 2 EL Mehl • 80 ml trockener Rotwein • 250 g saure Sahne • Saft von 1 Zitrone oder 1 EL Weißweinessig • 1 EL Madeira

– Die Zwiebel, die Petersilienwurzel, die Möhren und die Sellerieknolle schälen und in kleine Würfel schneiden. Die Fleischbrühe erhitzen.
– Das Hirschfleisch kurz kalt waschen, gut abtrocknen, von Sehnen und Häuten befreien und in etwa 3 cm große Würfel schneiden. Das Schmalz in einem großen Topf erhitzen, die Fleischwürfel bei guter Hitze von allen Seiten anbraten.
– Das Gemüse zugeben und unter ständigem Umrühren kurz mitbraten. Salz und den Zucker über das Fleisch streuen und alle Gewürze zufügen. 1/8 l heiße Fleischbrühe um das Fleisch gießen und dieses zugedeckt bei milder Hitze 1 1/2–2 Std. schmoren lassen. Während der Schmorzeit ab und zu umrühren und, wenn nötig, immer ein wenig heiße Fleischbrühe nachgießen.
– Das gare Fleisch mit einem Schaumlöffel aus der Schmorflüssigkeit heben und in einer vorgewärmten Schüssel zugedeckt warm halten. Den Bratenfond mit der restlichen Fleischbrühe im Schmortopf lösen und durch ein Sieb in einen kleineren Topf passieren. Das Mehl mit 1/8 l kaltem Wasser anrühren, in die Sauce geben und unter Rühren einige Male aufkochen lassen.
– Den Rotwein, die saure Sahne, den Zitronensaft oder den Essig und den Madeira zugeben. Die Sauce noch einmal gut erhitzen, aber nicht mehr kochen lassen, abschmecken und über das Hirschfleisch gießen.

675. Wildschweinragout mit Pflaumen

BRAUCHT ETWAS ZEIT
Für 4 Personen
Zubereitungszeit: 2 1/2 Std.
Marinierzeit: 12 Std.

Für die Marinade: 1/2 l kräftiger Rotwein • 1/8 l milder Rotweinessig • 1 Zwiebel • 1 Möhre • 1 Stange Staudensellerie • 1 Lorbeerblatt • 1 TL getrockneter Thymian • 1/2 TL Pfefferkörner • 2 Gewürznelken • 1 TL Zucker • 1/4 TL Salz
Für das Ragout: 750 g Wildschweinfleisch (aus der Keule) • 5 EL Olivenöl • Salz • frisch gemahlener Pfeffer • 100 g getrocknete entsteinte Pflaumen • 30 g Rosinen • 30 g Orangeat • 1 große Zwiebel • 1 TL frischer oder 1/2 TL getrockneter Rosmarin • 2 EL Butter • 2 EL Pinienkerne nach Belieben

– Für die Marinade den Rotwein mit dem Rotweinessig in einem Topf aufkochen. Zwiebel, Möhre und Staudensellerie schälen bzw. waschen und putzen und grob zerteilen. Mit allen angegebenen Gewürzen in den Topf geben. 5 Min. zugedeckt kräftig köcheln, dann abkühlen lassen.
– Das Wildschweinfleisch waschen, trockentupfen und in 2–3 cm große Würfel schneiden und in eine Schüssel legen. Mit der kalten Marinade übergießen, zugedeckt über Nacht im Kühlschrank durchziehen lassen.
– Dann die Fleischwürfel aus der Marinade nehmen, mit Küchenpapier abtrocknen. Marinade durch ein feines Sieb gießen und bereitstellen.
– In einem Schmortopf das Olivenöl erhitzen. Fleischwürfel portionsweise bei mittlerer Hitze darin rundum anbräunen. Salzen und pfeffern, Hälfte der Marinade angießen und das Fleisch zugedeckt 1 1/2 Std. bei schwacher Hitze schmoren lassen.
– Getrocknete Pflaumen in der restlichen Marinade einweichen. Die Rosinen in Wasser einweichen.

– Nach etwa 1 Std. Schmorzeit Orangeat in winzige Würfelchen schneiden. Die Pflaumen und die Rosinen abtropfen lassen, Marinade auffangen. Pflaumen in feine Streifen schneiden. Die Zwiebel schälen und wie den Rosmarin fein hacken.
– In einer Pfanne Butter zerlassen. Darin die Zwiebel glasig dünsten, dann Pflaumen, Orangeat, Rosinen und Rosmarin einrühren. Alles gründlich mischen, mit Pfeffer würzen. Aufgefangene Marinade angießen, einige Minuten kräftig köcheln lassen.
– Die Früchtemischung zum Ragout geben und alles noch 10 Min. schmoren lassen. Sobald das Fleisch weich und mürbe ist, die Sauce mit Salz und Pfeffer abschmecken. Eventuell mit Pinienkernen bestreuen.

676. Hasenpfeffer

BRAUCHT ETWAS ZEIT
Für 4 Personen
Zubereitungszeit: 30 Min.
Marinierzeit: 1 Tag
Schmorzeit: 2 1/2 Std.

1 junger Hase (etwa 1,2 kg; küchenfertig vorbereitet, in Portionsstücke geteilt) • 1 Möhre • 2 Stangen Staudensellerie • 2 Knoblauchzehen • 1 Zweig Rosmarin • 2 Lorbeerblätter • 1/2 l guter Rotwein • 2 EL Mehl • 6 EL Olivenöl • Salz • frisch gemahlener Pfeffer • 1/4 l Fleischbrühe (besser: fertiger Wildfond aus dem Glas)

– Den zerteilten Hasen gründlich waschen und trockentupfen, die Sehnen sorgfältig entfernen.
– Die Möhre und die Selleriestangen waschen, putzen und grob zerteilen, die Knoblauchzehen schälen und halbieren. Den Rosmarinzweig waschen und mit den Lorbeerblättern zusammenbinden. Alles mit dem Fleisch in eine Schüssel geben, den Rotwein angießen. Zugedeckt an einem kühlen Ort oder im Kühlschrank mindestens 24 Std. marinieren lassen.
– Dann das Fleisch herausnehmen, abtrocknen und mit dem Mehl bestäuben. Die Marinade durchsieben, Weinmarinade und Gemüse bereitstellen.
– In einem Bräter das Öl erhitzen. Hasenstücke darin rundum kräftig anbraten, salzen und pfeffern. Gemüse, Knoblauch und Kräuter dazugeben und mit andünsten, Marinade und Brühe angießen. Das Fleisch abgedeckt in etwa 2 1/2 Std. bei geringster Hitze weich schmoren.
– Hasenstücke und das Kräutersträußchen aus dem Bräter nehmen, Kräuter wegwerfen. Die Sauce mit dem Pürierstab oder im Mixer fein pürieren, abschmecken. Das Fleisch zurück in die Sauce legen, noch einmal erhitzen und servieren.

677. Lamm mit kleinen Fenchelknollen

GELINGT LEICHT
Für 4 Personen
Zubereitungszeit: 30 Min.
Schmorzeit: 40 Min.

800 g möglichst kleine knackige Fenchelknollen • Salz • 800 g Lammfleisch (aus der Keule) • 1 Zwiebel • 3 EL kalt gepresstes Olivenöl • 3 EL Tomatenmark • 1 TL Mehl • frisch gemahlener schwarzer Pfeffer

Braten & Ragouts

– Den Fenchel waschen und putzen, harten Stiele abschneiden. Das Fenchelgrün abzupfen und in einem kleinen Frischhaltebeutel aufheben.
– In einem großen Topf 2 l Wasser mit 1 TL Salz aufkochen und die ganzen Knollen darin 10–15 Min. (je nach Dicke) vorgaren. Fenchelknollen in ein Sieb abgießen, das Fenchelwasser auffangen und aufheben. Die Knollen abtropfen lassen.
– Das Lammfleisch unter fließendem kaltem Wasser kurz waschen und mit Küchenpapier gut trockentupfen. Das Fleisch gegebenenfalls von Sehnen und Häutchen befreien und in Würfel von etwa 3 cm Kantenlänge schneiden.
– Die Zwiebel schälen und klein würfeln. Das Olivenöl in einem Bräter stark erhitzen und das Fleisch darin rundum hellbraun anbraten. Die Zwiebel unterrühren und glasig braten.
– Das Tomatenmark in 3/4 l Fenchelwasser glatt rühren. Mehl über das Fleisch streuen und unterrühren, dann das Fenchelwasser mit dem Tomatenmark dazugeben. Alles aufkochen und das Fleisch bei schwacher Hitze zugedeckt etwa 30 Min. sanft schmorzen lassen.
– Die Fenchelknollen in dünne Scheiben schneiden und nach den 30 Min. unter das Fleisch mischen. Alles noch etwa 10 Min. weiterschmoren lassen.
– Dann das Gericht mit Salz und Pfeffer abschmecken, in eine Schüssel geben. Das aufbewahrte Fenchelgrün fein oder grob hacken, über Fleisch und Fenchel streuen und servieren.

678. Vindaloo
(Scharf-saures Lammfleisch aus Indien)

GUT FÜR GÄSTE
Für 6 Personen
Zubereitungszeit: 1 1/4 Std.
Schmorzeit: 45 Min.

Für die Vindaloo-Paste: 1/2 TL Kardamomsamen (aus etwa 1/2 EL Kapseln) • 2 getrocknete Chilischoten • 2 TL Kreuzkümmelsamen (Cumin) • 1 TL schwarze Pfefferkörner • 1 TL schwarze Senfkörner • 2 Zimtstangen (je 5–6 cm groß) • 1 TL Bockshornkleesamen • 4 EL Weißweinessig • 2 TL brauner Zucker • Salz
Für das Fleisch: 1 kg Lammkeule (ohne Knochen) • 4 Zwiebeln • 6 Knoblauchzehen • 1 Stück frische Ingwerwurzel (etwa 4 cm lang) • 6 EL Ghee (geklärte Butter) oder Öl • 1 TL gemahlener Koriander • 2 TL gemahlene Kurkuma • 2 TL edelsüßes Paprikapulver • 1 TL Chilipulver • 2 EL Tomatenmark • Salz

– Für die Vindaloo-Paste die Kardamomsamen mit den Chilischoten, Kreuzkümmel, Pfefferkörnern, den Senfkörnern, dem Zimt und dem Bockshornklee im Mörser oder einer elektrischen Kaffeemühle fein mahlen, in eine Schüssel geben. Essig, Zucker, 2 EL Wasser und 1 TL Salz dazugeben, gut vermischen und beiseite stellen.
– Das Lammfleisch kalt waschen, abtrocknen und in etwa 2 cm große Würfel schneiden. Zwiebeln schälen, grob zerkleinern und pürieren. Den Knoblauch und den Ingwer schälen, grob zerkleinern und mit 4 EL Wasser im Mixer pürieren.
– 5 EL Ghee oder Öl in einem Topf erhitzen, Zwiebeln bei mittlerer Hitze unter Rühren dunkelbraun anbraten. Die Vindaloo-Paste zugeben und untermischen. Den Topf vom Herd nehmen.
– Das übrige Ghee oder Öl in einem Topf erhitzen. Die Fleischstücke darin portionsweise kräftig anbraten, jeweils mit einem Schaumlöffel herausheben und auf einem Teller beiseite stellen.
– Ingwer-Knoblauch-Paste in den Topf rühren und bei mittlerer Hitze etwa 1 Min. anbraten. Koriander, Kurkuma, Paprikapulver, Chilipulver und Tomatenmark hinzufügen und unter Rühren etwa 1 Min. mitbraten.
– Das Fleisch und die Vindaloo-Paste unterrühren. 300 ml Wasser dazugießen und zum Kochen bringen. Das Fleisch zugedeckt bei schwacher Hitze etwa 45 Min. schmoren, bis es weich ist. Zwischendurch umrühren, damit das Fleisch nicht anbrennt.

679. Echtes Rinderpörkölt

GELINGT LEICHT
Für 4 Personen
Zubereitungszeit: 2 Std.
Schmorzeit: 1 1/2 Std.

800 g Rindfleisch (Schulter, Beinscheibe oder Hals) • 2 große Zwiebeln • 1 EL Schweineschmalz oder 3 EL Öl • 1 1/2 TL edelsüßes Paprikapulver • Salz • 5 große Tomaten

– Das Rindfleisch unter fließendem kaltem Wasser kurz waschen, mit Küchenpapier abtrocknen und in nicht zu kleine Würfel schneiden.
– Zwiebeln schälen und klein hacken. Das Schweineschmalz oder das Öl erhitzen und die Zwiebeln darin glasig braten.
– Das Paprikapulver über die Zwiebeln stäuben und schnell verrühren. Das Fleisch unter Rühren einige Minuten mitanbraten.
– Das Fleisch mit Wasser knapp bedecken und salzen. Im geschlossenen Topf bei schwacher Hitze etwa 1 1/2 Std. ganz sachte schmoren. Von Zeit zu Zeit einmal umrühren. Sobald der Bratensaft verschmort ist, etwas Wasser nachgießen.
– Die Tomaten mit kochend heißem Wasser überbrühen und kurz ziehen lassen. Dann die Tomaten abschrecken, häuten und klein schneiden, dabei den Stielansatz entfernen. Das Gemüse etwa 15 Min. vor Ende der Garzeit zu dem Fleisch geben und mitschmoren lassen.

680. Römischer süßsaurer Ochsenschwanz

BRAUCHT ETWAS ZEIT | GUT FÜR GÄSTE
Für 4 Personen
Zubereitungszeit: 40 Min.
Garzeit: 3 Std.

1 1/2 kg Ochsenschwanz (in Stücken) • 1 Möhre • 2 Stangen Sellerie • 2 Zwiebeln • 1 Lorbeerblatt • 3 Gewürznelken • 1 TL Pfefferkörner • Salz • 100 g magerer Speck (ohne Schwarte) • 2 Knoblauchzehen • 3 EL Olivenöl • 50 g Orangeat • 50 g Pinienkerne • 50 g Rosinen • 30 g Zartbitterschokolade • 1/4 l trockener Weißwein • 2 EL Rotweinessig • frisch gemahlener schwarzer Pfeffer

– Die Ochsenschwanzstücke waschen und in einen großen Topf legen. Die Möhre schälen und in dicke Scheiben schneiden. Den Sellerie waschen, putzen und in Stücke schneiden. 1 Zwiebel schälen und vierteln. Das Gemüse mit dem Lorbeerblatt, Gewürznelken, Pfefferkörnern, 1 TL Salz und 1 1/2–2 l Wasser zu dem Ochsenschwanz geben, so dass er bedeckt ist. Alles etwa 2 Std. bei mittlerer Hitze zugedeckt kochen lassen.
– Dann den Ochsenschwanz in ein Sieb abgießen, dabei die Brühe auffangen, beides beiseite stellen.
– Den Speck klein würfeln. Die zweite Zwiebel und den Knoblauch schälen und beides klein würfeln. Olivenöl in einem Bräter erhitzen und den Speck bei mittlerer Hitze auslassen. Die Zwiebel und den Knoblauch hinzufügen und mitbraten, bis sie sich leicht bräunen.
– Orangeat, Pinienkerne, Rosinen und die in Stücke zerbrochene Schokolade dazugeben und rühren, bis die Schokolade geschmolzen ist. Wein und Essig dazugießen, alles aufkochen, mit Salz und Pfeffer würzen. Die Sauce zugedeckt etwa 5 Min. köcheln lassen.
– Ochsenschwanzstücke in die Sauce legen und darin etwa 1 Std. zugedeckt bei schwacher Hitze sanft köcheln lassen. Gelegentlich umrühren und nach Bedarf noch ein wenig von der beiseite gestellten Brühe nachgießen. Abschmecken, auf Teller verteilen und servieren.

681. Pfefferpotthast (Gesottener Fleischtopf)

PREISWERT
Für 4 Personen
Zubereitungszeit: 15 Min.
Garzeit: 1 1/2 Std.

500 g Rindfleisch (Brust, Hochrippe) • 1 Möhre • 1/4 einer kleinen Sellerieknolle • 500 g Zwiebeln • 1 Lorbeerblatt • 1 Gewürznelke • Salz • 1/2 l Fleischbrühe • 1/8 l helles Bier • 1 EL Semmelbrösel • frisch gemahlener Pfeffer

– Das Rindfleisch kurz kalt waschen, abtrocknen, in 3 cm große Stücke schneiden und in einen flachen Topf geben. Die Möhre und den Sellerie schälen, in sehr kleine Würfel schneiden und über das Fleisch streuen. Die Zwiebeln schälen, in halbe Ringe schneiden und auf dem Fleisch verteilen. Lorbeerblatt, Gewürznelke und 1/2 TL Salz zufügen, mit der Fleischbrühe und dem Bier auffüllen und alles zum Kochen bringen; dann bei schwacher Hitze in etwa 1 1/2 Std. sanft gar kochen.
– Dann die Semmelbrösel über das Fleisch streuen, um die Brühe leicht zu binden. Mit Salz würzen und viel Pfeffer übermahlen.

682. Irish Stew
(Irischer Eintopf mit Hammelfleisch)

PREISWERT | GELINGT LEICHT
Für 4 Personen
Zubereitungszeit: 40 Min.
Garzeit: 1 Std.

5 Hammelknochen • Salz • 750 g Hammelschulter • 1 kg Weißkohl • 750 g vorwiegend fest kochende Kartoffeln • 2 Zwiebeln • 1 Knoblauchzehe • 1 EL Öl • frisch gemahlener Pfeffer • 1 TL Kümmelsamen • 1 Lorbeerblatt • 2 Gewürznelken • 1/2 Bund Petersilie

– Knochen waschen, mit 3/4 l Wasser und 1/2 TL Salz kalt aufsetzen, zum Kochen bringen. Den sich bildenden Schaum wiederholt abschöpfen. Knochen etwa 30 Min. im offenen Topf kochen lassen.
– Inzwischen Fleisch waschen, abtrocknen und vom Fett befreien. Das Fett klein, das Fleisch grob würfeln. Kohl putzen, waschen und in Streifen schneiden. Kartoffeln schälen, waschen und in Würfel schneiden. Zwiebeln und Knoblauch schälen und fein hacken.
– In einem hohen Topf Öl erhitzen und das Hammelfett darin hellbraun anbraten. Fleisch zugeben, von allen Seiten braun anbraten, Zwiebeln und Knoblauch untermischen, mitbraten. Mit Salz und Pfeffer würzen.
– Dann lagenweise Kohl und Kartoffeln über das Fleisch schichten und jede Schicht mit Salz, Pfeffer und Kümmel bestreuen. Die durchgesiebte Knochenbrühe darüber gießen (nicht umrühren!), Lorbeerblatt und Nelken zufügen, den Topf schließen. Alles einmal aufkochen lassen, dann bei milder Hitze 1 Std. garen. Die Petersilie waschen und klein schneiden. Das Stew mit der Petersilie bestreuen und heiß im Topf servieren.

TIPP
Hammelgerichte müssen immer sehr heiß gegessen werden, weil lauwarmes Hammelfett leicht talgig schmeckt. Wer nicht so heiß essen mag oder darf, sollte das abgeschnittene Hammelfett durch 125 g durchwachsenen Speck ersetzen.

683. Ossobuco (Geschmorte Kalbshaxenscheiben mit Tomaten)

GUT FÜR GÄSTE
Für 4–6 Personen
Zubereitungszeit: 1 Std.
Schmorzeit: 2 Std.

2 kleine Zwiebeln • 3 Knoblauchzehen • 1 Möhre • 1 Knollensellerie • 2 Kalbshaxen (vom Metzger in etwa 4 cm dicke Scheiben sägen lassen) • 2 EL Mehl • 6 EL Olivenöl • 800 g Fleischtomaten • Salz • frisch gemahlener schwarzer Pfeffer • 200 ml trockener Weißwein • je 1 Zweig frischer oder je 1/2 TL getrockneter Thymian und Rosmarin • 1 Bund glatte Petersilie • 1/2 unbehandelte Zitrone

– Die Zwiebeln und 1 Knoblauchzehe schälen und fein hacken. Die Möhre und den Sellerie schälen und in kleine Würfel schneiden.
– Die Haxenscheiben unter fließendem kaltem Wasser abbrausen, damit alle Knochensplitter entfernt werden, dann trockentupfen und rundum mit dem Mehl bestäuben. Das Olivenöl in einem großen Bräter erhitzen und das Fleisch darin auf beiden Seiten bei starker Hitze goldbraun braten. Herausnehmen und warm stellen.
– Die Zwiebeln, den fein gehackten Knoblauch, die Möhre und den Sellerie im verbliebenen Bratfett etwa 15 Min. bei schwacher Hitze braten.
– Inzwischen die Fleischtomaten mit kochend heißem Wasser überbrühen, kurz darin ziehen lassen, abschrecken, häuten, quer halbieren und die Kerne entfernen. Die Tomaten grob hacken. Den Backofen auf 200° vorheizen.
– Die Haxenscheiben wieder zu dem Gemüse in den Bräter geben, die Tomaten drumherumstreuen, alles salzen und pfeffern. Den Weißwein dazugießen und den Thymian und den Rosmarin (frische Kräuter vorher waschen) dazugeben. Deckel aufsetzen, den Ossobuco im Ofen (Mitte, Umluft 180°) etwa 2 Std. schmoren.
– Die Petersilie waschen und trockenschütteln, die Blättchen abzupfen und fein hacken. Die restlichen Knoblauchzehen schälen, durch die Presse in eine Schüssel drücken. Die Zitrone waschen, die Schale abreiben und mit der gehackten Petersilie in die Schüssel geben. Alles gut vermischen.
– Den fertigen Ossobuco aus dem Ofen nehmen, mit Salz und Pfeffer abschmecken. Die Kräutermischung darauf verteilen und das Gericht sofort servieren.

684. Haschee

PREISWERT
Für 4 Personen
Zubereitungszeit: 30 Min.

375 g gekochtes Rindfleisch (Brustkern, Querrippe) • 1 Zwiebel • 2 EL Butter • 2 EL Mehl • 1/2 l Fleischbrühe • 1 Lorbeerblatt • Salz • frisch gemahlener Pfeffer • 1–2 EL milder Essig (z. B. Weißweinessig) • 1–2 TL mittelscharfer Senf • 1/2– 1 TL Zucker

– Das Rindfleisch in kleine Würfel schneiden oder durch den Fleischwolf drehen. Die Zwiebel schälen und in kleine Würfel schneiden.
– Butter in einem Topf erhitzen und die Zwiebel darin andünsten. Das Mehl darüber streuen, durchrühren, mit der Fleischbrühe auffüllen und bis zum Kochen ständig mit dem Schneebesen umrühren. Lorbeerblatt zufügen, bei milder Hitze im offenen Topf etwa 10 Min. kochen lassen und dabei gelegentlich umrühren.
– Das Lorbeerblatt entfernen. Die Sauce mit Salz, Pfeffer, Essig, Senf und dem Zucker abschmecken. Das Rindfleisch mit der Sauce vermengen. Haschee nochmals erhitzen, aber nicht mehr kochen lassen. In einer vorgewärmten Schüssel servieren.

TIPP

Man kann 2 Gewürzgurken in dünne Scheiben geschnitten zum Haschee geben oder 2 EL heiß gewaschene Rosinen oder 1 in kleine Würfel geschnittenen Apfel in der Sauce mitkochen lassen, was dem Gericht eine feine pikante Note verleiht. Schmecken Sie das Haschee dann nicht mit Essig, sondern mit Rotwein ab.

685. Labskaus

GELINGT LEICHT
Für 4 Personen
Zubereitungszeit: 2 1/2 Std.

500 g gepökelte Rinderbrust • 4 Zwiebeln • 5 Gewürznelken • 1 Bund Suppengrün • 7 Pfefferkörner • Salz • 1 Salzhering • 1 kg mehlig kochende Kartoffeln • 1/8 l Milch • 75 g Sahne • 3 EL Butter • frisch ge-

mahlener schwarzer Pfeffer • 150 g Rote Bete (aus dem Glas) • 1 große Salzgurke

– Das Fleisch kurz kalt abbrausen. 2 Zwiebeln schälen und mit den Gewürznelken spicken. Das Suppengrün waschen, putzen und klein schneiden. Alles mit den Pfefferkörnern und 1 TL Salz in 1 l Wasser zum Kochen bringen und bei milder Hitze in etwa 2 Std. zugedeckt weichkochen lassen. Während der ersten Zeit den sich bildenden Schaum wiederholt abschöpfen. Den Salzhering wässern.
– Etwa 30 Min. vor Garzeitende die Kartoffeln schälen, waschen, vierteln und in gesalzenem Wasser zugedeckt in 15–20 Min. gar kochen. Milch, Sahne und 2 EL Butter in einem Topf erhitzen.
– Kartoffeln abgießen, kurz ausdampfen lassen, dann sofort durch die Kartoffelpresse drücken oder mit dem Kartoffelstampfer zerkleinern. Heiße Milchmischung nach und nach unter die Kartoffeln rühren, am besten mit dem Schneebesen oder Kochlöffel. Das Püree mit etwas Salz und Pfeffer würzen, warm halten.
– Brühe durch ein Sieb gießen. Das Fleisch, Nelken und Pfeffer durch den Fleischwolf (grobe Scheibe) drehen. Mit dem Kartoffelpüree mischen und so viel von der Brühe zugeben, dass ein fester Brei entsteht.
– Übrige Zwiebeln schälen, fein schneiden und in der restlichen zerlassenen Butter goldgelb anbraten. Den gewässerten Salzhering entgräten, fein schneiden und mit den gebratenen Zwiebeln unter das Labskaus mischen. Mit Pfeffer und Salz abschmecken.
– Wenn das Labskaus im Topf serviert werden soll, rote Bete und die klein gewürfelte Gurke untermischen. Ansonsten Labskaus auf vorgewärmten Tellern verteilen und mit rote Bete und Gurke garnieren.

686. Serbisches Reisfleisch

PREISWERT | GELINGT LEICHT
Für 4 Personen
Zubereitungszeit: 1 Std.

500 g Schweinekeule oder -schulter • 1 Knoblauchzehe • 2 EL Schweineschmalz • 1 EL edelsüßes Paprikapulver • 150 ml Rotwein • 200 g Langkornreis • 2 Zwiebeln • 3 rote Paprikaschoten • 2 EL Öl • Salz • 6 Tomaten

– Das Fleisch kurz kalt waschen, trockentupfen und in 2 cm große Würfel schneiden. Knoblauchzehe schälen und fein hacken. Das Schweineschmalz in einem flachen Topf erhitzen, die Fleischwürfel zugeben und von allen Seiten unter Umwenden scharf anbraten.
– Die Knoblauchstückchen und das Paprikapulver über die Fleischwürfel streuen und seitlich nach und nach den Rotwein zugießen. Das Fleisch zugedeckt bei milder Hitze 50 Min. schmoren lassen. Während der Schmorzeit eventuell noch etwas Rotwein oder Wasser zum Fleisch geben.
– Den Reis gut waschen und abtropfen lassen. 1/2 l Wasser zum Kochen bringen. Die Zwiebeln schälen und in Würfel schneiden. Die Paprikaschoten halbieren und von Kernen und Rippen befreien, die Schotenhälften waschen und in Streifen schneiden. Das Öl in einem Topf erhitzen, die Zwiebelwürfel und die Paprikastreifen darin anbraten.
– Den Reis zugeben und unter ständigem Rühren einige Minuten mitbraten. Das kochend heiße Wasser über den Reis gießen, 1 TL Salz zugeben, einmal umrühren und den Reis bei milder Hitze 20 Min. zugedeckt gar ziehen lassen.
– Tomaten mit kochend heißem Wasser überbrühen, häuten und in Würfel schneiden, dabei die Stielansätze entfernen. Tomaten in den letzten 10 Min. zum Reis geben und mitgaren.
– Den Reis in einer vorgewärmten Schüssel mit dem geschmorten Fleisch mischen und sofort servieren.

687. Szegediner Gulasch

GUT VORZUBEREITEN
Für 4 Personen
Zubereitungszeit: 35 Min.
Garzeit: 30 Min.

800 g Schweinefleisch (Nacken) • 4 Zwiebeln • 1 Knoblauchzehe • 2 grüne Paprikaschoten • 1 Tomate • 4 EL Schweineschmalz • Salz • 500 g Sauerkraut • 300 ml Fleischbrühe • 2 TL edelsüßes Paprikapulver • 1 TL Kümmelsamen • frisch gemahlener Pfeffer • 150 g saure Sahne

– Das Schweinefleisch von Häuten und Sehnen befreien, waschen, trockentupfen und in nicht zu kleine Würfel schneiden. Zwiebeln schälen und grob zerschneiden, die Knoblauchzehe schälen und fein hacken. Die Paprikaschoten halbieren, von den Rippen und Kernen befreien, waschen und in Streifen schneiden.

– Die Tomate mit kochend heißem Wasser überbrühen, häuten und in grobe Stücke schneiden, dabei den Stielansatz entfernen.
– 2 EL Schmalz in einem Topf erhitzen und die Zwiebeln und die Knoblauchzehe bei milder Hitze darin goldgelb braten.
– In einer Pfanne das restliche Schmalz stark erhitzen. Darin die Fleischwürfel rasch von allen Seiten gut braun braten, salzen. Mit den Paprikaschoten, der Tomate und dem gut ausgedrückten Sauerkraut zu den Zwiebeln geben. Die Fleischbrühe dazugießen und alles im geschlossenen Topf etwa 20 Min. garen.
– Gulasch etwas abkühlen lassen, mit Paprikapulver, Kümmel und Pfeffer würzen und die saure Sahne unterrühren. Im offenen Topf noch einige Minuten erhitzen, damit die Flüssigkeit etwas verdampft. Das Gulasch in einer gut vorgewärmten Terrine oder direkt im gusseisernen Topf servieren.

688. Gänseklein polnische Art

PREISWERT | GELINGT LEICHT
Für 4 Personen
Zubereitungszeit: 45 Min.
Garzeit: 1 1/2 Std.

1 kg Gänseklein (Kragen, Hals, untere Keulenenden, Flügel und Magen) • 1 Bund Suppengrün • 1 Bund Petersilie • 1 Zwiebel • 1 Lorbeerblatt • 2 Gewürznelken • Salz • 3 Pfefferkörner • 2 EL Butter • 3 EL Mehl • 1–2 EL Essig oder Zitronensaft • Küchengarn

– Das Gänseklein gründlich kalt waschen und große Stücke kleiner schneiden. Das Suppengrün schälen bzw. putzen und waschen. Die Petersilie waschen und mit dem Suppengrün zusammenbinden. Zwiebel schälen und das Lorbeerblatt mit den Gewürznelken auf der Zwiebel feststecken.
– 3/4 l Wasser mit 1 TL Salz und den Pfefferkörnern zum Kochen bringen. Das Gänseklein, das zusammengebundene Suppengrün und die besteckte Zwiebel hinzufügen. Alles erneut zum Kochen bringen und den sich bildenden Schaum abschöpfen. Dann das Gänseklein zugedeckt bei milder Hitze 1 1/2 Std. kochen lassen.
– Das gare Gänseklein mit dem Schaumlöffel aus der Brühe heben, das Fleisch von den Knochen lösen, den Magen häuten, alles in mundgerechte Stücke schneiden und beiseite stellen.
– Kochbrühe durchsieben und 1/2 l davon abmessen. Die Butter in einem Topf zerlassen, das Mehl hineinstäuben und unter ständigem Rühren hellgelb anbraten. Nach und nach mit der Kochbrühe auffüllen und bei milder Hitze unter Rühren einige Minuten kochen lassen, bis die Sauce cremig ist.
– Die Sauce mit dem Essig oder dem Zitronensaft abschmecken. Das Gänseklein in die Sauce geben und 5 Min. ziehen lassen.

TIPP
Die Sauce kann zuletzt durch 2–3 EL Weißwein und fein abgeriebene unbehandelte Zitronenschale verfeinert werden.

689. Filet Stroganow

GUT FÜR GÄSTE
Für 4 Personen
Zubereitungszeit: 40 Min.

500 g Rinderfilet • 1 EL Butterschmalz • Salz • frisch gemahlener Pfeffer • 5 Zwiebeln • 2 EL Butter • 1/8 l Fleischbrühe • 1–2 TL mittelscharfer Senf • 1 EL Zitronensaft • 1 TL Speisestärke • 1 EL Weißweinessig • 125 g saure Sahne • 2 TL Cognac

– Das Rinderfilet unter fließendem kaltem Wasser kurz waschen, mit Küchenpapier abtrocknen und quer zur Faser zuerst in etwa 1 1/2 cm dicke Scheiben, danach diese Scheiben in Würfel schneiden.
– Das Butterschmalz in einer Pfanne stark erhitzen, darin die Fleischwürfel von allen Seiten etwa 2 Min. anbraten. Es soll möglichst wenig Fleischsaft austreten, die Würfel sollen innen noch fast blutig sein. Eventuell die Fleischwürfel portionweise anbraten.
– Die Pfanne vom Herd ziehen. Das Fleisch salzen und pfeffern, aus der Pfanne nehmen und warm stellen. Die Pfanne für später beiseite stellen.
– Die Zwiebeln schälen und würfeln. Die Butter in einer zweiten Pfanne erhitzen, die Zwiebelwürfel darin hellgelb anbraten. Mit der Fleischbrühe auffüllen und mit dem Senf und dem Zitronensaft würzen. Die Zwiebeln zugedeckt verkochen lassen.
– Die Speisestärke mit dem Essig anrühren, die Sauce damit binden und mit Salz und Pfeffer abschmecken.

Die Sauce einmal aufkochen lassen, die Sahne unterrühren. Die Pfanne vom Herd ziehen, die Sauce mit dem Cognac verfeinern.
– Die Fleischwürfel in die heiße Sauce geben und 2 Min. darin ziehen – keinesfalls kochen! – lassen. Inzwischen den Bratensatz aus der ersten Pfanne mit 2 EL Wasser lösen, einmal aufkochen lassen, unter die Sauce rühren und das Filet Stroganow in einer gut vorgewärmten Schüssel servieren.

690. Kutteltopf mit Gemüse

BRAUCHT ETWAS ZEIT
Für 6 Personen
Zubereitungszeit: 2 3/4 Std.

1 kg vorgekochte Kutteln (Kaldaunen) • 2 Möhren • 4 Stangen Staudensellerie • 4 Frühlingszwiebeln • 1 Bund glatte Petersilie • 1 Zweig frischer oder 1/2 TL getrockneter Rosmarin • 3 Knoblauchzehen • 1/8 l Olivenöl • 2 EL Butter • Salz • frisch gemahlener schwarzer Pfeffer • 1/4 l trockener Weißwein oder Fleischbrühe • 1 kg vollreife aromatische Tomaten (ersatzweise 800 g geschälte Tomaten aus der Dose) • 2 EL Tomatenmark • 1/4 TL Cayennepfeffer • 1/2 TL Pfefferkörner • 1/2 Bund Basilikum • 50 g frisch geriebener Parmesan

– Die vorgekochten Kutteln unter fließendem kaltem Wasser gründlich waschen, mit Küchenpapier gut abtrocknen. Mit einem scharfen Messer in sehr feine Streifen schneiden.
– Die Möhren, Selleriestangen und Frühlingszwiebeln waschen, putzen und in winzig kleine Würfel schneiden. Die Petersilie und den frischen Rosmarin waschen und trockenschütteln. Von 1/2 Bund Petersilie die Blättchen von den Stängeln, die Rosmarinnadeln von dem Zweig zupfen. Die Knoblauchzehen schälen und mit den Kräutern fein hacken.
– In einem Topf 3 EL Olivenöl erhitzen und die Butter darin schmelzen lassen. Das vorbereitete Gemüse dazugeben und unter Rühren andünsten. Gehackte Petersilie, Rosmarin und Knoblauch einrühren, mit Salz und Pfeffer würzen.
– In einer Pfanne 2 EL Olivenöl erhitzen. Die Kutteln portionsweise hineingeben und scharf anbraten. Dann zu dem Gemüse in den Topf geben. Etwas Öl in die Pfanne nachgießen, die nächste Kuttelportion anbraten und wieder in den Topf geben. Den Weißwein angießen, salzen und pfeffern. Alles bei geringer Hitze ganz sanft vor sich hin köcheln lassen.
– Stielansätze der Tomaten entfernen. Die Tomaten kurz mit kochend heißem Wasser überbrühen, häuten, quer halbieren und entkernen. Das Fruchtfleisch klein schneiden, zusammen mit dem Tomatenmark und dem Cayennepfeffer unter die Kutteln mischen. Den Topf halb zudecken und die Kutteln etwa 1 Std. schmoren lassen. Kurz vor Garzeitende den Backofen auf 225° (Umluft 200°) vorheizen.
– Die Pfefferkörner im Mörser zerdrücken. Restliche Petersilie und die abgezupften Basilikumblätter hacken. Kutteln abschmecken, in eine feuerfeste Tonform umfüllen, mit Pfeffer, Petersilie, Basilikum und dem Parmesan bestreuen. Im Ofen (Mitte) kurz überbacken, bis der Käse leicht bräunt. Sofort servieren.

691. Indisches Hähnchencurry

GELINGT LEICHT
Für 4 Personen
Zubereitungszeit: 45 Min.
Schmorzeit: 30 Min.

1 kg Hähnchenteile (Schenkel, Brust) • 100 g fest kochende Kartoffeln • 2 Tomaten • 1 Stück frische Ingwerwurzel (etwa 2 cm lang) • 2 Chilischoten • 4 Zwiebeln • 4 Knoblauchzehen • 5 EL Ghee (geklärte Butter) oder Öl • 1 Zimtstange (etwa 6 cm lang) • 2 grüne Kardamomkapseln • 2 Gewürznelken • 2 Lorbeerblätter • 1/2 TL Chilipulver • 1 TL gemahlener Kreuzkümmel (Cumin) • 1 TL gemahlener Koriander • 2 TL Tomatenmark • Salz • 3 EL Vollmilchjoghurt • 2 TL Garam Masala

– Die Hähnchenteile unter fließendem kaltem Wasser kurz waschen, mit Küchenpapier trockentupfen, häuten und in Portionsstücke schneiden.
– Die Kartoffeln schälen und in 3 cm große Würfel schneiden. Die Tomaten waschen und vierteln, dabei die Stielansätze entfernen. Den Ingwer schälen und fein reiben. Die Chilischoten waschen, putzen und fein schneiden. Die Zwiebeln und den Knoblauch schälen und fein hacken.
– Das Ghee oder das Öl bei mittlerer Hitze erwärmen. Die Zwiebeln darin gut braun braten. Die ganzen Gewürze dazugeben und etwa 2 Min. braten. Die

gemahlenen Gewürze außer dem Garam Masala unterrühren und 2–3 Min. anbraten. Die Chilis, den Knoblauch und den Ingwer untermischen. Die Tomaten, die Hähnchenstücke, das Tomatenmark und den Joghurt unter Rühren etwa 5 Min. anbraten.
– Salzen und 1/2 l Wasser dazugießen, aufkochen. Nach 10 Min. die Kartoffeln dazugeben. Alles zugedeckt bei schwacher Hitze etwa 30 Min. sanft schmoren lassen. Zwischendurch immer wieder mal umrühren. Den Garam Masala darüber streuen.

TIPP

Garam Masala ist eine milde Currymischung aus Indien. Je nach Rezept können Kardamom, Zimt, Gewürznelken, Muskatnuss, schwarzer Pfeffer, Kreuzkümmel, Ingwer, Kurkuma, Paprika und Piment enthalten sein.

692. Hähnchencurry javanische Art

GUT VORZUBEREITEN
Für 4 Personen
Zubereitungszeit: 1 Std.
Schmorzeit: 30 Min.

1 Brathähnchen • 3 Zwiebeln • 3 Knoblauchzehen • 1 daumengroßes Stück frischer Ingwer • 3 Stängel Zitronengras • 2 Kemiri-Nüsse • 3 Gewürznelken • 1/2 TL Sambal oelek • 1 EL gemahlener Koriander • 1/2 TL frisch geriebene Muskatnuss • Salz • 3 TL Palmzucker • 6 EL Öl • 1 Dose Kokosmilch (400 ml) • 1 Stange Zimt • 3 EL frisch geraspelte Kokosnuss (ersatzweise fertige Kokosraspel)

– Das Hähnchen eventuell ausnehmen. Die Keulen und die Flügel mit einer Geflügelschere abschneiden. Das Hähnchen am Brustbein entlang halbieren. Jede Hälfte in zwei Teile schneiden. Alle Teile waschen, Knochensplitter entfernen, mit Küchenpapier abtrocknen.
– Die Zwiebeln schälen und fein würfeln. Knoblauch schälen und zerdrücken. Ingwer schälen und fein reiben. Vom Zitronengras den dicken, unteren Teil in hauchdünne Scheiben schneiden. Die Kemiri-Nüsse fein zerreiben. Die Nelken in einem Mörser zerstoßen. Alles mit dem Sambal oelek, Koriander, Muskat, Salz, Palmzucker und 2 EL Öl verrühren.
– Das restliche Öl in einem großen Topf oder im Wok erhitzen, die Hähnchenteile bei mittlerer Hitze rundum anbraten. Die Hitze reduzieren.
– Die Gewürzpaste dazugeben und unter Rühren etwa 3 Min. mitbraten. Die Kokosmilch und die Zimtstange dazugeben und alles bei schwacher Hitze zugedeckt etwa 30 Min. sanft schmoren lassen. Die Zimtstange entfernen. Die Kokosraspel unterrühren.

TIPP

Kemiri-Nüsse haben cremefarbene Nusskerne und werden zum Andicken von Currys verwendet. Sie können sie im Asienladen kaufen. Falls keine zu bekommen sind, ersatzweise einfach Mandeln oder Paranüsse nehmen.

693. Zürcher Geschnetzeltes

GUT FÜR GÄSTE
Für 4 Personen
Zubereitungszeit: 50 Min.

250 g Champignons • 2 EL Zitronensaft • 3 kleine Zwiebeln oder Schalotten • 750 g Kalbfleisch (aus der Nuss, Schulter oder Oberschale) • 2 EL Mehl • 3 EL Butter • 2 EL Öl • Salz • frisch gemahlener Pfeffer • 1/8 l trockener Weißwein • 250 g Sahne

– Die Champignons putzen und mit einem angefeuchteten Küchenpapier abreiben. Nicht waschen, da sie sonst schwammig werden und an Aroma verlieren. Pilze blättrig schneiden und sofort mit dem Zitronensaft beträufeln, damit sie sich nicht verfärben. Die Zwiebeln oder Schalotten schälen und fein hacken. Den Backofen auf 50° (Umluft 30°) vorheizen.
– Das Fleisch unter fließendem kaltem Wasser kurz waschen, mit Küchenpapier trockentupfen und quer zur Faser in knapp 1 cm dicke Scheiben schneiden. Diese Scheiben portionsweise aufeinanderstapeln und dann wiederum quer in ebenso dünne Streifen schneiden. Dünn mit dem Mehl bestäuben.
– In einer großen Pfanne je 1 EL Butter und Öl erhitzen. Die Fleischstreifen darin portionsweise bei starker Hitze etwa 1 Min. anbraten, dabei nach und nach das restliche Öl dazugießen. Nicht zu viele Fleischstreifen auf einmal in die Pfanne geben, sie dürfen nicht aufeinander liegen,

sondern müssen alle Kontakt mit dem Pfannenboden haben. Dabei mehrmals wenden. Mit einem Schaumlöffel herausheben, salzen, pfeffern und im Backofen (Mitte) warm stellen.
– Das Bratfett aus der Pfanne abgießen und die restliche Butter darin erhitzen. Die klein gehackten Zwiebeln oder Schalotten darin bei mittlerer Hitze unter ständigem Rühren anbraten.
– Die Champignons hinzufügen und alles so lange dünsten, bis fast die gesamte Flüssigkeit verdampft ist. Mit Salz und Pfeffer würzen.
– Den Weißwein dazugießen und bei starker Hitze etwas einkochen lassen. Die Sahne dazugeben und alles etwa 5 Min. kochen lassen, bis die Sauce cremig wird. Die Hitze reduzieren.
– Die Fleischstreifen in die Sauce legen und darin nur erwärmen, keinesfalls kochen lassen. Vor dem Servieren nochmals mit Salz und Pfeffer abschmecken.

TIPPS

– Das Fleisch lässt sich leichter schneiden, wenn Sie es in Alufolie eingewickelt vorher etwa 45 Min. im Gefrierfach fest werden lassen.
– Nach diesem Grundrezept können Sie jederzeit auch Geschnetzeltes von anderen Fleischsorten – Schweine- und Rindfleisch, Puten- und Hühnerbrust zubereiten. Champignons passen zu allen hellen Fleischsorten, während bei dunklem Fleisch eher klein geschnittene Möhren zu empfehlen sind.
– Zum Zürcher Geschnetzelten isst man traditionell Schweizer Rösti (Rezept Nr. 291). Wer mag, kann noch einen bunten Blattsalat dazu servieren.

694. Putengeschnetzeltes mit Curry und Banane

GELINGT LEICHT
Für 4 Personen
Zubereitungszeit: 30 Min.
Marinierzeit: 1 Std.

500 g Putenbrustfilet • 1 TL Ingwerpulver • 2 EL Sojasauce • frisch gemahlener schwarzer Pfeffer • 2 Knoblauchzehen • 2 Bund Frühlingszwiebeln • 4 EL Öl • 2 TL Currypulver • 1/4 l Gemüsebrühe (Instant oder selbst gemacht) • 2 Bananen • Salz

– Das Putenfleisch unter fließendem kaltem Wasser kurz waschen und mit Küchenpapier trockentupfen. Dann das Fleisch quer zur Faser in 3–4 cm lange feine Streifen schneiden.
– Das Ingwerpulver mit der Sojasauce und frisch gemahlenem Pfeffer in einer großen Schüssel verrühren. Die Knoblauchzehen schälen und durch die Knoblauchpresse dazudrücken. Die Marinade kräftig durchrühren, abschmecken.
– Das Putengeschnetzelte gründlich unter die Marinade mischen. Abdecken und das Fleisch etwa 1 Std. ziehen lassen. Dabei die Schüssel in den Kühlschrank oder an einen kühlen Ort stellen.
– Von den Frühlingszwiebeln den Wurzelansatz und alle welken grünen Blätter abschneiden. Die Frühlingszwiebeln unter fließendem kaltem Wasser kurz waschen und in feine Ringe schneiden. Die grünen Zwiebelteile beiseite stellen.
– In einer breiten Pfanne oder im Wok das Öl erhitzen. Die weißen Zwiebelteile darin bei schwacher Hitze unter Rühren kurz anbraten, dann mit einem Schaumlöffel herausnehmen.
– Auf starke Hitze schalten und das Putenfleisch im verbliebenen Fett in Pfanne oder Wok etwa 1/2 Min. unter ständigem Rühren anbraten, bis es fast überall goldgelb geworden ist.
– Das Curry über das Geschnetzelte stäuben und kurz verrühren. Die Gemüsebrühe dazugießen und einmal aufkochen lassen. Dann die grünen Zwiebelteile und die angebratenen Zwiebelstücke zugeben und alles gründlich verrühren.
Die Bananen schälen, in dünne Scheiben schneiden und zu dem Geschnetzelten in die Pfanne geben. Das Putencurry noch etwa 1/2 Min. erwärmen, mit Salz und Pfeffer abschmecken und sofort servieren.

TIPPS

– Currypulver sollten Sie stets in ein wenig Fett anschwitzen. Nur so entwickelt die feine Gewürzmischung ihr Aroma vollständig. In diesem Fall haftet das notwendige Fett am Fleisch, das in Öl angebraten wurde.
– Reste von Geschnetzeltem können Sie auch sehr gut einfrieren. Nach dem Auftauen sollten Sie es allerdings erneut abschmecken, da sich der Geschmack der Gewürze beim Einfrieren verändern kann.

695. Hühnerfrikassee

PREISWERT
Für 4 Personen
Zubereitungszeit: 40 Min.
Kochzeit: 2 Std.

Salz • 1 Suppenhuhn (etwa 1 kg) • 1/2 Bund glatte Petersilie • 2 EL Butter • 4 EL Mehl • 3 EL Sahne • 1 Eigelb • 2 EL Zitronensaft • 150 ml trockener Weißwein

– In einem großen Topf 2 l Wasser mit 1 1/2 TL Salz zum Kochen bringen. Das Huhn unter fließendem kaltem Wasser innen und außen gründlich waschen. Die Petersilie ebenfalls waschen.
– Das Huhn mit der Petersilie ins kochende Salzwasser legen, in der ersten Zeit mehrmals abschäumen und anschließend in einem spaltbreit geöffneten Topf knapp 2 Std. leicht kochen lassen. Das Huhn ist gar, wenn sich die Keulen leicht herausdrehen lassen.
– Etwa 3/8 l von der heißen Hühnerbrühe abmessen. Das Fett von der Oberfläche abschöpfen. Die Butter in einem Topf zerlassen, das Mehl hineinstreuen und unter Rühren mit dem Schneebesen darin anbraten.
– Nach und nach mit der Geflügelbrühe aufgießen, glatt rühren und unter Rühren etwa 10 Min. kochen lassen.
– Das Huhn aus der Brühe nehmen, die Haut abziehen, das Fleisch von den Knochen lösen und in gleich kleine Stücke schneiden.
– Die Sahne mit dem Eigelb verquirlen, 2 EL von der heißen Sauce in das Eigelb-Sahne-Gemisch rühren, die Sauce vom Herd nehmen und die Eigelbsahne unterziehen. Die Sauce mit dem Zitronensaft und etwas Salz abschmecken und zuletzt mit dem Weißwein mischen.
– Die Fleischstücke in die Sauce legen und 5 Min. darin erwärmen – keinesfalls kochen! Das Hühnerfrikassee in einer vorgewärmten Schüssel servieren.

TIPPS

– Die übrige Geflügelbrühe mit einer beliebigen Einlage – z. B. Eierstich (Rezept Nr. 12) oder Flädle (Rezept Nr. 15) – zu einer anderen Mahlzeit als Suppe servieren. Oder die Brühe zum Aufgießen von Suppen, z. B. Spargelcremesuppe (Rezept Nr. 29), oder auch anderen Gerichten wie Hähnchen mit Ananas (Rezept Nr. 635) verwenden.

– Auch sehr fein: Je 1/2 Tasse Spargelspitzen (aus der Dose), gut abgetropft und / oder tiefgefrorene Erbsen in der Sauce erhitzen (die Erbsen 6 Min. vor dem Binden mit Eigelb und Sahne bereits in der Sauce leicht kochen lassen). Oder – für den exotischen Geschmack – 1/2 Tasse Ananasstückchen und 1 EL Mandelsplitter unter die Sauce mischen und diese nach Belieben mit Currypulver abschmecken.

696. Kalbsfrikassee

BRAUCHT ETWAS ZEIT
Für 4 Personen
Zubereitungszeit: 40 Min.
Kochzeit: 1 1/4 Std.

Salz • 500 g Kalbsschulter • 3 Stängel Selleriegrün (vom Knollensellerie) • 2 EL Butter • 4 EL Mehl • 150 ml trockener Weißwein • 2 TL Zitronensaft • 80 g Sahne • 1 Eigelb • 1/2 Bund Petersilie

– Ein einem großen Topf 1 l Wasser mit 1 TL Salz zum Kochen bringen. Das Fleisch unter fließendem kaltem Wasser ganz kurz waschen und ins kochende Salzwasser geben.
– Die Selleriestängel kurz kalt abbrausen und ebenfalls mit in den Topf geben. Das Fleisch bei geringer Hitze in etwa 1 1/4 Std. weich kochen. Während der ersten Minuten wiederholt mit einem großen Löffel den sich bildenden Schaum abschöpfen.
– Das gare Fleisch aus der Brühe nehmen, die Brühe durchsieben und 3/8 l davon abmessen. Die Butter in einem genügend großen Topf zerlassen. Das Mehl darin glatt rühren, bis es leicht gelblich ist, und nach und nach mit wenig Fleischbrühe ablöschen.
– Dann die restliche abgemessene Fleischbrühe unter Rühren mit dem Schneebesen zur Einbrenne gießen und bei geringer Hitze einige Minuten kochen lassen. Den Weißwein zufügen und die Sauce mit Salz und dem Zitronensaft abschmecken.
– Die Sahne mit dem Eigelb verquirlen. Die Sauce vom Herd nehmen. Etwa 2 EL der Sauce zur Eigelbsahne rühren und dieses Gemisch unter die Sauce ziehen. Nach dem Binden nicht mehr kochen lassen.
– Das Kalbfleisch nach Belieben in kleinere oder größere Würfel schneiden und 5 Min. in der Sauce ziehen – keinesfalls kochen! – lassen.

Die Petersilie waschen und abtropfen lassen, die Blättchen von den Stängeln zupfen und klein schneiden. Das Frikassee in einer vorgewärmten Schüssel anrichten und mit der Petersilie bestreuen.

697. Kaninchenfrikassee

GUT FÜR GÄSTE
Für 6 Personen
Zubereitungszeit: 45 Min.

2 küchenfertige Kaninchen (je etwa 1 kg, in je 8 Teile zerlegt) • 1 Bund Suppengrün • 1 kleine Zwiebel • 1 Knoblauchzehe • 2 1/2 Zweige Thymian • 70 g Butter • 1/4 l trockener Weißwein • 1/4 l Fleischbrühe • Salz • frisch gemahlener weißer Pfeffer • 1 Möhre • 2 kleine Zucchini • 1 EL Mehl • 125 g Sahne • 1 Döschen Safranpulver • 2 cl trockener Sherry

– Die Kaninchenteile unter fließendem kaltem Wasser kurz waschen und mit Küchenpapier trockentupfen.
– Das Suppengrün schälen bzw. putzen und waschen. Die Zwiebel und den Knoblauch schälen. Alles klein würfeln. Den Thymian waschen und trockenschütteln, etwa die Hälfte der Blättchen von den Zweigen abstreifen und beiseite legen.
– In einem Schmortopf 30 g Butter erhitzen, zuerst die Kaninchenteile, dann das vorbereite Gemüse bei starker bis mittlerer Hitze anbraten.
– Die Thymianzweige, den Weißwein und die Fleischbrühe dazugeben, aufkochen lassen, salzen und pfeffern. Die Temperatur reduzieren und das Fleisch zugedeckt bei schwacher Hitze etwa 25 Min. schmoren lassen.
– Die Möhre schälen, die Zucchini waschen und putzen. Beides in feine Streifen schneiden. In 20 g zerlassener Butter weich dünsten.
– Das Fleisch aus der Brühe heben. Die Brühe durch ein feines Sieb gießen. Die restliche Butter erhitzen, das Mehl darüber stäuben und hellbraun braten. Die Brühe und die Sahne unter Rühren mit dem Schneebesen dazugießen. Die Sauce etwa 15 Min. bei mittlerer Hitze köcheln lassen.
– Das Fleisch von den Knochen lösen und klein würfeln. Das Safranpulver und den Sherry in die Sauce rühren und mit Salz und Pfeffer abschmecken. Das Fleisch und die Gemüsstreifen untermischen und mit den restlichen Thymianblättchen bestreuen.

698. Ligurisches Frikassee vom Maishähnchen

GUT FÜR GÄSTE
Für 4 Personen
Zubereitungszeit: 45 Min.
Schmorzeit: 30 Min.

1 Maishähnchen (etwa 1 kg, eventuell vom Händler bereits in 10–12 Stücke zerlegen lassen) • Salz • frisch gemahlener weißer Pfeffer • Mehl zum Wenden • 1 große weiße Zwiebel • 3 EL Butter • 4 EL Olivenöl • 1/8 l trockener Weißwein • 1 Lorbeerblatt • 1/4 l Hühnerbrühe • 2 Eigelbe • Saft von 1 Zitrone • nach Belieben einige Petersilienblätter

– Das Maishähnchen unter fließendem kaltem Wasser kurz, aber sorgfältig innen und außen waschen und mit Küchenpapier abtrocknen. Falls es nicht bereits der Händler gemacht hat, das Hähnchen mit einer Geflügelschere in 10–12 Stücke zerteilen. Knochensplitter entfernen, die Geflügelteile mit Salz und Pfeffer würzen und in Mehl wenden.
– Die Zwiebel schälen und in dünne Ringe schneiden. In einer Kasserolle Butter und Olivenöl erhitzen. Die Hähnchenstücke darin rundum kräftig anbraten. Die gebräunten Teile auf einen Teller legen.
– Die Zwiebelringe im Bratensatz glasig dünsten, mit Weißwein ablöschen. Das Lorbeerblatt hinzufügen und die Sauce eindicken lassen, dann die Hälfte der Brühe angießen und etwa 2 Min. aufkochen.
– Die Geflügelteile wieder in die Kasserolle geben. Zugedeckt bei schwacher Hitze in 20–30 Min. fertig garen. Zwischendurch ab und zu mit Brühe begießen und immer wieder einkochen lassen.
– Den Backofen auf 150° (Umluft 130°) vorheizen. Die Kasserolle vom Herd nehmen. Die Geflügelteile aus der Sauce nehmen, auf eine hitzebeständige Platte legen und im Backofen (Mitte) warm halten.
– Die Eigelbe kräftig mit dem Zitronensaft verquirlen. Zum Bratenfond geben und kräftig unterrühren. Salzen und pfeffern. Bei schwacher Hitze erhitzen, nicht kochen lassen.
– Die Geflügelstücke auf vorgewärmten Tellern anrichten, mit Sauce übergießen und nach Belieben mit einigen Petersilienblättern garnieren.

Wok & Fondue

Zwischen den Wok-Gerichten Asiens und den Fondues der Schweiz gibt es mehr Gemeinsames als man vielleicht denkt (vom Käse-Fondue abgesehen): Beide haben aus einer langen Tradition einen Trend von Dauer geschaffen, obwohl es jeweils spezielle Geräte und einiges an Vorbereitung braucht. Aber weil es schließlich bei beiden schnell und simpel zugeht, sind Speisen aus dem Wok und Fondues ideal für Gäste. Deswegen haben wir sie hier vereint.

Der Wok und wir

Was wären wir heute ohne den Wok? Wir würden wahrscheinlich um einiges länger in der Küche stehen und dabei trotzdem weniger kreativ sein, dazu wäre unser Wissen um die Asia-Küche sicher noch ein ganzes Stück kleiner. Es lässt sich aber auch anders herum sehen: Weil uns Schnelligkeit, Kreativität und asiatisches Denken in den letzten Jahren immer wichtiger wurden, mussten der Wok und wir einfach zusammenkommen. Auf fernöstliche Weise heißt das dann: Du bist, was du kochst.

Allerdings ist der Wok schon länger unter uns als wir wissen. Denn in den chinesischen Restaurants, die bereits vor Jahrzehnten bis hinunter in die Kleinstädte dieses Landes eröffneten, war er so selbstverständlich wie er es in Asien seit Jahrhunderten ist. Dort gehört die große dünne Eisenpfanne mit dem gewölbten Boden in den Alltag wie Essstäbchen und Garküchen. Ein Grund für diese Popularität war, dass der Wok mit den kurzen Garzeiten seiner Gerichte nur wenig Feuer braucht, was Brennholz sparte. Inzwischen ist er vor allem wegen seiner Vielseitigkeit das Zentrum der Asia-Küche.

Im Wok lassen sich ganz verschiedene Zutaten mit unterschiedlichsten Gartechniken vereinen, ohne dass sie dabei ihren Charakter verlieren. Genau das macht das Wesen des guten Kochens in Asien aus – Harmonie, die aus den Stärken vieler Einzelheiten entsteht. Während diese Ausgewogenheit nun über die Jahre in den Hinterküchen unserer China-Lokale immer seltener wurde, drängte es den Wok mit Macht nach draußen. Heute können wir vielen Asia-Köchen wie in deren Heimat dabei zusehen, wie sie in offenen Küchen über großen Gasflammen im simplen Eisenwok rühren, dünsten, schmoren oder frittieren. Und auch bei uns zu Hause ist dieses praktische Werkzeug fürs kreative Kochen längst angekommen – kaum ein Rezept-Stichwort hat Kochbuchredaktionen in den letzten Jahrzehnten mehr beschäftigt als „der Wok“.

Der richtige Wok für uns

Die leichten, unbeschichteten, gewölbten Eisenwoks mit dem langen Stiel aus dem Asien-Laden sind optimal für echte Fans, die sich darin am Gasherd am besten täglich etwas braten. Denn dann funktionieren die Woks nach kurzer Zeit optimal. Ganz wichtig ist dafür allerdings, dass sie ohne einen Tropfen Spülmittel oder agressive Drahtschwämme gereinigt und anschließend sofort eingeölt werden. Vielen ist das zu aufwändig und dazu zu unhygienisch, wenn der Wok auch mal für ein Woche im Küchenschrank verschwinden soll. Deswegen sind bei uns Modelle aus Edelstahl- oder anderen Metalllegierungen beliebter. Vor allem bei beschichteten Woks ist eine gute Qualität sehr wichtig, da hohe Hitze und starkes Kratzen sonst schnell zerstörerisch wirken – und beides gehört wesentlich zum Pfannenrühren. Da außerdem mehr Elektro- als Gasherde in unseren Küchen stehen, haben „europäische“ Woks meistens einen abgeflachten Boden fürs Kochfeld. Und wenn der nicht gerade Bratpfannengröße hat und ordentlich aufgeheizt wird, lässt sich auch damit gut „wokken“. Für normale Gasbrenner kann er sogar die bessere Wahl sein, da gewölbte Woks erst über handtellergroßen

Flammen optimal laufen. Die Tischwoks mit Stromanschluss oder gar einem kleinen Rechaud darunter sind hier nicht unser Thema. Diese Sorte Wok sind zwar tolle Geräte zum Kochen für Gäste, da sie aber nur mittelmäßige Hitze bringen, sollte dann die Party am besten schon in der Küche starten. Fürs kreative Kochen am Tisch gibt es da viel Besseres – wie etwa das Fondue.

Was ist …

… ein Fondue Bourguignonne? Klassisches Öl-Fondue auf Burgunder Art, bei dem zartes Rinderfilet im siedenden Fett gebraten und dann mit Dips genossen wird. Steht inzwischen oft auch für andere Öl-Fondues.

… ein Fondue Chinoise? Klassisches Brühe-Fondue nach asiatischer Art, bei dem das Gargut in kleinen Drathsieben in Geflügel- oder Fischsud gegart und dann in Asia-Würzsaucen (z. B. Sojasauce, süße Chilisauce) gedippt wird. Wird traditionell im Feuertopf zubereitet, steht heute für alle Brühe-Fondues.

… ein Feuertopf? Ursprünglich in Nordasien gebräuchliches Gerät für Fondue chinoise. Feurig glühende Kohlen erhitzen eine darüber liegende Schale (läuft um den Schlot des Feuertopfs) und die enthaltene Brühe. Heute wird er meist mit Strom oder Gasflamme beheizt.

… ein Fondue Neuchâteloise? Auch Neuenburger Fondue genanntes klassisches Schweizer Käse-Fondue, das mit Greyerzer und Emmentaler, säurehaltigem Schweizer Weißwein, Kirschbrand und etwas Muskatnuss und Knoblauch sowie Stärke im Caquelon angesetzt wird. Knuspriger Schlusspunkt ist die Käsekruste am Topfboden.

… ein Caquelon? Glasierter dicker Steinguttopf mit Griff, in dem Käse-Fondue traditionell zubereitet wird, da der Käse hier sehr gleichmäßig schmilzt und nicht zu stark kocht.

Das Fondue und wir

So wie der Wok aus vielen Küchen schon nicht mehr wegzudenken ist, so hat das Fondue-Set dort immer noch seinen Stammplatz. Und mit der Wiederentdeckung der Siebziger Jahre und dem Rückzug ins Private liegt man schon fast wieder im Trend, wenn man sich mit Freunden rund um den Topf mitsamt brodelndem Inhalt versammelt. Der Klassiker ist dabei das Käse-Fondue, das einst Bergbauern in den Schweizer Alpen aus Käseresten schmolzen (frz. „fondre“ für „schmelzen“), um die sämige herzhafte Masse mit Brot aufzustippen. Sie wird mit einem säurereichen Wein (oft auch noch etwas Zitronensaft) und meist Stärke angesetzt, damit der Käse nicht gerinnt. Je fester der Käse, desto mehr wird er zerkleinert und desto eher kommt er in den Fondue-Topf zum Schmelzen – eine Portion nach der anderen unter ständigem Rühren.

Beim Öl-Fondue werden meist kleine Fleischbissen in siedendem Fett frittiert und anschließend auf dem Teller in pikante Dips getaucht – die sind mit das Wichtigste bei so einem Fondue. Am feinsten schmeckt es vor allem mit rotem Fleisch von den zartesten und magersten Teilen eines Tieres wie dem Filet. Aber auch Meeresfrüchte wie Garnelen oder Tintenfisch lassen sich gut auf diese Weise garen und bräunen, Fisch und Gemüse hüllt man dazu meist in Teig. Wichtig ist immer, dass das Fett heiß genug ist, ohne zu verbrennen. Hierfür wird raffiniertes Pflanzenöl oder gehärtetes Pflanzenfett auf dem Herd im Kochtopf auf 175–180° erhitzt (dann steigen am eingetauchten Holzlöffelstiel sofort kleine Bläschen auf) und anschließend im Fondue-Fopf aufs Rechaud und den Tisch gestellt. Dort nun immer nur eine Gabel pro Person hineinstecken und zwischendurch dem Fett auch einmal Zeit zum Aufheizen lassen.

Immer beliebter werden die leichten Fondues mit Brühe nach asiatischem Vorbild, bei denen weniger die Dips als das Gargut die Abwechslung bieten. Zartes Fleisch, Fisch und Meeresfrüchte aller Art werden dazu hauchdünn geschnitten und gemeinsam mit rohem oder vorgegartem Gemüse kurz in fast siedenden Fond getaucht. Und diesen verwandelt man am Ende nicht selten mit Nudeln oder Reis und den Resten vom Fest in einen kräftigen Eintopf. Auch das ist typisch asiatisch.

Pfannenrühren oder auch „Wokken“

Die Grundzutaten

Zerkleinerte Zutaten werden bei starker Hitze bei ständigem Rühren auf die Schnelle gebraten, so dass sie am Ende noch Biss und maximales Aroma haben – das ist das Grundprinzip des Pfannenrührens im Wok. Wichtig ist dafür, dass alles schnell und gleichmäßig gart. Deswegen gilt: Je zarter etwas ist, desto großzügiger kann es zugeschnitten werden und desto später kommt es in den Wok – wie Auberginen, Paprika, Pilze, Zucchini, Spargel, Chinakohl, Spinat, Mangold oder Pak Choi (eine in Asien populäre Kohlsorte). Kompakteres wird feiner geschnitten und am Anfang angebraten – wie Möhren und andere Wurzelgemüse oder Kohl aller Art mit festerer Struktur. Beim Fleisch taugt alles für den Wok, was auch für Schnitzel und Steaks gut ist, und wird in dünne Streifen geschnitten. Beim Fisch sind feste Filets gefragt (z. B. von Kabeljau, Lachs, Rotbarsch, Seeteufel, Snapper, Tunfisch), die eher dick geschnitten werden. Auch ganze Garnelen und Tintenfisch in Ringen oder Streifen sind gut fürs wokken. Und stets daran denken: Eine Zutat auf dieselbe Weise gleich groß schneiden, damit die dann auch auf einmal gar ist.

Der Start

Zuerst heizt man den blanken Wok vor (mehr zu Wok und Hitze auf Seite 317), dann wird etwas Öl darin geschwenkt und abgegossen. Nun kommt wenig Öl zum Braten dazu, in dem Grundaromen wie Ingwer, Knoblauch, Frühlingszwiebeln, Chili oder Zitronengras kurz unter Rühren angebraten werden. Dann wird darin bei starker Hitze die erste (kompaktere!) Zutat ständig mit der Wok-Schaufel gerührt und gewendet, so dass sie weder anbrennt noch dünstet. Nun landen nach und nach die immer zarteren Zutaten in dem Wok. Dabei gibt es zwei Möglichkeiten: entweder den Wok vorher stets leeren und am Ende alles zusammen fertiggaren oder ganz schnell und traditionell das Angegarte am Rand hochschieben, frische Zutaten anbraten, beides vereinen und dann wieder Platz für die nächste Portion machen. Fleisch oder Fisch brät man entweder ganz zum Schluss kurz an oder gleich am Anfang – dann müssen sie aber auf jeden Fall raus aus dem Wok und ganz zum Schluss wieder rein.

Die Vollendung

Gewürzt wird alles erst zum Schluss, wobei ursprünglich meist asiatische Würzsaucen auf Soja- oder Fischbasis und manchmal noch etwas Hühnerbrühe den Inhalt des Woks zum Dünsten bringen. Dabei können auch Nudeln mit erhitzen werden. Ansonsten verteilt man das Pfannengerührte auf leicht mit Reis gefüllte Schalen und „schaufelt“ alles mit Stäbchen oder Gabel in den Mund. Im Wok ist dann gleich die nächste Portion an der Reihe – denn mehr als zwei bis drei Hand voll bzw. 200–300 g Zutaten sollten nicht auf einmal gewokkt werden, damit alles wirklich schnell und aromatisch brät. Und die Menge reicht nur für ein bis zwei Personen.

GU Spezial-TIPP

Welcher Dip zu welchem Fondue? *Beim Öl-Fondue gilt: „Man nehme jeweils etwas Scharfes, Mildes, Süßes bis Saures, Knackig-Knuspriges und etwas Frisches“, oder einfacher gesagt alles, was auch zu Steaks passt: Ketchup-Saucen, Mayo-, Joghurt- und Quark-Dips, Chutneys, Pickles und anderes Eingelegtes sowie Salsas aus rohen Gemüsen und Früchten. Zu Brühe-Fondues passen ausgezeichnet milde harmonische Dips, die Gehalt haben können: Saucen auf Ölbasis wie Mayonnaise oder Viniagrette, cremig Gebundenes mit Nuss, Kartoffel oder Brot sowie Sahniges oder auch Buttriges sind genau richtig. Für Asia-Fondues kommen noch Dips mit Soja- oder Fischsauce und Reiwein oder -essig dazu.*

699. Chinakohl süßsauer

PREISWERT
Für 3 Personen
Zubereitungszeit: 25 Min.
Marinierzeit: 20 Min.

250 g zarter Chinakohl • 3 getrocknete Chilischoten • 40 g Sesamöl • 1 EL Zucker • 1 EL heller chinesischer Essig • Salz

– Chinakohlblätter vom Strunk abschneiden, waschen und die dicken Blattrippen flach schneiden. Die Blätter der Länge nach halbieren. Die Chilischoten etwa 5 Min. in warmem Wasser einweichen, dann von den Kernen befreien und in feine Streifen schneiden.
– In einem Topf reichlich Wasser zum Kochen bringen. Kohl darin etwa 2 Min. blanchieren. Dann abschrecken, abtropfen lassen und auf einen Teller legen.
– Den Wok erhitzen, dann das Sesamöl darin heiß werden lassen. Die Chilischoten dazugeben und unter Rühren braten, bis sie duften.
– Den Wok vom Herd nehmen. Zucker, Essig, Salz und 1 EL Wasser hineingeben und gut verrühren. Noch einmal bei schwacher Hitze unter Rühren erwärmen, bis der Zucker geschmolzen ist. Die Sauce über den Chinakohl gießen, etwa 20 Min. marinieren lassen.
– Chinakohl aus der Marinade nehmen, in 4 cm lange Streifen schneiden und auf einem Teller auslegen. Chilis aus der Marinade fischen, neben dem Kohl anrichten. Die Marinade nach Wunsch getrennt dazu servieren.

700. Scharfer Honig-Kohl

PREISWERT
Für 4 Personen
Zubereitungszeit: 30 Min.

1 kleiner Weiß- oder Spitzkohl (etwa 750 g) • 3 Frühlingszwiebeln • 2–3 rote Chilischoten • 1 walnussgroßes Stück frischer Ingwer • 6 EL Hühnerbrühe • 3 EL Sojasauce • 1 EL Weißweinessig • 1 EL flüssiger Honig • 1/2 TL Speisestärke • 3 EL Öl • Salz • frisch gemahlener schwarzer Pfeffer

– Den Kohl längs vierteln, waschen und putzen, die Viertel in etwa 2 cm breite Streifen schneiden. Frühlingszwiebeln waschen, putzen und längs halbieren, dann schräg in 3–4 cm lange Stücke schneiden. Die Chilischoten putzen und waschen, ganz klein würfeln. Den Ingwer schälen und fein hacken. Für die Würzsauce Brühe, Sojasauce, Essig, Honig und Stärke verquirlen.
– Den Wok und dann das Öl stark erhitzen. Ingwer, Chilischoten und Frühlingszwiebeln darin 1/2 Min. pfannenrühren. Dann den Kohl dazugeben und unter Rühren 3 Min. mitbraten.
– Würzsauce angießen und aufkochen lassen. Alles bei starker Hitze noch 3 Min. durchmischen. Mit Salz und Pfeffer abschmecken. Sofort servieren.

701. Sellerie aus dem Wok

GEHT SCHNELL | GELINGT LEICHT
Für 4 Personen
Zubereitungszeit: 20 Min.

1 große Staude Sellerie (etwa 800 g) • 2 EL süße Bohnensauce • 4 EL Kecap manis (süße Sojasauce) • 4 EL Reiswein • 2 EL Öl • Cayennepfeffer

– Den Sellerie putzen und waschen, das Blattgrün dabei ebenfalls waschen. Die Selleriestangen in etwa 1 cm breite Scheiben schneiden, das Selleriegrün hacken.
– Die Bohnensauce mit dem Kecap manis und dem Reiswein verquirlen.
– Den Wok und dann das Öl darin erhitzen. Selleriescheiben im Öl unter Rühren bei mittlerer Hitze etwa 6 Min. anbraten. Vorbereitete Sauce und Selleriegrün einrühren, alles noch kurz gründlich verrühren. Das Gemüse mit Cayennepfeffer abschmecken.

702. Gebratene scharfe Gurken

GEHT SCHNELL | PREISWERT
Für 2 Personen
Zubereitungszeit: 20 Min.

500 g zarte Salatgurken • 4 getrocknete Chilischoten • 4 EL Sesamöl • 20 Sichuan-Pfefferkörner • Salz

– Die Gurken gründlich waschen und der Länge nach halbieren. Die Kerne herauskratzen und die Gurken in etwa 6 cm lange, dünne Streifen schneiden. Chilischoten halbieren. (Danach Hände waschen, auf gar keinen Fall an die Augen bringen!)

– Das Sesamöl in einer Pfanne oder im Wok erhitzen. Sichuan-Pfefferkörner und Chilischoten hineingeben und bei starker Hitze braten, bis sie würzig duften. Die Pfefferkörner herausfischen.
– Gurken in das Öl geben und unter Rühren bei starker Hitze etwa 2 Min. braten. Mit Salz abschmecken, auf einen Teller geben und abkühlen lassen.

TIPP
Ohne Kerne schmecken Salatgurken wesentlich feiner. Nachdem Sie die Gurke der Länge nach halbiert haben, können Sie die Kerne ganz leicht mit einem kleinen, scharfkantigen Löffel herauskratzen.

703. Gebratene grüne Bohnen mit Ingwer

GUT FÜR GÄSTE
Für 4 Personen
Zubereitungszeit: 20 Min.

500 g grüne Bohnen • 2 Knoblauchzehen • 2 Schalotten • 1 cm frische Ingwerwurzel • 1 rote Chilischote • 3 EL Öl • 1/2 TL Salz • 50 g gesalzene Cashewkerne • 1/8 l Gemüsebrühe • 2 EL trockener Sherry • 1 EL helle Sojasauce • 1 TL Essig • 1 TL Zucker • frisch gemahlener schwarzer Pfeffer

– Bohnen waschen, putzen und in etwa 5 cm lange Stücke schneiden. Knoblauch, Schalotten und Ingwer schälen, Knoblauch und Ingwer fein hacken, Schalotten in feine Ringe schneiden. Die Chilischote putzen und entkernen, waschen und fein hacken.
– Den Wok und dann das Öl darin erhitzen. Knoblauch, Schalotten und Ingwer bei mittlerer Hitze etwa 1 Min. anbraten. Die Chilischote mit dem Salz unterrühren. Noch 1/2 Minute braten.
– Die grünen Bohnen mit den Nüssen in den Wok geben und etwa 1 Min. unter Rühren braten, bis die Nüsse etwas gebräunt sind.
– Die Gemüsebrühe mit Sherry, Sojasauce, Essig und Zucker zugeben. Aufkochen lassen und bei mittlerer Hitze unter ständigem Rühren alles etwa 4 Min. garen, bis die Bohnen bissfest und die Sauce eingekocht ist. Auf einem Servierteller anrichten, mit schwarzem Pfeffer bestreuen und sofort servieren.

704. Gebratener Kohl mit Ei aus Indonesien

GEHT SCHNELL | PREISWERT
Für 4 Personen
Zubereitungszeit: 20 Min.

1 Bund Frühlingszwiebeln • 4 Knoblauchzehen • 1 Stück frischer Ingwer (4 cm) • 1 kleiner Chinakohl oder Weißkohl • 4 Eier • Salz • 2–3 EL Kokosöl • 1 1/2 TL Sambal oelek • 4 EL Kecap manis (süße Sojasauce)

– Die Frühlingszwiebeln putzen, waschen und schräg in dünne Ringe schneiden. Knoblauch schälen und zerdrücken. Ingwer schälen und fein raspeln.
– Den Chinakohl oder Weißkohl putzen und waschen, dann vierteln, den Strunk und die harte Rippen entfernen. Das Gemüse in etwa 1/2 cm breite Streifen schneiden. Die Eier gut miteinander verquirlen und mit Salz würzen.
– Den Wok und dann das Öl darin erhitzen. Frühlingszwiebeln, Knoblauch und Ingwer darin etwa 1 Min. bei starker Hitze dünsten. Den Kohl dazugeben und unter ständigem Rühren etwa 3 Min. mitbraten.
– Mit 50 ml Wasser ablöschen. Die Hitze reduzieren und zugedeckt weitere 3 Min. garen. Sambal oelek und Kecap manis einrühren. Dann die verquirlten Eier über den Kohl gießen und so lange weiterbraten, bis die Eier zu stocken beginnen.

705. Brokkoli in Austernsauce

GELINGT LEICHT
Für 4 Personen
Zubereitungszeit: 30 Min.

1 kg Brokkoli • Salz • 6 Knoblauchzehen • 8 EL Austernsauce • frisch gemahlener schwarzer Pfeffer • 1 TL Speisestärke • 4 EL Öl

– Den Brokkoli putzen und die Röschen vom Stiel abtrennen. Die Stiele schälen und klein schneiden, die Röschen waschen und mundgerecht zerteilen.
– Den Brokkoli in reichlich leicht gesalzenem Wasser etwa 1 Min. kochen, dann in ein Sieb abgießen, mit kaltem Wasser überbrausen und damit abkühlen, so dass er nicht weitergart.

– Den Knoblauch schälen und zerdrücken oder hacken. Austernsauce mit Pfeffer, der Speisestärke und 100 ml Wasser glatt rühren.
– Den Wok erhitzen, das Öl darin heiß werden lassen. Den Knoblauch ins Öl geben und ganz kurz unter Rühren anbraten, er darf dabei nicht braun werden.
– Den Brokkoli einrühren und kurz anbraten, dann die vorbereitete Sauce angießen. Alles noch 1–2 Min. pfannenrühren, dann mit Pfeffer abschmecken und sehr heiß servieren.

706. Indonesischer Blumenkohl mit Chilischoten

GELINGT LEICHT
Für 5 Personen
Zubereitungszeit: 30 Min.

4 Knoblauchzehen • 2 daumengroße Stücke frischer Ingwer • 2 rote Chilischoten • 5 Schalotten • 3 Frühlingszwiebeln • 1 Blumenkohl (etwa 1 kg) • Salz • 5 EL Öl • 3 EL helle Sojasauce • 1 EL Zucker

– Knoblauch und Ingwer schälen und fein hacken. Die Chilis waschen, putzen und in feine Stifte schneiden. Schalotten schälen und fein hacken. Frühlingszwiebeln putzen, waschen und in 4 cm lange Stücke schneiden.
– Den Blumenkohl putzen, waschen und in mundgerechte Röschen zerteilen. In kochendem Salzwasser etwa 5 Min. garen. In ein Sieb schütten und abtropfen lassen.
– Den Wok und dann das Öl darin erhitzen. Knoblauch, Ingwer, Chilis und Schalotten im Öl bei starker Hitze unter ständigem Wenden etwa 2 Min. braten.
– Den Blumenkohl, Sojasauce, etwas Salz, Zucker und etwa 1/8 l Wasser hinzufügen. Alles bei mittlerer Hitze zugedeckt etwa 10 Min. dünsten.

707. Gebratene Artischocken

GUT FÜR GÄSTE
Für 4 Personen
Zubereitungszeit: 35 Min.

500 g fest kochende Kartoffeln • Salz • 1 Tomate • 7 kleine Artischocken (Carciofini) • 4 EL Olivenöl • 1 EL Zitronensaft • frisch gemahlener schwarzer Pfeffer • 1 EL Schnittlauchröllchen

– Bereits am Vortag die Kartoffeln mit Schale in wenig Salzwasser gar kochen. Abgießen und abkühlen lassen.
– Zur Zubereitung die Kartoffeln pellen und würfeln. Die Tomate überbrühen, häuten und ohne Stielansatz und Kerne würfeln.
– Von den Artischocken die äußeren, harten Blätter entfernen und die Stiele herausbrechen. Artischocken waschen und längs in sehr dünne Scheiben schneiden.
– Zuerst den Wok und dann darin 3 EL Öl erhitzen. Die Artischocken im heißen Fett unter ständigem Rühren von beiden Seiten goldbraun braten. Mit Zitronensaft, Salz und Pfeffer würzen, herausheben und warm stellen.
– Restliches Öl im Wok heiß werden lassen. Kartoffelwürfel unter Wenden darin knusprig braten, salzen und pfeffern. Artischockenscheiben dazugeben und kurz mit erhitzen. Das Ganze mit Schnittlauch und Tomatenwürfeln bestreuen und servieren.

TIPP
Die kleinen, zarten Artischockenknospen (Carciofini oder Cimaroli) finden Sie vor allem im Frühjahr aus Süditalien auf den Gemüsemärkten.

708. Artischocken mit Pilzen

GELINGT LEICHT
Für 2 Personen
Zubereitungszeit: 30 Min.

8 kleine zarte Artischocken • 250 g Egerlinge • 2 EL Zitronensaft • 4 Zweige Rosmarin • 1/2 Bund Petersilie • 2 Knoblauchzehen • 4 EL Olivenöl • 4 EL trockener Weißwein (ersatzweise Wasser mit etwas Zitronensaft) • Salz • frisch gemahlener Pfeffer

– Von den Artischocken die äußeren Blätter großzügig entfernen. Die Stiele herausbrechen und die Blattspitzen mit der Küchenschere abschneiden. Die Artischocken mit einem Messer längs achteln.
– Die Pilze mit Küchenpapier sauber abreiben, von den Stielenden befreien und in feine Scheiben schneiden. Die Artischocken und die Pilze mit je 1 EL Zitronensaft vermischen.
– Kräuter waschen, Nadeln bzw. Blättchen abzupfen und fein hacken. Den Knoblauch schälen und in dünne Scheiben schneiden.

– Den Wok erhitzen, dann das Öl darin heiß werden lassen. Die Artischocken hineingeben und unter ständigem Rühren bei starker Hitze 2 Min. braten. Die Pilze mit den Kräutern dazugeben und alles weitere 3 Min. pfannenrühren.
– Den Knoblauch untermischen und kurz braten. Den Weißwein angießen, das Gemüse salzen und pfeffern, gleich servieren.

709. Shiitake-Pilze in Reiswein

GUT FÜR GÄSTE
Für 4 Personen
Zubereitungszeit: 15 Min.
Einweichzeit: 30 Min.

100 g getrocknete Shiitake-Pilze (Tongku-Pilze) • 1 Bund Frühlingszwiebeln • 2 EL Öl • 4 TL Zucker • 100 ml Reiswein • 75 ml helle Sojasauce • 1/2 TL Speisestärke

– Die getrockneten Shiitake-Pilze in eine Schüssel geben, 400 ml warmes Wasser dazugießen und die Pilze etwa 30 Min. einweichen.
– Die Frühlingszwiebeln putzen und waschen, in etwa 5 cm lange Stücke und diese anschließend längs in feine Streifen schneiden.
– Die eingeweichten Pilze aus dem Wasser heben, das Einweichwasser aufbewahren. Die Pilze eventuell etwas kleiner schneiden, dabei die harten Stiele entfernen.
– Den Wok und dann das Öl darin erhitzen. Die Frühlingszwiebeln und Pilze unter Rühren etwa 4 Min. anbraten.
– Einweichsud der Pilze mit dem Zucker, dem Reiswein, der Sojasauce und der Speisestärke glatt rühren und in den Wok gießen. Das Gemüse noch etwa 4 Min. garen und etwas einkochen lassen.

710. Austernpilze mit Thai-Basilikum

GEHT SCHNELL | GUT FÜR GÄSTE
Für 2 Personen
Zubereitungszeit: 20 Min.

500 g Austernpilze • 7 Knoblauchzehen • 2 rote Chilischoten • 1 TL Salz • 100 g rotes Thai-Basilikum • 5 EL Öl • 3 EL helle Sojasauce • 1 1/2 TL Zucker

– Die Austernpilze mit einem Pinsel säubern, von den harten Stielansätzen befreien und grob hacken.
– Knoblauch schälen und fein hacken. Chilis längs aufschlitzen, waschen und putzen, die Schoten fein hacken. Den Knoblauch und die Chilischoten mit 1/2 TL Salz im Mörser zu einer Paste zerstampfen. Die Blätter von den Basilikumzweigen abzupfen und waschen.
– Den Wok und dann das Öl darin stark erhitzen. Chili-Knoblauch-Paste einrühren, etwa 1 Min. unter Rühren braten. Pilze, Sojasauce, Zucker, etwa 5 EL Wasser und übriges Salz zugeben. Alles etwa 1 Min. pfannenrühren.
– Den Wok von der Herdplatte nehmen. Die Basilikumblätter unter die Pilze mischen und sofort servieren.

TIPP

Wenn Sie im Asien-Laden rotes Basilikum (Bai grapau, duftet besonders würzig) nicht bekommen, können Sie auch süßes Basilikum (Bai horapha) oder unser europäisches Basilikum verwenden.

711. Scharfe Bambussprossen

GELINGT LEICHT | GEHT SCHNELL
Für 4 Personen
Zubereitungszeit: 20 Min.

400 g Bambussprossen in Stucken (aus der Dose) • 1 Frühlingszwiebel • 1 dünne Scheibe frischer Ingwer • 20 g rote Chilischoten • 2 EL Pflanzenöl zum Braten • 1 EL Reiswein • Salz • 1 Prise Zucker • 100 ml Gemüsebrühe (selbst gemacht oder Instant) • 1 TL Sesamöl nach Belieben

– Die Bambussprossen in 1/2 l kochendem Wasser etwa 1 Min. sprudelnd kochen, dann mit einem Schaumlöffel herausnehmen, abtropfen und abkühlen lassen.
– Inzwischen die Frühlingszwiebel putzen, waschen und fein hacken. Den Ingwer schälen und fein hacken.
– Die Bambussprossen zuerst längs in etwa 5 mm dünne Scheiben, dann in etwa 5 cm lange und 2 cm breite Scheiben schneiden. Chilischoten waschen und quer in dünne Ringe schneiden. Vorsicht, danach nicht mit den Händen an die Augen kommen!
– Den Wok und darin dann das Öl bei mittlerer Hitze in etwa 3 Min. heiß werden lassen. Die Frühlingszwiebel, den Ingwer und die Chilischoten darin kurz anbraten.

– Bambussprossen dazugeben, mit Reiswein, Salz und Zucker würzen, gut verrühren, dann die Brühe unterrühren. Bei schwacher Hitze offen etwa 5 Min. köcheln lassen, bis die Flüssigkeit verdampft Ist. Nach Belieben vor dem Servieren mit Sesamöl beträufeln.

TIPPS

– In China werden für dieses Gericht gern frische Winterbambussprossen verwendet. In Deutschland kann man diese leider fast nur in Dosen kaufen. Die Dosenbambussprossen kurz in sprudelndem Wasser kochen, um den leicht säuerlichen Geschmack zu beseitigen.

– Wenn Sie die Bambussprossen lieber weniger scharf möchten, müssen Sie die Chilischoten erst von den kleinen Kernen befreien und dann weiterverarbeiten. In den Kernchen steckt nämlich die meiste Schärfe.

712. Bambussprossen mit Eiern

GEHT SCHNELL | GELINGT LEICHT
Für 4 Personen
Zubereitungszeit: 20 Min.

1 Dose Bambussprossen (540 g Inhalt) • 3 Frühlingszwiebeln • 3 Knoblauchzehen • 3 EL Öl • je 2 EL Fisch- und Austernsauce • 1 EL Zucker • 2 Eier

– Die Bambussprossen in ein Sieb geben, mit kaltem Wasser abbrausen und in feine Stifte schneiden. Die Frühlingszwiebeln putzen, längs halbieren, waschen und in etwa 3 cm lange Stücke schneiden. Den Knoblauch schälen und fein hacken oder durch die Knoblauchpresse drücken.
– Den Wok und dann das Öl darin erhitzen. Den Knoblauch goldgelb braten. Die Bambusstifte, Frühlingszwiebeln, die Fisch- und die Austernsauce sowie den Zucker dazugeben und alles unter Rühren bei mittlerer Hitze etwa 3 Min. braten.
– Das Gemüse im Wok zur Seite bzw. an den Rand schieben, die Eier in die Mitte hineinschlagen und verrühren, bis sie stocken.
– Die Eier rasch mit dem Gemüse im Wok vermengen und eventuell noch mit etwas Fisch- oder Austernsauce abschmecken. Gleich servieren.

713. Kohlrabi-Basilikum-Gemüse

GUT FÜR GÄSTE
Für 4 Personen
Zubereitungszeit: 30 Min.

2 junge Kohlrabiknollen (etwa 500 g) • 600 g junge Möhren • 250 g Mozzarella • 2–3 Bund Basilikum (je nach Größe) • 4 EL Öl • 4 EL Pinienkerne • Salz • frisch gemahlener schwarzer Pfeffer • 1 Prise Zucker

– Die Kohlrabiknollen putzen und schälen, zarte Blättchen beiseite legen. Die Knollen erst in dünne Scheiben, dann in feine Stifte schneiden. Die Möhren schälen und ebenfalls in feine Stifte schneiden. Den Mozzarella in etwas dickere Streifen schneiden.
– Die Basilikumblättchen von den Stängeln zupfen und in Streifen schneiden. Das Kohlrabigrün fein hacken. Beide Kräuter mischen.
– Den Wok und dann das Öl darin nicht zu stark erhitzen. Das Gemüse hineingeben und unter Rühren etwa 8 Min. braten. An den Rand schieben, die Pinienkerne kurz in der Mitte des Woks anrösten.
– Die Kräuter und den Mozzarella dazugeben, alles vermischen und nur noch ganz kurz braten. Mit Salz, Pfeffer und dem Zucker würzen.

714. Zuckerschoten mit Bohnen und Zitronengras

GELINGT LEICHT
Für 2 Personen
Zubereitungszeit: 25 Min.

Für das Gemüse: 250 g breite grüne Bohnen • 250 g Zuckerschoten • 1 Bund Frühlingszwiebeln • 2 Stängel Zitronengras • 1 rote Chilischote • 100 g Erdnüsse (in der Schale)
Für die Sauce: 1 EL Sojasauce • 1/8 l Gemüsebrühe • 1 EL Sherry (nach Belieben) • 1 TL Speisestärke • 1 TL Zitronensaft • 3 EL Öl • Salz • frisch gemahlener schwarzer Pfeffer • 1 EL Schnittlauchröllchen

– Bohnen und Zuckerschoten waschen und putzen. Die Bohnen schräg in 1/2 cm breite Streifen schneiden, die Zuckerschoten ganz lassen. Die Frühlingszwiebeln putzen, waschen und mit dem zarten Grün in feine Ringe schneiden.

– Das Zitronengras waschen und nur den unteren hellen Teil fein hacken. Chilischote waschen, putzen und fein hacken. Die Erdnüsse schälen.
– Für die Sauce Sojasauce mit der Gemüsebrühe, dem Sherry nach Belieben, der Speisestärke und dem Zitronensaft glatt verrühren.
– Den Wok erhitzen, das Öl darin heiß werden lassen. Die Erdnüsse 1 Min. pfannenrühren. Herausnehmen. Grüne Bohnen im Wok bei starker Hitze 4 Min. unter Rühren braten. Frühlingszwiebeln und Zuckerschoten hinzufügen und alles weitere 2–3 Min. wokken, bis das Gemüse bissfest und leicht gebräunt ist.
– Die Erdnüsse und die Sauce untermischen und alles einmal aufkochen lassen. Mit Salz und Pfeffer abschmecken, mit Schnittlauch bestreuen und servieren.

715. Auberginen-Safran-Wok

GEHT SCHNELL
Für 2 Personen
Zubereitungszeit: 20 Min.

2 rote Zwiebeln • 1 Aubergine (etwa 350 g) • 150 g Kirschtomaten • 2 Knoblauchzehen • 1 Bund Basilikum • 3 EL Olivenöl • 1 EL Pinienkerne • 75 ml Gemüsebrühe • 1 Döschen gemahlener Safran • Salz • Cayennepfeffer

– Die Zwiebeln schälen, halbieren und längs in Streifen schneiden. Die Aubergine waschen, putzen und in Würfel schneiden. Tomaten waschen und halbieren. Knoblauch schälen und hacken. Basilikumblättchen abzupfen, einige zarte Blättchen beiseite legen.
– Wok erhitzen und das Öl darin heiß werden lassen. Aubergine darin 2 Min. unter Rühren braten. Zwiebeln, Knoblauch und Pinienkerne dazugeben, weitere 2 Min. braten. Tomaten dazugeben, Brühe angießen, Safran mit Basilikum untermischen. Alles mit Salz und Cayennepfeffer abschmecken. 1 Min. köcheln lassen. Mit dem beiseite gelegten Basilikum bestreuen und servieren.

TIPP

Servieren Sie dazu Basmati-Reis auf indische Art: Für 2 Personen 1 Tasse Basmati-Reis in einem Sieb lauwarm abbrausen, abtropfen lassen. 1 1/2 Tassen Wasser aufkochen, den Reis einstreuen, salzen und 1 EL Butter dazugeben, eventuell auch noch 1 Prise Safran oder Kurkumapulver, einmal umrühren. Sobald das Wasser wieder zu kochen beginnt, sofort die Hitze zurückschalten (der Reis kocht schnell über), warten, bis das Wasser fast nicht mehr kocht, dann den Deckel auflegen und zugedeckt bei ganz kleiner Hitze etwa 12 Min. garen. Dann den Deckel abnehmen, den Reis mit einer Gabel auflockern und dabei etwas ausdampfen lassen. In einer vorgewärmten Schüssel servieren.

716. Auberginen in Senfsauce

GELINGT LEICHT
Für 4 Personen
Zubereitungszeit: 45 Min.

400 g Auberginen • Salz • 1 TL Kurkuma • 1 Chilischote • 1 Stück frischer Ingwer (3 cm) • 2 Tomaten • 200 ml neutrales Öl • 5 EL Senföl (ersatzweise neutrales Öl) • 1/2 TL Chilipulver • 2 TL Kreuzkümmelpulver • 2 TL edelsüßes Paprikapulver • 3 EL Joghurt • 2 TL frisch gemahlene schwarze Senfsamen (ersatzweise 2 TL grober Senf) • nach Belieben einige Zitronenviertel

– Die Auberginen waschen, vom Stielansatz befreien und in etwa 1 cm dicke Scheiben schneiden. Diese auf einen großen Teller legen, mit reichlich Salz und 1/2 TL Kurkuma einreiben und etwa 10 Min. ruhen lassen.
– Inzwischen die Chilischote waschen, vom Stielansatz befreien und klein schneiden. (Vorsicht, die Hände nicht an die Augen bringen, am besten Hände sofort waschen!) Den Ingwer schälen und auf der Gemüsereibe fein reiben. Tomaten waschen, vierteln und vom Stielansatz befreien.
– Wok erhitzen und dann das neutrale Öl darin heiß werden lassen. Auberginen portionsweise von beiden Seiten bei mittlerer Hitze je 2–3 Min. anbraten, bis sie bräunlich werden und ganz weich sind. Auf Küchenpapier abtropfen lassen.
– Öl aus dem Wok abgießen. Senföl hineingießen und erhitzen. Chilischote und -pulver, übriges Kurkuma, den Kreuzkümmel, Paprika und Ingwer dazugeben. 5 Min. bei schwacher Hitze unter ständigem Rühren anbraten.
– Tomaten und Joghurt hinzufügen, gut verrühren und alles etwa 3 Min. schmoren, bis eine dunkelbraune

Sauce entsteht. Anschließend 100 ml Wasser dazugießen und unter Rühren zum Kochen bringen.
– Senfsamen und Auberginenscheiben in die Sauce legen, Salz dazugeben und bei schwacher Hitze zugedeckt etwa 5 Min. köcheln lassen. Das Gericht sofort servieren, nach Belieben mit den Zitronenvierteln.

717. Kartoffeln süßsauer auf nordchinesische Art

GUT FÜR GÄSTE | PREISWERT
Für 2 Personen
Zubereitungszeit: 50 Min.
(mit der Küchenmaschine 30 Min.)

3 fest kochende Kartoffeln (300–400 g) • 1 Frühlingszwiebel • 4–5 EL Pflanzenöl • 10 Sichuan-Pfefferkörner • 6 EL brauner Essig • 1 TL helle Sojasauce • Salz • 1–2 EL Zucker

– Die Kartoffeln schälen, ganz kurz unter fließendem kaltem Wasser abbrausen und mit Küchenpapier trockentupfen.
– Kartoffeln in sehr dünne Scheiben schneiden. Dazu am besten erst an einer Seite ein Stück abschneiden, damit die Kartoffel gut auf dem Schneidebrett steht. Die Scheiben dann in etwa streichholzdicke Streifen schneiden. Oder die Kartoffeln in der Küchenmaschine mit einem speziellen Aufsatz in feine Stifte teilen. Je dünner die Kartoffeln geschnitten sind, desto knuspriger schmecken sie später.
– Die Kartoffelstreifen 10–15 Min. in kaltes Wasser legen, um die Stärke zu entfernen. Inzwischen Frühlingszwiebel putzen, waschen und die hellgrünen und weißen Teile fein hacken.
– Den Wok erhitzen und dann das Öl darin gut heiß werden lassen. Die Sichuan-Pfefferkörner hineinstreuen unter Rühren braten, bis sie würzig duften. Die Körner nun wieder herausfischen. Die Kartoffeln abtropfen lassen, sehr gründlich mit Küchenpapier abtrocknen.
– Dann Kartoffeln ins Öl geben und bei starker Hitze unter Rühren etwa 5 Min. braten, bis sie gar sind. Die Hitze etwas reduzieren. Essig und Sojasauce dazugeben. Kartoffeln abschmecken und eventuell mit etwas Salz nachwürzen.
– Den Zucker dazugeben und die Kartoffeln unter Rühren noch einmal kurz braten. Mit Frühlingszwiebeln bestreut servieren.

718. Südchinesische süßsaure Paprika

GELINGT LEICHT
Für 4 Personen
Zubereitungszeit: 30 Min.

8 Paprikaschoten (etwa 600 g, rote und grüne gemischt) • 1 Frühlingszwiebel • 1 Scheibe frischer Ingwer (1 cm dick) • 2 EL Öl • 2 EL dunkle Sojasauce • 3 EL Zucker • 4 EL dunkler Reisessig • Salz

– Paprikaschoten halbieren, von Kernen, Trennwänden und Stielansätzen befreien. Schotenhälften waschen und in etwa 5 cm lange und 2 cm breite Stücke schneiden. Die Frühlingszwiebel putzen, waschen und fein hacken. Den Ingwer schälen und fein hacken.
– Den Wok bei starker Hitze in etwa 1 Min. erwärmen. Öl angießen, Frühlingszwiebel und Ingwer darin unter Rühren kurz anbraten, die Paprikastücke hineingeben und unter Rühren etwa 1 Min. braten. Mit Sojasauce, Zucker und 3 EL Reisessig würzen.
– Alles unter ständigem Rühren nochmals etwa 1 Min. braten. Nun den Pfanneninhalt mit 150 ml Wasser ablöschen. Zugedeckt alles etwa 10 Min. bei mittlerer Hitze kochen lassen.
– Vor dem Servieren mit 1 Prise Salz abschmecken und den restlichen Reisessig dazugeben, alles gut durchrühren und sofort servieren.

719. Pak Choi mit Sesam

GUT FÜR GÄSTE
Für 4 Personen
Zubereitungszeit: 30 Min.

2 Stauden Pak Choi (etwa 800 g) • 2 Knoblauchzehen • 1 walnussgroßes Stück frischer Ingwer • 2 rote Chilischoten • 2 EL Öl • 40 g ungeschälte Sesamsamen • 5 EL Sojasauce • frisch gemahlener schwarzer Pfeffer • 2 TL Würz-Sesamöl

– Pak Choi putzen, waschen und gründlich trockenschütteln. Die Stiele und die Blätter quer in etwa 1 cm breite Streifen schneiden.
– Knoblauch und Ingwer schälen und sehr fein würfeln. Die Chilischoten putzen, entkernen, waschen und in hauchdünne Streifen schneiden. Danach die Hände gründlich waschen und nicht an die Augen bringen!

– Den Wok und dann das Öl darin nicht zu stark erhitzen. Knoblauch, Ingwer und Chilischoten darin unter Rühren etwa 1 Min. anbraten.
– Sesam einrühren, Pak Choi zugeben, alles etwa 3 Min. pfannenrühren. Sojasauce und 4–5 EL Wasser dazugießen, das Gemüse mit Pfeffer würzen. Zum Servieren das Gemüse mit dem Würz-Sesamöl beträufeln.

720. Tofu mit Sesamspinat

GUT VORZUBEREITEN
Für 4 Personen
Zubereitungszeit: 40 Min.

4 EL geschälter Sesam • 1/2 unbehandelte Zitrone • 1 Bund Petersilie • 2 Knoblauchzehen • 1 EL Sesamöl • Salz • Cayennepfeffer • 400 g Tofu • 500 g Spinat • 1 Bund Frühlingszwiebeln • 5 EL neutrales Öl • frisch gemahlener Pfeffer • 10 Kirschtomaten • Zahnstocher

– 2 EL Sesam im Mörser zerstoßen. Zitrone waschen, Schale abreiben. Petersilie waschen, Blättchen sehr fein hacken. Knoblauch schälen und durchpressen. Alles mit Sesamöl mischen, mit Salz und Cayennepfeffer würzen.
– Tofu längs in 1/2 cm dicke Scheiben schneiden. Die Würzmischung darauf streichen, aufrollen und mit Zahnstochern feststecken.
– Spinat putzen, gründlich waschen und gut abtropfen lassen. Frühlingszwiebeln waschen, putzen und in feine Ringe schneiden.
– Den Wok und dann das neutrale Öl darin erhitzen. Tofuröllchen bei mittlerer Hitze in 3–4 Min. rundum braun braten, dann warm halten. Zwiebeln mit übrigem Sesam bei starker Hitze 1 Min. braten. Spinat dazugeben und in 1–2 Min. zusammenfallen lassen. Salzen und pfeffern. Röllchen auf den Spinat geben und zugedeckt in 1 Min. erwärmen. Mit den Tomaten garnieren.

721. Frittierter Tofu

GELINGT LEICHT
Für 4 Personen
Zubereitungszeit: 35 Min.

2 Stücke Tofu (etwa 500 g) • 3 Zweige Koriander • 3 Stängel Schnittlauch • 1 Knoblauchzehe • 2 Chilischoten • 4 EL helle Sojasauce • 1 TL Zucker • 1 EL Reisessig • frisch gemahlener schwarzer Pfeffer • 1 kleine Salatgurke (etwa 150 g) • 1/2 l neutrales Pflanzenöl zum Frittieren

– Tofu kalt abbrausen und trockentupfen. Die beiden Stücke zunächst in jeweils 6 kleine Stücke schneiden, diese wiederum in jeweils 2 Dreiecke teilen.
– Den Koriander und Schnittlauch waschen, trockenschütteln und fein schneiden. Knoblauchzehe häuten und fein hacken. Chilischoten waschen, aufschlitzen. Kerne entfernen, Schoten klein hacken. Vorsicht, danach nicht mit den Händen an die Augen kommen! Alles mit Sojasauce, Zucker, Essig und 1 Prise Pfeffer in einem Schälchen zur Sauce verrühren.
– Gurke kalt abbrausen, trockentupfen. Zuerst längs halbieren, dann in ganz dünne Scheiben schneiden und auf einem Teller anrichten.
– Den Wok erhitzen und dann darin das Öl bei starker Hitze heiß werden lassen. Die Tofustücke ins Öl geben. Vorsicht, Spritzgefahr! Tofu auf jeder Seite in 4–5 Min. goldbraun frittieren. Dann aus dem Öl nehmen, Fett abtropfen lassen und den Tofu auf den Gurkenscheiben anrichten. Mit der Sauce als Dip servieren.

722. Ausgebackene Auberginen

GEHT SCHNELL | GELINGT LEICHT
Für 2 Personen
Zubereitungszeit: 25 Min.

300 g Auberginen • 2 Scheiben frischer Ingwer • 1 Stück Lauch (etwa 3 cm lang) • 1 Ei • Salz • 5 EL Speisestärke • 1 TL Reiswein • 1/2 l Pflanzenöl zum Frittieren
Zum Servieren: Salz, gemischt mit frisch gemahlenem weißem Pfeffer oder Sichuan-Pfeffer • nach Belieben 1 EL Sesamöl

– Die Auberginen waschen, putzen und die Schale dünn abschälen. Auberginenfleisch dann in etwa 2 x 2 x 5 cm große Würfel schneiden. Ingwer schälen, Lauch putzen und waschen, beides fein hacken.
– Ei mit etwas Salz und Stärke zu einem dickflüssigen Teig mischen. Bei Bedarf etwas Wasser zugeben. Reiswein, Lauch und Ingwer untermischen.
– Das Pflanzenöl in einem Wok erhitzen. Es ist heiß genug, wenn an einem ins Öl getauchten Holzstäbchen kleine Bläschen aufsteigen.

– Auberginen durch den Teig ziehen und anschließend im Öl etwa 2 Min. frittieren, bis der Teig härter wird. Dann sofort herausnehmen.
– Öl noch einmal erhitzen. Alle Auberginen noch einmal hineingeben und goldgelb frittieren. Dann gut abtropfen lassen.
– Frittierte Auberginen in die Salz-Pfeffer-Mischung stippen und nach Wunsch mit Sesamöl beträufeln.

TIPP

Übrig gebliebene Auberginenwürfel kann man am nächsten Tag mit Sojasauce, durchgepresstem oder fein gehacktem Knoblauch und etwas Zucker aufkochen. Schmeckt delikat mit Reis.

723. Wirsingstreifen in Kokosmilch

GUT FÜR GÄSTE
Für 4 Personen
Zubereitungszeit: 35 Min.

1 Wirsing (etwa 800 g) • 2 Zwiebeln • 2 Knoblauchzehen • 1 rote Chilischote • 3 EL Öl • 400 ml ungesüßte Kokosmilch (aus der Dose) • 1/2 TL abgeriebene unbehandelte Zitronenschale • Salz • frisch gemahlener Pfeffer • 50 g frische Kokosnuss (am Stück) oder getrocknete Kokosraspel (aus der Tüte)

– Den Wirsing putzen, vierteln und gründlich waschen. Die Viertel quer in fingerbreite Streifen schneiden, dabei den Strunk entfernen.
– Zwiebeln und Knoblauch schälen und fein hacken. Die Chilischote putzen, entkernen und abbrausen, in sehr feine Streifen schneiden.
– Zuerst den Wok und dann darin das Öl erhitzen. Den Wirsing unter ständigem Rühren 5 Min. braten. Die Zwiebeln, den Knoblauch und die Chilischote hinzufügen und weitere 2 Min. unter Rühren mitbraten.
– Nun die Kokosmilch angießen und die Zitronenschale und etwas Salz hinzufügen. Alles bei mittlerer Hitze unter gelegentlichem Rühren fertig garen, bis der Kohl weich ist, aber noch Biss hat. Mit Salz und Pfeffer abschmecken.
– Das frische Kokosfleisch auf dem Gurkenhobel dünn schneiden. Die Späne oder die Kokosraspel über den Wirsing streuen.

TIPP

Getrocknete Kokosraspel können Sie auch vorher in einem Pfännchen ohne Fett hellgelb anrösten, dann schmecken sie würziger.

724. Frühlingsgemüse mit Sesam

GELINGT LEICHT
Für 4 Personen
Zubereitungszeit: 45 Min.

250 g Tofu • Salz • frisch gemahlener schwarzer Pfeffer • 1 1/2 TL Speisestärke • 150 g zarte Möhren • 100 g grüner Spargel • 100 g Zuckerschoten • 100 g Champignons • 3 Frühlingszwiebeln • 100 g Chinakohl • 100 g Sojabohnensprossen (frisch oder aus dem Glas) • 50 g Maiskölbchen (aus dem Glas) • 1 walnussgroßes Stück frischer Ingwer • 2 Knoblauchzehen • 1/8 l Gemüsebrühe • 2 EL Sojasauce • 1 EL Sesamöl • 5 EL Öl • 2 EL geschälter Sesam

– Den Tofu kalt abbrausen, trockentupfen, in dünne Scheibchen schneiden, salzen und pfeffern und in 1 TL Speisestärke wälzen.
– Die Möhren schälen und schräg in dünne Scheibchen schneiden. Spargel waschen, putzen und im unteren Drittel schälen. Die Spargelspitzen abschneiden, die Stangen schräg in feine Scheiben schneiden. Die Zuckerschoten waschen und putzen. Die Champignons putzen und in feine Scheiben schneiden. Die Frühlingszwiebeln waschen, putzen, längs halbieren und in etwa 4 cm lange Stücke schneiden. Den Chinakohl waschen und in 1 cm breite Streifen schneiden.
– Frische Sprossen abbrausen, abtropfen lassen und verlesen. Sprossen aus dem Glas abtropfen lassen. Die Maiskölbchen ebenfalls abtropfen lassen. Ingwer und Knoblauch schälen und fein würfeln.
– Die Brühe, die Sojasauce, das Sesamöl und die restliche Stärke in einem Schälchen gut verquirlen.
– Den Wok erhitzen und darin 4 EL Öl sehr heiß werden lassen, den Sesam in 1 Min. goldbraun braten. In ein feines Sieb schütten, das Öl dabei auffangen, zurück in den Wok gießen und erneut erhitzen.
– Den Tofu in dem heißen Öl etwa 3 Min. pfannenrühren, bis er leicht braun ist. Mit einer Schaumkelle herausheben und warm stellen.

– Den Ingwer und den Knoblauch im übrigen heißen Öl anbraten. Zuerst die Möhren und die Spargelscheiben 3 Min. unter ständigem Rühren braten, dann Spargelspitzen, Zuckerschoten, Champignons und Frühlingszwiebeln 2 Min. mitwokken. Zum Schluss die Sprossen, den Chinakohl und die Maiskölbchen noch 1 Min. unter Rühren braten.

– Die vorbereitete Würzsauce angießen. Alles einmal aufkochen lassen. Den Sesam und den Tofu dazugeben. Alles bei starker Hitze noch 1 Min. rühren und braten. Sofort servieren.

TIPP

Wenn Sie einmal Lust auf Fleisch haben, können Sie den Tofu durch die gleich Menge Hähnchenbrustfilet ersetzen und statt Gemüsebrühe Hühnerbrühe nehmen.

725. Gedämpftes Sommergemüse

BRAUCHT ETWAS ZEIT
Für 4 Personen
Zubereitungszeit: 1 Std.
Marinierzeit: 12 Std.

800 g gemischtes Gemüse (junge Möhren, Schalotten, Brokkoli, Paprika, Zuckerschoten, Prinzessbohnen) • 2 EL neutrales Öl • 2 TL Würz-Sesamöl • 150 ml Gemüsebrühe • Saft von 1/2 Zitrone • 5 EL Sojasauce • 2 EL Pflaumensauce (Asien-Laden) • 1 TL Honig • Salz • frisch gemahlener schwarzer Pfeffer • 1 Knoblauchzehe • 1/2 TL Speisestärke • 2 EL Schnittlauchröllchen

– Die Gemüse waschen, putzen oder schälen. Möhren längs vierteln und in fingerlange Stücke schneiden. Schalotten halbieren. Brokkoli in Röschen zerteilen, Paprika halbieren, die Hälften vierteln.

– Einen Wok, dann neutrales Öl und Sesamöl stark erhitzen. Das Gemüse unter Rühren 5 Min. braten. Herausheben und in eine Schüssel geben.

– Die Brühe, den Zitronensaft, 3 EL Sojasauce, die Pflaumensauce, den Honig, Salz und Pfeffer zu einer Marinade verrühren. Diese über das Gemüse gießen und zugedeckt über Nacht (mindestens aber 4 Std.), im Kühlschrank marinieren lassen, ab und zu wenden.

– Dann das Gemüse aus der Marinade nehmen und abtropfen lassen (die Marinade aufbewahren) und auf einen Dämpfeinsatz legen. Im Wok 375 ml Wasser mit übriger Sojasauce aufkochen. Den Dämpfeinsatz zugedeckt hineinstellen, das Gemüse bei mittlerer Hitze 20–25 Min. dämpfen.

– Den Knoblauch schälen und durch die Knoblauchpresse in einen Topf pressen. Die Marinade mit der Stärke einrühren. Einmal aufkochen, dann abkühlen lassen. Den Schnittlauch untermischen. Die Sauce extra zum Gemüse servieren.

726. Süßsaures Gemüse mit Ananas

GUT FÜR GÄSTE
Für 4 Personen
Zubereitungszeit: 30 Min.

1 kleine Dose Ananasstücke (etwa 250 g Inhalt) • 4 EL süßsaure Sauce (Fertigprodukt) • 2 Möhren • 1 Fenchelknolle • 1 rote Paprikaschote • 1 grüne Paprikaschote • 2 EL Öl • 150 g Mungobohnensprossen • 200 g Chinakohl • Salz • frisch gemahlener weißer Pfeffer • zum Garnieren nach Wunsch gehackte Nusskerne (z. B. Cashew-, Macadamia- oder Erdnusskerne)

– Die Ananasstückchen in ein Sieb geben und abtropfen lassen, dabei den Saft auffangen. Die süßsaure Sauce mit 3 EL Ananassaft vermischen und beiseite stellen.

– Die Möhren schälen, die Fenchelknolle und die Paprikaschoten waschen und putzen. Das Grün der Fenchelknolle beiseite legen. Das Gemüse in dünne Streifen schneiden.

– Den Wok und dann das Öl darin bei mittlerer Stufe erhitzen. Das Gemüse hineingeben und 3–4 Min. braten, bis es fast gar ist.

– Die süßsaure Ananassauce untermischen und bei starker Hitze aufkochen lassen. Die Ananasstücke und die Mungobohnen sprossen zufügen und unter Rühren etwa 1 Min. mitkochen lassen.

– Den Chinakohl putzen, waschen und in Streifen schneiden. Kohl dazugeben und ebenfalls 1 Min. unter ständigem Rühren erhitzen. Mit Salz und Pfeffer abschmecken. Das süßsaure Gemüse nach Wunsch mit gehackten Nüssen bestreuen und mit Fenchelgrün garnieren. Sofort servieren.

727. Grünes Gemüsecurry

BRAUCHT ETWAS ZEIT
Für 6 Personen
Zubereitungszeit: 45 Min.

250 g ganz zarte grüne Bohnen (Kenia- oder Prinzessbohnen) • 250 g Zuckerschoten • 2 grüne Paprikaschoten • 4 spitze gelbe Paprikaschoten • 1 grüne Chilischote • 1 Bund Frühlingszwiebeln • 4 junge Möhren • 3 Knoblauchzehen • etwa 3 cm frische Ingwerwurzel • 5 EL Erdnuss- oder Sojaöl • 1 TL gelbe Senfkörner • 1 TL geschrotete Korianderkörner • 100 g Kokosflocken (aus der Tüte) • 1/4 l Gemüsebrühe • Salz • 1 TL Zucker • 150 g Sahnejoghurt • 1–2 EL Currpulver

– Die Bohnen und die Zuckerschoten falls nötig entfädeln, waschen und abtropfen lassen. Prinzessbohnen einmal in der Mitte durchbrechen.
– Die Paprikaschoten und Chilischote längs halbieren, die Stängelansätze abschneiden, die Samenstränge und die Kerne sorgfältig entfernen. Waschen und gründlich abtropfen lassen. Grüne und gelbe Paprika in feine Streifen schneiden, die Chili sehr fein würfeln.
– Die Frühlingszwiebeln waschen, putzen und die weißen Knollen fein würfeln, die grünen Teile schräg in dünne Ringe schneiden. Die Möhren schälen oder schaben und sehr fein würfeln. Die Knoblauchzehen und die Ingwerwurzel schälen und fein hacken.
– Den Wok erhitzen und dann das Öl darin heiß werden lassen. Den Ingwer und den Knoblauch mit den Senfkörnern und den Korianderkörnern hineingeben und unter Rühren bei nicht zu starker Hitze rösten, bis der Knoblauch glasig ist. Er darf nicht braun werden, sonst wird er bitter.
– Mit den Bohnen beginnend das Gemüse portionsweise ins heiße Öl geben und jeweils etwa 1/2 Min. unter Rühren andünsten, dann zur Seite bzw. an den Rand des Woks schieben und die nächste Portion in den Wok geben. Wenn alles Gemüse verbraucht ist, die Kokosflocken unterrühren und das Gemüse mit der Brühe ablöschen.
– Das grüne Gemüse unter häufigem Pfannenrühren 6–8 Min. garen. Es soll auf jeden Fall noch Biss haben. Erst jetzt mit Salz und dem Zucker würzen. Den Wok vom Herd nehmen und den Joghurt unter das Gemüse rühren. Das fertige Gericht kräftig mit dem Currypulver abschmecken.

728. Scharfes Gemüse in Kokossauce

GELINGT LEICHT
Für 4 Personen
Zubereitungszeit: 30 Min.

300 g Chinakohl • 1 rote Paprikaschote • 1 Stange Lauch • 250 g Zuckerschoten • 2 Möhren • 150 g Shiitake-Pilze • 2 Schalotten • 2 Knoblauchzehen • 2 getrocknete Chilischoten • 4 EL neutrales Öl • 1 Dose Kokosmilch (400 g) • 1 EL Zitronensaft • 2 EL Sojasauce • Salz

– Chinakohl putzen, zerteilen und waschen, in Streifen schneiden. Paprikaschote waschen, putzen und in Rauten schneiden. Lauch putzen, gründlich waschen und in 1/2 cm breite Ringe schneiden. Zuckerschoten waschen und putzen. Möhren schälen und in dünne Scheiben hobeln. Pilze mit Küchenpapier säubern, von den Stielen befreien und in Streifen schneiden. Schalotten und Knoblauch schälen und fein hacken. Chilischoten im Mörser zerreiben.
– Den Wok erhitzen, das Öl darin heiß werden lassen. Möhren, Lauch und Zuckerschoten bei starker Hitze 3 Min. pfannenrühren. Pilze, Schalotten, Knoblauch und Chilis dazugeben, 2 Min. braten. Paprika und Chinakohl untermischen, noch 2 Min. garen.
– Gemüse an den Rand schieben. Kokosmilch in den Wok gießen und 2 Min. kochen lassen, dann das Gemüse untermischen. Mit Zitronensaft, Sojasauce und Salz abschmecken. Sofort servieren.

729. Gemüse mit mariniertem Tofu

GEHT SCHNELL | GELINGT LEICHT
Für 4 Personen
Zubereitungszeit: 25 Min.

500 g fester Tofu • 3 EL Sojasauce • 1 EL Weißweinessig • 2 TL Zucker • 2 EL Sesamöl • 750 g Möhren • 3 Zucchini • 3 Frühlingszwiebeln • 1 rote Chilischote • 2 Zweige Petersilie oder 1 Bund Schnittlauch • 2 EL neutrales Öl • 100 ml Gemüsebrühe • Salz • frisch gemahlener weißer Pfeffer

– Den Tofu kurz abbrausen, mit Küchenpapier trockentupfen und in etwa 2 cm dicke Scheiben schneiden. Die Sojasauce mit Essig, Zucker und 1 EL Sesamöl zu einer

Marinade verrühren. Die Tofuscheiben damit übergießen, abdecken und etwa 10 Min. marinieren.
– Inzwischen die Möhren schälen und schräg in etwa 1/2 cm dicke Scheiben schneiden. Zucchini waschen, putzen und in dünne Scheiben schneiden. Frühlingszwiebeln putzen, waschen und schräg in etwa 1 cm dicke Ringe schneiden. Chilischote waschen, entkernen und in Streifen schneiden. Petersilie oder Schnittlauch waschen, mit Küchenpapier trocknen, klein schneiden.
– Den Wok erhitzen, das neutrale Öl mit dem übrigen Sesamöl hineingeben. Tofuscheiben aus der Marinade nehmen und mit Küchenpapier trockentupfen. Im Öl von beiden Seiten goldbraun braten, herausheben und warm stellen.
– Das vorbereitete Gemüse im Wok unter Rühren etwa 2 Min. anbraten. Die Marinade durch ein Sieb gießen und mit der Brühe dazugeben. Gemüse etwa 6 Min. leise köcheln lassen. Salzen, pfeffern und über dem Tofu verteilen. Mit den gehackten Kräutern bestreut servieren.

730. Curryreis mit Wirsing

GELINGT LEICHT
Für 4 Personen
Zubereitungszeit: 40 Min.

75 g Rosinen • 300 g zarter Wirsing • 1 Zwiebel • 2 Knoblauchzehen • 4 EL Öl • 100 g gehackte Walnüsse • 1 EL Currypulver • 1 TL Kurkuma (Gelbwurz) • 1 TL Ingwerpulver • 600 g gekochter Langkornreis (das entspricht etwa 300 g ungekochtem Reis) • Salz • frisch gemahlener schwarzer Pfeffer • 2 EL Zitronensaft • 250 g Naturjoghurt

– Die Rosinen in lauwarmem Wasser einweichen. Den Wirsing waschen, putzen und in sehr dünne Streifen schneiden. Die Zwiebel und den Knoblauch schälen und fein würfeln.
– Den Wok und dann 2 EL Öl darin erhitzen. Die Nüsse unter Rühren 1 Min. anrösten, den Wirsing dazugeben und 5 Min. mitbraten. Gemüse auf einen Teller geben.
– Das restliche Öl erhitzen. Zwiebel und Knoblauch darin 2 Min. braten. Mit Curry, Kurkuma und Ingwer bestäuben und 1 Min. anschwitzen. Rosinen und Reis hinzufügen und 5 Min. pfannenrühren.
– Den Wirsing mit Nüssen untermischen und 3 Min. erhitzen. Mit Salz, Pfeffer und Zitronensaft würzen. Den Joghurt extra dazu reichen.

731. Kokosreis mit Zuckerschoten

GUT FÜR GÄSTE
Für 4 Personen
Zubereitungszeit: 40 Min.

400 g Zuckerschoten • 1 Bund Frühlingszwiebeln • 1 gelbe Paprikaschote • 1 Zwiebel • 1 Knoblauchzehe • 1 Stück frischer Ingwer • 2 EL neutrales Öl • 300 g Langkornreis • 1 Dose Kokosmilch (400 ml) • 1/4 l Gemüsebrühe • 2 EL Zitronensaft • 2 TL Currypulver • Salz • 1 kleines Bund Basilikum

– Zuckerschoten waschen und putzen. Frühlingszwiebeln putzen, waschen und in feine Ringe schneiden. Die Paprikaschote waschen, halbieren, putzen und in Streifen teilen. Zwiebel, Knoblauch und Ingwer schälen und fein würfeln.
– Den Wok erhitzen, das Öl darin heiß werden lassen. Das Gemüse im Öl unter ständigem Rühren bei starker Hitze 2–3 Min. braten, dann herausnehmen.
– Zwiebel, Knoblauch und Ingwer in den Wok geben und 1 Min. braten. Reis hinzufügen und mitbraten, bis er vom Öl überzogen ist. Kokosmilch und Gemüsebrühe angießen, mit Zitronensaft, Curry und Salz würzen und zugedeckt bei schwacher Hitze 15 Min. garen.
– Dann das Gemüse wieder untermischen und alles noch 5 Min. garen. Inzwischen Basilikumblättchen abzupfen und in Streifen schneiden. Den Kokosreis mit Basilikum bestreut servieren.

732. Gedämpfter Gemüsereis

GELINGT LEICHT | SCHMECKT KINDERN
Für 2 Personen
Zubereitungszeit: 40 Min.

150 g Chinakohl • 300 g gekochter Langkornreis (das entspricht etwa 150 g ungekochtem Reis) • 1 kleine rote Paprikaschote • 1 kleine gelbe Paprikaschote • 200 g Lauch • Salz • frisch gemahlener schwarzer Pfeffer • 3/4 l Gemüsebrühe • 1/2 Bund glatte Petersilie • Sojasauce zum Beträufeln

– Den Chinakohl putzen und waschen. Wenn Sie im Bambuskörbchen dämpfen, legen Sie dieses zuerst mit einigen Kohlblättern aus, damit der Reis nicht durchs Gitter fällt.

– Übrigen Kohl in 1–2 cm breite Streifen schneiden und mit dem Reis mischen. Paprikaschoten putzen und waschen, dann in feine Streifen schneiden und unter den Reis mischen. Lauch putzen, längs aufschlitzen und gründlich waschen. In etwa 5 cm lange Stücke, diese in schmale Streifen schneiden und unter den Reis mischen. Mit Salz und Pfeffer würzen. Gemüsereis auf das Chinakohlbett oder auf einen breiten Teller geben.
– Die Gemüsebrühe im Wok aufkochen. Das Dämpfkörbchen oder den Teller auf gekreuzten Essstäbchen hineinstellen, den Deckel auflegen. Den Gemüsereis etwa 15 Min. dämpfen.
– Petersilie waschen und trockenschütteln. Die Blättchen grob hacken und über den fertigen Reis streuen. Bei Tisch die Sojasauce über den Reis träufeln.

733. Reis-Linsen-Gemüse-Topf

GUT FÜR GÄSTE | BRAUCHT ETWAS ZEIT
Für 6 Personen
Zubereitungszeit: 1 Std.

1/2 Blumenkohl • 200 g vorwiegend fest kochende Kartoffeln • 2 Zwiebeln • 2 Tomaten • 1 rote Chilischote • 4 EL Ghee (geklärte Butter) oder Butterschmalz • 3 Lorbeerblätter • 1 TL Kurkuma (Gelbwurz) • 1 TL gemahlener Kreuzkümmel (Cumin) • 1 1/2 TL edelsüßes Paprikapulver • 1/4 TL Chilipulver • 200 g Basmati-Reis • 200 g geschälte rote Linsen (Masoor Dal) • 100 g TK-Erbsen • Salz • 1 TL Garam Masala (indische Gewürzmischung)

– Das Gemüse waschen. Den Blumenkohl in Röschen von etwa 3 cm Länge schneiden. Die Kartoffeln schälen und in etwa 3 cm große Stücke schneiden. Die Zwiebeln schälen und fein schneiden. Die Tomaten vierteln. Die Chilischote putzen und in kleine Stücke schneiden.
– Einen Wok und dann 3 EL Ghee oder Butterschmalz darin erhitzen. Die Zwiebeln darin gut braun anbraten. Chilistücke, Lorbeerblätter und gemahlene Gewürze (außer Garam Masala) hinzufügen und alles bei schwacher Hitze etwa 3 Min. anbraten.
– Reis, Linsen, Kartoffeln, Blumenkohl, Tomaten und die Erbsen nach und nach dazugeben und alles gut vermischen. Salzen und 1 1/2 l Wasser hinzufügen, zum Kochen bringen. Dann die Temperatur reduzieren und den Deckel auflegen. Alles zugedeckt etwa 25 Min. köcheln lassen, bis Reis und Gemüse gar sind.
– Das übrige Ghee oder Butterschmalz schmelzen lassen und mit dem Garam Masala verrühren, über das Reisgericht gießen und servieren.

734. Glasnudeln mit Paprika und Sprossen

GELINGT LEICHT
Für 2 Personen
Zubereitungszeit: 45 Min.

100 g Glasnudeln • 10 Mu-Err-Pilze • je 1 rote und grüne Paprikaschote • 1 Limette • 150 g gemischte Sprossen • 4 EL Öl • 2 EL Mohnsamen • 2 TL Sambal oelek • 1 TL Honig • Salz

– Die Glasnudeln in lauwarmem Wasser 30 Min. quellen lassen. Mu-Err-Pilze getrennt ebenfalls in lauwarmem Wasser einweichen.
– Inzwischen die Paprikaschoten waschen, putzen und in feine Streifen schneiden. Limette heiß waschen, etwas Schale dünn abschneiden und in feine Streifen teilen. Eine Hälfte der Limette auspressen. Sprossen abbrausen und abtropfen lassen. Mu-Err-Pilze abtropfen lassen, entstielen und grob hacken.
– Wok erhitzen, dann das Öl darin heiß werden lassen. Die Paprikastreifen mit Mohn und Pilzen hinzufügen und bei starker Hitze 3–4 Min. pfannenrühren, bis die Paprikastreifen bissfest sind.
– Nudeln abtropfen lassen, mit einer Küchenschere etwas kleiner schneiden und mit Sprossen, Limettenschale und -saft, Sambal oelek, Honig und 4 EL Wasser in den Wok geben. Alles unter Rühren garen, bis die Nudeln heiß sind. Mit Salz abschmecken, servieren.

735. Reisnudeln mit Pilzen und Peperoni

GEHT SCHNELL | GELINGT LEICHT
Für 4–5 Personen
Zubereitungszeit: 25 Min.

200 g Reisnudeln (1–2 cm breit) • 200 g Austernpilze • 5 Knoblauchzehen • 2 rote Chilischoten • 100 g rotes Thai-Basilikum (Bai grapau) • 5 EL neutrales Öl • 3 EL helle Sojasauce • 1 EL dunkle Sojasauce • 2 EL Zucker • Salz

– In einem Topf reichlich Wasser zum Kochen bringen. Die Nudeln darin in etwa 4 Min. garen, dann abgießen, mit kaltem Wasser kurz abbrausen und im Sieb gut abtropfen lassen.
– Die Austernpilze putzen und grob hacken. Den Knoblauch schälen und fein hacken. Die Chilischoten waschen, entstielen und hacken. Die Basilikumblätter von den Stängeln zupfen.
– Den Wok und dann das Öl darin stark erhitzen. Chili und Knoblauch etwa 1 Min. scharf anbraten. Nudeln, Pilze, Sojasauce und Zucker hinzufügen. Alles gründlich verrühren. Zum Schluss das Basilikum untermischen. Nudeln noch einmal mit Salz und Zucker abschmecken, sofort servieren.

736. Sesamnudeln mit Frühlingszwiebeln

GEHT SCHNELL
Für 4 Personen
Zubereitungszeit: 30 Min.

350 g breite Reisnudeln • 1 walnussgroßes Stück frischer Ingwer • 6 Frühlingszwiebeln • 2 Zitronenblätter • 60 g geschälter Sesam • 2 EL Sesamöl • 1 EL Sojaöl oder Rapsöl • Salz

– Die Reisnudeln in eine Schüssel geben und mit kochend heißem Wasser überbrühen, etwa 15 Min. quellen lassen.
– Ingwer schälen und in sehr feine Würfel schneiden oder klein hacken. Die Frühlingszwiebeln waschen, putzen und längs halbieren. Dann die Zwiebeln in schmale Streifen schneiden. Zitronenblätter waschen, die harte Mittelrippe herausschneiden und die Blätter in feine Streifen schneiden.
– Den Wok erhitzen, die Sesamsamen darin unter Rühren ohne Fett rösten, bis sie würzig duften, dann aus dem Wok nehmen und beiseite stellen.
Beide Ölsorten in den Wok geben und erhitzen. Den Ingwer, die Frühlingszwiebeln und die Zitronenblätter mit der Hälfte der Sesamsamen unter Rühren etwa 1 Min. braten.
– Die Reisnudeln in ein Sieb gießen und nur ganz kurz abtropfen lassen, untermischen und unter Rühren heiß werden lassen.
– Das Gericht mit Salz abschmecken und mit dem übrigen Sesam bestreut servieren.

737. Udon-Nudeln mit Spargel

GUT FÜR GÄSTE | GEHT SCHNELL
Für 4 Personen
Zubereitungszeit: 30 Min.

250 g japanische Udon-Nudeln • Salz • 500 g weißer Spargel • 1 großes Bund Frühlingszwiebeln • 2 EL Reiswein • 2 EL heller Reisessig • 2 EL helle Sojasauce • 1 TL Wasabi (japanischer grüner Meerrettich, aus der Tube) • 4 EL Öl

– Für die Nudeln reichlich Wasser mit Salz zum Kochen bringen. Nudeln darin knapp bissfest kochen, abgießen, abschrecken und gründlich abtropfen lassen.
– Den Spargel waschen, von den Enden befreien und von oben nach unten schälen. Die Köpfe knapp abschneiden, die Stangen leicht schräg in etwa 1/2 cm dicke Scheiben schneiden. Frühlingszwiebeln putzen, gründlich waschen und in feine Ringe schneiden.
– Für die Sauce den Reiswein in einem Schüsselchen mit Essig, Sojasauce und Wasabi verrühren.
– Den Wok erhitzen, 3 EL Öl darin heiß werden lassen. Spargel bei starker Hitze unter Rühren 4 Min. braten. Frühlingszwiebeln dazugeben, noch 1 Min. braten.
– Übriges Öl und Nudeln dazugeben und noch 1 Min. braten, bis die Nudeln warm sind. Die Sauce darüber gießen, mit Salz abschmecken und servieren.

738. Eiernudeln mit Gemüse

BRAUCHT ETWAS ZEIT
Für 4 Personen
Zubereitungszeit: 45 Min.

10 getrocknete chinesische Morcheln • 5 getrocknete Tongku-Pilze • 1 Frühlingszwiebel • 2 Knoblauchzehen • 1 kleines Stück frischer Ingwer • 1 Möhre • 150 g Chinakohl • 5 Strohpilze (aus der Dose) • Salz • 300 g chinesische Eiernudeln • 3 EL Öl • 50 g Bambussprossenstreifen (aus der Dose) • 2 EL Reiswein • 3 EL dunkle Sojasauce • 1 EL Miso-Paste (Sojabohnenpaste aus dem Asia-Laden) • 50 g Sojabohnensprossen • 1 EL Speisestärke

– Die chinesischen Morcheln und die Tongku-Pilze getrennt in jeweils 1 Tasse lauwarmem Wasser etwa 10 Min. einweichen.

– Die Frühlingszwiebel putzen, waschen und klein schneiden. Knoblauch und Ingwer schälen und fein hacken. Die Möhre schälen, waschen und fein stifteln. Chinakohl waschen, putzen und in Streifen schneiden.
– Eingeweichte Morcheln waschen, von holzigen Stellen befreien, in Stücke schneiden. Die Tongku-Pilze ausdrücken (Einweichwasser aufbewahren), die Stiele entfernen und die Hüte in Streifen schneiden. Die Strohpilze halbieren.
– Reichlich Salzwasser aufkochen, die Nudeln darin etwa 2 Min. garen. Gleichzeitig den Wok und dann das Öl darin erhitzen. Etwas Salz in den Wok streuen, Frühlingszwiebel, Knoblauch und den Ingwer darin glasig werden lassen.
– Alle Pilze, Möhrenstifte und die Bambussprossen etwa 2 Min. mitbraten. Mit dem Reiswein, der Sojasauce und der Miso-Paste würzen. Sojabohnensprossen und den Chinakohl hinzufügen, 1 Min. mitbraten. Das Einweichwasser der Tongkupilze mit Speisestärke verquirlen, angießen. Aufkochen, abschmecken und zu den Eiernudeln servieren.

739. Okrapfanne mit Basmati-Reis

GUT FÜR GÄSTE | BRAUCHT ETWAS ZEIT
Für 2 Personen
Zubereitungszeit: 45 Min.

200 g Möhren • 200 g Okraschoten • 1/2 rote Paprikaschote • 1 walnussgroßes Stück frischer Ingwer • Salz • 100 g Basmati-Reis • 5 schwarze Pfefferkörner • 1/4 TL Bockshornkleesamen • 2 EL Ghee (geklärte Butter) oder Butterschmalz • 1/4 l Gemüsebrühe • 1 kleine Zimtstange • 1/2 Bund Oregano

– Die Möhren schälen und schräg in Stücke schneiden. Die Okraschoten unter fließendem Wasser waschen, dabei den flaumigen Belag der Schoten abreiben. Die Schoten putzen und quer halbieren. Die Paprikaschote waschen, putzen und in Rauten schneiden. Den Ingwer schälen und auf einer Küchenreibe fein reiben.
– In einem Topf 175 ml Wasser mit Salz zum Kochen bringen. Den Reis waschen und im Wasser zugedeckt in etwa 15 Min. garen. Inzwischen die Pfefferkörner und den Bockshornkleesamen in einem Mörser zerstoßen.
– Einen Wok und dann darin das Ghee oder das Butterschmalz erhitzen. Die zerstoßenen Gewürze bei mittlerer Hitze im Fett kurz anbraten.
– Den Ingwer dazugeben und kurz mitbraten. Das Gemüse hineingeben, unter Rühren etwas andünsten, dann die Brühe aufgießen. Die Zimtstange dazugeben und alles etwa 10 Min. zugedeckt garen.
– Den Oregano waschen, trockenschütteln und die Blättchen abzupfen. Unter das gare Gemüse mischen und servieren.

740. Scharfes Linsen-Curry

GELINGT LEICHT
Für 4 Personen
Zubereitungszeit: 40 Min.

250 g rote Linsen (Masur Dal) • Salz • frisch gemahlener Pfeffer • 1 Bund Frühlingszwiebeln • 3 Knoblauchzehen • 4 rote Chilischoten • 2 rote Paprikaschoten • 2 EL Butterschmalz • 1 1/2 EL Currypulver

– Linsen gründlich verlesen (oft sind Steine dazwischen) und waschen. In gut 1/2 l kaltem Wasser unter Rühren aufkochen, salzen, pfeffern und zugedeckt in knapp 10 Min. bissfest kochen.
– Frühlingszwiebeln putzen, waschen und in 1/2 cm dicke Ringe schneiden. Knoblauch schälen und fein hacken. Chilischoten putzen, entkernen und in hauchdünne Ringe schneiden. Die Paprikaschoten halbieren, putzen, waschen und in feine Streifen schneiden.
– Den Wok und dann das Butterschmalz darin erhitzen. Die Frühlingszwiebeln, den Knoblauch, die Chiliringe und die Paprikastreifen dazugeben und unter Rühren etwa 2 Min. braten.
– Currypulver darüber streuen und unter Rühren kurz anschwitzen, dann die gekochten Linsen mit Flüssigkeit dazugeben. Alles kurz verrühren und erhitzen, mit Salz und Pfeffer abschmecken und sofort servieren.

741. Gemüse-Couscous

GELINGT LEICHT
Für 4 Personen
Zubereitungszeit: 40 Min.

1/2 l kräftige Gemüsebrühe • 300 g Couscous (Bio-Laden) • 300 g Möhren • 300 g Austernpilze • 1 Bund Frühlingszwiebeln • 3 Stangen Staudensellerie • 1 Zwiebel • 2 Knoblauchzehen • 2 Bund glatte Petersilie • 4 EL Öl • 50 g Pinienkerne • Salz • frisch gemahlener schwarzer Pfeffer • 1 TL rosenscharfes Paprikapulver • 3 EL Zitronensaft • 30 g Butter

– Die Gemüsebrühe erhitzen. Den Couscous damit übergießen, gut durchrühren und zugedeckt 20 Min. quellen lassen.
– Inzwischen die Möhren schälen und schräg in dünne Scheiben schneiden. Die Pilze putzen, abreiben und grob zerteilen. Frühlingszwiebeln und Sellerie waschen und putzen, beide Gemüse längs halbieren und schräg in 3 cm breite Abschnitte teilen. Zwiebel und Knoblauchzehen schälen und klein würfeln. Die Petersilie waschen, die Blättchen fein hacken. Den Couscous offen ausdampfen lassen.
– Den Wok und dann das Öl darin stark erhitzen. Die Pinienkerne im Öl unter Rühren in 1 Min. goldbraun anrösten, herausnehmen. Im verbliebenen Öl Zwiebel, Knoblauch, Möhren und Sellerie 3 Min. pfannenrühren. Dann Frühlingszwiebeln und Pilze dazugeben und weitere 2 Min. unter Rühren braten.
– Den Couscous in den Wok geben und bei starker Hitze 5 Min. anrösten, dabei ständig wenden. Mit Salz, Pfeffer, Paprikapulver und Zitronensaft würzen. Die Petersilie bis auf 2 EL und die Butter in Flöckchen untermischen. Den Couscous zugedeckt 2–3 Min. ziehen lassen. Die Pinienkerne und übrige Petersilie vor dem Servieren aufstreuen.

742. Ausgebackenes Gemüse

PREISWERT | BRAUCHT ETWAS ZEIT
Für 4 Personen
Zubereitungszeit: 50 Min.

250 g Kichererbsenmehl • 1/2 l Erdnussöl • Salz • Cayennepfeffer • 1,2 kg gemischtes Gemüse (fest kochende Kartoffeln, Brokkoli, Kürbis, Möhren und Blumenkohl) • 1/2 Bund Koriandergrün • 1 Bund Basilikum • 1 grüne Chilischote • etwa 1 cm frischer Ingwer • 300 g stichfester Naturjoghurt • 1 TL gemahlener Koriander

– Für den Teig Kichererbsenmehl mit 1 TL Öl, Salz und 1 Prise Cayennepfeffer mischen. 300 ml lauwarmes Wasser unterrühren, Teig 15 Min. quellen lassen.
– Das Gemüse putzen und waschen bzw. schälen. Die Kartoffeln in etwa 1/2 cm dicke Scheiben schneiden, das restliche Gemüse in kleine Röschen teilen beziehungsweise in kleine Würfel schneiden.
– Für die Sauce die Kräuter waschen und die Blättchen abzupfen. Chili waschen, putzen, entkernen und grob zerkleinern. Ingwer schälen und fein würfeln. Alles mit dem Jogurt im Mixer fein pürieren. Mit Salz und gemahlenem Koriander würzen.
– Übriges Öl im Wok erhitzen. Gemüse portionsweise durch den Teig ziehen und im heißen Fett 4–5 Min. frittieren, bis es schön gebräunt ist. Auf Küchenpapier entfetten. Mit der Sauce servieren.

743. Krosse Fischstäbchen aus Südchina

GELINGT LEICHT | SCHMECKT KINDERN
Für 3 Personen
Zubereitungszeit: 45 Min.

400 g Schollenfilet • Salz • frisch gemahlener weißer Pfeffer • 1 TL Sesamöl • 1 TL Fünf-Gewürz-Pulver • zum Garnieren 2 Tomaten und 3 Zweige Koriander • 1/2 l neutrales Pflanzenöl zum Frittieren • 1 Eiweiß • 5 EL Speisestärke

– Fischfilet kalt waschen, trockentupfen, in etwa 6 cm lange und 2 cm breite Stücke schneiden. 1 TL Salz, 1 Prise Pfeffer und Sesamöl in einer Schale verrühren, Fisch unterheben und etwa 15 Min. ziehen lassen.
– In einem kleinen Topf 1 TL Salz bei schwacher Hitze in etwa 1 Min. heiß werden lassen. Den Topf vom Herd nehmen, Fünf-Gewürz-Pulver unter das Salz mischen und dann in eine Schale geben.
– Tomaten waschen, Stielansätze entfernen, die Tomaten in dünne Scheiben schneiden und diese halbieren. Den Koriander waschen, trockenschütteln und die Blättchen von den Stängeln zupfen.
– Frittieröl im Wok bei starker Hitze heiß werden lassen. Es ist heiß genug, wenn an einem ins Öl getauchten Holzstäbchen kleine Bläschen aufsteigen. Fischstäbchen mit dem Eiweiß vermengen, dann Stück für Stück in Speisestärke wenden, ins Öl geben und in 4–5 Min. goldbraun frittieren. Vorsicht Spritzgefahr! Fischstäbchen herausnehmen und das Fett abtropfen lassen.
– Die Fischstäbchen auf einem Teller anrichten, mit den Tomaten und dem Koriander garnieren und zusammen mit der Mischung aus Salz und Fünf-Gewürz-Pulver als Dip servieren.

744. Asia-Fischfilet aus dem Wok

GUT FÜR GÄSTE | GELINGT LEICHT
Für 3–4 Personen
Zubereitungszeit: 35 Min.

400 g Schollen- oder Kabeljaufilet • Salz • 3 EL Reiswein • 1 kleines Bund chinesischer (oder hiesiger) Schnittlauch (möglichst mit den Blüten) • 1 Scheibe frischer Ingwer (etwa 2 cm dick) • 2 Knoblauchzehen • 150 g Salatgurke • 1 Ei • 60 g Speisestärke • 1/4 l Öl • 1 1/2 EL scharfe Bohnenpaste • 1 EL Zucker • 1 TL Reisessig • 1 TL helle Sojasauce

– Fischfilet waschen, trockentupfen und in etwa 5 cm lange und 3 cm breite Scheiben schneiden. Mit Salz und 1 EL Reiswein mischen, etwa 10 Min. ziehen lassen. Schnittlauch abbrausen und fein hacken. Ingwer und Knoblauch schälen, fein hacken. Gurke waschen, längs halbieren, entkernen und quer in dünne Scheiben schneiden, auf einem Teller anrichten. Das Ei mit der Speisestärke und 1 EL Wasser verquirlen.
– Das Öl im Wok bei starker Hitze heiß werden lassen. Fischstücke durch die Ei-Stärke-Masse ziehen und nacheinander ins Öl geben. Etwa 1 Min. frittieren und herausnehmen.
– Das Öl erneut stark erhitzen, dann die Fischstücke nochmals in das Öl geben und in etwa 1/2 Min. goldgelb frittieren. (Vorsicht, Spritzgefahr!) Herausnehmen, das Fett abtropfen lassen.
– Öl bis auf einen dünnen Film aus dem Wok gießen, Temperatur herunterschalten. Bohnenpaste, Ingwer und Knoblauch hineingeben, unter Rühren bei schwacher Hitze anbraten. Zucker, Essig, Sojasauce und übrigen Reiswein dazugeben. Fisch und Schnittlauch untermischen. Durchrühren, auf die Gurke geben und servieren. Nach Belieben mit Schnittlauchblüten garnieren.

745. Süßsaure Karpfenfilets

GEHT SCHNELL
Für 2–3 Personen
Zubereitungszeit: 30 Min.

400 g Karpfenfilet • 1 rote Chilischote • 1 Scheibe frischer Ingwer (etwa 2 cm dick) • 2 Knoblauchzehen • 1 Frühlingszwiebel • 2 EL neutrales Pflanzenöl • 3 EL Zucker • Salz • frisch gemahlener weißer Pfeffer • 1 EL Reiswein • 150 ml Hühnerbrühe (selbst gemacht oder Instant) • je 1 EL dunkler und heller Reisessig • 1 EL Speisestärke • 1/2 TL Sesamöl • zum Garnieren 1 Stück rote Paprikaschote

– Die Karpfenfilets waschen, trockentupfen und auf einen hitzebeständigen Teller legen. In einen Bambusdämpfer stellen und zudecken. 1/2 l Wasser in einen Wok gießen und den Dämpfer hineinsetzen. Filets im Wok zugedeckt etwa 10 Min. bei starker Hitze dämpfen. (Falls Sie keinen Bambusdämpfkorb besitzen, Essstäbchen über Kreuz in den Wok legen und den Teller mit dem Fischfilet darauf setzen.)
– Inzwischen Chilischote waschen, von Kernen und Stielansatz befreien und fein hacken. Vorsicht, danach nicht mit den Händen an die Augen kommen! Ingwer und Knoblauch schälen, beides fein hacken. Frühlingszwiebel putzen, waschen und fein hacken. Dämpfer mit den Karpfenfilets aus dem Wok nehmen.
– Wasser aus dem Wok abgießen, Wok trocknen und bei mittlerer Hitze in etwa 1 Min. heiß werden lassen. Neutrales Pflanzenöl angießen, Chili, Ingwer, Knoblauch und Frühlingszwiebel hineingeben. Unter Rühren etwa 1 Min. braten. Dann Zucker, je 1 Prise Salz und Pfeffer dazugeben, Reiswein, Brühe und Essig angießen. Alles bei starker Hitze zum Kochen bringen.
– Speisestärke mit 2 EL kaltem Wasser anrühren, untermischen und die Sauce damit binden. Filets aus dem Dämpfer nehmen, mit der Sauce begießen und mit dem Sesamöl beträufeln. Mit der z.B. zum Hummer ausgestochenen Paprikaschote servieren.

746. Lachs mit Zitrone auf japanische Art

GEHT SCHNELL | GUT FÜR GÄSTE
Für 4 Personen
Zubereitungszeit: 25 Min.

4 Koteletts von Lachs- oder Lachsforelle (etwa 600 g) • Salz • 100 g Butter • Saft von 1 Zitrone • 1 unbehandelte Zitrone • 2 kleine Salatgurken

– Die Fischkoteletts mit Salz einreiben und 10 Min. ruhen lassen, dann abwaschen und mit Küchenpapier abtrocknen.
– Den Wok heiß werden lassen und die Butter darin erhitzen. Die Koteletts hineingeben und auf jeder Seite

bei mittlerer Hitze 3–4 Min. braten. Während des Bratens mit dem Zitronensaft beträufeln.
– Die unbehandelte Zitrone und die Gurken gründlich waschen und in dünne Scheiben schneiden. Garen Fisch aus dem Wok nehmen, jedes Kotelett auf einen Teller geben und mit den Gurken- und Zitronenscheiben garnieren. Heiß auftragen.

747. Feuriger gebratener Tintenfisch

BRAUCHT ETWAS ZEIT | GUT FÜR GÄSTE
Für 4 Personen
Zubereitungszeit: 25 Min.
Schmorzeit: 20 Min.

1 EL Tamarindenmark • 600 g küchenfertig vorbereitete Tintenfische (frisch oder tiefgekühlt) • 3–4 Chilischoten • 1 Bund Frühlingszwiebeln • 5 Knoblauchzehen • 1 Stück frischer Ingwer (4 cm) • 2 TL Palmzucker • 2–3 EL Kokosöl • Salz

– Tamarindenmark in eine Schüssel geben, mit 200 ml heißem Wasser übergießen und einweichen.
– Inzwischen die Tintenfische gründlich waschen und trockentupfen. Tintenfischmantel in mundgerechte Ringe schneiden.
– Chilischoten waschen, der Länge nach halbieren, Kerne und Stiele herauslösen. Die Hälften in feine Streifen schneiden. Vorsicht, sind sehr scharf, Hände nicht in die Nähe der Augen bringen. Die Frühlingszwiebeln putzen, waschen und schräg in dünne Ringe schneiden. Einige grüne Zwiebelringe beiseite legen. Den Knoblauch schälen und zerdrücken. Den Ingwer schälen und fein raspeln.
– Die vorbereiteten Zutaten – außer dem Tamarindenmark – mit dem Palmzucker gründlich zu einer dicken Paste verrühren.
– Das Tamarindenmark im Einweichwasser verrühren, bis dieses dick und braun wird, und durch ein feines Sieb streichen. Den Saft auffangen.
– Den Wok erhitzen und dann das Öl darin heiß werden lassen. Tintenfischstücke bei starker Hitze portionsweise rundherum etwa 5 Min. anbraten. Gewürzpaste untermengen und unter ständigem Rühren etwa 3 Min. mitbraten. Mit Tamarindensaft ablöschen. Salzen, zugedeckt 15–20 Min. bei mittlerer Hitze schmoren. Mit den übrigen Zwiebelringen garnieren.

748. Chinesische Eiernudeln in Fischsauce

GELINGT LEICHT
Für 4 Personen
Zubereitungszeit: 45 Min.

250 g Fischfilet (z. B. Rotbarsch) • 2 EL Reiswein • 1 Eiweiß • 1 TL Speisestärke • Salz • 100 g Wasserkastanien (aus der Dose, ersatzweise Sojabohnensprossen) • 1 Frühlingszwiebel • 1 Scheibe frischer Ingwer (etwa 1 cm) • 4 EL Öl • 30 g scharfe Bohnenpaste • 1 EL dunkle Sojasauce • 1/4 l Hühnerbrühe (selbst gemacht oder Instant) • 400 g chinesische Eiernudeln (ersatzweise Spaghetti) • nach Belieben Schnittlauch und Möhren zum Garnieren

– Das Fischfilet unter fließendem kaltem Wasser kurz abbrausen, mit Küchenpapier trockentupfen und in etwa 1 cm große Würfel schneiden. Dann die Fischwürfel mit 1 EL Reiswein, dem Eiweiß, der Speisestärke und 1 Prise Salz mischen.
– Die Wasserkastanien ebenfalls in etwa 1 cm große Würfel schneiden. Die Frühlingszwiebel putzen und waschen, den Ingwer schälen. Beides fein hacken.
– Den Wok erhitzen und dann darin 3 EL Öl heiß werden lassen. Fischwürfel samt Marinade hineingeben, unter Rühren etwa 1 Min. braten und mit übrigem Reiswein würzen. Wasserkastanien dazugeben und etwa 1 Min. mitbraten. Dann beides herausnehmen.
– Das restliche Öl in den Wok geben. Die Frühlingszwiebel und den Ingwer darin unter Rühren ganz kurz anbraten.
– Die Bohnenpaste und die Sojasauce dazugeben und die Hühnerbrühe dazugießen. Aufkochen lassen, dann Fischwürfel und Kastanien hineingeben, durchrühren und zugedeckt bei mittlerer Hitze etwa 1 Min. kochen, dann beiseite stellen.
– In einem großen Topf etwa 1 1/2 l Wasser zum Kochen bringen. Die Eiernudeln hineingeben und darin etwa 2–3 Min. offen kochen lassen, zwischendurch 2–3mal umrühren. Die Nudeln in ein Sieb abgießen, abtropfen lassen und zur Fischsauce in den Wok geben, vorsichtig mischen. In Essschalen verteilen und servieren.
– Nach Belieben mit Schnittlauch und Möhren garnieren. Dazu Schittlauch in längere Röllchen schneiden. Die Möhren der Länge nach in gleichmäßigem Abstand 4–5-mal einkerben (am besten mit dem Ziseliermesser) und dann quer in dünne Scheiben schneiden.

749. Gebratener Reis mit Meeresfrüchten

GELINGT LEICHT
Für 4 Personen
Zubereitungszeit: 25 Min.

500 g gemischte Meeresfrüchte (Garnelen, Tintenfisch, Filets von Meeresfischen; alles küchenfertig vorbereitet) • 8 Knoblauchzehen • 3 Frühlingszwiebeln • 2 Tomaten • 3 Stängel Koriander • 1 Salatgurke • 5 EL Öl • 750 g gekochter Duftreis (das entspricht 250 g ungekochtem Reis) • 3 EL Fischsauce • 2 EL Tomatenketchup • 1 TL Zucker • 100 ml süße Chilisauce (Fertigprodukt)

– Die Meeresfrüchte unter fließendem kaltem Wasser kurz waschen und anschließend mit Küchenpapier gut trockentupfen.
– Die Knoblauchzehen schälen und fein hacken. Die Frühlingszwiebeln waschen, putzen, der Länge nach halbieren und in etwa 3 cm lange Stücke schneiden. Die Tomaten waschen und achteln, dabei den Stielansatz entfernen. Koriander waschen, trockenschütteln und grob hacken. Gurke schälen und in etwa 1/2 cm dicke Scheiben schneiden.
– Den Wok erhitzen und dann darin das Öl heiß werden lassen. Den Knoblauch darin bei mittlerer Hitze in etwa 2 Min. goldgelb braten.
– Die Meeresfrüchte hinzugeben und bei starker Hltze etwa 2 Min. durchschwenken. Den gekochten Reis, die Fischsauce, den Tomatenketchup, Tomatenachtel, Frühlingszwiebel und Zucker beigeben, alles etwa 2 Min. unter ständigem Rühren weiter wokken.
– Den gebratenen Reis mit den Meeresfrüchten auf eine große Platte geben und diese mit den Gurkenscheiben garnieren. Den grob gehackten Koriander darüber streuen. Die Chilisauce in kleine Schälchen füllen und getrennt dazu reichen.

TIPP

Gebratener Reis ist in Thailand sehr beliebt und wird an jeder Straßenecke frisch und sehr fantasievoll zubereitet. Damit der Reis beim Braten nicht klebrig wird, ist es wichtig, dass er vollkommen abgekühlt war. Die Reiskörner also für diese Art Gerichte am besten schon am Vortag kochen.

750. Reiskrusten mit Garnelen nach Pekinger Art

BRAUCHT ETWAS ZEIT | GUT FÜR GÄSTE
Für 3–4 Personen
Zubereitungszeit: 40 Min.
Trockenzeit: 30 Min. oder 12 Std.

150 g Rundkornreis • 5 getrocknete Donggu-Pilze • 100 g mageres Schweinefleisch (etwa 2 cm dick) • Salz • etwas Reiswein • 2 EL Speisestärke • 100 g rohe geschälte Tiefseegarnelen • 1 Eiweiß • 1 Frühlingszwiebel • 1 dünne Scheibe frischer Ingwer • 50 g Champignons • 2 EL Öl zum Braten • 300 ml Hühnerbrühe (selbst gemacht oder Instant) • 50 g tiefgekühlte Erbsen • frisch gemahlener weißer Pfeffer • 1/2 l neutrales Pflanzenöl zum Frittieren

– Den Reis mit 1/4 l Wasser in einem Topf zum Kochen bringen, dann bei schwacher Hitze offen garen. Kurz bevor die Flüssigkeit verdampft ist, zudecken und bei schwächster Hitze etwa 5 Min. ausquellen lassen.
– Den Reis etwas abkühlen lassen, dann in einer etwa 5 mm dicken Schicht auf etwas Backpapier verteilen. Entweder 1 Tag lang an einer luftigen Stelle trocknen oder im Backofen bei 50° (Umluft niedrigste Stufe) etwa 30 Min. anbacken, dann in grobe Stücke brechen.
– Die Donggu-Pilze in warmem Wasser etwa 10 Min. einweichen, dann herausnehmen, waschen und klein schneiden. Das Schweinefleisch waschen und in einem Topf mit 300 ml Wasser zugedeckt bei mittlerer Hitze etwa 5 Min. kochen. Dabei 1 Prise Salz und 1 Schuss Reiswein dazugeben. Herausnehmen, abkühlen lassen und in etwa 3 cm lange, dünne Scheiben schneiden.
– Stärke mit 4 EL Wasser anrühren. Garnelen mit 1 Prise Salz, Eiweiß, 1 EL Reiswein und l/2 TL von der angerührten Stärke in einer Schüssel verrühren. Die Frühlingszwiebel putzen, waschen und fein hacken. Den Ingwer schälen und fein hacken. Champignons putzen, waschen und in Scheiben schneiden.
– Den Wok erhitzen und dann die 2 EL Öl zum Braten darin heiß werden lassen. Garnelen aus der Marinade nehmen, kurz abtropfen lassen, ins Öl geben und etwa 2 Min. unter Rühren anbraten, dann herausnehmen. Frühlingszwiebel und Ingwer in den Wok geben und kurz anbraten
– 1 EL Reiswein und die Brühe angießen, Donggu-Pilze, Erbsen, Champignons, Schweinefleisch und Garnelen hinzufügen. Mit Salz und 1 TL Reiswein sowie 1 Prise

Pfeffer würzen. Bei mittlerer Hitze zugedeckt zum Kochen bringen. Die restliche angerührte Stärke untermischen. Alles einmal aufkochen und 2–3 Min. rühren, bis die Sauce gebunden ist, dann in eine vorgewärmte Schüssel geben.
– Das Öl zum Frittieren in einem Topf bei starker Hitze heiß werden lassen, bis an einem ins Öl getauchten Holzstäbchen kleine Bläschen aufsteigen. Die Reiskrusten hineingeben und etwa 1/2 Min. frittieren, bis sie goldgelb sind. Herausnehmen und auf einen Teller legen. Beim Servieren das Garnelenragout über die Reiskrusten gießen.

TIPP

Am besten lässt man das Öl fürs Frittieren der Reiskrusten in einem Topf schon auf einer anderen Platte heiß werden, kurz bevor man mit der Zubereitung des Garnelenragouts fertig wird, denn dieses Gericht muss sofort serviert werden.

751. Glasnudeln mit Krabbenfleisch

GEHT SCHNELL
Für 4 Personen
Zubereitungszeit: 25 Min.

250 g Glasnudeln • 1 Frühlingszwiebel • 1 Knoblauchzehe • 150 g Krabbenfleisch (aus der Dose) oder geschälte rohe Garnelen • 2 EL Fischsauce • Salz • frisch gemahlener weißer Pfeffer • 3 EL Pflanzenöl • 1/4 TL Zucker • 2 EL frisch gehackter Koriander (ersatzweise gehackte glatte Petersilie)

– Die Glasnudeln in warmem Wasser etwa 10 Min. einweichen. Dann in ein Sieb gießen, abtropfen lassen und mit der Küchenschere in kurze Stücke schneiden.
– Die Frühlingszwiebel putzen und waschen, Knoblauchzehe schälen und beides klein hacken. Krabbenfleisch in einem Sieb abtropfen lassen. Mit 1 EL Fischsauce, etwas Salz und Pfeffer würzen.
– Wok erhitzen, Öl darin heiß werden lassen. Frühlingszwiebel und Knoblauch im Öl glasig braten. Krabbenfleisch oder Garnelen hineingeben und 2 Min. unter ständigem Rühren anbraten. Nudeln zufügen und bei mittlerer Hitze glasig braten. Etwas Wasser dazugießen, mit übriger Fischsauce, Salz, Pfeffer und Zucker würzen.
– Den Wok vom Herd nehmen. Die Nudeln und das Krabbenfleisch auf eine Platte geben, mit Pfeffer und dem Koriander bestreuen.

752. Eier mit fünf Kostbarkeiten

GELINGT LEICHT | GEHT SCHNELL
Für 2 Personen
Zubereitungszeit: 25 Min.

25 g gegartes Hühnerfleisch • 40 g roh geräucherter Schinken (2 Scheiben) • 20 g Bambussprossen (siehe TIPPS) • 3 Wasserkastanien (ersatzweise Sojabohensprossen) • 50 g rohe Garnelen • 3–4 Eier (je nach Größe) • Salz • 1 EL Speisestärke (in 4 EL kaltem Wasser angerührt) • 200 ml Hühnerbrühe • 3 EL Schweineschmalz (ersatzweise 4 EL Pflanzenöl)

– Hähnchenfleisch, Schinken, Bambus und Wasserkastanien klein schneiden. Garnelen von Kopf, Schale und Darm befreien und ebenfalls klein schneiden. Eier verquirlen und dazugeben. Salz, angerührte Speisestärke und Brühe untermischen.
– Den Wok erhitzen, dann das Schweineschmalz darin sehr heiß werden lassen. Eiermasse hineingießen und etwas stocken lassen. Dabei die flüssige Masse von der Oberfläche immer wieder etwas an die Seite schieben, damit sie ebenfalls fester wird. Den Eierkuchen dann in mundgerechte Stücke zerteilen und bei starker Hitze etwa 1 Min. weitergaren, bis die Masse gestockt ist. In einem tiefen Teller oder in einer Schüssel servieren.

TIPPS

– Dieses Gericht ist sehr zart. Die Chinesen essen es öfter anstelle einer Suppe.
– Falls Sie einmal frische Bambussprossen im Asien-Laden sehen, greifen Sie zu, denn sie sind hierzulande eine Seltenheit und schmecken unvergleichlich besser als die Sprossen aus der Dose. Roh essen dürfen Sie Bambussprossen auf keinen Fall, denn manche Sorten enthalten Blausäure. Beim Garen verschwindet die Blausäure. Vor dem Essen müssen Sie die Sprossen immer schälen und kochen oder einige Minuten braten.
– Wenn Sprossen übrig bleiben – Sie brauchen für dieses Gericht ja nur wenig – können Sie ein Gemüsegericht damit zubereiten.

753. Glasnudeln mit Hackfleisch

GELINGT LEICHT | GEHT SCHNELL
Für 2 Personen
Zubereitungszeit: 30 Min.

100 g gehacktes Schweinefleisch • 1 EL Reiswein • 1 Stange Lauch • 3 dünne Scheiben frischer Ingwer • 2–3 Knoblauchzehen • 400 ml Pflanzenöl zum Frittieren • 75 g Glasnudeln • 1 EL scharfe Bohnenpaste • 2 EL helle Sojasauce

– Hackfleisch mit der Hälfte des Reisweins mischen. Lauch putzen, waschen und erst in etwa 4 cm lange Stücke, dann längs in Streifen schneiden. Ingwer und Knoblauch schälen und fein hacken.
– Öl im Wok stark erhitzen. Trockene Glasnudeln etwas auseinander reißen, in 3 Portionen hineingeben und jede Portion 1–2 Min. frittieren, bis die Nudeln aufgehen und nicht mehr durchsichtig sind. Dann die Glasnudeln vorsichtig herausnehmen.
– Aus dem Wok 2 EL Öl nehmen und in einer Pfanne erhitzen. Hackfleisch darin unter Rühren bei starker Hitze braten, bis es krümelig ist. Bohnenpaste, Lauch, Ingwer und Knoblauch dazugeben und etwa 2 Min. weiterrühren.
– Restlichen Reiswein und Sojasauce dazugeben. 1/4 l Wasser angießen. Glasnudeln hinzufügen und unter Rühren bei starker Hitze etwa 2 Min. kochen, bis die Flüssigkeit verdampft ist.

754. Indonesische Curry-Nudeln

GELINGT LEICHT
Für 4 Portionen
Zubereitungszeit: 45 Min.

2 Stängel Zitronengras • 3 Knoblauchzehen • 1 Stück frischer Ingwer (4 cm) • 1 Bund Frühlingszwiebeln • 1 TL Sambal oelek • 1/2 TL Kurkuma (Gelbwurz) • 2 TL gemahlener Koriander • Salz • 250 g Hühnerbrustfilet • 2–3 EL Kokosöl • 400 ml ungesüßte Kokosmilch • 250 g Sojabohnensprossen • 250 g Eiernudeln (Mie) • 2–3 EL Kecap manis (süße Sojasauce)

– Das Zitronengras waschen und die dicken, unteren Teile der Stängel klein hacken. Den Knoblauch schälen und zerdrücken oder durch die Presse drücken.
– Ingwer schälen und zuerst in feine Scheiben, diese dann in winzig kleine Würfel schneiden. Frühlingszwiebeln putzen, waschen, in dünne Ringe schneiden. Alle vorbereiteten Zutaten mit Sambal oelek, Kurkuma, Koriander und Salz zu einer dicken Paste verrühren. Das Hühnerbrustfilet kalt waschen, trockentupfen und in 1 1/2 cm große Würfel schneiden.
– Den Wok erhitzen und dann darin das Öl heiß werden lassen. Die Gewürzpaste darin 2–3 Min. unter Rühren braten. Nach und nach das Fleisch dazugeben und bei starker Hitze 5–10 Min. pfannenrühren und anbraten.
– Mit Kokosmilch ablöschen, dann die Sauce etwas eindicken lassen. Das Gericht bei schwacher Hitze weitere 3–5 Min. zugedeckt ziehen lassen.
– Inzwischen die Sprossen mit kochendem Wasser überbrühen. Einen Topf mit Salzwasser aufsetzen. Nudeln in das kochende Wasser geben. Nester auseinanderziehen und nach Kochanweisung auf der Packung garen. Abgießen, mit kaltem Wasser abschrecken.
– Sprossen in den Wok einrühren und etwa 2 Min. köcheln lassen. Zum Schluss fertige Nudeln und Kecap manis untermischen. Warm oder kalt servieren.

TIPP
Um die Gewürzpaste herzustellen, können Sie Arbeit und Zeit sparen, wenn Sie sämtliche Zutaten im Mixer (eventuell unter Zugabe von ein wenig Öl) fein pürieren.

755. Hühnerbrust mit Walnüssen

GELINGT LEICHT | GEHT SCHNELL
Für 4 Personen
Zubereitungszeit: 30 Min.

300 g Hühnerbrust (ohne Haut und Knochen) • 2 TL Speisestärke • 1 Eiweiß • 2 EL Reiswein • 100 g Walnusskerne • 5 EL Öl • 1 EL helle Sojabohnenpaste (etwa 20 g) • 30 g Zucker • 1 EL Salz

– Das Hühnerfleisch waschen, trockentupfen und in etwa 1/2 cm große Würfel schneiden. Mit Speisestärke, Eiweiß und 1 EL Reiswein mischen. Die Walnusskerne nach Belieben halbieren oder vierteln.
– Einen Wok oder eine kleine Pfanne erhitzen. 4 EL Öl hineingeben. Die Walnüsse darin unter Rühren bei

mittlerer Hitze etwa 2 Min. braten. Herausnehmen und beiseite stellen. Nun das Hühnerfleisch in Wok oder Pfanne geben und unter Rühren etwa 2 Min. braten. Herausnehmen und beiseite stellen.

– Restliches Öl in den Wok oder die Pfanne geben, die Bohnenpaste darin bei schwacher Hitze unter Rühren etwa 1 Min. erwärmen. Zucker, Salz und restlichen Reiswein dazugeben, kurz weiter erwärmen. Hühnerbrustwürfel und Walnüsse untermischen, etwa 1 Min. gut verrühren. Sofort servieren.

TIPP

Falls Sie die helle Sojabohnenpaste nicht bekommen, ersetzen Sie sie durch eine andere, in der Konsistenz feine Sojabohnenpaste.

756. Süßsaure Hühnerbrust auf Thai Art

BRAUCHT ETWAS ZEIT
Für 4 Personen
Zubereitungszeit: 1 Std.
Marinierzeit: 30 Min.

350 g Hühnerbrustfilet • 2 EL helle Sojasauce • 1/2 TL frisch gemahlener schwarzer Pfeffer • 2 Tomaten • 2 Zwiebeln • 1/2 Salatgurke • 1 rote Paprikaschote • 350 g frische Ananas (geschält gewogen, ersatzweise 1 kleine Dose Ananas) • 3 Knoblauchzehen • 1/2 l Öl zum Frittieren • 3 EL Öl zum Braten • 100 g Tempura-Mehl • 2 TL Speisestärke • 5 EL Tomatenketchup • 3 EL Fischsauce • 1/8 l Ananassaft • 3 EL Reisessig (ersatzweise milder Weinessig) • 4 EL Zucker • nach Belieben 1 gewaschenes, in Blattform geschnittenes Bananenblatt zum Verzieren

– Das Hühnerbrustfilet waschen, abtrocknen und in etwa 2 cm große Würfel schneiden. Mit Sojasauce und Pfeffer mischen und etwa 30 Min. zugedeckt im Kühlschrank marinieren lassen.

– Die Tomaten waschen, vierteln und vom Stielansatz befreien. Die Zwiebeln schälen, die Gurke heiß waschen und beides in grobe Würfel schneiden. Die Paprikaschote waschen, entstielen, von den weißen Rippen und Kernen befreien, ebenfalls in grobe Würfel schneiden. Die Ananas schälen, vierteln, den Strunk und die braunen Augen herausschneiden. Ananas in Stücke schneiden. Knoblauch schälen und fein hacken.

– Öl zum Frittieren in einem Topf oder Wok erhitzen. Tempura-Mehl in einer Schüssel mit knapp 1/4 l Wasser mit einem Schneebesen zu einem zähflüssigen Teig ohne Klumpen anrühren. Falls der Teig zu dick ist, noch etwas Wasser untermischen.

– Hühnerbrustwürfel im Teig wenden, dann portionsweise ins heiße Öl geben und bei mittlerer Hitze in etwa 4 Min. goldbraun ausbacken. Backofen auf 100° (Umluft 80°) vorheizen. Die Hühnerbrustwürfel mit einem Schaumlöffel herausnehmen und auf Küchenpapier entfetten. Gebackene Stückchen im Ofen warm halten.

– Speisestärke in einer Tasse mit 3 EL kaltem Wasser glatt rühren. Das Öl zum Braten im Wok erhitzen. Den Knoblauch darin bei mittlerer Hitze in etwa 1 Min. goldgelb braten. Tomatenviertel, Zwiebel-, Gurken-, Paprika- und Ananasstücke dazugeben und etwa 2 Min. bei starker Hitze braten.

– Tomatenketchup und Fischsauce hinzufügen. Hitze verringern. Ananassaft oder 1/8 l Wasser dazugeben und alles einmal aufkochen.

– Gericht mit Essig und Zucker süßsauer abschmecken, Speisestärke noch einmal umrühren und vorsichtig untermengen und einmal kurz aufkochen lassen, damit die Sauce dickflüssig wird.

– Kurz vor dem Servieren Hühnerbrustwürfel durch die Sauce ziehen. Eine Schüssel eventuell mit Bananenblattstücken auslegen. Wok-Inhalt dann in die Schüssel geben und das Gericht sofort servieren.

757. Scharf-würzige Hühnerbrust

GELINGT LEICHT
Für 3–4 Personen
Zubereitungszeit: 50 Min.

300 g Hühnerbrust (ohne Haut und Knochen) • 1 Prise Salz • 2 EL Reiswein • 2 Eier • 50 g Speisestärke • 1 Scheibe frischer Ingwer (etwa 2 cm dick) • 3 Knoblauchzehen • 1 EL Zucker • 1 EL heller Reisessig • 1 1/2 TL helle Sojasauce • 1/4 l Pflanzenöl zum Frittieren • 1 1/2 TL scharfe Bohnenpaste

– Die Hühnerbrust waschen, trockentupfen und in etwa 6 cm lange und 1 cm dicke Streifen schneiden, dann mit Salz und 1 EL Reiswein mischen. Die Eier mit der Speisestärke vermengen.

– Den Ingwer und den Knoblauch schälen, beides fein hacken. In einer kleinen Schüssel Zucker mit Essig, Sojasauce und dem übrigen Reiswein zu einer Sauce mischen, beiseite stellen.
– Öl in einem Wok bei starker Hitze heiß werden lassen, bis an einem ins Öl getauchten Holzstäbchen Bläschen emporsteigen. Hühnerstreifen durch die Ei-Stärke-Masse ziehen und stückweise im heißen Öl etwa 1 Min. frittieren. (Vorsicht, Spritzgefahr!) Herausnehmen und das Fett abtropfen lassen.
– Die Temperatur auf niedrigste Stufe zurückschalten und das Öl bis auf einen dünnen Film aus dem Wok gießen. Die scharfe Bohnenpaste bei schwacher Hitze darin etwa 1/2 Min. unter Rühren flüssig werden lassen. Ingwer und Knoblauch dazugeben. Unter Rühren kurz anbraten, die vorbereitete Sauce dazugeben. Hühnerstreifen untermengen und alles noch einmal unter Rühren etwa 1/2 Min. bei mittlerer Hitze braten.

758. Feurige Hähnchenschenkel

GEHT SCHNELL
Für 4 Personen
Zubereitungszeit: 30 Min.

6 Hähnchenschenkel • 5 Frühlingszwiebeln • 30 g frischer Ingwer • 4 rote Chilischoten • 5 EL Öl • 200 ml Hühnerbrühe (selbst gemacht oder Instant) • Salz • 1/2 TL frisch grob gemahlener Sichuan-Pfeffer • 1 EL Reiswein • 2 EL dunkler Reisessig • 1 EL Speisestärke

– Hähnchenschenkel kalt abspülen, trockentupfen und entbeinen. Dann in etwa 5 cm lange und 1 cm dünne Streifen schneiden.
– Frühlingszwiebeln putzen, waschen und in etwa 7 cm lange Stücke schneiden. Ingwer schälen und in sehr feine Scheiben schneiden. Chilischoten längs halbieren, von Stielen und Kernen befreien, waschen und in dünne Streifen schneiden. Vorsicht, danach nicht mit den Händen an die Augen kommen!
– Den Wok bei mittlerer Hitze heiß werden lassen, dann das Öl darin erhitzen. Das Fleisch darin unter Rühren 3–5 Min. braten, herausnehmen und abtropfen lassen.
– Die Frühlingszwiebeln, den Ingwer und die Chilistreifen im Restöl unter Rühren etwa 1 Min. anbraten. Brühe angießen, dann mit Salz, Sichuan-Pfeffer, Reiswein und Essig würzen.
– Hähnchen dazugeben. Zugedeckt etwa 4 Min. kochen lassen. Zum Schluss die Speisestärke mit 2 EL kaltem Wasser anrühren, untermischen und die Sauce damit binden. Sofort servieren.

TIPP
Wenn Sie es weniger scharf mögen, ersetzen Sie zwei der Chilischoten durch 1/2 rote Paprikaschote.

759. Hähnchenflügel mit Sichuan-Pfeffer

GELINGT LEICHT
Für 2 Personen
Zubereitungszeit: 40 Min.

12 Hähnchenflügel • 1 Frühlingszwiebel • 2 dünne Scheiben frischer Ingwer • 25 g Sichuan-Pfefferkörner • 2 Stängel Koriander • 4 EL neutrales Pflanzenöl • 2 EL Zucker • 4 EL dunkle Sojasauce • Salz • 3 getrocknete Chilischoten • 1 TL Speisestärke

– Hähnchenflügel waschen, 4–5 cm von den Spitzen abschneiden. Hähnchenflügel in einem Topf mit etwa 1/2 l Wasser zum Kochen bringen, dann bei schwacher Hitze etwa 10 Min. offen weiter köcheln lassen. Dann Hähnchenflügel herausnehmen und abtropfen lassen. 100 ml von der Hühnerbrühe aufheben.
– Frühlingszwiebel putzen, waschen und in etwa 5 cm lange Stücke schneiden. Ingwer schälen. Sichuan-Pfeffer in ein Stoffsäckchen füllen und zubinden. Koriander waschen, fein schneiden und beiseite stellen.
– Wok erhitzen und das Öl darin heiß werden lassen. Zucker dazugeben und unter Rühren braun werden lassen, Sojasauce und Salz dazugeben, ein paar Sekunden zudecken, dann Brühe, Ingwer, Frühlingszwiebel, Sichuan-Pfeffer, Chilischoten und die Hähnchenflügel dazugeben, alles aufkochen lassen. Jetzt die Hitze reduzieren und offen etwa 15 Min. bei schwacher Hitze köcheln lassen. Hin und wieder umrühren.
– Wenn im Wok nicht mehr viel Flüssigkeit übrig ist, Ingwer, Frühlingszwiebel und das Sichuan-Pfeffer-Säckchen entfernen. Die Speisestärke mit 2 EL kaltem Wasser anrühren, untermischen, alles kurz aufkochen lassen. Die Hähnchenflügel auf einem Teller anrichten und den Koriander darüber streuen.

760. Hähnchen-Curry aus Indonesien

BRAUCHT ETWAS ZEIT
Für 4 Personen
Zubereitungszeit: 30 Min.
Schmorzeit: 30 Min.

1 küchenfertiges Brathähnchen • 6 Schalotten • 3 Knoblauchzehen • 1 Stück frischer Ingwer (4 cm) • 1 Stängel Zitronengras • 1/4 TL Terasi (Garnelenpaste) • 5 Kemiri-Nüsse • 1 TL Sambal oelek • 1/2 TL Kurkuma (Gelbwurz) • 1 TL gemahlener Koriander • 1/2 TL frisch gemahlener schwarzer Pfeffer • Salz • 4–5 EL Kokosöl • 400 ml Kokosmilch • 2 Daun-salam-Blätter (indonesische Lorbeerblätter) • grüne Chilischote zum Garnieren

– Hähnchen in 8 Teile zerlegen und gründlich waschen, dabei alle Knochensplitter entfernen. Abtrocknen. Den größten Teil der Haut abziehen.
– Schalotten und Knoblauch schälen und klein würfeln. Ingwer schälen und fein raspeln. Zitronengras waschen und den dicken, unteren Teil des Stängels klein hacken. Terasi mit dem Löffelrücken zerdrücken. Kemiri-Nüsse fein reiben. Alle Würzzutaten außer den Daun-salam-Blättern zu einer dicken Paste verrühren.
– Den Wok erhitzen und darin dann das Öl heiß werden lassen. Die Gewürzpaste unter ständigem Rühren etwa 3 Min. darin braten. Nach und nach die Hähnchenteile von allen Seiten kräftig anbraten. Mit der Kokosmilch ablöschen. Die Daun-salam-Blätter hinzufügen, alles bei schwacher Hitze zugedeckt 20–30 Min. schmoren lassen. Dabei die Hähnchenteile ab und zu wenden. Daun-salam-Blätter entfernen.

761. Entenbrust mit Ingwer

GELINGT LEICHT
Für 3–4 Personen
Zubereitungszeit: 40 Min.

350 g Entenbrust (ohne Knochen und Haut) • 1 Eiweiß • frisch gemahlener weißer Pfeffer • 2 EL dunkle Sojasauce • 2 EL Reiswein • 2 EL Speisestärke • 5 EL neutrales Pflanzenöl • 125 g Bambussprossen (aus der Dose) • 50 g frischer Ingwer • 50 g Spinat • 1 TL Zucker • 100 ml Hühnerbrühe (selbst gemacht oder Instant) • 1/2 TL Sesamöl

– Die Entenbrust kalt abspülen, trockentupfen und in etwa 6 cm lange, 3 cm breite und 1/2 cm dünne Scheiben schneiden. Dann mit Eiweiß, 1 Prise Pfeffer und je 1 EL Sojasauce, Reiswein, Speisestärke und Öl in einer Schüssel mischen und etwa 5 Min. marinieren.
– Bambussprossen in kochendem Wasser etwa 1/2 Min. sprudelnd kochen, herausnehmen, abkühlen lassen und ebenfalls in etwa 6 cm lange, 3 cm breite und 1/2 cm dünne Scheiben schneiden. Ingwer schälen und in etwa 1/2 cm dünne Scheiben schneiden. Den Spinat putzen, gründlich waschen und abtropfen lassen.
– Den Wok erhitzen und dann darin übriges Öl heiß werden lassen. Die Entenbrust hineingeben und unter Rühren etwa 2 Min. braten, dann die Bambussprossen dazugeben und zusammen 1/2 Min. weiterbraten. Herausnehmen und das Fett abtropfen lassen.
– Ingwerscheiben im Restöl unter Rühren etwa 1 Min. anbraten, Entenbrust und Bambussprossen dazugeben, mit restlicher Sojasauce und übrigem Reiswein sowie dem Zucker würzen. Dann mit der Hühnerbrühe ablöschen. Bei starker Hitze kurz aufkochen lassen.
– Spinat untermengen, unter Rühren etwa 1/2 Min. kochen. Restliche Speisestärke mit 2 EL kaltem Wasser anrühren, untermengen und die Sauce damit binden. Vor dem Servieren mit Sesamöl beträufeln.

762. Kross gebratene Ente nach Peking Art

GUT FÜR GÄSTE | GELINGT LEICHT
Für 4 Personen
Zubereitungszeit: 20 Min.
Dämpfzeit: 30 Min.

1 Ente (etwa 1 1/2 kg, küchenfertig vorbereitet) • Salz • 1 EL dunkle Sojasauce • 1 EL Reiswein • 1 Frühlingszwiebel • 1 etwa walnussgroßes Stück frischer Ingwer • 2 Sternanise • 1 Stück Zimtrinde (etwa 4 cm lang) • 6–7 Sichuan-Pfefferkörner • 1 1/2 l neutrales Pflanzenöl zum Frittieren • nach Belieben rote Paprikastreifen zum Garnieren

– Die Ente innen und außen waschen, trockentupfen und auf einen großen feuerfesten Teller legen, der in einen Bambusdämpfer passt. Danach die Ente mit Salz und Sojasauce einreiben und mit Reiswein beträufeln.
– Die Frühlingszwiebel putzen und waschen, den Ingwer schälen. Beides in feine Streifen schneiden.

Sternanise, Zimt, Frühlingszwiebel- und Ingwerstreifen auf die Ente geben. Den Teller in den Bambusdämpfer stellen, diesen verschließen.
– In einem Wok 1 1/2 l Wasser aufkochen. Den Dämpfer hineinstellen und die Ente bei starker Hitze etwa 30 Min. dämpfen. (Falls sie keinen Bambusdämpfer besitzen, Essstäbchen über Kreuz in den Wok legen – sie dürfen das Wasser höchstens knapp berühren – und den Teller mit der Ente darauf setzen.)
– Die Sichuan-Pfefferkörner zerstoßen und in einem Schälchen mit etwas Salz mischen. Die Ente aus dem Dämpfer nehmen, abtropfen lassen. Öl zum Frittieren in einem Wok bei starker Hitze heiß werden lassen, bis an einem ins Öl getauchten Holzstäbchen kleine Bläschen aufsteigen.
– Die Ente ins Öl zum Frittieren geben. Vorsicht, Spritzgefahr! Nach etwa 3 Min., wenn die Haut schön kross geworden ist, die Ente herausnehmen, zerlegen und zusammen mit der Salz-Pfeffer-Mischung als Dip servieren. Nach Belieben mit Paprikastreifen garnieren.

TIPP

Man kann die Ente vor dem Dämpfen auch mit zerstoßenen Sichuan-Pfefferkörnern und Salz innen und außen einreiben und etwa 2 Std. später zusammen mit den oben angegebenen Zutaten dämpfen. Danach die Zutaten entfernen und die Ente mit Sojasauce bestreichen, kurz antrocknen lassen, erst dann frittieren.

763. Schweinefleisch süßsauer

GEHT SCHNELL | GELINGT LEICHT
Für 4 Personen
Zubereitungszeit: 30 Min.

2 Tomaten • 1 EL Tamarindenmark • 600 g Schweinefleisch (Ober- oder Unterschale) • 1 Zwiebel • 2 Knoblauchzehen • 1 daumengroßes Stück frischer Ingwer • 1 kleine Stange Lauch • 1/4 TL Krabbenpaste (Terasi) • 3 EL Öl • 1/2 TL Sambal oelek • 2 EL Sojasauce • 1 EL Palmzucker

– Stielansätze der Tomaten entfernen. Die Tomaten kurz überbrühen, häuten, quer halbieren und entkernen. Das Fruchtfleisch würfeln. Das Tamarindenmark in 150 ml warmem Wasser gut durchkneten. Die Masse durch ein Sieb drücken, den Saft auffangen. Den Rest wegwerfen.
– Das Fleisch in kleine Stücke schneiden. Die Zwiebel schälen, halbieren und in dünne Scheiben schneiden. Knoblauch schälen und zerdrücken. Den Ingwer schälen und fein raspeln. Den Lauch putzen, waschen und in Ringe schneiden. Die Krabbenpaste zerdrücken.
– Den Wok und dann das Öl darin erhitzen. Das Fleisch mit Zwiebel, Knoblauch und Ingwer bei starker Hitze etwa 3 Min. braten. Die Hitze reduzieren. Tamarindensaft, Sambal oelek, Sojasauce und den Palmzucker dazugeben. Alles noch 10–15 Min. bei schwacher Hitze unter Rühren köcheln lassen.

764. Schweinebauch mit Paprika und Hoisin-Sauce

GUT FÜR GÄSTE
Für 4 Personen
Zubereitungszeit: 40 Min.

300 g Schweinebauch (ohne Schwarte und Knorpel) • 2 EL Reiswein • Salz • 2 grüne Paprikaschoten • 2 Frühlingszwiebeln • 3 EL neutrales Pflanzenöl • 2 EL Hoisin-Sauce (siehe TIPP) • 1 1/2 EL scharfe Bohnenpaste • 1 TL Zucker

– Den Schweinebauch kalt abspülen und in einem Topf mit Wasser bedeckt bei mittlerer Hitze etwa 20 Min. zugedeckt kochen, dabei 1 EL Reiswein und 1 Prise Salz dazugeben.
– Inzwischen die Paprikaschoten halbieren, von Kernen, Trennwänden und Stielansatz befreien, waschen und in etwa 4 cm lange und 3 cm breite Stücke schneiden. Frühlingszwiebeln putzen, waschen und in 6–7 cm lange Stücke schneiden.
– Den Schweinebauch aus der Brühe nehmen, abkühlen lassen und in etwa 5 cm lange und 1/2 cm dünne Scheiben schneiden. 50 ml von der Kochbrühe in einer Schale beiseite stellen.
– Den Wok erhitzen und dann darin das Öl heiß werden lassen. Schweinebauch darin unter Rühren etwa 2 Min. braten, die Paprikaschoten und die Frühlingszwiebeln dazugeben. Alles unter Rühren etwa 1 Min. braten und herausnehmen.
– Hoisin-Sauce und scharfe Bohnenpaste im Restöl unter Rühren etwa 1/2 Min. braten, mit der beiseite gestellten Brühe ablöschen. 1 EL Reiswein und Zucker

dazugeben und aufkochen lassen. Schweinebauch, Paprikaschoten und Frühlingszwiebeln untermengen, unter Rühren etwa 1/2 Min. garen.

TIPP

Statt Hoisin-Sauce können Sie auch „Tian Mian Jiang", eine aus gegorenem Mehl gewonnene Sauce, nehmen. Beide Saucen sind in vielen Asia-Läden erhältlich. Kühl und gut verschlossen aufbewahrt, sind beide monatelang haltbar. Notfalls kann man Hoisin-Sauce auch durch Sojasauce ersetzen.

765. Taiwanesische Schälrippchen süßsauer

GELINGT LEICHT | GEHT SCHNELL
Für 2–3 Personen
Zubereitungszeit: 30 Min.

250 g Schälrippchen (vom Metzger in etwa 4 cm lange Stücke hacken lassen) • 1 kleines Ei • Salz • frisch gemahlener weißer Pfeffer • 1 EL Reiswein • 1 EL geschälter Sesam • 4 Salatblätter • 1/4 l neutrales Pflanzenöl zum Frittieren • 50 g Speisestärke • 1 EL Tomatenmark • 2 EL Zucker • 3 EL dunkler Reisessig

– Schälrippchen waschen, trockentupfen. Das Ei mit je 1 Prise Salz und Pfeffer sowie mit Reiswein mischen. Unter die Rippchenstücke mengen. Den Sesam in einem Topf bei mittlerer Hitze unter Rühren etwa 2 Min. rösten, beiseite stellen. Salatblätter waschen, trockenschleudern und auf einem Teller anrichten.
– Das Öl im Wok bei starker Hitze in etwa 1 Min. heiß werden lassen. Rippchenstücke einzeln in der Stärke wenden, dann bei starker Hitze in etwa 3 Min. im Öl goldbraun frittieren. Vorsicht, Spritzgefahr! Herausnehmen und das Öl abtropfen lassen.
– Öl bis auf einen dünnen Film aus dem Wok gießen. Tomatenmark und Zucker in den Wok geben, unter Rühren bei schwacher Hitze erwärmen, bis der Zucker geschmolzen ist. Essig dazugeben, gut durchrühren.
– Rippchenstücke hineingeben, unter ständigem Rühren bei starker Hitze kurz heiß werden lassen, bis die Sauce dickflüssig wird. Die Rippchen mit dem Sesam bestreuen und auf den Salatblättern anrichten.

766. Schweinshaxe in Sojasauce

BRAUCHT ETWAS ZEIT
Für 4 Personen
Zubereitungszeit: 15 Min.
Garzeit: 1 Std.

1 Schweinshaxe (etwa 1,2 kg) • 2 EL Reiswein • 3 EL dunkle Sojasauce • 1 Scheibe frischer Ingwer (etwa 2 cm dick) • 1 l neutrales Pflanzenöl zum Frittieren • 1 Prise frisch gemahlener Sichuan-Pfeffer • 3 Sternanise • Salz • 1 TL Zucker • 200 g Brokkoliröschen • 100 g Möhren • 400 ml Hühnerbrühe (selbst gemacht oder Instant)

– In einem großen Topf 3/4 l Wasser aufkochen. Die Schweinshaxe unter fließendem kaltem Wasser kurz waschen. Das Fleisch ins kochende Wasser geben (es soll knapp bedeckt sein), 1 EL Reiswein dazugießen und bei mittlerer Hitze etwa 20 Min. zugedeckt kochen.
– Das Fleisch aus der Kochbrühe nehmen, kurz abkühlen lassen, mit 1 1/2 EL Sojasauce bestreichen und etwa 5 Min. ziehen lassen. Den Topf mit der Kochbrühe beiseite stellen. Den Ingwer schälen und in sehr dünne Scheiben schneiden.
– Öl in einem Wok bei starker Hitze heiß werden lassen. Es ist heiß genug, wenn an einem ins Öl getauchten Holzstäbchen Bläschen emporsteigen. Die Schweinshaxe hineingeben und etwa 2 Min. frittieren. (Vorsicht, Spritzgefahr!) Das Fleisch herausnehmen und gleich in die beiseite gestellte Brühe geben.
– Die Temperatur herunterschalten und das Öl bis auf einen dünnen Film aus dem Wok abgießen. Ingwer darin bei mittlerer Hitze unter Rühren kurz anbraten, Sichuan-Pfeffer, Sternanise, restliche Sojasauce und Reiswein, 1 Prise Salz und Zucker dazugeben und leicht durchrühren. Dann über die Schweinshaxe in die Brühe geben. Die Brühe wieder zum Kochen bringen und das Fleisch darin zugedeckt bei schwacher Hitze etwa 45 Min. garen.
Brokkoli waschen. Möhren schälen, quer in etwa 4 cm lange Stücke schneiden, dann längs in feine Scheiben. Hühnerbrühe aufkochen, das Gemüse darin 1–2 Min. kochen, herausnehmen und beiseite stellen.
– Fleisch ebenfalls aus der Brühe nehmen. Die Brühe offen bei starker Hitze einkochen lassen, bis sie etwas dickflüssig ist. Die Sternanise entfernen und 5–6 EL von der Brühe auf die Schweinshaxe gießen. Brokkoli und Möhren rundherum anrichten.

767. Chop Suey

GEHT SCHNELL
Für 4 Personen
Zubereitungszeit: 25 Min.

400 g Schweinenacken • frisch gemahlener schwarzer Pfeffer • 400 g Sojabohnensprossen • 200 g Bambussprossen (aus der Dose) • 1 gelbe Paprikaschote • 3 Stangen Staudensellerie • 1 kleine Zwiebel • 4 EL Sojasauce • 2 EL Sake (Reiswein) • 1 EL Reis- oder Obstessig • 1 TL Zucker • 1/2 TL Speisestärke • 2 EL neutrales Öl • 1 TL Würz-Sesamöl • Salz • Koriander- oder Petersilienblätter zum Garnieren

– Fleisch waschen, trockentupfen, in dünne Scheiben schneiden und mit Pfeffer einreiben. Sojasprossen abspülen und abtropfen lassen. Die Bambussprossen abtropfen lassen und in 1 cm breite Streifen schneiden.
– Paprikaschote und Staudensellerie waschen. Die Paprika vierteln, putzen und in feine Streifen schneiden. Sellerie putzen und in Scheibchen schneiden. Die Zwiebel schälen und fein hacken. Die Sojasauce mit Sake, Essig, Zucker und Stärke verquirlen.
– Den Wok und dann darin das neutrale Öl und das Sesamöl sehr heiß werden lassen. Das Fleisch im Öl 2 Min. pfannenrühren, bis es braun ist, dann herausnehmen. Paprika, Sellerie und Zwiebel ins restliche Öl geben und unter Rühren 2 Min. braten. Soja- und Bambussprossen zugeben, noch 1 Min. pfannenrühren.
– Die Würzsauce einrühren, aufkochen und 2 Min. ziehen lassen, bis die Sauce andickt. Das Fleisch dazugeben und kurz erhitzen. Mit Salz und Pfeffer abschmecken. Die Koriander- oder Petersilienblätter aufstreuen und servieren.

768. Nudeln mit Rindfleisch und Pak Choi

GELINGT LEICHT
Für 2 Personen
Zubereitungszeit: 40 Min.

150 g Rinderfilet • 1 TL Speisestärke • 30 g Shiitake-Pilze • 30 g Bambussprossen (eventuell weglassen) • 1–2 Frühlingszwiebeln • 2 dünne Scheiben frischer Ingwer • 150 g Pak Choi (ersatzweise Spinat) • 250 g mitteldicke chinesische Nudeln (ersatzweise Spaghetti) • 6 EL Pflanzenöl • 1 TL Reiswein • 3 EL helle Sojasauce • 5 EL Fleischbrühe • Salz • frisch gemahlener weißer Pfeffer

– Das Rindfleisch waschen und trockentupfen. Dann in dünne Scheiben oder Streifen schneiden und mit der Stärke mischen. Die Pilze putzen und in Scheiben schneiden. Bambussprossen abtropfen lassen und auch in Scheiben schneiden. Die Frühlingszwiebel waschen, putzen und in dünne Scheiben schneiden. Den Ingwer schälen und hacken. Den Pak Choi waschen, putzen und in etwa 2 cm große Stücke schneiden.
– In einem Topf reichlich Wasser zum Kochen bringen. Nudeln hineingeben und nicht ganz gar kochen. (Die chinesischen Nudeln haben eine viel kürzere Garzeit als die italienischen. Sie müssen ab und zu eine Nudel probieren, und wenn Sie für Ihren Geschmack noch etwas zu viel Biss hat, herausnehmen). Abschrecken und gut abtropfen lassen. Mit 1 EL Öl mischen, damit die Nudeln nicht zusammenkleben.
– Wok erhitzen und dann darin 2 EL Öl heiß werden lassen. Rindfleisch und Ingwer hineingeben und unter Rühren bei starker Hitze kurz braten. Reiswein und 1 EL Sojasauce dazugeben. Das Fleisch herausnehmen.
– Restliches Öl im Wok erhitzen. Die Frühlingszwiebel, Bambussprossen, Shiitake-Pilze und das Gemüse dazugeben und unter Rühren 1–2 Min. braten, bis das Gemüse bissfest ist.
– Die Nudeln dazugeben und mit der Fleischbrühe oder Wasser, übriger Sojasauce, Salz und Pfeffer würzen. Fleisch wieder untermischen und nochmals erwärmen.

769. Rindfleisch-Curry

BRAUCHT ETWAS ZEIT
Für 4 Personen
Zubereitungszeit: 30 Min.
Schmorzeit: 1–1 1/2 Std.

1 EL Tamarindenmark • 1 kg Rindfleisch (von der Schulter) • 5 Schalotten • 5 Knoblauchzehen • 1 Stück frischer Ingwer (4 cm) • 4–5 EL Kokosöl • 1–2 TL Sambal oelek • 1/2 TL Kurkuma (Gelbwurz) • 2 TL gemahlener Koriander • 1 TL gemahlener Kreuzkümmel • 1/2 TL frisch gemahlener schwarzer Pfeffer • 2 TL Palmzucker • 400 ml ungesüßte Kokosmilch • Salz • 1 Hand voll Frühlingszwiebelringe • einige Stängel Koriander • Röstzwiebeln

– Das Tamarindenmark in einer Schüssel mit 200 ml heißem Wasser einweichen.
– Inzwischen das Rindfleisch kalt waschen, mit Küchenpapier abtrocknen und in 2 cm große Würfel schneiden. Schalotten und Knoblauch schälen und klein hacken. Ingwer schälen und fein raspeln.
– Tamarindenmark im Einweichwasser verrühren bis dieses dick und braun wird und durch ein Sieb streichen. Den Saft auffangen.
– Den Wok erhitzen und dann das Öl darin heiß werden lassen. Schalotten, Knoblauch und Ingwer anbräunen. Das Fleisch darin portionsweise bei starker Hitze anbraten, alle restlichen Würzzutaten und Palmzucker untermengen und unter ständigem Rühren etwa 3 Min. mitbraten.
– Mit dem Tamarindensaft ablöschen, die Kokosmilch angießen. Die Sauce zum Kochen bringen, dann unter ständigem Rühren 7–8 Min. köcheln bis sich das Öl an der Oberfläche absetzt. Mit Salz abschmecken.
– Das Rindfleisch-Curry bei schwacher Hitze zugedeckt 1–1 1/2 Std. schmoren lassen. Mit Frühlingszwiebelringen und Koriander garnieren, die Röstzwiebeln darüber streuen.

770. Geröstetes Rinderfilet

GUT FÜR GÄSTE | GEHT SCHNELL
Für 2 Personen
Zubereitungszeit: 30 Min.

250 g Rinderfilet • 30 g Stangensellerie • 1 Frühlingszwiebel • 2 dünne Scheiben frischer Ingwer • 6 Sichuan-Pfefferkörner • 2 EL Öl • Salz • 1/2 TL scharfe Bohnenpaste • 1 EL Sojasauce • 1 Prise Zucker • 1 EL Reiswein • 1 EL dunkler Reisessig

– Das Rindfleisch waschen und trockentupfen, quer zur Faser in möglichst dünne Scheiben, dann in etwa 5 cm lange, feine Streifen schneiden.
– Den Sellerie und die Frühlingszwiebel putzen, waschen und in etwa 3 cm lange Stücke schneiden, eventuell noch ein- oder zweimal längs durchschneiden. Den Ingwer schälen und in feine Streifen schneiden. Die Sichuan-Pfefferkörner im Mörser zerstoßen.
– Den Wok erhitzen und dann darin das Öl in etwa 3 Min. richtig heiß werden lassen. Das Rindfleisch hineingeben und unter schnellem Pfannenrühren braten, bis es bräunlich geworden ist. Dann 1 Prise Salz dazugeben.
– Jetzt die Bohnenpaste, Sojasauce, Zucker und Reiswein dazugeben und unter weiterem Rühren noch etwa 2–4 Min. schmoren.
– Wenn nicht mehr viel Flüssigkeit im Wok ist, den Sellerie untermischen, gut umrühren, kurz danach die Frühlingszwiebel und den Ingwer dazugeben. Mit Essig beträufeln. Unter Rühren noch etwa 1/2 Min. garen. Rindfleisch auf einem Teller anrichten, mit zerstoßenem Sichuan-Pfeffer bestreuen und servieren.

TIPP
Um das Fleisch richtig fein schneiden zu können, sollten Sie es vorher etwa 2 Std. anfrieren.

771. Scharfes Rinderfilet aus dem Bambusdämpfkorb

GELINGT LEICHT | GUT FÜR GÄSTE
Für 4 Personen
Zubereitungszeit: 50 Min.

400 g Rinderfilet • 100 g Rundkornreis • 1 EL Sichuan-Pfefferkörner • 4 Sternanise • 500 g Süßkartoffeln • 2 Frühlingszwiebeln • 1 Scheibe frischer Ingwer (etwa 2 cm dick) • 1 1/2 EL scharfe Bohnenpaste • 1 EL dunkle Sojasauce • 2 EL Reiswein • 1 TL Zucker • 50 ml Fleischbrühe • 1 EL Sesamöl • Salz • 1 kleines Bund Koriander

– Das Filet waschen, trockentupfen, in etwa 2 cm lange und 1/2 cm dünne Scheiben schneiden, beiseite stellen.
– Den Reis mit Sichuan-Pfefferkörnern und Sternanisen in einem Topf bei schwacher Hitze unter Rühren rösten, bis der Reis gelblich wird und es würzig duftet. Dann abkühlen lassen und den Reis mit den Gewürzen in einer Mühle grob schroten oder im Mörser zerstoßen.
– Süßkartoffeln waschen, schälen und in 1 1/2 cm dicke Scheiben schneiden. Den Boden eines Bambusdämpfers damit auslegen. Dabei darauf achten, dass der Boden des Dämpfers vollständig bedeckt ist.
– Frühlingszwiebeln putzen, waschen und fein hacken. Ingwer schälen und fein hacken. Rindfleisch mit Frühlingszwiebeln, Ingwer, Bohnenpaste, Sojasauce, Reiswein, Zucker, Fleischbrühe, Sesamöl, Salz und Reisschrot vermengen. Anschließend auf den Süßkartoffelscheiben verteilen. Den Dämpfer schließen.

– Etwa 1 l Wasser in einem Wok aufkochen lassen, den Bambusdämpfer in den Wok setzen. Fleisch und Süßkartoffeln bei starker Hitze etwa 15 Min. dämpfen.
– Koriander abbrausen, trockenschütteln und die Blättchen fein hacken. Kurz vor dem Servieren das Fleisch mit dem Koriander bestreuen. Im Dämpfer servieren.

TIPP

Falls Sie im Asia-Laden Schilfblätter bekommen, können Sie den Bambusdämpfer zuerst mit den Blättern auslegen, bevor die Süßkartoffeln darauf kommen.

772. Indisches Lammfleisch mit Gewürzen

BRAUCHT ETWAS ZEIT
Für 4–6 Personen
Zubereitungszeit: 1 Std. 20 Min.
Schmorzeit: 45 Min.

1 kg Lammkeule (ohne Knochen) • 4 Zwiebeln • 6 Knoblauchzehen • 1 Stück frischer Ingwer (3 cm) • 2 TL Kreuzkümmelsamen • 2 getrocknete Chilischoten • 1 TL schwarze Pfefferkörner • 1 TL grüne Kardamomkapseln • 1 Stück Zimtstange (etwa 3 cm) • 1 TL schwarze Senfsamen (nach Belieben) • 1 TL Bockshornkleesamen (nach Belieben) • 4 EL Weißweinessig oder Weißwein • 2 TL brauner Zucker • Salz • 4 EL Ghee (geklärte Butter, ersatzweise Butterschmalz) • 1 TL Korianderpulver • 1 TL Kurkuma

– Lammfleisch kalt waschen, trockentupfen, von Fett und Sehnen befreien und in etwa 2 cm große Würfel schneiden. Zwiebeln schälen und in Ringe schneiden. Knoblauch und Ingwer schälen, Knoblauch fein hacken, Ingwer auf der Gemüsereibe fein reiben.
– Für die Vindaloo-Paste Kreuzkümmel, Chilischoten, Pfefferkörner, Kardamom, Zimtstange, Senf- und Bockshornkleesamen im Mixer, einer Getreidemühle oder einer elektrischen Kaffeemühle mahlen.
– Gerade gemahlene Gewürze in eine Schüssel geben. Weißweinessig oder Weißwein, braunen Zucker und Salz dazugeben, alles gut mischen und beiseite stellen.
– In einem Wok 2 EL Ghee erhitzen, Zwiebeln darin bei starker Hitze dunkelbraun anbraten. Zwiebeln in einen Mixer geben und mit 4 EL Wasser fein pürieren. In die Schüssel zu den gemahlenen Gewürzen geben und gründlich verrühren, bis eine glatte Paste entstanden ist. Ingwer und Knoblauch in einen Mixer geben und mit 4 EL Wasser pürieren.
– Übriges Ghee in den Wok geben und stark erhitzen. Die Lammfleischwürfel portionsweise (so dass sie nicht übereinander liegen) bei starker Hitze unter Rühren 1–2 Min. anbraten. Auf einem Teller beiseite stellen.
– Ingwer-Knoblauch-Paste in den Wok geben und bei mittlerer Hitze etwa 1 Min. anbraten. Koriander und Kurkuma dazugeben und etwa 1 Min. anbraten, dabei ständig rühren. Das Fleisch und die Vindaloo-Paste unterrühren. 300 ml Wasser dazugießen und zum Kochen bringen. Das Fleisch zugedeckt bei schwacher Hitze etwa 45 Min. schmoren lassen. Ab und zu umrühren. Mit Salz abschmecken.

TIPPS

– Sie können dieses Gericht auch mit der gleichen Menge Rinderfilet oder Schweinefilet zubereiten. Die Christen, die an der westindischen Küste leben, essen das Gericht mit Schweinefleisch, Moslems und Hindus mit Lamm, so wie es in diesem Rezept beschrieben ist.
– Vindaloo-Gerichte sind ziemlich scharf. Nehmen Sie weniger Chilischoten, wenn Sie das Gericht entschärfen wollen.

773. Kichererbsen mit Lamm

GUT VORZUBEREITEN | BRAUCHT ETWAS ZEIT
Für 4 Personen
Zubereitungszeit: 30 Min.
Einweichzeit: 12 Std.
Garzeit: 20 Min.

250 g getrocknete Kichererbsen (ersatzweise 800 g Kichererbsen aus der Dose) • 250 g Lammfleisch (Schulter) • 2 Zwiebeln • 1 Stück frischer Ingwer (3 cm) • 1 Chilischote • 2 Tomaten • 3 EL Ghee (geklärte Butter, ersatzweise Butterschmalz) • 1 TL edelsüßes Paprikapulver • 1 TL Kurkuma • 1/4 TL Chilipulver • 1 TL gemahlener Kreuzkümmel • 1/2 TL Mangopulver (nach Belieben) • Salz • 1 TL Zucker • 1 TL Garam Masala

– Getrocknete Kichererbsen in reichlich kaltem Wasser über Nacht einweichen. Am nächsten Tag in ein Sieb gießen und abtropfen lassen.
– Das Lammfleisch waschen, von Fett und Sehnen befreien, trockentupfen und in etwa 1 cm große Würfel schneiden. Zwiebeln schälen und klein schneiden. Ingwer schälen und fein reiben. Chilischote waschen, vom Stielansatz befreien und klein schneiden (Hände nicht in die Nähe der Augen bringen!). Tomaten waschen, vierteln und vom Stielansatz befreien.
– Ghee einem Wok erhitzen, die Zwiebeln darin bei mittlerer Hitze anbraten, bis sie dunkelbraun sind. Das Lammfleisch dazugeben und etwa 3 Min. bei mittlerer Hitze unter Rühren anbraten.
– Kichererbsen dazugeben und 2–3 Min. anbraten. Gewürze, Salz, Zucker, Chilischote und Ingwer darunter mischen und unter ständigem Rühren etwa 3 Min. mitbraten, bis die Gewürze leicht braun sind.
– Tomatenviertel und 200 ml Wasser hinzufügen und alles zum Kochen bringen. Das Gericht bei mittlerer Hitze etwa 20 Min. zugedeckt kochen lassen, bis die Kichererbsen und das Lammfleisch gar sind. Ab und zu umrühren. Garam Masala über das Gericht streuen und warm servieren.

774. Fondue Bourguignonne

GUT FÜR GÄSTE
Für 4–6 Personen
Zubereitungszeit: 1 Std.

800–1000 g Rinderfilet • 1 kg Pflanzenfett oder -öl zum Ausbacken
Für die Cocktailsauce: 3 sehr frische Eigelbe • 200 ml Öl • 2 rote Chilischoten • 1 1/2 EL Cognac (nach Belieben) • 3 EL Tomatenketchup • 1 EL Chilisauce • Salz • frisch gemahlener Pfeffer
Für das Minz-Chutney: 80 g grüne Minzeblätter • 4 EL Kräuteressig • 2 Zwiebeln • 2 Knoblauchzehen • 3 grüne Chilischoten • 1/2 TL gemahlener Kreuzkümmel • 1 TL Zucker • Salz
Für die Zitronencreme: 1 unbehandelte Zitrone • 200 g Crème fraîche • 200 g Joghurt • 1 sehr frisches Eigelb • 1 Prise Zucker • Salz • frisch gemahlener Pfeffer

– Filet trockentupfen, Haut und Sehnen abschneiden, das Fleisch in mundgerechte Würfel schneiden, auf einer Platte anrichten und bis zum Servieren kühl stellen.
– Für die Cocktailsauce die Eigelbe in einer Schüssel verrühren. Das Öl in dünnem Strahl nach und nach unterschlagen, bis eine dickliche Mayonnaise entsteht. Die Chilischoten putzen, waschen, entkernen und klein würfeln. Chiliwürfel (einige davon zur Seite legen), den Cognac, Ketchup und Chilisauce unter die Mayonnaise rühren. Mit Salz und Pfeffer abschmecken, die Sauce mit den restlichen Chiliwürfeln bestreuen.
– Für das Minz-Chutney einige Minzblättchen zum Garnieren beiseite legen, die restlichen Blätter grob hacken. Mit dem Essig und 4 EL Wasser pürieren. Zwiebeln und Knoblauch schälen, klein würfeln. Chilischoten putzen, waschen, entkernen und ebenfalls klein würfeln. Mit Zwiebeln und Knoblauch zur Minze geben. Nochmals pürieren. Das Chutney mit Kreuzkümmel, Zucker und Salz würzen. In Schälchen füllen und mit den restlichen Minzblättern garnieren.
– Für die Zitronencreme die Zitrone waschen und die Schale abreiben oder abschneiden und in feine Streifen teilen. 1 Zitronenhälfte auspressen. Crème fraîche mit Joghurt, dem Eigelb, Zucker, Zitronenschale und etwa 2 EL Zitronensaft verrühren. Mit Salz und Pfeffer pikant abschmecken.
– Das Fett oder Öl im Fondue-Topf auf der Herdplatte erhitzen und dann auf dem Rechaud heiß halten. Fleisch und Saucen auf den Tisch stellen. Das Fleisch auf Fondue-Gabeln gesteckt im heißen Fett garen und mit den Saucen essen.

775. Gemischtes Fleischfondue mit Kartoffel-Mais-Salat

GELINGT LEICHT
Für 4 Personen
Zubereitungszeit: 1 Std.

Für den Kartoffel-Mais-Salat: 500 g fest kochende Kartoffeln • 1 Dose Maiskörner (400 g Inhalt) • 1 Bund Schnittlauch • frisch gemahlener Pfeffer • Salz • 4 EL Weißwein- oder Fruchtessig • 6 EL Olivenöl • 2 EL Kürbiskernöl
Für die scharfe Mandelsauce: 75 g Mandelmus (Reformhaus) • 100 ml Hühnerbrühe • 2 kleine Chilischoten • einige Korianderblättchen • Salz • frisch gemahlener Pfeffer
Für die Pfirsichsauce: 1 Zwiebel • 2 Pfirsiche • 1 EL Öl • 2 EL Honig • 75 ml Hühnerbrühe • Salz • frisch gemahlener Pfeffer • 2 EL Weißweinessig

Für das Fondue: je 200 g Rinder-, Schweine- und Putenbrustfilet • 4 kleine Frankfurter Würstchen • 1 rote Paprikaschote • 2 Zucchini • 250 g Austernpilze • 1 kg Pflanzenfett zum Ausbacken

– Für den Salat die Kartoffeln waschen und in der Schale zugedeckt in Wasser gar kochen. Etwas abkühlen lassen, dann schälen und in Scheiben schneiden. Den Mais abtropfen lassen. Den Schnittlauch waschen und in Röllchen schneiden, in einer großen Schüssel mit Pfeffer, Salz, Essig und beiden Ölsorten verrühren. Die Kartoffelscheiben und den Mais hineingeben und alles vorsichtig vermengen.
– Für die Mandelsauce das Mandelmus mit der Brühe pürieren. Die Chilis putzen, waschen und in feine Ringe schneiden, die Korianderblättchen hacken. Beides unter die Mandelsauce rühren, salzen und pfeffern.
– Für die Pfirsichsauce die Zwiebel schälen und fein würfeln. Pfirsiche überbrühen, häuten und entsteinen, klein würfeln. Das Öl in einem Topf erhitzen, die Zwiebel darin glasig werden lassen. Die Pfirsiche, den Honig und die Brühe dazugeben und alles 5 Min. bei schwacher Hitze köcheln lassen. Mit Salz, Pfeffer und Essig würzen und abkühlen lassen.
– Das Fleisch trockentupfen und mundgerecht würfeln. Die Würstchen ebenfalls würfeln. Die Paprikaschote und die Zucchini putzen, waschen und auch in mundgerechte Stücke schneiden. Die Pilze mit Küchenpapier abreiben, die Stielenden abschneiden.
– Alle Zutaten auf Platten anrichten, Saucen in Schälchen umfüllen. Das Fett im Fondue-Topf auf dem Herd erhitzen, auf dem Rechaud heiß halten. Fleisch, Würstchen und Gemüse auf Fondue-Gabeln stecken und im heißen Fett garen. Mit dem Salat und den Saucen essen.

776. Hackfleisch-Fondue

GELINGT LEICHT
Für 6 Personen
Zubereitungszeit: 1 Std.

Für die Hackbällchen: 2 altbackene Brötchen • 2 Zwiebeln • 6 Knoblauchzehen • 800 g gemischtes Hackfleisch • 3 Eier • 3 EL Semmelbrösel • Salz • frisch gemahlener Pfeffer • 1 TL Chilipulver • 1 EL mittelscharfer Senf • 1 EL Tomatenmark • 4 EL frisch gehackte Kräuter • 100 g Schafkäse • 100 g gekochter Schinken (am Stück)
Für die Lammröllchen: 100 g Pinienkerne • 2 Eier • 500 g Lammhackfleisch • 2 EL getrockneter Thymian • Cayennepfeffer • Salz
Für die Joghurt-Zimt-Sauce: 4 Knoblauchzehen • 400 g Joghurt • 1 1/2 TL Zimtpulver • 2 EL Öl • Salz • frisch gemahlener Pfeffer • Cayennepfeffer
Außerdem: gemischte Salatblätter, Petersilienblättchen, halbierte oder geviertelte Kirschtomaten • 1 kg Pflanzenfett zum Ausbacken

– Die Brötchen in heißem Wasser einweichen. Zwiebeln und Knoblauch schälen und fein würfeln. Brötchen gut ausdrücken, zerpflücken und mit Hackfleisch, Zwiebeln, Knoblauch, Eiern, Semmelbröseln, Salz, Pfeffer, Chilipulver, Senf, Tomatenmark und Kräutern zu einer scharfwürzigen Masse verarbeiten.
– Schafkäse und Schinken in etwa 1 cm große Würfel schneiden. Vom Fleischteig etwa walnussgroße Stücke abnehmen, auf der Handfläche flachdrücken. Die Hälfte mit dem Schafkäse, die andere Hälfte mit dem Schinken füllen und darüber gut verschließen. Rund formen.
– Die Pinienkerne hacken und bei mittlerer Hitze goldbraun anrösten. Mit den Eiern unter das Lammfleisch mischen und pikant mit Thymian, Cayennepfeffer und Salz würzen. Kleine längliche Röllchen daraus formen.
– Für die Joghurtsauce den Knoblauch schälen und durch die Presse in eine Schüssel drücken. Den Joghurt untermischen und mit Zimt, Öl, Salz, Pfeffer und Cayennepfeffer abschmecken.
– Die Hackbällchen getrennt nach Füllung mit den Lammröllchen auf den Salatblättern anrichten. Mit Petersilie und Kirschtomaten garnieren. Fett im Fondue-Topf auf dem Herd erhitzen und auf dem Rechaud heiß halten. Die Hackbällchen und Lammröllchen mit Fondue-Siebchen oder auf Gabeln gesteckt im heißen Fett 6–7 Min. garen, mit der Joghurtsauce essen.

TIPP

Hackfleisch ist empfindlich und muss immer frisch durchgedreht werden; viele Metzger verarbeiten Lammfleisch zudem gar nicht gerne zu Hackfleisch. Am besten Sie zerkleinern das Fleisch zu Hause selbst! Das geht natürlich im Fleischwolf, aber auch in der Küchenmaschine lassen sich Fleischwürfel sehr gut fein zerkleinern. Kaufen Sie dafür nicht zu fettes Fleisch, also z. B. Rind- und Schweinegulasch und magere Lammschulter ohne Knochen.

777. Buntes Würstchen-Fondue

GELINGT LEICHT | SCHMECKT KINDERN
Für 4 Personen
Zubereitungszeit: 45 Min.

Für die Senf-Kresse-Sauce: 1 EL Butter • 1 EL Mehl • 2 EL scharfer Senf • 150 ml Fleischbrühe • 1 Kästchen Kresse • Salz • frisch gemahlener Pfeffer
Für die süß-scharfe Tomatensauce: 5 EL Apfelessig • 5 EL Tomatenmark • 100 g Zucker • 1/2 TL zerriebene getrocknete Chilis • Salz • frisch gemahlener schwarzer Pfeffer
Für das Fondue: 600 g verschiedene Wurst- bzw. Würstchensorten (z. B. Regensburger, Bratwürste, feste geräucherte Blutwurst) • 250 g kleine Egerlinge • je 1 rote und gelbe Paprikaschote • 300 g Zucchini • 1 kg Pflanzenfett oder -öl zum Ausbacken

– Für die Senfsauce die Butter in einem Topf zerlassen, das Mehl hineinstreuen und bei mittlerer Hitze unter Rühren goldgelb anrösten. Den Senf einrühren, mit der Brühe ablöschen und 5 Min. köcheln lassen. Die Kresse waschen und abschneiden, unter die Sauce rühren. Mit Salz und Pfeffer abschmecken und abkühlen lassen.
– Für die süß-scharfe Tomatensauce in einem kleinen Topf den Essig mit dem Tomatenmark, dem Zucker und den Chilis unter Rühren aufkochen lassen. Mit Salz und Pfeffer abschmecken, abkühlen lassen.
– Für das Fondue die Würstchen in mundgerechte Stücke schneiden. Egerlinge mit Küchenpapier abreiben und die Stielenden abschneiden. Die Paprikaschoten waschen, halbieren und putzen, dann mundgerecht würfeln. Zucchini putzen und in Scheiben schneiden. Alles Fondue-Zutaten dekorativ anrichten, die Saucen in Schälchen geben.
– Das Fett im Fondue-Topf auf dem Herd erhitzen, auf dem Rechaud heiß halten. Wurststücke, Pilze und Gemüsestücke auf Fondue-Gabeln stecken und im heißen Fett garen. Mit den Saucen essen.

TIPP

Statt Brot können Sie auch einen leckeren Brotsalat dazu reichen. Dafür etwa 500 g altbackenes Bauernbrot mundgerecht würfeln und in etwas Olivenöl knusprig rösten, dabei 3–4 Knoblauchzehen dazupressen. 300 g feste Tomaten würfeln, 1 Bund Frühlingszwiebeln in Ringe schneiden, beides mit dem Brot mischen. 5 EL Aceto balsamico mit Salz, frisch gemahlenem Pfeffer, 1 TL Senf und 5 EL Olivenöl cremig aufschlagen, über den Salat träufeln.

778. Tex-Mex-Fondue

BRAUCHT ETWAS ZEIT
Für 4–6 Personen
Zubereitungszeit: 1 Std.
Marinierzeit: 1 Std.

Für das Fondue: 400–500 g Rinderfilet • 400–500 g Putenschnitzel • 6 EL Aceto balsamico • 1/2 TL Chilipulver • 2 TL edelsüßes Paprikapulver • 1 kg Pflanzenfett oder -öl zum Ausbacken • Zitronenschnitze zum Garnieren
Für die Avocadocreme: 2 vollreife Avocados • 3 EL Zitronensaft • 2 EL Worcestersauce • 1 Knoblauchzehe • 4 EL Crème fraîche • Salz • frisch gemahlener schwarzer Pfeffer
Für die Käsesauce: 40 g Butter • 1 leicht gehäufter EL Mehl • 350 ml Milch • 50 g frisch geriebener Emmentaler • 50 g frisch geriebener Parmesan • Salz • frisch gemahlener schwarzer Pfeffer • 1 Prise frisch geriebene Muskatnuss

– Das Fleisch trockentupfen und in 3 cm große Würfel schneiden. Essig mit Chili- und Paprikapulver in einer großen Schüssel verrühren, das Fleisch untermengen und zugedeckt im Kühlschrank mindestens 1 Std. marinieren lassen. Dann auf einem Teller anrichten, mit Zitronenschnitzen garnieren.
– Für die Avocadocreme die Avocados längs halbieren und die Kerne entfernen. Das Fruchtfleisch mit dem Löffel aus den Schalen lösen, in einen Rührbecher geben. Sofort Zitronensaft und Worcestersauce dazugeben und alles mit dem Mixstab pürieren. Knoblauch schälen und durch die Presse dazudrücken, nochmals mit dem Mixstab pürieren. Crème fraîche unterrühren, salzen und pfeffern.
– Für die Käsesauce die Butter in einem Topf erhitzen und das Mehl darin unter Rühren anschwitzen. Dann die Milch klümpchenfrei mit dem Schneebesen einrühren und aufkochen lassen. Sauce offen bei mittlerer Hitze 5 Min. köcheln lassen, dann die beiden Käsesorten

einrühren und die Sauce mit Salz, Pfeffer und Muskat abschmecken. In eine feuerfeste Schüssel füllen und auf einem Stövchen warm stellen.
– Das Fett im Fondue-Topf erhitzen. Die Fleischstücke auf Fondue-Gabeln stecken und im heißen Fett garen. Mit den Saucen essen.

779. Fondue auf karibische Art

BRAUCHT ETWAS ZEIT
Für 4–6 Personen
Zubereitungszeit: 30 Min.
Marinierzeit: 1 Std.

1 unbehandelte Orange • 2 Knoblauchzehen • 2 EL Sojasauce • 2 TL Honig • Salz • 1/2 TL frisch gehackter Oregano • einige Spritzer Tabasco • 500 g Schweinefilet • 150 g Backpflaumen • 3 feste Kochbananen (etwa 750 g; ersatzweise vorwiegend fest kochende Kartoffeln) • 200 g Frühstücksspeck (in dünnen Scheiben) • Orangenscheiben und Oregano zum Garnieren • 1 l Maiskeimöl zum Ausbacken
Für die Pflaumensauce: 6 EL Pflaumenmus • 6 EL Tomatenketchup • 2 EL Zitronensaft • 2–3 Tropfen Angostura Bitter • Salz • 1–2 TL Sambal oelek

– Orange heiß waschen und 1 TL Schale fein abreiben, den Saft auspressen und mit der Schale in eine Schüssel geben. Die Knoblauchzehen schälen und dazudrücken. Mit Sojasauce und Honig verrühren, mit Salz, Oregano und Tabasco würzen. Fleisch in Würfel schneiden, mit der Sauce vermischen, zugedeckt 1 Std. kühl stellen.
– Die Backpflaumen in heißem Wasser einweichen. Die Bananen schälen, in kochendem Salzwasser in 10 Min. bei schwacher Hitze gar köcheln lassen. Abtropfen lassen und in Scheiben schneiden.
– Für die Sauce das Pflaumenmus mit dem Ketchup und dem Zitronensaft verrühren, 5 Min. köcheln lassen. Mit Angostura Bitter, Salz und Sambal oelek abschmecken. In ein Schälchen füllen und abkühlen lassen.
– Pflaumen und Fleisch abtropfen lassen. Die Speckscheiben in der Mitte quer halbieren. Je die Hälfte der Fleischstücke und Pflaumen darauf legen und mit dem Speck umwickeln. Übrige Pflaumen und übriges Fleisch dazu legen. Mit Orangen und Oregano garnieren.
– Das Öl in einem Fondue-Topf auf dem Herd stark erhitzen, auf den Rechaud stellen. Die Zutaten im Öl braten. Mit der Pflaumensauce essen.

TIPP
Angostura Bitter verleiht der Sauce eine interessante Note. Aber immer vorsichtig dosieren. Angostura bekommen Sie in der Spirituosenabteilung großer Kaufhäuser und in Geschäften für Mixbedarf.

780. Fondue mit Saté-Spießchen

BRAUCHT ETWAS ZEIT
Für 4–6 Personen
Zubereitungszeit: 30 Min.
Marinierzeit: 1 Std.

400–500 g Schweinefilet • 400– 500 g Hähnchenbrustfilet • 8 EL süße indonesische Sojasauce • 1 Stück frischer Ingwer (etwa 4 cm) • 2 Knoblauchzehen • 1 kräftige Prise Chilipulver • 1 kg Pflanzenfett oder -öl zum Ausbacken
Für die Erdnusssauce: 350 g Erdnussmus (mit Stückchen) • 4 EL süße indonesische Sojasauce • 1/4 l Milch • 3 EL Weißweinessig • 1 Knoblauchzehe • 1–2 TL brauner Zucker • Salz • 1 Prise Chilipulver • je 1 Msp. Zitronengras- und Kreuzkümmelpulver • Zitronengras zum Garnieren

– Das Fleisch waschen, mit Küchenpapier trockentupfen und in 2 cm große Würfel schneiden. Die Sojasauce in eine große Schüssel geben. Die Ingwerwurzel schälen und sehr fein dazureiben. Den Knoblauch schälen und durch die Presse dazudrücken. Chilipulver hinzufügen und alles gut verrühren. Zum Schluss die Fleischwürfel untermengen und zugedeckt im Kühlschrank 1 Std. marinieren lassen. Dann mit Zitronengras garnieren.
– Für die Erdnusssauce das Erdnussmus in eine Stielkasserolle geben. Sojasauce, Milch und den Essig unterrühren. Knoblauch schälen und durch die Presse dazudrücken. Zucker, Salz, Chilipulver, Zitronengras und Kreuzkümmel unterrühren und alles langsam erhitzen, bis die Sauce dick wird und blubbernd kocht. Dann abschmecken und in ein feuerfestes Schüsselchen umfüllen, auf einem Stövchen warm stellen.
– Das Fett im Fondue-Topf auf dem Herd erhitzen, dann auf den Rechaud stellen. Bei Tisch nimmt sich jeder mehrere Fleischstückchen auf seine Fondue-Gabel und gart sie im siedenden Fett. Zusammen mit der Erdnusssauce essen.

781. Fondue mit Entenbrust

GUT FÜR GÄSTE
Für 4 Personen
Zubereitungszeit: 1 Std.

2 Entenbrustfilets (je etwa 350 g) • 225 ml Sake (Reiswein, ersatzweise Sherry) • 200 ml Sojasauce • 2 TL Sesamöl • 2 TL Speisestärke • 1 Stück frischer Ingwer (etwa 4 cm) • 2 Knoblauchzehen • 1–2 Chilischoten • 3 EL neutrales Öl • 4 EL Obstessig • 2 EL Zucker • 1 Dose passierte Tomaten (400 g) • Salz • frisch gemahlener Pfeffer • 1 Bund Frühlingszwiebeln • je 1 rote und grüne Paprikaschote • 125 g Shiitake-Pilze (ersatzweise Egerlinge) • 1 l Erdnuss- oder Sojaöl zum Ausbacken

– Die Entenbrustfilets waschen und gründlich trockentupfen, dann schräg zur Faser in hauchdünne Scheiben schneiden. (Durch das schräge Schneiden werden die Scheiben größer.) Auf zwei Platten anrichten.
– In einer Schüssel 100 ml Sake mit 4 EL Sojasauce, dem Sesamöl und der Speisestärke vermischen. Den Ingwer schälen, die Hälfte davon fein dazureiben. Die Marinade über das Fleisch verteilen und zugedeckt 30 Min. im Kühlschrank ziehen lassen.
– Inzwischen für die Chilisauce 1 Knoblauchzehe schälen und mit dem übrigen Ingwer fein hacken. Die Chilischoten waschen, putzen, entkernen und sehr fein würfeln. 1 EL neutrales Öl erhitzen, Knoblauch, Ingwer und Chilis darin bei schwacher Hitze kurz andünsten. Den Essig, 4 EL Sojasauce, 1 EL Zucker und Tomaten einrühren. Zugedeckt bei schwacher Hitze 20 Min. köcheln lassen. Salzen, pfeffern, abkühlen lassen.
– Für den Sake-Dip die übrige Knoblauchzehe schälen und durch die Presse drücken. 1 EL Zucker, die übrige Sojasauce, 1/8 l Sake und das restliche neutrale Öl unterrühren. 1 Frühlingszwiebel waschen, putzen, fein hacken und untermischen.
– Die Paprikaschoten waschen, halbieren, putzen und in mundgerechte Stücke schneiden. Die Pilze trocken abreiben, die Stiele entfernen. Die Pilzhüte halbieren oder vierteln. Die übrigen Frühlingszwiebeln waschen, putzen und in Streifen schneiden. Das Gemüse auf einer großen Platte anrichten.
– Das Erdnuss- oder Sojaöl im Fondue-Topf auf dem Herd stark erhitzen, auf den Rechaud stellen. 1–2 Fleischscheiben mit oder ohne Gemüse im Öl knusprig braten. Die Chilisauce und den Sake-Dip dazu servieren.

782. Schnelles Fisch-Fondue

GELINGT LEICHT | GUT FÜR GÄSTE
Für 4 Personen
Zubereitungszeit: 45 Min.

Für die Tomatensauce: 1 Zwiebel • 1 EL Olivenöl • 1 kleine Dose Tomaten (400 g Inhalt) • Salz • frisch gemahlener Pfeffer • 1 EL Honig • 1 EL Aceto balsamico • 1 TL Thymianblättchen
Für den Basilikum-Dip: 75 g Schalotten • 2 Bund Basilikum • 5 EL Aceto balsamico • Salz • frisch gemahlener Pfeffer • 8 EL Olivenöl
Für das Fondue: 100 g Shiitake-Pilze • 1 Bund Brunnenkresse • 3 kleine Zucchini • 200 g Seelachsfilet • 200 g Wallerfilet • 200 g Lachsfilet • 200 g geschälte rohe Tiefseegarnelen • 800 ml Fischfond (aus dem Glas) • 3 l milde Gemüsebrühe

– Für die Tomatensauce die Zwiebel schälen und in kleine Würfel schneiden. Das Öl in einem Topf erhitzen, die Zwiebel darin glasig werden lassen. Die Tomaten samt dem Saft dazugeben und mit einer Gabel zerdrücken. Mit Salz, Pfeffer, Honig, Essig und Thymian würzen und offen bei schwacher Hitze 15 Min. köcheln lassen. Abschmecken und abkühlen lassen.
– Für den Basilikum-Dip die Schalotten schälen und sehr fein würfeln. Die Basilikumblättchen von den Stängel abzupfen und fein hacken. Die Schalotten, das Basilikum, Essig, Salz und Pfeffer verrühren, das Olivenöl unterschlagen.
– Für das Fondue die Shiitake-Pilze kurz waschen oder trocken nur mit Küchenpapier abreiben, die Stiele abtrennen. Pilzhüte eventuell etwas kleiner schneiden. Die Brunnenkresse waschen und verlesen, grobe Stiele entfernen. Die Zucchini waschen und putzen, in 4 cm lange Stücke schneiden und diese Stücke längs vierteln. Das Fischfilet unter fließendem kaltem Wasser kurz waschen, mit Küchenpapier trockentupfen und in mundgerechte Stücke schneiden. Die Garnelen in einem Sieb kalt abbrausen und gut abtropfen lassen.
– Alle Zutaten auf einer großen Platte hübsch anrichten, die Saucen in Schälchen geben. Den Fond und die Brühe in einem Topf auf dem Herd aufkochen lassen. Einen Teil davon in den Feuer- oder Fondue-Topf umgießen und auf dem Rechaud am Kochen halten, den Rest in der Küche auf dem Herd zum Nachgießen heiß halten. Gemüse und Fisch in Fondue-Siebchen geben und in der würzigen Brühe garen. Mit den Saucen essen.

783. Raffiniertes Fisch-Fondue

BRAUCHT ETWAS ZEIT
Für 4–6 Personen
Zubereitungszeit: 2 Std.

Für den Oliven-Öl-Dip: 100 g grüne entsteinte Oliven • 2 EL Zitronensaft • 1 TL scharfer Senf • 2 EL Aceto balsamico • Salz • frisch gemahlener Pfeffer • 1–2 TL frisch gehackter Majoran • 6 EL Olivenöl
Für die Ratatouille-Sauce: 1 kleine Zwiebel • 1 kleine rote Paprikaschote • 1 kleiner Zucchino • 1 EL Olivenöl • 1/8 l trockener Rotwein (ersatzweise Gemüsebrühe) • Salz • frisch gemahlener Pfeffer • 4 EL Tomatenmark • 1 TL getrocknete Kräuter der Provence
Für die Safransauce: 5 EL trockener Weißwein (ersatzweise Fischfond oder leichte Gemüsebrühe) • 1 Döschen gemahlener Safran • 150 g Mascarpone • Salz • frisch gemahlener weißer Pfeffer
Für die Schollenröllchen: 300 g Schollenfilet • 2 EL Zitronensaft • Salz • frisch gemahlener weißer Pfeffer • 2 EL Tomatenmark • 1/2 Bund Basilikum • Holzspießchen
Für die Fischbällchen: 2 Brötchen vom Vortag • 1/8 l lauwarme Milch • 100 g Räucherfisch (z. B. Forelle) • 3 EL Schnittlauchröllchen • 2 Eigelbe • Zitronenpfeffer
Für die Garnelen: 30 g frischer Ingwer • 1 Knoblauchzehe • 2 EL Öl • Salz • frisch gemahlener Pfeffer • 8 gegarte geschälte Riesengarnelen
Außerdem: 1 kleine Staude Stangensellerie • 2 Möhren • 3–4 l Fisch- oder Gemüsebrühe

– Für den Oliven-Öl-Dip die Oliven sehr fein hacken, mit Zitronensaft, Senf, Essig, Salz, Pfeffer und Majoran mischen, dann das Öl unterrühren.
– Für die Ratatouille-Sauce die Zwiebel schälen, die Paprikaschote und den Zucchino putzen und waschen. Das Gemüse sehr klein würfeln. Das Öl in einem Topf erhitzen, das Gemüse darin leicht braun braten. Mit dem Wein ablöschen, mit Salz, Pfeffer, Tomatenmark und den Kräutern würzen und zugedeckt bei schwacher Hitze 10 Min. köcheln lassen. Dann offen noch etwas einkochen lassen.
– Für die Safransauce den Wein leicht erwärmen, den Safran darin auflösen. Mit dem Mascarpone verrühren und mit Salz und Pfeffer abschmecken.
– Für die Schollenröllchen die Filets kalt waschen, abtrocknen und in etwa 3 cm breite Streifen schneiden. Mit Zitronensaft, Salz und Pfeffer würzen und jeweils mit etwas Tomatenmark bestreichen. Basilikumblättchen von den Stängeln zupfen, jeweils 2–3 Blättchen auf die Schollenfilets legen und diese aufrollen. Die Röllchen mit Holzspießchen feststecken.
– Für die Fischbällchen die Brötchen in kleine Würfel schneiden und in einer Schüssel gründlich mit der Milch vermengen. Zugedeckt 15 Min. quellen lassen. Das Fischfilet eventuell häuten, anschließend pürieren und durch ein feines Sieb streichen. Mit Schnittlauch, Eigelben und etwas Zitronenpfeffer verrühren, dann die Brötchenwürfel untermengen. Zugedeckt mindestens 15 Min. kalt stellen, dann knapp walnussgroße Bällchen daraus formen.
– Für die Garnelen den Ingwer und den Knoblauch schälen und fein hacken, beides mit Öl, Salz und Pfeffer verrühren. Garnelen kalt abwaschen und abtrocknen, in der Marinade wenden.
– Den Staudensellerie waschen und putzen, die Stangen schräg in Scheiben schneiden. Die Möhren schälen und ebenfalls in dünne schräge Scheiben schneiden.
– Alle Zutaten auf einer Platte hübsch anrichten, die Saucen in Schälchen geben. Die Brühe auf dem Herd in einem Topf aufkochen lassen. Einen Teil davon in den Feuer- oder Fondue-Topf gießen und auf dem Rechaud am Köcheln halten. Den Rest in der Küche zum Nachgießen heiß halten. Schollenröllchen, Fischbällchen, Garnelen und Gemüse in den Siebchen in der Brühe garen und mit den Saucen essen.

784. Leichtes Fondue mit Geflügel und Gemüse

PREISWERT | GELINGT LEICHT
Für 4 Personen
Zubereitungszeit: 1 Std.

Für das Fondue: 300–400 g Hähnchenbrustfilet • 300–400 g Putenbrustfilet • 3 EL Zitronensaft • 1 TL Worcestersauce • 150 g kleine Champignons • 100 g Zuckerschoten • 1/2 Bund junge Möhren • 2 Kohlrabi • 3–4 l Gemüsebrühe oder milde Geflügelbrühe
Für den Curry-Frischkäse-Dip: 2 säuerliche Äpfel (z. B. Boskop) • 2 EL Zitronensaft • 2 EL Öl • 400 g körniger Frischkäse • 1 EL Currypulver • Salz • frisch gemahlener Pfeffer

– Das Fleisch kalt abspülen, gründlich trockentupfen und in 2–3 cm große Würfel schneiden. In einer Schüssel mit dem Zitronensaft und der Worcestersauce mischen und durchziehen lassen.
– Die Champignons mit Küchenpapier abreiben, die Stielenden abschneiden. Die Zuckerschoten waschen und putzen. Möhren schälen und schräg in Scheiben schneiden. Die Kohlrabi schälen, halbieren und ebenfalls in Scheiben schneiden. Das Gemüse und das Geflügel dekorativ auf Platten anrichten.
– Für den Curry-Frischkäse-Dip die Äpfel schälen und um das Kerngehäuse herum fein reiben. Mit Zitronensaft, Öl, Frischkäse, Curry, Salz und Pfeffer verrühren, pikant abschmecken. Bis zum Servieren kühl stellen.
– Die Gemüsebrühe in einem Topf erhitzen, einen Teil davon in den Feuer- oder Fondue-Topf gießen und auf dem Rechaud heiß halten. Geflügel- und Gemüsestückchen portionsweise in der Brühe garen und mit dem Dip essen. Bei Bedarf Brühe nachgießen.

785. Shabu Shabu (Japanisches Fondue)

GUT FÜR GÄSTE
Für 4 Personen
Zubereitungszeit: 1 1/4 Std.
Gefrierzeit: 2 Std.

Für das Fondue: 600 g Rinderlende • 5 Frühlingszwiebeln • 1/2 kleiner Chinakohl • 2 Bambussprossen (etwa 280 g, aus der Dose) • 3 Möhren • 200 g feiner Spinat • 200 g kleine Champignons • 2 Zwiebeln • 8 getrocknete Tongu-Pilze • 50 g Glasnudeln • 200 g Tofu
Für die Zitronen-Soja-Sauce: 1 Knoblauchzehe • 6 EL Zitronensaft • 100 ml japanische Sojasauce
Für die Mandel-Algen-Sauce: 2 EL geschälter Sesam • 50 g geschälte Mandeln • 2 EL japanische Sojasauce • je 1 EL Reiswein und Reisessig • 1 Algenblatt (Nori)
Außerdem: 1 weißer Rettich • 1 Chilischote • 3 Frühlingszwiebeln • 3–4 l Hühnerbrühe

– Das Fleisch in Alufolie wickeln und 2 Std. ins Gefrierfach legen. Kurz vor dem Essen in sehr dünne Scheiben schneiden und auf eine Platte legen. Das Gemüse und die Champignons putzen, waschen und dekorativ zuschneiden. Die Tongu-Pilze 30 Min., die Glasnudeln 15 Min. in heißem Wasser quellen, dann im Sieb gut abtropfen lassen.
– Von den Tongu-Pilzen die Stiele abschneiden und wegwerfen. In die Hüte Zacken schneiden, so dass sie wie Sterne aussehen. Den Tofu in mundgerechte Würfel schneiden. Alles dekorativ auf einer Platte anrichten.
– Für die Zitronen-Soja-Sauce den Knoblauch schälen, durchpressen und mit dem Zitronensaft und der Sojasauce verrühren. Für die Mandel-Algen-Sauce 1 EL Sesam und die Mandeln im Mixer pürieren, Sojasauce, Sake und Essig untermischen. Das Nori-Blatt in 200 ml heißem Wasser weich werden lassen und unter die Sauce mixen. Beide Saucen auf je vier Schälchen verteilen, Mandel-Algen-Sauce mit dem übrigen Sesam garnieren.
– Den Rettich schälen und fein raspeln, die Chilischote putzen, waschen, entkernen und sehr fein hacken, dann unter den Rettich mischen. Frühlingszwiebeln putzen, waschen und in feine Ringe schneiden. Rettich und Frühlingszwiebeln getrennt in Schälchen füllen.
– Hühnerbrühe in einem Topf auf dem Herd erhitzen. Einen Teil davon im Feuer- oder Fondue-Topf auf dem Rechaud am Kochen halten. Jeder Gast gart die Zutaten in der Brühe, dippt sie in eine der Saucen und isst dazu Rettichraspel und Frühlingszwiebelringe. Die Brühe wird zuletzt getrunken.

786. Chinesischer vegetarischer Feuertopf

BRAUCHT ETWAS ZEIT
Für 4 Personen
Zubereitungszeit: 1 Std.
Garzeit: 2 Std.

Für die Brühe: 4 Frühlingszwiebeln • 250 g Möhren • 250 g schwarzer Rettich • 2 Sternanise • 1/2 TL schwarze Pfefferkörner • 5 g frischer Ingwer • 8 EL Pflaumenwein • Salz
Für den Feuertopf: 20 g getrocknete Mu-Err-Pilze • 500 g fester Tofu • 2 dünne Stangen Lauch • 200 g Maiskölbchen • 400 g Champignons • 250 g feiner Blattspinat • 100 g Strohpilze (aus der Dose)
Für die scharfe Erdnusssauce: 1 TL Chiliöl • 3 EL Reiswein • 125 g vegetarische Saté-Sauce (Erdnusssauce) • 1 EL Sesamöl • 5 EL chinesische Sojasauce • 1 1/2 TL Zucker

– Für die Brühe die Gemüse putzen, waschen und klein schneiden. 1/2 l Wasser in einem Topf aufkochen. Gemüse, Anise und Pfeffer hineingeben, bei schwacher

Hitze zugedeckt 2 Std. köcheln lassen. Dann die Brühe durch ein Sieb gießen, auffangen. Den Ingwer schälen und fein reiben, mit Pflaumenwein und Salz unter die Brühe rühren. Mit Salz abschmecken.

– Die getrockneten Mu-Err-Pilze mit warmem Wasser bedecken und 30 Min. quellen lassen. Tofu in mundgerechte Würfel schneiden. Den Lauch putzen, waschen und schräg in 2 cm lange Stücke schneiden. Die Maiskölbchen waschen. Champignons putzen, mit Küchenpapier abreiben und halbieren oder vierteln. Spinat verlesen, waschen, Wurzeln und harte Stiele abschneiden. Eingeweichte Pilze und die Strohpilze abtropfen lassen. Die Zutaten auf einer Platte dekorativ auslegen.

– Für die Erdnusssauce das Chiliöl mit Reiswein, Saté-Sauce, Sesamöl, Sojasauce und Zucker verrühren.

– Die Brühe auf dem Herd aufkochen, einen Teil in den Feuer- oder Fondue-Topf umfüllen und auf dem Rechaud heiß halten. Jeder gibt Zutaten nach Wahl in ein Fondue-Siebchen, gart sie in der Brühe und isst sie mit der Sauce. Bei Bedarf Brühe nachgießen. Die Brühe wird zuletzt aus Schälchen getrunken.

787. Mongolischer Feuertopf

GELINGT LEICHT
Für 4 Personen
Zubereitungszeit: 1 Std.

***Für die süßsaure Tomatensauce:** 1 kleine Dose Tomaten (400 g Inhalt) • 1 EL Zucker • 2 EL Reiswein • 3 EL Reisessig • 5 EL Sojasauce • Salz • frisch gemahlener Pfeffer*
***Für die Ingwersauce:** 40 g frischer Ingwer • 2 Knoblauchzehen • 150 g Salatgurke • 2 EL Sesamöl • 1 TL Sambal oelek • 2 EL Fischsauce*
***Für den Feuertopf:** 100 g Glasnudeln • 100 g chinesische Eiernudeln • 800 g Lammkeule (ohne Knochen) • 1 Chinakohl • 150 g Pak Choi • 200 g Tofu • 3–4 l milde Hühnerbrühe • 1 walnussgroßes Stück Ingwer*

– Für die Tomatensauce die Tomaten mit dem Saft durch ein feines Sieb in einen Topf streichen. Bei mittlerer Hitze unter häufigem Rühren dicklich einkochen lassen. Mit Zucker, Reiswein, Essig, Sojasauce, Salz und Pfeffer abschmecken.

– Für die Ingwersauce den Ingwer und den Knoblauch schälen und sehr fein hacken. Die Gurke schälen und fein raspeln. Das Sesamöl leicht erhitzen, den Ingwer und den Knoblauch darin kurz andünsten. Die Gurkenraspel untermischen und alles kurz köcheln lassen, mit Sambal oelek und mit der Fischsauce würzen.

– Für den Feuertopf die Glasnudeln mit heißem Wasser übergießen und 15 Min. quellen lassen. Die Eiernudeln in sprudelnd kochendem Wasser nach Packungsaufschrift kochen. Abtropfen lassen. Das Lammfleisch in hauchdünne Scheiben schneiden.

– Den Chinakohl und den Pak Choi putzen, waschen und in 2–3 cm breite Streifen schneiden. Den Tofu in Scheiben schneiden. Die Glasnudeln mit einer Küchenschere klein schneiden. Alle Zutaten anrichten, Saucen in Schälchen füllen.

– Die Hühnerbrühe aufkochen. So viel Brühe in den Feuertopf umgießen, dass dieser gut zur Hälfte gefüllt ist. Zum Nachfüllen die übrige Brühe auf dem Herd heiß halten. Ingwer schälen, in den Feuertopf geben. Die Brühe am Tisch auf dem Rechaud am Köcheln halten. Lammfleisch, Gemüse und Tofu darin garen, mit Siebchen herausfischen und mit den Saucen essen. Nudeln in der Brühe erhitzen.

788. Fondue Chinoise

GELINGT LEICHT
Für 6 Personen
Zubereitungszeit: 1 1/2 Std.

***Für die Pflaumensauce:** 2 Knoblauchzehen • 1 Stück frischer Ingwer (etwa 2 cm) • 1 EL Erdnussöl • 8 EL Pflaumensauce (Asia-Laden) • 4 EL Sojasauce • 3 EL trockener Sherry (Fino) • 1 EL Zucker • 1 EL Obstessig • 1/8 l Hühnerbrühe • 2 Frühlingszwiebeln*
***Für die Soja-Sesam-Sauce:** 2 Knoblauchzehen • 2 EL Erdnussöl • 4 EL ungeschälter Sesam • 1/8 l Sojasauce • 2 EL Sesamöl*
***Für die süßsaure Chilisauce:** 4 EL fertige süßsaure Chilisauce • 2 EL Honig • 4 EL Obstessig • 2 EL trockener Sherry (Fino) • 1 rote Chilischote*
***Für das Fondue:** 200 g Rinderfilet • 200 g Schweinefilet oder -schnitzel • 200 g Hähnchenbrustfilet • 200 g rohe geschälte Riesengarnelen • 20 g getrocknete Mu-Err-Pilze • 150 g Glasnudeln • 200 g Langkornreis • Salz • 1 kleiner Chinakohl (400 g) • 4 Stangen Staudensellerie • 250 g zarte Möhren • 1 Bund Frühlingszwiebeln • 200 g Bambussprossen (aus der Dose) • 200 g Sojabohnensprossen • 250 g Brokkoliröschen • 3–4 l Hühnerbrühe • 2 EL Sojasauce*

– Für die Pflaumensauce die Knoblauchzehen und den Ingwer schälen und sehr fein hacken. Öl erhitzen, Knoblauch und Ingwer darin bei schwacher Hitze andünsten. Pflaumensauce, Sojasauce, Sherry, Zucker, Essig und Brühe einrühren, alles aufkochen und bei mittlerer Hitze in 5 Min. dicklich einköcheln lassen. Sauce abkühlen lassen. Frühlingszwiebeln waschen, putzen und in feine Ringe schneiden, unter die Sauce mischen.
– Für die Soja-Sesam-Sauce Knoblauch schälen und sehr fein würfeln, im heißen Öl bei schwacher Hitze andünsten. Den Sesam hinzufügen und unter Rühren goldbraun rösten. Sojasauce und Sesamöl angießen. Die Sauce vom Herd nehmen und abkühlen lassen.
– Für die süßsaure Chilisauce die fertige Chilisauce mit dem Honig, dem Essig und dem Sherry glattrühren. Die Chilischote putzen, waschen, sorgfältig von den Kernen befreien und in sehr kleine Würfel schneiden. Unter die Sauce mischen.
– Für das Fondue das Fleisch mit einem scharfen Messer quer zur Faser in möglichst dünne Scheiben schneiden. Die Garnelen kalt abbrausen und trockentupfen. Fleisch und Garnelen zusammen auf einer Platte anrichten, bis zum Servieren kühl stellen.
– Die Mu-Err-Pilze 30 Min., die Glasnudeln 15 Min. in heißem Wasser quellen lassen. Den Reis in reichlich kochendem Salzwasser in 20 Min. gar kochen, abgießen und gut abtropfen lassen, warm halten.
– Inzwischen das Gemüse waschen und putzen oder schälen. Den Chinakohl in 1 cm breite Streifen, Sellerie und Möhren in feine Scheiben schneiden. Die Frühlingszwiebeln in Ringe, die Bambussprossen in Scheiben schneiden. Die Sojabohnensprossen kurz abbrausen und gut abtropfen lassen. Die Brokkoliröschen in kochendem Salzwasser 3 Min. blanchieren, kalt abschrecken und abtropfen lassen. Eingeweichte Pilze abtropfen lassen. Das Gemüse und die Pilze auf einer großen Platte dekorativ arrangieren.
– Die Glasnudeln abtropfen lassen und mit einer Schere kleiner schneiden. Glasnudeln und Reis getrennt in Schüsseln füllen. Die Saucen in Schälchen verteilen.

1 1/2 l Hühnerbrühe und die Sojasauce in den Fondue-Topf gießen, auf dem Herd aufkochen lassen. Den Topf auf den Rechaud auf den Tisch stellen. Die Zutaten werden mit Essstäbchen oder Fondue-Siebchen in der brodelnden Brühe gegart und auf dem Teller in die Saucen gedippt. Dazu die Glasnudeln und den Reis servieren. Nach und nach die übrige Brühe angießen. Zum Schluss die kräftige Bouillon mit den restlichen Glasnudeln oder Reis genießen.

789. Fondue Neuchâteloise

(Neuenburger Käse-Fondue)

PREISWERT | VEGETARISCH
Für 4–6 Personen
Zubereitungszeit: 40 Min.

je 200 g Greyerzer, Emmentaler und Freiburger Vacherin • 500 g Weiß- oder Bauernbrot • 1 Knoblauchzehe • 300 ml trockener säurebetonter Weißwein (z. B. Riesling oder Fendant) • 3 TL Speisestärke • 6 EL Kirschwasser • frisch gemahlener schwarzer Pfeffer • frisch geriebene Muskatnuss • etwas Zitronensaft

– Käse entrinden und in ganze kleine Würfel schneiden oder reiben. Brot in mundgerechte Würfel schneiden.
– Den Knoblauch schälen und halbieren, den Käse-Fondue-Topf gut damit ausreiben. Wein in den Topf gießen und auf dem Herd langsam erwärmen. Nach und nach Käse dazugeben, dabei ständig mit einem Löffel in Form von Achten rühren. Den Käse bei schwacher Hitze schmelzen lassen, dann erst zum Köcheln bringen.
– Die Speisestärke mit dem Kirschwasser glatt rühren, zum Käse gießen und alles aufkochen lassen. Mit Pfeffer und Muskat würzen. Noch so lange rühren, bis sich alles zu einer homogenen Masse verbunden hat, dabei nach Geschmack etwas Zitronensaft untermengen.
– Käse-Fondue auf dem Rechaud bei kleiner Flamme heiß halten, das Brot dazu bereit stellen. Bei Tisch mit dem Brot auf Fondue-Gabeln immer gut durch die Käsemasse rühren, um die cremige Konsistenz zu erhalten.

TIPPS

– Wichtig beim Käse-Fondue ist die Qualität des Käses, denn gerade bei erwärmtem Käse schmeckt man schnell, ob der Käse optimal hergestellt und gelagert wurde. Kaufen Sie ihn also unbedingt in einem guten Käsegeschäft.
– Wenn Sie keinen Vacherin bekommen, können Sie von den anderen Sorten jeweils 300 g nehmen.
– Damit Sie wenig Arbeit haben, wenn die Gäste da sind, 1–2 Std. vorher alle Zutaten abmessen und bereit stellen.
– Zum Fondue können Sie Mixed Pickles anbieten, als Getränk schmeckt am besten schwarzer Tee oder der Weißwein, den Sie auch zum Schmelzen des Käses verwendet haben.

790. Genfer Fondue

GELINGT LEICHT
Für 6 Personen
Zubereitungszeit: 1 Std.

Für den Löwenzahnsalat: 250 g fest kochende Kartoffeln • 100 g gekochter Schinken • 1 Zwiebel • 1 Knoblauchzehe • Salz • frisch gemahlener Pfeffer • 1 TL mittelscharfer Senf • 3 EL Weißweinessig • 5 EL Öl • 1–2 Bund Löwenzahn (gebleicht, etwa 200 g)
Für das Fondue: 500 g Brot (Weiß- und Bauernbrot gemischt) • 200 g Butter • 350 g Emmentaler • 8 Eigelbe • frisch gemahlener weißer Pfeffer • frisch geriebene Muskatnuss • Salz • 125 g Sahne • 2 EL trockener Weißwein oder Zitronensaft

– Für den Löwenzahnsalat die Kartoffeln waschen und ungeschält in wenig Wasser in 15–20 Min. gerade eben weich garen. Abgießen und etwas abkühlen lassen, dann schälen und in Scheiben schneiden. Den Schinken in kleine Würfel schneiden.
– Die Zwiebel und den Knoblauch schälen. Die Zwiebel in kleine Würfel schneiden, den Knoblauch durch die Presse drücken. Beides in einer großen Schüssel mit Salz, Pfeffer, Senf und Essig verrühren, dann das Öl kräftig unterschlagen.
– Den Löwenzahn waschen und gut trockenschütteln, grobe Stiele entfernen, die Blätter in breite Streifen schneiden. Zusammen mit den Kartoffeln und dem Schinken vorsichtig im Dressing wenden.
– Für das Fondue das Brot mundgerecht würfeln. Etwa 50 g Butter in einer breiten Pfanne aufschäumen lassen, die Brotwürfel darin rundherum goldbraun rösten. Aus der Pfanne nehmen und beiseite stellen.
– Emmentaler entrinden und fein reiben. Zusammen mit den Eigelben im Käse-Fondue-Topf verrühren, mit Pfeffer, Muskat und etwas Salz würzen. Den Topf bei schwächster Hitze auf den Herd stellen und die Masse ständig rühren. Nach und nach die restliche Butter in kleinen Stückchen dazugeben, dabei weiterhin ständig kräftig rühren. Die Mischung nicht kochen lassen.
– Wenn eine dickliche Masse entstanden ist, die Sahne und den Wein oder den Zitronensaft dazugießen und alles noch kurz verrühren.
– Auf dem Rechaud auf den Tisch stellen und heiß halten, aber keinesfalls kochen lassen. Brot auf Fondue-Gabeln stecken und durch die Käsemasse ziehen. Mit dem Löwenzahnsalat essen.

TIPP
Wenn das Fondue auf dem Rechaud doch einmal ins Köcheln kommt und das Eigelb gerinnt, sofort etwas Zitronensaft unterrühren.

791. Edelpilzkäse-Fondue

GEHT SCHNELL | GUT FÜR GÄSTE
Für 4–6 Personen
Zubereitungszeit: 30 Min.

300 g Vollkorn-Toastbrot • 2 EL Butter • 2 kleine feste Birnen (z. B. Williams Christ) • 1 säuerlicher Apfel (z. B. Boskoop) • 3 EL Zitronensaft • 2–3 Stauden Chicorée (etwa 300 g) • 100 g Bündner Fleisch oder magerer roher Schinken (in dünnen Scheiben) • 1 Knoblauchzehe • 300 g Roquefort (ersatzweise ein anderer Edelpilzkäse) • 300 g Greyerzer • 300 g Vacherin (ersatzweise deutscher Butterkäse) • 4 TL Speisestärke • 350 ml trockener Cidre (ersatzweise Apfelwein) • 2 EL Birnenschnaps • frisch gemahlener Pfeffer • Cayennepfeffer

– Das Toastbrot in große Würfel schneiden. In einer Pfanne die Butter zerlassen, die Brotwürfel darin unter Rühren bei mittlerer Hitze goldbraun braten. Abkühlen lassen und in einer Schüssel anrichten.
– Die Birnen und den Apfel vierteln, schälen und vom Kerngehäuse befreien. Die Viertel in schmale Spalten schneiden und sofort mit 2 EL Zitronensaft beträufeln. Den Chicorée waschen, putzen und längs halbieren, den Strunk keilförmig herausschneiden. Die Blätter in mundgerechte Stücke schneiden. Apfel- und Birnenspalten, den Chicorée und das Bündner Fleisch oder den Schinken auf Tellern anrichten.
– Die Knoblauchzehe schälen und halbieren, den Käse-Fondue-Topf damit ausreiben. Den Roquefort in Würfel schneiden, den Greyerzer und den Vacherin raffeln. Die drei Käsesorten mit der Speisestärke vermischen und zusammen mit dem Cidre und dem übrigen Zitronensaft in den Topf geben unter kräftigem Rühren auf dem Herd aufkochen lassen, bis der Käse geschmolzen ist. Mit dem Birnenschnaps aromatisieren, mit Pfeffer und 1 Prise Cayennepfeffer würzen.
– Das Fondue auf dem Rechaud zu Tisch bringen. Die Toastwürfel, die Apfel- und Birnenspalten und den

Chicorée auf die Fondue-Gabeln stecken und durch die Käsemischung ziehen. Dabei stets in Form einer Acht rühren, damit das Fondue nicht ansetzt. Das Bündner Fleisch oder den Schinken dazu essen.

792. Deftiges Käse-Speck-Fondue

GELINGT LEICHT
Für 4–6 Personen
Zubereitungszeit: 1 1/4 Std.

250 g Raclette-Käse • 250 g Chevrol-Ziegenkäse • 50 g Appenzeller • 100 g durchwachsener Räucherspeck • 1 EL Speisestärke • 1/8 l trockener Weißwein • 500 g Brot (z. B. Baguette, Zwiebelbrot und/oder Gewürzbrot) • 1 EL Öl • 1 Knoblauchzehe • 1 TL getrockneter Majoran • 1/2 TL rosenscharfes Paprikapulver • 4 EL Kirschwasser

– Den Käse gegebenenfalls von der Rinde befreien und in kleine Würfel schneiden. Den Speck klein würfeln. Die Speisestärke mit dem Weißwein verrühren. Das Brot in mundgerechte Würfel schneiden.
– Im Käse-Fondue-Topf auf dem Herd das Öl erhitzen und die Speckwürfel darin bei mittlerer Hitze ausbraten. Dann nach und nach und unter ständigem Rühren die Käsewürfel hinzufügen. Der Käse klumpt zunächst, schmilzt dann aber. Wenn der gesamte Käse geschmolzen ist, die Weinmischung unterrühren. Den Knoblauch schälen und dazupressen. Immer in Form von Achten rühren, so kann der Käse keine Fäden ziehen.
– Die Käsemasse mit Majoran und Paprika würzen. Das Fondue am Tisch auf dem Rechaud heiß halten und erst kurz vor dem Essen das Kirschwasser unterrühren. Jeder spießt sich Brotwürfel auf seine Fondue-Gabel und zieht sie kräftig durch die heiße Käsemasse.

793. Fonduta mit Trüffel
(Italienisches Käse-Fondue mit Trüffel)

BRAUCHT ETWAS ZEIT | GUT FÜR GÄSTE
Für 4 Personen
Zubereitungszeit: 1 1/2 Std.
Quellzeit: 6 Std.

300 g Fontina-Käse (ersatzweise Provolone oder ein anderer italienischer Schnittkäse mit mindestens 40 % Fett i. Tr.) • 1/4 l Milch • 1 italienisches Weißbrot (ersatzweise Baguette) • 5 EL Butter • 3 ganz frische Eigelbe • 2 EL Sahne • frisch gemahlener weißer Pfeffer • 1 frische weiße Piemont-Trüffel (ersatzweise kleine feste Steinpilze)

– Den Käse von der Rinde befreien und in sehr kleine Würfel schneiden. In eine tiefe Schüssel geben, mit der Milch begießen und abgedeckt etwa 6 Std. durchweichen lassen. Die Masse wird dadurch später lockerer und schmeckt besser.
– Kurz bevor die Käsewürfel in den Käse-Fondue-Topf kommen, das Weißbrot in mundgerechte Stücke schneiden. In einer großen Pfanne 2 EL Butter zerlassen und die Brotwürfel darin rundherum goldgelb und knusprig anrösten. Bis zum Servieren im Backofen bei 50° (Umluft 30°) warm halten.
– Für den Käse ein heißes Wasserbad vorbereiten (ideal ist eine Simmerkasserolle). Die Schüssel mit der Käsemilch hineinsetzen und diese bei schwacher Hitze unter ständigem Rühren mit dem Schneebesen erwärmen, bis der Käse geschmolzen ist.
– Eigelbe und Sahne verquirlen und langsam in einem dünnen Strahl unter den Käse rühren. Achtung! Die Masse darf nicht kochen, sonst gerinnen die Eigelbe.
– Anschließend die restliche Butter in kleinen Flöckchen unter die Käsemasse rühren. Mit einem Holzlöffel so lange rühren, bis der Käse keine Fäden mehr zieht. Das Fondue in den Käse-Fondue-Topf geben, mit Pfeffer würzen und am Tisch (ideal auf einer Warmhalteplatte oder einem Rechaud) warm halten. Die Trüffel sorgfältig mit einem Tuch abreiben, eventuell Erdreste mit einer weichen Bürste abreiben.
– Jeder am Tisch bekommt eine Suppentasse oder ein kleines Schüsselchen und schöpft sich von dem Fondue etwas hinein. Die Trüffel wird hauchdünn (am besten mit einem Trüffelhobel) scheibchenweise über das Fondue gehobelt. Die Brotstückchen auf die Fondue-Gabel spießen und in das Fondue tunken.

TIPP

Da Piemont- oder Périgord-Trüffel sehr kostbar und teuer sind, können Sie für dieses Gericht auch ersatzweise die preiswerteren Kalahari-Trüffel verwenden. Die Saison für Kalahari-Trüffel ist in Namibia von Mai bis Juni (dort ist dann Herbst), sie kommen schockgefrostet in den Handel.

Saucen & Dips

Eine gute Sauce bringt auf dem Teller das Essen zusammen. Ein Konzentrat wie Bratensaft verbindet dabei eher Gegensätze wie mürbes Fleisch und lockere Knödel. Eine angereicherte Sauce rundet ein Gericht oft ab – so wie die sahnige Weißweinsauce zum Fisch, aus dessen Sud sie gekocht wurde. Und manche Saucen setzen Kontraste, um das Essen rund zu machen – wie rohes Pesto zur gekochten Nudel oder samtige Dips zu kross Gebratenem.

„Gibt es ein ursprünglicheres Gericht als die Suppe?", überlegten wir zu Anfang diese Buches. Hier heißt nun die Frage: „Gibt es raffiniertere Rezepte als die für Saucen?" Wobei das wörtlich gemeint ist. Denn so wie eine Raffinerie aus schlammigem Erdöl schimmerndes Benzin gewinnt und so wie aus runzligen Rüben durch Raffinade feiner Zucker entsteht, so lässt sich aus Knochen, Zwiebeln, Suppengrün und Wasser der vielleicht delikateste Kraftstoff für die gute Küche raffinieren – die Sauce. Große Köche wie stolze Hausfrauen haben über Generationen ihre Finesse in Saucen investiert, ganz nach dem Motto: Mit der Brühe fängt vieles Kochen zwar an, aber mit der Sauce wird es vollendet. Deswegen lassen sich an ihr ganz konzentriert die Qualitäten einer Küche erkennen – ob diese nun für einen Haushalt, für ein Lokal oder für ein ganzes Land steht.

Die Welt der Sauce

Das Mutterland der Sauce ist natürlich Frankreich, wo fast alle Grundsaucen der klassischen Küche geboren oder zumindest getauft wurden, von der Jus (sprich „Schüh") bis zur Mayonnaise. Das Saucenmachen ist hier eine Kunst für sich, bei dem der Saucier wie die Madame neben dem eigentlichen Kochen ein Konzentrat schaffen, das dem Essen erst die Exklusivität bringt – wie die Glace zum Kalbskotelett und wie die Hollandaise zum Spargel. In Italien macht man ums Drumherum nicht so viel Aufhebens und erhebt lieber die Sauce gleich zur Hauptsache, damit sich der ganze Aufwand auch lohnt. Und so sind heute Tomatensugo, Sauce Bolognese oder Pesto jene Stoffe, die aus simpler Pasta weltweite Lieblingsgerichte gemacht haben. In Asien ist die Sauce ein Ding für sich, um das sich Köchinnen und Köche nur am Rande kümmern. Sie haben genug damit zu tun, die frischesten Produkte einzukaufen und verlassen sich bei der Sauce lieber auf Halbfertiges wie Sojasauce, Mango-Chutney oder Currypaste. Da die Auswahl bei diesen Produkt mindestens so groß ist wie die Neugier der Asia-Köche, bringen sie trotzdem eher Abwechslung statt Einerlei in die heimatliche Küche.

Halbfertig oder fix und fertig?

So weit wie die Asiaten sind wir bei uns noch nicht bzw. nicht mehr. Wer bei uns im Laden vor dem Regal mit Fertigprodukten steht, lernt zwei Dinge: Erstens spielt die Sauce – auf gut deutsch „Soße" oder „Tunke" – eine große Rolle in unserer Küche, denn sonst wäre das Sortiment hier nicht so breit. Zweitens mögen wir es wohl lieber fix und fertig zum Anrühren statt halbfertig zum Experimentieren, denn sonst stünden da schließlich nicht so viele Produkte, die genau für ein Gericht entwickelt wurden. Es gibt zumindest einen guten Grund für diese „Soßenfaulheit": Viele Saucen entstehen im deutschprachigen Raum traditionell aus einem Gericht heraus, wie etwa beim Sauerbraten, beim Fisch mit Senfsauce oder auch beim Rahmwirsing. Meistens ein aufwändiges Unterfangen, wofür uns oftmals Zeit, Lust und Laune fehlen. Schnelle Allzwecksaucen für den Alltag sind dagegen selten – außer eben im Regal mit den Fertigprodukten. Das soll dieses Kapitel ändern.

Dunkle Saucen

Sie sind der Grundstock der klassischen Saucenküche, die sich vor allem ums Fleisch dreht. Sie werden gebraten und geschmort wie die Steaks und Braten, zu denen man sie serviert. Das kann auf die aufwändige Art geschehen, bei der Knochen mit Gemüse angeröstet werden, um mit Wasser oder Fond, Gewürzen und Kräutern ausgekocht zu werden. Durch Einreduzieren lässt sich die Wirkung verstärken, Butter, Sahne oder Mehl können zusätzlich binden. Eine ordentliche Braten- oder Ragoutsauce braucht aber weder Reduktion noch Bindung. Saucenköche sollten von Anfang an wissen, was sie wollen. Denn auf dem Weg zur konzentrierten Sauce muss sparsam mit Aromatischen und Bindendem umgegangen werden, dagegen läuft es bei der verlängerten Sauce andersrum. Sie sollte am Ende aber nicht so lang sein, dass zu sehr in die Mehltüte oder gar zur Tütensauce gegriffen werden muss. Über Blitzsaucen aus dem Bratensatz informiert Sie der Spezial-TIPP auf der nächsten Seite.

Was ist …

… eine Jus? Sprich „Schüh", frz. für „Saft". Steht für Bratensaft oder für kräftige Brühe aus zum Teil gerösteten Knochen und Kochresten. Letztere wird zum Auffüllen für Sauce und Braten verwendet.

… eine Demi-Glace? Braune Grundsauce vor allem auf Kalbsbasis aus gerösteten Knochen und Fond, Jus oder Brühe. Kann durch mitgeröstetes Mehl gebunden und durch Einkochen intensiviert werden. Für Glace (frz. für „Glasur", „Guss") wird eine leicht oder gar nicht angeröstete Demi-Glace (frz. „demi" für „halb") fast sirupartig eingekocht.

… eine Sauce Velouté? Frz. für „Samtsauce". Helle Grundsauce, die aus einem hellen mit Mehlschwitze gebundenen Fond gekocht und oft mit Sahne, Butter, Eigelb oder Wein verfeinert wird.

… eine Sauce Béchamel? Wird wie die Veloute zubereitet und vollendet, aber mit Milch statt Fond angesetzt, wobei auch etwas Fleisch, Fisch oder Gemüse mitkochen kann. Wegen ihrer Substanz gut zum Überbacken oder Binden von Aufläufen.

… ein Sugo? Ital. für „Saft", steht aber vor allem für (frisch) gekochte Tomatensauce.

… Fertigsauce? In Gläsern oder Flaschen kann sie ein Ersatz, als Halbfertigprodukt eine Basis und aus guten Händen sogar eine Delikatesse sein. Als Sauce zum Anrühren aus Tüte und Päckchen hat sie in diesem Buch keinen Platz.

Helle Saucen

Mehr oder weniger klare Fonds, Brühen oder Sude sowie meist Sahne geben den hellen Saucen Name und Substanz. Für ihre Bindung sorgen Eigelbe, Crème fraîche und oft eine Mehlschwitze. Das prägende Aroma kommt bei ihnen eher zum Schluss dazu – wie Käse, Senf, Kapern, Meerrettich oder frische Kräuter. Helle Saucen werden zu gekochtem, pochiertem oder gedünstetem hellem Fleisch, Fisch oder Gemüse serviert, und dabei oft aus deren Garsud gekocht. Auch hier gilt: Je stärker die Basis, desto besser das Ergebnis. Weswegen zu viel Sahne selten eine Grundlage für gute helle Saucen ist. Manchmal werden helle Saucen auch zum Backen (z.B. Lasagne) und Überbacken (z.B. Gemüsegratin) genutzt.

Kalte Saucen

Die auf der Basis von Eiern zubereitete Mayonnaise und ihre Verwandten sind hier die typischsten ihrer Art. Sie können sowohl als Dip zu kaltem Gemüse oder Fondue wie als echte Sauce zu gekochtem Gemüse (Aioli) oder gebratenem Fisch (Remoulade) auf den Tisch kommen. Aber auch Milchprodukte wie Quark sowie Gemüse und Obst sind oft die Grundlage für kalte Saucen und Dips. Und echte Saucenfans genießen sie ganz pur auf dem Brot oder als Hauptsache, wie etwa die Grüne Sauce.

Dunkle Sauce kochen

Die Zutaten

Klassische dunkle Sauce wird aus Kalbsknochen gekocht, die der Metzger in gut walnussgroße Stücke hackt. Dazu kommen Fleischreste und Abschnitte von Speck oder Schinken. Dunkle Sauce kann aber auch aus Schweine-, Geflügel- oder Wildknochen gekocht werden. Dazu kommt immer gewürfeltes Röstgemüse (frz. mirepoix), welches zur Hälfte aus Zwiebeln bestehen sollte, der Rest sind Möhren, Lauch und Sellerie – alles zu gleichen Teilen

Das Ansetzen und Vollenden

In einem heißen großen schweren Topf mit Öl werden die Knochen bei mittlerer Hitze rundum angebraten. Jetzt kommt das Gemüse dazu, das ebenso nicht zu stark geröstet wird, um die Sauce mild zu halten. Fett abgießen, Tomatenmark anbraten und mit einem Finger breit Wasser oder Fond ablöschen, was unter Rühren bei starker Hitze eingekocht wird. Dies zwei- bis dreimal wiederholen, bis alles von einer glänzend braunen Sauce überzogen ist. Nun für eine Grundsauce Wasser, für eine spezielle Sauce Fond oder Brühe angießen, so dass alles gut eine Hand breit bedeckt ist. Jetzt langsam mehrere Stunden auskochen lassen. Dann wird die Sauce durch ein Sieb geschöpft und eingekocht oder aufgestockt (mit Sahne, Wein), aromatisiert (siehe TIPP unten) und eventuell gebunden.

Helle Sauce kochen

Das Ansetzen

Für die Mehlschwitze wird Butter im Topf zerlassen, in der auch fein gewürfelte Zwiebeln oder Schalotten, helle Gemüse wie Lauch, Sellerie oder Fenchel langsam gedünstet werden können. Dann wird ebenso viel Mehl wie Butter eingestreut und neben dem Herd „hellblond geschwitzt". Dazu kommt nun unter kräftigem Rühren mit dem Schneebesen der warme, aber nicht heiße Fond (von Kalb, Geflügel, Fisch oder Gemüse) bzw. Fleischbrühe oder Milch. Die Mischung wird nun unter weiterem Rühren schnell aufgekocht.

Das Vollenden

Die Sauce sollte mindestens 10 Minuten kochen, so dass der Mehlgeschmack verloren geht, noch besser fürs Aroma sind 30 Minuten. Einige Spritzer Zitrone oder Worcester und etwas Muskat sind gegen Ende die klassische Würze. Schließlich wird die helle Sauce durch ein feines Sieb passiert und zur Vollendung meist noch mit Sahne, Butter, Eigelb oder Wein verkocht und zum Schluss aromatisiert. Vorschläge dazu stehen links und im Rezeptteil.

GU Spezial-TIPP

Blitzsauce aus der Pfanne: *So schaffen Sie sich wie die Profis einen Vorrat fürs Saucenkochen für Ihr Steak. Nehmen Sie Reste von Braten- oder Ragoutsauce oder kochen Sie sich einen Topf dunkle Grundsauce. Frieren Sie sie in Eiswürfelschalen ein. Die Würfel kommen dann in eine Box und werden bei Bedarf in der Pfanne mit dem Bratsatz des Steaks aufgekocht. Was dabei noch Aroma gibt: Speck, Schinken, Salami, geschmorte Zwiebeln, gebratene Pilze, eingelegte Gemüse, Sardellen, Kapern, Kräuter, zerstoßene Gewürze, Zitrussaft und -schale, Weine und Essige, Senf, Currypaste, Sojasauce.*

794. Heller Kalbsfond

BRAUCHT ETWAS ZEIT
Ergibt etwa 1 l
Zubereitungszeit: 15 Min.
Garzeit: 1 3/4 Std.
Kühlzeit: 30 Min.

500 g Kalbsrückenknochen (vom Metzger zerhacken lassen) • 1 Kalbsfuß (vom Metzger spalten lassen) • 1 kleine Stange Lauch • 2 Zwiebeln • 2 Möhren • 150 g Knollensellerie • 1 Bund Petersilie • 1 Zweig frischer oder 1 TL getrockneter Thymian • 1 Lorbeerblatt • 2 TL weiße Pfefferkörner • 1 TL Salz • 1/2 l trockener Weißwein

– Kalbsknochen und Kalbsfuß unter fließendem kaltem Wasser waschen und in einen großen Topf geben.
– Vom Lauch den Wurzelansatz und welke grüne Blätter abschneiden. Die Stange längs aufschlitzen, gründlich waschen und in Ringe schneiden. Die Zwiebeln, die Möhren und den Sellerie schälen und grob würfeln. Die Petersilie und den frischen Thymian waschen.
– Zerkleinertes Gemüse und Petersilie zu den Knochen in den Topf geben. Thymian, das Lorbeerblatt, die Pfefferkörner und das Salz hinzufügen. Den Weißwein dazugießen und mit so viel Wasser auffüllen, dass alles davon bedeckt ist. Zum Kochen bringen und ohne Deckel bei mittlerer Hitze etwa 1 1/4 Std. garen.
– Dann nochmals Wasser aufgießen, bis alles bedeckt ist und im offenen Topf erneut etwa 30 Min. garen. Die Brühe durch ein feines Sieb gießen und etwa 30 Min. abkühlen lassen, damit sich das Fett oben absetzt. Die Reste im Sieb wegwerfen.
– Das Fett an der Oberfläche abschöpfen, restliches Fett mit Küchenpapier aufsaugen. Den Fond in Gläser mit Schraubverschluss füllen und im Kühlschrank aufbewahren. Er ist etwa 1 Woche haltbar.

795. Dunkler Kalbsfond

BRAUCHT ETWAS ZEIT
Ergibt etwa 1 l
Zubereitungszeit: 15 Min.
Garzeit: 1 3/4 Std.
Kühlzeit: 30 Min.

3 EL Öl • 500 g Kalbsrückenknochen (vom Metzger zerhacken lassen) • 1 Kalbsfuß (vom Metzger spalten lassen) • 1 kleine Stange Lauch • 2 Zwiebeln • 2 Möhren • 150 g Knollensellerie • 1 Bund Petersilie • 1 Zweig frischer oder 1 TL getrockneter Thymian • 1 Lorbeerblatt • 2 TL schwarze Pfefferkömer • 1 TL Salz • 2 EL Tomatenmark • 1/2 l trockener Rotwein

– Öl in einem breiten Bräter erhitzen. Kalbsknochen und -fuß waschen, trockentupfen und im Öl bei starker Hitze etwa 15 Min. von allen Seiten kräftig anbraten.
– Inzwischen vom Lauch den Wurzelansatz und welke grüne Blätter abschneiden. Stange längs aufschlitzen, gründlich waschen und grob zerschneiden. Zwiebeln, Möhren und Sellerie schälen und grob würfeln. Die Petersilie und den frischen Thymian waschen.
– Zerkleinertes Gemüse, Petersilie, Thymian, Lorbeerblatt, Pfefferkörner und Salz mit in den Topf geben und alles etwa 5 Min. braten. Tomatenmark unterrühren. Wein zugießen und mit so viel Wasser aufgießen, dass alles davon bedeckt ist. Die Brühe zum Kochen bringen, ohne Deckel bei mittlerer Hitze etwa 1 1/4 Std. garen.
– Dann erneut Wasser aufgießen, bis alles bedeckt ist. Offen erneut etwa 30 Min. garen. Brühe durch ein feines Sieb gießen und etwa 30 Min. abkühlen lassen, damit sich das Fett oben absetzt. Die Reste im Sieb wegwerfen.
– Das Fett an der Oberfläche abschöpfen, restliches Fett mit Küchenpapier aufsaugen. Den Fond in Gläser mit Schraubverschluss füllen und im Kühlschrank aufbewahren. Er ist etwa 1 Woche haltbar.

TIPPS

– Heller Kalbsfond ist die ideale Grundbrühe für alle hellen Saucen und Suppen. Er eignet sich auch vorzüglich zum Aufgießen von hellen Braten. Dunkler Kalbsfond wird als Grundbrühe für alle dunklen Saucen verwendet. Außerdem können Sie ihn zum Aufgießen von dunklen Braten und kurz gebratenem Fleisch nehmen.
– Sie können den Kalbsfond auch portionsweise einfrieren, er hält sich dann etwa 6 Monate. Dafür eignen sich kleine Einfrierdosen oder Eiswürfelbehälter.
– Wer keine Zeit hat, einen Fond zuzubereiten, kann alle gängigen Fonds in guter Qualität in Dosen oder Gläsern kaufen.

796. Helle Sauce

GUT VORZUBEREITEN
Für 4 Personen
Zubereitungszeit: 20 Min.

2 EL Butter • 4 EL Mehl • 3/8 l Fleisch-, Fisch-, Geflügel-, Knochen- oder Gemüsebrühe oder -fond • Salz • frisch gemahlener Pfeffer

– Die Butter in einem Topf bei geringer Hitze zerlassen, das Mehl darüber stäuben und mit einem Kochlöffel umrühren, bis es sich völlig mit der Butter verbunden hat. Butter-Mehl-Gemisch unter Rühren erhitzen, das Mehl darf dabei hellgelb werden, aber nicht bräunen.
– Nach und nach in kleinen Mengen langsam unter ständigem Rühren mit dem Schneebesen die Brühe oder den Fond zugießen, unter ständigem Rühren zum Kochen bringen und bei sehr geringer Hitze 10 Min. kochen lassen.
– Die Sauce zuletzt mit dem Salz und dem Pfeffer abschmecken. Diese helle Grundsauce wird meistens mit weiteren geschmacksgebenden Zutaten für ein bestimmtes Gericht abgerundet.

797. Dunkle Sauce

GUT VORZUBEREITEN
Für 4 Personen
Zubereitungszeit: 30 Min.

2 EL Butter oder Butterschmalz • 4 EL Mehl • 1/2 l Fleischbrühe oder -fond • 1 kleine Zwiebel • 1 Lorbeerblatt • 1 Gewürznelke • etwas Essig • Salz • frisch gemahlener Pfeffer • 1 Msp. rosenscharfes Paprikapulver

– Die Butter oder das Butterschmalz in einem Topf erhitzen, Mehl zufügen und langsam unter ständigem Rühren hellbraun braten. Den Topf vom Herd ziehen.
– Fleischbrühe oder -fond nach und nach unter Rühren zugießen, die Sauce wieder auf den Herd geben und einmal aufwallen lassen.
– Die Zwiebel schälen, mit Lorbeerblatt und Nelke bestecken und in die Sauce legen. Die Sauce bei geringer Hitze etwa 15 Min. kochen lassen, dabei ab und zu umrühren. Sauce mit Essig, Salz, Pfeffer und Paprikapulver abschmecken und durch ein Sieb passieren.

798. Weißweinsauce

GUT FÜR GÄSTE
Für 4 Personen
Zubereitungszeit: 25 Min.

2 Schalotten • 1 EL Butter • 3/8 l trockener Weißwein (z. B. Riesling) • 125 g eiskalte Butter • Salz • frisch gemahlener weißer Pfeffer • 1 Msp. Cayennepfeffer • etwas Zitronensaft

– Die Schalotten schälen und fein hacken oder in kleine Würfel schneiden. Butter in einer Kasserolle erhitzen und die Schalotten darin weich dünsten.
– Mit dem trockenen Weißwein ablöschen und die Flüssigkeit offen um etwa ein Drittel bei mittlerer Hitze einkochen lassen.
– Die eiskalte Butter in kleine Flöckchen schneiden und mit dem Schneebesen kräftig unterschlagen. Die Sauce nicht mehr aufkochen lassen! Die Weißweinsauce mit Salz, Pfeffer, dem Cayennepfeffer und Zitronensaft dezent abschmecken.

799. Sahnesauce

GEHT SCHNELL
Für 4 Personen
Zubereitungszeit: 25 Min.

1 kleine Zwiebel • 1 EL Butter • 1/8 l trockener Weißwein • 1/4 l heller Kalbsfond oder Gemüsebrühe (Instant oder selbst gemacht) • 250 g Crème double oder Sahne • Salz • frisch gemahlener weißer Pfeffer • Saft von 1/2 Zitrone

– Die Zwiebel schälen und sehr fein hacken oder in kleine Würfel schneiden. Die Butter in einem Topf erhitzen. Die Zwiebelstückchen darin kurz anbraten, sie dürfen jedoch nicht braun werden.
– Die Zwiebelstückchen mit dem Weißwein ablöschen, den Fond oder die Brühe dazugießen und alles offen bei mittlerer Hitze in etwa 10 Min. um etwa zwei Drittel einkochen lassen.
– Die Crème double oder die Sahne unterrühren. Die Sauce im offenen Topf bei mittlerer Hitze garen, bis sie eine cremige Konsistenz bekommen hat.
– Die Sahnesauce mit Salz, Pfeffer und dem Zitronensaft abschmecken.

800. Senfsahne

GEHT SCHNELL | GELINGT LEICHT
Für 4 Personen
Zubereitungszeit: 10 Min.

250 g Sahne • 5 EL mittelscharfer Senf • 1 TL Speisestärke • frisch gemahlener weißer Pfeffer • 1/2 TL Zucker • Salz

– Sahne mit Senf und Stärke in einem Töpfchen verquirlen. Unter ständigem Rühren zum Kochen bringen, dann bei schwacher Hitze 5 Min. köcheln lassen.
– Die Senfsahne mit dem Pfeffer, dem Zucker und etwas Salz abschmecken.

801. Béchamelsauce

SCHMECKT KINDERN
Für 4 Personen
Zubereitungszeit: 15 Min.

100 g Butter • 50 g Mehl • 1/2 l Milch • Salz • frisch gemahlener weißer Pfeffer • 1 Prise frisch geriebene Muskatnuss

– Die Butter in einem Topf schmelzen lassen. Das Mehl und die Milch hinzufügen. Unter ständigem Rühren bei mittlerer Hitze mit dem Schneebesen zum Kochen bringen. Einmal aufkochen lassen. Dann mit Salz, Pfeffer und Muskat würzen.
– Sauce etwa 5 Min. bei ganz schwacher Hitze garen, bis sie eine dickliche Konsistenz bekommt. Die Béchamelsauce nochmals mit den Gewürzen abschmecken.

802. Sauce Hollandaise

GUT FÜR GÄSTE
Für 4 Personen
Zubereitungszeit: 20 Min.

200 g Butter • 3 Eigelbe • Salz • frisch gemahlener weißer Pfeffer • Zitronensaft

– Die Butter in einem Topf schmelzen, aber nicht braun werden lassen. Den Schaum mit einem Löffel abheben. Den Topf vom Herd nehmen.
– Die Eigelbe mit 1 EL Wasser in einer Metallschüssel oder einem Topf verrühren und in ein leise siedendes Wasserbad stellen.
– Die flüssige Butter erst tropfenweise, dann in ganz dünnem Strahl zufließen lassen. Dabei ständig mit dem Schneebesen oder dem elektrischen Handrührer schlagen, bis die Sauce dicklich wird.
– Die Sauce Hollandaise mit Salz, Pfeffer und Zitronensaft abschmecken

803. Sauce Béarnaise

GUT FÜR GÄSTE
Für 4 Personen
Zubereitungszeit: 40 Min.

4 EL trockener Weißwein • 4 EL Estragonessig • 2 Schalotten • 2 Stängel Estragon • 2 Stängel Kerbel • 3 Eigelbe • 200 g eiskalte Butter • Salz • Cayennepfeffer • frisch gemahlener weißer Pfeffer

– Den Weißwein und den Essig in einen Topf geben und aufkochen. Die Schalotten schälen und fein hacken. Die Kräuter waschen, trockenschütteln. Die Blättchen von den Stängeln zupfen und fein hacken. Die Stängel mit den Schalotten in den Topf geben und die Flüssigkeit bei mittlerer Hitze etwas einkochen lassen.
– Durch ein Sieb in eine Metallschüssel gießen und die Eigelbe mit dem Schneebesen unterschlagen. Die Schüssel in ein heißes Wasserbad stellen und langsam erwärmen. Nach und nach die Butter flöckchenweise einrühren, bis die Sauce dickcremig wird, aber nicht kochen lassen, sonst gerinnt sie.
– Die Kräuterblättchen einrühren und die Sauce mit Salz, Cayennepfeffer und weißem Pfeffer pikant abschmecken.

804. Kapernsauce

GELINGT LEICHT
Für 4 Personen
Zubereitungszeit: 25 Min.

2 EL Butter • 3 EL Mehl • 3/8 l Fleischbrühe oder -fond • 125 g saure Sahne • 1 Eigelb • Salz • 1 Msp. Zucker • 1/2 TL Zitronensaft • frisch gemahlener weißer Pfeffer • 2–3 EL Kapern

– Die Butter zerlassen, das Mehl zugeben und unterrühren. Fleischbrühe oder -fond nach und nach zugießen und umrühren, bis alles kocht. Die Sauce bei milder Hitze etwa 10 Min. kochen lassen.
– Die saure Sahne mit dem Eigelb verquirlen. Den Topf vom Herd ziehen. Die Sauce mit dem Eigelbgemisch binden und mit Salz, Zucker, Zitronensaft und Pfeffer kräftig abschmecken. Die Kapern klein schneiden und mit der Sauce vermengen.

805. Specksauce

GELINGT LEICHT
Für 4 Personen
Zubereitungszeit: 30 Min.

150 g durchwachsener Speck (in Scheiben) • 1 TL Butter • 250 g Zwiebeln • 2 TL Kümmelsamen • frisch gemahlener schwarzer Pfeffer • 3/8 l Fleischbrühe oder -fond

– Den Speck klein würfeln. Die Butter in einer Pfanne erhitzen und den Speck darin langsam ausbraten. Die Zwiebeln schälen, in kleine Würfel schneiden, dazugeben und glasig braten.
– Den Kümmel darauf streuen, pfeffern und mit der Brühe oder dem Fond aufgießen. Sauce aufkochen und etwa 10 Min. köcheln lassen. Nochmals abschmecken.

806. Steinpilzsauce

GUT FÜR GÄSTE
Für 4 Personen
Zubereitungszeit: 15 Min.
Ruhezeit: 30 Min.

50 g getrocknete Steinpilze • 4 kleinere Zwiebeln • 2 EL Butter • 3 EL Crème fraîche • Salz • frisch gemahlener schwarzer Pfeffer • frisch geriebene Muskatnuss • 1 Bund Schnittlauch

– Die Steinpilze mit 3/8 l kochend heißem Wasser überbrühen und etwa 30 Min. ruhen und ziehen lassen.
– Die Zwiebeln schälen und fein hacken oder in kleine Würfel schneiden. Die Butter in einem kleinen Topf zerlassen und die Zwiebeln darin weich dünsten, dabei öfters umrühren.
– Die Pilze abgießen, dabei das Einweichwasser durch einen Kaffeefilter zu den Zwiebeln gießen. Die Pilze klein schneiden und ebenfalls zu den Zwiebeln geben. Die Crème fraîche unterrühren. Mit Salz, Pfeffer und etwas Muskat kräftig abschmecken, etwa 10 Min. bei geringer Hitze leise köcheln lassen.
– Den Schnittlauch waschen, in Röllchen schneiden und unter die Steinpilzsauce rühren.

807. Cumberland-Sauce

GEHT SCHNELL | GELINGT LEICHT
Für 4 Personen
Zubereitungszeit: 15 Min.

2 ungespritzte Orangen • 4 Stück Würfelzucker • 1/8 l Rotwein • 250 g rotes Johannisbeergelee • 2 TL scharfer Senf • 1 Prise rosenscharfes Paprikapulver

– 1 Orange gründlich heiß waschen und mit dem Würfelzucker abreiben, dann dünn schälen und die Schalenstücke in hauchfeine Streifen schneiden.
– Beide Orangen auspressen, mit dem Rotwein und dem Würfelzucker erwärmen, bis sich der Zucker gelöst hat. Das Johannisbeergelee, den Senf und den Paprika mit dem Schneebesen fast schaumig schlagen, mit dem Orangen-Rotwein mischen, Orangenschale unterziehen.

808. Rotweinsauce

GUT VORZUBEREITEN
Für 4 Personen
Zubereitungszeit: 15 Min.
Kochzeit: 20 Min.

2 EL Butter oder Butterschmalz • 4 EL Mehl • 1/4 l Fleischbrühe oder -fond • 1/4 l Rotwein • 1 Zwiebel • 1 Lorbeerblatt • 1 Gewürznelke • 1 EL Johannisbeergelee • Salz • frisch gemahlener schwarzer Pfeffer • 2 Msp. Zucker • 1–2 Msp. rosenscharfes Paprikapulver

– Die Butter oder das Butterschmalz m einem Topf erhitzen, das Mehl hineinschütten und unter Rühren hellbraun braten.
– Die Brühe oder den Fond und den Rotwein unter Rühren langsam zugießen und weiterrühren, bis die Sauce kocht.

– Die Zwiebel schälen, mit dem Lorbeerblatt und der Gewürznelke bestecken. Zur Sauce geben und diese bei geringer Hitze 20 Min. kochen lassen.
– Sauce durch ein Sieb gießen und mit dem Johannisbeergelee, dem Salz, dem Pfeffer, dem Zucker und dem Paprikapulver abschmecken.

809. Scharfe Paprikasauce

GUT FÜR GÄSTE
Für 4 Personen
Zubereitungszeit: 15 Min.
Kochzeit: 25 Min.

1 große Zwiebel • 3 EL Öl • 500 g rote Paprikaschoten • 3 Knoblauchzehen • 1 frische oder getrocknete Chilischote • Salz • frisch gemahlener schwarzer Pfeffer

– Die Zwiebel schälen und fein hacken oder in kleine Würfel schneiden. Das Öl erhitzen und die Zwiebeln darin bei schwacher Hitze offen anbraten.
– Die Paprikaschoten putzen, waschen und würfeln. Zu den Zwiebeln in den Topf geben. Den Knoblauch schälen und dazudrücken. Mit knapp 1/4 l Wasser aufgießen und alles zugedeckt etwa 20 Min. dünsten.
– Die frische Chilischote waschen, aufschlitzen und die Kerne entfernen. Die Schote in Ringe schneiden, in den Topf geben und etwa 5 Min. mitkochen lassen. Die getrocknete Schote im Mörser etwas zerdrücken, dazugeben und nach dem Kochen entfernen.
– Die Sauce fein pürieren, mit Salz und Pfeffer würzen und warm oder kalt servieren.

810. Tomatensauce

GUT VORZUBEREITEN | SCHMECKT KINDERN
Für 4 Personen:
Zubereitungszeit: 20 Min.
Kochzeit: 40 Min.

1 Zwiebel • 1 kleine Möhre • 1 Stange Staudensellerie • 2 EL kalt gepresstes Olivenöl • 1 kg vollreife aromatische Fleischtomaten • je 1 Zweig frischer oder je 1 TL getrockneter Thymian und Oregano • Salz • frisch gemahlener schwarzer Pfeffer • eventuell etwas Gemüsebrühe

– Die Zwiebel schälen und fein hacken. Die Möhre schälen und auf einer Gemüsereibe grob raspeln. Den Staudensellerie waschen, putzen, einmal längs halbieren, dann in dünne Scheiben schneiden.
– Das Olivenöl in einem breiten Topf erhitzen und das vorbereitete Gemüse darin bei schwacher Hitze zugedeckt etwa 10 Min. dünsten.
– Die Tomaten kreuzweise einschneiden, mit kochend heißem Wasser überbrühen, kurz ziehen lassen und häuten. Dann quer halbieren und die Kerne mit einem Teelöffel herausnehmen. Stängelansätze entfernen, das Fruchtfleisch grob zerschneiden und in den Topf geben.
– Den frischen Thymian und den Oregano waschen und trockenschütteln. Die Kräuter in den Topf geben, alles salzen und pfeffern und zugedeckt bei schwacher Hitze etwa 40 Min. kochen lassen.
– Die Kräuterzweige herausfischen und wegwerfen. Die Sauce mit dem Pürierstab oder im Mixer pürieren und abschmecken. Falls die Tomatensauce zu dick ist, etwas Gemüsebrühe hinzufügen.

TIPP

Wenn Ihnen das Häuten der Tomaten zu mühsam ist oder es keine reifen, aromatischen Freilandtomaten gibt, dann greifen Sie einfach auf Dosentomaten samt Saft oder auf bereits passierte Tomaten zurück.

811. Sauce Bolognese
(Hackfleischsauce)

SCHMECKT KINDERN | GELINGT LEICHT
Für 4 Personen
Zubereitungszeit: 20 Min.
Kochzeit: 20 Min.

2 EL Öl • 250 g Hackfleisch (nur vom Rind oder Rind und Schwein gemischt) • 1 große Zwiebel • 2 kleine Dosen Tomatenmark • 3/8 l Fleischbrühe • 1 Knoblauchzehe • Salz • frisch gemahlener Pfeffer • je 1 Msp. getrockneter Rosmarin und Thymian • 1 TL edelsüßes Paprikapulver

– Das Öl in einem Topf erhitzen. Das Hackfleisch darin anbraten, bis es krümelig und nicht mehr rot ist. Dabei immer wieder zerteilen und wenden.

– Zwiebel schälen und klein würfeln, zum Hackfleisch geben und bei geringer Hitze mitbraten. Tomatenmark und Brühe zufügen, durchrühren und etwa 20 Min. kochen lassen. Knoblauch schälen, mit Salz zerdrücken, mit Pfeffer, Rosmarin, Thymian und Paprika dazugeben.

812. Joghurt-Kräuter-Sauce

GELINGT LEICHT | GEHT SCHNELL
Für 4 Personen
Zubereitungszeit: 10 Min.

1 Bund gemischte Kräuter • 1 Knoblauchzehe • 2 EL Walnusskerne • 150 g Joghurt • 2 EL Walnussöl • Salz • frisch gemahlener weißer Pfeffer

– Die Kräuter abbrausen, trockenschütteln und fein hacken. Den Knoblauch schälen und mit einer Gabel zerdrücken, die Walnusskerne hacken.
– Diese Zutaten mit dem Joghurt und dem Walnussöl verrühren, mit Salz und Pfeffer abschmecken.

813. Harissa-Joghurt-Sauce

GEHT SCHNELL | GUT VORZUBEREITEN
Für 4–6 Personen
Zubereitungszeit: 5 Min.

150 g Joghurt • 150 g saure Sahne • 1–2 EL Harissa (scharfe Paste; türkisches oder arabisches Lebensmittelgeschäft) • Salz • gemahlener Kreuzkümmel

– Den Joghurt mit der sauren Sahne verrühren, das Harissa untermischen. Die Sauce mit Salz und Kreuzkümmel würzen. Bis zum Servieren kühl stellen.

814. Sesamsauce

VEGETARISCH | GELINGT LEICHT
Für 2–4 Personen
Zubereitungszeit: 10 Min.

2 EL ungeschälte Sesamsamen • 1 Stück frischer Ingwer (1 cm) • 5 EL Sojasauce • 1 TL Sesamöl • 2 EL Zitronensaft • 1 TL Honig • 1 Prise Cayennepfeffer • Salz • frisch gemahlener Pfeffer

– Den Sesamsamen in einer trockenen Pfanne ohne Fett bei mittlerer Hitze rösten. Den Ingwer schälen und auf der Küchenreibe fein reiben.
– Sesam und Ingwer mit Sojasauce, Öl, Zitronensaft und Honig verrühren. Die Sauce mit Cayennepfeffer, Salz und Pfeffer abschmecken.

815. Minzsauce

GUT VORZUBEREITEN
Für 6 Personen
Zubereitungszeit: 10 Min.

50 g grüne Minze • 200 g Joghurt • Salz • 1/2 TL Kreuzkümmelpulver • 1/4 TL Chilipulver

– Die Minze abbrausen, trockenschütteln und klein hacken. Minze in eine Schüssel geben. Joghurt, Salz, Kreuzkümmel und Chilipulver hinzufügen und alles gut verrühren. Die Sauce kalt stellen.

816. Currysauce

GELINGT LEICHT
Für 4–6 Personen
Zubereitungszeit: 15 Min.

1 Zwiebel • 2 EL Öl • 4 EL gehackte Mandeln • 3 EL Currypulver • 1 TL Mehl • 1/8 l Hühnerbrühe • Salz • frisch gemahlener Pfeffer

– Zwiebel schälen, klein hacken, im heißen Öl glasig werden lassen. Mandeln leicht mitrösten, dann das Currypulver und das Mehl darüber stäuben und kurz anschwitzen. Mit Brühe ablöschen. Mit Salz und Pfeffer würzen, 5 Min. köcheln und dann abkühlen lassen.

817. Chilisauce mit Koriander

GELINGT LEICHT | GEHT SCHNELL
Für 4 Personen
Zubereitungszeit: 15 Min.

4 thailändische oder andere Chilischoten • 2 Knoblauchzehen • 3 EL Fischsauce • 2 EL Limettensaft • 1 Stängel Koriander

– Chilis waschen, entstielen und im Mörser zerstoßen oder in feine Ringe schneiden. Danach Hände keinesfalls an Augen oder Schleimhäute bringen, sofort gründlich waschen! Knoblauch schälen und fein hacken.
– Chiliringe bzw. zerstampfte Chilischoten mit Knoblauch, Fischsauce und Limettensaft verrühren. Den Koriander waschen und trockenschütteln. Die Stängel und Blätter fein schneiden und zur Chilisauce geben.

TIPPS

– Diese Chilisauce „Naam Plaah Prik" ist in Thailand sehr beliebt und in allen Landesteilen verbreitet. Wichtig ist, dass sie wirklich frisch zubereitet wird. Sie sollte nicht lange aufbewahrt werden.
– Unter diese Sauce können Sie auch etwas fein geschnittene Schalotten oder violette Zwiebeln geben.

818. Paprikasauce

GUT VORZUBEREITEN
Für 4–6 Personen
Zubereitungszeit: 20 Min.

2 rote Paprikaschoten • 1 kleine weiße Zwiebel • 2 EL Aceto balsamico • 1 EL Semmelbrösel • 75 ml Olivenöl • Salz • 1 TL rosenscharfes Paprikapulver

– Die Paprikaschoten waschen, halbieren und putzen. Mit der runden Seite nach oben auf ein Blech legen und unter dem heißen Grill (oder bei höchster Stufe) im Ofen 8–10 Min. rösten, bis die Haut Blasen wirft. Etwas abkühlen lassen, dann die Haut abziehen.
– Paprika würfeln, Zwiebel schälen und hacken. Beides mit Essig und Bröseln fein pürieren, dabei nach und nach das Öl hinzufließen lassen. Mit Salz und Paprikapulver würzen.

819. Eier-Kräuter-Sauce

GELINGT LEICHT
Für 4–6 Personen
Zubereitungszeit: 10 Min.

3 hart gekochte Eier • 1 TL scharfer Senf • 1 EL Weißweinessig • 6 EL Öl • 1 kleine Gewürzgurke • 2 EL frisch gehackte Kräuter (Schnittlauch, Petersilie, Kerbel) • Salz • frisch gemahlener Pfeffer

– Die Eier schälen und in Eigelbe und Eiweiße trennen. Die Eigelbe zerdrücken, mit Senf, Essig und dem Öl cremig rühren.
– Die Gurke und die Eiweiße klein hacken und zusammen mit den Kräutern unter die Eigelbcreme rühren. Mit Salz und Pfeffer abschmecken.

820. Apfel-Meerrettich-Sauce

GELINGT LEICHT
Für 4–6 Personen
Zubereitungszeit: 10 Min.

1 kleiner säuerlicher Apfel (ca. 125 g) • 2 EL Zitronensaft • 1 EL geriebener Meerrettich (frisch oder aus dem Glas) • 125 g Crème fraîche • Salz • frisch gemahlener weißer Pfeffer • 1 Prise Zucker • 1 EL fein gehackte Walnüsse

– Den Apfel schälen, entkernen, fein reiben und sofort mit Zitronensaft beträufeln. Apfel und Meerrettich unter die Crème fraîche mischen. Mit Salz, Pfeffer und Zucker abschmecken. Zum Schluss Nüsse unterziehen.

821. Petersilien-Kapern-Sauce

GUT VORZUBEREITEN | GEHT SCHNELL
Für 4–6 Personen
Zubereitungszeit: 10 Min.

3 Sardellenfilets (in Öl oder Salz eingelegt) • 2 Bund glatte Petersilie • 1 EL Kapern • 1 Knoblauchzehe • 6 EL Fleisch- oder Hühnerbrühe • 3 EL Semmelbrösel • 75 ml kalt gepresstes Olivenöl • Salz • frisch gemahlener schwarzer Pfeffer

– In Öl eingelegte Sardellen abtropfen lassen, Sardellen in Salz kurz unter kaltem Wasser abbrausen. Die Sardellen grob hacken. Die Petersilie abbrausen, gut trockenschütten und die Blätter ebenfalls hacken.
– Sardellen und Petersilie mit den Kapern und der geschälten Knoblauchzehe vermischen. Alles mit der Brühe grob pürieren. Die Brösel und das Öl darunter schlagen, salzen und pfeffern.

822. Chimichurri aus Argentinien

GUT FÜR GÄSTE | GUT VORZUBEREITEN
Für 4–6 Personen
Zubereitungszeit: 15 Min.
Ruhezeit: 3 Std.

2 kleine rote Zwiebeln • 2 rote Chilischoten • 1 große Knoblauchzehe • 1/2 Bund Petersilie • 3 EL Rotweinessig • 3 EL mildes Olivenöl • 1 TL getrockneter Oregano • 4 EL Zitronensaft • Salz • frisch gemahlener schwarzer Pfeffer

– Die Zwiebeln schälen und in sehr kleine Würfel schneiden. Die Chilischoten waschen, putzen, entkernen und fein hacken. Den Knoblauch schälen und sehr fein hacken. Petersilie abbrausen, trockenschütteln und die Blättchen ebenfalls fein hacken.
– Rotweinessig und Olivenöl verquirlen. Zwiebeln, Chilis, Knoblauch, Petersilie, Oregano und Zitronensaft untermischen. Mit Salz und Pfeffer abschmecken. Abdecken und bei Zimmertemperatur ruhen und 2–3 Std. durchziehen lassen.

823. Indonesische Erdnusssauce

GUT FÜR GÄSTE | GELINGT LEICHT
Für 4–6 Personen
Zubereitungszeit: 20 Min.

100 g geschälte ungesalzene Erdnüsse • 3 Schalotten • 3 Knoblauchzehen • 1 TL Sambal oelek • 3 EL Erdnussöl • 2 EL Sojasauce • 1 EL Palmzucker (ersatzweise Rohrzucker) • 30 g Kokoscreme (fest im Block) • 200 ml Geflügelbrühe • 2 EL Zitronensaft • Salz • frisch gemahlener Pfeffer

– Die Erdnüsse mittelfein mahlen. Schalotten schälen und in sehr kleine Würfel schneiden. Den Knoblauch schälen und sehr fein hacken. Schalotten, Knoblauch und Sambal oelek im Mörser fein zerreiben.
– Das Öl in einer Pfanne erhitzen, Schalottenmischung darin 1 Min. dünsten. Nüsse, Sojasauce, Palmzucker und klein geschnittene Kokoscreme dazugeben.
– Die Brühe und den Zitronenssaft hinzugießen. Unter Rühren 5 Min. köcheln lassen. Mit Salz und Pfeffer abschmecken. Abkühlen lassen.

824. Mandelcreme

GELINGT LEICHT
Für 4–6 Personen
Zubereitungszeit: 20 Min.

80 g gemahlene Mandeln • 250 g Sahne • Salz • frisch gemahlener Pfeffer • 1 Bund Petersilie • einige Korianderblättchen

– Mandeln bei mittlerer Hitze goldgelb rösten. Mit Sahne ablöschen und unter Rühren kochen, bis die Sauce cremig ist. Salzen und pfeffern, abkühlen lassen.
– Petersilie und Koriander waschen, abtrocknen und hacken, unter die Sauce rühren.

825. Mayonnaise

PREISWERT | GUT FÜR GÄSTE
Für 4 Personen
Zubereitungszeit: 25 Min.

2 ganz frische Eigelbe • Salz • 2 EL Zitronensaft • 1/4 l Pflanzenöl • frisch gemahlener weißer Pfeffer

– Eigelbe mit 1 Prise Salz und etwas Zitronensaft gründlich verrühren. Öl mit den Quirlen des elektrischen Handrührers zuerst tropfenweise unterrühren, bis es sich völlig mit der Eigelbmasse verbunden hat.
– Dann das restliche Öl in dünnem Strahl hinzufügen. Dabei ständig weiterrühren, bis das Öl aufgebraucht und die Sauce dick und cremig geworden ist. Mit Salz, dem restlichen Zitronensaft und Pfeffer abschmecken.

826. Spanisches Aioli

PREISWERT | GUT FÜR GÄSTE
Für 4 Personen
Zubereitungszeit: 25 Min.

4 Knoblauchzehen • 1/4 TL Salz • 1/2 EL Zitronensaft • 2 sehr frische Eigelbe • 150 ml mildes Olivenöl

– Knoblauch schälen, mit Salz und Zitronensaft im Mörser zerreiben. Eigelbe unterrühren. Mischung in eine Schüssel geben. Zuerst tropfenweise, dann in dünnem Strahl das Öl unterschlagen.

827. Kräuterremoulade

GELINGT LEICHT | GEHT SCHNELL
Für 4 Personen
Zubereitungszeit: 10 Min.

150 g Salat-Mayonnaise • 1 EL Weißweinessig • 2 TL scharfer Senf • 3 Sardellenfilets in Öl • 1 EL Kapern • 3 Cornichons • 1 Hand voll Kerbel • 2 hart gekochte Eier

– Die Mayonnaise mit Essig und Senf verrühren. Die Sardellen abbrausen und mit den Kapern hacken. Die Cornichons klein würfeln. Den Kerbel abbrausen und trockenschütteln, die Blätter abzupfen und fein hacken.
– Sardellen, Kapern, Cornichons und Kerbel unter die Mayonnaise mischen. Eier schälen, hacken, unterrühren.

828. Sauce tartare

GUT VORZUBEREITEN
Für 4 Personen
Zubereitungszeit: 20 Min.

1 ganz frisches Eigelb • 1 TL scharfer Senf • Salz • frisch gemahlener Pfeffer • 1/2 TL Zitronensaft • 1/8 l Sonnenblumenöl • 1/2 kleine Zwiebel • 1 hart gekochtes Ei • 2 kleine Gewürzgurken • 1 EL Kapern

– Das Eigelb mit Senf, Salz, Pfeffer und Zitronensaft verrühren. 2 EL Öl tropfenweise mit dem Schneebesen einrühren, restliches Öl in dünnem Strahl einrühren. Mit den Quirlen des elektrischen Handrührgerätes weiterschlagen, bis eine dickliche Mayonnaise entsteht.
– Die Zwiebel und das hart gekochte Ei schälen und mit den Gurken fein hacken. Mit den Kapern unter die Sauce mischen.

829. Guacamole aus Mexiko

GELINGT LEICHT | GUT FÜR GÄSTE
Für 4–6 Personen
Zubereitungszeit: 20 Min.

2 große vollreife Avocados • 4 EL Zitronensaft • Salz • frisch gemahlener Pfeffer • 1/4 TL Cayennepfeffer • 2 Knoblauchzehen • 2 Frühlingszwiebeln • 2 EL Olivenöl • 2 EL Crème fraîche nach Belieben

– Avocados der Länge nach bis zum Kern einschneiden, von den Kernen drehen und halbieren. Das Fruchtfleisch mit einem Löffel aus der Schale heben und mit einer Gabel zerdrücken.
– Das Avocadomus sofort mit dem Zitronensaft mischen, damit es sich nicht verfärbt. Mit Salz, Pfeffer und Cayennepfeffer kräftig würzen.
– Knoblauch schälen, durch die Presse zum Avocadomus drücken. Frühlingszwiebeln putzen, waschen und mit dem hellen Grün in sehr feine Streifen schneiden.
– Die Hälfte der Zwiebelstreifen mit dem Öl unter das Avocadomus mischen. Nach Belieben die Crème fraîche unterrühren. Mit übrigen Zwiebelstreifen bestreuen.

830. Joghurt-Dip

GELINGT LEICHT
Für 4–6 Personen
Zubereitungszeit: 15 Min.

2 Tomaten • je 2 Zweige Basilikum und Minze • 50 g Mozzarella • 1/2 Knoblauchzehe • 100 g Vollmilchjoghurt • abgeriebene Schale von 1/2 unbehandelten Zitrone • Salz • frisch gemahlener Pfeffer

– Tomaten vom Stielansatz befreien, überbrühen und häuten. Dann entkernen und würfeln. Kräuter waschen, trockenschütteln und in feine Streifen schneiden. Den Mozzarella fein würfeln. Knoblauch durchpressen.
– Tomaten, Kräuter, Mozzarella und Knoblauch mit dem Joghurt und der Zitronenschale mischen. Mit Salz und Pfeffer abschmecken.

831. Indisches Raita

PREISWERT | GUT VORZUBEREITEN
Für 4 Personen
Zubereitungszeit: 10 Min.
Ruhezeit: 20 Min.

1/2 Salatgurke (etwa 300 g) • Salz • 250 g Joghurt • frisch gemahlener Pfeffer • 1 Prise Zucker

– Die Gurke schälen, raspeln und salzen. 20 Min. ruhen und Saft ziehen lassen.
– Gurke ausdrücken und unter den Joghurt mischen, mit Salz, Pfeffer und Zucker würzen. Kalt stellen.

832. Tzatziki aus Griechenland

GELINGT LEICHT | PREISWERT
Für 10 Personen
Zubereitungszeit: 15 Min.

1/2 Salatgurke (etwa 300 g) • Salz • 3 Knoblauchzehen • 1 Stängel Zitronenmelisse oder 1 Bund Dill • 200 g Sahnejoghurt • 500 g Quark (20 % Fett i. Tr.) • 5 EL Öl • frisch gemahlener weißer Pfeffer

– Die Gurke schälen, längs halbieren und die Kerne mit einem Teelöffel herauskratzen. Gurke grob raspeln, mit 1 TL Salz bestreuen und etwa 10 Min. stehen lassen.
– Knoblauch schälen, durch die Presse drücken. Melisse oder Dill waschen, trockenschütteln und fein hacken. Joghurt mit Quark und Öl verrühren. Gurkenraspel gut ausdrücken, mit Knoblauch untermischen und mit Salz und Pfeffer abschmecken. Kräuter unterrühren.

833. Kräuterquark

SCHMECKT KINDERN | GEHT SCHNELL
Für 4–6 Personen
Zubereitungszeit: 10 Min.

1 Bund gemischte Kräuter • 3 Frühlingszwiebeln • 250 g Quark • 150 g Schmand oder Crème fraîche • 2 EL Zitronensaft • Salz • frisch gemahlener Pfeffer

– Kräuter waschen, trockenschütteln und fein hacken. Frühlingszwiebeln putzen, waschen und in feine Ringe schneiden. Quark und Schmand oder Crème fraîche mit dem Zitronensaft, Salz und Pfeffer verrühren, Kräuter und Zwiebelringe untermischen.

834. Oliven-Dip

GEHT SCHNELL | GELINGT LEICHT
Für 4–6 Personen
Zubereitungszeit: 5 Min.

5 schwarze Oliven • 2 Sardellenfilets in Öl • 2 rote eingelegte Pfefferschoten • 75 g Salat-Mayonnaise

– Die Oliven entsteinen und mit den Sardellen und den Pfefferschoten fein hacken. Mit der Mayonnaise vermischen.

835. Curry-Dip

GEHT SCHNELL | PREISWERT
Für 4–6 Personen
Zubereitungszeit: 10 Min.

1/2 säuerlicher Apfel • 1/2 Zwiebel • 125 g Salat-Mayonnaise • 2 TL mildes Currypulver

– Den Apfel schälen, vierteln, entkernen und fein reiben. Die Zwiebel schälen und in sehr feine Würfel schneiden. Beides mit Mayonnaise und Curry mischen.

836. Ananas-Dip

GELINGT LEICHT
Für 4–6 Personen
Zubereitungszeit: 10 Min.

3 Frühlingszwiebeln • 4 EL Öl • 1 kleine Dose Ananasstücke (400 g Inhalt) • Salz • frisch gemahlener Pfeffer • einige Tropfen Tabascosauce

– Die Frühlingszwiebeln waschen, putzen und schräg in feine Ringe schneiden. Das Öl erhitzen, die Zwiebelringe darin 2–3 Min. anschwitzen.
– Die Ananas fein pürieren, die Frühlingszwiebeln untermischen und alles mit Salz, Pfeffer und Tabasco abschmecken.

837. Humus-Dip aus Marokko

GUT FÜR GÄSTE
Für 4–6 Personen
Zubereitungszeit: 10 Min.

250 g Kichererbsen (aus der Dose) • 50 g Tahin (Sesammus, Bio-Laden oder Reformhaus) • 1 Knoblauchzehe • 2 EL Olivenöl • 50 ml Zitronensaft • Salz • frisch gemahlener weißer Pfeffer • edelsüßes Paprikapulver

– Die Kichererbsen abtropfen lassen und grob pürieren. Tahin und 3 EL Wasser unterrühren, bis ein weicher glatter Brei entsteht.
– Knoblauch schälen, dazudrücken, Öl und Zitronensaft untermixen. Salzen, pfeffern, mit Paprika bestäuben.

838. Salsa Texicana

GELINGT LEICHT
Für 2 Personen
Zubereitungszeit: 30 Min.

1 große Fleischtomate • 1/2 kleine Zwiebel • 1 Knoblauchzehe • 1/2 rote Paprikaschote • 1 Jalapeño-Chilischoten (aus der Dose) • 1 EL Tomatenmark • 3 EL Gemüsebrühe • einige Stängel Petersilie • 1 Prise Zucker • Salz • frisch gemahlener Pfeffer

– Die Tomate überbrühen, häuten, entkernen und grob hacken. Zwiebel und Knoblauch schälen, klein würfeln. Paprikaschote mit dem Sparschäler schälen, putzen und klein würfeln. Die Chilischote klein würfeln.
– Alles in einen Topf füllen. Tomatenmark und Brühe unterrühren. Aufkochen und offen bei schwacher Hitze in 10–15 Min. dicklich einkochen lassen.
– Petersilie waschen, trockenschütteln und fein hacken. Die Salsa mit Zucker, Salz und Pfeffer abschmecken. Die Petersilie unterziehen, Salsa abkühlen lassen.

839. Salsa Karibik

GUT FÜR GÄSTE
Für 2 Personen
Zubereitungszeit: 35 Min.

1/2 kleine Zwiebel • 1/2 kleine rote Paprikaschote • 5 TL Öl • 1 sehr frisches Eigelb • 1/2 TL mittelscharfer Senf • Salz • 1 Msp. Zucker • 2 TL Limettensaft • 1 EL Tomatenketchup • 1 EL Rum • Cayennepfeffer • oberes Viertel von 1 dünnen Stange Staudensellerie

– Zwiebel schälen und grob hacken. Die Paprikaschote mit dem Sparschäler dünn schälen, putzen und in Streifen schneiden. Beides in 1 TL erhitztem Öl etwa 3 Min. andünsten, dann fein pürieren. Abkühlen lassen.
– Inzwischen Eigelb mit Senf und 1 Prise Salz verrühren. Löffelweise nach und nach übriges Öl unterschlagen. Eigelbcreme mit Zucker und 1 TL Limettensaft würzen.
– Gemüsepüree unter die Eigelbcreme heben, Ketchup und Rum unterrühren. Salsa mit Salz, Cayennepfeffer und eventuell restlichem Limettensaft abschmecken.
– Sellerie waschen, etwas vom zarten Grün beiseite legen. Die Stange in kleine Würfel schneiden und locker unter die Salsa ziehen. Mit dem Selleriegrün garnieren.

840. Italienisches Pesto

GUT VORZUBEREITEN
Für 4–6 Personen
Zubereitungszeit: 20 Min.

2 EL Pinienkerne • 2 Knoblauchzehen • Blätter von 1 großen Bund Basilikum • Salz • 50 g frisch geriebener Parmesan • 25 ml kalt gepresstes Olivenöl

– Die Pinienkerne bei mittlerer Hitze ohne Fett goldbraun rösten. Knoblauch schälen und grob hacken.
– Basilikum, Pinienkerne und Knoblauch mit 1/2 TL Salz im Mörser zu einer Paste zerreiben. Parmesan untermischen. In einem dünnen Strahl das Olivenöl einrühren.

841. Grüne Sauce

GELINGT LEICHT
Für 10 Personen
Zubereitungszeit: 20 Min.

4 hart gekochte Eier • 2 EL Öl • 2 TL Zitronensaft • 1/2 TL Salz • frisch gemahlener Pfeffer • 1/4 TL Zucker • 1 TL Senf • 500 g saure Sahne • 1 Bund Petersilie • 1 Bund Schnittlauch • 1/2 Bund Dill • 1 Hand voll Kerbel oder Kresse • 2 Blätter Borretsch • 2 Blätter Sauerampfer • 2 Blättchen Pimpinelle

– Die Eier schälen und in Eigelbe und Eiweiße trennen. Eigelbe zerdrücken und mit Öl, Zitronensaft, 1/2 TL Salz, Pfeffer, Zucker, Senf und Sahne vermengen.
– Kräuter waschen, trockenschütteln und fein hacken, Eiweiße klein schneiden. Beides unter die Sauce rühren. Sauce mit Salz, Pfeffer und Zitronensaft abschmecken.

842. Gelbe Thai-Currypaste

GUT VORZUBEREITEN
Für 4 Personen
Zubereitungszeit: 25 Min.

5 getrocknete Chilischoten • 1 Stängel Zitronengras • 1 Stück Galgant (2 cm, ersatzweise Ingwer) • 5 Schalotten • 10 Knoblauchzehen • 1 EL Koriandersamen • 1 TL Kreuzkümmelsamen • 1 TL Salz • 1 EL Currypulver • 1 TL Garnelenpaste

– Chilis in Wasser 5 Min. einweichen, gut ausdrücken. Zitronengras und Galgant und fein schneiden. Schalotten und Knoblauch schälen, klein hacken. Alles (bis auf die Chilis), mit Koriander und Kümmel in einer Pfanne bei mittlerer Hitze etwa 3 Min. rösten.
– Chilis mit Salz im Mörser zerstoßen. Nach und nach geröstete Zutaten dazugeben und kräftig zerstoßen. Currypulver und Garnelenpaste untermischen.

843. Rote Thai-Currypaste

GUT VORZUBEREITEN
Für 4 Personen
Zubereitungszeit: 25 Min.

8 rote Peperoni • 3 rote Chilischoten • 1 Stängel Zitronengras • 1 Stück Galgant (2 cm) • 2 Korianderwurzeln • 1 Stück unbehandelte Zitronenschale • 3 Schalotten • 1 TL Koriandersamen • 1/2 TL Kreuzkümmelsamen • 1 TL Salz • je 1/2 TL frisch gemahlener Pfeffer und Muskatnuss • 1 TL Garnelenpaste

– Peperoni, Chili, Zitronengras, Galgant, Korianderwurzeln und Zitronenschale waschen und putzen, Schalotten schälen, alles klein hacken. Koriandersamen in einer Pfanne etwa 2 Min. anbraten.
– Kümmel und alle anderen Zutaten nach und nach in den Mörser geben und zu einer cremige Paste zerstoßen. Zum Schluss Garnelenpaste unterrühren.

844. Kanarische rote Mojo-Sauce

GELINGT LEICHT
Für 4 Personen
Zubereitungszeit: 10 Min.

4 Knoblauchzehen • 2 getrocknete Chilischoten • 4 TL edelsüßes Paprikapulver • 1/2 TL gemahlener Kreuzkümmel • Salz • 2 Scheiben Weißbrot • 100 ml Olivenöl • 4–5 EL Essig

– Knoblauch schälen und hacken. Chilis zerkrümeln und mit Paprika, Kreuzkümmel, Knoblauch und 1 TL Salz im Mörser fein zerreiben.
– Brot entrinden, in Wasser einweichen, ausdrücken, fein zerkrümeln und unter die Gewürzmischung mengen. Öl und Essig unterrühren.

845. Kanarische grüne Mojo-Sauce

GELINGT LEICHT
Für 4 Personen
Zubereitungszeit: 10 Min.

4 Knoblauchzehen • 1 grüne Peperoni • 3 Zweige Koriander • 2 TL edelsüßes Paprikapulver • 1/2 TL gemahlener Kreuzkümmel • Salz • 2 Scheiben entrindetes Weißbrot • 100 ml Olivenöl • 4–5 EL Essig

– Knoblauch schälen, Peperoni waschen und putzen, beides fein hacken. Koriander waschen, fein schneiden. Alles mit Paprika, Kümmel und 1 TL Salz im Mörser zerstoßen. Brot in Wasser einweichen, ausdrücken, zerkrümeln und untermischen. Öl und Essig unterrühren.

846. Walnusssauce

GUT FÜR GÄSTE
Für 4–6 Personen
Zubereitungszeit: 15 Min.

150 g Walnusskerne • 2 Scheiben Toastbrot • 5 EL Zitronensaft • 100 ml Olivenöl • 2 Knoblauchzehen • Salz

– Nüsse fein mahlen. Brot entrinden, in etwas Wasser einweichen, ausdrücken, zerkrümeln und zu den Nüssen geben. Zitronensaft und nach und nach das Öl dazugießen, alles zu einer Paste verarbeiten. Knoblauch schälen und dazudrücken. Mit 150 ml kaltem Wasser zu einer geschmeidigen Sauce verrühren. Mit Salz würzen.

847. Semmelkren (Meerrettichsauce)

GELINGT LEICHT
Für 4–6 Personen
Zubereitungszeit: 25 Min.

5 altbackene Brötchen (in Scheiben ohne Rinde) • 3/8 l Milch • 100 g frisch geriebener Meerrettich • 1/2 TL Salz • 1 TL Zucker • etwa 1/2 TL Zitronensaft

– Brötchen mit Milch übergießen, etwa 15 Min. stehen lassen. Dann unter Rühren bis zum Aufkochen erhitzen. Topf vom Herd ziehen, Meerrettich untermischen. Mit Salz, Zucker, Zitronensaft abschmecken. Heiß servieren.

Pizza & Brot

Wer satt werden will und trotzdem mehr als nur ein Stück Brot essen möchte, der holt oder macht sich in der ganzen Welt gerne eine Pizza: Und wer es ein bisschen üppiger und abwechslungsreicher mag, der bäckt sich noch Focaccia, Zwiebelkuchen oder eine Quiche. Wer es aber richtig ernst meint mit dem guten Essen und Leben, der holt auch noch sein eigenes Brot aus dem Ofen. Für all diese Menschen ist diese Kapitel gedacht.

Die Welt der Pizza

Pizza und Brot sind eng miteinander verwandt, doch ihr Wege in die Welt sind sehr unterschiedlich. Die Pizza eroberte im vergangenen Jahrhundert von Italien aus den Erdball als schneller, vielseitiger Imbiss zum Sattessen auf der Grundlage von nicht viel mehr als Getreide und Wasser. Diese Zutaten sind auch die Basis fürs Brot, das aber immer schon da war, wenn die Pizza kam – jedes Land der westlichen Welt hat hier seine über Jahrhunderte überlieferten Rezepte. Heute ist für manche Generationen die Pizza schon fast ein Grundnahrungsmittel wie Brot. Denn auch sie gibt es schließlich tiefgekühlt in jedem Laden zu kaufen oder sie ist schon fix und fertig an der Backtheke zu haben. Und wer „Pizza" sagen kann, wird heute in fast allen Großstädten der Welt etwas zu essen bekommen. Allerdings kann das Servierte schon mal weit entfernt sein vom knusprig dünnen Original aus Süditalien. Neapels Bäcker verkauften Pizza damals direkt aus der Backstube als Snack, handtellergroß und mit Tomate belegt. So konnten sie ihren übrig gebliebenen Brotteig verwerten und die Neapolitaner hatten etwas zu knabbern für den Abendbummel. Als dann ein Pizzabäcker das Gebäck der Nachtschwärmer extra für seine Königin Margherita in den italienischen Flaggenfarben mit Tomaten, Mozzarella und Basilikum belegte, wurde auch der Rest der Welt auf das Phänomen Pizza aufmerksam.

Inzwischen gibt es von Sylt bis Sydney tausende Varianten jenseits der Pizza Margherita. Extremes wie die dicke, üppig belegte amerikanischen Pfannenpizza, Kurioses wie Asia-Pizza mit scharfem Krautsalat und Delikates wie die Gourmet-Pizza Pariser Sterneköche. So kommt es, dass Italiener ihre Pizza draußen in der Welt kaum noch wiedererkennen. Ebenso passiert es Italienurlaubern, dass ihnen das Original wie eine schlechte Kopie der plustrigen Teigfladen ihrer Heimatpizzeria vorkommt.

Was eine Pizza gut macht

Ein guter Pizzaboden bäckt dünn und knusprig, aber trotzdem nicht trocken, sondern eher vielschichtig – hin und wieder so sehr, dass er auch mal mit einer kleinen Blase durch den Belag wächst. Auf jeden Fall geht er an den Rändern schön auf, ohne dabei zu Brot oder zum harten Keks zu werden. Ein elastischer Hefeteig ist die Basis für solch eine Knusperpizza – mehr dazu finden sie auf der nächsten Seite. Wichtig ist zudem für eine gute Pizza nach klassischer Art, dass sie erstklassig, aber nicht zu üppig belegt wird. Die Basis ist eine selbst gekochte, nicht zu flüssige Sauce aus Tomaten (frisch oder aus der Dose), die so dünn auf den Boden gestrichen wird, dass man ihn noch etwas sehen kann. Für Abwechslung können auch andere dick geschmorte Gemüsesaucen sorgen wie von Kürbis oder Zwiebel.

Darauf verteilt man dann den Belag – sparsam in der Menge, großzügig in der Qualität. Und von der Art, dass alles in der kurzen, aber heftigen Backhitze gar wird, ohne zu verbrennen. Die Auswahl ist groß: milde Salami, marinierte Filetstreifen (dünn aus Fleisch, dicker vom Fisch), rohe Garnelen, Eingelegtes wie Oliven, Kapern, Sardellen, dünn geschnittene und mit Olivenöl vermischte zarte Gemüse wie Kürbis, Pilze, grüner Spargel, Zucchini, zu denen noch festere Kräuter kommen können. Auch beim Käse ist weniger mehr und die Sorte alles – Mozzarellascheiben sind klassisch und vor allem dann ein Gewinn, wenn die weiße Käsekugel aus Büffelmilch gemacht wurde. Aber auch andere gut schmelzende Käse sind gerieben perfekt fürs Pizzabacken, so lange sie in Geschmack und Menge nicht alles überdecken. Trotz aller Freude an der Pizza vergessen wir aber auch nicht ihre Verwandten im Rest der Welt, denn dafür sind sie einfach zu gut. Ihre dickere Schwester ist die Focaccia, eine Verbindung von Fladenbrot und Pizza mit wenigem, aber aromatischem Belag. „Pissaladière" heißt die provenzalische Pizza-Variante mit Zwiebeln und Sardellen, die elsässische ist der Flammkuchen und die deutsche der Zwiebelkuchen. Und auch die ihr ähnlichen, aber nicht verwandten Quiches aus Restfrankreich, Wähen aus der Schweiz und Pies aus England finden sich in diesem Kapitel.

Was ist ...

... Hefe? Diese Hefebakterien bilden Gase, sobald sie mit Flüssigkeit in Berührung kommen und zugleich mit Kohlenhydraten – Zucker oder Stärke – gefüttert werden. Dabei entstehen im Hefeteig kleine Luftblasen, die ihn aufgehen lassen und später für seine Lockerheit sorgen. Frische Hefe in Würfeln wird für den Teig in lauwarmer Flüssigkeit gelöst, Trockenhefe direkt mit dem Mehl vermischt.

... Sauerteig? Ein Gemisch ähnlich dem Vorteig bei Hefegebäck (siehe „Pizza backen" im Kasten rechts), das aber nur aus Wasser und Mehl besteht und beim Stehen im Warmen über einen längeren Gärprozess Bakterien aus der Luft in sich sammelt. Diese reagieren im Brotteig ähnlich wie die Hefe, wobei sie anders als diese auch „schwerere" Mehle (z. B. Roggenmehl, Vollkornmehl) verkraften. Daher ideal für dunkle Brote. Sauerteigansatz bekommt man beim Bäcker, im Bio-Laden und auch im Supermarkt.

... die Mehltype? Gibt an, wie „vollkornig" ein Mehl ist – je höher die Zahl, desto mehr von Keim und Schale des Korns stecken im Mehl. Normales Weizenmehl für Weißbrot hat die Type 550, Auszugsmehl für feineres Gebäck die Type 405, helles Roggenmehl für Brötchen z. B. Type 815. Vollkorn- und die meisten Roggenmehle liegen über der Zahl 1000. Sie sind besonders reich an Nährstoffen und Aroma, aber deswegen auch weniger lange haltbar.

Helles Brot

Von Baguette bis Ciabatta und von Toast bis Pide ist helles Brot bzw. Weißbrot weltweit populär, und fast immer wird es aus einem Hefeteig mit Weizenmehl gebacken. Die Unterschiede liegen in den weiteren Teigzutaten (z. B. Öl und Milchprodukte, Gewürze und Kräuter, Nüsse und Kerne), in der Behandlung des Teigs sowie beim Formen und beim Backen selbst. Auch viel Kleingebäck wie Brötchen, Brioches oder Brezen wird aus Hefeteig gebacken. Helles Brot hat in vielen Ländern Tradition als Beilage zu einem warmem Gericht (z. B. Baguette) oder als Zutat in einem Gericht (z. B. die Toastbrotscheiben für ein Sandwich oder den überbackenen Toast). Weil es nicht nur beliebt und vielseitig, sondern auch relativ unkompliziert zuzubereiten ist, ist Weißbrot ideal für Einsteiger ins Brotbacken. Sein Nachteil: Es bleibt oft nur einen Tag lang frisch.

Dunkles Brot

Zumindest um eines wird Deutschland von Feinschmeckern in der übrigen westlichen Welt beneidet – um die Vielfalt an dunklen Sauerteigbroten. Mehle aus Roggen oder aus vollem Weizenkorn machen sie besonders saftig, schwer und lange haltbar, so dass sie bloß als Beilage oder Zutat viel zu schade sind. Wohl deswegen ist auch unsere Auswahl an Aufschnittwurst und Schinken einmalig – schließlich sind Brotzeit und Abendbrot ebenso eine deutsche Erfindung wie das belegte Brot. Wer dunkles Brot backen will, sollte zuvor schon mit dem simpleren Weißbrot geübt haben. Denn Sauerteig und dunkle Mehle verhalten sich viel individueller im Teig, worauf sich mit etwas Erfahrung beim Kneten, Gehen und Backen besser reagieren lässt. Wer aber einmal ein selbst gebackenes Roggenmischbrot aus dem Ofen geholt und mehrere Tage genossen hat, wird sich für seine Mühe gut belohnt fühlen.

Pizza backen

Die Vorbereitung

Alle Zutaten werden 1 Stunde vor dem Kneten in die warme Küche geholt. Das Mehl wird in eine große Schüssel gehäuft und erhält nach traditioneller Art eine Mulde, in der etwas lauwarmes Wasser mit zerbröckelter Hefe und ein wenig Mehl zum Vorteig verrührt wird. Ist dieser aufgegangen, wird alles verknetet, um dann noch mal zu gehen (dazu gleich mehr). Die simplere Methode: Hefe im lauwarmen Wasser auflösen und gleich mit allen übrigen Zutaten verarbeiten – so muss der Teig nur ein Mal gehen. In beiden Fällen wird der Teig so ausgiebig geknetet, bis er seidig-glatt und elastisch ist ohne zu krümeln oder zu kleben.

Das Gehen

Um gut aufzugehen, braucht Hefeteig Wärme und auf keinen Fall Zugluft. Mit einem Küchentuch über der Schüssel ist er auf dem Küchenschrank sowie in der Nähe von Herd (Abzugshaube ausschalten) oder Heizung (nicht auf dem Fensterbrett, Fenster geschlossen halten) gut aufgehoben. Der Vorteig braucht 15–20 Minuten, um blasig zur doppelten Größe aufzugehen, der fertige Teig dann nochmals 45 Minuten bis mehrere Stunden. Feiner wird Hefeteig nämlich, wenn man etwas weniger Hefe wegnimmt und den Teig dafür länger gehen lässt.

Der Boden

Nach dem Gehen wird der Teig durchgeknetet, geteilt und auf bemehlter Arbeitsfläche zu flachen runden Fladen gedrückt. Diese mit bloßen Handflächen oder bemehltem Nudelholz zu einem dünnen Boden mit gewölbtem Rand formen. Der Boden wird dünn mit Tomatensauce bestrichen, darauf kommen die Belagzutaten nach Rezept und schließlich Käse, der noch mit etwas Olivenöl beträufelt wird (mehr zum Belag ab Seite 377 rechts unten).

Das Backen

Pizza fast wie aus dem Steinofen: Ofen länger als gewöhnlich auf maximale Hitze aufheizen (auch Umluft!), dann das Pizzablech direkt auf den Boden oder die unterste Schiene schieben. Noch besser ist es, die Pizza auf ein bereits aufgeheiztes Blech gleiten zu lassen. Bräunt der Rand, ist die Pizza fertig. Ansonsten wird nach Rezept gebacken.

Brot backen

Der Teig

Beim Teig zeigt sich, wie nah das Brot der Pizza ist. Auch dafür müssen die Zutaten küchen- bis lauwarm sein. Auch hier wird traditionell ein Vorteig gemacht (beim Sauerteigbrot ist das Pflicht), der lange und gründlich mit Mehl verknetet wird, wobei vor allem bei dunkleren Broten das Wasser nach und nach dazukommt. Das Ergebnis ist ein elastisch-fester und je nach Zutaten glatter Teig. Das Gehen läuft wie oben, dauert aber beim Sauerteigbrot länger, wobei der Teig nur um die Hälfte zunimmt. Und nach dem Formen gehen die Rohlinge ein weiteres Mal.

Das Backen

Große Brote werden auf der unteren, kleine auf der mittleren Schiene am besten mit Dampf gebacken. Dazu ein Backblech beim Aufheizen des Ofens auf den Boden stellen und 2 Minuten vorm Einschieben des Brots 1 Tasse Wasser hineingießen (Vorsicht, heißer Dampf!). Ofen schließen, 5 Minuten warten, dann das Brot einschieben. 15 Minuten später die Klappe kurz öffnen und den Dampf (heiß!) ablassen, damit das Brot Kruste bekommt. Klingt es beim Klopfen auf die Unterseite hohl, ist es fertig und kommt zum Auskühlen aufs Gitter.

848. Pizzabrot

PREISWERT | GELINGT LEICHT
Für 4 Personen
Zubereitungszeit: 30 Min.
Ruhezeit: 1 Std.
Backzeit: 15 Min.

1/2 Würfel Hefe (21 g) • 250 g Mehl • Salz • 5 EL Olivenöl • je 1 EL getrockneter Thymian und Rosmarin • 1 EL Tomatenmark • 1 Knoblauchzehe • Olivenöl für das Blech • Mehl für die Arbeitsfläche

– Die Hefe in eine Tasse bröckeln und mit 150 ml lauwarmem Wasser glatt rühren. Das Mehl mit 1 TL Salz, der Hefe, 3 EL Olivenöl und den Kräutern zu einem geschmeidigen Teig verkneten. Den Teig zugedeckt an einem warmen Ort 45 Min. gehen lassen.
– Dann den Teig noch einmal durchkneten, in 8 Portionen teilen und auf wenig Mehl zu 10 cm großen Fladen ausrollen. Das Backblech oder mehrere Bleche fetten. Die Teigfladen darauf legen und zugedeckt bei Zimmertemperatur weitere 15 Min. ruhen lassen.
– Backofen auf 250° (Umluft 220°) vorheizen. Tomatenmark mit restlichem Öl verrühren. Den Knoblauch schälen und dazupressen, leicht salzen und mit einem Pinsel dünn auf die Teigfladen streichen. Nacheinander die Fladen im Ofen (unten) 6–8 Min. backen.

TIPP
Stellen Sie am besten noch Olivenöl in kleinen Fläschchen auf den Tisch, so kann sich jeder einen dünnen Strahl auf die knusprige Pizza gießen.

849. Pizza Margherita

SCHMECKT KINDERN | VEGETARISCH
Für 4 Personen
Zubereitungszeit: 15 Min.
Ruhezeit: 1 1/4 Std.
Backzeit: 30 Min.

1/2 Würfel Hefe (21 g; ersatzweise 1 Tütchen Trockenhefe) • 400 g Mehl • Salz • 2 EL Olivenöl • etwas Öl für die Formen • etwas Mehl zum Ausrollen
Für den Belag: 1 große Dose Tomaten (800 g Inhalt) • 250 g Mozzarella (möglichst Büffel-Mozzarella) • 1/2 Bund Basilikum • frisch gemahlener Pfeffer • 3 EL extra natives Olivenöl • 4 EL frisch geriebener Pecorino (ersatzweise Parmesan)

– Die Hefe zerbröckeln. Von 1/4 l lauwarmem Wasser 4 EL zur Hefe geben und verrühren. Mehl in eine Schüssel füllen und in die Mitte eine Mulde drücken. Die angerührte Hefe in die Mulde gießen und mit etwas Mehl verrühren. Diesen Vorteig an einem warmen Platz zugedeckt 15–20 Min. gehen lassen.
– Dann 1/2 TL Salz, Öl und nach und nach das restliche Wasser unter den Vorteig mischen. Den Teig mit den Händen oder den Knethaken des Handrührgerätes noch so lange kräftig durchwalken, bis der Teig elastisch ist und nicht mehr klebt.
– Den Teig halbieren, zu zwei Kugeln formen und zugedeckt an einem warmen Platz nochmals 1 Std. gehen lassen, bis sich das Teigvolumen etwa verdoppelt hat.
– Den Backofen auf 250° (Umluft 220°) vorheizen. Zwei Pizzableche (28 cm Ø) dünn mit Öl auspinseln. Die Teigkugeln nochmals kräftig durchkneten, auf der leicht bemehlten Arbeitsfläche ausrollen und die Bleche damit auslegen, die Ränder dabei etwas dicker lassen.
– Für den Belag die Tomaten in einem Sieb sehr gut abtropfen lassen, anschließend mit einer Gabel zerdrücken. Den Mozzarella in dünne Scheiben schneiden. Die Basilikumblätter in Stücke zupfen.
– Die Tomaten auf dem Pizzateig verteilen, dabei den Rand etwa fingerbreit frei lassen. Den Mozzarella auf die Tomaten legen. Alles mit Salz und frisch gemahlenem Pfeffer würzen und mit 2 EL Olivenöl beträufeln.
– Die Pizzen im Ofen (unten) nacheinander zunächst 10 Min. backen. Herausholen, mit Pecorino und Basilikum bestreuen. Restliches Öl auf die Kräuterblättchen träufeln. Die Pizzen wieder in den Ofen schieben und in weiteren 5–7 Min. fertig backen, bis die Kruste hellgelb geworden ist und der Belag kräftig brodelt.

TIPPS
– Der Pizzateig darf nicht zu fest sein, sonst wird der Boden beim Backen zu trocken. Falls der Teig beim Kneten an den Händen klebt, kein weiteres Mehl zugeben, sondern die Hände mit etwas Olivenöl einreiben.
– Die Teigmenge reicht auch für ein Backblech, zum Servieren die Pizza in Rechtecke schneiden.

– Wenn Sie die Pizzakruste schön dick mögen, den belegten Teig vor dem Backen 10 Min. ruhen lassen.
– Pizzateig lässt sich auch gut einfrieren: In Portionsstücke teilen, in einen Gefrierbeutel packen und tiefkühlen. Vor der Verwendung den Teig auftauen lassen, bei Zimmertemperatur verarbeiten.

850. Tomaten-Rucola-Pizza

GUT FÜR GÄSTE | VEGETARISCH
Für 4 Personen
Zubereitungszeit: 40 Min.
Backzeit: 40 Min.

***Für den Quark-Öl-Teig:** 125 g Quark • 4 EL Milch • 1 Ei • 4 EL Öl • 1 TL Salz • 220 g Mehl • 1 TL Backpulver • 30 g frisch geriebener Parmesan • Öl für das Blech • Mehl für die Arbeitsfläche*
***Für den Belag:** je 1 Bund Petersilie und Basilikum • 400 g Rucola • 200 g Kirschtomaten • 2 Knoblauchzehen • 6 EL Olivenöl • 70 g frisch geriebener Parmesan • Salz • frisch gemahlener schwarzer Pfeffer • Basilikumblättchen zum Garnieren*

– Quark in ein Tuch geben und auspressen. Dann mit Milch, Ei, Öl und Salz kräftig verrühren. Die Hälfte des Mehls mit Backpulver und Parmesan unterrühren. Übriges Mehl unterkneten. Teig 30 Min. kühl stellen.
– Inzwischen Petersilie und Rucola abbrausen und trockenschütteln, Basilikum nicht waschen. Die Kräuter getrennt fein hacken. Tomaten waschen und halbieren. Knoblauch schälen und durch die Presse drücken. Mit 4 EL Öl und dem Parmesan zu einer Paste vermischen. Das restliche Öl in einer Pfanne erwärmen, Rucola darin 5 Min. dünsten, die Kräuter hinzufügen und alles weitere 4 Min. garen. Mit Salz und Pfeffer würzen.
– Den Backofen auf 175° (Umluft 160°) vorheizen. Ein Pizzablech (32 cm Ø) einfetten. Den Teig auf der bemehlten Arbeitsfläche rund ausrollen, dabei einen 1 cm hohen Rand formen. Teig aufs Blech geben, mit Backpapier belegen und im Ofen (Mitte) 20 Min. vorbacken.
– Das Blech aus dem Ofen nehmen, das Backpapier entfernen. Den Teig mit der Kräutermischung und den Tomaten belegen. Die Parmesanpaste darüber geben. Im Ofen (unten) in 15–20 Min. fertig backen. Mit den Basilikumblättchen garniert servieren.

851. Apulische Zwiebelpizza

GELINGT LEICHT
Für 2–4 Personen
Zubereitungszeit: 20 Min.
Ruhezeit: 1 Std.
Backzeit: 25 Min.

***Für den Hefeteig:** 10 g frische Hefe • 1 Prise Zucker • 200 g Mehl • 1/2 TL Salz • 2 EL Olivenöl • Öl für das Blech • Mehl zum Ausrollen*
***Für den Belag:** 250 g weiße Zwiebeln • 4 EL Olivenöl • 100 g frisch geriebener Pecorino • 1 TL getrockneter Oregano • Salz • frisch gemahlener schwarzer Pfeffer • Oreganoblättchen und -blüten zum Garnieren*

– Für den Teig aus Hefe, 140 ml lauwarmem Wasser, Zucker, Mehl, Salz und dem Olivenöl einen glatten, geschmeidigen Hefeteig kneten und diesen zugedeckt an einem warmen Ort 1 Std. ruhen lassen.
– Für den Belag die Zwiebeln schälen und in sehr feine Scheiben schneiden oder hobeln. Den Backofen auf 225° (Umluft 200°) vorheizen. Ein Pizzablech (28 cm Ø) mit Olivenöl fetten.
– Den Hefeteig noch einmal durchkneten und auf der vorbereiteten Pizzaform mit bemehlten Händen gleichmäßig verteilen. Den Rand etwas dicker formen.
– Den Teig mit etwas Olivenöl bestreichen, die Zwiebeln darauf verteilen. Pecorino, Oregano, Salz und Pfeffer aufstreuen und restliches Öl darüber verteilen. Die Pizza im Ofen (unten) 25 Min. backen. Falls der Käse zu schnell braunt, mit Alufolie abdecken. Die Zwiebelpizza mit Oreganoblättchen und -blüten garnieren.

852. Artischockenpizza

GELINGT LEICHT
Für 4 Personen
Zubereitungszeit: 50 Min.
Backzeit: 25 Min.

***Für den Quark-Öl-Teig:** 150 g Magerquark • 6 EL Distelöl • 250 g Mehl • 1 TL Backpulver • Salz • Mehl für die Arbeitsfläche • Fett für das Blech*
***Für den Belag:** 800 g Tomaten • 2 Knoblauchzehen • 4 EL Olivenöl • 1 TL getrockneter Oregano • 80 g schwarze Oliven • je 1 kleine rote und gelbe Paprikaschote • 8 Artischockenherzen (aus dem Glas) • Salz •*

frisch gemahlener schwarzer Pfeffer • 50 g frisch geriebener Pecorino • Majoranblättchen zum Garnieren

– Den Quark in ein Tuch geben und auspressen. Dann mit 6–8 EL Wasser und dem Distelöl gut verrühren. Das Mehl mit dem Backpulver und 1 Prise Salz vermischen, mit der Quarkmasse zu einem glatten Teig verkneten und zugedeckt im Kühlschrank 30 Min. ruhen lassen.
– Inzwischen Stielansätze der Tomaten entfernen. Die Tomaten kurz überbrühen, häuten, vierteln, entkernen und würfeln. Den Knoblauch schälen und fein hacken.
– 2 EL Olivenöl erhitzen, den Knoblauch darin glasig dünsten. Die Tomaten und den Oregano hinzufügen und die Sauce bei mittlerer Hitze 2 Min. köcheln lassen.
– Die Oliven entsteinen. Die Paprikaschoten waschen, putzen und klein würfeln. Die Artischocken abtropfen lassen und vierteln. Diese Zutaten mit dem restlichen Olivenöl vermischen, mit Salz und Pfeffer würzen.
– Den Backofen auf 220° (Umluft 200°) vorheizen. Das Backblech fetten. Den Teig auf wenig Mehl rechteckig oder oval ausrollen, auf das Blech legen. Dabei den Rand etwas dicker formen.
– Die Tomatensauce auf den Teig geben. Paprika, Oliven und Artischocken darauf verteilen. Mit dem Pecorino bestreuen. Pizza im Ofen (Mitte) 20–25 Min. backen. Mit Majoranblättchen garniert servieren.

853. Auberginenpizza

VEGETARISCH | PREISWERT
Für 6–8 Personen
Zubereitungszeit: 30 Min.
Ruhezeit: 1 Std.
Backzeit: 40 Min.

Für den Hefeteig: 400 g Mehl • 1 Würfel Hefe (42 g) • 1 TL Zucker • Salz • 4 EL Olivenöl • Öl für das Blech • Mehl zum Arbeiten
Für den Belag: 4–5 Auberginen (etwa 1,3 kg) • Salz • 1 große Dose Tomaten (800 g Inhalt) • 5 Knoblauchzehen • 100 ml Olivenöl • 200 g schwarze Oliven • frisch gemahlener schwarzer Pfeffer • je 1 TL getrockneter Thymian, Oregano und Rosmarin • 250 g Mozzarella • eventuell Salbeiblüten zum Garnieren

– Das Mehl in eine Schüssel sieben, in die Mitte eine Mulde drücken. Hefe zerkrümeln, in 1/8 l lauwarmem Wasser auflösen, in die Mulde geben. Zucker, 1/2 TL Salz und das Öl auf dem Rand verteilen und alles mit den Knethaken des Handrührgerätes zu einem glatten Teig verkneten. An einem warmen Ort 1 Std. gehen lassen.
– Die Auberginen waschen, von den Stielansätzen befreien und in etwa 1 1/2 cm große Würfel schneiden. Die Würfel salzen, durchmischen und 30 Min. auf ein Küchentuch legen, damit genügend Fruchtwasser austreten kann.
– Dann die Auberginen kurz abspülen und mit Küchenpapier gründlich trockentupfen. Die Tomaten in einem Sieb abtropfen lassen. Den Knoblauch schälen und fein hacken.
– In einer großen Pfanne portionsweise Olivenöl erhitzen und die Auberginenwürfel darin nach und nach anbraten. Anschließend wieder auf Küchenpapier legen und abtropfen lassen.
– Das Backblech dünn mit Öl ausstreichen. Den Backofen auf 200° (Umluft 180°) vorheizen. Den Teig nochmals durchkneten, auf dem Blech ausrollen und die Ränder etwas hochdrücken. Teigboden mit einer Gabel mehrmals einstechen. Die Tomaten mit einer Gabel zerdrücken und auf dem Teig verteilen. Den Knoblauch darüber streuen. Mit den Auberginenwürfeln belegen, die Oliven dazwischen verteilen und alles kräftig mit Pfeffer, Thymian, Oregano und Rosmarin würzen.
– Den Mozzarella klein würfeln und auf der Pizza verteilen. Die Pizza im Ofen (Mitte) in 35–40 Min. goldbraun backen. Mit Salbeiblüten garniert servieren.

854. Große Gemüsepizza

VEGETARISCH
Für 4–6 Personen
Zubereitungszeit: 50 Min.
Backzeit: 50 Min.

Für den Quark-Öl-Teig: 200 g Magerquark • 6 EL Milch • 1/8 l Öl • 1/2 TL Salz • 500 g Mehl • 2 TL Backpulver • Öl für das Blech • Mehl zum Arbeiten
Für den Belag: 250 g Champignons oder Egerlinge • 600 g Tomaten • 1 Fenchelknolle • 1 Gemüsezwiebel • 4 EL Butter • 1 EL Zitronensaft • Salz • frisch gemahlener schwarzer Pfeffer • 1 TL rosenscharfes Paprikapulver • 1 Eigelb • 350 g passierte Tomaten (aus der Packung) • 2 TL getrockneter Oregano • 200 g mittelalter Gouda • eventuell Oregano- oder Majoranblättchen zum Garnieren

– Den Quark in einem Tuch auspressen, dann in einer Schüssel mit Milch, Öl und Salz verrühren. Das Mehl mit dem Backpulver dazusieben, alles zu einem glatten Teig verkneten und zugedeckt 30 Min. kühl stellen.
– Inzwischen die Pilze putzen und blättrig schneiden. Die Tomaten waschen, in Scheiben schneiden und dabei die Stielansätze entfernen. Den Fenchel putzen und die Zwiebel schälen, beides in dünne Scheiben schneiden.
– Die Butter in einer großen Pfanne erhitzen. Fenchel- und Zwiebelscheiben darin 4 Min. andünsten, dann die Pilze untermischen und kurz mitbraten. Das Gemüse mit Zitronensaft, Salz, Pfeffer und Paprika würzen. Den Backofen auf 200° (Umluft 200°) vorheizen.
– Das Blech mit Öl einfetten. Teig auf der bemehlten Arbeitsfläche ausrollen und auf das Blech legen. Dabei einen etwas dickeren Rand formen und diesen mit dem Eigelb bestreichen. Teigboden mit einer Gabel mehrmals einstechen, mit den passierten Tomaten bestreichen.
– Fenchel-Zwiebel-Mischung auf dem Teig verteilen, darauf sehr dicht die Tomatenscheiben legen. Den getrockneten Oregano, etwas Salz und Pfeffer über die Tomaten streuen, die Pizza im Ofen (Mitte) 35–40 Min. backen. Den Käse grob raspeln.
– Den Käse über der Pizza verteilen und in 10 Min. goldbraun fertig backen. Eventuell mit Oregano- oder Majoranblättchen garnieren.

855. Vier-Käse-Pizza

GELINGT LEICHT | GUT FÜR GÄSTE
Fur 4–6 Personen
Zubereitungszeit: 30 Min.
Ruhezeit: 1 Std.
Backzeit: 15 Min.

Für den Hefeteig: 1/2 Würfel Hefe (21 g) • 1 Prise Zucker • 300 g Mehl • 1 TL Salz • 6 EL Olivenöl • Olivenöl für das Backblech • Mehl für die Arbeitsfläche
Für den Belag: 125 g Mozzarella • 125 g junger Pecorino • 125 g Gorgonzola • 100 g Parmesan • 4 Knoblauchzehen • 2 Zweige Salbei • 5 EL Olivenöl • frisch gemahlener schwarzer Pfeffer

– Hefe in eine Tasse bröckeln und mit 1/8 l lauwarmem Wasser und dem Zucker glatt rühren. Mit dem Mehl, Salz und Olivenöl zu einem glatten geschmeidigen Teig verkneten, der sich vom Schüsselrand löst. Zugedeckt an einem warmen Ort 1 Std. gehen lassen.
– Mozzarella, Pecorino und Gorgonzola klein würfeln, den Parmesan fein reiben. Die Knoblauchzehen schälen und in dünne Scheibchen schneiden oder fein hacken. Salbei waschen, trockenschütteln, Blättchen abzupfen, in Streifen schneiden.
– Den Backofen auf 225° (Umluft 200°) vorheizen. Ein Backblech mit Olivenöl fetten. Hefeteig auf wenig Mehl noch einmal gut durchkneten, dann dünn ausrollen und auf das Blech heben. Einen schmalen Rand formen.
– Den Knoblauch, den Käse und die Salbeiblättchen auf der Pizza verteilen, das Olivenöl gleichmäßig darüber träufeln. Etwas Pfeffer darüber mahlen. Die Pizza im Ofen (unten) 12–15 Min. backen.

TIPP

Für diese „Pizza ai quattro formaggi" eignen sich Mozzarella, junger Pecorino, Gorgonzola und Parmesan besonders gut. Wer möchte, kann eine der Käsesorten durch Bel Paese, Roquefort oder andere aromatische Käse ersetzen.

856. Tunfischpizza

GELINGT LEICHT
Für 4 Personen
Zubereitungszeit: 15 Min.
Ruhezeit: 1 Std.
Backzeit: 25 Min.

Für den Hefeteig: 1/2 Würfel Hefe (21 g) • 300 g Mehl • Salz • 4 EL Olivenöl • Fett für das Blech • Mehl für die Arbeitsfläche
Für den Belag: 2 Dosen Tunfisch in Öl (je 185 g Inhalt) • 8 getrocknete Tomaten in Öl • 1 EL Olivenöl • 1 EL Kapern • 50 g schwarze Oliven • 150 g Manchego oder Pecorino (beides frisch gerieben) oder Ziegencamembert (in Scheiben)

– Die Hefe in 1/8 l lauwarmem Wasser anrühren. Mit Mehl, 1 kräftigen Prise Salz und Öl mit den Knethaken des Handrührgerätes oder mit den Händen schnell zu einem glatten Teig verarbeiten. Den Teig zugedeckt an einem warmen Ort 1 Std. gehen lassen.
– Den Tunfisch abtropfen lassen und grob zerpflücken. Die Tomaten längs halbieren. Den Backofen auf 220° (Umluft 200°) vorheizen. Pizzablech (28 cm Ø) fetten.

– Den Hefeteig nochmals durchkneten, halbieren und auf bemehlter Arbeitsfläche jeweils zu einem länglichen Fladen ausrollen. Auf das Blech legen, dabei den Rand etwas dicker formen. Die Teigfladen mit dem Olivenöl bestreichen und mit Backpapier belegen. Im Ofen (Mitte) 10 Min. vorbacken.
– Danach den Teig mit Tunfisch, Tomaten, Kapern und Oliven belegen. Den Käse darauf verteilen. Pizza im Ofen (Mitte) weitere 15 Min. backen.

TIPP

Besonders fein schmeckt die Pizza, wenn Sie Tunfisch kaufen, der in feinem Olivenöl eingelegt ist. Den gibt es im italienischen Feinkostgeschäft.

857. Sardinen-Tomaten-Pizza

GUT FÜR GÄSTE
Für 2–4 Personen
Zubereitungszeit: 1 1/4 Std.
Backzeit: 25 Min.

Für den Hefeteig: 250 g Mehl • 1/2 Würfel Hefe (21 g) • 75 ml lauwarme Milch • 1/2 TL Zucker • Salz • 2 EL Olivenöl • Öl für das Blech • Mehl für die Arbeitsfläche
Für den Belag: 1 Zwiebel • 2 Knoblauchzehen • je 1 rote und gelbe Paprikaschote • 2 grüne Peperoni • 5 EL Olivenöl • 250 g Pizza-Tomaten (aus der Dose) • Salz • frisch gemahlener Pfeffer • 1/2 TL getrockneter Oregano • 500 g küchenfertige Sardinen (ersatzweise tiefgekühlt) • 3 EL Zitronensaft • 1 Tomate • 2 EL frisch gehackte Kräuter (Petersilie, Salbei, Rosmarin)

– Für den Teig das Mehl in eine Schüssel sieben, in die Mitte eine Mulde drücken. Die Hefe hineinkrümeln und mit der Milch verrühren. Den Zucker, 3 Prisen Salz und das Öl auf dem Rand verteilen. Alle Zutaten zu einem glatten Teig verkneten und zugedeckt 1 Std. an einem warmen Ort gehen lassen.
– Inzwischen die Zwiebel und den Knoblauch schälen, beides klein würfeln. Paprikaschoten waschen, putzen und in kleine Würfel schneiden. Die Peperoni waschen, entkernen und klein schneiden.
– In einem Topf 3 EL Öl erhitzen, die Zwiebel- und Paprikawürfel darin 3 Min. bei mittlerer Hitze dünsten. Knoblauch, Peperoni und Pizza-Tomaten hinzufügen. Mit Salz, Pfeffer und getrocknetem Oregano würzen und 5 Min. köcheln lassen. Die Sauce zur Seite stellen und abkühlen lassen.
– Die Sardinen abspülen, trockentupfen und längs halbieren (tiefgekühlte vorher auftauen lassen). Mit Salz, Pfeffer und Zitronensaft würzen. Die Tomate waschen und halbieren. Den Backofen auf 200° (Umluft 180°) vorheizen. Das Backblech fetten.
– Den Teig nochmals durchkneten, halbieren und auf wenig Mehl zu dünnen Fladen ausrollen. Die Ränder etwas hochdrücken und die Pizzen auf das Blech legen. Die Tomatensauce auf dem Teig verstreichen und die Sardinenhälften sternförmig darauf legen. In die Mitte jeweils 1 Tomatenhälfte setzen. Mit dem restlichen Öl beträufeln. Die Pizza im Ofen (Mitte) 25 Min. backen. Mit den frisch gehackten Kräutern bestreuen.

TIPP

Sind die Sardinen noch nicht küchenfertig vorbereitet, Köpfe und Flossen abschneiden. An der Bauchseite längs aufschneiden, ausnehmen und vorsichtig die Mittelgräte herauslösen. Für diese Arbeit müssen Sie etwa 15 Min. mehr Zeit einplanen.

858. Pizza mit Meeresfrüchten

GELINGT LEICHT
Für 4 Personen
Zubereitungszeit: 1 1/2 Std.
Backzeit: 30 Min.

Für den Hefeteig: 300 g Mehl • 1 kräftige Prise Salz • 1/2 Würfel Hefe (21 g) • 4 EL Olivenöl • Öl für das Blech • Mehl für die Arbeitsfläche
Für den Belag: 1 Zwiebel • 2 Knoblauchzehen • 2 EL Olivenöl • 500 g Pizza-Tomaten (aus der Dose) • Salz • 1 Prise Chilipulver • 1 TL getrockneter Oregano • 1 EL Kapern • 1 Peperoni (aus dem Glas) • 500 g gegarte Meeresfrüchte (aus dem Glas; Muscheln, Garnelen, Tintenfischringe) • einige Petersilienblätter

– Mehl und Salz mischen. Hefe mit etwa 1/8 l lauwarmem Wasser verrühren. Mit dem Öl zum Mehl geben und zu einem glatten Teig verkneten. Zugedeckt an einem warmen Ort 1 Std. gehen lassen.

– Inzwischen die Zwiebel und die Knoblauchzehen schälen und fein hacken. 1 EL Öl in einem Topf erhitzen. Zwiebel und Knoblauch darin andünsten. Die Pizza-Tomaten dazugeben und bei mittlerer Hitze köcheln lassen, bis die Flüssigkeit verdampft ist.
– Tomatensauce mit Salz, Chilipulver und Oregano würzen. Die Kapern unterrühren. Peperoni in Streifen schneiden, Meeresfrüchte und Peperoni mit dem restlichen Öl mischen.
– Den Backofen auf 220° (Umluft 200°) vorheizen. Ein rundes oder eckiges Backblech fetten. Den Teig nochmals durchkneten und auf wenig Mehl ausrollen, auf das Blech legen, dabei den Rand etwas dicker formen. Die Tomatensauce darauf geben. Den Teig im Ofen (Mitte) 15 Min. vorbacken.
– Danach die Meeresfrüchte darauf verteilen und die Pizza in weiteren 15 Min. fertig backen. Mit Petersilienblättchen garniert servieren.

859. Pizza Capricciosa

GELINGT LEICHT
Für 4 Personen
Zubereitungszeit: 1 1/2 Std.
Ruhezeit: 1 Std.
Backzeit: 30 Min.

Für den Hefeteig: 1/2 Würfel Hefe (21 g) • 1 Prise Zucker • 450 g Mehl • 4 EL Olivenöl • 1 TL Salz • Olivenöl für die Formen • Mehl für die Arbeitsfläche
Für den Belag: 1 große Dose Tomaten (800 g Inhalt) • Salz • frisch gemahlener schwarzer Pfeffer • 2 TL getrockneter Oregano • 4 eingelegte Sardellenfilets • 125 g mit Paprika gefüllte, grüne Oliven • 125 g gekochter Schinken (in dünnen Scheiben) • 125 g Champignons • 250 g Mozzarella • 4 EL Olivenöl

– Die Hefe in eine Tasse bröckeln und mit 200 ml lauwarmem Wasser und dem Zucker glatt rühren. Mit dem Mehl, dem Öl und Salz in eine Schüssel geben und alles zu einem geschmeidigen Teig verkneten. Zugedeckt an einem warmen Ort 1 Std. ruhen lassen.
– Den Backofen auf 225° (Umluft 200°) vorheizen. Vier Pizzableche (20 cm Ø) mit Öl ausstreichen. Den Teig vierteln, jedes Teigstück auf wenig Mehl rund ausrollen und in die Formen legen.
– Die Tomaten abtropfen lassen und mit einer Gabel zerdrücken, auf den Pizzaböden verteilen. Dabei einen 2 cm breiten Rand frei lassen. Mit Salz, Pfeffer und Oregano würzen.
– Die Sardellenfilets kalt abspülen, abtrocknen und in feine Streifen schneiden. Oliven halbieren, Schinken in schmale Streifen schneiden. Die Champignons waschen, putzen und in Scheiben schneiden. Alles auf den Pizzaböden verteilen.
– Den Mozzarella in dünne Scheiben schneiden und auf die Pizzen legen, mit Olivenöl beträufeln. Nacheinander je 2 Pizzen im Ofen (unten) 15 Min. backen.

860. Pizza quattro stagioni

GUT FÜR GÄSTE
Für 4–6 Personen
Zubereitungszeit: 30 Min.
Ruhezeit: 1 Std.
Backzeit: 30 Min.

Für den Hefeteig: 1/2 Würfel Hefe (21 g) • 1 Prise Zucker • 450 g Mehl • 4 EL Olivenöl • 1 TL Salz • Olivenöl für die Bleche • Mehl für die Arbeitsfläche
Für den Belag: 1 große Dose Tomaten (800 g) • Salz • frisch gemahlener schwarzer Pfeffer • 2 TL getrockneter Oregano • 75 g gekochter Schinken • 1/2 gelbe Paprikaschote • 1 kleine Zwiebel • 60 g Miesmuschelfleisch (aus dem Glas) • 60 g schwarze Oliven • 4 eingelegte Sardellenfilets • 100 g eingelegte Artischockenherzen • 8 kleine eingelegte Peperoni • 250 g Mozzarella • 4 EL Olivenöl

– Die Hefe in eine Tasse bröckeln und mit 200 ml lauwarmem Wasser und dem Zucker glatt rühren. Mit dem Mehl, dem Öl und Salz in eine Schüssel geben und alles zu einem geschmeidigen Teig verkneten. Zugedeckt an einem warmen Ort 1 Std. ruhen lassen.
– Den Backofen auf 225° (Umluft 200°) vorheizen. Vier Pizzableche (20 cm Ø) mit Öl ausstreichen. Den Teig vierteln, jedes Teigstück auf wenig Mehl rund ausrollen und auf die Bleche legen.
– Die Tomaten abtropfen lassen und mit einer Gabel zerdrücken, auf den Pizzaböden verteilen. Dabei einen 2 cm breiten Rand frei lassen und ganz leicht auf jeder Pizza vier Segmente markieren. Mit Salz, Pfeffer und Oregano würzen.
– Den Schinken würfeln, die Paprikaschote putzen, waschen und in feine Streifen schneiden. Bei jeder Pizza ein Viertel damit belegen.

– Zwiebel schälen und in dünne Scheiben schneiden, zusammen mit den Muscheln auf ein zweites Viertel geben. Oliven entsteinen, die Sardellenfilets waschen und vierteln, zusammen auf ein weiteres Viertel legen. Die Artischockenherzen und die Peperoni halbieren und jeweils auf dem letzten Pizzaviertel verteilen.
– Den Mozzarella in dünne Scheiben schneiden und auf die Pizzen legen. Mit Olivenöl beträufeln. Nacheinander je 2 Pizzen im Ofen (unten) 15 Min. backen.

861. Pizza mit Krabben, Lauch und Ananas

GUT FÜR GÄSTE
Für 4 Personen
Zubereitungszeit: 30 Min.
Ruhezeit: 1 Std.
Backzeit: 25 Min.

Für den Hefeteig: 1/2 Würfel Hefe (21 g) • 300 g Mehl • Salz • 4 EL Olivenöl • Fett für das Blech • Mehl für die Arbeitsfläche
Für den Belag: 500 g Lauch • 1 kleine Dose Ananasstücke (240 g Inhalt) • 1 EL Olivenöl • 1 TL getrocknete Kräuter der Provence • Salz • frisch gemahlener schwarzer Pfeffer • 125 g Mozzarella • 150 g gegarte ausgelöste Krabben oder Garnelen • 100 g frisch geriebener Appenzeller • Oreganoblättchen zum Garnieren

– Die Hefe mit 150 ml lauwarmem Wasser verrühren. Das Mehl mit der Hefe, 1 kräftigen Prise Salz und dem Öl in einer Schüssel mischen. Mit den Knethaken des Handrührgerätes oder mit den Händen gründlich zu einem glatten Teig verkneten. Den Teig zugedeckt an einem warmen Ort 1 Std. gehen lassen.
– Den Lauch putzen, längs halbieren und gründlich waschen. Dann in feine Streifen schneiden. Die Ananas in einem Sieb abtropfen lassen. Das Öl in einer Pfanne erhitzen, Lauch darin andünsten. Kräuter der Provence dazugeben, mit Salz und Pfeffer würzen. Den Mozzarella in 1 cm große Würfel schneiden.
– Den Backofen auf 220° (Umluft 200°) vorheizen. Das Backblech fetten. Teig auf wenig Mehl nochmals durchkneten. Dann möglichst oval ausrollen und auf das Backblech legen, dabei den Rand etwas dicker formen.
– Lauch, Ananas und Krabben darauf geben, beide Käse darüber streuen. Pizza im Ofen (Mitte) 25 Min. backen. Mit Oreganoblättchen garnieren.

TIPP
Wer gerne ein wenige schärfer isst, mischt 1 fein gehackte Chilischote mit unter den Belag. Außerdem passen 2–3 EL Crème fraîche gut zum Belag, sie machen ihn cremiger!

862. Pikante Sardellen-Schinken-Pizza

GUT FÜR GÄSTE
Für 2–4 Personen
Zubereitungszeit: 15 Min.
Ruhezeit: 1 Std.
Backzeit: 25 Min.

Für den Hefeteig: 250 g Mehl • 1/2 Würfel Hefe (21 g) • 75 ml lauwarme Milch • 1/2 TL Zucker • Salz • 2 EL Öl • Mehl für die Arbeitsfläche • Öl für das Blech
Für den Belag: 3–4 Tomaten • 2 Zwiebeln • 150 g gekochter Schinken • 8 Sardellenfilets in Salz • 6 scharf eingelegte Peperoni (Pfefferoni) • 50 g schwarze Oliven • 1 TL getrockneter Oregano • 50 g frisch geriebener Pecorino • frische Oreganoblättchen zum Garnieren

– Das Mehl in eine Schüssel sieben, in die Mitte eine Mulde drücken. Die Hefe hineinkrümeln und mit der Milch verrühren. Den Zucker, 3 Prisen Salz und das Öl auf dem Rand verteilen. Alle Zutaten zu einem glatten Teig verkneten und zugedeckt an einem warmen Ort 1 Std. gehen lassen.
– Tomaten waschen und in dünne Scheiben schneiden, dabei die Stielansätze entfernen. Die Zwiebeln schälen und in dünne Ringe schneiden. Den Schinken in Streifen schneiden. Die Sardellenfilets abspülen und trockentupfen. Den Backofen auf 200° (Umluft 180°) vorheizen.
– Den Teig nochmals durchkneten, halbieren und auf wenig Mehl jeweils zu einem Fladen ausrollen. Auf ein leicht geöltes Backblech legen und mit den Tomaten belegen. Die Zwiebelringe und die Schinkenstreifen darauf verteilen. Sardellen, Peperoni und die Oliven dazwischen legen. Die Pizzen mit dem getrocknetem Oregano und dem Pecorino bestreuen und im Ofen (Mitte) 25 Min. backen. Mit den frischen Oreganoblättchen garnieren.

863. Minipizzen mit Salami

SCHMECKT KINDERN
Für 6–8 Personen
Zubereitungszeit: 1 1/4 Std.
Backzeit: 40 Min.

Für den Hefeteig: 1/2 Würfel Hefe (21 g) • 300 g Mehl • 2 EL Olivenöl • 1 TL Salz • Mehl für die Arbeitsfläche • Öl für das Blech
Für die Tomatensauce: 1 Zwiebel • 2 Knoblauchzehen • 2 EL Olivenöl • 500 g passierte Tomaten (aus der Packung) • 1 1/2 EL Tomatenmark • Salz • frisch gemahlener schwarzer Pfeffer • 1 Prise Zucker
Für den Belag: 150 g mit Paprika gefüllte, grüne Oliven • 250 g Mozzarella • 125 g dünne Salamischeiben

– Die Hefe in einer Tasse mit 150 ml lauwarmem Wasser glatt rühren, mit den übrigen Zutaten für den Teig glatt verkneten. Den Teig zu einer Kugel formen und leicht mit Mehl bestäuben, zugedeckt an einem warmen Ort 1 Std. ruhen lassen.
– Inzwischen für die Tomatensauce die Zwiebel und den Knoblauch schälen und fein würfeln. Das Öl in einem Topf erhitzen, die Zwiebel und den Knoblauch darin glasig werden lassen. Die passierten Tomaten und das Tomatenmark einrühren, mit Salz, Pfeffer und Zucker würzen. Offen bei mittlerer Hitze leicht dicklich einkochen lassen.
– Den Backofen auf 250° (Umluft 220°) vorheizen. Die Oliven halbieren, Mozzarella in sehr dünne Scheiben schneiden. Den Teig in 18 Portionen teilen. Nach und nach die Hefekugeln auf wenig Mehl zu kleinen Kreisen (10–12 cm Ø) ausrollen und auf ein geöltes Blech legen. Mit Tomatensauce bestreichen und mit Salami, Oliven und Mozzarella belegen. Die Pizzen in 3 bis 4 Portionen im Ofen (unten) jeweils 10 Min. backen.

TIPP
Auch sehr fein und schnell zubereitet: Minipizzen mit Blätterteig. Dafür 1 Packung tiefgekühlte Blätterteigplatten auftauen lassen und auf der bemehlten Arbeitsfläche dünn ausrollen. Dann aus dem Teig Kreise (etwa 12 cm Ø) ausstechen und wie oben beschrieben bestreichen, belegen und im heißen Ofen backen.

864. Bunte Familienpizza

GUT FÜR GÄSTE
Für 6–8 Personen
Zubereitungszeit: 1 1/4 Std.
Backzeit: 50 Min.

Für den Hefeteig: 500 g Mehl • 1/4 l Milch • 1 Würfel Hefe (42 g) • 1 TL Salz • 100 g weiche Butter oder Margarine • Fett für das Blech
Für den Belag: 300 g Champignons • 400 g Jagdwurst (am Stück) • 100 g Salami (am Stück) • 3 Zwiebeln • 2 EL Butter • Salz • frisch gemahlener Pfeffer • 600 g Tomaten • 3 hellgrüne Spitzpaprika oder 2 gelbe Paprikaschoten • 8 EL Tomatenketchup • je 1 TL getrockneter Thymian und Oregano • 300 g Emmentaler • Oreganoblättchen zum Garnieren

– Das Mehl in eine Schüssel sieben. Die Milch leicht erwärmen, die Hefe darin auflösen. Hefemilch, Salz und die Butter oder Margarine in kleinen Stückchen zum Mehl geben. Alles rasch zu einem glatten Teig verkneten. Zu einem Kloß formen, leicht mit Mehl bestäuben und an einem warmen Ort 1 Std. gehen lassen.
– Inzwischen die Champignons putzen und in Scheiben schneiden. Beide Wurstsorten in kleine Würfel schneiden. Die Zwiebeln schälen und in Ringe schneiden. In einer Pfanne die Butter erhitzen, die Pilze und Zwiebeln darin bei mittlerer Hitze 5 Min. dünsten. Mit Salz und Pfeffer würzen.
– Die Tomaten waschen und in Scheiben schneiden, dabei die Stielansätze entfernen. Die Paprikaschoten waschen, halbieren, putzen und in dünne Streifen schneiden. Den Backofen auf 240° (Umluft 220°) vorheizen. Das Blech fetten.
– Den Teig nochmals durchkneten, auf dem Blech ausrollen und die Ränder etwas hochdrücken. Den Teigboden mit dem Ketchup bestreichen. Die Wurstwürfel darauf verteilen und mit Thymian und Oregano würzen. Darauf die Champignons und die Zwiebeln verteilen. Mit den Tomatenscheiben belegen und die Paprikastreifen dazwischen geben. Mit Salz und Pfeffer würzen.
– Die Pizza im Ofen (Mitte) 10 Min. backen. Danach die Hitze auf 200° (Umluft 180°) reduzieren und die Pizza weitere 30 Min. backen.
– Inzwischen den Käse in feine Streifen schneiden, die Pizza mit dem Käse bestreuen und in 10 Min. goldbraun fertig backen. Mit Oregano garniert servieren.

865. Türkische Pizza

GUT FÜR GÄSTE
Für 4 Personen
Zubereitungszeit: 1 1/2 Std.
Backzeit: 1 Std.

Für den Hefeteig: 1/2 Würfel Hefe (21 g) • 450 g Mehl • 1 TL Salz • Öl für das Backblech • Mehl für die Arbeitsfläche
Für den Belag: 2 Fleischtomaten • 1 Bund Frühlingszwiebeln • 2 große Peperoni (je nach Belieben scharf oder mild) • 2 Bund Petersilie • 250 g Lammhackfleisch (vom Metzger durchdrehen lassen) • Salz • frisch gemahlener schwarzer Pfeffer • rosenscharfes Paprikapulver • gemahlener Kreuzkümmel • 4 EL Olivenöl • 3 rote Zwiebeln

– Für den Teig die Hefe in eine Schüssel bröckeln und mit 1/4 l lauwarmem Wasser glatt rühren. Mit dem Mehl und dem Salz zu einem glatten, geschmeidigen Teig verkneten. Zugedeckt an einem warmen Ort 45 Min. gehen lassen.
– Inzwischen für den Belag die Stielansätze der Tomaten entfernen. Tomaten mit kochend heißem Wasser überbrühen und kurz ziehen lassen, dann häuten, vierteln, entkernen und hacken.
– Die Frühlingszwiebeln waschen, putzen und in feine Würfel schneiden. Die Peperoni längs halbieren, die Kerne herauswaschen und die Schoten sehr klein schneiden. 1 Bund Petersilie abbrausen, abtrocknen und ebenfalls hacken.
– Das Hackfleisch mit den Tomaten, den Frühlingszwiebeln, den Peperoni und der Petersilie mischen. Mit Salz, Pfeffer, Paprikapulver und etwas Kreuzkümmel kräftig würzen.
– Den Backofen auf 225° (Umluft 200°) vorheizen. Das Backblech fetten. Den Teig auf wenig Mehl noch einmal durchkneten und in 8 Portionen teilen.
– Nacheinander je zwei Teigstücke zu ovalen Fladen ausrollen und auf das Blech setzen. Die Fladen dünn mit Hackfleisch bestreichen und mit etwas Olivenöl beträufeln. Teigränder nach innen klappen. Die Pizzen im Ofen (Mitte) 15 Min. backen. Auf diese Weise nach und nach die restlichen Pizzen zubereiten und backen.
– Inzwischen die roten Zwiebeln schälen und in feine Ringe schneiden. Das übrige Bund Petersilie waschen, abtrocknen und hacken. Beides mischen und zum Servieren auf die Pizzen streuen.

866. Flammkuchen

PREISWERT | GELINGT LEICHT
Für 6 Personen
Zubereitungszeit: 15 Min.
Ruhezeit: 1 Std.
Backzeit: 25 Min.

Für den Brotteig: 400 g Roggenmehl (Type 1370) • 15 g frische Hefe • 50 g Sauerteig • 1 TL Salz • Fett für das Blech • Mehl für die Arbeitsfläche
Für den Belag: 150 g durchwachsener Räucherspeck • 3 Zwiebeln • 200 g Quark • 200 g Sahne • 1 EL Mehl • 1 TL Salz • 3 EL Walnussöl

– Das Mehl in eine Schüssel geben und in die Mitte eine Mulde drücken. Die Hefe zerbröckeln und mit 50 ml lauwarmem Wasser verrühren. In die Mulde geben. Zugedeckt an einem warmen Ort 15 Min. gehen lassen.
– Dann 200 ml lauwarmes Wasser mit dem Sauerteig und dem Salz verrühren. Zum Mehl in die Schüssel geben und alles zu einem glatten, nicht zu festen Teig verarbeiten. Den Teig zugedeckt an einem warmen Ort 45 Min. gehen lassen.
– Den Speck zuerst in 1 cm dicke Scheiben, danach in feine Streifen schneiden. Die Zwiebeln schälen und fein würfeln. Den Quark mit Sahne, Mehl, Salz und Öl zu einer geschmeidigen Creme verrühren. Die Zwiebelwürfel untermischen.
– Ein Backblech fetten. Den Backofen auf 220° vorheizen. Den Brotteig auf wenig Mehl nochmals durchkneten, nach Wunsch halbieren. Einen oder zwei Fladen dünn ausrollen und auf das Blech legen.
– Die Quark-Sahne-Creme gleichmäßig auf dem Teig verstreichen. Die Speckstreifen auf die Creme streuen. Den Flammkuchen im Ofen (Mitte, Umluft 200°) 25 Min. backen.

TIPPS

– Der Flammkuchenteig ist so knusprig, dass man ihn am besten mit einer Küchenschere oder einem Pizzaschneider zerteilt.
– Flammkuchen lässt sich gut auf Vorrat backen und einfrieren. Zum Aufbacken den gefrorenen Kuchen in Stücken im heißen Ofen bei 180° (Mitte, Umluft 160°) in 10–15 Min. auftauen und heiß werden lassen.

867. Fougasse (Provenzalischer Brotfladen)

GELINGT LEICHT
Für 6 Personen
Zubereitungszeit: 15 Min.
Ruhezeit: 1 1/2 Std.
Backzeit: 30 Min.

Für den Hefeteig: 500 g Mehl • 1/2 Würfel Hefe (21 g) • 1 TL Zucker • 3 EL Olivenöl • 1 1/2 TL Salz • Mehl zum Arbeiten
Für die Füllung: 1 Dose Tomaten (400 g) • 100 g getrocknete, in Öl eingelegte Tomaten • frisch gemahlener schwarzer Pfeffer • 1 TL getrocknete Kräuter der Provence • 2 EL Olivenöl

– Mehl in eine Schüssel geben, in der Mitte eine Mulde eindrücken. Hefe hineinbröckeln, mit Zucker bestreuen und mit 300 ml lauwarmem Wasser verrühren. Öl und Salz dazugeben, alles zum geschmeidigen Teig verkneten. Zugedeckt an einem warmen Ort 1 Std. gehen lassen.
– Die Tomaten aus der Dose in ein Sieb abgießen und gut abtropfen lassen, dann grob zerkleinern. Die getrockneten Tomaten klein würfeln. Beides mit Pfeffer, Kräutern und Öl mischen.
– Den Teig auf leicht bemehltem Backpapier zu einem etwa 30 x 40 cm großen Oval (etwa Backblechgröße) ausrollen. Die Tomatenmischung längs auf eine Hälfte geben, dabei einen etwa 1 cm breiten Rand frei lassen.
– In die andere Teighälfte mit einem Messer mehrere parallele Einschnitte machen, dabei aber den Teig am Rand nicht durchschneiden. Diese Teighälfte über die Füllung legen und den Rand gut festdrücken. Die Fougasse leicht mit Mehl bestäuben und mit einem Tuch bedeckt weitere 30 Min. ruhen lassen.
– Den Backofen auf 200° vorheizen. Die Fougasse im Ofen (Mitte, Umluft 180°) 30 Min. backen.

868. Farinata (Kichererbsenfladen)

VEGETARISCH | PREISWERT
Für 6 Personen
Zubereitungszeit: 40 Min.
Ruhezeit: 4 Std.

400 g Kichererbsenmehl (aus Reformhaus, Bio- oder Asienladen) • Salz • Fett für die Form • 5 EL Olivenöl • grob gemahlener weißer Pfeffer

– Das Kichererbsenmehl in eine große Schüssel füllen. 1 kräftige Prise Salz untermischen. Etwa 400 ml Wasser nach und nach dazugießen und gut unterrühren, bis die Masse glatt ist. Zum Schluss soll sie ziemlich flüssig sein und darf keine Klümpchen mehr haben. Den Kichererbsenbrei mindestens 4 Std. zugedeckt ruhen lassen. Falls sich dann Schaum auf dem Brei gebildet hat, diesen mit einem Löffel abschöpfen.
– Den Backofen auf 220° (Umluft 200°) vorheizen. Die tiefe Fettpfanne des Backofens oder eine große flache Backform einfetten. Kichererbsenmasse darauf gießen, mit dem Olivenöl beträufeln und das Öl mit einer Gabel etwas in der Masse verteilen.
– Die Masse im Backofen (Mitte) etwa 25 Min. backen, bis sie schön gebräunt ist. Dann den Fladen herausnehmen, mit reichlich Pfeffer übermahlen, in kleine Stücke schneiden und lauwarm servieren.

869. Pissaladière (Provenzalischer Zwiebel-Sardellen-Kuchen)

GELINGT LEICHT
Für 4 Personen
Zubereitungszeit: 1 1/4 Std.
Backzeit: 25 Min.

Für den Hefeteig: 1 Würfel Hefe (42 g) • 400 g Mehl • Salz • 4 EL Olivenöl • Fett für das Blech • Mehl für die Arbeitsfläche
Für den Belag: 1 kg feste Tomaten • 500 g Zwiebeln • 2 Knoblauchzehen • 2 EL Olivenöl • 8 Sardellenfilets in Öl • 12 kleine schwarze Oliven

– Hefe zerkrümeln und mit 1/8 l lauwarmem Wasser verrühren. Das Mehl mit 1 kräftigen Prise Salz mischen. Die Hefe mit dem Olivenöl dazugeben, alles zu einem glatten, geschmeidigen Teig verkneten. Den Teig zugedeckt an einem warmen Ort 1 Std. gehen lassen.
– Inzwischen die Stielansätze der Tomaten entfernen. Die Tomaten kurz überbrühen und häuten. Danach in Würfel schneiden. Die Zwiebeln und den Knoblauch schälen und in kleine Würfel schneiden. Das Öl in einem Topf erhitzen. Zwiebeln, Knoblauch und Tomaten hineingeben und unter Rühren bei mittlerer Hitze in 5 Min. etwas einkochen lassen.
– Backofen auf 225° (Umluft 200°) vorheizen, Backblech fetten. Teig nochmals durchkneten, auf wenig Mehl ausrollen. Auf das Blech legen, Rand etwas dicker formen.

– Die Tomatenmasse auf dem Teig verteilen. Die Sardellen längs halbieren und als Gittermuster auf die Tomaten legen. Die Oliven dazwischen verteilen. Die Pissaladière im Ofen (Mitte) 25 Min. backen.

TIPP

Wer möchte, gibt noch 1 TL getrocknete Kräuter der Provence an die Tomatensauce.

870. Focaccia (Italienischer Teigfladen)

PREISWERT | GELINGT LEICHT
Für 4 Personen
Zubereitungszeit: 50 Min.
Ruhezeit: 50 Min.

1/2 Würfel Hefe (21 g; ersatzweise 1 Tütchen Trockenhefe) • 250 g Mehl • 1 gestrichener TL Salz • 1 EL frisch gehackte Rosmarinnadeln • 6 EL extra natives Olivenöl • etwas grobes Meersalz zum Bestreuen • etwas Mehl zum Ausrollen

– Die Hefe zerbröckeln und mit der Hälfte von 1/8 l lauwarmem Wasser glatt rühren. Das Mehl in eine Schüssel füllen, in die Mitte eine Vertiefung drücken. Da hinein die angerührte Hefe gießen und mit etwas Mehl verrühren. Diesen Vorteig zugedeckt an einem warmen Platz 15–20 Min. gehen lassen.
– Dann das Salz im übrigen Wasser auflösen, zum Vorteig geben und alles gut vermischen. Den Teig mit den Händen noch 10 Min. kräftig durchwalken, bis er ganz glatt und geschmeidig ist, dabei mehrmals auf die Arbeitsfläche schlagen. Den Teig zu einer Kugel formen und nochmals zugedeckt 30 Min. gehen lassen, bis sich das Volumen verdoppelt hat.
– Den Backofen auf 250° (Umluft 220°) vorheizen. Zwei Backbleche mit Öl bepinseln und mit etwas Meersalz bestreuen. Den Rosmarin unter den Teig kneten, diesen vierteln und jede Portion auf einer leicht bemehlten Arbeitsfläche zu 1 cm dicken Fladen ausrollen, je zwei Fladen auf ein Blech legen.
– Mit den Fingern in Abständen von 5 cm Vertiefungen in den Teig drücken. Oberfläche mit Olivenöl begießen, das sich dann in den Vertiefungen sammelt, und mit wenig Meersalz bestreuen. Die Focaccia nacheinander im Ofen (Mitte) in 15 Min. goldgelb backen.

871. Focaccia mit Kräutern und Käse

PREISWERT | VEGETARISCH
Für 4 Personen
Zubereitungszeit: 20 Min.
Ruhezeit: 1 Std. 10 Min.
Backzeit: 20 Min.

Für den Hefeteig: 400 g Mehl • 1/2 TL Salz • 1/2 Würfel Hefe (21 g) • 5 EL Olivenöl • Fett für das Backblech • Mehl für die Arbeitsfläche
Für die Füllung: 200 g Gorgonzola • 2 Zweige Rosmarin • 2 Zweige Oregano • 3 EL Olivenöl • 30 g frisch geriebener Parmesan • Salz

– Das Mehl mit dem Salz in einer Schüssel mischen. Die Hefe mit 200 ml lauwarmem Wasser verrühren. Mit dem Olivenöl zum Mehl geben und alles zu einem glatten geschmeidigen Teig verkneten. Zugedeckt an einem warmen Ort 1 Std. gehen lassen.
– Den Gorgonzola mit einer Gabel zerdrücken. Die Kräuter waschen, trockenschütteln und die Nadel bzw. Blättchen von den Zweigen zupfen. Danach fein hacken. Den Gorgonzola mit den Kräutern, 2 EL Olivenöl und dem Parmesan vermischen. Mit Salz abschmecken.
– Das Backblech fetten. Den Hefeteig auf wenig Mehl nochmals durchkneten und halbieren. Die Teigstücke auf wenig Mehl zu dünnen Rechtecken ausrollen. Den Backofen auf 220° (Umluft 200°) vorheizen.
– Ein Teigrechteck auf das Blech legen, Füllung darauf verteilen. Mit dem zweiten Teigstück bedecken, Ränder gut mit etwas Wasser verkleben. In die Oberfläche mit einem Teelöffel kleine Mulden drücken und mit dem restlichen Öl beträufeln. Zugedeckt nochmals 10 Min. gehen lassen. Dann im Ofen (Mitte) 20 Min. backen.

872. Focaccia mit Walnüssen

GUT VORZUBEREITEN | GUT FÜR GÄSTE
Für 4 Personen
Zubereitungszeit: 20 Min.
Ruhezeit: 1 Std. 10 Min.
Backzeit: 25 Min.

400 g Mehl • 1/2 TL Salz • 1/2 Würfel Hefe (21 g) • 6 EL Olivenöl • 2 Zweige Rosmarin • 8 Salbeiblätter • 100 g gehackte Walnüsse • Fett für das Backblech • Mehl für die Arbeitsfläche

– Das Mehl mit dem Salz vermischen. Die Hefe mit 200 ml lauwarmem Wasser verrühren. Mit 4 EL Öl zum Mehl geben und gut verkneten. 1 Std. gehen lassen.
– Kräuter waschen und abtrocknen. Rosmarinnadeln von den Stielen zupfen. Mit dem Salbei hacken. Backofen auf 220° (Umluft 200°) vorheizen. Backblech fetten.
– Nüsse und Kräuter unter den Teig kneten. Den Teig zu einem runden Fladen (30 cm Ø) ausrollen. Den Fladen auf das Backblech legen. Kleine Mulden in die Oberfläche drücken. Mit dem übrigen Öl beträufeln und nochmals 10 Min. gehen lassen. Den Fladen im Ofen (Mitte) 25 Min. backen. Heiß oder kalt servieren.

873. Hessischer Speckkuchen

GUT FÜR GÄSTE
Für 6–8 Personen
Zubereitungszeit: 15 Min.
Ruhezeit: 1 1/4 Std.
Backzeit: 30 Min.

***Für den Hefeteig:** 1/2 Würfel Hefe (21 g) • 1/2 TL Zucker • 1 TL Salz • 200 g Weizenmehl (Type 550) • 100 g Roggenmehl (Type 997) • 75 ml Öl • Mehl für die Arbeitsfläche • Öl für das Blech*
***Für den Belag:** 500 g Lauch • 500 g gegarte Pellkartoffeln (vom Vortag) • 100 g Schichtkäse • 250 g Schmand (ersatzweise Crème fraîche) • 3 Eier • 4 EL Öl • Salz • frisch gemahlener schwarzer Pfeffer • frisch geriebene Muskatnuss • 400 g durchwachsener Räucherspeck*

– Für den Teig die Hefe in eine Tasse bröckeln und mit 1/8 l lauwarmem Wasser und dem Zucker glatt rühren. Das Salz mit dem Weizen- und dem Roggenmehl mischen. Das Öl und die angerührte Hefe dazugeben, alles zu einem geschmeidigen Teig verkneten. Zugedeckt an einem warmen Ort 1 Std. gehen lassen.
– Für den Belag den Lauch putzen, der Länge nach aufschneiden, waschen und trockenschütteln, dann in sehr feine Würfel schneiden. Die Kartoffeln schälen, durch die Kartoffelpresse drücken und mit dem Lauch, dem Schichtkäse, dem Schmand, den Eiern und dem Öl verrühren. Mit Salz, Pfeffer und Muskatnuss würzen. Speck von Schwarte und Knorpeln befreien und in sehr kleine Würfel schneiden.
– Den Teig noch einmal durchkneten, dann auf wenig Mehl ausrollen. Auf ein mit Öl bestrichenes Backblech heben und bis an den Rand ausziehen. Mit einer Gabel mehrmals einstechen. Die Kartoffel-Lauch-Masse auf dem Teig verteilen, dann den Speck aufstreuen. Den Kuchen 15 Min. ruhen lassen.
– Den Backofen auf 225° (Umluft 200°) vorheizen. Den Kuchen darin (Mitte) 30 Min. backen.

874. Zwiebelkuchen

GUT FÜR GÄSTE
Für 6 Personen
Zubereitungszeit: 1 1/4 Std.
Backzeit: 40 Min.

***Für den Mürbeteig:** 250 g Mehl • 1/2 TL Salz • 1 Ei • 125 g kalte Butter • Mehl für die Arbeitsfläche*
***Für den Belag:** 600 g Zwiebeln • 50 g Butter • Salz • frisch gemahlener schwarzer Pfeffer • 1/4–1/2 TL rosenscharfes Paprikapulver • 2 EL Mehl • 200 ml Milch • 2 Eigelbe • 200 g Sahne • 100 g magerer Räucherspeck • 100 g Greyerzer*

– Das Mehl mit dem Salz auf die Arbeitsfläche geben, in die Mitte eine Mulde drücken. Das Ei hineingeben, die Butter in Flöckchen am Rand verteilen. Mit einem Messer durchhacken, dann rasch zu einem glatten Teig verkneten. Zugedeckt 1 Std. kühl stellen.
– Inzwischen die Zwiebeln schälen und in dünne Scheiben schneiden, die Scheiben in die einzelnen Ringe teilen. Die Hälfte der Butter in einer Pfanne zerlassen, die Zwiebeln darin bei mittlerer Hitze unter häufigem Rühren goldgelb braten. Mit Salz, Pfeffer und dem Paprikapulver würzen.
– Gleichzeitig die restliche Butter in einem Topf zerlassen. Das Mehl hineinstreuen und goldgelb werden lassen, dann unter Rühren mit der Milch ablöschen. Bei schwacher Hitze 5 Min. köcheln lassen. Den Topf vom Herd nehmen, erst die Eigelbe und die Sahne, dann die Zwiebeln unterrühren.
– Den Backofen auf 200° vorheizen. Den Teig auf leicht bemehlter Fläche noch einmal durchkneten, dünn ausrollen und eine hitzebeständige Form (28 cm Ø) damit auskleiden. Überstehenden Teig abschneiden.
– Den Speck von Schwarte und Knorpeln befreien und in feine Würfel schneiden. Den Käse grob raspeln. Die Zwiebelmischung auf den Teig geben, mit Käse und Speck bestreuen. Im Ofen (Mitte, Umluft 180°) 40 Min. backen. Vor dem Anschneiden 10 Min. ruhen lassen.

875. Schweizer Käsewähe

PREISWERT
Für 4 Personen
Zubereitungszeit: 30 Min.
Ruhezeit: 45 Min.
Backzeit: 35 Min.

Für den Hefeteig: 15 g frische Hefe • 1/8 l lauwarme Milch • 250 g Mehl • 1/2 TL Salz • 1 Prise Zucker • 50 g weiche Butter • Mehl für die Arbeitsfläche • Butter für die Form
Für den Belag: 250 g Schweizer Emmentaler • 2 Eier • 250 g Sahne • 2 EL Mehl • Salz • frisch gemahlener schwarzer Pfeffer • 1–2 TL Kümmelsamen
Außerdem: Wähenform (30 cm Ø, ersatzweise Springform)

– Die Hefe in eine Tasse bröckeln und mit etwas Milch glatt rühren. In einer großen Schüssel mit den übrigen Zutaten für den Teig zu einem glatten, geschmeidigen Teig verkneten. Zugedeckt an einem warmen Ort 45 Min. ruhen lassen.
– Den Emmentaler reiben. Die Eier mit der Sahne und dem Mehl glatt rühren, mit Salz, Pfeffer und Kümmel würzen. Den Käse untermischen.
– Den Backofen auf 200° vorheizen, die Wähenform fetten. Teig auf wenig Mehl noch einmal durchkneten und zu einem 35 cm großen Kreis ausrollen. Die Form damit auskleiden, überstehenden Teig dabei zu einer Rolle formen und an den Rand der Form drücken, damit ein etwas dickerer Teigrand entsteht. Den Teigboden mit einer Gabel mehrmals einstechen.
– Die Eier-Käse-Mischung auf den Teigboden geben und die Käsewähe im Ofen (Mitte, Umluft 180°) etwa 35 Min. backen.

876. Schafkäse-Spinat-Börek aus der Türkei

GELINGT LEICHT
Für 4 Personen
Zubereitungszeit: 40 Min.
Backzeit: 20 Min.

4 Yufka-Teigblätter • 300 g tiefgekühlter Blattspinat • 2 Knoblauchzehen • 4 EL Öl • 250 g Lammhackfleisch (vom Metzger durchdrehen lassen) • Salz • frisch gemahlener schwarzer Pfeffer • 300 g Schafkäse • 200 g Joghurt • 3 Eier • 1 Bund gemischte Kräuter (Dill, Minze, Petersilie) • 1 EL Kapern • 1 Eigelb • 1 EL Pinienkerne • Fett für die Form

– Die Teigblätter aus der Packung nehmen und auseinanderrollen. Mit einem feuchten Tuch bedecken, da die Blätter sonst schnell austrocknen und leicht brechen.
– Eine rechteckige Backform (30 x 40 cm) fetten. Den Spinat in einem Topf bei mittlerer Hitze zugedeckt auftauen lassen. Die Knoblauchzehen schälen.
– 1 EL Öl in einer Pfanne erhitzen. Das Lammhackfleisch unter Rühren darin kräftig anbraten, bis es krümelig und nicht mehr rot ist. Hackfleisch aus der Pfanne nehmen.
– 1 weiteren EL Öl in die Pfanne geben. Den Spinat darin kurz dünsten. Den Knoblauch durch die Presse dazudrücken. Hackfleisch wieder dazugeben, mit Salz und Pfeffer würzen.
– Den Schafkäse in kleine Würfel schneiden. Den Joghurt mit den Eiern und dem Schafkäse im Mixer pürieren. Die Kräuter waschen, trockenschütteln und die Blättchen fein hacken. Die Kräuter und Kapern unter die Käsecreme mischen. Mit Salz und Pfeffer würzen. Backofen auf 200° (Umluft 180°) vorheizen.
– Die Backform mit einer Yufka-Teigplatte auslegen. Die Ränder sollten ganz mit Teig ausgekleidet sein. Die Teigplatte mit Öl, dann mit etwas Käsecreme bepinseln. Die nächste Teigplatte auflegen, mit Öl bestreichen und mit Käsecreme bedecken. Auf die nächste Teigplatte die Spinatmasse geben und die restliche Käsecreme darauf verteilen. Die letzte Platte auflegen.
– Alle überstehenden Teigränder nach innen klappen, eventuell vorher einen Teil abschneiden. Das Eigelb mit etwas Wasser verquirlen. Teigplatte damit bestreichen. Mit den Pinienkernen bestreuen.
– Die Form in den Ofen (Mitte) schieben und das Börek etwa 20 Min. backen.

TIPPS

– Die zarten Yufka-Teigblätter (ähnlich unserem Blätterteig) können Sie im türkischen Lebensmittelladen kaufen. Es gibt sie in Packungen von 5 oder 10 Stück Inhalt. Übrige Teigblätter können Sie problemlos tiefgefrieren.
– Die Teigblätter übrigens vorsichtig aus der Packung nehmen, damit sie nicht brechen.

877. Piroggen (Hefeteigpasteten)

GUT FÜR GÄSTE
Für 6 Personen
Zubereitungszeit: 1 1/2 Std.
Backzeit: 15 Min.

Für den Hefeteig: 1/2 Würfel Hefe (21 g) • 100 ml lauwarme Milch • 25 g weiche Butter • 1/2 TL Salz • 1 Ei • 300 g Mehl • Mehl für die Arbeitsfläche
Für die Füllung: 2 kleine Zwiebeln • 250 g Schweineschulter (ohne Knochen) • 150 g Champignons • 1 EL Öl • 75 g Crème fraîche • Salz • frisch gemahlener schwarzer Pfeffer • edelsüßes Paprikapulver • 1 Eigelb • 1 EL Milch

– Die Hefe in eine Tasse bröckeln und mit der Milch glatt rühren. Mit Butter, Salz, dem Ei und dem Mehl zu einem glatten geschmeidigen Teig verkneten. Zugedeckt an einem warmen Ort 1 Std. gehen lassen.
– Inzwischen für die Füllung die Zwiebeln schälen und fein würfeln. Das Schweinefleisch in sehr kleine Stücke schneiden. Die Champignons putzen und klein würfeln.
– Das Öl in einer Pfanne erhitzen, die Zwiebeln darin glasig werden lassen. Das Fleisch dazugeben und rundherum anbraten, die Pilze einrühren. Einige Minuten garen, bis die Feuchtigkeit verdampft ist, dann Crème fraîche unterrühren. Mit Salz, Pfeffer und Paprika abschmecken und etwas abkühlen lassen.
– Den Teig auf wenig Mehl noch einmal durchkneten und dünn ausrollen. 12 cm große Kreise ausstechen. Die Teigreste erneut durchkneten, wieder ausrollen und ebenfalls Kreise daraus ausstechen.
– Jeweils etwas Füllung auf die Teigkreise geben. Die Ränder mit etwas Wasser bestreichen, die Teigkreise zu Halbkreisen zusammenfalten. Die Ränder mit einer Gabel fest zusammendrücken.
– Die Piroggen auf ein mit Backpapier belegtes Blech setzen und bei Zimmertemperatur noch 15 Min. gehen lassen. Den Backofen auf 200° (Umluft 180°) vorheizen. Das Eigelb mit der Milch verquirlen. Piroggen damit bepinseln und im Ofen (Mitte) 15 Min. backen.

TIPPS

– Piroggen werden in ihrer Heimat Polen mit den unterschiedlichsten Füllungen zubereitet, häufig auch mit Resten. So kann man gekochtes Sauerkraut und Fleischreste mischen und mit Crème fraîche oder saurer Sahne vermengt in den Teig füllen. Weitere Möglichkeiten: Nur Pilze verwenden und die Füllung zusätzlich mit 1 Ei binden. Oder gegarten Lachs klein schneiden, mit gekochtem Reis, Dill und Ei mischen und als Füllung verwenden.
– In Russland, wo man ähnliche Pasteten zubereitet, diese aber kleiner formt und manchmal in schwimmendem Fett ausbäckt, kennt man eine Füllung aus Frühlingszwiebeln und Ei oder auch aus zerdrücktem Schafkäse und Joghurt.
– Piroggen lassen sich sehr gut in einer größeren Menge zubereiten und portionsweise einfrieren. So haben Sie für Überraschungsgäste immer etwas im Haus. Die gefrorenen Teigtaschen dann im Backofen bei 200° (Umluft 180°) in 10–15 Min. heiß und knusprig werden lassen. Die Taschen dazu auf ein Blech legen und gleich beim Anheizen des Ofens mit hineinschieben.

878. Calzone mit Spinat-Ricotta-Füllung

GUT FÜR GÄSTE
Für 4–6 Personen
Zubereitungszeit: 1 1/2 Std.
Backzeit: 20 Min.

Für den Hefeteig: 1/2 Würfel Hefe (21 g) • 1 Prise Zucker • 450 g Mehl • 3 EL Olivenöl • 1 TL Salz • Mehl für die Arbeitsfläche
Für die Füllung: 2 Zwiebeln • 2 Knoblauchzehen • 2 EL Olivenöl • 300 g tiefgekühlter Blattspinat • 3 Sardellenfilets in Salz • 100 g schwarze Oliven • Salz • frisch gemahlener schwarzer Pfeffer • 125 g Mozzarella • 200 g weicher Ricotta • 4 EL Tomatenmark • 4 TL Majoranblättchen

– Die Hefe in eine Tasse bröckeln und mit 200 ml lauwarmem Wasser glatt rühren, mit den anderen Teigzutaten zu einem glatten geschmeidigen Teig verkneten. Zugedeckt an einem warmen Ort 1 Std. gehen lassen.
– Inzwischen die Zwiebeln und den Knoblauch schälen und hacken. Das Öl in einem breiten Topf erhitzen, Zwiebeln und Knoblauch darin glasig werden lassen. Den Spinat dazugeben und unter häufigem Rühren bei

schwacher Hitze zugedeckt auftauen lassen. Dann den Deckel abnehmen und offen garen, bis die Feuchtigkeit größtenteils verdampft ist.
– Die Sardellenfilets kalt abspülen und hacken. Die Oliven entsteinen und grob hacken. Beides unter den Spinat mischen, mit Salz und Pfeffer abschmecken und vom Herd nehmen. Den Mozzarella würfeln und untermischen, den Ricotta ebenfalls untermengen.
– Den Teig auf wenig Mehl noch einmal durchkneten. In 4 Portionen teilen, jede zu einem 20–25 cm großen Kreis ausrollen. Jeweils etwas Tomatenmark aufstreichen und einige Majoranblättchen aufstreuen. Die Spinatmischung darauf verteilen.
– Die Kreise zu Halbkreisen falten, die Ränder gut festdrücken und dekorativ formen, z. B. mit der stumpfen Messerseite einkerben. Die Calzone auf ein mit Backpapier belegtes Blech setzen und zugedeckt bei Zimmertemperatur noch 15 Min. gehen lassen.
– Den Backofen auf 225° (Umluft 200°) vorheizen. Die Calzone im Ofen (unten) 20 Min. backen.

879. Calzone mit Schinken-Mozzarella-Füllung

GELINGT LEICHT | SCHMECKT KINDERN
Für 4 Personen
Zubereitungszeit: 1 1/2 Std.
Backzeit: 20 Min.

Für den Hefeteig: 1/2 Würfel Hefe (21 g) • 1 Prise Zucker • 450 g Mehl • 3 EL Olivenöl • 1 TL Salz • Mehl für die Arbeitsfläche
Für die Füllung: 2 Zwiebeln • 1 Knoblauchzehe • 1 EL Olivenöl • 1 große Dose Tomaten (800 g Inhalt) • Salz • frisch gemahlener schwarzer Pfeffer • Cayennepfeffer • 3 EL Tomatenmark • 250 g Mozzarella • 200 g gekochter Schinken • 1 Bund Basilikum • 100 g tiefgekühlte Erbsen

– Die Hefe in eine Tasse bröckeln und mit 200 ml lauwarmem Wasser glatt rühren, mit den anderen Teigzutaten zu einem glatten, geschmeidigen Teig verkneten. Zugedeckt an einem warmen Ort 1 Std. gehen lassen.
– Inzwischen Zwiebeln und Knoblauch schälen und hacken. Öl in einem breiten Topf erhitzen, Zwiebeln und Knoblauch darin glasig werden lassen. Die Tomaten abtropfen lassen und in den Topf geben, mit Salz, schwarzem Pfeffer, Cayennepfeffer und Tomatenmark würzen und offen bei schwacher bis mittlerer Hitze unter häufigem Rühren 30 Min. köcheln lassen.
– Den Mozzarella und den Schinken klein würfeln, das Basilikum hacken. Die Erbsen in einem Sieb warm abbrausen, abtropfen lassen.
– Den Teig auf wenig Mehl noch einmal kräftig durchkneten. In 4 Portionen teilen, jede zu einem 20–25 cm großen Kreis ausrollen. Jeweils etwas Tomatensauce, Käse, Schinken und Basilikum sowie einige Erbsen darauf geben.
– Die Kreise zu Halbkreisen falten, die Ränder gut festdrücken. Die Halbkreise so ziehen, dass der Rand oben in der Mitte liegt. Den Rand mit den Fingerkuppen zur Wellenlinie zusammendrücken. Die Calzone auf ein mit Backpapier belegtes Blech setzen und zugedeckt noch 15 Min. gehen lassen.
– Den Backofen auf 225° (Umluft 200°) vorheizen. Die Calzone im heißen Ofen (Mitte) 20 Min. backen.

880. Spinat-Pie mit Speck

GUT FÜR GÄSTE
Für 6–8 Personen
Zubereitungszeit: 1 Std.
Backzeit: 45 Min.

Für den Mürbeteig: 400 g Mehl • 1 Ei • 1 Eigelb • Salz • 1/8 l Milch • 180 g kalte Butter • Mehl für die Arbeitsfläche • Fett für die Form
Für den Belag: 1,3 kg Blattspinat • 2 Zwiebeln • 2 Knoblauchzehen • 150 g durchwachsener Räucherspeck • 100 g Greyerzer • 1 EL Butter • 1 EL Olivenöl • frisch gemahlener Pfeffer • Cayennepfeffer • Salz • 200 g Sahne • 200 g Crème fraîche • 4 Eier • frisch geriebene Muskatnuss • 1 Eigelb

– Aus den Zutaten für den Mürbeteig einen glatten Teig kneten. Zwei Drittel des Teiges auf wenig Mehl ausrollen, in eine gefettete hitzebeständige Form (28 cm Ø) legen und dabei einen 3 cm hohen Rand andrücken. Den Teigboden mehrmals mit einer Gabel einstechen. Restlichen Teig für den Deckel ebenfalls auf Formgröße ausrollen und locker in Klarsichtfolie einschlagen. Beide Teige mindestens 30 Min. kühl stellen.
– Inzwischen den Spinat verlesen, gründlich waschen und abtropfen lassen. Die Zwiebeln und den Knoblauch schälen und in kleine Würfel schneiden. Den Speck in dünne Streifen schneiden. Den Käse grob raspeln.

– Butter und Öl in einem großen Topf erhitzen, den Speck darin anbraten. Zwiebel- und Knoblauchwürfel hinzufügen und unter Rühren andünsten. Den Spinat in den Topf drücken und bei mittlerer Hitze zugedeckt in 5 Min. zusammenfallen lassen. Anschließend mit Pfeffer, Cayennepfeffer und Salz kräftig würzen.
– Die Sahne mit der Crème fraîche, den Eiern und dem Käse verrühren. Mit dem Spinat vermischen und die Masse mit Muskat und eventuell noch etwas Salz und Pfeffer abschmecken. Backofen auf 200° vorheizen.
– Die Spinatmasse auf dem Teigboden verteilen. In die Mitte des Teigdeckels ein Loch schneiden, damit der Dampf abziehen kann. Den Teigdeckel auf die Füllung legen, die Ränder etwas zusammendrücken. Den Deckel mit Eigelb bestreichen und die Pie im Ofen (unten, Umluft 180°) 15 Min. backen. Dann die Form auf die mittlere Schiene stellen und die Pie in 30 Min. fertig backen. Vor dem Anschneiden 10 Min. ruhen lassen.

881. Geflügelpie

GUT VORZUBEREITEN
Für 4 Personen
Zubereitungszeit: 45 Min.
Backzeit: 15 Min.

5 Platten Tiefkühl-Blätterteig (300 g) • 250 g Champignons • 2 EL Öl • 2 Knoblauchzehen • 250 g Möhren • 250 g Lauch • Salz • 600 g Putenschnitzel • frisch gemahlener Pfeffer • 1 Prise Cayennepfeffer • 100 g frisch geriebener Cheddar oder Gouda • 1 Eigelb • Fett für die Form • Mehl für die Arbeitsfläche

– Den Blätterteig aus der Packung nehmen und zugedeckt auftauen lassen. Die Pilze putzen und in Scheiben schneiden. 1 EL Öl in einer Pfanne heiß werden lassen. Champignons in die Pfanne geben, 5 Min. bei starker Hitze dünsten, bis fast alle Flüssigkeit verdampft ist. Den Knoblauch schälen und dazupressen.
– Die Möhren schälen und klein würfeln. Den Lauch putzen, waschen und in feine Ringe schneiden. Möhren in kochendem Salzwasser 3 Min., Lauchringe 1 Min. blanchieren. Abschrecken, sehr gut abtropfen lassen.
– Schnitzel in fingerdicke Streifen schneiden, im übrigen Öl 5 Min. kräftig anbraten. Mit Salz, Pfeffer, Cayennepfeffer kräftig würzen. Mit Gemüse, Pilzen und Käse mischen. Mischung in eine gefettete Form (26 cm Ø) füllen. Backofen auf 220° (Umluft 200°) vorheizen.
– Blätterteigplatten aufeinander legen und auf einer bemehlten Fläche etwas größer als die Form ausrollen. In die Mitte des Deckels ein Loch schneiden. Den Teigdeckel auf die Form legen und den Rand rundum andrücken. Teig eventuell mit Teigresten verzieren. Das Eigelb verquirlen und den Teigdeckel damit bestreichen. Die Pie im Ofen (Mitte) in 15 Min. goldgelb backen.

TIPPS

– Pies stammen aus England und sind keineswegs nur dem Wunsch einer interessanten Resteverwertung entsprungen. Vielmehr suchte man nach einem Verfahren, einen festlichen pikanten Kuchen zu backen, bei dem das Fleisch unter der herrlich knusprigen Hülle wunderbar saftig und zart bleibt. Für Pies werden die Formen meistens nicht ganz mit Teig ausgekleidet, sondern die Fleischmasse kommt direkt in die gefettete feuerfeste Form und wird mit einem Teigdeckel verschlosssen.
– Damit sich unter dem Teig nicht zu viel Feuchtigkeit sammelt, schneidet man einen „Kamin“ in den Teigdeckel. Am besten machen Sie das, bevor Sie den Teigdeckel auflegen.

882. Elsässer Winzerpastete

GUT FÜR GÄSTE
Für 4–6 Personen
Zubereitungszeit: 50 Min.

7 Platten Tiefkühl-Blätterteig (450 g) • 600 g magere Schweineschulter (ohne Knochen) • 1/2 Bund Petersilie • 1 große Zwiebel • 100 ml trockener Weißwein • Salz • frisch gemahlener schwarzer Pfeffer • 3 Eigelbe • 150 g Crème fraîche • Mehl für die Arbeitsfläche • 1 Eigelb zum Bestreichen

– Die Blätterteigplatten nebeneinander legen und auftauen lassen. Das Fleisch in kleine Würfel schneiden. Die Petersilie waschen, abtrocknen und hacken. Zwiebel schälen und klein würfeln. In einer Schüssel das Fleisch mit Petersilie, Zwiebeln, Wein, Salz und Pfeffer mischen.
– Eine hitzebeständige Form (26 cm Ø) kalt ausspülen, nicht abtrocknen. 5 Teigplatten aufeinander legen, auf Mehl ausrollen. Einen Kreis (35 cm) daraus ausschneiden und in die Form legen, den Rand leicht andrücken.

– Die Fleischmischung auf den Teig in die Form geben. Die beiden übrigen Teigplatten und die Teigreste des großen Kreises aufeinander legen und auf leicht bemehlter Fläche ausrollen, einen 26 cm großen Kreis ausschneiden, in die Mitte eine kleine Öffnung schneiden, damit der Dampf entweichen kann. Auf die Pastete legen. Backofen auf 225° (Umluft 200°) vorheizen.
– Das Eigelb zum Bestreichen in einer Tasse mit 1 EL Wasser verquirlen. Den Teigdeckel damit bestreichen, den überstehenden Teig des Randes darüber klappen und vorsichtig fest drücken. Den Teigdeckel eventuell mit Teigresten verzieren. Die Pastete im Ofen (unten) 25 Min. backen.
– Die Pastete aus dem Ofen nehmen, die Temperatur auf 200° (Umluft 180°) herunterschalten. Die Eigelbe mit der Crème fraîche verquirlen und mit einem Kännchen oder Trichter langsam in die Deckelöffnung der Pastete gießen. Dabei die Pastete schräg halten, damit die Eiersahne hineinfließen kann.
– Die Pastete wieder in den Ofen (unten) geben und noch 20 Min. backen. Kurz abkühlen lassen, dann auf eine große Platte gleiten lassen.

883. Quiche lorraine
(Lothringer Speckkuchen)

PREISWERT | GUT VORZUBEREITEN
Für 4–6 Personen
Zubereitungszeit: 1 Std.
Backzeit: 45 Min.

Für den Mürbeteig: 300 g Mehl • 1/2 TL Salz • 200 g Butter • Mehl für die Arbeitsfläche
Für den Belag: 200 g durchwachsener Räucherspeck (in Scheiben) • 1 EL Butterschmalz • 300 g Sahne • 2 Eigelbe • 2 Eier • Salz • frisch gemahlener Pfeffer • frisch geriebene Muskatnuss

– Das Mehl mit dem Salz auf die Arbeitsfläche geben, in die Mitte eine Mulde drücken, 6 EL eiskaltes Wasser hineingeben. Die Butter in Flöckchen auf dem Rand verteilen. Alle Zutaten mit einem Messer durchhacken, dann rasch zu einem glatten Teig verarbeiten. Den Teig in Folie wickeln und 30 Min. kühl stellen.
– Inzwischen den Speck in feine Streifen schneiden. Das Butterschmalz in einer Pfanne erhitzen und den Speck darin bei mittlerer Hitze glasig braten. Den Backofen auf 220° vorheizen.
– Den Teig auf wenig Mehl rund ausrollen. Boden und Rand einer hitzebeständigen Form (30 cm Ø) damit auslegen. Die abgekühlten Speckstreifen darauf verteilen. Die Sahne mit den Eigelben und den Eiern gut verrühren. Mit Salz, Pfeffer und Muskat würzen und über die Speckstreifen gießen.
– Die Quiche im Ofen (Mitte, Umluft 200°) in 45 Min. goldbraun backen. Herausnehmen, etwas abkühlen lassen und servieren.

TIPPS
– Am besten schmeckt diese Spezialität aus dem Elsass, wenn man sie lauwarm serviert. Sie können sie also schon eine ganze Weile vor dem Essen zubereiten und im abgeschalteten Backofen stehen lassen. So ist sie auch nach 1 Std. noch köstlich frisch und gut durchgezogen.
– Noch feiner wird die Quiche, wenn Sie statt Speck eine Mischung aus gekochtem und roh geräuchertem Schinken nehmen und zusätzlich 1 Bund gemischte Kräuter, fein gehackt, unter den Belag mischen.

884. Quiche mit sommerlichem Gemüse

SCHMECKT KINDERN
Für 4 Personen
Zubereitungszeit: 50 Min.
Backzeit: 35 Min.

Für den Quark-Öl-Teig: 125 g Speisequark • 4 EL Milch • 1 Ei • 4 EL Sonnenblumenöl • 1 TL Salz • 250 g Mehl • 1 Pck. Backpulver • Fett für die Form • Mehl für die Arbeitsfläche
Für den Belag: 150 g Zuckerschoten • 250 g grüner Spargel • 250 g junge Möhren • 1 Bund Frühlingszwiebeln • 3 EL Olivenöl • 1 kleiner Zweig Rosmarin • Salz • 1 Prise Zucker • 150 g Mascarpone • 1 EL Zitronensaft • 2 Eier • Salz • frisch gemahlener weißer Pfeffer

– Den Quark in ein sauberes Küchentuch geben und auspressen. Dann mit Milch, Ei, Öl und Salz verrühren. Das Mehl mit dem Backpulver mischen. Die Hälfte des Mehls nach und nach unter die Quarkmasse rühren.

Das restliche Mehl unterkneten. Den Quark-Öl-Teig mit einem Tuch bedecken und im Kühlschrank etwa 30 Min. ruhen lassen.
– Inzwischen die Zuckerschoten waschen, wenn nötig, entfädeln und halbieren. Den Spargel am unteren Ende schälen. Holzige Enden abschneiden. Spargel in 5 cm große Stücke schneiden. Möhren schälen und in 1 cm lange, leicht schräge Scheiben schneiden. Die Frühlingszwiebeln putzen, waschen und mit dem hellen Grün in Streifen schneiden.
– Das Olivenöl in einem breiten Topf erhitzen. Das Gemüse darin unter Rühren andünsten. Rosmarinzweig abbrausen, trockenschütteln und dazugeben. Alles bei mittlerer Hitze zugedeckt 10 Min. dünsten. Mit Salz und Zucker abschmecken.
– Den Backofen auf 200° vorheizen. Eine hitzebeständige Form (30 cm Ø) fetten. Für die Creme den Mascarpone mit dem Zitronensaft und den Eiern verrühren. Mit Salz und Pfeffer abschmecken.
– Den Teig auf wenig Mehl rund ausrollen, in die Form geben, dabei den Rand etwas dicker formen. Das Gemüse darauf verteilen, Rosmarinzweig entfernen. Die Sauce darüber gießen. Die Quiche im Ofen (unten, Umluft 175°) 35 Min. backen.

TIPPS

– Im Sommer ist das Gemüseangebot besonders groß, deshalb können Sie diese Quiche mit vielen unterschiedlichen Sorten zubereiten. Außer Zuckerschoten, Spargel und Möhren schmecken grüne Bohnen, zarter Lauch und Paprikaschoten, junger Wirsing oder Spitzkohl und Spinat sehr gut. Grüne Bohnen müssen Sie 6–8 Min. in kochendem Salzwasser blanchieren, Wirsing, Spitzkohl und Spinat ebenfalls, aber nur so lange, bis sie zusammenfallen (Spinat) bzw. geschmeidig werden.
– Wer eine größere Runde bewirten möchte, kann die doppelte Menge zubereiten und die Quiche in zwei Formen oder auf dem Blech backen.
– Quark-Öl-Teig hat eine feine, leicht säuerliche und luftige Konsistenz und ist darin dem Hefeteig sehr ähnlich. Allerdings ist Quark-Öl-Teig viel schneller und völlig unkompliziert zuzubereiten – also optimal wenn man wenig Zeit hat und es fix gehen soll. Auch können Sie den Teig in doppelter oder dreifacher Menge kneten, in Portionen teilen, einfrieren und bei Bedarf auftauen und weiterverarbeiten.

885. Paprika-Quiche mit Cabanossi

GUT VORZUBEREITEN
Für 4–6 Personen
Zubereitungszeit: 50 Min.
Backzeit: 45 Min.

Für den Mürbeteig: 200 g Mehl • 1 Ei • Salz • 5 EL Milch • 80 g kalte Butter • Mehl für die Arbeitsfläche
Für den Belag: je 1 rote, gelbe und grüne Paprikaschote • 2 Zwiebeln • 4 Knoblauchzehen • 250 g Cabanossi • 3 EL Öl • 1/2 TL Currypulver • frisch gemahlener schwarzer Pfeffer • Cayennepfeffer • Salz • 200 g Sahne • 4 Eier • 150 g Greyerzer • frisch geriebene Muskatnuss

– Für den Mürbeteig das Mehl auf eine Arbeitsfläche sieben. Mit einem Löffel in die Mitte eine Mulde drücken, das Ei, 2 Prisen Salz und die Milch hineingeben. Die Butter in kleinen Flöckchen auf dem Rand verteilen und alles mit einem großen Messer bröselig hacken. Dann alle Zutaten rasch zu einem glatten Mürbeteig verkneten.
– Den Teig auf wenig Mehl in der Größer einer hitzebeständigen Form (30 cm Ø) ausrollen. Den Teig in die Form legen, dabei einen Rand von 3 cm hochdrücken. Den Teig zugedeckt mindestens 30 Min. kühl stellen.
– Inzwischen die Paprikaschoten waschen und halbieren, die weißen Häute samt der kleinen Kernchen sowie den Stiel entfernen. Die Schotenhälften in etwa 1 cm große Würfel schneiden.
– Die Zwiebeln und den Knoblauch schälen und in kleine Würfel schneiden. Die Cabanossi in dünne Scheiben schneiden.
– Das Öl in einer großen Pfanne erhitzen, die Paprikawürfel darin bei mittlerer Hitze 3 Min. andünsten. Die Zwiebeln und den Knoblauch hinzufügen und 2 Min. mitgaren. Das Gemüse mit Curry, Pfeffer, Cayennepfeffer und etwas Salz pikant abschmecken. Den Backofen auf 200° vorheizen.
– Für den Guss die Sahne mit den Eiern verquirlen. Den Käse auf der Küchenreibe fein reiben oder etwas gröber raspeln und untermischen. Den Guss mit Muskat, Pfeffer und Salz würzen.
– Das Gemüse und die Wurst gleichmäßig auf dem Teig verteilen und mit der Käse-Eier-Sahne begießen. Die Quiche im Ofen (Mitte, Umluft 180°) in 45 Min. goldbraun backen.

886. Stangenweißbrot

PREISWERT | SCHMECKT KINDERN
Für 2 Stangenweißbrote
Zubereitungszeit: 15 Min.
Ruhezeit: 1 1/4 Std.
Backzeit: 45 Min.

400 g doppelgriffiges Weizenmehl • 1/2 Würfel Hefe (21 g) • 1/2 TL Zucker • 1 1/2 TL Salz • Butter für das Blech • Mehl für die Arbeitsfläche

– Das Mehl in eine Rührschüssel geben, Hefe hineinbröckeln, den Zucker darüber streuen. 1/4 l lauwarmes Wasser langsam dazugießen und mit Hefe, Zucker und etwas Mehl zu einem dünnen Brei verrühren. Schüssel zugedeckt 20 Min. an einen warmen Ort stellen.
– Dann das Salz dazugeben und alle Zutaten kräftig verkneten. Den Teig weitere 30 Min. gehen lassen.
– Ein Backblech fetten. Die Arbeitsfläche mit Mehl bestäuben. Den Teig in 2 gleich großen Portionen mit bemehlten Händen aus der Schüssel nehmen, in dem Mehl wenden, überschüssiges Mehl abklopfen und jedes Teigstück zu einer etwa 40 cm langen Rolle formen. Die Teigrollen in genügendem Abstand auf das Blech legen und jede Rolle auf 5–6 cm breit flachdrücken. Mit einem Tuch zudecken und etwa 20 Min. gehen lassen, bis sich das Teigvolumen um ein Drittel vergrößert hat.
– Boden und Seitenwände des kalten Backofens mit Wasser besprühen. Blech in den Ofen (Mitte) schieben, Ofen auf 250° (Umluft 230°) schalten und die Brote in etwa 45 Min. goldbraun backen. Dann die Brote noch etwa 15 Min. im ausgeschalteten Ofen stehen lassen.
– Die Brote aus dem Ofen nehmen, auf ein Kuchengitter legen und von allen Seiten mit kaltem Wasser besprühen oder bestreichen.

887. Toskanisches Weißbrot

GUT FÜR GÄSTE
Für 1 Weißbrot
Zubereitungszeit: 15 Min.
Ruhezeit 1 1/2 Std.
Backzeit: 45 Min.

400 g doppelgriffiges Mehl • 1/2 Würfel Hefe (21 g) • 1/2 TL Zucker • 1/2 TL Salz • Butter für das Backblech • Mehl für die Arbeitsfläche

– Das Mehl in eine Rührschüssel geben, Hefe hineinbröckeln, Zucker darüber streuen. 1/4 l lauwarmes Wasser langsam dazugießen und mit Hefe, Zucker und etwas Mehl zu einem dünnen Brei verrühren. Schüssel zugedeckt 20 Min. an einen warmen Ort stellen.
– Mehl und Salz nach und nach mit der Hand oder den Knethaken des Handrührgerätes oder in der Küchenmaschine mit dem Kneteinsatz unter den Vorteig kneten. Teig zugedeckt etwa 30 Min. ruhen lassen.
– Den Teig noch einmal gründlich kneten, bis er glatt und geschmeidig ist.
– Dann ein Backblech fetten. Eine Arbeitsfläche mit Mehl bestäuben. Den Teig mit bemehlten Händen aus der Schüssel nehmen und in Mehl wälzen, zu einer Kugel formen und diese auf das Blech legen. Mit der flachen Hand von innen nach außen zu einem Kreis (etwa 20 cm Ø) formen. Den Fladen mit einem Küchentuch zudecken und nochmals etwa 20 Min. an einem warmen Ort gehen lassen, bis sich das Teigvolumen um etwa ein Drittel vergrößert hat.
– Den Boden und die Seitenwände des kalten Backofens mit Wasser besprühen oder mit einem nassen Tuch abreiben.
– Das Brot im Ofen (Mitte, 250°, Umluft 230°) in etwa 45 Min. goldbraun backen. Anschließend noch etwa 15 Min. im ausgeschalteten Ofen stehen lassen. Das Brot aus dem Ofen nehmen, auf ein Kuchengitter legen und von allen Seiten mit kaltem Wasser bestreichen.

888. Französisches Baguette

GELINGT LEICHT
Für 2 Baguettes
Zubereitungszeit: 40 Min.
Gärzeit: 24 Std.
Ruhezeit: 1 3/4 Std.
Backzeit: 1 Std.

650 g Weizenmehl (Type 550) • 50 g Roggenmehl (Type 1150) • 1 EL Salz • 1/2 Würfel Hefe (21 g) • 1 EL Honig • Milch zum Bestreichen • etwas Mehl zum Arbeiten

– Für den Vorteig 50 g Weizenmehl mit 50 ml lauwarmem Wasser verrühren und mit Frischhaltefolie zugedeckt 24 Std. bei Zimmertemperatur gären lassen.
– Dann das restliche Weizenmehl und das Roggenmehl mischen, in eine Schüssel sieben, Salz darüber streuen

und eine Mulde hineindrücken. Hefe und Honig mit einem Schneebesen in 350 ml lauwarmem Wasser auflösen und mit dem Vorteig in die Mulde geben. Alles erst mit den Knethaken des elektrischen Handmixers, danach mit den Händen auf der bemehlten Arbeitsfläche 10 Min. kneten und schlagen. Teig zugedeckt an einem warmen Ort 45 Min. gehen lassen.
– Dann den Teig nochmals 5 Min. kneten und schlagen und in zwei Portionen teilen. Jede Portion auf der bemehlten Arbeitsfläche zu einem Oval (50 x 30 cm) ausrollen. Die Längsseiten zur Mitte hin einschlagen und den Teig noch einmal der Länge nach zusammenlegen. Zwei Backbleche mit Backpapier auslegen. Die Nähte der Baguettes gut zusammendrücken und die Brote mit den Nähten nach unten diagonal auf die Bleche legen. Zugedeckt an einem warmen Ort 1 Std. gehen lassen.
– Den Backofen auf 225° (Umluft 200°) vorheizen. Die Baguette-Oberflächen mit einem scharfen Messer mehrmals etwa 1/2 cm tief schräg einschneiden, mit Milch einpinseln und nacheinander im Ofen (Mitte) in etwa 30 Min. goldgelb backen. Nach 10 Min. Backzeit 100 ml Wasser auf den Ofenboden gießen und die Türe sofort schließen. Die fertigen Brote auf einem Kuchengitter abkühlen lassen.

TIPPS

– Wenn Sie das Brot gern noch dunkler mögen, verwenden Sie statt Weizenmehl Type 550 Type 1050.
– Sie können auch kürzere Baguettes von je 35 cm Länge backen, die dann alle quer nebeneinander aufs Backblech passen.

889. Oliven-Baguette

GUT FÜR GÄSTE
Für 8 Baguettes
Zubereitungszeit: 1 Std.
Gärzeit: 62 Std.
Ruhezeit: 5 Std.
Backzeit: 2 Std. 20 Min.

1 kg Weizenkörner • 30 g frische Hefe • 2 EL Meersalz • 200 g schwarze oder grüne Oliven • 5 EL Olivenöl • 1 EL gehackte Rosmarinnadeln • Mehl zum Arbeiten • Mehl und Rosmarin zum Bestreuen

– Für den Sauerteig-Ansatz 250 g Weizen mehlfein mahlen, mit 1/4 l lauwarmem Wasser vermischen, 48 Std. an einem warmen Ort (Joghurtbereiter oder Backofen mit eingeschalteter Backleuchte) gären lassen, bis ein breiiger, angenehm säuerlich riechender Teig entsteht.
– Für den Vorteig 250 g Weizen mehlfein mahlen. Mit dem Sauerteig-Ansatz und 200 ml lauwarmem Wasser vermischen. Mit Mehl bestreuen und 12–14 Std. auf dieselbe Weise wie den Ansatz gären lassen.
– Für den Hauptteig den restlichen Weizen mehlfein mahlen. Hefe in 2 EL lauwarmem Wasser auflösen. Den Vorteig in einer Schüssel mit 200 ml Wasser, Salz und Hefe mischen. Mit dem Mehl zu einem saftigen Teig verkneten. Den Teig zugedeckt 3 Std. gehen lassen.
– Oliven entsteinen und grob hacken. Den Teig durchkneten und dabei Oliven, das Öl und den Rosmarin unterarbeiten. Ist der Teig zu fest, etwas Wasser dazugeben, ist er zu weich, etwas Mehl hinzufügen.
– Aus dem Teig 8 Kugeln formen. Auf der bemehlten Arbeitsfläche rechteckig etwa 1/2 cm dünn ausrollen, längsseits aufrollen und dabei mit den Händen nach außen ziehen, um dem Teig Spannung zu geben. Die Stangen auf die zum Backblech passende Länge ziehen.
– Die Naht andrücken und die Enden unterschlagen. Die Stangen auf bemehlte Backbleche mit der Nahtseite nach unten legen. Oben mehrmals schräg einschneiden, mit Wasser bestreichen und mit gehacktem Rosmarin und Mehl bestreuen Mit einem feuchten Tuch bedeckt 2 Std. an einem warmen Ort gehen lassen.
– Backofen auf 220° vorheizen, eine feuerfeste Schale mit heißem Wasser hineinstellen. Die erste Portion Brote im Ofen (Mitte, Umluft 200°) 30 Min. backen. Dann in 30–40 Min. bei 180° (Umluft 160°) fertig backen. Mit der zweiten Portion genauso verfahren.

890. Feines Kastenweißbrot

GUT VORZUBEREITEN
Für 1 Kastenweißbrot
Zubereitungszeit: 25 Min.
Ruhezeit: 50 Min.
Backzeit: 45 Min.

500 g Weizenmehl (Type 405) • 1 Pck. Trockenhefe (7 g, für 500 g Mehl) • 1 TL flüssiger Honig • 1 TL Meersalz • 2 Eigelbe • 1 Ei • 1/8 l lauwarme Milch • 125 g Crème fraîche • Mehl zum Arbeiten • Butter für die Form

– Das Mehl mit der Hefe, dem Honig und dem Salz in eine Schüssel geben. Die Eigelbe mit dem Ei, der Milch und der Crème fraîche verrühren und unter die Mehlmischung mengen. Den Teig auf der bemehlten Arbeitsfläche gut durchkneten, bis er glatt und geschmeidig ist. Den Hefeteig im Backofen bei 50° zugedeckt 30 Min. gehen lassen. Dabei die Backofentüre mit Hilfe eines Kochlöffelstiels einen Spaltbreit offen lassen.
– Eine Kastenform (30 cm lang) mit Butter ausstreichen. Den Teig nochmals kräftig kneten, in die Form füllen, glatt streichen, der Länge nach mit einem scharfen Messer 1 cm tief einschneiden. Zugedeckt bei Zimmertemperatur 20 Min. gehen lassen.
– Inzwischen den Backofen auf 200° vorheizen. Eine feuerfeste Schale mit kochend heißem Wasser hineinstellen. Teig mit Wasser bepinseln und im Ofen (Mitte, Umluft 180°) in 40–45 Min. goldbraun backen. Dann 5 Min. in der Form ruhen lassen, auf ein Kuchengitter stürzen, mit einem Tuch bedecken, auskühlen lassen.

TIPPS

– Dieses Kastenweißbrot ist von Geschmack und Konsistenz her so fein, dass es schon fast Kuchencharakter hat und so jedem Frühstück Ehre macht.
– Damit der hochsteigende Hefeteig nicht am Küchentuch klebt, sollten Sie den Hefeteig zum Gehenlassen immer in eine große Schüssel legen, die ihm noch viel Raum zum Ausbreiten bietet.

891. Krustenweißbrot

PREISWERT
Für 1 Krustenweißbrot
Zubereitungszeit: 40 Min.
Ruhezeit: 1 1/4 Std.
Backzeit: 1 Std.

250 g Weizen-Vollkornmehl • 500 g Weizenmehl (Type 405) • 1 Würfel Hefe (42 g) • 1 Prise Zucker • 1/4 l lauwarme Milch • 3 TL Meersalz • 1 TL Speisestärke • Mehl zum Arbeiten • Butter für das Blech

– Beide Mehle mischen und eine Mulde hineindrücken. Hefe in die Mulde bröckeln, mit dem Zucker bestreuen. Milch und 1/4 l Wasser angießen, das Salz hinzufügen. Den Teig kneten, bis er glatt und geschmeidig ist.
– Den Hefeteig mit etwas Mehl bestäuben und im Backofen bei 50° zugedeckt 45 Min. gehen lassen, bis er auf der Oberfläche deutlich Risse zeigt und sein Volumen verdoppelt hat. Dabei die Backofentüre mit Hilfe eines Kochlöffelstiels einen Spaltbreit offen lassen.
– Die Speisestärke mit 1/4 l kaltem Wasser anrühren, einmal aufkochen und wieder abkühlen lassen, bis die Flüssigkeit lauwarm ist. Inzwischen den Teig auf der bemehlten Arbeitsfläche nochmals kräftig durchkneten, bis er glatt und elastisch ist. Eventuell etwas Mehl unterarbeiten. Einen länglichen Brotlaib formen. Ein Backblech einfetten.
– Den Brotlaib auf das Blech legen und bei Zimmertemperatur zugedeckt 30 Min. gehen lassen. Den Backofen auf 250° (Umluft 220°) vorheizen. Eine feuerfeste Schale mit kochend heißem Wasser hineinstellen. Den Brotlaib mit angerührter Stärke bepinseln und mit einem scharfen Messer mehrmals schräg einschneiden.
– Das Weißbrot im Ofen (Mitte) 10 Min. backen. Den Ofen dann auf 200° (Umluft 180°) herunterschalten und das Brot in weiteren 50 Min. fertig backen. Die restliche Stärkelösung nochmals erwärmen und das ofenfrische Brot damit bepinseln. Auf einem Kuchengitter auskühlen lassen.

892. Helles Bauernbrot

GELINGT LEICHT
Für 1 Bauernbrot
Zubereitungszeit: 35 Min.
Ruhezeit: 1 1/4 Std.
Backzeit: 1 Std.

2 EL Schweineschmalz • 2 EL Essig • 300 g Weizenmehl (Type 405) • 200 g Roggenmehl (Type 997) • 1 Würfel Hefe (42 g) • 1 TL Zucker • 2 TL Salz • Mehl für die Arbeitsfläche • Butter für das Blech

– 300 ml Wasser mit Schmalz und Essig erhitzen und lauwarm abkühlen lassen. Mehlsorten mischen, Hefe hineinbröckeln und mit Zucker, Essigwasser und etwas von dem Mehl zu einem dünnen Brei verrühren. Etwa 15 Min. zugedeckt an einen warmen Ort stellen.
– Das gesamte Mehl und Salz unter den Vorteig kneten. Den Teig 20 Min. ruhen lassen.
– Den Teig noch einmal gründlich kneten, auf einer bemehlten Arbeitsfläche zu einem länglichen Laib formen und diesen auf das gefettete Blech legen.

– Boden und Seitenwände des kalten Backofens mit Wasser besprühen. Das Brot mit einem scharfen Messer mehrmals schräg einritzen und im Ofen (unten, 220°, Umluft 200°) etwa 1 Std. backen.
– Dann das Brot noch weitere 10–15 Min. im ausgeschalteten Ofen stehenlassen. Nun das Brot noch rundum mit kaltem Wasser besprühen.

893. Schweizer Landbrot

PREISWERT
Für 1 Landbrot
Zubereitungszeit 35 Min.
Ruhezeit: 1 Std.
Backzeit: 1 Std.

250 g Weizenmehl (Type 405) • 250 g Weizenmehl (Type 1050) • 1 Würfel Hefe (42 g) • 1 TL Zucker • 2 TL Salz • Butter für das Backblech • Mehl für die Arbeitsfläche

– Die beiden Weizenmehlsorten in einer großen Rührschüssel miteinander vermischen. In die Mitte eine Mulde drücken und die Hefe hineinbröckeln, den Zucker darüber streuen.
– 300 ml lauwarmes Wasser dazugießen und mit Hefe, Zucker und etwas Mehl zu einem dünnen Brei verrühren. Abdecken und etwa 15 Min. an einen warmen Ort stellen und gehen lassen.
– Das gesamte Mehl und Salz nach und nach mit den Knethaken des Handrührgerätes unter den Vorteig kneten. Den Teig zugedeckt etwa 20 Min. ruhen lassen. Das Backblech fetten.
– Den Teig noch einmal gründlich kneten, bis er glatt und geschmeidig ist. Dann auf einer bemehlten Arbeitsfläche zu einer Kugel formen. Die Teigkugel auf das Blech legen und von innen nach außen zu auf einen Kreis von etwa 20 cm Ø flachdrücken. Den Fladen etwa 15 Min. an einem warmen Ort gehen lassen, bis er sich um ein Drittel vergrößert hat.
– Den Boden und die Seitenwände des kalten Backofens mit Wasser besprühen. Das Blech in den Ofen (unten) schieben und die Temperatur auf 200 ° (Umluft 200°) stellen. Das Brot in etwa 1 Std. goldbraun backen.
– Anschließend das Brot noch 10–15 Min. im ausgeschalteten Ofen stehen lassen. Dann auf ein Kuchengitter legen und von allen Seiten mit kaltem Wasser bestreichen.

894. Sonnenblumenbrot

GELINGT LEICHT
Für 1 Sonnenblumenbrot
Zubereitungszeit: 30 Min.
Ruhezeit: 2 Std.
Backzeit: 1 Std.

100 g Sonnenblumenkerne • 50 g Leinsamen • 50 g Haferkörner • 50 g Hirsekörner • 50 g Buchweizenkörner • 250 g Weizenmehl (Type 405) • 250 g Weizen-Vollkornmehl • 1 Würfel Hefe (42 g) • 2 TL flüssiger Honig • 2 TL Salz • Butter für die Form

– Die Sonnenblumenkerne in einer trockenen Pfanne unter Wenden rösten, bis sie angenehm zu duften beginnen. Leinsamen, Hafer, Hirse und Buchweizen mit 1/2 l kochend heißem Wasser übergießen und zugedeckt 1 Std. quellen lassen.
– Das gesamte Mehl in einer großen Rührschüssel mischen, Hefe hineinbröckeln, Honig darüber träufeln. Die gequollenen lauwarmen Körner mit der Flüssigkeit darüber geben und mit der Hefe dem Honig und etwas Mehl verrühren.
– Die Schüssel mit einem Küchentuch zudecken und etwa 15 Min. an einen warmen Ort stellen. Dann das gesamte Mehl und Salz mit den Knethaken des Handrührgerätes oder in der Küchenmaschine mit dem Kneteinsatz unter den Vorteig kneten. Den Teig zugedeckt etwa 15 Min. ruhen lassen. Eine Kastenform (32 cm Länge) einfetten.
– Den Teig noch einmal gründlich kneten, bis er geschmeidig ist und sich vom Schüsselrand löst. Dann in die Form füllen und glatt streichen. Mit einem Tuch zudecken und nochmals etwa 15 Min. an einem warmen Ort gehen lassen, bis sich das Teigvolumen um etwa ein Drittel vergrößert hat. Anschließend eventuell die Oberfläche mit einem Messer schräg einkerben.
– Den Boden und die Seitenwände des kalten Backofens mit Wasser besprühen. Das Brot im Ofen (unten, 200°, Umluft 180°) in etwa 1 Std. goldbraun backen. Dann noch etwa 10 Min. im ausgeschalteten Ofen stehen und ruhen lassen.
– Das Brot aus dem Backofen und vorsichtig aus der Form nehmen, von allen Seiten mit kaltem Wasser besprühen oder bestreichen. Das Brot nochmals im Ofen auf dem Rost ohne Form (unten, 200°, Umluft 180°) 10–15 Min. backen. Danach nochmals mit Wasser bestreichen und abkühlen lassen.

895. Leinsamenbrot

GELINGT LEICHT
Für 1 Leinsamenbrot
Zubereitungszeit: 30 Min.
Ruhezeit: 2 Std.
Backzeit: 1 1/4 Std.

100 g Leinsamen • 250 g Weizenmehl (Type 405) • 250 g Weizen-Vollkommehl • 1 Würfel Hefe (42 g) • 2 TL flüssiger Honig • 2 TL Meersalz • Butter für die Form

– Die Leinsamen in eine Schüssel geben, mit 1/2 l kochend heißem Wasser übergießen und zugedeckt etwa 1 Std. quellen lassen.
– Das gesamte Mehl in einer großen Rührschüssel vermischen, in die Mitte eine Mulde drücken. Die Hefe in die Mulde bröckeln, den Honig darüber träufeln. Die gequollenen lauwarmen Leinsamen mit der Flüssigkeit darüber geben und mit Hefe, Honig und ein wenig Mehl verrühren.
– Die Schüssel mit einem feuchten Küchentuch zudecken und an einen warmen Ort stellen. Den Vorteig etwa 15 Min. gehen lassen.
– Das gesamte Mehl und Salz mit den Knethaken des Handrührgerätes oder in der Küchenmaschine mit dem Kneteinsatz unter den Vorteig kneten. Den Teig zugedeckt etwa 15 Min. ruhen lassen. Eine Kastenform (32 cm Länge) einfetten.
– Den Hefeteig noch einmal gründlich kneten, bis er geschmeidig ist und sich vom Schüsselrand löst. Dann in die Form füllen und glatt streichen. Wieder mit einem Küchentuch zudecken und nochmals etwa 15 Min. an einem warmen Ort gehen lassen, bis sich das Teigvolumen um etwa ein Drittel vergrößert hat. Dann eventuell die Oberfläche mit einem Messer schräg einkerben.
– Boden und Seitenwände des kalten Ofens mit Wasser besprühen oder mit einem nassen Tuch kurz abreiben. Das Brot im Ofen (unten, 200°, Umluft 180°) in etwa 1 Std. goldbraun backen. Dann noch etwa 10 Min. im ausgeschalteten Ofen stehen lassen.
– Das Brot aus dem Backofen und vorsichtig aus der Form nehmen, von allen Seiten mit kaltem Wasser besprühen oder bestreichen. Das Brot nochmals im Ofen (unten, 200°, Umluft 180°) auf dem Rost ohne Form 10–15 Min. backen. Danach erneut mit etwas Wasser besprühen oder bestreichen.

896. Kartoffelbrot

SCHMECKT KINDERN
Für 1 Kartoffelbrot
Zubereitungszeit: 1 Std.
Ruhezeit: 1 1/4 Std.
Backzeit: 30 Min.

300 g mehlig kochende Kartoffeln • Salz • 600 g Weizenmehl (Type 550) • 1 Würfel Hefe (42 g) • 1 TL Zucker • 1 Ei • 4 EL Olivenöl • Mehl zum Arbeiten

– Die Kartoffeln waschen und ungeschält in Salzwasser in 25–30 Min. gar kochen. Abgießen, etwas abkühlen lassen, dann pellen und durch die Kartoffelpresse drücken. Mehl in eine große Schüssel geben, eine Mulde hineindrücken, die Hefe hineinbröckeln. Mit Zucker und etwa 75 ml lauwarmem Wasser verrühren.
– 100 ml Wasser, Ei, Öl, 2 TL Salz und die Kartoffeln zum Vorteig geben, alles gründlich verkneten. Eventuell noch etwas Wasser dazugeben, wenn der Teig noch nicht zusammenhält. Zugedeckt 45 Min. an einem warmen Ort gehen lassen.
– Den Teig noch einmal durchkneten. Zu einem runden Laib formen, mit Mehl bestäuben und auf ein mit Backpapier belegtes Blech setzen. Mit einer Gabel mehrmals einstechen und zugedeckt bei Zimmertemperatur noch 30 Min. ruhen lassen.
– Den Backofen auf 200° vorheizen. Das Brot im Ofen (Mitte, Umluft 180°) in 30 Min. goldbraun backen. Auf einem Kuchengitter auskühlen lassen.

897. Hafer-Weizenkeim-Brot

GELINGT LEICHT
Für 1 Hafer-Weizenkeim-Brot
Zubereitungszeit: 40 Min.
Ruhezeit: 1 Std. 25 Min.
Backzeit: 35 Min.

500 g Weizenmehl (Type 550) • 30 g frische Hefe • 1 Prise Zucker • 70 g Vollkorn-Haferflocken • 40 g Weizenkeime • 2 TL Salz • Mehl für die Arbeitsfläche • 2 EL Vollkorn-Haferflocken zum Bestreuen

– Das Mehl in eine Schüssel geben, eine Mulde hineindrücken. Die Hefe in die Mulde bröckeln und mit dem Zucker und etwa 100 ml lauwarmem Wasser verrühren.

Leicht mit Mehl bestäuben und zugedeckt an einem warmen Ort 10 Min. gehen lassen.
– 200 ml lauwarmes Wasser, Haferflocken, Weizenkeime und das Salz dazugeben und alles zu einem glatten Teig verkneten. Zugedeckt an einem warmen Ort 1 Std. gehen lassen.
– Den Teig auf der bemehlten Arbeitsfläche noch einmal gut durchkneten und zu einem runden Laib formen. Den Laib in Mehl wenden, auf ein mit Backpapier belegtes Blech setzen und zugedeckt noch 15 Min. bei Zimmertemperatur gehen lassen.
– Den Backofen auf 225° (Umluft 200°) vorheizen. Eine feuerfeste Schale mit kochend heißem Wasser hineinstellen. Das Brot mit Wasser einpinseln, über Kreuz etwa 1 cm tief einschneiden und mit Haferflocken bestreuen. Die Haferflocken leicht andrücken.
– Das Brot im Ofen (Mitte) 15 Min. backen, dann die Hitze auf 200° (Umluft 180°) herunterschalten und das Brot in 20 Min. fertig backen.

TIPP

Zusätzlich etwa 100 g gehackte Walnüsse oder Sonnenblumenkerne unter den Teig kneten – so bekommt das Brot etwas mehr Biss und ein noch feineres Aroma.

898. Türkisches Fladenbrot

PREISWERT | GUT FÜR GÄSTE
Für 2 Fladenbrote
Zubereitungszeit: 35 Min.
Ruhezeit: 45 Min.
Backzeit: 30 Min.

500 g Weizenmehl (Type 405) • 1 Würfel Hefe (42 g) • 1/2 TL Salz • Mehl zum Arbeiten • etwas Öl für die Hände und für 2 Backbleche • 1 Eigelb • 1 TL Zucker und 1 TL Olivenöl zum Bestreichen • 2 EL geschälte Sesamsamen und 1 TL Schwarzkümmel zum Bestreuen

– Mehl in einer Schüssel mit den Händen auflockern, eine Mulde hineindrücken. Hefe in 1/8 l lauwarmem Wasser auflösen, in die Mulde gießen. Das Salz auf den Rand streuen. Die Hefe mit etwas Mehl verrühren, mit 1/8 l lauwarmem Wasser nach und nach unter das gesamte Mehl arbeiten.
– Die Hände leicht einölen und den Teig 5 Min. gründlich durchschlagen, bis der Teig Blasen wirft. Den Teig zugedeckt an einem warmen Ort 30 Min. auf etwa das Doppelte aufgehen lassen.
– Den Teig zusammenkneten, halbieren und auf der bemehlten Arbeitsfläche zu Kugeln formen. Mit den Händen von der Mitte aus zu zwei flachen, runden Fladen (25 cm Ø) drücken. Dabei sollen die Ränder etwas wulstig bleiben.
– Dann zwei Bleche leicht einölen und die Fladen darauf legen. Vier Finger einer Hand geschlossen halten, die Spitzen leicht in Wasser tauchen und Reihen von Vertiefungen erst längs, dann quer in die Fladen drücken, so dass das typische Rautenmuster entsteht. Den Backofen auf 225° (Umluft 200°) vorheizen.
– Eigelb, Zucker, Olivenöl und 1 EL Wasser verquirlen, die Fladen damit einpinseln. Sesam und Schwarzkümmel darüber streuen. 15 Min. zugedeckt an einem warmen Ort gehen lassen.
– Die Fladen 5 Min. im Ofen (Mitte) backen. 50 ml Wasser bereit halten, die Ofentür kurz öffnen, das Wasser mit einem Guss auf den Ofenboden gießen, so dass ein Dampfstoß entsteht. Dann die Ofentür rasch wieder schließen.
– Die Fladenbrote 10 Min. weiterbacken, bis sie leicht gebräunt sind, dann herausnehmen und auf einem Kuchengitter auskühlen lassen.

899. Maisbrot aus Portugal

GELINGT LEICHT
Für 1 Maisbrot
Zubereitungszeit: 1 Std.
Ruhezeit: 1 Std.
Backzeit: 30 Min.

1 Würfel Hefe (42 g) • 300 g Weizenmehl (Type 405) • 300 g feines Maismehl • 2 TL Salz • 1 Prise Cayennepfeffer • 1 EL kalt gepresstes Olivenöl • Maismehl zum Arbeiten

– Die Hefe in 100 ml lauwarmem Wasser auflösen. Mit 300–400 ml lauwarmem Wasser, Weizen- und Maismehl, Salz und Cayennepfeffer in der Rührschüssel zu einem glatten Teig verkneten. Den Teig zugedeckt bei Zimmertemperatur 20–30 Min. gehen lassen.
– Dann das Öl mit feuchten Händen unterkneten. Das Brot auf der bemehlten Arbeitsfläche zu einem runden

Laib formen. Eine Springform (26 cm Ø) einfetten und mit Maismehl ausstreuen. Brot hineinsetzen und mit Maismehl bestreuen. Das Brot gut zugedeckt 30 Min. gehen lassen.
– Den Backofen auf 225° (Umluft 200°) vorheizen. Eine feuerfeste Schale mit kochend heißem Wasser hineinstellen. Brot einmal quer über die Mitte einschneiden. Im Ofen (Mitte) 15 Min. backen.
– Die Wasserschale entfernen und das Brot weitere 15–20 Min. backen. Aus der Form lösen und auf einem Kuchengitter auskühlen lassen.

900. Portugiesisches Maisbrot mit Chorizo

GUT FÜR GÄSTE
Für 1 Maisbrot
Zubereitungszeit: 40 Min.
Ruhezeit: 1 Std.
Backzeit: 30 Min.

1 Würfel Hefe (42 g) • 400 g Weizenmehl (Type 405) • 200 g feines Maismehl • 2 TL Salz • 200 g Chorizo (ersatzweise eine mit Paprika und Knoblauch scharf gewürzte geräucherte Schweinewurst) • Öl für die Form • Maismehl für die Form

– Hefe zerbröckeln und in 100 ml lauwarmem Wasser auflösen. Mit 400 ml lauwarmem Wasser, Weizen- und Maismehl sowie Salz in einer Rührschüssel verkneten. Dann mit der Hand zu einer Kugel zusammenfassen. Den Hefeteig zugedeckt 20–30 Min. bei Zimmertemperatur gehen lassen.
– Die Wurst in kleine Würfel schneiden. Den Teig nochmals durchkneten, bis er fest aber nicht zu steif ist – bei Bedarf noch etwas Weizenmehl unterarbeiten oder Wasser dazugeben. Die Wurstwürfel unterkneten. Den Teig zu einem runden Laib formen.
– Eine Springform (26 cm Ø) einfetten und mit Maismehl ausstreuen. Den Teig hineinlegen und nochmals zugedeckt 30 Min. gehen lassen.
– Den Backofen auf 225° (Umluft 200°) vorheizen. Eine feuerfeste Schale mit kochend heißem Wasser hineinstellen. Das Brot mit Maismehl bestreuen und im Ofen (Mitte) 15 Min. backen. Nun die Schale entfernen, das Brot in weiteren 15 Min. goldbraun backen.
– Das Maisbrot aus der Form lösen und die Klopfprobe machen. Wenn es beim Klopfen auf den Brotboden hohl klingt, ist das Brot fertig. Das Brot bei Bedarf 5–10 Min. ohne Form nachbacken. Auf einem Kuchengitter auskühlen lassen. Das Brot zum Servieren wie einen Kuchen in Stücke schneiden.

901. Landbrot

GUT VORZUBEREITEN
Für 1 Landbrot
Zubereitungszeit: 45 Min.
Ruhezeit: 14 Std. 40 Min.
Backzeit: 1 Std.

250 g Weizen-Vollkornmehl • 175 g Weizenmehl (Type 1050) • 1 Würfel Hefe (42 g) • 1 TL Rohrzucker • 330 ml zimmerwarmes Bier • 1 EL Salz • 1 TL gemahlenes Brotgewürz • 1 Pck. flüssiger Natursauerteig (150 g) • 50 g Weizenflocken • 50 g Weizenkeime • 300 g Roggenschrot • Weizen-Vollkornmehl zum Arbeiten

– Die beiden Mehlsorten in einer großen Schüssel vermischen. In die Mitte eine Mulde hineindrücken, die Hefe in die Mulde bröckeln und mit 1/8 l lauwarmem Wasser und dem Zucker verrühren. Leicht mit Mehl bestäuben, mit einem feuchten Küchentuch zudecken und 10 Min. an einem warmen Ort gehen lassen.
– Bier, Salz, Brotgewürz, Natursauerteig, Weizenflocken, Weizenkeime sowie das Roggenschrot dazugeben und alles gründlich verkneten. Erneut zugedeckt an einem warmen Ort 1 Std. gehen lassen.
– Anschließend den Teig auf der leicht bemehlten Arbeitsfläche noch einmal kräftig durchkneten. Zu einem länglichen Laib formen und auf ein mit Backpapier belegtes Blech setzen.
– Das Brot diagonal mehrmals etwa 1 cm tief einschneiden und zugedeckt bei Zimmertemperatur noch 1 1/2 Std. gehen lassen.
– Den Backofen rechtzeitig auf 225° (Umluft 200°) vorheizen. Eine feuerfeste Schale mit kochend heißem Wasser hineinstellen. Das Blech in den Ofen (Mitte) schieben und das Brot 15 Min. backen.
– Dann die Temperatur des Backofens auf 175° (Umluft 160°) herunterschalten und das Landbrot in weiteren 45 Min. fertig backen.
– Nun das Brot aus dem Ofen nehmen und zum Abkühlen fest in ein sauberes Küchentuch wickeln und darin 12 Std. ruhen lassen.

902. Französisches Landbrot

GELINGT LEICHT
Für 1 Landbrot
Zubereitungszeit: 30 Min.
Ruhezeit: 2 Std.
Backzeit: 1 1/4 Std.

700 g Weizenkörner • 50 g Roggenkörner • 1 Würfel Hefe (42 g) • 1 EL Meersalz • 1 Pck. flüssiger Natursauerteig (150 g) • 2 EL kalt gepresstes Olivenöl • 2 TL Korianderkörner • Mehl zum Arbeiten und für das Backblech

– Die Weizen- und Roggenkörner in der Getreidemühle mehlfein mahlen oder bereits im Geschäft ganz frisch mahlen lassen.
– Die Hefe zerbröckeln und in 2 EL lauwarmem Wasser auflösen, in eine große Rührschüssel geben. Mit etwa 400 ml lauwarmem Wasser und dem Salz vermischen, den Sauerteig unterrühren. Alles mit den beiden Mehlsorten mit den Knethaken des Handrührgeräts verkneten, bis sich der Teig vom Schüsselrand löst. (Oder noch besser die Zutaten in der Küchenmaschine mit dem Kneteinsatz verarbeiten lassen.)
– Den Teig auf der bemehlten Arbeitsfläche noch kurz durchkneten bis ein elastischer saftiger Teig entsteht. Bei Bedarf etwas Mehl oder etwas Wasser hinzufügen. Den Teig zu einer Kugel formen und wieder in die Schüssel legen. Den Teig mit etwas Mehl bestreuen und mit einem feuchten Tuch bedeckt an einem warmen Ort 1 1/2 Std. gehen lassen.
– Den Teig nochmals kurz durchkneten und dabei das Öl und den Koriander dazugeben. Teig mit bemehlten Händen zu einer Kugel formen. Das Backblech mit Mehl bestreuen. Die Teigkugel darauf legen und mit Wasser bestreichen. Die Oberfläche gitterartig einritzen und mit etwas Mehl bestreuen. Nochmals mit einem Tuch bedeckt 30 Min. gehen lassen.
– Den Backofen auf 220° vorheizen. Eine feuerfeste Schale mit kochend heißem Wasser hineinstellen. Das Brot im Ofen (Mitte, Umluft 200°) 30 Min. backen.
– Dann die Temperatur des Ofens auf 170° (Umluft 150°) herunterschalten und das Brot in etwa 45 Min. fertig backen.
– Brot aus dem Backofen nehmen, die Klopfprobe machen. Wenn es beim Klopfen auf den Brotboden hohl klingt, ist das Brot fertig. Bei Bedarf noch 5–10 Min. nachbacken, auf einem Kuchengitter auskühlen lassen.

903. Gewürztes Mischbrot

GUT VORZUBEREITEN
Für 1 Mischbrot
Zubereitungszeit: 45 Min.
Ruhezeit: 1 Std. 50 Min.
Backzeit: 1 1/4 Std.

750 g Weizen-Vollkornmehl • 500 g Roggen-Vollkornmehl • 1 EL gemahlener Koriander • 1 EL Kümmelsamen • 1 EL Fenchelsamen • 1 Msp. frisch geriebene Muskatnuss • 1 1/2 Würfel Hefe (63 g) • 1 EL flüssiger Honig • 2 TL Meersalz • Weizen-Vollkornmehl für das Blech und zum Arbeiten • 4 EL lauwarme Milch zum Bestreichen • 1 EL Korianderkörner zum Bestreuen

– Beide Mehlsorten mit den Gewürzen mischen, in eine Schüssel geben und eine Mulde hineindrücken. Die Hefe in die Mulde bröckeln und mit dem Honig, 100 ml lauwarmem Wasser und etwas Mehl glatt rühren. Zugedeckt an einem warmen Ort 20 Min. gehen lassen.
– Das Salz mit 1/2 l lauwarmen Wasser hinzufügen und den Teig kräftig verkneten, bis er glatt und geschmeidig ist, eventuell noch etwas lauwarmes Wasser hinzufügen. Den Hefeteig zugedeckt an einem warmen Ort 1 Std. gehen lassen.
– Ein Backblech mit Mehl bestäuben. Den Teig auf der leicht bemehlten Arbeitsfläche nochmals durchkneten und zu einem länglichen Laib formen. Den Brotlaib auf das Blech legen, mit der Milch bepinseln. Korianderkörner darauf streuen, leicht andrücken. Den Brotlaib zugedeckt an einem warmen Ort 30 Min. gehen lassen.
– Den Backofen auf 220° (Umluft 200°) vorheizen. Eine feuerfeste Schale mit kochend heißem Wasser hineinstellen. Das Brot im Ofen (Mitte) 15 Min. backen. Den Ofen dann auf 180° (Umluft 160°) herunterschalten und das Brot noch 1 Std. backen.
– Die Klopfprobe machen. Wenn es beim Klopfen auf den Brotboden hohl klingt, ist das Brot fertig. Bei Bedarf das Brot noch 5–10 Min. nachbacken. Dann sofort mit heißem Wasser bestreichen, damit es etwas glänzt, und mit einem Küchentuch bedeckt auf einem Kuchengitter auskühlen lassen.

TIPP
Statt frischer Hefe können Sie auch 2 Tütchen Trockenhefe verwenden.

904. Gewürztes Bauernbrot

GELINGT LEICHT
Für 1 Bauernbrot
Zubereitungszeit: 30 Min.
Ruhezeit: 1 1/2 Std.
Backzeit: 1 Std.

600 g Roggenkörner • 150 g Weizenkörner • 1 EL Kümmelsamen • 1 EL Anissamen • 1 Würfel Hefe (42 g) • 2 TL Salz • 1 Pck. flüssiger Natursauerteig (150 g) • Weizenmehl zum Arbeiten • Butter für das Backblech • 2 TL Korianderkörner zum Bestreuen

– Roggen, Weizen, Kümmel und Anis mehlfein mahlen (oder die Gewürze im Mörser zerstoßen und unter das Vollkornmehl mischen). Die Hefe zerbröckeln und in 2 EL lauwarmem Wasser auflösen. In einer Rührschüssel mit etwa 400 ml lauwarmem Wasser und dem Salz vermischen. Den Sauerteig unterrühren und das gewürzte Mehl untermengen.
– Alles zu einem glatten saftigen Teig verkneten. Bei Bedarf noch etwas Mehl oder Wasser dazugeben. Den Teig mit einem feuchten Tuch abdecken und an einem warmen Ort 1 Std. gehen lassen.
– Den Teig auf der bemehlten Arbeitsfläche nochmals kräftig durchkneten und zu einem runden Laib formen. Ein Backblech einfetten, den Laib darauf legen und ein versetztes Doppelkreuz einschneiden. Das Brot mit Wasser bestreichen und mit den Korianderkörnern bestreuen. Die Körner etwas andrücken. Das Brot zugedeckt nochmals 30 Min. gehen lassen.
– Den Backofen auf 220° vorheizen. Eine feuerfeste Schale mit kochend heißem Wasser hineinstellen. Das Brot im Ofen (unten, Umluft 200°) 1 Std. backen. Dann aus dem Ofen nehmen, die Klopfprobe machen. Wenn es beim Klopfen auf den Brotboden hohl klingt, ist das Brot fertig. Bei Bedarf noch 5–10 Min. nachbacken. Das Brot auf einem Kuchengitter auskühlen lassen.

TIPPS

– Statt das Brot mit Roggen und Weizen zuzubereiten, können Sie für ein Mehrkornbrot eine Mehlmischung aus 200 g Roggen, 200 g Gerste und 350 g Weizen verwenden.
– Kleinere Mengen Getreide lassen sich auch bei Zimmertemperatur einige Wochen lagern. Das Getreide muss aber absolut trocken bleiben. Ob die Körner trocken genug sind, können Sie ganz einfach überprüfen, indem Sie ein Korn mit einem Löffel auf einer harten Unterlage zerdrücken. Knackt es hörbar und springt es weg, ist das Korn gut trocken. Lässt es sich aber zu einer Flocke zerdrücken oder schmiert es sogar, ist es zu feucht. In diesem Fall den Backofen 10 Min. auf 50° vorheizen, den Ofen ausschalten und die auf einem Blech ausgebreiteten Körner 1 Std. trocknen lassen.

905. Zucchinibrot

GELINGT LEICHT
Für 1 Zucchinibrot
Zubereitungszeit: 45 Min.
Ruhezeit: 1 Std. 40 Min.
Backzeit: 40 Min.

500 g Weizenmehl (Type 1050) • 1 Würfel Hefe (42 g) • 1 TL Zucker • 250 g Zucchini • 75 g Walnusskerne • 2 TL Salz • 1 Ei • Weizenmehl zum Arbeiten • Öl für die Form • 1 Eigelb oder 3 EL Milch zum Bestreichen • 25 g Walnusskerne zum Bestreuen

– Das Mehl in eine Schüssel geben, eine Mulde hineindrücken. Die Hefe in die Mulde bröckeln und mit dem Zucker und 3 EL lauwarmem Wasser verrühren. Leicht mit Mehl bestäuben und den Vorteig zugedeckt an einem warmen Ort 10 Min. gehen lassen.
– Inzwischen die Zucchini waschen, putzen und grob raspeln, mit den Händen gut ausdrücken. Die Walnusskerne hacken. Etwa 200 ml lauwarmes Wasser, das Salz und das Ei zum Vorteig geben, alles gründlich verkneten, die Zucchini und die gehackten Walnüsse unterkneten. Den Teig zugedeckt 45 Min. an einem warmen Ort gehen lassen.
– Den Teig auf der bemehlten Arbeitsfläche noch einmal gut durchkneten und mit bemehlten Händen zu einer langen Rolle formen. Eine Kastenform (30 cm Länge) einfetten, den Teig hineinlegen und zugedeckt an einem warmen Ort weitere 45 Min. gehen lassen.
– Den Backofen auf 200° vorheizen. Die Walnusskerne zum Bestreuen hacken. Das Brot mit dem verquirlten Eigelb oder mit der Milch bestreichen und mit den

Walnusskernen bestreuen. Im Ofen (unten, Umluft 180°) in 40 Min. goldbraun backen. Brot kurz in der Form abkühlen lassen, dann auf ein Kuchengitter stürzen und wieder umdrehen, offen auskühlen lassen.

TIPP

Der Brotteig ist anfangs recht fest. Geben Sie jedoch bitte keine zusätzliche Flüssigkeit dazu! Die Zucchini geben während der Ruhezeit des Teiges Feuchtigkeit an diesen ab, er wird recht weich. Zum Formen sollten Sie deshalb den Teig und Ihre Hände gut mit Mehl bestäuben.

906. Kürbiskernbrot

GELINGT LEICHT
Für 1 Kürbiskernbrot
Zubereitungszeit 45 Min.
Ruhezeit: 1 Std. 25 Min.
Backzeit: 1 Std.

1 Würfel Hefe (42 g) • 1 TL Rohrzucker • 250–375 ml lauwarme Buttermilch • 300 g Weizen-Vollkornmehl • 130 g Kürbiskerne • 100 g Roggenschrot • 100 g feines Maismehl (Reformhaus) • 2 EL Kürbiskernöl • 1 gehäufter TL Meersalz • Mehl für die Arbeitsfläche • Butter für die Form • 3 EL Milch zum Bestreichen

– Die Hefe in eine Schüssel bröckeln, mit dem Zucker bestreuen und mit etwas Buttermilch und etwas Weizenmehl glatt rühren. Den Vorteig mit einem feuchten Küchentuch zugedeckt an einem warmen Ort 15 Min. gehen lassen.
– Von den Kürbiskernen 100 g grob hacken, mit dem restlichen Weizenmehl, dem Roggenschrot und dem Maismehl mischen. Den Hefevorteig mit der übrigen Buttermilch, dem Öl und dem Salz unter das Mehl mengen und den Teig kneten, bis er geschmeidig glänzt. Den Teig zugedeckt an einem warmen Ort weitere 40 Min. gehen lassen.
– Den Teig auf der bemehlten Arbeitsfläche nochmals kräftig durchkneten. Eine Kastenform (30 cm Länge) einfetten und den Teig einfüllen. Die Oberfläche glatt streichen, mit Milch bepinseln und die restlichen ganzen Kürbiskerne darüber streuen, etwas andrücken. Das Brot zugedeckt 30 Min. gehen lassen.
– Den Backofen auf 200° (Umluft 180°) vorheizen. Eine feuerfeste Schale mit kochend heißem Wasser hineinstellen. Das Brot im Ofen (Mitte) 15 Min. backen. Die Hitze dann auf 180° (Umluft 160°) herunterschalten und das Brot in weiteren 45 Min. goldbraun backen.
– Das Kürbiskernbrot in der Form 5 Min. ruhen lassen, dann stürzen und auf einem Kuchengitter, mit einem Küchentuch bedeckt, auskühlen lassen.

907. Zwiebelbrot

GUT FÜR GÄSTE
Für 1 Zwiebelbrot
Zubereitungszeit: 45 Min.
Ruhezeit: 1 Std.
Backzeit: 1 Std.

400 g Zwiebeln • 8 EL Sonnenblumenöl • 100 g Weizen-Vollkornmehl • 100 g Roggenmehl (Type 997) • 500 g Weizenmehl • 1/2 TL frisch gemahlener schwarzer Pfeffer • 1 Würfel Hefe (42 g) • 1 TL Zucker • 1 EL Salz • 2 EL Roggenmehl oder Kümmelsamen für die Arbeitsfläche • Butter für das Backblech

– Die Zwiebeln schälen, klein würfeln und in dem Öl goldbraun braten. Dann etwas abkühlen lassen.
– Mehlsorten mit dem Pfeffer in einer großen Schüssel mischen. Hefe hineinbröckeln, Zucker darüber streuen. 1/2 l lauwarmes Wasser nach und nach dazugießen, mit Hefe, Zucker und etwas Mehl zu einem dünnen Brei verrühren. Die Schüssel zugedeckt an einen warmen Ort stellen und den Vorteig etwa 15 Min. gehen lassen.
– Das gesamte Mehl und die gebratenen Zwiebel samt dem Bratfett und dem Salz mit den Knethaken des Handrührgerätes unter den Vorteig kneten. Den Teig mit einem Tuch zudecken und 20 Min. ruhen lassen. Das Blech fetten.
– Den Teig noch einmal gründlich kneten, bis er geschmeidig ist. Das Mehl oder den Kümmel auf die Arbeitsfläche streuen, den Teig als Kloß darauf geben, darin wälzen und zu einer Kugel formen. Die Teigkugel auf das Blech legen und den Teig von der Mitte aus zu einem Kreis (etwa 25 cm Ø) flach drücken. Den Teig mit einem Küchentuch zudecken und etwa 20 Min. an einem warmen Ort gehen lassen, bis sich sein Volumen um etwa ein Drittel vergrößert hat.
– Den Boden und die Seitenwände des kalten Backofens mit Wasser besprühen oder mit einem nassen Tuch

abreiben. Das Brot im Ofen (unten, 230°, Umluft 210°) in etwa 1 Std. knusprig backen. Dann noch etwa 15 Min. im ausgeschalteten Ofen stehen lassen.
– Anschließend das Zwiebelbrot auf ein Kuchengitter legen und von allen Seiten mit kaltem Wasser besprühen oder bestreichen.

908. Französisches Walnussbrot

GUT FÜR GÄSTE
Für 4 Walnussbrote
Zubereitungszeit: 45 Min.
Ruhezeit: 1 1/2 Std.
Backzeit: 40 Min.

700 g Dinkelkörner • 1 Würfel Hefe (42 g) • 4 TL Meersalz • 1 Pck. flüssiger Natursauerteig (150 g) • 2 EL Walnussöl • 200 g grob gehackte Walnüsse • Mehl zum Arbeiten und für das Blech

– Die Dinkelkörner in der Getreidemühle mehlfein mahlen. Oder die Körner bereits im Laden ganz frisch mahlen lassen.
– Die Hefe in 3 EL lauwarmem Wasser auflösen. In einer Schüssel mit 400 ml lauwarmem Wasser, Salz, dem Sauerteig und dem Mehl verkneten, bis sich der Teig vom Schüsselrand löst. Zu einer Kugel formen und mit einem feuchten Küchentuch bedeckt an einem warmen Ort 1 Std. gehen lassen.
– Den Teig auf der bemehlten Arbeitsfläche kräftig durchkneten und das Öl und die Walnüsse unterarbeiten. Den Teig in vier Teile teilen, jeweils zu etwa 25 cm langen Brotlaiben formen.
– Die Brotlaibe auf ein bemehltes Backblech legen. Mehrmals längs und quer einschneiden, so dass ein rautenförmiges Muster entsteht. Dann mit Wasser bepinseln und mit einem feuchten Tuch bedeckt an einem warmen Ort 30 Min. gehen lassen.
– Den Backofen auf 200° vorheizen. Eine feuerfeste Schale mit kochend heißem Wasser auf den Ofenboden stellen. Die Walnussbrote im Ofen (Mitte, Umluft 180°) 30 Min. backen.
– Dann die Temperatur des Ofens auf 180° (Umluft 160°) herunterschalten und die Brote in 10 Min. fertig backen. Aus dem Ofen holen und die Klopfprobe machen. Wenn es beim Klopfen auf den Brotboden hohl klingt, ist das Brot fertig. Eventuell nochmal 5 Min. nachbacken. Brote auf einem Gitter auskühlen lassen.

TIPP

Der Teig lässt sich gut variieren. So können Sie anstelle der Walnussbrote auch Haselnussbrote backen oder Sie machen gleich beide Varianten, wenn Sie Ihre Gäste zu einem guten Bordeaux und einer Käseplatte einladen.

909. Sechskornbrot

GUT VORZUBEREITEN
Für 2 Sechskornbrote
Zubereitungszeit: 45 Min.
Ruhezeit: 2 Std.
Backzeit: 1 Std.

500 g Weizen-Vollkornmehl • 400 g grob geschrotetes Sechskorngetreide (Weizen, Roggen, Hafer, Gerste, Dinkel, Buchweizen – siehe TIPPS) • 50 g Leinsamen • 1 Pck. Sauerteig-Extrakt (15 g, aus dem Reformhaus) • 2 Pck. Trockenhefe (je 7 g, für je 500 g Mehl) • 3 TL Salz • 2 TL gemahlenes Brotgewürz • 1 TL Zucker • Weizen-Vollkornmehl zum Arbeiten • etwas Getreideschrot zum Bestreuen

– Alle Zutaten für den Teig und etwa 700 ml lauwarmes Wasser mit der Küchenmaschine oder den Knethaken des Handrührgeräts ausgiebig zu einem glatten Teig verkneten (er ist recht feucht!). Teig mit einem Tuch zugedeckt an einem warmen Ort 1 1/2 Std. gehen lassen.
– Den Teig in der Schüssel noch einmal kurz durchkneten. Mit gut bemehlten Händen aus der Schüssel nehmen und auf der bemehlten Arbeitsfläche noch einmal kräftig durchkneten. Dann den Teig halbieren und jede Portion zu einem ovalen dicken Laib formen. Nebeneinander auf ein mit Backpapier belegtes Blech legen und zugedeckt noch 30 Min. gehen lassen.
– Den Backofen rechtzeitig auf 200° (Umluft 180°) vorheizen. Eine feuerfeste Schale mit kochend heißem Wasser hineinstellen. Die Brote eventuell mit den Händen wieder etwas zusammenschieben, leicht mit Wasser bepinseln und mit etwas Schrot bestreuen. Die Brote im Ofen (Mitte) 15 Min. backen
– Dann die Hitze auf 175° (Umluft 160°) herunterschalten und die Brote weitere 45 Min. backen. Auf einem Kuchengitter auskühlen lassen, dabei mit einem Tuch abdecken.

TIPPS

– Das Sechskorngetreide gibt es bereits gemischt und abgepackt im Reformhaus zu kaufen. Wenn Sie keine Getreidemühle haben, lassen Sie sich das Getreide beim Einkauf vom Händler schroten.
– Der Teig ist vor dem Backen recht feucht und klebrig. Bitte nicht zusätzlich Mehl dazugeben, sonst werden die fertigen Brote zu trocken.

910. Schwarzbrot rheinische Art

GUT VORZUBEREITEN
Für 2 Schwarzbrote
Zubereitungszeit: 45 Min.
Ruhezeit: 36 Std.
Backzeit: 2 1/2 Std.

300 g Roggenkörner • 1 Pck. flüssiger Natursauerteig (150 g) • 300 g Roggen-Vollkornmehl • 300–350 g Weizen-Vollkornmehl • 1 EL Meersalz • 1 1/2 EL Rübenkraut • 1/2 Würfel Hefe (21 g) • Fett für die Formen

– Die Roggenkörner zweifingerhoch mit kaltem Wasser bedeckt 24 Std. quellen lassen. Den Sauerteig mit 100 ml lauwarmem Wasser glatt rühren, Roggenmehl unterrühren und mit Frischhaltefolie zugedeckt 12 Std. an einem warmen Ort gären lassen.
– In eine Schüssel 300 g Weizen-Vollkornmehl geben, das Salz darüber verteilen. Rübenkraut und Hefe in 200 ml lauwarmem Wasser auflösen, mit dem Sauerteig zum Mehl geben. Alles mit den Knethaken des Handrührgeräts 5 Min. gut durcharbeiten. Zugedeckt 3 Std. gehen lassen, zwischendurch einmal durchkneten.
– Die Roggenkörner abgießen und in einen Topf geben. Gut mit Wasser bedecken und offen aufkochen. Dann auf schwache Hitze herunterschalten und die Körner 30 Min. zugedeckt vorgaren. Anschließend in einem Sieb gut abtropfen und auskühlen lassen.
– Zwei Kastenformen (24 cm Länge) einfetten, Backofen auf 220° vorheizen. Die Roggenkörner unter den Teig kneten und, falls der Teig zu feucht und klebrig ist, noch das restliche Weizenmehl unterarbeiten (siehe auch TIPP). Den Brotteig auf die beiden Formen verteilen, mit Alufolie abdecken und an den Rändern gut verschließen. Im Ofen (Mitte, Umluft 200°) 1 Std. backen.
– Dann die Alufolie entfernen, die Hitze auf 180° (Umluft 160°) herunterschalten und die Brote 1 1/2 Std. weiterbacken. Die Garprobe machen (siehe TIPP) und die Brote eventuell 10–20 Min. nachbacken. Dann aus dem Ofen nehmen, auf ein Kuchengitter geben, mit Wasser einsprühen und 12 Std. ruhen lassen.

TIPP

Ob die Brote wirklich gar sind, kann man testen, indem man 1 Brot aus dem Ofen nimmt, auf das Gitter stürzt und an den Seiten etwas eindrückt. Fühlt sich das Brot dabei sehr elastisch und weich an, braucht es noch Backzeit. Dann einfach wieder in die Form geben und 10–20 Min. weiterbacken.

911. Brötchen

PREISWERT
Für 12 Brötchen
Zubereitungszeit: 20 Min.
Ruhezeit: 45 Min.
Backzeit: 35 Min.

400 g Mehl • 1 Würfel Hefe (42 g) • 2 TL Zucker • 1 EL Öl • 1 TL Salz • Butter für das Backblech • je 1 TL Mohnsamen, geschälte Sesamsamen, Kümmelsamen und Leinsamen zum Bestreuen

– Mehl in eine große Schüssel geben und in die Mitte eine Mulde drücken. Hefe in die Mulde bröckeln, den Zucker über die Hefe streuen. 1/4 l lauwarmes Wasser dazugießen und mit etwas Mehl zu einem dünnen Brei verrühren. Den Vorteig zugedeckt an einem warmen Ort 15 Min. gehen lassen.
– Das gesamte Mehl mit dem Vorteig, Öl und Salz verkneten. Den Hefeteig zugedeckt 15 Min. ruhen lassen. Ein Backblech fetten.
– Dann Teig durchkneten und in 12 gleich große Stücke teilen. Jedes Stück mit nassen Händen zu einer Kugel formen. Die Teigkugeln auf das Blech legen und flachdrücken. Mit Wasser bestreichen, mit den Samen bestreuen und diese etwas andrücken. Die Teigkugeln zugedeckt 10 Min. gehen lassen, bis sie sich um ein Drittel vergrößert haben.
– Den Boden und die Seitenwände des kalten Backofens mit Wasser besprühen oder mit einem nassen

Tuch abreiben. Brötchen in den kalten Ofen schieben und in 30–35 Min. bei 250° (Mitte, Umluft 230°) goldbraun backen. Dann die Brötchen noch etwa 5 Min. im ausgeschalteten Ofen ruhen lassen. Auf ein Kuchengitter legen und mit kaltem Wasser besprühen.

912. Krustenbrötchen

PREISWERT
Für 12 Krustenbrötchen
Zubereitungszeit: 20 Min.
Ruhezeit: 40 Min.
Backzeit: 35 Min.

400 g Mehl • 1 Würfel Hefe (42 g) • 2 TL Zucker • 1 EL Schweineschmalz • 1 TL Salz • Butter für das Blech • 1 EL flüssiger Honig zum Bestreichen • 1 EL Essig • 1 EL grobes Salz zum Bestreuen

– Mehl in eine Schüssel geben, Hefe hineinbröckeln, Zucker darüber streuen. 1/4 l lauwarmes Wasser dazugießen und mit Hefe, Zucker und etwas Mehl verrühren. Die Schüssel zugedeckt etwa 15 Min. warm stellen.
– Das gesamte Mehl, Schmalz und Salz unter den Vorteig kneten. Teig zugedeckt 15 Min. ruhen lassen.
– Das Blech fetten. Teig gründlich kneten, in 12 gleich große Stücke teilen und mit nassen Händen Brötchen daraus formen und auf das Blech legen.
– Honig mit Essig glatt rühren. Teigstücke mit der Mischung bestreichen, mit grobem Salz bestreuen. Die Brötchen zugedeckt etwa 10 Min. an einem warmen Ort gehen lassen.
– Boden und Seitenwände des kalten Backofens mit Wasser besprühen. Die Brötchen bei 250° (Mitte, Umluft 230°, Gas Stufe 5) 30–35 Min. backen. Dann noch etwa 5 Min. im ausgeschalteten Ofen ruhen lassen.

913. Italienische Panini

GELINGT LEICHT
Für 8 Panini
Zubereitungszeit: 30 Min.
Ruhezeit: 2 3/4 Std.
Backzeit: 12 Min.

350 g Mehl • 60 g frische Hefe • 1 TL Zucker • 2 TL Salz • Mehl zum Arbeiten

– Das Mehl in eine Schüssel geben, eine Mulde hineindrücken. Die Hefe in die Mulde bröckeln und mit dem Zucker und 3 EL lauwarmem Wasser verrühren. Leicht mit Mehl bestäuben und zugedeckt an einem warmen Ort 10 Min. gehen lassen.
– Etwa 150 ml lauwarmes Wasser und das Salz dazugeben und alles zu einem glatten Teig verkneten. Zugedeckt bei Zimmertemperatur 2 Std. gehen lassen.
– Den Teig auf der leicht bemehlten Arbeitsfläche noch einmal durchkneten. Zu einer Rolle formen, in 8 gleich große Portionen teilen. Jede Portion zu einem länglichen Brötchen formen, Teig nach Belieben ein wenig verdrehen. Brötchen auf ein mit Backpapier belegtes Blech setzen, zugedeckt noch 35 Min. gehen lassen.
– Den Backofen rechtzeitig auf 200° (Umluft 180°) vorheizen. Die Brötchen im Ofen (Mitte) 12 Min. backen.

914. Rosinenbrötchen

GELINGT LEICHT
Für 18 Rosinenbrötchen
Zubereitungszeit: 30 Min.
Ruhezeit: 1 Std.
Backzeit: 20 Min.

500 g Mehl • 1 TL Gewürzmischung (Zimtpulver, Nelkenpulver und frisch geriebene Muskatnuss) • 1/2 Würfel Hefe (21 g) • 50 g Zucker • 200 ml lauwarme Milch • 100 g Butter • 1 Prise Salz • 50 g Rosinen • Butter für das Backblech

– Mehl mit Gewürzen in einer Schüssel mischen. In die Mitte eine Mulde drücken. Die Hefe hineinbröckeln und mit 1 TL Zucker, 3 EL Milch und etwas Mehl vom Rand verrühren. Den Vorteig zugedeckt an einem warmen Ort etwa 15 Min. gehen lassen.
– Butter in der restlichen Milch schmelzen und mit dem übrigen Zucker und Salz zum Vorteig geben. Alles mit den Knethaken des Handrührgeräts so lange verrühren, bis sich der Teig vom Schüsselrand löst. Rosinen heiß waschen, trockentupfen und unterkneten. Teig zugedeckt an einem warmen Ort etwa 30 Min. gehen lassen, bis der das Doppelte seines Volumens erreicht hat.
– Backofen auf 200° vorheizen. Ein Backblech einfetten. Aus dem Teig 18 gleich große Kugeln formen, auf das Blech setzen, zugedeckt nochmals etwa 15 Min. gehen lassen. Brötchen kreuzweise schneiden und im Ofen (Mitte, Umluft 180°) in 15–20 Min. goldbraun backen.

915. Brioches aus Frankreich

GUT FÜR GÄSTE
Für 20 Brioches
Zubereitungszeit: 30 Min.
Ruhezeit: 3 Std.
Backzeit: 20 Min.

1/2 Würfel Hefe (21 g) • 100 ml lauwarme Milch • 60 g Zucker • 4 Eier • 1 Prise Salz • 120 g Butter • 450 g Mehl • Mehl zum Formen • Kondensmilch zum Bestreichen • Butter für die Brioche-Förmchen

– Hefe zerbröckeln und mit Milch und 1 TL Zucker verrühren, dann zugedeckt 15 Min. an einem warmen Ort gehen lassen.
– Eier, Salz, Butter und übrigen Zucker zusammen schaumig rühren. Die Hefemilch dazugeben, das Mehl darüber schütten, alles mit dem Rührlöffel vermengen und den Teig mindestens 5 Min. mit den Händen kneten. Den Teig in einem geschlossenen Behälter 2 Std. in den Kühlschrank stellen.
– Die Brioche-Förmchen gut fetten. Den Teig noch einmal kräftig kneten und in 20 Stücke teilen. Von diesen Stücken je ein Viertel abtrennen und mit bemehlten Händen daraus kleine Kugeln, aus den großen Teigstücken größere Kugeln formen. Mit dem Finger in die großen Kugeln ein Loch drücken und in die Förmchen legen. In die Löcher die kleinen Kugeln stecken. Brioches zugedeckt 1 Std. an einem warmen Ort gehen lassen.
– Den Backofen auf 200° (Umluft 180°) vorheizen. Die Brioches mit Kondensmilch bestreichen. Die Förmchen auf den Rost in den Ofen (Mitte) stellen und die Brioches etwa 20 Min. backen.

916. Quarkbrötchen

GELINGT LEICHT
Für 10 Quarkbrötchen
Zubereitungszeit: 15 Min.
Backzeit: 30 Min.

300 g Mehl • 3 TL Backpulver • 1 TL Salz • 1 TL Zucker • 250 g Magerquark • 50 g Butter • 2 TL Mohn- oder Kümmelsamen zum Bestreuen

– Das Mehl in einer Schüssel mit Backpulver, Salz und Zucker mischen. Den Quark und die Butter hinzufügen und alles mit den Knethaken des Handrührgerätes zu einem festen und geschmeidigen Teig kneten. Den Teig zu einer Kugel formen.
– Teig in 10 gleich große Stücke teilen und zu Kugeln formen. Die Teigkugeln auf das mit Backpapier ausgelegte Blech geben und flach drücken. Die Teigstücke mit Wasser besprühen, mit Mohn oder Kümmel bestreuen und die Samen etwas andrücken.
– Die Brötchen in den kalten Backofen (Mitte) schieben und bei 190° (Umluft 175°) in 25–30 Min. goldbraun backen. Nach dem Backen noch 5 Min. im ausgeschalteten Ofen stehen lassen. Brötchen auf einem Kuchengitter mit kaltem Wasser bestreichen.

917. Müslibrötchen

SCHMECKT KINDERN
Für 12 Müslibrötchen
Zubereitungszeit: 40 Min.
Ruhezeit: 1 Std.
Backzeit: 30 Min.

400 g Weizen-Vollkornmehl • 1 Würfel Hefe (42 g) • 5–6 EL Zuckerrübensirup • 5 Korianderkörner • 1/2 TL gemahlener Zimt • 250 g lauwarme saure Sahne • 1 Ei • 1/2 TL Meersalz • 100 g kernige Müslimischung • Butter für das Blech • 1 Eigelb zum Bestreichen • 20 g gehackte Haselnüsse zum Bestreuen

– Das Mehl in eine Schüssel geben, eine Mulde hineindrücken. Hefe hineinbröckeln, mit 5–6 EL lauwarmem Wasser, etwas Mehl und 1 EL Sirup glatt rühren. Vorteig an einem warmen Ort zugedeckt 20 Min. gehen lassen.
– Die Korianderkörner im Mörser zerstoßen und mit dem Zimt, der sauren Sahne, dem Ei, dem übrigen Sirup, dem Salz und der Müslimischung zum Vorteig geben. Alles gut verkneten und wieder zugedeckt an einem warmen Ort 30 Min. gehen lassen.
– Ein Backblech mit Butter bestreichen. Den Teig nochmals durchkneten, zu einer Rolle formen und diese in 12 gleich große Scheiben schneiden. Daraus runde oder ovale Brötchen formen, auf das Blech setzen. Eigelb mit etwas Wasser verquirlen, Brötchen damit bestreichen. Die gehackten Nüsse darüber streuen, leicht andrücken. Die Brötchen 10 Min. zugedeckt gehen lassen.
– Inzwischen den Backofen auf 200° (Umluft 180°) vorheizen. Die Brötchen im Ofen (Mitte) in 25–30 Min. goldbraun backen.

918. Sauerteigbrötchen

BRAUCHT ETWAS ZEIT
Für 18 Sauerteigbrötchen
Zubereitungszeit 50 Min.
Ruhezeit: 15 1/2 Std.
Backzeit: 1 Std. 10 Min.

1/2 Pck. flüssiger Natursauerteig (75 g) • 400 g Roggen-Vollkornmehl • 450 g Weizen-Vollkornmehl • 1 EL Meersalz • je 1/2 TL gemahlener Anis, Kümmel und Koriander • 100 g Crème fraîche • 1 Würfel Hefe (42 g) • 1 EL Honig • Mehl zum Arbeiten und für die Bleche • Sonnenblumenkerne und Getreideflocken zum Bestreuen

– Den Sauerteig in 1/2 l lauwarmem Wasser verrühren, das Roggenmehl einrühren und mit Frischhaltefolie zugedeckt 12 Std. über Nacht gären lassen.
– Das Weizenmehl in eine große Schüssel geben, Salz, Gewürze und Crème fraîche darauf verteilen. Hefe und Honig mit einem Schneebesen in 50 ml lauwarmem Wasser auflösen und mit dem Sauerteig in die Schüssel geben. Alles mit den Knethaken des Handmixers gut 10 Min. kneten. Dann zugedeckt an einem warmen Ort 2 Std. gehen lassen. Den Teig 5 Min. durchkneten, dann noch 1 Std. an einem warmen Ort gehen lassen.
– Zwei Backbleche mit Mehl bestreuen. Den sehr weichen Teig zusammenkneten und daraus mit gut bemehlten Hände 18 runde Brötchen formen, auf die Bleche setzen und zugedeckt 30 Min. gehen lassen.
– Den Backofen auf 190° vorheizen, eine feuerfeste Schale mit kochend heißem Wasser hineinstellen. Die Brötchen mit Wasser besprühen, Sonnenblumenkerne und Getreideflocken darüber streuen und leicht andrücken. Jedes Brötchen mit einem scharfen Messer kreuzweise einschneiden.
– Die Brötchen nacheinander im Ofen (Mitte, Umluft 170°) 30–35 Min. backen und auf einem Kuchengitter auskühlen lassen.

TIPP

Wer zum Frühstück frische Sauerteigbrötchen haben möchte, sollte den Sauerteig schon 24 Std. vorher ansetzen. Teig mit Hefe, Gewürzen und restlichem Mehl dann am späten Vorabend kneten und über Nacht nicht zu warm (18–20°) gehen lassen.

919. Vintschgauer Fladen

GUT FÜR GÄSTE
Für 6 „Vintschgerl“
Zubereitungszeit: 35 Min.
Ruhezeit: 50 Min.
Backzeit: 35 Min.

200 g Weizenmehl (Type 405) • 200 g Roggenmehl (Type 997) • 1 Würfel Hefe (42 g) • 1 EL Zuckerrübensirup • 1 TL Kümmelsamen • 1/2 TL Fenchelsamen • 1/2 TL Anissamen • 2 TL Salz • 3 EL Roggenmehl zum Formen • Butter für das Blech

– Die Mehlsorten in einer großen Schüssel mischen, die Hefe hineinbröckeln und den Sirup darüber träufeln. 300 ml lauwarmes Wasser dazugießen und mit Hefe, Sirup und etwas Mehl verrühren. Den Vorteig zugedeckt 15 Min. an einem warmen Ort gehen lassen.
– Den Vorteig mit Mehl, Gewürzen und Salz verrühren und alles gut verkneten. Teig zugedeckt etwa 15 Min. ruhen lassen.
– Ein Backblech fetten. Den Teig kneten, bis er glatt und geschmeidig ist, dann in sechs gleich große Stücke teilen. Jedes Teigstück in Roggenmehl wenden und zu flachen Teigfladen (etwa 15 cm Ø) formen. Die Fladen auf das Blech legen, zugedeckt 15 Min. gehen lassen.
– Boden und Seitenwände des kalten Ofens mit Wasser besprühen. Den Backofen auf 250° vorheizen.
– Mit einem Holzstäbchen mehrere Löcher in die Fladen stechen. Fladen im Ofen (Mitte, 250°, Umluft 230°) in 30–35 Min. knusprig backen. Dann die Fladen 5 Min. im ausgeschalteten Ofen stehen lassen.
– Die „Vintschgerl“ auf ein Kuchengitter legen und von allen Seiten mit kaltem Wasser besprühen.

920. Bayrische Laugenbrezen

GUT FÜR GÄSTE
Für 14 Laugenbrezen
Zubereitungszeit: 1 Std.
Ruhezeit: 2 Std.
Backzeit: 50 Min.

500 g Weizenmehl (Type 550) • 1 Würfel Hefe (42 g) • 1 TL Zucker • 1 TL Salz • 50 g Natron (Natriumcarbonat) • Mehl zum Arbeiten • 2 EL grobes Meersalz zum Bestreuen

– Das Mehl in eine große Schüssel sieben und eine Mulde hineindrücken. Die Hefe in die Mulde bröckeln und mit Zucker und 100 ml lauwarmem Wasser verrühren. Leicht mit Mehl bestäuben und zugedeckt an einem warmen Ort 15 Min. gehen lassen.
– Etwa 1/4 l lauwarmes Wasser und das Salz dazugeben und alles mit den Knethaken des Handmixers zu einem glatten Teig verkneten. Zugedeckt an einem warmen Ort 1 Std. gehen lassen, bis sich das Teigvolumen verdoppelt hat. Dann auf der bemehlten Arbeitsfläche mit den Händen 10 Min. kräftig kneten und schlagen, zugedeckt weitere 30 Min. gehen lassen.
– Das Natron in 2 l Wasser auflösen und in einem unbeschädigten emaillierten Topf etwa 10 Min. offen kochen lassen. Anschließend die Hitze soweit herunterschalten, dass die Temperatur der Lauge knapp unter dem Siedepunkt ist. Zwei Backbleche mit Backpapier auslegen.
– Den Teig zusammenkneten und auf der bemehlten Arbeitsfläche zu einer Rolle formen. Diese in 14 gleich große Portionen teilen. Jedes Stück zu einem dünnen, 35–40 cm langen Strang formen, der in der Mitte etwas dicker ist. Aus jedem Strang einen Kringel formen, die Enden überkreuzen, diese einmal umeinander schlingen, die Enden auf dem dickeren Mittelstück gut festdrücken. Die Brezen zugedeckt 15 Min. gehen lassen. Den Backofen auf 200° (Umluft 180°) vorheizen.
– Die Brezen nacheinander mit dem Schaumlöffel in die Lauge geben und 1 Min. vorgaren, abtropfen lassen und auf die Bleche legen. Etwas grobes Salz über jede Breze streuen und leicht eindrücken. Die erste Portion Brezen im Ofen (Mitte) 20–25 Min. backen, bis sie schön dunkel sind. Auf einem Kuchengitter auskühlen lassen. Mit der zweiten Portion genauso verfahren.

921. Vollkornstangen

GELINGT LEICHT
Für 6 Vollkornstangen
Zubereitungszeit: 25 Min.
Ruhezeit: 1 Std. 10 Min.
Backzeit: 20 Min.

500 g Weizenkörner • 100 g Roggenkörner • 2 TL Rosmarinnadeln • 1 TL getrockneter Thymian • 1 Würfel Hefe (42 g) • 1/8 l Milch • 2 TL Meersalz • 1 EL Honig • 4 EL kalt gepresstes Sonnenblumenöl • Mehl zum Arbeiten • Butter für das Backblech • je 2 EL Mohn- und Sesamsamen zum Bestreuen

– Weizen und Roggen mit Rosmarin und Thymian in der Getreidemühle mehlfein mahlen (oder die Gewürze im Mörser zermahlen und dann mit dem Vollkornmehl vermischen).
– Die Hefe zerbröckeln und in 2 EL lauwarmem Wasser auflösen. Mit etwa 100 ml lauwarmem Wasser, Milch, Salz, Honig und Öl vermischen. Das gewürzte Mehl unterkneten und alles zu einem saftigen geschmeidigen Teig verarbeiten. Teig zugedeckt 50 Min. bei Zimmertemperatur gehen lassen.
– Den Teig auf der bemehlten Arbeitsfläche kurz durchkneten. Eine Rolle formen und in 6 gleich große Teile schneiden. Jedes Teigstück auf etwa 18 x 30 cm ausrollen. Dann längsseits aufrollen, so dass eine Rolle von 18 cm Länge (4 cm Ø) entsteht.
– Die Enden umschlagen, die Naht jeweils andrücken. Die Stangen einmal rollen und leicht nach außen ziehen, um ihnen Spannung zu geben. Ein Backblech einfetten und die Stangen mit der Nahtseite nach unten darauf verteilen.
– Die Stangen mit Wasser bestreichen, mit Mohn und mit Sesam bestreuen und zugedeckt 20 Min. gehen lassen. Inzwischen den Backofen auf 200° (Umluft 180°) vorheizen. Eine feuerfeste Schale mit kochend heißem Wasser hineinstellen. Vollkornstangen im Ofen (Mitte) 20 Min. backen.

922. Italienische Grissini

GUT FÜR GÄSTE | PREISWERT
Für 56 Stück
Zubereitungszeit: 1 Std.
Ruhezeit: 55 Min.
Backzeit: 1 Std.

900 g Mehl • 1 EL Salz • 1 Würfel Hefe (42 g) • 200 g Schweineschmalz • 3 EL kalt gepresstes Olivenöl • Öl für die Backbleche • Mehl zum Arbeiten

Das Mehl mit Salz in einer Schüssel mischen, eine Mulde hineindrücken. Die Hefe in 100 ml lauwarmem Wasser verrühren, in die Mulde gießen und mit etwas Mehl vermengen. An einem warmen Ort zugedeckt 10 Min. gehen lassen. Dann alles mit etwa 400 ml lauwarmem Wasser verrühren. Das Schmalz in Flocken darauf geben, das Öl hinzufügen. Den Teig gut durchkneten, dann zu einer Kugel formen. Zugedeckt in der Schüssel an einem warmen Ort 30 Min. gehen lassen.

– Den Backofen auf 250° (Umluft 220°) vorheizen. Zwei Bleche einfetten. Den Teig zusammenkneten und auf der bemehlten Arbeitsfläche zu einer Rolle formen, diese halbieren. Jede Hälfte in 28 gleich große Stücke teilen, diese zu 20 cm langen, dünnen Rollen formen.
– Je 14 Rollen auf die beiden Bleche legen, restliche Rollen auf der bemehlten Arbeitsfläche liegen lassen. Zugedeckt 15 Min. gehen lassen.
– Dann die Teigrollen leicht mit Wasser einpinseln und im Ofen (Mitte) 12 Min. backen. Das Blech eine Stufe höher einschieben und die Grissini in 2 Min. goldgelb backen. Mit den restlichen Rollen genauso verfahren.

923. Pitta aus der Türkei

GELINGT LEICHT
Für 6 Pitta
Zubereitungszeit: 40 Min.
Ruhezeit: 50 Min.
Backzeit: 30 Min.

400 g Mehl • 1 Würfel Hefe (42 g) • 1 EL Honig • 8 EL Olivenöl • 2 TL Salz • 2 EL Mehl zum Formen • 2 TL ungeschälte Sesamsamen zum Bestreuen • 1 TL schwarze Senfkörner oder Kreuzkümmelsamen zum Bestreuen • Butter für das Blech

– Mehl in eine Rührschüssel geben, die Hefe hineinbröckeln, den Honig darüber träufeln. Langsam 1/4 l lauwarmes Wasser dazugießen und mit Hefe, Honig und etwas vom Mehl verrühren. Den Vorteig 15 Min. an einem warmen Ort gehen lassen.
– Übriges Mehl, Öl und Salz mit den Knethaken des Handrührgerätes oder in der Küchenmaschine unter den Vorteig kneten. Den Teig zugedeckt an einem warmen Ort 15 Min. gehen lassen.
– Ein Backblech fetten. Den Teig kneten, bis er glatt und geschmeidig ist, dann in 6 gleich große Stücke teilen, jedes in Mehl wenden und zwischen bemehlten Handflächen jeweils zu flachen Fladen (etwa 15 cm Ø) formen. Die Fladen auf das Blech legen, mit einem Küchentuch zudecken und 15 Min. an einem warmen Ort gehen lassen; sie sollten sich dann um ein Drittel vergrößert haben.
– Mit einem Holzstäbchen mehrere Löcher in die Fladen stechen, die Fladen mit Wasser bestreichen, mit Sesamsamen, Senfkörnern oder Kreuzkümmelsamen bestreuen und diese etwas andrücken.
– Den Boden und die Seitenwände des kalten Backofens mit Wasser besprühen. Backofen auf 250° vorheizen.
– Pitta im Ofen (Mitte, Umluft 230°) 25–30 Min. backen, dann noch 5 Min. im ausgeschalteten Ofen stehen lassen. Herausnehmen, auf ein Kuchengitter legen und rundum mit kaltem Wasser besprühen.

924. Indische Chapattis

GUT FÜR GÄSTE
Für 16 Chapattis
Zubereitungszeit: 1 1/2 Std.
Ruhezeit: 40 Min.

200 g Weizenkörner • 200 g Weizenmehl (Type 405) • 2 TL Meersalz • 2 EL kalt gepresstes Sonnenblumenöl • Mehl zum Arbeiten

– Den Weizen in der Getreidemühle mehlfein mahlen und in einer Rührschüssel mit dem hellen Mehl und Salz vermischen. Eine Mulde hineindrücken und nun von der Mitte her mit der Hand löffelweise etwa 300 ml lauwarmes Wasser unterkneten, bis ein weicher geschmeidiger Teig entsteht. Das Öl unterkneten. Den Teig zugedeckt an einem warmen Ort 40 Min. ruhen lassen.
– Aus dem Teig etwa 16 pflaumengroße Bällchen formen und jedes auf der bemehlten Arbeitsfläche zu einem Fladen (18 cm Ø) ausrollen. Den Backofen auf 50° (Umluft 40°) vorheizen. Eine schwere Pfanne (etwa 20 cm Ø) bei mittlerer Hitze heiß werden lassen.
– Die Fladen ohne Fett darin je Seite 1–1 1/2 Min. unter Rütteln backen, bis sie gut braun sind. Die Fladen im Backofen in ein Tuch gehüllt warm halten, bis alle Chapattis gebacken sind.

925. Arabisches Fladenbrot

PREISWERT
Für 14 Fladenbrote
Zubereitungszeit: 45 Min.
Ruhezeit: 1 3/4 Std.
Backzeit: 30 Min.

1 kg Weizenmehl (Type 550) • 1 EL Salz • 2 Würfel Hefe (je 42 g) • 1 EL Schwarzkümmel (aus dem türkischen Lebensmittelgeschäft) • Mehl zum Arbeiten • 100 g Weizenschrot zum Arbeiten

– Mehl in eine Schüssel sieben, mit Salz vermischen und eine Mulde hineindrücken. Hefe mit 700 ml lauwarmem Wasser verrühren, in die Mulde gießen und mit Mehl vom Rand bestreuen. Zugedeckt 10 Min. an einem warmen Ort gehen lassen. Dann alles zu einem glatten Teig verkneten. Zugedeckt 40 Min. an einem warmen Ort gehen lassen.
– Den Kümmel im Blitzhacker fein zerkleinern, dann zum Teig geben und auf der leicht bemehlten Arbeitsfläche mit den Händen 10 Min. kräftig kneten und schlagen. Zugedeckt weitere 40 Min. gehen lassen, bis sich das Teigvolumen verdoppelt hat.
– Den Teig nochmals kräftig kneten und in 14 gleich große Portionen teilen. Jedes Teigstück einzeln auf der mit Weizenschrot bestreuten Arbeitsfläche zu einem Fladen (14 cm Ø) ausrollen.
– Die Fladen auf zwei mit Backpapier belegte Bleche legen und zugedeckt 15 Min. gehen lassen. Den Backofen auf 250° (Umluft 220°) vorheizen. Eine feuerfeste Schale mit kochend heißem Wasser hineinstellen. Die Fladen nacheinander im Ofen (Mitte) in 10–15 Min. goldgelb backen. Auf einem Gitter auskühlen lassen.

926. Buchweizenblinis

GUT FÜR GÄSTE
Für 18 Buchweizenblinis
Zubereitungszeit 30 Min.
Ruhezeit: 1 Std.
Backzeit: 1 Std.

1/2 Würfel Hefe (21 g) • 1 Prise Zucker • 1/4 l lauwarme Milch • 2 Eier • 150 g Weizen-Vollkornmehl • 150 g fein gemahlener Buchweizen • 1 TL Meersalz • 10 EL Butterschmalz zum Braten

– Hefe in einer Tasse zerbröckeln, mit Zucker bestreuen und mit 3 EL lauwarmer Milch verrühren, dann zugedeckt an einem warmen Ort 15 Min. gehen lassen.
– Den Backofen auf 50° (Umluft 40°) vorheizen. Die Eier trennen. Das Weizen- und das Buchweizenmehl mit den Eigelben, dem Salz und der übrigen lauwarmen Milch verrühren. Die Hefe darunter mischen. Den Teig gut verrühren und an einem warmen Ort 45 Min. zugedeckt gehen lassen, bis sich sein Volumen fast verdoppelt hat.
– Eiweiße steif schlagen und unter den Hefeteig ziehen. In einer großen Pfanne jeweils 2 EL Schmalz erhitzen und esslöffelweise den Teig hineingeben. Jeweils 4 Blinis von je 2 cm Dicke bei mittlerer Hitze in 10 Min. goldbraun ausbacken, dabei einmal wenden. Die Blinis auf eine hitzebeständige Servierplatte legen und im Backofen warm halten, bis alle Blinis gebacken sind.

TIPP
In ihrer Heimat Russland isst man diese kleinen Pfannkuchen mit Sauerrahm und russischem Kaviar. Dazu wird Wodka getrunken. Auch sehr gut passen dazu Crème fraîche, Keta- oder Forellenkaviar, gebeizter oder geräucherter Lachs und Champagner.

927. Bagel

GUT FÜR GÄSTE
Für 16 Bagel
Zubereitungszeit: 30 Min.
Ruhezeit: 1 1/2 Std.
Backzeit: 20 Min.

1/2 Würfel Hefe (21 g) • 100 ml lauwarme Milch • 50 g Zucker • 1 Ei • 1 Prise Salz • 40 g weiche Butter • 350 g Mehl • Mehl für die Arbeitsfläche • geschälte Sesamsamen zum Bestreuen • Butter für das Blech

– Die Hefe zerbröckeln und mit Milch und 1 TL Zucker verrühren, zugedeckt 15 Min. an einen warmen Ort gehen lassen.
– Übrigen Zucker, das Ei und Salz mit der Hefemilch verrühren, Butter und Mehl dazugeben und alles gründlich mischen. Den Teig 10 Min. mit den Händen kneten. Dann zugedeckt an einem warmen Ort 1 Std. gehen lassen, bis sich sein Volumen fast verdoppelt hat.
– Den Teig noch einmal kräftig kneten und auf einer bemehlten Arbeitsfläche fingerdick ausrollen. Mit einem Trinkglas 16 Kreise (8 cm Ø) ausstechen und jeweils in der Mitte 3 1/2 cm große Löcher ausstechen. Die Ringe auf ein bemehltes Brett legen und noch einmal etwa 15 Min. gehen lassen.
– Den Backofen auf 200° vorheizen. Das Blech fetten. In einem weiten Topf Wasser zum Kochen bringen.
– Die Teigringe kurz in das kochende Wasser tauchen, dann auf das Blech legen und mit Sesam bestreuen. Im Ofen (Mitte, Umluft 180°) etwa 20 Min. backen. Fertige Bagel auf einem Kuchengitter auskühlen lassen.

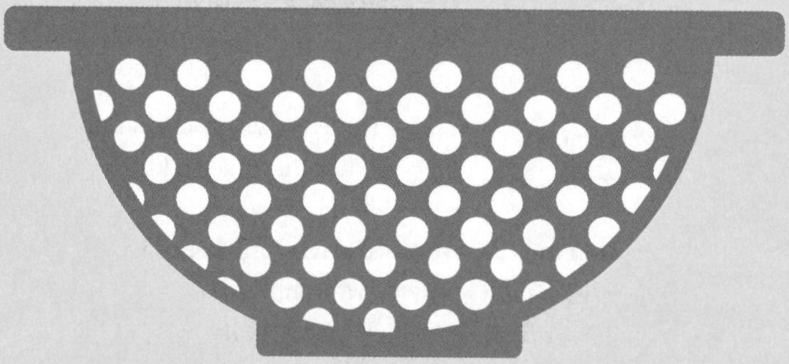

Salate & Kleinigkeiten

Der Salat ist Pasta und Pizza nur zum Teil auf ihrem Weg von den Kleinigkeiten zu den Hauptgerichten gefolgt. In den Speisekarten von Cafés und Kneipen steht er so schon mal als ganze Mahlzeit, bei uns zu Hause ist er jedoch weiterhin eher Vorspeise, Beilage oder Party-Essen. Letzteres gilt auch für die Salate in diesem Kapitel – ergänzt durch andere typischen Kleinigkeiten fürs Menü und Buffet wie Antipasti, Tapas oder Hors-d'œuvres.

Salat kommt von Salzen

Es war das Salz, das dem Salat vor langer Zeit seinen Namen gab. Im alten Rom mischte man rohes Gemüse damit, um es zu konservieren, zarter zu machen oder um es zu säuern, so wie man es heute noch beim Sauerkraut tut. Und dieses „Gesalzene" wurde dann auf Lateinisch „Salata" genannt. Heute denken die meisten bei Salat und seinen unterschiedlichsten Saucen zwar eher an Essig und Öl, doch das Salz ist weiterhin der wichtigste Wirkstoff in diesem Gericht. Es „öffnet" alle Salatzutaten, so dass sie Aromen von außen annehmen und bekömmlicher werden. Und wenn solch ein Salat nun als Vorspeise oder Beilage zum Essen serviert wird, dann macht er auch das gleich leichter verdaulich. Deswegen steckt Salziges wohl in fast jedem Salat der Welt – ob als grobes Meersalz, als zerdrückte Sardelle oder als Thai-Fischsauce, ob in mediterranen Salaten mit wenig Säure und viel Olivenöl oder in den Salaten Südostasien mit reichlich Zitrussäure und ganz ohne Öl.

Die Blattsalate

Um wahre Feinschmecker glücklich zu machen, braucht es nicht viel mehr als einen gut angemachten Blattsalat. Und für den sind erst einmal nur Sorgfalt und Behutsamkeit nötig, dann wird er auch ohne edle Öle und Essige zur Delikatesse. Ein solch feiner Salat zeichnet gute Köchinnen und Köche aus – denn wer es schafft, schon aus ein paar wenigen und dazu meist rohen Zutaten etwas Köstliches zu schaffen, der muss einfach auch bestens kochen können. Restauranttester bestellen deswegen gerne einen simplen Salat, um einer Küche auf den Grund zu gehen. Der erste entscheidende Griff ist der nach den Basisprodukten. Beim Blattsalat selbst gibt es da vier wesentliche Gruppen. Erstens die zarten, feinen Salate wie Kopfsalat, Batavia, Eichblatt oder Lollo, zu denen gut milde, auch sahnige Dressings passen. Zweitens die leicht bitteren, oft festeren Salate wie Endivien, Radicchio oder Chicorée, die würzigere Dressings vertragen. Dann die knackigen, fast süßlichen Köpfe von Eisberg oder Chinakohl, die gerne erfrischend angemacht werden. Und schließlich die kräftigen Sorten wie Rucola oder Feldsalat, die es auch mal deftiger mögen. Außerdem wichtig: Die zarteren unter den Blattsalaten sollten möglichst frisch angemacht werden, da sie rasch in sich zusammenfallen. Robusteren wie dem Chinakohl schaden ein paar Minuten Ziehen nicht. Doch dann wird auch er zu welk, zu weich und zu wässrig, da Salz und Säure ihm zu viel Wasser und damit Frische entziehen.

Kompakte Salate

Bei Gemüsesalaten gilt: Je kompakter eine Zutat ist, je grober sie zerkleinert wird und je mehr sie vorbehandelt ist, desto länger kann bzw. muss sie marinieren. Fein geriebene Möhren oder hauchdünne Champignonscheiben schmecken so gleich nach dem Anmachen am besten, blanchierte Möhrenstifte oder angebratene Pilzköpfchen sollten erst eine Weile durchziehen. Das heißt auch, dass einige Gemüse besser roh, andere eher gegart mit der Salatsauce vermischt werden und manche auch beides vertragen. Gute Rohkostgemüse sind Fenchel, Kohlrabi, Möhren, Pilze, Radieschen, grüner Spargel, Staudensellerie oder Zuckerschoten – wenn sie gerieben oder sehr fein geschnitten werden. Grober zerkleinert eignen sie sich ebenso fürs längere Marinieren, was bei Weiß- wie Rotkohl sogar Pflicht ist. Und Gurken, Tomaten und Paprikaschoten sind ohnehin Klassiker für frische Salate. Bohnen, Blumenkohl und Brokkoli, Erbsen, Lauch, aber auch Möhren, Spargel oder Zuckerschoten in großen Stücken werden für Salat in Salzwasser knackig gekocht und dann kurz in Eiswasser getaucht, damit sie nicht weitergaren und bissfest bleiben. Auberginen, Kürbis, Lauch, Paprika, Pilze oder Zucchini schmecken gebraten oder gegrillt besonders gut im Salat. Sattmacher wie Kartoffeln, Nudeln, Reis oder andere Getreide werden für Salat al „dente gegart" und dann gleich warm (so zieht die Marinade besser ein) oder kalt (vor allem Getreide, das sonst leicht klebt) angemacht.

Statt Essig und Öl (mehr dazu im Was-ist-Kasten links) können auch Zitrussäfte und Milchprodukte wie Sahne einem Salat Aroma und Substanz geben. Verschiedene Pfeffer- und Senfsorten, auch Chilis, Sambals, Meerrettich oder Wasabi geben der Schärfe Farbe, während eine Prise Zucker aller Art sowie ein Tröpfchen Honig oder Sirup das Dressing abrunden können. Wenn verlängert wird, dann sind Wasser und Wein dafür tabu. Eine milde Brühe, Gemüse- und Obstsäfte, Milch oder Joghurt sind die bessere Wahl.

Was ist …

… kalt gepresstes Öl? Wird ohne äußere Wärme und zum Teil auch unter Kühlung aus besonders ölhaltigen Früchten, Keimen oder Kernen gepresst. Reicher an Aroma und Nährstoffen als normale Salatöle, aber kürzer haltbar. Gut für kalte Gerichte und zum Teil auch für kurzes und sanftes Braten.

… raffiniertes Öl? Grundlage sind bei höheren Temperaturen gepresste oder durch chemische Behandlung gewonnene Öle, die mehr Ertrag als beim Kaltpressen bringen, aber auch mehr Trüb- und Schadstoffe sowie Störungen im Aroma. Daher werden sie durch Reinigung zu einem klaren geschmacklosen Öl raffiniert. Für Salate und Saucen, die wenig Aroma brauchen. Gut zum Braten.

… natives Olivenöl? Kalt gepresstes Olivenöl, das nicht mehr als 2 % freie Fettsäuren besitzt (ein höherer Anteil könnte den Geschmack stören und es schneller verderben lassen). „Nativ extra" steht für maximal 1 % freie Fettsäuren, schlicht „Olivenöl" ist ein Verschnitt aus kalt gepresstem und raffiniertem Olivenöl mit höchstens 0,5 % freien Fettsäuren und weniger Aroma.

… Tafelessig? Auch Branntwein-Essig genannt, wird meist auf der Basis von gebranntem Alkohol hergestellt. Gut für rustikale Salate, neutrale Saucen und Marinaden.

… Weinessig? Auf der Basis von kraftvollem Weiß- oder Rotwein angesetzt – je besser der Wein und je länger die Reife, desto besser der Essig. Wein-Branntwein-Essig ist ein Verschnitt von Tafelessig mit mindestens einem Viertel Weinessig.

Von Antipasti bis Fingerfood

Was hier unter dem Begriff „Kleinigkeiten" zusammengefasst wird, steht gleich für ein paar der großen Ess-Trends von gestern bis morgen. Die spielen sich zwar vor allem in Tapas-Bars, Burger-Lokalen und Orient-Imbissen ab, aber sie haben über diesen Weg auch unsere Küchen errreicht. Ganz oben auf der Lieblingsliste stehen dort natürlich die bunten Antipasti, wie wir sie aus der Vorspeisen-Vitrine beim Italiener kennen – bunte Gemüse aller Art, eingelegt in Olivenöl, Zitronensaft oder feinem Essig und auch sonst viel Aroma. Sie sind verwandt mit den spanischen Tapas, die vor allem als Snack zum Wein oder Sherry gedacht sind – auch heiß wie etwa Gambas mit Knoblauch. Von da ist es nur ein kleiner Schritt zu den Mezze, den kleinen Köstlichkeiten des Orients für die große Tafel – vielleicht die nächsten In-Gerichte? Vom Trend- zum Lieblingsgericht hat sich längst das Fingerfood entwickelt, ob Chicken Wing, Taco oder Frühlingsrolle. Aber es gibt auch Kleinigkeiten mit Klasse und Tradition in diesem Kapitel: französische Hors-d'œvres etwa wie eine Kaninchenterrrine und süddeutsche Schmankerl wie eine Schinkensülze.

Blattsalat zubereiten

Das Putzen

Zuerst werden vom Salatkopf die derben Außenblätter sowie dunklere oder welke Stellen entfernt. Salate, die zum Schneiden gedacht sind (z. B. Eisbergsalat), werden nun halbiert oder geviertelt und nach Rezept zerteilt. Bei Salaten zum Zupfen (z. B. Kopfsalat) den Strunk mit einem kegelförmigen Schnitt herausschneiden, so dass die meisten Blätter rund ums Salatherz abfallen. Jetzt den Salat mit kaltem Wasser waschen – kurz, aber gründlich. Nur so bleiben die Nährstoffe erhalten. Nun noch Blätter und Herz der Zupf-Salate behutsam in mundgerechte Stücke reißen. Achtung: Eher bittere Salate wie Radicchio erst jetzt für ein paar Minuten in warmes Wasser legen, um sie zu mildern. Damit die Sauce später nicht verwässert, muss der Salat gut getrocknet werden, am besten in einer Salatschleuder. In einem Sieb wartet er dann aufs Anmachen – nicht länger als 30 Minuten und möglichst nicht im Kühlschrank, der ihm Aroma raubt. Ein kühlerer Warte-Raum als die Küche reicht da schon, und wenn er doch mal in den Kühlschrank muss, wird er 30 Minuten vorm Anmachen zurück in die Küche geholt.

Die Sauce

Ob Vinaigrette oder French Dressing, fast alle Salatsaucen entstehen meist nach dem gleichen Prinzip. Zuerst werden Essig oder Zitrussaft mit Salz, Pfeffer und weiteren Gewürzen verrührt, dazu können fein gewürfelte (Frühlings-)Zwiebeln oder Schalotten sowie Knoblauch und klein gehackte Salatkräutern kommen. Das Öl gibt man erst in Schritt zwei dazu, da es (wie auch Sahne) den Austausch der Aromen in der Sauce bremst. Es wird im dünnen Strahl mit dem Schneebesen eingerührt, so dass sich die beiden Flüssigkeiten gut verbinden. Soll rohes Ei dazu, wird es zuvor mit Säure und Gewürzen verrührt, Sahne wird dagegen wie das Öl am Ende untergemixt.

Das Anmachen

Zum Servieren kommt der geputzte, gut getrocknete und nicht zu kalte Salat in eine ausreichend große Schüssel – er sollte sich darin ohne Druck und Herausfallen mischen lassen. Darüber wird die Sauce gegossen und dann der Salat mit einem langen, eher stumpfen Besteck (das zerreißt die Blätter nicht) von unten nach oben behutsam durchgemischt. Je nach Geschmack können rohe oder gegarte Gemüse schon zuvor mit der Marinade vermengt werden – dann nehmen sie deren Aroma besser auf. Werden sie erst gegen Ende untergemischt, schmecken sie dafür frischer und eigener. Tomaten und Gurken sollten generell nicht zu lange mit dem Dressing in Berührung kommen, da sie sonst Wasser ziehen und den ganzen Salat zum Schwimmen bringen.

GU Spezial-TIPP

Idee fürs Buffet: *Ein Buffet mit vielen kulinarischen Kleinigkeiten macht ab etwa zehn, noch besser ab 15 Gästen Sinn. Am besten ist dafür ein Platz, an den die Leute von mehreren Seiten herankommen, damit sich keine langen Schlangen bilden. Oder sie gestalten das Buffet auf zwei bis drei kleinere Tischen. Auch wenn ein Gericht auf mehrere Schüsseln oder Platten verteilt wird, macht das die Selbstbedienung leichter. Und lassen Sie vielleicht sogar gut sichtbar einen Platz auf dem Buffet frei für etwas Besonderes – das dann aber auch etwas Außergewöhnliches sein muss. Wenn Schüsseln oder Platten stark abgegessen sind, füllen Sie entweder auf oder legen Sie etwas zusammen. Und wenn es mal was ganz anderes sein soll: Die Köstlichkeiten in kleine Portionsschälchen, -tassen oder -becher geben und diese jeweils tablettweise aufs Buffet stellen: Fingerfood zum Aufgabeln und Auslöffeln.*

928. Blattsalat mit Kräuter-Senf-Vinaigrette

GUT VORZUBEREITEN
Für 4 Personen
Zubereitungszeit: 20 Min.

1 Bataviasalat (etwa 300 g) oder andere gemischte Blattsalate wie Feldsalat, Radicchio, Rucola oder Romanasalat • 1 kleine Zwiebel oder Schalotte • 1 Bund Schnittlauch • einige Blättchen Estragon • etwas Kerbel • 1 1/2 EL Weißweinessig • Salz • frisch gemahlener weißer Pfeffer • 1 TL scharfer Senf • 3 EL Oliven- oder Sonnenblumenöl

– Den Blattsalat putzen und in kaltem Wasser ein- bis zweimal waschen. Salatblätter gründlich abtropfen lassen oder trockenschleudern. Das geht gut mit einer Salatschleuder oder in einem Küchentuch. Blätter in mundgerechte Stücke zupfen und in eine Salatschüssel geben.
– Die Zwiebel oder Schalotte schälen und fein hacken. Die Kräuter waschen, trockenschütteln, von den groben Stängeln befreien und fein schneiden.
– In einem Schälchen Essig, Salz und Pfeffer gründlich verrühren. Den Senf und die Zwiebel oder Schalotte untermischen, dann das Öl teelöffelweise unterschlagen.
– Die Kräuter und die Vinaigrette zum Salat geben und alles locker, aber gründlich mischen.

929. Gurkensalat mit Dill-Sahne-Dressing

PREISWERT | GEHT SCHNELL
Für 4 Personen
Zubereitungszeit: 15 Min.

1 Salatgurke (etwa 500 g) • Salz • 1 Bund Dill • 1 1/2 EL Weißweinessig • 1 Msp. Senf • 4 EL Sahne • 1 EL Sonnenblumenöl

– Die Gurke gründlich waschen oder schälen. Die Gurke von den Enden befreien und auf dem Gurkenhobel in feine Scheiben hobeln. In einer Schüssel mit Salz bestreuen und etwa 10 Min. ziehen lassen.
– Den Dill waschen, trockenschütteln und sehr fein hacken. Den Essig mit dem Senf verrühren, den Dill untermischen. Zum Schluss die Sahne und das Öl teelöffelweise unterschlagen.
– Die Gurke hat während der Ruhezeit Wasser abgegeben. Dieses abgießen, damit der Salat nicht wässrig wird. Die Gurkenscheiben mit dem Dressing mischen und eventuell noch mit etwas Salz abschmecken.

930. Tomatensalat mit Balsamico-Dressing

GEHT SCHNELL | GELINGT LEICHT
Für 4 Personen
Zubereitungszeit: 20 Min.

500 g Fleischtomaten • 1 kleine rote Zwiebel oder Schalotte • 1 Bund Basilikum • 1 1/2 EL Aceto balsamico • 1 TL Zitronensaft • Salz • frisch gemahlener weißer Pfeffer • 1 Prise Zucker • 2–3 EL kalt gepresstes Olivenöl

– Tomaten waschen und in dünne Scheiben schneiden, dabei die Stielansätze entfernen. Die Tomatenscheiben auf einem großen Teller oder einer Platte auslegen.
– Die Zwiebel oder Schalotte schälen und sehr fein hacken. Die Basilikumblätter von den Stängeln zupfen. Die Zwiebel- oder Schalottenwürfel und die Basilikumblätter auf den Tomatenscheiben verteilen.
– Aceto balsamico mit dem Zitronensaft, Salz, Pfeffer und dem Zucker verrühren. Das Olivenöl teelöffelweise unterschlagen. Das Dressing über den Tomatenscheiben verteilen.

931. Rucolasalat mit Mozzarella

GEHT SCHNELL | GUT FÜR GÄSTE
Für 4 Personen
Zubereitungszeit: 10 Min.

2 Bund Rucola (etwa 100 g) • 300 g Tomaten • 2 Kugeln Büffel-Mozzarella (250 g) • 1 EL Aceto balsamico • Salz • frisch gemahlener weißer Pfeffer • 2 EL kalt gepresstes Olivenöl

– Rucola waschen, trockenschleudern und nicht zu klein zerzupfen. Die Tomaten waschen und in Schnitze schneiden, dabei die Stielansätze entfernen. Mozzarella abtropfen lassen und in kleine Würfel schneiden.
– Die Rucolablätter mit den Tomaten und dem Mozzarella auf Tellern anrichten.

– Aceto balsamico mit Salz und Pfeffer verrühren, das Olivenöl unterschlagen. Den Salat mit der Sauce beträufeln und sofort servieren.

932. Bohnensalat mit Zwiebeln

PREISWERT
Für 4 Personen
Zubereitungszeit: 30 Min.
Marinierzeit: 30 Min.

1 kg grüne Bohnen • 1 Bund Bohnenkraut • Salz • 1 Zwiebel • 3 EL Weißweinessig • frisch gemahlener weißer Pfeffer • 1/2 Bund Petersilie • 4 EL Öl

– Von den Bohnen die Spitzen abschneiden, große Bohnen in Stücke brechen, kleine ganz lassen. Bohnen und das Bohnenkraut waschen und in einen Topf geben. 1/2 l Wasser mit Salz dazugießen. Bohnen zugedeckt bei mittlerer Hitze in 10–20 Min. weich kochen.
– Inzwischen die Zwiebel schälen und sehr fein hacken. Den Essig mit Salz und Pfeffer verrühren, die Zwiebel untermischen.
– Die gegarten Bohnen abtropfen lassen und in eine Schüssel füllen. Von der Garflüssigkeit 1/8 l abmessen und mit der Essigmarinade vermischen.
– Die Marinade mit den Bohnen vermengen und die Bohnen etwa 30 Min. ziehen lassen. Dabei immer mal wieder durchrühren.
– Die Petersilie waschen, trockenschütteln und ohne die Stiele sehr fein hacken. Das Öl unter den Bohnensalat mischen. Den Salat noch einmal abschmecken, dann mit der Petersilie bestreut servieren.

TIPPS

– Die Garzeit von Bohnen kann sehr unterschiedlich sein. Sie hängt vor allem davon ab, wie frisch die Bohnen sind. Sehr frische Bohnen brauchen nur etwa 10 Min., ältere dagegen bis zu 20 Min., bis sie weich sind. Kürzer als 10 Min. sollten Sie Bohnen allerdings nicht kochen, da sie in rohem Zustand ein natürliches Gift enthalten, das Phasin, das erst durch ausreichendes Garen zerstört wird.
– Wie sein Name schon sagt, ist Bohnenkraut das beste Gewürz für grüne Bohnen. Es schmeckt aber auch an Suppen, Fleisch-, Fisch- oder Kartoffelgerichten sehr gut. Bohnenkraut ist ein einjähriges Kraut mit intensivem Aroma. Es wird kurz vor der Blüte geschnitten, da dann das Aroma am intensivsten ist, und meist mit den frischen grünen Bohnen verkauft. Bohnenkraut kann frisch, getrocknet oder tiefgefroren verwendet werden.

933. Endiviensalat mit Walnüssen

GUT FÜR GÄSTE | GEHT SCHNELL
Für 4 Personen
Zubereitungszeit: 20 Min.

150 g Kirschtomaten • 50 g Walnusskerne • 1 kleine Zwiebel • 1 Knoblauchzehe • 1/2 rote Chilischote • 2 EL Apfelessig • Salz • Cayennepfeffer • 3 EL Walnussöl • 1 Zweig Oregano • 1 Endiviensalat (etwa 450 g) • Oreganoblüten nach Belieben

– Die Tomaten waschen und halbieren. Die Walnusskerne nach Belieben grob hacken. Die Zwiebel schälen und fein hacken, den Knoblauch schälen. Die Chilischote waschen, halbieren und die Kerne entfernen. Chilischote in schmale Streifen schneiden.
– Den Knoblauch durch die Presse zum Essig drücken. Zwiebel, Chili und Tomaten dazugeben, gut verrühren. Mit Salz und Cayennepfeffer abschmecken, das Öl unterschlagen. Den Oregano abbrausen und trockenschütteln, die Blättchen vom Zweig abzupfen.
– Den Endiviensalat putzen und in einzelne Blätter zerteilen. Die Blätter gründlich waschen und trockenschleudern. Den Endiviensalat in kleinere Stücke zerpflücken und in eine große Salatschüssel geben. Mit der Sauce vermischen. Nüsse, Oreganoblättchen und nach Belieben Oreganoblüten darüber streuen.

934. Bunter Salat mit Hähnchenfilet

GUT FÜR GÄSTE | SCHMECKT KINDERN
Für 4 Personen
Zubereitungszeit: 30 Min.

1 doppeltes Hähnchenbrustfilet • 1 Knoblauchzehe • 1/2 TL getrockneter Thymian • 1 EL Zitronensaft • 100 g zarter Blattspinat • 1 Bund

Rucola • 2 Tomaten • 2 Möhren • 1 weißer Rettich (etwa 100 g) • 1/2 Salatgurke • 1 Bund Dill • 1 EL Weißweinessig • 1 EL Aceto balsamico • Salz • frisch gemahlener Pfeffer • 1 EL Sahne • 3 EL Olivenöl • 1 EL Butterschmalz

– Das Hähnchenfleisch waschen, trockentupfen und in schmale Streifen schneiden. Knoblauch schälen und durch die Presse dazudrücken. Den Thymian und den Zitronensaft zugeben, alles sorgfältig mischen und zugedeckt beiseite stellen.
– Blattspinat und Rucola verlesen, mehrmals in kaltem Wasser gründlich waschen, dann trockenschleudern. Rucola eventuell etwas kleiner zupfen.
– Tomaten waschen und würfeln, dabei die Stielansätze entfernen. Möhren und Rettich schälen und auf der Rohkostreibe fein raspeln. Die Gurke waschen oder schälen und auf dem Gurkenhobel in dünne Scheiben schneiden. Den Dill waschen, trockenschütteln und ohne die groben Stiele fein hacken.
– Für die Salatsauce Weinessig und Aceto balsamico mit Salz und Pfeffer verrühren. Die Sahne und das Öl mit dem Schneebesen unterschlagen. Gemüse und Dill mit dem Dressing mischen. Den Salat eventuell nochmals abschmecken und auf vier Teller verteilen.
– Das Butterschmalz in einer Pfanne erhitzen. Das Hähnchenfleisch hineingeben und bei starker Hitze unter Rühren etwa 5 Min. braten, bis es schön gebräunt ist. Die Fleischstreifen mit Salz und Pfeffer würzen und auf dem Salat verteilen. Sofort servieren.

935. Feldsalat mit Birnen und Gorgonzolacreme

VEGETARISCH | GEHT SCHNELL
Für 4 Personen
Zubereitungszeit: 30 Min.

100 g Gorgonzola • 100 g Joghurt (3,5 %) • 1 EL klein geschnittene glatte Petersilie • Meersalz • frisch gemahlener Pfeffer • 1 EL Aceto balsamico • 1 Prise Senfpulver • 2 EL kalt gepresstes Olivenöl • 200 g Feldsalat • 2 Birnen • 1 EL Zitronensaft • 30 g Pecannusskerne

– Für die Gorgonzolacreme den Käse zerbröckeln und mit Joghurt, Petersilie, Salz und Pfeffer im Mixer oder mit dem Pürierstab pürieren.
– Für die Salatsauce den Essig mit Salz, Pfeffer und Senfpulver verrühren und das Öl untermischen.
– Den Feldsalat verlesen und die Wurzeln abschneiden, die Pflänzchen dabei ganz lassen. Danach gründlich waschen und trockenschleudern.
– Birnen waschen, halbieren, entkernen und in Achtel schneiden. Sofort mit Zitronensaft beträufeln. Die Pecannüsse in einer Pfanne ohne Fett unter Wenden goldbraun rösten, beiseite stellen.
– Feldsalat mit der Sauce vermischen und auf die Teller verteilen. Birnen darauf betten und die Gorgonzolacreme darauf verteilen. Mit den Nüssen dekorieren.

936. Blattsalate mit Käse und Trauben

GEHT SCHNELL | GUT FÜR GÄSTE
Für 4 Personen
Zubereitungszeit: 30 Min.

3–4 EL Pinienkerne • 1 Radicchio • 150 g Feldsalat • 125 g Emmentaler • 200 g blaue Weintrauben • 3 EL Weißweinessig • Salz • frisch gemahlener Pfeffer • 6 EL Traubenkernöl • 125 g Salat-Mayonnaise • 100 g saure Sahne • 3–5 EL Orangensaft

– Pinienkerne in einer Pfanne ohne Fett rösten, beiseite stellen. Radicchio putzen, in Blätter zerteilen. Feldsalat verlesen und die Wurzeln abschneiden, die Pflänzchen dabei ganz lassen. Die Salate gründlich waschen und trockenschleudern. Radicchio in mundgerechte Stücke zerpflücken. Den Käse in feine Stifte schneiden. Die Trauben waschen, halbieren und entkernen. Die Zutaten in einer Schüssel vermischen. Aus Essig, Salz, Pfeffer und Öl eine Sauce rühren und mit dem Salat vermischen.
– Mayonnaise und saure Sahne mit dem Orangensaft verrühren, salzen und pfeffern. Den Salat auf Tellern anrichten, mit der Creme überziehen und mit den Pinienkernen bestreuen.

937. Caesar Salad

GELINGT LEICHT
Für 4 Personen
Zubereitungszeit: 25 Min.

2 sehr frische Eier • 3–4 EL Zitronensaft • 1/2 TL Worcestersauce • Salz • frisch gemahlener Pfeffer •

60–80 ml kalt gepresstes Olivenöl • 1 Romanasalat • 2 Sardellenfilets in Salz • 2 Kastenbrotscheiben • 75 g Frühstücksspeck in Scheiben (Bacon) • 50 g frisch geriebener Parmesan

– Die Eier in kochendes Wasser geben und nur 1 Min. kochen lassen. Abschrecken, schälen und in eine kleine Schüssel geben. Mit Zitronensaft, Worcestersauce, Salz und Pfeffer kräftig verrühren. Das Öl unterschlagen.
– Romanasalat putzen, längs vierteln, in 2 cm breite Streifen schneiden, waschen und trockenschleudern. Sardellenfilets abbrausen, trockentupfen, fein hacken.
– Brotscheiben in 1 cm große Würfel schneiden. Butter in einer Pfanne zerlassen und die Brotwürfel darin unter Wenden goldbraun rösten, herausnehmen. Speck in der Pfanne auslassen und knusprig braten.
– Salatstreifen mit Bacon und Sardellenfilets mischen. Die Sauce unter den Salat mengen, auf Tellern verteilen. Brotwürfel und den Parmesan darüber streuen.

938. Japanischer Spinatsalat

VEGETARISCH | GUT FÜR GÄSTE
Für 4 Personen
Zubereitungszeit: 30 Min.

1 EL helle Sojasauce • 2 EL Reisessig • 1/4 TL Honig • Meersalz • frisch gemahlener Pfeffer • 1 EL Sesamöl • 3 EL kalt gepresstes Sonnenblumenöl • 300 g Bambussprossen (aus der Dose) • 2 Frühlingszwiebeln • 450 g Spinat • 1 EL Zitronensaft

– Sojasauce, Essig, Honig, Salz, Pfeffer, Sesamöl und 2 EL Sonnenblumenöl mit dem Schneebesen verrühren. Die Bambussprossen abbrausen und in Stifte schneiden. Frühlingszwiebeln waschen, putzen und in feine Ringe schneiden. Spinat verlesen, putzen und waschen.
– Das restliche Öl in einer Pfanne erhitzen, die Bambussprossen darin bei mittlerer Hitze in 4–6 Min. unter Wenden goldbraun braten und mit 2 EL Salatsauce ablöschen. Die Frühlingszwiebeln einmal mit durch die Pfanne schwenken. Die Pfanne vom Herd ziehen.
– Spinat in 1 l Salzwasser aufkochen, dann abgießen und abtropfen lassen. Spinat gut ausdrücken und auf einem Brett in Abständen von etwa 3 cm durchschneiden. Dann in einer Schüssel mit übriger Sauce vermischen. Spinat auf Schüsselchen verteilen und mit den Sprossen und Zwiebeln bestreuen. Mit Zitronensaft beträufeln.

939. Weißkrautsalat mit Speckmarinade

GUT VORZUBEREITEN
Für 4 Personen
Zubereitungszeit: 50 Min.
Marinierzeit: 3 Std.

750 g Weißkohl • Salz • 100 g durchwachsener Speck • 1 große Zwiebel • 1/8 l Fleischbrühe (Instant) • 1 TL scharfer Senf • etwa 2 EL Weißweinessig • frisch gemahlener weißer Pfeffer • 4 EL Sonnenblumenöl

– Den Weißkohl von den äußeren Blättern befreien und vierteln. Den Strunk keilförmig herausschneiden und die Viertel in sehr feine Streifen hobeln. Lagenweise in eine Schüssel füllen, dabei jede Lage mit etwas Salz bestreuen. Das Kraut etwa 30 Min. ziehen lassen.
– Inzwischen den Speck von der Schwarte und den Knorpeln befreien und in kleine Würfel schneiden. Die Zwiebel schälen und sehr fein hacken.
– Den Speck in eine Pfanne geben und bei schwacher Hitze unter Rühren etwa 15 Min. braten, bis er knusprig ist. Die Zwiebel dazugeben und glasig braten. Die Brühe angießen und den Bratsatz damit loskochen. Den Senf und den Essig untermischen.
– Speckmarinade unter das Kraut mischen. Das Kraut mit Pfeffer abschmecken und den Salat etwa 3 Std. ziehen lassen. Dann Öl untermischen und den Krautsalat eventuell noch einmal abschmecken.

940. Cole Slaw
(Nordamerikanischer Krautsalat)

GUT VORZUBEREITEN
Für 4 Personen
Zubereitungszeit: 20 Min.
Marinierzeit: 3 Std.

400 g Weißkohl • 4 EL Salat Mayonnaise • 1 säuerliche Äpfel (z.B. Boskoop oder Braeburn)

– Den Weißkohl von den äußeren Blättern befreien und vierteln. Den Strunk keilförmig herausschneiden und die Viertel in sehr feine Streifen hobeln.
– Die Kohlstreifen sorgfältig mit der Mayonnaise mischen und etwa 3 Std. im Kühlschrank zugedeckt durchziehen lassen.

– Dann die Äpfel gründlich waschen und das Kerngehäuse ausstechen. Die Äpfel mit der Schale in sehr dünne Scheiben, diese dann in streichholzdünne Stifte schneiden und vorsichtig unter den Kohl heben.

941. Möhren-Apfel-Rohkost

SCHMECKT KINDERN
Für 4 Personen
Zubereitungszeit: 30 Min.

je 2 Stängel Zitronenmelisse, Dill und Petersilie • 1 1/2 EL Zitronensaft • Salz • 1 TL Zucker • nach Belieben 1–2 EL geriebener Meerrettich (aus dem Glas) • 5 EL Öl • 300 g Möhren • 2 säuerliche Äpfel (z. B. Boskoop) • 1 EL gemahlene Haselnüsse

– Die Kräuter kalt abbrausen, trockenschütteln, fein schneiden und zugedeckt aufbewahren. Den Zitronensaft mit Salz und dem Zucker verrühren, bis sich Salz und Zucker gelöst haben. Kräuter und nach Belieben den Meerrettich unterrühren, das Öl unterschlagen und die Marinade zugedeckt durchziehen lassen.
– Inzwischen Möhren unter fließendem kaltem Wasser bürsten (gegebenenfalls schaben oder dünn schälen) und auf der Rohkostreibe raspeln. Die Äpfel waschen, vierteln, vom Kerngehäuse befreien und mit der Schale ebenfalls raspeln.
– Apfel- und Möhrenraspel vermengen. Die Salatsauce und die geriebenen Haselnüsse unterheben.

TIPP

Nehmen Sie anstatt des Öls einmal 4 EL saure Sahne für die Salatsauce.

942. Rotkohl-Apfel-Salat

PREISWERT | GELINGT LEICHT
Für 2 Personen
Zubereitungszeit: 30 Min.

350 g Rotkohl • 1 säuerlicher Apfel (z. B. Boskoop) • 1 EL Zitronensaft • 1 Bund Schnittlauch • 2 EL Weißweinessig • Salz • frisch gemahlener weißer Pfeffer • 4 EL Sahne

– Den Rotkohl von den äußeren welken Blättern befreien, waschen und halbieren. Den Strunk herausschneiden und die Krautstücke in feine Streifen hobeln.
– Den Apfel schälen, vierteln und vom Kerngehäuse befreien. Apfel fein raspeln und mit dem Zitronensaft mischen, damit er sich nicht braun verfärbt.
– Den Schnittlauch waschen, trockenschütteln und in feine Röllchen schneiden. Den Rotkohl mit dem Apfel und dem Schnittlauch in einer Schüssel mischen.
– Den Essig mit Salz, Pfeffer und Sahne verrühren und unter die Rotkohlmischung mengen. Salat eventuell noch mit Salz und Pfeffer abschmecken, dann servieren.

943. Rote-Bete-Salat mit Meerrettich-Dressing

PREISWERT
Für 4 Personen
Zubereitungszeit: 45 Min.
Garzeit: 30 Min.

400 g rote Beten • Salz • 1 Bund Schnittlauch • 1/2 EL Apfelessig • 1 Prise Zucker • 2 EL saure Sahne • 1 TL Sonnenblumenöl • 1–2 TL geriebener Meerrettich (frisch oder aus dem Glas)

– Rote Beten waschen, in einen Topf geben und mit Wasser bedecken, salzen. Zum Kochen bringen und die roten Beten zugedeckt bei mittlerer Hitze etwa 30 Min. kochen, bis sie weich sind. Dann abschrecken und etwas auskühlen lassen.
– Schnittlauch waschen, trockenschütteln und in feine Röllchen schneiden. Den Essig mit Salz und Zucker verrühren. Saure Sahne und Öl unterschlagen, Schnittlauch untermischen. Dressing mit Meerrettich abschmecken. Frischer Meerrettich würzt etwas stärker als Meerrettich aus dem Glas, deshalb vorsichtig dosieren.
– Rote Beten schälen, vierteln und in dünne Scheiben schneiden (eventuell Handschuhe anziehen!). Mit dem Dressing mischen und sofort servieren.

TIPP

Die Sauce wird beim Vermischen mit den roten Beten rot. Wenn Sie das nicht so gerne mögen, richten Sie die roten Beten auf Tellern an und verteilen das Dressing in kleinen Klecksen darauf.

944. Grüner Spargelsalat

GUT FÜR GÄSTE | BRAUCHT ETWAS ZEIT
Für 4 Personen
Zubereitungszeit: 40 Min.
Marinierzeit: 1 Std.

1 kg grüner Spargel • 200 g Zuckerschoten • Salz • Zucker • 1 Schalotte • 1/2 TL mittelscharfer Senf • 2 EL Weißweinessig • 1 EL Sherryessig • 2 EL frisch gehackte gemischte Kräuter (Estragon, Kerbel, Pimpinelle) • 3 EL Sonnenblumenöl • 2 EL Walnussöl • 1 hart gekochtes Ei • frisch gemahlener weißer Pfeffer

– Den Spargel am unteren Ende schälen, holzige Enden abschneiden. Die Zuckerschoten putzen, waschen und nach Belieben halbieren.
– In einem breiten Topf oder Spargeltopf Wasser mit etwas Salz und Zucker zum Kochen bringen. Die Zuckerschoten darin 2 1/2–5 Min. blanchieren. Herausnehmen, abschrecken und abtropfen lassen. Danach den Spargel in den Topf geben und bei schwacher Hitze 10 Min. zugedeckt ziehen lassen. Den Spargel aus dem Wasser nehmen, abtropfen und abkühlen lassen.
– Für die Kräutervinaigrette die Schalotte schälen und in winzig kleine Würfel schneiden. 2 EL Spargelwasser mit dem Senf und Salz verrühren. Beide Essigsorten, Kräuter und die Öle dazugeben und kräftig verrühren. Das Ei pellen, fein hacken und untermischen. Mit Pfeffer abschmecken.
– Spargel mit den Zuckerschoten auf eine Platte oder in eine Schüssel geben, die Vinaigrette darüber verteilen. Zugedeckt 1 Std. durchziehen lassen, dann servieren.

945. Waldorfsalat

VEGETARISCH | GELINGT LEICHT
Für 4 Personen
Zubereitungszeit: 30 Min.

2 sehr frische Eigelbe • 1 TL scharfer Senf • 80 ml Öl • 2–3 EL saure Sahne • Salz • 1 Prise Zucker • 400 g Knollensellerie • 200 g säuerliche Äpfel • 2–3 EL Zitronensaft • 40 g Walnuss- oder Haselnusskerne

– Die Eigelbe mit dem Senf in eine Schüssel geben und mit den Quirlen des Handrührgeräts schaumig schlagen. Das Öl unter ständigem Weiterschlagen zuerst tropfenweise, dann im dünnen Strahl zufließen lassen, bis eine dickflüssige Sauce entsteht. Saure Sahne untermischen, Mayonnaise mit Salz und Zucker würzen.
– Sellerie und Äpfel schälen, Äpfel dann von den Kerngehäusen befreien. Beides in feinste Streifen schneiden und sofort mit Zitronensaft mischen, damit sie sich nicht verfärben. Mit der Mayonnaise vermengen.
– Die Nüsse mit einem großen Messer fein zerkleinern. Waldorfsalat mit den Nüssen bestreut servieren.

946. Pilzsalat mit Zitrus-Vinaigrette

GELINGT LEICHT
Für 4 Personen
Zubereitungszeit: 30 Min.

450 g kleine Steinpilze oder Egerlinge • 1 Bund glatte Petersilie • 8 Minzeblättchen • 1 Knoblauchzehe • Saft von 1 Zitrone • Salz • frisch gemahlener weißer Pfeffer • 4 EL extra natives Olivenöl

– Die Pilze gründlich trocken putzen, die erdigen Stellen sorgfältig entfernen. Die Pilze nur wenn nötig, kurz abbrausen und trockentupfen.
– Petersilie und Minzeblättchen waschen und trockenschütteln. Die Knoblauchzehe schälen und mit den Kräutern zusammen fein hacken. Den Zitronensaft mit Salz, Pfeffer, Petersilie, Minze, Knoblauch und dem Olivenöl zu einer Salatsauce verrühren.
– Die Pilze fein blättrig schneiden, mit der Vinaigrette vermischen und sofort servieren.

947. Eiersalat mit Kapernsauce

GUT FÜR GÄSTE
Für 4 Personen
Zubereitungszeit: 30 Min.

6 Eier • 1/2 kleine Salatgurke • 1 Tomate • 1 grüne Paprikaschote • 1 Bund Dill • 100 g Crème fraîche • 100 g Magermilchjoghurt • 1 EL Zitronensaft • 1 EL Kapern • Salz • frisch gemahlener weißer Pfeffer • Cayennepfeffer • 4 Sardellenfilets in Öl

– Die Eier mit einer Nadel am flachen Ende anstechen und in kochendem Wasser in etwa 10 Min. hart kochen, dann kalt abschrecken und abkühlen lassen.

– Die Gurke schälen und längs halbieren. Die Kerne mit einem Teelöffel herauskratzen und die Gurkenhälften in kleine Würfel schneiden.
– Die Tomate waschen und ebenfalls klein würfeln, den Stielansatz dabei herausschneiden. Die Paprikaschote waschen und halbieren. Stielansatz sowie Trennwände mit den Kernen entfernen und die Schotenhälften in feine Streifen schneiden. Den Dill waschen, trockenschütteln und fein hacken.
– Die Eier schälen, in Würfel schneiden und mit dem Gemüse und dem Dill in einer Schüssel mischen.
– Für die Sauce die Crème fraîche mit dem Joghurt und dem Zitronensaft verrühren, Kapern untermischen. Die Sauce mit Salz, Pfeffer und Cayennepfeffer pikant abschmecken.
– Die Sauce gründlich, aber vorsichtig unter den Eiersalat heben. Die Sardellenfilets in Stücke schneiden und darauf verteilen.

948. Blumenkohlsalat mit Zitronen-Mayonnaise

PREISWERT | GEHT SCHNELL
Für 4 Personen
Zubereitungszeit: 30 Min.

1 Blumenkohl (etwa 800 g) • Salz • 3 EL Zitronensaft • 1 sehr frisches Eigelb • 1 TL scharfer Senf • Cayennepfeffer • 2–3 EL Sonnenblumenöl • 2 EL Joghurt • 1 Bund Schnittlauch

– Den Blumenkohl putzen und in kleine Röschen teilen. Dann waschen und abtropfen lassen. 1/2 l Wasser mit 1/2 TL Salz und 1 EL Zitronensaft zum Kochen bringen. Die Blumenkohlröschen dazugeben und in etwa 3 Min. zugedeckt bissfest garen. Dann kalt abschrecken und in eine Schüssel geben.
– Für die Mayonnaise das Eigelb mit dem Senf, dem restlichen Zitronensaft, Cayennepfeffer und Salz mit den Quirlen des Handrührgeräts verrühren. Das Öl zuerst tropfenweise, dann in einem dünnen Strahl unter ständigem Rühren unterschlagen, bis eine dickflüssige Mayonnaise entstanden ist. Zum Schluss den Joghurt gründlich untermischen.
– Den Schnittlauch waschen, trockenschütteln und in feine Röllchen schneiden. Den Blumenkohl mit der Mayonnaise überziehen und mit dem Schnittlauch bestreut servieren.

949. Indisch gewürzter Blumenkohlsalat

VEGETARISCH | GUT FÜR GÄSTE
Für 4 Personen
Zubereitungszeit: 30 Min.

Meersalz • 300 g Spinat • 175 g fester Joghurt (z. B. Bulgara-Joghurt) • 1 Knoblauchzehe • 1 TL gemahlener Kreuzkümmel • 2 Prisen rosenscharfes Paprikapulver • 600 g Blumenkohlröschen (von etwa 1 kg Blumenkohl) • 2 EL Sonnenblumenöl • 1/2 TL Senfkörner • 1/2 TL Bockshornkleesamen • 1 Prise Chilipulver • 1 EL Korianderblätter • 2 EL Zitronensaft

– 1/2 l Salzwasser zum Kochen bringen. Den Spinat verlesen, putzen, gründlich waschen und im Salzwasser einmal aufkochen lassen. Sobald er zusammenzufallen beginnt, abgießen und abtropfen lassen. Dann gut ausdrücken und grob hacken.
– Den Joghurt in einer Schüssel mit Salz vermischen. Den Knoblauch schälen und dazupressen, Joghurt mit Kreuzkümmel und Paprikapulver abschmecken, mit dem Spinat vermischen, kalt stellen.
– Die Blumenkohlröschen putzen und gründlich waschen, größere Röschen halbieren oder vierteln. Das Öl bei mittlerer Hitze in einem breiten Topf erhitzen und die Senfkörner und Kleesamen darin unter Rühren rösten, bis die Senfkörner platzen. Dabei den Topf eventuell mit dem Deckel schließen, da die Senfkörner zu springen beginnen.
– Den Blumenkohl in den Topf geben und mit Salz und Chilipulver bestreuen. Die Blumenkohlröschen vorsichtig wenden, dann bei schwacher Hitze 8–10 Min. dünsten, dabei wieder gelegentlich wenden. (Bei Bedarf noch etwas Öl dazugeben.) Anschließend den Blumenkohl abkühlen lassen.
– Blumenkohl mit den Korianderblättern vermischen und mit Zitronensaft beträufeln. Den Spinat-Joghurt auf eine Platte oder in Portionsschälchen geben und den Blumenkohl darauf anrichten.

TIPP
Wenn Ihnen Bockshornklee und Senfkörner zu streng im Geschmack sein sollten, können Sie das Öl kurz durch ein Sieb gießen, bevor Sie den Blumenkohl darin dünsten.

950. Rustikaler Lauchsalat

PREISWERT | GELINGT LEICHT
Für 4 Personen
Zubereitungszeit: 45 Min.

1 kg gleichmäßige mitteldicke Lauchstangen • 100 g durchwachsener Räucherspeck • 3/4 l Fleischbrühe • 3 Zweige Petersilie • 1/2 Zwiebel • 3 Zweige Estragon • 5 EL extra natives Olivenöl • Saft von 1 Zitrone • frisch gemahlener weißer Pfeffer

– Vom Lauch die dunkelgrünen Blätter und die Wurzelansätze abschneiden und die hellen Stangen in 4 cm lange Stücke schneiden. Diese gründlich waschen und in eine Kasserolle legen.
– Den Speck in kleine Würfel schneiden und zum Lauch geben. So viel Brühe angießen, dass das Gemüse gerade bedeckt ist. Petersilie abbrausen, dazugeben und das Gemüse zugedeckt bei schwacher Hitze etwa 30 Min. köcheln lassen, bis es „al dente", bissfest, gegart ist.
– Inzwischen die Zwiebel schälen und klein würfeln. Den Estragon abbrausen, trockenschütteln und die Blättchen klein hacken. In einem Pfännchen 1 EL Öl erhitzen, Zwiebelwürfel und den Estragon zusammen etwa 5 Min. bei schwacher Hitze braten.
– Den garen Lauch in einem Sieb abtropfen lassen, Petersilienzweige entfernen. Lauch und Speck in eine Salatschüssel geben, mit Zitronensaft, Pfeffer, Salz und restlichem Öl würzen. Die Zwiebel-Estragon-Mischung darüber verteilen. Zimmerwarm servieren.

951. Gemischter Salat mit Roquefort-Dressing

GEHT SCHNELL
Für 4 Personen
Zubereitungszeit: 25 Min.

1 kleine grüne Paprikaschote • 150 g Tomaten • 1 kleiner Zucchino • 1 kleine Möhre • 100 g Spinat (ersatzweise beliebiger Blattsalat) • 1 Bund Petersilie • 50 g Roquefort • 50 g Sahne • 1 EL Weißweinessig • frisch gemahlener Pfeffer • 2 EL Sonnenblumenöl

– Die Paprikaschote waschen, Deckel samt Stiel abschneiden. Schote längs vierteln und von Trennwänden und Kernen befreien. Paprika in Streifen schneiden.
– Die Tomaten waschen und in Würfel oder Schnitze schneiden, die Stielansätze dabei heraustrennen. Den Zucchino waschen und von Stiel- und Blütenansatz befreien, die Möhre schälen. Beides auf der Rohkostreibe grob raspeln.
– Den Spinat von allen welken Blättern und den groben Stielen befreien, dann in stehendem kaltem Wasser mehrmals gründlich waschen. Den Spinat gut abtropfen lassen oder trockenschleudern. Das geht gut mit einer Salatschleuder oder in einem Küchentuch. Die Petersilie kurz waschen, trockenschütteln und ohne die groben Stiele fein hacken.
– Alle diese vorbereiteten Zutaten in einer großen Schüssel locker mischen.
– Für das Dressing den Roquefort, falls nötig, von der Rinde befreien und mit einer Gabel fein zerdrücken. Die Sahne untermischen und alles zu einer glatten Paste verrühren. Den Weinessig und Pfeffer untermischen. Salz brauchen Sie wahrscheinlich nicht, da der Käse relativ salzig ist. Das Öl teelöffelweise unterschlagen. Das Dressing locker unter die Salatzutaten heben und den Salat sofort servieren.

952. Gemüse-Rohkost mit zwei Dips

BRAUCHT ETWAS ZEIT
Für 4–6 Personen
Zubereitungszeit: 1 Std.

Für die Kräutersauce: 1 Bund glatte Petersilie • 2 Zweige Basilikum • 1 Knoblauchzehe • 2 Sardellenfilets in Öl • 2 EL Kapern • 2 EL Zitronensaft • 1/8 l kalt gepresstes Olivenöl • 3 EL frisch geriebene Semmelbrösel • Salz • frisch gemahlener Pfeffer
Für die Orangen-Mayonnaise: 1 unbehandelte Orange • 1 sehr frisches Eigelb • Salz • 1 TL mittelscharfer Senf • 1/8 l Sonnenblumenöl • frisch gemahlener weißer Pfeffer
Für den Salat: 1 kg Gemüse (z. B. rote, grüne, gelbe Paprikaschote, Zucchini, Staudensellerie, Möhren, Frühlingszwiebeln, Blätter von Romanasalat)

– Für die Kräutersauce die Petersilie abbrausen und trockenschütteln, Petersilien- und Basilikumblättchen von den Stängeln zupfen. Knoblauch schälen. Sardellen, Kapern und Knoblauch grob hacken und mit dem Zitronensaft zu den Kräutern geben. Alles mit dem Pürierstab fein zerkleinern, dabei das Olivenöl nach

und nach hinzufügen. Die Semmelbrösel untermischen, die Sauce mit Salz und Pfeffer abschmecken.
– Für die Mayonnaise die Orange heiß waschen, Schale abreiben und den Saft auspressen. Das Eigelb mit Salz, Senf und 1 EL Orangensaft verquirlen. Das Öl zuerst tropfenweise, dann in dünnem Strahl einfließen lassen, bis die Sauce cremig ist. Die Sauce mit 1/2 TL abgeriebener Orangenschale, Orangensaft, Salz und Pfeffer abschmecken.
– Alle Gemüse waschen und putzen, Zucchini und Möhren nach Belieben schälen. Das Gemüse je nach Größe halbieren oder vierteln und in etwa 5 cm lange Streifen schneiden. Salatblätter teilen, waschen und trockenschleudern. Alles dekorativ auf einer Platte anrichten und mit den Saucen zum Dippen servieren.

TIPP

Je nach Marktangebot können Sie die rohen Gemüse mit kurz blanchierten Sorten kombinieren. Brokkoli- und Blumenkohlröschen passen genauso gut wie Rosenkohl und Fenchelstreifen zu Mayonnaise und Kräutersauce.

953. Rohkost mit Avocado-Zitronen-Dip

GUT FÜR GÄSTE
Für 4 Personen
Zubereitungszeit: 30 Min.

2 Frühlingszwiebeln • 1 Knoblauchzehe • 1 eingelegte grüne Chilischote • 2 TL kalt gepresstes Olivenöl • 1 grüne Paprikaschote • Saft von 1 Zitrone • 2 Avocados • 2 EL fester Joghurt oder saure Sahne • Meersalz • 1 Bund Brunnenkresse oder 2 Kästchen Gartenkresse • 1/2 Salatgurke • 2 Stangen Staudensellerie mit Grün • 1 Bund Radieschen • 4 Tomaten

– Für den Dip Frühlingszwiebeln waschen, putzen und klein schneiden. Knoblauchzehe schälen und klein schneiden. Die Chilischote längs aufschneiden und die Kerne entfernen. Die Chilischote klein schneiden.
– Das Öl in einer kleinen Pfanne erhitzen und die Frühlingszwiebeln, den Knoblauch und die Chili darin bei mittlerer Hitze 2 Min. unter Rühren andünsten. Dann vom Herd nehmen.
– Die Paprikaschote waschen, halbieren, putzen, in kleine Würfel schneiden und zu den Frühlingszwiebeln geben. Mit der Hälfte des Zitronensaftes würzen.
– Die Avocados halbieren und den Kern herauslösen. Die Avocados schälen, in kleine Würfel schneiden, mit Joghurt oder saurer Sahne und dem Gemüse vermischen. Dabei mit der Gabel ein wenig zu Mus drücken. Mit Salz abschmecken.
– Die Brunnenkresse waschen und trockenschleudern. (Die Gartenkresse abbrausen und mit der Schere vom Beet schneiden.) Gurke, Sellerie, Radieschen und Tomaten waschen. Gurke und Sellerie in 1 cm dicke und 5 cm lange Stifte schneiden, Selleriegrün beiseite legen. Radieschen putzen, dabei einige Blättchen stehen lassen. Die Radieschen längs halbieren. Die Tomaten achteln, dabei die Stielansätze entfernen.
– Die Rohkost mit etwas Zitronensaft beträufeln. Den Avocado-Dip mit dem restlichen Zitronensaft abschmecken, auf ein Kressebett setzen, mit der Rohkost und dem Selleriegrün garnieren.

TIPPS

– Das Fruchtfleisch der Avocado färbt sich an der Luft rasch grau. Um einen Dip von schöner grüner Farbe zu bekommen, braucht man die Säure der Zitrone. Die Avocado daher nach dem Anschneiden sofort mit dem Chiligemüse vermischen.
– Statt mit Rohkost können Sie den Avocado-Dip auch mit Tortilla-Chips oder heißen Kartoffelchips frisch aus dem Ofen servieren.

954. Spargelsalat mit Räucherlachs

GUT FÜR GÄSTE
Für 4–6 Personen
Zubereitungszeit: 1 Std.

1 kg weißer Spargel • 500 g grüner Spargel • 1 TL Salz • 2 Würfelzucker • 3 EL Estragonessig • frisch gemahlener weißer Pfeffer • 4 EL Sonnenblumenöl • 1 Bund Dill • 200 g Crème fraîche • 250 g geräucherter Lachs (in dünnen Scheiben) • 2 hart gekochte Eier

– Den weißen Spargel von oben nach unten dünn schälen, den grünen Spargel nur im unteren Drittel. Die

holzigen Enden abschneiden. Den weißen Spargel zu zwei, den grünen Spargel zu einem Bündel binden.
– Reichlich Wasser mit 1 TL Salz und dem Würfelzucker zum Kochen bringen. Die weißen Spargelbündel ins kochende Wasser legen und zugedeckt 10 Min. kochen lassen. Danach den grünen Spargel hinzufügen und weitere 10 Min. kochen lassen.
– Den Spargel abtropfen lassen und vom Küchengarn befreien, auf große Teller legen. Den Essig mit Salz und Pfeffer verrühren, das Öl unterschlagen. Die Sauce über den Spargel gießen.
– Den Dill waschen, trockenschütteln, klein schneiden und mit der Crème fraîche mischen.
– Die Lachsscheiben neben dem Spargelsalat anrichten. Die Eier schälen, hacken und über den Spargel streuen. Die Dillcreme gesondert dazu reichen – mit frisch geröstetem Toastbrot.

955. Thailändischer Salat

GEHT SCHNELL
Für 4 Personen
Zubereitungszeit: 30 Min.

1 Romanasalat • 200 g Salatgurke • 4 kleine Tomaten • 1/2 rote Paprikaschote • 2 hart gekochte Eier • 2 EL ungesalzene Erdnusskerne (aus dem Reformhaus) • 2 Stängel Zitronengras • 4 EL Erdnussöl • 5–6 EL Zitronensaft • 2 TL Sambal oelek • 1 TL Honig • gemahlener Koriander • Salz • frisch gemahlener weißer Pfeffer

– Den Romanasalat putzen, in fingerbreite Streifen schneiden, waschen und trockenschleudern. Die Gurke waschen, dann mit einem Zitrusschäler streifig schälen (oder mit einem Messer längs rundum kleine Keile ausschneiden), längs halbieren und quer in dünne Scheiben schneiden.
– Tomaten waschen und in Scheiben schneiden, dabei Stielansätze entfernen. Die Paprikaschote waschen, putzen und in Streifen schneiden. Die Eier pellen und in Scheiben schneiden.
– Erdnüsse im Blitzhacker fein mahlen. Das Zitronengras waschen, nur den unteren, weißen Teil sehr fein hacken und mit Erdnüssen, Erdnussöl, Zitronensaft, Sambal oelek und Honig verrühren. Alles mit Koriander, Salz und Pfeffer abschmecken. Die Salatzutaten auf kleinen Tellern anrichten, mit dem Dressing beträufeln.

TIPP

Die 2 Stängel frisches Zitronengras lassen sich durch 1/2 TL Zitronengraspulver (Sereh) oder 1/2 TL gefriergetrocknetes Zitronengras ersetzen.

956. Linsensalat mit Kürbis

VEGETARISCH | BRAUCHT ETWAS ZEIT
Für 4 Personen
Zubereitungszeit: 1 Std.

1 Knoblauchzehe • 200 g Berglinsen (z. B. Puy-Linsen aus dem Reformhaus) • 1 Lorbeerblatt • 2 Zweige Petersilie • 1 Zweig Thymian • 1/2 Bund Schnittlauch • 4 EL Aceto balsamico (ersatzweise Rotweinessig) • Meersalz • frisch gemahlener Pfeffer • 8 EL kalt gepresstes Olivenöl • 1 Schalotte • 1 kleine Möhre • 1/3 Selleriestange • 250 g Kürbis • 200 g Romanesco (ersatzweise Brokkoli) • 4–5 dünne Frühlingszwiebeln • 1 TL Sonnenblumenöl • 8 Vollkorn-Baguettescheiben • 1 Bund Brunnenkresse (ersatzweise 1 Kästchen Gartenkresse)

– Die Knoblauchzehe schälen. Die Linsen mit 600 ml Wasser, Knoblauch und Lorbeerblatt aufkochen, vom Herd ziehen und 45 Min. zugedeckt quellen lassen.
– Die Kräuter abbrausen, trockenschütteln und klein schneiden. Den Essig mit Salz und Pfeffer vermischen. Petersilie, Schnittlauch und Thymian dazugeben und das Olivenöl unterrühren. Schalotte schälen, klein schneiden und unter die Sauce mischen.
– Möhre, Sellerie, Kürbis und Romanesco waschen und putzen, Möhre und Kürbis schälen, vom Romanesco nur die Röschen verwenden. Alle Zutaten in sehr kleine Würfel schneiden, in der Sauce wenden und anschließend darin ziehen lassen.
– Inzwischen die Linsen im Einweichwasser aufkochen und bei schwacher Hitze zugedeckt 5 Min. garen. In der letzten Garminute salzen. Linsen abgießen, abtropfen lassen und zum Gemüse in die Sauce geben und untermengen. Eine Grillpfanne bei mittlerer Hitze heiß werden lassen.
– Die Frühlingszwiebeln waschen, putzen und eventuell quer halbieren. Die Grillpfanne mit Sonnenblumenöl ausstreichen und die Frühlingszwiebeln und das Brot darin von jeder Seite 1 Min. grillen.

– Die Brunnenkresse waschen, trockenschleudern, die Blättchen von den Stielen zupfen. Den Linsensalat mit Essig abschmecken, auf die Teller verteilen und mit der Brunnenkresse, den Frühlingszwiebeln und Baguettescheiben garnieren.

TIPPS

– Die grün-braunen Berglinsen eignen sich vorzüglich für einen Salat, sie schmecken besonders kräftig. Sie erhalten sie in Bio-Läden, Feinkostabteilungen oder Reformhäusern. Beim Garen färben sie sich dunkelbraun. Eine Spezialität sind die französischen Puy-Linsen. Die winzigen dunkelbraunen Linsen wachsen auf Vulkanboden und sind besonders aromatisch.

– Hülsenfrüchte gelingen am besten, wenn man sie in „weichem" Wasser gart. Wenn Ihr Wasser einen Härtegrad ab 3 hat, dann sollten Sie es erst einmal aufkochen und im abgekühlten Zustand verwenden oder einen Wasserfilter benutzen.

– Hülsenfrüchte immer erst am Ende der Garzeit salzen und erst danach säuern, da sie sonst unerwünscht bissfest bleiben können.

– Statt Kürbis und Romanesco können Sie auch Tomaten- und grüne Paprikawürfel verwenden.

– Wenn Sie keine Grillpfanne haben, nehmen Sie eine Pfanne mit normalem Boden und braten Frühlingszwiebel und Brot in 1 EL Öl etwa 3 Min.

957. Bohnensalat mit Tunfisch

BRAUCHT ETWAS ZEIT
Für 4 Personen
Zubereitungszeit: 15 Min.
Einweichzeit: 12 Std.
Garzeit: 1 1/2 Std.
Marinierzeit: 1 Std.

200 g getrocknete weiße Bohnen • 1 weiße Gemüsezwiebel • 1 EL Kapern • 1 Dose Tunfisch in Öl (Abtropfgewicht 200 g) • 2 EL Weißweinessig • Salz • frisch gemahlener weißer Pfeffer • 6 EL extra natives Olivenöl • 1 Bund Petersilie • 1 Kopfsalatherz

– Die Bohnen etwa 12 Std. in Wasser einweichen. Dann im Einweichwasser bei schwacher Hitze etwa 1 1/2 Std. garen. Anschließend die gekochten Bohnen in einem Sieb abtropfen lassen und in eine Salatschüssel geben.

– Die Zwiebel schälen und mit den Kapern zusammen sehr fein hacken. Den Tunfisch abtropfen lassen, dann in kleine Stücke zerpflücken.

– Aus Essig, Salz, Pfeffer und dem Olivenöl eine gut gewürzte Sauce rühren und mit den noch warmen Bohnen vermischen. Zwiebel und Kapern mit dem Salat vermengen. Mindestens 1 Std. marinieren lassen.

– Vor dem Servieren die Petersilie und das Salatherz waschen und trockenschleudern, Petersilie hacken. Das Salatherz in Streifen schneiden und mit den Tunfischstückchen unter die Bohnen heben. Den Salat mit der Petersilie bestreuen.

958. Salade Niçoise (Nizza-Salat)

GELINGT LEICHT
Für 4 Personen
Zubereitungszeit: 30 Min.

250 g grüne Bohnen • Salz • 200 g Pellkartoffeln • 4 Tomaten • 1 grüne Paprikaschote • 1 Stück Salatgurke (etwa 150 g) • 1 weiße Zwiebel • 1 Dose Tunfisch im eigenen Saft (150 g Abtropfgewicht) • 6–8 Kopfsalatblätter • 1 Knoblauchzehe • 3 EL Rotweinessig • 2 TL mittelscharfer Senf • frisch gemahlener schwarzer Pfeffer • 8 EL kalt gepresstes Olivenöl • 10 schwarze Oliven • 1 Bund Basilikum

– Die grünen Bohnen waschen und putzen. In einem Topf Salzwasser aufkochen lassen und die Bohnen darin 7 Min. garen. Bohnen abgießen, abschrecken und gut abtropfen lassen.

– Die Kartoffeln pellen und in etwa 1/2 cm dicke Scheiben schneiden. Die Tomaten waschen und achteln, dabei Stielansätze entfernen. Paprikaschote waschen, vierteln, putzen und in dünne Streifen schneiden. Die Gurke schälen und würfeln, die Zwiebel schälen und in feine Scheiben hobeln. Tunfisch abtropfen lassen, mit der Gabel auflockern. Salatblätter putzen, waschen, trockenschütteln und mundgerecht zerpflücken.

– Den Knoblauch schälen und halbieren. Eine Schüssel damit ausreiben. Darin den Essig mit Senf, Salz und Pfeffer verquirlen, Öl unterschlagen. Alle Salatzutaten in der Vinaigrette mischen. Die Oliven nach Belieben entsteinen. Basilikumblätter von den Stängeln zupfen und mit den Oliven über den Salat streuen.

959. Toskanischer Brotsalat

PREISWERT | GELINGT LEICHT
Für 4 Personen
Zubereitungszeit: 25 Min.
Marinierzeit: 30 Min.

200 g Toskana-Brot (vom Vortag, in Scheiben) • 3 Tomaten • 1 kleine gelbe Paprikaschote • 1 Stück Salatgurke (150 g) • 2 Frühlingszwiebeln • 1 Knoblauchzehe • 3 EL Rotweinessig • Salz • frisch gemahlener Pfeffer • 5 EL extra natives Olivenöl • 1 Bund Basilikum • 1 EL Kapern

– Die Brotscheiben toasten und abkühlen lassen. Dann mit Wasser (pro Scheibe 2 EL) beträufeln und 15 Min. ziehen lassen.
– Inzwischen die Stielansätze der Tomaten entfernen. Tomaten kurz überbrühen, häuten, quer halbieren und entkernen. Das Fruchtfleisch würfeln. Die Paprikaschote waschen, halbieren, putzen und klein würfeln.
– Die Gurke waschen, längs halbieren, entkernen und ebenfalls fein würfeln. Die Frühlingszwiebeln waschen, putzen und mit dem Grün in feine Scheiben schneiden. Den Knoblauch schälen.
– Brot ausdrücken und in Stücke zupfen. Aus 2 EL Essig, Salz, Pfeffer und Öl eine Marinade rühren. Knoblauch dazupressen. Brot, Gemüse und Marinade vermengen. Den Salat zugedeckt 30 Min. ziehen lassen.
– Vor dem Servieren die Basilikumblätter in Stücke zupfen, mit den Kapern unter den Salat heben. Mit Salz, Pfeffer und restlichem Essig abschmecken.

960. Griechischer Bauernsalat

VEGETARISCH | GEHT SCHNELL
Für 2 Personen
Zubereitungszeit: 30 Min.

1 milde weiße Zwiebel • 1 grüne Paprikaschote • 2 Fleischtomaten • 1 kleine Salatgurke • 2 EL Weißweinessig • Salz • frisch gemahlener weißer Pfeffer • 1/2 TL getrockneter Oregano • 4 EL Olivenöl • 150 g schnittfester Schafkäse • 100 g schwarze Oliven

– Zwiebel schälen und in dünne Scheiben schneiden. Die Paprikaschote waschen und halbieren, putzen und die Schotenhälften in Streifen schneiden.
– Die Tomaten waschen, halbieren und in dünne Scheiben schneiden. Die Stielansätze dabei entfernen.
– Die Gurke schälen, längs halbieren, entkernen und ebenfalls in dünne Scheiben schneiden. Die Zwiebel, die Paprikaschote, die Tomaten und die Gurke in einer Schüssel locker mischen.
– Den Essig mit Salz, Pfeffer und dem Oregano mischen. Das Öl teelöffelweise untermischen. Die Salatsauce mit den Zutaten in der Schüssel mischen. Den Schafkäse zerbröckeln. Die Oliven abtropfen lassen. Beides auf dem Salat verteilen.

961. Gemüsesalat mit Erdnusssauce

BRAUCHT ETWAS ZEIT
Für 4 Personen
Zubereitungszeit: 1 Std.

150 g grüne Bohnen • 1 Möhre • 250 g Sojabohnensprossen • 1 Bund Brunnenkresse (ersatzweise 100 g Feldsalat) • 75 g Weißkohlblätter • 1 kleine Stange Lauch • 1/2 kleine Salatgurke • 1 gelbe oder orange Paprikaschote • 4 hart gekochte Eier
Für die Erdnusssauce: 200 g geröstete Erdnusskerne • 1 daumengroßes Stück Ingwer • 3 EL Öl • 400 ml Kokosmilch • Saft von 1/2 Zitrone • 3 EL süße Sojasauce (Kecap manis) • 1 EL Sojasauce (Kecap asin) • 1 EL Palmzucker • 1/2 TL Sambal oelek

– Die Bohnen waschen, von den Enden befreien und in etwa 5 cm lange Stücke schneiden. Die Möhre waschen, schälen und in dünne Scheiben schneiden.
– Die Sojabohnensprossen, die Brunnenkresse und die Weißkohlblätter kurz abbrausen und abtropfen lassen. Kohlblätter in mundgerechte Stücke schneiden. Den Lauch putzen, längs aufschlitzen und gründlich waschen. Den Lauch in feine Ringe schneiden. Etwa 1 l Salzwasser in einem großen Topf aufkochen.
– Nacheinander die Weißkohlblätter, den Lauch und die Sojabohnenkeimlinge etwa 3 Min. in dem kochenden Wasser blanchieren, herausheben und abtropfen lassen. Die Bohnen und die Möhren in dem Wasser etwa 5 Min. sprudelnd kochen lassen, bis sie gar, aber noch bissfest sind. Abgießen und ebenfalls abtropfen lassen.
– Die Gurke schälen und in dünne Scheiben schneiden. Paprika waschen, halbieren, die Kerne und die weißen Trennhäute entfernen, die Schote in dünne Streifen schneiden. Die Eier schälen und vierteln.

– Für die Erdnusssauce die Erdnusskerne im Mixer sehr fein zerkleinern. Den Ingwer schälen und fein raspeln. Das Öl in einem Topf erhitzen und darin die Erdnusskerne und den Ingwer bei mittlerer Hitze unter ständigem Rühren etwa 2 Min. braten.
– Die Kokosmilch, den Zitronensaft, die süße Sojasauce, die Sojasauce, den Palmzucker und das Sambal oelek dazugeben. Die Hitze zurückschalten und die Sauce unter gelegentlichem Rühren bei schwacher Hitze etwa 10 Min. köcheln lassen, bis sie die Konsistenz von Mayonnaise hat.
– Das Gemüse und die Eier auf vier Teller verteilen und mit der Erdnusssauce übergießen. Warm servieren.

TIPP

Palmzucker wird aus dem Saft der Kokos- oder der Zuckerpalme gewonnen und hat ein unvergleichliches Aroma, er sollte nicht durch normalen Zucker ersetzt werden. Für dieses Rezept benötigen Sie den kristallinen Palmzucker, der leichter zu verarbeiten ist als Palmzuckerpaste.

962. Nudelsalat mit buntem Gemüse

GUT FÜR GÄSTE | SCHMECKT KINDERN
Für 4 Personen
Zubereitungszeit: 50 Min.

250 g Hörnchennudeln • Salz • 1 EL Olivenöl • 2 Tomaten • 1 Zucchino • 1 gelbe Paprikaschote • 2 sehr frische Eigelbe • 1 TL mittelscharfer Senf • 1/2 EL Zitronensaft • 1/8 l Sonnenblumenöl • 100 g saure Sahne • frisch gemahlener weißer Pfeffer • je 1 Bund Schnittlauch und Basilikum

– Für die Nudeln reichlich Wasser mit 1 kräftigen Prise Salz zum Kochen bringen. Die Nudeln darin bei starker bis mittlerer Hitze „al dente", bissfest, garen. Die Nudeln dann in einem Sieb kalt abschrecken und gut abtropfen lassen. Die Nudeln sofort mit dem Olivenöl mischen, damit sie nicht zusammenkleben.
– Während die Nudeln kochen, die Tomaten waschen und in kleine Würfel schneiden, dabei die Stielansätze entfernen. Den Zucchino waschen, von Stiel und Blütenansatz befreien und auf der Rohkostraspel fein raspeln oder in dünne Stifte schneiden.
– Die Paprikaschote waschen, vom Stielansatz, den Kernen und Trennwänden befreien und in feine Streifen schneiden.
– In einer Schüssel die Eigelbe mit dem Senf und dem Zitronensaft verrühren. Das Sonnenblumenöl unter ständigem Rühren zuerst tropfenweise, dann in einem dünnen Strahl unter die Eigelbcreme schlagen, bis eine cremige Mayonnaise entstanden ist. Die saure Sahne unter die Mayonnaise mischen und alles mit Salz und Pfeffer abschmecken.
– Den Schnittlauch abbrausen, trockenschütteln und in feine Röllchen schneiden. Die Basilikumblättchen von den Stielen zupfen und streifig schneiden.
– Die Nudeln mit dem Gemüse und den Kräutern in einer Schüssel mischen. Die Mayonnaise unterheben und den Salat eventuell noch mit Salz und Pfeffer abschmecken.

963. Nudelsalat mit Pesto

BRAUCHT ETWAS ZEIT
Für 4 Personen
Zubereitungszeit: 1 Std.
Ruhezeit: 1 Std.

1/2 Bund Petersilie • 3 Bund Basilikum • 3 Knoblauchzehen • 2 EL Pinienkerne • je 50 g frisch geriebener Parmesan und Pecorino • 100 ml kalt gepresstes Olivenöl • Salz • frisch gemahlener schwarzer Pfeffer • 2 1/2 l Gemüsebrühe • 1 TL Distelöl • 250 g Bandnudeln • 300 g Zucchini • 100 g Brunnenkresse • 1 Dose Tunfisch im eigenen Saft (Abtropfgewicht 200 g)

– Die Petersilie waschen und trockenschütteln, Petersilien- und Basilikumblättchen von den Stielen zupfen. Die Knoblauchzehen schälen und klein würfeln.
– Die Pinienkerne in einer Pfanne ohne Fett unter ständigem Wenden bei mittlerer Hitze rösten, bis sie leicht Farbe annehmen und angenehm zu duften beginnen.
– Die Kräuter mit dem Knoblauch und den Pinienkernen im Mörser zerreiben. Das Püree in eine Schüssel geben und nach und nach mit dem Käse, dem Olivenöl, etwas Salz und Pfeffer verrühren. Den Pesto zugedeckt für etwa 1 Std. in den Kühlschrank stellen.
– Die Gemüsebrühe mit dem Distelöl in einem großen Topf aufkochen. Die Nudeln hineinschütten, einmal umrühren und etwa 8 Min. sprudelnd kochen lassen. Nach etwa 6 Min. prüfen, ob die Nudeln schon gar sind,

sie dürfen nicht zerkochen, sondern sollen noch „Biss" haben, „al dente" sein, wie die Italiener sagen.
– Die Zucchini waschen, die Stielansätze und Enden entfernen. Das Gemüse in kleine Würfel schneiden. Die Brunnenkresse waschen, trockenschleudern und die Blättchen abzupfen.
– Die Nudeln in ein Sieb gießen und abtropfen lassen; dabei 3 EL vom Kochsud auffangen und unter den Pesto mischen. Den abgetropften Tunfisch in kleine Stücke zerteilen.
– Die Nudeln mit den Zucchini, der Brunnenkresse, dem Tunfisch und dem Pesto mischen und den Salat zugedeckt bis zum Servieren durchziehen lassen.

964. Warmer Nudelsalat mit Linsen

VEGETARISCH | BRAUCHT ETWAS ZEIT
Für 4 Personen
Zubereitungszeit: 1 Std.
Einweichzeit: 1 1/2 Std.

1 Knoblauchzehe • 125 g Berglinsen (z. B. Puy-Linsen) • 1 Lorbeerblatt • 3 EL Aceto balsamico • 2 EL helle Sojasauce • Meersalz • frisch gemahlener Pfeffer • 1 Prise Senfpulver • 1 TL Thymianblättchen • 4 EL kalt gepresstes Olivenöl • 2 Frühlingszwiebeln • 100 g Staudensellerie • 2 Tomaten • 300 g Hirsenudeln (Hörnchen) • 50 g Sauerampfer (ersatzweise Rucola)

– Die Knoblauchzehe schälen. Die Linsen mit Knoblauch und Lorbeerblatt in 600 ml Wasser 2 Min. kochen lassen, dann vom Herd ziehen und 1–1 1/2 Std. zugedeckt einweichen und quellen lassen.
– Für die Sauce den Essig mit Sojasauce, Salz, Pfeffer, Senfpulver und Thymian vermischen. Das Öl unterrühren. Die Zwiebeln waschen, putzen, klein schneiden und unter die Sauce mischen.
– Sellerie und Tomaten waschen. Vom Sellerie härtere Fasern abziehen, Sellerie in dünne Scheiben schneiden. Die Tomaten in kleine Würfel schneiden, dabei Stielansätze entfernen. Sellerie und Tomaten mit der Sauce vermischen und ziehen lassen.
– Inzwischen 2 l Salzwasser zum Kochen bringen und die Nudeln darin nach Packungsangabe bissfest kochen. Die Linsen nach dem Quellen noch einmal 10–12 Min. bei schwacher Hitze zugedeckt köcheln lassen.
– Den Sauerampfer waschen, die Stiele abschneiden. Den Sauerampfer trockenschleudern und in Streifen schneiden. Dafür etwa 10 Blätter aufeinanderlegen, zusammenrollen, in kurzen Abständen durchschneiden und wieder aufrollen.
– Die Nudeln abgießen, abtropfen lassen und mit der Gemüse-Vinaigrette vermischen. Die Linsen abgießen, abtropfen lassen und untermischen. Den Salat nochmals mit Salz und Pfeffer abschmecken und den Sauerampfer zum Schluss locker untermischen.

965. Chinesischer Nudel-Hackfleisch-Salat

BRAUCHT ETWAS ZEIT
Für 4 Personen
Zubereitungszeit: 1 Std.
Einweichzeit: 30 Min.

10 g Mu-Err-Pilze (getrocknete chinesische Wolkenohrpilze) • Salz • 200 g chinesische Eiernudeln • 2 TL Sesamöl • 1 Zwiebel • 1 Knoblauchzehe • 1 Stück frischer Ingwer (etwa 2 cm) • 1 Möhre • 1 Stange Lauch (etwa 200 g) • 100 g Mungobohnensprossen • 2 EL Sonnenblumenöl • 300 g gemischtes Hackfleisch • 2–3 EL Sojasauce • 1 EL trockener Sherry (Fino) nach Belieben • frisch gemahlener Pfeffer • Fünf-Gewürz-Pulver • 3–4 EL Zitronensaft • 1 Frühlingszwiebel

– Die Pilze mit kochend heißem Wasser übergießen und 30 Min. einweichen und quellen lassen. Dann die Pilze abgießen, abtropfen lassen und in Streifen schneiden.
– Reichlich Wasser zum Kochen bringen, salzen. Die Nudeln nach Packungsangabe im Salzwasser bissfest garen, dann abgießen und in Sesamöl wenden.
– Zwiebel, Knoblauch und Ingwer schälen und klein würfeln. Möhre schälen und in feine Stifte schneiden. Lauch putzen, waschen und in dünne Ringe schneiden. Sprossen abbrausen und abtropfen lassen.
– Sonnenblumenöl in einer Pfanne stark erhitzen, Hackfleisch darin unter Rühren braten, bis es krümelig ist. Zwiebel, Knoblauch und Ingwer dazugeben, kurz anbraten, dann Möhre, Lauch und Pilze 3 Min. mitbraten.
– Mit Sojasauce, Sherry und Gewürzen abschmecken, 6 EL Wasser angießen und alles einmal aufkochen lassen. Vom Herd nehmen und mit dem Zitronensaft würzen. Sprossen und Nudeln untermischen. Die Frühlingszwiebel waschen, putzen und in feine Ringe schneiden, zum Schluss darüber streuen.

966. Kartoffelsalat auf bayrische Art

PREISWERT | GUT VORZUBEREITEN
Für 4 Personen
Zubereitungszeit: 45 Min.
Marinierzeit: 15 Min.

750 g fest kochende Kartoffeln • Salz • 2 Zwiebeln • 1/2 Bund Petersilie • etwa 1/4 l Fleischbrühe • 2 EL Essig • frisch gemahlener Pfeffer • 2 EL Öl

– Die Kartoffeln waschen und in etwa 300 ml Salzwasser in 25–30 Min. gar kochen. Zwiebeln schälen und klein würfeln. Die Petersilie kurz kalt abbrausen und trockenschütteln, die Blättchen abzupfen und fein schneiden.
– Die Kartoffeln abgießen, kurz ausdampfen lassen, dann sofort schälen und in nicht zu dünne Scheiben schneiden. Noch warm mit der Brühe übergießen. Den Essig mit Salz, Pfeffer, Öl und Petersilie verrühren und die Sauce unter die Kartoffeln heben. Salat zugedeckt mindestens 15 Min. durchziehen lassen.

TIPP
Für Salat aus kalten Pellkartoffeln heiße Fleischbrühe, für Salat aus warmen Pellkartoffeln lauwarme Fleischbrühe verwenden. Durch die Wärme werden die Aromen besonders gut übertragen.

967. Kartoffelsalat mit Senf-Dressing

PREISWERT | GELINGT LEICHT
Für 4 Personen
Zubereitungszeit: 40 Min.
Marinierzeit: 1 Std.

500 g fest kochende Kartoffeln • Salz • 1 Zwiebel • 2–3 Gewürzgurken • 100 g kleine rote Beten (aus dem Glas) • 1 säuerlicher Apfel • 75 ml Gemüsebrühe • frisch gemahlener Pfeffer • 4 EL Weißweinessig • 1 hart gekochtes Ei • 2 TL scharfer Senf • 4 EL Distelöl • 1 kleiner Kopfsalat • einige Schnittlauchhalme

– Die Kartoffeln waschen und ungeschält in Salzwasser in 20–25 Min. knapp gar kochen. Dann abgießen, pellen und in 1/2 cm dicke Scheiben schneiden.
– Die Zwiebel schälen, mit den Gurken und roten Beten klein würfeln. Den Apfel schälen, achteln, vom Kerngehäuse befreien und in feine Scheiben schneiden. In einem Topf die Brühe heiß werden lassen. Alle Zutaten mischen, mit Salz, Pfeffer, 2 EL Essig und der heißen Brühe übergießen, dann abkühlen lassen.
– Für das Dressing das Ei pellen und halbieren, das Eigelb herauslösen und zerdrücken, mit dem restlichen Essig, Senf, Salz, Pfeffer und dem Öl gut verquirlen. Das Dressing unter den Salat mischen. Im Kühlschrank 1 Std. durchziehen lassen.
– Vor dem Servieren Kopfsalat putzen, waschen und trockenschleudern. Blätter in mundgerechte Stücke zupfen und in einer Schüssel anrichten, den Kartoffelsalat darauf verteilen. Das Eiweiß fein hacken, mit dem Schnittlauch zum Schluss über den Salat geben.

968. Kartoffelsalat mit Mayonnaise

BRAUCHT ETWAS ZEIT | SCHMECKT KINDERN
Für 4 Personen
Zubereitungszeit: 1 Std.
Marinierzeit: 30 Min.

1 kg fest kochende Kartoffeln • 2 ganz frische Eigelbe • 1 TL scharfer Senf • 2 EL Zitronensaft • 1/8 l Sonnenblumenöl • Salz • frisch gemahlener weißer Pfeffer • 4 Gewürzgurken (etwa 100 g) • 1 säuerlicher Apfel • 1 Bund Schnittlauch • 2–3 EL saure Sahne • eventuell etwas Sud von den Gewürzgurken

– Kartoffeln unter fließendem kaltem Wasser gründlich abbürsten, dann in einen Topf füllen und etwa 5 cm hoch Wasser angießen. Das Wasser zum Kochen bringen und die Kartoffeln zugedeckt bei mittlerer Hitze in etwa 30 Min. weich kochen.
– Inzwischen für die Mayonnaise die Eigelbe mit dem Senf und 2 TL Zitronensaft verrühren. Das Öl unter ständigem Schlagen zuerst tropfenweise, dann in einem dünnen Strahl unter die Eigelbmasse fließen lassen, bis eine dickflüssige Mayonnaise entstanden ist. Die Mayonnaise mit Salz und Pfeffer abschmecken.
– Die Gewürzgurken in kleine Würfel schneiden. Den Apfel vierteln, vom Kerngehäuse befreien und schälen. Dann in feine Schnitze schneiden und sofort mit dem restlichen Zitronensaft mischen, damit sie sich nicht verfärben. Den Schnittlauch waschen, trockenschütteln und in feine Röllchen schneiden.

– Gegarte Kartoffeln abgießen und kalt abschrecken, sie lassen sich dann besser schälen. Die Kartoffeln noch heiß schälen, in dünne Scheiben schneiden und in eine Schüssel geben. Gewürzgurken und Apfelschnitze unter die Kartoffelscheiben mischen.
– Die Mayonnaise mit der sauren Sahne und eventuell (wenn sie zu dickflüssig ist) mit etwas Gurkensud verrühren. Schnittlauch untermischen und die Mayonnaise unter die abgekühlten Kartoffeln mischen.
– Den Kartoffelsalat eventuell noch einmal mit Salz und Pfeffer abschmecken, dann etwa 30 Min. ziehen lassen. Vor dem Servieren den Kartoffelsalat noch einmal durchmischen und eventuell etwas nachwürzen.

969. Warmer Kartoffel-Endivien-Salat

GUT FÜR GÄSTE
Für 4 Personen
Zubereitungszeit: 45 Min.

3 EL Zitronensaft • Meersalz • frisch gemahlener Pfeffer • 2 EL dicke Kapern • 1 EL Schnittlauchröllchen • 1 TL Thymianblättchen • 2 EL klein geschnittene glatte Petersilie • 4 EL kalt gepresstes Olivenöl • 100 g rote Zwiebeln • 800 g vorwiegend fest kochende schmale Kartoffeln • 1 Knoblauchzehe • 1 Lorbeerblatt • 1 Endiviensalat • 4 sonnengetrocknete Tomaten (Reformhaus) • 80 g Roquefort

– 2 EL Zitronensaft mit Salz und Pfeffer vermischen. Kapern und Kräuter untermischen, 3 1/2 EL Öl unterrühren. Zwiebeln schälen, in dünne Scheiben schneiden und in der Sauce marinieren lassen.
– Inzwischen die Kartoffeln waschen und ungeschält knapp mit Salzwasser bedecken. Die Knoblauchzehe schälen, mit dem Lorbeerblatt und dem restlichen Zitronensaft zu den Kartoffeln geben. Die Kartoffeln zugedeckt in 20 Min. knapp gar kochen.
– Dann die Kartoffeln abgießen, kurz abdampfen lassen, pellen, in etwa 1/2 cm dicke Scheiben schneiden und mit der Salatsauce vermischen.
– Den Endiviensalat putzen, in mundgerechte Stücke schneiden, waschen und trockenschleudern. Das restliche Öl in einer Pfanne schwach erhitzen. Die Tomaten in Streifen schneiden und darin erwärmen. Den Endiviensalat einmal durch die Pfanne schwenken und mit den Tomaten unter den Kartoffelsalat heben. Den Roquefort zum Schluss über den Salat bröckeln.

970. Reissalat mit Erbsen und Schinken

GUT FÜR GÄSTE | SCHMECKT KINDERN
Für 4 Personen
Zubereitungszeit: 30 Min.
Garzeit: 30 Min.

150 g Langkornreis • 100 ml trockener Weißwein (oder Wasser) • Salz • 300 g tiefgefrorene Erbsen • 200 g gekochter Schinken (in dünnen Scheiben) • 1 EL Kapern • 1 TL scharfer Senf • 2 EL Kräuteressig • 1 EL Zitronensaft • frisch gemahlener weißer Pfeffer • 4 EL Sonnenblumenöl • 1/2 Bund Petersilie

– Den Reis in einem Sieb kalt abspülen, dann mit 200 ml Wasser, dem Wein und Salz in einen Topf geben und zum Kochen bringen. Den Reis zugedeckt bei schwacher bis mittlerer Hitze etwa 20 Min. garen, bis er weich ist und die Flüssigkeit fast aufgesogen hat.
– Die Erbsen unter den Reis mischen und alles noch einmal etwa 10 Min. garen, bis die Erbsen bissfest sind. Dann alles in eine Schüssel füllen und abkühlen lassen.
– Den Schinken von den Fetträndern befreien und in feine Streifen schneiden. Die Kapern in einem Sieb abtropfen lassen. Den Senf mit Essig, Zitronensaft, Salz und Pfeffer verrühren. Öl teelöffelweise unterschlagen.
– Den Schinken, die Kapern und das Dressing unter den Erbsenreis mischen und eventuell mit etwas Salz und Pfeffer abschmecken.
– Die Petersilie waschen, trockenschütteln und die Blättchen von den Stielen zupfen. Die Blättchen fein hacken. Salat mit der Petersilie bestreuen und servieren.

971. Reissalat auf mexikanische Art

GEHT SCHNELL | VEGETARISCH
Für 4 Personen
Zubereitungszeit: 30 Min.

1/4 l Gemüsebrühe • 125 g Langkornreis • 150 g Maiskörner (aus der Dose) • 150 g Kidneybohnen (aus der Dose) • 1 Avocado • 2 EL Limettensaft • 2 kleine feste Tomaten
Für das Dressing: 2 kleine rote Chilischoten • 2 EL Limettensaft • Salz • frisch gemahlener Pfeffer • 5 EL Sonnenblumen- oder Maiskeimöl • einige Korianderblättchen

– Die Gemüsebrühe in einem Topf aufkochen lassen. Den Reis hineinstreuen und zugedeckt bei schwacher Hitze in 20 Min. bissfest garen. Inzwischen den Mais und die Kidneybohnen in ein Sieb abgießen, mit kaltem Wasser abspülen und gut abtropfen lassen.
– Für das Dressing die Chilischoten waschen, längs halbieren, entkernen und fein hacken. Mit Limettensaft, Salz und Pfeffer verquirlen, dann das Öl mit einem Schneebesen darunter schlagen. Die Korianderblättchen waschen und hacken, unter das Dressing rühren.
– Den Reis in ein Sieb abgießen, kalt abspülen und gut abtropfen lassen. In einer Schüssel mit dem Mais, den Kidneybohnen und dem Dressing mischen.
– Die Avocado längs halbieren und den Kern entfernen. Die Hälften schälen, das Fruchtfleisch in 1–2 cm große Würfel schneiden und sofort mit dem Limettensaft beträufeln. Vorsichtig unter den Salat mischen.
– Die Tomaten waschen, halbieren und von den Stielansätzen befreien, dann in kleine Würfel schneiden und über den Salat streuen.

972. Wildreissalat mit geräuchertem Lachs

GUT FÜR GÄSTE
Für 4 Personen
Zubereitungszeit: 40 Min.
Marinierzeit: 20 Min.

100 g Wildreis • Salz • 100 g Champignons • 2 Schalotten • 300 g geräucherter Lachs • 1 EL Zitronensaft • 1 TL Zucker • 6 EL Crème fraîche • 1 TL scharfer Senf • 1 Msp. edelsüßes Paprikapulver • 1 Bund Dill

– Den Reis waschen, in 300 ml Salzwasser etwa 5 Min. sprudelnd kochen, dann zugedeckt bei geringer Hitze etwa 40 Min. köcheln lassen.
– Die Pilze putzen und blättrig schneiden. Schalotten schälen und klein würfeln. Lachs zu Röllchen drehen. Den Zitronensaft mit dem Zucker verrühren, die Crème fraîche, Senf, etwas Salz und das Paprikapulver untermischen. Dill waschen, die Blättchen abzupfen.
– Den Reis ausdampfen und abkühlen lassen, mit den Schalotten, den Pilzen und der Sauce vermischen, zugedeckt 20 Min. ziehen lassen.
– Vor dem Servieren den Dill darüber streuen und den Salat zum Schluss mit den Lachsröllchen belegen.

973. Arabischer Reis-Geflügel-Salat

GUT VORZUBEREITEN
Für 4 Personen
Zubereitungszeit: 30 Min.
Garzeit: 30 Min.
Marinierzeit: 1 Std.

4 Schalotten • 2 Knoblauchzehen • 2 EL Öl • 2 EL Pinienkerne • 200 g Langkornreis • Salz • frisch gemahlener Pfeffer • 1 l Hühnerbrühe • 2 EL Korinthen • 650 g Hähnchenbrust • 1 Lorbeerblatt • 3 Frühlingszwiebeln • 3 Stangen Staudensellerie • 1 Möhre • 3 EL Zitronensaft • 1/2 TL gemahlener Kreuzkümmel • 2 Prisen Zimtpulver • 3–4 Zweige Minze

– Die Schalotten und Knoblauchzehen schälen und fein würfeln. In einem breiten Topf das Öl erhitzen, die Schalotten und den Knoblauch darin glasig dünsten. Pinienkerne und Reis einrühren, unter Rühren 3 Min. braten, bis alle Körner glänzen. Mit Salz und Pfeffer würzen. 1/2 l heiße Brühe angießen, Korinthen hinzufügen und alles zugedeckt bei schwacher Hitze in 25–30 Min. ausquellen, dann abkühlen lassen.
– Inzwischen das Fleisch und das Lorbeerblatt in die restliche Brühe geben, aufkochen und zugedeckt bei schwacher Hitze 20–25 Min. köcheln lassen. Etwas abkühlen lassen.
– Fleisch aus der Brühe heben, von Haut und Knochen befreien und klein schneiden. Frühlingszwiebeln und Sellerie waschen, putzen und in feine Ringe oder Scheiben schneiden. Möhre schälen und grob raspeln.
– Den Reis mit Zitronensaft, Kreuzkümmel, Zimt, Salz und Pfeffer würzen. Die Minze waschen, die Blättchen abzupfen, einige zum Garnieren beiseite legen, die übrigen grob hacken. Gehackte Minze, Fleisch und die Gemüsezutaten unter den Reis mischen. Den Salat im Kühlschrank 1 Std. durchziehen lassen. Vor dem Servieren mit der beiseite gelegten Minze garnieren.

TIPPS

– Gut schmeckt auch eine Sauce dazu, die aus 150 g Joghurt, 2 EL Salat-Mayonnaise, 1 TL Harissa (scharfe arabische Chilipaste oder eine andere Chilisauce), 3–4 EL Zitronensaft, Salz und Pfeffer gerührt wird. Vor dem Servieren über den Salat geben und dann erst mit der Minze garnieren.

– Dieser außergewöhnliche Salat lässt sich gut vorbereiten und bringt als Partysalat mit seinem feinen Duft nach Kreuzkümmel und Zimt eine orientalische Note aufs Büffet. Er schmeckt aber auch als Vorspeise oder als Mittagessen für 2 Personen, serviert mit frisch aufgebackenem Fladenbrot und gut gekühltem „Ayran", dem türkischen, leicht gesalzenen Joghurtgetränk aus säuerlichem Joghurt, kaltem Wasser und 1 Prise Salz, das mit dem Schneebesen aufgeschlagen wird.

974. Türkischer Bulgursalat

GUT FÜR GÄSTE | GEHT SCHNELL
Für 4 Personen
Zubereitungszeit: 30 Min.

300 ml Gemüsebrühe • 200 g Bulgur • 300 g vollreife Tomaten • 1 rote Chilischote • 2 Frühlingszwiebeln • je 1/2 rote und grüne Paprikaschote • 1/2 Bund glatte Petersilie • 2–4 EL Tomatenmark • 3 EL Zitronensaft • 2 EL kalt gepresstes Olivenöl • Salz • frisch gemahlener Pfeffer

– Die Gemüsebrühe in einem Topf aufkochen und den Bulgur einrühren. Dann den Topf vom Herd nehmen, den Bulgur zugedeckt 25 Min. ausquellen lassen.
– Inzwischen die Stielansätze der Tomaten keilförmig herausschneiden. Tomaten kurz mit kochend heißem Wasser überbrühen, häuten, quer halbieren und entkernen. Das Fruchtfleisch klein würfeln.
– Die Chilischote längs aufschneiden, Stiel abtrennen, die Kerne und Trennwände unter fließendem Wasser entfernen, die Schote ganz fein würfeln.
– Die Frühlingszwiebeln waschen und putzen, in 1/2 cm dicke Scheiben schneiden. Die Paprikaschoten waschen und Stiel, weiße Trennhäute und die kleinen Kernchen entfernen. Schotenhälften in kleine Stücke schneiden. Die Petersilie abbrausen, trockenschütteln und die Blättchen fein oder grob hacken.
– Das Tomatenmark, den Zitronensaft, das Olivenöl, Salz, Pfeffer und die Petersilie verrühren und unter den Bulgur mischen. Tomaten, Chilischote, Frühlingszwiebeln und Paprikaschoten dazugeben und untermengen. Bis zum Servieren etwas durchziehen lassen. Nach Belieben noch einmal abschmecken.

975. Couscous-Salat

GELINGT LEICHT | GEHT SCHNELL
Für 4 Personen
Zubereitungszeit: 30 Min.

1/4 l Gemüsebrühe • 100 g rote Linsen • 100 g Couscous-Grieß (vorgekochte Sorte) • 200 g Salatgurke • 4 kleine Tomaten (etwa 200 g)
Für das Dressing: 2 Zweige Minze • 2 Zweige glatte Petersilie • 100 g Joghurt • 2 EL kalt gepresstes Olivenöl • 2 EL Zitronensaft • Salz • frisch gemahlener Pfeffer • gemahlener Kreuzkümmel

– In einem Topf die Brühe aufkochen lassen, Linsen einstreuen, zugedeckt bei schwacher Hitze knapp 10 Min. köcheln lassen. Couscous in einer Schüssel mit 1/4 l kochend heißem Wasser übergießen und quellen lassen.
– Inzwischen die Gurke waschen, längs vierteln, dann quer in Scheiben schneiden. Die Tomaten waschen, von den Stielansätzen befreien und vierteln oder achteln. Gurke und Tomaten in eine Schüssel geben.
– Für das Dressing Kräuter waschen, trockenschütteln, ein paar Minzeblätter beiseite legen. Übrige Kräuterblätter hacken, mit Joghurt, Öl und Zitronensaft verrühren, mit Salz, Pfeffer und Kreuzkümmel würzen.
– Linsen und Couscous in ein Sieb abgießen und gut abtropfen lassen. Mit Gurken und Tomaten mischen und mit dem Dressing beträufeln oder alles gleich vermengen. Mit den Minzeblättchen garnieren.

976. Kichererbsensalat

GEHT SCHNELL | VEGETARISCH
Für 4 Personen
Zubereitungszeit: 30 Min.

2 Dosen Kichererbsen (je 400 g Inhalt) • 400 g Tomaten • 2 weiße Zwiebeln • 4 EL Zitronensaft • 1–2 Kardamomkapseln (nur die schwarzen Kerne) • 1–2 Gewürznelken • je 1/2 TL schwarze Pfefferkörner und Kreuzkümmelsamen • 1/2 TL Zimtpulver • 1/2 TL frisch gemahlene Muskatnuss • 300 g Vollmilch- oder Sahnejoghurt • 2 Knoblauchzehen • Salz • 1/2 Bund Koriander oder glatte Petersilie

– Die Kichererbsen in ein Sieb abgießen und abtropfen lassen. Die Tomaten waschen und mit einem scharfen

Messer spiralförmig wie einen Apfel schälen, dabei die Stielansätze entfernen. Die Tomatenschalen zur Seite legen. Die geschälten Tomaten halbieren und entkernen, das Fruchtfleisch in 1/2 cm dicke Streifen schneiden.
– Zwiebeln schälen, in 1/2 cm dicke Streifen schneiden. Tomaten, Zwiebeln und Kichererbsen vermischen und mit Zitronensaft beträufeln, beiseite stellen.
– Kardamom, Nelken, Pfeffer und Kreuzkümmel in einer Pfanne trocken erhitzen, bis sie kräftig duften. In einem Mörser zerstoßen und mit Zimt und Muskat vermischen. Die Gewürze unter den Joghurt rühren. Den Knoblauch schälen und dazupressen, die Joghurtsauce mit Salz abschmecken. Koriander oder Petersilie waschen und trockenschütteln, die Blättchen hacken.
– Den Salat auf einer tiefen Platte anrichten, die Joghurtsauce darüber verteilen. Die Tomatenschalen zu Blüten aufrollen und um den Salat legen. Alles mit Koriander oder Petersilie bestreuen, gleich servieren.

TIPPS

– Wenn es noch schneller gehen soll, können Sie statt der Gewürze auch eine fertige Garam-Masala-Gewürzmischung (aus dem Asia-Laden) nehmen.
– Wer keine Dosenware mag, der weicht einfach 250 g getrocknete Kichererbsen mit 1 Msp. Natron 10–14 Std. in kaltem Wasser ein. Dann die Erbsen im Einweichwasser mit 1 Lorbeerblatt zugedeckt bei schwacher Hitze in 1–1 1/2 Std. weich garen.

977. Käse-Sellerie-Salat

PREISWERT | GELINGT LEICHT
Für 4 Personen
Zubereitungszeit: 15 Min.
Marinierzeit: 15 Min.

300 g Staudensellerie • 1 Bund Radieschen • 12 gefüllte grüne Oliven • 200 g junger Goudakäse (in Scheiben) • 3 EL Weißweinessig • 1/2 TL Dijon-Senf • Salz • frisch gemahlener schwarzer Pfeffer • 4 EL Öl • 1 Bund gemischte Kräuter (z. B. Basilikum, Dill, Petersilie und Schnittlauch

– Selleriestangen waschen und die Fäden abziehen. Etwas Blattgrün zum Garnieren beiseite legen. Sellerie mit den hellen Blättern in dünne Scheiben schneiden. Die Radieschen waschen, putzen und mit den abgetropften Oliven in Scheiben, den Käse in Streifen schneiden. Alle vorbereiteten Zutaten locker in einer Schüssel mischen.
– Für die Salatsauce den Essig mit dem Senf verrühren, das Salz und den Pfeffer hinzufügen und das Öl mit dem Schneebesen untermischen. Die Sauce über die Salatzutaten gießen.
– Die Kräuter unter fließendem kaltem Wasser kurz abspülen, trockentupfen, sehr fein hacken und unter den Salat mischen. Den Salat zugedeckt 15 Min. durchziehen lassen. Mit dem Selleriegrün garniert servieren.

TIPPS

– Der Geschmack von Staudensellerie (auch Bleich- oder Stangensellerie) ist relativ intensiv. Je kleiner man ihn schneidet, desto besser kann er sich mit der Salatsauce verbinden und das Aroma wird feiner.
– Wirklich frisch eingekauft kann man ihn bis zu 2 Wochen im Gemüsefach des Kühlschranks lagern.

978. Schichtsalat

GELINGT LEICHT
Für 6 Personen
Zubereitungszeit: 15 Min.
Marinierzeit: 4 Std.

3 Eier • 1 Dose Mais • 1 kleines Glas Sellerie in Streifen • 1 Dose Ananasstücke • 3 säuerliche Äpfel • 2 kleine Stangen Lauch • 100 g gekochter Schinken • 1 kleines Glas Salatcreme

– Die Eier anstechen, in lauwarmes Wasser legen und zum Kochen bringen. Die Eier in 10 Min. hart kochen. In der Zwischenzeit Mais, Sellerie und Ananas getrennt gut abtropfen lassen.
– Die Eier abschrecken, pellen und auskühlen lassen. Die Äpfel waschen, vierteln, entkernen und würfeln. Den Lauch putzen, in feine Ringe schneiden und gut waschen. Den Schinken und die Eier ebenfalls würfeln.
– Die Zutaten in dieser Reihenfolge in eine Schüssel schichten: Sellerie, Äpfel, Mais, Schinken, Ananas und Eier. Zum Schluss die Salatcreme darüber streichen und mit den Lauchringen bestreuen. Den Salat abgedeckt 3–4 Std. durchziehen lassen.

979. Bayerischer Wurstsalat

GELINGT LEICHT
Für 4 Personen
Zubereitungszeit: 30 Min.
Marinierzeit: 30 Min.

250 g Fleischwurst • 250 g Regensburger Wurst (oder eine andere würzige Fleischwurst) • 3 Zwiebeln • 4 Cornichons • 1 Bund Schnittlauch • 1 TL scharfer Senf • Salz • frisch gemahlener Pfeffer • 4 EL Weißweinessig • 6–8 EL Öl

– Die Fleischwurst und die Regensburger Wurst pellen und in dünne Scheiben schneiden. Die Zwiebeln schälen und in hauchdünne Scheiben schneiden.
– Cornichons in feine Scheiben schneiden. Den Schnittlauch waschen, trockenschütteln und in kleine Röllchen schneiden.
– Für das Dressing Senf, Salz, Pfeffer, Weißweinessig und Öl verrühren. Mit den Salatzutaten vermengen und abgedeckt 30 Min. marinieren lassen.

980. Schweizer Wurstsalat

GUT VORZUBEREITEN
Für 2 Personen
Zubereitungszeit: 30 Min.
Marinierzeit: 15 Min.

300 g Lyoner Wurst • 200 g Schweizer Emmentaler (ersatzweise geht auch Allgäuer Emmentaler) • 1 1/2 EL Weißweinessig • frisch gemahlener weißer Pfeffer • 3 EL Öl • 1 Bund Schnittlauch

– Die Wurst häuten und in möglichst dünne Scheiben oder Streifen schneiden. Den Käse von der Rinde befreien und ebenfalls in dünne Streifen schneiden.
– Den Essig mit Pfeffer verrühren. Salz brauchen Sie nicht, da sowohl die Wurst als auch der Käse genügend enthalten. Das Öl teelöffelweise unterschlagen.
– Den Schnittlauch waschen, trockenschütteln und in feine Röllchen schneiden. Die Wurstscheiben und die Käsestreifen mit der Marinade und der Hälfte des Schnittlauchs mischen und in eine flache Schale geben. Abdecken und 15 Min. ziehen lassen.
– Dann den Wurstsalat mit dem übrigen Schnittlauch bestreuen und servieren.

981. Wurstsalat mit Kräutern

GEHT SCHNELL | GUT FÜR GÄSTE
Für 4 Personen
Zubereitungszeit: 20 Min.

500 g Fleischwurst oder Schinkenwurst-Aufschnitt • 1 rote Paprikaschote • 2 Zwiebeln • 1 Bund glatte Petersilie • 1 Bund Schnittlauch • Kresse, Kerbel oder Borretsch nach Belieben • 6 EL Weißweinessig • Salz • frisch gemahlener weißer Pfeffer • 6 EL Öl

– Die Fleischwurst häuten und in dünne Scheiben, den Aufschnitt in dickere Streifen schneiden. Die Paprikaschote putzen und waschen, dabei Trennwände und Kerne entfernen. Die Schote in Streifen schneiden. Die Zwiebeln schälen, in Scheiben schneiden und diese zu Ringen aufblättern.
– Die Wurst in tiefe Teller legen, mit den Paprikastreifen und den Zwiebelringen belegen.
– Kräuter waschen, trockenschütteln und fein hacken. Den Weißweinessig mit der gleichen Menge Wasser mischen, mit Salz, Pfeffer und dem Öl verquirlen und die Kräuter unterheben. Über dem Wurstsalat verteilen.

982. Hähnchensalat mit Ananas

GUT FÜR GÄSTE
Für 4 Personen
Zubereitungszeit: 40 Min.

2 EL Limettensaft • 1 TL Honig • 2 EL frisch geriebener Ingwer • 4 EL kalt gepresstes Olivenöl • 400 g Hähnchenbrustfilet • Meersalz • frisch gemahlener weißer Pfeffer • 1 gelbe Paprikaschote • 2 Tomaten • 1 Ananas • 1 EL Sonnenblumenöl • 1/2 Eichblattsalat • 1 Bund Brunnenkresse (ersatzweise 1 Kästchen Gartenkresse)

– Für die Marinade Limettensaft, Honig und Ingwer vermischen, das Olivenöl unterrühren. Das Hähnchenbrustfilet waschen, trockentupfen, salzen, pfeffern und mit 1 EL Marinade bestreichen.
– Die Paprikaschote und die Tomaten waschen. Die Paprikaschote putzen, vierteln und mit Marinade bestreichen. Die Tomaten halbieren, vom Stielansatz befreien, in kleine Würfel schneiden und mit 2 EL Marinade vermischen.

– Die Ananas waschen, längs halbieren und die Hälften wiederum längs in 4 Scheiben teilen. Das Fruchtfleisch der Ananas quer alle 2 cm einschneiden, ohne die Schale zu durchtrennen. Das Fruchtfleisch der Ananas mit der restlichen Marinade bestreichen.
– Eine Grillpfanne bei mittlerer Hitze sehr heiß werden lassen, mit dem Sonnenblumenöl bestreichen. Die Hähnchenbrust je Seite 3 Min. grillen, warm stellen. Die Ananas und die Paprika in die Pfanne legen. Die Paprika mit den Schalenseiten nach unten 3 Min. grillen; dann in kleinere Stücke schneiden und zu den Tomaten geben. Die Ananas auf jeder Seite 3 Min. grillen.
– Dann bei 4 Ananasscheiben den Strunk (an der Schmalseite der Scheiben) abschneiden und das Fruchtfleisch aus der Schale schneiden. Ananasstücke ebenfalls zu den Tomaten geben und alles durchmischen.
– Eichblattsalat putzen, Brunnenkresse verlesen, beides getrennt waschen und trockenschleudern. Vier Teller mit Salat belegen. Hähnchenbrust in dünne Scheiben schneiden, mit dem Gemüse vermischen.
– Die Mischung auf den Eichblattsalat verteilen. Die Ananasscheiben in der Schale mit auf den Teller legen und alles mit Brunnenkresse dekorieren.

TIPP

Sie können Ananas, Hähnchen und Gemüse auch in einer breiten Pfanne mit normalem Boden zubereiten. Sie brauchen dann aber mehr Öl: Lassen Sie in einer Pfanne 2 EL Olivenöl bei mittlerer Hitze heiß werden und braten Sie das mit Marinade bestrichene Hähnchenfilet darin gar, dabei einmal wenden. Dann dünsten Sie unter mehrmaligem Wenden die Paprika und die Ananas. Sie benötigen 2–3 Min. mehr Garzeit.

983. Geflügelsalat mit Papaya

BRAUCHT ETWAS ZEIT
Für 4 Personen
Zubereitungszeit: 1 Std.
Marinierzeit: 2 Std.

1 l Hühnerbrühe • 4 Hühnerbrüstchen (1,4 kg) • 1 Lorbeerblatt • 2 Papayas • 1 Dose Palmherzen (220 g Abtropfgewicht) • 3 Stangen Staudensellerie • 40 g Mandelstifte

Für die Marinade: 150 g Salat-Mayonnaise • 150 g Crème fraîche • 1 EL Mango-Chutney (aus dem Glas) • 2 EL Hühnerbrühe • 1/2 TL Currypulver • Salz • frisch gemahlener weißer Pfeffer

– Die Hühnerbrühe in einem breiten Topf erhitzen. Die Hühnerbrüstchen und das Lorbeerblatt einlegen. Wenn nötig, noch etwas Wasser hinzufügen. Die Hühnerbrüstchen in der Brühe bei schwacher Hitze zugedeckt in 25 Min. gar ziehen, dann in der Brühe erkalten lassen. Danach herausnehmen, bis zum Gebrauch kühl stellen.
– In der Zwischenzeit die Papayas schälen, längs halbieren, die Kerne mit einem Löffel entfernen. Die Papayahälften der Länge nach in Spalten schneiden. Die Spalten würfeln. Die Palmherzen abtropfen lassen und in 1 cm breite Scheiben schneiden. Den Staudensellerie waschen, die harten Fasern abziehen. Die Stangen längs halbieren und quer in feine Scheiben schneiden.
– Für die Sauce die Mayonnaise mit der Crème fraîche und dem Mango-Chutney kräftig verrühren. Die Brühe, Curry, Salz und Pfeffer unterrühren.
– Von den Hühnerbrüstchen die Haut abziehen und die Knochen ablösen. Das Fleisch in 1 cm große Würfel oder Stücke schneiden. Fleisch mit den vorbereiteten Zutaten in eine Schüssel geben. Mit der Marinade vermischen. Zugedeckt im Kühlschrank etwa 2 Std. durchziehen lassen.
– Den Salat 15 Min. vor dem Servieren aus dem Kühlschrank nehmen. Die Mandeln in einer beschichteten Pfanne ohne Fett goldbraun rösten. Den Salat eventuell nochmals nachwürzen, mit den Mandeln bestreuen.

984. Entenbrust mit Sardellensauce

GUT VORZUBEREITEN
Für 4 Personen
Zubereitungszeit: 30 Min.

150 g Mayonnaise (50 % Fett) • 150 g Joghurt (3,5 % Fett) • 1–2 TL Sardellenpaste • 1 unbehandelte Zitrone • frisch gemahlener schwarzer Pfeffer • Salz • Zucker • 1 kleiner Kopf Lollo rosso • 400 g geräuchertes Entenbrustfilet (Feinkostladen) • 4 gefüllte Sardellenringe (aus dem Glas)

– Die Mayonnaise mit dem Joghurt und der Sardellenpaste verrühren. Zitrone heiß waschen, aus der Mitte der Frucht 4 Scheiben schneiden und zum Garnieren

beiseite legen. Die Schale der übrigen Zitronenstücke dünn abreiben und den Saft auspressen. Beides unter die Mayonnaise mischen. Die Sauce mit je 1 Prise Pfeffer, Salz und Zucker abschmecken.
– Den Salat in Blätter zerteilen, waschen und trockenschleudern. Die Blätter auf vier große Teller verteilen. Die geräucherten Entenbrustfilets in dünne Scheiben schneiden, neben den Salat legen. Zitronenscheiben, mit jeweils 1 abgetropften Sardellenring darauf, dazulegen.
– Die Sardellensauce dazu reichen oder kurz vor dem Servieren über Salat und Entenbrust träufeln.

985. Rindfleisch-Apfel-Salat

GELINGT LEICHT
Für 4 Personen
Zubereitungszeit: 30 Min.
Marinierzeit: 30 Min.

2 Eier • 2 EL Essig • 1/2 TL Salz • 2 Msp. Zucker • 5 EL Öl • 2 Tomaten • 3 säuerliche Äpfel • 2 Gewürzgurken • 1 EL Kapern • 350 g gebratenes Rindfleisch (Rose oder Lende) • einige Kopfsalatblätter oder Feldsalatrosetten • 2 EL Mayonnaise • 1/2 TL edelsüßes Paprikapulver • Petersilienzweige für die Garnitur

– Die Eier in 10–12 Min. hart kochen, abschrecken und schälen. Inzwischen Essig mit Salz und Zucker in einer großen Schüssel verrühren, bis sich Salz und Zucker gelöst haben. Dann das Öl kräftig unterschlagen.
– Die Tomaten häuten und vierteln, die Stielansätze und die Kerne entfernen, die Tomatenviertel in Streifen schneiden. Die Äpfel schälen, vierteln, entkernen und in dünne Streifen schneiden. Die Tomaten- und Apfelstreifen mit der Salatsauce mischen. Die Eier, die Gewürzgurken und das Fleisch ebenfalls in feine Streifen schneiden.
– Die Kapern hacken, mit den Gewürzgurken- und Fleischstreifen zu dem Tomaten-Apfel-Gemisch geben, alles gut miteinander mischen und den Salat zugedeckt etwa 30 Min. durchziehen lassen.
– Die Kopfsalatblätter oder Feldsalatrosetten unter fließendem kaltem Wasser waschen, abtropfen lassen und auf Tellern verteilen. Den Rindfleischsalat auf den Salatblättern anrichten.
– Jede Salatportion mit Mayonnaisetupfen verzieren, das Paprikapulver über die Mayonnaise stäuben und mit Petersilienzweigen garnieren.

986. Rindfleischsalat mit Chilis

GUT VORZUBEREITEN
Für 4 Personen
Zubereitungszeit: 30 Min.
Garzeit: 1 1/4 Std.
Marinierzeit: 2 Std.

1 l Rinderbrühe • 800 g Rindfleisch (z. B. Hohe Rippe) • 1 Gemüsezwiebel • je 1 rote und grüne Paprikaschote • 200 g Silberzwiebeln (aus dem Glas) • 200 g eingelegter Kürbis (aus dem Glas)
Für die Marinade: 1 Stück frischer Ingwer (1 cm) • 1 Knoblauchzehe • 2 rote Chilischoten • 2 EL Chilisauce (Fertigprodukt) • 1 EL Sojasauce • 2 EL Aceto balsamico • 2 EL Sonnenblumenöl • 1 EL Sesamöl • Salz • Pimentpulver • frisch gemahlener Pfeffer • 1 Bund Koriander

– Die Brühe in einem Topf erhitzen. Das Fleisch hineinlegen, eventuell noch etwas Wasser hinzugießen (das Fleisch sollte mit Flüssigkeit bedeckt sein) und bei schwacher Hitze zugedeckt in 1–1 1/4 Std. gar ziehen, dann in der Brühe erkalten lassen.
– Die Zwiebel schälen und in feine Streifen schneiden. Paprikaschoten waschen, putzen und in feine Streifen schneiden. Die Silberzwiebeln und die Kürbisstücke in einem Sieb abtropfen lassen. Kürbisstücke in Streifen schneiden. Das Gemüse in eine Schüssel geben.
– Für die Marinade Ingwer und Knoblauch schälen und fein würfeln. Chilischoten waschen, putzen und in feine Streifen schneiden. Die Chilisauce mit Sojasauce, Essig und beiden Ölen kräftig verrühren. Chilis, Knoblauch und Ingwer unterrühren. Die Marinade mit Salz, Piment und Pfeffer abschmecken.
– Das abgekühlte Fleisch in dünne Streifen schneiden und zu den vorbereiteten Salatzutaten geben. Marinade darüber gießen und alles gut vermischen. Abgedeckt im Kühlschrank 2 Std. durchziehen lassen. 15 Min. vor dem Servieren Salat herausnehmen. Koriander waschen, Blättchen abzupfen, den Salat damit bestreuen.

TIPP
Dieser Salat ist auch als Hauptgericht ideal. Und aus der hervorragenden Rinderbrühe können Sie gleich noch eine feine Nudelsuppe zaubern, die Sie als Vorspeise servieren.

987. Rindfleischsalat in Kürbiskern-Vinaigrette

GELINGT LEICHT | GUT FÜR GÄSTE
Für 4 Personen
Zubereitungszeit: 30 Min.

200 g Möhren • 2 kleine Kohlrabi (etwa 400 g) • 2 zarte Lauchstangen (etwa 200 g) • 1/4 l Rinderfond (aus dem Glas) • 250 g Rinderfilet
Für das Dressing: 4 EL Kürbiskerne • 3 EL Weißweinessig • Salz • frisch gemahlener weißer Pfeffer • 1 TL scharfer Senf • 4 EL Kürbiskernöl • 3 EL Sonnenblumen- oder Maiskeimöl

– Möhren und Kohlrabi schälen und in 1/2–1 cm große Würfel schneiden. Lauch putzen, längs aufschlitzen, waschen und in sehr feine Streifen schneiden. Den Lauch in eine Schüssel geben.
– Den Fond aufkochen lassen. Die Möhren und den Kohlrabi darin zugedeckt 5 Min. kochen lassen. Das Gemüse mit einem Schaumlöffel herausheben und gut abtropfen lassen, mit dem Lauch mischen.
– Rinderfilet in 1/2–1 cm große Würfel schneiden und in den kochenden Rinderfond geben. Hitze reduzieren, Filet zugedeckt im Fond in 5 Min. gar ziehen lassen.
– Für das Dressing die Kürbiskerne grob hacken und in einer Pfanne ohne Fett leicht anrösten. Die Kerne dann in einer kleinen Schüssel mit Essig, Salz, Pfeffer und Senf verrühren, die beiden Ölsorten kräftig unterschlagen.
– Rinderfilet abtropfen lassen und zum Gemüse geben, Vinaigrette darüber gießen und alles gut vermischen. Salat abschmecken, lauwarm oder abgekühlt servieren.

988. Rettichsalat mit Bündner Fleisch

GEHT SCHNELL
Für 4 Personen
Zubereitungszeit: 30 Min.

1 Rettich (etwa 600 g) • 1 Bund Radieschen • Salz • 3 Frühlingszwiebeln • 1 haselnussgroßes Stück frischer Ingwer • 1 EL Reisessig • 2 EL helle Sojasauce • 3 EL Sonnenblumenöl • 60 g Bündner Fleisch (hauchdünn geschnitten) • 1 Kästchen Gartenkresse

– Den Rettich waschen und dünn schälen. Die Radieschen putzen und waschen. Den Rettich mit dem Gemüsehobel der Länge nach in dünne, lange Streifen hobeln oder mit dem Messer in feine Streifen schneiden. Die Radieschen zuerst in feine Scheiben und danach in Streifen schneiden. Rettich und Radieschen mit Salz bestreuen und 15 Min. stehen lassen.
– Inzwischen Frühlingszwiebeln waschen und putzen, längs halbieren und in 5 cm lange Stücke schneiden. Dann die Stücke etwas flach drücken und in schmale Streifen schneiden.
– Für die Sauce den Ingwer schälen und in winzig kleine Würfel schneiden. Den Reisessig mit Sojasauce, Öl und Ingwer verrühren.
– Das Bündner Fleisch auf Salatteller legen. Rettich und Radieschen locker in der Mitte aufhäufen, mit der Marinade beträufeln. Die Kresse abbrausen und mit der Schere über dem Salat abschneiden. Die Frühlingszwiebelstreifen auf dem Salat anrichten.

989. Radicchiosalat mit Lachs

GEHT SCHNELL | GUT FÜR GÄSTE
Für 4–6 Personen
Zubereitungszeit: 20 Min.

2 EL Zitronensaft • Meersalz • frisch gemahlener Pfeffer • 4 EL kalt gepresstes Olivenöl • 1/2 Salatgurke • 100 g Radicchio • 1/2 Eichblattsalat • 1 Bund Sauerampfer (ersatzweise Rucola) • 150 g Kirschtomaten • 4 Scheiben Weizen-Vollkorn-Toastbrot • 8 Scheiben Räucherlachs • einige Schnittlauchhalme

– Für die Sauce den Zitronensaft mit Salz und Pfeffer in einer Schüssel verrühren. Das Öl untermischen. Die Gurke schälen, längs halbieren und mit dem Sparschäler in Streifen schneiden. Mit der Sauce vermischen.
– Den Radicchio und den Eichblattsalat putzen, in Blätter teilen, waschen und trockenschleudern. Den Sauerampfer verlesen und die Stiele abschneiden. Den Sauerampfer waschen, trockenschleudern und je etwa 10 Blätter einrollen und in 1–2 cm breite Streifen schneiden. Die Kirschtomaten waschen und halbieren. Die Brotscheiben im Toaster toasten und mit zwei diagonal geführten Schnitten in kleine Dreiecke schneiden. Die Lachsscheiben einrollen und in 2 cm dicke Röllchen schneiden.
– Die Gurke aus der Sauce heben. Den Radicchio und den Eichblattsalat durch die Marinade ziehen und auf

die Teller verteilen. Die Gurke zurück in die Schüssel geben und mit dem Sauerampfer und den Tomaten vermischen; dann auf dem Salatbett verteilen. Mit den Lachsröllchen und dem Schnittlauch garnieren. Die Toastdreiecke dazulegen.

990. Matjes-Salat

PREISWERT | GELINGT LEICHT
Für 4 Personen
Zubereitungszeit: 25 Min.

8 küchenfertige Matjesfilets • 2 Zwiebeln • 2 kleine säuerliche Äpfel • 250 g saure Sahne • 3 EL Zitronensaft • Salz • frisch gemahlener Pfeffer • 1 Prise Cayennepfeffer • 1 Bund Dill • 4–6 Gewürzgurken

– Den Fisch in fingerbreite Streifen schneiden. Die Zwiebeln schälen, fein hacken und mit dem Fisch in eine Schüssel füllen.
– Die Äpfel schälen, vierteln und entkernen. In Scheiben schneiden und zum Fisch geben. Die Sahne mit dem Zitronensaft darüber gießen. Mit Salz, Pfeffer und Cayennepfeffer würzen, alles gründlich vermischen.
– Dill abbrausen, trockenschütteln und ein paar Zweige zur Seite legen, Rest fein hacken. Die Gewürzgurken in Scheiben schneiden und bis auf einige Scheiben mit gehacktem Dill unter den Salat mischen. Mit Dillzweigen und Gurkenscheiben garnieren.

991. Heringssalat mit Kartoffeln, roten Beten und Äpfeln

GELINGT LEICHT
Für 4 Personen
Zubereitungszeit: 50 Min.

2 kleine rote Beten (etwa 200 g) • 2 fest kochende Kartoffeln (etwa 200 g) • 100 g Emmentaler • 2 süß saure Gewürzgurken • 2 säuerliche Äpfel • 1 EL Zitronensaft • 4 küchenfertige Matjesfilets • 200 g saure Sahne • 1–2 TL scharfer Senf • 2 TL Öl • Salz • frisch gemahlener Pfeffer • 1 Bund Schnittlauch

– Die roten Beten in einen Topf geben, etwa 5 cm hoch Wasser angießen und zum Kochen bringen. Die roten Beten in etwa 30 Min. zugedeckt bei mittlerer Hitze weich kochen. Dann kalt abschrecken, schälen und in kleine Würfel schneiden.
– Während die roten Beten garen, die Kartoffeln in einem anderen Topf ebenfalls mit etwa 5 cm Wasser zugedeckt bei mittlerer Hitze in etwa 30 Min. weich kochen. Gegarte Kartoffeln ebenfalls kalt abschrecken, schälen und klein würfeln.
– Den Emmentaler von der Rinde befreien und in kleine Würfel schneiden. Die Gewürzgurken in dünne Scheiben schneiden. Die Äpfel vierteln, von den Kerngehäusen befreien, schälen und ebenfalls in Scheiben schneiden. Die Äpfel mit dem Zitronensaft mischen, damit sie sich nicht zu stark verfärben. Die Matjesfilets in mundgerechte Stücke schneiden.
– Die roten Beten, die Kartoffeln, den Emmentaler, die Gewürzgurken, die Äpfel und die Matjesfilets in einer Schüssel mischen.
– Saure Sahne mit Senf und Öl verrühren und mit Salz und Pfeffer abschmecken. Die Sauce unter die Salatzutaten mischen, abschmecken. Schnittlauch waschen, trockenschütteln und in feine Röllchen schneiden. Den Salat damit bestreuen und servieren.

TIPP

Besonders gut schmeckt der Heringssalat, wenn Sie ihn vor dem Servieren 2–3 Std. durchziehen lassen.

992. Provenzalischer Fischsalat

GELINGT LEICHT
Für 4 Personen
Zubereitungszeit: 45 Min.

600 g fest kochende Kartoffeln • 300 g zarte grüne Bohnen • 1 Zweig Bohnenkraut • Meersalz • 1 Zweig Thymian • 1 Zweig glatte Petersilie • 3 EL Weißweinessig • frisch gemahlener Pfeffer • 1 Prise Senfpulver • 6 EL kalt gepresstes Olivenöl • 200 g Brunnenkresse (ersatzweise 1 Kästchen Gartenkresse und 1 Bund glatte Petersilie) • 400 g Fischfilet (z. B. Lachsforelle, Heilbutt) • 1/8 l Gemüsebrühe

– Die Kartoffeln waschen und knapp mit Wasser bedeckt 20–25 Min. garen. Bohnen putzen, waschen, halbieren, mit dem Bohnenkraut in einen Topf geben und mit Salzwasser bedeckt 5–6 Min. garen.

– Für die Salatsauce Thymian und Petersilie waschen, die Blättchen abzupfen, Petersilie klein schneiden. Den Essig mit Pfeffer, Salz und Senfpulver vermischen. Das Öl unterrühren, die Kräuter untermischen.
– Die Bohnen abgießen, abtropfen lassen und mit der Salatsauce vermischen. Die Brunnenkresse waschen, verlesen und größere Stiele abschneiden.
– Die Kartoffeln abgießen, abschrecken und pellen. In Scheiben schneiden und unter die Salatsauce mischen.
– Das Fischfilet in 2–3 cm große Würfel schneiden. Brühe aufkochen lassen. Den Fisch hineingeben, bei schwacher Hitze zugedeckt 2–3 Min. ziehen lassen. Die Fischwürfel aus der Brühe heben und vorsichtig unter den Salat mischen. Mit der Brunnenkresse dekorieren.

993. Krabbensalat in Dill-Senf-Creme

GELINGT LEICHT | GEHT SCHNELL
Für 4 Personen
Zubereitungszeit: 30 Min.

1/2 Salatgurke • 1 Zitrone • 300 g gegarte, geschälte Nordseekrabben (ersatzweise Eismeerkrabben aus dem Glas) • Salz • 2 Bund Dill • 125 g Sahne • 150 g Crème fraîche • 1 EL Dijon-Senf • 1/2 TL Currypulver • einige Eisbergsalatblätter zum Garnieren

– Die Gurke waschen, längs halbieren und entkernen. Gurke quer in Scheiben schneiden und beiseite stellen. Die Zitrone auspressen und den Saft mit den Krabben und 1 Prise Salz vermischen.
– Den Dill waschen. Einige Zweige beiseite legen, den restlichen Dill fein hacken. Die Sahne steif schlagen. Crème fraîche, Senf, Curry und gehackten Dill unter die Creme rühren. Mit den Krabben mischen.
– Den Krabbensalat mit den Gurkenscheiben auf den Salatblättern anrichten, mit Dillzweigen garnieren.

994. Salat aus Meeresfrüchten

GUT VORZUBEREITEN | GUR FÜR GÄSTE
4 Personen
Zubereitungszeit: 1 1/4 Std.
Marinierzeit: 1 Std.

400 g küchenfertige Tintenfische (Calamari oder Sepie, eventuell tiefgekühlt und aufgetaut) • 1 Zwiebel • 1 Möhre • 1 Lorbeerblatt • 3 Gewürznelken • 1/8 l trockener Weißwein • 3–4 EL Weißweinessig • 750 g Miesmuscheln • 2 Knoblauchzehen • 1 Bund Petersilie • Saft von 1 Zitrone • Salz • 1 Prise gemahlener Peperoncino (kleine scharfe Pfefferschote, ersatzweise Cayennepfeffer) • 8 EL extra natives Olivenöl • 250 g gekochte, ausgelöste Garnelen • Zitronenspalten zum Servieren • Außerdem: Mulltuch

– Die Tintenfische in Ringe schneiden, dabei eventuelle Fischbeinreste entfernen. Die Ringe in ein Sieb geben und kurz mit Wasser abbrausen, abtropfen lassen.
– Die Zwiebel und die Möhre schälen, in Scheiben schneiden und mit Lorbeerblatt, Gewürznelken, Weißwein und Essig in eine Kasserolle geben. Die Tintenfische in das Mulltuch binden und dieses in den Sud legen. Alles zugedeckt so lange bei ganz schwacher Hitze kochen lassen, bis die Tintenfische weich sind. Das dauert je nach Qualität 40 Min. bis 1 Std.
– Inzwischen die Muscheln unter fließendem kaltem Wasser gut bürsten und entbarten (geöffnete Muscheln, die sich auch beim Antippen nicht schließen, unbedingt wegwerfen). Muscheln in einen Topf geben, 1/4 l Wasser angießen, zugedeckt bei starker Hitze etwa 5 Min. dämpfen, bis sich alle Schalen geöffnet haben. Dann die Muscheln herausnehmen (ungeöffnete wegwerfen) und das Muschelfleisch aus den Schalen lösen.
– Die Knoblauchzehen schälen, die Petersilie waschen, trockenschütteln und mit dem Knoblauch zusammen fein hacken.
– Aus Zitronensaft, Salz, Peperoncino, Knoblauch, Petersilie, 1 EL Kochsud von den Tintenfischen und dem Öl eine pikante Salatsauce aufschlagen.
– Sobald die Tintenfische weich sind, aus dem Sud heben, aus dem Mulltuch nehmen und gut abtropfen lassen. Mit Muscheln und Garnelen in eine Salatschüssel füllen und mit der Salatsauce vermischen. Zugedeckt mindestens 1 Std. kühl stellen und marinieren lassen. Zimmerwarm mit Zitronenachteln garniert servieren.

TIPP

Sehr beliebt sind auch Venusmuscheln (Vongole), die es auch tiefgekühlt gibt. Frische Venusmuscheln wie die Miesmuscheln vorbereiten, aber nur 3 Min. garen. Tiefgekühlte nach Packungsaufschrift zubereiten. Gegarte Muscheln aus den Schalen lösen und unter den Salat mischen.

995. Scharfer Tintenfischsalat

GUT FÜR GÄSTE
Für 4 Personen
Zubereitungszeit: 30 Min.
Marinierzeit: 15 Min.

150 g kleine frische oder tiefgekühlte küchenfertige Tintenfische (Sepia) • 150 g Rotbarschfilet • Salz • frisch gemahlener Pfeffer • 2 TL Zitronensaft • 4 EL Öl • 1–2 rote Chilischoten • 1 Stück frischer Ingwer (etwa 2 cm, oder 1 TL Ingwerpulver) • 1/2 Mango (etwa 200 g, ohne Stein, nicht ganz reif) • 4 EL Limettensaft • 1–2 EL Fischsauce • einige Friséesalatblätter • 2 EL geröstete, gesalzene Erdnüsse

– Die Tintenfische eventuell auftauen lassen. Fischfilet salzen, pfeffern und mit Zitronensaft beträufeln. Tintenfische in feine Ringe schneiden, ebenfalls würzen.
– In einer Pfanne 2 EL Öl erhitzen, das Rotbarschfilet darin bei mittlerer Hitze von beiden Seiten 5 Min. braten. Herausnehmen, dann die Tintenfische ins Restöl geben, 4 EL Wasser angießen und die Tintenfische zugedeckt 3 Min. dünsten. Herausnehmen, beiseite stellen.
– Das Fischfilet in mundgerechte Stücke schneiden. Die Chilischoten waschen, putzen und klein würfeln. Den Ingwer schälen und fein hacken. Die Mango schälen und grob raspeln (ergibt etwa 100 g Mangofruchtfleisch). Die Hälfte davon mit Tintenfischen, Chilischoten und Ingwer vorsichtig mischen.
– Limettensaft, Fischsauce und übriges Öl gut verquirlen, über den Salat gießen und vorsichtig untermischen. Dann das Fischfilet unterheben. Die Friséesalatblätter waschen, trockenschütteln und den Fischsalat darauf anrichten. Mit übrigen Mangoraspeln bestreuen. Im Kühlschrank 15 Min. durchziehen lassen. Vor dem Servieren Nüsse hacken und über den Salat streuen.

996. Oktopussalat

GUT VORZUBEREITEN
Für 4–6 Personen
Zubereitungszeit: 1 Std.
Marinierzeit: 12 Std.

750 g frischer oder tiefgekühlter küchenfertiger Oktopus • 1 Fenchelknolle (etwa 300 g) • Salz • 2 EL Rotweinessig • 4 EL Zitronensaft • frisch gemahlener weißer Pfeffer • 1 TL getrockneter Oregano • 5 EL kalt gepresstes Olivenöl • 50 g schwarze Oliven • Zitronenviertel zum Garnieren • Oreganoblüten nach Belieben

– Den Oktopus eventuell auftauen lassen, unter fließendem Wasser gründlich abbrausen. Die Fangarme und den Körper in mundgerechte Stücke schneiden.
– 1/2 l Wasser in einem Topf aufkochen lassen, Oktopus hineingeben und zugedeckt bei schwacher Hitze etwa 45 Min. köcheln lassen. Dann abgießen und gut abtropfen lassen.
– Inzwischen den Fenchel putzen, die Knolle in feine Streifen schneiden. In einem Topf Wasser mit Salz und dem Essig aufkochen und den Fenchel darin 2 Min. blanchieren, eiskalt abschrecken und abtropfen lassen.
– Zitronensaft, Salz, Pfeffer, Oregano und Öl zu einer Marinade verrühren. Mit dem Oktopus und dem Fenchel vermischen. Oliven entsteinen, untermengen, alles zugedeckt über Nacht im Kühlschrank durchziehen lassen.
– Vor dem Servieren mit Zitronenvierteln garnieren. Nach Belieben mit Oreganoblüten dekorieren.

997. Caprese
(Tomaten mit Mozzarella und Basilikum)

GEHT SCHNELL | GELINGT LEICHT
Für 4 Personen
Zubereitungszeit: 15 Min.

6 feste, aber reife Fleischtomaten • 300 g Büffel-Mozzarella • 1 Bund Basilikum • 1/2 TL getrockneter Oregano • Salz • frisch gemahlener schwarzer Pfeffer • extra natives Olivenöl

– Die Tomaten waschen und in etwa 1/2 cm dicke Scheiben schneiden, dabei die Stielansätze entfernen. Den Mozzarella ebenfalls in gleichmäßig dicke Scheiben schneiden. Die Käse- und Tomatenscheiben kranzförmig und dachziegelartig abwechselnd auf einer Servierplatte anrichten.
– Die Basilikumblätter von den Stängeln abzupfen und das Gericht damit reichlich garnieren. Den Oregano darüber streuen.
– Salzstreuer, Pfeffermühle und eine kleine Karaffe mit Olivenöl bereit stellen, damit jeder den Salat nach eigenem Geschmack würzen kann.

998. Gebackener Camembert

GEHT SCHNELL | GELINGT LEICHT
Für 4 Personen
Zubereitungszeit: 30 Min.

4 nicht zu reife Camemberts (je 60 g) • 2 EL Mehl • 2 Eier • 4 EL Semmelbrösel • 8 Blätter Kopfsalat • 125 g Sahne • 2 EL Crème fraîche • 4 EL Preiselbeerkonfitüre • 1 Bund Petersilie • 1 l Öl zum Frittieren

– Die Camemberts nacheinander zuerst in dem Mehl, dann in den verquirlten Eiern und zuletzt in den Semmelbröseln wenden, überflüssige Panade vorsichtig abklopfen. Die Camemberts kurz kühl stellen.
– Die Salatblätter waschen, trockenschwenken und auf Portionstellern anrichten. Die Sahne sehr steif schlagen, mit der Crème fraîche und 2 EL Preiselbeerkonfitüre mischen. Die Preiselbeersahne auf den Salatblättern verteilen, daneben je 1/2 EL Preiselbeerkonfitüre setzen.
– Das Öl in einer Fritteuse oder in einem breiten Topf auf 180° erhitzen. Das Öl ist heiß genug, wenn an einem hineingehaltenen Holzkochlöffelstiel sofort kleine Bläschen emporsteigen.
– Die Camemberts im Öl in etwa 3 Min. goldbraun backen, dann abtropfen lassen. Die Petersilie waschen, gut trockentupfen und kurz ins heiße Öl tauchen, ebenfalls abtropfen lassen. Die Camemberts auf die Teller legen, mit der Petersilie garnieren und sofort servieren.

999. Stangensellerie mit Roquefortfüllung

GUT FÜR GÄSTE | PREISWERT
Für 4–6 Personen
Zubereitungszeit: 20 Min.

1 Staude Stangensellerie • 100 g weiche Butter • 100 g Roquefortkäse • 2 TL Cognac • 2 Spritzer Tabasco

– Von der Selleriestaude den Strunk und die oberen Enden mit den Blättern abschneiden. Die einzelnen Stangen gut kalt waschen, abtrocknen und in etwa 5 cm lange Stücke schneiden.
– Die Butter schaumig rühren, den Käse mit der Gabel zerdrücken, unter die Butter mengen und mit dem Cognac und dem Tabasco würzen. Die Höhlung der Selleriestücke damit füllen.

1000. Gemüse vom Grill

GUT FÜR GÄSTE | GELINGT LEICHT
Für 4 Personen
Zubereitungszeit: 15 Min.
Ruhezeit: 30 Min.

4 Zucchini • 2 Auberginen • 2 rote Paprikaschoten • 2 gelbe Paprikaschoten • Salz • 6 EL extra natives Olivenöl • 2 TL getrockneter Oregano • frisch gemahlener schwarzer Pfeffer • 4–5 EL Zitronensaft

– Die Zucchini, die Auberginen und die Paprikaschoten waschen und putzen. Zucchini und Auberginen in etwa 1 cm dicke Scheiben, die Paprikaschoten längs in breite Streifen schneiden. Das Gemüse leicht salzen und in 20–30 Min. Wasser ziehen lassen.
– Dann den Backofengrill vorheizen. Die Gemüsestücke gut trockentupfen, mit Olivenöl bepinseln, mit zerriebenem Oregano und Pfeffer würzen.
– Das Gemüse auf den Rost legen und im Ofen (oben) 8–10 Min. grillen, dabei ein Blech oder ein Stück Alufolie auf den Ofenboden legen. Gemüse wenden und nochmals 5–8 Min. grillen, bis es schön gebräunt ist.
– Mit dem Zitronensaft beträufeln und warm, lauwarm oder kalt servieren.

TIPP
Gut schmeckt auch der Radicchio di Treviso (das ist die längliche Sorte mit lockeren Köpfen) vom Grill. Die Salatköpfe längs halbieren, mit Olivenöl bestreichen und unter öfterem Wenden grillen, bis die Blätter gebräunt sind.

1001. Zitronenkartoffeln

GELINGT LEICHT
Für 4 Personen
Zubereitungszeit: 25 Min.
Garzeit: 25 Min.

800 g kleine, vorwiegend fest kochende Kartoffeln • Salz • 2 Zitronen • 1 EL Essig • 2 EL Fleischbrühe • 1 EL Cognac (oder zusätzlich 1 EL Fleischbrühe) • 1 Bund Petersilie • frisch gemahlener schwarzer Pfeffer • 8 Knoblauchzehen • 6 EL Olivenöl

– Die Kartoffeln waschen und bürsten, dann in wenig Salzwasser zugedeckt etwa 25 Min. kochen. Kartoffeln abgießen, etwas abkühlen lassen und schälen. Noch lauwarm in etwa 2 cm dicke Scheiben schneiden.
– Die Zitronen auspressen. Den Saft in eine Schüssel geben und mit Essig, Brühe und Cognac mischen. Die Petersilie waschen, trockenschütteln, hacken und unterrühren. Alles mit Salz und Pfeffer abschmecken.
– Den Knoblauch schälen, fein hacken und mit dem Olivenöl zur Zitronensauce geben. Mit dem Schneebesen gut durchrühren. Die Sauce über die noch lauwarmen Kartoffeln gießen.

1002. Zwiebeln in Weißwein

BRAUCHT ETWAS ZEIT
Für 4 Personen
Zubereitungszeit: 30 Min.
Marinierzeit: 8 Std.

500 g kleine Zwiebeln • 4 Zweige Estragon • 1/2 unbehandelte Zitrone • 100 ml trockener Weißwein • 2 EL Olivenöl • Salz • frisch gemahlener weißer Pfeffer

– Die Zwiebeln schälen und – falls sie größer sind als Walnüsse – halbieren oder vierteln. Estragon waschen, trockenschütteln, die Blättchen von den Stielen zupfen.
– Die Zitronenhälfte heiß waschen, die Schale dünn abschälen und in feine Streifen schneiden. Den Saft der Zitrone auspressen. Beides mit Wein, 1/8 l Wasser und dem Öl in einem Topf aufkochen. Mit Salz und Pfeffer würzen. Zwiebeln mit Estragon hineingeben und zugedeckt bei mittlerer Hitze in etwa 10 Min. bissfest garen.
– Zwiebeln mit Sud in eine Schüssel füllen. Zugedeckt mindestens 8 Std. bei Zimmertemperatur ruhen lassen.

1003. Marinierte Paprikaschoten

GUT VORZUBEREITEN
Für 4 Gläser (je etwa 1/4 l Inhalt)
Zubereitungszeit: 2 Std.
Marinierzeit: 5 Tage

2 1/2 kg rote und gelbe Paprikaschoten • 1/4 l Weißweinessig • 1 TL Meersalz • 8 Knoblauchzehen • 4 Zweige Rosmarin • 4 Lorbeerblätter • 600 ml extra natives Olivenöl

– Den Backofen auf höchster Stufe vorheizen. Die Paprikaschoten waschen und auf ein Backblech legen. Paprikaschoten im Ofen (Mitte) 15–20 Min. backen, bis die Haut Blasen wirft und dunkel gebräunt ist, die Schoten dabei ein- bis zweimal wenden.
– Schoten aus dem Ofen nehmen und kurz abkühlen lassen. Die Schoten dann längs vierteln, vom Stielansatz sowie den Trennwänden mit allen Kernen befreien. Die Haut abziehen.
– Wenn alle Schoten gehäutet sind, in einem Topf den Essig mit 1/2 l Wasser und Salz zum Kochen bringen. Die Knoblauchzehen schälen, in den Sud geben und etwa 1/2 Min. kochen lassen. Herausheben. Paprikaschoten und gewaschenen Rosmarin portionsweise ebenfalls etwa 1/2 Min. im Sud kochen lassen.
– Die Schoten und Rosmarin aus dem Sud heben und auf sauberen Küchentüchern gründlich abtropfen lassen, zusätzlich mit Küchenpapier trockentupfen.
– Die Paprikaviertel mit je 1 Zweig Rosmarin, 1 Lorbeerblatt und 2 Knoblauchzehen in vorbereitete Gläser füllen. So viel Öl aufgießen, dass die Schoten ganz davon bedeckt sind. Die Schoten vor dem Servieren mindestens 5 Tage ziehen lassen. (Die Schoten halten sich an einem kühlen Ort 3–6 Monate.)

1004. Marinierte Zucchini

BRAUCHT ETWAS ZEIT
Für 4 Personen
Zubereitungszeit: 45 Min.
Marinierzeit: 2 Tage

750 g kleine feste Zucchini • 4 Knoblauchzehen • 3 EL Minzeblättchen • 1/8 l Olivenöl zum Braten • Salz • 2 1/2 EL milder aromatischer Weißweinessig • 1 Msp. gemahlener Peperoncino (kleine scharfe Pfefferschote, ersatzweise Cayennepfeffer) • extra natives Olivenöl zum Beträufeln

– Die Zucchini waschen, putzen und in etwa 3 mm dicke Scheiben schneiden. Auf Küchenpapier abtropfen lassen. Knoblauch schälen und fein hacken. Die Minzeblättchen waschen, abtrocknen und klein schneiden.
– In einer breiten Pfanne etwas Olivenöl zum Braten erhitzen. Die Zucchinischeiben portionsweise bei relativ starker Hitze auf beiden Seiten knusprig braten. Herausheben und auf Küchenpapier auslegen. Mit Salz bestreuen.

– Zucchinischeiben lagenweise in eine flache Schüssel schichten. Jede Lage mit gehacktem Knoblauch, Minze, Weinessig und einem Hauch Peperoncino würzen. Zum Schluss mit dem Olivenöl beträufeln.
– Die Zucchini mit einem passenden Teller bedecken und diesen mit einem Gewicht beschweren. Mindestens 2 Tage im Kühlschrank marinieren lassen. Zum Essen rechtzeitig herausnehmen und zimmerwarm servieren.

1005. Gebratene Kräuterpilze

PREISWERT | GELINGT LEICHT
Für 4 Personen
Zubereitungszeit: 35 Min.

750 g Austernpilze oder Champignons • 3 Knoblauchzehen • 1 Bund Petersilie • 5 EL Olivenöl • Salz • frisch gemahlener weißer Pfeffer

– Die Pilze putzen, nur wenn nötig, kurz kalt abbrausen und trockentupfen. Pilze in Streifen oder Scheibchen schneiden. Knoblauch schälen und klein hacken. Petersilie waschen, trockenschütteln und fein hacken.
– In einer Kasserolle das Öl leicht erhitzen, Knoblauch etwa 5 Min. andünsten (er darf nicht braun werden). Dann Pilze bei relativ starker Hitze so lange mitbraten, bis die Flüssigkeit verdampft ist und die Pilze gar sind. Das dauert je nach Flüssigkeitsgehalt 10–15 Min. Die Hälfte der Petersilie untermischen, kurz mitdünsten.
– Die Pilze salzen und pfeffern, dann abkühlen lassen. Vor dem Servieren mit übriger Petersilie bestreuen.

1006. Mediterrane Auberginen-Mousse

GELINGT LEICHT | BRAUCHT ETWAS ZEIT
Für 4 Personen
Zubereitungszeit: 30 Min.
Backzeit: 1 Std.

3 Auberginen (600 g) • je 1 gelbe und rote Paprikaschote • 2 Knoblauchzehen • 1 Bund Basilikum • 4 EL kalt gepresstes Olivenöl • Saft von 1 Zitrone • Meersalz • frisch gemahlener Pfeffer

– Den Backofen auf 180° vorheizen. Auberginen und Paprikaschoten waschen. Die Auberginen putzen, mit einer Gabel mehrmals einstechen. Die Paprikaschoten halbieren und putzen. Den Knoblauch schälen, in Stifte schneiden und in die Einstiche der Auberginen stecken. Die Auberginen im Ofen (Mitte, Umluft 160°) 1 Std., die Paprikahälften mit der Innenseite nach unten auf dem Rost 30 Min. backen.
– Basilikumblätter von den Stängeln zupfen, einige zum Dekorieren beiseite legen, die übrigen Blätter grob zerkleinern. Mit dem Öl vermischen und mit dem Pürierstab zu einer Paste pürieren. Dann mit 2 EL Zitronensaft vermischen.
– Paprikaschoten in 1 1/2 cm dicke Streifen schneiden und in 1 EL Zitronen-Basilikum-Sauce wenden. Die Paprikaschoten salzen und pfeffern.
– Auberginen nach Belieben unter fließendem Wasser von der Haut befreien. Die Auberginen klein schneiden, mit der Zitronen-Basilikum-Sauce vermischen und mit dem Pürierstab zu einer cremigen Mousse pürieren. Mit Zitronensaft, Salz und Pfeffer abschmecken.
– Die Auberginen-Mousse mit Basilikumblättchen dekorieren und mit den Paprikaschoten garnieren. Diese mit Zitronensaft beträufeln.

1007. Gefüllte Mangoldröllchen

VEGETARISCH | GUT VORZUBEREITEN
Für 4–6 Personen
Zubereitungszeit: 1 Std.

12 große unbeschädigte Mangoldblätter (300 g) • Salz • 1 große Knoblauchzehe • 300 g korsischer Schafkäse • 4 Eigelbe • 200 g Crème fraîche • frisch gemahlener weißer Pfeffer • 4 EL trockener Weißwein • 1/8 l Gemüsebrühe • 2 EL Olivenöl

– Mangoldblätter gründlich waschen, trockentupfen und die dicken Rippen flach schneiden. Etwa 2 l Wasser mit 1 TL Salz zum Kochen bringen. Den Mangold darin 10 Min. blanchieren, dann in ein Sieb gießen und auf einem Küchentuch abtropfen und abkühlen lassen.
– Die Knoblauchzehe schälen, klein hacken und mit der Messerklinge zerdrücken. Schafkäse mit Eigelben, 4 EL Crème fraîche, Knoblauch und dem Pfeffer mischen, eventuell noch durch ein Sieb passieren.
– Die Käsecreme auf die Mangoldblätter verteilen, diese zusammenrollen (dabei die Längsseiten einschlagen) und mit der Nahtseite nach unten in eine genügend große Pfanne legen.

– Den Weißwein mit der Brühe und dem Olivenöl mischen und über die Mangoldröllchen gießen. Die Röllchen zugedeckt bei schwacher Hitze 10 Min. sanft köcheln lassen.
– Die Mangoldröllchen in einer vorgewärmten Schüssel zugedeckt warm halten. Den Sud mit der restlichen Crème fraîche verrühren und stark einkochen lassen. Die Sauce über die Mangoldröllchen gießen.

1008. Gefüllte Weinblätter

VEGETARISCH | GUT VORZUBEREITEN
Für 6 Personen
Zubereitungszeit: 1 Std. 10 Min.
Garzeit: 1 Std. 20 Min.

300 g frische oder eingelegte Weinblätter (griechisches Spezialgeschäft) • Salz • 1/8 l Olivenöl • 2 Zwiebeln • 200 g Langkornreis • 4 EL Pinienkerne • 4 EL kleine Korinthen • 1/2 Bund glatte Petersilie • 1/2 Bund Dill • 1 EL frisch gehackte Minze • frisch gemahlener Pfeffer • 1 Msp. Pimentpulver • Saft von 1 Zitrone

– Frische Weinblätter entstielen und etwa 10 Min. in kochendem Salzwasser blanchieren, eingelegte Weinblätter abspülen und 5–10 Min. garen, herausnehmen und abtropfen lassen.
– Die Hälfte des Olivenöls erhitzen. Zwiebeln schälen, fein reiben und im Olivenöl glasig dünsten. Den Reis mit den Pinienkernen dazugeben, anrösten, 3/8 l Wasser aufgießen und aufkochen. Bei schwacher Hitze köcheln lassen, die Korinthen dazugeben.
– Petersilie und Dill abbrausen, trockenschütteln und hacken. Mit der Minze, Salz, Pfeffer und Piment unter den Reis mischen und zugedeckt etwa 10 Min. sanft garen lassen.
– Die Weinblätter mit der glatten Seite nach unten auslegen. Je 1 TL Reisfüllung darauf geben, erst die breite Blattseite mit dem Stielansatz, dann die Schmalseiten darüber klappen und das Blatt aufrollen.
– Die gefüllten Röllchen neben- und übereinander mit der Blattspitze nach unten in einen breiten Topf legen und mit einem Teller beschweren. Das restliche Olivenöl, den Zitronensaft und so viel heißes Wasser angießen, dass die Röllchen gerade bedeckt sind. Bei schwacher Hitze etwa 1 Std. garen lassen.
– Dann den Topf vom Herd ziehen und die gefüllten Weinblätter darin erkalten lassen.

1009. Blätterteig mit Spinat-Käse-Füllung

PREISWERT | BRAUCHT ETWAS ZEIT
Für 4 Personen
Zubereitungszeit: 1 1/4 Std.
Backzeit: 25 Min.

150 g tiefgekühlter Blätterteig • 300 g Spinat • 1/2 Zwiebel • 1 Knoblauchzehe • 1 EL Olivenöl • 1/2 Bund Dill • 100 g Schafkäse • Salz • frisch gemahlener Pfeffer • 1 Eigelb • 2 EL Milch

– Die Blätterteigplatten auftauen lassen. Spinat verlesen, waschen und abtropfen lassen. Zwiebel und Knoblauch schälen, hacken und im Öl unter Rühren in etwa 10 Min. weich dünsten. Spinat dazugeben, zugedeckt zusammenfallen lassen. Spinat abtropfen lassen, dann grob hacken.
– Den Dill waschen, trockenschütteln und fein hacken. Den Schafkäse in kleine Würfel schneiden. Spinat mit Dill und Käse gründlich vermischen, salzen, pfeffern.
– Den Backofen auf 225° (Umluft 200°) vorheizen. Das Blech kalt abspülen und nicht abtrocknen. Blätterteig zu einem etwa 40 x 20 cm großen Rechteck ausrollen. Mit dem Teigrädchen in 8 kleine Quadrate schneiden.
– Jeweils 1 guten EL Füllung jeweils in eine Ecke der Teigquadrate setzen. Den Teig zu Dreiecken zusammenklappen. Auf das Blech setzen. Das Eigelb mit der Milch verquirlen, Teigtaschen damit bestreichen. Im Ofen (Mitte) in etwa 25 Min. goldgelb backen.

1010. Artischocken mit Eier-Vinaigrette

GUT FÜR GÄSTE
Für 4 Personen
Zubereitungszeit: 40 Min.

4 kleinere fleischige Artischocken • 2 EL Zitronensaft • Salz • 2 Eier • 2 TL scharfer Senf • 1 EL Weißweinessig • frisch gemahlener weißer Pfeffer • 1 Prise Zucker • 8 EL Olivenöl • 1 Bund gemischte Kräuter

– Die Artischocken waschen. Die Stiele abschneiden, die Blattspitzen mit einer Schere kürzen. In einem Topf reichlich Wasser mit Zitronensaft und Salz aufkochen. Die Artischocken darin 30–45 Min. kochen lassen. Sie sind gar, wenn sich ein Blatt leicht herausziehen lässt.

– Für die Vinaigrette Eier in etwa 8 Min. hart kochen. Dann kalt abschrecken und schälen. Eiweiß abtrennen und fein hacken. Die Eigelbe mit einer Gabel zerdrücken und mit dem Senf verrühren. Essig, Salz, Pfeffer und den Zucker untermischen. Das Öl unterschlagen. Die Sauce eventuell mit 2–3 EL heißem Wasser verdünnen.
– Die Kräuter waschen, trockenschütteln und die Blättchen fein hacken. Mit dem Eiweiß unter die Vinaigrette mischen. Die Vinaigrette in vier Schälchen verteilen.
– Die garen Artischocken etwas abtropfen lassen, dann mit der Vinaigrette servieren.

1011. Russische Eier

GELINGT LEICHT
Für 4 Personen
Zubereitungszeit: 20 Min.

4 Eier • 2 EL Öl • Salz • frisch gemahlener weißer Pfeffer • 1 TL mittelscharfer Senf • 4 TL Kaviar • 4 Sardellenfilets in Öl

– Die Eier in 10 Min. hart kochen, abschrecken, schälen und längs halbieren. Die Eigelbe mit einem Teelöffel aus den Eiweißhälften lösen.
– Eigelbe durch ein Sieb streichen und mit dem Öl, Salz, Pfeffer und Senf glatt rühren. Die Eiweißhälften mit der Masse füllen und auf einer Platte anrichten.
– Auf jede Eihälfte einen Tupfen Kaviar setzen. Die Sardellenfilets längs halbieren und jeweils einen Streifen auf ein Ei legen.

1012. Marinierte Sardellen aus Spanien

PREISWERT | GUT VORZUBEREITEN
Für 8 Personen
Zubereitungszeit: 30 Min.
Marinierzeit: 12 Std.

400 g küchenfertige, frische Sardellen • 200 ml Weißweinessig • Salz • frisch gemahlener schwarzer Pfeffer • 2 Knoblauchzehen • 1 Bund Petersilie • 2 EL Olivenöl • Zahnstocher

– Die Sardellen unter kaltem fließendem Wasser abbrausen und mit Küchenpapier abtrocknen. Mit einem scharfen Messer längs vom Schwanz bis zum Kopf aufschneiden. Die Schwanzflosse vorsichtig in Richtung Kopf ziehen und dabei die Mittelgräte lösen. Die Sardellenfilets nochmals kurz waschen und abtrocknen.
– Die Sardellenfilets in eine Schüssel – in Spanien verwendet man Steinguttöpfchen – geben und mit dem Essig übergießen. Zugedeckt im Kühlschrank etwa 12 Std. marinieren lassen.
– Die Sardellen vor dem Servieren auf Küchenpapier gut abtropfen lassen, dann in Portionsschälchen anrichten und mit etwas Salz und Pfeffer würzen.
– Den Knoblauch schälen und sehr fein hacken. Die Petersilie waschen, trockenschütteln, hacken und mit dem Knoblauch mischen. Die Mischung über den Sardellen verteilen. Die Fische mit dem Öl beträufeln und mit Zahnstochern zum Aufpicken servieren.

1013. Überbackene Riesengarnelen mit Knoblauch

GUT FÜR GÄSTE | GEHT SCHNELL
Für 2 Personen
Zubereitungszeit: 15 Min.
Backzeit: 15 Min.

6 rohe Riesengarnelen in der Schale (ersatzweise 150 g geschälte Tiefseegarnelen) • 2 Knoblauchzehen • 2 getrocknete Chilischoten • Salz • frisch gemahlener Pfeffer • 2 TL Zitronensaft • 4 EL Fischfond (aus dem Glas) oder trockener Weißwein • 1 EL frisch gehackte glatte Petersilie • 8 EL Olivenöl

– Den Backofen auf 225° (Umluft 200°) vorheizen. Die Riesengarnelen unter fließendem kaltem Wasser waschen und trockentupfen. Dann die Garnelen schälen (mit dem Daumen auf der Bauchseite den Panzer aufbrechen und vom Fleisch ablösen), am Rücken aufschlitzen und mit einem spitzen Messer den dunklen Darm entfernen. Die Garnelen in vier flache, ofenfeste Portionsförmchen verteilen.
– Die Knoblauchzehen schälen und fein hacken oder durch die Presse drücken. Die Chilischoten zwischen den Fingern oder im Mörser zerbröseln. Beides über die Riesengarnelen verteilen. Mit Salz und Pfeffer würzen.
– Den Zitronensaft, den Fischfond oder den Weißwein, die Petersilie und das Olivenöl mischen und gleichmäßig über den Garnelen verteilen. Im Ofen (Mitte) etwa 15 Min. überbacken.

1014. Carpaccio (Mariniertes Rinderfilet)

GUT FÜR GÄSTE
Für 4 Personen
Zubereitungszeit: 30 Min.

250 g rohes Rinderfilet (vom Metzger in hauchdünne Scheiben geschnitten) • Salz • 2 1/2 EL Zitronensaft • 4 EL kalt gepresstes Olivenöl • frisch gemahlener weißer Pfeffer • 50 g junger Parmesan (am Stück) • 1 Zitrone • 1 Bund krause Petersilie

– Die Fleischscheiben auf vier Portionstellern auslegen. Etwas Salz in dem Zitronensaft auflösen, das Öl dazugießen und kräftig rühren, bis sich alles verbunden hat. Mit weißem Pfeffer würzen und die Marinade gleichmäßig über das Fleisch verteilen. Die Teller mit Klarsichtfolie abdecken und 5–10 Min. stehen lassen.
– Vor dem Servieren mit einem Sparschäler hauchdünne Späne von dem Parmesan abziehen und sparsam über dem Fleisch verteilen. Die Zitrone achteln. Den Carpaccio mit Zitronenachteln und der Petersilie garnieren. Die Pfeffermühle bereitstellen.

1015. Gebeizter Lachs

GUT FÜR GÄSTE | BRAUCHT ETWAS ZEIT
Für 8 Personen
Zubereitungszeit: 30 Min.
Marinierzeit: 2 Tage

4 EL Salz (möglichst grobes) • 3 EL Zucker • 1 TL grob gemahlene weiße Pfefferkörner • 2 frische Lachsfilets (etwa 1 kg, Mittelstück mit Haut) • 2 Bund Dill • 1unbehandelte Zitrone
Für die Senfsauce: 3 EL grobkörniger, französischer Rotisseur-Senf • 2 TL Zucker • 1 EL Weinessig • 4 EL Olivenöl • Salz • frisch gemahlener weißer Pfeffer • 1/2 Bund Dill

– Salz, Zucker und Pfeffer mischen. 1 Lachsfilet von beiden Seiten mit der Würzmischung bestreuen. Mit der Haut nach unten in eine möglichst genau passende Form legen. Den Dill waschen, trockenschütteln und grob hacken. Zwei Drittel davon auf den Lachs streuen. Das zweite Lachsfilet ebenfalls würzen, mit der Haut nach oben auf das erste Filet legen. Den restlichen gehackten Dill aufstreuen.
– Mit Alufolie dicht abdecken. Ein Holzbrettchen darauf legen, mit Gewichten beschweren (gefüllte Flaschen, Gläser, Töpfe). Insgesamt 1 1/2–2 Tage im Kühlschrank ziehen lassen. Etwa zweimal am Tag den Lachs in der Form wenden, damit auch das obere Filet in der Lake durchziehen kann.
– Für die Sauce den Senf mit Zucker, Essig und Öl verrühren. Mit Salz und Pfeffer würzen. Den Dill waschen, trockenschütteln, fein hacken und untermischen.
– Die Lachsfilets abtropfen lassen, in dünne Scheiben schneiden (am besten mit einem schmalen, elastischen Lachsmesser). Mit Senfsauce und Zitronenschnitzen auf einer großen Platte anrichten.

1016. Vitello tonnato

GUT VORZUBEREITEN
Für 4 Personen
Zubereitungszeit: 30 Min.
Garzeit: 1 1/4 Std.
Marinierzeit: 18 Std.

2 Möhren • 2 Stangen Staudensellerie • 1 Zwiebel • 750 g Kalbfleisch (aus der Nuss) • 2 Lorbeerblätter • 2 Gewürznelken • 1 l trockener Weißwein • Salz • frisch gemahlener weißer Pfeffer • 150 g Tunfisch in Öl • 4 Sardellenfilets in Öl • 50 g Kapern • 50 g Cornichons • 2 ganz frische Eigelbe • Saft von 1 Zitrone • 8 EL Olivenöl • 1 Bund krause Petersilie • 1 Zitrone • Außerdem: 1 Stück Gaze oder Baumwolltuch • etwas Küchengarn

– Möhren schälen, Selleriestangen putzen und eventuell Fäden abziehen, waschen. Die Zwiebel schälen. Möhren, Sellerie und Zwiebel in dünne Scheiben schneiden.
– Das Fleisch kurz kalt abbrausen, abtrocknen, mit dem Gemüse, Lorbeerblättern und Gewürznelken in eine passende Schüssel legen. Mit Weißwein begießen und zugedeckt über Nacht marinieren lassen.
– Am nächsten Tag das Fleisch aus der Marinade nehmen, fest in ein Stück Gaze oder Baumwolltuch einrollen und mit einem Küchengarn an mehreren Stellen umbinden, damit es beim Kochen die Form behält.
– Fleisch in eine Kasserolle mit Deckel geben, die gerade so groß sein soll, dass das Fleisch darin Platz hat. In einem anderen Topf die Marinade aufkochen, über das Fleisch gießen. Es soll gut mit Flüssigkeit bedeckt sein. Falls nötig, noch etwas kochendes Wasser nachgießen.

– Den Sud mit Salz und Pfeffer würzen. Das Fleisch bei schwacher Hitze zugedeckt so lange ganz leise sieden lassen, bis es gar, aber noch fest ist. Das dauert etwa 1 1/4 Std. Anschließend in der Brühe abkühlen lassen.
– Den Tunfisch abtropfen lassen und mit Sardellenfilets, Kapern und Cornichons ganz fein hacken (das geht am besten mit dem Blitzhacker).
– Eigelbe und Zitronensaft mit dem Handrührgerät schaumig rühren, dann tropfenweise das Öl dazufließen lassen und so lange rühren, bis eine dick-cremige Sauce entsteht. Die fein gehackten Zutaten untermischen und so viel Kochflüssigkeit einrühren, dass die Sauce wie Sahne fließt. Mit Salz und Pfeffer abschmecken.
– Das Fleisch auswickeln, mit Küchenpapier abtrocknen und mit einem scharfen Messer in etwa 3 mm dünne Scheiben schneiden. Auf einer Platte schuppenförmig anrichten.
– Die Sauce nochmals gut durchrühren, dann gleichmäßig über dem Fleisch verteilen. Die Platte mit Klarsichtfolie bedecken und 5–6 Std. kühl stellen.
– Zum Servieren Petersilie waschen, trockenschütteln und die Blättchen abzupfen. Zitrone heiß abwaschen und in Scheiben schneiden. Das Vitello tonnato mit Petersilie und Zitronenscheiben garnieren.

TIPP

Wenn es mal schnell gehen soll, fertig gegarte Truthahnbrust (gibt es beim Metzger oder im Supermarkt) in dünne Scheiben schneiden, mit der Sauce übergießen und kurz marinieren.

1017. Gefüllte Avocado mit Geflügelsalat

GUT FÜR GÄSTE
Für 4 Personen
Zubereitungszeit: 40 Min.

2 doppelte Hähnchenbrustfilets ohne Haut (je etwa 400 g) • 1/8 l Weißwein (ersatzweise Hühnerbrühe) • 1 walnussgroßes Stück frischer Ingwer • 5 EL Zitronensaft • Salz • frisch gemahlener weißer Pfeffer • Zucker • 2 Avocados • 100 g Crème fraîche • 1 EL geriebener Meerrettich (aus dem Glas) • 2 Knoblauchzehen • 2 Prisen Cayennepfeffer • frische Kräuter und Cocktailtomaten zum Garnieren

– Hähnchenbrustfilets waschen und in einem Topf mit Weißwein und soviel Wasser begießen, dass sie gerade bedeckt sind. Den Ingwer schälen und in Scheiben schneiden, mit 2 EL Zitronensaft in den Topf geben, alles mit Salz, Pfeffer und 2 Prisen Zucker würzen. Bei schwacher Hitze 15 Min. leicht kochen lassen, dann das Fleisch aus dem Sud heben und erkalten lassen.
– Avocados längs durchschneiden, Kerne herauslösen. Aus den Hälften noch 4–5 TL Fruchtfleisch lösen und klein würfeln. Avocadohälften und gewürfeltes Fruchtfleisch mit dem restlichen Zitronensaft beträufeln.
– Crème fraîche mit Meerrettich in einer Schüssel verrühren, den Knoblauch schälen und dazupressen. Mit 1–2 EL Kochsud, 1 Prise Zucker und Cayennepfeffer pikant abschmecken.
– Hähnchenfleisch klein würfeln, mit den Avocadostückchen unter die Sauce mengen. Den Salat in die Avocadohälften füllen und mit Kräutern, die Teller mit halbierten Cocktailtomaten garnieren.

1018. Chicken Wings mit Käse-Dip

GELINGT LEICHT
Für 4 Personen
Zubereitungszeit: 40 Min.

Für die Chicken Wings: 1 kg Hähnchenflügel (etwa 16 Stück) • 1/2 l Pflanzenöl zum Frittieren • 3 EL Butter • 1 EL Zitronensaft • 2 EL Tabasco • 1 TL edelsüßes Paprikapulver
Für den Käse-Dip: 50 g Mayonnaise • 50 g Schmand (ersatzweise Crème fraîche) • 150 g Joghurt • 2 EL Zitronensaft • 1 Knoblauchzehe • 100 g Blauschimmelkäse (z. B. Gorgonzola, Roquefort) • frisch gemahlener Pfeffer • Salz
Außerdem: 4 Stangen Staudensellerie • 4 Möhren

– Die Hähnchenflügel putzen, waschen und in der Mitte am Gelenk durchtrennen. In einer tiefen Pfanne etwa 1/2 l Öl zum Frittieren erhitzen.
– Die Hähnchenflügel portionsweise dicht an dicht hineinlegen und 8–10 Min. frittieren, bis sie goldbraun sind. Zwischendurch einmal wenden. Die Flügel mit einem Schaumlöffel herausheben, auf Küchenpapier abtropfen lassen. In eine große flache Schüssel geben.
– Die Butter schmelzen, den Zitronensaft, den Tabasco und das Paprikapulver unterrühren und diese Mischung gleichmäßig über den Hähnchenflügeln verteilen.

– Für den Dip in einer Schüssel die Mayonnaise, den Schmand, den Joghurt und den Zitronensaft verrühren. Die Knoblauchzehe schälen, durch die Presse drücken und unterrühren. Den Käse auf einem Teller mit der Gabel zerdrücken, bis eine Paste entstanden ist, und unter die Mayonnaisecreme rühren. Pfeffern und sparsam salzen, weil der Käse schon recht salzig ist. Bis zum Servieren kühl stellen.
– Sellerie und Möhren putzen und waschen. Längs halbieren und in mundgerechte Streifen schneiden. Die Chicken Wings zusammen mit dem Dip und den Gemüsestreifen servieren.

1019. Spareribs vom Grill mit Barbecue-Sauce

GELINGT LEICHT
Für 4 Personen
Zubereitungszeit: 1 Std.

Für die Spareribs: 1,2 kg Schweinerippe (vom Metzger in 4 Teile geteilt)
Für die Barbecue-Sauce: 2 Knoblauchzehen • 100 ml Tomatenketchup • 1 EL Tomatenmark • 2 EL Zitronensaft • 2 EL Worcester-Sauce • 1 EL Weißweinessig • 1 TL Cayennepfeffer • 2 EL brauner Zucker • 1 TL mittelscharfer Senf • 1/2 TL Salz • frisch gemahlener Pfeffer

– Die Schweinerippen kurz unter fließendem kaltem Wasser waschen und anschließend mit Küchenpapier gründlich trockentupfen.
– Für die Barbecue-Sauce die Knoblauchzehen schälen und durch die Knoblauchpresse drücken. Gut mit allen anderen Saucenzutaten verrühren.
– Einen Holzkohlegrill anheizen. Die Spareribs mit der Sauce dünn bepinseln. Auf den Grillrost legen und über der Glut 30–40 Min. grillen, dabei einige Male wenden und öfter mit der Sauce einstreichen.

TIPP

Sie können die Spareribs auch im Backofen zubereiten. Den Ofen auf 230° vorheizen und die Spareribs auf ein Backblech legen. 40 Min. im Ofen (Mitte, Umluft 210°) backen und dabei ab und zu mit der Sauce bestreichen.

1020. Chickenburger

GELINGT LEICHT
Für 4 Personen
Zubereitungszeit: 45 Min.

1 hart gekochtes Ei • 1 Fleischtomate • 4 Cornichons • 1/2 weiße Gemüsezwiebel • 1/2 Kästchen Gartenkresse • 1 EL Kapern • einige schöne Blätter Kopfsalat • 150 g Mayonnaise (10 % Fett) • 1 EL mittelscharfer Senf • 400 g Hähnchenbrustfilet (ohne Haut) • 1/2 TL rosenscharfes Paprikapulver • Salz • 2 EL Mineralwasser • 3 EL Öl • 4 Hamburger-Brötchen

– Das Ei schälen und in dünne Scheiben schneiden. Die Tomate waschen und ebenfalls in Scheiben schneiden, dabei den Stielansatz entfernen. Die Cornichons feinblättrig einschneiden und fächerartig flach drücken. Die Zwiebel schälen und in dünne Ringe schneiden. Die Kresse vom Beet schneiden, die Kapern fein hacken. Die Salatblätter waschen und abtropfen lassen. Mayonnaise mit dem Senf und den Kapern verrühren.
– Das Hähnchenbrustfilet waschen, abtrocknen, mit einem scharfen Messer oder im Blitzhacker portionsweise sehr kurz fein hacken. Mit Paprika und 1 kräftigen Prise Salz würzen und mit dem Mineralwasser mischen. Mit nassen Händen vier flache Frikadellen formen.
– Das Öl in einer beschichteten Pfanne erhitzen und die Frikadellen darin von beiden Seiten je 3–4 Min. braten. Auf Küchenpapier abfetten lassen.
– Die Hamburger-Brötchen halbieren. Salatblätter zerzupfen und auf die unteren Hälften legen. Tomaten- und Eischeiben, Zwiebelringe und Senf-Mayonnaise darüber verteilen. Die Kresse darauf arrangieren und die Frikadellen darauf setzen. Mit je 1 Cornichon abschließen, Brötchendeckel darauf legen.

TIPPS

– Dazu schmeckt ein fruchtiger Salat aus frischen Ananasstücken, Orangenfilets und halbierten Cocktailtomaten auf Kopfsalatblättern, angemacht mit einer Joghurtsauce.
– Vollkornburger: Die Hähnchenfrikadellen schmecken ebensogut zwischen Hälften von kräftigen Vollkornbrötchen. Statt mit Senf kann man die Mayonnaise auch mit 1–2 TL Sardellenpaste und Kapern würzen.

1021. Hamburger

SCHMECKT KINDERN
Für 4 Personen
Zubereitungszeit: 30 Min.

***Für den Fleischteig:** 400 g Rinderhackfleisch • Salz • frisch gemahlener Pfeffer*
***Außerdem:** 3 Tomaten • 4 Blätter Romanasalat • 1 rote Zwiebel • 4 Hamburger-Brötchen oder Sesambrötchen*
***Nach Belieben:** Mayonnaise • Senf • Tomatenketchup • Gewürzgurken*

– Das Hackfleisch salzen und pfeffern und vier flache runde Fleischküchlein daraus formen. Den Grill des Backofens vorheizen.
– Tomate und Salat waschen und mit Küchenpapier trockentupfen. Tomate in dünne Scheiben schneiden, dabei den Stielansatz entfernen. Die Zwiebel schälen und in feine Ringe schneiden.
– Die Brötchen aufschneiden und die Innenseiten unter dem Grill des Backofens toasten, dabei nicht zu braun werden lassen. Dann die Fleischküchlein unter dem Grill von jeder Seite 3–4 Min. grillen, so dass sie an den Rändern leicht kroß sind.
– Die unteren Brötchenhälften mit der Mayonnaise bestreichen und mit Salat, Tomaten und Zwiebeln belegen. Die Fleischküchlein darauf geben. Die oberen Brötchenhälften mit Senf und Ketchup bestreichen und obenauf legen. Die Burger mit den Gewürzgurken anrichten.

1022. Cheeseburger

SCHMECKT KINDERN
Für 4 Personen
Zubereitungszeit: 30 Min.

***Für den Fleischteig:** 400 g Rinderhackfleisch • 2 EL Schmand (ersatzweise Crème fraîche) • Salz • frisch gemahlener Pfeffer*
***Außerdem:** 100 g Champignons • 2 Tomaten • einige knackige Salatblätter • 12 Scheiben Frühstücksspeck • 4 Sesambrötchen • 4 EL Mayonnaise • 4 Scheiben Gouda oder Chester (etwa 120 g) • Öl zum Braten*

– Für den Fleischteig das Hackfleisch und den Schmand gut vermischen, salzen und pfeffern.
– Die Champignons putzen und in Scheiben schneiden. Die Tomaten waschen, von den Stielansätzen befreien und in Scheiben schneiden. Den Salat waschen und trockentupfen.
– Den Speck in einer Pfanne ohne Fettzugabe kross ausbraten. Herausnehmen und auf Küchenpapier legen. In dem Speckfett die Pilze 5 Min. dünsten, dann auf einen Teller geben.
– Aus dem Fleischteig vier flache Küchlein formen. Eventuell noch etwas Öl in die Pfanne geben und die Fleischküchlein darin bei mittlerer bis starker Hitze 2–3 Min. von jeder Seite braten. Sie sollten innen noch leicht rosa sein.
– Den Grill vorheizen oder den Backofen auf höchste Temperatur schalten. Die Brötchen aufschneiden. Die Hälften mit der Mayonnaise bestreichen. Die unteren Hälften mit den Fleischküchlein und dem Käse belegen und unter dem Grill im Backofen kurz überbacken, bis der Käse geschmolzen ist.
– Salat, Tomatenscheiben, Speck und Pilze darauf geben und mit den oberen Brötchenhälften bedecken.

1023. Fisch-Burger

GEHT SCHNELL
Für 2 Personen
Zubereitungszeit: 15 Min.

200 g Seefischfilet (z. B. Kabeljau, Rotbarsch oder Seezunge) • 1 unbehandelte Limette • 2 EL Semmelbrösel • 2 EL Crème fraîche • 2 EL frisch gehacktes Koriandergrün • 1/4 TL Salz • 2 EL geröstetes Sesamöl • einige Blätter Eisbergsalat • 2 Brötchen • 2 TL Mayonnaise • 2 EL Crème fraîche • 50 g Forellenkaviar

– Das Fischfilet kurz waschen, trockentupfen, grob zerkleinern und im Blitzhacker pürieren. Die Limette heiß waschen und 1/2 TL Schale abreiben. Den Saft der Limette auspressen.
– Den pürierten Fisch mit 2 EL Limettensaft, der abgeriebenen Limettenschale, den Semmelbröseln, der Crème fraîche, dem Koriander und Salz gut vermischen.
– In einer Pfanne das Sesamöl erhitzen. Aus dem Fischteig zwei flache Küchlein formen und im Öl bei mittlerer Hitze auf jeder Seite goldbraun braten.
– Die Salatblätter waschen und trockentupfen. Die Brötchen aufschneiden. Die Hälften dünn mit Mayonnaise

bestreichen. Die unteren Hälften mit Salat und den Fischküchlein belegen. Je 1 EL Crème fraîche und etwas Forellenkaviar darauf verteilen und die oberen Hälften darauf legen.

1024. Tacos

GELINGT LEICHT
Für 6 Personen
Zubereitungszeit: 1 Std.

250 g Rinderfilet • 1/4 l Fleischbrühe • 1 Dose rote Kidneybohnen (255 g Abtropfgewicht) • 1 kleine Zwiebel • 2 EL Olivenöl • 2 Knoblauchzehen • Salz • frisch gemahlener schwarzer Pfeffer • 1 Prise Chilipulver • 6 Taco-Schalen (Fertigprodukt) • 6 Salatblätter • 1 Fleischtomate • 6 EL Crème fraîche • 6 EL Tomatensauce oder Taco-Sauce (Fertigprodukt) • 80 g mittelalter Gouda

– Das Rinderfilet kurz unter fließendem kaltem Wasser waschen, dann mit der Fleischbrühe in einen Topf geben, aufkochen und zugedeckt bei mittlerer Hitze etwa 30 Min. ziehen lassen.
– Inzwischen die Bohnen in ein Sieb abschütten, die Flüssigkeit dabei auffangen. Die Bohnen mit der Hälfte der Flüssigkeit pürieren.
– Die Zwiebel schälen und in feine Würfel schneiden. Das Öl erhitzen und die Zwiebelwürfel darin glasig dunsten. Den Knoblauch schalen und dazupressen. Das Bohnenpüree unterrühren. Alles etwa 5 Min. bei schwacher Hitze dünsten, mit Salz, Pfeffer und dem Chilipulver kräftig würzen.
– Das Rinderfilet aus der Brühe nehmen, kurz abkühlen lassen, klein schneiden und salzen.
– Den Backofen auf 180° (Umluft 160°) vorheizen. Die Taco-Schalen mit der offenen Seite nach unten auf ein Backblech legen oder über die Stäbe des Gitterrost hängen und im Ofen (Mitte) 3–4 Min. aufbacken.
– Salatblätter waschen und abtrocknen. Die Taco-Schalen innen mit dem Bohnenpüree bestreichen und mit Salatblättern auslegen. Darauf das Fleisch verteilen.
– Die Tomate waschen, halbieren und in Scheiben schneiden, dabei den Stielansatz entfernen. In die Tacos geben, je 1 EL Crème fraîche und Tomaten- oder Taco-Sauce hinzufügen. Den Gouda auf einer Reibe direkt darauf raspeln, sofort servieren und am besten aus der Hand essen.

1025. Frühlingsrollen

BRAUCHT ETWAS ZEIT
Für 10 Personen
Zubereitungszeit: 1 1/2 Std.

5 getrocknete chinesische Morcheln • 20 tiefgekühlte Frühlingsrollen-Teigblätter • 200 g mageres Schweinefleisch • 1 EL dunkle Sojasauce • 2 EL helle Sojasauce • 1 TL Reiswein • 1 Prise Fünf-Gewürz-Pulver • 1 TL Speisestärke • 100 g geschälte Tiefsee-Garnelen • Salz • Zucker • frisch gemahlener weißer Pfeffer • 3 Blätter Chinakohl • 50 g Bambussprossen (aus der Dose) • 200 g Möhren • 50 g Sojabohnensprossen • 1 Frühlingszwiebel • 10 g Glasnudeln • 1 l neutrales Pflanzenöl zum Braten und Frittieren

– Die Morcheln etwa 10 Min. in lauwarmem Wasser einweichen. Die Teigblätter unter einem feuchten Tuch auftauen lassen.
– Das Fleisch in feine Streifen schneiden und in einer Mischung aus je 1 TL dunkler und heller Sojasauce, Reiswein, Fünf-Gewürz-Pulver und der Speisestärke etwa 10 Min. marinieren. Die Garnelen grob hacken, in einer Mischung aus 1 TL heller Sojasauce, etwas Salz, Zucker und Pfeffer gut 5 Min. marinieren.
– Die Chinakohlblätter waschen, abtrocknen, und mit einem großen Messer in dünne Streifen schneiden. Die Bambussprossen abtropfen lassen, die Möhren schälen, beides in feine Streifen schneiden. Die Sprossen kurz waschen. Die Fruhlingszwiebel putzen, waschen und klein würfeln.
– Die Glasnudeln mit kochend heißem Wasser übergießen, abtropfen lassen und mit der Küchenschere kleiner schneiden. Die Morcheln abgießen, waschen und die Stiele entfernen, Morcheln dünn stifteln.
– Etwa 2 EL Öl im Wok stark erhitzen, die Frühlingszwiebeln darin glasig braten. Das Fleisch unter Rühren 1/2 Minute mitbraten. Alle übrigen Zutaten (außer den Teigblättern) einrühren, etwa 5 Min. unter Rühren braten. Abschmecken, abkühlen lassen.
– Je 2 EL Füllung auf die Frühlingsrollen-Teigblätter geben. Die Seiten der Teigblätter darüber legen, dann die Blätter straff aufrollen. Die Teigränder mit Wasser bestreichen und gut festdrücken.
– Das übrige Öl im Wok erhitzen. Die Frühlingsrollen nach und nach ins heiße Öl geben und darin goldbraun frittieren. Dann herausnehmen und auf Küchenpapier abtropfen lassen.

1026. Blätterteigtaschen mit Schinken

GELINGT LEICHT
Für 2 Personen
Zubereitungszeit: 20 Min.
Backzeit: 20 Min.

4 Platten tiefgekühlter Blätterteig • 4 Frühlingszwiebeln • 2 große Scheiben gekochter Schinken • 200 g Doppelrahm-Frischkäse • 2 TL Tomatenmark • 6 EL Sahne • Salz • frisch gemahlener weißer Pfeffer

– Die Blätterteigplatten nebeneinander auf die Arbeitsfläche legen und auftauen lassen.
– Inzwischen die Frühlingszwiebeln waschen, putzen und mit dem zarten Grün in feine Ringe schneiden. Den Schinken fein würfeln. Frischkäse mit den Frühlingszwiebeln, dem Schinken, dem Tomatenmark und 1–2 EL Sahne verrühren. Die Mischung mit Salz und Pfeffer abschmecken.
– Den Backofen auf 220° (Umluft 200°) vorheizen. Das Backblech kalt abspülen und nicht abtrocknen.
– Die Blätterteigplatten an den Rändern mit kaltem Wasser einstreichen. Die Schinken-Frischkäse-Füllung auf eine Hälfte der Scheiben geben, Teig zusammenklappen und die Teigränder mit einer Gabel gut zusammendrücken.
– Die Teigtäschchen auf das Backblech legen, mit der restlichen Sahne bestreichen und im Ofen (Mitte) 15–20 Min. backen, bis sie schön gebräunt sind.

1027. Pastetchen mit Geflügelragout

GUT FÜR GÄSTE | GELINGT LEICHT
Für 4 Personen
Zubereitungszeit: 1 Std.

2 Putenschnitzel (je 150 g) • 2 EL Mehl • 1 Zwiebel • 2 EL Öl • 1/4 l heiße Gemüsebrühe • 125 g Sahne • 1 EL frisch gehackte Petersilie • 4 Blätterteigpastetchen (Fertigprodukt) • 250 g Champignons • 1 EL Butter • 4 EL trockener Weißwein • Salz • frisch gemahlener weißer Pfeffer

– Den Backofen auf 200° (Umluft 180°) vorheizen. Die Putenschnitzel waschen, trockentupfen und in 3 cm lange Streifen schneiden, das Fleisch mit dem Mehl bestäuben. Die Zwiebel schälen und klein würfeln.
– Das Öl erhitzen, die Zwiebelwürfel darin glasig braten. Die bemehlten Fleischstreifen hinzufügen und unter Wenden anbraten, mit der Gemüsebrühe ablöschen. Die Sahne und die Petersilie unterrühren. Das Ragout im offenen Topf bei schwacher Hitze etwa 5 Min. ganz sanft köcheln lassen.
– Die Pastetchen im Ofen (Mitte) heiß werden lassen. Die Champignons putzen und feinblättrig schneiden, dann in der zerlassenen Butter unter Wenden anbraten. Den Wein und die Champignons unter das Ragout mischen, mit Salz und Pfeffer abschmecken. Die Pastetchen mit dem Ragout füllen und sofort servieren.

1028. Königin-Pastetchen mit Ragoût fin

GUT FÜR GÄSTE | BRAUCHT ETWAS ZEIT
Für 4 Personen
Zubereitungszeit: 45 Min.
Garzeit: 1 1/4 Std.

1 Bund Suppengrün • Salz • einige Pfefferkörner • 1 Zitronenscheibe • 500 g Kalbfleisch (Schulterfilet) • 1 EL Butter • 2 EL Mehl • 200 g Champignons • 80 ml Weißwein • 4 Blätterteig-Pastetchen (Fertigprodukt) • 1 Eigelb • 2 EL Sahne • 1/2 Bund Petersilie

– Das Suppengrün waschen, putzen und grob schneiden. 1 l Wasser mit 1 TL Salz, Pfefferkörnern, Zitronenscheibe und Suppengrün zum Kochen bringen.
– Das Kalbfleisch kurz kalt waschen, ins kochende Wasser legen und etwa 1 Std. bei geringer Hitze ganz sanft garen lassen. Während der ersten Zeit wiederholt den sich bildenden Schaum abschöpfen.
– Das Fleisch dann aus der Brühe nehmen. Brühe durch ein Sieb gießen und im offenen Topf auf etwa 3/8 l einkochen lassen. Das Kalbfleisch klein würfeln.
– Den Backofen auf 150° (Umluft 130°) vorheizen. Die Butter in einem Topf erhitzen, das Mehl einstreuen und glatt rühren, bis es hellgelb ist. Dann nach und nach unter Rühren mit dem Schneebesen mit der Fleischbrühe aufgießen. Die Sauce unter weiterem Rühren bei geringer Hitze einige Minuten kochen lassen.
– Champignons mit Küchenpapier trocken abreiben und die Stielenden abschneiden. Pilze in feine Scheiben schneiden, unter die Sauce mischen und 2–3 Min. kochen lassen. Die Ragoût-fin-Sauce mit dem Weißwein und Salz abschmecken.

– Die Blätterteig-Pastetchen mit den Pasteten-Deckeln im Ofen (Mitte) etwa 10 Min. erwärmen.
– Das Eigelb mit der Sahne verquirlen. Die Sauce vom Herd nehmen und 1–2 EL davon in die Eigelb-Sahne rühren, unter die Sauce ziehen. Fleisch dazugeben und 5 Min. darin ziehen – keinesfalls kochen – lassen. Petersilie abbrausen, trockenschütteln, die Blätter abzupfen.
– Die heißen Blätterteig-Pastetchen auf vorgewärmten Tellern anrichten, mit dem Ragoût fin füllen. Die Deckel auflegen und mit der Petersilie garnieren.

1029. Schinkensülze

GUT VORZUBEREITEN
Für 8 Personen
Zubereitungszeit: 1 Std. 20 Min.
Gelierzeit: 24 Std.

***Für die Sülze:** 500 g Brokkoli • Salz • 400 g gekochter Schinken (2 dicke Scheiben) • 100 g magerer roher Schinken (in dünnen Scheiben) • 12 Blatt weiße Gelatine oder 2 Päckchen weiße gemahlene Gelatine • 800 ml Geflügel- oder Fleischfond • frisch gemahlener weißer Pfeffer • 2 EL Zitronensaft • 40–50 ml weißer Portwein oder trockener Sherry nach Belieben*
***Für den Apfel-Meerrettich:** 2 EL Zitronensaft • 150 g Crème fraîche • 150 g saure Sahne • 1 Stück frischer Meerrettich (etwa 10 cm) • 2 feste säuerliche Äpfel • Salz • frisch gemahlener schwarzer Pfeffer*

– Für die Sülze den Brokkoli putzen und waschen, Stiele und Röschen voneinander trennen. Die Stiele schälen und in wenig Salzwasser gut zugedeckt etwa 5 Min. dünsten. Dann Röschen dazugeben und alles weitere 5 Min. dünsten. Abtropfen lassen und in Eiswasser geben, damit das Gemüse nicht weiter gart.
– Die Schinken in kleine Würfel schneiden, dabei die Fettränder entfernen. Gelatine etwa 5 Min. in kaltem Wasser einweichen. Fond erhitzen und kräftig mit Salz, Pfeffer, Zitronensaft und eventuell Portwein oder Sherry würzen. Vom Herd nehmen, Gelatine im Fond auflösen.
– Ganz wenig Fond in eine Kastenform (etwa 1 1/2 l Inhalt) gießen und im Kühlschrank erstarren lassen.
– Dann auf dieser Schicht aus einigen schönen Brokkoliröschen und etwas Schinken einen dekorativen Boden (das ist später die Oberfläche) formen. Vorsichtig etwas Fond angießen und diesen erneut im Kühlschrank erstarren lassen.
– Dann den übrigen Brokkoli und die Schinkenwürfel mischen, in die Form füllen und den restlichen Fond angießen. Über Nacht im Kühlschrank gelieren lassen.
– Für den Apfel-Meerrettich den Zitronensaft mit der Crème fraîche und der sauren Sahne verrühren. Den Meerrettich schälen und sofort in diese Sauce reiben. Die Äpfel waschen und ebenfalls direkt in die Sauce raspeln. Alles gründlich vermischen, mit Salz und Pfeffer pikant abschmecken.
– Zum Servieren die Sülze in der Form etwa 1 Min. in heißes Wasser stellen, dann aus der Form stürzen und zusammen mit dem Apfel-Meerrettich anrichten.

TIPP
Sülze verliert beim Gelieren an Geschmack. Daher den Sud immer sehr kräftig würzen – eher zu viel als zu wenig.

1030. Fisch-Terrine

BRAUCHT ETWAS ZEIT
Für 8 Personen
Zubereitungszeit: 50 Min.
Garzeit: 1 Std. 10 Min.
Kühlzeit: 4 Std.

3 Schalotten • 2 EL Butter • 1 kleiner Zucchino (etwa 100 g) • 600 g Dorschfilet • Saft von 1/2 Zitrone • Salz • frisch gemahlener weißer Pfeffer • 1 Prise Cayennepfeffer • frisch geriebene Muskatnuss • 250 g Sahne • 2 Eigelbe • 250 g Blattspinat • 200 g Lachsforellenfilet • Fett für die Form

– Die Schalotten schälen und fein hacken. Die Butter erhitzen, die Schalotten darin andünsten. Den Zucchino waschen, grob raspeln und etwa 8 Min. mitdünsten.
– Das Dorschfilet in Stücke schneiden, mit Zitronensaft beträufeln und mit dem Zucchino pürieren. Mit Salz, Pfeffer, Cayennepfeffer und Muskat würzen. Die Sahne steif schlagen und mit Eigelben unter das Püree heben.
– Den Spinat verlesen und gründlich waschen. Kurz in kochendem Salzwasser blanchieren, kalt abschrecken und abtropfen lassen. Ein Tuch anfeuchten und die Blätter darauf so auslegen, dass sie sich dabei überlappen. Die Fläche soll nicht viel breiter sein als die Form, die Sie zum Backen verwenden.

– Das Lachsforellenfilet in etwa 2 cm große Stücke schneiden und auf dem Spinat verteilen. Das Tuch auf einer Seite anheben und damit eine Hälfte der Spinatfläche über die andere legen, so dass der Fisch vom Spinat umhüllt ist.
– Den Backofen auf 80° (Umluft 60°) vorheizen. Eine hitzebeständige Form (am besten eine Terrinen- oder Kastenform) mit Alufolie auslegen und diese einfetten. Die Hälfte der Fisch-Zucchino-Masse gleichmäßig hineinfüllen, die Spinatrolle darauf setzen und die restliche Masse darüber geben.
– Die Form mit Alufolie gut abdecken und in die Fettpfanne des Ofens (Mitte) stellen. Heißes Wasser hineingießen und die Terrine etwa 1 Std. 10 Min. garen. Nach der Hälfte der Garzeit die Folie abnehmen.
– Die Terrine etwa 4 Std. auskühlen lassen. Dann aus der Form stürzen, in Scheiben schneiden und servieren.

1031. Wildenten-Terrine

GUT VORZUBEREITEN
Für 1 Terrinen-Form (3/4 l Inhalt)
Zubereitungszeit: 2 Std.
Garzeit: 1 Std.
Kühlzeit: 12 Std.

1 küchenfertige Wildente (1–1,2 kg) • 60 ml trockener Wermut (nach Belieben) • frisch gemahlener weißer Pfeffer • 1 EL Öl • Salz
Für die Farce: 1 Stück frischer Ingwer (15 g) • 2 sehr frische, kleine Eiweiße • 200–250 g eiskalte Sahne • 75 g Trockenpflaumen (ohne Stein) • 30 g Pistazienkerne • 10 Scheiben fetter Speck (dünn geschnitten)

– Mit der Geflügelschere oder einem großen Messer bei der Ente die Keulen am Gelenk abtrennen, der Länge nach aufschneiden und die Knochen auslösen. Die Brustfilets entlang des Brustbeins einschneiden und vom Knochen abtrennen. Die Ententeile kurz kalt waschen und abtrocknen.
– Ein Brustfilet mit dem anderen Fleisch in kleine Stücke schneiden, mit Wermut und Pfeffer würzen und etwa 15 Min. sehr kalt stellen. Das andere Brustfilet im heißen Öl von beiden Seiten 4–6 Min. scharf anbraten, aus der Pfanne nehmen, mit Salz würzen und auskühlen lassen. Den Ofen auf 160° vorheizen.
– Für die Farce den Ingwer schälen und würfeln. Mit den Eiweißen und dem kalten Fleisch im Mixer fein pürieren. Langsam die kalte Sahne dazugießen und dabei weitermixen, bis eine dicke Farce entsteht. Die Pflaumen in kleine Stücke schneiden, die Pistazien grob hacken und beides vorsichtig unter die Farce rühren.
– Die Terrinen-Form so mit den Speck auslegen, dass die Scheiben dicht aneinander liegen und etwa 2–3 cm über den Formrand lappen. Die Hälfte der Farce in die ausgelegte Terrine füllen. Das Brustfilet einlegen, mit dem Rest der Farce auffüllen und mit den überlappenden Speckscheiben bedecken.
– Die Terrinen-Form auf einem gefalteten Küchentuch mehrmals auf den Tisch aufstoßen, damit eventuelle Luftblasen entweichen. Den Deckel auflegen und die Terrine in einen großen Topf oder eine Bratreine stellen. Siedendes Wasser bis knapp unter den Terrinen-Rand angießen. Terrine samt Topf oder Reine in den Ofen (unten, Umluft 140°) schieben, etwa 1 Std. garen.
– Aus dem Ofen nehmen und wenigstens 12 Std. auskühlen lassen. Zum Servieren aus der Form stürzen und in Scheiben schneiden.

TIPP
Für eine lockere Konsistenz der Farce die gleiche Menge Sahne und Fleisch nehmen. Damit die Farce bei der Herstellung nicht gerinnt, müssen die Sahne und das Fleisch immer eiskalt sein. Zum Garen der Terrine die Temperatur für das Wasserbad am besten mit einem Thermometer im Ofen regelmäßig kontrollieren, sie soll mindestens 75° und maximal 80° betragen. Am besten schmecken Terrinen mit Wildgeflügel 3–4 Tage nach der Zubereitung.

1032. Kaninchen-Terrine auf ländliche Art

BRAUCHT ETWAS ZEIT | GUT FÜR GÄSTE
Für 1 Terrinen-Form (etwa 1 1/2 l Inhalt)
Zubereitungszeit: 1 1/2 Std.
Garzeit: 1 1/2 Std.
Kühlzeit: 1 Tag

1 küchenfertiges Kaninchen (1,3–1,5 kg) • 225 g durchwachsener Räucherspeck • 225 g fetter Räucherspeck • 4 EL gemischte, fein gehackte Kräuter (Salbei, Thymian, Majoran, Lorbeer) • 1 EL Semmelbrösel • 1 Prise frisch geriebene Muskatnuss • Salz • frisch gemahlener Pfeffer • 2 Eier • 2 EL Cognac • 1 großes Bund Petersilie • 1 EL Butter • 1 hart gekochtes Ei • einige Lorbeerblätter

– Das Kaninchenfleisch mit einem spitzen Messer von den Knochen lösen. Das Fleisch kalt abbrausen und abtrocknen. Dann mit dem elektrischen Fleischwolf zerkleinern. In eine große Schüssel geben.
– Den durchwachsenen Speck fein würfeln. Den fetten Speck in dünne Scheiben schneiden und die Terrinen-Form damit auskleiden. Den Rest fein würfeln. Die Speckwürfel unter das gehackte Fleisch kneten.
– Die gemischten, gehackten Kräuter zusammen mit den Semmelbröseln und dem Muskat an die Fleischmasse geben und kräftig untermischen. Mit Salz und Pfeffer würzen. Den Backofen auf 250° vorheizen.
– Die Eier in einer Tasse mit dem Cognac verquirlen. Petersilie waschen, trockenschütteln und fein hacken. Alles an die Masse geben und gut durchkneten. Den Fleischteig in die Terrinen-Form füllen und mit dem Löffelrücken glatt streichen.
– Die Butter zerlassen. Ein Blatt Butterbrotpapier so zuschneiden, dass es die Oberfläche der Fleischmasse abdeckt. Mit der zerlassenen Butter bepinseln und mit der bestrichenen Seite auf die Füllung legen. Den Deckel der Terrine aufsetzen. Die Terrine in einem handbreit mit Wasser gefüllten Bräter oder großen Topf stellen.
– Bratrost in den Ofen (unten, Umluft 220°) schieben und den Topf darauf stellen. Wenn das Wasser im Topf kocht, die Hitze auf 200° (Umluft 180°) reduzieren. Die Kaninchen-Terrine in etwa 1 1/2 Std. garen.
– Die Terrine aus dem Ofen nehmen und den Deckel abheben. Ein Küchenbrett auf das Butterbrotpapier in die Form legen und ein Gewicht (z.B. einen schweren Stein oder eine volle Konservendose) darauf stellen, um das Fett aus der Masse herauszupressen. Die Terrine mindestens 1 Tag in den Kühlschrank stellen.
– Am nächsten Tag das Gewicht entfernen, die Terrine aus der Form stürzen. In Scheiben schneiden und auf einer Platte anrichten. Ei schälen, in Scheiben schneiden. Terrine mit Ei und Lorbeerblättern garnieren.

TIPP

Um das Kaninchenfleisch zu zerkleinern, brauchen Sie einen elektrischen Fleischwolf oder einen Blitzhacker, da das Fleisch viele Häutchen enthält, die ein handbetriebenes Gerät verstopfen würden.

1033. Hackfleisch-Pastete

GUT FÜR GÄSTE | PREISWERT
Für 8–10 Personen
Zubereitungszeit: 45 Min.
Garzeit: 1 Std.

Für die Teigkruste: 250 g Mehl • 100 g Butter • 1 TL Salz • 1 Ei
Für die Füllung: 2 kleine Zwiebeln • 150 g Champignons • 1 Bund Petersilie • 40 g Butter • 500 g Rinderhackfleisch • je 100 g gekochter und roher Schinken • 1/2 Brötchen • 1 Ei • 2 cl Cognac • Salz • frisch gemahlener schwarzer Pfeffer • frisch geriebene Muskatnuss • 1 Msp. getrockneter Majoran • 1/2 TL abgeriebene unbehandelte Zitronenschale
Zum Bestreichen: 1 Eigelb

– Das Mehl auf ein Backbrett sieben und in die Mitte eine Mulde drücken. Die Butter in Flöckchen auf dem Mehlrand verteilen. In die Mulde das Salz und das Ei geben. Das Mehl mit allen Zutaten rasch zu einem geschmeidigen Teig verkneten. Den Mürbeteig zu einer Kugel formen, in Folie wickeln und im Kühlschrank etwa 30 Min. ruhen lassen.
– Die Zwiebeln schälen. Die Champignons mit Küchenpapier trocken abreiben, die Stielenden abschneiden. Die Petersilie waschen und gründlich trockenschütteln. Alles klein hacken.
– Die Butter erhitzen, die Zwiebeln darin glasig braten, die Champignons zugeben und kurz mitbraten. Petersilie und das Hackfleisch zugeben und so lange braten, bis die Flüssigkeit verdampft ist.
– Den Schinken in kleine Würfel schneiden. Das Brötchen einweichen, ausdrücken und mit den Schinkenwürfeln, dem Ei, dem Cognac, Salz, Pfeffer, Muskat, Majoran und der Zitronenschale unter die Hackfleischmischung kneten.
– Den Backofen auf 200° vorheizen. Den Teig halbieren und daraus 2 gleich große runde Platten ausrollen. Eine Teigplatte auf ein mit Backpapier ausgelegtes Backblech legen, Hackfleischfüllung darauf häufen. Zweite Teigplatte darüber legen, Ränder zusammendrücken.
– Die obere Teigplatte mehrmals mit einem Holzstäbchen einstechen. Den Teig mit dem verquirlten Eigelb bestreichen.
– Die Pastete im Ofen (zweiten Schiene von unten, Umluft 180°) etwa 1 Std. backen. Die Pastete dann auf einem Kuchengitter erkalten lassen.

Butterbrot & Toast

Brot ist eine herrliche Erfindung – weil wir es kaufen können, weil wir es nicht kochen müssen, weil wir trotzdem gleich dran knabbern dürfen. Und ist es auch noch gut, reicht schon etwas Butter, Olivenöl oder Schmalz, um es sehr gut zu machen. Das sind dann die einfachen Genüsse, an die wir uns ein Leben lang erinnern. Manche Brote aber werden erst zum Genuss, wenn richtig was drauf ist. Das sind dann schon fast kleine Mittagessen.

Die Welt mag schlechter geworden sein, vielleicht sogar das Essen – aber beim Brot, da sehen wir wirklich keinen Grund zum Jammern. Denn allen Industriebackmischungen, Großbäckereien und Tiefkühlbrötchen zum Trotz: So unterschiedliche und gute Brote an so vielen verschiedenen Plätzen, das hat es früher nicht gegeben. Natürlich, da war damals dieser Bäcker bei den Eltern in der Straße, der ein Bauernbrot gebacken hat, wie wir es bis heute nicht wiedergefunden haben. Und richtig, so eine Ciabatta wie in diesem Abruzzen-Dorf vom letzten Urlaub, die können wir bei uns lange suchen. Aber wenn wir jetzt mal Heimatgefühle und Ferienlaune beiseite lassen und in einer beliebigen Kleinstadt unseres Landes zum Brotkaufen gehen, dann ist da einfach eine Menge Gutes zu haben: mit aller Sorgfalt gebackene Natursauerteiglaibe, Brote aus vollem Bio-Korn, saftiges Hefegebäck mit Oliven oder getrockneten Tomaten darin, luftig-knuspriges Fladenbrot direkt aus dem Ofen. Wie damals in unserer Straße oder neulich in den Abruzzen gibt es auch da Bäcker, die eine Sorte Brot besonders gut backen – nur finden wir die heute mehr oder weniger an einem Platz und es liegen in deren Regalen meist noch ein paar andere sehr feine Brote.

So sind wir heute das Volk der Brotweltmeister, das für fast jeden Tag im Jahr eine andere Brotsorte kennt und dessen Bürger im gewissen Rahmen immer mal wieder was anderes probieren statt ewig Baguette oder Toast zu essen. Und die wahren Brotprofis unter uns wissen dabei längst, bei wem es in ihrer Umgebung das satteste Roggenbrot, die knusprigsten Brötchen oder die frischsten Brezen gibt. Brot und Brötchen sind bei uns eben kein Nebenbei zum Essen, sie sind vielmehr die Basis für viele Mahlzeiten – Frühstück wie Vesper, Brotzeit wie Abendbrot. Und wie wir unser Brot essen, das macht uns auch kaum einer in der Welt nach.

Das belegte Brot

Einen „open sandwich“ nennen die Engländer ungewöhnlich umständlich das, was den Deutschen ihr typisches Brot ist, also eine Art „aufgeklappter Doppeldecker“, und auf gut deutsch: das belegte Brot. Seine einfachste Version ist das Butterbrot, und für viele ist sie auch die überzeugendste. Denn eine frisch geschnittene, noch leicht saftige Scheibe Roggenbrot aus Natursauerteig mit ein wenig bitterer Kruste, nicht zu dick beschmiert mit bester Süßrahmbutter – das ist ein wahres Traumpaar so wie erstklassige Spaghetti mit ganz frischer Tomatensauce. Und wie dieses italienische Paar kann auch das Butterbrot ständig erweitert werden, vor allem mit Wurst, Käse Schinken, Ei oder Fisch. Für Kochbuchleser wird es dann erst richtig interessant, wenn man sein Brot mit noch etwas anderem als Butter bestreicht – so wie im bayrisch-sommerlichen Biergarten mit Obatzdem oder beim Heurigen mit Liptauer. Verhackerts mit Speck und Häckerle vom Hering sind ebenfalls traditionelle Brotaufstriche.

Aber wir können auch anders und essen unser Brot längst nicht mehr nur auf deutsch, sondern fast ebenso gerne auf Italienisch. Das simple Crostini, frisch geröstetes Weißbrot beträufelt mit fruchtig-herbem Olivenöl, ist in unserer liebsten Urlaubsküche das

Gegenstück zum Butterbrot. Und auch das kann natürlich erweitert werden. Mit frischen Tomaten – dann wird es zur Bruschetta – oder mit raffinierten Aufstrichen aus Geflügelleber und Oliven. Und im Grunde ist so ein Knoblauchbaguette auch nicht etwas viel anderes als ein Butterbrot, oder?

Was ist …

… ein Weißbrot? Brot, das nur oder fast nur aus Weizenmehl gemacht ist und für gewöhnlich aus Hefeteig gebacken wird. Die Krume unter der goldbraunen Kruste ist weiß bis hell, luftig und zart. Weißbrot wird als Beilage oder zum Rösten verwendet. Baguette, Ciabatta, Fladenbrot, Toast sind typischste Vertreter seiner Art.

… ein Roggenbrot? Brot, das mit mindestens 90 % Roggenmehl (der Rest ist oft Weizen, so dass es nicht zu schwer wird) und Sauerteig angesetzt wurde. Seine Krume ist dunkel und aromatisch, dabei leicht säuerlich und anfangs auch saftig. Es hat eine dunkle, oft relativ feste Kruste. Gut für Butterbrote und deftigeren Belag.

… ein Mischbrot? Besteht aus zwei Mehlsorten, meist Weizen und Roggen, und heißt je nach der Hauptzutat dann Roggen- oder Weizenmischbrot. Diese beliebteste Brotform ist gut zum Belegen, als Beilage und als Zutat für rustikalere Gerichte wie Brotsuppe. Im Drei- bzw. Mehrkornbrot stecken drei und mehr Getreidesorten, z. B. zu den oben genannten kommt noch Dinkel oder Hafer dazu.

… ein Vollkornbrot? Dafür wird das volle Korn samt Keimling und Schale verwendet, was das Mehl und damit auch das Brot dunkler, schwerer und meistens nussiger macht. Oft stecken in Vollkornbroten ganze Körner, doch das ist kein Muss – auch ein Weizen-Baguette kann ein Vollkornbrot sein.

Von Sandwich bis Tramezzini

Wo man nicht deutsch spricht und kocht, wird das Brot eigentlich erst dann als eigene Mahlzeit wahrgenommen, wenn es aus zwei Scheiben besteht und ordentlich was dazwischen ist. Am berühmtesten ist da wohl das Sandwich, das einst in England erfunden worden sein soll, um Toastbrot mit einer Hand zu essen, damit die andere zum Kartenspielen oder Teetrinken frei ist. Moderne Sandwiches sind inzwischen echte Hauptsachen und Basis für einen ganzen Gastronomie-Zweig. Sie können mit fast allem gefüllt sein, was auf ein Brot geht (und das längst kein Toastbrot mehr sein muss): Aufstriche aller Art, frische Salate und zarte Gemüse, Eingelegtes, Luftgetrocknetes oder Geräuchertes von Fisch bis Fleisch, Käse aus allen Ländern der Erde. Purer und zurückhaltender geben sich da die italienischen Verwandten. Zwischen die Toastscheiben der Tramezzini und die Brötchenhälften der Panini kommt zumindest in deren Heimat nicht viel mehr als Wurst oder Schinken, eine Sorte Käse und vielleicht noch etwas Tomate. Und solch simple Panini kennen wir dann auch wieder in Deutschland – als Fischbrötchen oder Wurstsemmel.

Von Toast bis Croque

Ob ein Tramezzini warm sein kann oder kalt sein muss, darüber lässt sich streiten. Und ob die Bruschetta nun eher ein belegtes Brot oder schon ein Toast ist, lässt sich auch nicht sicher sagen. Aber spätestens wenn zum Brot noch Käse dazukommt, der unterm Grill oder im heißen Ofen zerläuft, gibt es ganz klar Toast zu essen. Die ihm ähnliche Pizza hat ihn zuletzt etwas verdrängt, doch wir würden ihm ein Comeback wünschen. Denn feiner, schneller und vielseitiger als beim überbackenen Toast ist kaum ein kleine Mahlzeit zubereitet. Seine Steigerung sind das amerikanische Club Sandwich oder das französische Croque Monsieur, bei denen es zwischen zwei Scheiben und außen herum eher üppig zugeht – Sandwiches de luxe sozusagen.

Aber eins haben diese Wurstbrote, Mozzarella-Tramezzini, Lachs-Sandwiches und Filet-Toasts gemeinsam – in ihrer Vielfalt gibt es sie nur bei uns Brotweltmeistern. Und das ist bei aller Liebe zum guten alten Butterbrot (samt aufgemaltem Mondgesicht wie einst bei Mama) auch eine Menge wert.

Brote belegen

Das Brot

Je üppiger und vielseitiger ein Brot belegt wird, desto neutraler sollte es selbst sein – so wie der Toast für die bunten Sandwiches oder das Baguette für eine überbackene Kreation. Brote, die eindeutiger schmecken, werden dagegen oft mit nur ein, zwei Zutaten am besten belegt – wie das Pumpernickel beim Krabbenbrot oder das italienische Bauernbrot bei der Bruschetta. Weißbrote mit fester Kruste und weicher Krume schneidet man mit der Hand. Dicker als 1 cm (Misch-, Roggen- und Vollkornbrote) bis 2 cm (Baguettes usw.) sollten die Scheiben nicht sein, besonders wenn sie später zusammengeklappt werden. Außer bei einigen Weißbroten wird Brot am besten gut ausgekühlt geschnitten, Vollkornbrote sogar erst 2 Tage nach dem Backen.

Der Aufstrich

Butter, Schmalz, Quark, Frischkäse oder aromatische Öle von Olive bis Kürbiskern dürfen solo aufs Brot, das dann mit etwas Salz und Pfeffer, Kräutern, Zwiebeln oder Knoblauch darauf oft schon perfekt ist. Die gleichen Produkte können aber auch die Basis für würzigere Aufstriche, Cremes und Mischungen sein, die mit frischen Gemüsen und Hülsenfrüchten (auch Soja) sowie Fleisch und Fisch angereichert werden. Sie streicht man direkt aufs Brot (bei Sandwiches auch auf beide Scheiben) oder gibt vorher ein Blatt Salat darunter. Dünn aufgetragen wird, wenn der Aufstrich eher flüssig ist, ein intensives Aroma hat, das Brot neutral schmeckt oder später noch mehr darauf gelegt wird. Ansonsten kann es dicker kommen – so lange sich das Ganze am Ende dann noch mit Leichtigkeit essen lässt.

Der Belag

Jetzt gibt man die Hauptsache aufs Brot: den meist in Scheiben geschnittenen Belag aus Schinken, Wurst und Käse, seltener Fisch oder auch mal Gemüse wie Tomate oder Gurken. Die Auswahl ist groß und die Möglichkeiten der Kombinationen sind noch größer (mehr dazu im Lauftext links), aber eins steht bei aller Kreativität an erster Stelle: Das Brot muss essbar bleiben. Verspeist man es aus der Hand, wird Festeres wie roher Schinken besonders dünn geschnitten und darf auch nicht zu groß sein – sonst gibt es mehr zu ziehen als zu beißen. Zusammengeklappte Brote sollen auch nach dem ersten Bissen noch zusammen bleiben. Ein eher fester Aufstrich, ein leicht zu beißender Belag und keine allzu sperrigen Tomaten- oder Gurkenstücke helfen dabei, das Brot stabil zu halten. Und wenn man am Ende alles noch mal unter sanftem Druck anpresst, bleibt es auch so. Essbarkeit heißt natürlich auch, dass ein auf diese Weise angereichertes oder geklapptes Brot schmecken soll – im Zweifel also lieber zurückhaltender beim Belegen und Kombinieren sein. Für Mutigere gibt es unseren Spezialtipp.

GU Spezial-TIPP

Brote wie vom Profi: *In guten Sandwich-Bars und Coffee-Shops wird auch beim Brot kreativ gemixt. Dabei setzen die Macher oft auf die Kontraste der Zutaten, Zubereitungen und Aromen. So wird ein süßscharf geschmortes Chutney mit mild salzigem Schinken und ein paar frischen Schalottenringen kombiniert, purer Dijon-Senf kommt zu fruchtigen Tomaten mit Spänen von altem Gouda obenauf. Legen Sie sich zum Üben einen Vorrat an Cremes, Dips und Eingelegtem an und mixen Sie erst mal beim Abendbrot drauf los – die besten Ergebnisse gibt es dann zusammen mit ein paar Cocktails bei der nächsten Party. Und wer's ganz bunt treiben will, lädt seine Gäste zum Selbermachen ein – mit diversen Broten, Aufstrichen und Belägen auf dem Buffet.*

1034. Sesambutter

GEHT SCHNELL
Für 6 Personen
Zubereitungszeit: 10 Min.

2 EL ungeschälte Sesamsamen • 125 g weiche Butter • 1 Knoblauchzehe • Cayennepfeffer • Salz

– Die Sesamsamen in einer trockenen Pfanne einige Minuten unter Rühren rösten, bis sie leicht bräunen und angenehm duften.
– Die Sesamsamen mit der weichen Butter verrühren. Den Knoblauch schälen und dazupressen. Mit etwas Cayennepfeffer und Salz würzen, gründlich verrühren und bis zum Servieren kalt stellen.

1035. Tomatenbutter

GUT FÜR GÄSTE
Für 6 Personen
Zubereitungszeit: 10 Min.

1 Bund glatte Petersilie • 4 getrocknete, in Öl eingelegte Tomaten • 125 g weiche Butter • 1/2 unbehandelte Zitrone • Salz • frisch gemahlener weißer Pfeffer

– Die Petersilie abbrausen und trockenschütteln, die Blättchen von den Stängeln zupfen und fein hacken. Die Tomaten mit Küchenpapier trockentupfen und ebenfalls sehr fein hacken. Petersilie und Tomaten mit der weichen Butter verrühren.
– Die Zitronenhälfte heiß abspülen und etwas Zitronenschale abreiben. Die Butter mit Zitronenschale und mit einigen Tropfen Zitronensaft, Salz und Pfeffer abschmecken, dann bis zum Servieren kalt stellen.

1036. Mandel-Kräuter-Butter

GEHT SCHNELL
Für 6 Personen
Zubereitungszeit: 10 Min.

30 g geschälte gehackte Mandeln • 30 g geschälte gemahlene Mandeln • 2 EL Kerbelblättchen • 125 g weiche Butter • 3 TL Sherry nach Belieben • Salz • rosenscharfes Paprikapulver

– Zuerst die gehackten, dann die gemahlenen Mandeln in einer trockenen Pfanne unter Rühren goldbraun rösten, herausnehmen.
– Die Kerbelblättchen verlesen, vorsichtig abbrausen, trockenschütteln und fein hacken.
– Gehackten Kerbel mit den gerösteten Mandeln und der Butter verrühren. Mit dem Sherry nach Belieben und mit Salz und Paprikapulver abschmecken. Bis zum Servieren kalt stellen.

1037. Preiselbeerbutter

GELINGT LEICHT
Für 6 Personen
Zubereitungszeit: 10 Min.

125 g weiche Butter • 75 g eingelegte Preiselbeeren • 1 1/2 EL Apfeldicksaft oder flüssiger Honig • 25 g Walnusskerne

– Die Butter mit den Preiselbeeren und dem Apfeldicksaft oder dem Honig glatt rühren.
– Die Walnusskerne hacken und aufstreuen oder untermischen. Bis zum Servieren kalt stellen.

1038. Möhren-Apfel-Aufstrich

GEHT SCHNELL
Für 2 Personen
Zubereitungszeit: 15 Min.

1 Möhre • 1 kleiner säuerlicher Apfel • 1/2 EL Zitronensaft • 50 g Magerquark • 1 EL Crème fraîche • Meersalz • frisch gemahlener weißer Pfeffer • 1 Bund Petersilie

– Die Möhre dünn schälen und fein raspeln. Den Apfel ebenfalls schälen und fein raspeln, dabei vom Kerngehäuse befreien. Die Apfelraspel sofort mit dem Zitronensaft beträufeln, damit sie weiß bleiben.
– Den Magerquark in einer Schüssel mit Crème fraîche verrühren. Die Möhren- und Apfelraspel hinzufügen. Den Aufstrich mit Meersalz und Pfeffer pikant abschmecken.
– Die Petersilie waschen, trockenschwenken, von den groben Stielen befreien und fein hacken. Den Aufstrich mit der Petersilie bestreut sofort servieren.

1039. Möhren-Mascarpone-Creme

GUT FÜR GÄSTE
Für 3 Personen
Zubereitungszeit: 15 Min.
Garzeit: 15 Min.

100 g Möhren • 1 EL Honig • 125 g Mascarpone • 1 EL Zitronensaft • 1/2 säuerlicher fester Apfel

– Möhren schälen und klein würfeln. Honig in einem Topf erwärmen, Möhren darin wenden. 4–5 EL Wasser angießen, Möhren in etwa 15 Min. weich dünsten.
– Die Möhren dann in einem Sieb gut abtropfen lassen und mit dem Pürierstab pürieren. Mit dem Mascarpone verrühren. Mit dem Zitronensaft abschmecken.
– Den Apfel schälen, entkernen und grob reiben, unter die Mascarponecreme rühren. Möhren-Mascarpone-Creme bis zum Servieren in den Kühlschrank stellen.

1040. Nuss-Rosinen-Creme

SCHMECKT KINDERN
Für 3 Personen
Zubereitungszeit: 30 Min.

50 g kernlose Rosinen • 3–4 EL Orangensaft • 50 g Haselnusskerne • 25 g Walnusskerne • 1 gehäufter EL Pinienkerne • 50 g Doppelrahm-Frischkäse

– Die Rosinen heiß abwaschen, abtropfen lassen und kurz in dem Orangensaft einweichen. Die Haselnuss-, Walnuss- und Pinienkerne in einer trockenen Pfanne einige Minuten unter Rühren rösten, dann fein mahlen.
– Die Rosinen pürieren, den Frischkäse unterschlagen. Dann die gemahlenen Nüsse dazugeben und rühren, bis eine dickcremige Paste entstanden ist.

1041. Kräuter-Nuss-Paste

GUT FÜR GÄSTE
Für 4 Personen
Zubereitungszeit: 25 Min.

80 g Mandeln • 80 g Pinienkerne • 1 Bund glatte Petersilie • 1 Bund Schnittlauch • 1 Kästchen Gartenkresse • Meersalz • frisch gemahlener Pfeffer

– Die Mandeln mit kochend heißem Wasser überbrühen, kurz ziehen lassen, kalt abschrecken und aus den Schalen drücken.
– Die Mandeln und die Pinienkerne in einer trockenen Pfanne bei mittlerer Hitze unter Rühren rundum goldgelb rösten. Gleich auf einen Teller schütten und auskühlen lassen, in der heißen Pfanne würden sie sonst noch nachbräunen.
– Die Petersilie und den Schnittlauch waschen, trockenschütteln und grob zerkleinern. Die Kresse mit einer Küchenschere vom Beet schneiden, in einem Sieb kalt abspülen und abtrocknen.
– Die Mandeln und die Pinienkerne im Blitzhacker sehr fein zerkleinern. Nach und nach die Kräuter hinzufügen. Die Kräuter-Nuss-Paste mit Salz und Pfeffer pikant abschmecken.

TIPP
Dieser Aufstrich hält sich im Kühlschrank in einem verschlossenen Schraubglas bis zu 2 Wochen.

1042. Pfefferkäse mit Kresse

GEHT SCHNELL
Für 4 Personen
Zubereitungszeit: 15 Min.

1 kleine rote Paprikaschote • 1 kleine Zwiebel • 1 Kästchen Gartenkresse • 1 EL eingelegte grüne Pfefferkörner (aus dem Glas) • 200 g Doppelrahm-Frischkäse • 2 EL Crème fraîche • Meersalz

– Die Paprikaschote waschen und halbieren. Schotenhälften vom Stielansatz und von den weißen Rippen und Kernen befreien und in kleine Würfel schneiden.
– Die Zwiebel schälen und fein hacken. Gartenkresse mit einer Schere vom Beet abschneiden und in ein Sieb geben, waschen, trockenschwenken und fein hacken.
– Die Pfefferkörner in einem Sieb abtropfen lassen und grob zerhacken oder im Mörser zerstoßen. Den Doppelrahm-Frischkäse in einer Schüssel mit der Crème fraîche verrühren.
– Die Paprikaschotenwürfel, die Zwiebelwürfel, die gehackte Kresse und die zerkleinerten Pfefferkörner unter die Creme rühren. Den Pfefferkäse mit etwas Meersalz pikant abschmecken.

1043. Bayrischer Obatzda

GEHT SCHNELL
Für 4 Personen
Zubereitungszeit: 15 Min.

300 g gut durchgereifter weicher Camembert • 50 g weiche Butter • 2 EL helles Bier • 1 Zwiebel • 1 EL edelsüßes Paprikapulver • 1/2 TL gemahlener Kümmel • Salz • frisch gemahlener schwarzer Pfeffer • 1/2 Bund Schnittlauch

– Den Camembert entrinden und in einer Schüssel mit einer Gabel zerdrücken. Die Butter und das Bier gründlich unterrühren.
– Die Zwiebel schälen, fein hacken und dazugeben. Mit dem Paprikapulver, dem gemahlenen Kümmel, Salz und frisch gemahlenem Pfeffer pikant abschmecken. Den Schnittlauch waschen, trockenschwenken und in feine Röllchen schneiden.
– Obatzden auf einem Teller kuppelförmig anrichten und mit den Schnittlauchröllchen bestreuen.

1044. Ungarischer Paprikakäse

GEHT SCHNELL
Für 2 Personen
Zubereitungszeit: 15 Min.

je 1/2 kleine rote, grüne und gelbe Papnkaschote (etwa 300 g) • 1/2 kleine Zwiebel • 1/2 Bund Schnittlauch • 50 g ungarischer Schafkäse (ersatzweise ein anderer weicher Schafkäse) • 1 EL saure Sahne • 1 Knoblauchzehe • Salz • frisch gemahlener weißer Pfeffer

– Die Paprikaschoten gründlich waschen und von den Stielansätzen, weißen Rippen und Kernen befreien. Die Schotenhälften in sehr kleine Würfel schneiden.
– Die Zwiebel schälen und fein hacken oder in sehr kleine Würfel schneiden. Den Schnittlauch abbrausen, trockenschwenken und in feine Röllchen schneiden.
– Den Schafkäse in eine kleine Schüssel bröckeln und mit der sauren Sahne verrühren. Die Paprikawürfel, die gehackte Zwiebel und die Schnittlauchröllchen hinzufügen.
– Die Knoblauchzehe schälen und durch die Presse dazudrücken. Den Paprikakäse mit Salz und Pfeffer pikant abschmecken.

1045. Liptauer Käse

GUT VORZUBEREITEN
Für 4 Personen
Zubereitungszeit: 30 Min.
Kühlzeit: 1 Std.

400 g Schafkäse • 4 EL Milch • 100 g weiche Butter • 1 kleine Zwiebel • 1 Knoblauchzehe • 1 TL Kapern • 1 TL rosenscharfes Paprikapulver • frisch gemahlener schwarzer Pfeffer • Salz • 1 1/2 Bund Schnittlauch

– Den Schafkäse mit dem Pürierstab pürieren, dabei die Milch untermischen. Die Butter glatt verrühren und dazumixen.
– Die Zwiebel und die Knoblauchzehe schälen und mit den Kapern sehr fein hacken. Alles unter die Schafkäsemasse mischen. Mit Paprika, Pfeffer und eventuell Salz pikant abschmecken. Etwa 1 Std. kühl stellen.
– Aus der Käsemasse walnussgroße Kugeln rollen, auf einer Platte (nach Belieben mit Salatblättern ausgelegt) zu einer Pyramide aufschichten. Schnittlauch waschen und trockenschütteln, dann fein hacken und über die Käsekugeln streuen.

1046. Waldviertler Erdäpfelkas

PREISWERT
Für 2 Personen
Zubereitungszeit: 50 Min.

100 g mehlig kochende Erdäpfel (Kartoffeln) • Salz • 1 Ei (Größe S) • 25 g weiche Butter • 1/2 TL scharfer Senf • 1/2 kleine Zwiebel • 1/2 Sardellenfilet in Öl • 1/2 kleine Gewürzgurke • 1/2 Bund Schnittlauch • 1/2 TL edelsüßes Paprikapulver • etwas gemahlener Kümmel • eventuell 1 EL saure Sahne

– Die Erdäpfel waschen und in leicht gesalzenem Wasser in etwa 25 Min. weich kochen. Das Ei in 10 Min. hart kochen, dann mit kaltem Wasser abschrecken.
– Die Butter mit dem Senf in einer Schüssel verrühren. Die Zwiebel schälen und mit dem Sardellenfilet und der Gewürzgurke fein hacken und zur Butter geben.
– Das Ei pellen, das Eiweiß abtrennen, fein hacken und unterrühren. Das Eigelb durch ein Sieb dazustreichen. Den Schnittlauch waschen, trockenschwenken, in feine Röllchen schneiden und zum Garnieren beiseite legen.

– Die Kartoffeln abgießen, auskühlen lassen, pellen und durch die Presse zu der Buttermischung drücken. Alles gut verrühren und mit dem Paprikapulver, Kümmel und Salz pikant würzen.
– Eventuell noch die saure Sahne unterrühren, damit die Masse gut streichfähig wird. Den Erdäpfelkas mit den Schnittlauchröllchen bestreut servieren.

1047. Indische Erdnusspaste

GUT FÜR GÄSTE
Für 2 Personen
Zubereitungszeit: 30 Min.

100 g Erdnüsse (in der Schale) • 1 TL Erdnussöl • 50 g Joghurt • 1/2 kleine Zwiebel • 1 Knoblauchzehe • 1/2 TL gemahlener Koriander • 1/4 TL gemahlener Kreuzkümmel • abgeriebene Schale von 1/4 unbehandelten Zitrone • Salz • frisch gemahlener schwarzer Pfeffer • 1/2 Bund Schnittlauch

– Die Erdnüsse aus den Schalen lösen, von den braunen Häuten befreien und in einer trockenen Pfanne bei mittlerer Hitze rösten, bis sie goldgelb sind. Die Nüsse dann auf einem Teller auskühlen lassen.
– Dann die Erdnüsse mit dem Messer fein hacken und nach und nach im Mörser sehr fein zerstoßen oder im Mixer zu einer cremigen Paste verarbeiten. Die Erdnusscreme in einer Schüssel mit dem Erdnussöl und dem Joghurt verrühren.
– Die Zwiebel schälen, fein hacken oder in sehr kleine Würfel schneiden und unter die Erdnusspaste rühren. Die Knoblauchzehe schälen und durch die Presse dazudrücken. Den Aufstrich mit Koriander, Kreuzkümmel und Zitronenschale würzen, mit Salz und Pfeffer pikant abschmecken.
– Den Schnittlauch waschen, trockenschwenken und in feine Röllchen schneiden. Erdnusspaste in eine kleine Schüssel streichen oder auf einen kleinen Teller häufen. Mit den Schnittlauchröllchen bestreut servieren.

TIPP

Die Paste hält sich – je nach Frische des Joghurts – bis zu 3 Tage im Kühlschrank. Vor dem Servieren noch einmal durchrühren. Sie passt sehr gut zu Vollkornbrot.

1048. Marokkanische Sardinencreme

GEHT SCHNELL
Für 2 Personen
Zubereitungszeit: 15 Min.

50 g Ölsardinen (ohne Haut und Gräten, aus der Dose) • 2 EL weiche Butter • 1/2 kleine Zwiebel • 1/2 Knoblauchzehe • 1/2 TL Zitronensaft • etwas abgeriebene unbehandelte Zitronenschale • 1 Prise Cayennepfeffer • frisch gemahlener schwarzer Pfeffer • 1 kleine Tomate • 1/2 Bund krause Petersilie

– Die Sardinen abtropfen lassen und mit einer Gabel fein zerpflücken. Die Butter unterrühren. Die Zwiebel schälen, fein hacken und hinzufügen. Knoblauch ebenfalls schälen und durch die Presse dazudrücken.
– Den Aufstrich mit Zitronensaft, Zitronenschale, Cayennepfeffer und etwas Pfeffer pikant würzen.
– Die Tomate waschen und in dünne Scheiben schneiden, dabei den Stielansatz entfernen. Petersilie waschen, trockenschwenken und in kleine Sträußchen teilen. Die Sardinencreme mit den Tomatenscheiben und den Petersiliensträußchen garniert servieren.

1049. Schinken-Canapés

GELINGT LEICHT
Für 8 Stück
Zubereitungszeit: 15 Min.

4 Weißbrotscheiben • 4 TL Sardellenbutter • 100 g gekochter Schinken (in Scheiben) • 2 EL saure Sahne • 1 EL Estragonsenf • 8 dünne Scheiben Senfgurke • einige Dillspitzen für die Garnitur

– Von den Brotscheiben die Rinde abschneiden und aus jeder Scheibe 2 gleich große Rechtecke schneiden. Die Rechtecke mit der Sardellenbutter bestreichen.
– Die Hälfte der Schinkenscheiben sehr fein hacken, durch den Fleischwolf drehen oder im Mixer fein zerkleinern und mit der sauren Sahne und dem Estragonsenf vermengen. Die Schinkencreme auf die Sardellenbutter streichen.
– Die übrigen Schinkenscheiben exakt in der Größe der Canapés schneiden und auf die Schinkencreme legen. Mit jeweils 1 Senfgurkenscheibe belegen und mit Dillspitzen garnieren.

1050. Kaviar-Canapés

GUT FÜR GÄSTE
Für 8 Stück
Zubereitungszeit: 20 Min.

8 Scheiben Stangenweißbrot • 125 g Doppelrahm-Frischkäse • 2–3 EL Milch • 125 g Keta-Kaviar • einige Dillspitzen für die Garnitur

– Die Brotscheiben toasten. Den Frischkäse mit der Milch geschmeidig rühren. Die Creme in einen Spritzbeutel mit Sterntülle füllen und als Kringel auf die Brotscheiben spritzen. In die Mitte den Kaviar füllen. Mit den Dillspitzen garniert servieren.

1051. Pumpernickel mit Käsecreme

GELINGT LEICHT
Für 12 Stück
Zubereitungszeit: 20 Min.

4 Scheiben Pumpernickel (180 g) • 1 Kästchen Gartenkresse • 75 g roher magerer Schinken • 200 g Doppelrahm-Frischkäse • 1 Msp. Cayennepfeffer • 4 kleine Pfirsichhälften (aus der Dose)

– Pumpernickel in je 3 gleich große Stücke schneiden. Kresse vom Beet schneiden, abbrausen, abtrocknen und zwei Drittel davon fein hacken. Schinken klein würfeln.
– Frischkäse mit gehackter Kresse, Schinken und etwas Saft aus der Pfirsichdose cremig rühren. Käsecreme mit Cayennepfeffer würzen, auf die Pumpernickelscheiben streichen. Jede Pfirsichhälfte in 6 Spalten schneiden. Pumpernickelscheiben mit je 2 Pfirsichspalten belegen und mit der restlichen Kresse garnieren.

1052. Oliven-Tapas

GELINGT LEICHT
Für 8 Stück
Zubereitungszeit: 20 Min.

1 küchenfertiges Matjesfilet • je 100 g grüne und schwarze Oliven • 1 Bund Petersilie • 1 Kästchen Gartenkresse • 1 TL scharfer Senf • 1 EL Olivenöl • 8 Scheiben Stangenweißbrot • 1/2 Zitrone

– Vom Matjesfilet eventuell vorhandene feine Gräten entfernen, die Oliven entsteinen. Die Petersilie waschen und trockenschütteln, 1 Zweig zum Garnieren beiseite legen. Kresse vom Beet schneiden und kalt abspülen.
– Matjesfilet, Oliven, Petersilie und Kresse im Mixer nicht zu fein pürieren. Den Senf und das Öl unterrühren. Das Püree auf die Brotscheiben verteilen.
– Die Zitrone dick schälen, dabei die weiße Haut mit entfernen. Die Zitrone in Scheiben und die Scheiben in Viertel schneiden. Die Brote mit Zitronenstückchen und der beiseite gelegten Petersilie garnieren.

1053. Roggenbrote mit Avocadocreme

GELINGT LEICHT
Für 12 Stück
Zubereitungszeit: 20 Min.

125 g gegarte geschälte Garnelen • 4 Scheiben Roggenbrot (200 g) • 4 EL Butter • 1 kleine Zwiebel • 1/4 rote Paprikaschote • 1 Bund Dill • 1 EL Zitronensaft • 1 Avocado • Salz • frisch gemahlener Pfeffer

– Die Garnelen abbrausen und abtropfen lassen, dann klein schneiden. Die Brotscheiben gleichmäßig mit der Butter bestreichen und in jeweils 3 gleich große Streifen schneiden.
– Die Zwiebel schälen, die Paprikaschote waschen und putzen, beides fein würfeln. Dill abbrausen, trockenschütteln und klein schneiden. Die Zwiebelwürfel, den Dill, die Garnelen und die Paprikawürfel mit dem Zitronensaft mischen.
– Die Avocado schälen, entkernen, pürieren und mit der Garnelenmischung verrühren, salzen und pfeffern und auf die Brote streichen.

1054. Grahambrote mit Lachs

GELINGT LEICHT
Für 4 Stück
Zubereitungszeit: 20 Min.

1 kleiner Rettich • Salz • frisch gemahlener weißer Pfeffer • 1 EL Schnittlauchröllchen • 125 g Sahne • 1/2 Salatgurke • 4 Scheiben Grahambrot • 2 EL weiche Butter • 4 Scheiben geräucherter Lachs (etwa 100 g) • 2 Zweige Dill

– Den Rettich schälen und auf einer Rohkostreibe grob raspeln. Mit Salz, Pfeffer und den Schnittlauchröllchen würzen. Die Sahne steif schlagen und unter den Rettich heben. Die Gurke schälen und in Scheiben schneiden.
– Die Brotscheiben dünn mit der Butter bestreichen. Darüber die Gurkenscheiben verteilen. Sahne-Rettich-Mischung darauf häufen und die Lachsscheiben locker darauf anrichten.
– Dill abbrausen, trockenschütteln und die Dillspitzen von den Zweigen zupfen. Die Brote mit den Dillspitzen garnieren. Die Brote sofort servieren, da der Rettich und die Gurkenscheiben Wasser ziehen.

TIPP

An Stelle des teuren Räucherlachses schmeckt auch roher Schinken gut, den man gewürfelt über die Sahne-Rettich-Mischung streut. Statt der Salatgurke kann man Tomatenscheiben auf den Broten verteilen.

1055. Exoten-Schnitten mit Hähnchenbrustfilet

GELINGT LEICHT
Für 8 Stück
Zubereitungszeit: 30 Min.

4 Hähnchenbrustfilets (je 125 g) • Salz • frisch gemahlener weißer Pfeffer • 2 EL Öl • 3 EL Salat-Mayonnaise (50 % Fett) • 1 TL Currypulver • 1 TL Zitronensaft • 1 Prise Zucker • 1 Staude Chicorée • 4 Kiwis • 1 Mango • 2 EL frische oder getrocknete Kokosraspel • 8 Scheiben Toastbrot • 2 EL weiche Butter • 8 Blätter Zitronenmelisse

– Hähnchenbrustfilets kurz unter fließendem kaltem Wasser waschen und mit Küchenpapier trockentupfen. Mit Salz und Pfeffer einreiben.
– Das Öl in einer Pfanne erhitzen und die Hähnchenbrustfilets darin in etwa 10 Min. bei schwacher Hitze garen. Das Fleisch etwas abkühlen lassen und in dünne Scheiben schneiden.
– Die Salat-Mayonnaise mit dem Currypulver, dem Zitronensaft, Salz und dem Zucker abschmecken. Vom Chicorée das Wurzelende entfernen, den Salat in Ringe schneiden, waschen und abtropfen lassen.
– Die Kiwis und die Mango schälen. Die Kiwis in dünne Scheiben, die Mango in feinen Spalten vom Kern schneiden. Getrocknete Kokosraspel in einer Pfanne ohne Fettzugabe goldgelb rösten, dann auf einen Teller geben, damit sie nicht nachbräunen.
– Die Brotscheiben im Toaster oder in der Pfanne goldgelb rösten, etwas abkühlen lassen und mit der Butter bestreichen.
– Den Chicorée und das Hähnchenfleisch auf die Brotscheiben geben, mit der Mayonnaise bestreichen. Die Kiwischeiben und Mangospalten darauf anrichten und mit den frischen oder getrockneten gerösteten Kokosraspeln bestreuen. Die Schnitten mit Zitronenmelisse garniert servieren.

1056. Tatarbrote

GEHT SCHNELL
Für 4 Stück
Zubereitungszeit: 15 Min.

400 g Tatar • 1 Zwiebel • 1 EL kleine Kapern • 2 TL frisch geriebener Meerrettich • 1 TL Dijon-Senf • 2 EL Tomatenketchup • 1 TL Cognac oder Weinbrand • frisch gemahlener weißer Pfeffer • Salz • 4 runde Scheiben Vollkornbrot • 2 EL Butter • 4 ganz frische Eigelbe • 4 Sardellenfilets in Öl • 4 mit Paprika gefüllte grüne Oliven • 4 kleine Büschel Brunnenkresse oder 1/2 Kästchen Gartenkresse

– Das Tatar in eine Schüssel geben. Die Zwiebel schälen und sehr klein würfeln. Die Zwiebelwürfel mit den Kapern, dem Meerrettich, dem Senf, dem Tomatenketchup, dem Cognac oder Weinbrand zum Tatar geben, alles gründlich untermischen. Das Tatar mit Salz und Pfeffer kräftig abschmecken.
– Die Vollkornbrotscheiben zunächst dünn mit der Butter, dann dick mit dem Tatar bestreichen. In die Mitte jeweils eine Mulde drücken.
– Die Eigelbe in die Mulde gleiten lassen. Die Sardellenfilets längs halbieren und über jedes Eigelb vorsichtig ein Kreuz aus Sardellenfilets legen.
– Die gefüllten Oliven in feine Scheibchen schneiden. Die Gartenkresse mit einer Küchenschere vom Beet schneiden, Brunnen- oder Gartenkresse kurz unter kaltem Wasser abbrausen und trockentupfen. Die Brote mit den Olivenscheiben und der Kresse garnieren.

1057. Illustrierte Brote

GEHT SCHNELL
Für 4 Stück
Zubereitungszeit: 15 Min.

4 große Scheiben Roggenbrot • 50 g Butter • 2 kleine Tomaten • 2 hart gekochte Eier • 80 g Lachsschinken (in Scheiben) • 80 g Emmentaler (in Scheiben) • 2 Cornichons • 8 Sardellen in Salz • 1 TL Kapern • 1 TL Schnittlauchröllchen • edelsüßes Paprikapulver • frisch gemahlener schwarzer Pfeffer

– Die Roggenbrotscheiben gleichmäßig mit der Butter bestreichen. Die Tomaten waschen, vom Stielansatz befreien, in Scheiben schneiden und auf einer der Brotscheiben verteilen.
– Die Eier schälen und mit dem Eierschneider oder dem Messer in dünne Scheiben schneiden. Die weißen Enden klein würfeln, die übrigen Eierscheiben auf dem zweiten Brot verteilen. Schinken und Käse jeweils dekorativ auf die beiden anderen Brotscheiben legen.
– Cornichons der Länge nach halbieren, von einem Ende her möglichst dünn einschneiden und zu Fächern auseinander drücken. Die Sardellenfilets kurz abspülen, trockentupfen und zu Spiralen einrollen. Kapern, Schnittlauch und Eiweißwürfel auf das Tomatenbrot streuen. Paprika und Pfeffer über das Käsebrot streuen.
– Die Brote quer in 4 gleichmäßige Schnitten teilen. Daraus auf Brettchen oder großen Tellern vier neue Brote zusammensetzen, so dass jedes aus einem Stück Tomaten-, Eier-, Schinken- und Käsebrot besteht.
– Die gefächerten Cornichons auf die Schinkenschnitten und die Sardellenfilets auf die Eierschnitten setzen. Die illustrierten Brote servieren.

TIPP

Auf diese verfeinerte Weise wird in manchen gutbürgerlichen Lokalen im Land noch heute eine Vesper oder ein Abendbrot serviert – wenn es ganz fein sein soll, liegt noch ein Papierdeckchen auf dem Teller unterm Brot. Die Brotscheiben können aber natürlich auch noch ganz anders belegt werden (aber nicht zu rustikal): mit Schinken und Räucherwaren (auch Fisch) aller Art, kaltem Braten, anderen Schnittkäsen oder einem aromatischen Weichkäse.

1058. Leberwurst-Sandwich

GELINGT LEICHT
Für 2 Stück
Zubereitungszeit: 15 Min.

80 g Champignons • 1 Knoblauchzehe • 1 EL Butter • Salz • frisch gemahlener Pfeffer • 2 Zweige Majoran • 1 Zweig Petersilie • 2 große Scheiben grobes dunkles Vollkornbrot (Schwarzbrot) • 80 g Leberwurst

– Die Pilze putzen und blättrig schneiden. Knoblauch schälen, durch die Presse drücken und in der zerlassenen Butter andünsten. Pilze dazugeben, bei schwacher Hitze 10 Min. dünsten. Salzen, pfeffern, abkühlen lassen.
– Die Kräuter waschen, trockenschütteln und die Blättchen abzupfen, Petersilie grob hacken. Die Brotscheiben mit der Leberwurst bestreichen. Auf einer Scheibe die Pilze verteilen. Kräuter darüber streuen, andere Brotscheibe darauf legen. Das Brot einmal durchschneiden.

1059. Ziegenkäse-Sandwich

GEHT SCHNELL
Für 2 Stück
Zubereitungszeit: 10 Min.

2 kleine runde Ziegenfrischkäse (je etwa 40 g) • 2 EL Quark • 1 Mango • 2 Sesambrötchen

– Den Ziegenfrischkäse mit einer Gabel zerdrücken und den Quark unterrühren. Mango schälen, Fruchtfleisch zuerst vom Kern schneiden, dann in Scheiben teilen.
– Brötchen aufschneiden und toasten. Die Käsemasse auf den unteren Brötchenhälften verteilen, mit Mangoscheiben belegen. Obere Brötchenhälften darauf legen.

1060. Roquefort-Sandwich

GELINGT LEICHT
Für 2 Stück
Zubereitungszeit: 20 Min.

2 EL Walnusskerne • 70 g Roquefort (ersatzweise ein anderer Blauschimmelkäse) • 2 EL Magerquark • 4 nicht zu große Scheiben Weizenmischbrot • 1 1/2 EL Walnussöl • 1 reife, aber feste Birne • 2 Salatblätter

– Die Walnüsse grob hacken und in einer Pfanne ohne Fett hellbraun anrösten. Aus der Pfanne nehmen und beiseite stellen.
– Den Roquefort mit einer Gabel zerdrücken und mit dem Quark cremig rühren. Die Brotscheiben im Toaster goldbraun toasten. Anschließend gleichmäßig mit dem Walnussöl beträufeln.
– Die Birne waschen, vierteln und das Kerngehäuse entfernen. Die Birnenviertel in dünne Scheiben schneiden. Die Salatblätter waschen und trockentupfen.
– Von den Broten 2 Scheiben mit dem Käse bestreichen. Die Walnüsse darüber streuen, je 1 Salatblatt darauf legen. Die Birnen darauf verteilen und mit den übrigen Brotscheiben bedecken.

TIPP
Dieses Sandwich wird leichter, wenn Sie den Käse und den Quark zu gleichen Teilen verwenden und das Walnussöl weglassen.

1061. Sandwich mit Brie und Honigsenf

GEHT SCHNELL
Für 2 Stück
Zubereitungszeit: 10 Min.

1 EL Honig • 1 EL grobkörniger scharfer Senf • 2 Blätter knackiger Salat (z. B. Eisbergsalat) • 2 EL Alfalfasprossen • 2 Zwiebelbrötchen (ersatzweise 1/2 Zwiebel-Baguette) • 60 g Brie • 1–2 Scheiben gekochter Schinken (etwa 60 g)

– Den Honig und den Senf miteinander verrühren. Die Salatblätter und die Alfalfasprossen kurz unter fließendem kaltem Wasser abbrausen und trockentupfen. Den Salat in Streifen schneiden.
– Die Zwiebelbrötchen waagerecht durchschneiden und, je nach Dicke, die oberen Hälften etwas aushöhlen. Dann auf den unteren Brötchenhälften jeweils 1 TL Honigsenf verstreichen. Den Brie in Scheiben schneiden und darauf verteilen.
– Die Schinkenscheiben auf den Brie legen und mit dem restlichen Honigsenf bestreichen. Den Salat und die Alfalfasprossen darauf verteilen. Die oberen Brötchenhälften darauf legen und andrücken.

1062. Greek Salad Sandwich

GUT VORZUBEREITEN
Für 2 Stück
Zubereitungszeit: 20 Min.
Kühlzeit: 1Std.

1 Tomate • 1 Stück Salatgurke (etwa 100 g) • 1/2 rote Paprikaschote • 150 g griechischer Schafkäse • 1/2 rote Zwiebel • 15 schwarze Oliven • 2 EL Olivenöl • 1/2 TL getrockneter Oregano • Salz • frisch gemahlener Pfeffer • 2 kleine Pita-Brote • 2 TL schwarze Olivenpaste

– Die Tomate waschen, vierteln und klein schneiden, dabei den Stielansatz entfernen. Die Gurke schälen, längs durchschneiden und in 1/2 cm dicke Stücke schneiden. Die Paprika waschen, putzen und klein schneiden. Den Schafkäse würfeln. Die Zwiebel schälen und in Ringe schneiden.
– Alle vorbereiteten Zutaten in einer Schüssel mit den Oliven, dem Öl und dem Oregano vermengen. Salzen und pfeffern und 1 Std. kalt stellen.
– Die Brote aufbacken (im Backofen oder auf dem Toaster) und eine Tasche einschneiden. Die Innenseiten mit der Olivenpaste bestreichen, die Salatmischung einfüllen. Die Sandwiches sofort servieren.

1063. Club Sandwich aus den USA

GUT FÜR GÄSTE
Für 2 Stück
Zubereitungszeit: 35 Min.

2 Eier • 2 EL Butter • 150 g Putenbrustfilet • Salz • frisch gemahlener schwarzer Pfeffer • 1 große Tomate • 3 Salatblätter (z.B. Eisbergsalat) • 3 Gewürzgurken • 1 Kästchen Gartenkresse • 4 Scheiben weißes Sandwichbrot • 2 Scheiben Vollkorn-Sandwichbrot • 2 TL grobkörniger Senf • 2 EL Salat-Mayonnaise • 2 Scheiben gekochter Schinken (etwa 60 g)

– Die Eier in 10 Min. hart kochen, kalt abschrecken, pellen und abkühlen lassen. In einer Pfanne 1 EL Butter erhitzen und das Putenfilet darin bei mittlerer Hitze 5 Min. von jeder Seite braten, bis es ganz durch ist. Auf einen Teller geben, mit Salz und Pfeffer würzen und abkühlen lassen.

– Die Tomate waschen, vom Stielansatz befreien und in dünne Scheiben schneiden, salzen und pfeffern. Die Salatblätter waschen, trockentupfen. Die Eier quer und die Gewürzgurken längs in Scheiben schneiden. Die Kresse mit der Küchenschere vom Beet abschneiden. Das Putenfleisch in dünne Scheiben schneiden.
– Das Brot toasten und abkühlen lassen. Die Vollkorntoasts auf beiden Seiten mit Butter bestreichen. 2 weiße Toastbrote mit Senf bestreichen, die anderen beiden mit der Mayonnaise.
– Die Zutaten in dieser Reihenfolge schichten: Senfbrot, Salat, Putenbrustfilet, Tomaten, Vollkorntoast, Schinken, Eier, Kresse, Gurken und zum Abschluss den Mayo-Toast.
– Die Brote leicht zusammendrücken. Mit einem scharfen Messer vorsichtig diagonal durchschneiden. Mit einem Cocktail-Spießchen von oben nach unten durchstechen, damit die Lagen besser zusammenhalten.

1064. Auberginen-Baguette

GUT VORZUBEREITEN
Für 2 Stück
Zubereitungszeit: 45 Min.

1 Aubergine (etwa 250 g) • Salz • 1 kleine Knoblauchzehe • 4 EL Olivenöl • 150 g Mozzarella • 1/2 Bund Basilikum • 1/2 Stange Baguette (etwa 200 g) • frisch gemahlener schwarzer Pfeffer

– Die Aubergine waschen, putzen und längs in 1/2 cm dicke Scheiben schneiden. Die Scheiben auf beiden Seiten salzen und 20 Min. ziehen lassen.
– Inzwischen den Knoblauch schälen, durch die Presse drücken und mit 4 EL Öl verrühren. Den Mozzarella in Scheiben schneiden. Basilikumblätter von den Stängeln zupfen, große Blätter klein schneiden.
– Den Grill des Backofens vorheizen oder den Backofen auf höchste Temperatur schalten. Auberginenscheiben trockentupfen, beidseitig dünn mit Knoblauchöl bestreichen. Auf Alufolie legen, im Ofen (Mitte) auf jeder Seiten in 4 Min. goldbraun grillen. Nach dem Grillen nochmals auf einer Seite mit dem Öl bestreichen.
– Baguette längs aufschneiden, mit zwei Lagen Auberginenscheiben belegen, darauf den Mozzarella legen, salzen und pfeffern. Basilikum darauf verteilen. Dann die obere Baguettehälfte mit dem übrigen Öl beträufeln, obenauf setzen. Das Baguette einmal durchschneiden.

TIPPS

– Besonders gut schmeckt das Auberginen-Baguette mit Büffel-Mozzarella. Sie bekommen ihn in Feinkost- und Käsefachgeschäften sowie im Supermarkt. Er ist allerdings etwas teurer als Mozzarella aus Kuhmilch.
– Wenn Sie die Auberginen nicht im Ofen grillen möchten, können Sie sie auch in einer beschichteten Pfanne auf beiden Seiten goldbraun braten.

1065. Little Italy
(Panini mit Speck und Rucola)

GEHT SCHNELL
Für 2 Stück
Zubereitungszeit: 10 Min.

15–20 Blätter Rucola • 50 g Parmesan • 1 großes Ciabatta-Brötchen (ersatzweise 4 Scheiben italienisches Weißbrot) • 2 TL Pesto (Basilikumpaste; aus dem Glas) • 2 EL Crème fraîche • 50 g Tiroler Kaiserspeck (in dünnen Scheiben)

– Den Rucola waschen und trockenschleudern oder trockentupfen. Den Parmesan mit dem Sparschäler in dünne Streifen hobeln.
– Das Ciabatta-Brötchen waagerecht aufschneiden. Die eine Seite mit Pesto und die andere Seite mit der Crème fraîche bestreichen.
– Auf die untere Brötchenhälfte zuerst die Rucolablätter legen, dann darauf die Speckscheiben und den Parmesan schichten. Die obere Brötchenhälfte darauf legen. Das Brötchen einmal durchschneiden.

1066. Tramezzini mit Lachs und Kapern

GELINGT LEICHT
Für 2 Stück
Zubereitungszeit: 10 Min.

2 Frühlingszwiebeln • 6 Scheiben Toastbrot • 100 g Doppelrahm-Frischkäse • 150 g Räucherlachs • 3 TL Kapern • 1/4 unbehandelte Zitrone • frisch gemahlener Pfeffer

– Frühlingszwiebeln waschen, putzen und das dunkle Grün wegschneiden, den Rest in ziemlich dünne (aber nicht zu dünne) Ringe schneiden. Die Toastscheiben mit dem Frischkäse bestreichen und 3 Scheiben mit dem Lachs belegen.
– Die Frühlingszwiebelringe und die Kapern über den Lachs streuen. Die Zitrone gründlich heiß waschen und etwas Schale fein abreiben. Zitronenschale auf den Lachs streuen. Mit ein bisschen Zitronensaft beträufeln, Pfeffer darüber mahlen.
– Restliche 3 Toastscheiben leicht auf die belegten Toastscheiben drücken. Diagonal in Dreiecke teilen und gleich essen – oder auch später.

1067. Tunfisch-Sandwich

GEHT SCHNELL
Für 2 Stück
Zubereitungszeit: 15 Min.

1 Dose Tunfisch im eigenen Saft (150 g Abtropfgewicht) • 4 EL Mayonnaise • 1 EL mittelscharfer Senf • 1/2 TL Honig • ein bisschen Zitronensaft • 1 Bund Dill • 2 Gewürzgurken • 1 kleiner säuerlicher Apfel (z.B. Cox Orange) • 2 längliche Brötchen • 2 passende Salatblätter nach Gusto

– Den Tunfisch aus der Dose holen, in ein Sieb geben und abtropfen lassen. Dann die Tunfischstücke mit einer Gabel vorsichtig auseinander pflücken. Die Mayonnaise mit dem Senf, dem Honig und dem Zitronensaft in eine kleine Schüssel geben und kräftig zu einer Sauce verrühren.
– Den Dill kurz kalt abbrausen und trockenschütteln. Die Spitzen von den Zweigen zupfen, hacken und zur Sauce geben. Die Gewürzgurken der Länge nach in Scheiben und dann quer in Streifen schneiden, unter die Sauce rühren.
– Den Apfel schälen, vierteln, vom Kerngehäuse befreien und in kleine Würfel schneiden. Mit dem Tunfisch ebenfalls zur Sauce geben und untermischen.
– Die Brötchen quer aufschneiden. Die Salatblätter kurz unter fließendem kaltem Wasser abbrausen, trockenschütteln und auf die unteren Brötchenhälften legen. Den Tunfischsalat darauf verteilen.
– Die oberen Brötchenhälften darauf legen und leicht andrücken. Die Brötchen in Servietten wickeln und gleich oder später aus der Hand essen.

1068. Räuchertofu-Sandwich

VEGETARISCH
Für 2 Stück
Zubereitungszeit: 15 Min.

120 g Räuchertofu • 125 g Mozzarella • 1 Tomate • 15 Blätter Rucola • 4 Scheiben Vollkorn-Sandwichbrot • 2 TL Pesto (Basilikumpaste; aus dem Glas) • 2 EL Schmand (ersatzweise Crème fraîche) • Salz • frisch gemahlener Pfeffer

– Den Tofu und den Mozzarella in möglichst dünne Scheiben schneiden. Die Tomate waschen und den Stielansatz entfernen. Tomate in dünne Scheiben schneiden. Den Rucola waschen, trockentupfen und die langen Stiele entfernen.
– Das Brot toasten und abkühlen lassen. Von dem Brot 2 Scheiben mit Basilikumpaste, die anderen mit Schmand bestreichen. Dann die Schmand-Brote mit Rucola, Tofu, Mozzarella und Tomate belegen, salzen und pfeffern.
– Die Basilikum-Brote darauf legen. Die Sandwiches diagonal durchschneiden und, wenn Sie möchten, Cocktail-Spießchen hineinstecken.

1069. Gefülltes Weißbrot mit Pfefferquark

BRAUCHT ETWAS ZEIT
Für 6 Stück
Zubereitungszeit: 40 Min.
Ruhezeit: 2 Std.

4 Blätter weiße Gelatine • 1 kleines ovales Weißbrot (500 g) • 2 EL weiche Butter • 500 g Speisequark (20 % Fett) • 200 g Doppelrahm-Frischkäse • 2 EL eingelegte grüne Pfefferkörner • 1 rote Paprikaschote • 1 kleine Zwiebel • 1 Kästchen Gartenkresse • Salz

– Die Gelatine 10 Min. in kaltem Wasser einweichen. Vom Weißbrot eine kleine Kappe abschneiden, das Brot bis auf einen 2 cm breiten Rand aushöhlen und mit einem langen Messer mit der Butter ausstreichen.
– Den Quark und den Frischkäse glatt rühren. Die Pfefferkörner grob zerhacken oder im Mörser zerstoßen und mit 1 TL der Einlegeflüssigkeit zur Quark-Frischkäse-Masse geben.

– Die Paprikaschote putzen, waschen und klein würfeln. Die Zwiebel schälen und fein hacken. Die Kresse mit der Küchenschere vom Beet schneiden. Alles unter die Quark-Frischkäse-Masse rühren, mit Salz abschmecken.
– Die Gelatine ausdrücken und im heißen Wasserbad auflösen, dann gleichmäßig unter die Masse ziehen.
– Das ausgehöhlte Weißbrot mit der Quarkmasse füllen und diese dabei fest andrücken. Das gefüllte Brot locker in Folie gehüllt im Kühlschrank etwa 2 Std. ruhen und fest werden lassen. Dann das Brot in Scheiben schneiden und anrichten.

TIPP
Die ausgehöhlte Krume des Brotes kann man für einen Frikadellen-Fleischteig verwenden.

1070. Gefülltes Fladenbrot mit roten Bohnen

GUT VORZUBEREITEN | FÜRS PICKNICK
Für 6 Stück
Zubereitungszeit: 20 Min.

100 g getrocknete, in Öl eingelegte Tomaten • 1 Dose rote Bohnenkerne (250 g) • 150 g eingelegte Paprikastreifen • 200 g Schafkäse • 2–3 Bund glatte Petersilie • 1/2 unbehandelte Zitrone • 2 EL geschälter Sesamsamen • frisch gemahlener Pfeffer • 1 großes Fladenbrot • 2 EL Sardellenpaste • 2 EL Joghurt

– Tomaten in mundgerechte Stücke teilen, 2 EL Öl aufheben. Bohnen im Sieb abbrausen, Paprikastreifen und Tomaten dazugeben und alles gut abtropfen lassen. Schafkäse klein würfeln, Petersilie abbrausen, trockenschütteln und die Blättchen grob hacken. Zitrone heiß waschen und die Schale abreiben, Saft auspressen.
– Alle vorbereiteten Zutaten samt Tomatenöl und Sesam zu einem Salat vermischen, pfeffern. Fladenbrot quer aufschneiden. Sardellenpaste und Joghurt verrühren und auf die Fladenhälften streichen. Den Salat auf der unteren Brothälfte verteilen, die obere darauf legen. Sachte mit den Händen zusammenpressen.
– Theoretisch kann das Brot schon jetzt wie eine Torte aufgeschnitten werden. Traditionell reift es aber fest verschnürt noch ein bisschen in einer Kühlbox, bis es am Picknickplatz ausgepackt wird. Dazu das gefüllte Brot in ein Küchentuch einwickeln und fest mit Küchenschnur umgarnen, damit es noch etwas mehr zusammengepresst wird. Und dann vor allen Gästen auspacken und aus dem Tuch genießen.

1071. Fladenbrot mit Schnittlauch-Rührei

GELINGT LEICHT | GEHT SCHNELL
Für 8 Stück
Zubereitungszeit: 20 Min.

12 Eier • 1 TL Salz • 1/8 l Milch • je 1/4 TL edelsüßes Paprikapulver und frisch gemahlener Pfeffer • 80 g Butter • 2 Bund Schnittlauch • 1 Fladenbrot (etwa 500 g) • 200 g gekochter Schinken (in sehr dünnen Scheiben)

– Die Eier, das Salz, die Milch, das Paprikapulver und den Pfeffer mit dem Schneebesen verquirlen. 30 g Butter in einer Pfanne erhitzen, die Eiermilch hineingießen und bei mittlerer Hitze stocken lassen.
– Den Schnittlauch waschen, trockenschütteln, in feine Röllchen schneiden und über das noch feuchte Rührei streuen. Das Rührei auf einen Teller gleiten und etwas abkühlen lassen.
– Fladenbrot waagerecht durchschneiden. Beide Hälften mit der restlichen Butter bestreichen. Die untere Hälfte mit dem gekochten Schinken belegen, das Rührei darauf anrichten und das Brot wie eine Torte in 8 Stücke schneiden. Die obere Brothälfte ebenfalls in 8 Stücke schneiden und das Rührei damit bedecken.

1072. Bruschetta
(Geröstetes Weißbrot mit Olivenöl)

PREISWERT
Für 4 Stück
Zubereitungszeit: 15 Min.

8 Scheiben Weißbrot (fingerdick geschnitten) • 2 Knoblauchzehen • reichlich extra natives Olivenöl zum Beträufeln

– Die Weißbrotscheiben über dem offenen Grill, im heißen Backofen oder auf dem Toaster auf beiden Seiten goldbraun rösten.

– Die Knoblauchzehen schälen und quer halbieren. Die Brotscheiben kräftig mit den Schnittflächen der Knoblauchzehen einreiben. Das Brot reichlich mit Olivenöl beträufeln, dann sofort servieren.

TIPP

Die Bruschetta werden oft auch mit gewürzten Tomatenwürfelchen serviert. Dafür 4 Tomaten überbrühen, häuten, entkernen und fein würfeln. Mit 4 durchgepressten Knoblauchzehen mischen, salzen und pfeffern. Tomaten auf den gerösteten, mit Olivenöl beträufelten Brotscheiben verteilen.

1073. Crostini alla Napoletana

(Toast mit Mozzarella und Tomaten)

GELINGT LEICHT
Für 4 Stück
Zubereitungszeit: 30 Min.

4 kleine reife, aber feste Tomaten • 2 Kugeln Mozzarella (je 125 g) • 4 Sardellenfilets in Öl • 4 Scheiben weißes Kastenbrot • 80 g Butter • Salz • frisch gemahlener schwarzer Pfeffer • 1 TL getrockneter Oregano • Butter für das Blech

– Die Tomaten kurz mit kochend heißem Wasser überbrühen und häuten, dabei Stielansätze und Kerne entfernen. Tomaten in 8 gleichmäßige Scheiben schneiden (die Endstücke anderweitig – z. B. für eine Sauce – verwenden), die Tomatenscheiben auf Küchenpapier abtropfen lassen.
– Den Backofen auf 200° (Umluft 180°) vorheizen. Ein Backblech mit Butter fetten. Jede Mozzarellakugel in 4 Scheiben schneiden. Die Sardellenfilets der Länge nach halbieren.
– Die Brotscheiben entrinden und mit der Butter bestreichen. Dann die Brotscheiben diagonal durchschneiden, so dass 8 Dreiecke entstehen.
– Die dreieckigen Brotscheiben mit den Tomaten- und Mozzarellascheiben bedecken. Die Sardellenstreifen darüber legen, das Crostini mit wenig Salz, frisch gemahlenem Pfeffer und dem Oregano würzen.
– Die Crostini auf das gefettete Backblech legen und im Ofen (oben) etwa 10 Min. backen. Dann sofort noch heiß servieren.

1074. Crostini mit Spargel

VEGETARISCH
Für 4 Stück
Zubereitungszeit: 30 Min.

1 kg grüner Spargel • Salz • 4 Scheiben weißes Kastenbrot • 100 g Butter • 3 EL frisch geriebener Parmesan

– Die Spargelstangen waschen und auf die Länge der Brotscheiben zurückschneiden (die Reststücke für eine Suppe verwenden). Die Stangen mit Küchengarn zu einem Bund zusammenbinden und möglichst aufrecht in einen engen Topf stellen (notfalls kann man auch einen flachen Topf nehmen).
– So viel Salzwasser angießen, bis es knapp an die Spargelköpfe reicht. Den Spargel „al dente“ kochen (das dauert je nach Dicke der Stangen 10–15 Min.), dann gut abtropfen lassen.
– Inzwischen das Brot entrinden. In einer Pfanne 50 g Butter erhitzen und die Brotscheiben darin auf beiden Seiten goldbraun braten. Eine Gratinform mit etwas Butter ausstreichen. Den Backofen auf 200° (Umluft 180°) vorheizen.
– Brotscheiben in die Form geben, mit den Spargelspitzen belegen, Parmesan darüber streuen und die restliche Butter in kleinen Flöckchen darauf verteilen. Die Crostini im Ofen (oben) 8–10 Min. backen, bis der Käse geschmolzen und ganz leicht gebräunt ist.

1075. Crostini mit Leberpaste

BRAUCHT ETWAS ZEIT
Für 4 Stück
Zubereitungszeit: 45 Min.

300 g Hühnerlebern • 3 Schalotten • 1 Stange Sellerie • 1 EL Kapern • 3 Sardellenfilets in Öl • 3 EL Olivenöl • 4 EL trockener Weißwein • 4 EL Fleischbrühe • Salz • frisch gemahlener weißer Pfeffer • 300 g Weißbrot vom Vortag • 1 Zweig glatte Petersilie

– Hühnerlebern waschen, trockentupfen, von allen Fettteilchen und Sehnen befreien und ganz fein schneiden. Die Schalotten schälen. Den Sellerie putzen, waschen und mit den Schalotten zusammen fein hacken. Kapern und Sardellenfilets ebenfalls fein hacken.

– Das Öl in einer Pfanne erhitzen und das Gemüse darin etwa 5 Min. anbraten, dann die Lebern etwa 3 Min. mitbraten. Den Wein angießen und bei starker Hitze verdampfen lassen. Die Kapern und die Sardellen dazugeben, die Brühe angießen. Das Ganze köcheln lassen, bis eine dickliche Paste entsteht, salzen und pfeffern.
– Das Weißbrot in 8 dünne oder 4 dicke Scheiben schneiden und im Toaster rösten. Jede Scheibe mit der Paste bestreichen.
– Die Petersilie abbrausen, trockenschütteln und die Blättchen von den Stängeln zupfen. Die Crostini mit der Petersilie garnieren und sofort servieren.

1076. Croque Monsieur

SCHMECKT KINDERN
Für 4 Stück
Zubereitungszeit: 45 Min.

8 Scheiben Toastbrot • 50 g weiche Butter • 1 EL mittelscharfer Senf • 100 g gekochter Schinken (in dünnen Scheiben) • 4 Scheiben aromatischer Käse (100 g, z. B. Gruyère, Appenzeller oder Fontina) • 2 Eier • 2 EL Sahne • 2 EL Öl

– Die Toastbrote anrösten. Abkühlen lassen, dann auf einer Seite erst dünn mit etwas Butter bestreichen, dann den Senf darauf verstreichen.
– 4 Toasts mit dem Schinken belegen. Den Käse darauf geben und mit den restlichen Toastscheiben belegen. Die Croques leicht zusammendrücken. Die Eier mit der Sahne in einem tiefen Teller kräftig verquirlen.
– Restliche Butter und Öl in einer Pfanne bei mittlerer Hitze schmelzen lassen. Croques erst mit den Kanten ins verschlagene Ei stippen, dann ganz kurz auf den Brotseiten ins Ei tauchen – sie sollen sich nicht vollsaugen – und in die Pfanne legen.
– Die Croques auf jeder Seite in 2–3 Min. sanft goldgelb braten und zum Schluss noch kurz an den Kanten anbraten. Sofort servieren.

TIPP

Die Croques schmecken statt mit gekochtem Schinken und aromatischem Käse auch sehr fein mit getrockneten, in Öl eingelegten Tomaten und Mozzarellascheiben. Dann den Senf weglassen.

1077. Zwiebel-Käse-Toasts

PREISWERT | VEGETARISCH
Für 4 Stück
Zubereitungszeit: 20 Min.

4 Scheiben Vollkorn-Toastbrot • 2 TL Butter • 4 große Zwiebeln • 4 EL Öl • 150 g Emmentaler (im Stück) • frisch gemahlener schwarzer Pfeffer • 2 EL frisch gehackte Petersilie

– Die Brotscheiben toasten und mit der Butter bestreichen. Die Zwiebeln schälen, fein würfeln und in dem Öl glasig braten, dann auf einem Teller etwas abkühlen lassen.
– Den Käse grob reiben und mit Pfeffer, Petersilie (etwas Petersilie zum Garnieren zurückbehalten) und den abgekühlten Zwiebelwürfeln mischen. Die Masse auf die Brotscheiben verteilen.
– Die Toasts im Elektrogrill überbacken, bis der Käse schmilzt. Die Zwiebel-Käse-Toasts mit der restlichen Petersilie bestreut heiß servieren.

1078. Eier-Toasts mit Lachsschinken

GELINGT LEICHT
Für 4 Stück
Zubereitungszeit: 30 Min.

4 TL weiche Butter • 1 TL Dijon-Senf • 2 große Fleischtomaten • 1 weiße Zwiebel • 150 g Lachsschinken (in dünnen Scheiben) • 1 Bund Schnittlauch • 4 Blätter Kopfsalat • 4 Scheiben Vollkorn-Toastbrot • 4 Eier • Salz • frisch gemahlener weißer Pfeffer

– Die Hälfte der Butter mit dem Senf vermischen. Die Tomaten waschen und in dicke Scheiben schneiden, dabei die Stielansätze entfernen. Die Zwiebel schälen und auf der Rohkostreibe fein reiben.
– Den Fettrand vom Schinken entfernen, den Schinken in Streifen schneiden.
– Den Schnittlauch waschen, trockenschütteln und in Röllchen schneiden. Die Salatblätter kurz abbrausen und trockentupfen. Die Brote goldbraun toasten und warm halten.
– Die restliche Butter erhitzen. Die Eier mit Salz und Pfeffer verquirlen, die Schinkenstreifen untermischen

und die Eimasse in der heißen Butter unter Umwenden bei schwacher Hitze stocken lassen.

– Die Brote mit der Senfbutter bestreichen, die Salatblätter und die Tomatenscheiben darauf verteilen. Die Tomatenscheiben etwas salzen und mit dem Zwiebelpüree bedecken.

– Das Rührei auf die Toastbrote geben und dick mit den Schnittlauchröllchen bestreuen. Sofort servieren.

TIPP

Statt Lachsschinken passt auch magerer gekochter Schinken, gegarte Putenbrust oder Putenwurst.

1079. Toast Hawaii

GEHT SCHNELL
Für 4 Stück
Zubereitungszeit: 20 Min.

4 Scheiben Toastbrot • 1 EL Butter • 4 Scheiben gekochter Schinken (je 30 g) • 4 TL Weißwein (nach Belieben) • 2 Scheiben Ananas (aus der Dose) • 4 Scheiben Chesterkäse (je 25 g)

– Den Backofen auf 220° (Umluft 200°) oder den Grill vorheizen. Die Brote im Ofen (oben) einseitig rösten.

– Dann die ungeröstete Brotseite mit Butter bestreichen. Die Schinkenscheiben darauf legen und nach Belieben mit dem Wein beträufeln.

– Die Ananasscheiben quer halbieren, auf den Schinken legen und mit 1 Scheibe Käse bedecken. Die Brote im Ofen (Mitte) etwa 4 Min. überbacken.

1080. Mex Wraps

GUT FÜR GÄSTE
Für 4 Stück
Zubereitungszeit: 30 Min.

100 g Schafkäse • 4 Scheiben Ananas (aus der Dose) • 1 Avocado • 2 EL gesalzene Erdnüsse • 1 TL Limettensaft • frisch gemahlener schwarzer Pfeffer • 2 Scheiben Toastbrot • 150 g gegarte, geschälte Shrimps • 4 EL Öl • 4 Weizen-Tortillas (fertig gekauft) • 4 TL Chilisauce

– Den Schafkäse fein zerbröckeln, die Ananasscheiben in kleine Stücke schneiden. Die Avocado am Stein entlang halbieren, auseinander drehen, entkernen, schälen und klein würfeln.

– Die vorbereiteten Zutaten mit den Erdnüssen und dem Limettensaft zu einer Salsa vermischen und mit Pfeffer würzen. Das Toastbrot würfeln.

– In einer Pfanne die Shrimps im Öl erhitzen und herausnehmen. Hat sich dabei Saft gebildet, diesen einkochen lassen. Nun die Toastwürfel in der Pfanne knusprig braten und zu den Shrimps geben. Den Backofen auf 50° (Umluft 30°) vorheizen.

– Jetzt die Pfanne mit Küchenpapier auswischen und heiß werden lassen. 1 Tortilla darin 30 Sek. rösten. Wenden und die 30-Sekunden-Röstung wiederholen. Auf ein Küchenbrett legen, mit 1 TL Chilisauce bestreichen, darüber etwas Avocado-Salsa sowie einige Shrimps und Toastwürfel geben. Die Ränder dabei aber unbedingt frei lassen. Achtung: Die Füllung muss für 4 Wraps reichen!

– Nun die Tortilla von unten her ein wenig umklappen, dann erst von einer und dann von der anderen Seite zur Mitte hin einschlagen. Im Ofen warm halten, bis alle Wraps fertig sind.

1081. Welsh rarebits

(Englische Käseschnitten)

PREISWERT
Für 4 Stück
Zubereitungszeit: 10 Min.
Backzeit: 15 Min.

200 g Chesterkäse (im Stück) • 5 EL helles Bier • 1 EL Mehl • 50 g Butter • 1 TL Senfpulver • 1 Spritzer Tabasco • frisch gemahlener weißer Pfeffer • einige Spritzer Worcester-Sauce • 4 Scheiben Toastbrot

– Den Backofen auf 200° (Umluft 180°) vorheizen. Den Käse grob raspeln oder in kleine Würfel schneiden.

– Das Bier in einem kleinen Topf erwärmen und den zerkleinerten Käse unter ständigem Rühren darin schmelzen lassen.

– Das Mehl mit der Butter verkneten. Die Butter unter Rühren in der Käsesauce schmelzen lassen. Die Sauce mit Senfpulver,Tabasco, Pfeffer und der Worcester-Sauce abschmecken und vom Herd nehmen.

– Die Toastbrotscheiben im Toaster leicht rösten, auf ein Backblech legen und die Käsemasse auf die Toastbrote streichen. Die Brote im Ofen (Mitte) etwa 15 Min. überbacken bis die Käsecreme goldbraun ist.

TIPP

Welsh rarebits werden auch manchmal „rabbits" genannt, haben aber mit Kaninchen überhaupt nichts zu tun. Wörtlich übersetzt heißt das leckere warme Käsebrot „walisischer kostbarer Bissen".

1082. Strammer Max

GELINGT LEICHT
Für 4 Stück
Zubereitungszeit: 15 Min.

70 g Butter • 4 Scheiben dunkles Sauerteigbrot • 150 g geräucherter Schinken (z.B. Schwarzwälder, in Scheiben) • 4 Eier • 100 g Gewürzgurken

– Von der Butter 2 EL abnehmen und den Rest auf die Brote streichen. Den Schinken in mundgerechte Stücke schneiden und auf die Brote legen.
– Übrige Butter in einer großen Pfanne bei mittlerer Hitze schmelzen lassen und die Eier nacheinander hineinschlagen. Die Hitze etwas erhöhen, bis das Eiweiß an der Unterseite gestockt ist, dann die Spiegeleier 2–3 Min. bei kleiner Hitze braten – das Eiweiß sollte nun ganz fest, das Eigelb noch etwas weich sein.
– Die Eier auf die Brote setzen, mit Pfeffer übermahlen und mit den Gewürzgurken servieren.

TIPP

Wenn Sie den Schinken wie hier in kleine Stücke schneiden, lässt sich das Brot leichter mit Messer und Gabel essen. Manche schwören auch darauf, den Schinken ganz fein zu würfeln und aufs Brot zu streuen. Mögen Sie es aber lieber mit ganzen Scheiben, dann sollten diese möglichst dünn sein. Oder Sie nehmen gekochten Schinken – der schmeckt auch gut beim Strammen Max. Eins gilt aber immer – die Eier werden nicht gesalzen, da der Belag schon würzig genug ist.

1083. Prego
(Portugiesisches Steak-Sandwich)

GELINGT LEICHT
Für 2 Stück
Zubereitungszeit: 20 Min.

2 Knoblauchzehen • 5 Pfefferkörner • 4 EL Olivenöl • 1 EL Rotwein • 2 kleine Rindersteaks (je 100 g) • 1 kleine grüne Paprikaschote • 1 rote Zwiebel • 2 Baguette-Brötchen • Salz

– Den Knoblauch schälen und durch die Presse drücken. Die Pfefferkörner im Mörser oder mit der flachen Seite von einem großen Messer zerdrücken. Beides mit Öl und Wein verrühren.
– Die Steaks im Gefrierbeutel mit der Handfläche flach klopfen. Rausholen, mit der Gabel mehrmals einstechen und in die Marinade legen. Beiseite stellen.
– Paprika putzen und gründlich waschen. Die Zwiebel schälen und halbieren. Beides in feine Ringe schneiden.
– Eine Pfanne heiß werden lassen. Die Brötchen quer aufschneiden und in der Pfanne anrösten, herausnehmen und wieder aufeinander legen. Dann die Steaks aus der Marinade nehmen, kurz abtupfen und in der Pfanne bei starker Hitze auf jeder Seite 30 Sek. braten. Ebenfalls herausnehmen und salzen. Marinade in die Pfanne geben, kurz erwärmen und den Bratensatz lösen.
– Die Hälfte der Paprika- und Zwiebelringe auf die unteren Brötchenteile legen, Steaks darauf geben und den Paprika- und Zwiebelrest darauf verteilen. Die Marinade darüber träufeln, obere Brötchenhälften darauf legen und leicht andrücken.

1084. Überbackene Hackbrötchen

PREISWERT
Für 4 Stück
Zubereitungszeit: 10 Min.
Backzeit: 20 Min.

2 längliche Sandwich-Brötchen • 20 g weiche Butter • 1 kleine Zwiebel • 250 g gemischtes Hackfleisch • 1 Ei • 1 EL Semmelbrösel • Salz • frisch gemahlener schwarzer Pfeffer • 1/2 TL edelsüßes Paprikapulver • 100 g junger Gouda (im Stück) • 2 Tomaten • 1/4 Salatgurke • 2 Scheiben mittelalter Gouda (50 g)

– Den Backofen auf 220° (Umluft 200°) vorheizen. Die Sandwich-Brötchen waagerecht halbieren und mit der Butter bestreichen.
– Die Zwiebel schälen und fein hacken. Das Hackfleisch mit dem Ei, den Semmelbröseln und den Zwiebelwürfeln mischen. Mit Salz, Pfeffer und dem Paprikapulver würzen.
– Den jungen Gouda in kleine Würfel schneiden, unter den Hackfleischteig mengen und diesen gleichmäßig auf die Brötchenhälften verteilen.
– Tomaten waschen und in dünne Scheiben schneiden, dabei die Stielansätze entfernen. Die Gurke waschen und ebenfalls in Scheiben schneiden. Beides auf dem Hackfleischteig verteilen.
– Die belegten Brötchen auf ein mit Backpapier ausgelegtes Backblech legen und im Ofen (Mitte) etwa 15 Min. überbacken.
– Die Käsescheiben in 1 cm breite Streifen schneiden. Die Brötchen aus dem Ofen nehmen, mit den Käsestreifen belegen und noch einmal 3–5 Min. überbacken. Sofort servieren.

1085. Warme Garnelenbrötchen

GELINGT LEICHT
Für 4 Stück
Zubereitungszeit: 25 Min.
Backzeit: 10 Min.

4 Roggenbrötchen • 2 Frühlingszwiebeln • 100 g mittelalter Gouda (im Stück) • 4 EL Crème fraîche • 1 Eigelb • 1 Msp. Currypulver • 200 g gegarte geschälte Garnelen

– Den Backofen auf 220° (Umluft 200°) vorheizen. Von den Brötchen einen flachen Deckel abschneiden. Die Brötchen bis auf einen 1 cm breiten Rand aushöhlen. Die Brötchenkrumen und die Deckel anderweitig verwenden (siehe TIPPS).
– Die Frühlingszwiebeln putzen, waschen und in feine Ringe schneiden. Den Käse reiben und mit der Crème fraîche, dem Eigelb und dem Currypulver verrühren.
– Die Garnelen kurz unter kaltem Wasser abbrausen, trockentupfen und mit den Frühlingszwiebeln unter die Käsemasse mischen. Die Farce in die Brötchen füllen. Die Brötchen auf ein Backblech legen und im Ofen (Mitte) etwa 10 Min. überbacken. Die Garnelenbrötchen heiß servieren.

TIPPS

– Das ausgehöhlte Innere der Brötchen und die Deckel eingeweicht für Hackfleischteig verwenden oder trocknen und zu Semmelbröseln verarbeiten.
– Reste von Geflügel-, Kalbfleisch- oder Leberragout lassen sich auch sehr gut zum Füllen für diese überbackenen Brötchen verwenden. Geriebenen Käse und eventuell blanchierte Lauch- oder Möhrenstreifen sowie grüne Erbsen unters Ragout mischen, die Brötchen damit füllen und gratinieren.

1086. Garnelentoasts mit Sauce Béarnaise

GUT FÜR GÄSTE
Für 4 Stück
Zubereitungszeit: 40 Min.

1 Schalotte • 3 Zweige Estragon • 3 EL Weißweinessig • 5 weiße Pfefferkörner • 75 g Butter • 3 Eigelbe • Salz • 1 Prise Zucker • 300 g gegarte geschälte Garnelen • 1 TL Zitronensaft • 4 Scheiben Toastbrot • einige Zitronenscheiben

– Die Schalotte schälen und fein hacken. Den Estragon waschen, trockentupfen und fein schneiden (einige Blättchen zum Garnieren zurückbehalten). Schalotte mit der Hälfte des gehackten Estragons, dem Essig und den Pfefferkörnern in einen kleinen Topf geben, einmal aufkochen, dann 3 Min. ziehen lassen.
– 50 g Butter schmelzen lassen. Eigelbe in einen kleinen Topf geben und im heißen Wasserbad mit dem Schneebesen dickschaumig schlagen, dabei nach und nach die zerlassene Butter untermischen. Zuletzt den Estragonsud und den übrigen gehackten Estragon unterrühren. Sauce Béarnaise mit Salz und Zucker abschmecken. Topf aus dem Wasserbad nehmen, Pfefferkörner entfernen.
– Die Garnelen, wenn nötig, vom dunklen Darmstrang am Rücken befreien, kalt abspülen, trockentupfen und mit Zitronensaft beträufeln. Den Elektrogrill vorheizen.
– Die Brotscheiben im Grill kurz rösten und mit der restlichen Butter bestreichen. Die Garnelen darauf verteilen. Die Sauce darüber geben. Die Toasts im Grill 2–3 Min. überbacken. Die Garnelentoasts mit den Zitronenscheiben und den zurückbehaltenen Estragonblättchen garniert sofort servieren.

Desserts & Mehlspeisen

Als die Arbeit noch schwer und die Brote sauer waren, da fand sich Süßes in den Kochbüchern meistens eingereiht unter Gerichten mit Ei, Nudeln, Reis oder Milchprodukten. Inzwischen gehört die extra Portion „nach Tisch" zu jedem guten Essen und ist damit längst ein Kapitel für sich wert. Das gilt noch mehr für Mehlspeisen, die schon damals ein ganzes Essen ausmachen konnten und bis heute zur Spitze der Lieblingsgerichte gehören.

Der Patissier oder Zuckerbäcker hat in der klassischen Küche eine besondere Position. Das fängt damit an, dass er Konditor ist und für seine Cremes und Parfaits die Kälte sucht, während vorne am Herd die kochenden Kollegen bei Suppe und Steak schwitzen. Haben die dann ihre Arbeit getan, kommt sein Auftritt, der oft so groß wie süß ist. In unserer Alltagsküche ist das nicht anders. Erst wenn es nach einem guten Essen noch einen Nachtisch gibt, dann wird es zu etwas Besonderem – schon alleine deswegen, weil da jemand mehr als nötig für uns getan hat. Und so haben viele Desserts oft etwas Spielerisches in ihrem Erscheinen wie in ihren Aromen. Ehrgeizige Köchinnen und Köche geben bei ihnen noch mal alles, werden mutig und experimentierfreudig. Im schlimmsten Falle kommen dann statt Ergebnissen bloß Versuche auf den Tisch. Im besten Falle aber schafft es die gelungene Süßspeise, dass wir das ganze Essen für lange Zeit im Gedächtnis behalten. Das gelingt ihr am leichtesten, wenn sie dazu noch das Hauptgericht ist. Warum sonst wohl gehören den Mehlspeisen wie Apfelküchle, Dampfnudeln oder Kaiserschmarren unsere liebsten und längsten Erinnerungen?

Süßes mit Früchten

Das simpelste Dessert ist ein Stück Obst. Und lange galt es auch als eine der edelsten Süßigkeiten. Denn als man noch keine Orangen in Spanien ernten konnte und eine Ananas noch nicht in einem Tag um die halbe Welt flog, da war die pure frische Frucht nur etwas für Kaiser und Könige. Noch heute gilt es in erstklassigen Restaurants mit langer Tradition als Delikatesse, zum Dessert einfach eine Schale feinster Erdbeeren mit Sahne oder eine saftige Edelbirne – vom Oberkellner fachmännisch geschält und tranchiert – zu servieren. Ein nicht zu bunter Obstsalat oder ein zartes Sorbet sind die Verfeinerung solcher puren Genüsse, und in den Regionalküchen werden weiterhin aus Früchten Kaltschalen, Grützen und Gelees gemacht. Sie alle haben eines gemeinsam: Ihre leichte Süße und Säure regen den Magen dazu an, sich auch nach einem schweren Essen wieder an die Arbeit zu machen.

Süßes mit Sahne und Ei

Kalte Desserts, deren Basis Sahne und andere Milchprodukte sowie Eier sind, entspannen und verwöhnen eher statt dass sie anregen. Sie sind fast immer gebunden – der Pudding durch Stärke, das Eis durch Eigelb, die Creme durch Gelatine – und dank Schlagsahne oder Eischnee oft luftiger als Desserts mit Obst. Und die Aufzählung zeigt es schon: In dieser Gruppe stehen die eher aufwändigen Rezepte, die für uns schon seit Jahren als die wahren Desserts gelten. So wie einst Vanillepudding und Fürst-Pückler-Eis, deren Beliebtheit wir vor allem dem Aufstieg der Lebensmittelindustrie verdanken. Und so wie heute noch Tiramisu und Crème brûlée, zwei typische Entdeckungen aus einem Zeitalter, in dem das Essen gehen und Köche verehren populär war. Aber auch diese Ära ist schon wieder passé, seit mit dem Rückzug in die eigenen vier Küchenwände die alten Rezepte von Mama wieder ausgegraben werden. Mehr dazu auf der nächsten Seite.

Was ist …

… eine Crème? Frz. für „Sahne". Steht heute vor allem für kalte gebundene Süßspeisen auf Basis von Ei, Milch oder Sahne, oft noch gefestigt mit Gelatine oder Stärke und aromatisiert mit Vanille, Kakao, Likör und diversen anderen Aromen. Englische Creme (Crème anglaise) wird mit viel Eigelb zubereitet, unter mit Ei aufgeschlagene Bayerische Creme (Crème bavaroise) wird am Ende Schlagsahne gezogen.

… eine Mousse? Frz. für „Schaum", ital. „spuma". Besonders lockere und pure Creme, in der außer Eischaum bzw. Eischnee und/oder Schlagsahne kaum Flüssigkeit steckt (Mousse au chocolat).

… ein Sabayon? Luftiger Eischaum, der warm im Wasserbad (siehe Kasten rechts) oft mit Likör oder Süßwein aufgeschlagen wird und als Sauce zu Desserts, Mehlspeisen und zum Gratinieren dient.

… ein Pudding? Ursprünglich eine in einer geschlossenen Form im Wasserbad gestockte Nachspeise aus Mehl, Stärke, Grieß, Brot oder ähnlichem mit Ei, Butter, Zucker, Milchprodukten und teilweise Obst. Bezeichnet heute eher mit Milch und Stärke (oft aus der Tüte) gekochte Desserts. Im Englischen heißen Desserts generell „Puddings".

… ein Flammeri? Eigentliche Bezeichnung für den Pudding, wie wir ihn heute kennen, z. B. der aus Grieß und Milch gekochte Grießflammeri mit Ei und Butter.

… ein Koch? Österr. für „Brei", z. B. „Grießkoch". Steht auch für im Ofen gebackene Aufläufe auf Basis von Breien und Massen, z. B. Semmelkoch aus einer Masse von eingeweichten Semmeln.

Vom Brei bis zum Soufflé

Was früher nur für Kinder und Kranke gedacht war, dürfen heute auch gestandene Männer als ihren Lieblingsnachtisch angeben: Grießbrei und Milchreis haben in den letzten Jahren ein Comeback erlebt, vielleicht auch dank der Karriere ihrer pikanten italienischen Verwandten Polenta und Risotto. Und so wie diese beiden nur noch selten Beilagen sind, so sind auch die süßen Breie heute eher schon Hauptgerichte als Nachspeisen. Werden sie aber nach dem Kochen noch mit viel Ei angereichert und dann im Ofen „aufgepumpt", sind sie plötzlich doch wieder ein echtes Dessert mit dem Namen „Soufflé". Und das steht wiederum an der Schwelle zur wohl beliebtesten Gruppe unter den süßen Gerichten – den Mehlspeisen.

Die Mehlspeisen

Mehlspeisen sind Speisen, die unter anderem mit Mehl gemacht und dann – anders als Gebäck – warm als ganze Mahlzeit gegessen werden. Heute sind das fast nur noch süße Sachen, aber ursprünglich galten auch Schinkennudeln oder Brotauflauf mit Käse als Mehlspeisen. Basis sind Teige und Massen, in denen neben Mehl oft noch Ei und Milchprodukte stecken. Mehlspeisen können wie Zwetschgenknödel gekocht oder wie Dampfnudeln gedämpft werden, sie können wie ein Schmarrn in der Pfanne gebraten, wie Kirschenmichel im Ofen gebacken oder wie Apfelküchle in Fett frittiert werden. Der Zucker wird oft erst gegen Ende mitgebraten oder -gebacken oder vor dem Servieren darüber gestreut. Meist nehmen Früchte als Kompott, Sauce oder Füllung dem Ganzen die Schwere.

Aber das ist alles trockene Theorie gegen das, was bis heute in jeder guten Mehlspeise steckt: die Erinnerung an eine Zeit, als man nach einem Tag voller Taten etwas Süßes zum Sattessen bekam, das aus nicht viel mehr als einer Hand voll Zutaten gemacht war und trotzdem besser als jedes feine Menü schmeckte. So etwas vergisst man sein Leben lang nicht – ob man damals nun ein Bergbauer in den Alpen oder ein kleines Kind in der Großstadt war. Deswegen sind Mehlspeisen einfach etwas Wunderbares und Leute, die sie nicht mögen, wirklich zu bedauern – zumindest was das Essen betrifft.

Im Wasserbad aufschlagen

Das Prinzip

Eier oder Eigelbe geben Creme, Mousse, Sabayon oder Eis Halt und Luftigkeit. Das ist von Dauer, wenn sie heiß aufgeschlagen werden, bis das Eiweiß bindet und die Luft einschließt. Damit das Ei nicht gerinnt, sollte dabei die Hitze sanft, gleichmäßig und gut dosierbar sein, was am besten über Dampf „im Wasserbad" geht. Die Masse wird dazu in einer Schüssel in einen Topf mit siedendem Wasser gehängt. Die Schüssel ist aus Metall (Kunststoff leitet Hitze schlecht) und hat idealerweise einen gewölbten Boden (damit ohne Ecken und Kanten rund aufgeschlagen werden kann) und zwei Griffe. Der Topf ist eng und hoch genug, damit die Schüssel nicht in dem siedenden Wasser liegt – mehr als zu einem Drittel sollte der Topf nicht gefüllt sein. Aufgeschlagen wird entweder mit einem Schneebesen mit vielen weichen Speichen oder mit den Quirlen des Handrührgeräts.

Das Aufschlagen

Eier oder Eigelbe, Zucker und eventuell flüssige Aromen (Likör, Wein, Saft) rührt man erst kalt in der Schüssel hellschaumig. Dann wird die Schüssel in den Topf mit dem siedenden, aber nicht stark kochenden Wasser gehängt und die Masse kräftig aufgeschlagen, so dass sie genug Luft bekommt und nicht stocken kann. Dazu am besten den Schneebesen in Kreisbewegung von oben nach unten schlagen, auch der Handruhrer wird im Kreis bewegt. Je wärmer die Masse nun wird, desto gründlicher muss geschlagen werden. Sie ist fertig, wenn sie sich beim Fingertest heiß anfühlt, beim Rühren dicke Wellen bildet und der Schneebesen Spuren in ihr hinterlässt. Profis testen mit dem Holzlöffel: An dem eingetauchten Löffel bleibt die Masse dick haften und beim Anblasen des Löffelrückens entsteht ein Bild ähnlich einer Rose (die Masse wurde „zur Rose aufgeschlagen").

Das Vollenden

Sabayons sind mit dem Aufschlagen fertig und werden sofort serviert, für Cremes wird noch eingeweichte und ausgedrückte Gelatine in der heißen Masse unter Rühren aufgelöst. Je schneller die dann abkühlen und gelieren kann, desto luftiger bleibt sie. Deswegen setzen Profis die Schüssel in kaltes Wasser und rühren die Creme kalt (jetzt nicht mehr schlagen). Gegen Ende kann sie auch ab und zu im Kühlschrank durchgerührt werden. Sobald sie gleichmäßig zu gelieren beginnt, werden steif geschlagene Sahne oder Eischnee untergehoben. Dazu ein Drittel davon mit dem Kochlöffel unterrühren, dann den Rest so gründlich wie vorsichtig von oben nach unten und zurück unterziehen. Aber rechtzeitig aufhören, bevor alle Luft aus der Creme entwichen ist. Nun füllt man die Creme in Schälchen oder Schale, stellt sie in den Kühlschrank und lässt sie ganz fest werden. Mousses werden oft gleich nach dem Aufschlagen vollendet, da sie schnell andicken.

GU Spezial-TIPP

Süß mit Sirup: *Das süße Geheimnis der Zuckerbäcker heißt Läuterzucker – ein Sirup, mit dem sich Fruchtiges wie Sahniges schnell süßen lässt, ohne dass Zucker sich erst auflösen muss. Dafür wird ein Teil Wasser und ein Teil Zucker im Topf verrührt und so lange geköchelt, bis der Zucker gelöst ist. Nun heiß in Fläschchen füllen, zuschrauben und nach dem Öffnen kühl stellen. Fürs Aroma kann Läuterzucker mit Wein, Likör oder Saft angesetzt und mit Zitrusschalen, Vanille oder anderen „süßen" Gewürzen verkocht werden. Dann über Nacht durchziehen lassen, durch ein Sieb gießen und erneut aufkochen.*

1087. Apfelmus

SCHMECKT KINDERN | PREISWERT
Für 2–3 Personen
Zubereitungszeit: 20 Min.
Kühlzeit: 2 Std.

4 säuerliche Äpfel • 1 EL Zitronensaft • 1 Zimtstange • 1/4 l trockener Apfelsaft oder Weißwein • 2 EL Zucker

– Die Äpfel gründlich waschen, in Viertel schneiden und die Kerngehäuse herausschneiden. Die Viertel schälen und quer in dünne Spalten schneiden. Die Äpfel dann sofort mit dem Zitronensaft beträufeln, damit sie nicht braun werden.
– Die Äpfel, die Zimtstange und den Wein oder Saft in einen breiten, schweren Topf geben. Die Äpfel zugedeckt 10–15 Min. kochen, bis sie zu Mus zerfallen sind.
– Die Zimtstange entfernen. Die Äpfel mit der Kochflüssigkeit durch ein Sieb streichen oder pürieren und zurück in den Topf geben. Den Zucker unterrühren und das Apfelmus unter Rühren im offenen Topf noch einmal aufkochen lassen.
– Das Apfelmus in eine Schüssel umfüllen und für etwa 2 Std. in den Kühlschrank stellen.

1088. Zwetschgenkompott

GELINGT LEICHT
Für 4 Personen
Zubereitungszeit: 30 Min.
Kühlzeit: 2 Std.

600 g reife, feste Zwetschgen • 60 g Zucker • 100 ml Orangensaft • 1/2 TL Zimtpulver • 1/2 TL abgeriebene unbehandelte Zitronenschale

– Die Zwetschgen gründlich waschen, dann halbieren und von den Steinen befreien. Die Früchte mit dem Zucker, dem Orangensaft, dem Zimtpulver und der Zitronenschale in einen breiten Topf geben.
– Alles kurz aufkochen lassen, dann abgedeckt bei mittlerer Hitze 5–10 Min. köcheln lassen. Das Kompott vom Herd nehmen und etwas abkühlen lassen.
– Das Zwetschgenkompott vom Topf in eine Schüssel umfüllen und abgedeckt etwa 2 Std. im Kühlschrank durchziehen lassen.

1089. Quittenkompott

GUT FÜR GÄSTE
Für 4 Personen
Zubereitungszeit: 10 Min.
Kochzeit: 40 Min.

500 g Quitten • 3–4 EL Zucker • 1/2 Zimtstange • 1 Pck. Vanillezucker nach Belieben

– Die Quitten gründlich waschen, schälen, vierteln und entkernen. 1/4 l Wasser mit Zucker und Zimtstange in einem Topf zum Kochen bringen. Quitten einlegen und zugedeckt bei geringer Hitze 30–40 Min. garen. Die Quitten sollen zwar weich sein, aber nicht zerfallen.
– Die Zimtstange aus dem Sud herausnehmen und gegebenenfalls den Vanillezucker zugeben. Das Quittenkompott abkühlen lassen.

TIPPS

– Jedes Kompott können Sie gut in der Mikrowelle zubereiten. Wichtig: Die Früchte dabei abdecken und bei voller Leistung garen. Bereits nach kurzer Zeit (je nach Menge schon nach 1–2 Min.) das erste Mal prüfen, wie weich die Obststücke sind.
– Hängen Sie die Quittenschalen und Kerngehäuse in einem zugebundenen Mullsäckchen in den Sud und lassen Sie beides mitkochen. Das Kompott bekommt dadurch einen noch feineren Geschmack.

1090. Glasierte Kastanien

SCHMECKT KINDERN
Für 4–6 Personen
Zubereitungszeit: 35 Min.
Garzeit: 1 Std.

500 g Esskastanien (Maroni) • 2 EL Butter • 100 g Zucker

– Backofen auf 250° (Umluft 230°) vorheizen. Kastanien kreuzweise einschneiden und auf dem Blech im Ofen (Mitte) 20 Min. rösten, bis die Schalen aufspringen.
– Dann die Kastanien schälen, dabei auch die innere pelzige Haut entfernen. In einem breiten Topf mit etwas Wasser in etwa 45 Min. weich dünsten.

– Die Butter in einer Pfanne zerlassen. Den Zucker einstreuen und unter Rühren bei mittlerer Hitze schmelzen lassen. Die Kastanien zufügen und darin wenden, bis sie rundherum mit karamellisiertem Zucker überzogen sind und glänzen.

1091. Kirsch-Kaltschale

GUT VORZUBEREITEN
Für 4 Personen
Zubereitungszeit: 35 Min.
Kühlzeit: 2 Std.

500 g Sauerkirschen • 1/2 l naturtrüber Apfelsaft • 1 Zimtstange • 20 g Speisestärke • 1/2 TL abgeriebene unbehandelte Zitronenschale • 2–3 EL Zucker

– Die Kirschen waschen, von den Stielen zupfen und entsteinen. Die Kirschsteine mit ganz wenig Wasser in einen kleinen Topf geben und zugedeckt etwa 10 Min. auskochen. Dann in einem Sieb abtropfen lassen, den Sud dabei auffangen.
– Die Kirschen mit dem Sud, dem Apfelsaft und der Zimtstange in einen breiten Topf geben und darin offen bei mittlerer Hitze zum Kochen bringen.
– Die Speisestärke mit wenig kaltem Wasser glatt rühren und in den Topf gießen. Gründlich unterrühren und kurz durchkochen, bis die Stärke bindet.
– Die Zitronenschale untermischen und die Kaltschale mit dem Zucker nach Geschmack süßen. Dann in eine Schüssel umfüllen und für etwa 2 Std. in den Kühlschrank stellen.
– Vor dem Servieren die Kaltschale noch einmal gut durchrühren und die Zimtstange entfernen.

1092. Weingelee mit Aprikosen

GUT VORZUBEREITEN
Für 4 Personen
Zubereitungszeit: 30 Min.
Gelierzeit: 2 Std.

6 Blatt weiße Gelatine • 6 saftige Aprikosen • 3 EL Zucker • 1/2 l trockener Weißwein oder Roséwein

– Die Gelatineblätter etwa 5 Min. in reichlich kaltem Wasser einweichen.
– Inzwischen die Aprikosen waschen, halbieren und entsteinen. Aprikosenhälften in dünne Spalten schneiden und mit dem Zucker und 1/8 l von dem Wein in einen kleinen Topf geben. Alles zugedeckt einmal aufkochen, dann den Topf vom Herd nehmen.
– Die Aprikosenspalten mit einem Schaumlöffel herausheben und in vier breite Glasschälchen verteilen. Die Gelatineblätter aus dem Wasser heben, zum heißen Aprikosenwein geben und darin unter Rühren auflösen.
– Den restlichen Wein unter den Aprikosenwein rühren und die Flüssigkeit gleichmäßig über die Früchte in den Schälchen verteilen. Das Weingelee für mindestens 2 Std. in den Kühlschrank stellen und erstarren lassen.

TIPPS

– Nach diesem Grundrezept können Sie auch Weingelee mit anderen Früchten, z. B. Kirschen, Pfirsichen oder Orangen, zubereiten.
– Exotische Früchte wie Kiwis oder Ananas müssen Sie immer zuerst erhitzen, bevor Sie sie für Geleespeisen verwenden. Denn diese Früchte enthalten ein Enzym, welches verhindert, dass Gelatine fest wird. Durch Erhitzen wird dieses Enzym zerstört.

1093. Tutti frutti
(Gemischte Früchte mit Vanillecreme)

SCHMECKT KINDERN
Für 4 Personen
Zubereitungszeit: 45 Min.

5 Aprikosen • 200 g süße Kirschen • 1 kleiner Apfel • 1 EL Zitronensaft • 1 EL Honig • 1 Ei • 1 Pck. Vanillezucker • 1 EL Zucker • 1 Vanilleschote • 1 gehäufter EL Speisestärke • 1/4 l Milch • 1 EL Borkenschokolade zum Bestreuen

Das Obst waschen. Die Aprikosen halbieren, die Steine entfernen und die Fruchthälften in Würfel schneiden. Die Kirschen von den Stielen zupfen und die Steine auslösen. Apfel vierteln und das Kerngehäuse entfernen. Die Apfelviertel würfeln, mit dem übrigen Obst in einer Schüssel mischen. Den Zitronensaft mit dem Honig verrühren und gleichmäßig über das Obst träufeln.
– Das Ei aufschlagen und trennen. Das Eigelb in einem Topf mit Vanillezucker und Zucker schaumig rühren.

– Die Vanilleschote längs aufschneiden, das Vanillemark mit einem spitzen Messer herausschaben und gut unter die Eigelbcreme mischen. Speisestärke über die Eimasse streuen und nach und nach die Milch unterrühren.
– Die Milchcreme auf dem Herd bei mittlerer Hitze unter ständigem Rühren mit dem Schneebesen einmal aufkochen lassen, bis die Creme dicklich wird. Vom Herd nehmen und abkühlen lassen.
– Das Eiweiß mit dem Schneebesen oder den Quirlen des Handrührgeräts in einer Schüssel steif schlagen, unter die Vanillecreme heben und über das Obst gießen. Die Borkenschokolade über die Vanillecreme streuen und das Dessert servieren.

TIPP

„Tutti frutti" heißt „alle Früchte". Da man natürlich nicht alle nehmen kann, wählt man die schönsten der Saison.

1094. Panna cotta mit Erdbeersauce

GUT VORZUBEREITEN
Für 4 Personen
Zubereitungszeit: 30 Min.
Kühlzeit: 2 Std.

400 g Sahne • 1 Vanilleschote • 100 g Zucker • 3 Blatt weiße Gelatine • 400 g Erdbeeren

– Die Sahne in einen Topf geben. Die Vanillestange längs aufschlitzen und mit 50 g Zucker dazugeben. Alles aufkochen und etwa 15 Min. köcheln lassen, dabei immer wieder umrühren. Die Gelatine etwa 5 Min. in kaltem Wasser einweichen.
– Die Vanillestange aus dem Topf nehmen. Die Gelatine sehr gut ausdrücken und in der heißen Sahne auflösen. Vier Portionsförmchen mit kaltem Wasser ausspülen und mit der Sahnemischung füllen, kurz abkühlen lassen und etwa 2 Std. in den Kühlschrank stellen.
– Für die Sauce die Erdbeeren waschen, von den Stängelansätzen befreien und mit dem übrigen Zucker pürieren. Anschließend durch ein Sieb streichen.
– Vor dem Servieren mit einer Messerspitze zwischen Creme und Formrand entlang fahren. Förmchen kurz in heißes Wasser halten, dann die Creme auf vier Teller stürzen. Mit der Erdbeersauce umgießen.

1095. Rote Grütze mit Vanillesauce

SCHMECKT KINDERN | GELINGT LEICHT
Für 3 Personen
Zubereitungszeit: 1 1/4 Std.

Für die Grütze: 400 g gemischte Beeren (Brombeeren, Himbeeren, rote und schwarze Johannisbeeren, Erdbeeren und Heidelbeeren) • 1/8 l Rotwein (ersatzweise ungesüßter Fruchtsaft, z. B. Schwarzer Johannisbeersaft) • 3 TL Speisestärke • 25 g Zucker • 1 Stück unbehandelte Zitronenschale
Für die Vanillesauce: 1/2 Vanilleschote • 3/8 l Milch • 1 1/2 TL Speisestärke • 30 g Zucker • 1 kleines Ei • 1 Eigelb

– Die Beeren in einem Sieb abspülen und von Rispen oder Stielen befreien. Von dem Rotwein 5 TL abnehmen und mit der Speisestärke verrühren.
– In einem Topf den restlichen Rotwein mit dem Zucker und der Zitronenschale zum Kochen bringen. Alle Beeren und die angerührte Speisestärke hinzufügen und unter häufigem Rühren kurz aufkochen lassen. Die Grütze in Schälchen füllen und 1 Std. kalt stellen.
– Inzwischen für die Vanillesauce die Vanilleschote längs aufschlitzen und das Mark herauskratzen. Von der Milch 3 TL abnehmen und mit der Stärke verrühren. Die übrige Milch mit dem Mark und der Schote zum Kochen bringen und wieder etwas abkühlen lassen.
– Zucker, Ei und Eigelb schaumig rühren. Mit der Stärkelösung unter die Milch rühren und alles einmal aufkochen lassen. Die Vanilleschote entfernen und die Sauce bis zum Servieren kalt stellen.

1096. Flambierter Obstsalat

GUT FÜR GÄSTE
Für 4 Personen
Zubereitungszeit: 40 Min.

1 Orange • 100 g blaue Weintrauben • 1 Kiwi • 1 säuerlicher Apfel (z. B. Braeburn) • 3 EL Zitronensaft • 1 kleine Banane • 2 EL Puderzucker • 4 EL brauner Rum (50 % vol.)

– Die Orange so schälen, dass auch die weiße, pelzige Haut unter der dicken Schale entfernt wird. Dann die einzelnen Fruchtsegmente mit einem scharfen Messer

zwischen den Trennhäutchen herausschneiden, dabei abtropfenden Saft auffangen.
– Die Weintrauben waschen, von den Stielen zupfen, halbieren und mit einem spitzen Messer entkernen. Die Kiwi schälen und halbieren, dann in dünne Scheiben schneiden.
– Den Apfel waschen und vierteln, dabei das Kerngehäuse entfernen. Die Viertel in dünne Spalten schneiden und sofort in dem Zitronensaft wenden, dann wieder herausheben. Die Banane schälen, in schräge Scheiben schneiden, ebenfalls im Zitronensaft wenden und wieder herausheben.
– Die Früchte dekorativ auf einem großen Teller anrichten. Den Zitronen- und den abgetropften Orangensaft mit dem Puderzucker verrühren und über die Früchte träufeln. Den Rum ebenfalls über den Obstsalat träufeln und sofort mit einem langen Streichholz anzünden.

TIPPS

– Alkohol zum Flambieren muss hochprozentig sein, sonst brennt er nicht. Leichtere Sorten müssen zuvor erwärmt werden. Aber keinesfalls aufkochen, sonst verfliegt der Alkohol.
– Nehmen Sie zum Flambieren unbedingt ein möglichst langes Streichholz, damit Sie sich nicht die Hände verbrennen. Und achten Sie darauf, dass nichts leicht Entflammbares (wie auch Ihre Haare) dicht an den Obstsalat kommt.

1097. Vanille-Honig-Creme

GELINGT LEICHT
Für 4 Personen
Zubereitungszeit: 10 Min.
Garzeit: 45 Min.

1/4 l Milch • 4 EL flüssiger Honig • 4 Eier • 2 Vanilleschoten • Fett für die Förmchen

– Eine Bratreine oder eine große, mittelhohe Auflaufform etwa drei Finger breit mit Wasser füllen und in den Backofen auf den Rost (Mitte) stellen. Den Backofen auf 150° (Umluft 130°) vorheizen.
– Milch und Honig verrühren. Eier zugeben und glatt rühren, aber nicht schaumig schlagen. Mischung durch ein feines Sieb gießen, damit es keine Klümpchen gibt.
– Die Vanillestangen längs aufschlitzen, das Vanillemark mit einem Messer herauskratzen und zur Creme geben.
– Vier Souffléförmchen einfetten (notfalls können Sie auch vier hitzebeständige Tassen verwenden) und mit der Masse füllen.
– Die Förmchen in den Ofen in das heiße Wasserbad stellen und etwa 45 Min. garen, bis die Masse fest geworden ist (mit der Fingerspitze antupfen, ob sie dem Druck widersteht).
– Die Vanillecreme aus dem Ofen nehmen und etwas abkühlen lassen. Rundum mit einer Messerspitze von der Form lösen und vorsichtig auf Dessertteller stürzen. Wenn es nicht gleich geht, die umgedreht Form fest auf den Teller setzen, mit beiden Daumen das Förmchen festhalten und den Teller fest auf ein Tuch aufstoßen.

1098. Crème caramel

PREISWERT | GUT FÜR GÄSTE
Für 4 Personen
Zubereitungszeit: 10 Min.
Garzeit: 35 Min.

20 g Butter • 6 EL Zucker • 4 Eier • 1 Pck. Vanillezucker • 400 ml Milch

– Die Butter in einer Stielkasserolle zerlassen. 5 EL Zucker und 3 EL Wasser dazugeben. Unter Umrühren bei schwacher Hitze karamellisieren lassen. Dabei darauf achten, dass die Masse hellbraun, aber nicht zu dunkel wird, das geht ab einem bestimmten Moment sehr schnell. Die Karamellmasse in die Mitte einer kleinen feuerfesten Form geben. Den Backofen auf 180° (Umluft 160°) vorheizen.
– Die Eier mit dem restlichen Zucker und dem Vanillezucker schaumig rühren. Die Milch aufkochen, über die Eier gießen und alles gut verrühren. Die Mischung durch ein feines Sieb in die Form gießen, damit Eierklümpchen zurückgehalten werden.
– Einen flachen Topf oder eine Fettpfanne mit kaltem Wasser füllen. Die Form mit der Eiercreme hineinstellen und dieses Wasserbad in den Ofen (Mitte) schieben. Die Creme in etwa 35 Min. stocken lassen. Sie ist gar, wenn sie beim Draufdrücken mit dem Finger standhält.
– Die Creme abkühlen lassen. Die Ränder mit einem spitzen Messer von der Form lösen und die Creme stürzen. Die am Boden klebende Karamellmasse mit 2–3 EL Wasser loskochen und über die Creme gießen.

1099. Crème brûlée

GUT FÜR GÄSTE
Für 6 Personen
Zubereitungszeit: 15 Min.
Garzeit: 1 Std.
Kühlzeit: 4 Std.

5 sehr frische Eigelbe • 60 g Zucker • 1 Vanilleschote • 300 ml Milch • 200 g Sahne • 4 EL brauner Zucker

– Die Eigelbe und den Zucker in eine Metallschüssel (am besten mit gewölbtem Boden) geben und im Wasserbad schlagen, bis sich der Zucker aufgelöst hat. In die Fettpfanne des Backofens 2 cm hoch Wasser einfüllen, den Backofen auf 120° vorheizen.
– Vanilleschote längs aufschlitzen, Mark herausschaben und zu den Eiern geben. Schote in der Milch aufkochen, etwas abkühlen lassen. Vanillemilch und die Sahne in die Eimasse rühren. Alles durch ein Sieb gießen und in hitzebeständige Portionsförmchen füllen.
– Die Förmchen in die Fettpfanne stellen und im Ofen (Mitte, Umluft 100°) in 50–60 Min. stocken lassen. Herausnehmen, Vanillecreme für etwa 4 Std. in den Kühlschrank stellen und gut durchkühlen lassen.
– Dann vor dem Servieren entweder den Grill des Backofens vorheizen oder einen Bunsenbrenner für die Küche verwenden. Die gekühlte Vanillecreme dünn mit dem braunen Zucker bestreuen und im Ofen (oben) oder mit dem Bunsenbrenner karamellisieren lassen.

1100. Tiramisu

GUT FÜR GÄSTE
Für 6 Personen
Zubereitungszeit: 30 Min.
Kühlzeit: 2 Std.

200 ml starker kalter Espresso • 4 cl Weinbrand oder Cognac (ersatzweise Apfelsaft) • 3 Eier • 3 EL Zucker • 1 Pck. Vanillezucker • 2 TL abgeriebene unbehandelte Zitronenschale • 250 g Mascarpone • 250 g Löffelbiskuits (etwa 16 Stück) • 3 EL Kakaopulver

– Espresso mit Weinbrand oder Cognac mischen, kalt stellen. Die Eier trennen. Die Eigelbe mit Zucker und Vanillezucker zu einer dickschaumigen Creme schlagen. Die Zitronenschale untermischen.
– Den Mascarpone esslöffelweise unter die Eiercreme rühren. Die Eiweiße steif schlagen und unterziehen.
– Die Hälfte der Löffelbiskuits in eine flache Form legen und mit der Hälfte der Espressomischung beträufeln. Die Hälfte der Mascarponecreme darauf streichen.
– Die übrigen Löffelbiskuits darauf legen, wieder mit dem Espresso beträufeln und mit der restlichen Creme bestreichen. Die Oberfläche dick mit dem Kakaopulver bestäuben. Das Tiramisu mindestens 2 Std. kalt stellen.

1101. Mousse au chocolat

SCHMECKT KINDERN | GUT FÜR GÄSTE
Für 4–6 Personen
Zubereitungszeit: 40 Min.
Kühlzeit: 3 Std.

150 g Zartbitter-Schokolade • 1 EL Butter • 3 Eier • 1 EL Zucker • Salz • 200 g Sahne • 1 EL Puderzucker

– Die Schokolade zerbröckeln und mit der Butter in eine Schüssel aus Metall geben. Ins heiße Wasserbad stellen. Schokolade und Butter langsam schmelzen lassen, dabei gelegentlich umrühren.
– Die Eier trennen. Die Eigelbe mit dem Zucker gut schaumig rühren. Eiweiße mit 1 Prise Salz zu steifem Schnee schlagen. Die Sahne mit dem Puderzucker ebenfalls steif schlagen.
– Die geschmolzene Schokolade mit den schaumig gerührten Eigelben mischen. Sahne mit dem Eischnee mischen und unter die Schokoladencreme heben.
– Die Mousse au chocolat in eine kalt ausgespülte Schüssel oder in kalt ausgespülte Portionsgläser füllen und im Kühlschrank in etwa 3 Std. erstarren lassen.

1102. Bayerische Creme

GUT VORZUBEREITEN
Für 4–6 Personen
Zubereitungszeit: 40 Min.
Kühlzeit: 5 Std.

1 Vanilleschote • 3/8 l Milch • 6 Blatt weiße Gelatine • 6 Eigelbe • 120 g Zucker • 300 g Sahne

– Die Vanilleschote längs aufschlitzen und das Vanillemark herauskratzen. Das Vanillemark, die Schote und

die Milch in einen kleinen Topf geben und zum Kochen bringen. Dann vom Herd nehmen und etwas abkühlen lassen.
– Die Gelatineblätter etwa 5 Min. in reichlich kaltem Wasser einweichen. Ein heißes Wasserbad vorbereiten.
– Die Eigelbe mit dem Zucker in einer Metallschüssel (am besten mit gewölbtem Boden) verquirlen. Die Schüssel in das Wasserbad setzen und Eigelbe und Zucker in etwa 5 Min. schaumig schlagen.
– Die Vanilleschote aus der Milch entfernen. Die Eigelbcreme kräftig mit einem Schneebesen oder den Quirlen des Handrührgeräts schlagen, dabei nach und nach die heiße Milch dazugießen. Es soll eine heiße, dickliche Creme entstehen. Die Schüssel vom Wasserbad nehmen. Die Gelatine nur leicht ausdrücken, die Blätter in die heiße Creme rühren und auflösen.
– Die fertige Creme in den Kühlschrank stellen, bis sie an der Oberfläche zu gelieren beginnt. Dabei hin und wieder mal umrühren.
– Die Sahne steif schlagen und mit einem Schneebesen vorsichtig unter die Creme heben. Die Bayerische Creme in Portionsschälchen füllen und zugedeckt für etwa 5 Std. in den Kühlschrank stellen.

1103. Monte Bianco
(Kastanienpüree mit Sahne)

GUT FÜR GÄSTE
Für 6 Personen
Zubereitungszeit: 30 Min.
Garzeit: 1 Std.

600 g Esskastanien (Maroni) • 1/2 l Milch • 1 Vanilleschote • 100 g Puderzucker • 50 g Kakaopulver • 2 cl Rum • 200 g Sahne

– Den Backofen auf 250° vorheizen. Esskastanien mit einem scharfen Messer leicht einritzen, auf ein Blech legen und etwa 20 Min. im Ofen (Mitte, Umluft 220°) backen, bis die Schalen aufspringen. Herausnehmen und noch heiß schälen, dabei auch die innere pelzige Haut sorgfältig entfernen.
– Die Esskastanien in einen Topf geben, die Milch aufgießen. Die Vanilleschote aufschlitzen und hineinlegen. Die Kastanien in etwa 45 Min. weich köcheln lassen (die Milch wird dabei fast aufgesaugt). Dann die Vanilleschote herausnehmen, die Esskastanien durch ein Passiersieb streichen oder im Mixer pürieren.
– Den Puderzucker, Kakao und den Rum unter das Püree mischen und glatt rühren. Auf Dessertschälchen verteilen. Besonders dekorativ: das Püree durch eine Spätzlepresse drücken und spaghettiförmig anrichten. Zum Schluss die Sahne steif schlagen und das Kastanienpüree damit garnieren. Lauwarm servieren.

TIPP
Wenn es keine frischen Maroni gibt, geschälte aus der Dose nehmen (etwa 400 g). Sie müssen aber nur etwa 30 Min. in der Milch kochen, bis sie zerfallen.

1104. Grießflammeri mit Rhabarber

GUT VORZUBEREITEN | SCHMECKT KINDERN
Für 4 Personen
Zubereitungszeit: 45 Min.
Kühlzeit: 2 Std.

Für den Flammeri: 1/2 l Milch • 75 g Zucker • abgeriebene Schale von 1/2 unbehandelten Zitrone • Salz • 75 g Weichweizengrieß • 4 Eier
Für das Rhabarberkompott: 500 g Rhabarber • 200 g Zucker • 1 kleine Stange Zimt • 1 Stück unbehandelte Zitronenschale (etwa 4 cm)

– Die Milch mit der Hälfte des Zuckers, der Zitronenschale und 1 Prise Salz zum Kochen bringen. Unter Rühren den Grieß einrieseln lassen und so lange bei schwacher Hitze quellen lassen, bis der Grießbrei dick wird. Den Topf zur Seite stellen.
– Die Eier trennen, die Eigelbe unter die Grießmasse rühren. Die Eiweiße mit dem restlichen Zucker steif schlagen und vorsichtig unterheben. Flammeri in kalt ausgespülte Schälchen füllen, etwa 2 Std. kalt stellen.
– Für das Kompott den Rhabarber waschen, die Enden abschneiden und, wenn nötig, die Fäden abziehen. Die Stiele in 2–3 cm lange Stückchen schneiden.
– Rhabarber mit Zucker, Zimt, Zitronenschale und etwa 1/8 l Wasser zum Kochen bringen. Alles etwa 2 Min. kochen lassen. Die Rhabarberstücke sollen weich sein, dürfen aber nicht zerfallen. Kalt stellen.
– Den Flammeri auf Dessertteller stürzen, dafür die Förmchen kurz in heißes Wasser tauchen. Das Kompott um den Flammeri herum verteilen und servieren.

1105. Zuppa inglese
(Biskuit-Creme-Dessert)

GELINGT LEICHT
Für 6 Personen
Zubereitungszeit: 1 1/2 Std.
Kühlzeit: 3 Std.

Für das Biskuit: 4 Eier • 120 g Zucker • 1 Pck. Vanillezucker • 1 Prise Salz • 50 g Mehl • 50 g Speisestärke
Für die Creme: 1/4 l Milch • abgeriebene Schale von 1/2 unbehandelten Zitrone • 3 Eigelbe • 60 g Zucker • 200 g entsteinte Trockenpflaumen • 200 ml Weinbrand (ersatzweise Traubensaft) • 250 g Sahne • 1 TL Zucker • Mandelblättchen zum Garnieren.

– Für den Biskuitteig die Eier trennen. Die Eigelbe, Zucker und den Vanillezucker in einer Schüssel mit den Quirlen des Handrührgerätes cremig schlagen.
– In einer zweiten Schüssel die Eiweiße mit dem Salz sehr steif schlagen. Das Mehl mit der Speisestärke mischen und abwechselnd mit dem Eischnee vorsichtig unter die Eiercreme ziehen.
– Den Backofen auf 190° vorheizen. Eine Springform (24 cm Ø) einfetten, die Biskuitmasse einfüllen und glatt streichen. Im Ofen (Mitte, Umluft 180°) in etwa 30 Min. hellgelb backen, dann auskühlen lassen.
– Inzwischen für die Creme die Milch mit der Zitronenschale aufkochen, dann beiseite stellen. In einer Schüssel Eigelbe mit Zucker wieder zu einer dicken hellen Creme rühren. Die Milch erneut erhitzen und nach und nach unter ständigem Rühren in die Creme gießen.
– Die Masse in einen Topf füllen, auf den Herd stellen und bei milder Hitze so lange rühren, bis die Creme dicklich wird – aber keinesfalls mehr kochen lassen! Dann die Creme in einem kaltem Wasserbad unter ständigem Rühren ganz abkühlen lassen. Die Trockenpflaumen grob hacken.
– Den ausgekühlten Biskuit quer in drei dünne Böden teilen. Einen Boden in eine Glas- oder Keramikform (24 cm Ø) legen. Ein Drittel der Eiercreme darauf glatt streichen. Ein Drittel der Pflaumen darauf streuen. Einen Biskuitboden darauf legen und diesen mit einem Drittel des Weinbrands tränken.
– Ein weiteres Drittel der Creme darauf verteilen, mit einem Drittel der Pflaumen bestreuen, den nächsten Biskuitboden darauf legen und mit Alkohol beträufeln. So weiter schichten, bis alles aufgebraucht ist, die oberste Schicht sollte Creme sein.
– Die Sahne mit dem Zucker steif schlagen, in einen Spritzbeutel füllen und damit die Zuppa inglese dekorieren. Die Mandelblättchen darüber streuen. Vor dem Servieren im Kühlschrank 2–3 Std. durchziehen lassen.

TIPPS

– Wer Baiser schätzt, kann die 3 Eiweiße, die bei der Creme übrig bleiben, mit Puderzucker steif schlagen und die Zuppa statt mit Sahne nach dem Kühlen mit dem Eischnee überziehen. Im sehr heißen Backofen (250°) oben backen, bis die Spitzen des Eischnees leicht gebräunt sind.
– Die Zuppa inglese (englische Suppe) heißt in Italien übrigens nicht so, weil sie aus England kommt, sondern weil die Eiercreme in Frankreich „Crème anglaise“ genannt wird und das Dessert wohl ursprünglich von dort stammt.

1106. Cassata
(Eisgekühlter „Kuchen“ mit kandierten Früchten)

GELINGT LEICHT | BRAUCHT ETWAS ZEIT
Für 12 Personen
Zubereitungszeit: 15 Min.
Gefrierzeit: 9 Std.

250 g Mascarpone • 250 g Sahne • 4 cl Maraschino-Likör (ersatzweise Kirschsirup) • 4 cl Ahornsirup • 100 g kandierte, klein gewürfelte Früchte (Orangeat, Zitronat, Kirschen und Melonen) • 1 EL Zitronensaft • 100 g Puderzucker

– Den Mascarpone in Flöckchen zusammen mit 4 EL Sahne im heißen Wasserbad unter öfterem Umrühren gerade eben schmelzen lassen.
– Die geschmolzene Masse mit dem Likör und dem Ahornsirup glatt rühren. Die kandierten Früchte, den Zitronensaft und die Hälfte des Puderzuckers gründlich unter den Mascarpone rühren.
– Die restliche Sahne mit dem restlichen Puderzucker steif schlagen und nach und nach vorsichtig, aber gründlich unter die Mascarponemasse mischen. Eine Rehrücken- oder Kastenform (26 cm Länge) mit Frischhaltefolie auslegen. Mascarponemasse einfüllen, glatt streichen und die Cassata im Tiefkühlschrank in 7–9 Std. gefrieren lassen.

– Zum Servieren die Form umgedreht auf eine Servierplatte stellen. Die Form nach oben wegziehen. Die Folie vom Eis abziehen. Cassata in dicke Scheiben schneiden und sofort servieren. Oder einzelne Scheiben bei Bedarf direkt aus der Form schneiden und entnehmen.

1107. Schokoladeneis mit Grappa

GELINGT LEICHT
Für 4 Personen
Zubereitungszeit: 1 1/4 Std.
Gefrierzeit: 3 Std.

100 g Zartbitter-Schokolade • 400 g Sahne • 4 Eigelbe • 5 EL Zucker • 4 cl Grappa

– 80 g Schokolade grob hacken und mit der Hälfte der Sahne in einem Topf langsam erhitzen. Immer wieder umrühren, bis die Schokolade ganz geschmolzen ist. Nicht aufkochen lassen. Den Topf vom Herd nehmen, die Masse unter Rühren abkühlen lassen.
– Die Eigelbe mit dem Zucker in einer Schüssel cremig rühren. Die Schüssel in ein heißes Wasserbad stellen und die Creme weiter schlagen. Dabei die Schokoladen-Sahne-Mischung langsam einfließen lassen.
– Übrige Schokolade klein hacken. Restliche Sahne halbsteif schlagen und mit Schokoladenstückchen und Grappa unter die Schokomischung heben. Die Eismasse in eine kleine Kastenform füllen und für mindestens 3 Std. ins Gefriergerät stellen.
– Das Eis vor dem Servieren mindestens 30 Min. in den Kühlschrank stellen, damit es weich und geschmeidig wird. Zum Servieren mit einem Löffel Nocken oder mit dem Eisportionierer Kugeln abstechen und in gekühlten Eisschalen oder auf Desserttellern servieren.

1108. Honigparfait mit Kirschen

GUT FÜR GÄSTE
Für 6 Personen
Zubereitungszeit: 30 Min.
Gefrierzeit: 6 Std.

3 Eigelbe • 1 Pck. Vanillezucker • 2 EL Tannenhonig • 1 TL Zimtpulver • 200 g Sahne • 2 Eiweiße • 300 g Sauerkirschen • 1 1/2 EL Zucker • 1 1/2 EL Kirschwasser • Melisseblättchen zum Garnieren

– Die Eigelbe mit dem Vanillezucker schaumig rühren, bis eine hellgelbe Masse entstanden ist. Den Honig und den Zimt dazugeben und kräftig unterrühren.
– Die Sahne steif schlagen und unter die Eigelbmasse ziehen. Die Eiweiße steif schlagen und unterheben. Die Masse in Portionsförmchen füllen und im Tiefkühlgerät in etwa 6 Std. fest werden lassen.
– Die Kirschen waschen und entsteinen. Mit dem Zucker in einen Topf geben und alles so lange erhitzen bis der Zucker aufgelöst ist. Die heißen Kirschen mit dem Kirschwasser parfümieren.
– Das Parfait vor dem Servieren etwa 15 Min. in den Kühlschrank stellen, damit es weich und geschmeidig wird. Dann aus der Form stürzen, in dicke Scheiben schneiden und mit den Kirschen auf Tellern anrichten. Mit den Melisseblättchen garnieren.

1109. Zitronensorbet

PREISWERT
Für 4 Personen
Zubereitungszeit: 30 Min.
Gefrierzeit: 3 Std.

5 unbehandelte Zitronen • 135 g Zucker • 2 Eiweiße

– Die Zitronen heiß waschen. Von 4 Zitronen einen Deckel abschneiden. Fruchtfleisch vorsichtig herausschneiden, ohne die Schale zu verletzen, in ein Küchentuch geben und so den Saft über einer Schüssel auspressen. Die ausgehöhlten Zitronen zum Füllen aufheben und den Boden flach schneiden, damit sie stehen. Von der restlichen Zitrone die Schale abreiben und das Fruchtfleisch anderweitig verwenden.
– 350 ml Wasser mit dem Zucker (1 EL aufheben) aufkochen und etwa 5 Min. sprudelnd kochen lassen, dann Zitronensaft und -schale zugeben und kurz mitkochen.
– Die Flüssigkeit abkühlen lassen und durch ein feines Sieb gießen. In eine Eiswürfelschale (ohne Gitter) oder eine kleine Metallform füllen und etwa 1 Std. ins Gefriergerät stellen.
– Dann die Eiweiße mit dem übrigen Zucker sehr steif schlagen und unter das halb gefrorene Sorbet ziehen. Das Sorbet anschließend nochmals etwa 2 Std. in das Gefriergerät stellen. Dabei alle 30 Min. gut durchrühren.
– Zum Servieren das Zitronensorbet nochmals durchrühren und in die ausgehöhlten Zitronen füllen, die Deckel wieder aufsetzen.

1110. Pfirsich Melba

GELINGT LEICHT
Für 2 Personen
Zubereitungszeit: 50 Min.

1 vollreifer, gelbfleischiger Pfirsich • 1 Pck. Vanillezucker • 200 g Himbeeren (frisch oder tiefgekühlt, ungezuckert) • 50 g Puderzucker • knapp 1 TL Zitronensaft • 1 cl Himbeergeist • 125 g Vanilleeis

– Zwei Dessertgläser im Gefrierfach des Kühlschranks oder im Tiefkühlgerät sehr gut durchkühlen lassen.
– Inzwischen 1/8 l Wasser zum Kochen bringen. Den Pfirsich mit einer Gabel rundherum mehrmals einstechen, ins kochende Wasser legen und wenige Min. darin ziehen lassen. Wieder herausnehmen und mit kaltem Wasser abschrecken. Pfirsich häuten, halbieren, den Stein herauslösen. Die Pfirsichhälften mit dem Vanillezucker wieder ins kochende Wasser geben und 10 Min. bei schwacher Hitze zugedeckt dünsten.
– Frische Himbeeren verlesen, in stehendem Wasser vorsichtig waschen, abtropfen lassen und mit dem Puderzucker in einen Topf geben. Tiefgefrorene Himbeeren gleich in den Topf geben. Bei schwacher Hitze zugedeckt etwa 5 Min. dünsten. Zuletzt mit so viel Wasser verrühren, dass sie nicht anbrennen.
– Die Pfirsiche vom Herd nehmen und kalt werden lassen. Die Himbeeren vom Herd nehmen und durch ein feines Sieb streichen. Mit dem Zitronensaft und dem Himbeergeist verrühren.
– Vanilleeis auf die gekühlten Gläser verteilen. Jede Portion mit 1/2 Pfirsich belegen und mit der Himbeersauce begießen.

1111. Birne Helene

GUT FÜR GÄSTE
Für 2 Personen
Zubereitungszeit: 40 Min.

2 kleine Williams-Christ-Birnen • 1/8 l Weißwein • 1 TL Zucker • 1/2 Stange Zimt • 25 g Zartbitter-Schokolade • 60 g Sahne • 250 g Vanilleeis

– Zwei kleine Portionsschälchen im Gefrierfach des Kühlschranks oder im Tiefkühlgerät sehr gut durchkühlen lassen.
– Inzwischen die Birnen dünn schälen, halbieren und vorsichtig das Kerngehäuse herausstechen.
– Den Wein mit dem Zucker in einen Topf geben, die halbe Zimtstange hinzufügen. Die Birnenhälften darin bei schwacher Hitze zugedeckt 10 Min. dünsten. Birnen in einem Sieb über einer Schüssel abtropfen lassen.
– Die Schokolade zerbröckeln, in einem kleinen Topf bei schwacher Hitze oder in einem heißen Wasserbad schmelzen lassen. Die Sahne mit der Kochflüssigkeit von den Birnen unterrühren und die Sauce zugedeckt heiß halten.
– Das Vanilleeis in zwei gleich große Würfel schneiden und diese in die kalten Portionsschälchen verteilen. Neben jede Portion 2 Birnenhälften legen und das Eis mit der heißen Schokoladensauce übergießen.

1112. Zabaione con bacche
(Weinschaum mit Beeren)

GUT FÜR GÄSTE
Für 4 Personen
Zubereitungszeit: 35 Min.

200 g gemischte Beeren (z. B. Erdbeeren, Himbeeren, rote und schwarze Johannisbeeren) • 1/2 unbehandelte Zitrone (Saft und Schale) • 4 EL Zucker • 4 sehr frische Eigelbe • 4 EL trockener Marsala • Puderzucker und Minzeblättchen zum Garnieren

– Die Beeren kurz waschen, in ein Sieb geben und abtropfen lassen. Die Blütenansätze und Stängel (außer bei Johannisbeeren) entfernen. Erdbeeren eventuell halbieren. Die Beeren ohne Johannisbeeren vermischen.
– Die Zitrone heiß waschen und etwa 1 TL Schale abreiben, die Zitronenhälfte auspressen und den Saft über die Beeren träufeln. Die Johannisbeeren dann in etwas Zucker wälzen, so dass sie wie bereift aussehen.
– Die Eigelbe mit restlichem Zucker und der Zitronenschale in eine Metallschüssel (am besten mit gewölbtem Boden) geben und im heißen Wasserbad mit dem Schneebesen weißschaumig aufschlagen.
– Dann den Wein nach und nach dazuträufeln, dabei weiter kräftig rühren. Alles bei mäßiger Hitze zu einer dickschaumigen Weincreme aufschlagen.
– Die warme Zabaione auf kleine Dessertteller verteilen und mit den vorbereiteten Beeren garnieren. Mit ein wenig Puderzucker bestäuben und den Minzeblättchen hübsch garnieren.

TIPP

Der Weinschaum muss ganz kurz vor dem Servieren zubereitet werden, da er sehr leicht zusammenfällt. Es sei denn, Sie servieren ihn als Zabaione-Creme. Den warmen Weinschaum im eiskalten Wasserbad unter ständigem Rühren abkühlen lassen. 200 g steif geschlagene, leicht gesüßte Sahne unterziehen und die Creme bis zum Servieren gut kühlen.

1113. Birnen in Rotweinsauce

GELINGT LEICHT
Für 4 Personen
Zubereitungszeit: 25 Min.
Garzeit: 25 Min.

4 schöne reife Birnen • 3/4 l Barolo oder ein anderer trockener Rotwein • abgeriebene Schale von 1 unbehandelten Zitrone • 4 EL Himbeergelee • 3 EL Crème fraîche • 4 EL Pinienkerne

– Die Birnen waschen und dünn schälen, dabei möglichst die Stängel daran lassen. Birnen nebeneinander in einen breiten flachen Topf geben, den Wein aufgießen und die Zitronenschale dazugeben. Aufkochen und etwa 25 Min. bei geringer Hitze leise köcheln lassen. Die Birnen dann aus dem Wein nehmen, abkühlen lassen.
– Das Himbeergelee in den Wein rühren und alles um ein gutes Drittel einkochen lassen. Die Crème fraîche unterrühren und weiterköcheln lassen, bis die Sauce leicht cremig ist. Die Pinienkerne in einer beschichteten Pfanne ohne Fett unter Rühren goldgelb rösten.
– Die warme Rotweinsauce auf vier Teller gießen, jeweils eine gedünstete Birne in die Mitte setzen und jede mit 1 EL Pinienkernen bestreuen.

1114. Warmer Vanillepudding

SCHMECKT KINDERN
Für 4 Personen
Zubereitungszeit: 30 Min.
Kochzeit: 1 Std.

4 Eier • 1/8 l Milch • 50 g Butter • 1 Prise Salz • 80 g Mehl • 2 Pck. Vanillezucker • abgeriebene Schale von 1/2 unbehandelten Zitrone • 30 g Zucker • Butter und Semmelbrösel für die Form

– Die Eier trennen. Eine Pudding- oder Terrinenform (etwa 1 l Inhalt) mit der Butter einfetten und mit den Semmelbröseln ausstreuen.
– Die Milch mit der Butter und dem Salz aufkochen. Topf vom Herd nehmen, das Mehl auf einmal hineinschütten und zu einem glatten Kloß verrühren. Den Teigkloß unter ständigem Rühren etwa 1 Min. erhitzen.
– Den heißen Kloß in eine Schüssel geben. Nach und nach die Eigelbe, den Vanillezucker und die Zitronenschale unterrühren. Die Eiweiße mit dem Zucker steif schlagen und vorsichtig unterheben.
– Die Masse in die Form füllen und mit dem Deckel oder mit Alufolie verschließen. In einem hohen Topf Wasser erhitzen. Die Form hineinstellen (sie soll zu etwa drei Viertel im Wasser stehen) und den Pudding etwa 1 Std. köcheln lassen.
– Dann den Vanillepudding aus der Form stürzen und sofort servieren.

1115. Crêpes Suzette

PREISWERT
Für 4 Personen
Zubereitungszeit: 40 Min.
Ruhezeit: 2 Std.

6 EL Mehl • 2 Eier • 2 EL und 1/2 TL Zucker • Salz • 1/4 l Milch • 4 1/2 EL Butter • Saft und abgeriebene Schale von 1 unbehandelten großen Orange • 4 cl Orangenlikör

– Das Mehl in eine Schüssel sieben. In die Mitte eine Mulde drücken und 1 Ei hineingeben. Das andere Ei trennen und das Eigelb ebenfalls zum Mehl geben. Das Eiweiß beiseite stellen.
– 1/2 TL Zucker und 1 Prise Salz zum Mehl geben. Den Teig mit einem Holzlöffel verrühren, dann mit den Fingern leicht kneten.
– Nun die Milch in kleinen Portionen dazurühren, damit sich keine Klümpchen bilden. Der Teig soll dünnflüssig sein. Eventuell noch mit etwas Milch oder Wasser verdünnen. Den fertigen Teig etwa 2 Std. kühl, aber nicht in den Kühlschrank stellen.
– Dann das Eiweiß steif schlagen und vorsichtig unter den Teig ziehen.

– In einer Pfanne mit sehr glattem Boden (am besten geht eine Crêpe-Pfanne, eine beschichtete Pfanne ist aber auch nicht schlecht) etwas Butter zerlassen und dünn verteilen. Nur so viel Teig in das heiße Fett geben, dass die Crêpe hauchdünn wird. Auf beiden Seiten hellbraun braten, zweimal zusammenfalten und warm stellen. Aus dem restlichen Teig weitere Crêpes backen.
– Übrige Butter (etwa 1/2 EL) in der Pfanne erhitzen, aber nicht bräunen lassen. 2 EL Zucker dazugeben und leicht karamellisieren lassen.
– Die Orangenschale und den -saft dazugeben und erhitzen. Die Hälfte des Orangenlikörs in die heiße Sauce geben. Die gefalteten Crêpes hineinlegen und die Sauce darüber gießen. Den restlichen Likör über das Gericht gießen und anzünden (Vorsicht, es dürfen keine brennbaren Dinge in der Nähe sein!).
– Wenn die Flammen erloschen sind, die Crêpes auf Tellern anrichten und mit der Sauce übergießen. Sofort servieren.

1116. Mokka-Soufflé

PREISWERT | GUT FÜR GÄSTE
Für 4 Personen
Zubereitungszeit: 35 Min.
Backzeit: 15 Min.

75 g Mokka-Schokolade • 2 EL lösliches Kaffeepulver • 3 Eier • 1 Pck. Vanillezucker • 2 EL gemahlene Mandeln • 1 TL Speisestärke • Butter für die Förmchen

– Den Backofen auf 175° (Umluft 150°) vorheizen. Vier feuerfeste Förmchen oder Tassen gründlich mit der Butter ausstreichen.
– Die Schokolade grob hacken und in einem kleinen Topf bei schwacher Hitze unter Rühren schmelzen lassen. Das Kaffeepulver in 1 EL heißem Wasser auflösen und unter die Schokolade rühren.
– Die Eier trennen. Die Eiweiße mit den Quirlen des Handrührgeräts steif schlagen und beiseite stellen. Die Eigelbe mit 1 EL warmem Wasser und dem Vanillezucker cremig aufschlagen.
– Die gemahlenen Mandeln, die Speisestärke und die geschmolzene, aber nicht mehr heiße Schokolade einrühren. Den Eischnee vorsichtig mit einem Schneebesen unterheben. Nicht zu stark rühren, sonst wird das Soufflé nicht luftig.
– Die Soufflé-Masse rasch in die Förmchen oder Tassen verteilen. In den Ofen (Mitte) schieben und etwa 15 Min. backen und aufgehen lassen. Die Ofentüre dabei keinesfalls öffnen, da die Soufflés bei dem geringsten Luftzug sofort zusammenfallen. Dann die Soufflés aus dem Ofen nehmen und sofort servieren.

1117. Pfannkuchen mit Birnen

GELINGT LEICHT
Für 4 Personen
Zubereitungszeit: 40 Min.

4 Eier • 100 g Zucker • 150 g saure Sahne • 100 g Mehl • 1 Prise Salz • 2 kleine, feste Birnen • 2 EL Zitronensaft • 2 EL Butter zum Ausbacken • Puderzucker und Zimtpulver zum Bestäuben

– Die Eier trennen. Die Eiweiße zu nicht ganz steifem Schnee schlagen, dabei den Zucker einrieseln lassen.
– Die Eigelbe mit der sauren Sahne, dem Mehl und dem Salz glatt rühren. Die Hälfte des Eischnees unterrühren, restlichen Eischnee locker unterheben.
– Die Birnen waschen und vierteln, die Kerngehäuse herausschneiden. Die Birnenviertel in dünne Spalten schneiden und sofort in dem Zitronensaft wenden, damit sie sich nicht verfärben.
– In einer großen beschichteten Pfanne etwas von der Butter zerlassen. 1–2 EL Teig hineingeben, einige Birnenspalten darauf legen. Dicke goldgelbe Pfannkuchen von beiden Seiten braten. Nach und nach 12–14 Pfannkuchen ausbacken. Mit Puderzucker und etwas Zimtpulver bestäuben.

1118. Palatschinken mit Schokolade

GUT FÜR GÄSTE | SCHMECKT KINDERN
Für 4 Personen
Zubereitungszeit: 1 Std.

150 g Mehl • gut 3/8 l Milch • 2 Eier • 1 Prise Salz • 120 g Zucker • 4 EL Butter • 1 Pck. Vanillezucker • 150 g geriebene Walnüsse • 1 EL Rum nach Belieben • 150 g Blockschokolade • 250 g Sahne

– Das Mehl mit 5 EL von der Milch, den Eiern, dem Salz und 40 g Zucker in einer Schüssel verrühren. So viel

Milch dazugießen, dass ein ziemlich dünnflüssiger Teig entsteht.
– Eine Pfanne erhitzen und gleichmäßig mit 1/2 EL von der Butter ausfetten. Etwa ein Achtel des Teiges mit einem Schöpflöffel hineingießen und die Pfanne dabei schwenken, so dass der Teig auseinanderfließen kann und der Pfannenboden dünn bedeckt ist. Die Palatschinken (Pfannkuchen) bei mäßiger Hitze beidseitig goldgelb braten. Auf diese Weise insgesamt 8 Palatschinken bereiten und warm stellen.
– Für die Nussfüllung 5 EL Milch mit übrigem Zucker und dem Vanillezucker in einer Pfanne aufkochen lassen. Die Walnüsse zufügen, kurz aufkochen lassen und eventuell mit dem Rum abschmecken.
– Die Palatschinken bleistiftdick gleichmäßig mit der Fülle bestreichen, zusammenrollen und warm halten.
– Für die Schokoladensauce die Blockschokolade in einen Topf bröckeln und bei ganz geringer Hitze schmelzen lassen. Etwa 3 EL von der Sahne nach und nach einrühren. Die Schokoladensauce erhitzen, aber nicht kochen lassen. Restliche Sahne halbsteif schlagen. Die Palatschinken mit der Schokoladensauce und der Sahne servieren.

TIPP

Für Kinder die Nussfülle mit einigen Tropfen Mandelaroma statt mit Rum würzen.

1119. Süße Grießschnitten

PREISWERT | SCHMECKT KINDERN
Für 4–6 Personen
Zubereitungszeit: 1 Std.
Ruhezeit: 2 Std.

1 l Milch und 3 EL Milch • Salz • 1 großes Stück unbehandelte Zitronenschale • 250 g Hartweizengrieß • 4 EL Zucker • 4 Eier • 6 EL Semmelbrösel • 4 EL Butterschmalz • 2 Msp. gemahlener Zimt

– In einem hohen, möglichst beschichteten Topf 1 l Milch mit 1 Prise Salz und der Zitronenschale zum Kochen bringen.
– Die Zitronenschale wieder herausnehmen und den Grieß unter Rühren einstreuen. Den Brei einige Male unter weiterem Rühren aufkochen und dann bei sehr geringer Hitze etwa 10 Min. ausquellen lassen. Der Brei muss sehr dick sein. Den Topf vom Herd nehmen, 2 EL Zucker und 2 verquirlte Eier sofort unterrühren.
– Ein großes angefeuchtetes Holzbrett oder eine flache Porzellanplatte etwa 3 cm dick mit dem Brei bestreichen und 1–2 Std. ruhen und erkalten lassen.
– Aus der kalten Grießmasse etwa 5 x 7 cm große Schnitten schneiden. Die übrigen Eier in einer Schüssel verquirlen und mit der restlichen Milch verrühren. Die Semmelbrösel in einen tiefen Teller geben.
– Etwas Butterschmalz in einer Pfanne erhitzen. Nach und nach die Grießschnitten zuerst in der Eiermilch, dann in den Semmelbröseln wenden, andrücken. Die Schnitten im heißen Schmalz von jeder Seite in etwa 4 Min. goldbraun braten und warm stellen, bis alle Grießschnitten gebraten sind.
– Den restlichen Zucker und den Zimt mischen und die Grießschnitten damit bestreuen. Sofort servieren.

1120. Milchreis mit Beeren

PREISWERT | BRAUCHT ETWAS ZEIT
Für 2 Personen
Zubereitungszeit: 15 Min.
Quellzeit: 30 Min.
Kühlzeit: 3 Std.

125 g Rundkornreis (Milchreis) • 1/2 l Milch • hauchdünn abgeschnittene Schale von 1/4 unbehandelten Zitrone • 5 TL Honig • 400 g gemischte Beeren (z. B. Himbeeren, Brombeeren, Heidelbeeren, Johannisbeeren)

– Den Rundkornreis mit der Milch in einen möglichst beschichteten Topf füllen, unter Rühren zum Kochen bringen und die Zitronenschale dazugeben. Den Reis bei schwacher Hitze zugedeckt etwa 30 Min. ausquellen lassen, dabei immer mal wieder umrühren.
– Die Zitronenschale entfernen und 2 TL von dem Honig unter den Reis ziehen. Den Reis in eine Schüssel umfüllen, abdecken und für etwa 3 Std. in den Kühlschrank stellen.
– Inzwischen die Beeren vorsichtig waschen, verlesen und putzen. Die Beerenmischung in einer Schüssel mit dem übrigen Honig beträufeln und ebenfalls in den Kühlschrank stellen.
– Den fertigen Milchreis mit den Beeren servieren. Dafür entweder die Beeren unter den Reis mischen oder getrennt dazu reichen.

1121. Orientalischer süßer Reis

GELINGT LEICHT
Für 4 Personen
Zubereitungszeit: 35 Min.

1/2 l Milch • 125 g Rundkornreis (Milchreis) • Salz • 2 EL Zucker • 40 g Orangeat • 40 g Zitronat • 50 g gehackte Mandeln • 2 EL gehackte Pistazienkerne • 2 EL Butter • 1 unbehandelte Zitrone • 2 EL Rosinen • 2 EL Orangenlikör (nach Belieben) • Minzeblättchen zum Garnieren

– In einem möglichst beschichteten Topf die Milch mit dem Reis, 1 Prise Salz und dem Zucker aufkochen. Dann zugedeckt bei schwacher Hitze in etwa 20 Min. ausquellen lassen, dabei ab und zu umrühren. Inzwischen Orangeat und Zitronat fein hacken.
– Zuerst den Wok oder eine große Pfanne erwärmen und dann darin bei mittlerer Hitze die Mandeln und Pistazien ohne Fett unter Rühren rösten, bis sie duften, herausnehmen.
– Die Butter in den Wok oder die Pfanne geben. Den gegarten Reis unter Rühren darin 2–3 Min. braten. Die Zitrone gründlich heiß waschen, die Schale abreiben, den Saft auspressen.
– Orangeat, Zitronat, Mandeln, Pistazien, Zitronenschale, Rosinen und Likör unter den Reis mischen. Mit Zitronensaft abschmecken. Zum Servieren mit den Minzeblättchen garnieren.

TIPP
Zu diesem süßen Reisgericht passt eine Aprikosen- oder Orangensauce ausgezeichnet. Beide Saucen gibt es fertig zu kaufen.

1122. Gefüllte Bratäpfel

GELINGT LEICHT | PREISWERT
Für 4 Personen
Zubereitungszeit: 10 Min.
Bratzeit: 30 Min.

4 große Äpfel • 4 TL Zucker • 4 TL Orangenmarmelade • 4 TL Rosengelee oder fein gehacktes Orangeat • 100 g Sahne • 1 Pck. Vanillezucker

– Den Backofen auf 200° (Umluft 180°) vorheizen. Die Äpfel gründlich waschen und die Stiele und Blütenansätze entfernen. Das Kerngehäuse ausstechen. Die Orangenmarmelade mit dem Rosengelee oder dem Orangeat mischen und die Hohlräume damit füllen.
– Die Äpfel in eine Bratreine oder in die Fettpfanne des Backofens setzen, mit 1/8 l Wasser übergießen und im Ofen (Mitte) etwa 25–30 Min. braten.
– Die Sahne mit dem Vanillezucker steif schlagen und zu den Bratäpfeln servieren.

1123. Arme Ritter mit Apfel-Birnen-Kompott

BRAUCHT ETWAS ZEIT
Für 4 Personen
Zubereitungszeit: 1 Std.

Schale von 1/2 unbehandelten Zitrone • 1 Zimtstange • 2 Gewürznelken • 70 g Zucker • 2 Äpfel (z. B. Gloster oder Berlepsch) • 2 Birnen • 2 Eier • 1/2 l Milch • Salz • 2 Pck. Vanillezucker • 12 Scheiben Weiß- oder Toastbrot • 200 g Semmelbrösel • etwas Butterschmalz zum Braten

– In einem breiten Topf 1/8 l Wasser mit der Zitronenschale, der Zimtstange, den Gewürznelken und dem Zucker erhitzen.
– Die Äpfel und die Birnen schälen, vierteln und die Kerngehäuse entfernen. Das Obst in grobe Spalten schneiden und in dem Gewürzsud bei schwacher Hitze etwa 5 Min. garen. Es sollte nach Möglichkeit dabei nicht zerfallen.
– Das Obst mit einer Schaumkelle herausnehmen und in eine Schüssel füllen. Den Sud noch etwa 5 Min. weiterkochen lassen, dann über das Obst gießen. Das Kompott kalt stellen.
– Die Eier mit der Milch, 1 Prise Salz und dem Vanillezucker verquirlen. Die Weiß- oder Toastbrotscheiben auf eine Platte legen und mit der Eiermilch begießen. Wenn sich das Brot vollgesogen hat, in den Semmelbröseln wenden, die Brösel gut festdrücken.
– Etwas Butterschmalz in einer großen Pfanne erhitzen. Darin nach und nach die getränkten und panierten Weißbrotscheiben bei mittlerer Hitze von beiden Seiten goldbraun braten.
– Dann die Scheiben diagonal durchschneiden und heiß mit dem abgekühlten Kompott servieren.

1124. Feiner Rhabarberauflauf

GELINGT LEICHT
Für 4 Personen
Zubereitungszeit: 1 Std.
Ruhezeit: 30 Min.
Backzeit: 45 Min.

500 g Rhabarber • 170 g Zucker • 1 Pck. Vanillezucker • 3 Brötchen • 1/4 l Milch • 3 Eier • abgeriebene Schale von 1/2 unbehandelten Zitrone • 1 TL Butter • 1 EL Semmelbrösel • 5 EL Erdbeer-, Himbeer- oder Kirschmarmelade

– Den Rhabarber waschen, putzen und nur falls nötig abziehen. Die Rhabarberstangen in etwa 3 cm lange Stücke schneiden. Die Rhabarberstücke in einem Topf mit 50 g Zucker mischen und zugedeckt etwa 30 Min. ruhen und Saft ziehen lassen.
– Die Rhabarberstücke zugedeckt bei geringer Hitze in etwa 5 Min. im eigenen Saft weich dünsten. Den Vanillezucker zufügen, vorsichtig untermischen und das Kompott abkühlen lassen.
– Inzwischen die Brötchen in etwa 1 cm dicke Scheiben oder in grobe Stücke schneiden. Die Milch erwärmen und die Brötchen in einer Schüssel mit der warmen Milch übergießen und etwa 20 Min. stehen lassen. Den Backofen auf 175° vorheizen.
– Die Eier in Eigelbe und Eiweiße trennen. Die Eigelbe mit 1 EL Zucker und der abgeriebenen Zitronenschale kräftig verschlagen. Die Brötchenscheiben oder -stücke unter den Eigelbschaum rühren.
– Eine große flache Auflaufform mit der Butter ausstreichen und mit den Semmelbröseln ausstreuen. Den Brötchenteig einfüllen und glatt streichen. Im Ofen (Mitte, Umluft 150°) 30 Min. backen.
– Die Eiweiße steif schlagen, dabei den übrigen Zucker einrieseln lassen und den Eischnee zu einer festen Baisermasse schlagen. Die Form aus dem Backofen nehmen. Die Marmelade auf die gebackene Brötchenmasse streichen, den Rhabarber etwas abtropfen lassen und gleichmäßig darauf verteilen.
– Zuletzt den Baiser in einen Spritzbeutel mit weiter Stern- oder Lochtülle füllen und in Tupfen oder Streifen aufspritzen. Oder den Baiser mit einem Löffel wolkenförmig aufstreichen.
– Den Auflauf noch mal in den Ofen (Mitte) schieben und etwa 15 Min. überbacken, bis der Baiser hellbraun geworden ist. Heiß servieren.

1125. Quarkauflauf

SCHMECKT KINDERN
Für 4 Personen
Zubereitungszeit: 20 Min.
Backzeit: 1 Std.

1 TL Butter • 1 kg Magerquark • 2 Pck. Vanille-Puddingpulver • abgeriebene Schale von 1 unbehandelten Zitrone • 3 Eier • 200 g Zucker • 50 g Rosinen • 1 EL Milch

– Den Backofen auf 200° vorheizen. Eine Auflaufform mit der Butter ausstreichen.
– Den Quark mit dem Puddingpulver und der abgeriebenen Zitronenschale mit den Quirlen des elektrischen Handrührgeräts auf niedrigster Schaltstufe verrühren.
– Die Eier nacheinander über einer Tasse aufschlagen – 1/2 Eigelb zum Bestreichen zurückbehalten –, mit dem Zucker zum Quark geben und mit dem Handrührgerät cremig rühren.
– Die Rosinen waschen, abtropfen lassen und unter die Quarkmasse mischen. Die Auflaufform zu zwei Dritteln damit füllen.
– Das zurückbehaltene Eigelb mit der Milch verrühren und den Auflauf damit bestreichen. Den Auflauf im Ofen (zweite Schiene von unten) in etwa 1 Std. goldgelb backen. Sofort servieren.

TIPPS

– Zum Quarkauflauf schmeckt Fruchtmark von Blaubeeren oder Himbeeren, Schokoladensauce, Kompott oder mit etwas Rum bzw. Saft glatt gerührte Marmelade.
– Wandeln Sie den Quarkauflauf ab, indem Sie zusätzlich 50 g gehackte Mandeln, Haselnüsse oder Walnüsse unter die Masse rühren.
– Oder verteilen Sie einmal 100–150 g Beeren nach Wahl (z.B. Himbeeren, Brombeeren oder Erdbeeren), Aprikosenhälften oder Pfirsichhälften auf dem Boden der Form, bevor Sie die Quarkmasse einfüllen.
– Um die Quarkmasse noch luftiger zu machen: Die Eier in Eiweiße und Eigelbe trennen. Eiweiße mit 1 Prise Salz steif schlagen. Eigelbe mit dem Quark und dem Zucker verrühren, den Eischnee zum Schluss locker unterziehen.

1126. Reisauflauf mit Aprikosen

GELINGT LEICHT
Für 4 Personen
Zubereitungszeit: 25 Min.
Quellzeit: 30 Min.
Backzeit: 45 Min.

1 l Milch • Salz • 1 Stückchen unbehandelte Zitronenschale • 250 g Rundkornreis (Milchreis) • 1 kleine Dose Aprikosenhälften (240 g Abtropfgewicht) • 50 g Haselnüsse • 2 Eier • 6 EL Butter • 4 EL Zucker

– Die Milch mit 1 Prise Salz und der Zitronenschale erhitzen. Reis in ein Sieb geben, abbrausen, abtropfen lassen und zur Milch geben. Zuerst 2 Min. unter Rühren sprudelnd kochen und dann bei sehr geringer Hitze zugedeckt in etwa 30 Min. ausquellen lassen.
– Die Zitronenschale entfernen. Den Reisbrei abkühlen lassen und dabei öfter umrühren. Die Aprikosen aus der Dose abtropfen lassen und den Saft aufbewahren. Die Nüsse reiben oder im Mixer zerkleinern.
– Die Eier in Eigelbe und Eiweiße trennen. 4 EL Butter mit dem Zucker und den Eigelben in einer Schüssel schaumig rühren, den abgekühlten Reisbrei und die geriebenen Nüsse untermischen.
– Den Backofen auf 200° vorheizen. Die Eiweiße steif schlagen und unter den Reisbrei ziehen. Die Auflaufform mit 1 EL Butter ausstreichen.
– Den Reisbrei lagenweise mit den Aprikosenhälften in die Auflaufform schichten. Unterste und oberste Schicht sind Reisbrei. Die oberste Schicht Reisbrei so über die Aprikosenhälften streichen, dass die Kuppen noch herausschauen. Die Form darf nur drei Viertel voll sein.
– Die restliche Butter in kleinen Flöckchen auf dem Auflauf verteilen. Im Ofen (Mitte, Umluft 180°) in etwa 45 Min. goldgelb backen.

1127. Grießauflauf mit Kirschen

SCHMECKT KINDERN
Für 4 Personen
Zubereitungszeit: 30 Min.
Backzeit: 1 Std.

1/2 l Milch • Salz • Schale von 1/4 unbehandelten Zitrone • 175 g Hartweizengrieß • 200 g Kirschen • 2 Eier • 50 g weiche Butter • 80 g Zucker

– Die Milch, 1 Prise Salz und die Zitronenschale in einen Topf geben und zum Kochen bringen. Unter ständigem Rühren den Grieß einstreuen und einmal aufkochen, dann bei geringer Hitze in etwa 15 Min. ausquellen lassen. Vom Herd nehmen und abkühlen lassen.
– Inzwischen die Kirschen waschen und entsteinen. Die Eier in Eigelbe und Eiweiße trennen und 30 g Butter mit den Eigelben und dem Zucker schaumig rühren.
– Den Backofen auf 200° vorheizen. Den Grießbrei löffelweise unter die Schaummasse heben. Die Eiweiße steif schlagen und unter die Grießmasse ziehen.
– Eine Auflaufform mit etwas Butter ausstreichen, die Auflaufmasse schichtweise mit den Kirschen in die Form füllen, glatt streichen und mit der übrigen Butter in Flöckchen belegen.
– Den Auflauf im Ofen (zweite Schiene von unten, Umluft 180°) etwa 1 Std. überbacken.

TIPP

Besonders gut schmeckt der Auflauf, wenn Sie zusätzlich 50 g geriebene Nüsse, den Saft von 2 Orangen und 1 Zitrone sowie 1 Pck. Vanillepulver und 1 gehäuften EL Mandel-Puddingpulver unter den Auflauf rühren und nach Geschmack noch etwas nachsüßen.

1128. Kirschenmichel

BRAUCHT ETWAS ZEIT
Für 4 Personen
Zubereitungszeit: 40 Min.
Backzeit: 50 Min.

1 kg dickfleischige Süßkirschen • 6 Brötchen vom Vortag • 1/2 l lauwarme Milch • 4 Eier • 125 g Zucker • 1 Pck. Bourbon-Vanillezucker • abgeriebene Schale von 1 unbehandelten Zitrone • 1/2 TL Zimtpulver • Butter für die Form und zum Belegen • Puderzucker zum Bestäuben

– Die Kirschen waschen, Stiele und Kerne entfernen. Die Brötchen in Scheiben schneiden.
– Die lauwarme Milch in eine große Schüssel gießen. Mit den Eiern, dem Zucker und dem Bourbon-Vanillezucker, der geriebenen Zitronenschale und dem Zimtpulver verrühren.

– Eine große Auflaufform gut mit Butter ausfetten. Den Boden der Form mit einer Lage Brötchenscheiben bedecken, darauf Kirschen verteilen. Wieder eine Schicht Brötchenscheiben einfüllen und darauf Kirschen verteilen. So fortfahren, bis alle Brötchenscheiben und Kirschen verbraucht sind. Die Eiermilch darüber gießen und den Auflauf etwa 10 Min. stehen lassen. Den Backofen auf 200° vorheizen.
– Den Kirschenmichel mit der Butter in kleinen Flöckchen belegen und im Ofen (unten, Umluft 180°) in etwa 50 Min. goldbraun backen. Mit Puderzucker bestäuben und warm servieren

1129. Scheiterhaufen

PREISWERT
Für 4 Personen
Zubereitungszeit: 30 Min.
Backzeit: 45 Min.

4 Brötchen vom Vortag • 1/4 l Milch • 2 Eier • 75 g Zucker • 1 Pck. Vanillezucker • 1 Prise Salz • abgeriebene Schale von 1/2 unbehandelten Zitrone • etwas Butter für die Form • 50 g Rosinen • 500 g säuerliche Äpfel • 50 g geriebene Mandeln • 1/2 TL gemahlener Zimt • 50 g Butter • 2 EL Puderzucker

– Den Backofen auf 200° vorheizen. Die Brötchen in dünne Scheiben schneiden. Die Milch mit den Eiern, dem Zucker, dem Vanillezucker, dem Salz und der Zitronenschale gut verquirlen.
– Eine Auflaufform gründlich mit Butter fetten. Die Rosinen in ein Sieb geben, mit heißem Wasser abbrausen, abtropfen und auf Küchenpapier trocknen lassen. Äpfel entweder vierteln, schälen, von den Kerngehäusen befreien und in Spalten schneiden. Oder Äpfel schälen, das Kerngehäuse mit einem Apfelkernausstecher entfernen und in dünne Scheiben schneiden.
– Die Hälfte der Brötchen gleichmäßig in die Auflaufform einschichten. Die Hälfte der Eiermilch darüber gießen, die Äpfel darüber verteilen. Die Rosinen, die Mandeln und das Zimtpulver darüber streuen. Mit den restlichen Brötchenscheiben bedecken. Die verbliebene Eiermilch darüber gießen. Die Butter in kleinen Flöckchen über dem Auflauf verteilen.
– Den Auflauf im Ofen (Mitte, Umluft 180°) in etwa 45 Min. hellgelb backen. Mit dem Puderzucker dick bestreuen und servieren.

1130. Apfelküchle

PREISWERT | GELINGT LEICHT
Für 4 Personen
Zubereitungszeit: 45 Min.

250 g Mehl • 3 Eier • Salz • 100 g Zucker • 200 ml Milch • 1 1/2 TL Zimtpulver • 5 große, säuerliche Äpfel (z.B. Boskoop) • 750 g Frittierfett (siehe TIPP)

– Mehl mit Eiern, 1 Prise Salz und 50 g Zucker zu einem dicklichen Teig verrühren, dabei nach und nach die Milch zugeben.
– Den restlichen Zucker mit dem Zimt in einer kleinen Schüssel mischen. Die Äpfel schälen und mit einem Kernhausausstecher die Kerngehäuse entfernen. Die Äpfel in etwa 1 cm dicke Ringe schneiden.
– Das Fett in einer Fritteuse oder einem großen Topf erhitzen. Es ist heiß genug, wenn an einem hineingetauchten Holzkochlöffel kleine Bläschen emporsteigen.
– Die Apfelscheiben in den Teig tauchen, etwas abtropfen lassen und im heißen Fett ausbacken, bis sie goldbraun sind. Vorsicht, Spritzgefahr! Die Äpfelküchle auf einer Platte warm halten, bis alle Küchle gebacken sind. Die Küchle mit Zimt-Zucker bestreut servieren.

TIPP
Zum Frittieren am besten Butterschmalz nehmen. Es ist hoch erhitzbar und gibt den Apfelküchle einen feinen Buttergeschmack.

1131. Salzburger Nockerln

GUT FÜR GÄSTE | GEHT SCHNELL
Für 4 Personen
Zubereitungszeit: 20 Min.
Backzeit: 10 Min.

6 Eiweiße • 1 Prise Salz • 3 EL Zucker • 1 Pck. Vanillezucker • 3 Eigelbe • 20 g Mehl • abgeriebene Schale von 1/2 unbehandelten Zitrone • 3 EL Milch • 20 g Butter • 2 EL Puderzucker

– Die Eiweiße mit dem Salz zu steifem Schnee schlagen, dabei nach und nach den Zucker und den Vanillezucker dazugeben.

– Die Eigelbe verquirlen und mit einem Drittel des Eischnees locker vermengen. Die Eigelbmasse langsam unter den restlichen Eischnee heben.
– Das Mehl darüber sieben und die Zitronenschale darüber streuen, beides vorsichtig unter die Schaummasse ziehen. Den Backofen auf 225° (Umluft 200°) vorheizen.
– In einer flachen Backform (in der die Nockerln serviert werden können) die Milch mit der Butter auf dem Herd aufkochen lassen. Die Eischneemasse in die Form füllen, dabei drei große hügelförmige Nockerln formen.
– Die Nockerln in etwa 10 Min. im Ofen (Mitte) goldbraun überbacken. Sie sollen innen noch cremig sein. Die Nockerln dick mit dem Puderzucker bestreuen und sofort servieren.

1132. Österreichischer Kaiserschmarrn

GELINGT LEICHT
Für 4 Personen
Zubereitungszeit: 30 Min.

70 g Rosinen • 1 EL Rum • 4 Eier • 1/4 l Milch • 40 g Zucker • 160 g Mehl • 1 Prise Salz • 50 g Butter • 50 g Mandelsplitter • Puderzucker zum Bestäuben

– Die Rosinen in ein Sieb geben und mit heißem Wasser abbrausen, dann abtropfen und auf Küchenpapier trocknen lassen. In eine Schüssel geben und mit dem Rum beträufeln.
– Die Eier trennen. Die Milch, den Zucker und die Eigelbe verquirlen und mit dem Mehl zu einem glatten, dünnflüssigen Teig verrühren. Dann die Eiweiße mit dem Salz sehr steif schlagen und vorsichtig unter den Teig ziehen.
– In einer großen beschichteten Pfanne die Butter auf mittlerer Stufe erhitzen. Den Teig hineingeben, etwa 5 Min. braten lassen und die Rosinen und Mandeln darüber streuen.
– Sobald die Unterseite goldgelb und fest ist, den Schmarrn wenden und bei schwacher Hitze in etwa 5 Min. fertig backen. Dabei mit zwei Pfannenwendern in kleine Stückchen reißen.
– Den Herd abschalten und den Kaiserschmarrn ganz kurz ausdampfen lassen. Dann auf einer vorgewärmten Platte anrichten und dick mit Puderzucker bestäuben. Sofort servieren.

1133. Mascarpone-Schmarrn mit Mangopüree

GUT FÜR GÄSTE
Für 6 Personen
Zubereitungszeit: 40 Min.

1 vollreife Mango (etwa 500 g) • 1/2 unbehandelte Zitrone • etwa 50 g Zucker • 4 Eier • 1 Prise Salz • 3–4 EL Milch • 100 g Mehl • 250 g Mascarpone (italienischer Doppelrahm-Frischkäse) • 2–3 EL Butter • frisch geriebene Muskatnuss • Puderzucker zum Bestäuben

– Für das Püree die Mango schälen und das Fruchtfleisch seitlich am Stein entlang in Spalten abschneiden. Das restliche, am Stein festsitzende Fruchtfleisch so gut wie möglich ablösen und abschaben. Das Mangofleisch im Mixer oder mit dem Pürierstab pürieren.
– Die Zitrone heiß waschen und die Schale fein abreiben, den Saft auspressen. Das Mangopüree mit 1 TL Zucker und 2–3 EL Zitronensaft würzen. Das Püree in den Kühlschrank stellen.
– Für den Teig 2 Eier trennen und die Eigelbe mit den übrigen 2 Eiern verquirlen. Salz, den restlichen Zucker und die abgeriebene Zitronenschale untermischen. Dann nach und nach die Milch, das Mehl und den Mascarpone unterrühren.
– Die restlichen Eiweiße zu steifem Schnee schlagen und nur ganz locker unter den Teig ziehen. Den Backofen auf niedrigster Stufe vorheizen.
– In einer großen beschichteten Pfanne die Butter zerlassen. Den Teig einfüllen und glatt streichen. Bei mittlerer Hitze die untere Seite zart anbacken, danach den Teig mit Hilfe von zwei Pfannenwendern kreuz und quer in kleine Stückchen zerreißen. Die Teigstückchen immer wieder in der Pfanne wenden, bis sie rundum knusprig gebacken sind.
– Den Schmarrn mit einem Hauch Muskat würzen, kurz in den Ofen (Mitte) stellen und ausdampfen lassen. Mit Puderzucker bestäuben und das kühle Mangopüree dazu servieren.

TIPPS

– Der feine Mascarpone-Schmarrn steht dem österreichischen Original „Kaiserschmarrn“ in nichts nach. Bei ihm fehlen zwar die Rosinen und die

Mandelsplitter, dafür sorgt der Mascarpone für unvergleichliche Frische und Saftigkeit.
– Mangos mit grünlich-brauner Schale schmecken meist milder und süßer als die rötlichen Sorten. Interessant für die Zubereitung: Der manchmal etwas strenge, harzige Geschmack der Mango wird abgeschwächt, wenn Sie die Frucht gut gekühlt servieren.

1134. Mohr im Hemd

GUT FÜR GÄSTE
Für 4 Personen
Zubereitungszeit: 35 Min.
Backzeit: 40 Min.

200 g Zartbitter-Schokolade • 3 Eier • 50 g weiche Butter • 30 g Puderzucker • 1 Pck. Vanillezucker • 50 g fein gemahlene Mandeln • 30 g Zucker • Butter und Zucker für die Form • 250 g Sahne

– 50 g Schokolade in eine Metallschüssel bröckeln, in ein heißes Wasserbad stellen und die Schokolade unter Rühren langsam schmelzen lassen.
– Die Eier trennen. Die Butter mit dem Puderzucker und dem Vanillezucker schaumig rühren. Nach und nach die geschmolzene Schokolade, die Eigelbe und die Mandeln hineinrühren. Die Eiweiße mit dem Zucker nicht zu steif schlagen und darunter ziehen.
– Den Backofen auf 210° vorheizen. Die Fettpfanne mit heißem Wasser füllen. Vier feuerfeste Förmchen von etwa 200 ml Inhalt mit Butter einfetten und mit Zucker ausstreuen.
– Die Mohrenmasse in die Förmchen verteilen. Die Formen in die Fettpfanne stellen und im Ofen (Mitte, Umluft 190°) etwa 40 Min. backen. Die Mohren sind fertig, wenn an einem hineingestochenen Holzstäbchen kein Teig mehr haften bleibt.
– Für die Sauce übrige Schokolade in einen kleinen Topf bröckeln und bei ganz geringer Hitze auf dem Herd unter Rühren schmelzen lassen. Dabei etwa 3 EL Sahne nach und nach einrühren. Schokoladensauce erhitzen, aber nicht kochen lassen. Restliche Sahne steif schlagen.
– Die fertigen Mohren sofort auf Dessertteller stürzen. Mit der Schokoladensauce und der geschlagenen Sahne garnieren und servieren.

TIPP

Dieser gekochte Pudding – in seiner Heimat Österreich kurz „Koch“ genannt – gart sanft im Wasserbad (im Ofen oder auch im Topf auf dem Herd). Dadurch werden die Aromen besonders intensiv.

1135. Dampfnudeln mit Karamellsauce

GUT FÜR GÄSTE | BRAUCHT ETWAS ZEIT
Für 10 Personen
Zubereitungszeit: 30 Min.
Ruhezeit: 2 Std.
Backzeit: 30 Min.

Für die Dampfnudeln: 200 ml Milch • 500 g Mehl und Mehl zum Arbeiten • 1/2 Würfel Hefe (21 g) • 50 g Zucker • 50 g weiche Butter • 1 TL abgeriebene unbehandelte Zitronenschale • 1 Ei • 1 Eigelb • Salz
Für die Form: 50 g Butter • 2 EL Zucker • 200 ml Milch
Für die Karamellsauce: 3 EL Butter • 3 EL Zucker • 1/4 l Milch

– Für die Dampfnudeln die Milch in einem kleinen Topf erwärmen. Das Mehl in eine Rührschüssel sieben und eine Mulde hineindrücken. Die Hefe in die Mulde bröckeln, mit 1 EL Zucker bestreuen. Mit der warmen Milch und etwas Mehl zu einem Vorteig verrühren. Den Vorteig zugedeckt an einem warmen Ort etwa 30 Min. gehen lassen.
– Den restlichen Zucker, die weiche Butter, die Zitronenschale, das Ei, das Eigelb und 1 Prise Salz dazugeben und alles mit den Händen oder den Knethaken des Handrührgerätes zu einem glatten und geschmeidigen Teig verkneten. Den Teig zugedeckt an einem warmen Ort etwa 1 Std. gehen lassen, bis sich sein Volumen verdoppelt hat.
– Den Teig auf eine bemehlte Arbeitsfläche legen. Den Hefeteig mit den Händen ein paarmal kräftig durchkneten. Dann den Teig in 10 etwa gleich große Portionen teilen. Diese zu Kugeln formen und auf ein bemehltes Brett nicht zu dicht nebeneinander setzen. Die Teigkugeln mit einem Küchentuch abdecken und nochmals an einem warmen Ort etwa 30 Min. gehen lassen. Backofen auf 180° (Umluft 160°) vorheizen.

– In einer großen Bratreine oder einer Auflaufform mit passendem Deckel die Butter schmelzen lassen. Den Zucker und die Milch dazugeben und alles aufkochen. Die aufgegangenen Dampfnudeln in die heiße Flüssigkeit setzen und zugedeckt im Ofen (Mitte) in etwa 30 Min. goldbraun backen.
– Für die Karamellsauce die Butter in einem Topf zerlassen. Den Zucker einrieseln lassen und bei mittlerer Hitze hellbraun karamellisieren. Milch unter Rühren nach und nach dazugeben. Die Sauce nur kurz köcheln lassen, dann vom Herd nehmen.
– Die fertigen Dampfnudeln sofort in der Form servieren. Die Karamellsauce warm oder abgekühlt getrennt dazu reichen.

TIPPS

– Zu den Dampfnudeln schmecken auch Vanillesauce (Rezept-Nr. 1095) und eingemachtes Obst wie Kirschen oder Zwetschgen sehr fein.
– Sie können die Dampfnudeln einmal mit frischen Aprikosen oder Zwetschgen füllen. Das Obst entsteinen und anstelle des Kernes mit einem Stück Würfelzucker füllen.

1136. Pflaumenknödel

GUT FÜR GÄSTE
Für 12 Knödel
Zubereitungszeit: 1 Std.

130 g Butter • Salz • 160 g Mehl • 1 Ei • 12 vollreife Pflaumen • 12 Würfelzucker • 100 g Semmelbrösel • 2 EL Puderzucker • Mehl zum Arbeiten

– Für den Brandteig 1/4 l Wasser mit 30 g Butter und 1 Prise Salz zum Kochen bringen. Das gesamte Mehl auf einmal unter Rühren hinzufügen. Bei schwächster Hitze so lange rühren, bis sich der Teig vom Topf und vom Kochlöffel löst. Den Teig etwas abkühlen lassen und das Ei kräftig unterrühren.
– Die Pflaumen waschen, längs einschneiden und entsteinen. In jede Pflaume statt des Steins 1 Stück Würfelzucker geben. In einem großen Topf reichlich Wasser zum Kochen bringen und salzen.
– Den Teig auf der bemehlten Arbeitsfläche zu einer Rolle (etwa 5 cm Ø) formen. Die Teigrolle in 12 gleich große Scheiben schneiden. Die Scheiben leicht flachdrücken und auf jede eine Pflaume setzen. Teig jeweils um die Pflaumen hüllen und zu Knödeln formen.
– Die Knödel in dem Salzwasser bei schwacher Hitze in etwa 8 Min. garen. Mit dem Schaumlöffel herausnehmen und etwas abtropfen lassen.
– Die restliche Butter erhitzen und die Semmelbrösel darin goldgelb anbraten. Die Pflaumenknödel in den Semmelbröseln wenden und mit dem Puderzucker bestäubt heiß servieren

1137. Topfenstrudel

BRAUCHT ETWAS ZEIT
Für 2 kleine Strudel
Zubereitungszeit: 1 1/4 Std.
Backzeit: 45 Min.

Für die Strudel: 200 g Mehl • 4 Eier • 1 1/2 EL Öl • Salz • 50 g Rosinen • 1 EL Rum • 500 g Topfen (Quark, 20 % Fett) • 100 g Zucker • 1/2 Pck. Vanillezucker • abgeriebene Schale von 1/2 unbehandelten Zitrone • 80 g Butter • 2 EL Semmelbrösel
Für den Guss: 1/8 l Milch • 1 Eigelb • 1 EL Zucker • 1/2 Pck. Vanillezucker
Außerdem: Mehl zum Arbeiten • etwas Puderzucker zum Bestäuben

– Das Mehl hügelartig auf eine Arbeitsfläche sieben, in die Mitte des Mehls eine Mulde drücken. 1 Ei hineinschlagen, 1 EL Öl und 1 Prise Salz hinzufügen. Mit den Händen alles von außen nach innen zu einem glatten Teig verkneten. Dabei nach und nach etwa 3 EL lauwarmes Wasser dazugießen, so dass der Teig eine mittelfeste Konsistenz erhält.
– Den Strudelteig mit dem Handballen etwa 15 Min. kneten, bis er seidig glänzt. Teig halbieren, zu 2 Kugeln formen, mit restlichem Öl bestreichen und unter einer umgestülpten Schüssel etwa 30 Min. ruhen lassen.
– Inzwischen für die Füllung die Rosinen in ein Sieb geben, heiß abbrausen, abtropfen lassen und auf Küchenpapier trocknen lassen. Dann mit dem Rum in eine Schüssel geben und zugedeckt beiseite stellen.
– Den Topfen mit dem Zucker und dem Vanillezucker verrühren. Die restlichen Eier trennen und die Eigelbe hineinrühren. Die Zitronenschale und die Rosinen zugeben. Die Eiweiße mit 1 Prise Salz steif schlagen und locker unterziehen.

– Die Butter zerlassen. Eine rechteckige große Backform (z. B. eine Bratreine) dünn damit einfetten, die restliche Butter beiseite stellen.

– Ein großes Tuch gleichmäßig mit Mehl bestreuen. Eine Teigkugel darauf so dünn wie möglich ausrollen. Dann den Strudelteig mit beiden bemehlten Handrücken vorsichtig anheben und langsam von der Mitte nach außen ziehen. Der Teig soll so durchsichtig sein, dass man eine darunter liegende Zeitung lesen könnte. Die dicken Teigenden wegschneiden.

– Den Strudelteig dünn mit einem weiteren Teil der Butter bestreichen und mit 1 EL Semmelbrösel bestreuen. Die Hälfte der Füllung auf den Teig streichen, dabei ringsum einen etwa 3 cm breiten Rand frei lassen. Die seitlichen Ränder einschlagen, das Tuch anheben und den Strudel einrollen. Mit der Nahtstelle nach unten in die Form gleiten lassen.

– Den Backofen auf 200° vorheizen. Mit der zweiten Teigkugel genauso verfahren und den zweiten Strudel neben den ersten in die Form gleiten lassen. Beide Strudel mit der restlichen Butter bestreichen. Die Form in den Ofen (Mitte, Umluft 180°) schieben und die Topfenstrudel in etwa 45 Min. goldgelb backen.

– Für den Guss die Milch mit dem Eigelb, Zucker und dem Vanillezucker verquirlen. Die Strudel etwa 15 Min. vor Ende der Backzeit mit der Eiermilch übergießen.

– Topfenstrudel in etwa 5 cm breite Stücke schneiden, auf Teller geben und mit Puderzucker bestäuben. Am besten noch warm servieren.

1138. Apfelstrudel

BRAUCHT ETWAS ZEIT
Für 1 großen Strudel
Zubereitungszeit: 1 1/2 Std.
Backzeit: 40 Min.

200 g Mehl • 1 Ei • 2 1/2 EL Öl • 1 Prise Salz • 60 g Rosinen • 2 EL Rum • 140 g Butter • 80 g Semmelbrösel • 1 1/2 kg säuerliche Äpfel (z. B Boskoop oder Gravensteiner) • 100 g Zucker • 1 TL Zimtpulver • Mehl zum Arbeiten • Puderzucker zum Bestäuben

– Das Mehl auf eine Arbeitsfläche sieben, in die Mitte eine Mulde drucken. Das Ei hineinschlagen, 2 EL Öl und das Salz hinzufügen.

– Mit den Händen alles von außen nach innen zu einem glatten Teig verkneten. Dabei nach und nach etwa 5 EL lauwarmes Wasser dazugießen, so dass der Teig eine geschmeidige Konsistenz bekommt.

– Den Strudelteig mit dem Handballen etwa 15 Min. durchkneten, bis er seidig glänzt, dann zu einer Kugel formen, mit restlichem Öl bestreichen und unter einer umgestülpten Schüssel etwa 30 Min. ruhen lassen.

– Inzwischen für die Füllung die Rosinen in ein Sieb geben und heiß abbrausen, abtropfen und auf Küchenpapier trocknen lassen. Dann mit dem Rum in eine Schüssel geben und zugedeckt beiseite stellen. In einer Pfanne 40 g Butter erhitzen, Semmelbrösel dazugeben und unter Rühren goldbraun braten. Auskühlen lassen.

– Die Äpfel vierteln, schälen, von den Kerngehäusen befreien und in dünne Scheibchen schneiden. Den Zucker mit dem Zimtpulver mischen. (Wenn die Äpfel sehr sauer sind, etwas mehr Zucker verwenden.)

– Ein großes Tuch gleichmäßig mit Mehl bestäuben. Den Teig darauf so dünn wie möglich mit dem Nudelholz ausrollen. Dann mit bemehlten Handrücken vorsichtig anheben und langsam von der Mitte nach außen ziehen. Der Teig soll so durchsichtig sein, dass man eine darunter liegende Zeitung lesen könnte. Die dicken Teigenden wegschneiden.

– Restliche Butter in ein kleines Töpfchen geben und zerlassen. Ein Backblech mit einem Teil der Butter dünn bestreichen und den Rest beiseite stellen. Den Backofen auf 200° vorheizen.

– Butterbrösel auf etwa zwei Drittel des Teiges streuen, dabei an den beiden Längsseiten (den späteren Strudelenden) einen etwa 3 cm breiten Rand frei lassen. Das freie Teigdrittel mit Butter bestreichen. Die Apfelscheiben auf den Bröseln verteilen. Den Zimt-Zucker und die Rosinen darüber streuen.

– Die Seitenränder der Teigplatte einschlagen, damit die Füllung nicht auslaufen kann. Das Tuch anheben und den Strudel zum freien Drittel hin einrollen. Mit der Nahtstelle nach unten auf das Blech gleiten lassen.

– Den Strudel mit Butter bestreichen und im Ofen (Mitte, Umluft 180°) in etwa 40 Min. goldbraun backen. Dabei immer wieder mal mit Butter bestreichen.

– Den Apfelstrudel in etwa 5 cm breite Stücke schneiden und mit Puderzucker bestäuben.

TIPP

Am besten schmeckt der Apfelstrudel warm mit Vanillesauce oder 1 Kugel Walnuss- oder Vanilleeis und Schlagsahne.

Kuchen & Torten

Wenn Kuchen einst das Brot der feinen Leute war, dann kann deren Butterbrot nur die Torte gewesen sein. Heute aber hat jeder Großbäcker Marmorkuchen und Schwarzwälder Kirsch im Sortiment, und beim Kaffeeröster wie im Coffee Shop gibt es Quarkschnecken oder Chocolate Cookies. Wirklich gute Kuchen und Torten sind trotzdem noch Raritäten. Und wer sich auf sie versteht, gilt heute erst recht als feiner Mensch.

Köche und Bäcker haben oft ein ganz unterschiedliches Naturell. Auch wer sich Bekannte und Verwandte in der Küche anschaut, wird da nur wenige finden, die beides gleich gut und gerne machen: Kochen UND Backen. Kochen kann spontan sein – plötzlicher Hunger, ein Rundblick über die Vorräte, eine Pfanne auf den Herd und zum Schluss noch ein extra Schuss Wein an die Sauce, fertig ist das Geschnetzelte. Und weil wir täglich mehrmals Hunger haben, wird Kochen auch immer etwas Spontanes bleiben. Kuchen dagegen wird nie etwas Alltägliches werden können – und Kuchen backen erst recht nicht. Dafür dauert es vom ersten Rühren an viel zu lange, bis etwas auf dem Teller liegt. Dass man beim Backen erst am Ende wirklich weiß, ob man von Anfang an alles richtig gemacht hat, irritiert Anhänger des Spontanen und Kreativen ebenfalls. Umgekehrt ist den soliden Handwerkern an der Rührmaschine gerade das Improvisierte bis Genialische am Kochen eher verdächtig. Sie schaffen lieber etwas gut durchdachtes Bleibendes, von dem auch nach einem langen Kaffeeklatsch noch Gutes für den nächsten Tag übrig bleibt. Und das lässt sich dann spontaner genießen als jedes noch so schnelle Wokgericht.

Wer bäckt, muss also Zeit und Geduld haben, setzt mehr auf bleibende Werte statt auf schnelle Erfolge. All das ist nicht erst seit heute rar. Deswegen gilt etwas Selbstgebackenes schon immer als etwas Wertvolles. Backrezepte werden eher als Kochrezepte über Generationen ausgetauscht und der Sonntagskuchen von der Tante bleibt oft nachhaltiger in Erinnerung als Mutters Samstagssuppe – auch weil er dank der Präzision der Kuchenbäckerin stets diesen unverwechselbaren Geschmack hatte, der Woche für Woche die Erinnerung verstärkte. Gute Kuchen wie Torten sind also selten, einzigartig, besonders, fast etwas für die Ewigkeit. Gerade deswegen werden sie von fast allen Genießern verehrt. Für die unter Ihnen mit dem soliden Bäckernaturell sind sie dann echte Meisterstücke, für die Kochspontanen eher süße Überraschungen. Und wie so oft ist die Verehrung für die einfachen Genüsse am stärksten.

Simple Kuchen

Sandkuchen, Guglhupf, Marmorkuchen – die beliebtesten Rezepte beim Backen sind die simplen. Das hat gar nicht so sehr damit zu tun, dass sie relativ wenig Mühe machen. Es ist eher dieser pure Geschmack, bei dem das Gute der einzelnen Zutaten besonders hervortritt: dieses Buttrige mit dem sanften Biss von feiner Stärke beim Sandkuchen; dieser zart säuerliche Hefeton plus der Rosinensüße im Guglhupf; dieser volle Geschmack nach Ei und Kakao im Marmorkuchen. Solche simple Kuchen werden oft aus Rührteig gemacht, dessen Basis viel Butter und Ei ist, dazu kommt dann außer Zucker oft nur noch Mehl, das zum Teil durch Stärke, Brösel oder gemahlene Nüsse und Kerne ersetzt werden kann. Fürs Aroma können Gewürze wie Vanille oder Konzentriertes wie Likör sorgen. Angereichert werden solche Kuchen mit Schokolade, Mandeln & Co., dazu gesellen sich gerne festes Obst wie Äpfel oder Kirschen sowie kandierte und getrocknete Früchte. Ist der eher magere Hefeteig die Basis, kann es auch etwas fetter zugehen – wie beim Bienenstich oder Butterkuchen.

Kuchen mit Obst und mehr

Der Klassiker unter den Obstkuchen ist sicher der Erdbeerboden im Frühsommer – unten ein zarter Biskuit, darauf das Obst der Saison, darüber ein fruchtiger Guss. Der Biskuit kann dabei mal ein wenig buttriger, die Früchte mariniert und der Guss leicht beschwipst sein, doch das Prinzip ist stets das gleiche – und Schlagsahne gibt es auch immer dazu. Bei anderen Kuchen und Teigen werden die Früchte mitgebacken, wie bei der französischen Apfeltarte, beim Zwetschgendatschi oder beim versunkenen Apfelkuchen. Ein Schritt in Richtung Torte gehen dann der Käsekuchen, die sahnig gefüllte Biskuitroulade oder die Baiserschnitte mit Obst. Doch zuvor noch ein Blick auf die kleinen Dinge beim Backen.

Was ist …

… ein Rührteig? Weiche Butter wird mit Zucker cremig gerührt, dann kommen nach und nach Eier dazu. Ist die Masse schaumig, wird mit Backpulver vermischtes Mehl zur Hälfte untergerührt und der Rest mit dem Löffel kurz untergezogen. Für saftige Kasten-, Blech- und Obstkuchen, selten für Torten.

… ein Mürbeteig? Auch Knetteig: Kalte Butter in Stücken wird rasch mit Mehl sowie Zucker und Ei verknetet, gekühlt und dann ausgerollt. Für knusprig dünne Obstböden, als Basis für Torten sowie für Stückchen und Plätzchen.

… eine Biskuitmasse? Eier oder Eigelbe werden mit Zucker schaumig geschlagen (zum Teil auch im Wasserbad und mit Butter oder Flüssigkeit), dann wird Mehl behutsam untergehoben und oft auch getrennt geschlagener Eischnee. Für Obstböden, Biskuitrollen, Torten.

… ein Brandteig? Milch oder Wasser lässt man mit Butter aufkochen, dann kommt Mehl auf einmal hinein und wird so lange im heißen Topf verrührt, bis der Teig eine glatte Masse ist und am Topfboden ansetzt. Dann wird er lauwarm nach und nach mit Eiern verknetet. Für Windbeutel und Eclairs.

… ein Blätterteig? Mehl wird mit Butter verknetet, ausgerollt und in Platten geteilt. Diese schichtet man mit weiterer Butter übereinander, faltet sie und rollt sie wieder aus. Je öfter das geschieht, desto blättriger bäckt der Teig. Wird meist fertig gekauft. Für Taschen, Schnitten usw.

Vom Teilchen zum Cookie

Einst hieß es spröde „Kleingebäck“ und hatte fast Seltenheitswert, heute wird der Platz für die Stückchen oder Teilchen in der Kuchentheke immer größer. Bei manchen Bäckern sind sie nahezu schon ausschließlich zu haben, in den Coffee Shops sowieso. Damit haben es die Cookies, Krapfen, Croissants und Küchlein geschafft, dass süßes Gebäck doch noch etwas Alltägliches für uns geworden ist. Sie machen es einem aber auch leicht, denn sie lassen sich einfach aus der Hand essen. Und dazu gilt zum Glück bei den meisten, dass sie sich recht leicht selber machen lassen.

Die Torten

So wie ein Menü aus mehreren „Essen“ besteht, so setzt sich eine Torte aus mehreren „Kuchen“ zusammen – den Tortenböden aus dem gleichen Teig oder auch aus verschiedenen Massen. Diese Böden werden mit unterschiedlichen Füllungen dazwischen gestapelt und dann meist üppig eingekleidet. Damit mächtige Torten genügend Halt bekommen, nehmen Konditoren gerne einen mit Konfitüre bestrichenen Mürbeteigboden als Fundament. Darauf kommt dann ein oft schwerer Biskuit oder auch mal ein eher leichter Rührteig in zwei, drei oder mehr Etagen. Dazwischen liegen steif geschlagene Sahne oder eine stabile Creme (oft mit Butter, Ei und Stärke darin) und auch Früchte, die der Torte mehr Leichtigkeit geben. Außen herum kommen ebenfalls Sahne oder Creme, verziert mit Früchten, Nüssen oder Schokolade – passend zum Innenleben. Das ist nicht nur bequemer fürs Einkaufen, sondern oft auch besser fürs Essen. Denn zu viele verschiedene Zutaten und Aromen können ein Torte schnell überfrachten. Weniger ist hier mal wieder mehr – wie schon bei den simplen Kuchen.

Kuchen backen

Die Zutaten

Alle Teigzutaten stehen am besten zimmerwarm bereit (besonders die Butter, außer beim Mürbeteig), bevor es mit dem Teigmachen losgeht. Ohne Mehl wird kaum etwas Süßes gebacken, und fast immer ist damit das helle Weizenmehl der Type 405 gemeint. Schwereres Vollkornmehl hat eine höhere Type. Für feines Gebäck wie Biskuit kann es kurz vor dem Teigmachen gesiebt werden. Eier haben, wenn nicht anders angegeben, Größe M (Seite 42) und sind vor allem für eierlastige Teige wie Biskuit ganz frisch. „Zucker" steht für feinen weißen Zucker, Puderzucker ist nur etwas für Feingebäck und zum Überstäuben, Rohrzucker für Aromatisches. Wird die Zuckermenge reduziert oder ersetzt, ändern sich auch die Backeigenschaften des Teigs. Backpulver kommt stets mit Mehl vermischt in den Teig, der dann bald gebacken werden muss. Für Hefeteige auf Seite 378 nachlesen.

Das Werkzeug

Wer oft bäckt, sollte ein wenig Geld in seine Backformen investieren. Standard sind Springform und Kastenform sowie ein tiefes Blech, dazu können noch Formen für Obstböden, Gugelhupf, Kranzkuchen oder Muffins kommen. Gutes Material ist schwer und emailliert oder beschichtet, was dem Kuchen mehr Schutz und Kruste gibt. Ebenso wichtig ist eine kräftige Küchenmaschine (mindesten 300, besser 500 Watt) mit weiter Rührschüssel und gut greifenden Rührbesen und Knethaken. Sie sollte sich auf mindestens vier Stufen schalten lassen und auch in Intervallen „kurzkneten" können. Außerdem brauchen Bäcker einen Teigroller (Nudelholz), der groß, schwer und handlich ist, einen Backpinsel, der nicht haart und vor allem einen zuverlässigen Ofen.

Der Teig

Wird Butter mit Zucker verrührt wie beim Rührteig, dann sollte das Ergebnis eine cremig-weiße, fast etwas luftige Masse sein – je mehr sich der Zucker aufgelöst hat, desto besser. Beim Aufschlagen von Ei mit Zucker für Biskuit muss er sich am Ende ganz gelöst haben, dann ist die Masse schön hell, luftig und duftend. Ansonsten werden Eier immer nach und nach eingerührt – erst wenn eines aufgenommen ist, kommt das nächste dran. Nur so wird Brandteig richtig schön, und Buttermasse für Rührteig gerinnt nicht so leicht. Davor schützen auch 1 TL Stärke vor dem ersten Ei und gleiche Temperatur bei Butter und Eiern. Gerinnt trotzdem etwas, wird die Masse über dem Wasserbad gerührt, bis sie wieder glatt ist. Das Mehl muss bei gerührten wie aufgeschlagenen Teigen zügig mit einem Kochlöffel untergezogen werden, sonst werden sie zäh und fest – im Zweifel lieber nicht ganz so glatt unterheben. Und beim Mürbeteig wird alles auf einmal ziemlich schnell und kalt (am besten auch das Mehl) verknetet, denn wenn der Teig warm und weich wird, bäckt er brüchig statt glatt.

Das Backen

Ist der Teig fertig, muss er schnell in den Ofen – Ausnahme ist wieder der Mürbeteig, der zuvor noch kühlt und ruht. Formen und Bleche werden gebuttert und noch mit Mehl oder Bröseln ausgestreut oder nur mit Backpapier ausgelegt. Zarte bis flüssige Teige wie Rührteig oder Biskuit füllt man sanft ein und stößt Form oder Blech kurz auf den Tisch, damit keine Luftlöcher entstehen. Festere Teige werden gleichmäßig mit dem bemehlten Teigroller ausgerollt. Auf mittlerer Schiene backen Kuchen, die auf dem Blech und in der Spring-, Boden- oder Kastenform sind, höhere Kuchen z.B. in der Gugelhupfform werden auf eine Schiene darunter geschoben. Da Backzeiten je nach Ofen nie ganz genau sein können, wird das Gebäck am besten schon vor dem offiziellen Ende getestet. Dazu ein längeres Holzstäbchen mitten hineinstecken und wieder herausziehen – bleibt kein flüssiger Teig daran hängen, ist es fertig gebacken. Dann dampft es je nach Größe noch 5–10 Minuten in der Form aus und wird zum Abkühlen auf ein Gitter gestürzt oder gezogen. Rührkuchen, mürbes Gebäck und schwerer Biskuit sollten noch über Nacht ruhen, leichter Biskuit sowie Gebäck aus Hefe-, Brand- oder Blätterteig schmecken frisch am besten.

1139. Sandkuchen

GELINGT LEICHT
Für 1 Springform mit Kranzeinsatz (16 cm Ø)
Zubereitungszeit: 15 Min.
Backzeit: 35 Min.

2 Eier (Größe S) • 125 g weiche Butter • 125 g Zucker • 60 g Mehl • 60 g Speisestärke • Butter und Mehl für die Form • Puderzucker zum Bestäuben

– Den Backofen auf 200° vorheizen Die Form gründlich fetten und mit Mehl ausstreuen.
– Die Eier trennen. Butter mit dem Zucker verrühren, bis sich der Zucker fast aufgelöst hat. Dann die Eigelbe unterrühren. Die Eiweiße zu steifem Schnee schlagen.
– Das Mehl mit der Speisestärke mischen. Den Eischnee auf die Butter-Eigelb-Masse setzen, die Mehlmischung darüber sieben. Alles locker vermengen.
– Den Teig sofort in die vorbereitete Form umfüllen und im Ofen (Mitte, Umluft 180°) etwa 35 Min. backen. Den Kuchen auskühlen lassen, aus der Form lösen und mit dem Puderzucker bestäuben.

1140. Zitronenkuchen

PREISWERT
Für 1 Backblech
Zubereitungszeit: 30 Min.
Backzeit: 20 Min.

200 g Butter • 4 Eier • 200 g Zucker • abgeriebene Schale von 1 unbehandelten Zitrone • 1/2 Pck. Backpulver • 250 g Mehl • Saft von 1 1/2 saftigen Zitronen

– Das Backblech mit Backpapier auslegen. Die Butter in kleine Stückchen schneiden, dann bei schwacher Hitze schmelzen und wieder abkühlen lassen.
– Eier mit 75 g Zucker schaumig rühren, die Zitronenschale, nach und nach die Butter und das mit dem Backpulver vermischte Mehl unterrühren.
– Den Teig auf das Blech streichen, in den kalten Backofen (Mitte) geben und bei 200° (Umluft 180°) etwa 20 Min. backen.
– Den übrigen Zucker mit dem Zitronensaft verrühren, bis er sich völlig aufgelöst hat. In den noch heißen Kuchen mit einem Holzspießchen viele Löcher stechen und den Zitronensaft darüber träufeln.

1141. Nusskuchen

GUT FÜR GÄSTE
Für 1 Kastenform (30 cm Länge)
Zubereitungszeit: 30 Min.
Backzeit: 1 Std.

6 Eier • 250 g Zucker • 1 Pck. Vanillezucker • 400 g gemahlene Haselnüsse • 2 gehäufte EL Semmelbrösel • 2 TL Backpulver • 200 g Zartbitter-Kuvertüre • Butter und Semmelbrösel für die Form

– Den Backofen auf 180° vorheizen. Die Form gut fetten und mit Bröseln ausstreuen. Die Eier mit Zucker und Vanillezucker schaumig rühren, bis sich der Zucker ganz aufgelöst hat. Die Nüsse mit den Semmelbröseln und dem Backpulver mischen, unter die Eiercreme ziehen.
– Den Teig in die Form füllen, glatt streichen und im Ofen (Mitte, Umluft 160°) etwa 1 Std. backen. Mit einem Holzspießchen die Garprobe machen. Fertigen Kuchen kurz in der Form ruhen lassen, dann mit einem Messer den Rand von der Form lösen. Kuchen stürzen und auf einem Kuchengitter abkühlen lassen.
– Die Kuvertüre fein hacken, in eine Metallschüssel geben und im heißen Wasserbad schmelzen, etwas abkühlen lassen und nochmals erwärmen. Den Kuchen mit Kuvertüre überziehen.

1142. Griechischer Grießkuchen

GUT FÜR GÄSTE
Für 1 Springform (28 cm Ø)
Zubereitungszeit: 35 Min.
Backzeit: 1 Std.

6 Eier • 1 Prise Salz • 200 g weiche Butter • 375 g Zucker • 1 Pck. Vanillezucker • 125 g Mehl • 3 TL Backpulver • 140 g Hartweizengrieß • 50 g Mandelstifte • abgeriebene Schale von 1 unbehandelten Orange • 1/8 l Orangensaft • 2 EL Weinbrand • Saft von 1/2 Zitrone • Butter für die Form

– Den Backofen auf 175° vorheizen. Eine Springform gründlich mit Butter einfetten.
– Die Eier trennen. Die Butter mit 125 g Zucker, dem Vanillezucker und den Eigelben schaumig rühren. Mehl, Backpulver und Grieß mischen. Die Eiweiße mit 1 Prise Salz steif schlagen.

– Abwechselnd die Mehl-Grieß-Mischung und den Eischnee unter die Butter-Eigelb-Masse ziehen. Dann die Mandelstifte, die Orangenschale und den Orangensaft unterheben.
– Den Teig in die Form geben und im Ofen (Mitte, Umluft 160°) 50–60 Min. backen.
– Den restlichen Zucker mit 1/8 l Wasser 2 Min. im offenen Topf sprudelnd kochen lassen, dann Weinbrand und Zitronensaft unterrühren. Etwas abkühlen lassen.
– Den Kuchen aus dem Ofen holen und aus der Form nehmen. Noch heiß gründlich mit dem Zitronen-Zucker-Sirup tränken.

1143. Marmorkuchen

PREISWERT
Für 1 Napfkuchenform
Zubereitungszeit: 30 Min.
Backzeit: 1 Std.

250 g weiche Butter • 200 g Zucker • 1 Pck. Vanillezucker • 1 Prise Salz • abgeriebene Schale von 1 unbehandelten Zitrone • 4 Eier • 400 g Mehl • 100 g Speisestärke • 1 Pck. Backpulver • 1/8 l Milch • 2 EL Rum (nach Belieben) • 30 g Kakaopulver • 2 EL Puderzucker zum Bestäuben • Butter und Semmelbrösel für die Form

– Die Butter cremig rühren. Nach und nach Zucker, Vanillezucker, Salz, Zitronenschale und die Eier unterrühren, dann so lange schaumig rühren, bis sich der Zucker aufgelöst hat. Den Backofen auf 180° vorheizen. Die Form gründlich mit Butter einfetten und mit Semmelbröseln ausstreuen.
– Mehl, Speisestärke und Backpulver in eine Schüssel sieben. Abwechselnd mit der Milch (4 EL aufheben) unter die Eiermasse rühren. Nach Belieben den Rum unterrühren.
– Den Teig halbieren. Unter die eine Hälfte das Kakaopulver und die restliche Milch rühren. Den hellen und dunklen Teig abwechselnd in die Form füllen. Eine Gabel spiralförmig durch den Teig ziehen, so dass ein Marmormuster entsteht.
– Den Kuchen im Ofen (Mitte, Umluft 160°) etwa 1 Std. backen. Den fertig gebackenen Kuchen kurz in der Form abkühlen lassen, dann auf ein Kuchengitter stürzen und auskühlen lassen. Danach dick mit dem Puderzucker überstäuben.

TIPP

Der Marmorkuchen zählt zu den Favoriten unter den Rührkuchen. Wie der Name schon sagt, spielt das Rühren bei diesen Teigen eine besonders wichtige Rolle. Dies gilt allerdings nur für das Rühren von Butter, Zucker und Eiern. Hierbei wird Luft untergeschlagen, was dem Kuchen eine lockere, zarte Krume verleiht. Wenn das mit Speisestärke und Backpulver gemischte Mehl dazukommt, heißt es, beim Rühren vorsichtig sein. Denn durch zu intensives Rühren verändert sich die Struktur des Mehls. Der Teig wird klebrig-zäh und der Kuchen geht nicht mehr schön locker auf. „Überrührte“ Kuchen sind trocken und bröselig.

1144. Königskuchen

BRAUCHT ETWAS ZEIT
Für 1 Kastenform (30 cm Länge)
Zubereitungszeit: 50 Min.
Backzeit: 1 Std.

50 g Zitronat • 100 g kandierte Kirschen • 125 g Rosinen • 2 EL Rum (nach Belieben) • 125 g weiche Butter • 200 g Zucker • 1 Prise Salz • abgeriebene Schale von 1 unbehandelten Zitrone • 6 Eier • 200 g Mehl • 100 g Speisestärke • 1 TL Backpulver • Puderzucker zum Bestäuben • Butter und Semmelbrösel für die Form

– Das Zitronat und die Kirschen fein würfeln. Die Rosinen waschen und mit Küchenpapier trockentupfen. Die Früchte mischen und mit Rum oder 2 EL Wasser beträufeln und zugedeckt durchziehen lassen.
– Den Backofen auf 180° vorheizen. Die Form fetten und mit Semmelbröseln ausstreuen.
– Die Butter mit dem Zucker, dem Salz und der Zitronenschale cremig rühren. Nacheinander die Eier unterrühren. Das Mehl mit der Speisestärke und dem Backpulver mischen und in die Butter-Eier-Masse sieben. Die Früchtemischung dazugeben, unterrühren.
– Den Teig in die Form füllen, glatt streichen und im Ofen (Umluft 160°) etwa 1 Std. backen.
– Den Kuchen aus dem Ofen nehmen, den Rand des Kuchens mit einem spitzen Messer von der Form lösen und den Kuchen etwas abkühlen lassen.

– Nun den Königskuchen aus der Form stürzen, auf einem Kuchengitter völlig erkalten lassen. Mit dem Puderzucker bestäuben.

TIPP

Bevor der Kuchen angeschnitten wird, sollte er 2–3 Tage Zeit haben, um sein Aroma ganz zu entfalten. Er hält sich in Alufolie verpackt einige Wochen frisch.

1145. Schokoladenkuchen

BRAUCHT ETWAS ZEIT | SCHMECKT KINDERN
Für 1 Springform (26 cm Ø)
Zubereitungszeit: 1 1/2 Std.
Backzeit: 35 Min.

Für den Teig: 175 g Butter • 125 g Zucker • 1 Pck. Vanillezucker • 4 Eier (Größe L) • 150 g Mehl • 1 TL Backpulver • 200 g Kakaopulver
Für die Buttercreme: 100 g Butter • 100 g Puderzucker • 1 Pck. Vanillezucker • 1 Eigelb
Für die Glasur: 50 g Butter • 50 g Zucker • 100 g Puderzucker • 2 EL Kakaopulver
Außerdem: Butter für die Form • Walnusshälften oder kandierte Veilchen für die Garnitur

– Für den Teig die Butter mit dem Zucker und dem Vanillezucker cremig rühren. Nacheinander die Eier einrühren. Mehl, Backpulver und Kakaopulver in die Schüssel sieben und untermischen.
– Den Backofen auf 175° vorheizen. Die Form fetten und die Hälfte des Teiges hineinfüllen. Im Ofen (Mitte, Umluft 160°) 30–35 Min. backen. Dann den Kuchen aus der Form nehmen, auf einem Kuchengitter auskühlen lassen. Mit dem übrigen Teig ebenso verfahren.
– Für die Creme die Butter klein schneiden und mit dem Puderzucker, dem Vanillezucker und dem Eigelb verrühren. Die Creme auf eine Teigplatte streichen, die zweite Platte darauf setzen.
– Für die Glasur die Butter, den Zucker und 6 EL Wasser langsam erhitzen. Etwa 5 Min. köcheln lassen, bis sich der Zucker aufgelöst hat. Den Puderzucker und das Kakaopulver einrühren. Den Kuchen rundherum mit der Glasur bestreichen. Nach Belieben mit Walnusshälften oder kandierten Veilchen garnieren.

1146. Rotweinkuchen

GELINGT LEICHT
Für 1 Gugelhupf-Form
Zubereitungszeit: 20 Min.
Backzeit: 1 Std. 20 Min.

4 Eier • 1 Prise Salz • 200 g weiche Butter • 200 g Zucker • 2 EL Vanillezucker • 1 Pck. Backpulver • 250 g Mehl • 1/8 l trockener Rotwein • 1 TL Kakaopulver • 2 EL Rum • 100 g Schokoladenstreusel • Butter und Zwiebackbrösel für die Form

– Den Backofen auf 180° vorheizen. Die Form fetten und mit Bröseln ausstreuen.
– Die Eier trennen. Die Eiweiße mit dem Salz zu steifem Schnee schlagen. Die Butter mit dem Zucker cremig rühren, die Eigelbe und den Vanillezucker unterziehen und das mit dem Backpulver gemischte Mehl einrühren.
– Nach und nach den Rotwein mit dem Kakaopulver, dem Rum und den Schokoladenstreuseln in den Teig rühren und zuletzt den Eischnee unterheben.
– Den Teig in die Form füllen und im Backofen (unten, Umluft 160°) etwa 1 Std. 20 Min. backen.

1147. Käsekuchen ohne Boden

GELINGT LEICHT
Für 1 Springform (26 cm Ø)
Zubereitungszeit: 30 Min.
Backzeit: 1 Std.

1 kg Magerquark • 4 Eier • 125 g weiche Butter • 150 g Zucker • 1 Pck. Vanillezucker • 1/2 Pck. Backpulver • 1 Pck. Vanille-Saucenpulver (ausreichend für 1/2 l Milch) • 4 EL Hartweizengrieß • Schale und Saft von 1/2 unbehandelten Zitrone • 100 g Rosinen • 1 Prise Salz • Zum Bestreichen und Bestreuen: 50 g Butter und 2 EL Puderzucker • Butter und Semmelbrösel für die Form

– Den Quark in einem Sieb abtropfen lassen, so dass die Molke abläuft. Eier trennen. Die Eigelbe mit Butter, Zucker und Vanillezucker schaumig schlagen.
– Das Backpulver, das Vanille-Saucenpulver, den Grieß, Zitronenschale und -saft sowie die Rosinen unter die Eigelbcreme mischen. Den Quark unterrühren. Die Form gut fetten und mit Semmelbröseln ausstreuen.

– Den Backofen auf 200° vorheizen. Die Eiweiße mit Salz steif schlagen und portionsweise unter die Quarkmasse heben. Die Masse in die Form füllen und im Ofen (Mitte, Umluft 180°) 1 Std. backen. Bei zu starker Bräunung den Kuchen nach etwa 30 Min. mit Alufolie abdecken.
– Die Butter in einem kleinen Topf zerlassen und den fertigen Kuchen damit bestreichen und mit dem Puderzucker bestreuen.

TIPPS

– Statt dem Vanille-Saucenpulver kann man auch 1/2 Pck. Vanille-Puddingpulver unter die Creme mischen.
– Wenn Sie wenig Zeit haben, um lange einzukaufen und in der Küche zu stehen, dann ist dieser Kuchen genau richtig. Er ist im Handumdrehen fertig: Die Zutaten sind unkompliziert und sowieso meist im Vorrat. Die Masse ist im Nu gerührt. Statt dem Quark können Sie auch einen leichten Frischkäse nehmen, dann entfällt das Abtropfen der Molke. Suchen Sie ein schnelles Rezept für Gäste, das auch etwas gehaltvoller sein darf, ersetzen Sie die Hälfte des Quarks durch Mascarpone.
– Übrigens, der Käsekuchen ohne Boden eignet sich auch prima als Dessert.

1148. Käsekuchen

GELINGT LEICHT
Für 1 Springform (26 cm Ø)
Zubereitungszeit: 40 Min.
Kühlzeit: 30 Min.
Backzeit: 1 1/4 Std.

Für den Mürbeteig: 200 g Mehl • 1/2 TL Backpulver • 80 g Puderzucker • 1 Pck. Vanillezucker • 100 g kalte Butter • 1 Eigelb
Für die Füllung: 100 g Butter • 150 g Zucker • 750 g Magerquark • Saft und Schale von 1/2 unbehandelte Zitrone • 3 Eier • 50 g Speisestärke • Salz
Außerdem: Butter für die Form • Mehl zum Arbeiten

– Für den Teig das Mehl mit Backpulver mischen und auf die Arbeitsfläche sieben, eine Mulde hineindrücken. Puderzucker, Vanillezucker und die Butter in Stückchen auf dem Mehlrand verteilen. Das Eigelb in die Mulde gleiten lassen. Alles rasch zu einem geschmeidigen Teig verkneten. Den Mürbeteig in Frischhaltefolie gewickelt etwa 30 Min. kühl stellen.
– Den Backofen auf 180° (Umluft 160°) vorheizen. Die Form fetten. Den Mürbeteig auf einer bemehlten Arbeitsfläche dünn ausrollen und die Form damit auskleiden, dabei einen 3 cm hohen Rand formen. Den Boden mehrmals mit einer Gabel einstechen und im Ofen (Mitte) etwa 15 Min. vorbacken.
– Währenddessen für die Füllung die Butter mit dem Zucker schaumig rühren. Den Quark untermischen. Die Zitrone heiß waschen und die Schale fein abreiben, den Saft auspressen. Beides unter die Quarkmasse mischen. Die Eier trennen. Die Eigelbe mit der Stärke verquirlen und unter die Quarkmasse rühren. Eiweiße mit 1 Prise Salz zu steifem Schnee schlagen und unterheben.
– Die Quarkmasse auf dem Teigboden verteilen und den Kuchen etwa 1 Std. (unten) backen. Den fertigen Kuchen mit einem Messer vom Rand der Form lösen und in der Form abkühlen lassen.

1149. Lime Pie

GUT FÜR GÄSTE
Für 1 Springform (24 cm Ø)
Zubereitungszeit: 30 Min.
Backzeit: 30 Min.
Kühlzeit: 1 Std.

Für den Mürbeteig: 200 g Mehl und Mehl zum Arbeiten • 75 g Zucker • 1 Prise Salz • 125 g kalte Butter
Für die Füllung: 3 Eier • 150 ml gezuckerte Kondensmilch • 4 EL frisch gepresster Limettensaft (ersatzweise 6 EL Zitronensaft) • abgeriebene Schale von 1 unbehandelten Limette (ersatzweise Zitrone) • 4 EL Puderzucker

– Den Backofen auf 220° (Umluft 200°) vorheizen. Für den Teig das Mehl mit dem Zucker, Salz und der in Stückchen geschnittenen Butter verkneten. Bei Bedarf etwas eiskaltes Wasser dazugeben.
– Den Teig auf einer leicht bemehlten Arbeitsfläche ausrollen, in die Form geben, mit den Fingern glatt drücken und einen kleinen Rand formen. Den Boden im Ofen (Mitte) etwa 10 Min. vorbacken.
– Inzwischen für die Füllung 2 Eier trennen. Die Eiweiße in den Kühlschrank stellen. Das dritte ganze Ei

mit den Eigelben, der Kondensmilch und Limettensaft und -schale verrühren und auf den Teigboden füllen. Etwa 5 Min. im Ofen (Mitte) stocken lassen.
– Die Eiweiße steif schlagen, dabei nach und nach den Puderzucker einrieseln lassen und weiterschlagen bis der Eischnee glänzt. Den Eischnee gleichmäßig auf die Füllung streichen und den Kuchen im Ofen (Mitte) etwa 15 Min. backen.
– Den Kuchen in der Form einige Minuten ruhen lassen, dann vorsichtig auf ein Kuchengitter geben und mindestens 1 Std. in den Kühlschrank stellen. Die Pie kalt servieren. Sie schmeckt frisch am besten.

1150. Butterkuchen

PREISWERT
Für 1 Backblech
Zubereitungszeit: 25 Min.
Ruhezeit: 1 Std. 10 Min.
Backzeit: 40 Min.

***Für den Hefeteig:* 400 g Mehl • 1 Würfel Hefe (42 g) • 1/8 l lauwarme Milch • 100 g Zucker • 150 g weiche Butter • 1 Prise Salz • abgeriebene Schale von 1 unbehandelten Zitrone**
***Für den Belag:* 125 g Butter • 150 g Zucker • 1 TL Zimtpulver**
***Außerdem:* Butter für das Blech • Mehl zum Arbeiten**

– Für den Teig Mehl in eine Schüssel sieben, in die Mitte eine Mulde drücken. Die Hefe hineinbröckeln und mit 4 EL Milch, 1 TL Zucker und etwas Mehl vom Rand zu einem Vorteig verrühren. Diesen zugedeckt an einem warmen Ort 20 Min. gehen lassen.
– Danach Butter in Stückchen, restliche Milch, Salz und Zitronenschale unterkneten. Den Teig so lange kneten, bis er sich vom Schüsselrand löst. Nochmals zugedeckt 40 Min. gehen lassen. Das Backblech fetten.
– Den Hefeteig auf einer leicht bemehlten Arbeitsfläche ausrollen, das Blech damit auslegen. Mit einer Gabel mehrmals einstechen und mit dem Finger in gleichmäßigen Abständen kleine Vertiefungen in den Teig drücken. Den Backofen auf 200° vorheizen.
– Für den Belag die Butter schmelzen lassen und den Kuchen damit bestreichen. Zucker und Zimt mischen, den Kuchen damit bestreuen, 10 Min. ruhen lassen. Dann den Kuchen im Ofen (Mitte, Umluft 180°) in 35–40 Min. goldgelb backen.

1151. Streuselkuchen

GELINGT LEICHT
Für 1 Backblech
Zubereitungszeit: 25 Min.
Ruhezeit: 1 Std. 10 Min.
Backzeit: 40 Min.

***Für den Hefeteig:* 400 g Mehl • 1 Würfel Hefe (42 g) • 1/8 l lauwarme Milch • 100 g Zucker • 100 g weiche Butter • 50 g weiches Schweineschmalz • 1 Prise Salz • abgeriebene Schale von 1 unbehandelten Zitrone**
***Für den Belag:* 300 g Mehl • 300 g Butter • 150 g Zucker • 1/4 TL Zimtpulver • 100 ml Milch**
***Außerdem:* Butter für das Blech • Mehl zum Arbeiten**

– Für den Teig das Mehl in eine Schüssel sieben, in die Mitte eine Mulde drücken. Die Hefe hineinbröckeln, mit 4 EL Milch, 1 TL Zucker und etwas Mehl vom Rand zu einem Vorteig verrühren. Diesen zugedeckt an einem warmen Ort 20 Min. gehen lassen. Backblech fetten.
– Das Fett in Stückchen, die restliche Milch, Zucker, Salz und Zitronenschale zum Vorteig geben. Den Teig so lange kneten, bis er glatt und elastisch ist und sich vom Schüsselrand löst, nochmals 40 Min. gehen lassen. Den Backofen auf 200° vorheizen.
– Für den Belag Mehl, 200 g Butter, Zucker und Zimt mischen und zu großen Streuseln zerkrümeln. Teig auf einer bemehlten Arbeitsfläche ausrollen, auf das Blech legen, 2 EL Milch darauf verstreichen, 10 Min. ruhen lassen. Die Streusel darauf verteilen. Im Ofen (Mitte, Umluft 180°) in 35–40 Min. goldbraun backen.
– Restliche Milch erhitzen, 60 g Butter darin schmelzen lassen und über den noch warmen Kuchen streichen. Kuchen abkühlen lassen. Die restliche Butter zerlassen und über die Streusel streichen.

1152. Hefezopf

SCHMECKT KINDERN
Für 1 Hefezopf
Zubereitungszeit: 35 Min.
Ruhezeit: 1 Std.
Backzeit: 40 Min.

500 g Mehl • 1/4 l Milch • 42 g Hefe (1 Würfel) • 30 g Zucker • 100 g Butter • 1 Prise Salz • abgeriebene Schale von 1 unbehandelten Zitrone • 2 zimmerwarme

Eier • 2 EL Honig • 50 g gehackte Mandeln • Mehl zum Arbeiten • Fett für das Blech

– Das Mehl in eine Schüssel geben. In die Mitte eine Mulde drücken. Die Milch lauwarm erhitzen. Die Hefe zerbröckeln und in der Mulde mit 2 EL Milch, 1 TL Zucker und etwas Mehl vom Rand verrühren, bis sie sich aufgelöst hat. Diesen Vorteig zugedeckt bei Zimmertemperatur etwa 15 Min. ruhen lassen, bis er sichtbar aufgegangen ist. Inzwischen die Hälfte der Butter in der Milch zerlaufen lassen.

– Den Vorteig mit dem gesamten Mehl verrühren. Die Milch-Butter-Mischung, den restlichen Zucker, das Salz, die abgeriebene Zitronenschale und die zimmerwarmen Eier hinzufügen. Alles mit den Knethaken des Handrührgeräts etwa 5 Min. durchrühren, bis der Teig Blasen wirft und sich vom Schüsselrand löst.

– Den Teig zugedeckt bei Zimmertemperatur etwa 45 Min. gehen lassen, bis sich sein Volumen verdoppelt hat. Ein Backblech fetten.

– Die Arbeitsfläche mit Mehl bestäuben. Den Teig darauf geben, mit den Händen noch einmal kräftig durchkneten und in 3 Portionen teilen.

– Jede Portion zu einem Strang von etwa 50 cm Länge rollen, dessen eines Ende spitz zuläuft. Zwei Stränge kreuzweise übereinander auf die Arbeitsfläche legen. Den dritten in einem spitzen Winkel darüber legen. Den Zopf nun flechten und dabei die Stränge etwas dehnen. An den Zopfenden zusammendrücken und den ganzen Zopf behutsam mit beiden Händen auf die Länge des Backblechs zusammen schieben. Den Zopf auf dem Blech zugedeckt weitere 15 Min. gehen lassen. Den Backofen auf 180° vorheizen.

– Die restliche Butter zerlassen und den Zopf mit einem Teil davon bestreichen. Das Blech in den Ofen (Mitte, Umluft 160°) schieben und den Hefezopf etwa 40 Min. backen. Nach der halben Backzeit erneut mit etwas Butter bestreichen.

– Honig in der restlichen Butter auflösen. Den heißen Hefezopf damit bestreichen und mit den gehackten Mandeln bestreuen.

TIPP

Auch nicht schlecht: den Hefezopf mit Aprikosen verfeinern. Dafür 100 g getrocknete Aprikosen klein würfeln, 30 Min. in 50 ml heißem Rum einweichen, abtropfen lassen und mit dem Teig verkneten.

1153. Rosenkuchen

GUT FÜR GÄSTE
Für 1 Springform (26 cm Ø)
Zubereitungszeit: 50 Min.
Ruhezeit: 1 Std. 10 Min.
Backzeit: 1 Std.

Für den Hefeteig: 400 g Mehl • 1 Würfel Hefe (42 g) • 80 g Zucker • 1/8 l lauwarme Milch • 2 Pck. Vanillezucker • 1 Prise Salz • abgeriebene Schale von 1/2 unbehandelten Zitrone • 100 g weiche Butter
Für die Füllung: 100 g Rosinen • 4 EL Rum (nach Belieben) • 100 g Marzipan-Rohmasse • 100 g brauner Zucker • 100 g gemahlene Haselnüsse • je 1/4 TL Zimtpulver und gemahlene Nelken • 2 Eiweiße
Zum Bestreichen: 2 EL Aprikosenmarmelade
Außerdem: Butter für die Form • Mehl zum Arbeiten

– Für die Füllung die Rosinen waschen, trockentupfen, nach Belieben in Rum einweichen und zugedeckt zur Seite stellen. Für den Teig das Mehl in eine Schüssel sieben und in die Mitte eine Mulde drücken. Die Hefe hineinbröckeln, mit 1 TL Zucker, 4 EL Milch und etwas Mehl vom Rand verrühren. Den Vorteig zugedeckt 20 Min. gehen lassen.

– Die restliche Milch, den Zucker, Vanillezucker, Salz, die Zitronenschale und die Butter in kleinen Flöckchen zu dem Vorteig geben und alles gründlich verkneten. Den Teig nochmals zugedeckt 30 Min. gehen lassen. Inzwischen die Form fetten.

– Für die Füllung Marzipan mit dem Zucker, den Haselnüssen und den Gewürzen verkneten. Die Eiweiße steif schlagen und zusammen mit den Rosinen unter die Marzipanmasse heben.

– Hefeteig auf einer bemehlten Arbeitsfläche kräftig durchkneten und etwa 1/2 cm dünn zu einem Rechteck ausrollen. Die Füllung darauf streichen, den Teig von der Längsseite her aufrollen und in etwa 14 Scheiben von 3 cm Dicke schneiden. Diese mit der Schnittfläche nach oben im Kreis in die Form setzen und nochmals 20 Min. zugedeckt gehen lassen. Den Backofen auf 200° vorheizen.

– Den Rosenkuchen (Mitte, Umluft 180°) in 1 Std. goldbraun backen. Bei zu starker Bräunung nach etwa 40 Min. Backzeit die Form mit Alufolie abdecken.

– Die Aprikosenmarmelade erwärmen und den fertig gebackenen, noch warmen Kuchen mit einem Backpinsel damit bestreichen.

1154. Gugelhupf

BRAUCHT ETWAS ZEIT
Für 1 Napfkuchenform (25 cm Ø)
Zubereitungszeit: 40 Min.
Kühlzeit: 12 Std.
Backzeit: 50 Min.

500 g Mehl • 1 Würfel Hefe (42 g) • 1/8 l Milch • 60 g Zucker • 7 Eier • 1 Prise Salz • 250 g weiche Butter • 30 g Rosinen • 6 cl Kirschwasser • Butter und Mehl für die Form • 16 geschälte Mandeln • Puderzucker zum Bestäuben

– Das Mehl in eine Schüssel sieben. In die Mitte eine Mulde drücken. Hefe hineinbröckeln und mit Milch und Zucker verrühren. Nach und nach das Mehl einrühren. Eier, Salz und Butter dazugeben. Den Teig verkneten, bis er sich vom Schüsselrand löst. Dann zugedeckt 12 Std. kühl stellen.
– Die Teigschüssel danach 15 Min. in heißes Wasser stellen, damit der Teig wieder weich wird.
– Die Rosinen heiß waschen, trockentupfen, in einer Schüssel mit dem Kirschwasser übergießen und 10 Min. quellen lassen. Die Form fetten, mit Mehl ausstreuen und mit den Mandeln auslegen.
– Rosinen samt Kirschwasser unter den Teig kneten, Teig in die Form füllen. Die Form in den kalten Backofen (Mitte) stellen. Den Gugelhupf bei 180° (Umluft 160°) in etwa 50 Min. goldbraun backen. Kuchen abkühlen lassen, dann mit Puderzucker bestäuben.

1155. Mohnstriezel

PREISWERT | GELINGT LEICHT
Für 1 Striezel
Zubereitungszeit: 45 Min.
Ruhezeit: 1 Std. 20 Min.
Backzeit: 45 Min.

Für den Hefeteig: 500 g Mehl • 1 Würfel Hefe (42 g) • 75 g Zucker • 200 ml lauwarme Milch • 1 Prise Salz • 1 Ei • 75 g weiche Butter
Für die Füllung: 100 g Rosinen • 3 EL Rum (ersatzweise Traubensaft) • 250 g gemahlener Mohn • 30 g Hartweizengrieß • 200 ml Milch • 100 g Zucker • 1 TL abgeriebene unbehandelte Zitronenschale • 50 g gehackte Walnüsse
Zum Bestreichen: 3 EL Aprikosenkonfitüre
Außerdem: Butter für das Blech • Mehl zum Arbeiten

– Für den Teig das Mehl in eine Schüssel sieben und in die Mitte eine Mulde drücken. Die Hefe hineinbröckeln und mit 1 TL Zucker, 5 EL Milch und Mehl vom Rand zu einem Vorteig verrühren. Diesen an einem warmen Ort zugedeckt 15 Min. gehen lassen.
– Restlichen Zucker, Salz, Ei, Butter und die übrige Milch hinzufügen. Alles zu einem glatten elastischen Teig verkneten. Dann zugedeckt 30–45 Min. an einem warmen Ort gehen lassen, bis er sein Volumen verdoppelt hat.
– Inzwischen für die Füllung die Rosinen heiß waschen, trockentupfen und mit dem Rum beträufeln. Den Mohn mit dem Grieß mischen, die Milch zum Kochen bringen und darüber gießen. Rumrosinen, Zucker, Zitronenschale und Walnüsse unterrühren und alles 10 Min. quellen lassen. Ein Backblech fetten.
– Den Hefeteig nochmals kräftig durchkneten und auf einer bemehlten Arbeitsfläche zu einem etwa 30 x 35 cm großen Rechteck ausrollen. Füllung darauf streichen, dabei einen 2 cm breiten Rand frei lassen. Die Teigplatte von der Längsseite her aufrollen und mit der Nahtstelle nach unten auf das Blech legen. Mit einem Küchentuch bedeckt 20 Min. gehen lassen.
– Den Backofen auf 180° vorheizen. Den Striezel in etwa 45 Min. (Mitte, Umluft 160°) goldbraun backen. Die Marmelade erhitzen, heißen Striezel damit bestreichen.

TIPP
Der Striezel wirkt besonders attraktiv, wenn Sie ihn auf dem Blech zu einem Kreis legen und vor dem Backen zick-zack-artig mit dem Messer einritzen.

1156. Rehrücken

GUT FÜR GÄSTE | SCHMECKT KINDERN
Für 1 Rehrückenform (28 cm Länge)
Zubereitungszeit: 1 Std.
Backzeit: 50 Min.

100 g Zartbitter-Schokolade • je 1 kleine unbehandelte Zitrone und Orange • 125 g weiche Butter • 100 g Zucker • 1 Prise Salz • 2 TL Rum (ersatzweise Zitronensaft) • 4 Eier • 150 g gemahlene Mandeln •

50 g Speisestärke • 1/2 TL Zimtpulver • je 1/4 TL gemahlene Muskatblüte und Piment • 1/2 Pck. Backpulver • etwa 4 EL Milch • 100 g Aprikosenkonfitüre • 200 g Schokoladenglasur • 50 g ungesalzene gehackte Pistazienkerne • Butter und Mehl für die Form

– Die Schokolade grob reiben. Zitrusfrüchte waschen, die Schalen hauchdünn abschneiden und fein hacken. Die Butter, den Zucker, das Salz und den Rum oder den Zitronensaft mit den Quirlen des Handrührgeräts schaumig rühren.
– Die Eier trennen. Die Eigelbe nacheinander unterrühren, bis keine Eigelbspuren mehr zu sehen sind.
– Die Mandeln mit Schokolade, Zitrusschalen, Stärke, Gewürzen und Backpulver vermischen. Nach und nach unter die Eigelbcreme rühren. So viel Milch darunter mischen, dass der Teig in langen Zapfen von den Quirlen fällt.
– Die Eiweiße steif schlagen. Zwei Drittel davon unter den Teig heben. Den Rest mit einem Schneebesen unterziehen. Den Backofen auf 175° vorheizen.
– Die Rehrückenform mit reichlich Butter ausstreichen und mit etwas Mehl ausstreuen. Den Teig darin glatt streichen. Den Kuchen im Ofen (unten, Umluft 150°) etwa 50 Min. backen.
– Den Kuchen herausnehmen und in der Form kurz ruhen lassen. Dann den Rehrücken aus der Form lösen und so auf ein Kuchengitter geben, dass er mit der Wölbung nach oben liegt. Heiß mit der Aprikosenkonfitüre bestreichen und erkalten lassen.
– Die Glasur nach Packungsaufschrift schmelzen und den Kuchen damit überziehen. Die gehackten Pistazien auf die noch feuchte Glasur streuen.

1157. Christstollen

BRAUCHT ETWAS ZEIT
Für 2 Stollen
Zubereitungszeit: 1 Std. 10 Min.
Ruhezeit: 13 Std.
Backzeit: 1 1/2 Std.

750 g Mehl • 1/4 l Milch • 60 g Hefe • 130 g Zucker • 300 g Butter • 1 Vanilleschote • 1 TL Salz • abgeriebene Schale von 1 unbehandelten Zitrone • 2 Eigelbe • 100 g Zitronat • 100 g Orangeat • 100 g Korinthen • 2 EL Rum • 100 g Mandelstifte • 100 g Puderzucker • Mehl zum Arbeiten • Fett für das Blech

– Das Mehl in eine Schüssel geben. In die Mitte eine Mulde drücken. Die Milch lauwarm erhitzen. Die Hefe zerbröckeln und in der Mulde mit 4 EL Milch, 2 TL Zucker und etwas Mehl vom Rand verrühren, bis sie sich aufgelöst hat. Diesen Vorteig zugedeckt bei Zimmertemperatur etwa 15 Min. ruhen lassen, bis er sichtbar aufgegangen ist.
– Inzwischen 250 g Butter in der restlichen Milch zerlaufen lassen. Die Vanilleschote mit einem kleinen spitzen Messer der Länge nach aufschneiden. Das Mark mit der Messerspitze herauskratzen.
– Den Vorteig mit dem gesamten Mehl verrühren. Die Milch-Butter-Mischung, den restlichen Zucker, das Vanillemark, das Salz, die Zitronenschale und die zimmerwarmen Eigelbe hinzufügen. Alles kurz mit den Knethaken des Handrührgeräts, dann mit den Händen etwa 10 Min. kneten, bis der Teig Blasen wirft.
– Den Teig zugedeckt in einem kühlen Raum etwa 12 Std. oder über Nacht gehen lassen, bis sich sein Volumen verdoppelt hat.
– Das Zitronat und das Orangeat mit dem Wiegemesser oder einem breiten Messer sehr fein zerkleinern. Mit den Korinthen und dem Rum vermischt ziehen lassen, bis der Teig aufgegangen ist.
– Die Arbeitsfläche mit Mehl bestäuben. Den Hefeteig darauf einige Male kräftig durchkneten. Die Zitronatmischung und die Mandelstifte darauf streuen und rasch unterkneten. Den Teig zugedeckt bei Zimmertemperatur weitere 20 Min. gehen lassen.
– Ein Backblech fetten. Den Teig in 2 Portionen teilen. Jede Portion zu einem langen Wecken formen. Die Nudelrolle in die Mitte des Weckens drücken und etwas rollen, so dass der Wecken nun zwei Wülste bildet, die miteinander verbunden sind. Den einen Wulst halb über den anderen klappen und leicht andrücken.
– Die Stollen auf das Blech legen und weitere 30 Min. ruhen lassen. Den Backofen auf 180° vorheizen.
– Das Blech in den Ofen (Mitte, Umluft 160°) schieben und die Stollen etwa 1 1/2 Std. backen. Dann die Stollen aus dem Backofen nehmen und sofort mit der restlichen zerlassenen Butter bestreichen. Den Puderzucker dick über die Stollen sieben.

TIPP

Damit das Aroma des Stollens richtig zur Geltung kommt, sollte er mehrere Tage gut in Alufolie eingewickelt an einem kühlen Ort ziehen.

1158. Linzer Torte

GELINGT LEICHT
Für 1 Springform (28 cm Ø)
Zubereitungszeit: 1 Std.
Kühlzeit: 1 Std.
Backzeit: 30 Min.

250 g Mehl • 250 g gemahlene Mandeln • 150 g Zucker • 1 TL Zimtpulver • 1/2 TL Nelkenpulver • 1 Prise Salz • 250 g kalte Butter • 1 Ei • abgeriebene Schale von 1/2 unbehandelten Zitrone • 4 EL Kirschwasser • 300 g Himbeermarmelade • Mehl zum Arbeiten • Butter für die Form

– Mehl mit Mandeln, Zucker, Zimt, gemahlenen Nelken und Salz mischen. Die Butter in Stückchen auf den Rand geben. Das Ei, Zitronenschale und Kirschwasser dazugeben und alles rasch zu einem glatten Teig verkneten. Den Teig zugedeckt 1 Std. kühl stellen.
– Den Backofen auf 200° vorheizen. Die Form mit Butter ausstreichen. Die Himbeermarmelade erwärmen und durch ein Sieb streichen.
– Den Teig auf einer bemehlten Arbeitsfläche nochmals durchkneten. Zwei Drittel des Teiges in Größe der Springform ausrollen. Den Teigboden in die Form legen und mit der Himbeermarmelade bestreichen.
– Den restlichen Teig nochmals halbieren. Die eine Hälfte dünn ausrollen und 2 cm breite Streifen ausradeln. Den Tortenboden damit rautenformig belegen. Die zweite Teighälfte zu einer Rolle formen und einen Tortenrand daraus formen. Die Torte im Ofen (Mitte, Umluft 180°) 30 Min. backen.

1159. Engadiner Nusstorte

GUT FÜR GÄSTE
Für 1 Springform (24 cm Ø)
Zubereitungszeit: 40 Min.
Kühlzeit: 1 Std.
Backzeit: 40 Min.

Für den Mürbeteig: 150 g weiche Butter • 100 g Zucker • 1 Prise Salz • 1 Ei (Größe S) • 300 g Mehl
Für die Füllung: 50 g Butter • 200 g Zucker • 300 g gehackte Walnüsse • 250 g Sahne
Außerdem: 1 Eigelb zum Besteichen • Butter für die Form

– Für den Teig Butter mit Zucker und Salz schaumig rühren, das Ei unterrühren. Das Mehl darüber schütten und alles rasch zu einem glatten Mürbeteig verkneten. Teig zugedeckt 1 Std. im Kühlschrank ruhen lassen.
– Den Backofen auf 200° vorheizen. Die Form fetten. Für die Füllung die Butter in einem Topf zerlassen, den Zucker hineinstreuen und unter Rühren hell braun karamellisieren lassen. Nüsse und Sahne dazurühren, einmal aufkochen und dann abkühlen lassen.
– Zwei Drittel des Mürbeteiges auf einer leicht bemehlten Arbeitsfläche dünn ausrollen und den Boden und den Rand der Form damit auskleiden; den Teigrand rundherum etwas überstehen lassen.
– Die Nussmasse auf den Teigboden geben. Den übrigen Teig in Größe der Form ausrollen und auf die Füllung legen. Überstehenden Rand mit verquirltem Eigelb bestreichen und den Rand auf der Teigdecke festdrücken.
– Mit einer Gabel die Oberfläche gleichmäßig einstechen und mit Eigelb bestreichen. Die Torte im Ofen (Mitte, Umluft 180°) etwa 40 Min. backen und eventuell gegen Ende der Backzeit mit leicht gebuttertem Pergamentpapier abdecken, damit sie nicht zu stark bräunt.

1160. Früchtebrot

BRAUCHT ETWAS ZEIT
Für 1 Springform (20 cm Ø)
Zubereitungszeit: 30 Min.
Ruhezeit: 1 1/2 Std.
Backzeit: 1 Std.

1/2 Würfel Hefe (21 g) • 60 g Zucker • 500 g Mehl • 150 g weiche Butter • 1 TL Salz • 1 TL kandierter Ingwer • 150 g Rosinen • 150 g Korinthen • 100 g gehackte Mandeln • 50 g gewürfeltes Orangeat • 50 g gewürfeltes Zitronat • 1 Msp. frisch geriebene Muskatnuss • 1 Prise gemahlener Piment • 1 Msp. Nelkenpulver • 1 Prise gemahlener Kardamom • 1 Prise gemahlener Ingwer • 1 Msp. Zimtpulver • etwas Kondensmilch zum Bestreichen • Mehl zum Arbeiten • Butter für die Form

– Die Hefe zerbröckeln und mit 200 ml lauwarmem Wasser und 1 TL Zucker verrühren, etwa 15 Min. an einem warmen Ort gehen lassen. Dann übrigen Zucker mit der Hefe verrühren. Mehl darüber sieben, Butter und Salz dazugeben, alles gründlich verkneten. Den Teig zugedeckt an einem warmen Ort 45 Min. gehen lassen.

– Ingwer fein hacken. Rosinen und Korinthen heiß waschen und trockentupfen. Zwei Drittel des Teiges auf einer leicht bemehlten Arbeitsfläche ausrollen, die Trockenfrüchte mit Mandeln, Gewürzen und Ingwer auf den Teig geben und alles gut einkneten.
– Übriges Teigdrittel ausrollen. Aus dem Teig mit den Gewürzen eine Kugel formen und diese auf den hellen Teig setzen. Hellen Teig über dem dunklen zusammenlegen und festdrücken, zugedeckt 30 Min. gehen lassen. Den Backofen auf 200° vorheizen.
– Die Form fetten und den Teig hineinlegen. Die Teigkugel so flach drücken, dass die Form fast ausgefüllt ist. Mit einer Gabel mehrmals in den Teig stechen.
– Das Früchtebrot im Ofen (Mitte, Umluft 180°) in etwa 45 Min. goldbraun backen. Dann den Rand der Springform entfernen und das Brot in weiteren 15 Min. fertig backen. Das Früchtebrot nach dem Backen auf einem Kuchengitter auskühlen lassen.

1161. Bienenstich

PREISWERT
Für 1 Backblech
Zubereitungszeit: 40 Min.
Ruhezeit: 1 1/4 Std.
Backzeit: 25 Min.

***Für den Teig:** 1/2 Würfel Hefe (21 g) • 1/8 l lauwarme Milch • 100 g Zucker • 60 g weiche Butter • 1 Ei • 1 Prise Salz • 400 g Mehl*
***Für den Belag:** 80 g Zucker • 60 g Butter • 100 g Sahne • 2 EL Speisestärke • 3 EL Milch • 200 g Mandelblättchen*
***Für die Füllung:** 4 Blatt weiße Gelatine • 1/2 l Milch • 100 g Zucker • 1 EL Vanillezucker • 50 g Speisestärke • 3 Eier*
***Außerdem:** Butter für das Blech*

– Die Hefe mit der Milch und 1 TL Zucker verrühren, etwa 15 Min. an einem warmen Ort gehen lassen.
– Die Hefemilch mit übrigem Zucker, Butter, Ei und Salz in einer Rührschüssel verrühren. Mehl darüber sieben und alles etwa 10 Min. mit den Händen oder auf der niedrigsten Stufe in der Küchenmaschine mit dem Kneteinsatz kneten. Dann den Teig zugedeckt an einem warmen Ort etwa 30 Min. gehen lassen.
– Für den Belag den Zucker mit der Butter und der Sahne in einem Topf zum Kochen bringen. Die Speisestärke mit der Milch anrühren, dazugeben und die Sahnemischung unter Rühren einmal aufkochen lassen. Dann die Mandeln untermengen. Die Masse von der Herdplatte nehmen, abkühlen lassen.
– Den Backofen auf 200° vorheizen. Das Blech fetten. Den Hefeteig noch einmal sehr gut durchkneten, dann auf dem Blech ausrollen. Mit der abgekühlten Mandelmasse bestreichen und zugedeckt etwa 30 Min. gehen lassen. Dann im Ofen (Mitte, Umluft 180°) in etwa 25 Min. goldbraun backen.
– Inzwischen für die Füllung die Gelatine in kaltem Wasser 10 Min. einweichen.
– Von der Milch 3 EL abnehmen. Die übrige Milch mit dem Zucker und dem Vanillezucker aufkochen lassen. Die Speisestärke mit der kalten Milch anrühren.
– Die Eier trennen. Die angerührte Speisestärke in die heiße Milch geben, unter Rühren 1 Min. aufkochen lassen und die Eigelbe untermischen. Die Gelatine ausdrücken, 3 EL vom heißen Pudding unter die Gelatine rühren, bis sie flüssig ist und dann erst die Gelatineflüssigkeit unter den heißen Pudding mischen. Die Masse abkühlen lassen.
– Die Eiweiße steif schlagen. Den Eischnee unter den abgekühlten Pudding rühren.
– Den Kuchen noch warm in 4 Teile schneiden. Die Kuchenstücke waagerecht durchschneiden und die oberen Stücke jeweils wieder vierteln.
– Die unteren Teile auf das Blech legen, mit der Füllung bestreichen und die oberen Stücke darauf legen. Die Creme in etwa 30 Min. fest werden lassen. Die Kuchenstücke erst dann ganz durchschneiden.

1162. Donauwellen

GUT FÜR GÄSTE
Für 1 Backblech
Zubereitungszeit: 1 1/2 Std.
Backzeit: 40 Min.

***Für den Teig:** 250 g weiche Butter • 200 g Zucker • 1 Prise Salz • 6 Eier • 350 g Mehl • 2 TL Backpulver • 1 EL Rum • 2 EL Kakaopulver • 2 Gläser Sauerkirschen (à 370 g Abtropfgewicht)*
***Für die Buttercreme:** 1/2 l Milch • 100 g Zucker • 1 Pck. Vanille-Puddingpulver • 20 g Kokosfett • 200 g weiche Butter*
***Für den Guss:** 100 g Zartbitter-Schokolade • 100 g Vollmilch-Schokolade • 40 g Kokosfett*

– Den Ofen auf 175° vorheizen. Das Blech mit Backpapier auslegen.
– Butter, Zucker und Salz cremig rühren. Nacheinander die Eier, Mehl, Backpulver und Rum dazugeben, alles gut durcharbeiten. Vom Teig die Hälfte auf das Blech streichen. Die andere Hälfte mit dem Kakao verrühren und darüber verteilen. Kirschen gut abgetropft darüber streuen. Im Ofen (Mitte, Umluft 160°) 35–40 Min. backen. Den Kuchen erkalten lassen.
– Inzwischen für die Buttercreme den Pudding nach Vorschrift zubereiten und erkalten lassen. Das Kokosfett schmelzen und wieder abkühlen lassen. Die Butter flöckchenweise und den Pudding esslöffelweise unterrühren. Die Creme kühl stellen.
– Für den Guss zerbröckelte Schokolade und Kokosfett bei geringer Hitze schmelzen und unter Rühren wieder abkühlen lassen, bis sie gerade noch flüssig ist.
– Die eiskalte Buttercreme auf den Kuchen streichen. Den Guss dünn und gleichmäßig darüber verteilen. Mit einer Gabel wellenförmige Linien durch den Guss ziehen.

1163. Dresdner Eierschecke

GUT FÜR GÄSTE
Für 1 Backblech
Zubereitungszeit: 1 Std.
Ruhezeit: 1 Std.
Backzeit: 1 Std. 10 Min.

Für den Hefeteig: 400 g Mehl • 1 Würfel Hefe (42 g) • 100 g Zucker • 1/8 l lauwarme Milch • 100 g weiche Butter • 50 g weiches Schweineschmalz • 1 Prise Salz • abgeriebene Schale von 1 unbehandelten Zitrone
Für die Pudding-Ei-Masse: 1 1/2 Pck. Vanille-Puddingpulver (60 g) • 3/4 l Milch • 200 g Butter • 100 g Zucker • 4 Eier
Für die Quarkcreme: 1 kg Quark (20 % Fett) • 100 g Zucker • 1 Pck. Vanillezucker • 2 Eier • 1 Prise Salz • abgeriebene Schale von 1 unbehandelten Zitrone • 1 TL Zitronensaft • 100 g Mandelblättchen • 50 g Rosinen
Zum Bestreichen: 60 g Butter • 50 g Zucker

– Das Mehl in eine Schüssel sieben und in die Mitte eine Mulde hineindrücken. Hefe in die Mulde bröckeln, mit 1 TL Zucker, 4 EL Milch und etwas Mehl vom Rand verrühren. Den Vorteig zugedeckt an einem warmen Ort 20 Min. gehen lassen.
– Butter und Schmalz, restliche Milch, Zucker, Salz und Zitronenschale zum Hefevorteig geben. Alles mit den Knethaken des Handrührgerätes gut durcharbeiten. Den Teig nochmals zugedeckt 40 Min. gehen lassen.
– Das Puddingpulver mit etwa 5 EL Milch verrühren, die übrige Milch erhitzen. Butter und Zucker darin schmelzen lassen und das angerührte Puddingpulver unter Rühren hinzufügen. Pudding kurz aufkochen und dann abkühlen lassen (zwischendurch öfter umrühren).
– Für die Quarkcreme Quark mit Zucker und Vanillezucker verrühren. Die Eier trennen. Eigelbe zum Quark geben. Salz, Zitronenschale und -saft hinzufügen, alles gut durchrühren. Die Mandelblättchen unterheben.
– Rosinen heiß waschen und trockentupfen. Die Fettpfanne des Ofens mit Backpapier auslegen. Falls die Fettpfanne nicht sehr tief ist, einen höheren Rand aus doppelt gefalteter Alufolie formen.
– Den Hefeteig auf einer bemehlten Arbeitsfläche nochmals durchkneten und ausrollen. Den Teig auf das Blech legen und die Ränder leicht hochdrücken. Die Quarkmasse auf den Teig streichen und die Rosinen darüber streuen. Den Backofen auf 150° vorheizen.
– Die Eier für die Pudding-Ei-Masse trennen, Eigelbe unter den Pudding rühren. Die 4 Eiweiße und die 2 vom Quarkbelag übrigen Eiweiße schnittfest schlagen. Den Eischnee behutsam unter den Pudding heben. Die Puddingcreme über den Quarkbelag streichen.
– Die Eierschecke im Ofen (Mitte, Umluft 140°) in etwa 1 Std. 10 Min. goldgelb backen. Den noch heißen Kuchen mit zerlassener Butter bestreichen. Mit Zucker bestreuen und abkühlen lassen.

1164. Zwetschgendatschi mit Zimtstreuseln

GUT FÜR GÄSTE
Für 1 Backblech
Zubereitungszeit: 1 1/4 Std.
Ruhezeit: 45 Min.
Backzeit: 35 Min.

Für den Hefeteig: 500 g Mehl • 1 Prise Salz • 80 g Zucker • abgeriebene Schale von 1 unbehandelten Zitrone • 1 Würfel Hefe (42 g) • 1/8 l lauwarme Milch • 100 g Butter • 2 Eier
Für den Belag: 1,2 kg Zwetschgen • 150 g Mehl • 75 g Zucker • 75 g kalte Butter • 2 TL Zimtpulver
Außerdem: Mehl zum Arbeiten • Butter für das Blech

– Das Mehl in eine Schüssel sieben, Salz, Zucker und Zitronenschale hinzufügen. Alles mischen und in die Mitte eine Mulde drücken. Hefe hineinbröckeln und mit Milch und etwas Mehl zu einem Vorteig verrühren. Zugedeckt an einem warmen Ort 15 Min. gehen lassen. Die Butter schmelzen und etwas abkühlen lassen.
– Eier und Butter mit in die Schüssel geben. Den Teig so lange kneten bis er glatt und elastisch ist und sich vom Schüsselrand löst, das geht am besten mit den Knethaken des Handrührers. Teig zugedeckt etwa 30 Min. an einem warmen Ort gehen lassen, bis er sein Volumen verdoppelt hat. Das Blech fetten.
– Den Teig kräftig durchkneten und auf einer bemehlten Fläche in Blechgröße ausrollen. Den Teig auf das Blech legen, die Ränder hochziehen und nochmals zugedeckt etwa 15 Min. ruhen lassen.
– Währenddessen den Backofen auf 200° vorheizen. Für den Belag die Zwetschgen waschen, halbieren und die Steine herauslösen. Für die Streusel Mehl, Zucker, die Butter in Stückchen und Zimt in eine Schüssel geben. Alles mit den Händen rasch zu Streuseln verkneten und kalt stellen.
– Die Zwetschgen mit der Schnittfläche nach oben nebeneinander in den Teig drücken. Die Streusel darauf verteilen und den Datschi im Ofen (Mitte, Umluft 180°) etwa 35 Min. backen, bis die Teigränder schön goldbraun sind. Den Datschi auf dem Blech abkühlen lassen.

TIPPS

– Beim Einfetten des Backblechs die Ecken aussparen. Denn wenn diese ungefettet sind, bleibt der Teig besser haften und zieht sich nicht nach innen. Wenn Sie das Blech mit Backpapier auslegen, entfällt das Einfetten ganz.
– Nach Belieben bestreuen Sie den Datschi vor dem Servieren mit etwas Zucker.

1165. Französische Apfeltarte

GELINGT LEICHT
Für 1 Springform (28 cm Ø)
Zubereitungszeit: 50 Min.
Backzeit: 1 Std.

750 g säuerliche Äpfel (z. B. Cox Orange) • 2 EL Zitronensaft • 75 g weiche Butter • 150 g Zucker • 2 EL Vanillezucker • Salz • 4 Eier • 100 g Mehl • 50 g Speisestärke • 1 TL Backpulver • 150 g Crème fraîche • 1 EL Puderzucker • Butter für die Form

– Die Äpfel schälen, vierteln und das Kerngehäuse entfernen. Die Apfelviertel in dicke Spalten schneiden und mit dem Zitronensaft beträufeln. Den Backofen auf 180° vorheizen. Die Form fetten.
– Die Butter mit 100 g Zucker, 1 EL Vanillezucker und 1 Prise Salz cremig rühren. Nach und nach 2 Eier unterrühren. Das Mehl mit der Stärke und dem Backpulver mischen und unter die Butter-Eier-Masse ziehen.
– Den Teig in die Form füllen und die Apfelspalten kranzförmig leicht hineindrücken. Den Kuchen im Ofen (Mitte, Umluft 160°) 35 Min. backen.
– Inzwischen die Crème fraîche mit dem übrigen Zucker, dem Vanillezucker und den restlichen Eiern verrühren. Den Sahneguss über den Kuchen gießen und den Apfelkuchen in weiteren 25 Min. fertig backen.
– Die Tarte auf einem Kuchengitter abkühlen lassen und mit dem Puderzucker besieben.

1166. Versunkener Apfelkuchen

GELINGT LEICHT | GEHT SCHNELL
Für 1 Springform (26 cm Ø)
Zubereitungszeit: 30 Min.
Backzeit: 40 Min.

50 g Haselnüsse oder Mandeln • 1 Zitrone • 3 säuerliche Äpfel (z. B. Boskoop oder Cox Orange) • 125 g weiche Butter • 100 g Zuckerrohrgranulat oder 125 g heller Honig • 1 Prise Salz • 2 Eier • 200 g Dinkel- oder Weizen-Vollkornmehl • 2 TL Backpulver • 4 EL Sahne • 2 EL Sonnenblumenkerne oder Mandelblättchen • Butter für die Form

– Für den Teig die Nüsse oder Mandeln je nach Geschmack fein reiben oder grob hacken. Die Zitrone waschen, die Schale fein abreiben und den Saft von 1/2 Zitrone auspressen.
– Die Äpfel vierteln, schälen und vom Kerngehäuse befreien. Die gewölbten Seiten mit einem Messer mehrmals längs einritzen. Die Äpfel in einer Schüssel mit 1 EL Zitronensaft beträufeln. Den Backofen auf 190° vorheizen. Die Form fetten.
– Die Butter, das Granulat oder den Honig und das Salz mit den Schneebesen des Rührgerätes cremig rühren.

Die Eier nach und nach untermischen und die Masse noch 2 Min. weiterrühren.
– Das Mehl mit dem Backpulver, den Nüssen oder Mandeln und der Zitronenschale vermengen. Die Mehlmischung mit der Sahne unter die Butter-Eier-Masse rühren. Die Konsistenz des Teiges sollte so sein, dass er schwer reißend vom Löffel gleitet. Eventuell noch etwas Sahne angießen.
– Den Teig in die Form geben und glatt streichen. Die Apfelstücke leicht in den Teig drücken. Die Sonnenblumenkerne oder die Mandelblättchen über den Kuchen streuen.
– Kuchen im Ofen (Mitte, Umluft 175°) in 35–40 Min. goldbraun backen. Den Apfelkuchen in der Form etwas abkühlen lassen, dann aus der Form lösen und auf einem Kuchengitter völlig erkalten lassen.

1167. Gedeckter Apfelkuchen

PREISWERT
Für 1 Springform (24 cm Ø)
Zubereitungszeit: 1 Std.
Kühlzeit: 30 Min.
Backzeit: 50 Min.

Für den Teig: 250 g Mehl • 2 TL Backpulver • 1/2 TL Zimtpulver • 80 g Zucker • 1 TL Vanillezucker • 1 Ei • 1 Prise Salz • 150 g Butter
Für die Füllung: 1,2 kg säuerliche Äpfel (z. B. Boskoop oder Cox Orange) • 2 EL Zitronensaft • 60 g Zucker • 1 EL Vanillezucker • 1/2 TL abgeriebene unbehandelten Zitronenschale • 1 Eiweiß
Zum Bestreichen und für den Guss: 1 Eigelb • 1 EL Milch • 2 EL Mandelblättchen • 75 g Puderzucker • 1 EL Zitronensaft
Außerdem: Mehl zum Arbeiten • Fett für die Form

– Für den Teig das Mehl mit dem Backpulver und dem Zimt auf die Arbeitsfläche sieben, eine Mulde hineindrücken. Den Zucker, den Vanillezucker, das Ei und das Salz hineingeben. Die Butter in Stückchen schneiden und auf dem Mehlrand verteilen. Alles schnell zu einem glatten Teig verkneten.
– Den Teig halbieren. Die eine Hälfte auf der leicht bemehlten Arbeitsfläche in Größe des Springformbodens ausrollen und in die gefettete Form geben. Den übrigen Teig zu einer Kugel formen und zusammen mit der Form 30 Min. zugedeckt kühl stellen.
– Inzwischen für die Füllung die Äpfel vierteln, schälen und von den Kerngehäusen befreien. Die Viertel quer in dünne Scheiben schneiden und mit dem Zitronensaft, 1/8 l Wasser, dem Zucker, dem Vanillezucker und der Zitronenschale 5–10 Min. im offenen Topf kochen lassen, dabei öfter wenden. Sobald die meiste Flüssigkeit verdampft ist und die Äpfel glasig sind, den Topf vom Herd nehmen. Abkühlen lassen.
– Backofen auf 190° vorheizen. Den Teig in der Form (Mitte, Umluft 175°) in etwa 10 Min. goldgelb backen, dann aus dem Ofen nehmen. Abkühlen lassen.
– Vom restlichen Teig etwa ein Drittel länglich ausrollen und den Rand der Form damit belegen. Das Eiweiß halbsteif schlagen und unter die Äpfel mischen. Die Apfelfüllung in die Form geben und glatt streichen. Den restlichen Teig zu einem Deckel ausrollen, auf die Füllung legen und leicht andrücken, mehrmals einstechen. Das Eigelb mit der Milch verrühren. Den Deckel damit bestreichen.
– Den Kuchen im Ofen bei 200° (unten, Umluft 180°) in etwa 40 Min. goldbraun backen. Den Kuchen in der Form lauwarm abkühlen lassen.
– Die Mandelblättchen in einer trockenen Pfanne goldgelb rösten und abkühlen lassen. Den Puderzucker mit dem Zitronensaft und etwa 1 EL Wasser verrühren. Den Teigdeckel damit bestreichen. Die Mandeln darüber streuen. Den Kuchen aus der Form nehmen und auf einem Kuchengitter auskühlen lassen.

1168. Apfelkuchen mit Rahmguss

GELINGT LEICHT
Für 1 Springform (28 cm Ø)
Zubereitungszeit: 1 Std.
Backzeit: 50 Min.

Für den Mürbeteig: 250 g Mehl • 1 Ei • 150 g Butter • 1 EL Zucker • 1 Prise Salz
Für den Belag: 50 g Rosinen • 2 EL Rum • 1 unbehandelte Zitrone • 1 kg säuerliche Äpfel (z. B. Boskoop oder Jonathan) • 1 TL Zimtpulver • 4 EL Zucker • 3 Eier • 2 EL Mehl • 200 g Sahne
Außerdem: 40 g Mandelblättchen zum Bestreuen • Butter für die Form

– Für den Teig das Mehl auf eine Arbeitsfläche sieben, in die Mitte eine Mulde drücken und das Ei hineingleiten lassen. Butter in Flöckchen auf den Mehlrand setzen,

den Zucker und das Salz dazugeben. Alles rasch verkneten. Den Teig in Alufolie wickeln und 30 Min. zugedeckt im Kühlschrank ruhen lassen.
– Inzwischen die Rosinen heiß waschen, trockentupfen, in einer kleinen Schüssel mit dem Rum mischen und beiseite stellen. Die Zitrone heiß waschen, abtrocknen und die Schale abreiben. Die Äpfel waschen, vierteln, von den Kerngehäusen befreien und schälen. Den Zimt und 1 EL Zucker mischen. Die Apfelviertel mit der Zitronenschale und dem Zimt-Zucker in einer großen Schüssel gründlich vermengen.
– Den Backofen auf 220° vorheizen. Die Springform gründlich einfetten.
– Den Teig auf der bemehlten Arbeitsfläche dünn ausrollen. Die Form damit auskleiden, dabei einen etwa 3 cm hohen Rand formen. Den Teigboden mit einer Gabel mehrmals einstechen. Die Apfelviertel auf dem Teigboden kreisförmig anordnen. Dann die Rumrosinen gleichmäßig auf den Apfelvierteln verteilen.
– Für den Guss die Eier und den übrigen Zucker mit den Schneebesen des Handrührgerätes schaumig rühren. Das Mehl nach und nach dazugeben. Zum Schluss die Sahne unterrühren.
– Die Eiersahne über die Apfelviertel gießen. Mit den Mandelblättchen bestreuen. Den Apfelkuchen im Ofen (unten, Umluft 200°) etwa 50 Min. backen. Den Kuchen in der Form abkühlen lassen.

1169. Birnenkuchen mit Karamell

GUT FÜR GÄSTE
Für 1 Springform (23 cm Ø) oder
eine rechteckige Form (36 x 24 cm)
Zubereitungszeit: 45 Min.
Backzeit: 40 Min.

150 g Zucker • 50 g Butter • 200 g Sahne • 1 kg Birnen • 250 g Mascarpone • 300 g Mehl • 3 TL Backpulver • 2 Eier • 100 g Haselnusskrokant • 50 g Puderzucker zum Bestauben • Butter für die Form

– Den Zucker mit der Butter in einer Pfanne bei mittlerer Hitze unter ständigem Rühren goldgelb schmelzen. Nach und nach die Sahne angießen, dabei den Zucker immer wieder glatt rühren. Den Karamell unter gelegentlichem Rühren etwas abkühlen lassen.
– Die Birnen schälen und vierteln, die Kerngehäuse entfernen. Die Viertel längs halbieren.
– Den Backofen auf 180° vorheizen. Die Form gründlich einfetten.
– Den Mascarpone mit dem Mehl, dem Backpulver und den Eiern unter den Karamell rühren. Den Teig in die Form geben und mit dem Krokant bestreuen. Die Birnenachtel auf den Kuchen legen und leicht hineindrücken.
– Den Birnenkuchen im Ofen (unten, Umluft 160°) etwa 40 Min. backen. Den Kuchen in der Form etwas abkühlen lassen, dann herauslösen und auf ein Kuchengitter setzen. Den Puderzucker über den noch warmen Kuchen sieben.

1170. Rhabarberkuchen mit Baiserhaube

GELINGT LEICHT
Für 1 Springform (26 cm Ø)
Zubereitungszeit: 45 Min.
Backzeit: 40 Min.

600 g Rhabarber • 5 Eier • 150 g Butter • 100 g Zucker • 2 EL Vanillezucker • 150 g Mehl • 75 g Speisestärke • 2 TL Backpulver • 1 Prise Salz • 150 g Puderzucker • 50 g gemahlene Mandeln • 1 EL Zitronensaft • Butter für die Form

– Den Rhabarber gründlich waschen und putzen und, falls nötig, die Fäden abziehen. Die Stangen in etwa 4 cm lange Stücke schneiden.
– Den Backofen auf 180° (Umluft 160°) vorheizen. Die Form gündlich einfetten.
– 3 Eier trennen. Die Butter mit dem Zucker und dem Vanillezucker cremig rühren. Nach und nach die restlichen ganzen Eier und die Eigelbe unterrühren. Das Mehl mit der Speisestärke und dem Backpulver vermischen und ebenfalls untermengen.
– Den Teig in die Form füllen, die Rhabarberstücke leicht hineindrücken und den Kuchen im Ofen (Mitte) etwa 25 Min. backen.
– Die übrigen Eiweiße mit dem Salz steif schlagen, dabei nach und nach den Puderzucker dazugeben. Die Mandeln und den Zitronensaft vorsichtig mit dem Schneebesen unterheben.
– Den Baiser wolkenförmig auf den vorgebackenen Kuchen streichen oder mit dem Spritzbeutel darauf spritzen. Den Rhabarberkuchen im Ofen (Mitte) noch 15 Min. backen.

1171. Johannisbeer-Makronen-Kuchen

GUT FÜR GÄSTE
Für 1 Spring- oder Pieform (26 cm Ø)
Zubereitungszeit: 40 Min.
Kühlzeit: 30 Min.
Backzeit: 35 Min.

250 g Mehl • 125 g Butter • 80 g Zucker • 1 Ei • 500 g Johannisbeeren • 6 Eiweiße • 200 g Puderzucker • 250 g gemahlene Mandeln • Butter für die Form

– Das Mehl mit der Butter in Stückchen, dem Zucker und dem Ei rasch verkneten. Den Mürbeteig zugedeckt 30 Min. kühl stellen.
– Dann den Backofen auf 220° (Umluft 200°) vorheizen. Die Form einfetten. Die Johannisbeeren waschen, trockentupfen und von den Rispen zupfen.
– Den Teig auf der bemehlten Arbeitsfläche etwas größer als die Form ausrollen und den Boden und den Rand damit auslegen. Den Boden mehrmals mit einer Gabel einstechen. Im Ofen (Mitte) 15 Min. backen. Den Backofen danach auf 120° (Umluft 100°) schalten.
– Die Johannisbeeren auf den Kuchenboden geben. Die Eiweiße mit Puderzucker schnittfest schlagen, Mandeln unterheben. Die Masse über die Beeren streichen. Den Kuchen im Ofen (Mitte) in 15–20 Min. hellgelb backen.

1172. Kirsch-Schoko-Kuchen

SCHMECKT KINDERN
Für 1 Springform (26 cm Ø)
Zubereitungszeit: 40 Min.
Backzeit: 1 Std. 20 Min.

500 g Süß- oder Sauerkirschen • 100 g Zartbitter-Schokolade • 5 Eier • 125 g weiche Butter • 100 g Zucker • 1 Pck. Vanillezucker • 1 Prise Salz • 200 g gemahlene Mandeln • 2 EL Puderzucker zum Bestäuben • Butter und Semmelbrösel für die Form

– Die Kirschen waschen und entsteinen. Zum Entsteinen der Kirschen sollten Sie einen speziellen Entsteiner benutzen. Oder Sie behelfen sich mit einer sehr großen Sicherheitsnadel: Man fasst die Nadel am Verschluss an und drückt die Kerne am Stielansatz mit dem Ring am anderen Ende der Nadel heraus.
– Den Backofen auf 180° vorheizen. Die Form fetten und mit Semmelbröseln ausstreuen.
– Die Schokolade fein reiben. Die Eier trennen. Die Butter mit dem Zucker und Vanillezucker cremig rühren, die Eigelbe nach und nach untermischen.
– Die Eiweiße mit dem Salz zu steifem Schnee schlagen. Die Schokolade unter die Buttermasse rühren und die Mandeln mit dem Eischnee locker unterheben.
– Den Teig in die Form füllen und die Kirschen darüber verteilen. Den Kirschkuchen im Ofen (unten, Umluft 160°) 1 Std. und 10 Min. backen. Den Kuchen im ausgeschalteten Backofen noch 10 Min. stehen lassen.
– Den Kirschkuchen aus der Form lösen, auskühlen lassen und vor dem Servieren mit dem Puderzucker bestäuben.

1173. Himbeer-Biskuit

GELINGT LEICHT | VOLLWERTIG
Für 1 Springform (26 cm Ø)
Zubereitungszeit: 30 Min.
Backzeit: 30 Min.

Für die Biskuitmasse: 3 Eier • 1 Prise Salz • 70 g Zuckerrohrgranulat oder Honig • 1/2 TL gemahlene Vanille • 120 g Hirse- oder Weizen-Vollkornmehl • 1/2 TL Backpulver • 1/2 TL abgeriebene unbehandelte Zitronenschale
Für den Belag: 400 g Himbeeren • 1 TL Agar-Agar • 1/4 l Obstsaft oder Wasser, mit etwas Zitronensaft gemischt • 1 TL Ahornsirup oder Honig
Außerdem: Butter für die Form

– Den Backofen auf 180° (Umluft 160°) vorheizen. Den Boden der Form einfetten.
– Eier trennen, Eiweiße mit Salz zu steifem Schnee schlagen. Nach und nach das Zuckerrohrgranulat oder den Honig, die Eigelbe und gemahlene Vanille unterrühren. Die Masse noch 1–2 Min. schlagen, bis sie schön dickcremig ist.
– Das Mehl mit dem Backpulver mischen, mit der Zitronenschale auf die Schaummasse geben und vorsichtig unterheben.
– Die Biskuitmasse in die Form füllen, glatt streichen und im Ofen (Mitte) in 25–30 Min. goldgelb backen.
– Den fertigen Kuchen noch 3–4 Min. im abgeschalteten Backofen stehen lassen, danach herausnehmen und in der Form etwa 5 Min. abkühlen lassen.

– Den Rand des Kuchens mit einem scharfen Messer lösen und den Springformrand entfernen. Den Kuchen auf ein Kuchengitter stürzen und den Springformboden vorsichtig abheben. Den Boden auskühlen lassen.
– Für den Belag die Himbeeren, nur falls wirklich nötig, in stehendem Wasser waschen, auf Küchenpapier gut abtropfen lassen. Anschließend dekorativ auf dem Kuchenboden verteilen.
– Für den Guss Agar-Agar mit der Flüssigkeit und mit dem Ahornsirup oder Honig verrühren und 1–2 Min. unter Rühren aufkochen lassen.
– Den Guss unter Rühren etwas abkühlen lassen. Einen Tortenring beziehungsweise den Springformrand um den Kuchen setzen. Den Guss gleichmäßig auf den Früchten verteilen und fest werden lassen.

1174. Einfache Biskuitroulade

GEHT SCHNELL
Für 1 Roulade
Zubereitungszeit: 15 Min.
Backzeit: 10 Min.

5 Eier • 140 g Zucker • 1 Pck. Vanillezucker • 2 Eigelbe • 100 g Mehl • 150 g Aprikosenmarmelade • Zucker zum Einrollen • Puderzucker zum Bestäuben

– Den Backofen auf 210° (Umluft 190°) vorheizen. Das Blech mit Backpapier belegen.
– Die Eier trennen. Eiweiße mit Zucker und Vanillezucker steif schlagen. Alle Eigelbe nacheinander unterrühren, das Mehl unterziehen. Die Masse auf das Blech streichen. Im Ofen (oben) 10 Min. backen, dann auf ein mit Zucker bestreutes Küchentuch stürzen.
– Die Biskuitplatte mit der Marmelade bestreichen, mit Hilfe des Tuches aufrollen. Kurz auskühlen lassen. Vor dem Servieren mit Puderzucker bestäuben.

TIPP

Biskuitplatten für Rouladen werden sehr schnell trocken und brechen dann beim Aufrollen. Deswegen unbedingt die angegebene Backzeit einhalten und nach dem Backen rasch arbeiten. Kann die Füllung nicht sofort aufgestrichen werden, da sie schmelzen würde, die Teigplatte mit Hilfe des Küchentuchs leer „vorrollen" und auskühlen lassen.

1175. Erdbeerrolle

GUT FÜR GÄSTE
Für 1 Backblech (30 x 35 cm) und
1 Rehrückenform (30 cm Länge)
Zubereitungszeit: 40 Min.
Backzeit: 20 Min.
Kühlzeit: 2 Std.

Für den Biskuitteig: 3 Eier • 90 g Zucker • 90 g Mehl
Für die Füllung: 300 g Sahne • 50 g weiße Kuvertüre • 5 Blatt weiße Gelatine • 250 g Erdbeeren • 75 g Zucker • 1 EL Zitronensaft • 125 g Crème fraîche
Zum Garnieren: Puderzucker • Schlagsahne • Erdbeeren

– Den Backofen auf 180° (Umluft 160°) vorheizen. Das Blech und die Form mit Backpapier auskleiden.
– Für den Teig die Eier trennen. Die Eigelbe mit 60 g Zucker schaumig rühren. Eiweiße mit übrigem Zucker steif schlagen und mit dem Mehl auf die Eigelbcreme geben. Alles locker mit dem Schneebesen mischen.
– Die Masse auf dem Blech gleichmäßig verstreichen. Den Teig sofort im Ofen (Mitte) 15–20 Min. backen.
– Den warmen Biskuit vom Papier lösen, längs halbieren und eine Hälfte mit der Oberseite nach unten in die Rehrückenform legen. Vom Rest einen Streifen von 30 x 10 cm abschneiden.
– Für die Füllung 100 g Sahne erhitzen und die Kuvertüre in Stückchen darin schmelzen. Beide Biskuitstücke auf einer Seite damit bestreichen.
– Die Gelatine in kaltem Wasser 10 Min. einweichen. Die Erdbeeren waschen, trockentupfen, entkelchen, würfeln. Die Erdbeerwürfel und mit dem Zucker, dem Zitronensaft und der Crème fraîche mischen.
– Die Gelatine ausdrücken und in einem kleinen Topf bei schwacher Hitze flüssig werden lassen. 2 EL Erdbeercreme unter die Gelatine mischen und danach die Gelatine unter die übrige Erdbeercreme rühren. Die restliche Sahne steif schlagen und darunter ziehen.
– Ein Drittel der Füllung auf den Biskuit in der Form streichen. Den schmaleren Biskuitstreifen darauf legen. Übrige Füllung darüber streichen. Das restliche Biskuitstück mit der bestrichenen Seite darauf legen und andrücken.
– Die Rolle mit Frischhaltefolie gut abdecken und mindestens 2 Std. in den Kühlschrank stellen. Dann die Erdbeerrolle auf eine Platte stürzen. Mit Puderzucker, Schlagsahne und Erdbeeren garnieren.

1176. Erdbeertorte

GUT FÜR GÄSTE
Für 1 Springform (26 cm Ø)
Zubereitungszeit: 1 1/4 Std.
Backzeit: 45 Min.

Für den Mürbeteig: 100 g weiche Butter • 60 g Zucker • 1 Eigelb • 180 g Mehl
Für den Biskuit: 3 Eier • 1 Prise Salz • 120 g Zucker • 80 g Mehl
Für die Creme: 1 Pck. Sahne-Puddingpulver • 1/2 l Milch • 30 g Zucker • 100 g weiche Butter • 50 g Puderzucker
Für den Belag: 600 g Erdbeeren
Zum Bestreichen: 100 g Aprikosenkonfitüre
Für den Guss: 1/4 l Fruchtsaft • 2 EL Zucker • 1 Pck. klarer Tortenguss
Für die Garnitur: 60 g Mandelblättchen
Außerdem: Butter für die Form • Mehl zum Arbeiten

– Den Backofen auf 175° (Umluft 160°) vorheizen. Den Formboden fetten.
– Für den Mürbeteig die Butter, den Zucker und das Eigelb schaumig rühren, mit dem Mehl zu einem festen Teig verkneten. Diesen auf bemehlter Arbeitsfläche ausrollen, Boden der Form damit auslegen. Mit einer Gabel mehrmals einstechen, 15 Min. im Ofen (Mitte) backen.
– Inzwischen für den Biskuit eine weitere Springform fetten (oder warten, bis Mürbeteig gebacken ist und diese Form verwendet werden kann). Eier trennen, die Eiweiße mit Salz steif schlagen. Zucker und Eigelbe unterrühren, das Mehl unterheben. Biskuitmasse in die Form füllen. Im Ofen (Mitte) 30 Min. backen.
– Beide Böden aus der Form lösen, auf einem Kuchengitter abkühlen lassen.
– Für die Creme das Puddingpulver mit 100 ml Milch und dem Zucker glatt rühren. Restliche Milch zum Kochen bringen, angerührtes Puddingpulver einrühren und unter Rühren kurz aufkochen lassen. Den Topf vom Herd nehmen, den Pudding abkühlen lassen. Dabei ab und zu umrühren, damit sich keine Haut bildet. Die Butter mit dem Puderzucker schaumig rühren. Die Puddingcreme löffelweise unterrühren. Die Creme 30 Min. kühl stellen.
– Die Erdbeeren waschen, putzen und die Früchte je nach Größe halbieren oder vierteln. Mandelblättchen in einer Pfanne ohne Fett rösten. Mürbeteigboden auf eine Platte legen, mit der Konfitüre bestreichen. Den Biskuit darauf legen, andrücken. Die Puddingcreme kurz umrühren, die Oberfläche und den Rand des Biskuits damit bestreichen. Die Torte mit Erdbeeren belegen.
– Für den Guss Saft oder entsprechende Menge Wasser mit Tortengusspulver und Zucker glatt rühren. Einmal aufkochen lassen, Topf vom Herd nehmen. Wenn der Guss zu gelieren beginnt, die Erdbeeren damit überziehen. Den Kuchenrand mit Mandeln garnieren.

TIPPS

– Falls Sie einen Umluftherd und 2 Springformen haben, können Sie beide Böden auf einmal backen. Ansonsten müssen sie nacheinander gebacken werden. Die Böden können auch bereits am Vortag gebacken werden.
– Nach Belieben kann man den Guss mit 2 EL Orangenlikör aromatisieren.
– Zu der Erdbeertorte passt natürlich ausgezeichnet frisch geschlagene Sahne, eventuell abgeschmeckt mit etwas Vanillezucker.

1177. Wiener Sachertorte

GUT FÜR GÄSTE
Für 1 Springform (26 cm Ø)
Zubereitungszeit: 1 Std. 20 Min.
Backzeit: 40 Min.

150 g Zartbitter-Schokolade • 150 g weiche Butter • 100 g Puderzucker • 1 Prise Salz • abgeriebene Schale von 1 unbehandelten Zitrone • 6 Eier • 100 g Mehl • 50 g Speisestärke • 1 TL Backpulver • 200 g Aprikosenkonfitüre • 150 g Schokoladenglasur

– Die Schokolade in Stücke brechen und in eine hohe Metallschüssel geben. Die Schüssel in einen Topf mit heißem Wasser stellen. Schokolade in diesem Wasserbad schmelzen, dann lauwarm abkühlen lassen.
– In einer Rührschüssel die weiche Butter, den Puderzucker, das Salz und die Zitronenschale mit den Quirlen des Handrührgeräts in etwa 5 Min. schaumig rühren, bis die Masse elfenbeinfarben und sehr locker ist.
– Die Eier trennen. Die Eigelbe nacheinander nur so lange unter die Butter rühren, bis keine Eigelbspuren mehr zu sehen sind. Dann esslöffelweise die geschmolzene Schokolade unterrühren.

– In einer Rührschüssel die Eiweiße mit den gereinigten und fettfreien Schneebesen des Handrührgeräts steif schlagen und auf die Masse geben.
– Mehl, Speisestärke und Backpulver mischen und darüber sieben. Alles mit einem Schneebesen gerade so lange vermischen, bis sich die Zutaten zu einem cremigen, luftigen Teig verbunden haben.
– Den Backofen auf 180° vorheizen. Den Boden der Form mit Backpapier auslegen und den Teig in der Form glatt streichen. Die Form auf den Rost in den Ofen (unten, Umluft 160°) stellen und die Torte etwa 40 Min. backen. Dann herausnehmen und in der Form kurz stehen lassen.
– Aus der Form lösen, auf ein Kuchengitter stürzen und das Backpapier abziehen. Die Torte noch heiß mit der Aprikosenkonfitüre bestreichen und erkalten lassen.
– Die Glasur nach Packungsaufschrift zubereiten und die Torte damit überziehen.

TIPP

Richtig geschlagen, ist Eischnee gerade eben so fest, dass er nicht mehr rutscht, wenn Sie die Schüssel kippen. Und wenn Sie die Quirle des Handrührgerätes herausziehen, bildet der Schnee lange Spitzen, die aber nicht kerzengerade stehenbleiben, sondern sich leicht neigen sollen. Zu fester Eischnee wird flockig und verbindet sich nicht richtig mit dem Teig – das gilt auch für geschlagene Sahne.

1178. Punschtorte

PREISWERT
Für 1 Springform (24 cm Ø)
Zubereitungszeit: 1 Std.
Backzeit: 45 Min.
Ruhezeit: 30 Min.

6 Eier • 180 g Zucker • 150 g Mehl • 250 g Aprikosenmarmelade • 6 cl Rum • Saft von 1 Orange • Saft von 1 1/2 Zitronen • 200 g Puderzucker • einige Tropfen Himbeersirup • Butter und Semmelbrösel für die Form

– Den Backofen auf 180° vorheizen. Den Boden der Form gründlich einfetten und gut mit den Semmelbröseln ausstreuen.
– Die Eier trennen. Eigelbe mit 100 g Zucker schaumig rühren. Eiweiße mit 50 g Zucker steif schlagen und locker unterziehen. Das Mehl unterheben.
– Die Biskuitmasse in die Form füllen und im Ofen (Mitte, Umluft 160°) in etwa 45 Min. goldgelb backen, danach abkühlen lassen.
– Die Marmelade erhitzen. Die Torte zweimal quer durchschneiden. Den mittleren Boden in 2 cm große Würfel schneiden. Den oberen und den unteren Boden mit 2 cl Rum beträufeln und mit 150 g Aprikosenmarmelade bestreichen. Den unteren Boden wieder in die Form legen.
– 2 cl Rum mit Orangensaft und Saft von 1 Zitrone, 1 EL Marmelade und dem restlichen Zucker aufkochen lassen. Die Biskuitwürfel untermischen. Diese Füllung auf den Tortenboden geben und dann den oberen Boden darauf setzen.
– Die Torte mit einem Kuchenbrett und einem schweren Gegenstand bedecken und im Kühlschrank etwa 30 Min. ruhen lassen. Danach den Kuchen mit der übrigen Marmelade überziehen.
– Für die Glasur Puderzucker mit restlichem Rum, übrigem Zitronensaft und dem Himbeersirup glatt rühren. Die Torte damit überziehen.

1179. Prinzregenten-Torte

GUT FÜR GÄSTE
Für 1 Springform (18 cm Ø)
Zubereitungszeit: 1 Std.
Backzeit: 45 Min.
Kühlzeit: 1 Std.

Für den Biskuitteig: 40 g Butter • 3 Eier (Größe S) • 50 g Zucker • 1 Prise Salz • 50 g Speisestärke • 50 g Mehl • 1/2 TL Backpulver
Für die Creme: 2 EL Speisestärke • 1/4 l Milch • 2 EL Zucker • 1/2 TL gemahlene Vanille • 50 g Zartbitter-Schokolade • 100 g weiche Butter
Für die Glasur: 100 g Zartbitter-Kuvertüre • 1 EL Kokosfett
Außerdem: Butter für die Form

– Den Backofen auf 200° (Umluft 180°) vorheizen. Die Form nur am Boden fetten.
– Für den Teig die Butter in Stückchen schneiden und schmelzen, dann vom Herd nehmen und etwas abkühlen lassen. Die Eier trennen.

– Eigelbe mit 2 EL warmem Wasser und Zucker weißschaumig rühren. Eiweiße mit Salz steif schlagen, den Eischnee auf die Eigelbcreme setzen. Stärke mit Mehl und Backpulver mischen, über den Eischnee sieben und alles ganz locker vermengen. Zuletzt die Butter vorsichtig unter den Teig ziehen.
– Etwa 3 EL Teig in die Form streichen. Den übrigen Teig kalt stellen. Die Form sofort in den Ofen (Mitte) stellen und den Boden in 5–8 Min. goldgelb backen.
– Die Form aus dem Ofen nehmen, mit einem Messer vorsichtig am Rand entlangfahren, dann den Springformrand vorsichtig lösen. Den Biskuit mit einer Palette oder einem langen Messer vom Boden lösen und auf einem Kuchengitter auskühlen lassen.
– Die Springform wieder schließen, den Boden erneut fetten. Nach und nach aus der Biskuitmasse 5–6 dünne Böden backen.
– Für die Creme die Stärke mit 2 EL Milch anrühren. Übrige Milch mit Zucker und Vanille in einem kleinen Topf erhitzen, die angerührte Stärke einrühren. Die Milch unter Rühren aufkochen lassen. Schokolade zerhacken und unter Rühren in der Creme schmelzen lassen. Die Creme abkühlen lassen, zwischendurch immer wieder umrühren. Butter cremig rühren, nach und nach die Schokoladencreme unterrühren.
– Die Biskuitböden jeweils mit Schokoladencreme bestreichen und zusammensetzen. Den Rand der Torte ebenfalls mit Creme bestreichen. Die Torte etwa 1 Std. kühl stellen, bis die Creme fest ist.
– Für die Glasur die Kuvertüre hacken, mit dem Kokosfett in eine Schüssel geben und im heißen Wasserbad erwärmen, bis die Masse gerade eben flüssig ist. Die Torte rundherum mit der Kuvertüre bestreichen. Die Glasur fest werden lassen.

1180. Käse-Sahne-Torte

GUT VORZUBEREITEN
Für 1 Springform (16 cm Ø)
Zubereitungszeit: 1 Std.
Kühlzeit: 2 Std.

Für den Biskuitteig: 25 g Butter • 2 Eier (Größe S) • 1 Prise Salz • 40 g Zucker • 60 g Mehl
Für die Füllung: 2 Blatt weiße Gelatine • 1 Eigelb • 2 EL Zucker • 1 TL abgeriebene unbehandelte Zitronenschale • 150 g Magerquark • 60 g Creme fraîche • 100 g Sahne • 1 Pck. Vanillezucker
Zum Verzieren: Puderzucker • Raspelschokolade nach Belieben
Außerdem: Butter für die Form

– Den Backofen auf 200° (Umluft 180°) vorheizen. Den Boden der Form fetten.
– Die Butter in einem kleinen Topf zerlassen, dann vom Herd nehmen und etwas abkühlen lassen. Eier trennen. Eiweiße mit Salz zu steifem Schnee schlagen. Eigelbe mit Zucker und 1 EL warmem Wasser hellcremig schlagen. Den Eischnee darauf setzen.
– Mehl über den Eischnee sieben, alles vorsichtig vermengen. Zuletzt die zerlassene Butter vorsichtig unterrühren. Den Teig sofort in die Form füllen und im Ofen (Mitte) etwa 15 Min. backen. Auskühlen lassen.
– Inzwischen für die Füllung Gelatine in kaltem Wasser 10 Min. einweichen. Eigelb mit Zucker und Zitronenschale hellcremig schlagen, dann Quark und Crème fraîche untermischen.
– Die Gelatine tropfnass in einen kleinen Topf geben, bei schwacher Hitze flüssig werden lassen und dann tropfenweise unter die Quarkmasse rühren. Die Creme kalt stellen.
– Wenn die Creme zu gelieren beginnt, die Sahne steif schlagen und mit dem Vanillezucker süßen. Die Hälfte davon unter die Quarkcreme heben, den Rest in einen Spritzbeutel mit Sterntülle füllen und diesen in den Kühlschrank legen.
– Den Biskuit quer halbieren. Den unteren Boden auf einen großen Teller legen, den Springformrand darum befestigen. Die Quarkcreme darauf geben, den zweiten Boden auflegen. Die Torte etwa 2 Std. kalt stellen, bis die Creme fest ist.
– Zum Servieren die Torte vorsichtig aus der Form lösen, mit Puderzucker besieben und mit Sahnetupfen verzieren. Nach Belieben Schokoraspeln über die Sahnetupfen streuen.

1181. Mango-Orangen-Torte

GELINGT LEICHT
Für 1 Springform (18 cm Ø)
Zubereitungszeit 1 1/4 Std.
Kühlzeit: 3 Std.

Für den Biskuitteig: 3 Eier (Größe S) • 1 Prise Salz • 50 g Zucker • 40 g Speisestärke • 40 g Mehl • 1 EL Kakaopulver

Für Füllung und Garnierung: 2 unbehandelte Orangen • 3 Blatt weiße Gelatine • 2 Eigelbe • 40 g Zucker • 150 g Vollmilch-Joghurt • 150 g Sahne • 1 Mango
Außerdem: Butter für die Form

– Den Backofen auf 200° (Umluft 180°) vorheizen. Den Boden der Form fetten.
– Die Eier trennen, Eiweiße mit Salz steif schlagen. Die Eigelbe mit Zucker und 2 EL warmem Wasser hellcremig schlagen. Den Eischnee darauf setzen. Stärke mit Mehl und Kakaopulver mischen, über den Eischnee sieben und alles locker vermengen.
– Die Masse in die Form füllen. Biskuit im Ofen (Mitte) etwa 15 Min. backen. In der Form auskühlen lassen.
– Inzwischen für Füllung und Garnierung die Orangen heiß abwaschen, etwas Schale mit einem Juliennereißer abziehen und in Klarsichtfolie gewickelt beiseite stellen. Die übrige Schale dünn abreiben. Von 1 Orange den Saft auspressen. Die andere Orange mit einem Messer schälen und filetieren.
– Die Gelatine 10 Min. in kaltem Wasser einweichen. Eigelbe mit Zucker, Orangensaft und abgeriebener Orangenschale im warmen Wasserbad dickcremig schlagen. Die Gelatine tropfnass in einem kleinen Topf bei schwacher Hitze flüssig werden lassen und unter die Eiercreme rühren.
– Die Creme mit Joghurt verrühren und kalt stellen, bis sie zu gelieren beginnt. Dann die Sahne steif schlagen und unterheben.
– Den Biskuit zweimal durchschneiden. Den untersten Boden auf eine Tortenplatte legen, den Springformrand darum befestigen.
– Ein Drittel der Orangencreme auf den Boden streichen, die Orangenfilets am Rand darauf legen. Den zweiten Boden auflegen, erneut mit einem Drittel der Orangencreme bestreichen. Den Teigdeckel darauf legen, mit restlicher Orangencreme bestreichen. Die Torte 3 Std. in den Kühlschrank stellen.
– Vor dem Servieren die Mango schälen, das Fruchtfleisch in Spalten vom Stein schneiden, auf die Torte legen. Die Orangenschalen-Julienne darüber streuen.

TIPP
Eine besondere Note bekommt der Kuchen, wenn Sie beim Biskuitteig das Mehl durch gemahlene Macadamia-Nüsse ersetzen und das Kakaopulver durch 2 EL geschmolzene weiße Kuvertüre.

1182. Mandeltorte mit Espresso-Creme

GUT FÜR GÄSTE
Für 1 Springform (16 cm Ø)
Zubereitungszeit: 1 1/4 Std.
Kühlzeit: 30 Min.

Für den Biskuitteig: 25 g Butter • 2 Eier (Größe S) • 1 Prise Salz • 40 g Zucker • 30 g gemahlene Mandeln • 30 g Mehl
Für die Creme: 2 Blatt weiße Gelatine • 4 EL heißer Espresso (ersatzweise sehr starker Kaffee) • 250 g Mascarpone • 2 EL Zucker • 2 EL Mandel- oder Kaffeelikör (nach Belieben)
Zum Bestreuen: 2 EL Kakaopulver
Außerdem: Butter für die Form

– Den Backofen auf 200° (Umluft 180°) vorheizen. Den Boden der Form fetten.
– Für den Biskuitteig die Butter in Stückchen schneiden, in einen kleinen Topf geben und schmelzen, dann etwas abkühlen lassen. Die Eier trennen. Eiweiße mit Salz steif schlagen und in den Kühlschrank stellen.
– Die Eigelbe mit 1 EL warmem Wasser und dem Zucker hellcremig schlagen. Den Eischnee darauf setzen, die Mandeln mit dem Mehl mischen und darüber streuen. Alles locker mit dem Schneebesen vermengen. Die zerlassene Butter vorsichtig unter den Teig rühren.
– Den Teig in die vorbereitete Form füllen und im Ofen (Mitte) in etwa 15 Min. goldgelb backen. In der Form auskühlen lassen.
– Inzwischen für die Espresso-Creme die Gelatine 10 Min. in kaltem Wasser einweichen, dann ausdrücken und im heißen Espresso auflösen.
– Die Flüssigkeit mit dem Mascarpone und dem Zucker verrühren. Die Creme etwa 30 Min. kalt stellen, bis sie zu gelieren beginnt.
– Den ausgekühlten Biskuit aus der Form lösen und einmal quer durchschneiden. Die Böden nach Belieben mit dem Likör beträufeln.
– Den unteren Boden mit etwas Espresso-Creme bestreichen und den oberen Boden darauf legen, leicht andrücken. Die Torte dann rundherum mit der übrigen Creme bestreichen. Dabei die Creme in der Mitte etwas höher formen, so dass eine kleine Kuppel entsteht.
– Zum Schluss mit einer Gabel die Oberfläche mehrmals wellenförmig einkerben. Das Kakaopulver über den Kuchen sieben.

1183. Schwarzwälder Kirschtorte

GUT FÜR GÄSTE
Für 1 Springform (28 cm Ø)
Zubereitungszeit 1 Std.
Backzeit: 1 Std.
Kühlzeit: 6 Std.

Für den Teig: 100 g Zartbitter-Schokolade • 100 g weiche Butter • 150 g Zucker • 1 Pck. Vanillezucker • 5 Eier • 1 Prise Salz • 100 g Mehl • 50 g Speisestärke • 50 g gemahlene Mandeln • 1 gehäufter TL Backpulver
Für die Füllung: 3 Blatt weiße Gelatine • 1 Glas Sauerkirschen (370 g Abtropfgewicht) • 1 Zimtstange • 2 Gewürznelken • 300 g Sahne • 1 Pck. Vanillezucker • 4 EL Kirschwasser
Zum Verzieren: 50 g Raspelschokolade
Außerdem: Butter für die Form

– Den Backofen auf 180° vorheizen. Die Springform gründlich einfetten.
– Für den Teig die Schokolade in kleine Stücke brechen, im warmen Wasserbad schmelzen und danach etwas abkühlen lassen.
– Butter mit Zucker und Vanillezucker cremig rühren. Eier trennen. Eigelbe nach und nach dazugeben und die Masse rühren, bis sie hellgelb und schaumig ist. Die abgekühlte flüssige Schokolade unterrühren.
– Eiweiße mit Salz steif schlagen. Den Eischnee unterziehen. Mehl mit Speisestärke, Mandeln und Backpulver mischen, auf die Eiermasse geben und unterziehen. Den Teig in die Form füllen, glatt streichen und im Ofen (Mitte, Umluft 160°) etwa 1 Std. backen.
– Den Biskuit herausnehmen, erkalten lassen und mit einem Bindfaden quer in drei Teile schneiden.
– Die Gelatine 10 Min. in kaltem Wasser einweichen. Die Sauerkirschen abtropfen lassen, den Saft dabei auffangen. 12 Kirschen für die Dekoration beiseite legen.
– Den Kirschsaft mit Zimtstange und Nelken aufkochen lassen, von der Kochstelle nehmen. Zimtstange und Nelken entfernen. Die Gelatine ausdrücken und in der heißen Flüssigkeit auflösen.
– Die Sahne mit dem Vanillezucker sehr steif schlagen. Einen Tortenboden mit Kirschwasser beträufeln, mit dem Kirschgelee bestreichen und mit der Hälfte der Kirschen belegen. Etwas von der Schlagsahne darüber verteilen und glatt streichen. Den zweiten Tortenboden darauf legen und ebenso verfahren. Der dritte Tortenboden bildet den Abschluss.
– Etwas Schlagsahne in einen Spritzbeutel mit kleiner Sterntülle füllen. Die Torte rundum mit übriger Schlagsahne bestreichen und mit Schokoladenraspeln bestreuen. Mit dem Spritzbeutel 12 Sahnerosetten aufspritzen. Jede Rosette mit 1 Kirsche belegen. Die Torte im Kühlschrank etwa 6 Std. durchziehen lassen.

TIPP
Wenn Sie Sahnesteif zum Festigen der Schlagsahne verwenden, können Sie die Torte schon am Vortag zubereiten und über Nacht, locker mit Alufolie abgedeckt, in den Kühlschrank stellen.

1184. Amerikanische Blueberry-Muffins

GELINGT LEICHT
Für 12 Muffins
Zubereitungszeit: 15 Min.
Backzeit: 25 Min.

1 Glas Heidelbeeren (200 g Abtropfgewicht) oder frische oder tiefgekühlte Heidelbeeren • 200 g Mehl • 60 g feine Haferflocken • 2 TL Backpulver • 1/2 TL Natron • 2 Eier • 180 g brauner Zucker • 150 g weiche Butter • 1 Pck. Vanillezucker • 300 g saure Sahne • 24 Papierförmchen (50–55 mm Ø)

– Den Backofen auf 180° (Umluft 160°) vorheizen. Jeweils zwei Papierförmchen ineinander setzen.
– Die Heidelbeeren aus dem Glas in ein Sieb geben und gut abtropfen lassen. Frische Beeren verlesen, kurz waschen und ebenfalls abtropfen lassen. Tiefgekühlte Beeren nicht auftauen lassen!
– Das Mehl mit den Haferflocken, dem Backpulver und dem Natron mischen.
– In einer Rührschüssel die Eier leicht verquirlen. Dann Zucker, Butter, Vanillezucker und saure Sahne dazugeben und gut untermengen.
– Jetzt die Mehl-Haferflocken-Mischung rasch unterrühren. Zuletzt die Heidelbeeren vorsichtig unter den Teig heben.
– Den Teig sofort in die vorbereiteten Papierförmchen füllen. Die Muffins in 20–25 Min. goldgelb backen. Dann die Blueberry-Muffins in den Förmchen ganz frisch gebacken servieren.

1185. Schokoladen-Muffins

SCHMECKT KINDERN
Für 12 Muffins
Zubereitungszeit: 45 Min.
Backzeit: 25 Min.

200 g Vollmilch-Schokolade • 100 g Butter • 200 ml Milch • 1 Ei • 100 g saure Sahne • 250 g Mehl • 1 EL Speisestärke • 3 TL Backpulver • 3 EL Kakaopulver • 50 g brauner Zucker • Salz • Butter und brauner Zucker für die Form • 1 Muffin-Blech

– Die Schokolade in kleine Stückchen schneiden. Die Butter mit 30 g Schokolade im Wasserbad schmelzen. Die Milch mit Ei und saurer Sahne verquirlen.
– Den Backofen auf 180° (Umluft 160°) vorheizen. Das Mehl mit Stärke, Backpulver, Kakao, Zucker und 1 Prise Salz vermischen. Eiermilch, flüssige Schokobutter und übrige Schokostückchen locker darunter mengen. Dabei nur so lange rühren, bis sich die Zutaten verbinden.
– Das Muffin-Blech buttern und mit Zucker ausstreuen. Die Mulden zu drei Viertel mit dem Teig befüllen. Die Muffins im Ofen (Mitte) 20–25 Min. backen. 5 Min. in der Form ausdampfen lassen, dann auf einem Gitter auskühlen lassen.

TIPP

Muffins werden in speziellen Blechen mit Vertiefungen gebacken. Dieses Rezept ist für ein Blech mit 12 etwa 100 ml fassenden Förmchen gedacht. Ersatzweise können Sie passende Backförmchen aus Metall oder Papier (siehe Rezept Nr. 1184) oder hitzebeständige Tassen verwenden.

1186. Nussschnecken

PREISWERT | GELINGT LEICHT
Für 30 Nussschnecken
Zubereitungszeit: 30 Min.
Ruhezeit: 1 1/2 Std.
Backzeit: 1 1/4 Std.

Für den Hefeteig: 1/2 Würfel Hefe (21 g) • 1/8 l lauwarme Milch • 80 g Zucker • 1 Ei • 1 Prise Salz • 400 g Mehl • 60 g weiche Butter
Für die Füllung: 150 g gemahlene Haselnüsse • 50 g Zucker • 1 EL Vanillezucker • 1 Ei
Für die Glasur: 100 g Puderzucker • 2 TL Zitronensaft
Außerdem: Mehl zum Arbeiten • Butter für die Bleche

– Die Hefe zerbröckeln und mit der Milch und 1 TL Zucker verrühren und 15 Min. zugedeckt an einen warmen Ort stellen.
– Die Hefemilch mit restlichem Zucker, Ei und Salz verrühren. Mehl und Butter untermengen. Den Teig etwa 10 Min. kneten, bis er glatt und geschmeidig ist, dann zugedeckt an einem warmen Ort 1 Std. gehen lassen.
– Die gemahlenen Nüsse mit Zucker, Vanillezucker und Ei mischen. Drei Backbleche fetten.
– Den Teig noch einmal durchkneten und auf einer bemehlten Arbeitsfläche 40x40 cm groß ausrollen. Die Füllung darauf streichen. Eine Rolle formen, etwa 2 cm breite Stücke abschneiden, etwas flach drücken. Die Schnecken auf die Bleche legen, 15 Min. gehen lassen. Den Backofen auf 200° (Umluft 180°) vorheizen.
– Die Nussschnecken nacheinander im Ofen (Mitte) je etwa 25 Min. backen. Puderzucker mit Zitronensaft verrühren und die Schnecken damit bestreichen.

1187. Faschingskrapfen

SCHMECKT KINDERN
Für 12 Krapfen
Zubereitungszeit: 1 Std.
Ruhezeit: 55 Min.

Für den Hefeteig: 300 g Mehl • 1/2 Würfel Hefe (21 g) • 30 g Zucker • 1/8 l lauwarme Milch • 60 g Butter • 1/2 Pck. Vanillezucker • 3 Eigelbe • 1 Prise Salz • abgeriebene Schale von 1/2 unbehandelten Zitrone
Für die Füllung und zum Besieben: 150 g Aprikosenmarmelade • 4 EL Puderzucker
Außerdem: Mehl zum Arbeiten • 500 g Kokosfett oder 1/2 l Öl zum Ausbacken

– Das Mehl in eine große Schüssel geben, in die Mitte eine Mulde drücken. Hefe hineinbröckeln, mit 1 TL Zucker und etwas lauwarmer Milch und Mehl vom Rand verrühren. Etwas Mehl darüber streuen und den Vorteig zugedeckt an einem warmen Ort gehen lassen, bis das Mehl über dem Vorteig deutliche Risse zeigt. Das dauert etwa 15 Min.

– In der restlichen lauwarmen Milch die Butter, übrigen Zucker und Vanillezucker auflösen. Eigelbe, Salz und Zitronenschale hinzufügen und alles gut verrühren. Diese Mischung zu dem gegangenen Hefeansatz geben und mit dem Mehl zu einem glatten Teig schlagen. Wenn nötig, noch etwas lauwarme Milch zugießen. Der Teig soll sich gut vom Schüsselrand lösen und Blasen werfen. Hefeteig zugedeckt etwa 20 Min. gehen lassen.
– Den Teig in 12 Stücke teilen. Die Teigstücke auf einer bemehlten Arbeitsfläche mit bemehlten Händen zu Kugeln formen. Wenn alle Krapfen fertig sind, diese etwas flach drücken und mit einem Tuch bedecken. Die Krapfen weitere 20 Min. gehen lassen.
– Kokosfett oder Öl in einer tiefen Pfanne erhitzen. Falls Sie eine Fritteuse besitzen, das Fett darin auf 175° erhitzen. Die Krapfen portionsweise in das heiße Fett legen. Die Krapfen zuerst zugedeckt auf der einen Seite etwa 3 Min. backen, dann umdrehen und in etwa 4 Min. fertig backen. Sie sollen goldbraun sein und einen hellen Rand in der Mitte haben. Die Krapfen auf Küchenpapier etwas abfetten, auf einem Kuchengitter abkühlen lassen.
– Für die Füllung die Aprikosenmarmelade in einen Spritzbeutel mit dünner Lochtülle füllen. In die Krapfen vom hellen Rand zur Mitte hin jeweils etwas Marmelade spritzen.
– Die Faschingskrapfen noch am gleichen Tag mit dem Puderzucker besiebt servieren.

1188. Buchteln

PREISWERT
Für 12 Buchteln
Zubereitungszeit: 25 Min.
Ruhezeit: 1 1/4 Std.
Backzeit: 30 Min.

1 Würfel Hefe (42 g) • 1/4 l lauwarme Milch • 100 g Zucker • 60 g weiche Butter • 1 Ei • 1 Prise Salz • abgeriebene Schale von 1 unbehandelten Zitrone • 500 g Mehl • zerlassene Butter für die Form und zum Bestreichen

– Die Hefe zerbröckeln, mit Milch und 1 TL Zucker verrühren und an einem warmen Ort zugedeckt 15 Min. gehen lassen.
– Restlichen Zucker mit Butter, Ei, Salz und Zitronenschale schaumig schlagen, mit Hefemilch mischen. Das Mehl unterkneten. Den Teig 45 Min. gehen lassen.
– Eine rechteckige hitzebeständige Form (die Buchteln sollen nebeneinander gerade hineinpassen) gründlich einfetten.
– Den Teig nochmals kräftig durchkneten und daraus 14 gleich große Kugeln formen. Die Kugeln in die Form setzen, 15 Min. gehen lassen. Den Backofen auf 200° (Umluft 180°) vorheizen.
– Die Buchteln mit zerlassener Butter bestreichen und im Ofen (Mitte) 30 Min. backen.

1189. Quarktaschen

GELINGT LEICHT
Für 12 Taschen
Zubereitungszeit: 40 Min.
Backzeit: 40 Min.

Für den Quark-Öl-Teig: 250 g Magerquark • 8–9 EL Öl • 6 EL Milch • 100 g Zucker • 2 EL Vanillezucker • 500 g Mehl • 1 Pck. Backpulver
Für die Füllung: 300 g Magerquark • 1 gehäufter EL Vanillezucker • 50 g Zucker • 1 Ei (Größe S) • 2 EL Sahne-Dickmilch
Für den Guss: 150 g Puderzucker • 1 Eiweiß • 1–2 EL Rum oder Zitronensaft
Außerdem: Mehl zum Arbeiten • Butter für die Bleche

– Den Backofen auf 200° (Umluft 180°) vorheizen. Zwei Backbleche fetten.
– Für den Teig den Quark abtropfen lassen. Dann mit Öl, Milch, Zucker und Vanillezucker verrühren. Das Mehl mit dem Backpulver mischen und nach und nach unter den Quark rühren.
– Den Teig zuletzt gut durchkneten und auf einer bemehlten Arbeitsfläche dünn ausrollen. Mit einem Kreisausstecher oder einem Trinkglas Scheiben von etwa 10 cm Ø ausstechen.
– Für die Füllung Quark mit Vanillezucker, Zucker, Ei und Dickmilch zu einer Creme verrühren. Die Quarkcreme jeweils in die Mitte der Teigscheiben geben.
– Die Teigscheiben zu Halbkreisen zusammenklappen und die Ränder gut zusammendrücken. Die Quarktaschen auf die Bleche legen und nacheinander im Ofen (Umluft 180°) in je 20 Min. goldbraun backen. Die Teilchen auf einem Kuchengitter abkühlen lassen.
– Für den Guss den Puderzucker mit dem Eiweiß und dem Rum oder Zitronensaft kräftig glatt rühren. Die Quarktaschen damit überziehen.

TIPP

Sehr dekorativ wirken die Quarktaschen, wenn sie zusätzlich zum Guss ein weißes Linienmuster bekommen. Dafür etwas vom Zuckerguss beiseite nehmen, mit wenig Puderzucker eindicken und in einen kleinen Gefrierbeutel füllen. Eine winzige Ecke vom Beutel abschneiden und die Glasur in feinen Linien auf den angetrockneten Zuckerguss spritzen. Die Quarktaschen noch in weiße Papierförmchen setzen und schon wirkt das Gebäck ungemein festlich. Ganz frisch serviert schmecken die Quarktaschen am allerbesten.

1190. Hefewaffeln

GELINGT LEICHT | PREISWERT
Für 12 Waffeln
Zubereitungszeit: 15 Min.
Ruhezeit: 1 Std.
Backzeit: 45 Min.

1/2 Würfel Hefe (21 g) • 1/8 l lauwarme Milch • 70 g Zucker • 200 g Sahne • 2 Eier • 1 Prise Salz • 2 EL Vanillezucker • 60 g weiche Butter • 350 g Mehl • Butter für das Waffeleisen • Puderzucker zum Besieben

– Die zerbröckelte Hefe mit Milch und 1 TL Zucker verrühren, dann zugedeckt 15 Min. an einem warmen Ort gehen lassen.
– Die Sahne cremig schlagen. Eier mit Salz, restlichem Zucker und Vanillezucker schaumig schlagen. Mit der Hefemilch und Sahne gut mischen, Butter und Mehl dazugeben und alles mit den Knethaken des Handrührgerätes zu einem weichen Teig verarbeiten. Teig zugedeckt an einem warmen Ort 45 Min. gehen lassen.
– Das Waffeleisen erhitzen und fetten. Mit einem Esslöffel etwas Teig in das Eisen geben und gleichmäßig verstreichen. Die Form schließen und die Waffeln nach und nach jeweils in etwa 3 Min. backen, bis sie braun und knusprig sind.
– Die fertig gebackenen Waffeln auf einem Kuchengitter etwas abkühlen lassen. Die Waffeln mit einem scharfen Messer in einzelne Herzen trennen und die überstehenden Kanten abschneiden. Die fertigen Waffelherzen mit Puderzucker besieben.

1191. Sahnewaffeln

PREISWERT
Für 20 Waffeln
Zubereitungszeit: 1 Std.

125 g weiche Butter • 100 g Zucker • 1 Pck. Vanillezucker • abgeriebene Schale von 1/2 unbehandelten Zitrone • 4 Eier • 250 g Mehl • 375 g Sahne • 1 Prise Salz • Butter für das Waffeleisen • Puderzucker oder Zucker-Zimt-Mischung zum Bestäuben

– Die Butter cremig schlagen. Zucker, Vanillezucker und abgeriebene Zitronenschale dazugeben. Eier trennen und die Eigelbe ebenfalls hinzufügen. Alles gründlich verrühren.
– Mehl abwechselnd mit Sahne unter die Creme rühren. Eiweiße mit Salz zu steifem Schnee schlagen. Eischnee sorgfältig unter den Teig heben.
– Das Waffeleisen vorheizen. Die beiden Backflächen mit etwas Butter einpinseln.
– 3 EL von dem Teig in die Mitte des Eisens geben, gleichmäßig verstreichen. Waffeleisen schließen und den Teig in 2–3 Min. knusprig hellbraun ausbacken. Die fertige Waffel aus dem Eisen nehmen und kurz auf einem Kuchengitter abkühlen lassen.
– Auf die gleiche Weise die restlichen Waffeln backen. Die Waffeln mit Puderzucker oder mit Zimtzucker bestäuben und möglichst sofort servieren.

1192. Apfeltörtchen

GUT FÜR GÄSTE
Für 6 Törtchen
Zubereitungszeit: 45 Min.
Backzeit: 30 Min.

300 g tiefgekühlter Blätterteig • 3 säuerliche Äpfel (z. B. Boskoop oder Jonathan) • Saft von 1/2 Zitrone • 6 EL Apfel- oder Aprikosengelee • 1 Eiweiß • 2 EL Zucker • 1 Prise Zimtpulver • 20 g Mandelblättchen

– Den Blätterteig aus der Packung nehmen und in etwa 10–15 Min. auftauen. Inzwischen die Äpfel vierteln, schälen und das Kerngehäuse entfernen. Apfelviertel längs in feine Spalten schneiden und mit Zitronensaft beträufeln. Den Backofen auf 200° (Umluft 180°) vorheizen. Ein Blech mit Backpapier auslegen.

– Gelee erhitzen und glatt rühren. Drei von fünf Teigplatten quer halbieren und auf das Blech legen. Das Eiweiß mit einer Gabel verquirlen, und die Ränder der Teigplatten damit bestreichen.
– Restliche Teigplatten längs in je 6 schmale Streifen schneiden. Die Teigstreifen drehen und je 2 Streifen als Rand auf die Teigplatten drücken. Die Innenfläche mit etwas Gelee bestreichen und dicht mit Apfelspalten belegen. Den Zucker und den Zimt mischen und die Äpfel damit bestreuen.
– Die Törtchen im Ofen (Mitte) 25–30 Min. backen, dann aus dem Ofen nehmen und mit dem restlichen Gelee bestreichen. Mit Mandelblättchen bestreuen und abkühlen lassen.

1193. Schweinsöhrchen

BRAUCHT ETWAS ZEIT
Für 60 Schweinsöhrchen
Zubereitungszeit: 1 Std.
Ruhezeit: 2 1/2 Std.
Backzeit: 1 Std.

***Für den Hefeteig:** 1 Würfel Hefe (42 g) • 200 ml lauwarme Milch • 500 g Mehl • 1 Ei • 40 g Zucker • 1 Prise Salz • 50 g weiche Butter*
***Für das Fettstück:** 250 g Butter • 50 g Mehl*
***Außerdem:** Mehl zum Arbeiten • Butter für die Bleche • Zucker zum Wenden*

– Die Hefe zerbröckeln und mit der Milch verrühren. Das Mehl in eine Rührschüssel geben, Hefemilch, Ei, Zucker, Salz und Butter hinzufügen, alles etwa 5 Min. verkneten. Den Teig in Folie verpackt etwa 1 Std. in den Kühlschrank legen.
– Für das Fettstück die Butter in Stückchen mit dem Mehl verkneten und zu einem etwa 1 cm dicken und 15 x 20 cm großen Rechteck formen. Das Fettstück sollte die gleiche Geschmeidigkeit haben wie der Teig.
– Hefeteig auf der bemehlten Arbeitsfläche 30 x 40 cm groß ausrollen. Das Fettstück auf eine Seite des Teiges legen, die andere Seite darüber klappen, rundherum leicht fest drücken. Den Teig nun zur dreifachen Länge ausrollen, anschließend von vorne und hinten je ein Drittel einklappen.
– Den gefalteten Teig im Kühlschrank etwa 30 Min. zugedeckt ruhen lassen. Diesen Arbeitsgang noch zweimal wiederholen.
– Den Backofen auf 200° (Umluft 180°) vorheizen. Drei Backbleche fetten.
– Den Teig in mehrere Stücke teilen und jeweils etwa 5 mm dick ausrollen, so dass ein Rechteck von etwa 15 x 30 cm entsteht. Beide Längsseiten zur Mitte hin umklappen, dann die zwei Hälften längs zusammenklappen. Von diesem Strang mit einem scharfen Messer etwa 1 cm breite Stücke abschneiden.
– Die Schnittflächen der Teigstücke in Zucker wenden und die Schweinsöhrchen auf die Bleche legen. Nacheinander im Ofen (Mitte) etwa 20 Min. backen. Die Schweinsöhrchen nach 10 Min. wenden.

1194. Gefüllte Baisers

GUT VORZUBEREITEN
Für 8 Baisers
Zubereitungszeit: 1 Std.
Trockenzeit: 2 Std.

***Für die Baisermasse:** 2 Eiweiße • Saft von 1/2 Zitrone • 125 g feinster Zucker oder Puderzucker*
***Für die Füllung:** 4 Pfirsiche • 250 g Sahne • 1 Pck. Vanillezucker • 3 EL Orangenlikör oder -saft*
***Zum Bestreuen:** 1 EL geröstete Mandelblättchen*

– Die Eiweiße flaumig schlagen. 1 TL Zitronensaft dazugeben, dann den Zucker langsam einrieseln lassen, dabei ständig weiterschlagen, bis der Eischnee schnittfest und glänzend ist.
– Die Masse dann über ein heißes Wasserbad setzen und schlagen, bis sie leicht zäh wird. Die Schüssel herausnehmen und die Masse abkühlen lassen, dabei immer wieder kräftig durchschlagen.
– Den Backofen auf 100° vorheizen. Ein Backblech mit Backpapier auslegen.
– Die Baisermasse in einen Spritzbeutel mit Lochtülle füllen. Auf das vorbereitete Blech spiralförmig kleine Baiserböden (etwa 8 cm Ø) spritzen. Dann ringsherum jeweils einen kleinen Rand aufspritzen. Die Baisers im Ofen (Mitte, Umluft 80°) 2 Std. trocknen lassen.
– Die Baisers auskühlen lassen. Vor dem Servieren die Pfirsiche waschen, schälen und in Spalten schneiden. Pfirsichspalten mit übrigem Zitronensaft beträufeln.
– Sahne steif schlagen, dabei den Vanillezucker und den Orangenlikör oder -saft unterrühren. Die Baisers mit Schlagsahne füllen und mit den Früchten belegen. Mit gerösteten Mandelblättchen bestreut servieren.

1195. Windbeutel

GUT VORZUBEREITEN
Für 12 Windbeutel
Zubereitungszeit: 50 Min.
Backzeit: 1 Std. 10 Min.

Für den Brandteig: 60 g Butter • 1 Prise Salz • 150 g Mehl • 4 Eier • 1 TL Backpulver
Für die Füllung: 400 g Sahne • 2 EL Vanillezucker
Zum Bestäuben: Puderzucker
Außerdem: Butter und Mehl für die Bleche

– Für den Teig 1/4 l Wasser mit der Butter und dem Salz in einem Topf aufkochen und kochen lassen, bis die Butter zerlaufen ist. Das gesamte Mehl unter Rühren hinzugeben.
– Bei schwächster Hitze so lange weiterrühren, bis sich die Masse zu einem Kloß zusammenballt und sich am Boden des Topfes eine weißliche Schicht bildet.
– Den Teig in eine Schüssel geben. 1 Ei mit den Knethaken des Handrührgeräts unter den heißen Teig mischen. Den Teig lauwarm abkühlen lassen, dann die restlichen Eier und das Backpulver untermischen.
– Zwei Backbleche fetten und mit Mehl bestäuben. Den Backofen auf 180° (Umluft 160°) vorheizen.
– Den Teig mit Hilfe von zwei Esslöffeln als tennisballgroße Häufchen auf die Bleche setzen. Oder mit einem Spritzbeutel Rosetten formen. Zwischen den Teighäufchen mindestens handbreite Abstände lassen, denn die Windbeutel gehen beim Backen stark auf.
– Das erste Blech in den Ofen (Mitte) schieben und die Windbeutel etwa 35 Min. backen. Dabei während der ersten 20 Min. den Ofen nicht öffnen, sonst fallen die Windbeutel zusammen. Gebackene Windbeutel sofort vom Blech lösen, noch heiß auseinanderschneiden und auf einem Kuchengitter abkühlen lassen. Die restlichen Windbeutel wie beschrieben backen.
– Kurz vor dem Servieren für die Füllung die Sahne mit dem Vanillezucker steif schlagen und auf den unteren Hälften der Windbeutel verteilen. Die oberen locker darauf setzen, mit Puderzucker bestäuben.

TIPP
Sie können die Windbeutel leicht variieren, indem Sie frische Beeren oder Schokoladenstreusel unter die Sahne mischen.

1196. Chocolate-Chip-Cookies

SCHMECKT KINDERN | GELINGT LEICHT
Für 50 Cookies
Zubereitungszeit: 50 Min.
Backzeit: 40 Min.
Kühlzeit: 12 Std.

170 g Zartbitter Schokolade • 150 g Pekannusskerne • 1/2 unbehandelte Orange • 180 g weiche Butter • 180 g Zucker • 1 Ei • 250 g Mehl • 1 TL Backpulver • 1 Prise Salz

- 100 g Schokolade in etwa 5 mm kleine Stückchen schneiden. Die Nüsse grob hacken. Die Orange heiß abwaschen und die Schale dünn abreiben.
– Die übrige Schokolade im Wasserbad schmelzen. Die Butter schaumig rühren, dann nach und nach Zucker, Ei und Orangenschale dazugeben und so lange weiterrühren, bis der Zucker fast gelöst ist.
– Das Mehl mit dem Backpulver und dem Salz mischen, zur Hälfte über die Buttermasse sieben und mit der flüssigen Schokolade untermengen. Die übrige Mehlmischung mit den Schokostückchen und den Nüssen mit einem Holzlöffel unterrühren.
– Den Backofen auf 160° (Umluft 140°) vorheizen. Mit Hilfe eines Teelöffels in 4 cm Abstand Teighäufchen auf ein mit Backpapier belegtes Blech setzen. Die Cookies im Ofen (Mitte) etwa 20 Min. backen, dann vom Blech nehmen. Restlichen Teig als Häufchen auf das Blech setzen und backen. Cookies 12 Std., am besten über Nacht, auf Gittern auskühlen lassen.

1197. Peanut-Brownies

SCHMECKT KINDERN
Für 40 Brownies
Zubereitungszeit: 30 Min.
40 Min. Backzeit

150 g Halbbitter-Kuvertüre • 200 g Butter • 6 Eier • 400 g brauner Zucker • 150 g Erdnussbutter • 200 g Mehl • 4 EL Kakaopulver • Salz • 200 g Erdnusskerne • 150 g Crème fraîche

– Die Kuvertüre fein hacken und mit der Butter im heißen Wasserbad schmelzen lassen. Die Eier mit dem Zucker dickschaumig schlagen.

– Den Backofen auf 175° vorheizen. Ein Backblech mit Backpapier auslegen.
– Schokoladenmasse, Eiercreme und die Erdnussbutter mit dem Handrührgerät zu einer glatten Masse auf schlagen. Das Mehl mit dem Kakaopulver und 1 Prise Salz vermischen. Die Erdnusskerne grob hacken.
– Mit einem Holzlöffel das Mehlgemisch mit der Crème fraîche und den Erdnüssen unter die Schokoladenmasse ziehen. Dabei nur so lange rühren, bis sich die Zutaten verbinden.
– Den Teig auf das Blech streichen und im Ofen (Mitte, Umluft 160°) 35–40 Min. backen. Er sollte in der Mitte noch ein wenig feucht sein. An einem hineingesteckten Holzstäbchen dürfen allerdings keine Teigreste hängenbleiben.
– Den gebackenen Teig auf ein Kuchengitter ziehen, vom Papier befreien und völlig auskühlen lassen. Dann in 8 x 5 cm große Rechtecke schneiden und in einer luftdichten Dose aufbewahren.

1198. Englische Shortbread

PREISWERT | GELINGT LEICHT
Für 40 Shortbread
Zubereitungszeit: 30 Min.
Kühlzeit: 30 Min.
Backzeit: 20 Min.

250 g weiche Butter • 125 g Zucker • 1 Prise Salz • 350 g Mehl • Mehl zum Arbeiten • Zucker zum Bestreuen • Butter für das Blech

– Die Butter mit dem Zucker und dem Salz mit den Quirlen des Handrührgeräts cremig rühren. Dann nach und nach das Mehl unterarbeiten. Alles zu einem glatten Teig verkneten. Den Teig in Folie wickeln und 30 Min. in den Kühlschrank legen.
– Den Backofen auf 180° (Umluft 160°) vorheizen. Ein Backblech sorgfältig einfetten.
– Den Mürbeteig auf der leicht bemehlten Arbeitsfläche etwa 1/2 cm dick ausrollen. Mit einer Ausstechform oder einem Trinkglas Kreise (etwa 4 cm Ø) ausstechen. Oder den Teig mit einem Messer in Rechtecke (etwa 3 x 5 cm) schneiden. Die Plätzchen auf das Blech setzen und mit einer Gabel mehrmals einstechen.
– Die Plätzchen im Ofen (Mitte) etwa 20 Min. backen, bis sie leicht gebräunt sind. Herausnehmen und noch heiß mit Zucker bestreuen.

1199. Amarettini

GELINGT LEICHT
Für 70 Amarettini
Zubereitungszeit: 30 Min.
Backzeit: 30 Min.

2 Eiweiße • 100 g Zucker • 1/2 TL Bittermandelaroma • 100 g geschälte Mandeln • 100 g Mandeln mit Haut • 100 g Puderzucker

– Den Backofen auf 160° (Umluft 140°) vorheizen. Zwei Backblech mit Backpapier belegen.
– Eiweiße steif schlagen, dabei den Zucker langsam einrieseln lassen und ständig weiterschlagen, bis der Eischnee glänzt und Spitzen zeigt. Das Bittermandelaroma dazugeben.
– Alle Mandeln fein mahlen, mit Puderzucker mischen und unter den Eischnee heben. Die Mandelmasse in einen Spritzbeutel mit großer Lochtülle füllen.
– Die Mandelmasse in haselnussgroßen Häufchen auf das Blech spritzen. Die Amarettini nacheinander im Ofen (Mitte) jeweils etwa 15 Min. backen. Die Plätzchen auf einem Kuchengitter abkühlen lassen.

1200. Spitzbuben

GELINGT LEICHT
Für 60 Spitzbuben
Zubereitungszeit: 1 Std.
Kühlzeit: 1 Std.
Backzeit: 45 Min.

400 g Mehl • 300 g Zucker • 100 g gemahlene Mandeln • abgeriebene Schale von 1/2 unbehandelten Zitrone • 1 Prise Salz • 2 Eigelbe • 250 g weiche Butter • 1 Vanilleschote • 200 g Johannisbeergelee • Mehl zum Arbeiten

– Für den Teig das Mehl, 200 g Zucker, die Mandeln, die Zitronenschale, das Salz, die Eigelbe und die Butter in einer Schüssel mit den Knethaken des Handrührgeräts vermischen. Dann mit den Händen zu einem glatten Teig kneten, in Folie wickeln und für etwa 1 Std. in den Kühlschrank stellen.
– Inzwischen die Vanilleschote längs aufschneiden, das Mark herauskratzen und mit dem restlichen Zucker gründlich vermischen.

– Den Backofen auf 180° (Umluft 160°) vorheizen. Drei Backbleche mit Backpapier auslegen.
– Den Teig portionsweise auf der bemehlten Arbeitsfläche etwa messerrückendick ausrollen. Zu runden Plätzchen (etwa 5 cm Ø) ausstechen und diese auf Backbleche legen. Plätzchen nacheinander im Ofen (Mitte) 10–15 Min. backen, bis sie leicht gebräunt sind.
– Die Plätzchen jeweils sofort vom Blech lösen, je ein Plätzchen mit etwas Johannisbeergelee bestreichen und ein zweites darauf legen. Die Spitzbuben heiß in dem Vanillezucker wälzen.

TIPP

Zucker, Puderzucker und Vanillezucker bleiben nur haften, wenn Sie die Plätzchen möglichst heiß darin wälzen. Damit es rasch genug geht am besten zu zweit arbeiten: Einer füllt die Plätzchen, der andere wendet sie im Zucker.

1201. Vanillekipferl

GUT VORZUBEREITEN
Für 55 Kipferl
Zubereitungszeit: 1 Std.
Kühlzeit: 30 Min.
Backzeit: 20 Min.

200 g weiche Butter • 70 g Zucker • 100 g gemahlene Mandeln • 250 g Mehl • 1 Prise Salz • 1 EL Rum (ersatzweise Milch) • 50 g Puderzucker • 2 EL Vanillezucker • Mehl zum Arbeiten

– Die Butter und den Zucker verrühren, bis die Masse elfenbeinfarben und locker ist. Die Mandeln, das Mehl und das Salz vermischen und mit dem Rum unter die Butter rühren. Zum Teig verkneten. In Folie gewickelt für etwa 30 Min. in den Kühlschrank stellen.
– Den Puderzucker mit dem Vanillezucker auf einem Teller mischen. Den Backofen auf 190° (Umluft 170°) vorheizen. Zwei Backbleche mit Backpapier auslegen.
– Den Teig portionsweise auf wenig Mehl zu einer etwa 4 cm dicken Rolle formen. Jede Rolle in etwa 1 cm dicke Scheiben schneiden. Die Scheiben zu kleinen „Würstchen“ rollen, die am Ende spitz zulaufen. Die Würstchen zu Hörnchen („Kipferl“) biegen und nebeneinander auf Backbleche legen.
– Die Plätzchen nacheinander im Ofen (Mitte) jeweils etwa 10 Min. backen, bis sie leicht gebräunt sind. Heiß vom Blech lösen und in dem Vanillezucker wälzen.

1202. Spritzgebäck

GELINGT LEICHT
Für 100 Stück
Zubereitungszeit: 1 Std.
Backzeit: 45 Min.

200 g weiche Butter • 150 g Zucker • 1 Prise Salz • 1 TL Vanillezucker • abgeriebene Schale von 1 unbehandelten Zitrone • 3 Eier • 400 g Mehl • Butter für die Bleche

– Die Butter, den Zucker, das Salz, den Vanillezucker und die Zitronenschale mit den Quirlen des Handrührgeräts schaumig rühren, bis die Masse hell und locker ist. Die Eier nacheinander nur so lange unterrühren, bis keine Eigelbspuren mehr zu sehen sind. Das Mehl ebenfalls unterrühren.
– Den Backofen auf 180° (Umluft 160°) vorheizen. Drei Backbleche einfetten.
– Den Teig in einen Spritzbeutel mit Sterntülle geben und zu S-förmigen Plätzchen auf die Bleche spritzen. Die Plätzchen nacheinander im Ofen (Mitte) jeweils etwa 15 Min. backen, bis sie leicht gebräunt sind.
– Spritzgebäck heiß vom Blech lösen und auf einem Kuchengitter erkalten lassen.

1203. Mandelmakronen

GELINGT LEICHT
Für 50 Makronen
Zubereitungszeit: 30 Min.
Backzeit: 30 Min.

4 Eiweiße • 1 Prise Salz • 1 EL Zitronensaft • 100 g Zucker • 1 TL Vanillezucker • 300 g gemahlene Mandeln • einige Tropfen Bittermandelöl • 50 kleine Backoblaten

– In einer Rührschüssel die Eiweiße, das Salz und den Zitronensaft mit den Quirlen des Handrührgeräts sehr steif schlagen. Dabei nach und nach den Zucker einrieseln lassen.

– Den Vanillezucker, die Mandeln und das Bittermandelöl mit einem Schneebesen locker unter den Eischnee mischen.
– Den Backofen auf 180° (Umluft 160°) vorheizen. Zwei Backbleche mit den Oblaten auslegen. Den Teig mithilfe von zwei Teelöffeln als kleine Häufchen auf die Oblaten setzen.
– Das erste Blech in den Backofen (Mitte) schieben und die Mandelmakronen etwa 15 Min. backen, bis sie zartgelb gefärbt sind.
– Sofort vom Blech lösen und auf einem Kuchengitter auskühlen lassen. Dann die restlichen Makronen wie beschrieben backen.

1204. Elisenlebkuchen

GUT VORZUBEREITEN
Für 25 Lebkuchen
Zubereitungszeit: 50 Min.
Backzeit: 40 Min.

150 g Zitronat • 125 g Orangeat • 4 Eier • 140 g Puderzucker • abgeriebene Schale von 1 unbehandelten Zitrone • 1 Prise Salz • je 1 TL Zimtpulver und Lebkuchengewürz • 175 g gemahlene Mandeln • 175 g gemahlene Haselnüsse • 25 Backoblaten (6 cm Ø) • 200 g Schokoladenglasur

– Das Zitronat und das Orangeat auf ein Arbeitsbrett geben und mit einem großen Messer ganz klein hacken. Oder beides im Blitzhacker oder in der Küchenmaschine mit Messereinsatz fein zerkleinern.
– In einer Rührschüssel die Eier und den Puderzucker mit den Quirlen des Handrührgerats zu einer dicken Creme aufschlagen.
– Die Zitronenschale, das Salz, das Zimtpulver, das Lebkuchengewürz, das zerkleinerte Zitronat und Orangeat, die Mandeln und die Haselnüsse mit einem Kochlöffel untermischen.
– Den Backofen auf 160° (Umluft 140°) vorheizen. Zwei Backbleche mit Backpapier auslegen.
– Den Teig gleichmäßig auf die Backoblaten streichen. Die Lebkuchen auf die Backbleche legen. Die Bleche nacheinander in den Ofen (Mitte) schieben und die Lebkuchen jeweils etwa 20 Min. backen.
– Lebkuchen abkühlen lassen. Die Schokoladenglasur nach Packungsaufschrift zubereiten und die abgekühlten Lebkuchen damit überziehen.

1205. Eiskonfekt

SCHMECKT KINDERN
Für 45 Stück
Zubereitungszeit: 30 Min.
Kühlzeit: 1 Std.

60 g Walnusskerne • 250 g Nussnougat • 100 g Vollmilch-Kuvertüre • 20 g bunte Zuckerstreusel • 45 bunte Metall-Pralinenförmchen

– Die Nüsse mahlen oder sehr fein hacken und in einer trockenen Pfanne unter Wenden rösten, bis sie duften, dann aus der Pfanne nehmen und abkühlen lassen.
– Das Nussnougat und die Kuvertüre grob hacken und zusammen im heißen Wasserbad schmelzen. Die Masse aus dem Wasserbad nehmen, die Nüsse untermischen.
– Die Pralinenförmchen auf ein Tablett legen. Die abgekühlte Schokoladenmasse in einen Spritzbeutel mit kleiner Lochtülle füllen. Schokomasse in die Pralinenförmchen spritzen und sofort mit Zuckerstreuseln bestreuen. Das Konfekt mindestens 1 Std. kühl stellen, damit es fest wird.

1206. Mandelsplitter

GELINGT LEICHT
Für 60 Mandelsplitter
Zubereitungszeit: 1 1/2 Std.
Kühlzeit: 12 Std.

300 g Mandelstifte • 2 TL abgeriebene Schale von 1 unbehandelten Orange • 2 TL fein gehackte Pistazien • 2 TL klein gehackter kandierter Ingwer • 100 g Zartbitter-Schokolade • 100 g Vollmilch-Schokolade • 125 g weiße Schokolade • 60 Papier-Pralinenförmchen

– Die Mandelstifte in einer trockenen Pfanne unter ständigem Wenden hellgelb rösten, abkühlen lassen. Dann die Mandelstifte in drei gleich große Portionen teilen. Eine Portion mit Orangenschale, eine mit Pistazien und eine mit Ingwer mischen.
– Die Schokoladentafeln jeweils in Stücke brechen und getrennt im heißen Wasserbad schmelzen.
– Die Mandelstifte unter die geschmolzene Schokolade mischen: die mit Orangenschale gemischten Mandeln unter die weiße Schokolade, die mit den Pistazien

gemischten unter die Vollmilch-Schokolade und die mit dem Ingwer gemischten unter die Zartbitter-Schokolade.
– Mit zwei nassen Teelöffeln kleine Häufchen von der Mandelmasse in die Papierförmchen geben. Dabei die Teelöffel immer wieder kurz in heißes Wasser tauchen. Die Mandelsplitter mindestens 12 Std. im Kühlschrank fest werden lassen.

1207. Schokoladentrüffel

GUT FÜR GÄSTE
Für 50 Trüffel
Zubereitungszeit: 1 Std.
Kühlzeit: 6 Std.

100 g Vollmilch-Schokolade • 100 g Zartbitter-Schokolade • 50 g weiße Schokolade • 100 g Butter • 150 g Puderzucker • 1 EL Cognac • 1 EL Kirschlikör • 75 g Schokoladenstreusel • 50 Papier-Pralinenförmchen

– Schokolade zerbröckeln und unter Rühren im heißen Wasserbad schmelzen; dabei die Schokoladensorten gut miteinander mischen. Die flüssige Schokolade aus dem Wasserbad nehmen und abkühlen lassen.
– Butter in Flocken mit Puderzucker, Cognac und Likör verrühren. Nach und nach die abgekühlte Schokolade untermischen.
– Die Trüffelmasse in einen Spritzbeutel mit kleiner Sterntülle füllen und Rosetten in die Pralinenschälchen spritzen. Jede Rosette sofort mit Schokoladenstreuseln bestreuen (ist die Masse zu fest, haften die Streusel nicht mehr). Im Kühlschrank in 6 Std. fest werden lassen.

1208. Schoko-Nuss-Pralinen

GELINGT LEICHT
Für 40 Pralinen
Zubereitungszeit: 45 Min.
Kühlzeit: 2 Std.

150 g Noisette-Schokolade • 2 EL Waldhonig • 250 gemahlene Haselnüsse • 4 EL milder Sherry (Amontillado) • 100 g Haselnuss-Krokantstreusel • 300 g Vollmilch-Kuvertüre • etwas Puderzucker zum Ausrollen

– Die Schokolade hacken und mit dem Honig und den Haselnüssen vermischen. Die Masse bei schwacher Hitze erwärmen, bis die Schokolade geschmolzen ist und sich alles vermischt hat. Den Topf vom Herd ziehen und den Sherry unterrühren. Die Masse etwas abkühlen lassen, dann 80 g Krokant untermengen.
– Die Masse auf einem mit Puderzucker bestreuten Blech gut daumendick ausrollen und 2 Std. zugedeckt in den Kühlschrank stellen.
– Die ausgerollte Pralinenmasse in 2 x 3 cm große Stücke schneiden. Kuvertüre fein hacken, in eine Metallschüssel geben und im heißen Wasserbad schmelzen, abkühlen lassen, dann wieder erwärmen. Die Pralinen damit überziehen, auf ein Abtropfgitter setzen und mit den übrigen Krokantstreuseln verzieren.

TIPP

Statt mit Haselnüssen die Pralinen einmal mit Pinien- oder Cashewkernen zubereiten. Oder den Sherry durch Orangenlikör ersetzen.

1209. Rumkugeln

GUT FÜR GÄSTE
Für 80 Rumkugeln
Zubereitungszeit: 1 1/2 Std.
Kühlzeit: 6 Std.

200 g Zartbitter-Kuvertüre • 3 EL Rum • 4 Tropfen Rumaroma • 100 g gemahlene Mandeln • 125 g weiche Butter • 300 g Puderzucker • 200 g Schokoladenstreusel

– Die Kuvertüre fein hacken, in eine Metallschüssel geben und im heißen Wasserbad schmelzen. Dann mit Rum, Rumaroma und Mandeln verrühren. Die Masse aus dem Wasserbad nehmen.
– Die Butter cremig rühren, nach und nach Puderzucker unterrühren. Buttercreme löffelweise mit der Schokoladenmasse mischen und mindestens 10 Min. in eiskaltem Wasser abkühlen lassen.
– Die Rummasse im Eiswasser stehen lassen und mit zwei Teelöffeln Häufchen abstechen, mit möglichst kalten Händen Kugeln daraus formen. Die Kugeln in Schokoladenstreuseln wenden, auf Backpapier legen und 6 Std. kühl stellen.

Getränke & Drinks

Zum Essen gehört das Trinken und in jedes richtige Kochbuch gehört ein Kapitel übers Trinken. Wobei es hier nicht um Getränke geht, die beim Speisen mit auf dem Tisch stehen, denn für die braucht es selten ein Rezept. Das Thema sind die Durstlöscher zum einfach so trinken und Anregendes, das wir ganz für sich zu den verschiedenen Tages- und Jahreszeiten genießen – so wie Shakes und Cocktails, Bowlen und Punsch, Kakao und Kaffee.

Nahrung und Getränke sind für unseren Körper wie Benzin und Öl für den Motor eines Autos. Das Essen liefert uns die Energie, mit der wir unser Leben leben und unsere Arbeit machen können. Aber damit der Kreislauf dabei in Schwung bleibt und das Blut nicht stockt, müssen wir trinken. Essen wir nicht, rollen wir irgendwann aus wie ein Auto ohne Benzin, wobei sich selbst ein paar Wochen ohne Nahrung überleben lassen. Dagegen hält man es nur ein paar Tage ohne Flüssigkeit aus, dann verdurstet der Körper so wie ein laufender Motor ohne Öl schnell kaputt geht. „Viel trinken!" raten einem daher Mütter wie Models – denn das hält gesund und macht schön noch dazu.

Allerdings meinen sie damit vor allem: viel Wasser zu sich nehmen. Denn das ist so rein, dass es die Balance der Nährstoffe nicht stört, die wir mit dem Essen jeden Tag aufbauen. Und darum können wir auch viel Wasser trinken, ohne dass dabei Nebenwirkungen entstehen. Ähnlich ist das bei Tees aus Kräutern oder Früchten und einigen Säften. Sobald aber Zucker oder anregende Stoffe wie Koffein oder Alkohol mit Spiel sind, kann es ungesund werden, besonders wenn man solche Getränke regelmäßig gegen den Durst trinkt. Denn eventuell entwickelt sich daraus schnell ein immer wieder neuer und stärkerer Durst nach dieser Anregung – bis hin zur Abhängigkeit, die beim Alkohol lebensgefährlich sein kann.

Vom Wasser zum Wein

In Maßen und für Genießer haben anregende Getränke jedoch immer schon ihren Reiz gehabt gegenüber dem Wassertrinken. Und so hat jedes Land, jedes Volk und jede Kultur Zutaten entdeckt und Rezepturen entwickelt, mit denen sich aus Wasser mehr machen lässt. In Asien kochte man Tee aus frischen und vergorenen Blättern, in Afrika wurden Kaffeebohnen aufgebrüht, in Amerika waren es zerstoßene Kakaobohnen. Die Kunst, aus Früchten Wein zu keltern, aus Getreide Bier zu brauen und aus beidem Hochprozentiges zu brennen, beherrschte man in verschiedenen Gegenden der Welt – aufs heutige Niveau wurde sie aber erst in den Regionen Europas kultiviert.

Aber für all das braucht es kaum Rezepte – weil die Zubereitung im Grunde simpel ist wie beim Tee oder weil bereits alles fertig ist wie beim Wein. Und das ist auch gut so, denn diese Getränke werden in ihren Ursprungsländern zum Essen getrunken, dessen Vorbereitung ja schon Arbeit genug macht. Deswegen sind unsere Getränke-Rezepte vor allem etwas für Genuss-Trinker, die einfach so im Laufe des Tages Lust auf etwas zu trinken haben. Das kann an einem Sommernachmitttag eine Limonade oder eine Bowle sein und an einem Winterabend ein heißer Kakao oder ein Punsch, das kann ein Caipirinha zur Happy Hour sein oder ein Kir zum Aperitif.

Fassen wir also zusammen: das Wassertrinken ist Pflicht, so wie es auch das Essen ist. Die Kür ist dann, für sich und andere zum Beispiel ein kleines Menü zu zaubern und dazu beim Vetrauenshändler einen guten Wein zu holen. Und wer dann noch etwas Selbstgemachtes zum Trinken zubereitet und mit auf den Tisch stellt, der beherrscht die hohe Kunst des Genießens und des Gastgebens perfekt.

Was ist …

… ein Saft? Besteht zu 100 % aus dem Gepressten von Früchten. Der beste ist Direktsaft, der gleich nach dem Entsaften abgefüllt wird. Meist aber wird Saft im Herkunftsland konzentiert, um ihn später mit Wasser zur Ursprungsmenge aufzufüllen. Der Nektar ist mit 50–75 % Wasser gestreckter Saft, Fruchtsaftgetränke enthalten sogar 80–94 % Wasser und oft noch Aromastoffe – beide sind meist gesüßt.

… eine Limonade? Ursprünglich gesüßtes Zitronenwasser, dann Begriff für sprudelnde Getränke mit Zitrussaft und -schale. Steht heute für alle süßen Sprudel mit Geschmack, ob mit oder ohne Saft und ob mit natürlichem oder künstlichem Aroma: Cola (mit Aroma der Kola-Nuss), Ginger Ale („Ingwerbier") oder Tonic (mit bitterem Chinin).

… ein Milkshake? Ursprünglich mit Eiswürfel im Shaker geschütteltes Milchgetränk, mit Sirup aromatisiert. Steht heute für im Mixer zubereitete (pürierte) Getränke mit Früchten oder Speiseeis.

… eine Bowle? Kaltes Getränk, das für mehrere in einer großen Schale (engl. „bowl") serviert wird. Basis ist traditionell Wein, der mit Früchten oder z. B. Waldmeister durchzieht und dann oft mit Sekt aufgegossen wird. Kann gesüßt werden, sollte aber nicht mit Schnaps oder Wasser ergänzt werden.

… ein Cocktail? Meist auf Eis gemixte Getränke auf der Basis von Hochprozentigem, oft gestreckt mit Sprudelndem oder Säften, dabei süß, sauer oder bitter aromatisiert. Puristen unterscheiden zwischen den konzentrierteren Cocktails (z. B. Martini) und Longdrinks, die mit Non-Alkoholics aufgegossen im hohen Glas serviert werden – gerne mit Eiswürfeln.

… ein Punsch? Eine Art heiße Bowle, die im indischen Original mit fünf Zutaten zubereitet wird: Tee, Wasser, Wein, Rum oder Arrak, Zitrone. Von den Engländern importiert und abgewandelt.

Kühles für den Durst

Die Unlust, immer nur Wasser zu trinken, hat Hausfrauen und Trinkwasser-Hersteller in aller Welt erfinderisch gemacht. Oft sind es nur ein paar zugesetzte Aromen – meist süß, oft sauer – mit denen aus dem klaren Nass ein „Erfrischungsgetränk" wird. Berühmte Beispiele sind da die Limonade und der Eistee, die inzwischen zum Standard-Sortiment jedes Getränkehändlers gehören. Aber auch hier geht der Trend zum Handgemachten. Wer seinen Gästen eine Zitronenlimo nach unserem Hausrezept hinstellt, macht nicht nur Eindruck, er spart auch noch Geld und trinkt gesünder. Die andere große Gruppe der Durstlöscher sind die Milchgetränke: süße Sattmacher wie Milkshakes oder pikante Traditionsgetränke wie türkisches Ayran oder indisches Lassi.

Klassisches mit Prozenten

„Drink" ist eigentlich nur das englische Wort für „Getränk", doch steht es bei uns und in vielen anderen Teilen der Welt vor allem für Mixgetränke mit Schuss. Die Tradition, sich nach Feierabend oder vor einem Dinner noch einen Cocktail bzw. Longdrink zu gönnen, hat sich aus den englischsprachigen Ländern um die ganze Welt verbreitet – keine Bar ohne Americano, Whisk(e)y Sour oder Gin Fizz. Vom europäischen Kontinent kommen dazu leichte, simpel gemixte Aperitifs wie Frankreichs Kir oder Italiens Bellini sowie auch mal eine sommerliche Bowle. Südamerika und die Tropen sind der Ursprung von fruchtig-spritzigen Drinks, die auch später am Abend schmecken – wie der Caipirinha oder der Mai Tai. Wie man das alles mixt, steht auf der nächsten Seite.

Warmes zum Genießen

Der Trinkschokolade, dem Glühwein und dem Pharisäer gehören bei uns vor allem die kalte Jahreshälfte und die dunklen Tageszeiten. Doch das gilt nicht für alle heißen Getränke. Der Punsch etwa hat seinen Ursprung in Indien, wo man mit ihm Hitze, Schärfe und Durst trotzte. Denn dafür ist Heißes oft wirklich besser geeignet als Kaltes. Eines haben sie aber alle gemeinsam – viel Aroma und starke Wirkung, die durch Wärme und Süße noch unterstützt wird.

Cocktails mixen

Die Zutaten

Eine, höchstens zwei hochprozentige Spirituosen sind die Basis. Neutral schmeckende geben üppigen Drinks den Kick – wie weißer Rum der Piña Colada. Alkoholisches mit Charakter prägt einen Cocktail – wie Wermut den Martini. Gin, Wodka und nach Geschmack Tequila oder Cachaça sind ebenfalls gängige Basics fürs Mixen. Zum Abschmecken dienen Zitrussäfte, Sirup (Grenadine vom Granatapfel, Zuckersirup siehe Seite 546) und spezielle Aromen wie Angostura (Bitterorangenessenz). Aufgefüllt wird mit Säften, Mineralwasser, Limonade oder Schaumwein – stets eiskalt. Wird mit Eis gemixt, sollte es angetaut sein: einfach mit etwas kaltem Wasser vermischt 2–3 Minuten stehen lassen. Ins Glas aber kommen Eiswürfel direkt aus dem Tiefkühler. Für Cracked Ice (so groß wie Spielwürfel) und Crashed Ice (grobe Splitter) wird Eis im Geschirrtuch mit dem Holzhammer zerschlagen.

Das Mixen

Ist der Cocktail klar und reduziert wie ein Martini, wird er gerührt. Dazu alle Zutaten mit Eis in einem hohen Gefäß mit einem langen Löffel kurz und gründlich durchrühren, dann durch ein Sieb ins Glas seihen. Profis nehmen dazu Mixglas, Barlöffel und Barsieb. Für „trübe" Cocktails mit Saft, Sirup, Likör, Ei, Sahne usw. wird alles im zu einem Drittel mit Eis gefüllten Shaker kräftig auf und ab geschüttelt, bis er eiskalt beschlägt, und abgeseiht. Viele Longdrinks rührt man auch direkt im Trinkglas an wie Caipirinha oder Mojito.

Kaffee kochen

Das Aufbrühen

Für Filterkaffee kommen je 150-ml-Tasse 8–10 g (1 Kaffeelot oder etwa 1 EL) Kaffeemehl in den Filter plus 1 Portion für die Kanne – es sollte grober als für die Maschine gemahlen sein. Das wird knapp mit kochendem Wasser bedeckt, dann wird der Filter ganz gefüllt – so oft bis alles nötige Wasser durchgelaufen ist. Auf italienische Art kommt noch grober gemahlener Kaffee in die spezielle Presskanne aus Glas, die dann mit der ganzen Menge kochendem Wasser gefüllt wird. Nun einige Minuten quellen lassen und danach das Presssieb herunterdrücken.

Die Espresso-Methode

Für selbst gekochten Espresso verwendet man ein dreiteiliges Kännchen, das meist aus Aluminium und unterschiedlich groß ist. Für ein ganzes Kännchen Espresso wird der untere Teil bis knapp unters Ventil mit Wasser gefüllt, das daraufgesetzte Sieb wird bis zum Rand mit sehr fein gemahlenem Espresso behäuft, der nicht (!) gepresst wird. Darauf nun das Oberteil schrauben und die Kanne auf die heiße Herdplatte stellen, bis das Wasser durch das Kaffeemehl nach oben in den Aufsatz steigt. Sobald das Kännchen „schmaucht und spuckt", ist der Kaffee fertig – was nach etwa 30 Sekunden der Fall sein sollte. Diese Brühzeit ist auch für Espresso aus der Maschine die beste, und bei ihr wie beim Kännchen gilt: Je besser der Kaffee, je sauberer die Geräte und je eingespielter der Umgang mit ihnen ist, desto besser wird der Espresso.

Das Vollenden

Kommt reichlich heiße Milch in den Kaffee, wird bei uns ein Milchkaffee, in Österreich eine Melange und in Italien eine Latte macchiato (mit Schaum) bzw. ein Caffe latte (ohne Schaum) daraus. Espresso mit einem Tupfen Milchschaum ist ein Macchiato, Cappuccino besteht aus je einem Teil Espresso, Milch und Schaum. Die üppigere Version mit Schlagsahne heißt in Wiens Kaffeehäusern Kapuziner und in Italien Cappuccino viennese.

1210. Limonade

SCHMECKT KINDERN
Für 2 Liter
Zubereitungszeit: 15 Min. (ohne Abkühlzeit)

1 unbehandelte Zitrone • 60 g feinster Zucker • 2 Flaschen eiskaltes Mineralwasser

– Die Zitrone heiß abwaschen und die Schale fein abreiben, den Saft auspressen. Die Zitronenschale mit dem Zucker in 1/2 l Wasser 5 Min. kochen und anschließend abkühlen lassen.
– Den Zitronensud durch ein feines Sieb in einen Krug gießen, mit dem Zitronensaft und dem Mineralwasser auffüllen und sofort servieren – am besten auf Eis und mit Zitronenscheiben.

1211. Eistee

ERFRISCHEND
Für 4 Longdrinks
Zubereitungszeit: 10 Min.

10 TL kräftige schwarze Teeblätter (z. B. Assam) • Saft von 1/2 Zitrone • 3 EL feinster Zucker • 4 Hand voll Eiswürfel

– Die Teeblätter mit 600 ml kochendem Wasser aufbrühen und 3 Min. ziehen lassen. Tee abgießen und mit Zitronensaft und Zucker verrühren.
– Die Gläser bis zum Rand mit Eiswürfel füllen und den heißen Tee direkt darüber gießen. Sofort servieren.

1212. Icetea Chinatown

GUT FÜR GÄSTE
Für 4 Longdrinks
Zubereitungszeit: 20 Min. (ohne Gefrierzeit)

1/2 l ungesüßter Apfelsaft • 3 Limetten • 1 Stück frischer Ingwer (3 cm) • 4 Zweige Minze • 10 TL chinesische grüne Teeblätter „Gunpowder" • 4 EL Rohrzucker

– Den Apfelsaft in Eiswürfelbehälter füllen, in den Tiefkühler stellen und tiefgefrieren.
– Limetten heiß waschen und 1 Limette auspressen. Die übrigen in dünne Scheiben schneiden und halbieren. Ingwer schälen und in dünne Scheiben scheiden. Die Minzezweige abbrausen und trockenschwenken, die Blättchen abzupfen. Einige Blättchen zur Verzierung beiseite legen, den Rest grob hacken und mit den Teeblättern vermischen
– 600 ml Wasser mit dem Ingwer aufkochen und 5 Min. ziehen lassen, dann Teeblätter und Minze einrühren. Den Tee 2–3 Min. ziehen lassen, abgießen und mit Limettensaft und Rohrzucker verrühren.
– Die Longdrinkgläser mit Apfelsaft-Eiswürfeln und Limettenscheiben füllen. Mit dem heißen Tee aufgießen, mit Minzeblättern verzieren. Sofort servieren.

TIPPS

– Durch den Kälteschock werden Aroma wie Farbe des heißen Schwarz- und Grüntees regelrecht „eingefroren", so dass er nicht wie beim normalen Abkühlen nachzieht und grau wird. Etwas Süße und Säure machen den Drink dann perfekt, und mit Früchten kombiniert ist er bei uns längst ein Trendgetränk.
– Probieren Sie den „Icetea Chinatown" mal mit 1 Kugel Zitronen- oder Apfeleis als Krönung.

1213. Apfel-Cobbler

ERFRISCHEND
Für 1 Longdrink
Zubereitungszeit: 10 Min.

3 Eiswürfel • 1/8 l Apfelwein • 1 TL Zucker • 1 TL Zitronensaft • 1/4 Apfel • Sodawasser

– Eiswürfel in ein Küchentuch wickeln, auf die Arbeitsplatte legen und mit einem Holzhammer zu Crushed ice zerstoßen. Oder Eiswürfel im Ice crusher zerkleinern. Das Eis in ein Longdrinkglas geben.
– Den Apfelwein, den Zucker und den Zitronensaft mit ins Glas geben, umrühren.
– Das Apfelstück schälen, vom Kerngehäuse befreien und in dünne Scheiben schneiden. Die Apfelscheiben ins Glas geben und mit Sodawasser auffüllen.
– Den Apfel-Cobbler nach Belieben mit Trinkhalm und mit Limonadenlöffel servieren.

1214. Erdbeer-Milch-Shake

SCHMECKT KINDERN
Für 2 Shakes
Zubereitungszeit: 10 Min.

150 g Erdbeeren • 1/2 Pck. Vanillezucker • 1 gestrichener EL Zucker • 1/4 l kalte Milch

– Die Erdbeeren waschen, zwei schöne Früchte für die Garnierung beiseite legen. Den Rest entstielen und große Früchte halbieren.
– Die Erdbeeren mit dem Vanillezucker und dem Zucker in den Mixer geben. Die Hälfte der Milch dazugießen. Alles etwa 15 Sek. gut durchmixen.
– Die restliche Milch dazugießen, nochmals alles etwa 10 Sek. mixen. Den Drink in die Gläser verteilen. Je eine Erdbeere an den Glasrand stecken und servieren.

1215. Bananen-Milch-Shake

SCHMECKT KINDERN
Für 2 Shakes
Zubereitungszeit: 10 Min.

1 große, vollreife Banane • 1/4 l kalte Milch • 1/2 Pck. Vanillezucker • 1 gestrichener EL Zucker • 2 Scheiben Orange • 2 Cocktailkirschen • 2 Cocktailspieße

– Die Bananen schälen, grob zerschneiden und in den Mixer geben. Die Hälfte der Milch dazugießen. Alles etwa 15 Sek. durchmixen.
– Die restliche Milch, den Vanillezucker und den Zucker dazugeben. Nochmals alles etwa 10 Sek. mixen.
– Den Drink in die Gläser verteilen. Die Orangenscheiben jeweils mit 1 Cocktailkirsche auf 1 Cocktailspieß stecken. Die Spieße über die Glasränder legen.

1216. Joghurt-Eis-Shake

PREISWERT
Für 2 Shakes
Zubereitungszeit: 10 Min.

25 g Vollmilch-Schokolade • 2 Kugeln Joghurteis • 350 ml Milch • 100 g Sahne • 1 EL Fruchtsirup oder Honig

– Die Schokolade mit einem Messer sehr fein hacken oder auch mit der Küchenreibe raspeln.
– Das Joghurteis etwas antauen lassen, dann mit Milch, Sahne und Sirup mit dem Pürierstab oder im Mixer kurz aufmixen. In Gläser füllen und mit der Schokolade bestreuen.

1217. Lassi – pikant und süß

ERFRISCHEND
Für 8 Lassi
Zubereitungszeit: 15 Min.

Für die pikanten Lassi: 300 g Joghurt • 1/2 l kaltes Mineralwasser • 1/4 TL Salz • 1 Msp. gerösteter Kreuzkümmel • 200 g Eiswürfel
Für die süßen Lassi: 10 Safranfäden • 1 TL heiße Milch • 1 vollreife Mango • 1 kleine Banane • 300 g Joghurt • 300 ml kaltes Mineralwasser • 1/2 TL gemahlener Kardamom • 1 EL Honig • 1 TL Zitronensaft • 200 g Eiswürfel

– Für dür die pikanten Lassi den Joghurt mit dem Mineralwasser, Salz und Kreuzkümmel im Mixer kurz aufschäumen lassen.
– Für die süßen Lassi Safran in der Milch einweichen. Die Mango und die Banane schälen, das Fruchtfleisch würfeln und mit Joghurt, Mineralwasser, Safran samt Milch, Kardamom, Honig und Zitronensaft im Mixer pürieren. Eiswürfel dazugeben und so lange mitmixen, bis es grob zerstoßen ist.
– Pikante und süße Lassi in Gläser geben, die pikanten Lassi mit Eiswürfeln auffüllen. Sofort drinken.

1218. Black Shadow

FRUCHTIG
Für 1 Longdrink
Zubereitungszeit: 5 Min.

120 ml kalte Milch • 6 cl schwarzer Johannisbeersaft • 6 cl Sanddornsaft • 1 TL Zucker • 2 Blättchen Zitronenmelisse • 4 Eiswürfel

– Die Milch, den Johannisbeersaft, den Sanddornsaft und den Zucker in den Mixer geben. Alles etwa 15 Sek. gut durchmixen.

– Die Eiswürfel in ein Longdrinkglas geben und die Mischung darauf abgießen. Mit der Zitronenmelisse garnieren und nach Belieben mit 1 Trinkhalm servieren.

1219. Pussy Foot

ALKOHOLFREI | SÜSS
Für 1 Longdrink
Zubereitungszeit: 10 Min.

1 Hand voll Eiswürfel • 1 cl Grenadinesirup • 6 cl Ananassaft • 6 cl Orangensaft • 6 cl Grapefruitsaft • 1/4 Ananasscheibe • 1 Cocktailkirsche • 1 Cocktailspieß

– Einige Eiswürfel, den Sirup und die Säfte im Shaker kräftig schütteln und durch ein Sieb in das Glas auf weitere Eiswürfel abgießen.
– Die Ananasscheibe einschneiden, an den Glasrand hängen und die Kirsche mit dem Spieß daranstecken. Nach Belieben Trinkhalme ins Glas geben.

1220. Champagner Cocktail

KLASSISCH
Für 1 Cocktail
Zubereitungszeit: 5 Min.

1 Zuckerwürfel • 1 Stück unbehandelte Zitronenschale • einige Tropfen Angostura-Bitter • eiskalter Champagner zum Auffüllen

– Den Zuckerwürfel an der Zitronenschale abreiben (um die Aromastoffe der Schale einzufangen) und ins Glas legen.
– Den Zuckerwürfel mit Angostura-Bitter tränken. Mit Champagner aufgießen und servieren.

1221. Kir und Kir Royal

KLASSISCH | SPRITZIG
Für 1 Kir
Zubereitungszeit: 5 Min.

1 TL Crème de Cassis • kalter trockener Weißwein, Sekt oder Champagner zum Auffüllen

– Für einen Kir die Crème de Cassis (der Geschmack ist sehr ausgeprägt, also lieber vorsichtig dosieren) ins Glas geben und mit dem Weißwein aufgießen.
– Für einen Kir Royal Crème de Cassis ins Glas geben und mit Sekt oder Champagner aufgießen.

1222. Bellini

FRUCHTIG | SPRITZIG
Für 1 Drink
Zubereitungszeit: 10 Min.

1 vollreifer weißer Pfirsich • eiskalter Sekt zum Auffüllen • 1 Tropfen Grenadinesirup

– Den Pfirsich dünn schälen. Das Fruchtfleisch des Pfirsichs in Spalten vom Kern schneiden und durch ein Küchensieb streichen, in der Küchenmaschine oder im Mixer pürieren.
– Das Fruchtpüree in den Sektkelch geben und das Glas mit Sekt auffüllen. Sekt und Pfirsichpüree mit dem Grenadinesirup verrühren.

1223. Campari Orange

BITTER-SÜSS
Für 1 Longdrink
Zubereitungszeit: 5 Min.

4–5 Eiswürfel • 4 cl Campari • Orangensaft zum Auffüllen • 1 Orangenscheibe

– In das Longdrinkglas einige Eiswürfel geben und den Campari dazugießen. Das Glas mit Orangensaft auffüllen und alles gut umrühren.
– Die Orangenscheibe einschneiden und zum Garnieren an den Glasrand stecken.

1224. Martini (Dry) Cocktail

WÜRZIG
Für 1 Cocktail
Zubereitungszeit: 5 Min.

1 Hand voll Eiswürfel • 6 cl gekühlterGin • 1 cl Vermouth Extra Dry • 1 grüne Olive (in Lake eingelegt)

– Ein Rührglas zu zwei Dritteln mit Eis füllen. Gin und Vermouth dazugeben. Etwa 6 Sek. kräftig verrühren, damit der Cocktail kalt, aber nicht verwässert wird.
– Die Mischung durch ein Sieb in das Cocktailglas abseihen. Die Olive vorsichtig in das Glas geben.

1225. Americano

BITTER-SÜSS
Für 1 Longdrink
Zubereitungszeit: 5 Min.

3–4 Eiswürfel • 4 cl Campari • 2 cl Vermouth Rosso • Sodawasser zum Auffüllen • 1 Stück unbehandelte Orangenschale

– Das Eis ins Glas geben. Campari und Vermouth dazugeben und mit Soda auffüllen. Leicht umrühren.
– Orangenschale über dem Glas ausdrücken, damit die ätherischen Öle ins Glas tropfen, dann ins Glas geben.

1226. Gin Tonic

ERFRISCHEND
Für 1 Longdrink
Zubereitungszeit: 5 Min.

3–4 Eiswürfel • 4 cl Gin • Tonic Water zum Auffüllen • 1 Zitronen- oder Limettenscheibe

– Die Eiswürfel ins Glas geben, den Gin darüber gießen und mit Tonic Water auffüllen. Den Drink mit Zitrone oder Limette garnieren.

1227. Gin Fizz

KLASSISCH
Für 1 Longdrink
Zubereitungszeit: 5 Min.

1/2 Zitrone • 3–4 Eiswürfel • 6 cl Gin • 2 cl Zuckersirup • Sodawasser zum Auffüllen

– Zitrone auspressen und den Saft in den Shaker gießen. Die Eiswürfel, den Gin und den Zuckersirup dazugeben und alles etwa 10 Sek. lang kräftig schütteln.
– Durch ein Sieb ins Glas gießen und mit Sodawasser nach Belieben auffüllen.

1228. Whiskey Sour

KLASSISCH
Für 1 Drink
Zubereitungszeit: 5 Min.

3–4 Eiswürfel • 5 cl Bourbon Whiskey • 3 cl Zitronensaft • 1 cl Zuckersirup • 1 Cocktailkirsche • 1/2 Orangenscheibe • Cocktailspieß

– Die Eiswürfel, Whiskey, Zitronensaft und Zuckersirup im Shaker kräftig schütteln und durch ein Sieb in ein mittelgroßes Stielglas abgießen.
– Die Cocktailkirsche und die halbe Orangenscheibe auf den Spieß stecken und diesen über den Glasrand legen.

1229. Cuba Libre

KLASSISCH
Für 1 Longdrink
Zubereitungszeit: 5 Min.

1/2 Limette • 3–4 Eiswürfel • 4 cl weißer oder brauner Rum • Cola zum Auffüllen • 1 Limettenscheibe

– Die halbe Limette auspressen. Das Eis ins Glas geben, den Limettensaft und den Rum dazugießen und randvoll mit Cola füllen.
– Das Ganze noch mit einer Limettenscheibe garnieren und nach Belieben mit einem Strohhalm servieren.

1230. Caipirinha

FRUCHTIG
Für 1 Drink
Zubereitungszeit: 10 Min.

1 unbehandelte Limette • 6 cl Cachaça • 1 EL brauner Zucker • gestoßenes Eis zum Auffüllen

– Die Limette heiß waschen, vierteln, den Saft in ein übergroßes Becherglas ausdrücken und die Limettenstücke mit ins Glas geben.

– Den braunen Zucker zugeben und mit dem Stößel die Limettenstücke im Glas nochmals kräftig ausdrücken. Den Cachaça dazugießen, gut umrühren.
– Das Glas mit gestoßenem Eis auffüllen, nochmals gut umrühren und mit einem Trinkhalm servieren.

1231. Margarita

WÜRZIG
Für 1 Drink
Zubereitungszeit: 10 Min.

1/2 Zitrone • 1 EL Salz • 4 cl Tequila • 2 cl Curaçao Triple sec oder Cointreau • 3–4 Eiswürfel

– Die Zitrone auspressen und den Saft in den Shaker gießen.
– Das Salz auf einem Teller verteilen. Den Rand des Glases mit der ausgedrückten Zitrone abreiben. Den Rand des Glases im Salz drehen, bis sich eine dünne Salzkruste bildet.
– Den Tequila und den Curaçao Triple sec oder den Cointreau zu dem Zitronensaft in den Shaker gießen, Eiswürfel dazugeben, alles etwa 30 Sek. kräftig schütteln.
– Den Drink vorsichtig durch ein Sieb in das Cocktailglas gießen, ohne die Salzkruste zu beschädigen. Beim Trinken vermischt sich der Drink im Mund mit dem Salz zu einem einzigartigen Genuss.

1232. Tequila Sunrise

FRUCHTIG
Für 1 Longdrink
Zubereitungszeit: 10 Min.

1 Hand voll Eiswürfel • 6 cl weißer Tequila • 1 cl Zitronensaft • 120 ml Orangensaft • 1 cl Grenadinesirup • 1 Orangenscheibe

– Einige Eiswürfel, Tequila, Zitronen- und Orangensaft im Shaker kräftig schütteln und durch ein Sieb in das Longdrinkglas auf weitere Eiswürfel absieben.
– Den Grenadinesirup langsam mit einem langstieligen Löffel auf den Drink gießen. Abwarten bis sich der Sirup auf dem Boden des Glases gesammelt hat, dann vorsichtig mit dem Löffel kurz aufrühren. Der Sirup bildet jetzt ein Farbspiel, das an den Sonnenuntergang erinnert.
– Zum Servieren die Orangenscheibe einschneiden und an den Glasrand stecken. Nach Belieben mit einem Trinkhalm seriveren.

TIPP

Wer es besonders süß mag, kann anstatt 1 cl Grenadine auch 2 cl nehmen. Der Sirup sorgt nicht nur für Geschmack und eine schöne Farbe, er süßt auch kräftig.

1233. Mojito

FRUCHTIG
Für 1 Longdrink
Zubereitungszeit: 10 Min.

3 cl frisch gepresster Limettensaft • 8 Minzeblätter • 2 cl Zuckersirup • 6 cl weißer Rum • 1 große Hand voll gestoßenes Eis • 1 Schuss Sodawasser

– Den Limettensaft, die Minzeblätter und den Zuckersirup in das Glas geben. Das Ganze mit dem Stößel etwas zerdrücken, damit die Minzeblätter ihr Aroma entfalten können.
– Den Rum dazugießen und das Glas mit gestoßenem Eis auffüllen. Alles mit dem Sodawasser abspritzen und mit einem langstieligen Löffel von oben nach unten kurz verrühren.
– In das Glas einen Trinkhalm stecken und den Drink sofort servieren.

TIPPS

– Sie können den Mojito auch wie beim Caipirinha beschrieben (Rezept Nr. 1230) mit braunem Zucker zubereiten. Dafür anstatt des Zuckersirups 1 gehäuften EL braunen Zucker ins Glas geben und besonders gründlich mit dem Stößel zerdrücken.
– Der Zuckersirup für Cocktails ist ganz leicht selbst gemacht. Dafür 250 g Zucker mit 600 ml Wasser in einem Topf aufkochen. 1 Min. kochen lassen. Es sollten alle Zuckerkristalle gelöst sein. Den abgekühlten Sirup mit einem Trichter in gründlich gereinigte Flaschen füllen und verschließen. Der Sirup hält sich mehrere Wochen.

1234. Mai Tai

FRUCHTIG
Für 1 Drink
Zubereitungszeit: 10 Min.

1 Hand voll gestoßenes Eis • 3–4 Eiswürfel • 3 cl Limettensaft • 1 cl Mandelsirup • 2 cl Curaçao Triple Sec oder Cointreau • 6 cl brauner Rum • 1 Cocktailkirsche • 1 Stück Ananas • 1 Minzezweig

– Ein übergroßes Becherglas zur Hälfte mit gestoßenem Eis füllen.
– Die Eiswürfel, Limettensaft, Mandelsirup, Curaçao Triple Sec oder Cointreau und Rum in den Shaker geben. Den Shaker schließen und mindestens 10 Sek. lang kräftig schütteln. Den Inhalt durch ein Sieb in das Glas gießen. Kurz umrühren.
– Den Drink mit der Cocktailkirsche, der Ananas und dem Minzezweig garnieren. Mit Trinkhalm servieren.

TIPP

Der Mai Tai ist ein sehr empfindlicher Drink. Wegen der Intensität der einzelnen Zutaten muss man beim Abmessen sehr genau sein. Wem der Cocktail noch zu süß ist, gibt etwas mehr Limettensaft zu.

1235. Strawberry Daiquiri

FRUCHTIG | ERFRISCHEND
Für 1 Cocktail
Zubereitungszeit: 10 Min.

6 Erdbeeren • 1 cl Erdbeersirup oder Erdbeerlikör • 2 cl Zuckersirup • 3 cl Zitronen- oder Limettensaft • 5 cl weißer Rum • 3–4 Eiswürfel

– Erdbeeren waschen und putzen. 5 Beeren, Erdbeersirup oder -likör, Zuckersirup, Zitrussaft und den Rum in den Mixer geben und gut durchmixen.
– Eiswürfel in den Shaker geben und die Mischung aus dem Mixer dazugießen. 10 Sek. lang kräftig schütteln. Den Drink durch ein Sieb in eine Cocktailschale gießen.
– Die übrige Erdbeere zum Garnieren einschneiden und an den Glasrand stecken.

1236. Long Island Iced Tea

ANREGEND
Für 1 Longdrink
Zubereitungszeit: 5 Min.

4 Eiswürfel • 2 cl Wodka • 2 cl Gin • 2 cl weißer Rum • 2 cl Curaçao Triple Sec • 2 cl Zitronensaft • 2 cl Orangensaft • eiskalte Cola zum Auffüllen • Scheibe von 1 Karambole oder unbehandelten Zitrone

– Eiswürfel in ein langes, schmales Glas geben. Wodka, Gin, Rum, Curaçao Triple Sec sowie Zitronen- und Orangensaft auf die Eiswürfel gießen und die Mischung nach Geschmack mit mehr oder weniger Cola auffüllen.
– Die Karambolen- oder Zitronenscheibe einschneiden und als Deko an den Glasrand stecken.

1237. Bloody Mary

ANREGEND
Für 1 Longdrink
Zubereitungszeit: 5 Min.

3–4 Eiswürfel • frisch gemahlener Pfeffer • Selleriesalz • 2 Spritzer Tabasco • 3 Spritzer Worcestersauce • 1 cl Zitronensaft • 5 cl Wodka • 120 ml Tomatensaft

– Das Glas mit den Eiswürfeln füllen. Pfeffer, Selleriesalz, den Tabasco und die Worcestersauce, den Zitronensaft, den Wodka und den Tomatensaft dazugeben.
– Mit einem langstieligen Löffel in einer Spirale gut von unten nach oben rühren.

1238. Piña Colada

CREMIG
Für 1 Longdrink
Zubereitungszeit: 10 Min.

5 cl Cream of Coconut oder Kokossirup • 10 cl Ananassaft • 6 cl weißer Rum • 1 Hand voll gestoßenes Eis • 1 Ananasstück • 1 Cocktailkirsche • 1 Cocktailspieß

– Cream of Coconut oder den Kokossirup, den Ananassaft und den weißen Rum in den Mixer geben und gut durchmixen.

– Das Glas zur Hälfte mit dem gestoßenen Eis füllen und die Mischung aus dem Mixer dazugießen. Den Drink gut umrühren.
– Das Ananasstück einschneiden und an den Glasrand stecken. Mit dem Cocktailspieß die Cocktailkirsche an das Ananasstück spießen. Mit Trinkhalm servieren.

1239. Alexander

CREMIG
Für 1 Cocktail
Zubereitungszeit: 10 Min.

1 Hand voll gestoßenes Eis • 3 cl Weinbrand oder Cognac • 3 cl brauner Crème de Cacao • 3 cl Sahne • frisch geriebene Muskatnuss

– Ein Cocktailglas in den Gefrierschrank stellen.
– Das gestoßene Eis in den Shaker geben. Den Weinbrand oder Cognac, die Crème de Cacao und die Sahne in den Shaker gießen und etwa 20 Sek. kräftig schütteln.
– Inhalt des Shakers durch ein Sieb in das Glas gießen und zum Schluss mit Muskatnuss bestreuen.

TIPP
Wer es ganz eisig mag, kippt etwas von dem zerstoßenen Eis mit ins Glas.

1240. Orangenflip

FRUCHTIG
Für 1 Cocktail
Zubereitungszeit: 5 Min.

3–4 Eiswürfel • 2 cl Eierlikör • 4 cl Orangensaft • 1 cl frisch gepresster Limettensaft • 1 cl Curaçao Triple Sec oder Cointreau • 2 cl kalte Milch • frisch geriebene Muskatnuss

– Eiswürfel, Eierlikör, Orangensaft, Limettensaft und Curaçao Triple Sec oder Cointreau in den Shaker geben und kurz schütteln. Die Milch dazugeben und alles nochmal etwa 10 Sek. kräftig durchschütteln.
– Den Drink durch ein Sieb in ein Glas abgießen und mit etwas Muskatnuss bestreuen.

1241. Pousse Café

SÜSS | CREMIG
Für 1 Cocktail
Zubereitungszeit: 5 Min.

2 cl Eierlikör • 2 cl Vanillelikör • 2 cl Kirschwasser

– Den Eierlikör in ein hohes, schmales Glas geben. Kurz stehen lassen.
– Einen Kaffeelöffel mit der Rundung nach oben so innen ans Glas halten, dass die nächste Flüssigkeit sanft auf die die Oberfläche der bereits im Glas befindlichen laufen kann. Den Vanillelikör über den Löffelrücken langsam am Glasrand entlang ins Glas laufen lassen. Das Kirschwasser ebenso hinzufügen.

1242. Egg-Nogg Banane

FRUCHTIG | CREMIG
Für 2 Drinks
Zubereitungszeit: 10 Min.

1 Banane • 1 Ei • 1 EL Zucker • 1/4 l Milch • 2 cl Birnenbranntwein • 2 Eiswürfel • 1 Prise frisch geriebene Muskatnuss

– Die Banane schälen und in Stücke schneiden. Zusammen mit dem Ei, dem Zucker, der Milch und dem Birnenbranntwein im Mixer bei höchster Schaltstufe mischen.
– Die Mischung in hohe Gläser füllen, jeweils einen Eiswürfel zufügen und mit wenig Muskat überreiben.

1243. Kullerpfirsich

ERFRISCHEND
Für 1 Drink
Zubereitungszeit: 10 Min.

1 vollreifer Pfirsich • 1/8 l eiskalter Sekt

– Den Pfirsich waschen, mit einer Gabel rundherum mehrfach anstechen, ungeschält in ein bauchiges Glas geben und den Sekt zugießen.
– Nach kurzer Zeit beginnt der Pfirsich sich im Sekt zu drehen. Mit Obstbesteck und Dessertteller servieren.

1244. Kalte Ente

ERFRISCHEND
Für 12 Gläser
Zubereitungszeit: 10 Min.
Ruhezeit: 30 Min.

2 unbehandelte Zitronen • 3/4 l trockener Weißwein • 1 Flasche Sekt (0,75 l) • 1 EL Zucker

– Zitronen gründlich heiß waschen, Schale in dünnen Spiralen abschälen. Saft von 1/2 Zitrone auspressen.
– Den Wein in ein großes Bowlengefäß gießen und die Zitronenschalenspiralen dazugeben. 15–20 Min. in dem Wein ruhen und ziehen lassen.
– Dann die Schalen herausnehmen und mit dem Sekt auffüllen. Den Zucker in wenig heißem Wasser auflösen und mit dem Zitronensaft untermischen.

1245. Maibowle

KLASSISCH
Für 18 Gläser
Zubereitungszeit: 5 Min.
Ruhezeit: 30 Min.

1 Bund Waldmeister • 1 1/2 l trockener Weißwein (nach Belieben auch Ruländer oder Gewürztraminer) • 1 Flasche Sekt (0,75 l)

– Den Waldmeister im Bund leicht antrocknen lassen.
– 1/2 l Wein in ein Bowlengefäß gießen und den Waldmeister an einem Faden so in den Wein hängen, dass die Stängel herausschauen. Je nach Geschmack 15–30 Min. im Wein ziehen lassen.
– Dann das Kraut herausnehmen, den übrigen Wein zugießen, mit dem kalten Sekt auffüllen.

TIPPS

– Waldmeister (auch Maikraut) dient zum Würzen von Bowlen, Likören und Süßspeisen. Verwendet werden die jungen Triebe kurz vor der Blüte.
– Da der Pflanzensaft von Waldmeister giftig ist, sollte er nicht in die Trinkflüssigkeit gelangen. Deswegen die Stängel immer so in den Wein hängen, dass die Stängelenden herausschauen.

1246. Erdbeer-Rosen-Bowle

BRAUCHT ETWAS ZEIT
Für 10 Gläser
Zubereitungszeit: 15 Min.
Ruhezeit: 1 1/4 Std.

500 g Erdbeeren • 4 ungespritzte Freilandrosen (siehe TIPP) • 70 ml Ginger Ale • 4 Flaschen eisgekühlter trockener Muscadet (je 0,75l) • 5–8 Tropfen Rosenwasser • 1 Flasche eisgekühlter trockener Sekt (0,75 l) • Eiswürfel nach Geschmack

– Die Erdbeeren putzen, dabei möglichst nur mit einem trockenen Tuch abreiben – Wasser wäscht ihr Aroma ab. Größere Früchte zerteilen. Rosen entblättern und die äußeren Blätter mit einem trockenen Tuch abwischen.
– Die Erdbeeren und die Rosenblätter in einem großen Bowlengefäß mit Ginger Ale und 1/4 l Wein mischen und 15 Min. durchziehen lassen.
– Den restlichen Wein dazugießen und die Bowle 1 Std. zugedeckt kühl stellen. Dann das Rosenwasser zugeben und mit dem Sekt aufgießen. Sofort auf Eis servieren.

TIPP

Nur wenn die Rosen duften, können Sie der Bowle auch Aroma geben. Und nur wenn sie wirklich ungespritzt sind, dürfen sie ins Bowlenglas – wenn Sie oder Ihre Bekannten keine im Garten haben, kann Ihnen ein guter Blumenhändler auf Bestellung welche besorgen. Sind dann auch noch die Erdbeeren ungespritzt und müssen nicht gewaschen werden, wird die Bowle perfekt.

1247. Orangenkakao

SCHMECKT KINDERN
Für 4 Tassen
Zubereitungszeit: 20 Min.

2 unbehandelte Orangen • 400 ml Milch • 1 1/2 EL Kakaopulver • 125 g Sahne • 2 Eigelbe • 3 1/2 EL Zucker

– Die Orangen heiß abwaschen und die Schale fein abreiben, dann den Saft auspressen. Die Milch in einem

Topf aufkochen. Das Kakaopulver mit der Sahne glatt rühren, zur Milch gießen und kurz aufkochen.
– Die Eigelbe mit 1 EL Zucker und dem Orangensaft verquirlen, nach und nach den heißen Kakao unterrühren. Nicht mehr kochen lassen.
– Vier Tassen oder auch hitzebeständige Gläser an den Rändern befeuchten. Die abgeriebene Orangenschale mit 1 EL Zucker mischen, die Tassen oder Gläser umgedreht hineindrücken.
– Orangenkakao nach Geschmack mit dem übrigen Zucker süßen und in die vorbereiteten Tassen oder Gläser umgießen.

1248. Echte Trinkschokolade

SCHMECKT KINDERN | KLASSISCH
Für 4 Tassen
Zubereitungszeit: 10 Min

120 g Zartbitter-Schokolade • 900 ml Milch • Salz • 1 EL Zucker • 2 TL Schokoladenstreusel

– Die Zartbitter-Schokolade fein reiben und in 100 ml heißem Wasser glatt rühren.
– Die Milch mit 1 Prise Salz erhitzen, jedoch nicht kochen lassen. Die gelöste Schokolade und den Zucker einrühren. Topf vom Herd ziehen und den Inhalt mit dem Schneebesen schaumig aufschlagen.
– Die Trinkschokolade in vorgewärmte Tassen füllen, mit Schokostreuseln bestreuen und sofort servieren.

1249. Glühwein

KLASSISCH
Für 1 Drink
Zubereitungszeit: 15 Min.

1 Stück Würfelzucker • 1/4 l trockener Rotwein • 1/2 unbehandelte Zitrone • 1/2 Stange Zimt • einige Tropfen Curaçao-Likör

– Den Würfelzucker in einen Topf geben und mit dem Rotwein übergießen.
– Die Zitrone heiß waschen und mit dem Messer dünn schälen. Die Schale mit der Zimtstange in den Kochtopf geben. Die Zutaten langsam erhitzen, bis sich Schaum bildet (aber nicht kochen lassen!).
– Ehe der Wein zu kochen beginnt, den Kochtopf vom Herd nehmen und den Schaum, der sich gebildet hat, mit dem Löffel abschöpfen.
– Ein paar Tropfen Curaçao-Likör zugeben, kurz umrühren und 5 Min. ziehen lassen.
– Den Glühwein durch ein Sieb in ein hitzebeständiges Glas oder in die Tasse gießen und servieren.

1250. Punsch

KLASSISCH
Für 12 Gläser
Zubereitungszeit: 20 Min.

3 TL schwarze Teeblätter • 2 unbehandelte Orangen • 1 Zitrone • 2 Gewürznelken • 1 Stückchen Zimtstange • 3/4 l Rotwein • 180 g Zucker • 1/8 l Rum

– 1/2 l Wasser zum Kochen bringen. Teeblätter mit dem heißen Wasser überbrühen. 8–10 Min. ziehen lassen, bis ein kräftiger Schwarztee entstanden ist. Durch ein feines Sieb in einen Topf abgießen.
– 1 Orange heiß waschen und die Hälfte der Schale abreiben, den Saft beider Orangen und der Zitrone auspressen. Orangenschale mit Nelken und Zimt zum Tee geben. Den Rotwein zugießen und alles erhitzen, aber nicht kochen lassen.
– Orangen- und Zitronensaft und den Zucker zugeben und umrühren. Wenn der Zucker sich aufgelöst hat, den Punsch durchsieben und den Rum zugießen.

TIPPS

– Einen Riesen-Punsch braute 1760 der britische Admiral Edward Boscaven für die Offiziere seiner Flotte. In einem großen Marmorbecken mischte er 600 Flaschen Rum, die gleich Menge Cognac, 1200 Flaschen Malaga und 4 Tonnen kochendes Wasser. Hinzu kamen 200 geriebene Muskatnüsse, 600 Pfund Zucker und der Saft von 2600 Zitronen. Von einem kleinen Mahagoni-Kahn aus, der auf dem Punschsee schwamm, füllte ein Kind die Gläser der Gäste auf.
– In der Wahl der Zutaten bieten sich bei einem Punsch zahlreiche Möglichkeiten. Ein Weißwein lässt sich beispielsweise gegen Apfelwein mit Arrak oder gegen Portwein mit Whisk(e)y austauschen.

1251. Rieslingpunsch

GUT FÜR GÄSTE
Für 3 1/2 Liter
Zubereitungszeit: 20 Min.

1 unbehandelte Zitrone • 350 g Zucker • 1/4 l Arrak oder Rum • 5 TL Assam-Teeblätter • 1/2 TL Anissamen • 3 Flaschen trockener Riesling (je 0,75 l)

– Die Zitrone heiß waschen. Schale dünn abreiben und den Saft auspressen, beides mit dem Zucker und dem Arrak oder Rum verrühren.
– 1 l Wasser zum Kochen bringen. Den Assam-Tee und die Anissamen mit dem heißen Wasser aufbrühen und 3 Min. ziehen lassen.
– Den Riesling erhitzen. Den Tee durch ein Sieb dazugießen, die Zuckerlösung untermischen. Sieht schön in orientalischen Teegläsern mit einem Stück Zitronenschale drin aus.

1252. Feuerzangenbowle

KLASSISCH | GUT FÜR GÄSTE
Für 18 Gläser
Zubereitungszeit: 30 Min.

2 Zitronen • 1 1/2 l Rotwein • 3 Gewürznelken • Schale von 1 unbehandelten Orange • 1 Zuckerhut (etwa 300 g) • 3/4 l Rum (54 % vol.)

– Die Zitronen auspressen und den Saft zusammen mit dem Rotwein in einem Kupferkessel erhitzen. Die Nelken und die Orangenschale in den Wein geben.
– Den Zuckerhut in einer Feuerzange über den Kessel legen. Etwas Rum darüber gießen, anzünden und ständig Rum aus einem Schöpflöffel – nicht aus der Flasche – nachgießen, bis der Zucke geschmolzen ist.
– Die Nelken und die Orangenschale aus dem Wein entfernen. Die Feuerzangenbowle heiß aus vorgewärmten Punschgläsern trinken.

TIPP
Zum Einschenken der Feuerzangenbowle eignen sich am besten Schöpfkellen aus Silber oder Glas, sie beeinträchtigen den Geschmack nicht.

1253. Irish Coffee

KLASSISCH
Für 4 Gläser
Zubereitungszeit: 20 Min.

3 EL Kaffeepulver • 125 g Sahne • 3 EL Zucker • knapp 1/4 l irischer Whiskey • 4 feuerfeste langstielige Irish-Coffee-Gläser • kleiner Spiritusbrenner

– 1/2 l Wasser zum Kochen bringen. Das Kaffeepulver damit frisch aufbrühen und den Kaffee warm halten. Die Irish-Coffee-Gläser zum Vorwärmen mit sehr heißem Wasser füllen. Die Sahne mit 1 EL Zucker mit dem Schneebesen halbsteif schlagen.
– Das Wasser aus den Gläsern gießen. Die Hälfte des Whiskeys in den Gläsern verteilen. Nacheinander jedes Glas über der Spiritusflamme drehen, so dass sich der Whiskey erwärmt. Die Gläser anschließend unter weiterem Drehen mit der Öffnung an die Flamme halten, so dass sich der Alkohol entzündet.
– Den restlichen Zucker in den Gläsern verteilen und mit dem Kaffee auffüllen. Einen Esslöffel mit der Rundung nach oben über die Kaffeeoberfläche halten. Ein Viertel vom übrigen Whiskey darüber in den Kaffee träufeln. Ebenso die Sahne über den umgedrehten Löffel ins Glas laufen lassen; sie schwimmt dann an der Oberfläche.

1254. Pharisäer

GUT FÜR GÄSTE
Für 4 Tassen
Zubereitungszeit: 15 Min.

3 EL Kaffeepulver • 250 g Sahne • 2 EL Zucker • 8 cl Rum (54 % vol.)

– 1/2 l Wasser zum Kochen bringen. Das Kaffeepulver damit frisch aufbrühen und den Kaffee warm halten. Sehr heißes Wasser in 4 Tassen gießen und diese vorwärmen. Die Sahne mit den Quirlen des Handrührgeräts sehr steif schlagen.
– Das Wasser aus den Tassen gießen, Tassen abtrocknen und in jede Tasse 1–2 TL Zucker geben.
– Je 1 Schnapsglas (2 cl) Rum über den Zucker gießen und mit dem Kaffee auffüllen. Die Schlagsahne als Haube auf jede Tasse Pharisäer setzen.

Für die Speisekammer

Wenn alles von der Konfitüre übers Chutney bis zum Likör fix und fertig im Laden steht – muss man da noch wie früher auf Vorrat kochen? Wir glauben schon – weil Omas Eierlikör einfach der beste ist, weil wir immer schon unser Mango-Chutney selber machen wollten, weil wir nie Pflaumenmus aus dem Supermarkt verschenken würden. Deswegen hätten wir zu gerne eine Speisekammer. Jetzt haben wir wenigstens die Rezepte dafür.

Viele der berühmtesten Delikatessen und einige der beliebtesten Zutaten der Welt sind entstanden, weil wir uns das Gute möglichst lange erhalten wollen. Menschen haben seit der Urzeit Methoden entwickelt, um frische Früchte und Gemüse, Fleisch und Fisch, Milch und Ei sowie Kräuter und Gewürze zu konservieren. Das Ergebnis dieser oft sehr simplen und bis heute angewandten Verfahren kann sich schmecken lassen: aromatische Konfitüren und Liköre, scharfe Chutneys und Pickles, feine Antipasti und rustikale Rilettes, luftgetrockneter Schinken und Räucherlachs, Pasten und Saucen von Pesto bis Ketchup.

Das Speisekammer-Prinzip

Die Methoden der Konservierung sind unterschiedlich, doch das ursprüngliche Prinzip ist immer das gleiche: Feinste Frühlingssahne, sommerfrische Beeren oder im Herbst geschlachtetes Fleisch sollten den Menschen möglichst lange übers Jahr zur Verfügung stehen. Dass dabei Produkte entstanden, die einen ganz neuen, intensiveren Geschmack besitzen, war erst einmal nur Nebeneffekt. Es waren vor allem Bauern, die in jedem Land der Welt fürs schlichte Überleben ihre Kirschen einweckten, Oliven einsalzten oder Shiitake-Pilze trockneten. Unabhängig voneinander entdeckten dabei alle ein erfolgreiches Grundrezept für das Konservieren: Man ergänze zur Hauptzutat so wenige Zutaten wie möglich, die dafür aber dann eine starke Wirkung haben und in großen Mengen dazukommen. So ist es oft nicht mehr als Salz, Zucker, Essig, Öl oder Alkohol, das aus dem Frischen etwas Haltbares und zugleich Delikates macht.

Was haltbar macht

Frische Zutaten – ob frisch geerntet, frisch gefangen oder frisch geschlachtet – sind Zutaten, die „leben". Das hat sein Gutes und sein Schlechtes. Das Gute daran ist, dass sie voller Saft und Kraft stecken, dem Körper viel Energie geben und dass ihr Geschmack noch ganz rein ist. Jedoch: Alles was lebt, entwickelt sich weiter. Es kann reifen, wie ein Apfel im Keller oder ein Steak beim Abhängen. Es kann aber auch Welken wie altes Kraut, schimmeln wie die empfindlichen Himbeeren oder schnell verderben wie Fisch. Denn die Stoffe in frischen Lebensmitteln reagieren mehr oder weniger heftig auf ihre Umwelt und deren Keime, ganz besonders wenn Wasser oder Luft im Spiel sind.

Beim traditionellen Konservieren werden nun natürliche Stoffe und Kräfte eingesetzt, die diese Reaktionen bremsen: Salz und Zucker, die den Zutaten das Wasser und damit den Bakterien die Nahrung entziehen – wie bei kandierten Früchten oder beim Salzhering; Saures, Scharfes und Hochprozentiges, das die Keime selbst betäubt oder tötet – wie beim Essiggemüse, bei Mango-Chutney oder beim Rumtopf; Fettes, das den Enzymen die Luft nimmt – wie beim Rillettes. Das alles wird dann oft noch kombiniert mit der Wirkung von Hitze, Kälte oder Luft, um auf Nummer sicher zu gehen. So wird aus Pflaumen und Zucker ein lange haltbares Mus gekocht, Schinken und Salz werden erst durch das Trocknen im Freien zum Parmaschinken und die Haltbarkeit von fast allen natürlich konservierten Lebensmitteln wird durchs Kühlen noch verlängert – ganz besonders, wenn die

Konserven einmal geöffnet und damit wieder „zum Leben erweckt" worden sind. Ganz ohne weitere Zutaten kommt man beim Tiefkühlen von Lebensmitteln aus, das im Vergleich zu den anderen beschriebenen Konservierungs-Methoden ein noch recht junges Verfahren zum Haltbarmachen ist.

Was ist …

… eine Marmelade? Wird meist als Name für alle Fruchtaufstriche verwendet, darf im Handel aber nur für solche aus mindestens 20 % Schale und Saft von Zitrusfrüchten stehen. Leitet sich von „marmelata" ab – portugiesisch für „Quittenmus". Bei Selbstgekochtem ist das alles egal, hier kann alles Marmelade heißen – auch in den Rezepten für Kochbücher.

… eine Konfitüre? Korrekte Bezeichnung für alle Fruchtaufstriche, die nicht aus Zitrusfrüchten und nur aus einer Obstsorte eingemacht (frz. „confire") wurden. „Konfitüre extra" enthält mindestens 45 % Früchte, für „Konfitüre einfach" reichen 35 %.

… ein Gelee? Fruchtaufstrich aus geliertem Saft, der in „extra" und „einfach" unterschieden wird. Oft werden säuerlich-saftige Früchte wie Johannisbeeren, gut gelierende wie Stachelbeeren oder für Konfitüre nicht geeignete wie Äpfel verwendet.

… ein Kompott? Früchte, die mit Zucker und zum Teil Flüssigkeit eingekocht werden, so dass sie in süßem Saft schwimmen – z.B. Zwetschgen, Aprikosen oder Kirschen. „Dunstfrüchte" werden ohne weitere Zugabe verschlossen im Weckglas oder in der Konserve unter Dampf eingekocht.

… ein Chutney? Von ind. „chatni". Pikante Konfitüre aus Früchten wie Mango, Melonen, Äpfeln oder Fruchtgemüsen wie Tomaten, die süß, sauer und scharf zugleich abgeschmeckt wird. Als Beilage zu Currys, Grillfleisch, Sandwiches, Reis.

Konserviertes selber machen

Eins ist merkwürdig: Heute besitzt jeder Haushalt einen Kühlschrank und einen Tiefkühler, und in jeder Kleinstadt sind das ganze Jahr über frische Lebensmittel aus aller Welt zu haben – und trotzdem gibt es immer noch Konserven und Fertigprodukte aller Art in den Läden. Zum einen liegt das daran, dass sie praktisch sind und das Kochen erleichtern. Wer jetzt die Nase rümpft, sollte einmal nach Asien schauen: Dort ist Konserviertes wie Sojasauce, Currypaste oder getrocknete Garnelen die traditionelle Basis für eine Küche, die für ihre Frische gerühmt wird. Und auch bei uns wird kaum jemand für eine Senfsauce seinen eigenen Senf anrühren oder Erbsen nur in ihrer kurzen Saison genießen – wenn sie doch tiefgefroren fast genauso gut schmecken. Manche „Fertigprodukte" kann man auch gar nicht selbst machen oder zumindest nicht so gut wie die Profis – den Stockfisch etwa oder die Dosentomaten aus dem tiefen Süden Italiens.

Bei einem großen Teil der heutigen Konserven ist der Grund für ihr Überleben im Lebensmittelladen der, dass ihr einstiger Nebeneffekt – der veränderte Geschmack – inzwischen zur Hauptsache geworden ist. Himbeeressig, Gewürzgurken und Tomatenketchup gehören heute einfach genauso zu unserem Kochen und Essen wie frische Himbeeren, Gurken und Tomaten. Allerdings haben viele dieser „Traditionskonserven" mit dem Wegfallen ihres ursprünglichen Zwecks auch ihr ursprüngliches Aroma verloren. Was heute für viele Hersteller von Silberzwiebeln oder Chutneys zählt, ist nicht Tradition und Haltbarkeit, sondern nur das Endprodukt. Und so werden leider oft auf einheitliche Verarbeitung gezüchtete Lebensmittel nur noch mit dem Aroma der einst natürlichen Konservierungsstoffe versetzt und dann künstlich haltbar gemacht – in vielen Gläsern mit süßsauren Gurken stecken so nur noch Süßstoff und Zitronensäure statt Zucker und Essig bzw. Salz und die daraus entstandene Milchsäure.

Vergleichen Sie einfach mal die Zutatenlisten auf den Etiketten mit denen der Rezepte in diesem Kapitel – dann bekommen Sie als Liebhaber von Orangenmarmelade oder als Chutney-Fan vielleicht Lust, sich das mal selber zu kochen. Trauen Sie sich was am Herd. Und vertrauen sie dabei lieber auf ihr eigenes Können als auf das, was andere ihnen vorgekocht haben.

Konfitüre kochen

Die Früchte

Konfitüren werden vor allem aus Beeren und Steinobst zubereitet. Klassiker sind Erdbeer-, Himbeer- oder Aprikosenkonfitüre, aber sie können auch aus Brombeeren, Mirabellen, Pfirischen oder Mangos zubereitet werden. Wichtig ist, dass die Früchte gerade genug Saft besitzen, um der Konfitüre die richtige Substanz zu geben. Sehr Saftiges wie Trauben oder Orangen wird besser zu Gelee oder echter Marmelade verkocht. Die Früchte selbst müssen gut gereift und sehr geschmackvoll sein (auf die Saison achten), außerdem darf nichts matschig oder gar faul an ihnen wirken. Sie werden, falls nötig, kurz gewaschen, gut trockengetupft und großzügig geputzt, dabei je nach Wunsch zerkleinert.

Der Zucker

Eigentlich kann Konfitüre mit normalem Zucker gekocht werden. Dazu muss sie so lange auf dem Herd stehen, bis genug Flüssigkeit verkocht ist, wobei aber der Fruchtgeschmack verloren geht und das Endprodukt sehr süß ist. Bei Zwetschgenmus ist das gut, bei Erdbeerkonfitüre eher nicht. Dafür gibt es dann Gelierzucker, der mit Geliermittel (oft das in Äpfeln oder Stachelbeeren enthaltene Pektin) versetzt ist, und mit dem Konfitüre schneller bindet. Neben klassischem Gelierzucker „1:1“ (1 kg Zucker auf 1 kg Früchte) wird der mit mehr Pektin gestreckte und weniger süßende „1:2“ (500 g auf 1 kg) immer populärer. „1:3“ (300 g auf 1 kg) lässt die Konfitüre noch mehr nach Frucht schmecken, macht sie aber nicht sehr haltbar – daher enthält er oft Konservierungsstoffe.

Das Kochen

Wichtig ist, dass alle Werkzeuge völlig sauber sind, damit so wenig Keime wie möglich ins Glas kommen. Daher auch beim Arbeiten auf Sauberkeit achten und die Gläser samt Deckel kurz vor dem Einfüllen sehr heiß und klar spülen, dann zum Trocknen umgedreht auf ein Küchentuch setzen. Die Früchte können einige Stunden oder über Nacht abgedeckt im Kühlschrank mit dem Zucker ziehen. Dann werden sie auf dem Herd flott unter ständigem Rühren mit dem Kochlöffel aufgekocht und nun bei mittlerer Hitze je nach Rezepte unter weiterem Rühren fertig gekocht – bei Gelierzucker reichen oft wenige Minuten. Die „Gelierprobe“ zeigt, ob die kalte Konfitüre später fest genug ist: Einen Teelöffel Konfitüre auf einen kalten Teller geben und anblasen. Wird die Konfitüre rasch fest und bildet eine Haut mit Fältchen, ist Zeit zum Abfüllen. Dazu mit der Schöpfkelle die sehr heiße Masse durch einen Einmachtrichter in die Gläser füllen, auf diese Weise bleibt der Rand ganz sauber. Nun gleich fest verschließen, 10 Minuten erst auf den Deckel stellen, dann zum Abkühlen wenden – so ist sie wirklich luftdicht verschlossen.

GU Spezial-TIPP

Tricks mit Konfitüre: *Für Konditoren ist Aprikosenkonfitüre eine wichtige Zutat fürs fruchtige Süßen. Sie streichen sie auf Obstböden, bevor der Belag darauf kommt und auf Torten, bevor sie mit Glasur überzogen werden. Als Füllung für Biskuitrollen oder eine geteilte Sachertorte ist sie ohnehin ein Klassiker. Aber auch für Pikantes sind Konfitüren oder Marmeladen geeignet: Zitronenmarmelade mit etwas Senf oder Curry vermischt ist Basis für ein raffiniertes Chutney. Himbeerkonfitüre kurz vor dem Servieren unters Rotkraut gemischt gibt ihm das gewisse Etwas. Und ein großzügiger Löffel Holundergelee oder Pflaumenmus verleiht schweren Saucen zu dunklem Fleisch eine süße Leichtigkeit. Aprikosenkonfitüre wiederum bringt Grillfleisch Glanz und Aroma, wenn man sie in die Marinade rührt.*

1255. Roh gerührte Erdbeerkonfitüre

GELINGT LEICHT
Für 4 Gläser (je 1/4 l Inhalt)
Zubereitungszeit: 30 Min.
Ruhezeit: 12 Std.

500 g Erdbeeren • Saft von 1 Zitrone • 500 g Zucker • 2–3 EL Rum • 4 Twist-off-Gläser • Pergamentpapier

– Die Erdbeeren verlesen, waschen und putzen. Entweder die Beeren mit dem Zitronensaft und dem Zucker in eine Schüssel geben, mit einem Kartoffelstampfer zerdrücken und mit den Quirlen des Handrührgeräts 20–25 Min. rühren. (Das Gerät zwischendurch abschalten, da der Motor bei der langen Rührdauer heiß wird.) Oder die Erdbeeren mit Zitronensaft und Zucker 10–15 Min. im Mixer pürieren. Die Konfitüre ist dann genügend lange gerührt bzw. gemixt, wenn sich der Zucker völlig gelöst hat.
– Die Gläser gründlich sehr heiß ausspülen und auf einem Küchentuch abtropfen lassen. Dann in jedes Glas etwas Rum gießen und das Glas mit dem Rum ausschwenken. Den Rum in eine Schüssel geben. Für jedes Glas ein rundes Stück Pergamentpapier ausschneiden – es soll die Oberfläche der Marmelade völlig bedecken – und in dem Rum tränken.
– Die Konfitüre in die Gläser füllen, mit dem getränkten Pergamentpapier abdecken und 12 Std. im Kühlschrank stehen lassen, damit die eingerührte Luft entweicht. Die Konfitüregläser dann mit den Deckeln verschließen und kühl aufbewahren.

1256. Roh gerührte Himbeerkonfitüre

GELINGT LEICHT
Für 4 Gläser (je 1/4 l Inhalt)
Zubereitungszeit: 30 Min.
Ruhezeit: 12 Std.

500 g Himbeeren • Saft von 1 Zitrone • 500 g Zucker • 2–3 EL Rum • 4 Twist-off-Gläser • Pergamentpapier

– Himbeeren verlesen, waschen und abtropfen lassen. Entweder die Beeren durch ein Sieb streichen und das Fruchtpüree mit dem Zitronensaft und dem Zucker in eine Schüssel geben und mit den Quirlen des Handrührgeräts 20–25 Min. rühren. (Das Gerät zwischendurch abschalten, da der Motor bei der langen Rührdauer heiß wird.) Oder die Himbeeren mit Zitronensaft und Zucker 10–15 Min. im Mixer pürieren. Die Konfitüre ist dann genügend lange gerührt bzw. gemixt, wenn sich der Zucker völlig gelöst hat.
– Die Gläser gründlich sehr heiß ausspülen und auf einem Küchentuch abtropfen lassen. Dann in jedes Glas etwas Rum gießen und das Glas damitusschwenken. Den Rum in eine Schüssel geben. Für jedes Glas ein rundes Stück Pergamentpapier für die Oberfläche der Marmelade ausschneiden und in dem Rum tränken.
– Die Konfitüre in die Gläser füllen, mit dem getränkten Pergamentpapier abdecken und 12 Std. im Kühlschrank stehen lassen, damit die eingerührte Luft entweicht. Die Konfitüregläser dann mit den Deckeln verschließen und kühl aufbewahren.

TIPP
Wird die roh gerührte Konfitüre nicht bald verbraucht, das Pergamentpapier durch neues, in Rum getränktes, ersetzen. Die Konfitüren halten sich im Kühlschrank etwa 3–4 Wochen.

1257. Aprikosenkonfitüre

PREISWERT | SCHMECKT KINDERN
Für 4 Gläser (je 1/4 l Inhalt)
Zubereitungszeit: 20 Min.
Kochzeit: 30 Min.

650 g Aprikosen • 375 g Zucker • 4 Twist-off-Gläser

– Die Aprikosen waschen, halbieren und entsteinen. Die Aprikosen im Mixer pürieren. Vier von den Aprikosensteinen mit dem Hammer aufschlagen und die Kerne herauslösen.
– Das Fruchtpüree in einen hohen weiten Topf schütten, den Zucker untermischen und unter Rühren im offenen Topf zum Kochen bringen. Die Konfitüre unter öfterem Umrühren etwa 30 Min. kochen – sie soll dann glasig sein und leicht gelieren. Aprikosenkerne zur Konfitüre geben und 1 Min. mitkochen lassen.
– Die Gläser gründlich sehr heiß ausspülen und auf einem Küchentuch abtropfen lassen. Die Konfitüre dann mit den Kernen in die Gläser füllen und mit den Deckeln verschließen.

1258. Kirschkonfitüre

GEHT SCHNELL
Für 8 Gläser (je 1/4 l Inhalt)
Zubereitungszeit: 30 Min.

500 g Süßkirschen • 500 g Sauerkirschen • Saft von 1 Zitrone • 1 kg Gelierzucker • 2 EL Kirschwasser (nach Belieben) • 8 Twist-off-Gläser

– Die Kirschen waschen, entstielen und entsteinen. Die Kirschen dann entweder im Mixer nicht zu fein zerkleinern oder mit dem Kartoffelstampfer zerdrücken. Fruchtmus in einen großen, flachen Topf schütten und mit dem Zitronensaft und dem Gelierzucker verrühren.
– Das Kirschenmus bei starker Hitze unter ständigem Rühren zum Kochen bringen und 4 Min. sprudelnd kochen lassen. Den sich an der Oberfläche bildenden Schaum mit dem Schaumlöffel abnehmen.
– Die Konfitüre nach der angegebenen Kochzeit vom Herd nehmen und nach Belieben mit dem Kirschwasser vermischen.
– Die Gläser gründlich sehr heiß ausspülen und auf einem Küchentuch abtropfen lassen. Die Konfitüre in die Gläser füllen und mit den Deckeln verschließen.

1259. Johannisbeergelee

GELINGT LEICHT
Für 10 Gläser (je 1/4 l Inhalt)
Zubereitungszeit: 50 Min.

2 1/2 kg Johannisbeeren • 1250 g Zucker • Mulltuch • 10 Twist-off-Gläser

– Die nicht abgezupften Johannisbeeren waschen, in einen großen Topf schütten und zerstampfen. Die Beeren bei geringer Hitze bis zum Siedepunkt bringen, aber nicht kochen lassen. Während des Erhitzens ständig weiter stampfen und umrühren.
– Die erhitzten Beeren portionsweise in ein Mulltuch füllen und den Saft herausdrücken. Von 2 1/2 kg Johannisbeeren erhält man etwa 1 1/4 l Saft.
– Für die Geleebereitung soll das Verhältnis von Fruchtsaft und Zucker 1 : 1 sein. Den Johannisbeersaft mit dem Zucker in einem Topf unter ständigem Rühren zum Kochen bringen und 5 Min. sprudelnd kochen lassen. Danach die Gelierprobe machen.
– Die Gläser gründlich sehr heiß ausspülen und auf einem Küchentuch abtropfen lassen. Gelee noch heiß in die Gläser füllen und mit den Deckeln verschließen.

1260. Quittengelee

BRAUCHT ETWAS ZEIT
Für 8 Gläser (je 1/4 l Inhalt)
Zubereitungszeit: 30 Min.
Kochzeit: 1 Std.

1 1/2 kg nicht zu reife Quitten • 1 kg Zucker • Saft von 1 Zitrone • Mulltuch • 8 Twist-off-Gläser

– Die Quitten mit einem Tuch gründlich abreiben und waschen. Die Stiele die Blüten und fleckige Stellen entfernen. Die Früchte mit der Schale und dem Kerngehäuse in kleine Stücke schneiden und in 1 l Wasser in etwa 30 Min. weich kochen. Die Quittenstücke sollen in dieser Phase noch nicht zerfallen, da sonst der Saft leicht trüb wird.
– Die gekochten Quitten auf einmal oder portionsweise in ein Mulltuch gießen und den Saft abtropfen lassen. Den Saft zuletzt abmessen und wenn nötig mit Wasser zu 1 l Flüssigkeit auffüllen.
– Den Saft dann in einen hohen Topf gießen und bis zum Schäumen aufkochen lassen. Zucker und Zitronensaft in den Saft rühren und unter häufigem Umrühren im offenen Topf etwa 30 Min. kochen lassen.
– Die Gläser gründlich sehr heiß ausspülen und auf einem Küchentuch abtropfen lassen. Gelee vom Herd nehmen, mit dem Schaumlöffel abschäumen und in die Gläser füllen. Die Gläser mit den Deckeln verschließen.

1261. Limettengelee

GUT FÜR GÄSTE
Für 6 Gläser (je 1/4 l Inhalt)
Zubereitungszeit: 15 Min.
Quellzeit: 12 Std.

125 g Sultaninen • 6 cl Rum • 3/8 l frisch gepresster Limettensaft • 500 g Zucker • 1 unbehandelte Limette • 375 g Gelierzucker • 6 Twist-off-Gläser

– Die Sultaninen 12 Std. oder über Nacht im Rum quellen lassen, dann abgießen.

– Rosinen mit dem Limettensaft, 1/8 l Wasser und dem Zucker aufkochen, bis dieser sich ganz gelöst hat. Inzwischen die Limette unter heißem Wasser bürsten, abtrocknen, in hauchdünne Scheiben schneiden.
– In den sprudelnd kochenden Saft den Gelierzucker einrühren, 2 Min. kochen lassen, die Limettenscheiben dazugeben und nochmals 2 Min. kochen lassen.
– Die Gläser gründlich sehr heiß ausspülen und auf einem Küchentuch abtropfen lassen. Das Gelee sofort in Gläser füllen und verschließen.

1262. Apfel-Cidre-Gelee

BRAUCHT ETWAS ZEIT
Für 4 Gläser (je 1/4 l Inhalt)
Zubereitungszeit: 30 Min.
Kochzeit: 30 Min.
Abtropfzeit: 12 Std.

2 kg saftige, säuerliche unreife Äpfel • 1 l Cidre • 1 Stück unbehandelte Zitronenschale • Zucker nach Saftgewicht • Mulltuch • 4 Twist-off-Gläser

– Die Äpfel waschen und vierteln. Mit dem Cidre und der Zitronenschale in einen Topf geben, in 20–30 Min. weich kochen. Ein Sieb mit einem Mulltuch auslegen, die Äpfel hineingeben. Über Nacht abtropfen lassen.
– Saft wiegen, mit ebensoviel Zucker verrühren und unter Rühren kochen, bis der Zucker sich gelöst hat. Etwa 5 Min. sprudelnd kochen, Gelierprobe machen.
– Die Gläser gründlich sehr heiß ausspülen und auf einem Küchentuch abtropfen lassen. Gelee in Gläser füllen und sofort mit den Deckeln verschließen.

1263. Orangenmarmelade

GELINGT LEICHT
Für 6 Gläser (je 1/4 l Inhalt)
Zubereitungszeit: 40 Min.
Kochzeit: 30 Min.

1 kg Orangen • 2 Zitronen • 20 Stücke Würfelzucker • 800 g Zucker • 6 Twist-off-Gläser • Pergamentpapier • 1 EL Rum oder Arrak

– Die Orangen und die Zitronen heiß waschen und abtrocknen. Die Würfelzucker so lange an den Schalen der Orangen und der Zitronen reiben, bis sie orange bzw. gelb gefärbt sind. Die Früchte dann sorgfältig schälen, die weiße Unterschale gründlich entfernen und die Früchte in kleine Stücke schneiden. Die Früchte im Mixer oder mit dem Pürierstab fein zerkleinern.
– Das Fruchtmus mit dem Würfelzucker in einen hohen Topf geben, unter Rühren bei geringer Hitze langsam zum Kochen bringen. Zucker unterrühren und 30 Min. kochen lassen, dabei hin und wieder umrühren. Die Gelierprobe machen.
– Die Gläser gründlich sehr heiß ausspülen und auf einem Küchentuch abtropfen lassen. Die Marmelade in die Gläser füllen. Für jedes Glas ein Stück Pergamentpapier rund zurecht schneiden, das Papier mit dem Rum oder dem Arrak befeuchten und auf die Marmelade legen. Die Gläser mit den Deckeln verschließen.

1264. Pflaumenmus

BRAUCHT ETWAS ZEIT
Für 12 Gläser (je 1/4 l Inhalt)
Zubereitungszeit: 25 Min.
Dünstzeit: 1 1/2 Std.

3 kg Pflaumen oder Zwetschgen • 600 g Gelierzucker • 1 gestrichener EL gemahlener Zimt • 1 gestrichener TL gemahlener Nelkenpfeffer • 12 Twist-off-Gläser

– Den Backofen auf 175° (Umluft 160°) vorheizen. Die Früchte waschen, halbieren, entsteinen und im Mixer pürieren. Das Püree mit dem Gelierzucker und den Gewürzen verrühren.
– Die Fettpfanne vom Backofen sorgfältig reinigen; sie muss wirklich fettfrei sein. Das Püree hineingeben. Im Ofen 1 1/2 Std. ohne Umrühren eindünsten lassen. Sind die Früchte sehr saftig, dauert es etwas länger. Fertig ist das Pflaumenmus, wenn das schöne Blaurot sich in Bräunlich färbt.
– Die Gläser gründlich sehr heiß ausspülen und auf einem Küchentuch abtropfen lassen. Das Pflaumenmus heiß in Gläser füllen und mit den Deckeln verschließen.

TIPP
Für Mus lässt man Früchte bzw. Fruchtpüree lange einkochen oder -dünsten. Es wird viel weniger Zucker benötigt als für die Konfitürenherstellung.

1265. Eingelegte Walnüsse

GUT FÜR GÄSTE
Für 2 Gläser (je 1/2 l Inhalt)
Zubereitungszeit: 20 Min. (ohne Abkühlzeit)
Ruhezeit: 1 Woche
Trockenzeit: 2 Tage

250 g Salz • 500 g grüne Walnüsse • 1 l milder Kräuteressig • 2 Einmachgläser

– Die Hälfte des Salzes mit 1 l Wasser aufkochen, dann erkalten lassen. Die Walnüsse mit der Salzlake bedeckt 1 Woche an einem kühlen Ort ziehen lassen.
– Dann mit dem übrigen Salz und 1 l Wasser erneut eine Lake kochen. Die Nüsse abgießen und mit der frischen abgekühlten Lake bedeckt 1 weitere Woche kühl stellen.
– Abgießen und die Nüsse auf ein Gitter legen, 1–2 Tage trocknen lassen, bis sie fast schwarz sind. Nun in die Einmachgläser füllen, mit Essig bedecken, verschließen.

TIPP
Die Nüsse dürfen noch keinerlei Holzschale haben. Am besten mit einer Nadel prüfen, ob es nicht vielleicht doch schon eine dünne Schale gibt und diese mit einem kleinen spitzen Messer abziehen.

1266. Süßsaure Perlzwiebeln

GEHT SCHNELL
Für 6 Gläser (je 400 ml Inhalt)
Zubereitungszeit: 10 Min.
Kochzeit: 10 Min.

6 Gläser Perlzwiebeln (je 370 ml Inhalt) • 3 Gewürznelken • 1 Lorbeerblatt • 1 Stückchen frischer Ingwer (etwa 2 cm) • 3/4 l Weißweinnessig • 3 EL Zucker • 2 Pck. Vanillezucker • Mullbeutel

– Die Zwiebeln abgießen, Gläser und Deckel gründlich heiß auswaschen. Zwiebeln zurück in die Gläser füllen.
– Nelken, Lorbeerblatt und Ingwer im Mörser grob zerstoßen und in einen Mullbeutel füllen. Mit Essig, Zucker und Vanillezucker in einen Topf geben und 10 Min. kochen lassen. Dann die Perlzwiebeln mit dem heißen Essigsud übergießen und sofort verschließen.

1267. Eingelegter Knoblauch aus Rumänien

BRAUCHT ETWAS ZEIT
Für 1 Steinguttopf (1 l Inhalt)
Zubereitungszeit: 30 Min.
Ruhezeit: 12 Std.
Marinierzeit: 4 Wochen

500 g Knoblauch • 2 kleine grüne Pfefferschoten • 200 ml trockener Weißwein • 200 ml Weißweinessig • 1 Thymianzweig • 1 gehäufter EL Salz • 3 gehäufte EL Zucker • 2 Lorbeerblätter • 12 weiße Pfefferkörner • 100 ml Olivenöl • 1 Steinguttopf

– Den Knoblauch schälen und die Pfefferschoten waschen, beides in den Steinguttopf geben.
– 200 ml Wasser mit Wein und Essig aufkochen lassen. Den Thymian abbrausen, trockenschütteln und mit Salz, Zucker, Lorbeerblättern und Pfefferkönern dazugeben. Heiß über den Knoblauch gießen, über Nacht an einem kühlen Ort ruhen und ziehen lassen.
– Am nächsten Tag den gesamten Topfinhalt in einen Kochtopf gießen und knapp 10 Min. köcheln lassen. Dann sofort wieder zurück in den Steinguttopf geben, abkühlen lassen.
– Zum Schluss das Öl als Konservierungsschicht darauf gießen. Mit Folie sehr gut verschließen, kühl stellen und 4 Wochen marinieren lassen. Den Sud als eine Art Würzessig verwenden.

1268. Senfgurken

GELINGT LEICHT
Für 8 Gläser (je 1 l Inhalt)
Zubereitungszeit: 50 Min. (ohne Abkühlzeiten)
Ruhezeit: 12 Std.
Einkochzeit: 30 Min.

4 kg Salatgurken • 8 EL Salz • 4 Zwiebeln • 1 Stückchen frischer Meerrettich • 3–4 Estragonblätter oder 1 EL Dillspitzen • 4 Lorbeerblätter • 1 TL Pfefferkörner • 2 zerdrückte Pimentkörner • 3 EL gelbe Senfkörner • 250 g Zucker • 3/8 l Essig • 8 Einmachgläser mit Gummiringen und Einkochklammern

– Die Gurken schälen, längs halbieren und die Kerne herauskratzen. Die Gurkenhälften in etwa fingerlange

Stücke schneiden und lagenweise mit dem Salz in eine große Schüssel schichten. Abgedeckt 12 Std. im Kühlschrank ruhen und durchziehen lassen. Die Zeit zum Durchziehen nicht verlängern, da die Gurken sonst später zu salzig schmecken.

– Dann Gurkenstücke in einem Sieb abtropfen lassen und jedes Stück einzeln mit einem Küchentuch oder mit Küchenpapier sorgfältig abtrocknen.

– Die Zwiebeln schälen und in kleine Stücke schneiden. Den Meerrettich schälen und in feine Streifen oder dünne Scheiben schneiden. Die Kräuter abbrausen, trockentupfen und grob hacken.

– Die Einmachgläser gründlich sehr heiß ausspülen. Alle vorbereiteten Zutaten mit den Gewürzen in die Gläser schichten. Die Gläser dabei öfter auf ein mehrfach zusammengelegtes Tuch stoßen, damit sich der Inhalt verdichtet.

– 3/4 l Wasser mit dem Zucker zum Kochen bringen, stark aufwallen lassen, wenn nötig abschäumen, und den Essig zugießen. Den Sud erkalten lassen, über die Gurken gießen, die Gläser mit Gummiringen und Deckeln schließen und die Deckel mit Einkochklammern befestigen.

– Die Gläser in einen großen Topf stellen und so viel kaltes Wasser in den Topf füllen, dass die Gläser zu drei Vierteln vom Wasser umgeben sind. Topf zudecken, das Wasser zum Kochen bringen und 30 Min. bei 80° kochen lassen.

– Danach die Gläser auf ein doppelt gefaltetes feuchtheißes Tuch stellen und ohne Luftzug erkalten lassen. Die Bügel abnehmen.

1269. Essiggurken

GELINGT LEICHT
Für 3–4 Gläser (je 1 l Inhalt)
Zubereitungszeit: 1 Std. 20 Min.
Ruhezeit: 24 Std. + 4 Wochen

2 kg möglichst gleich große Einlegegurken • 65 g Salz • einige Zweige Estragon und Dill • einige Dilldolden • je 1 TL Pfeffer- und Pimentkörner • 4 TL Senfkörner • 1 1/2 l sehr milder Weißweinessig • 1 EL Zucker • 1 Pck. Einmachhilfe • 3–4 Twist-off-Gläser

– Die Gurken unter fließendem Wasser abbürsten, mehrmals mit einer Nadel einstechen und in eine Schüssel geben. Mit 60 g Salz bestreuen und mit Wasser begießen, so dass sie gerade bedeckt sind. Abdecken und an einem kühlen Ort 24 Std. stehen lassen.

– Dann die Gläser gründlich sehr heiß ausspülen und auf einem Küchentuch abtropfen lassen. Die Gurken abgießen, nochmals waschen und auf einem Küchentuch abtropfen lassen. Mit den gewaschenen Kräutern und Gewürzkörnern in die Gläser füllen.

– Essig mit 1 1/2 l Wasser, 1/2 EL Salz und dem Zucker aufkochen, Einmachhilfe unterrühren. Heiß über die Gurken gießen. Gläser sofort verschließen. Kühl gestellt 4 Wochen durchziehen lassen.

1270. Sauerkraut

BRAUCHT ETWAS ZEIT
Für 1 Gärtopf (10 l Inhalt)
Zubereitungszeit: 1 Std.
Ruhezeit: 3 Tage + 4 Wochen

10 kg Weißkohl • 4 säuerliche Äpfel • 100 g Meersalz • 10 Lorbeerblätter • 3 EL Wacholderbeeren • 1 EL Kümmel- oder Senfkörner • 1 Gärtopf

– Vom Kohl die äußeren Blätter ablösen. Einige schöne Blätter beiseite legen. Kohlköpfe vierteln und in feine Streifen hobeln, dabei jeweils den Strunk entfernen. Die Äpfel schälen, vierteln und entkernen. Die Viertel quer in schmale Scheiben schneiden.

– Gehobeltes Kraut etwa 2 cm hoch in einen sauberen Gärtopf geben und mit den Fäusten oder einem Holzstampfer so lange stampfen, bis Saft austritt. Einige Apfelscheiben, etwas Salz und einen Teil der Gewürze untermischen. Eine weitere Schicht Kraut auflegen, wieder gründlich stampfen. Auf diese Art alle Zutaten in den Topf schichten. Es soll dabei so viel Saft austreten, dass die Zutaten im Topf davon vollständig bedeckt sind.

– Die beiseite gelegten Kohlblätter waschen und auf den gehobelten Kohl legen. Einen Deckel oder einen Teller auf das Kraut legen. Mit einem großen Stein oder einem Gewicht beschweren. Den Kohl bei etwa 20° dunkel (mit einem Tuch bedeckt) 2–3 Tage stehen lassen, bis sich Schaum gebildet hat. Den Schaum abschöpfen.

– Das Kraut dann für etwa 4 Wochen an einen kühleren Ort stellen (ca. 15°). Nach 1 Woche Schaum abschöpfen. Ab dann jeden zweiten Tag den Deckel abnehmen und den Schaum abschöpfen. Das Sauerkraut ist fertig, wenn sich kein Schaum mehr bildet. Das Sauerkraut im Gärtopf aufbewahren oder in Schraubgläser füllen.

1271. Eingelegte Kohlblätter

BRAUCHT ETWAS ZEIT
Für 1 Steinguttopf (2 l Inhalt)
Zubereitungszeit: 40 Min.
Kochzeit: 15 Min.
Ruhezeit: 14 Tage

1 Kopf Weißkohl (2 kg) • 30 g Salz • 10 Wacholderbeeren • 1 TL Kümmelsamen • 1 Scheibe Graubrot • 1 glasierter Steinguttopf

– Den Kohlkopf waschen, putzen und in einen großen Topf geben. Mit Wasser bedecken, aufkochen und 15 Min. kochen lassen.
– Dann den Kohl abtropfen lassen und in Blätter zerlegen. Jedes Blatt zunächst am Strunk abschneiden und vorsichtig ablösen. Dicke Rippen gleich abschneiden. Fangen die Blätter an zu reißen, den Kopf nochmals kurz im Wasser kochen lassen.
– Inzwischen 1 1/2 l Wasser mit Salz, Wacholderbeeren und Kümmel kochen lassen, bis sich das Salz gelöst hat.
– Die Kohlblätter in den gut gesäuberten Steinguttopf schichten, fest andrücken und mit lauwarmer Salzlake übergießen. Das Graubrot darauf geben und eventuell etwas Lake angießen.
– Alles mit einem größeren sauberen Leinenlappen abdecken, einen flachen Teller darauf legen und mit einem Stein oder einer Konservendose beschweren. Bei Zimmertemperatur die Blätter 14 Tagen ruhen und ziehen lassen, dann sind sie schön sauer.

1272. Eingelegte grüne Tomaten

GUT FÜR GÄSTE
Für 4 Gläser (je 1/2 l Inhalt)
Zubereitungszeit: 40 Min. (ohne Abkühlzeiten)
Kochzeit: 15 Min.
Ruhezeit: 24 Std. + 4 Tage + 10 Wochen

1 kg grüne Tomaten • 600 ml Weißweinessig • 100 g frischer Ingwer • 300 g Zucker • 3 Gewürznelken • 1/2 Zimtstange • 4 Twist-off-Gläser

– Die Tomaten waschen und die Stielansätze entfernen, große Tomaten halbieren oder vierteln, kleine ganz lassen. Die Tomaten in eine Schüssel geben, mit dem Weißweinessig übergießen und zugedeckt 24 Std. im Kühlschrank ruhen und durchziehen lassen. Während dieser Zeit öfter mal umrühren oder die Schüssel leicht schütteln.
– Ingwer schälen und in dünne Scheiben schneiden. Die Tomaten nach dem Durchziehen in einem Sieb abtropfen lassen. Den Essig in einem Topf auffangen und mit Zucker, Nelken, Zimt und Ingwer aufkochen, dann den Sud abschäumen.
– Die Gläser gründlich sehr heiß ausspülen und auf einem Küchentuch abtropfen lassen. Die Tomaten in den Sud geben und in 3–5 Min. glasig kochen. Die Tomaten dürfen nicht zu weich werden, da sie sonst zusammenfallen.
– Dann die Tomaten mit dem Schaumlöffel aus dem Sud heben, in die Gläser schichten. Den Sud noch weitere 10 Min. kochen lassen.
– Den Sud durch ein Sieb gießen, erkalten lassen und über die Tomaten gießen; sie müssen völlig davon bedeckt sein. Übriggebliebenen Sud im Kühlschrank aufbewahren. Die Gläser mit den Tomaten nur leicht zudecken und 4 Tage stehen lassen.
– Danach den Essigsud von den Tomaten abgießen, mit dem übrig behaltenen Sud erneut aufkochen, erkalten lassen und wieder über die Tomaten gießen. Die Gläser nun fest mit den Deckeln verschließen und die Tomaten noch 10 Wochen gut durchziehen lassen.

TIPP
Wegen des enthaltenen Solanins sollte man grüne Tomaten als seltene Delikatesse genießen und nicht täglich servieren.

1273. Kürbis mit Ingwer

PREISWERT | GELINGT LEICHT
Für 6 Gläser (je 1/4 l Inhalt)
Zubereitungszeit: 45 Min.
Ruhezeit: 24 Std.

1,5 kg Riesenkürbis (geputzt 1 kg) • 1 Stück frischer Ingwer (etwa 2 cm) • 1/4 l Weißweinessig • 1 Msp. Cayennepfeffer • 500 g Zucker • 6 Twist-off-Gläser

Für die Speisekammer

– Den Kürbis schälen und entkernen. Das Kürbisfleisch in 2 cm große Würfel schneiden. Den Ingwer schälen, in dünne Scheibchen schneiden und unter den Kürbis

mischen. Den Essig mit dem Cayennepfeffer aufkochen und über den Kürbis gießen. Zugedeckt 24 Std. an einem kühlen Ort stehen lassen.
– Die Gläser gründlich sehr heiß ausspülen und auf einem Küchentuch abtropfen lassen. Kürbis abgießen, den Essig dabei auffangen. Den Essig mit dem Zucker aufkochen. Den Kürbis und den Ingwer dazugeben und 3–6 Min. kochen, bis die Kürbisstücke glasig sind. Noch heiß in die Gläser füllen. Sofort verschließen.

1274. Himbeeressig

GELINGT LEICHT
Für 1 Flasche (1/2 l Inhalt)
Zubereitungszeit: 15 Min.
Ruhezeit: 14 Tage

100 g Himbeeren • 300 ml guter Weißweinessig oder 1/4 l Weißwein (z. B. Elsässer Pinot blanc oder Pfälzer Ruländer) und 50 ml Essigessenz • 1 Glasflasche

– Die Flasche gründlich sehr heiß ausspülen und abtropfen lassen. Die Himbeeren verlesen und nur falls nötig abbrausen und trockentupfen (siehe TIPPS).
– Die Himbeeren mit dem Weißweinessig oder der Wein-Essigessenz-Mischung in die Flasche füllen, verkorken und 10–14 Tage an einem warmen sonnigen Ort ruhen lassen, bis der Essig rosafarben und die Himbeeren unansehnlich geworden sind.
– Dann den Essig durch ein feines Tuch filtern und den Essig zurück in die gesäuberte Flasche füllen. Gut verschlossen an einem dunklen kühlen Ort lagern.

1275. Erdbeeressig

GUT FÜR GÄSTE
Für 1 Flasche (1 l Inhalt)
Zubereitungszeit: 15 Min.
Ruhezeit: 14 Tage

500 g Walderdbeeren oder andere aromatische Erdbeeren • 4 cl Himbeergeist • 1/8 l Apfelessig • 1/8 l Balsamico bianco • 1/4 l trockener Riesling • 100 g Zucker • 1 Glasflasche

– Die Flasche gründlich sehr heiß ausspülen und abtropfen lassen. Die Erdbeeren putzen, dabei möglichst nur mit einem trockenen Tuch abreiben (siehe TIPPS). Größere Früchte zerteilen und in die Flasche füllen.
– Den Himbeergeist, den Essig und den Wein zugießen und die Flasche gut verschlossen für 10–14 Tage an einen warmen sonnigen Platz stellen und ruhen lassen.
– Danach den Essig durch ein feines Tuch in einen Topf filtern, mit dem Zucker verrühren und kurz aufkochen, bis der Zucker gelöst ist. Abkühlen lassen und zurück in die gesäuberte Flasche füllen. Gut verschlossen an einem dunklen kühlen Ort aufbewahren.

TIPPS

– Himbeer- und Erdbeeressig schmecken gut zu Blattsalaten mit einer kräftigen bis bitteren Note wie Rucola oder Chicorée, zu grünen Gemüsen mit feinem Geschmack (Spargel, Zuckerschoten).
– Verwenden Sie für diese Delikatessen nur gut gereifte, aber völlig makellose Beeren – am besten frisch geerntet, am allerbesten im eigenen Garten oder vom Bio-Acker. Denn dann müssen die Früchte nicht gewaschen werden, was ihnen und damit dem Essig Aroma nimmt.

1276. Knoblauch-Rotwein-Essig

PREISWERT
Für 1 Flasche (1/2 l Inhalt)
Zubereitungszeit: 10 Min.
Trockenzeit: 2 Tage
Ruhezeit: 3 Wochen

je 1 Zweig Basilikum, Estragon und Zitronenmelisse • 6 Knoblauchzehen • 1 Lorbeerblatt • 1 EL grob gestoßene Pfefferkörner • 100 g Essigessenz • 1/2 l Beaujolais oder ein anderer Rotwein • 1 Glasflasche

– Die Kräuter abbrausen, trockenschütteln (bis auf das Basilikum) und 1–2 Tage leicht antrocknen lassen.
– Die Flasche gründlich sehr heiß ausspülen und abtropfen lassen. Knoblauchzehen schälen und halbieren. Mit den Kräutern und Gewürzen in die Flasche geben. Mit der Essigessenz und dem Wein auffüllen. Verkorken und 3 Wochen ruhen und ziehen lassen.
– Dann durch ein feines Sieb und zurück in die gesäuberte Flasche füllen. Gut verschlossen an einem dunklen kühlen Ort aufbewahren.

1277. Kräuteröl

GELINGT LEICHT
Für 1 Flasche (1/4 l Inhalt)
Zubereitungszeit: 10 Min.
Trockenzeit: 2 Wochen
Ruhezeit: 2 Wochen

1 Zweig Rosmarin • 1/2 Bund Basilikum • 1 Lorbeerblatt • 220 ml kalt gepresstes Olivenöl • 1 Glasflasche

– Die Kräuter in 1–2 Wochen sehr gut trocknen lassen. Dann ein gut verschließbares Gefäß gründlich säubern, abtropfen lassen. Kräuter und Öl einfüllen, verschließen und etwa 2 Wochen ruhen und ziehen lassen.
– Die Flasche gut säubern, abtropfen lassen. Kräuter aus dem Öl nehmen, Öl durch ein Sieb in die Flasche füllen. An einem dunklen kühlen Ort lagern.

1278. Chiliöl

GELINGT LEICHT
Für 1 Flasche (400 ml Inhalt)
Zubereitungszeit: 15 Min. (ohne Abkühlzeit)

6 rote Chilischoten • 300 ml Erdnuss- oder Sojaöl • 1 Glasflasche

– Die Flasche gründlich sehr heiß ausspülen und abtropfen lassen. Die Chilis waschen, trockentupfen, längs halbieren, entkernen und in feine Streifen oder etwa 1 cm große Stücke schneiden.
– Das Öl schwach erhitzen (es darf keinesfalls rauchen!). Dann die Herdplatte abschalten und die Chilis in dem Öl ziehen lassen, bis es abgekühlt ist.
– Das Öl und Chilis in die Flasche füllen oder das Öl durch ein Sieb gießen.

1279. Chilisauce

GELINGT LEICHT
Für 1 Glas (100 ml)
Zubereitungszeit: 10 Min.

2 Knoblauchzehen • 4 EL Fischsauce • 2 EL Zitronensaft • 1 EL Palmzucker (ersatzweise brauner Zucker) • 1 EL Chilipulver • 1 Twist-off-Glas

– Das Glas gründlich sehr heiß ausspülen und auf einem Küchentuch abtropfen lassen. Den Knoblauch schälen und im Mörser zerstampfen.
– Die Fischsauce, den Zitronensaft, den Palmzucker und das Chilipulver dazugeben. So lange verrühren, bis sich der Zucker gelöst hat.
– Die Sauce in das Glas füllen. Das Glas gut verschließen und kühl stellen.

1280. Sambal oelek

GUT VORZUBEREITEN
Für 2 Gläser (je 150 ml Inhalt)
Zubereitungszeit: 30 Min.

200 g milde oder mittelscharfe rote Chilischoten • 100 g sehr scharfe rote Chilischoten (z.B. Vogelaugen-Chilis aus Thailand) • 2 EL Palmzucker (ersatzweise brauner Zucker) • 2 EL Öl • 3 EL Zitronensaft • 4 EL Fischsauce • 2 Twist-off-Gläser

– Die Chilischoten waschen und trockentupfen. Eine Pfanne heiß werden lassen und die Chilis darin rösten, bis sie leicht dunkel sind. Kurz abkühlen lassen.
– Chilis putzen, hacken und mit dem Palmzucker im Mörser zerstoßen. Mit Öl, Zitronensaft und Fischsauce mischen. Oder alles grob mixen.
– Die Gläser gründlich sehr heiß ausspülen und auf einem Küchentuch abtropfen lassen. Sauce einfüllen.

1281. Tomaten-Chutney

GUT FÜR GÄSTE
Für 2 Gläser (je 200 ml Inhalt)
Zubereitungszeit: 40 Min.
Kochzeit: 20 Min.

750 g Tomaten • 250 g Zwiebeln • 2 Chilischoten • 3 EL Öl • 6 Gewürznelken • 150 ml Rotweinessig • 150 g Zucker • Salz • frisch gemahlener Pfeffer • frisch geriebene Muskatnuss • 2 Twist-off-Gläser

– Die Tomaten mit kochendem Wasser überbrühen. Abschrecken, häuten, vierteln und dabei die Stielansätze und Kerne entfernen. Das Fruchtfleisch würfeln.
– Die Zwiebeln schälen und würfeln. Die Chilischoten längs aufschneiden, entkernen und klein schneiden.

Für die Speise-kammer

– Das Öl in einem größeren Topf erhitzen. Die Zwiebeln darin glasig braten. Tomaten, Chilischoten, Nelken, den Essig, Zucker und die Gewürze dazugeben. Bei mittlerer Hitze etwa 20 Min. kochen. Dabei ab und zu umrühren.
– Das Chutney in die gründlich gesäuberten Gläser füllen und gut verschließen.

1282. Apfel-Chutney

PREISWERT
Für 4 Gläser (je 200 ml Inhalt)
Zubereitungszeit: 15 Min.
Kochzeit: 30 Min.

1 kg säuerliche Äpfel • 2 Chilischoten • 3 EL Ghee (geklärte Butter) • 2 TL Fünf-Gewürz-Mischung • Salz • 1 TL gemahlene Kurkuma • 1 TL gemahlener Kreuzkümmel • 3 EL Rohrzucker • 2 EL Zitronensaft • 4 Twist-off-Gläser

– Äpfel schälen, vierteln, entkernen und klein schneiden. Die Chilischoten waschen, putzen und halbieren.
– Das Ghee erhitzen. Gewürze bei mittlerer Hitze etwa 1/2 Min. unter Rühren anbraten. Äpfel dazugeben und etwa 4 Min. mitbraten. Etwa 10 EL Wasser angießen. Chutney zugedeckt bei schwacher Hitze etwa 20 Min. köcheln lassen, bis die Äpfel weich sind.
– Den Zucker und den Zitronensaft zugeben und das Chutney bei mittlerer Hitze etwa 10 Min. einkochen, bis es dickflüssig ist, dabei immer rühren.
– Das Chutney in die gründlich gesäuberten Gläser füllen und gut verschließen.

1283. Mango-Chutney

GELINGT LEICHT
Für 2 Gläser (je 200 ml Inhalt)
Zubereitungszeit: ca. 40 Min.

2 Mangos (500 g) • 1 EL Zitronensaft • 1 Zwiebel • 4 Knoblauchzehen • 30 g frischer Ingwer • 1 Stängel Zitronengras • 2 rote Chilischoten • 150 g Zucker • je 1 TL Pfeffer-, Piment- und Korianderkörner • grobes Salz • 1 1/2 EL Essigessenz • 2 Twist-off-Gläser

– Die Gläser gründlich heiß abspülen und auf einem Küchtuch abtropfen lassen.
– Die Mangos schälen. Fruchtfleisch von den Steinen schneiden, würfeln und mit Zitronensaft beträufeln.
– Zwiebel, Knoblauch und Ingwer schälen und hacken. Zitronengras waschen, die äußeren Blätter entfernen, Wurzelansatz und oberen Teil abschneiden. Stängel fein hacken. Chilis waschen, putzen und fein schneiden.
– Den Zucker mit 1 EL Wasser in einem Topf erhitzen, bis der Zucker brodelt. Zwiebel, Knoblauch, Ingwer, Zitronengras und Chilis dazugeben und bei schwacher Hitze etwa 5 Min. schmoren. Die Mangostücke dazugeben und weitere 5 Min. schmoren.
– Die Gewürze mit etwas Salz im Mörser möglichst fein zerstoßen und dazugeben. Essigessenz untermischen und aufkochen lassen. Das Chutney noch heiß in Gläser füllen und gut verschließen. Kalt stellen.

1284. Tomatenketchup

GELINGT LEICHT
Für 1 Flasche (1/4 l Inhalt)
Zubereitungszeit: 20 Min.
Kochzeit: 40 Min.

500 g vollreife Tomaten • 1 Zwiebel • 1 Knoblauchzehe • 1 EL Olivenöl • 2 EL Essig • 1 TL Kräuter der Provence • Salz • frisch gemahlener Pfeffer • 2 TL Zucker • 1 Glasflasche

– Die Tomaten waschen und vierteln. Die Zwiebel und die Knoblauchzehe schälen und klein würfeln, im Öl 3 Min. andünsten. Tomaten hinzufügen, mit dem Essig, den Kräutern, Salz, Pfeffer und Zucker würzen. Bei schwacher Hitze 30 Min. offen köcheln lassen.
– Die gekochten Tomaten durch ein Sieb streichen und bei starker Hitze in 10 Min. dicklich einkochen lassen. In die gut gesäuberte Flasche füllen, verschließen.

1285. Süßer Senf

PREISWERT
Für 4 Gläser (je 1/4 l Inhalt)
Zubereitungszeit: 15 Min.
Kochzeit: 10 Min.

1/2 l Weißweinessig • 1 kleine Zwiebel • 2 Gewürznelken • 140 g gelbes Senfmehl • 70 g grünes Senfmehl • 140 g brauner Zucker • 4 Twist-off-Gläser

– Den Weinessig mit 1/4 l Wasser, der ganzen Zwiebel und den Nelken 10 Min. kochen lassen. Die Zwiebel und die Nelken herausnehmen.
– Die Senfmehle und den Zucker mischen und zum Essigsud geben. Alles gründlich glatt verrühren. Den Senf in die gründlich gesäuberten Gläser füllen, gut verschließen.

1286. Eingelegter Schafkäse

GELINGT LEICHT
Für 1 Glas (450 ml Inhalt)
Zubereitungszeit: 15 Min.
Ruhezeit: 5 Tage

250 g Schafkäse • 2 Knoblauchzehen • 3 kleine Lorbeerblätter • 1 TL schwarze Pfefferkörner • 1 kleiner Zweig Rosmarin • 1 TL getrocknete Kräuter der Provence • etwa 350 ml Olivenöl • 1 Twist-off-Glas

– Das Glas gründlich mit sehr heißem Wasser abspülen und auf einem Küchentuch abtropfen lassen. Den Schafkäse in Würfel schneiden. Den Knoblauch schälen und in feine Scheiben schneiden.
– Den Schafkäse in das Glas geben. Den Knoblauch und die Lorbeerblätter zwischen den Käsewürfeln verteilen. Die Pfefferkörner, den Rosmarin, die Kräuter der Provence und das Olivenöl dazugeben. Das Öl sollte etwa 1 cm über dem Käse stehen. Das Glas sofort verschließen. Den Käse im Kühlschrank 4–5 Tage ruhen und durchziehen lassen.

1287. Griebenschmalz

GELINGT LEICHT
Für 6 Steinguttöpfchen (je 1/4 l Inhalt)
Zubereitungszeit: 40 Min.

500 g Schweineflomen • 500 g frischer (grüner) fetter Bauchspeck • 4 Wacholderbeeren • 2 Gewürznelken • 4 Zwiebeln • 4 säuerliche Äpfel • Salz • frisch gemahlener weißer Pfeffer • 6 Steinguttöpfchen

– Die Flomen unter fließendem lauwarmem Wasser gründlich waschen, abtrocknen. Flomen und Speck klein würfeln, mit den Gewürzen in einen Topf geben und bei mittlerer bis geringer Hitze langsam ausbraten.
– Inzwischen die Zwiebeln schälen und klein hacken, die Äpfel schälen und würfeln. Werden die Grieben glasig, die Gewürze herausfischen.
– Wenn die Grieben gelb werden, nach und nach Äpfel und Zwiebeln dazugeben. Nie zuviel auf einmal, damit das Fett nicht überschäumt. Salzen und pfeffern. Öfter umrühren, bis Grieben, Zwiebeln und Äpfel braun sind. In die gut gesäuberten Steinguttöpfchen füllen.

1288. Rillettes vom Schwein
(Eingemachtes Schweinefleisch)

GUT FÜR GÄSTE
Für 6 Steinguttöpfe (je 1/2 l Inhalt)
Zubereitungszeit: 40 Min.
Ruhezeit: 2 Std.
Garzeit: 6 Std.

3 kg Schweinebrust • 1 gehäufter EL gemischte getrocknete Kräuter und Gewürze (Lorbeerblatt, Salbei, Thymian, Majoran, Basilikum, Muskat, Nelkenpulver, Pfeffer) • etwa 100 g Salz • 100 g Schweineflomen • 1 gehäufter TL edelsüßes Paprikapulver • flüssiges Schweineschmalz zum Abdecken • 6 Steinguttöpfe

– Schweinebrust von Rippen, Knochen, Knorpeln und Schwarte befreien, kalt abbrausen und trockentupfen. Die Kräuter im Mörser zerreiben und mit den Gewürzen und dem Salz mischen, das Fleisch damit einreiben. In Alufolie wickeln, 2 Std. liegen lassen.
Dann das Fleisch in 3 cm große Würfel schneiden. Die Flomen lauwarm abbrausen, trockentupfen und in kleine Würfel schneiden.
– Die Flomen in einer Kasserolle schmelzen lassen, das Fleisch dazugeben und langsam und gleichmäßig anbraten. Dabei schrumpft das Fleisch und wird zu großen, goldgelben Grieben. Es entsteht klares Schmalz. Grieben herausnehmen, Schmalz in einen Topf gießen.
– Die Grieben hacken, in die Kasserolle zurückgeben, mit etwas Wasser angießen und einige Stunden (bis zu 6) ganz sanft köcheln, immer wieder Wasser ergänzen, immer wieder auch umrühren.
– Wenn alle Flüssigkeit verdunstet ist, die Masse mit Paprika würzen. Das Schmalz im Topf erwärmen und dazugeben, das Ganze zu einer gleichmäßigen Masse rühren. In die gut gesäuberten Steinguttöpfe füllen. Dabei darauf achten, dass keine Lufthöhlen entstehen. Mit dem flüssigen Schmalz abdecken.

Für die Speisekammer

1289. Rumtopf

BRAUCHT ETWAS ZEIT
Für 1 Rumtopf (6 l Inhalt)
Zubereitungs- und Ruhezeit: 1/2 Jahr

500 g Erdbeeren • 500 g Himbeeren • 500 g Süßkirschen • 500 g Sauerkirschen • 500 g Aprikosen • 500 g Pfirsiche • 500 g Birnen • 1 Ananas • 1 1/2 l Rum (54 % vol.) • 1 kg Zucker • 1 Rumtopf • Einmachzellophan

– Das Obst immer in der Saison kaufen; nur reife und einwandfreie Früchte auswählen. Erdbeeren und Himbeeren behutsam waschen und abtropfen lassen, Erdbeeren entstielen und größere Früchte halbieren oder vierteln. Kirschen waschen und entsteinen. Aprikosen und Pfirsiche kurz in heißes Wasser tauchen, die Haut abziehen, die Früchte halbieren und entsteinen. Die Fruchthälften klein schneiden. Birnen schälen, vierteln, entkernen und klein schneiden. Die Ananas schälen, vom harten Mittelteil befreien und in Würfel schneiden.
– Jeweils die anfallende Obstsorte in den Rumtopf geben. Mit den Erdbeeren beginnen: Erdbeeren in den Rumtopf legen. Etwa 1/2 l Rum mit 250 g Zucker verrühren, über die Früchte gießen. Die Früchte im Rumtopf mit einem Teller beschweren, den Topf mit angefeuchtetem Einmachzellophan zubinden und den Deckel auflegen. Den Rumtopf stets kühl und dunkel aufbewahren. Jeweils die nächste Obstsorte vorbereiten, die neuen behutsam unter die bereits eingelegten Früchte heben und wenn nötig erneut mit etwas mit Zucker gemischtem Rum übergießen. Stets wieder beschweren, zubinden und den Deckel auflegen.
– Sind alle Früchte im Topf, den Inhalt noch einmal behutsam mischen und 6 Wochen durchziehen lassen.

1290. Eierlikör

GEHT SCHNELL
Für 1 Flasche (1/2 l Inhalt)
Zubereitungszeit: 20 Min.

5 sehr frische Eigelbe • 100 g Puderzucker • 125 g Sahne • 1/4 l Cognac • 1 Glasflasche

– Für ein Wasserbad einen Topf zur Hälfte mit Wasser füllen, zum Sieden bringen.
– Die Eigelbe mit Puderzucker in eine Metallschüssel geben und verrühren. Sahne untermischen und über dem heißen Wasserbad dickcremig aufschlagen.
– Nach und nach den Cognac in die Eiercreme rühren, unter Rühren etwas abkühlen lassen.
– Die Glasflasche gründlich sehr heiß abspülen und abtropfen lassen. Den Eierlikör mit einem Trichter in die Flasche füllen und gut verschließen. Kühl und dunkel aufbewahren.

1291. Orangenlikör

GELINGT LEICHT
Für 2 Flaschen (je 1/2 l Inhalt)
Zubereitungszeit: 20 Min.
Ruhezeit: 3 Wochen

1 unbehandelte Orange • 8 Gewürznelken • 2 Stück Sternanise • 125 g weißer Kandis • 700 ml Weizenkorn (32 % vol.) • 2 Glasflaschen

– Ein gut verschließbares Gefäß gründlich sehr heiß abspülen und auf einem Küchentuch abtropfen lassen. Die Orange heiß abwaschen, abtrocknen und mit den Gewürznelken spicken.
– Den Kandis in das Gefäß geben. Die Orange und den Sternanis dazugeben und den Weizenkorn angießen. Luftdicht verschließen. Orangenlikör an einem warmen Ort etwa 3 Wochen ruhen und reifen lassen. Der Kandiszucker löst sich in dieser Zeit auf.
– Nach der Reifezeit den Likör in die gut gesäuberte Flasche umfüllen, fest verschließen.

TIPPS

– Unbehandelte Orangen gibt es im Reformhaus, Bio-Laden oder auf dem Wochenmarkt. Orangen, die sonst im Handel angeboten werden, sind gegen Fäulnis- und Pilzerkrankungen behandelt. Auch bei sehr intensivem Abwaschen mit heißem Wasser bleiben noch Rückstände auf der Schale.
– Statt mit Orange kann man den feinen Likör auch mit 2 unbehandelten Zitronen ansetzen. Und den Weizenkorn kann man ganz nach Geschmack gegen Wodka, Tequila oder auch Grappa tauschen. Zu beachten ist lediglich, dass sich der Alkoholgehalt je nach Alkoholsorte erhöht.

1292. Schwarzer Johannisbeerlikör

GELINGT LEICHT
Für 7 Flaschen (je 1/2 l Inhalt)
Zubereitungszeit: 20 Min.
Ruhezeit: 3 Tage + 4 Wochen

2 l schwarzer Johannisbeersaft (selbst hergestellt oder fertig gekauft) • 1 kg Zucker • 1 EL frisch geriebene Muskatnuss • 2 EL Gewürznelken • 1/2 l Weinbrand • 7 Glasflaschen • Mulltuch

– Saft und Zucker aufkochen, Muskatnuss und Nelken dazugeben und 15 Min. sanft köcheln lassen. Vom Herd nehmen und Weinbrand dazugießen. In ein gut gesäubertes Steingutgefäß geben und mit Folie luftdicht abgeschlossen 3 Tage stehen und ruhen lassen.
– Flaschen gründlich heiß abspülen, abtropfen lassen. Likör durch ein Mulltuch abseihen und in die Flaschen füllen, verschließen. Likör noch 4 Wochen ruhen lassen.

1293. Aufgesetzter

PREISWERT
Für 3 Flaschen (je 1/2 l Inhalt)
Zubereitungszeit: 15 Min.
Ruhezeit: 4 Wochen

500 g gemischte Johannisbeeren • 4 EL Zucker • 2 Flaschen Korn (je 0,75 l) • 3 Glasflaschen

– Beeren waschen, abtropfen lassen und von den Rispen streifen. In ein großes sauberes Gefäß geben, zuckern. Mit Korn auffüllen und verschlossen 4 Wochen stehen und ruhen lassen. Durch ein feines Sieb in die gut gesäuberten Flaschen füllen, verschließen, kühl aufbewahren.

1294. Hollersekt

GUT FÜR GÄSTE
Für 10 Flaschen (je 1 l Inhalt)
Zubereitungszeit: 20 Min. (ohne Abkühlzeit)
Ruhezeit: 10 Tage + 3 Wochen

10–12 Hollerblüten (Holunderblüten) • 1 1/4 kg Zucker • 1/4 l Weißweinessig • Saft und Schale von 3 unbehandelten Zitronen • 10 Glasflaschen

– 10 l Wasser aufkochen und lauwarm werden lassen. Die Hollerblüten abbrausen, trockenschütteln und in ein großes, gründlich gesäubertes Glasgefäß geben.
– Den Zucker in dem lauwarmen Wasser auflösen und mit allen anderen Zutaten über die Blüten gießen. 10 Tage warm stellen.
– Dann durch ein Mulltuch abseihen und in die gründlich gesäuberten Flaschen abfüllen. Kühl lagern. Nach 2–3 Wochen hat der Sekt ein wundervolles Mousseux, aber nicht immer (siehe TIPPS). Auf alle Fälle ist es ein sehr wohlschmeckendes, erfrischendes Getränk.

TIPPS

– Bei Weinzubereitungen bedeutet warm stellen zumindest Zimmertemperatur. Am besten gelingt die Gärung, wenn das Glasgefäß auf dem sonnigen Fensterbrett stehen kann.
– Holunder ist sehr eigenwillig, und so gelingt der Sekt nicht jedes Jahr gleich gut.

1295. Limoncello

GUT FÜR GÄSTE
Für 2 Flaschen (je 1/2 l Inhalt)
Zubereitungszeit: 30 Min. (ohne Abkühlzeit)
Ruhezeit: 1 Std. + 5 Wochen

7 unbehandelte dickschalige Zitronen • 1 Flasche Wodka (0,75 l; 40 % vol.) • 200 g Zucker • 2-l-Einmachglas • 2 Glasflaschen

– Die Zitronen gründlich heiß waschen. In eine Schüssel geben, mit kochend heißem Wasser bedecken und 1 Std. stehen lassen.
– Jetzt die Schalen so ablösen, dass das Weiße an den Zitronen bleibt. Was an den Schalen bleibt, wegschneiden – es macht den Likör bitter. Schalen in das ausgekochte Einmachglas geben, den Wodka darüber gießen.
– Den Zucker in 400 ml kochendem Wasser auflösen und zum Zitronenwodka gießen. Kalt werden lassen und verschließen. An einem kühlen dunklen Ort 5 Wochen ruhen lassen, dabei in der ersten Wochen einmal täglich schütteln.
– Zum Schluss die Flaschen gründlich sehr heiß abspülen und abtropfen lassen. Likör durch ein feines Sieb gießen und in die Flaschen füllen, verschließen.

KOCHEN! FÜR ALLE FÄLLE

Es gibt Situationen in der Küche, da ist mehr gefragt als nur tolle Rezepte. Das ist oft dann der Fall, wenn ich nicht alleine über mein Kochen entscheiden kann - weil Besuch kommt, weil mein Lieblingsgemüse nicht zu haben ist, weil Zeit und Geld knapp sind oder weil ich schlicht an die Grenzen meiner Kochkunst stoße. In diesen Fällen sollen Ihnen die Strategien auf den nächsten Seiten weiterhelfen. Und für alle Fälle gibt es danach noch eine Reihe von Rezeptempfehlungen - jede Menge Antworten auf die Küchenfrage „Was koche ich, wenn …?“

KOCHEN! FÜR EINSTEIGER

Jeder Mensch muss etwas essen. Da wäre es schön, wenn sich jeder auch etwas kochen könnte. Denn das macht einen nicht nur unabhängig von Fertigprodukten oder Restaurantköchen – es kann auch noch Spaß machen. Die Voraussetzung dafür ist eine gut sortierte Küche, in der man gerne arbeitet, ein Grundvorrat für viele Fälle sowie die Freude am Essen. Und die hat jeder Mensch, wenn es gut gekocht ist.

Es gibt viele Gründe, sich ums Kochen zu drücken, aber es gibt nur einen guten: Jemand tut das gerne und gut für einen. Am Anfang des Lebens ist das meistens die Mutter, später dann der Partner (oftmals die Frau, die wiederum zur kochenden Mutter werden kann) oder der Koch im Stammlokal. Aber keiner von denen wird dies immer und ewig machen. Deswegen wäre es klug, sich selbst auch ein bisschen ums Essenmachen zu kümmern – so lange noch jemand in der Nähe ist, der einem sagt, wie es geht. Denn diese Leute sind alle selbst einmal ins Kochen eingestiegen, und nicht wenige von ihnen sogar ganz freiwillig. So wie die Autoren dieses Buches, das den Alltag in der Küche beleben und erleichtern will. Fürs letztere ist dieser Anhang gedacht. Los geht es mit dem Einstieg ins Kochen.

Platz ist in der kleinsten Küche

Wer sich eine neue Küche ins Haus holt, hat genug Möglichkeiten und professionellen Rat, um seinen Platz optimal auszunutzen. Die richtige Arbeitshöhe, genug Arbeitsfläche und Stauraum, das günstigste Licht, die besten Geräte für den persönlichen Kochstil – das lässt sich alles machen, so lange das Geld reicht. Doch die meisten Leute werden sich mit diesem Kochbuch nicht auch noch eine neue Küche kaufen, selbst wenn man in der alten nicht so gut arbeiten kann. Viele Stolpersteine beim Einstieg ins Kochen lassen sich aber auch ohne Umbau aus dem Weg räumen.

Was in vielen Küchen immer wieder fehlt, ist genug Arbeitsfläche – da kann das Kochen schnell chaotisch werden. So braucht man für die Vorbereitung einen Platz in der Nähe von Kühlschrank, Spüle und Herd, der großzügig genug ist für ein ordentliches Schneidebrett, danebenliegende Messer, eine Portion Zutaten sowie Schüsseln, wo das Verarbeitete hineinkommt. Dann muss auch mal etwas Vorbereitetes beiseite gestellt werden, dazu sollte gebrauchtes Werkzeug und Geschirr nicht gleich die Spüle oder Arbeitsfläche blockieren.

Utopisch? Platz ist in der kleinsten Küche – wenn man zum Beispiel den Stecker zieht! Also Kaffeemaschinen, Toaster oder Zitruspressen aus dem Weg räumt, zumindest wenn es ans Kochen geht. Und Obstschalen oder gar Häkeldeckchen haben in der Küche überhaupt nichts verloren. Messer kommen an eine Magnetschiene an die Wand oder in die Schublade statt in den Messerblock (auch wenn der so toll aussieht), Löffel und Kellen an eine angedübelte Hakenleiste statt in einen großen Becher, und Gewürzdöschen sollten ohnehin im Dunkeln hinter den Schranktüren verschwinden. Gibt es einen Küchentisch, kann der mit Rollen auf Arbeitshöhe gebracht und zugleich mobil gemacht werden (Drehhocker bringen einen beim Essen wieder aufs richtige Niveau); gibt es keinen, liefert ein Küchenblock oder Servierwagen noch Stell- und Arbeitsfläche. Auch eine tiefes Wandbrett als offene Ablage über Arbeitsplatz und Spüle schafft mehr Platz zum Arbeiten.

Küchenwerkzeug für Einsteiger

- 4–5 l Topf (z. B. fürs Nudelkochen), 3 l Topf, Stieltopf oder Kasserolle
- schwere Pfanne fürs Steakbraten, leichte beschichtete Pfanne für Eiergerichte
- nach Vorliebe Wok, Bräter, Dämpfer
- Auflaufform, Springform, Kastenform
- Holzkochlöffel, Schneebesen, Teigschaber
- Pfannenwender, Schaumkelle, Schöpflöffel
- schweres große Schneidebrett für große Sachen, kleines Brett für Kleinigkeiten
- großes Kochmesser zum Schneiden, kleines Messer zum Putzen, Sägemessers fürs Brot
- Sparschäler, Vierkantreibe, Dosenöffner, Korkenzieher, Backpinsel
- stabile Schüsseln (große und kleine, aus Plastik und aus Metall), Frischhalteboxen
- Nudelsieb, Drahtsieb, Litermaß
- Waage, Wasserkocher, Küchenwecker
- Handrührgerät mit Quirlen und Knethaken

Alles auf einen Griff

Kluge Köchinnen und Köche ordnen ihre Küche so, dass die Standards nahe am Ort des Geschehens und auf einen Griff zur Hand sind. Deswegen finden sich in einer gut sortierten Küche die Töpfe beim Herd, das Schneidbrett samt Messer unter der Arbeitsplatte oder das Salatsieb nahe der Spüle. Alles, was nicht täglich oder ohnehin eher selten gebraucht wird (z.B. Rührmaschine, Bräter), kann ganz aus der Küche geräumt werden, wenn nicht genug Platz ist. In einer kleinen Küche ist dieses Aussortieren wichtiger als die Nähe zum Geschehen, in größeren ist es umgekehrt.

Geschirr zum Tisch

Auch in Küchen, in denen nicht gegessen wird, nimmt Geschirr Platz weg – obwohl es frühestens gegen Ende des Kochens benötigt wird. Raus damit ins Wohnzimmer oder in den Flur, wenn der Platz in den Küchenschränken nicht ausreicht.

Der persönliche Vorrat

Auch wer noch nie gekocht hat, kann sofort einen persönlichen Kochstil entwickeln – so lange er weiß, was er am liebsten isst. Wer auf Spaghetti Pesto schwört, wird gerne italienisch kochen, wer Steak und Salat toll findet, mag es schnell und aromatisch in der Küche. Der eine wird immer Nudeln und Parmesan im Vorrat haben, der andere diverse Gewürze – und beide ein gutes Olivenöl. Fehlt so etwas, kann gerade bei Einsteigern das Kochen schnell ins Stocken kommen und der Spaß daran zu früh verloren gehen. Deswegen ist es gut, sich einen Standard-Vorrat anzulegen und diesen nach Gusto zu ergänzen; dann kann ich mir stets was Gutes kochen und dazu noch manches Lieblingsgericht – kein übler Grund, um sich ans Kochen zu machen.

So klappt's mit dem Einstieg

Wer also als Einsteiger erst mal ein Lieblingsgericht kocht, hat schon mal die Motiviation auf seiner Seite. Aber Achtung: Gerade Speisen, die man bei der Mutter oder im Stammlokal besonders mag, können für den Start ziemlich kompliziert sein – und damit Gift für die Motivation! Also Pizza und Wiener Schnitzel lieber für später aufheben und mit Pfannkuchen oder gebratenen Auberginen anfangen. Pfannengerichte sind generell gut für Anfänger, weil das Braten wie von selbst Aroma bringt und in der Pfanne sich viel kombinieren lässt –deswegen sind auch Woks so beliebt. „Alles in einem" ist auch das Prinzip bei den idealen Einsteiger-Essen Eintopf und Auflauf – denn die garen problemlos vor sich hin und werden am Ende ohne jede Hektik serviert. Aber auch das klassische Hauptgang-Trio mit Fleisch, Gemüse und Sattmacher muss keinen Stress machen. Kochen Sie ein Geduldsgericht wie ein Gulasch, dass ihnen genug Zeit lässt nebenher noch Nudeln zu kochen und Salat vorzubereiten. Oder sie geben das Gemüse gleich mit in die Sauce wie beim klassischen Lieblingsgericht für Einsteiger: Spaghetti mit Tomatensauce. **Mehr Rezeptideen für Kochanfänger ab Seite 582.**

Standard-Vorräte für Einsteiger

- **Salz, Zucker, Mehl, Stärke, Grieß, Brösel**
- **Langkornreis, Nudeln, Hülsenfrüchte**
- **Pfeffer, Curry, Muskat, Paprika, Zimt**
- **Lorbeer, Oregano, Thymian, diverse Kräutermischungen**
- **Senf, Sojasauce, Honig, Vanillezucker**
- **Alltags-Öl (z.B. Sonnenblume, Raps)**
- **aromatisches Öl (z.B. Olive, Traubenkern)**
- **Alltags-Essig (z.B. Apfel, Weißwein)**
- **aromatischer Essig (z.B. Balsamico, Sherry)**
- **Tomatenmark, Dosentomaten, Ketchup**
- **Gewürzgurken, Oliven, Kapern, Sardellen**
- **Rosinen, Mandeln, Nüsse, Backpulver, Vanillezucker, Kakao, Kuvertüre, Honig**
- **Kaffee, Tee, Kakao, Rot- und Weißwein**

Was zählt beim Kochen

1 EL	Öl, Butter, Sahne	10 g
1 EL	Crème fraîche, Mayonnaise	15 g
1 EL	Mehl, Stärke, Brösel	10 g
1 EL	Reis, Salz, Zucker	15 g
1 TL	Salz, Zucker, Backpulver	5 g
1 EL	Senf, Ketchup, Tomatenmark	15 g
1 EL	Honig	20 g
1 Tasse	240 ml (US)	285 ml (GB)

ohne Umluft	mit Umluft	Gas
150°	140	1
175–180°	160	2
200°	180°	3
225°	200°	4
250°	220°	5

KOCHEN! AUF DIE SCHNELLE

Es gibt gute Gründe fürs schnelle Kochen. Der wichtigste ist der, dass ich mir danach mehr Zeit für ein wunderbares Essen nehmen kann. Der kluge, flinke Koch hat daher nicht etwa mehr Stress, sondern mehr vom Genuss. Sein Motto ist dabei ganz simpel: Es geht mir nicht darum, immer schneller zu kochen. Ich muss einfach nur rechtzeitig fertig werden. Und dann habe ich alle Zeit der Welt.

„Ich koch' uns schnell mal was Gutes!" – so werden nur echte Freunde zum Essen eingeladen. Und zugleich ist dieser Satz eine der charmantesten Entschuldigungen dafür, eigentlich keine Zeit zum Kochen zu haben. Man hat einfach was Besseres vor – nämlich länger mit seinen Leuten am Tisch zu sitzen. Und deswegen dreht es sich hier nicht um „Fast Food", das „schnelle Essen". Es geht ums schnelle gute Kochen. Dafür gibt es auch ganz praktische Gründe: Kinder, die gleich zur Tür reintoben werden und erst dann wieder Ruhe geben, wenn sie etwas Ordentliches auf dem Teller haben; Gäste, die ihre Gastgeber lieber am Tisch als in der Küche sehen wollen; Termine, die wenig Zeit zum Essen und vor allem zum Kochen lassen; oder einfach nur der Ärger darüber, dass man immer wieder viel zu lange am Herd steht. Wer in der Küche Gas geben kann, hat also nicht etwa Stress, sondern mehr vom Genuss.

Wer gerne schnell nach Rezept kocht, setzt daher entweder auf Zubereitungen, die wenig Aufwand und Zeit brauchen – wie Kurzgebratenes und Gegrilltes; Pochiertes und Gedünstetes; simple Eier- und Nudelgerichte; Woks und Salate, für die nicht viel geschnitten werden muss; spezielle Brote. Oder er wählt Gerichte, die die meiste Zeit alleine zurecht kommen wie Eintöpfe, Aufläufe, Ragouts oder Braten. Wer gerne improvisiert, kocht mit Zutaten, die keine lange Garzeit haben – wie Fisch, zartes Fleisch und Gemüse, Ei – und vollendet das Gericht mit Aromen, die intensiv und sofort würzen. Auch Fertigprodukte sind erlaubt, solange sie nicht die Hauptrolle spielen und alles künstlich werden lassen. Eins ist aber klar: Auch Blitzprodukte und schnelle Gartechniken haben ihre Geschwindigkeitsgrenze, wenn zum Beispiel in einem Gericht viele Zutaten kompliziert verkocht werden.

Der Start in die schnelle Küche

Schnelles Kochen lässt sich trainieren wie Rennen fahren. Als erstes kommt die Entscheidung, wohin ich will – in Richtung einfach schnell was Gutes für mich kochen oder stressfrei mit Freunden essen? Denn es gibt verschiedene Arten des Zeitgewinnens. Wenn ich etwas auf die Schnelle machen will, dann muss es auf dem Brett wie am Herd rasch gehen, wie bei Spaghetti Carbonara. Will ich was Besonderes für Gäste machen und dabei Zeit für sie haben, geht das gut mit Wokgerichten oder Fondues. Denn hier steckt der Aufwand in der Vorarbeit.

Manchmal bringen aber gerade jene Gerichte den besten Zeitgewinn, die lange dauern. Ein Cassoulet etwa braucht zwar viel Vorbereitung, doch ist es im Ofen, geht der Rest fast von alleine und ich kann mich um die Vorspeise oder das Tischdecken kümmern. Natürlich finden Gäste es auch toll, wenn bei einem großen Menü auf jedem Teller ein Feuerwerk stattfindet – aber wenn dazwischen lange nichts passiert und der Gastgeber verschwunden ist, freut das kaum einen.

Zutaten fürs schnelle Kochen

- **Geschnetzeltes und Schnitzel, dünnere Steaks und Koteletts, Hähnchenbrustfilets, Hacksteaks, Speck und Schinken zum Würzen und Anreichern**
- **ganze Fischfilets, Fischfilets in Würfel oder Streifen geschnitten für Wok, Ragout, Suppe, gepulte Garnelen und gereinigte Muscheln, geräucherter, gebeizter oder marinierter Fisch für Salate und kleine kalte Gerichte**
- **frische Nudeln, viele Asia-Nudeln, Suppennudeln, fertige Gnocchi, Basmati-Reis, Bulgur, Instant-Couscous und -Polenta, Brot; aus dem Tiefkühler Blätterteig und Pommes frites**
- **aus dem Tiefkühler grüne Bohnen, Erbsen und Spinat, aus Dose und Glas gegarte Hülsenfrüchte, Rot- und Sauerkraut sowie Tomaten (auch in Stücken oder passiert in der Packung), Eingelegtes wie Gürkchen oder Oliven zum Würzen und Anreichern**
- **frisches Gemüse – mehr dazu im Kasten auf der rechten Seite**

Gute Vorbereitung zählt

Für Schnellköche nach Plan wie auch für flinke Spontanköche zählt: Gute Vorbereitung ist die halbe Arbeit. Die Basis dafür ist ein Küchenschrank, in dem die Grundnahrungsmittel für den persönlichen Kochstil stets greifbar sind – von der Asia-Nudel über die Dosentomate bis zur Knoblauchknolle (mehr dazu im Kasten links unten und unter „Kochen für Einsteiger“, Seite 571). Geht es dann ans Kochen, wird erstmal alles Wichtige an Zutaten und Werkzeugen aus den Schränken geholt. Übrigens ist nicht jedes praktische Gerät eine echte Zeitmaschine. Wer für eine Zitrone die Elektropresse anschaltet, gewinnt nur so lange Zeit, bis es ans Spülen geht. Ein Mixstab und Wasserkocher dagegen helfen stets beim Beschleunigen. Ist dann auch noch der Geschirrspüler aufnahmebereit, kann fast in einem Rutsch durchgekocht werden.

Einkaufen auf Zeit
Wers kann, kauft nicht mittags, feierabends oder samstags ein, wenn sich alle im Weg stehen. Zudem hilft noch der Einkaufszettel nach Plan, Zeit zu sparen: Alle Zutaten aus einer Ecke des Supermarktes oder einem bestimmten Laden jeweils auf einer Stelle des Zettels notieren – und zwar nach dem Verlauf der Einkaufstour. Die ist dann schnell geschafft.

Ich koche so schnell wie ich kann

Kochen in einem Rutsch – daran arbeiten Starköche wie Fast-Food-Ketten mindestens so intensiv wie an ihren Rezepturen. Wie die idealen Bedingungen dafür aussehen, wissen wir nun schon: die Wahl der effektivsten Zutaten und Zubereitungen, den darauf eingestellten Vorrat und Einkauf, eine Küche in Stromlinienform. Nun liegt es an uns. Und da kommt es nicht so sehr auf den großen Plan an, sondern aufs richtige Gefühl – vor allem für das, was man kann. Profiköche schwitzen schnell ein paar Zwiebeln fürs Geschnetztelte für Tisch sieben an, bevor sie das Filetsteak für Tisch drei in den Ofen schieben und dann die Garnelen für Tisch fünf vom Grill holen.

Im Kleinen geht das auch zu Hause, etwa wenn ich die Brotwürfel anbrate, während meine Kartoffelsuppe sämig kocht. Wer sich noch mehr zutraut, der dünstet nebenbei den Knoblauchspinat, während das Lachskotelett in der Pfanne brät. Aber irgendwann ist das Limit erreicht, jenseits dessen man zu schnell die Herrschaft über seine Küche verliert und noch schneller aus dem Rennen fliegt. Wer dieses Limit kennt und einhält, der ist der wahre Profi. Unsere Rezept sind jedenfalls so aufgebaut, dass Alltagsköchinnen und -köche sie der Reihe nach in Ruhe zubereiten können. Wer das schneller kann, wird Abkürzungen und Überholspuren schon von selbst entdecken, denken wir. **Eine Liste der schnellen Gerichte in KOCHEN! steht ab Seite 583.**

Zum Schluss noch ein Wort an alle Querleser, die eigentlich gar keine Zeit haben, das hier im einzelnen durchzugehen: Natürlich ist es Unsinn, sich mal eben für ein paar schnelle Nudeln sämtliche Punkte dieses kulinarischen Zeitmanagements einzuprägen. Tatsächlich ist das auch gar nicht nötig, weil man vieles ganz automatisch macht. Aber ist es nicht so, liebe Querleser, dass ihr trotzdem immer das Gefühl habt, ihr könntet noch schneller sein? Dabei geht es eigentlich nur darum, rechtzeitig fertig zu sein. Dazu gehört zum einen, sich eine realistische Zeit fürs Kochen zu nehmen bzw. nur das zu kochen, für das man tatsächlich Zeit hat. Und dazu zählt, sich für die gewonnene Zeit zu belohnen – in dem wir in Ruhe essen und genießen, was wir uns Gutes auf die Schnelle gekocht haben. Sonst ist es nämlich wirklich nur Fast Food.

Schnelle Gemüse: Wie lange sie garen

	Kochen	Dünsten	Braten
Erbsen (TK)	8 Min.	10 Min.	
Frühlingszwiebel		2 Min.	
Lauchstreifen		3–4 Min.	2 Min.
Paprikastreifen		4–5 Min.	2–3 Min.
Pilzscheiben		2 Min.	1–2 Min.
grüner Spargel	8–10 Min.	8 Min.	6 Min.
Spinat, Salat	30 Sek.	1–2 Min.	
Tomatenstücke		4–6 Min.	
Zucchinischeiben		3–4 Min.	2 Min.
Zuckerschoten	5–6 Min.	4–5 Min.	

KOCHEN! FÜR WENIG GELD

Wer beim Kochen aufs Geld achtet, muss deswegen nicht gleich am guten Essen sparen. Nicht wenige Lieblingsgerichte sind sogar einstige „Arme-Leute-Essen" wie der Nudelauflauf oder viele Mehlspeisen. Das ist kein Wunder: Die Zutaten darin sind frisch statt fertig gekauft, die Arbeit damit erledigt man selbst statt teure Produzenten – das macht die Speise so gut und günstig.

„Alles zu seiner Zeit" ist das Motto beim Kochen für gutes Geld. Wer frische Zutaten nach der Saison kauft und dabei nicht täglich oder gar zu Stoßzeiten einkaufen geht, wer sich dann noch etwas mehr Zeit fürs Kochen nimmt als die Mikrowelle erlaubt, der kann zugleich gut und günstig essen. Ein Kilo Tomaten frisch vom Bauernmarkt und eine Hand voll Oregano von der eigenen Fensterbank, alles zu einem würzigen Sugo verkocht – das macht man sich nicht alle Tage, aber vielleicht mal an einem Ferientag im August. Und werden dann gleich ein paar Kilo Tomaten verarbeitet und konserviert, kann man auch im Winter noch etwas davon haben – statt teure Fertigsaucen zu kaufen, die nie so gut schmecken werden. Alles zu seiner Zeit.

Einkaufen wie ein Profi

Gute Einkäuferinnen und Einkäufer arbeiten im kleinen Haushalt nicht viel anders als in einer großen Firma. Sie machen sich zuerst einmal einen Plan, der sich nach Angebot und Nachfrage richtet. Sie schauen also zum einen, was der Markt gerade hergibt („Sind die Tomaten schon gut und günstig?") und zum anderen, ob sie das gebrauchen können („Mit Tomatensalat brauche ich gar nicht kommen. Aber Minestrone, die mögen alle!"). Sie müssen nicht mit dem Speiseplan für eine Woche in den Großeinkauf starten, aber zwei bis drei Gerichte sollten feststehen.

Terminplan fürs Shoppen
Nur losgehen, wenn es nötig ist: Konserven und Trockenware werden einmal im Monat besorgt, Milchprodukte, haltbares Brot, Gemüse und Obst sowie Eier wöchentlich, Fleisch, Fisch, Wurst, Milch, empfindliches Obst und Gemüse mehrmals in der Woche. Übrigens: Samstags kurz vor Schluss fallen die Preise für Frisches auf Märkten, teilweise auch in Gemüseläden. Und im Januar sind Geschirr usw. sowie Haushaltsgeräte günstig.

Außerdem sollten Sie Ihr „Sortiment" im Auge haben – also nicht erst im Laden überlegen, ob noch getrocknete Bohnenkerne für die Minestrone im Schrank liegen. Denn sonst stapeln sich in dem schnell unnötige Vorräte. Eine Tafel oder ein Buch hilft dabei, „ausverkaufte Standard-Ware" gleich zu notieren, um sie dann auf den nächsten Einkaufszettel zu setzen. Denn die Dose geschälte Tomaten kann man immer brauchen – fehlt sie aber gerade bei der Minestrone, muss man noch mal extra los in den Laden. Das kostet Zeit und auch Geld, denn irgendwas wandert immer noch mit in den Einkaufswagen.

Um für gutes Geld einzukaufen, braucht es aber auch gute Informationen von außen. Was wann Saison hat, erfahren Sie kompakt auf der nächsten Doppelseite, außerdem aktuell in Koch-Zeitschriften und Tageszeitungen. Prospekte verraten dann, was zu dieser Zeit besonders günstig ist – also Reklame nicht immer gleich

Zutaten fürs preiswerte Kochen

- **zum Kurzbraten Steaks von Schweinenacken und Rinderhuft, Nackenkoteletts vom Lamm, Putenschnitzel, Hähnchenschenkel, Hackfleisch, Innereien**
- **für langes Braten und Schmoren Nacken, Schulter, Haxe, Bauch, Brust und Rippe vom Schwein sowie Schulter, Backe und Schwanz vom Rind, Brathähnchen, Putenschenkel, fürs Garziehen Brust und Beinfleisch vom Rind**
- **Atlantikfisch wie Rotbarsch, Seelachs sowie Zuchtfisch; generell ganze Fische statt Filets**
- **Gemüse der Saison (siehe nächste Doppelseite) aus der Region, Hülsenfrüchte (Linsen, Bohnenkerne, Kichererbsen), Sauerkraut, Kartoffeln, Nudeln, Brot und Getreideprodukte wie Grieß und Bulgur**
- **selbst gezogene Kräuter und selbst gemahlene Gewürze, Aromen aus Asia- und Orient-Läden (z. B. Fischsauce, Sojasauce)**

wegwerfen oder am Briefkasten verbieten. Der Händler selbst sagt einem schließlich, was gerade besonders gut ist – also nicht immer nur zum Discounter rennen, wo einen niemand berät. Denn was bringen einem fünf Kilo Schnäppchen-Äpfel, wenn sie keiner mag und isst? Da kann ein Pfund Lieblingsäpfel trotz höherem Kilopreis billiger kommen. Wenn Ihr Obsthändler weiß, was Sie mögen und dass Sie außerdem auch auf den Preis schauen, wird er sich schon um das Beste für Sie kümmern – er will ja schließlich bestimmt, dass Sie bald wiederkommen.

Nicht an der Frische sparen

Eine gute Adresse für preiswerte Lebensmittel sind Erzeugermärkte, auf denen Bauern und kleine Produzenten ihre Waren direkt anbieten. Denn hier kommt zum Vorteil der Saison – großes Angebot und günstig zu erstehen – auch noch der Vorzug der Region: kurze Wege und keine Händler, die extra verdienen wollen. Das hält den Preis niedrig, selbst bei Bio-Ware. Auf der anderen Seite der Skala stehen die Halbfertig- und Fertigprodukte aus dem Supermarkt. Die Regel ist hier eigentlich einfach: Zeit ist Geld. Je mehr Arbeit mir ein Produkt erspart, desto mehr muss ich dafür bezahlen. Ein Beutel geschnittener Salat ist teurer als ein Kopfsalat, ein TK-Fisch mit Kräuterkruste kostet mehr als das Gleiche selbst gemacht. Es gibt aber auch Gulaschsuppe aus der Dose zu einem Preis, für den man kaum günstiger kochen kann. Aber woraus die besteht und wie sie schmeckt, davon wollen wir lieber nicht reden. Denn es gilt ebenso die Regel: Je mehr Leute und Maschinen mit meinem Essen etwas gemacht haben, desto weniger weiß ich, was ich eigentlich noch löffle. Ob wir bei all unseren Lebensmittelskandalen und Ernährungskrankheiten mit solchen geheimnisvollen Billig-Fertigprodukten am richtigen Platz sparen, ist die Frage.

Abgelaufen – na und?
Das Mindesthaltbarkeitsdatum auf Lebensmitteln garantiert den Termin, bis zu dem das Produkt praktisch unverändert ist. Trockenware ist auch Wochen danach noch völlig in Ordnung, bei Frischware kommt es auf die Empfindlichkeit an: Konfitüre ist geduldig, Milch aber kann schnell kippen. Viele Händler senken kurz vor Erreichen des Datums den Preis – spätestens am Ablauftag. Zugreifen!

Kreative kochen cleverer

Wer aus Alltäglichem mit ein paar Extras etwas Besonderes zaubert, der hat das Zeug zum sparsamen Kochen mit dem gewissen Etwas. Ein Spritzer Chiliöl macht den Rotbarsch zum Exoten, etwas Pesto im Ei verwandelt das Zucchini-Omelette zur Delikatesse, ohne dass es die Welt kostet. Sind diese Fertigprodukte dazu selbstgemacht, wird's noch günstiger. Ganz klevere kochen sich sogar ihre eigenen Fertiggerichte – etwa einen großen Topf Gulasch, dass dann in Portionen tiefgekühlt wird. Oder wir kochen unsere Reste von vornherein mit, z. B. Salzkartoffeln, aus deren Überschuss am nächsten Tag Bratkartoffeln werden können. Wie schon gesagt: Alles zu seiner Zeit. **Mehr clevere Rezepte für wenig Geld ab Seite 584.**

Wie lange Gemüse frisch bleibt

Was?	Wo?	Wie lange?
Auberginen	Keller, in Folie	1 Woche
Avocado	Gemüsefach des Kühlschranks (reif), Küche (unreif)	reif 3–4 Tage, unreif bis sie weich ist
Blattsalat	Kühlschrank über Gemüsefach, in Folie	1/2–1 Woche
Blumenkohl	Gemüsefach des Kühlschranks, in Folie	1 Woche
Brokkoli	Gemüsefach des Kühlschranks, in Folie	3 Tage
Fenchel	Gemüsefach des Kühlschranks, in Folie	1 Woche
Kartoffeln	im Keller, dunkel und luftig	Wochen bis Monate
Kohl	im Keller, in Folie	1 Woche bis 2 Monate
Kräuter	Kühlschrank über Gemüsefach, in Folie	1/2–1 Woche
Lauch	Gemüsefach des Kühlschranks, in Folie	1 Woche +
Möhren	Gemüsefach des Kühlschranks, in Box	2–4 Wochen
Pilze	Gemüsefach des Kühlschranks, in Papiertüte	2–3 Tage
Salatgurke	Keller, in Folie	1 Woche +
Spargel	Gemüsefach des Kühlschranks, feuchtes Tuch	2–3 Tage
Spinat	Kühlschrank über Gemüsefach, in Folie	1–2 Tage
Zucchini	Gemüsefach des Kühlschranks, in Folie	1–2 Wochen

KOCHEN! NACH DER SAISON

Eine Küche, die sich an den Lauf der Jahreszeiten hält, ist heute wieder gefragt. Sie garantiert uns zum einen besonders frische, reife, geschmackvolle und auch günstige Zutaten. Und da sie dazu oft eine Küche der Region ist, gibt sie uns wieder ein stärkeres Gefühl dafür, zur richtigen Zeit am richtigen Ort das Richtige zu kochen und zu essen. Ein altes Gefühl, das wieder sehr modern ist.

Die Saison hat Tradition

Es ist noch nicht lange her, da hatten nicht nur Obst und Gemüse ihre Zeit im Jahr, zu der sie durchgereift waren und am besten schmeckten. Fleisch von jungen Kälbern und Lämmern gab es damals vor allem im Frühjahr wie auch Stubenküken, aromatische Eier oder die volle Butter aus der Maisahne. Der Sommer war die Zeit der Forelle und anderer Flussfische, der Herbst die Zeit der Gänse, und an den ersten frostig kalten Tagen wurde geschlachtet. Nur dann hatte man wirklich frisches Fleisch, der Rest vom Tier wurde verwurstet, gepökelt, geräuchert – und im nächsten Frühjahr als Osterschinken auf den Tisch gebracht. Wer nur einmal eine Creme aus Maisahne probiert hat, wird sich vielleicht nach der Ära der reinen Saisonküche zurücksehnen. Aber spätestens der Gedanke, dass das Sortiment von Supermarkt bis Bio-Laden dann extrem zusammenschrumpfen würde, macht diese Vorstellung für viele schnell zum schlechten Traum.

Jedoch: Eine gemäßigte und zeitgemäße Saisonküche ist immer stärker im Kommen. In ihr werden vor allem die Gemüse und Früchte der jeweiligen Zeit verwendet, um sie in typischen Zubereitungen für die Jahreszeit zu servieren. Und weil Köchinnen und Köche dabei zugleich die Küche der Region und Heimat entdecken, zählt für sie immer mehr die „echte" Saison – da gibt es dann eben erst Erdbeerkuchen, wenn die ausgereiften, besonders saftigen und ganz frischen Früchte aus dem Nachbardorf zu haben sind. Damit auch Sie diesem Trend folgen können, finden Sie auf dieser Doppelseite einen kleinen Fahrplan fürs Kochen nach der Saison mit den wichtigsten Zubereitungen und Gerichten für jede Jahreszeit. Bei den empfohlenen Zutaten haben wir dazu auf Region und Tradition gesetzt. Gemüse und Früchte werden dann genannt, wenn sie bei uns auch geerntet werden, und für Fleisch und Fisch haben wir in alten Büchern nach der besten Auftisch-Zeit gesucht. Denn in vielen typischen Saison-Gerichten spielen sie bis heute die Hauptrolle.

Kochen im Frühjahr

Das Frühjahr ist bis heute für Genießer die Zeit der ersten Lichtblicke nach einem langen Winter. Früher war man dann die Kellerkartoffeln und -äpfel vom Vorjahr sowie all das Eingemachte, Getrocknete und Konservierte leid, heute mag man ab März langsam nichts mehr von Übersee-Obst und der schweren, würzigen Anti-Kälte-Küche Europas wissen. Gleich mit den ersten wärmeren Tagen kommt Lust auf nach etwas Frischem und Leichtem. Kräuter und Salate bringen unseren Geschmack langsam wieder auf Trab, helles Geflügel und Fisch sowie viele Milchprodukte geben wie einst unserem Essen neue Substanz. Dazu bringen junge Gemüse wieder Duft und Farbe ins Kochen. Das geht im Ganzen eher sachte vor sich: Die Zutaten werden nur mariniert, pochiert oder gedämpft statt lange gegart, damit ihre Zartheit und lebendige Frische erhalten bleibt; Kräutersüppchen, Gemüseragouts und Fischklößchen passen außerdem gut zur Fastenzeit. Zu Ostern und Pfingsten darf es dann etwas üppiger sein mit Braten vom zarten Kalb oder Lamm sowie duftigen Hefekuchen. Und spätestens im Mai beginnt das Schwelgen in Spargel mit Butter und Schinken (alle drei traditionelle Frühlingsboten) oder in feinen Torten mit viel Ei, Sahne und Erdbeeren. Das alles ist ideal für die vielen Feiertage und Familienfeste in dieser Zeit.

Was im Frühjahr (März–Mai) bei uns Saison hat

- **kleine Artischocken, Champignons, Erbsen, Frühlingszwiebeln, neue Kartoffeln, Kohlrabi, Kopfsalate, Möhren, Radieschen, Salatkräuter, Spargel und Spinat**
- **Erdbeeren, Rhabarber**
- **Seefische wie Scholle und frischer Hering, Süßwasserkrebse**
- **junges Geflügel und Lamm, Kalbfleisch, Spanferkel, Räucherwaren, Eier, Milchprodukte und Frischkäse**

Kochen im Sommer

Kulinarisch passen Angebot und Nachfrage im Sommer perfekt zusammen: Wir brauchen Kühlung und wollen beim Kochen nicht ins Schwitzen kommen, die Natur gibt uns Salate aller Art sowie Gemüse, die wir nicht oder kaum kochen müssen, dazu jede Menge saftige Früchte direkt zum Anbeißen. Und wenn gegart wird, dann schnell, unkompliziert und aromatisch – Fisch in der Pfanne oder ganz im Ofen, Steaks auf dem Grill und Gemüse rasch im Topf, um dann mit Pasta gemischt zu werden. Mittelmeeraromen geben unserer Sommerküche den Geschmack – Knoblauch, Kräuter, Eingelegtes wie Oliven, Sardellen oder getrocknete Tomaten. Und dann ist da natürlich noch das Trinken. Limonaden, Bowlen und fruchtige Cocktails sind typisch Sommer und ideal für Gartenfeste oder Balkonparties.

Was im Sommer (Juni–August) bei uns Saison hat

- **Auberginen, Blumenkohl, Bohnen, Brokkoli, Eisbergsalat, Gurken, Mais, Paprika, Pfifferlinge, Spinat, Tomaten, Zucchini, Zuckerschoten**
- **Aprikosen, Beeren aller Art, Feigen und Kirschen, Melonen, Nektarinen, Pfirsiche, Pflaumen, Zwetschgen, Renekloden, Mirabellen**
- **Süßwasserfische, Kabeljau, Matjes**
- **Kalb, Reh, Grillfleisch und -würstchen**

Kochen im Herbst

Beim Kochen und Essen zeigt sich der Herbst als umgekehrter Frühling. Er geht nämlich am Anfang noch mal in die vollen, wenn im September die reiche Ernte von übers Jahr gereiften Gemüsen und Früchten eingeholt wird. Sie kommen oft aus der Erde und von Bäumen, was Kartoffel wie Apfel mehr Substanz und vollen Geschmack verleiht. Auch Wild und Schlachtvieh haben nun ihre ganze Kraft, ebenso wie die Meeresfrüchte. Aus allem zusammen kochen wir jetzt reiche Gerichte, bei denen wir den Abschied vom Sommer feiern und uns zugleich schon für den Winter stärken. Braten schmoren und Kuchen backen lange im heißen Ofen, die Gemüse dazu werden mit Nüssen, Sahne und Butter angereichert, während der Wein in die Fässer kommt und zu reifen beginnt. Traditionsfeste wie Erntedank, Kirchweih und St. Martin sind gute Anlässe, um das alles mit vielen Gästen zu genießen.

Was im Herbst (September–November) bei uns Saison hat

- **große Artischocken, Chicorée, Endiviensalat, Feldsalat, Fenchel, Kartoffeln, Kohl (weiß, rot), Kürbis, Lauch, Pilze, Radicchio, Rüben aller Art, Schwarzwurzeln, Sellerie, Trüffel, Zwiebeln**
- **Äpfel, Birnen, Quitten, Weintrauben, Nüsse, Maroni (Esskastanien)**
- **Karpfen, Lachs, Garnelen, Muscheln**
- **Enten, Fasan, Gänse, Wachteln, Hase, Hirsch, Reh, Wildschwein, Schwein und Rind (speziell Weideochsen)**

Kochen im Winter

Zu Winteranfang können wir noch vom reichen Herbst leben, und der erste Frost macht Grün- und Rosenkohl sogar erst zum Genuss. Aber danach geht es langsam ans Eingemachte: Fürs satte Vieh und Wild kommen nun endgültig die letzten Tage ihres Lebens, und die größten Genüsse liegen jetzt im Keller – haltbare Herbstgemüse, konserviertes Obst, getrocknete Vorräte. Für Farbe und Aufmunterung sorgen Früchte aus dem Süden und den Tropen, wo sie nun am besten schmecken. Gegen trübe Gedanken helfen traditionell Süße und Aroma – Zucker, Honig und Gewürze setzen in uns Kräfte frei, die in dieser Zeit ohne Licht und Wärme schnell fehlen können. Auch deswegen ist das Plätzchenbacken im Advent eine gute Tradition, ebenso wie das luxuriöse Genießen zu Weihnachten und das Ausbacken von Schmalzgebäck zu Neujahr und Fastnacht – dem Schlusspunkt des kulinarischen Jahreslaufs.

Was im Winter (Dezember–Februar) bei uns Saison hat

- **Chicorée, Chinakohl, Feldsalat, Grünkohl, Lauch, Rosenkohl, rote Bete, Kohl (weiß, rot), Rüben, Sauerkraut, Schwarzwurzeln, Sellerie, Wirsing, Trüffel**
- **Ananas, Äpfel, Exoten von Mango bis Maracuja, Maroni (Esskastanien), Nüsse, Zitrusfrüchte von Apfelsine bis Satsumas**
- **Edelfische und Krustentiere (um Weihnachten und Silvester), Garnelen, Hecht und Karpfen, Austern**
- **Wild und Wildgeflügel, Gänse und Puten, sowie edle Stücke von Kalb und Rind**

KOCHEN! FÜR GÄSTE

Kochen ist erst einmal Alltagsarbeit. Aber spätestens wenn wir jemanden zum Essen einladen, wird schnell ein gelungenes Fest daraus. Dabei zählt vor allem die Vorbereitung – im Kopf, auf dem Papier, im Laden und in der Küche. Bei den Profis in der Gastronomie ist das nicht anders. Schauen wir also nun zum Schluss auch einmal darauf, wie sie es machen, wenn sie für Gäste kochen – schließlich ist das ihre Alltagsarbeit.

„Ich habe Gäste" – das passiert einem schneller als man denkt. Wir treffen jemanden Nettes auf der Straße, den wir lange nicht gesehen haben, und sagen: „Komm doch mal vorbei" – und dann trudelt er samt Anhang tatsächlich ein. Wir begegnen jemandem, den wir noch nie gesehen haben, aber auf Anhieb sehr mögen – und plötzlich steht ein Rendesvouz ins Haus. Wir sind neu eingezogen, haben in einer neuen Firma angefangen –und Freunde, Nachbarn oder Kollegen werden immer deutlicher mit ihren Andeutungen. Wir stehen staunend vor dem Kalender – und sehen völlig unvermutet den nächsten Kindergeburtstag oder den alljährlichen Osterbrunch nahen. Und eigentlich freuen wir uns auf das alles ja auch – wenn da nur nicht die ganze Arbeit in der Küche wäre.

Aber die kann man sich auch leicht machen, so wie es die Profis im Kochen für ihre Gäste tun – die Köchinnen und Köche in der Gastronomie. Für sie wie für uns gibt es dabei vier Eckpunkte, nach denen sich das Kochen richtet: der Anlass für das Essen, die Art der Gäste sowie ihre Anzahl und der Raum, der zur Verfügung steht. Wer zum Beispiel einen runden Geburtstag mit einem Essen feiern möchte und dazu gut 40 Leute auf 100 Quadratmeter einladen will, sollte eher eine Stehparty mit Fingerfood planen statt ein großes Bankett. Wer aber den Besuch aus Frankreich mit ein paar ausgesuchten Bekannten zusammenbringen mag, versammelt die Runde lieber an einem Tisch bei einem Menü mit Wein.

Vom Menü bis zum Bankett

Das Essen am Tisch ist die einfachste Form des Gastgebens, so lange nicht zu viele Leute zusammenkommen. Im Grunde wird der Kreis nur etwas erweitert und das Kochen vielleicht etwas anspruchsvoller angegangen als beim alltäglichen Essen zu Hause. Los geht es schon ab einem Gast plus dem Gastgeber wie beim Rendezvous. Ab acht Leuten wird es für die einladende Person aber schwierig werden, mehr Zeit bei den Gästen statt in der Küche zu verbringen. Denn meistens wird bei solch einer Einladung mehr als ein Gang serviert, und wenn es nur ein kleiner Salat vor dem Hauptgang und hinterher noch etwas Eis sind. Ein Menü mit zwei bis drei Gängen ist bei solchen Anlässen oft Standard, ambitionierte Köche können noch einen vierten einlegen. Ab dann wird es auch bei nur ein paar Gästen für einen alleine wieder recht aufwändig – vor allem, wenn jeder Gang mehrere Bestandteile hat und viele Handgriffe braucht, bis alles schön auf dem Teller liegt.

Welches Essen für welches Fest?

Das Fest	Die Gäste	Das Essen
Geburtstagsparty	Freunde, Nachbarn, Kollegen	Buffet mit Kleinigkeiten
Gartenfest	Freunde, Nachbarn, Kollegen	Gegrilltes, Sommerbuffet
Abendessen	Vertraute, Geschäftsfreunde, Chef	feines 3- oder 4-Gang-Menü
Hochzeitsfeier	alle Familienmitglieder, enge Freunde	festliches Bankett oder Buffet
Einstand im Büro	Kollegen und Chef der Abteilung	Fingerfood
Brunch	nähere Freunde, Kinder	Salate, Brot, Kuchen, etwas Warmes
Kaffeetrinken	nächste Freundinnen (oder Freunde)	Kuchen, Torte und Stückchen
Fußballabend	nächste Freunde (oder Freundinnen)	Brote und Brezen, Wurst und Käse

Ein guter Kompromiss für größere Runden am Tisch ist da das Bankett: Auf den eingedeckten Tisch kommen Schüsseln, Schalen und Platten, von denen sich die Gäste selbst bedienen. Dabei ist wichtig, dass alle alles in Griffnähe haben. Deswegen genug Geschirr füllen und bereitstellen, wobei einem am besten jemand hilft. Früher wurden Festessen immer so serviert, und bis heute ist die Bitte „Können Sie mir mal die Sauce geben?" kein so schlechter Auftakt fürs Tischgespräch.

Vom Buffet bis zur Stehparty

Ordentlich Bewegung ins Essen und Feiern bringt ein Buffet. Ab 15 Personen lohnt es sich, Salate, kalte Platten, Dips, Brote, Käse, Süßes usw. auf einem eigenen Tisch zu versammeln, von dem sich die Gäste selbst nehmen können. Wird dann später noch ein warmes Gericht – eine reiche Suppe, ein Auflauf, ein Ragout oder sogar ein Braten – als Höhepunkt aufgetragen, wirkt das richtig großzügig. Wer seine Gäste nicht so viel laufen lassen will, kann auch nur Vorspeisen oder Desserts aufs Buffet stellen und den Hauptgang als Bankett servieren. Es ist in jedem Fall wichtig, dass es am Buffet zu keinen großen Staus kommt. Um das zu vermeiden, die Gerichte auf zwei Tischen oder auf einem von allen Seiten zugänglichen Tisch verteilen. Achten Sie auch darauf, dass die Gäste Teller und Besteck (wenn das nicht schon am Tisch ist) als erstes am Buffet entdecken können. Ebenso zählt, dass die Gastgeber immer etwas in Reserve haben und Schüsseln wie Platten auffüllen oder ersetzen, bevor sie völlig leer sind. Wenn sie dann noch die Zeit haben, den Leuten am Buffet zu helfen oder kulinarisch Unbekanntes zu erklären, ist das perfekt.

Brot und Butter
Das Paar gehört zum Menü (nach dem Hauptgang abräumen) wie zum Buffet (Butter gut vorkühlen). Bei Menü und Buffet rechnet man 100–150 g Gebäck pro Person (2–3 Partybrötchen oder Brotscheiben, 4–5 Baguettescheiben), als Beilage zum Sattessen 200 g. Ein 250-g-Päckchen Butter reicht in Stücke geschnitten für 8–10 Leute.

Wenn sich viele Leute auf eher kleinem Raum versammeln und dabei das Feiern und Kennenlernen die Hauptsache ist, während das Essen dazu nur Begleitung sein soll, dann ist die Stehparty oft die beste Lösung. Zu essen gibt es da Fingerfood und andere Kleinigkeiten, für die man keinen Tisch und Stuhl braucht. Das Essen wird an strategisch guten Orten platziert oder auf Tabletts herumgetragen, damit niemand lange suchen oder gar drängeln muss. Wenn es nicht gerade das wilde Tanzfest unter Freunden wie früher ist, sind ein, zwei Hilfen bei der Stehparty immer gut – dann können die Gastgeber von einem zum andern wandern und die Gäste müssen sich nicht in der Küche um die Häppchen und den Sekt balgen.

5 gelbe Regeln für den Plan zum Fest

1. Der gute Grund. Die erste rote Rose, die neue Wohnung – mit einem guten Grund wird die Party gleich festlicher. Denn er erleichtert alles vom Einladen bis zum Abschiedsschluck und vereint alle in Vorfreude.
2. Ich habe Lust. Der Wunsch zu feiern lässt einen bei allen Strapazen nach vorne schauen, bis die besten Freunde und liebsten Verwandten da sind. Ohne das geht gar nichts.
3. Ich mache, was ich kann. Ich rufe nicht zum Opernball, wenn Fußball mein Leben ist. Ich vergesse das Soufflé-Rezept, weil ich keine Zeit zum Ausprobieren habe.
4. Ich mache, was ich will. Mit Helmut oder mit Helmuts Ex? Schon wieder Brunch? Warum nicht mal Cocktail? Am Freitag? Mit Fingerfood? Wer feiert, muss sich entscheiden und dabei bleiben. Sonst müssen sich die Gäste dauernd umstellen, haben irgendwann die Nase voll und kommen überhaupt nicht zum Fest.
5. Ich pack es an. Nun gilt es – den Einkaufszettel schreiben, alles besorgen, den Tisch decken, das Essen und trinken vorbereiten. Zu wenig Zeit? Dann mache ich weniger, aber das richtig.

Was gibt es zu essen?

Mal abgesehen von Ihren Vorlieben, dem Geschmack Ihrer Gäste und dem Anlass Ihrer Einladung – ab wann ist ein Rezept eigentlich „party-tauglich"? Als erstes sollte es etwas Besonderes haben, ohne dabei völlig fremd zu sein. Ein abgewandelter Klassiker, die ungewöhnliche Zubereitung einer gewöhnlichen Zutat, ein Standard-Gericht nach einem kürzlich entdeckten Weltklasse-Rezept – das sind solche Sachen, bei denen auch eine größere Runde beim Essen richtig was erleben kann. Wenn Ihre tolle Lasagne dagegen schon altbekannt ist, dann sollten Sie die nur noch auf Anfrage

5 gelbe Regeln für den Tag des Fests

1. Es wird hübsch. Wenn gefeiert wird, macht sich alles ein bisschen feiner: der Gastgeber, die Haustür, der Esstisch, die Gäste. So wird die Wohnung zum Festsaal und die nächsten Stunden werden garantiert besonders.
2. Ich bin tapfer. Ich gehe davon aus, dass nichts geht. Ich rechne mit Mühsal, Chaos, Verspätungen. Plane ein, dass weder Geld noch Zeit reicht. Bin gefasst und hoffe das Beste. Denn dann wird es noch viel besser.
3. Es schmeckt. Gäste vergessen allen Ärger der Welt, wenn sie etwas Gutes zu essen bekommen – da kann sogar der Sekt warm sein. Also zuerst um die gute Küche kümmern, wenn man zum Essen lädt.
4. Ich bin da. Wer sich Leute ins Haus holt, muss immer für sie da sein: wenn sie noch nicht eingetroffen sind (bei der Vorbereitung); wenn sie kommen (empfangen und vorstellen); wenn sie feiern (für Essen, Trinken, Unterhaltung sorgen).
5. Es läuft. Haben erst mal alle ihren Spaß, kann auch ich mir etwas davon nehmen. Ich feiere mit, vereine den stillen Genießer und stummen Diener in mir, lehne mich zurück, lasse die Gäste machen und bin zur Stelle, wenn ich gebraucht werde. Mehr ist für ein gutes Fest wirklich nicht nötig.

servieren. Und dieses überwältigende Gemüse-Curry vom letzten Urlaub in Burma reservieren Sie besser nur für die Mutigsten unter Ihren Freunden.

Bei einem richtigen Gäste-Rezept zählt aber nicht nur der Effekt, sondern auch die Effektivität. Und die stimmt nur dann, wenn die Zubereitung mir genug Zeit für meine Gäste lässt. Dazu gehören Rezepte, die man gut vorbereiten kann (je weiter sie dabei in Richtung Vollendung gehen, desto besser) und auch mal etwas Wartezeit vertragen oder die sich frisch recht schnell zubereiten lassen. Damit das alles auch bestens klappt, kochen Sie für Ihre Einladung lieber nicht zu kompliziert und aufwändig, vor allem wenn das sonst nicht Ihr Stil ist. Denn das bringt Sie schnell ins Rotieren, was Ihre Gäste sofort merken und alles andere als entspannend empfinden. Auf jeden Fall sollten Sie ein Rezept schon einmal ausprobiert haben (oder zumindest ein ähnliches), bevor Sie es für Gäste kochen – vor allem wenn es viele sind und Sie sie nicht so gut kennen. Eine Reihe von Vorschlägen zum Kochen für Gäste finden sie in unserem **„Was-koche-ich-wenn-Register“ ab Seite 586.**

Abwechslung bei Tisch

Ein gäste-taugliches Rezept alleine genügt kaum fürs Kochen für Gäste. Bei einem Menü gibt es drei Gänge und mehr, auf einem Buffet stehen gleich ein paar Salate und beim Fingerfood sollte ebenso eine kleine Auswahl geboten sein. Und wenn es ein interessantes Essen werden soll, dann muss das alles auch abwechslungsreich sein. Für ein Menü gelten da richtige Regeln, die zu kennen mindestens sinnvoll ist. Das Prinzip ist ganz einfach: Keine wichtige Zutat und Zubereitung soll sich wiederholen. Gibt es am Anfang Kartoffelsuppe, so werden später zum Braten lieber Bandnudeln statt Kartoffelpüree serviert. Und wenn in der Suppe reichlich Sahne ist, dann sollte sie in der Bratensauce wie auch beim Dessert fehlen. Wird als Hauptgang pochierter Fisch serviert, dann sind die pochierten Eier als Vorspeise keine so gute Idee. Und wer knusprige Bratkartoffeln reicht, streicht lieber den Kaiserschmarren als Nachtisch. Dabei spielt auch eine Rolle, dass man nicht zu viel des Guten kocht: Wenn ein ganzes Stück Butter in einem Menü für vier verschwindet, dann ist das ein Zuviel für einen entspannenden Abend. Beim Buffet wird das alles nicht so eng gesehen, da ist sogar Ähnliches gewünscht, damit die Gäste sich zum Beispiel ihre liebsten Salate aussuchen können. Wenn die allerdings alle mit Mayonnaise angemacht sind, kann das schon mal eine schwere Entscheidung sein.

Steht schließlich das Menü oder Buffet auf dem Papier, wird dafür eingekauft – Tipps fürs effektive Einkaufen finden Sie ein Stückchen weiter vorne bei „Kochen! Für wenig Geld“ auf Seite 574. Vor allem bei größeren Einladungen gehen Sie lieber schon ein, zwei Tage vor dem Kochen in die Läden, nur ganz frisches wie Fisch oder Brot wird kurzfristig gekauft. Auch die Zubereitung muss nicht komplett am Tag der Einladung laufen. Brühen und Püreesuppen (erst mal ohne Sahne und Ei), dazu viele Desserts (nicht mit rohem Ei) und das meiste Gebäck können einen Tag zuvor gemacht werden, weniger Empfindliches kann dann zumindest schon fürs Kochen zugeschnitten werden.

Das Richtige zu trinken

Ob Party oder Menü, ein Aperitif zum Empfang ist immer etwas Feines, bei dem sich die Gäste näher kommen können. Oft ist da etwas Perlendes in den Gläsern wie Prosecco, Sekt oder Champagner – manch-

Das zählt beim Trinken auf einer Party

- 2 Trinkgläser pro Gast (dann ist es nicht so schlimm, wenn eins mal verloren geht)
- alle 20–30 Minuten ums Nachschenken kümmern, an heißen Tagen auch öfter; bei Selbstbedienung unbedingt die Vorräte im Auge behalten
- 1 Flasche Wein (0,7 l oder 6–7 Gläser) für 2–3 Gäste
- 1 Flasche Sekt, Prosecco, Champagner (0,75 l oder 7–8 Gläser) für 4–6 Gäste
- 1 Kasten Bier (0,5 l oder 0,33 l) für 8–10 Gäste
- 1 Flasche Saft, Limonade oder andere Erfrischungsgetränke (1 l) für 4–5 Gäste
- 1 Flasche Wasser (0,7 l) für 2–3 Gäste
- dazu jeweils 5–10 Prozent Reserve

mal noch mit einem Schuss Likör oder etwas Fruchtpüree darin – besonders fein. Aber auch ein Cidre, ein trockener Sherry oder ein leichter Weißwein sind gut für den Einstieg. Zum Essen selbst gibt es dann je nach Rezept und Gästen Weiß- und Rotwein (jeweils die gleiche Sorte), Bier (je nach Region eher Pils, Export oder Weißbier von je einem Hersteller) und natürlich Wasser sowie eventuell noch Softdrinks (vor allem wenn Kinder und Jugendliche mit dabei sind). Perfekt wird das Ganze, wenn nach dem Essen noch ein paar Brände und Schnäpse, Kaffee oder auch mal ein besonders guter Schluck Wein angeboten werden. Wie bei den Rezepten gilt auch beim Trinken: bitte vorher probieren. Das ist vor allem beim Wein wichtig, den Sie am besten bei einem Essen testen – manche tollen Weine können das nämlich übertönen, manche all zu süffige Tropfen gehen am Tisch leicht unter. Und nicht vergessen: Weißwein, Prickelndes und Bier rechtzeitig in den Kühlschrank stellen.

Den Tisch decken

Sind Sie noch ein wenig am Kochen, wenn Ihre Gäste kommen, findet das keiner schlimm. Aber wenn der Tisch nicht gedeckt ist, wirkt das alles andere als einladend. Kümmern Sie sich also rechtzeitig darum, vor allem ums Besteck und um die Gläser, die oft noch mal nachpoliert werden müssen. Rund 50 cm Tischlänge braucht es pro Person, damit man bequem essen kann. Im Zentrum des Gedecks steht der Teller für den Hauptgang, auch wenn er später zum Anrichten in die Küche geholt wird. Für ein legeres Essen können rechts vom Teller Gabel, Messer und Suppenlöffel von links nach rechts liegen. Oft ist die Gabel auch links und das Messer rechts neben dem Teller platziert, was bei mehreren Gängen mit mehreren Bestecken ohnehin Standard ist. Denn dann werden die einzelnen Gabeln, Messer und Löffel je nach Speisenfolge von außen nach innen eingdeckt. Da liegt dann links außen die Salatgabel und rechts davon die Essgabel, rechts außen der Suppenlöffel, links davon das Fischmesser und dann das Fleischmesser. Der Suppenlöffel kann aber auch mit dem Stiel nach rechts oberhalb des Tellers auf den Tisch gegeben werden, wobei der Dessertlöffel darunter liegt.

Die Gläser kommen nach rechts oben, und zwar das für den ersten Schluck als erstes und dann nach links aufsteigend die folgenden – vom Aperitif- bis zum Rotweinglas. Das Wasserglas wird nach links gestellt oder über dem Teller eingedeckt. Fertig? Na, dann kann's ja losgehen.

Geschirrschrank für Gastgeber

- 12 kleine, große und tiefe Teller, dazu jeweils Suppen- bzw. Reisschalen oder auch Suppentassen, 12 Kaffeetassen (am besten mit Untertasse), evtl. extra Brot- und Salatteller
- 1 große Salatschüssel, 2–4 Platten für Fleisch, Fisch oder größeres Gemüse, 2–4 Beilagenschüsseln; Porzellankanne mit Stövchen oder Thermoskanne, Milchkännchen, Zuckerdose, evtl. Saucieren und Suppenterrine, Tranchierbrett, Tortenplatte
- je 12 Gabeln, Messer, Suppenlöffel, Dessertlöffel und Kuchengabeln; Salatbesteck, Fleischgabeln und Vorlegebestecke, Saucenlöffel, Tortenheber, evtl. auch Buttermesser, Tranchierbesteck, Käsemesser, Essstäbchen, Serviettenringe
- je 12 Wasser-, Bier- und Weingläser (am besten je eines für Weiß- und Rotwein) sowie Sektgläser und Likör- bzw. Schnapsgläser; evtl. spezielle Gläser für besondere Biere, Weine, Brände sowie Karaffen
- genug Tischdecken (am besten in Weiß), Servietten (mindestens 2 pro Gast rechnen), 2–3 Brotkörbe; evtl. Weinkühler, Warmhalter und Obstschalen

Was koche ich, wenn…?

Wer täglich überlegt, was er kochen könnte, wird sich auch noch ein paar andere Fragen stellen: Für wen koche ich heute? Wie viel Zeit und Geld habe ich dafür? Und schaffe ich das überhaupt? Hier bekommen Sie die Antworten auf einen Blick – so weit sie in diesem Buch zu finden sind.

… ich gerade erst ins Kochen einsteige?

… es schnell gehen soll?

… es wenig kosten soll?

… Besuch kommt?

… Kinder am Tisch sitzen?

A

Zum Gebrauch

In diesem Register sind die Rezepte wie üblich alphabetisch geordnet. Zusätzlich eingegliedert finden Sie als Stichwort beliebte und häufig verwendete Zutaten wie etwa **Äpfel** oder **Tomaten** aber auch Gerichte wie beispielsweise **Gratins** oder **Frikassee** – ebenfalls alphabetisch geordnet und **halbfett** gedruckt – über den entsprechenden Rezepten.

Weitere Rezepte zu Stichworten – nach denen auch Kapitel benannt sind – wie **Pizza** oder **Steaks** – finden Sie eben dort.

Alle Rezepttitel ohne Rezept-Nummer dahinter stehen in den TIPP-Kästen auf der jeweils angegebenen Seite.

Begriffe mit **halbfetter Seitenzahl** informieren auf der entsprechenden Seite zum jeweiligen Thema.

B

F

G
H

K

L

P

S

S

S
T

T | U | V | W

Impressum

Herausgeber: Sebastian Dickhaut und Sabine Sälzer

Idee zum Buch:
Sebastian Dickhaut

Sebastian Dickhaut ist Koch und Journalist sowie Inhaber des Werkstattbüros „Die Kocherei" in München. Hier bringt er kleine Teams in Workshops zum Kochen, schreibt für große Verlage übers Essen und Trinken und entwickelt Konzepte für Zeitschriften und Bücher - vor allem für GU. Gemeinsam mit Sabine Sälzer hat er dort die Bestseller-Reihe „Basic cooking" gestartet, die beide bis heute betreuen. Das jüngste Ergebnis dieser Zusammenarbeit ist KOCHEN! DAS GELBE VON GU, für das er auch die Texte rund um die Rezepte verfasst hat.

Sabine Sälzer arbeitet seit 1988 fest im Team der GU Redaktion Kochen in München.
Sie entwickelt Kochbuchkonzepte und ist auch als Autorin aktiv. Meilensteine der letzten Jahre u.a.: „Die echte italienische Küche", „Die echte Jeden-Tag-Küche". Den Überraschungserfolg „Basic cooking" hat sie gemeinsam mit Sebastian Dickhaut erdacht und geschrieben. Und auch beim vorliegenden Buch hat sich das bewährte Duo wieder zu einem gemeinsamen Projekt zusammen gefunden. Bei KOCHEN! DAS GELBE VON GU war sie vor allem zuständig für Rezeptauswahl und Produktion.

Programmleitung:
Doris Birk
Leitende Redakteurin:
Birgit Rademacker
Redaktion:
Sabine Sälzer
Assistenz:
Susanne Klug
Texterfassung:
Edith Mocker
Lektorat und Satz:
Redaktionsbüro
Christina Kempe, München
Gestaltung, Umschlag, Piktogramme:
engels zahm + partner, agentur für Kommunikation, Thomas Jankovic (www.engelszahm.de)
Schlusskorrektur:
Petra Bachmann
Herstellung:
Markus Plötz
Druck und Bindung:
MOHN Media Mohndruck GmbH, Gütersloh

Das Original mit Garantie

Ihre Meinung ist uns wichtig.
Deshalb möchten wir Ihre Kritik, gerne aber auch Ihr Lob erfahren, um als führender Ratgeberverlag für Sie noch besser zu werden. Darum: Schreiben Sie uns! Wir freuen uns auf Ihre Post und wünschen Ihnen viel Spaß mit Ihrem GU-Ratgeber.

Unsere Garantie:
Sollte ein GU-Ratgeber einmal einen Fehler enthalten, schicken Sie uns bitte das Buch mit einem kleinen Hinweis und der Quittung innerhalb von sechs Monaten nach dem Kauf zurück. Wir tauschen Ihnen den GU-Ratgeber gegen einen anderen zum gleichen oder ähnlichen Thema um.

Ihr GRÄFE UND UNZER VERLAG
Redaktion Kochen und Verwöhnen
Postfach 86 03 25
81630 München
Fax: 089/41981-113
e-mail: leserservice@graefe-und-unzer.de

ISBN: 3-7742-6396-5

Auflage 4. 3.
2007 2006 2005 2004

GRÄFE UND UNZER
Ein Unternehmen der
GANSKE VERLAGSGRUPPE